Opel Vectra
Gör-det-själv handbok

A K Legg LAE MIMI och Mark Coombs

(3592 - 392- 3AF1/3396 -11AC2)

Modeller som behandlas

Opel Vectra sedan, kombikupé och kombi, inklusive specialmodeller oktober 1995 till 1998

Bensinmotorer: 1.6 liter (1598cc), 1.8 liter (1798cc) & 2.0 liter (1998cc)
Dieselmotorer: 1.7 liter (1686cc) & 2.0 liter (1994cc)

Behandlar ej 2.5 liter (2498cc) V6 bensinmotor, "Super Touring" eller GSi modeller

ABCDE
FGHIJ
KLMN

En bok i **Haynes Serie Gör-det-själv handböcker**

ISBN **1 85960 592 3**

Tryckt i USA

Haynes Publishing Nordiska AB
Box 1504, 751 45 UPPSALA, Sverige

Haynes Publishing
Sparkford, Yeovil, Somerset BA22 7JJ, England

Haynes North America, Inc
861 Lawrence Drive, Newbury Park, California 91320, USA

Editions Haynes
4, Rue de l'Abreuvoir,
92415 COURBEVOIE CEDEX, France

Innehåll

DIN OPEL VECTRA

Innehåll

REPARATIONER OCH RENOVERING

Motor och tillhörande system

Kraftöverföring

Bromsar och fjädring

Kaross

REFERENSER

Den Opel Vectra som introducerades 1995 fanns ursprungligen som sedan och kombikupé med 1.6, 1.8 och 2.5 liters bensinmotor och 1.7 liters dieselmotor. 1.6 liters motorn är utrustad med 8 eller 16 ventiler och 1.8 och 2.0 liters motorerna har 16 ventiler. 2.5 liters motorn är en V6-motor och behandlas inte i denna handbok. Alla modeller finns med 5-växlad manuell växellåda eller 4-växlad automatväxellåda monterad på vänster sida av motorn.

Alla modeller är framhjulsdrivna och har helt individuell fjädring både fram och bak.

Servostyrning och ABS (låsningsfria bromsar) är standard på alla modeller.

En kombimodell introducerades 1996 och samtidigt presenterades 2.0 liters dieselmotorn med direktinsprutning.

Från och med 1997 kan sidokrockkuddar monteras som tillval och fr.o.m. april 1997 finns också luftkonditionering som tillval. Farthållare är monterad som standard på CDX-modeller och finns som tillval på vissa andra modeller

För hemmamekanikern är Opel Vectra en okomplicerad bil att underhålla och reparera. Den är utformad för att hålla den faktiska kostnaden för ägandeskap till ett minimum och de flesta komponenter som ofta kräver tillsyn är lättåtkomliga.

Din handbok till Opel Vectra

Syftet med den här handboken är att hjälpa dig utnyttja din bil på bästa sätt och den kan göra det på flera sätt. Den kan hjälpa dig att avgöra vilka arbeten som måste utföras (även om du väljer att anlita en verkstad för att utföra dem), ge information om rutinunderhåll och service, och den ger dig det logiska tillvägagångssättet vid diagnosställande och reparation när slumpmässiga fel uppstår. Förhoppningsvis kommer du dock att använda handboken till att försöka klara av arbetet på egen hand. Vad gäller enklare jobb kan det gå snabbare att utföra det själv, än att först boka tid på en verkstad och sedan ta sig dit två gånger för att lämna och hämta bilen. Men kanske viktigast av allt, en hel del pengar kan sparas genom att man undviker verkstadens kostnader för arbetskraft och drift.

Handboken innehåller ritningar och beskrivningar för att visa funktionen hos de olika komponenterna, så att deras utformning blir lättare att förstå. Själva arbetsmomenten är beskrivna och fotograferade i tydlig ordningsföljd, steg för steg. Hänvisningar till "vänster" och "höger" utgår alltid från en person som sitter i förarsätet och tittar framåt.

Opel Vectra GLS sedan

Tack till

Tack till Champion Spark Plug Company som tillhandahållit bilderna över tändstiftens skick. Vissa bilder är copyright Vauxhall Motors Limited och används med deras tillstånd. Tack också till Draper Tools Limited, som tillhandahållit vissa specialverktyg, samt till alla i Sparkford som hjälpt till vid produktionen av denna handbok.

Vi är stolta över tillförlitligheten i den information som ges i den här handboken, men biltillverkare modifierar och gör ibland konstruktionsändringar under pågående tillverkning om vilka vi inte informeras. Författarna och förlaget kan inte ta på sig något ansvar för förluster, skador eller personskador till följd av fel eller ofullständig information i denna handbok.

Projektbilar

Den bil som huvudsakligen användes under arbetet med den här handboken, och som syns på många av bilderna, var en 1997 års Opel Vectra DI med en 2.0 liter direktinsprutad turbodieselmotor. Andra bilar som användes var bland annat 1.6 och 1.8 liters bensinmotormodeller.

Att arbeta på din bil kan vara farligt. Den här sidan visar potentiella risker och faror och har som mål att göra dig uppmärksam på och medveten om vikten av säkerhet i ditt arbete.

Allmänna faror

Skållning

• Ta aldrig av kylarens eller expansionskärlets lock när motorn är het.

• Motorolja, automatväxellådsolja och styrservovätska kan också vara farligt varma om motorn just varit igång.

Brännskador

• Var försiktig så att du inte bränner dig på avgassystem och motor. Bromsskivor och -trummor kan också vara heta efter körning.

Lyftning av fordon

• Vid arbete nära eller under ett lyft fordon, använd alltid extra stöd i form av pallbockar eller använd ramper. ***Arbeta aldrig under en bil som endast stöds av en domkraft.***

• När muttrar eller skruvar med högt åtdragningsmoment skall lossas eller dras, bör man lossa dem något innan bilen lyfts och göra den slutliga åtdragningen när bilens hjul åter står på marken.

Brand och brännskador

• Bränsle är mycket brandfarligt och bränsleångor är explosiva.

• Spill inte bränsle på en het motor.

• Rök inte och använd inte öppen låga i närheten av en bil under arbete. Undvik också gnistbildning (elektrisk eller från verktyg).

• Bensinångor är tyngre än luft och man bör därför inte arbeta med bränslesystemet med fordonet över en smörjgrop.

• En vanlig brandorsak är kortslutning i eller överbelastning av det elektriska systemet. Var försiktig vid reparationer eller ändringar.

• Ha alltid en brandsläckare till hands, av den typ som är lämplig för bränder i bränsle- och elsystem.

Elektriska stötar

• Högspänningen i tändsystemet kan vara farlig, i synnerhet för personer med hjärtbesvär eller pacemaker. Arbeta inte med eller i närheten av tändsystemet när motorn går, eller när tändningen är på.

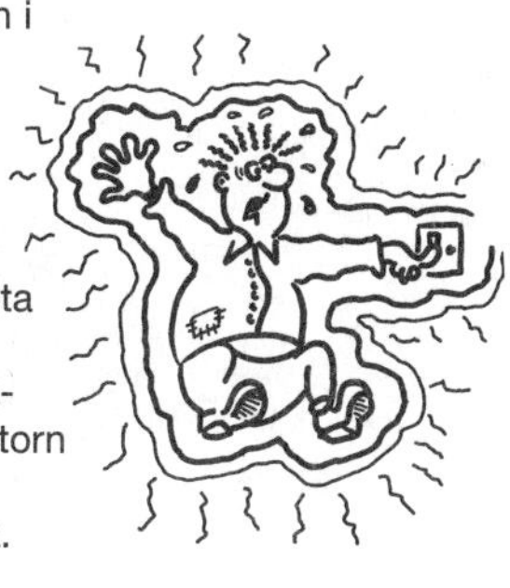

• Nätspänning är också farlig. Se till att all nätansluten utrustning är jordad. Man bör skydda sig genom att använda jordfelsbrytare.

Giftiga gaser och ångor

• Avgaser är giftiga. De innehåller koloxid vilket kan vara ytterst farligt vid inandning. Låt aldrig motorn vara igång i ett trångt utrymme, t ex i ett garage, med stängda dörrar.

• Även bensin och vissa lösnings- och rengöringsmedel avger giftiga ångor.

Giftiga och irriterande ämnen

• Undvik hudkontakt med batterisyra, bränsle, smörjmedel och vätskor, speciellt frostskyddsvätska och bromsvätska. Sug aldrig upp dem med munnen. Om någon av dessa ämnen sväljs eller kommer in i ögonen, kontakta läkare.

• Långvarig kontakt med använd motorolja kan orsaka hudcancer. Bär alltid handskar eller använd en skyddande kräm. Byt oljeindränkta kläder och förvara inte oljiga trasor i fickorna.

• Luftkonditioneringens kylmedel omvandlas till giftig gas om den exponeras för öppen låga (inklusive cigaretter). Det kan också orsaka brännskador vid hudkontakt.

Asbest

• Asbestdamm kan ge upphov till cancer vid inandning, eller om man sväljer det. Asbest kan finnas i packningar och i kopplings- och bromsbelägg. Vid hantering av sådana detaljer är det säkrast att alltid behandla dem som om de innehöll asbest.

Speciella faror

Flourvätesyra

• Denna extremt frätande syra bildas när vissa typer av syntetiskt gummi i t ex O-ringar, tätningar och bränsleslangar utsätts för temperaturer över 400 °C. Gummit omvandlas till en sotig eller kladdig substans som innehåller syran. *När syran väl bildats är den farlig i flera år. Om den kommer i kontakt med huden kan det vara tvunget att amputera den utsatta kroppsdelen.*

• Vid arbete med ett fordon, eller delar från ett fordon, som varit utsatt för brand, bär alltid skyddshandskar och kassera dem på ett säkert sätt efteråt.

Batteriet

• Batterier innehåller svavelsyra som angriper kläder, ögon och hud. Var försiktig vid påfyllning eller transport av batteriet.

• Den vätgas som batteriet avger är mycket explosiv. Se till att inte orsaka gnistor eller använda öppen låga i närheten av batteriet. Var försiktig vid anslutning av batteriladdare eller startkablar.

Airbag/krockkudde

• Airbags kan orsaka skada om de utlöses av misstag. Var försiktig vid demontering av ratt och/eller instrumentbräda. Det kan finnas särskilda föreskrifter för förvaring av airbags.

Dieselinsprutning

• Insprutningspumpar för dieselmotorer arbetar med mycket högt tryck. Var försiktig vid arbeten på insprutningsmunstycken och bränsleledningar.

Varning: Exponera aldrig händer eller annan del av kroppen för insprutarstråle; bränslet kan tränga igenom huden med ödesdigra följder

Kom ihåg...

ATT

• Använda skyddsglasögon vid arbete med borrmaskiner, slipmaskiner etc, samt vid arbete under bilen.

• Använda handskar eller skyddskräm för att skydda händerna.

• Om du arbetar ensam med bilen, se till att någon regelbundet kontrollerar att allt står väl till.

• Se till att inte löst sittande kläder eller långt hår kommer i vägen för rörliga delar.

• Ta av ringar, armbandsur etc innan du börjar arbeta på ett fordon - speciellt med elsystemet.

• Försäkra dig om att lyftanordningar och domkraft klarar av den tyngd de utsätts för.

ATT INTE

• Ensam försöka lyfta för tunga delar - ta hjälp av någon.

• Ha för bråttom eller ta osäkra genvägar.

• Använda dåliga verktyg eller verktyg som inte passar. De kan slinta och orsaka skador.

• Låta verktyg och delar ligga så att någon riskerar att snava över dem. Torka upp olje- och bränslespill omgående.

• Låta barn eller husdjur leka nära en bil under arbetets gång.

Följande sidor är tänkta att vara till hjälp vid hantering av vanligen förekommande problem. Mer detaljerad felsökningsinformation finns i slutet av boken och beskrivningar för reparationer finns i bokens olika huvudkapitel.

Om bilen inte startar och startmotorn inte går runt

- ☐ Om bilen har automatväxellåda, se till att växelväljaren står på 'P' eller 'N'.
- ☐ Öppna motorhuven och kontrollera att batteripolerna är rena och ordentligt åtdragna.
- ☐ Slå på strålkastarna och försök starta motorn. Om strålkastarna försvagas mycket vid startförsöket är batteriet troligen urladdat. Lös problemet genom att använda startkablar och en annan bil (se nästa sida).

Om bilen inte startar trots att startmotorn går runt som vanligt

- ☐ Finns det bränsle i tanken?
- ☐ Finns det fukt i elsystemet under motorhuven? Slå av tändningen och torka bort synlig fukt med en torr trasa. Spraya vattenavvisande medel (WD-40 eller liknande) på tänd- och bränslesystemets elektriska kontakter som visas i bilderna.Var extra noga med tändspolens kontaktdon och tändkablarna. (Observera att dieselmotorer sällan har problem med fukt.)

A Undersök batterianslutningarnas skick och kontrollera att de är ordentligt åtdragna.

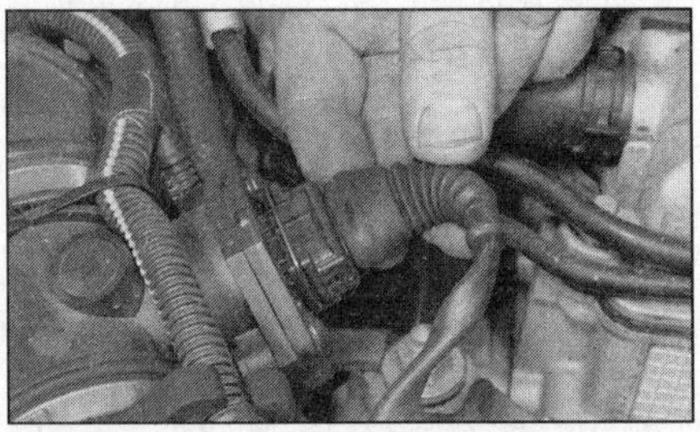

B Undersök luftflödesmätarens kablage.

C Kontrollera att tändkablarna sitter säkert på tändstiften på bensinmotorer.

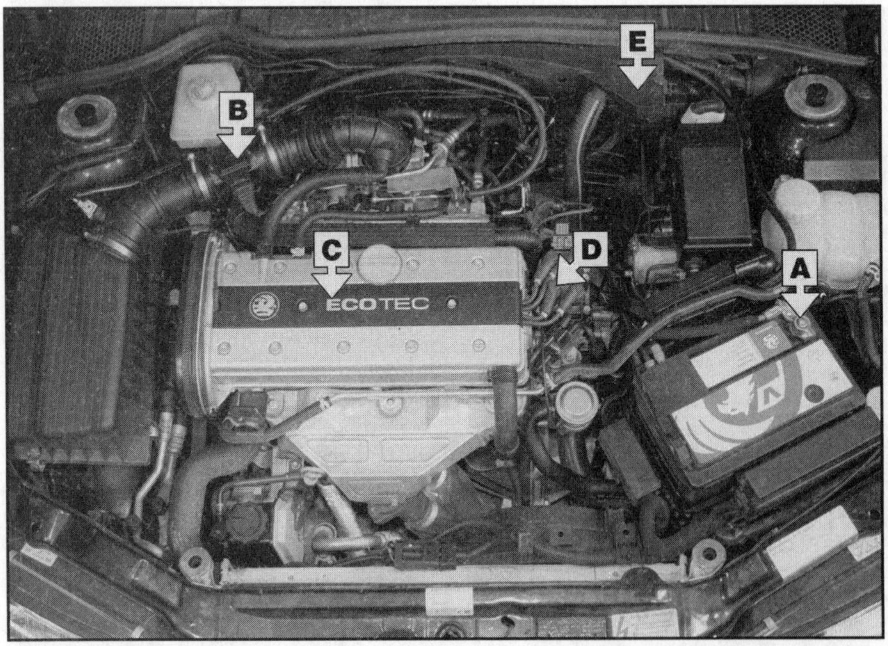

Kontrollera att alla elektriska anslutningar sitter säkert (med tändningen avslagen) och spraya dem med vattenavvisande medel om problemet misstänks bero på fukt.

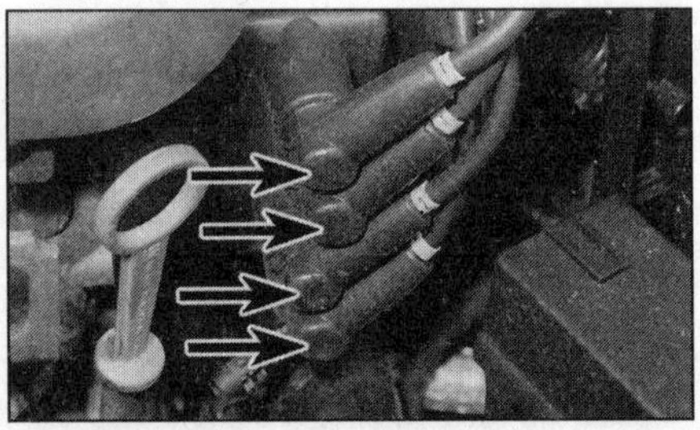

D Kontrollera att tändkablarna sitter fast ordentligt på spolen på bensinmotorer.

E Undersök MAP-givarens kablage (om monterad).

Starthjälp

HAYNES TiPS ***Start med startkablar löser ditt problem för stunden, men det är viktigt att ta reda på vad som orsakar batteriets urladdning.***

Det finns tre möjligheter:

1 Batteriet har laddats ur efter ett flertal startförsök, eller för att lysen har lämnats på.

2 Laddningssystemet fungerar inte tillfredsställande (generatorns drivrem är slak eller av, generatorns länkage eller generatorn själv defekt).

3 Batteriet är defekt (utslitet eller låg elektrolytnivå).

När en bil startas med hjälp av ett laddningsbatteri, tänk på följande:

✔ Slå av tändningen innan det fulladdade batteriet ansluts.

✔ Se till att all elektrisk utrustning (lysen, värme, vindrutetorkare etc.) är avslagen.

✔ Observera eventuella speciella föreskrifter som är tryckta på batteriet.

✔ Kontrollera att laddningsbatteriet har samma spänning som det urladdade batteriet i bilen.

✔ Om batteriet startas med startkablar från batteriet i en annan bil, får bilarna INTE VIDRÖRA varandra.

✔ Växellådan skall vara i neutralläge (PARK för automatväxellåda).

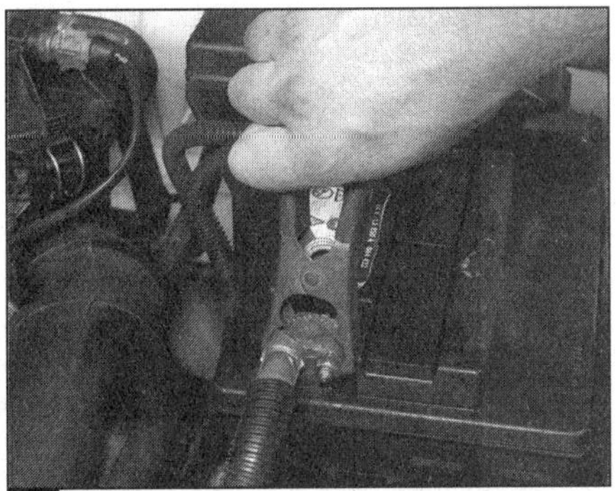

1 Anslut den ena änden av den röda startkabeln till den positiva (+) polen på det urladdade batteriet.

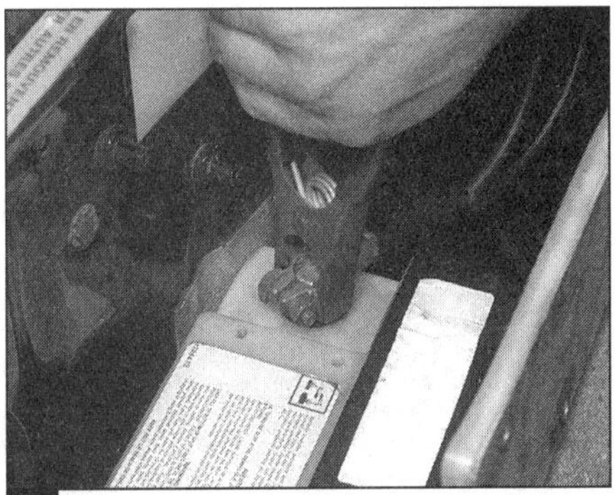

2 Anslut den andra änden av den röda startkabeln till den positiva (+) polen på det fulladdade batteriet.

3 Anslut den ena änden av den svarta startkabeln till den negativa (-) polen på det fulladdade batteriet.

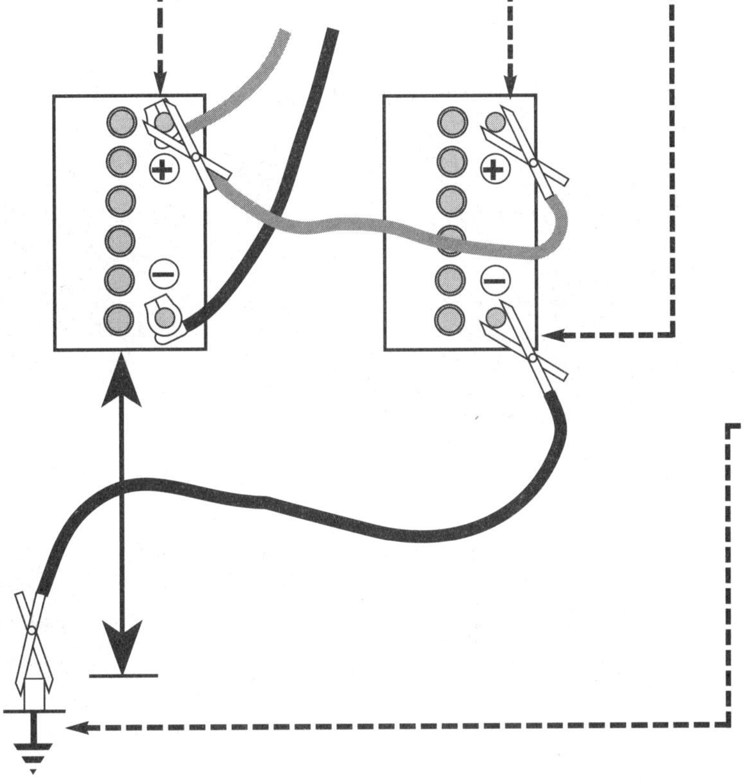

4 Anslut den andra änden av den svarta kabeln till en bult eller ett fäste på motorblocket, på ett visst avstånd från batteriet, på den bil som ska startas.

5 Se till att startkablarna inte kommer i kontakt med fläkten, drivremmarna eller andra rörliga delar av motorn.

6 Starta motorn med laddningsbatteriet och låt den på gå tomgång. Slå på lysen, bakruteavimmare och värmefläktsmotor och koppla sedan loss startkablarna i omvänd ordning mot anslutning. Slå av lysen etc.

Hjulbyte

Vissa av detaljerna som visas här varierar från modell till modell. Till exempel är placeringen av reservhjulet och domkraften inte den samma på alla bilar.

Varning: Byt aldrig hjul i en situation där du riskerar att bil påkörd av ett annat fordon. Försök stanna i en parkeringsficka eller på en mindre avtagsväg om du befinner dig på en högtrafikerad väg. Håll uppsikt över passerande trafik under hjulbytet - det är annars lätt att bli distraherad av arbetet.

Förberedelser

☐ När en punktering inträffar, stanna så snart säkerheten medger detta.

☐ Parkera om möjligt på plan, fast mark på avstånd från annan trafik.

☐ Använd vid behov varningsblinkers.

☐ Använd en varningstriangel (obligatorisk utrustning) för att göra andra trafikanter uppmärksamma på din närvaro.

☐ Dra åt handbromsen och lägg i ettan eller backen ('P' på automatväxellåda).

☐ Blockera det hjul som sitter diagonalt mitt emot det hjul som ska tas bort, några stora stenar kan användas till detta.

☐ Om marken är mjuk, lägg t.ex. en plankbit under domkraften för att sprida tyngden.

Byte av hjul

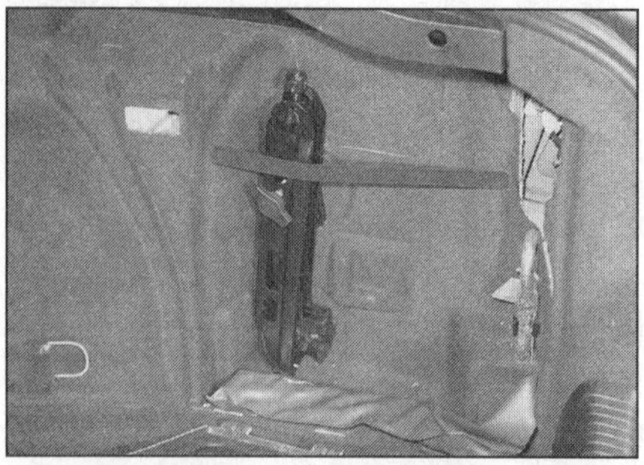

1 På sedan och kombikupé finns domkraft och verktyg på höger sida i bagage-utrymmet, bakom en kåpa. På kombi finns de under en kåpa i ett speciellt utrymme på vänster sida i bagageutrymmet.

2 Reservhjulet förvaras under en kåpa i bagageutrymmet. Lyft upp kåpan, ta loss fästskruven och lyft ut reservhjulet. Placera det under tröskeln som en säkerhet om domkraften skulle ge vika.

3 På modeller med stålfälgar, använd det speciella verktyget till att dra av hjulsidan från hjulet. På modeller med aluminium-fälgar, använd den medföljande skruvmejseln till att bända loss hjulsidan. På modeller med stöldskydd, använd det speciella verktyget till att ta bort hjulsidan. Lossa varje hjulbult ett halvt varv.

4 Placera domkraftshuvudet under den förstärkta domkraftspunkten närmast det hjul som ska bytas, och på fast mark. Domkraftspunkterna är utmärkta med små urtag i tröskeln. Vrid handtaget tills dom-kraften tar i marken och se till att domkraftens bas är rakt under tröskeln. Lyft bilen tills hjulet går fritt från marken. Om hjulet har punktering, se till att höja bilen så mycket att reservhjulet kan monteras.

5 Ta bort bultarna och lyft loss hjulet från bilen. Placera det under tröskeln i stället för reservhjulet. Montera reservhjulet och dra åt bultarna måttligt med nyckeln.

6 Sänk ner bilen på marken, dra åt bultarna slutgiltigt i diagonal ordning. Sätt tillbaka hjulsidan. Notera att hjulbultarna skall dras åt till specificerat moment så snart som möjligt.

Och till sist . . .

☐ Ta bort hjulblockeringen.

☐ Lägg tillbaka domkraft och verktyg på sina platser i bilen.

☐ Kontrollera lufttrycket i det däck som just monterats. Om det är lågt, eller om du inte har en lufttrycksmätare med dig, kör sakta till närmaste bensinstation och kontrollera/justera trycket.

☐ Låt reparera eller byt ut det skadade hjulet/däcket så snart som möjligt.

Att hitta läckor

Pölar på garagegolvet (eller där bilen parkeras) eller våta fläckar i motorrummet tyder på läckor som man måste försöka hitta. Det är inte alltid så lätt att se var läckan är, särskilt inte om motorrummet är mycket smutsigt. Olja eller andra vätskor kan spridas av fartvinden under bilen och göra det svårt att avgöra var läckan egentligen finns.

⚠ ***Varning: De flesta oljor och andra vätskor i en bil är giftiga. Vid spill bör man tvätta huden och byta indränkta kläder så snart som möjligt***

HAYNES TiPS ***Lukten kan vara till hjälp när det gäller att avgöra varifrån ett läckage kommer och vissa vätskor har en färg som är lätt att känna igen. Det är en bra idé att tvätta bilen ordentligt och ställa den över rent papper över natten för att lättare se var läckan finns. Tänk på att motorn ibland bara läcker när den är igång.***

Olja från oljesumpen

Motorolja kan läcka från avtappningspluggen . . .

Olja från oljefiltret

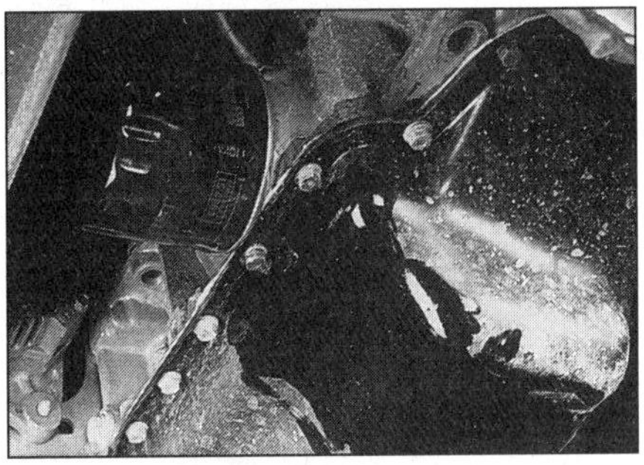

. . . eller från oljefiltrets packning.

Växellådsolja

Växellådsolja kan läcka från tätningarna i ändarna på drivaxlarna.

Frostskydd

Läckande frostskyddsvätska lämnar ofta kristallina avlagringar liknande dessa.

Bromsvätska

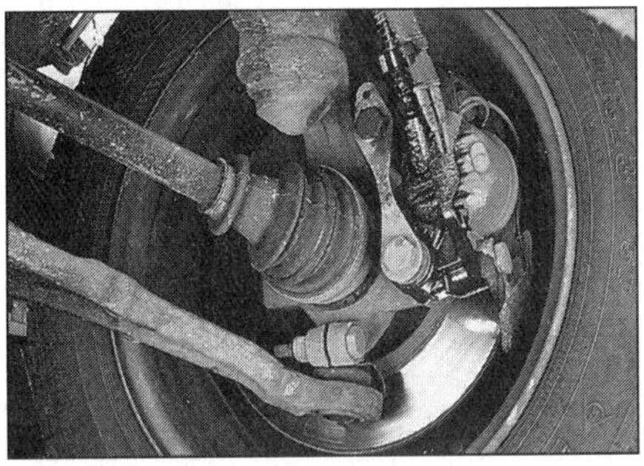

Läckage vid ett hjul är nästan alltid bromsvätska.

Servostyrningsolja

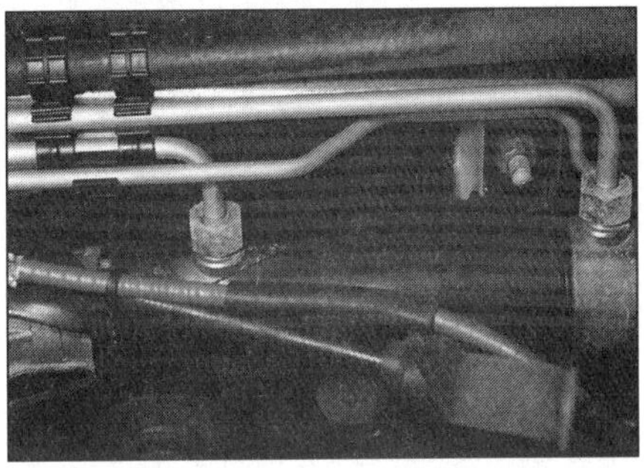

Servostyrningsolja kan läcka från styrväxeln eller dess anslutningar.

Bogsering

När ingenting annat hjälper kan du behöva bli bogserad hem – eller det kan naturligtvis hända att du bogserar någon annan. Bogsering längre sträckor bör överlåtas till en verkstad eller en bärgningsfirma. Vad gäller kortare sträckor går det utmärkt med bogsering av en annan privatbil, men tänk på följande:

☐ Använd en riktig bogserlina – de är inte dyra.

☐ Slå alltid på tändningen när bilen bogseras, så att rattlåset släpper och så att blinkers och bromsljus fungerar.

☐ Lossa handbromsen och ställ växellådan i neutralläge.

☐ Observera att det kommer att krävas högre bromspedaltryck än vanligt eftersom vakuumservon bara fungerar när motorn är igång.

☐ På modeller med servostyrning kommer det också att behövas större kraft än vanligt för att vrida ratten.

☐ Föraren i den bogserade bilen måste vara noga med att hålla bogserlinan spänd hela tiden för att undvika ryck.

☐ Försäkra er om att båda förarna känner till den planerade färdvägen innan ni startar.

☐ Bogsera kortast möjliga sträcka och kom ihåg att högsta tillåtna hastighet vid bogsering är 30 km/tim. Kör försiktigt och sakta ner mjukt och långsamt vid korsningar.

☐ För modeller med automatväxellåda gäller särskilda föreskrifter. Vid minsta tvekan, bogsera inte en bil med automatväxellåda eftersom det kan resultera i skador på växellådan.

☐ En främre bogserögla finns tillsammans med varningstriangeln och första hjälpenutrustningen i bagageutrymmet

☐ För att fästa bogseröglan, bänd loss luckan från den främre stötfångaren och skruva in öglan medurs så långt der går med hjälp av hjulbultsnyckeln. Observera att bogseröglan har vänstergänga. En bakre bogserögla sitter under bilens bakvagn.

Inledning

Det finns ett antal mycket enkla kontroller som endast tar några minuter i anspråk, men som kan bespara dig mycket besvär och stora kostnader.

Dessa *Veckokontroller* kräver inga större kunskaper eller specialverktyg, och den korta tid de tar att utföra kan visa sig vara väl använd, t.ex:

☐ Att hålla ett öga på däckens lufttryck förebygger inte bara att de slits ut i förtid utan det kan också rädda ditt liv.

☐ Många motorhaverier orsakas av elektriska problem. Batterirelaterade fel är speciellt vanliga och en snabb kontroll med regelbundna mellanrum förebygger oftast de flesta av dessa problem.

☐ Om en läcka uppstår i bromssystemet kan det hända att du märker det först när bromsarna slutar fungera. Genom regelbundna kontroller av oljenivån blir du varnad i god tid.

☐ Om olje- eller kylarvätskenivån blir för låg är det betydligt billigare att laga läckan direkt, än att bekosta dyra reparationer av de motorskador som annars kan uppstå.

Kontrollpunkter under motorhuven

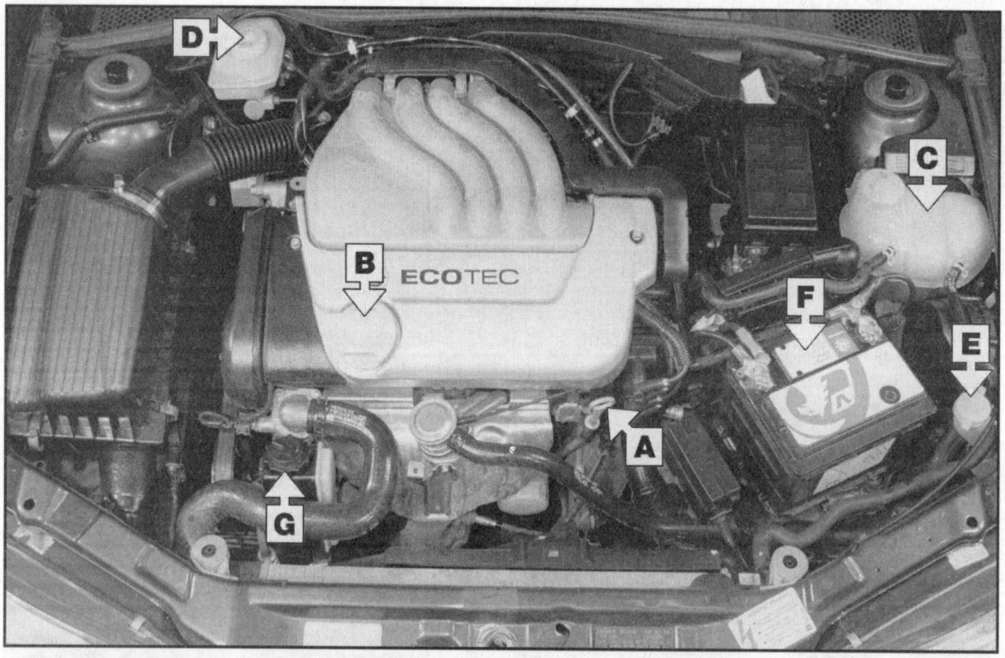

◀ **1.6 liter DOHC bensinmotor**

A *Motoroljans nivåmätsticka*
B *Motorns oljepåfyllningslock*
C *Kylvätskebehållare (expansionskärl)*
D *Bromsvätskebehållare*
E *Spolarvätskebehållare*
F *Batteri*
G *Servostyrningens vätskebehållare*

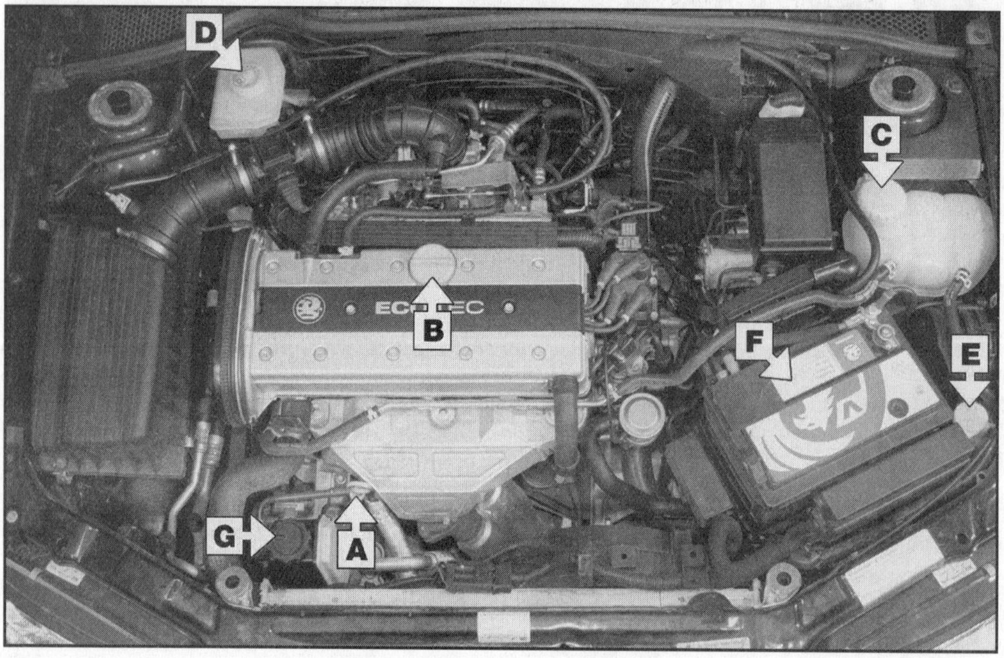

◀ **2.0 liter DOHC bensinmotor**

A *Motoroljans nivåmätsticka*
B *Motorns oljepåfyllningslock*
C *Kylvätskebehållare (expansionskärl)*
D *Bromsvätskebehållare*
E *Spolarvätskebehållare*
F *Batteri*
G *Servostyrningens vätskebehållare*

◀ 2.0 liter dieselmotor

A *Motoroljans nivåmätsticka*
B *Motorns oljepåfyllningslock*
C *Kylvätskebehållare (expansionskärl)*
D *Bromsvätskebehållare*
E *Spolarvätskebehållare*
F *Batteri*
G *Servostyrningens vätskebehållare*

Motoroljenivå

Innan du börjar

✔ Parkera bilen på plan mark.

✔ Kontrollera oljenivån innan bilen körs, eller åtminstone 5 minuter efter det att motorn stängts av.

> HAYNES TiPS ***Om oljenivån kontrolleras omedelbart efter körning kommer en del olja att finnas kvar i motorns över delar, vilket gör att avläsningen på mätstickan blir inkorrekt!***

Korrekt olja

Moderna motorer ställer höga krav på rätt olja. Det är mycket viktigt att man använder en olja som är lämplig för den speciella bilen (se "Smörjmedel och vätskor").

Bilvård

● Om olja behöver fyllas på ofta, undersök om det förekommer oljeläckor. Placera ett rent papper under motorn över natten och se om det finns fläckar på det på morgonen. Finns där inga fläckar kan det hända att motorn bränner olja.

● Oljenivån skall alltid vara mellan den övre och den nedre markeringen på mätstickan (se bild 3). Om nivån är för låg kan motorn ta allvarlig skada. Om det är för mycket olja i motorn kan oljetätningar gå sönder.

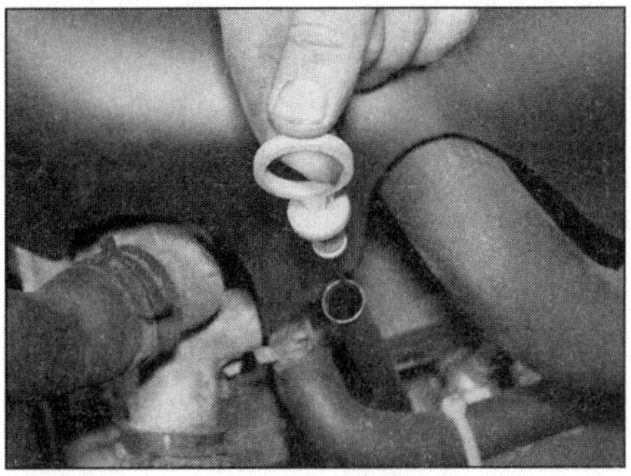

1 Mätstickan sitter framtill på motorn (se *Kontrollpunkter under motorhuven* för exakt placering). Dra ut mätstickan.

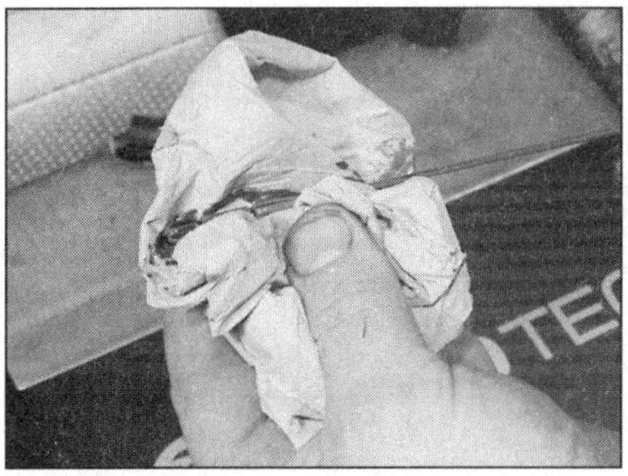

2 Torka av mätstickan med en ren trasa eller pappershandduk. Sätt in mätstickan igen så långt det går och dra ut den igen.

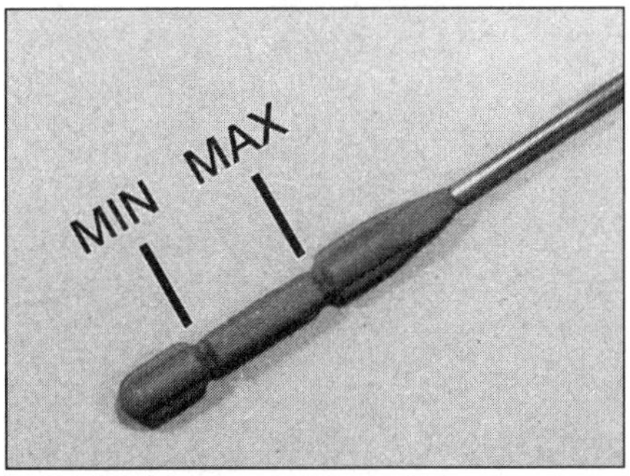

3 Notera oljenivån på mätstickans ände, som skall vara mellan märkena "MAX" och "MIN". Ungefär en liter olja höjer nivån från det nedre märket till det övre.

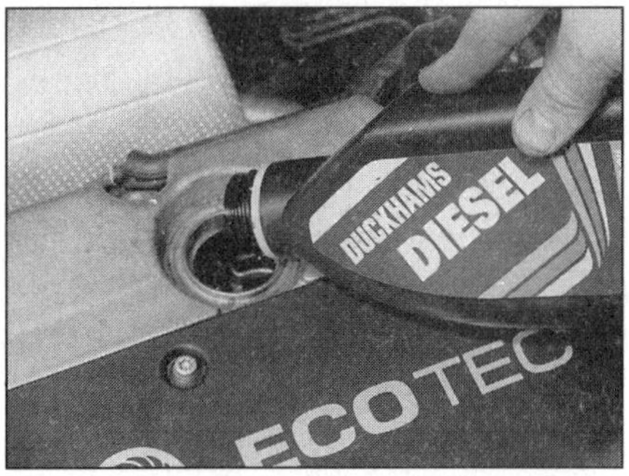

4 Vrid oljepåfyllningslocket ett fjärdedels varv moturs och ta loss det. Fyll på olja genom öppningen. En tratt minimerar oljespillet. Häll i oljan sakta och kontrollera nivån på mätstickan ofta. Fyll inte på för mycket.

Kylvätskenivå

Varning: Skruva aldrig av expansionskärlets lock när motorn är varm eftersom det föreligger risk för brännskador. Låt inte behållare med kylvätska stå öppna – vätskan är giftig.

Bilvård

- Ett slutet kylsystem bör inte behöva fyllas på regelbundet. Om kylvätskan ofta behöver fyllas på har bilen troligen en läcka i kylsystemet. Undersök kylaren, alla slangar och fogytor efter stänk och våta märken och åtgärda eventuella problem.

- Det är viktigt att frostskyddsvätska används i kylsystemet året runt, inte bara under vintermånaderna. Fyll inte på med enbart vatten, då sänks frostskyddets koncentration.

1 Kylvätskenivån varierar med motorns temperatur. När motorn är kall skall kylvätskenivån vara något över markeringen KALT/COLD på sidan av kärlet. När motorn är varm stiger nivån något.

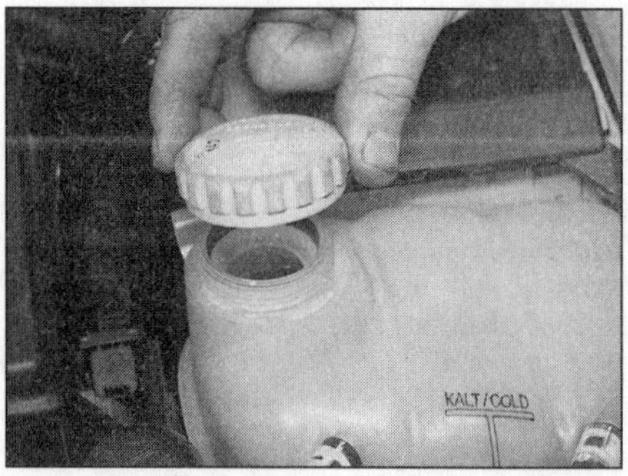

2 Om påfyllning behövs, vänta tills motorn är kall. Skruva loss locket sakta, för att släppa ut eventuellt tryck i kylsystemet, och ta bort det.

3 Fyll på med en blandning av vatten och frostskyddsvätska tills kylvätskan når upp till MAX-nivån. Sätt tillbaka locket och skruva åt det ordentligt.

Bromsvätskenivå

Varning:

- ***Bromsvätska kan skada dina ögon och bilens lack, så var ytterst försiktig vid hanteringen.***
- ***Använd inte vätska som har stått i en öppen behållare under en tid. Vätskan absorberar fukt från luften vilket kan orsaka farlig förlust av bromsverkan.***

HAYNES TiPS

- ***Parkera bilen på plan mark.***
- ***Vätskenivån i behållaren sjunker något allt eftersom bromsklossarna slits. Nivån får dock aldrig sjunka under MIN-markeringen.***

Säkerheten främst!

- Om bromsvätska behöver fyllas på ofta tyder det på en läcka någonstans i systemet, vilket måste undersökas omedelbart.

- Misstänker man att systemet läcker får bilen inte köras förrän systemet har undersökts och eventuella problem åtgärdats. Ta aldrig några risker när det gäller bromsarna.

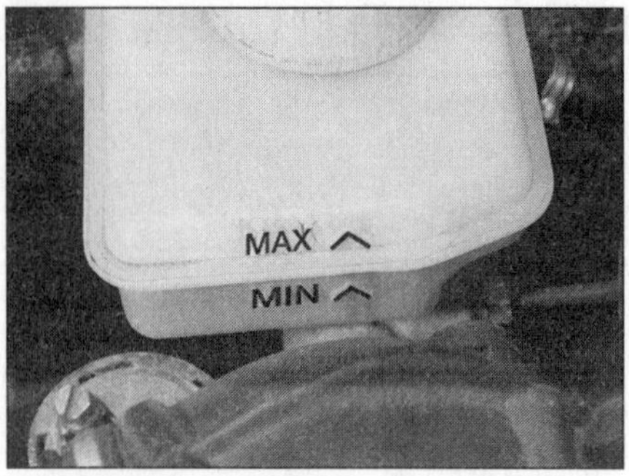

1 MAX och MIN markeringar på behållaren. Nivån måste alltid hållas mellan de två markeringarna.

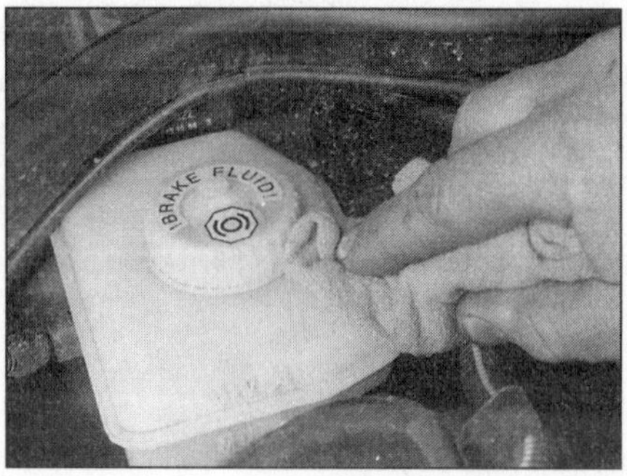

2 Om påfyllning behövs, torka rent området runt påfyllningslocket för att förhindra att smuts kommer in i hydraulsystemet.

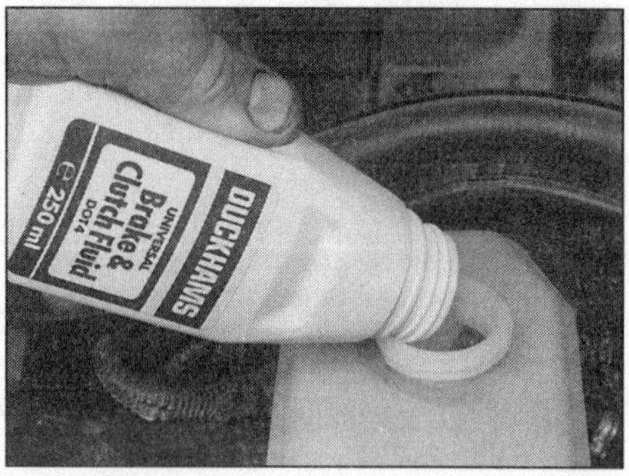

3 Var försiktig vid påfyllningen så att inte vätska hamnar på bilens lackerade delar. Använd endast vätska av specificerad typ; blandning av olika typer kan orsaka skador på systemet. Sätt tillbaka locket och dra åt det ordentligt.

Spolarvätskenivå

Spolarvätsketillsatser rengör inte bara rutan utan fungerar även som frostskydd så att spolarvätskan inte fryser under vintern. Fyll inte på med enbart vatten, eftersom spolarvätskan då späds ut och kan frysa i kall väderlek.

Använd aldrig motorfrostskyddsvätska i spolarsystemet - det kan skada lacken.

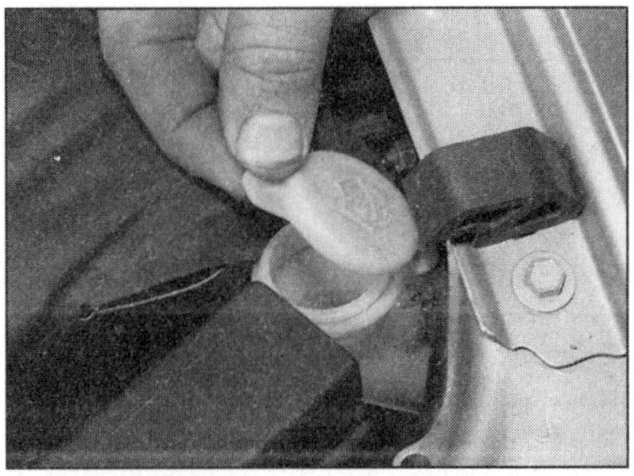

1 Behållaren för vindrutans och bakrutans (där tillämpligt) spolarsystem är placerad till vänster framtill i motorrummet. Om påfyllning behövs, öppna locket.

2 Vid påfyllning skall tillsatser läggas till med den koncentration som anges på flaskan.

Servostyrningens oljenivå

Innan du börjar:

- ✔ Parkera bilen på plan mark.
- ✔ Med motorn på tomgång, vrid ratten sakta fram och tillbaka till fullt utslag 2 eller 3 gånger och rikta sedan hjulen rakt fram. Stäng av motorn.

HAYNES TiPS ***För att kontrollen skall vara rättvisande får ratten inte vridas efter det att motorn stängts av.***

Säkerheten främst!

- Om servostyrningsvätska behöver fyllas på ofta betyder det att systemet läcker. Undersök detta och åtgärda problemet omedelbart.

1 Servostyrningsvätskans behållare sitter framtill i motorrummet. Nivån skall kontrolleras med motorn avstängd.

2 Skruva loss påfyllningslocket uppe på behållaren och torka av all vätska från lockets mätsticka med en ren trasa. Sätt tillbaka locket och ta av det igen. Notera vätskenivån på mätstickan.

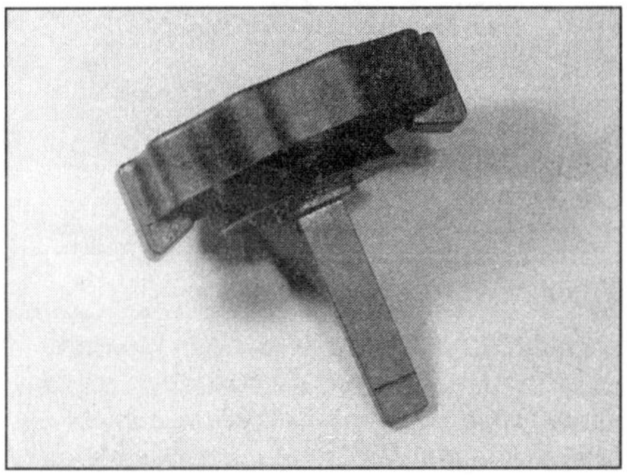

3 När motorn är kall skall vätskenivån vara mellan den övre och den nedre markeringen på stickan om både MAX och MIN markeringar finns. Om det endast finns en markering skall nivån vara mellan stickans nedre ände och denna markering. Fyll på vätska av specificerad typ (fyll inte på för mycket), sätt tillbaka och dra åt locket.

Däckens skick och lufttryck

Det är mycket viktigt att däcken är i bra skick och har korrekt lufttryck - däckhaverier är farliga i alla hastigheter.

Däckslitage påverkas av körstil - hårda inbromsningar och accelerationer och snabb kurvtagning leder till högt slitage. Generellt sett slits framdäcken ut snabbare än bakdäcken. Axelvis byte mellan fram och bak kan jämna ut slitaget, men om detta är effektivt kan du komma att behöva byta ut alla fyra däcken samtidigt.

Ta bort spikar och stenar som bäddats in i mönstret innan dessa tränger genom och orsakar punktering. Om borttagandet av en spik avslöjar en punktering, stick tillbaka spiken i hålet som markering, byt omedelbart hjul och låt en däckverkstad reparera däcket.

Kontrollera regelbundet att däcken är fria från sprickor och blåsor, speciellt i sidoväggarna. Ta av hjulen med regelbundna mellanrum och rensa bort all smuts och lera från inre och yttre ytor. Kontrollera att inte fälgarna visar spår av rost, korrosion eller andra skador. Lättmetallfälgar skadas lätt av kontakt med trottoarkanter vid parkering, stålfälgar kan bucklas. En ny fälg är ofta det enda sättet att korrigera allvarliga skador.

Nya däck måste alltid balanseras vid monteringen, men det kan vara nödvändigt att balansera om dem i takt med slitage eller om balansvikterna på fälgkanten lossnar.

Obalanserade däck slits snabbare och de ökar även slitaget på fjädring och styrning. Obalans i hjulen märks normalt av vibrationer, speciellt vid vissa hastigheter, i regel kring 80 km/tim. Om dessa vibrationer bara känns i styrningen är det troligt att enbart framhjulen behöver balanseras. Om vibrationerna istället känns i hela bilen kan bakhjulen vara obalanserade. Hjulbalansering ska utföras av en däckverkstad eller annan verkstad med lämplig utrustning.

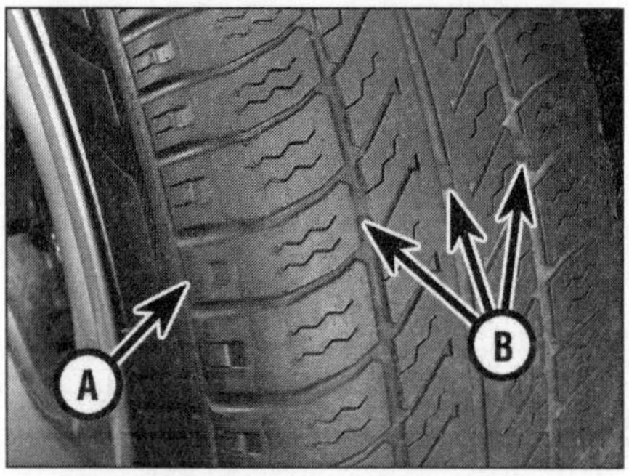

1 ***Mönsterdjup - visuell kontroll***

Originaldäcken har slitagevarningsband (B) som uppträder när mönsterdjupet slitits ned till ca 1,6 mm. Bandens lägen anges av trekanter på däcksidorna (A).

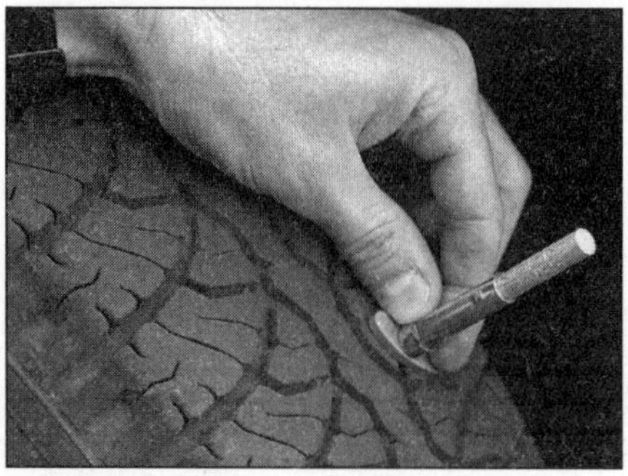

2 ***Mönsterdjup - manuell kontroll***

Mönsterdjupet kan också avläsas med ett billigt verktyg kallat mönsterdjupsmätare.

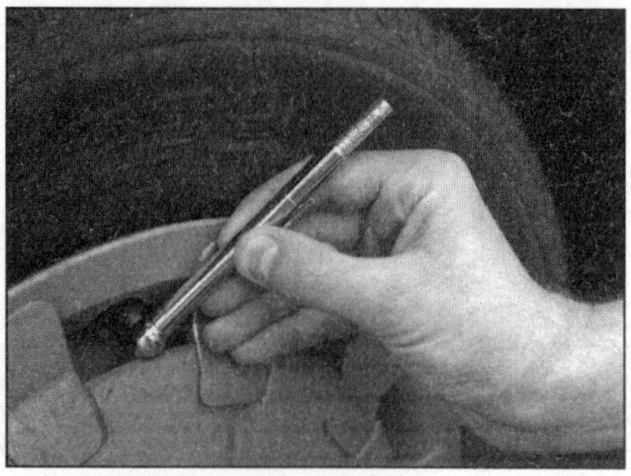

3 ***Lufttryckskontroll***

Kontrollera regelbundet lufttrycket i däcken när dessa är kalla. Justera inte lufttrycket omedelbart efter det att bilen har körts eftersom detta leder till felaktiga värden. Däcktryck visas på nästa sida.

Däckslitage

Slitage på sidorna

Lågt däcktryck (slitage på båda sidorna)
Lågt däcktryck orsakar överhettning i däcket eftersom det ger efter för mycket, och slitbanan ligger inte rätt mot underlaget. Detta orsakar förlust av väggrepp och ökat slitage.
Kontrollera och justera däcktrycket.
Felaktig cambervinkel (slitage på en sida)
Reparera eller byt ut fjädringsdetaljer.
Hård kurvtagning
Sänk hastigheten!

Slitage i mitten

För högt däcktryck
För högt däcktryck orsakar snabbt slitage i mitten av däckmönstret, samt minskat väggrepp, stötigare gång och fara för skador i korden.
Kontrollera och justera däcktrycket.

Om du ibland måste ändra däcktrycket till högre tryck specificerade för max lastvikt eller ihållande hög hastighet, glöm inte att minska trycket efteråt.

Ojämnt slitage

Framdäcken kan slitas ojämnt som följd av felaktig hjulinställning. De flesta bilåterförsäljare och verkstäder kan kontrollera och justera hjulinställningen för en rimlig summa.
Felaktig camber- eller castervinkel
Reparera eller byt ut fjädringsdetaljer
Defekt fjädring
Reparera eller byt ut fjädringsdetaljer
Obalanserade hjul
Balansera hjulen
Felaktig toe-inställning
Justera framhjulsinställningen
Notera: *Den fransiga ytan i mönstret, ett typiskt tecken på toe-förslitning, kontrolleras bäst genom att man känner med handen över däcket.*

Däcktryck (kalla)

Observera: *Trycken gäller originaldäcken och kan alltså variera om andra typer av däck monterats, rådfråga i så fall däcktillverkaren eller återförsäljaren för korrekt däcktryck. Däcktrycken finns på insidan av tanklocket.*

Däckstorlek	Fram	Bak
Modeller med 1.6 liters bensinmotor		
175/70:		
Upp till 3 personer	2,3 bar	2,3 bar
Full last	2,4 bar	3,0 bar
185/70:		
Upp till 3 personer	2,0 bar	2,0 bar
Full last	2,1 bar	2,7 bar
195/65:		
Upp till 3 personer	2,0 bar	2,0 bar
Full last	2,1 bar	2,7 bar
Modeller med 1.8 eller 2.0 liters bensinmotor		
175/70:		
Upp till 3 personer	2,5 bar	2,5 bar
Full last	2,6 bar	3,2 bar
185/70:		
Upp till 3 personer	2,2 bar	2,2 bar
Full last	2,3 bar	2,9 bar
195/65:		
Upp till 3 personer	2,2 bar	2,2 bar
Full last	2,3 bar	2,9 bar
Modeller med 1.7 liters dieselmotor		
175/70:		
Upp till 3 personer	2,5 bar	2,5 bar
Full last	2,5 bar	3,1 bar
185/70:		
Upp till 3 personer	2,1 bar	2,1 bar
Full last	2,2 bar	2,8 bar
195/65:		
Upp till 3 personer	2,1 bar	2,1 bar
Full last	2,2 bar	2,8 bar
Modeller med 2.0 liters dieselmotor		
185/70:		
Upp till 3 personer	2,3 bar	2,3 bar
Full last	2,4 bar	3,0 bar
195/65:		
Upp till 3 personer	2,3 bar	2,3 bar
Full last	2,4 bar	3,0 bar

Torkarblad

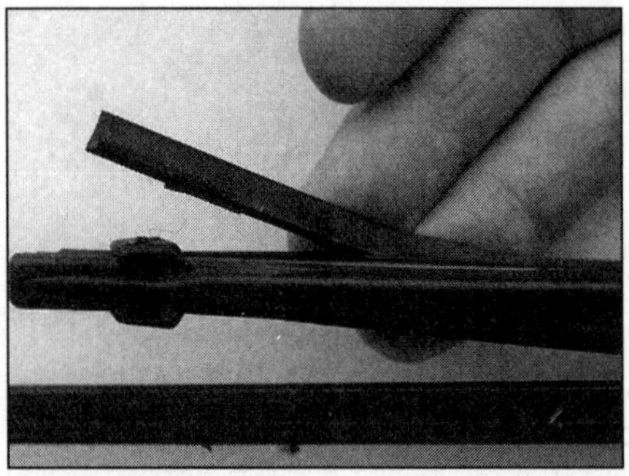

1 Undersök torkarbladens skick; om de är spruckna eller visar tecken på försämring, eller om rutan inte rengörs ordentligt, byt ut dem. Torkarblad bör bytas ut som en rutinåtgärd en gång per år.

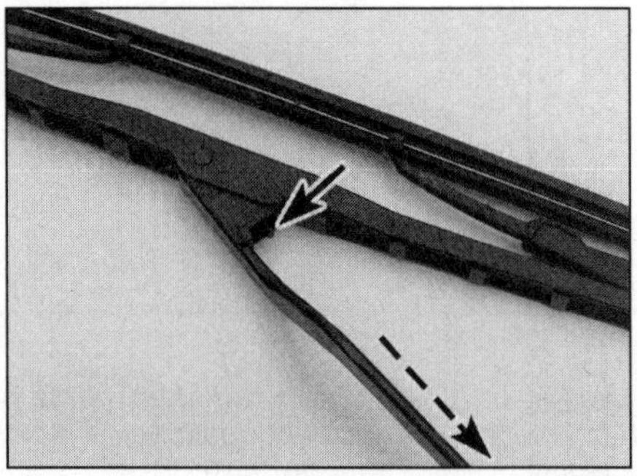

2 För att ta bort torkarbladet, dra ut armen helt från rutan tills den låser. Vrid bladet 90°, tryck sedan ihop låsklämman och ta loss bladet från armen. När det nya bladet monteras, se till att det låser ordentligt i armen och att bladet vänds rätt väg.

Batteri

***Varning:** Innan något arbete utförs på batteriet, läs föreskrifterna i ”Säkerheten främst” i början av boken.*

✔ Kontrollera att batteriplåten är i gott skick och att batteriklämman sitter ordentligt. Korrosion på plåten, fästklämman och själva batteriet kan tas bort med en lösning av vatten och bikarbonat. Skölj alla delar med vatten. Alla metalldelar som skadats av korrosion ska först målas med en zinkbaserad grundfärg.

✔ Kontrollera regelbundet (ungefär var tredje månad), batteriets laddningstillstånd enligt beskrivning i kapitel 5A.

✔ Om batteriet är urladdat och du måste använda startkablar för att starta bilen, se *Reparationer vid vägkanten.*

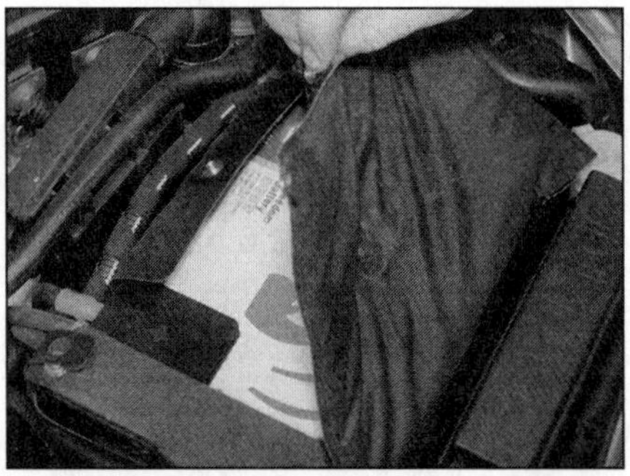

1 Batteriet sitter på vänster sida i motorrummet. Lossa tygöverdraget som sitter över batteriet för att komma åt polerna. Undersök utsidan av batteriet med jämna mellanrum för att se om det är sprucket eller på annat sätt skadat.

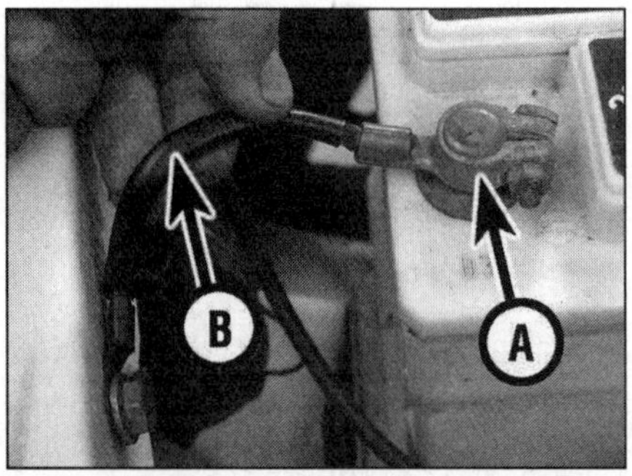

2 Kontrollera att batteriklämmorna (A) sitter åt ordentligt så att de ger bästa möjliga ledareffekt. Man ska inte kunna rubba dem. Kontrollera också om kablarna (B) är spruckna eller fransiga.

HAYNES TIPS

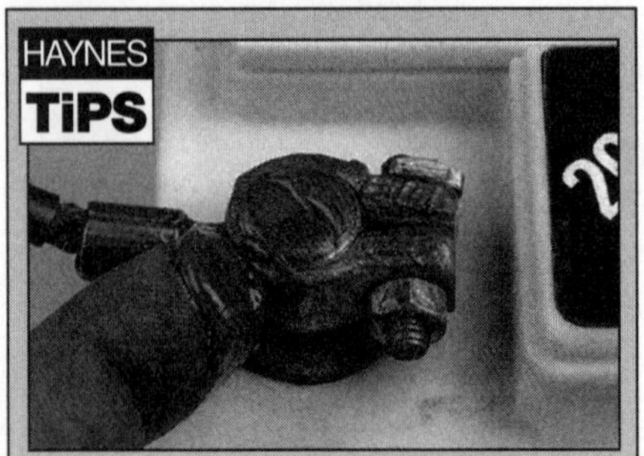

Korrosion på batteriet kan minimeras genom att man applicerar lite vaselin på batteripolerna och klämmorna när man dragit åt dem.

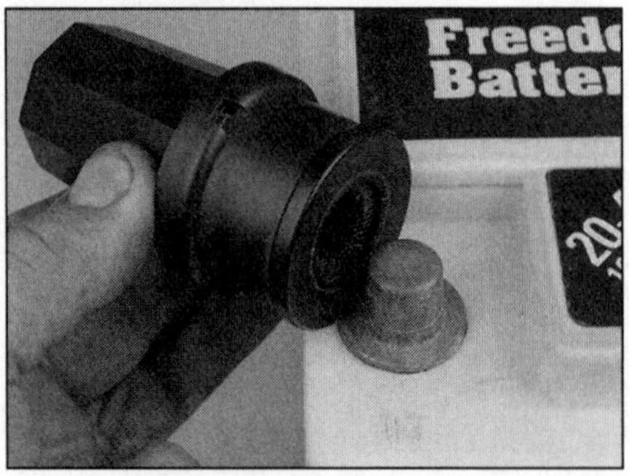

3 Om korrosion finns, ta bort kablarna från batteripolerna, rengör dem med en liten stålborste och sätt tillbaka dem. Biltillbehörsbutiker säljer ett bra verktyg för rengöring av batteripoler. . .

4 . . . och klämmor

Elsystem

✔ Kontrollera att alla yttre lysen och signalhornet fungerar. Se relevanta avsnitt i kapitel 12 för närmare information om någon av kretsarna inte fungerar.

✔ Se över alla tillgängliga kontaktdon, kablar och kabelklämmor. De måste sitta ordentligt och får inte vara skavda eller på annat sätt skadade.

HAYNES TiPS ***Om du måste kontrollera bromsljus och blinkers ensam, backa upp mot en vägg eller garageport och slå på ljusen. Det reflekterande skenet visar om de fungerar eller inte.***

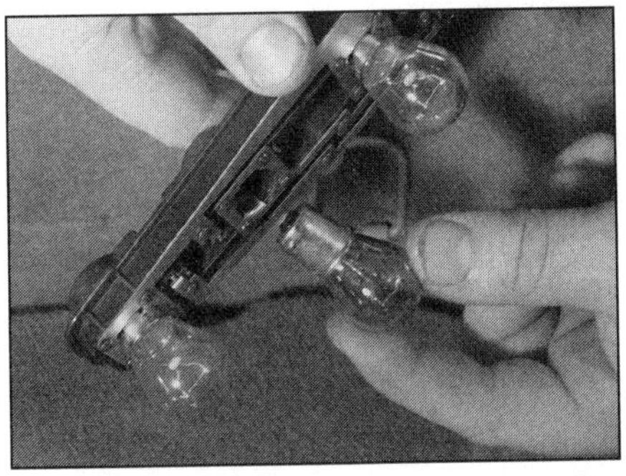

1 Om en enstaka blinkers, ett bromsljus eller en strålkastare inte fungerar, är det troligen en glödlampa som är trasig och måste bytas (se kapitel 12). Om båda bromsljusen är ur funktion är det troligt att det är kontakten som är defekt (se kapitel 9).

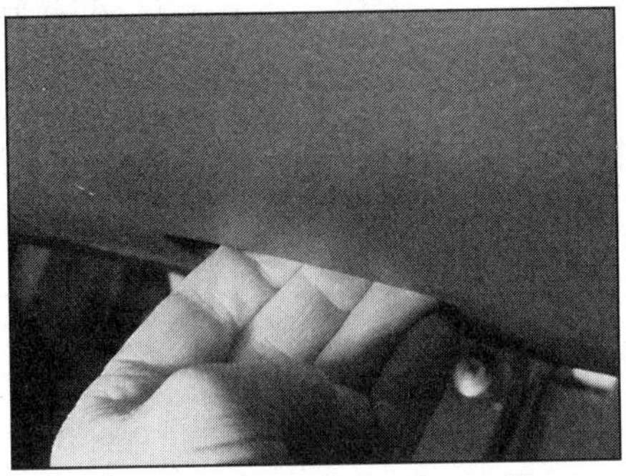

2 Om mer än en blinkers eller strålkastare är ur funktion är det troligt att antingen en säkring är trasig eller att det är ett fel i kretsen (se kapitel 12). Huvudsäkringarna är placerade under en lucka på förarens sida av instrumentbrädan. Dra upp och ta bort luckan, dra sedan ut nedre delen av säkringsdosan. Ytterligare säkringar och reläer sitter på vänster sida i motorrummet.

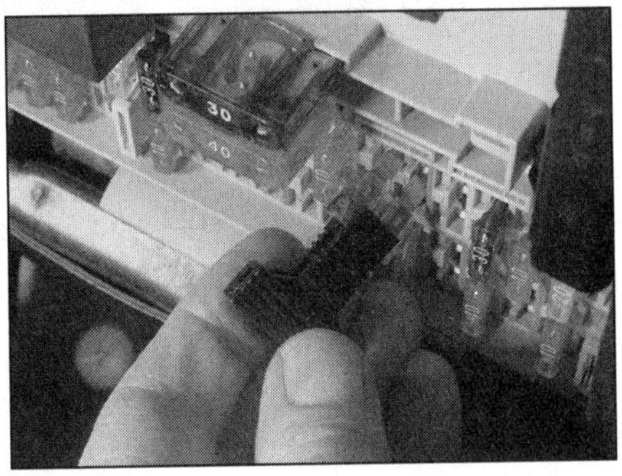

3 För att byta ut en trasig säkring, ta bort den med det medföljande verktyget (där tillämpligt). Sätt i en ny säkring av samma klassning, tillgängliga från biltillbehörsbutiker. Det är viktigt att leta reda på orsaken till att säkringen gick sönder (se *"Elektrisk felsökning"* i kapitel 12).

Smörjmedel och vätskor

Motor:	
Bensin	Multigrade motorolja, viskositet SAE 10W/40 till 20W/50, till API SG/CD eller SH/CD *(Duckhams QXR Premium Petrol Engine Oil eller Duckhams Hypergrade Petrol Engine Oil)*
Diesel	Multigrade motorolja, viskositet SAE 5W/40 till 15W/40 till CCMC-G5/PD2 *(Duckhams QXR Premium Diesel Engine Oil)*
Kylsystem	Etylenglykolbaserad frostskyddsvätska *(Duckhams Antifreeze and Summer Coolant)*
Manuell växellåda	Växellådsolja, Opel delnummer 90 001 777 *(Duckhams Hypoid Gear Oil 80W GL-4 eller Hypoid Gear Oil 75W-90 GL-4)*
Automatväxellåda	Dexron II typ ATF *(Duckhams ATF Autotrans III)*
Servostyrning	Dexron II typ ATF *(Duckhams ATF Autotrans III)*
Bromsvätska	Hydraulvätska till SAE J1703, DOT 3 eller DOT 4 *(Duckhams Universal Brake and Clutch Fluid)*

Kapitel 1 del A: Rutinunderhåll och service – modeller med bensinmotor

Innehåll

Svårighetsgrader

Enkelt, passar novisen med lite erfarenhet	**Ganska enkelt,** passar nybörjaren med viss erfarenhet	**Ganska svårt,** passar kompetent hemmamekaniker	**Svårt,** passar hemmamekaniker med erfarenhet	**Mycket svårt,** för professionell mekaniker

Smörjmedel och vätskor

Smörjmedel och vätskor	Se *"Veckokontroller"*

Volymer

Motorolja

Inklusive oljefilter:	
1.6 liters motor	3,5 liter
1.8 och 2.0 liters motorer	5,0 liter
Skillnad mellan MIN och MAX på mätstickan	1,0 liter

Kylsystem

	Modell utan luftkonditionering	Modell med luftkonditionering
1.6 liters SOHC motor	6,1 liter	6,4 liter
1.6 liters DOHC motor	6,7 liter	7,0 liter
1.8 liters motor	7,3 liter	7,3 liter
2.0 liters motor	7,2 liter	7,2 liter

Växellåda

Manuell växellåda:	
1.6 liters SOHC motor	1,6 liter
1.6 liters DOHC motor:	
Tidiga modeller (F15 växellåda)	1,8 liter
Senare modeller (F17 växellåda)	1,6 liter
1.8 och 2.0 liters motorer	1,9 liter
Automatväxellåda:	
Vid vätskebyte	3,0 till 3,5 liter
Från torr	5,0 liter (ca)

Spolarvätskebehållare

Utan strålkastarspolare	2,6 liter
Med strålkastarspolare	5,5 liter
Bränsletank	60 liter

Motor

Oljefilter	Champion G102

Kylsystem

Frostskyddsblandning:	
44% frostskydd	Skydd ner till -30°C
52% frostskydd	Skydd ner till -40°C

Observera: *Se frostskyddstillverkarens information för senaste rekommendationer.*

Bränslesystem

Luftfilter	Champion U668
Bränslefilter	Champion L225

Tändsystem

	Typ	Elektrodavstånd*
Tändstift:		
Rekommenderade	Champion RC10DMC	Ej justerbart
Alternativ	Champion RC9YC	0,6 mm

**Det elektrodavstånd som anges är en rekommendation från Champion för de tändstift som specificeras ovan. Om andra tändstift används, se tillverkarens rekommendationer.*

Bromsar

Friktionsmaterialets minsta tjocklek (inklusive monteringsplattan):	
Främre bromsklossar	7,5 mm
Bakre bromsklossar	7,0 mm
Bakre bromsbackar	0,5 mm över nitskallarna

Åtdragningsmoment

	Nm
Hjulbultar	110
Motoroljefilter	15
Nivåplugg:	
F18 växellåda:	
Steg 1	4
Steg 2	Vinkeldra ytterligare 45 till 180°
Alla andra växellådor	30
Sumpens avtappningsplugg:	
1.6 liters motorer:	
Motorer med sump av metallegering	45
Motorer med sump av pressad stålplåt	55
1.8 och 2.0 liters motorer	10
Tändstift	25

Underhållsschemat i denna handbok gäller under förutsättning att du själv, inte återförsäljaren, utför arbetet. Angivna intervaller är baserade på tillverkarens minimirekommendationer för bilar i dagligt bruk. Om man vill hålla bilen i konstant toppskick bör vissa servicearbeten utföras oftare än vad som anges här. Vi uppmuntrar sådana initiativ eftersom det förbättrar bilens effektivitet, prestanda och andrahandsvärde.

Om bilen körs i dammiga områden, ofta drar släpvagn eller ofta körs med låg hastighet (tomgång i stadstrafik) eller korta sträckor, rekommenderas tätare underhållsintervall.

När bilen är ny rekommenderas att service utförs av auktoriserad verkstad så att inte garantin förverkas.

Var 7500:e km eller var 6:e månad, det som först inträffar

- ☐ Byt motorolja och filter (avsnitt 3)

Observera: *Opel rekommenderar att motorolja och filter byts var 15 000:e km eller var 12:e månad. Byte av olja och filter är dock mycket bra för motorn och vi rekommenderar därför tätare byten, särskilt om bilen ofta körs korta sträckor.*

Var 15 000:e km eller var 12:e månad, det som först inträffar

- ☐ Kontrollera drivremmarnas skick och spänning (avsnitt 4)*
- ☐ Kontrollera avgasutsläppen (avsnitt 5)
- ☐ Kontrollera funktionen hos alla elektriska system (avsnitt 6)*
- ☐ Kontrollera och justera (vid behov) strålkastarinställningen (avsnitt 7)
- ☐ Kontrollera karossen och underredet angående korrosionsskydd (avsnitt 8)
- ☐ Kontrollera främre bromsklossar och skivor angående slitage (avsnitt 9)*
- ☐ Kontrollera bakre bromsklossar och skivor (där tillämpligt) angående slitage (avsnitt 10)*
- ☐ Kontrollera alla komponenter, rör och slangar angående läckage (avsnitt 11)
- ☐ Kontrollera att hjulbultarna är åtdragna till rätt moment (avsnitt 12)*
- ☐ Kontrollera den bakre fjädringens nivåregleringssystem (där tillämpligt) (avsnitt 13)*
- ☐ Byt pollenfilter (avsnitt 14)*
  Observera: *Om bilen används under dammiga förhållanden bör pollenfiltret bytas oftare.*
- ☐ Utför ett landsvägsprov (avsnitt 15)*

** På bilar med lång körsträcka (mer än 30 000 km/år), utför moment märkta med en asterisk var 15 000:e km oavsett tidsintervall, och utför de moment som inte har någon asterisk var 12:e månad.*

Var 30 000:e km eller vartannat år, det som först inträffar

- ☐ Byt luftfilter (avsnitt 16)
- ☐ Byt bränslefilter (avsnitt 17)
- ☐ Kontrollera oljenivån i manuell växellåda och fyll på vid behov (avsnitt 18)
- ☐ Kontrollera oljenivån i automatväxellåda och fyll på vid behov (avsnitt 19)
- ☐ Smörj alla dörrlås och gångjärn, dörrstopp, motorhuvens lås och öppningsmekanism samt bakluckans lås och gångjärn (avsnitt 20)
- ☐ Kontrollera bakre bromsbackar och trummor angående slitage (avsnitt 21)
- ☐ Kontrollera fjädrings- och styrningskomponenternas skick och säkerhet (avsnitt 22)
- ☐ Kontrollera drivaxeldamaskernas skick (avsnitt 23)

Var 60 000:e km eller vart 4:e år, det som först inträffar

- ☐ Byt tändstift och kontrollera tändsystemet (avsnitt 24)
- ☐ Byt kamrem (avsnitt 25)

Observera: *På modeller fr.o.m. 1997 ökade Opel specificerat intervall för kamremsbyte till 120 000 km eller 8 år. Om bilen huvudsakligen används för korta resor eller mycket start-stopp körning, rekommenderas att det tidigare angivna intervallet (före 1997) används. När kamremsbyte görs är mycket upp till ägaren själv, men med tanke på de omfattande skador som kan bli resultatet om remmen går av när bilen körs, rekommenderar vi att man tar det säkra före det osäkra.*

Vartannat år, oavsett körsträcka

- ☐ Byt bromsvätska (avsnitt 26)
- ☐ Byt batteri i fjärrkontroll (avsnitt 27)
- ☐ Byt kylvätska (avsnitt 28)

Motorrummet på en modell med 1.6 liters DOHC motor

1 *Lock för påfyllning av motorolja*
2 *Luftrenare*
3 *Främre fjäderbenets övre fäste*
4 *Bromsvätskebehållare*
5 *Extra säkrings- och relädosa*
6 *Kylsystemets expansionskärl*
7 *Batteri*
8 *Spolarvätskebehållare*
9 *Kylare*
10 *Motoroljans nivåmätsticka*
11 *Luftinsprutningsventil*
12 *Övre kylarslang*
13 *Termostathus*
14 *Servostyrningsvätskans behållare*

Framvagnen sedd underifrån på en modell med 1.6 liters DOHC motor

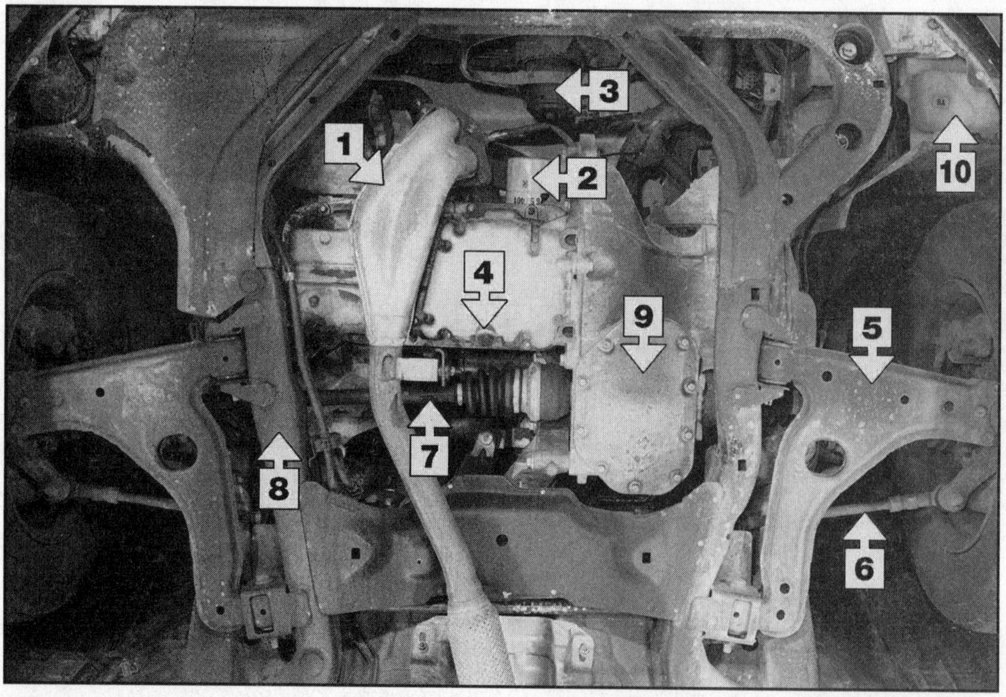

1 *Nedåtgående avgasrör*
2 *Oljefilter*
3 *Elektrisk kylfläktsmotor*
4 *Motoroljans avtappningsplugg*
5 *Framfjädringens länkarm*
6 *Styrstag*
7 *Drivaxel*
8 *Monteringsram*
9 *Manuell växellåda*
10 *Spolarvätskebehållare*

Motorrummet på en modell med 2.0 liters motor

1 Påfyllningslock för motorolja
2 Främre fjäderbenets över fäste
3 Bromsvätskebehållare
4 Luftrenare
5 Extra säkrings- och relädosa
6 Kylsystemets expansionskärl
7 Batteri
8 Spolarvätskebehållare
9 Extra säkrings-/relädosa
10 Kylare
11 Luftinsprutningsventil
12 Servostyrningsvätskans behållare
13 Övre kylarslang
14 Motoroljans nivåmätsticka

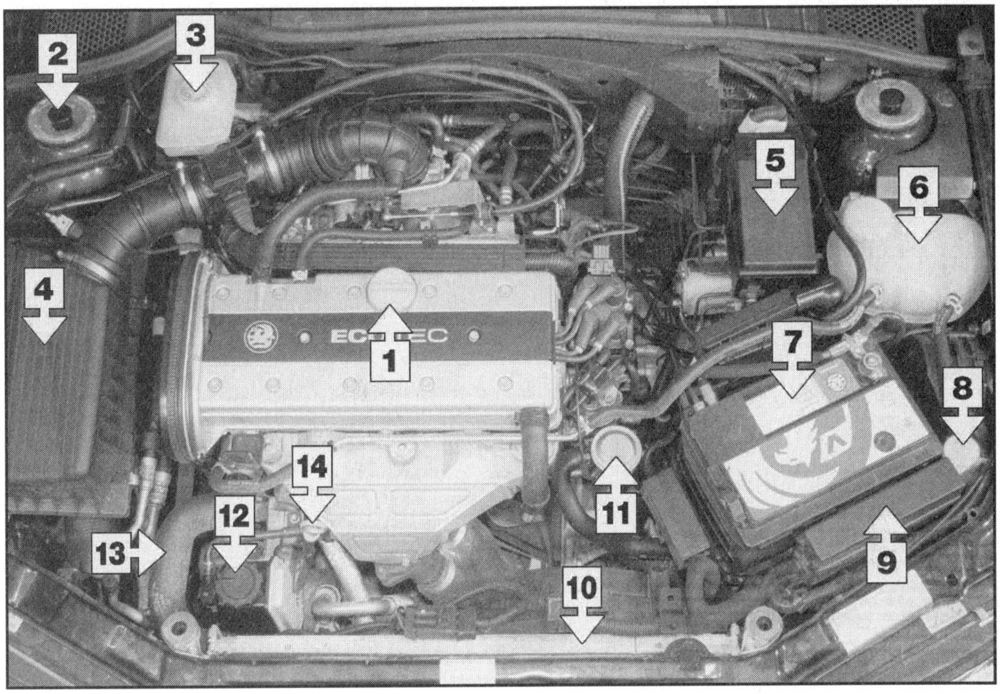

Framvagnen sedd underifrån på en modell med 2.0 liters motor

1 Framfjädringens länkarm
2 Motoroljans avtappningsplugg
3 Nedåtgående avgasrör
4 Manuell växellåda
5 Spolarvätskebehållare
6 Styrstag

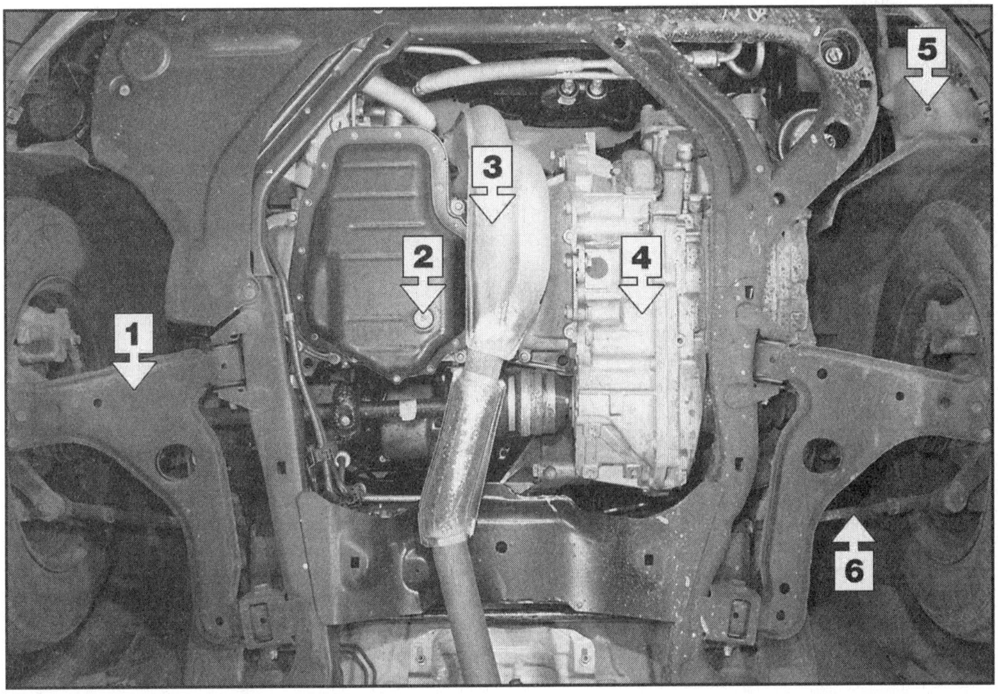

Typisk bakvagn sedd underifrån

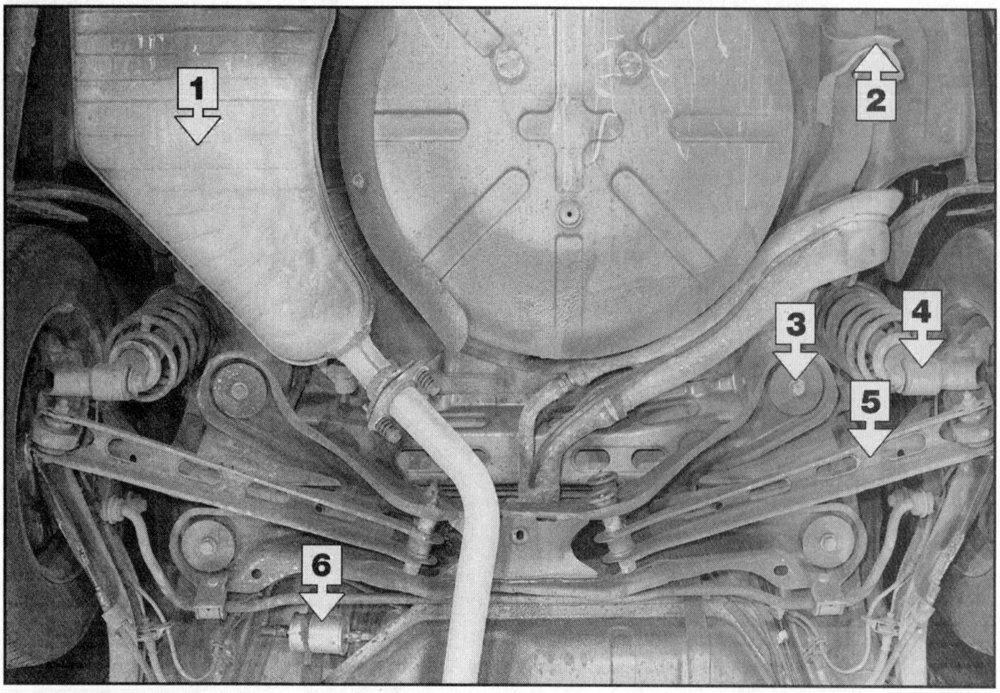

1 Bakre ljuddämpare
2 Bakre bogseringsögla
3 Bakre fjädringens tvärbalk
4 Bakre fjäderben
5 Bakfjädringens nedre tvärarm
6 Bränslefilter

1 Allmän information

1 Detta kapitel är utformat för att hjälpa hemmamekanikern att underhålla sin bil på ett sådant sätt att den förblir säker och ekonomisk och ger lång tjänstgöring och topprestanda.

2 Kapitlet innehåller ett huvudschema för underhåll som följs av avsnitt som i detalj tar upp varje post på schemat. Inspektioner, justeringar, byte av delar och annat nyttigt är inkluderat. Se också de tillhörande bilderna av motorrum och underrede vad gäller de olika delarnas placering.

3 Underhåll av bilen enligt schemat för tid/körsträcka och de följande avsnitten ger ett planerat underhållsprogram som bör resultera i en lång och pålitlig tjänstgöring. Schemat är heltäckande - d.v.s. om man underhåller vissa delar men inte andra vid angivna tidpunkter, uppnås inte samma resultat.

4 Under arbetets gång kommer du att upptäcka att många av arbetsmomenten kan – och bör – utföras vid samma tillfälle, på grund av arbetets art eller för att två annars orelaterade delar sitter nära varandra. Om bilen t.ex. av någon anledning lyfts upp, kan inspektion av avgassystemet utföras samtidigt som styrning och fjädring kontrolleras.

5 Första steget i detta underhållsprogram är att förbereda sig innan själva arbetet påbörjas. Läs igenom relevanta avsnitt, gör sedan upp en lista på vad som behövs och skaffa fram verktyg och reservdelar. Om problem uppstår, rådfråga en reservdelsspecialist eller Opels serviceavdelning.

2 Regelbundet underhåll

1 Om underhållsschemat följs noga från det att bilen är ny, om vätskenivåer kontrolleras och delar som slits byts enligt rekommendationerna, kommer motorn att hållas i ett bra skick och behovet av extra arbete att minimeras.

2 Det är möjligt att motorn periodvis går dåligt på grund av brist på underhåll. Detta är mer troligt med en begagnad bil som inte fått tätt och regelbundet underhåll. I sådana fall kan extra arbeten behöva utföras utöver det normala underhållet.

3 Om motorn misstänks vara sliten ger ett kompressionsprov (se kapitel 2A eller 2B) värdefull information om de inre huvuddelarnas skick. Ett kompressionsprov kan användas som beslutsgrund för att avgöra det kommande arbetets omfattning. Om provet avslöjar allvarligt inre slitage kommer underhåll enligt detta kapitel inte att nämnvärt förbättra prestanda. Det kan då vara så att underhåll är ett slöseri med tid och pengar om inte motorn först renoveras.

4 Följande är vad som oftast krävs för att förbättra prestanda på en motor som går allmänt illa:

I första hand:

a) Rengör, undersök och testa batteriet (se "Veckokontroller").
b) Kontrollera alla motorrelaterade vätskor (se "Veckokontroller").
c) Kontrollera hjälpaggregatens drivrem vad gäller skick och spänning (avsnitt 4).
d) Byt tändstift (avsnitt 24).
e) Kontrollera luftfiltrets skick och byt ut det vid behov (avsnitt 16).
f) Byt bränslefilter (avsnitt 17).
g) Undersök alla slangar och leta efter läckor (avsnitt 11).

5 Om ovanstående inte ger något resultat, gör följande:

I andra hand:

Alla punkter ovan och därefter följande:

a) Kontrollera laddningssystemet (se kapitel 5A).
b) Kontrollera tändsystemet (se kapitel 5B).
c) Kontrollera bränslesystemet (se kapitel 4A).

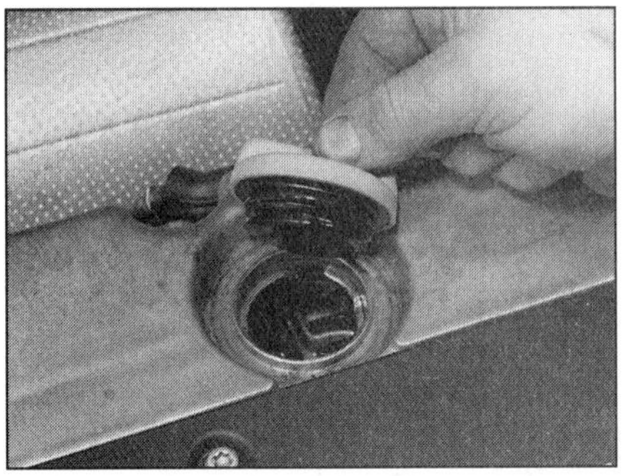

3.4 Oljepåfyllningslocket tas bort

HAYNES TiPS

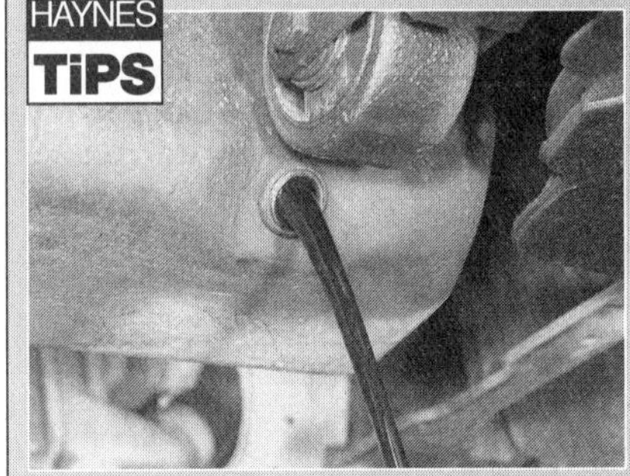

När avtappningspluggen tas bort från de sista gängorna, dra undan den snabbt så att oljan som rinner ut hamnar i avtappningskärlet och inte i din ärm!

3.9 Ett oljefilterverktyg används till att lossa filtret (sett från bilens undersida)

Var 7500:e km eller var 6:e månad

3 Motorolja och filter – byte

1 Täta olje- och filterbyten är de viktigaste förebyggande underhållsarbeten en hemmamekaniker kan utföra. När motorolja blir gammal tunnas den ut och förorenas, vilket leder till förtida motorslitage.

2 Innan detta arbete påbörjas, samla ihop alla nödvändiga verktyg och material. Se också till att ha rikligt med trasor och tidningspapper till hands för att kunna torka upp oljespill. Det bästa är att tappa av oljan när den är varm eftersom den då rinner lättare och tar med sig mer smuts och avlagringar ut. Var försiktig så att du inte vidrör avgassystemet eller andra heta delar av motorn vid arbetet under bilen. Använd handskar för att undvika skållning och för att skydda dig mot hudirritationer som annars kan uppstå vid kontakt med gammal motorolja.

3 Dra åt handbromsen ordentligt, lyft upp framvagnen och stöd den på pallbockar (se *"Lyftning och stödpunkter"*).

4 Ta bort oljepåfyllningslocket **(se bild)**.

5 Använd en nyckel, eller helst en passande hylsa och förlängning, lossa avtappningspluggen ungefär ett halvt varv. Placera avtappningskärlet under pluggen och ta bort den helt **(se Haynes Tips)**.

6 Ge oljan tid att rinna ut och observera att man eventuellt måste flytta efter uppsamlingskärlet när rinnandet efter ett tag övergår till ett droppande.

7 När alla olja tappats av, torka av avtappningspluggen och tätningsbrickan med en ren trasa. Undersök tätningsbrickan och byt ut den om den har repor eller andra skador som kan orsaka oljeläckage. Rengör området runt pluggöppningen och sätt tillbaka pluggen med brickan och dra åt den till specificerat moment.

8 Placera nu uppsamlingskärlet under oljefiltret. På 1.6 liters modeller sitter filtret framtill på motorblocket, på 1.8 och 2.0 liters modeller är det placerat till höger baktill på motorn där det är fastskruvat på oljepumphuset.

9 Använd ett oljefilterverktyg för att inledningsvis lossa på filtret, skruva sedan bort det för hand **(se bild)**. Töm oljan från filtret i kärlet.

10 Använd en ren trasa och torka bort all olja, smuts och avlagringar från filtrets tätningsyta på motorn

11 Lägg lett tunt lager ren motorolja på tätningsringen på det nya filtret och skruva fast filtret på motorn. Dra åt filtret ordentligt för hand – **använd inga verktyg**. Om ett originalfilter monteras och det speciella filterverktyget (en hylsa som passar över änden på filtret) finns till hands, dra åt filtret till specificerat moment.

12 Ta undan den gamla oljan och alla verktyg och sänk ner bilen på marken.

13 Fyll på olja av rätt typ genom påfyllningshålet (se *"Veckokontroller"* för information om påfyllning). Häll först i hälften av den specificerade mängden, vänta sedan några minuter så att oljan hinner rinna ner i sumpen. Fortsätt att fylla på, lite i taget, tills nivån är upp till den nedre markeringen på mätstickan. Ungefär ytterligare 1 liter tar nivån upp till det övre märket på stickan.

14 Starta motorn och låt den gå i några minuter. Undersök om det läcker olja kring filtertätningen eller sumpens avtappningsplugg. Notera att det kan ta lite längre än vanligt innan oljetryckslampan slocknar när motorn först startas, eftersom oljan måste cirkulera genom det nya filtret och oljekanalerna innan trycket byggs upp.

15 Stanna motorn och vänta några minuter så att oljan får rinna tillbaka till sumpen igen. Kontrollera sedan oljenivån igen och fyll på om det behövs.

16 Kassera den gamla motoroljan på ett säkert sätt, se *"Allmänna reparationsanvisningar"*.

Var 15 000:e km eller var 12:e månad

4 Hjälpaggregatens drivrem – kontroll och byte

Kontroll

1 På grund av drivremmars funktion och material kommer de efter en längre period att bli utslitna. De måste därför inspekteras regelbundet.

2 Med motorn avslagen, undersök hela drivremmen för att se om den är sprucken eller om de olika lagren delat sig. Man måste dra runt motorn (med en nyckel eller en hylsa med skaft på vevaxelremskivans bult) för att flytta remmen från remskivorna så att hela remman kan undersökas noggrant. Vrid remmen mellan remskivorna så att båda sidorna kan ses. Undersök också om remmen är fransig eller har en glansig yta. Undersök om remskivorna är spruckna, skadade, skeva eller korroderade.

3 Kontrollera hur drivremsspännarens arm är placerad. Den skall vara mellan stoppen på bakplattan och ha rörelsefrihet **(se bild)**.

4 Om remmen visar sig vara sliten eller

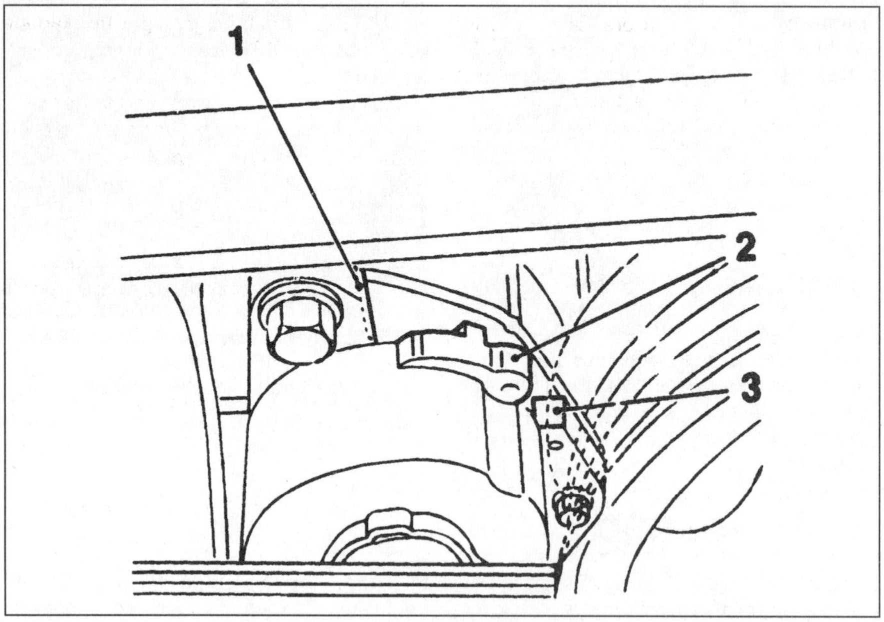

4.3 Kontrollera att drivremsspännarens arm (2) är korrekt placerad mellan stoppen (1 och 3) på bakplattan

skadad, eller om spännararmen ligger mot stoppet, måste remmen bytas ut.

Byte

5 För att ta bort remmen, börja med att demontera luftrenarhuset enligt beskrivningen i kapitel 4A.

6 På modeller med luftkonditionering måste man först ta bort motorns/växellådans högra främre fäste för att remmen ska kunna tas bort/sättas tillbaka. **Observera:** *Om remmen demonteras som del av en annan reparation (t.ex. demontering av kamremmen) och inte skall bytas ut, kan fästet lämnas på plats. Lossa då helt enkelt på spännaren och haka loss remmen från remskivorna och ta bort den från motorn.*

7 Innan demontering, notera remmens dragning runt de olika remskivorna. Om remmen ska återanvändas, markera också rotationsriktningen på den så att den kan sättas tillbaka samma väg.

8 Använd en passande nyckel eller hylsa på spännarremskivans mittbult, häv bort spännaren från remmen tills det finns tillräckligt med slack för att remmen ska kunna dras bort från skivorna. Släpp därefter spännarremskivan försiktigt tills den ligger mot sitt stopp och ta bort remmen från bilen.

9 För remmen på plats, dra den rätt väg runt remskivorna. Om den gamla remmen används, observera markeringarna för rotationsriktning som gjordes innan demonteringen för att försäkra att den hamnar rätt väg.

10 Häv spännarrullen mot sin fjäder och placera remmen på remskivorna. Se till att remmen placeras mitt på alla remskivor och släpp sakta spännarremskivan tills remmen har rätt spänning. **Låt inte** spännaren fjädra tillbaka och belasta remmen.

11 På modeller med luftkonditionering, sätt tillbaka motorfästet enligt beskrivning i kapitel 2A.

12 På alla modeller, sätt tillbaka luftrenarhuset enligt beskrivning i kapitel 4A.

5 Avgasutsläpp - kontroll

1 Opel specificerar att denna kontroll skall utföras varje år på alla bilar. Kontrollen omfattar kontroll av motorstyrningssystemets funktion med hjälp av en elektronisk testare som ansluts till systemets diagnostikuttag, för kontroll av styrenhetens (ECU) felminne (se kapitel 4A).

2 I praktiken, om bilen går bra och motorstyrningssystemets varningslampa i instrumentpanelen fungerar normalt, behöver denna kontroll inte utföras.

6 Elsystem - kontroll

1 Kontrollera funktionen för all elektrisk utrustning, d.v.s. lysen, blinkers, signalhorn, spolar-/torkarsystem etc. Se relevant avsnitt i kapitel 12 för information om någon av kretsarna inte fungerar.

2 Undersök alla åtkomliga kontaktdon, kabelhärvor och fästklämmor. Kontrollera att allt sitter fast ordentligt och att inget är skavt eller på annat sätt skadat. Åtgärda eventuella problem.

7 Strålkastarinställning - kontroll

Se kapitel 12.

8 Korrosion på karossen - kontroll

Detta arbete bör utföras av en Opel-återförsäljare för att inte garantin skall förverkas. Arbetet omfattar en noggrann undersökning av bilens lackering och underrede för skador eller korrosion.

9 Främre bromskloss och skiva - kontroll

1 Dra åt handbromsen ordentligt, lyft sedan upp framvagnen och stöd den på pallbockar (se *"Lyftning och stödpunkter"*). Demontera framhjulen.

2 En snabb kontroll av bromsklossens tjocklek kan utföras via inspektionsöppningen fram på bromsoket **(se Haynes tips)**. Använd en stållinjal och mät tjockleken på belägget inklusive monteringsplattan. Detta får inte underskrida måttet som anges i specifikationerna.

3 Denna kontroll ger en ungefärlig indikation om bromsklossarnas skick. För en noggrann kontroll måste klossarna demonteras och rengöras. Bromsokets funktion kan då också kontrolleras och bromsskivan kan undersökas på båda sidor. I kapitel 9 finns en detaljerad beskrivning av hur bromsskivan undersöks angående slitage och/eller skador.

4 Om någon av bromsklossarnas friktionsmaterial är slitet ned till specificerad tjocklek eller mindre, *måste alla fyra bromsklossarna bytas som en uppsättning*. Se kapitel 9 för ytterligare information.

5 Efter avslutat arbete, sätt tillbaka hjulen och ställ ned bilen på marken.

HAYNES TIPS

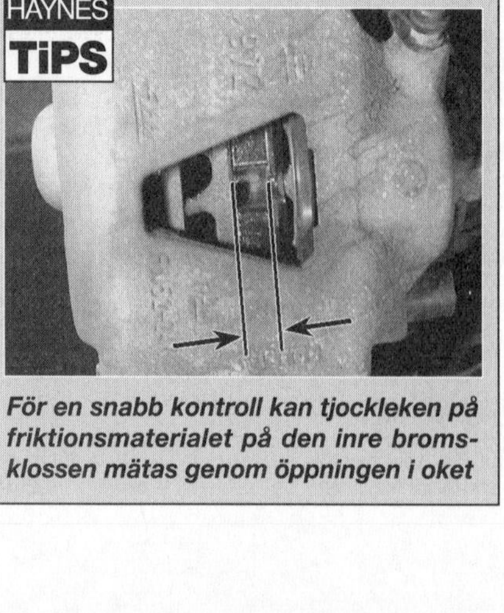

För en snabb kontroll kan tjockleken på friktionsmaterialet på den inre bromsklossen mätas genom öppningen i oket

10 Bakre bromskloss och skiva - kontroll

1 Klossa framhjulen, lyft upp bakvagnen och stöd den på pallbockar (*se "Lyftning och stödpunkter"*). Demontera bakhjulen.
2 En snabb kontroll av bromsklossens tjocklek kan utföras via inspektionsöppningen baktill på bromsoket. Använd en stållinjal och mät tjockleken på belägget inklusive monteringsplattan. Detta får inte underskrida måttet som anges i specifikationerna.
3 Denna kontroll ger en ungefärlig indikation om bromsklossarnas skick. För en noggrann kontroll måste bromsklossarna demonteras och rengöras. Bromsokets funktion kan då också kontrolleras och bromsskivan kan undersökas på båda sidor. I kapitel 9 finns information om hur bromsskivan undersöks angående slitage och/eller skador.
4 Om någon av bromsklossarnas friktionsmaterial är slitet ned till specificerad tjocklek eller mindre, *måste alla fyra bromsklossarna bytas som en uppsättning*. Se kapitel 9 för ytterligare information.
5 Efter avslutat arbete, sätt tillbaka hjulen och ställ ned bilen.

11 Slangar och vätskeläckage - kontroll

1 Undersök motorns fogytor, packningar och tätningar, leta efter tecken på vatten- eller oljeläckage. Var extra noga med området kring topplockskåpan, topplocket och oljefiltrets och sumpens fogytor. Kom ihåg att efter en viss tid kan viss "svettning" förväntas i dessa områden – det du letar efter är allvarliga läckor. Om en läcka hittas, byt ut den felande packningen eller oljetätningen med hjälp av relevant kapitel i den här handboken.
2 Undersök också alla motorrelaterade rör och slangar och alla bromssystemsrör, slangar och vätskeledningar. Kontrollera att de är i gott skick och att de är säkert anslutna samt att alla kabelband och fästklämmor sitter ordentligt på plats. Trasiga eller saknade klämmor kan leda till skavning av slangar, rör eller kablage, vilket kan orsaka allvarligare skador i framtiden.
3 Undersök noggrant kylarslangarna och värmeslangarna längs hela deras längd. Byt ut slangar som är spruckna, svullna eller slitna. Sprickor upptäcks lättare om slangen kläms ihop. Undersök noga slangklämmorna som håller slangarna till kylsystemskomponenterna. Klämmorna kan nypa och punktera slangarna och orsaka läckage. Om slangklämmor av typen som kläms på plats använts kan det vara en bra idé att byta ut dessa mot standardklämmor som skruvas fast.
4 Undersök alla kylsystemskomponenter (slangar, fogytor etc.) angående läckor.

HAYNES TIPS

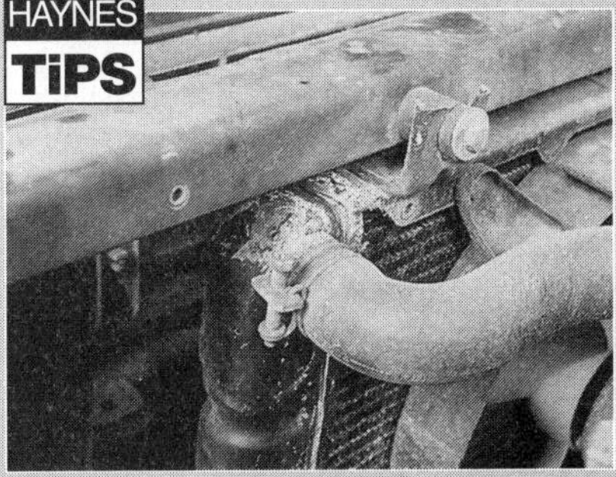

En läcka i kylsystemet visar sig vanligtvis som vita eller rostfärgade avlagringar i området runt läckan

5 Om problem hittas med systemets komponenter, byt ut komponenten eller packningen med hänvisning till kapitel 3.
6 Med bilen upplyft, undersök bränsletanken och påfyllningsröret angående punkteringar, sprickor eller andra skador. Anslutningen mellan påfyllningsröret och tanken är speciellt kritisk. Ibland kan ett gummipåfyllningsrör eller en anslutande slang läcka på grund av lösa fästklämmor eller slitet gummi.
7 Undersök noggrant alla gummislangar och metallbränsleledningar som leder bort från tanken. Leta efter lösa anslutningar, slitet gummi, klämda/veckade ledningar eller andra skador. Var speciellt noggrann med ventilationsrör och -slangar, som ofta slingrar runt påfyllningsröret och kan blockeras eller veckas. Följ ledningarna till bilens front och undersök dem hela vägen. Byt ut skadade delar efter behov. Medan bilen är upplyft, undersök också på liknande sätt alla bromsvätskerör och -slangar under bilen.
8 Inne i motorrummet, kontrollera att alla bränsle- vakuum- och bromsslanganslutningar sitter säkert och undersök alla slangar angående veck, skavning och försämring.
9 Undersök skicket på servostyrningens och (där tillämpligt) automatväxellådans vätskerör och slangar.

12 Hjulbultar - kontroll av åtdragning

1 Ta bort hjulsidan och kontrollera åtdragningen av alla hjulbultar med hjälp av en momentnyckel.
2 Sätt tillbaka hjulsidan.

13 Bakre fjädringens nivåregleringssystem - kontroll

På kombimodeller där ett nivåregleringssystem finns monterat, kontrollera att det fungerar som det ska. Om så inte är fallet, låt en Opelverkstad undersöka systemet.

14 Pollenfilter - byte

1 Öppna motorhuven och dra upp gummitätningen från flänsen baktill i motorrummet **(se bild)**.
2 Öppna luckan i ventilpanelen för att komma åt pollenfiltret **(se bild)**.
3 Lossa klämman i var ände och lyft ut filtret **(se bild)**.
4 Montera det nya filtret i omvänd ordning. Se till att markeringen är synlig på höger sida av filtret, sett genom locket.

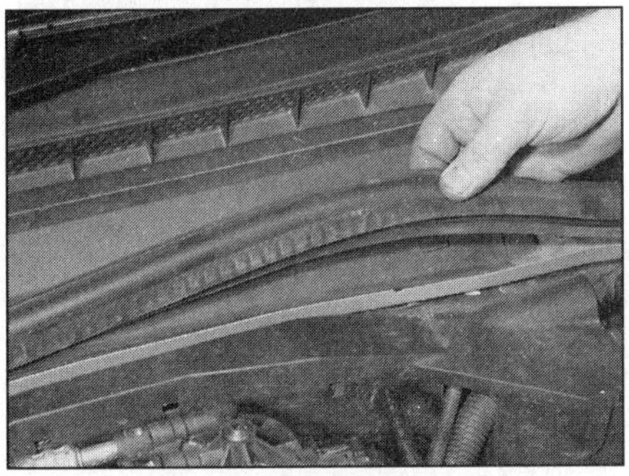

14.1 Dra upp gummitätningen . . .

14.2 . . . öppna luckan . . .

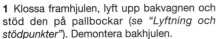

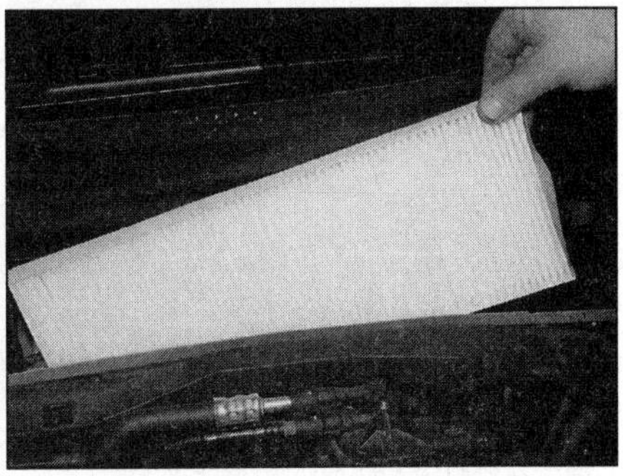

14.3 . . . och lyft ut pollenfiltret

15 Landsvägsprov

Instrument och elektrisk utrustning

1 Kontrollera att alla instrument och all elektrisk utrustning fungerar.

2 Kontrollera att alla instrument ger korrekta avläsningar och slå på all elektrisk utrustning en del i taget, för att kontrollera att allt fungerar som de ska.

Styrning och fjädring

3 Undersök om något verkar onormalt i styrning, fjädring eller vad gäller "vägkänsla".

4 Kör bilen och kontrollera att inga ovanliga vibrationer eller ljud förekommer.

5 Kontrollera att styrningen känns bra, att den inte glappar eller kärvar, och lyssna också efter oljud från fjädringen vid kurvtagning eller körning över gupp.

Drivlina

6 Kontrollera motorns, kopplingens, växellådans och drivaxlarnas funktion

7 Lyssna efter ovanliga ljud från motorn, kopplingen och växellådan.

8 Försäkra dig om att motorn går mjukt på tomgång och att den inte tvekar vid acceleration.

9 Kontrollera där så är tillämpligt att kopplingen arbetar mjukt och progressivt, att drivkraften tas upp utan ryck och att pedalvägen inte är ovanligt lång. Lyssna också efter ljud när kopplingspedalen trycks ned.

10 Kontrollera att alla växlar kan läggas i smidigt och utan oljud och att växelspaken inte känns onormalt vag eller hackig.

11 På modeller med automatväxellåda, kontrollera att alla växlingar görs mjukt och utan kärvning och utan att motorhastigheten ökar mellan växlingarna. Kontrollera att alla växellägen kan väljas när bilen står stilla. Om några problem upptäcks, kontakta en Opelverkstad.

12 Lyssna efter ett metalliskt klickande från främre delen av bilen medan bilen körs sakta i en cirkel med fullt rattutslag. Gör samma sak åt båda hållen. Om ett klickande hörs tyder det på slitage i en drivaxelknut (se kapitel 8).

Kontrollera bromssystemets funktion och prestanda

13 Kontrollera att inte bilen drar åt ena hållet vid inbromsning och att inte hjulen låser i förtid vid hård inbromsning.

14 Kontrollera att det inte förekommer vibrationer i styrningen vid inbromsning.

15 Kontrollera att handbromsen fungerar som den ska, utan att spaken måste dras överdrivet långt, och att den håller bilen stilla parkerad i en backe.

16 Testa bromsservon enligt följande. Tryck ner fotbromsen fyra eller fem gånger för att eliminera vakuumet, starta sedan motorn. När motorn startar skall pedalen märkbart ge efter när vakuum byggs upp. Låt motorn gå i minst två minuter, slå sedan av den. Om nu bromspedalen trycks ned igen skall man höra ett väsande från servon. Efter fyra eller fem nedtryckningar skall väsandet upphöra och pedalen skall kännas märkbart fastare.

Var 30 000:e km eller vartannat år

16 Luftfilter – byte

1 Luftrenaren sitter i det främre högra hörnet i motorrummet.

2 Lossa fästklämmorna och lyft upp luftrenarkåpan så mycket att filtret kan tas ut **(se bilder)**. Var försiktig så att inte belastning läggs på kablaget till luftflödesmätaren/insugsuftens temperaturgivare (efter tillämplighet) när locket lyfts.

3 Lyft ut luftfiltret.

4 Torka av huset och kåpan. Montera ett nytt filter, notera att gummistyrflänsen skall vara uppåt, och fäst kåpan med klämmorna.

17 Bränslefilter – byte

1 Bränslefiltret sitter under bakvagnen där det är fäst på bränsletankens hållband.

2 Tryckavlasta bränslesystemet enligt beskrivning i kapitel 4A.

3 Klossa framhjulen, lyft upp bakvagnen och stöd den på pallbockar (se *"Lyftning och stödpunkter"*).

4 Lossa fästklämman som håller filtret till underredet **(se bild)**. Innan filtret tas bort, observera vilken väg flödesriktningspilen är vänd.

5 Var beredd på bränslespill och vidta nödvändiga säkerhetsåtgärder mot brand. Placera en lämplig behållare under bränslefiltret för att samla upp spillet.

6 Koppla loss kontakter och bränsleslangar från bränslefiltret, notera hur de sitter så att de

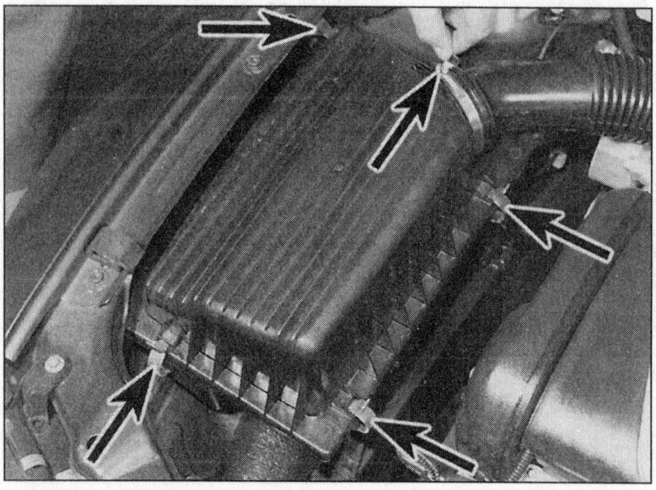

16.2a Lossa fästklämmorna (vid pilarna) . . .

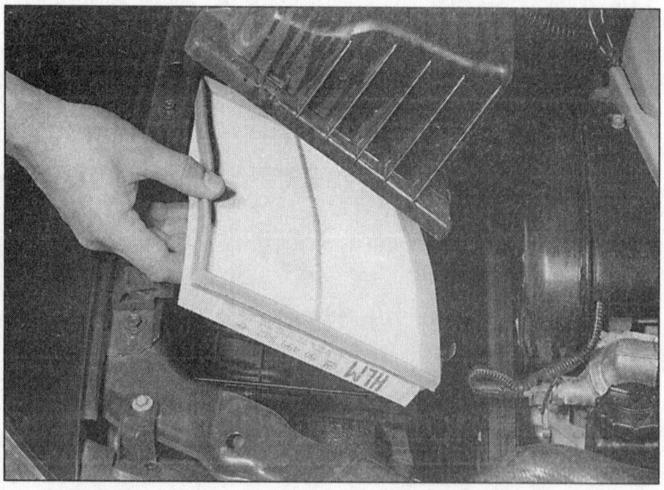

16.2b . . . och lyft upp kåpan och ta bort luftfiltret

17.4 Lossa fästklämman . . .

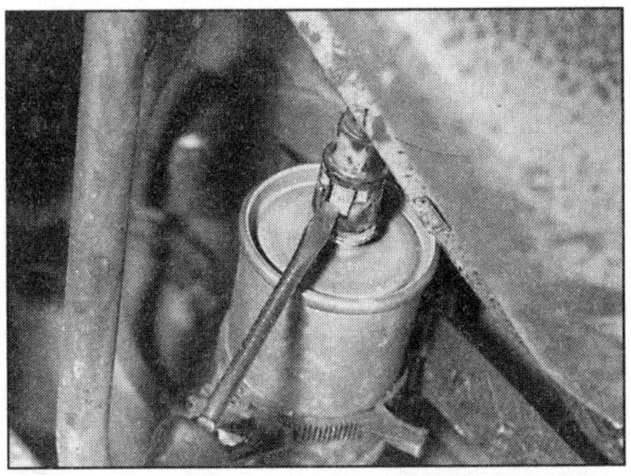

17.6a . . . ta sedan loss klämman . . .

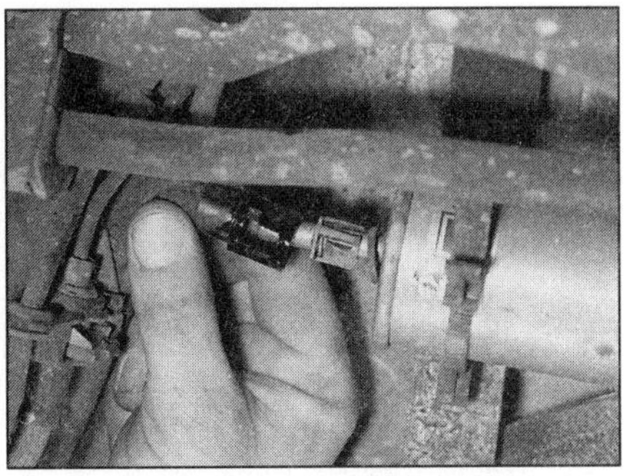

17.6b . . . och koppla loss bränsleslangarna från filtret

kan sättas tillbaka på rätt plats. Ett speciellt verktyg från Opel finns för lossande av slanganslutningarna, men förutsatt att man är försiktig kan de lossas med en tång eller en skruvmejsel **(se bilder)**.

7 Ta bort filtret från bilen **(se bild)**.

8 Montera det nya filtret i omvänd ordning, tänk på följande

a) Se till att montera filtret med flödesriktningspilen pekande i rätt riktning.

b) Se till att slangarna ansluts på rätt platser, enligt anteckningar från demonteringen.

c) Efter avslutat arbete, kör motorn och leta efter läckor. Om läckage upptäcks, stanna motorn genast och åtgärda problemet utan dröjsmål.

18 Manuell växellåda - kontroll av oljenivå

1 Placera bilen över en smörjgrop eller på ramper, eller lyft upp den med domkraft, men se till att den står plant. Oljenivån måste kontrolleras innan bilen körs, eller åtminstone 5 minuter efter det att motorn stängts av. Om oljan kontrolleras omedelbart efter körning kommer en del olja fortfarande att befinna sig i växellådskomponenterna och avläsningen blir då inkorrekt.

2 Torka av området kring nivåpluggen. På 1.6 liters modeller finns pluggen på vänster sida av växellådan, just bakom drivaxelns inre knut, och på 1.8 och 2.0 liters modeller sitter den på höger sida av växellådan just bakom drivaxelns inre drivknut. Skruva ur pluggen och rengör den **(se bild)**.

3 Oljenivån skall vara upp till den nedre kanten av nivåpluggens hål.

4 Om påfyllning behövs, skruva ur ventilationsventilen uppe på växellådshuset och fyll på med specificerad olja genom ventilhålet tills olja börjar droppa ut ur nivåpluggens hål **(se bilder)**.

5 Låt den överflödiga oljan rinna ut och sätt sedan tillbaka pluggen och dra åt den till specificerat moment (se kapitel 7A).

6 Sätt tillbaka ventilationsventilen uppe på växellådan, dra åt den ordentligt och torka av eventuellt oljespill.

19 Automatväxellåda - kontroll av oljenivå

1 Parkera bilen på plan mark och dra åt handbromsen. Vätskenivån kontrolleras med hjälp av mätstickan som finns uppe på växellådan, mellan batteriet och motorn.

2 Starta motorn och låt den på gå tomgång i några minuter med växelspaken i läge 'P'.

3 Med motorn på tomgång, dra ut mätstickan ur röret och torka av oljan på stickan med en ren trasa eller pappershandduk. Sätt in stickan i röret så långt det går, dra sedan ut den igen. Nivån på stickan måste vara mellan det övre märket (MAX) och det nedre (MIN) **(se bilder)**. Om växellådsoljan är kall, använd markeringarna på den sida av stickan som är märkt +20°C och om växellådsoljan har arbetstemperatur, använd markeringarna på den sida av stickan som är märkt +80°C.

4 Om påfyllning behövs, fyll på så mycket som behövs via mätsticksröret. Använd en tratt med ett finmaskigt nät för att undvika spill och förhindra att skräp eller annat kommer in i växellådan. **Observera:** *Fyll aldrig på för mycket så att oljenivån hamnar ovanför relevant MAX-märke.*

5 Efter påfyllning, kör bilen en sväng för att fördela den nya oljan, kontrollera sedan nivån igen och fyll på vid behov.

17.7 Bränslefiltret tas bort från bilens undersida

18.2 Den manuella växellådans oljenivåplugg (vid pilen) - 1.6 liter visad

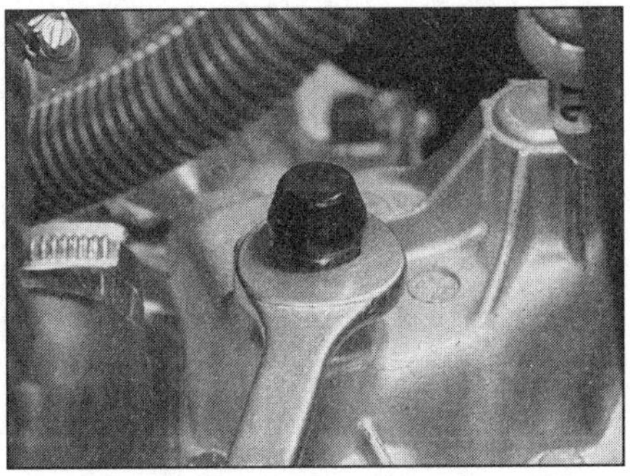

18.4a Skruva loss ventilationsventilen uppe på växellådan . . .

18.4b . . . och fyll på olja via ventilationshålet

19.3a Automatväxellådans mätsticka sitter mellan motorn och batteriet

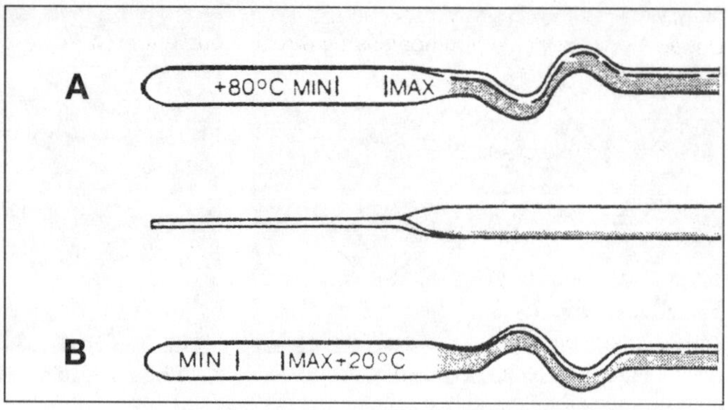

19.3b Nivåmarkeringar på automatväxellådans mätsticka

A Markeringar som används när vätskan har arbetstemperatur
B Markeringar som används när vätskan är kall

6 Håll alltid nivån mellan de två märkena på mätstickan. Om nivån tillåts sjunka under det nedre märket kan oljesvält uppstå vilket kan orsaka allvarliga skador på växellådan.

7 Om påfyllning av växellådsolja behövs ofta tyder det på en läcka, vilken i så fall måste letas reda på och åtgärdas innan problemet blir allvarligt.

20 Gångjärn och lås - smörjning

1 Arbeta runt bilen och smörj gångjärnen till motorhuven, dörrarna och bakluckan med en lätt maskinolja.

2 Smörj motorhuvens låsmekanism och den exponerade delen av innervajern med lite fett.

3 Kontrollera säkerhet och funktion för alla gångjärn, spärrar och lås och justera dem vid behov. Kontrollera centrallåssystemets funktion.

4 Kontrollera bakluckans stöttor vad gäller skick och funktion och byt ut båda två om en av dem läcker eller inte längre stöder bakluckan på ett säkert sätt när den är öppen.

21 Bakre bromsback och trumma - kontroll

Se beskrivning i kapitel 9.

22 Fjädring och styrning - kontroll

Kontroll av främre fjädring och styrning

1 Lyft upp framvagnen och stöd den säkert på pallbockar (se *"Lyftning och stödpunkter"*).

2 Undersök spindelledernas dammskydd och styrväxelns damasker angående sprickor, skavning eller försämring. Slitage i dessa komponenter orsakar förlust av smörjmedel samt smuts- och vatteninträng, vilket resulterar i snabb förslitning av spindelleder eller styrväxel.

3 Undersök om servostyrningens vätskeslangar är skavda eller försämrade, och kontrollera om det förekommer läckage kring rör- och slanganslutningar. Leta också efter tecken på vätskeläckage från styrväxelns gummidamasker under tryck, vilket tyder på trasiga tätningar i styrväxeln.

4 Ta tag i hjulet upptill och nedtill och försök vicka på det **(se bild)**. Ett litet spel kan kännas, men om rörelsen är märkbar måste detta undersökas. Fortsätt vicka på hjulet medan en medhjälpare trycker ned fotbromsen. Om rörelsen försvinner eller minskar märkbart, är det troligt att problemet finns i navlagren. Om spelet fortfarande är stort med bromspedalen nedtryckt, beror det på slitage i fjädringsleder eller -fästen.

5 Ta nu tag i hjulet på båda sidorna och försök vicka det som tidigare. Om man nu kan känna rörelse kan det bero på slitage i navlagren eller styrstagens spindelleder. Om den yttre spindelleden är sliten är en synlig rörelse tydlig. Om den inre leden är sliten kan man känna detta om man placerar handen över styrväxelns damask och griper tag i styrstaget. Om hjulet nu vickas kan man känna rörelse vid den inre knuten om den är sliten.

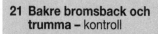

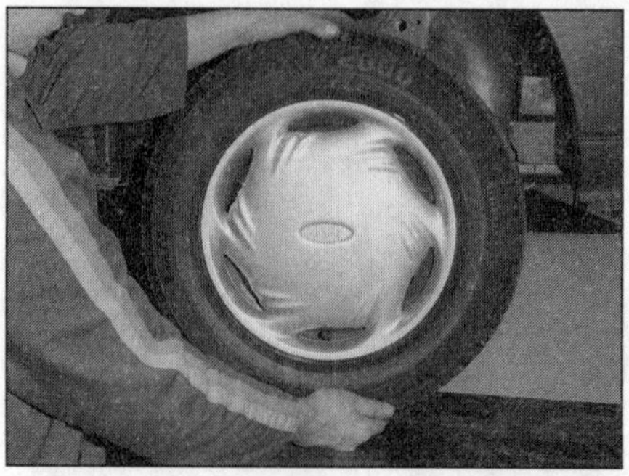

22.4 Undersök om hjulspindeln är sliten genom att ta tag i hjulet och försöka vicka på det

6 Använd en stor skruvmejsel eller ett plattjärn, undersök om det finns slitage i fjädringens fästbussningar genom att bända mellan relevant komponent och dess fästpunkt. Viss rörelse är att förvänta eftersom fästena är gjorda av gummi, men kraftigt slitage bör vara uppenbart. Undersök också alla synliga gummibussningar, leta efter sprickor eller slitage eller förorening av gummit.

7 Med bilen stående på hjulen, låt en medhjälpare vrida ratten fram och tillbaka, ungefär ett åttondels varv åt vardera hållet. Det får endast finnas ytterst lite, om något alls, spel mellan ratten och hjulen. Om spelet är större, undersök noggrant leder och fästen enligt tidigare beskrivning. Kontrollera också om rattstångens kardanknutar är slitna och undersök själva styrväxeln.

Kontroll av bakre fjädring

8 Klossa framhjulen, lyft upp bakvagnen och stöd den säkert på pallbockar (se *"Lyftning och stödpunkter"*).

9 Arbeta enligt tidigare beskrivning för framfjädringen, kontrollera de bakre navlagren, fjädringens bussningar och fjäderbens- eller stötdämparfästena (efter tillämplighet) vad gäller slitage.

Kontroll av stötdämpare

10 Leta efter tecken på läckage kring stötdämparen eller från gummidamasken runt kolvstången. Om läckage förekommer är stötdämparen defekt internt och måste bytas ut. **Observera:** *Stötdämpare skall alltid bytas ut i par på samma axel.*

11 Stötdämparens effektivitet kan kontrolleras genom att man gungar bilen i varje hörn. Generellt sett skall karossen återvända till utgångsläget och stanna efter det att den tryckts ned. Om den fortsätter att gunga är stötdämparen förmodligen defekt. Undersök också om stötdämparens övre och nedre fästen är slitna.

23 Drivaxeldamasker – kontroll

1 Med bilen upplyft och ordentligt stöttad på pallbockar, vrid ratten till fullt utslag och snurra sakta på hjulet. Undersök den yttre drivknutens gummidamask medan du trycker ihop den för att också kunna se i vecken **(se bild)**. Leta efter sprickor eller försämring av gummit som kan orsaka smörjmedelsförlust och vatten- eller smutsinträng i knuten. Kontrollera också att fästklämmorna är i bra skick och sitter fast ordentligt. Upprepa dessa kontroller på de inre knutarna. Om skada eller försämring upptäcks måste damaskerna bytas ut enligt beskrivning i kapitel 8.

2 Undersök själva knutarnas skick genom att först hålla fast drivaxeln och försöka vrida på hjulet. Håll sedan fast den inre knuten och försök vrida på drivaxeln. Rörelse indikerar slitage i knutarna, i drivaxelns splines eller en lös drivaxelfästmutter

23.1 Undersök drivaxeldamaskerna (1) och fästklämmorna (2)

Var 60 000:e km eller vart fjärde år

24 Tändstiftsbyte och kontroll av tändsystem

Byte av tändstift

1 Att tändstiften fungerar som de ska är ytterst viktigt för korrekt motorgång och effektivitet. Det är viktigt att tändstiften verkligen är rätt typ för motorn – passande typ specificeras i början av detta kapitel, eller i bilens ägarhandbok. Om rätt typ används och motorn är i bra skick, ska inte tändstiften behöva åtgärdas mellan de angivna bytesintervallen. Rengöring av tändstiften är sällan nödvändigt och man bör inte försöka göra detta utan därför avsedd utrustning eftersom elektroderna lätt kan ta skada.

2 På 1.6 liters DOHC motorer, ta bort oljepåfyllningslocket, skruva loss fästskruvarna och ta bort kåpan uppe på motorn **(se bild)**. Sätt tillbaka oljepåfyllningslocket.

3 På 1.8 och 2.0 liters motorer, skruva loss fästskruvarna och lyft av tändstiftskåpan från kamaxelkåpan **(se bild)**.

4 Om markeringarna på originaltändkablarna inte kan ses, markera kablarna så att de motsvarar den cylinder de tillhör. Dra av kablarna från tändstiften genom att dra i tändhattarna, inte i själva kablarna, annars kan anslutningarna skadas. På DOHC motorer, använd det verktyg som är fäst till en av kablarna för att dra av dem från stiften **(se bilder)**.

5 Ta bort smuts från tändstiftsbrunnarna med en ren borste, dammsugare eller liknande, innan tändstiften tas bort, för att förhindra att smuts faller ner i cylindrarna.

6 Skruva loss tändstiften från topplocket med en tändstiftsnyckel, en passande hylsnyckel eller en djup hylsa med förlängning. Håll hylsan rakt i linje med tändstiftet – om det tvingas åt ena sidan kan keramikisolatorn skadas.

24.2 På 1.6 liter DOHC motorer, skruva loss fästskruvarna (vid pilarna) och ta bort kåpan från motorn

7 En undersökning av tändstiften ger en god indikation om motorns skick. När varje tändstift tas bort, undersök det enligt följande. Om isolatorspetsen är ren och vit utan avlagringar, tyder detta på en mager blandning eller för varmt tändstift (ett varmt tändstift avleder värme från stiftet långsamt, ett kallt stift avleder värme snabbt).

8 Om elektroder och isolatorspets är täckta med hårda svarta avlagringar tyder detta på att blandningen är för fet. Om stiftet är svart och oljigt är det troligt att motorn är ganska sliten, så väl som att blandningen är för fet.

9 Om isolatorspetsen är täckt med ljusa gråbruna avlagringar är blandningen korrekt och det är troligt att motorn är i bra skick.

10 Alla motorer är utrustade med stift med flera elektroder som standard från Opel **(se bild)**. På dessa tändstift är elektrodavståndet förinställda och inga försök ska göras att böja elektroderna.

11 Om andra tändstift, med en elektrod, skall monteras är elektrodavståndet av stor betydelse. Om avståndet är för stort eller för litet påverkas gnistans storlek och effektivitet märkbart och motorn kommer inte att fungera korrekt under alla hastigheter och belastningar. Avståndet skall ställas in enligt tillverkarens specifikationer.

24.3 På 1.8 och 2.0 liters motorer, skruva loss skruvarna (vid pilarna) och ta bort tändstiftskåpan

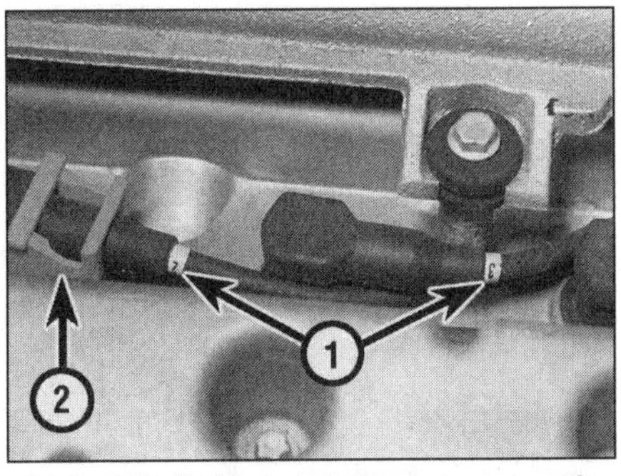

24.4a Tändkablarna skall vara numrerade (1) för identifikationssyften. Observera demonteringsverktyget (2)

24.4b På DOHC motorer, använd demonteringsverktyget till att dra tändkablarna från stiften

24.10 Tändstiften med flera elektroder ska inte justeras

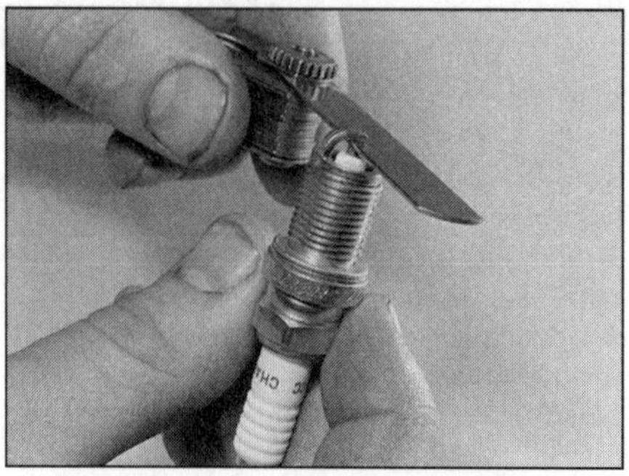

24.12a Om tändstift med en elektrod är monterade, kontrollera avståndet med bladmått . . .

24.12b . . . eller trådtolk . . .

12 För att justera elektrodavståndet, mät det med ett bladmått eller en trådtolk och böj sedan försiktigt den yttre elektroden tills korrekt avstånd uppnås. Mittelektroden skall aldrig böjas eftersom detta kan spräcka isolatorn och orsaka tändstiftshaveri, om inget värre. Om bladmått används är avståndet rätt när ett bladmått av rätt tjocklek har tät glidpassning **(se bilder)**.

13 Speciella verktyg för justering av elektrodavstånd finns att få tag i från tillbehörsbutiker eller vissa tändstiftstillverkare **(se bild)**.

14 Innan tändstiften monteras, kontrollera att de gängade hylsorna är åtdragna och att stiftens yttre ytor och gängor är rena **(se Haynes Tips)**.

15 Ta bort gummislangen (om sådan använts) och dra åt tändstiften till rätt moment med en tändstiftshylsa och momentnyckel **(se bild)**. Montera alla tändstift på samma sätt.

16 Anslut tändkablarna i rätt ordning och (där så behövs) sätt tillbaka motor-/tändstiftskåpan.

HAYNES TiPS

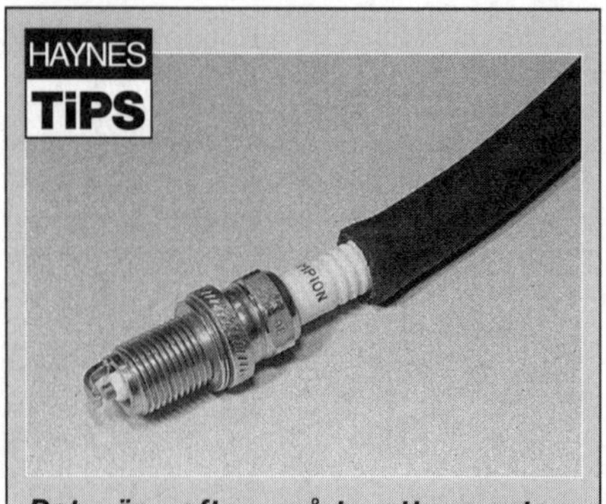

Det är ofta svårt att montera tändstiften utan att de tar felgäng. Detta kan undvikas genom att man sätter en kort bit gummislang över änden på tändstiftet. Den flexibla slangen fungerar som en universalknut och hjälper till att rikta tändstiftet efter hålet. Om tändstiftet börjar ta snedgäng glider slangen på tändstiftet och förhindrar på så sätt att gängorna förstörs

Kontroll av tändsystem

Varning: Spänning producerad av ett elektroniskt tändsystem är betydligt högre än den från ett konventionellt system. Man måste var ytterst försiktig vid arbete med systemet med tändningen på. Personer med pacemaker bör hålla sig på avstånd från tändningskretsar, komponenter och testutrustning.

17 Kontrollera tändkablarna närhelst nya tändstift monteras.

18 Kontrollera att kablarna är numrerade innan de tas bort, för att undvika förvirring vid monteringen. Dra av kablarna från tändstiften genom att ta tag i tändhattarna, inte i kablarna, annars kan anslutningarna skadas.

19 Undersök om insidan av tändhatten är korroderad, vilket visar sig som ett vitt poröst pulver. Sätt tillbaka tändhatten på tändstiftet och försäkra dig om att den har snäv passning på stiftet. Om inte, ta bort kabeln igen och använd en tång till att försiktigt nypa ihop metallkontakten inuti tändhatten tills den sitter säkert på tändstiftet.

20 Torka av hela kabeln med en ren trasa för att få bort avlagringar av fett och smuts. När kabeln är ren, undersök om den har brännmärken, sprickor eller andra skador. Böj inte kabeln för mycket och dra inte heller i den – ledaren inuti kan skadas.

21 Koppla loss den andra änden av kabeln från DIS-modulen och undersök om den är korroderad och om den har tät passning, på samma sätt som med tändstiftshatten. Anslut kabeln ordentligt.

24.15 Dra åt tändstiften till specificerat moment

24.13 . . . och justera vid behov avståndet genom att böja elektroden

22 Undersök övriga kablar på samma sätt, en i taget.

23 Om nya tändkablar behövs, köp en uppsättning som passar din bil och motor.

24 Även om tändsystemet är i förstklassigt skick, kan vissa motorer då och då ha svårt att starta om komponenter i tändsystemet är fuktiga. Använd en vattenavvisande spray för att undvika detta.

25 Kamrem – byte

Observera: *På modeller från 1997 och framåt ökade Opel det specificerade intervallet för byte av kamrem till 120 000 km eller 8 år. Om bilen huvudsakligen används för korta resor eller mycket stopp-start körning rekommenderas dock att intervallet för de tidigare modellerna (före 1997) används. När kamremsbyte utförs är mycket upp till den enskilde ägaren, men kom ihåg att allvarliga skador på motorn kan bli följden om remmen går av medan bilen är igång. Vi rekommenderar därför att man tar det säkra före det osäkra.*

1 Se information i kapitel 2A (SOHC motor) eller 2B (DOHC motor).

Vartannat år, oavsett körsträcka

26 Bromsvätska - byte

Varning: Bromshydraulvätska kan skada dina ögon och förstöra målade ytor, så var extremt försiktig vid hanteringen. Använd inte vätska som har stått i en öppen behållare under någon tid – vätskan absorberar fukt från luften och detta kan orsaka farlig förlust av bromseffekt.

1 Momentet liknar luftning av hydraulsystemet som beskrivs i kapitel 9.

2 Följ beskrivningen i kapitel 9, öppna den första luftningsskruven i ordningen och pumpa bromspedalen försiktigt tills nästan all gammal vätska har tömts ut från huvudcylinderns behållare. Fyll på till MAX-nivån med ny vätska och fortsätt pumpa tills bara ny vätska finns kvar i behållaren och ny vätska kommer ut ur luftningsskruvens öppning. Dra åt skruven och fyll på behållaren till MAX-nivån.

HAYNES TiPS ***Gammal hydraulolja är alltid mycket mörkare i färgen än ny olja, vilket gör det enkelt att skilja dem åt.***

3 Fortsätt med alla andra luftningsskruvar i rätt ordning till dess att ny vätska kommer ut ur dem. Var noga med att hela tiden hålla nivån i huvudcylinderbehållaren över MIN-märket, annars kan luft komma in i systemet vilket förlänger arbetet avsevärt.

4 När arbetet är avslutat, kontrollera att alla luftningsskruvar är ordentligt åtdragna och att deras dammskydd sitter på plats. Tvätta bort all spilld vätska och kontrollera nivån i huvudcylindern igen.

5 Kontrollera bromsarnas funktion innan bilen tas ut i trafiken

27 Fjärrkontroll - byte av batteri

Observera: *Följande moment måste utföras inom 3 minuter, annars måste fjärrkontrollen omprogrammeras.*

1 Använd en skruvmejsel enligt bilden och bänd loss batterilocket från fjärrkontrollen **(se bilder)**.

2 Notera hur batteriet är monterat, ta sedan försiktigt loss det från kontakterna.

3 Sätt det nya batteriet på plats, sätt sedan tillbaka locket och se till att det sätter sig ordentligt på plats.

28 Kylvätska - byte

Avtappning av kylsystem

Varning: Vänta tills motorn är kall innan detta arbete påbörjas. Låt inte frostskyddsvätska komma i kontakt med huden, eller med bilens lackerade ytor. Skölj bort spill omedelbart, med stora mängder vatten. Låt aldrig frostskyddsvätska stå i öppna behållare eller ligga i en pöl på uppfarten eller garagegolvet. Barn och husdjur kan lockas av den söta lukten och förtäring av frostskyddsvätska kan innebära livsfara.

1 Med helt kall motor, ta bort expansionskärlets lock. Vrid locket moturs, vänta tills eventuellt kvarvarande tryck i systemet släppts ut, skruva sedan loss och ta bort locket helt.

2 Där tillämpligt, demontera skölden under motorn, placera sedan en lämplig behållare under kylarens vänstra sida.

3 Lossa klämman, koppla loss den nedre slangen från kylaren och låt kylvätskan rinna ut i behållaren.

4 När kylvätskeflödet upphör, sätt tillbaka den nedre slangen och dra åt klämman.

5 Om kylvätskan har tappats ur av någon annan anledning än byte kan den återanvändas under förutsättning att den är ren och mindre än två år gammal. Detta rekommenderas dock inte.

Spolning av kylsystem

6 Om man har slarvat med kylvätskebyte, eller om frostskyddet har spätts ut, kan kylsystemet med tiden förlora sin effektivitet, eftersom kylvätskepassagerna sätts igen med rost, kalk och andra avlagringar. Kylsystemets effektivitet kan återställas om man spolar det rent.

7 Kylaren bör spolas oberoende av motorn om man vill undvika onödig förorening.

Spolning av kylare

8 Koppla loss de övre och nedre slangarna och eventuellt andra relevanta slangar från kylaren, se kapitel 3.

9 Stick in en trädgårdsslang i kylarens övre inlopp. Spola rent vatten genom kylaren och fortsätt spola tills rent vatten kommer ut ur det nedre utloppet.

10 Om det efter en rimlig tid fortfarande kommer ut smutsigt vatten kan kylaren spolas med ett rengöringsmedel. Det är viktigt att tillverkarens instruktioner följs noggrant. Om kylaren är kraftigt förorenad, demontera kylaren, sätt in slangen i det nedre utloppet och spola kylaren baklänges.

Spolning av motor

11 Demontera termostaten enligt beskrivning i kapitel 3. Om kylarens övre slang har kopplats loss från motorn, återanslut den tillfälligt.

12 Med övre och nedre slangar frånkopplade från kylaren, stick in en trädgårdsslang i den övre kylarslangen. Låt rent vatten flöda genom motorn och fortsätt spola tills rent vatten kommer ut ur den nedre kylarslangen.

13 Efter avslutad spolning, montera termostaten och anslut slangarna, se kapitel 3.

Påfyllning av kylsystem

14 Innan påfyllning av kylsystemet, se till att alla slangar och klämmor är i gott skick och att klämmorna sitter åt ordentligt. Observera att frostskyddsvätska måste användas året om, för att förhindra korrosion i motorns komponenter.

15 Ta bort expansionskärlets lock.

16 På modeller med 1.6 liters SOHC motorer, ta bort temperaturmätarens givare på insugsgrenrörets högra ände, se kapitel 3. Detta måste göras för att man ska kunna släppa ut luft ur systemet. På andra motorer luftas systemet automatiskt under uppvärmningen.

17 Fyll sakta på systemet tills kylvätskenivån når KALT/COLD markeringen på sidan av expansionskärlet. På modeller med 1.6 liters

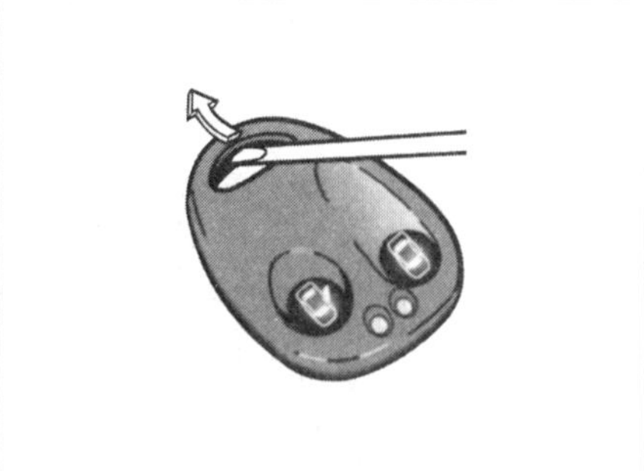

27.1a Stick in en skruvmejsel . . .

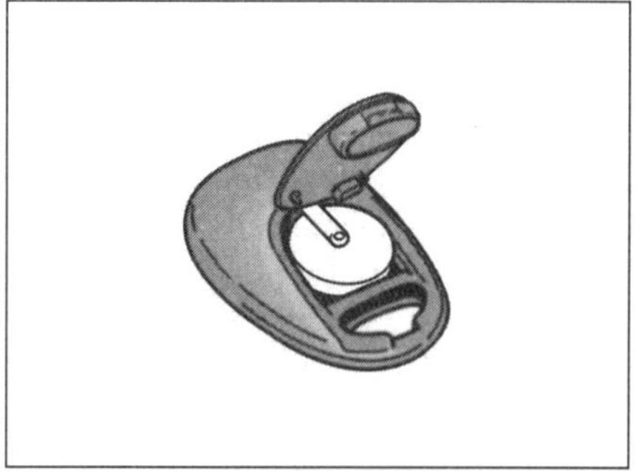

27.1b . . . och bänd upp locket på fjärrkontrollen

SOHC motorer, sätt tillbaka temperaturmätarens givare på insugsgrenröret så snart kylvätska utan bubblor kommer ut ur termostathuset, fortsätt sedan fylla på systemet tills kylvätskenivån når KALT/COLD markeringen på expansionskärlet.

18 Sätt tillbaka och dra åt expansionskärlets lock.

19 Starta motorn och låt den gå tills den når normal arbetstemperatur (tills kylfläkten startar och stannar).

20 Stanna motorn och låt den svalna, kontrollera sedan igen kylvätskenivån med hänvisning till *"Veckokontroller"*. Fyll på mer om så behövs och sätt tillbaka locket. Där tillämpligt, sätt tillbaka skölden under motorn.

Frostskyddsblandning

21 Frostskyddet skall alltid bytas ut vid specificerade intervall. Detta är nödvändigt inte bara för att underhålla de frostskyddande egenskaperna, utan också för att förebygga korrosion.

22 Använd alltid ett etylenglykolbaserat frostskydd som passar för kylsystem av blandmetall. Mängden frostskydd och skyddsnivåer anges i specifikationerna.

23 Innan man fyller på frostskyddsvätska måste kylsystemet tappas av helt och helst spolas. Alla slangar bör också undersökas vad gäller skick och säkerhet.

24 Efter påfyllning av frostskyddsvätska, sätt en lapp på expansionskärlet med typ och koncentration av det frostskyddsmedel som fyllts på samt det datum det gjordes. Alla efterföljande påfyllningar skall göras med vätska av samma typ och koncentration.

25 Använd inte motorfrostskyddsvätska i vindrute-/bakrutespolsystemet eftersom detta kan skada lackeringen. En speciell tillsats för detta skall användas, i den mängd som anges på flaskan.

Kapitel 1 Del B: Rutinunderhåll och service – modeller med dieselmotor

Innehåll

Svårighetsgrader

Enkelt, passar novisen med lite erfarenhet	**Ganska enkelt,** passar nybörjaren med viss erfarenhet	**Ganska svårt,** passar kompetent hemmamekaniker	**Svårt,** passar hemmamekaniker med erfarenhet	**Mycket svårt,** för professionell mekaniker

Smörjmedel och vätskor

Smörjmedel och vätskor	Se *"Veckokontroller"*	

Volymer

Motorolja		
Inklusive oljefilter:		
1.7 liters motor	5,0 liter	
2.0 liters motor	5,5 liter	
Skillnad mellan MAX och MIN på mätstickan	1,0 liter	
Kylsystem	**Mod utan luftkonditionering**	**Mod med luftkonditionering**
1.7 liters motor	6,8 liter	6,9 liter
2.0 liters motor:		
X 20 DTL	7,4 liter	7,4 liter
X 20 DTH	7,2 liter	7,2 liter
Växellåda		
Manuell växellåda	1,9 liter	
Spolarvätskebehållare		
Utan strålkastarspolare	2,6 liter	
Med strålkastarspolare	5,5 liter	
Bränsletank		
Alla modeller	60 liter	

Motor

Oljefilter	Champion F208

Kylsystem

Frostskyddsblandning:	
44% frostskydd	Skydd ner till -30°C
52% frostskydd	Skydd ner till -40°C

Observera: *Se information från frostskyddstillverkaren för senaste rekommendationer.*

Bränslesystem

Luftfilter	Champion U669
Bränslefilter	Champion LIII
Tomgångshastighet:	
1.7 liters modeller:	
Normal	780 till 880 varv/min
Kallstart	950 till 1000 varv/min
2.0 liters modeller	750 till 850 varv/min – styrd av ECU (elektronisk styrenhet)

Bromsar

Friktionsmaterialets minsta tjocklek:	
Främre bromsklossar	7,5 mm
Bakre bromsklossar	7,0 mm
Bakre bromsbackar	0,5 mm över nitskallarna

Åtdragningsmoment

	Nm
1.7 liters motor	
Bränslefiltrets fästplatta, muttrar	25
Hjulbultar	110
Kompressordrivremmens spännare, mittbult	45
Manuella växellådans oljenivåplugg:	
Steg 1	4
Steg 2	Vinkeldra ytterligare 45 till 180°
Motoroljefilter	15
Sumpens avtappningsplugg	78
2.0 liters motor	
Bränslefilterhusets lock, mittbult	6
Hjulbultar	110
Lock till motoroljefiltrets hus	20 till 25
Manuella växellådans oljenivåplugg:	
Steg 1	4
Steg 2	Vinkeldra ytterligare 45 till 180°
Sumpens avtappningsplugg	18

Underhållsschemat i denna handbok gäller under förutsättning att du själv, inte återförsäljaren utför arbetet. Angivna intervall är baserade på tillverkarens minimirekommendationer för bilar i dagligt bruk. Om man vill hålla bilen i konstant toppskick bör vissa servicearbeten utföras oftare än vad som anges här. Vi uppmuntrar sådana initiativ eftersom det förbättrar bilens effektivitet, prestanda och andrahandsvärde.

Om bilen körs i dammiga områden, ofta drar släpvagn eller ofta körs med låg hastighet (tomgång i stadstrafik) eller korta sträckor, rekommenderas tätare underhållsintervall.

När bilen är ny rekommenderas att service utförs av auktoriserad verkstad så att inte garantin förverkas.

Var 7500:e km eller var 6:e månad, det som först inträffar

☐ Byt motorolja och filter (avsnitt 3)

Observera: *Opel rekommenderar att motorolja och filter byts var 15 000:e km eller var 12:e månad. Byte av olja och filter är dock mycket bra för motorn och vi rekommenderar därför tätare byten, särskilt om bilen ofta körs korta sträckor.*

Var 15 000:e km eller var 12:e månad, det som först inträffar

☐ Kontrollera drivremmarnas skick och spänning (avsnitt 4)*
☐ Tappa av vatten från bränslefiltret (avsnitt 5)
☐ Kontrollera tomgång och avgasutsläpp (avsnitt 6)
☐ Kontrollera alla elektriska system (avsnitt 7)*
☐ Kontrollera och justera (vid behov) strålkastarinställningen (avsnitt 8)
☐ Kontrollera karossen och underredet angående korrosionsskydd (avsnitt 9)
☐ Kontrollera främre bromsklossar och skivor angående slitage (avsnitt 10)*
☐ Kontrollera bakre bromsklossar och skivor (där tillämpligt) angående slitage (avsnitt 11)*
☐ Kontrollera alla komponenter, rör och slangar angående läckage (avsnitt 12)
☐ Kontrollera att hjulbultarna är åtdragna till rätt moment (avsnitt 13)*
☐ Kontrollera den bakre fjädringens nivåregleringssystem (där tillämpligt) (avsnitt 14)*
☐ Byt pollenfilter (avsnitt 15)*
Observera: *Om bilen används under dammiga förhållanden bör pollenfiltret bytas ut oftare.*
☐ Utför ett landsvägsprov (avsnitt 16)*

** På bilar med lång körsträcka (mer än 30 000 km/år), utför moment märkta med en asterisk var 15 000:e km oavsett tidsintervall, och de moment som inte har någon asterisk var 12:e månad.*

Var 30 000:e km eller vartannat år, det som först inträffar

☐ Byt luftfilter (avsnitt 17)
☐ Byt bränslefilter (avsnitt 18)
☐ Kontrollera och, vid behov, justera ventilspelen – 1.7 liters motor (avsnitt 19)
☐ Kontrollera oljenivån i manuell växellåda och fyll på vid behov (avsnitt 20)
☐ Smörj alla dörrlås och -gångjärn, dörrstopp, motorhuvets lås och öppningsmekanism samt bakluckans lås och gångjärn (avsnitt 21)
☐ Kontrollera bakre bromsbackar och trummor angående slitage (avsnitt 22)
☐ Kontrollera fjädrings- och styrningskomponenternas skick och säkerhet (avsnitt 23)
☐ Kontrollera drivaxeldamaskernas skick (avsnitt 24)

Vartannat år, oavsett körsträcka

☐ Byt bromsvätska (avsnitt 25)
☐ Byt batterier i fjärrkontrollen (avsnitt 26)
☐ Byt kylvätska (avsnitt 27)

Var 60 000:e km eller vart 4:e år, det som först inträffar

☐ Byt kamrem – 1.7 liters motor (avsnitt 28)

Observera: *Även om det normala intervallet för kamremsbyte är 120 000 km eller 8 år, rekommenderas starkt att intervallet halveras till 60 000 km eller 4 år, speciellt för bilar som huvudsakligen används för korta resor eller mycket stopp-start körning. När kamremsbyte görs är mycket upp till den enskilde ägaren, men med tanke på de omfattande skador som kan bli resultatet om remmen går av medan bilen körs, rekommenderar vi att man tar det säkra före det osäkra.*

Motorrummet på en modell med 2.0 liters motor

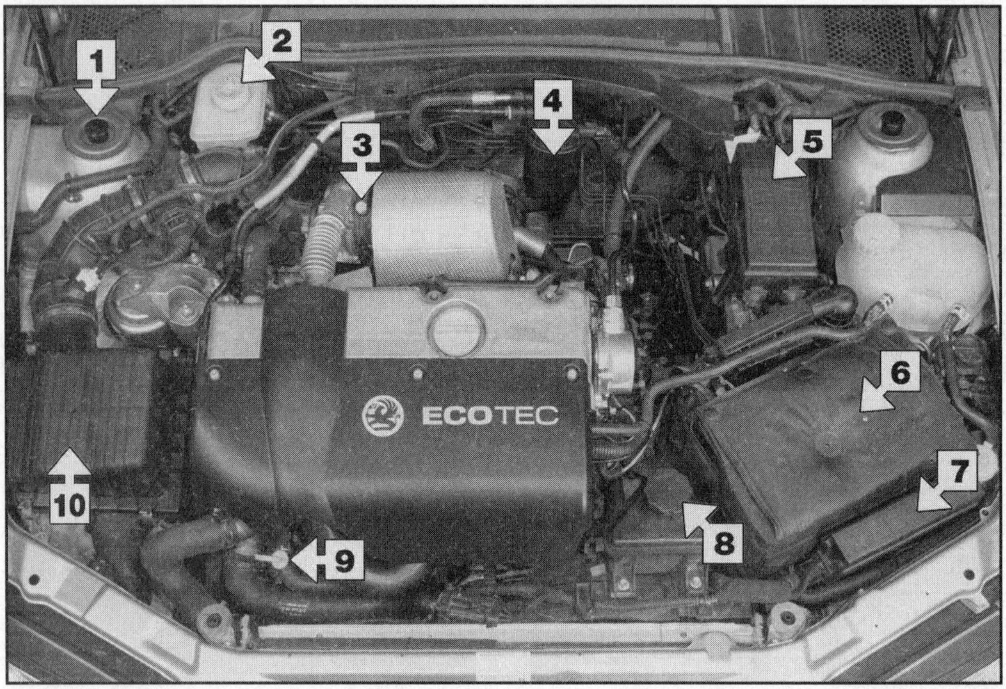

1. *Främre fjäderbenets över fäste*
2. *Bromsvätskebehållare*
3. *Turboaggregat och värmesköld*
4. *Bränslefilter*
5. *Extra säkrings- och relädosa*
6. *Batteri*
7. *Extra relädosa*
8. *Servostyrningsvätskans behållare*
9. *Motoroljans nivåmätsticka*
10. *Luftrenare*

Framvagnen sedd underifrån på en modell med 2.0 liters motor

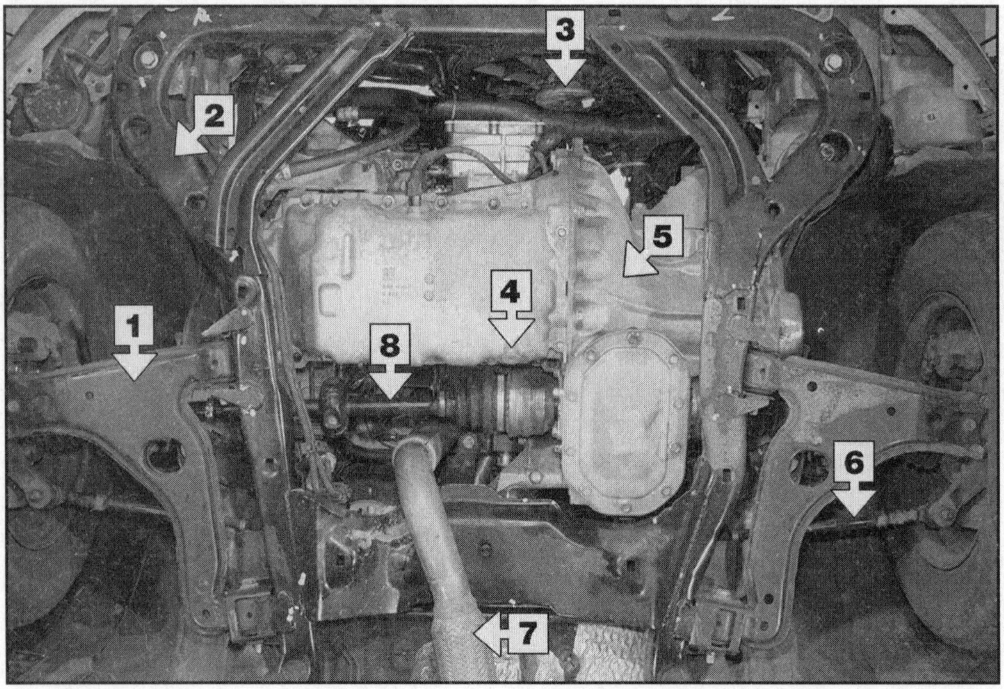

1. *Fjädringens länkarm*
2. *Främre monteringsram*
3. *Elektrisk kylfläkt*
4. *Motoroljans avtappningsplugg*
5. *Manuell växellåda*
6. *Styrstag*
7. *Nedåtgående avgasrör*
8. *Drivaxel*

Bakvagn sedd underifrån på en modell med 2.0 liters motor

1 *Krängningshämmare*
2 *Bakre tvärbalkens infästning*
3 *Bakre fjäderbenets nedre fäste*
4 *Bakre ljuddämpare*
5 *Bakre bogseringsögla*
6 *Handbromsvajer*

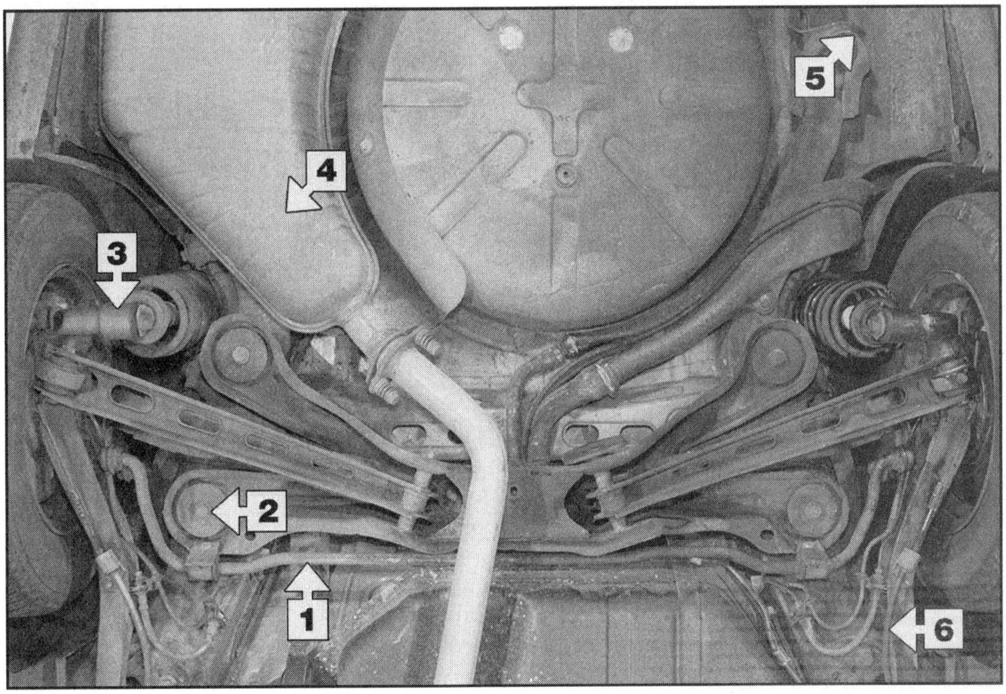

1 Allmän information

1 Detta kapitel är utformat för att hjälpa hemmamekanikern att underhålla sin bil på ett sådant sätt att den förblir säker och ekonomisk och ger lång tjänstgöring och topprestanda.
2 Kapitlet innehåller ett huvudschema för underhåll som följs av avsnitt som i detalj tar upp varje post på schemat. Inspektioner, justeringar, byte av delar och annat nyttigt är inkluderat. Se också de tillhörande bilderna av motorrum och underrede vad gäller de olika delarnas placering.
3 Underhåll av bilen enligt schemat för tid/körsträcka och de följande avsnitten ger ett planerat underhållsprogram som bör resultera i en lång och pålitlig tjänstgöring. Schemat är heltäckande – d.v.s. om man underhåller vissa delar men inte andra vid angivna tidpunkter, uppnås inte samma resultat.
4 Under arbetets gång kommer du att upptäcka att många av arbetsmomenten kan – och bör – utföras vid samma tillfälle, på grund av arbetets art eller för att två annars orelaterade delar sitter nära varandra. Om bilen t.ex. av någon anledning lyfts upp, kan inspektion av avgassystemet utföras samtidigt som styrning och fjädring kontrolleras.
5 Första steget i detta underhållsprogram är att förbereda sig innan själva arbetet påbörjas. Läs igenom relevanta avsnitt, gör sedan upp en lista på vad som behövs och skaffa fram verktyg och reservdelar. Om problem uppstår, rådfråga en reservdelsspecialist eller Opels serviceavdelning.

2 Regelbundet underhåll

1 Om underhållsschemat följs noga från det att bilen är ny, om vätskenivåer kontrolleras och delar som slits byts enligt rekommendationerna, kommer motorn att hållas i ett bra skick och behovet av extra arbete att minimeras.
2 Det är möjligt att motorn periodvis går dåligt på grund av brist på underhåll. Detta är mer troligt med en begagnad bil som inte fått tätt och regelbundet underhåll. I sådana fall kan extra arbeten behöva utföras utöver det normala underhållet.
3 Om motorn misstänks vara sliten ger ett kompressionsprov (se kapitel 2C) värdefull information om de inre huvuddelarnas skick. Ett kompressionsprov kan användas som beslutsgrund för att avgöra omfattningen på det kommande arbetet. Om provet avslöjar allvarligt inre slitage kommer inte underhåll enligt detta kapitel att nämnvärt förbättra prestanda. Det kan då vara så att underhåll är ett slöseri med tid och pengar om inte motorn först renoveras.
4 Följande är vad som oftast krävs för att förbättra prestanda på en motor som går allmänt illa:

I första hand:

a) *Rengör, undersök och testa batteriet (se "Veckokontroller").*
b) *Kontrollera alla motorrelaterade vätskor (se "Veckokontroller").*
c) *Kontrollera hjälpaggregatens drivrem vad gäller skick och spänning (avsnitt 4).*
d) *Kontrollera luftfiltrets skick och byt ut det vid behov (avsnitt 17).*
e) *Byt bränslefilter (avsnitt 18).*
f) *Undersök alla slangar och leta efter läckor (avsnitt 12).*

5 Om ovanstående inte ger något resultat, gör följande:

I andra hand:

Alla punkter ovan och därefter följande:
a) *Kontrollera laddningssystemet (se kapitel 5A).*
b) *Kontrollera förvärmningssystemet (se kapitel 5C).*
c) *Kontrollera bränslesystemet (se kapitel 4B).*

Var 7500:e km eller var 6:e månad

3 Motorolja och filter – byte

1 Täta olje- och filterbyten är de viktigaste förebyggande underhållsarbeten en hemmamekaniker kan utföra. När motorolja blir gammal tunnas den ut och förorenas, vilket leder till förtida motorslitage.

2 Innan detta arbete påbörjas, samla ihop alla nödvändiga verktyg och material. Se också till att ha trasor och tidningspapper till hands för att kunna torka upp oljespill. Det bästa är att tappa av oljan när den är varm eftersom den då rinner lättare och tar med sig mer smuts och avlagringar ut. Var försiktig så att du inte vidrör avgassystemet eller andra heta delar av motorn vid arbetet under bilen. Använd handskar för att undvika skållning och för att skydda dig mot hudirritationer som kan uppstå vid kontakt med gammal motorolja.

3 Dra åt handbromsen ordentligt, lyft upp framvagnen och stöd den på pallbockar (se *"Lyftning och stödpunkter"*).

4 Ta bort oljepåfyllningslocket **(se bild)**.

5 Använd en nyckel, eller helst en passande hylsa och förlängning, lossa avtappningspluggen ungefär ett halvt varv. **(se bild)**. Placera avtappningskärlet under pluggen och ta bort den helt **(se Haynes Tips)**.

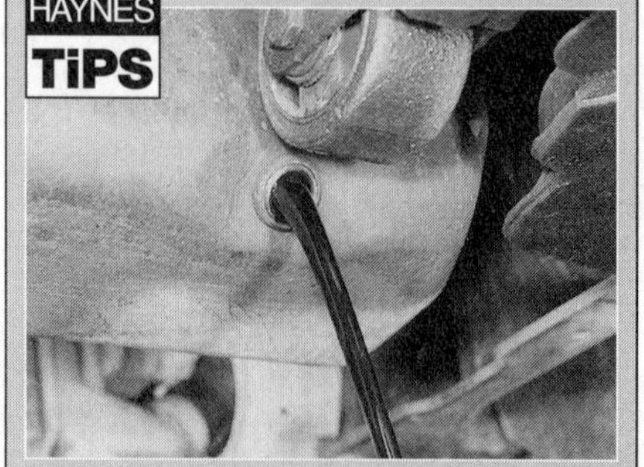

HAYNES TiPS

När avtappningspluggen lossnar från de sista gängorna, dra bort den snabbt så att oljan från oljesumpen rinner ner i behållaren och inte in i din ärm!

6 Ge oljan gott om tid att rinna ut och observera att man kanske måste flytta på uppsamlingskärlet när rinnandet övergår till ett droppande.

1.7 liters motor

7 När all olja tappats av, torka av avtappningspluggen och tätningsbrickan med en ren trasa. Undersök tätningsbrickan och byt ut den om den har repor eller andra skador som kan orsaka oljeläckage. Rengör området runt pluggöppningen och sätt tillbaka pluggen med brickan och dra åt den till specificerat moment.

8 Placera nu uppsamlingskärlet under oljefiltret som sitter baktill på motorblocket

9 Använd ett oljefilterverktyg för att inledningsvis lossa på filtret, skruva sedan bort det för hand. Töm oljan från filtret i kärlet.

10 Använd en ren trasa och torka bort all olja, smuts och avlagringar från filtrets tätningsyta på motorn

11 Lägg lett tunt lager ren motorolja på tätningsringen på det nya filtret och skruva fast filtret på motorn. Dra åt filtret ordentligt för hand – **använd inga verktyg**. Om ett originalfilter monteras och det speciella filterverktyget (en hylsa som passar över änden på filtret) finns till hands, dra åt filtret till specificerat moment.

12 Ta undan den gamla oljan och alla verktyg och sänk ner bilen på marken.

13 Fyll på olja av rätt typ genom påfyllningshålet (se *"Veckokontroller"* för information om påfyllning). Häll först i hälften av den specificerade mängden, vänta sedan några minuter så att oljan hinner rinna ner i sumpen. Fortsätt att fylla på, lite i taget, tills nivån är upp till den nedre markeringen på mätstickan. Ungefär ytterligare 1 liter tar nivån upp till det övre märket på stickan.

14 Starta motorn och låt den gå i några minuter. Undersök om det förekommer läckage kring oljefiltertätningen och oljesumpens avtappningsplugg. Notera att det kan ta lite längre än vanligt innan oljetryckslampan slocknar när motorn först startas eftersom oljan måste cirkulera genom det nya filtret och oljekanalerna innan trycket byggs upp.

15 Stanna motorn och vänta några minuter så att oljan får rinna tillbaka till sumpen igen. Kontrollera sedan oljenivån igen och fyll på om det behövs.

16 Kassera den gamla motoroljan på ett säkert sätt, se *"Allmänna reparationsanvisningar"*.

2.0 liters motor

17 För att komma åt oljefilterhuset, skruva loss fästskruvarna och ta bort plastkåpan uppe på motorn **(se bild)**.

18 Använd en stor hylsa, skruva loss locket och ta bort det från oljefilterhuset **(se bild)**. Lyft ut det gamla filtret.

19 Montera det nya filtret i huset **(se bild)**.

3.4 Oljepåfyllningslocket tas bort – 2.0 liters motor

3.5 Oljesumpens avtappningsplugg – 1.7 liters motor

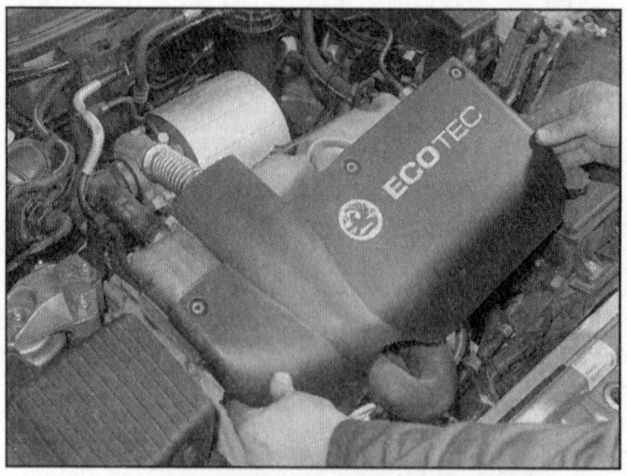

3.17 På 2.0 liters motor, skruva loss skruvarna och ta bort kåpan uppe på motorn

3.18 Skruva loss oljefilterhusets lock och lyft ut det gamla filtret

3.19 Montera det nya filtret i huset . . .

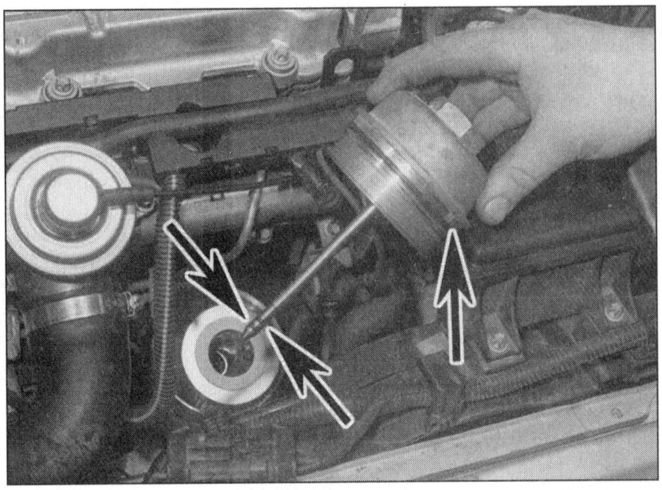

3.20 . . . sätt nya tätningsringar på kåpan (vid pilarna) och montera kåpan på huset

20 Byt ut tätningsringarna och sätt sedan tillbaka oljefilterlocket och dra åt det till specificerat moment **(se bild).** Sätt tillbaka plastkåpan på motorn och dra åt skruvarna ordentligt.

21 Tappa av all olja, torka av avtappningspluggen och tätningsbrickan med en ren trasa. Undersök tätningsbrickan och byt ut den om den har repor eller andra skador som kan orsaka läckage. Rengör området runt avtappningspluggens öppning, sätt tillbaka pluggen med brickan och dra åt den till specificerat moment.

22 Fyll motorn med olja enligt beskrivning i punkt 12 till 16.

Var 15 000:e km eller var 12:e månad

4 Hjälpaggregatens drivremmar – kontroll och byte

Kontroll

Observera: *På 1.7 liters modeller drivs generatorn, servostyrningspumpen (om monterad) och luftkonditioneringskompressorn av separata remmar. På 2.0 liters motorn används en enda rem för alla hjälpaggregat*

1 På grund av drivremmars funktion och material kommer de efter en viss tid att slitas ut. De måste därför undersökas regelbundet.

2 Med motorn avslagen, undersök hela drivremmen/-remmarna, leta efter sprickor och separation i lagren. Man måste dra runt motorn (med en nyckel eller en hylsa med skaft på vevaxelremskivans bult) för att kunna flytta remmen från remskivorna så att hela remmen kan undersökas noggrant. Vrid remmen mellan skivorna så att båda sidorna kan inspekteras. Undersök också om remmen är fransig eller har glansig yta. Undersök om remskivorna är spruckna, skadade, skeva eller korroderade

3 Om remmen är sliten eller skadad måste den bytas ut.

Byte

4 Demontera luftrenarhuset enligt beskrivning i kapitel 4B, följ sedan beskrivningen under relevant underrubrik nedan.

Luftkonditioneringskompressorns drivrem – 1.7 liters motor

5 Lossa spännarremskivans mittbult och slacka sedan på remspänningen genom att vrida justerbulten. Dra av remmen från remskivorna och ta bort den från motorn.

6 För den nya remmen på plats och placera den på remskivorna. Spänn remmen med hjälp av justerbulten, så att det finns ungefär 10 mm rörelse när man trycker kraftigt på remmen med tumman på en punkt mitt på den längsta fria delen.

7 När remmen är korrekt spänd, dra åt spännarremskivans mittbult till specificerat moment och montera luftrenarhuset (se kapitel 4B).

Servostyrningspumpens drivrem – 1.7 liters motorer

8 På modeller med luftkonditionering, ta bort kompressordrivremmen (se punkt 5).

9 Lossa pumpens fästbultar för att slacka remspänningen och dra av remmen från remskivorna

10 För den nya remmen på plats och placera den på remskivorna. Spänn remmen genom att placera pumpen så att man med kraftigt tumtryck kan trycka ner remmen ungefär 10 mm mitt på den längsta fria delen. Flytta på pumpen med hjälp av ett förlängningsstag fäst i det fyrkantiga hålet i pumpfästet och när den är i rätt läge, dra åt dess fästbultar till specificerat moment (se kapitel 10).

11 Montera tillbaka luftkonditioneringskompressorns drivrem (om tillämpligt) och montera luftrenarhuset (se kapitel 4B).

Generatorns drivrem – 1.7 liters motor

12 Dra åt handbromsen ordentligt, lyft upp framvagnen och stöd den på pallbockar (se *"Lyftning och stödpunkter"*). För att skapa bättre åtkomlighet, demontera höger framhjul, lossa sedan fästena och ta bort underkåpan nedanför skärmen.

13 Demontera servostyrningspumpens drivrem enligt beskrivning ovan.

14 Lossa generatorns fästbultar för att slacka drivremsspänningen och dra av remmen från remskivorna

15 För den nya drivremmen på plats och placera den på remskivorna. Spänn remmen genom att placera generatorn så att man med kraftigt tumtryck kan trycka ner remmen ungefär 10 mm mitt på den längsta fria delen. Flytta generatorn med hjälp av ett förlängningsstag fäst i det fyrkantiga hålet i fästet och när den är korrekt placerad, dra åt dess fästbultar till specificerat moment (se kapitel 5A).

16 Montera servostyrningspumpens och (där så behövs) luftkonditioneringskompressorns drivrem enligt beskrivning i detta avsnitt.

17 Montera underkåpan, sätt tillbaka hjulet och sänk ner bilen och dra åt hjulbultarna till specificerat moment.

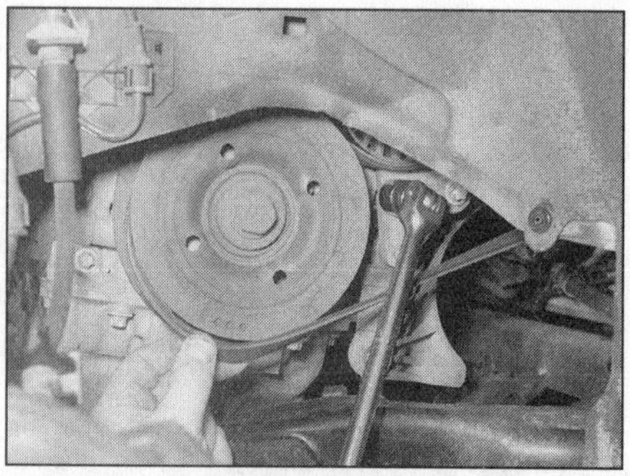

4.20 På 2.0 liters modeller, lossa drivremmens spänning och dra av remmen från remskivorna

Hjälpaggregatens drivrem – 2.0 liters motorer

18 Dra åt handbromsen, lyft upp framvagnen och stöd den på pallbockar (se *"Lyftning och stödpunkter"*). För att skapa bättre åtkomlighet, demontera höger framhjul.
19 Innan demontering, gör anteckningar över remmens dragning runt de olika remskivorna. Om remmen ska återanvändas, markera också rotationsriktningen på remmen för att garantera att den sätts tillbaka samma väg.
20 Använd en passande nyckel eller hylsa på den sexkantiga delen på spännarremskivans bakplatta, häv bort spännaren från remmen tills det finns tillräckligt med slack för att remmen ska kunna dras av från remskivorna **(se bild)**. Lossa försiktigt spännarremskivan tills den är mot sitt stopp och ta sedan bort remmen från bilen.
21 För remmen på plats och dra den rätt väg runt remskivorna. Om originalremmen

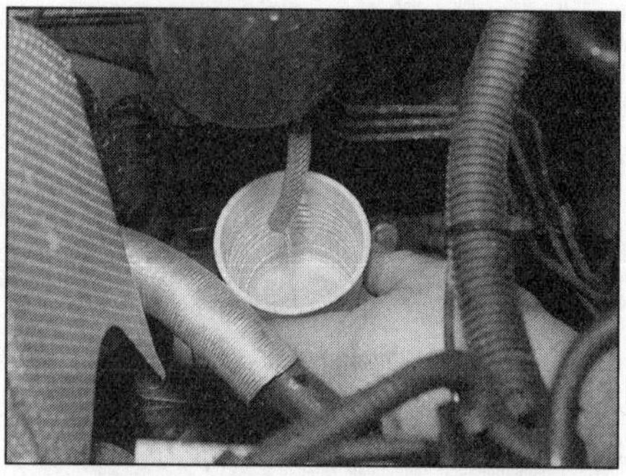

5.2 Vatten tappas av från bränslefiltret (2.0 liters motor visad)

används, se till att den monteras rätt väg (se markeringar som gjordes innan demontering).
22 Häv spännarrullen mot sin fjäder och placera remmen på remskivorna. Se till att remmen ligger mitt på alla remskivor och lossa sedan spännarrullen sakta tills remmen har korrekt spänning.
23 Ställ ner bilen på marken och dra åt hjulbultarna till specificerat moment.
24 Montera luftrenarhuset enligt beskrivning i kapitel 4B.

5 Bränslefilter – avtappning av vatten

Varning: Innan arbetet börjar med bränslefiltret, torka rent filtret och området runt det. Det är mycket viktigt att ingen smuts kommer in i systemet. Införskaffa en passande behållare som kan användas för avtappningen och lägg trasor under filtret för att samla upp spill. Låt inte dieselbränsle förorena komponenter som generatorn eller startmotorn, kylvätskeslangarna eller motorfästen eller kablage.

1 Vidta ovan nämnda åtgärder för att fånga upp spill, anslut sedan en slang till avtappningsskruven längst ner på bränslefiltret/filterhuset. Placera den andra änden av slangen i en ren glasburk.
2 Skruva loss avtappningsskruven och töm filtret tills rent bränsle, fritt från smuts och vatten, kommer ut ur slangen (ca 100 cc räcker oftast) **(se bild)**. Observera att man kan behöva lossa på avluftningsskruven (1.7 liters motor) eller filterhuslockets bult (2.0 liters motor) för att kunna tappa av bränslet.
3 Dra åt avtappningsskruven ordentligt, ta bort slangen, behållaren och trasorna och torka upp eventuellt spill. Där så behövs, dra åt avluftningsskruven ordentligt (1.7 liters motor) eller dra åt huslockets skruv (2.0 liters motor) till specificerat moment.
4 Efter avslutat arbete, kassera det avtappade bränslet på ett säkert sätt. Undersök noggrant alla komponenter som rubbats för att försäkra att inga vatten- eller bränsleläckor förekommer när motorn startas.
5 Starta motorn och avlufta bränslesystemet enligt beskrivning i kapitel 4B

6 Tomgångshastighet och avgasutsläpp – kontroll

1.7 liters motorer

Tomgångshastighet – kontroll och justering

1 Den vanliga typen av varvräknare, som arbetar utifrån tändsystemets pulser, kan inte användas på dieselmotorer. Om man inte känner att det är tillfredsställande att justera tomgångshastigheten genom att lyssna på motorn, måste man hyra eller köpa en speciell varvräknare, eller överlämna arbetet till en Opelverkstad eller annan specialist med rätt utrustning.
2 Kontrollera att gasvajern är korrekt justerad (se kapitel 4B).
3 Värm upp motorn till normal arbetstemperatur och kontrollera om den går på tomgång med specificerad hastighet.
4 Om justering behövs, lossa låsmuttern och vrid justerskruven för tomgång **(se bild)**. När motorn går på tomgång med rätt hastighet, dra åt låsmuttern ordentligt.
5 Där tillämpligt, koppla loss varvräknaren.

Avgasutsläpp – kontroll

6 Specialutrustning behövs för att kontrollera avgasernas utsläppsnivåer och denna kontroll måste överlämnas till en Opelverkstad eller annan lämpligt utrustad verkstad. I praktiken,

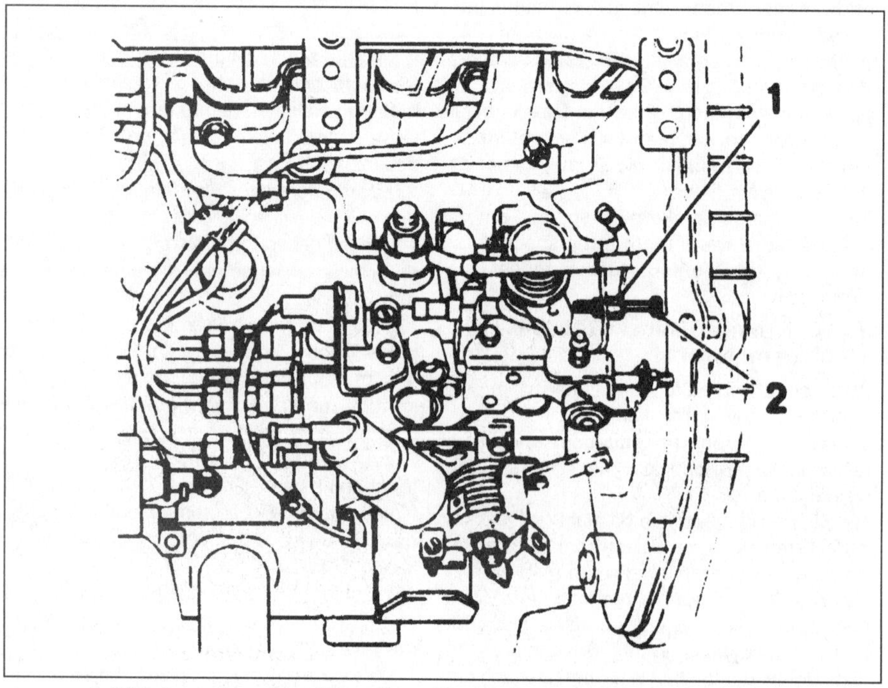

6.4 Motorns tomgångsjusterskruv (2) och låsmutter (1) – 1.7 liters motor

om bilen går normalt och inga problem har uppmärksammats, behöver denna kontroll inte utföras (när bilen når en viss ålder kontrolleras detta ändå på bilbesiktningen).

2.0 liters motorer

7 Opel specificerar att denna kontroll skall utföras årligen på alla bilar. Den omfattar kontroll av motorstyrningssystemet genom anslutning av en elektronisk testare till systemets diagnostikuttag för att kontrollera den elektroniska styrenhetens (ECU) felminne (se kapitel 4B).

8 I praktiken, om bilen går som den ska och motorstyrningssystemets varningslampa i instrumentpanelen fungerar normalt, behöver denna kontroll inte utföras.

7 Elsystem - kontroll

1 Kontrollera funktionen för all elektrisk utrustning, d.v.s. lysen, blinkers, signalhorn, spolar-/torkarsystem etc. Se relevant avsnitt i kapitel 12 för information om någon av kretsarna är inte fungerar.

2 Undersök alla åtkomliga kontaktdon, kabelhärvor och fästklämmor. Kontrollera att allt sitter fast ordentligt och att inget är skavt eller på annat sätt skadat. Åtgärda eventuella problem.

8 Strålkastarinställning - kontroll

Se kapitel 12.

9 Korrosion på karossen - kontroll

Detta arbete bör utföras av en Opel-återförsäljare för att inte garantin skall förverkas. Arbetet omfattar en noggrann undersökning av bilens lackering och underrede för skador eller korrosion.

10 Främre bromskloss och skiva - kontroll

1 Dra åt handbromsen ordentligt, lyft sedan upp framvagnen och stöd den på pallbockar (se *"Lyftning och stödpunkter"*). Demontera framhjulen.

2 En snabb kontroll av bromsklossens tjocklek kan utföras via inspektionsöppningen fram på bromsoket **(se Haynes tips)**. Använd en stållinjal och mät tjockleken på belägget inklusive monteringsplattan. Detta får inte underskrida måttet som anges i specifikationerna.

3 Denna kontroll ger en ungefärlig indikation om bromsklossarnas skick. För en noggrann kontroll måste bromsklossarna demonteras och rengöras. Bromsokets funktion kan då också kontrolleras och bromsskivan kan undersökas på båda sidor. Kapitel 9 innehåller en detaljerad beskrivning av hur bromsskivan skall undersökas angående slitage och/eller skador.

4 Om någon av bromsklossarnas friktionsmaterial är slitet ned till specificerad tjocklek eller mindre, *måste alla fyra bromsklossarna bytas som en uppsättning*. Se kapitel 9 för ytterligare information.

5 Efter avslutat arbete, sätt tillbaka hjulen och ställ ned bilen på marken.

11 Bakre bromskloss och skiva - kontroll

1 Klossa framhjulen, lyft upp bakvagnen och stöd den på pallbockar (*se "Lyftning och stödpunkter"*). Demontera bakhjulen.

2 En snabb kontroll av bromsklossens tjocklek kan utföras via inspektionsöppningen baktill på bromsoket. Använd en stållinjal och mät tjockleken på belägget inklusive monteringsplattan. Detta får inte underskrida måttet som anges i specifikationerna.

3 Denna kontroll ger en ungefärlig indikation om bromsklossarnas skick. För en noggrann kontroll måste bromsklossarna demonteras och rengöras. Bromsokets funktion kan då också kontrolleras och bromsskivan kan undersökas på båda sidor. I kapitel 9 finns information om hur bromsskivan undersöks angående slitage och/eller skador.

4 Om någon av bromsklossarnas friktionsmaterial är slitet ned till specificerad tjocklek eller mindre, *måste alla fyra bromsklossarna bytas som en uppsättning*. Se kapitel 9 för ytterligare information.

5 Efter avslutat arbete, sätt tillbaka hjulen och ställ ned bilen.

12 Slangar och vätskeläckage - kontroll

1 Undersök motorns fogytor, packningar och tätningar, leta efter tecken på vatten- eller oljeläckage. Var extra noga med området kring topplockskåpan, topplocket och oljefiltrets och sumpens fogytor. Kom ihåg att efter en viss tid kan viss "svettning" förväntas i dessa områden – det du letar efter är allvarliga läckor. Om en läcka hittas, byt ut den felande packningen eller oljetätningen med hjälp av relevant kapitel i den här handboken.

2 Undersök också alla motorrelaterade rör och slangar och alla bromssystemsrör, slangar och vätskeledningar. Kontrollera att de är i gott skick och är säkert anslutna och att alla kabelband och fästklämmor sitter ordentligt på plats. Trasiga eller saknade klämmor kan leda till skavning av slangar, rör eller kablage, vilket kan orsaka allvarligare skador i framtiden.

3 Undersök noggrant kylarslangarna och värmeslangarna längs hela deras längd. Byt ut slangar som är spruckna, svullna eller slitna. Sprickor upptäcks lättare om slangen kläms ihop. Undersök noga slangklämmorna som håller slangarna till kylsystemskomponenterna. Klämmorna kan nypa och punktera slangarna och orsaka läckage. Om slangklämmor av typen som kläms på plats används kan det vara en bra idé att byta ut dessa mot standardklämmor som skruvas fast.

4 Undersök alla kylsystemskomponenter (slangar, fogytor etc.) angående läckor.

5 Om problem hittas med systemets komponenter, byt ut komponenten eller packningen med hänvisning till kapitel 3

6 Med bilen upplyft, undersök bränsletanken och påfyllningsröret angående punkteringar, sprickor eller andra skador. Anslutningen

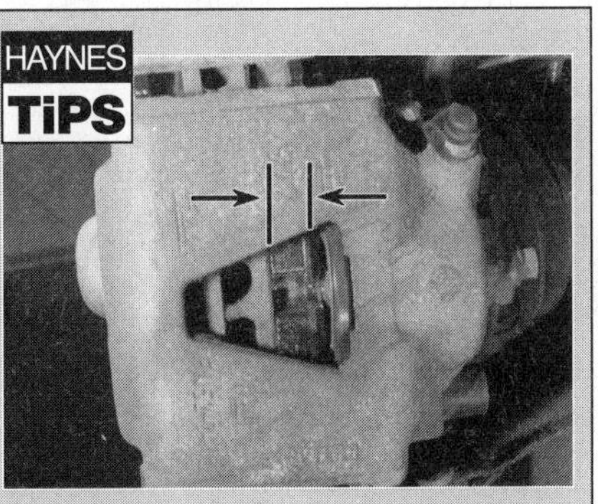

För en snabb kontroll kan tjockleken på den inre bromsklossens friktionsmaterial mätas genom öppningen i bromsoket

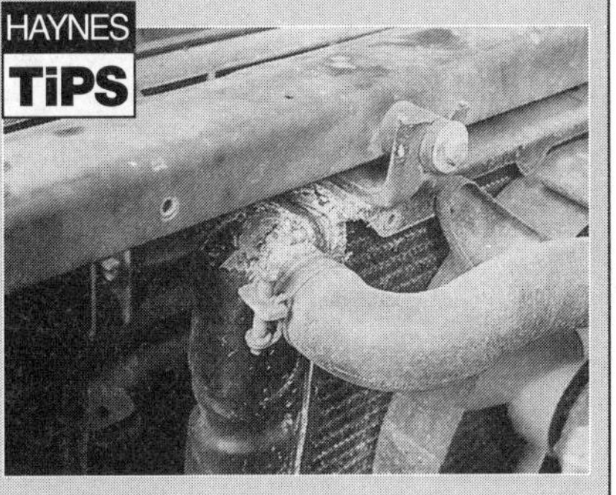

En läcka i kylsystemet visar sig vanligtvis som vita eller rostfärgade avlagringar i området kring läckan

mellan påfyllningsröret och tanken är speciellt kritisk. Ibland kan ett gummipåfyllningsrör eller anslutande slang läcka på grund av lösa fästklämmor eller slitet gummi.

7 Undersök noggrant alla gummislangar och metallbränsleledningar som leder bort från tanken. Leta efter lösa anslutningar, slitet gummi, klämda/veckade ledningar eller andra skador. Var speciellt noggrann med ventilationsrör och -slangar, som ofta slingrar runt påfyllningsröret och kan blockeras eller veckas. Följ ledningarna till bilens front och undersök dem hela vägen. Byt ut skadade delar efter behov. Medan bilen är upplyft, undersök också på liknande sätt alla bromsvätskerör och -slangar under bilen.

8 Inne i motorrummet, kontrollera att alla bränsle- vakuum- och bromsslanganslutningar sitter säkert och undersök alla slangar angående veck, skavning och försämring.

9 Undersök skicket på servostyrningens och (där tillämpligt) automatväxellådans vätskerör och slangar.

13 Hjulbultar – kontroll av åtdragning

1 Ta bort hjulsidan och kontrollera åtdragningen av alla hjulbultar med hjälp av en momentnyckel.

2 Sätt tillbaka hjulsidan.

14 Bakre fjädringens nivåregleringssystem – kontroll

På kombimodeller där ett nivåregleringssystem finns monterat, kontrollera att det fungerar som det ska. Om så inte är fallet, låt en Opelverkstad undersöka systemet.

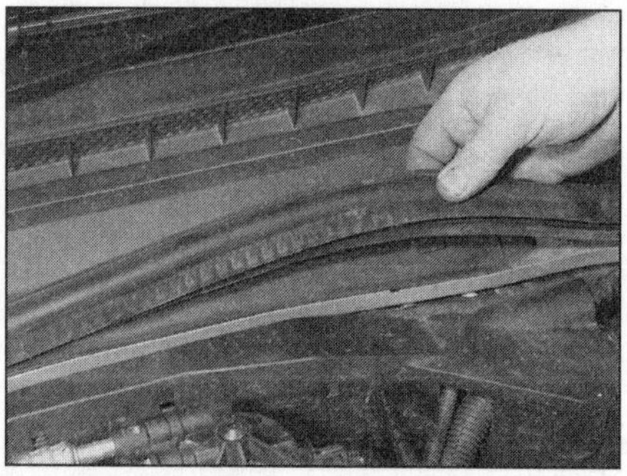

15.1 Dra upp gummitätningen . . .

15 Pollenfilter – byte

1 Öppna motorhuven och dra upp gummitätningen från flänsen baktill i motorrummet **(se bild)**.

2 Öppna luckan i ventilpanelen för att komma åt pollenfiltret **(se bild)**.

3 Lossa klämman i var ände och lyft ut filtret **(se bild)**.

4 Montera det nya filtret i omvänd ordning. Se till att markeringen är synlig på höger sida av filtret, sett genom locket.

16 Landsvägsprov

Instrument och elektrisk utrustning

1 Kontrollera att alla instrument och all elektrisk utrustning fungerar.

2 Kontrollera att alla instrument ger korrekta avläsningar och slå på all elektrisk utrustning en del i taget, för att kontrollera att allt fungerar som det ska.

Styrning och fjädring

3 Undersök om något verkar onormalt i styrning, fjädring eller vad gäller "vägkänsla".

4 Kör bilen och kontrollera att inga ovanliga vibrationer eller ljud förekommer.

5 Kontrollera att styrningen känns bra, att den inte glappar eller kärvar, och lyssna också efter oljud från fjädringen vid kurvtagning eller körning över gupp.

Drivlina

6 Kontrollera motorns, kopplingens, växellådans och drivaxlarnas funktion

7 Lyssna efter ovanliga ljud från motorn, kopplingen och växellådan.

8 Försäkra dig om att motorn går mjukt på tomgång och att den inte tvekar vid acceleration.

9 Kontrollera där så är tillämpligt att kopplingen arbetar mjukt och progressivt, att drivkraften tas upp utan ryck och att pedalvägen inte är ovanligt lång. Lyssna också efter ljud när kopplingspedalen trycks ned.

10 Kontrollera att alla växlar kan läggas i smidigt och utan oljud och att växelspaken inte känns onormalt vag eller hackig.

11 Lyssna efter ett metalliskt klickande från främre delen av bilen medan bilen körs sakta i en cirkel med fullt rattutslag. Gör samma sak åt båda hållen. Om ett klickande hörs tyder det på slitage i en drivaxelknut (se kapitel 8).

Kontroll av bromssystemets funktion och prestanda

12 Kontrollera att inte bilen drar åt ena hållet vid inbromsning och att inte hjulen låser i förtid vid hård inbromsning.

15.2 . . . öppna luckan . . .

15.3 . . . och lyft ut pollenfiltret

13 Kontrollera att det inte förekommer vibrationer i styrningen vid inbromsning.
14 Kontrollera att handbromsen fungerar som den ska, utan att spaken måste dras överdrivet långt, och att den håller bilen stilla parkerad i en backe.
15 Testa bromsservon enligt följande. Tryck ner fotbromsen fyra eller fem gånger för att eliminera vakuumet, starta sedan motorn. När motorn startar skall pedalen ge efter märkbart när vakuum byggs upp. Låt motorn gå i minst två minuter, slå sedan av den. Om nu bromspedalen trycks ned igen skall man höra ett väsande från servon. Efter fyra eller fem nedtryckningar skall väsandet upphöra och pedalen skall kännas märkbart fastare.

Var 30 000:e km eller vartannat år

17 Luftfilter - byte

1 Luftrenaren sitter i det främre högra hörnet i motorrummet.

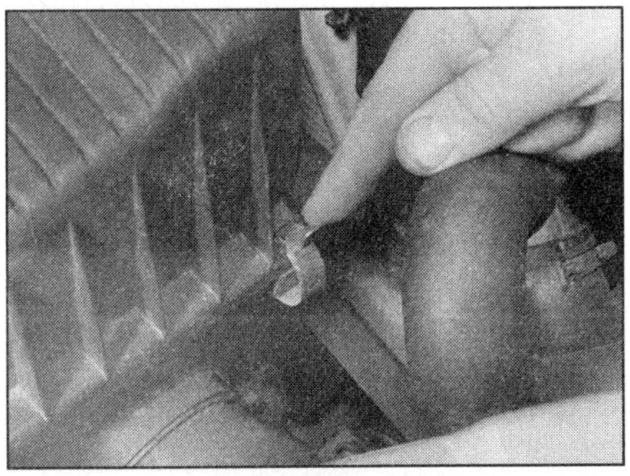

17.2 Lossa klämmorna och lyft upp luftrenarkåpan . . .

2 Lossa fästklämmorna och lyft upp luftrenarkåpan så mycket att filtret kan tas ut **(se bild)**. På 2.0 liters motorer, var försiktig så att inte belastning läggs på kablaget till luftflödesmätaren/insugsluftens temperaturgivare (efter tillämplighet) när locket lyfts.
3 Lyft ut filtret **(se bild)**.
4 Torka av huset och kåpan **(se bild)**. Montera ett nytt filter, notera att gummistyrflänsen skall vara uppåt, och fäst kåpan med klämmorna.

18 Bränslefilter - byte

1.7 liters motorer

1 Tappa av bränslefiltret enligt beskrivning i avsnitt 5.
2 Koppla loss kontaktdonen från temperaturkontakten och värmeelementet som sitter mellan bränslefiltret och fästplattan.
3 Skruva loss anslutningsbultarna och ta bort bränsleledningarna från filtret. Ta vara på tätningsbrickorna som sitter på var sida om slanganslutningarna.
4 Skruva loss fästmuttrarna och ta bort filtret från torpedväggen och ta isär filtret och dess skyddande hus.
5 Håll fast fästplattan och skruva loss filtret. Ta bort tätningsringarna från filtertoppen.
6 Se till att fästplattan är ren och sätt sedan de nya tätningsringarna på plats uppe på det nya filtret.
7 Smörj lite bränsle på de nya tätningsringarna och skruva fast filtret på fästplattan, dra endast åt det för hand
8 Montera filterenheten och det skyddande huset på torpedväggen och dra åt fästmuttrarna till specificerat moment.

17.3 . . . och ta bort filtret

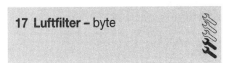

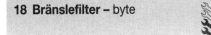

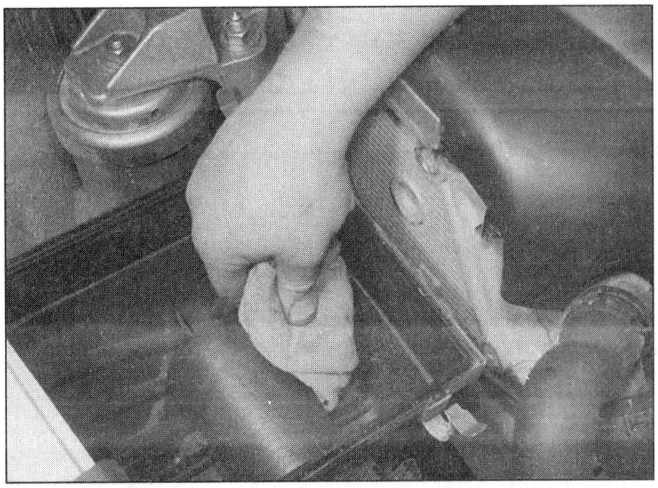

17.4 Torka av luftrenarhuset innan det nya filtret monteras

18.12a På 2.0 liters motorer, skruva loss mittbulten . . .

18.12b . . . och ta bort locket från filterhuset

9 Anslut bränsleledningarna, placera en ny tätningsbricka på var sida om anslutningarna och sätt tillbaka anslutningsbultarna. Dra åt bultarna ordentligt och anslut kablaget till temperaturbrytaren och värmeelementet.

10 Starta motorn och lufta bränslesystemet enligt beskrivning i kapitel 4B.

18.13a Ta bort filtret . . .

2.0 liters motorer

11 Tappa av bränslefilterhuset enligt beskrivning i avsnitt 5.

12 Skruva loss mittbulten och ta bort locket från filterhuset **(se bilder)**.

13 Ta bort filtret från huset och kassera det. Undersök om husets lock och mittbultens tätningsringar är skadade eller försämrade och byt ut dem om så behövs **(se bilder)**.

14 Sätt det nya filtret på plats, fyll sedan filterhuset med färskt bränsle. Helst skall bränslenivån vara just under kanten på filtret.

15 Sätt tillbaka locket på huset och sätt i mittbulten. Se till att tätningen är på plats och dra åt den till specificerat moment **(se bild)**. **Dra inte** åt lockets skruv för hårt – huset kan lätt ta skada.

16 Starta motorn och lufta bränslesystemet enligt beskrivning i kapitel 4B.

19 Ventilspel – kontroll och justering (1.7 liters motor)

Se kapitel 2C.

20 Manuell växellåda – kontroll av oljenivå

1 Placera bilen över en smörjgrop eller på ramper, eller lyft upp den med domkraft, men se till att den står plant. Oljenivån måste kontrolleras innan bilen körs, eller åtminstone 5 minuter efter det att motorn stängts av. Om oljan kontrolleras omedelbart efter körning kommer en del olja fortfarande att befinna sig i växellådskomponenterna och avläsningen blir då inkorrekt.

18.13b . . . och undersök om lockets tätningsring är skadad

18.15 Sätt tillbaka bulten, se till att tätningsringen (vid pilen) är på plats och dra åt bulten till specificerat moment

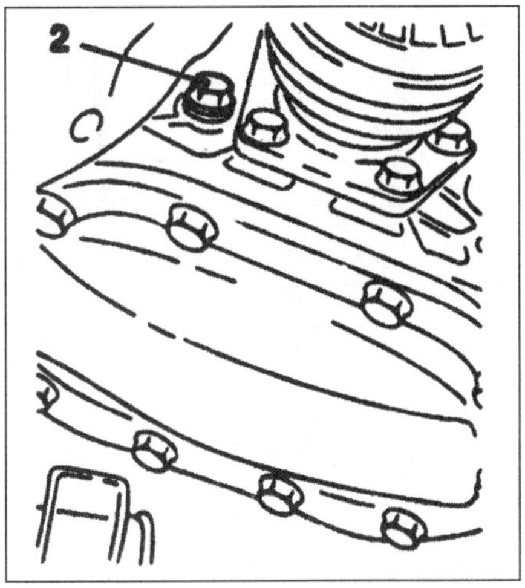

20.2 Växellådans oljenivåplugg (2)

20.4a Skruva loss ventilationsventilen . . .

2 Torka rent området runt nivåpluggen, som sitter på höger sida av växellådan just bakom drivaxelknuten. Skruva loss pluggen och rengör den **(se bild)**.

3 Oljenivån skall vara upp till den nedre kanten på nivåpluggens hål.

4 Om påfyllning behövs, skruva loss ventilationsventilen uppe på växellådshuset och fyll på olja av specificerad typ genom ventilhålet tills det börjar droppa genom nivåpluggens hål **(se bilder)**.

5 Låt den överflödiga oljan rinna ut och sätt sedan tillbaka nivåpluggen och dra åt den till specificerat moment (se kapitel 7A).

6 Sätt tillbaka ventilationsventilen på växellådan, dra åt den ordentligt och torka bort spilld olja.

21 Gångjärn och lås - smörjning

1 Arbeta runt bilen och smörj gångjärnen till motorhuven, dörrarna och bakluckan med en lätt maskinolja.

2 Smörj motorhuvens låsmekanism och den exponerade delen av innervajern med lite fett.

3 Kontrollera säkerhet och funktion för alla gångjärn, spärrar och lås och justera dem vid behov. Kontrollera centrallåssystemets funktion.

4 Kontrollera bakluckans stöttor vad gäller skick och funktion och byt ut båda två om en av dem läcker eller inte längre stöder bakluckan på ett säkert sätt när den är öppen.

22 Bakre bromsback och trumma - kontroll

Se beskrivning i kapitel 9.

23 Fjädring och styrning - kontroll

Kontroll av främre fjädring och styrning

1 Lyft upp framvagnen och stöd den säkert på pallbockar (se *"Lyftning och stödpunkter"*).

2 Undersök spindelledernas dammskydd och styrväxelns damasker angående sprickor, skavning eller försämring. Slitage i dessa komponenter orsakar förlust av smörjmedel samt smuts- och vatteninträng, vilket resulterar i snabb förslitning av spindelleder eller styrväxel.

3 Undersök om servostyrningens vätskeslangar är skavda eller försämrade, och kontrollera om det förekommer läckage kring rör- och slanganslutningar. Leta också efter tecken på vätskeläckage från styrväxelns gummidamasker under tryck, vilket tyder på trasiga tätningar i styrväxeln.

4 Ta tag i hjulet upptill och nedtill och försök vicka på det **(se bild)**. Ett litet spel kan kännas, men om rörelsen är märkbar måste detta undersökas. Fortsätt vicka på hjulet medan en medhjälpare trycker ned fotbromsen. Om rörelsen försvinner eller minskar märkbart, är det troligt att problemet finns i navlagren. Om spelet fortfarande är stort med bromspedalen nedtryckt, beror det på slitage i fjädringsleder eller -fästen.

5 Ta nu tag i hjulet på båda sidorna och försök vicka det som tidigare. Om man nu kan känna rörelse kan det bero på slitage i navlagren eller styrstagens spindelleder. Om den yttre spindelleden är sliten är en synlig rörelse tydlig. Om den inre leden är sliten kan man känna detta om man placerar handen över styrväxelns damask och griper tag i

20.4b . . . och fyll på växellådsolja genom ventilens öppning

23.4 Kontrollera om hjulspindeln är sliten genom att gripa tag i hjulet och försöka vicka på det

styrstaget. Om hjulet nu vickas kan man känna rörelse vid den inre knuten om den är sliten.

6 Använd en stor skruvmejsel eller ett plattjärn, undersök om det finns slitage i fjädringens fästbussningar genom att bända mellan relevant komponent och dess fästpunkt. Viss rörelse är att förvänta eftersom fästena är gjorda av gummi, men kraftigt slitage bör vara uppenbart. Undersök också alla synliga gummibussningar, leta efter sprickor eller slitage eller förorening av gummit.

7 Med bilen stående på hjulen, låt en medhjälpare vrida ratten fram och tillbaka, ungefär ett åttondels varv åt vardera hållet. Det får endast finnas ytterst lite, om något alls, spel mellan ratten och hjulen. Om spelet är större, undersök noggrant leder och fästen enligt tidigare beskrivning. Kontrollera också om rattstångens kardanknutar är slitna och undersök själva styrväxeln.

Kontroll av bakre fjädring

8 Klossa framhjulen, lyft upp bakvagnen och stöd den säkert på pallbockar (se *"Lyftning och stödpunkter"*).

9 Arbeta enligt tidigare beskrivning för framfjädringen, kontrollera de bakre navlagren, fjädringens bussningar och fjäderbens- eller stötdämparfästena (efter tillämplighet) vad gäller slitage.

Kontroll av stötdämpare

10 Leta efter tecken på läckage kring stötdämparen eller från gummidamasken runt kolvstången. Om läckage förekommer är stötdämparen defekt internt och måste bytas ut. **Observera:** *Stötdämpare skall alltid bytas ut i par på samma axel.*

11 Stötdämparens effektivitet kan kontrolleras genom att man gungar bilen i varje hörn. Generellt sett skall karossen återvända till utgångsläget och stanna efter det att den tryckts ned. Om den fortsätter att gunga är stötdämparen förmodligen defekt. Undersök också om stötdämparens övre och nedre fästen är slitna.

24 Drivaxeldamasker – kontroll

1 Med bilen upplyft och ordentligt stöttad på pallbockar, vrid ratten till fullt utslag och snurra sakta på hjulet. Undersök den yttre drivknutens gummidamask medan du trycker ihop den för att också kunna se i vecken **(se bild)**. Leta efter sprickor eller försämring av gummit som kan orsaka smörjmedelsförlust och vatten- eller smutsintrång i knuten. Kontrollera också att fästklämmorna är i bra skick och sitter fast ordentligt. Upprepa dessa kontroller på de inre knutarna. Om skada eller försämring upptäcks måste damaskerna bytas ut enligt beskrivning i kapitel 8.

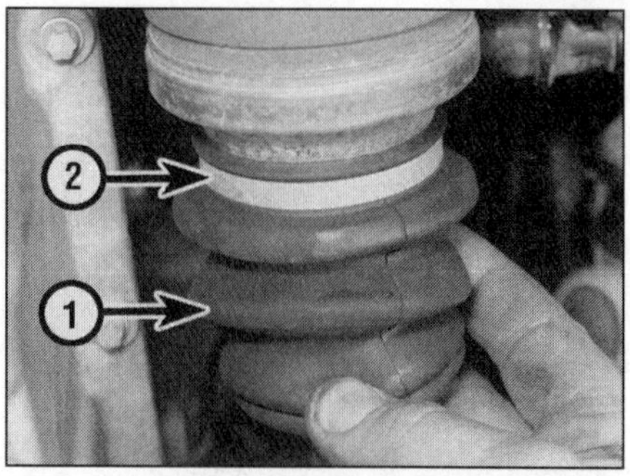

24.1 Undersök drivaxeldamasken (1) och fästklämman (2)

2 Undersök också själva knutarnas skick genom att först hålla fast drivaxeln och försöka vrida på hjulet. Håll sedan fast den inre knuten och försök vrida på drivaxeln. Rörelse indikerar slitage i knutarna, i drivaxelns splines eller en lös drivaxelfästmutter

Vartannat år, oavsett körsträcka

25 Bromsvätska – byte

Varning: Bromshydraulvätska kan skada dina ögon och förstöra målade ytor, så var extremt försiktig vid hanteringen. Använd inte vätska som har stått i en öppen behållare under någon tid – vätskan absorberar fukt från luften och detta kan orsaka farlig förlust av bromseffekt.

1 Momentet liknar luftning av hydraulsystemet som beskrivs i kapitel 9.

2 Följ beskrivningen i kapitel 9, öppna den första luftningsskruven i ordningen och pumpa bromspedalen försiktigt tills nästan all gammal vätska har tömts ut från huvudcylinderns behållare. Fyll på till MAX-nivån med ny vätska och fortsätt pumpa tills bara ny vätska finns kvar i behållaren och ny vätska kommer ut ur luftningsskruvens öppning. Dra åt skruven och fyll på behållaren till MAX-nivån.

3 Fortsätt med alla andra luftningsskruvar i rätt ordning till dess att ny vätska kommer ut ur dem. Var noga med att hela tiden hålla nivån i huvudcylinderbehållaren över MIN-märket, annars kan luft komma in i systemet vilket förlänger arbetet avsevärt.

HAYNES TiPS ***Gammal hydraulolja är alltid mycket mörkare i färgen än ny, vilket gör det lätt att skilja dem åt***

4 När arbetet är avslutat, kontrollera att alla luftningsskruvar är ordentligt åtdragna och att deras dammskydd sitter på plats. Tvätta bort all spilld vätska och kontrollera nivån i huvudcylindern igen.

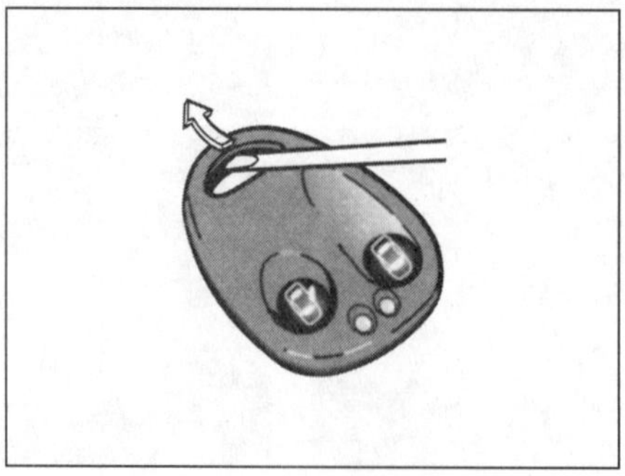

26.1a Stick in en skruvmejsel . . .

5 Kontrollera bromsarnas funktion innan bilen tas ut i trafiken.

26 Fjärrkontroll – byte av batteri

Observera: *Följande moment måste utföras inom 3 minuter, annars måste fjärrkontrollen omprogrammeras.*

1 Använd en skruvmejsel enligt bilden och bänd loss batterilocket från fjärrkontrollen **(se bilder)**.

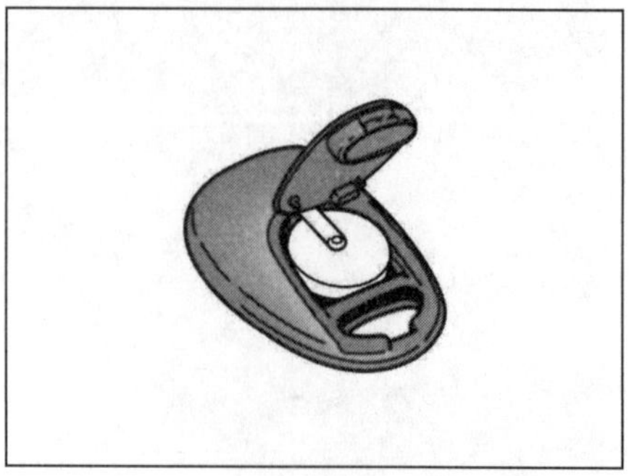

26.1b . . . och bänd upp locket på fjärrkontrollen

2 Notera hur batteriet är monterat, ta sedan försiktigt loss det från kontakterna.
3 Sätt det nya batteriet på plats, sätt sedan tillbaka locket och se till att det sätter sig ordentligt på plats.

27 Kylvätska - byte

Avtappning av kylsystem

Varning: Vänta tills motorn är kall innan detta arbete påbörjas. Låt inte frostskyddsvätska komma i kontakt med huden, eller med bilens lackerade ytor. Skölj bort spill omedelbart, med stora mängder vatten. Låt aldrig frostskyddsvätska stå i öppna behållare, eller ligga i en pöl på uppfarten eller garagegolvet. Barn och husdjur kan lockas av den söta lukten och förtäring av vätskan kan innebära livsfara.

1 Med helt kall motor, ta bort expansionskärlets lock. Vrid locket moturs, vänta tills eventuellt kvarvarande tryck i systemet släppts ut, skruva sedan loss och ta bort locket helt.
2 Där tillämpligt, demontera skölden under motorn, placera sedan en lämplig behållare under kylarens vänstra sida.
3 Lossa klämman, koppla loss den nedre slangen från kylaren och låt kylvätskan rinna ut i behållaren.
4 När kylvätskeflödet upphör, sätt tillbaka den nedre slangen och dra åt klämman.
5 Om kylvätskan har tappats ur av någon annan anledning än byte kan den återanvändas under förutsättning att den är ren och mindre än två år gammal. Detta rekommenderas dock inte.

Spolning av kylsystem

6 Om man har slarvat med kylvätskebyte eller om frostskyddet har spätts ut, kan kylsystemet med tiden förlora sin effektivitet. Kylvätskepassagerna sätts igen med rost, kalk och andra avlagringar. Systemets effektivitet kan återställas om man spolar det rent.
7 Kylaren bör spolas oberoende av motorn om man vill undvika onödig förorening.

Spolning av kylare

8 Koppla loss de övre och nedre slangarna och eventuellt andra relevanta slangar från kylaren, se kapitel 3.
9 Sätt in en trädgårdsslang i kylarens övre inlopp. Spola rent vatten genom kylaren och fortsätt spola tills rent vatten kommer ut ur det nedre utloppet.
10 Om det efter en rimlig tid fortfarande kommer ut smutsigt vatten kan kylaren spolas med ett rengöringsmedel. Det är viktigt att tillverkarens instruktioner följs noggrant. Om kylaren är kraftigt förorenad, demontera kylaren, sätt in slangen i det nedre utloppet och spola kylaren baklänges.

Spolning av motor

11 Demontera termostaten enligt beskrivning i kapitel 3. Om den övre kylarslangen har kopplats loss från motorn, återanslut den tillfälligt.
12 Med övre och nedre slangar frånkopplade från kylaren, stick in en trädgårdsslang i den övre kylarslangen. Låt rent vatten flöda genom motorn och fortsätt spola tills dess att rent vatten kommer ut ur den nedre slangen.
13 När spolningen avslutats, montera termostaten och anslut slangarna, se kapitel 3.

Påfyllning av kylsystem

14 Innan påfyllning av kylsystemet, se till att alla slangar och klämmor är i gott skick och att klämmorna sitter åt ordentligt. Observera att frostskyddsvätska måste användas året om, för att förhindra korrosion i motorns komponenter.
15 Ta bort expansionskärlets lock.
16 Fyll sakta på systemet tills kylvätskenivån når KALT/COLD markeringen på sidan av expansionskärlet.
17 Sätt tillbaka och dra åt expansionskärlets påfyllningslock.
18 Starta motorn och låt den gå tills den når normal arbetstemperatur (tills kylfläkten startar och stannar).
19 Stanna motorn och låt den svalna, kontrollera sedan igen kylvätskenivån med hänvisning till *"Veckokontroller"*. Fyll på mer om så behövs och sätt tillbaka locket. Där tillämpligt, sätt tillbaka skölden under motorn.

Frostskyddsblandning

20 Frostskyddet skall alltid bytas ut vid specificerade intervall. Detta är nödvändigt inte bara för att underhålla de frostskyddande egenskaperna, utan också för att förebygga korrosion.
21 Använd alltid ett etylenglykolbaserat frostskydd som passar för kylsystem av blandmetall. Mängden frostskydd och skyddsnivåer anges i specifikationerna.
22 Innan man fyller på frostskyddsvätska måste kylsystemet tappas av helt och helst spolas. Alla slangar bör också undersökas vad gäller skick och säkerhet.
23 Efter påfyllning av frostskyddsvätska, sätt en lapp på expansionskärlet med typ och koncentration av det frostskyddsmedel som fyllts på samt det datum det gjordes. Alla efterföljande påfyllningar skall göras med vätska av samma typ och koncentration.
24 Använd inte motorfrostskyddsvätska i vindrute-/bakrutespolsystemet eftersom detta kan skada lackeringen. En speciell tillsats för detta skall användas, i den mängd som anges på flaskan.

Var 60 000:e km eller vart 4:e år

28 Kamrem - byte (1.7 liters motor)

Observera: *Även om det normala intervallet för kamremsbyte är 120 000 km eller 8 år, rekommenderas det starkt att detta intervall halveras till 60 000 km eller 4 år på bilar som huvudsakligen används för korta resor och/eller mycket stopp-start körning. Kamremsbyte är mycket upp till den enskilde ägaren, men med tanke på de allvarliga motorskador som kan uppstå om remmen brister medan bilen körs, rekommenderar vi att man tar det säkra före det osäkra.*

1 Se kapitel 2C.

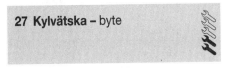

Kapitel 2 Del A:
Reparationer med motorn kvar i bilen – SOHC bensinmotor

Innehåll

Svårighetsgrader

Enkelt, passar novisen med lite erfarenhet	**Ganska enkelt,** passar nybörjaren med viss erfarenhet	**Ganska svårt,** passar kompetent hemmamekaniker	**Svårt,** passar hemmamekaniker med erfarenhet	**Mycket svårt,** för professionell mekaniker

Specifikationer

Allmänt

Motor, typ	Fyrcylindrig radmotor, vattenkyld. Remdriven enkel överliggande kamaxel (SOHC), med hydrauliska ventillyftare
Tillverkarens motorkod	X16SZR
Cylinderlopp	79,0 mm
Slaglängd	81,5 mm
Volym	1598 cc
Tändföljd	1-3-4-2 (cylinder nr 1 vid kamremsänden)
Vevaxelns rotationsriktning	Medurs (sett från motorns kamremsände)
Kompressionsförhållande	9.6:1
Max effekt	55 kW vid 5200 varv/min
Max moment	128 Nm vid 2800 varv/min

Kompressionstryck

Standard	12 till 15 bar (172 till 217 psi)
Max skillnad mellan två cylindrar	1 bar (15 psi)

Kamaxel

Axialspel	0,09 till 0,21 mm
Max tillåtet radialkast	0,040 mm
Kammens lyfthöjd:	
Insugsventil	5,61 mm
Avgasventil	6,12 mm

Smörjsystem

Oljepumpstyp	Kugghjul, driven från vevaxeln
Minsta tillåtna oljetryck vid tomgång, med motorn vid normal arbetstemperatur (oljetemperatur minst 80°C)	1,5 bar (22 psi)
Oljepumpspel:	
Spel mellan kugghjul	0,08 till 0,15 mm
Axialspel	0,10 till 0,20 mm

Atdragningsmoment

	Nm
Drivplattans bultar	60
Hjulbultar	110
Kamaxeldrevets bult	45
Kamaxelhusets ändkåpa, bultar	8
Kamaxelkåpans bultar	8
Kamaxeltryckplattans bultar	8
Kamremskåpans bultar:	
Övre och nedre kåpor	4
Bakre kåpa	12
Kamremsspännarens bult	20
Kylvätskepumpens bultar	8
Motorns/växellådans fästesbultar:	
Främre (höger och vänster) fäste:	
Fästkonsol till motor/växellåda, bultar	60
Fäste till fästkonsol/monteringsram	45
Bakre fäste:	
Fäste till fästkonsol, bultar	45
Fäste till monteringsram, bultar	20
Fästkonsol till växellåda, bultar	60
Kardanstagets bultar	60
Motor till växellåda, bultar:	
M8 bultar	20
M10 bultar	40
M12 bultar	60
Oljepump:	
Fästbultar	8
Pumpkåpans skruvar	6
Oljeövertrycksventilens bult	30
Oljepumpens upptagningsrör/sil, bultar	8
Oljesumpens avtappningsplugg	Se kapitel 1A
Oljesumpens bultar:	
Modeller utan luftkonditionering (oljesump av stål):	
Oljesump till motorblock/oljepump, bultar	10
Modeller med luftkonditionering (oljesump av metallegering):	
Oljesump till motorblock/oljepump, bultar	8
Oljesumpfläns till växellåda, bultar:	
M8 bultar	20
M10 bultar	40
Ramlageröverfallsbultar: *	
Steg 1	50
Steg 2	Vinkeldra ytterligare 45°
Steg 3	Vinkeldra ytterligare 15°
Svänghjulsbultar: *	
Steg1	35
Steg 2	Vinkeldra ytterligare 30°
Steg 3	Vinkeldra ytterligare15°
Svänghjulets/drivplattans nedre kåpa, bultar	8
Topplocksbultar: *	
Steg 1	25
Steg 2	Vinkeldra ytterligare 60°
Steg 3	Vinkeldra ytterligare 60°
Steg 4	Vinkeldra ytterligare 60°
Vevaxelgivarens fästkonsol, bult	6
Vevaxelremskivans bult: *	
Steg 1	55
Steg 2	Vinkeldra ytterligare 45°
Steg 3	Vinkeldra ytterligare 15°
Vevstakens storändslageröverfall, bult: *	
Steg 1	25
Steg 2	Vinkeldra ytterligare 30°

* **Observera:** *Tillverkaren anger att alla muttrar/bultar som vinkeldras måste bytas ut som en rutinåtgärd*

1 Allmän information

Hur detta kapitel används

1 I denna del av kapitel 2 behandlas reparationer av motorn som kan göras med motorn kvar i bilen. Alla moment som rör demontering och montering av motorn och renovering av motorblocket/topplocket behandlas i kapitel 2E.

2 De flesta moment som tas upp i denna del baseras på antagandet att motorn fortfarande är kvar i bilen. Därför, om denna information används under en total motorrenovering, med motorn på arbetsbänken, är många av stegen irrelevanta.

Beskrivning av motorn

3 Motorn är en fyrcylindrig radmotor med enkel överliggande kamaxel, monterad på tvären framtill i bilen, med koppling och växellåda på den vänstra änden.

4 Motorblocket av aluminiumlegering är av typen med torra foder. Vevaxeln ligger i motorblocket på fem ramlager av skåltyp. Tryckbrickor finns på ramlager nr 3, för styrning av vevaxelns axialspel.

5 Vevstakarna är anslutna till vevaxeln med horisontellt delade storändslager av skåltyp och till kolvarna med presspassade kolvbultar. Kolvarna är av aluminiumlegering och har tre kolvringar, två kompressionsringar och en oljering.

6 Kamaxeln löper direkt i kamaxelhuset som är monterat på topplocket och drivs av vevaxeln via en kamrem av kuggtyp (som också driver kylvätskepumpen). Kamaxeln driver varje ventil via en följare. Varje följare pivoterar på en hydraulisk självjusterande ventillyftare som automatiskt justerar ventilspelen.

7 Smörjning sker med tryckmatning från en kugghjulspump, som är monterad på höger ände av vevaxeln. Den drar olja genom en sil i sumpen och tvingar den sedan genom ett externt monterat fullflödesfilter av patrontyp. Oljan flödar in i gallerierna i ramlagren och motorblocket/vevhuset, varifrån det fördelas till vevaxeln (ramlager) och kamaxeln. Storändslagren får olja via inre lopp vevaxeln, medan kamaxellagren också är tryckmatade. Kamaxelloberna och ventilerna stänksmörjs, precis som andra motorkomponenter.

8 Ett halvslutet vevhusventilationssystem finns, vevhusgaser dras från topplockskåpan och förs via en slang in i insugsgrenröret,

Reparationer möjliga med motorn i bilen

9 Följande moment kan utföras utan att motorn behöver demonteras från bilen:

a) Demontering och montering av topplock.
b) Demontering och montering av kamrem och drev.
c) Byte av kamaxelns oljetätning.
d) Demontering och montering av kamaxelhus och kamaxel.
e) Demontering och montering av sump.
f) Demontering och montering av vevstakar och kolvar.*
g) Demontering och montering av oljepump.
h) Byte av vevaxelns oljetätningar.
i) Byte av motorfästen.
j) Demontering och montering av svänghjul/drivplatta.

* Även om moment märkta med en asterisk kan utföras med motorn i bilen efter det att sumpen demonterats, är det bättre om motorn först demonteras, av renlighetsskäl och för bättre åtkomlighet. Av denna anledning beskrivs momentet i kapitel 2E.

2 Kompressionsprov – beskrivning och tolkning

1 Om motorns prestanda sjunker, eller om misständning uppstår som inte kan hänföras till tändningen eller bränslesystemet, kan ett kompressionsprov ge ledtrådar om motorns skick. Om kompressionsprov utförs regelbundet kan detta varna för problem innan några andra symptom framträder.

2 Motorn måste vara helt uppvärmd till normal arbetstemperatur, batteriet måste vara fulladdat och tändstiften borttagna (se kapitel 1). Man behöver också ta hjälp av någon.

3 Avaktivera tändsystemet genom att koppla loss kontaktdonet från DIS-modulen (se kapitel 5) och bränslesystemet genom att ta bort bränslepumpreläet från motorrummets relädosa (se kapitel 4A, avsnitt 8).

4 Montera en kompressionsprovare till tändstiftshålet för cylinder nr 1. Den typ av provare som skruvas i tändstiftets gängor är att föredra **(se bild)**.

5 Låt en medhjälpare hålla gasspjället helt öppet och dra runt motorn med startmotorn. Efter ett eller två varv skall kompressionstrycket byggas upp till maxsiffran och sedan stabiliseras. Anteckna den högsta avläsningen.

6 Upprepa testet på övriga cylindrar och anteckna trycket i var och en av dem

7 Alla cylindrar skall ha så gott som lika tryck; en skillnad större än den som specificerats tyder på ett fel. Observera att kompressionen skall byggas upp snabbt i en väl fungerande motor. Låg kompression i första slaget, följt av gradvis ökande tryck i efterföljande slag, tyder på slitna kolvringar. Låg kompression i det första slaget som inte ökar under efterföljande slag, tyder på läckande ventiler eller trasig topplockspackning (sprucket topplock kan också vara orsaken). Avlagringar på undersidan av ventilhuvudena kan också orsaka låg kompression.

8 Om trycket i en cylinder har minskat till specificerat tryck eller lägre, utför följande test för att fastställa orsaken. Tillför en tesked ren olja i den aktuella cylindern genom tändstiftshålet och upprepa testet.

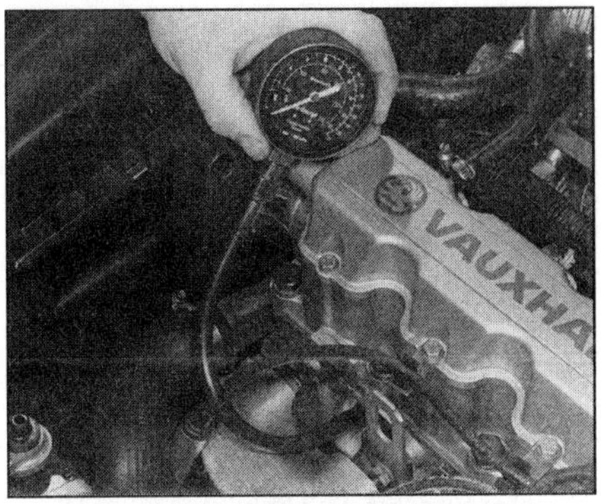
2.4 En kompressionsprovare ansluten till hålet för tändstift nr 1

9 Om den extra oljan tillfälligt förbättrar kompressionstrycket tyder det på att slitage i loppet eller på kolven orsakar tryckförlusten. Om ingen förbättring märks kan läckande eller brända ventiler vara orsaken, eller en trasig topplockspackning.

10 En låg avläsning från två intilliggande cylindrar beror med stor säkerhet på att topplockspackningen är trasig mellan dem, kylvätska i motoroljan bekräftar detta.

11 Om en cylinder är ungefär 20 procent lägre än de andra och motorn har lite ojämn tomgång, kan en sliten kamaxellob vara orsaken.

12 Om kompressionsavläsningen är ovanligt hög är det mycket troligt att förbränningskamrarna är täckta med sotavlagringar. Om detta är fallet måste topplocket demonteras och sotas

13 Efter avslutat prov, sätt tillbaka tändstiften (se kapitel 1). Sätt tillbaka bränslepumpreläet och anslut kontaktdonet till DIS-modulen.

3 Övre dödpunkt (ÖD) för kolv nr 1 – inställning

1 I kolvens rörelsebana upp och ner i cylinderloppet är övre dödpunkten (ÖD) den högsta punkt kolven når när vevaxeln roterar. Varje kolv når ÖD både i kompressionstakten och i avgastakten, men när det gäller inställning av motorn och man talar om ÖD menar man kolvens (vanligtvis nr 1) läge längst upp i kompressionstakten.

2 Kolv (och cylinder) nr 1 är vid höger ände (kamremsänden) av motorn och dess ÖD-läge ställs in enligt följande. Notera att vevaxeln roterar medurs sett från bilens högra sida.

3 Koppla loss batteriets negativa pol. Om så behövs, ta bort tändstiften enligt beskrivning i kapitel 1 för att göra det lättare att rotera motorn.

4 För att komma åt kamaxeldrevets inställningsmärke, demontera den övre kamremskåpan enligt beskrivning i avsnitt 6.

5 Använd en hylsa tillsammans med ett förlängningsskaft på vevaxelremskivans bult, vrid vevaxeln och håll samtidigt ett öga på kamaxeldrevet. Rotera vevaxeln tills

3.5a Placera kamaxeldrevets inställningsmärke i linje med urtaget i kamremskåpan kant . . .

inställningsmärket på kamaxeldrevet är korrekt i linje med urtaget uppe på bakre kamremskåpan och urtaget på vevaxelremskivans kant är i linje med visaren på den nedre kamremskåpan **(se bilder)**.

6 När vevaxelremskivans och kamaxeldrevets inställningsmärken är placerade enligt beskrivningen, är motorn inställd med kolv nr 1 i ÖD i kompressionstakten.

4 Kamaxelkåpa – demontering och montering

Demontering

1 Lossa fästklämmorna och koppla loss ventilationsslangarna från kamaxelkåpan **(se bilder)**.

4.1a Lossa fästklämmorna och ta loss den stora . . .

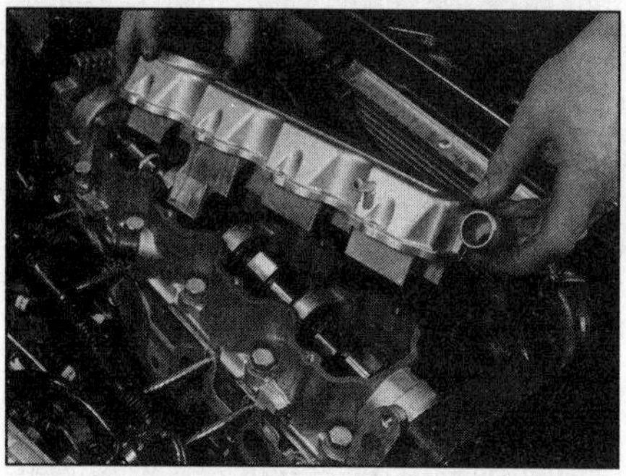

4.2 Kamaxelkåpan demonteras från motorn

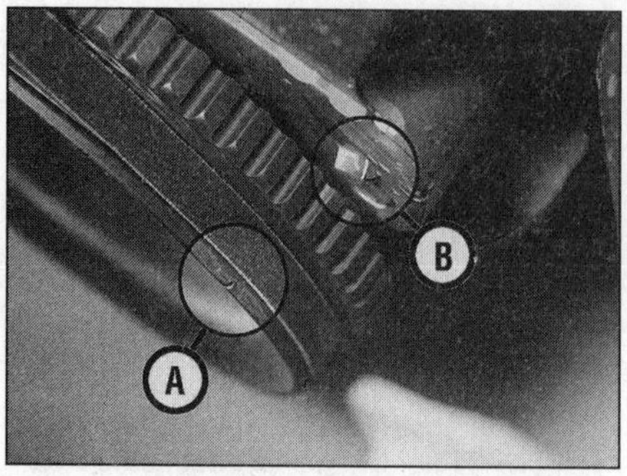

3.5b . . . och urtaget i vevaxelremskivan i linje med visaren på kamremskåpan

2 Lossa och ta bort fästbultarna och notera hur eventuella klämmor eller fästbyglar som hålls av bultarna är placerade, lyft sedan av kamaxelkåpan från kamaxelhuset **(se bild)**. Om kåpan sitter fast, bänd inte mellan kåpans och husets fogytor – om så behövs, knacka försiktigt kåpan sidledes för att lossa den. Ta vara på packningen; om den är skadad eller sliten måste den bytas.

Montering

3 Innan montering, undersök om kåpans insida är förorenad och om så behövs, rengör den med fotogen eller ett vattenlösligt lösningsmedel. Undersök vevhusventilationsfiltret inuti kamaxelkåpan och rengör det på samma sätt om det är igensatt (om så önskas kan filtret tas bort från kåpan om man först skruvar loss fästbultarna). Torka kåpan ordentligt innan den sätts tillbaka.

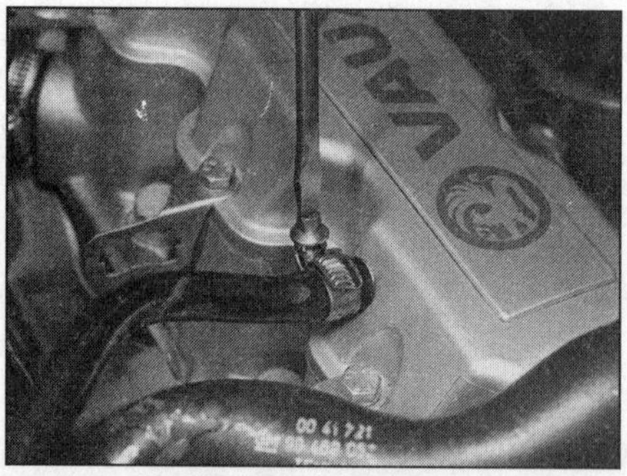

4.1b . . . och den lilla ventilationsslangen från kamaxelkåpan

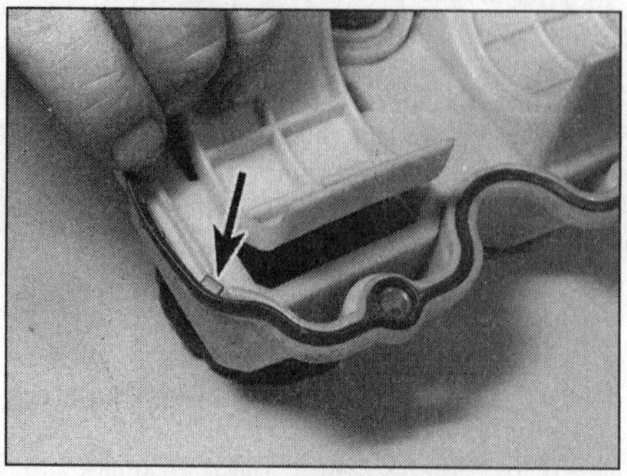

4.4 Se till att packningen sitter korrekt i skåran i kamaxelkåpan

4 Se till att kåpan är ren och torr, placera packningen i urtaget i kåpan och sätt sedan tillbaka kåpan på kamaxelhuset. Försäkra dig om att inte packning rubbas ur sin position **(se bild)**.

5 Sätt tillbaka fästbultarna, med alla relevanta klämmor/byglar på rätt plats, och dra åt dem till specificerat moment i diagonal ordning **(se bild)**.

6 Anslut ventilationsslangarna till kåpan och fäst den ordentligt.

5 Vevaxelremskiva – demontering och montering

Observera: *En ny fästbult till remskivan behövs vid monteringen.*

Demontering

1 Dra åt handbromsen, lyft upp framvagnen och stöd den på pallbockar. Demontera höger hjul.

2 Demontera hjälpaggregatens drivrem enligt beskrivning i kapitel 1. Innan demontering, markera rotationsriktningen på remmen för att försäkra att den sätts tillbaka samma väg.

3 Lossa vevaxelremskivans bult. För att förhindra vevaxelrotation på modeller med manuell växellåda, låt en medhjälpare lägga i högsta växeln och dra åt handbromsen ordentligt. På modeller med automatväxellåda, förhindra rotation genom att ta bort en av momentomvandlarens fästbultar och bulta fast drivplattan på växellådshuset med hjälp av ett metallstag, distanser och passande bultar (se kapitel 7B). Om motorn är demonterad från bilen måste svänghjulet/drivplattan låsas (se avsnitt 15).

4 Skruva loss fästbulten och brickan och ta bort vevaxelremskivan från vevaxelns ände, var försiktig så att inte vevaxelgivaren skadas.

Montering

5 Sätt vevaxelremskivan på plats, placera urtaget i remskivan i linje med den upphöjda markeringen på kamremsdrevet, sätt sedan dit brickan och fästbulten **(se bild)**.

6 Lås vevaxeln med samma metod som vid demonteringen. Dra åt remskivans fästbult till momentet specificerat för steg 1 och sedan till

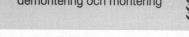

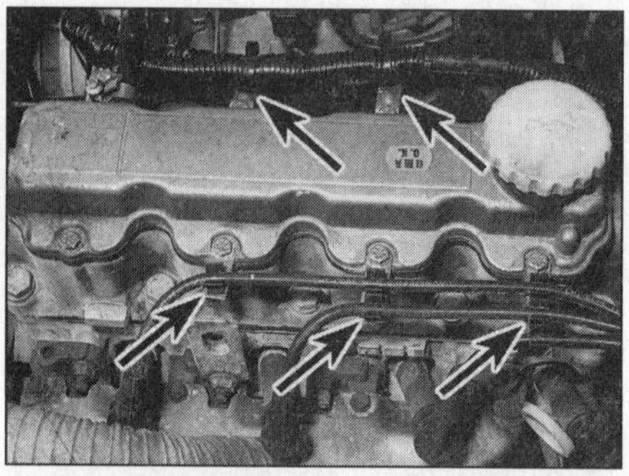

4.5 Se till att kablagets och tändkablarnas klämmor sätts tillbaka på rätt bultar

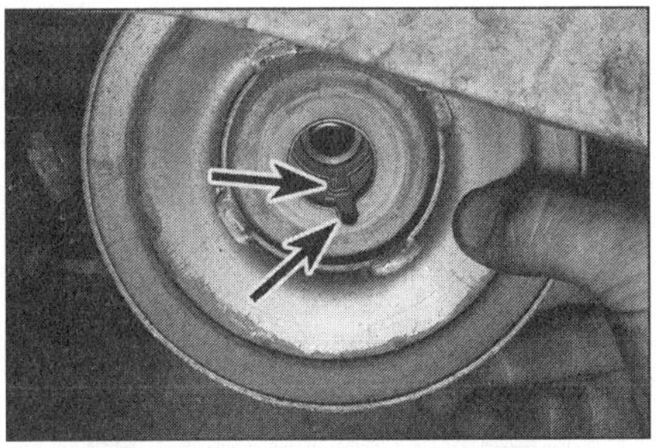

5.5 Montera remskivan och placera urtaget i linje med den upphöjda markeringen på drevet (vid pilarna)

vinkeln för steg 2 med hjälp av hylsa och förlängning, och slutligen till vinkeln för steg 3. Använd helst en vinkelmätare under de sista stegen för större noggrannhet **(se bild)**. Om en mätare inte finns till hands, använd vit målarfärg och gör inställningsmärken mellan bultskallen och remskivan innan åtdragningen; med hjälp av dessa kan man sedan kontrollera att bulten dras till rätt vinkel.

7 Sätt tillbaka hjälpaggregatens drivrem enligt beskrivningen i kapitel 1 med hjälp av riktningsmarkeringen som gjordes innan demonteringen.

8 Sätt tillbaka hjulet, sänk ned bilen och dra åt hjulbultarna till specificerat moment.

6 Kamremskåpor – demontering och montering

Övre kåpa

Demontering

1 Demontera luftrenarhuset enligt beskrivning i kapitel 4.

2 Demontera hjälpaggregatens drivrem enligt beskrivning i kapitel 1. Innan demontering, markera rotationsriktningen på remmen för att försäkra att den sätts tillbaka rätt väg.

3 Skruva loss fästskruvarna, lossa fästklämmorna till övre kåpan och ta bort den från motorn **(se bild)**.

Montering

4 Montering sker i omvänd ordning, se till att drivremmen monteras samma väg som den satt innan den togs bort.

Nedre kåpa

Demontering

5 Demontera vevaxelremskivan (se avsnitt 5).

6 Demontera den övre kåpan (se punkt 1 och 3) , lossa sedan fästskruvarna och ta bort den nedre kåpan från motorn **(se bild)**.

Montering

7 Montering sker i omvänd ordning mot demontering, använd en ny fästbult till vevaxelremskivan.

5.6 Sätt i den nya fästbulten och dra åt den enligt beskrivningen i texten

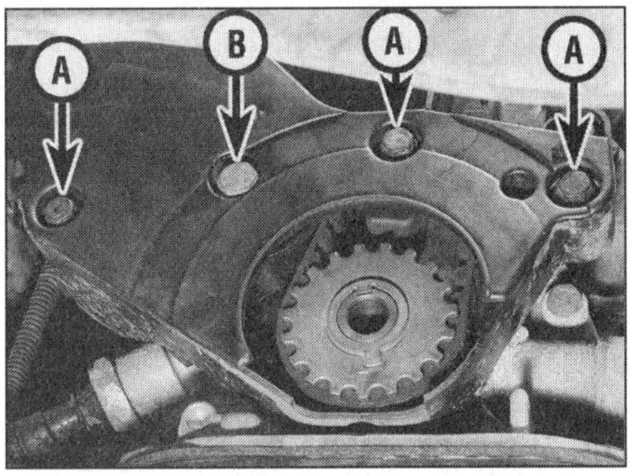

6.6 Nedre kamremskåpans fästbultar (A) och kamremsspännarens bult (B)

Bakre kåpa

Demontering

8 Demontera kamaxeldrevet och vevaxelns kamremsdrev och kamremsspännaren enligt beskrivning i avsnitt 8.

9 Lossa och ta bort bultarna som håller den bakre kåpan till kamaxelhuset och oljepumphuset och ta bort kåpan från motorn **(se bild)**.

Montering

10 Montering sker i omvänd ordning, dra åt kåpans fästbultar till angivna moment.

7 Kamrem – demontering och montering

***Observera**: Motorn måste vara kall när kamremmen demonteras och monteras.*

Demontering

1 Demontera den övre kamremskåpan enligt beskrivning i avsnitt 6.

2 Placera cylinder nr 1 i ÖD i kompressionstakten enligt beskrivning i avsnitt 3.

3 Demontera vevaxelremskivan enligt beskrivning i avsnitt 5.

4 Skruva loss den nedre kamremskåpan och ta bort den från motorn (se avsnitt 6).

5 Sätt in ett passande verktyg (som en pinndorn) i hålet i kamremsspännarens arm, häv sedan armen medurs till sitt stopp och lås den i denna position genom att sätta in verktyget i motsvarande hål i spännarens bakplatta **(se bilder)**. Lämna verktyget i detta

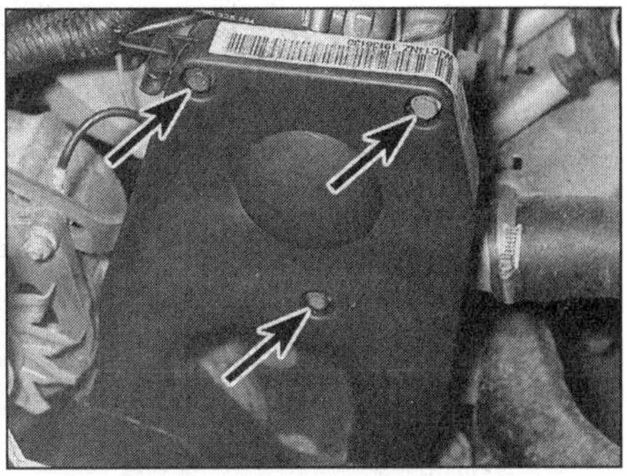

6.3 Övre kamremskåpans fästbultar (vid pilarna)

6.9 Lossa och ta bort fästbultarna och demontera den bakre kamremskåpan

7.5a Stick in ett verktyg (t.ex. en dorn) ihålet (vid pilen) i spännararmen . . .

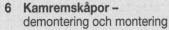

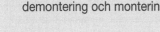

7.5b . . . häv sedan armen medurs och lås spännaren på plats genom att sticka in verktyget i hålet i bakplattan

7.7a Lossa kylvätskepumpens bultar . . .

7.7b . . . och lätta på kamremmens spänning genom att rotera pumpen med en passande adapter

7.8 Dra av kamremmen från dreven och ta bort den från motorn

läge för att låsa spännaren tills remmen har satts tillbaka.

6 Kontrollera att kamaxel- och vevaxeldrevens inställningsmärken är i linje med märkena på remmens bakre kåpa och oljepumphuset.

7 Lossa kylvätskepumpens fästbultar, använd sedan en öppen nyckel och vrid försiktigt pumpen för att lätta på spänningen i kamremmen. Tillsatser som passar på pumpen finns hos de flesta verktygsbutiker och de gör att pumpen lätt kan vridas med hjälp av en spärrhake eller ett förlängningsstag **(se bilder)**.

7.10 Se till att inställningsmärket på vevaxeldrevet är i linje med markeringen på oljepumphuset

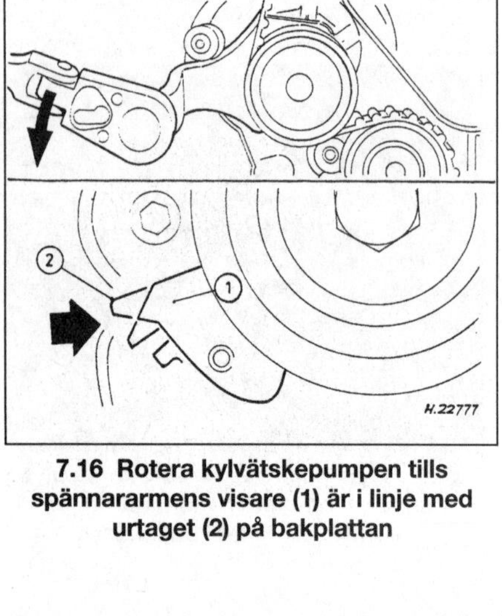

7.16 Rotera kylvätskepumpen tills spännararmens visare (1) är i linje med urtaget (2) på bakplattan

8 Dra av kamremmen från dreven och ta bort den från motorn **(se bild)**. Om remmen ska återanvändas, använd vit färg eller liknande för att markera rotationsriktningen på remmen. **Rotera inte** vevaxeln förrän kamremmen har satts tillbaka

9 Undersök kamremmen noggrant efter tecken på ojämnt slitage, sprickor eller oljeföroreningar, och byt ut den om det råder den minsta tvekan om dess skick. Om motorn genomgår en renovering och närmar sig tillverkarens specificerade intervall för kamremsbyte (se kapitel 1), byt då ut remmen som en rutinåtgärd, oavsett dess skick. Om tecken på oljeförorening hittas, spåra källan till läckan och åtgärda problemet, tvätta sedan motorns kamremsområde och alla relaterade komponenter för att bli av med all olja.

Montering

10 Vid hopsättning, rengör kamremsdreven noggrant, kontrollera sedan att kamaxeldrevets inställningsmärke fortfarande är i linje med urtaget i kåpan och att vevaxeldrevets märke fortfarande är i linje med märket på oljepumphuset **(se bild)**.

11 Placera kamremmen över vevaxel- och kamaxeldreven och se då till att remmens främre löp blir spänt (d.v.s. allt slack skall vara på spännarremsskivans sida av remmen), sätt därefter remmen över kylvätskepumpdrevet och spännarremskivan. Vrid inte remmen skarpt vid monteringen. Se till att remmens kuggar sätter sig ordentligt centralt på dreven och att inställningsmärkena fortfarande är i linje. Om den gamla remmen monteras tillbaka, kontrollera att den riktningsmarkering som gjordes innan demonteringen hamnar rätt väg.

12 Ta försiktigt bort dornen från kamremsspännaren för att frigöra spännarfjädern.

13 Kontrollera att drevinställningsmärkena fortfarande är i linje. Om justering behövs, lås spännaren i läge igen, haka loss remmen från dreven och justera efter behov.

14 Om märkena fortfarande är i linje, spänn kamremmen genom att rotera kylvätskepumpen medan spännarremmens rörelse observeras. Placera pumpen så att spännararmen är helt mot sitt stopp, utan att påfresta remmen för mycket, dra sedan åt kylvätskepumpens fästbultar.

15 Sätt tillfälligt tillbaka vevaxelremskivans bult och rotera sedan vevaxeln mjukt två hela varv (720°) i normal rotationsriktning för att placera remmen i rätt läge

16 Kontrollera att både kamaxeldrevets och vevaxeldrevets inställningsmärken är i linje igen, lossa sedan kylvätskepumpens bultar. Justera pumpen så att spännararmens visare är i linje med urtaget på bakplattan, dra sedan åt kylvätskepumpens bultar till specificerat moment **(se bild)**. Rotera vevaxeln mjukt ytterligare två hela varv i normal rotationsriktning för att placera drevens inställningsmärken i linje igen. Kontrollera att spännararmens visare fortfarande är i linje med urtaget i bakplattan.

17 Om spännararmen inte är i linje med bakplattan, upprepa momentet i punkt 16.

18 När spännararmen och bakplattan är i linje, dra åt kylvätskepumpens bultar till specificerat moment, sätt sedan tillbaka kamremskåporna och vevaxelremskivan enligt beskrivning i avsnitt 5 och 6.

8 Kamremsspännare och drev - demontering och montering

Kamremsdrev

Demontering

1 Demontera kamremmen enligt beskrivning i avsnitt 7.

2 Kamaxeln måste hindras från att rotera medan drevets bult skruvas loss och detta kan göras på två sätt.

a) *Tillverka ett drevlåsningsverktyg av två bitar bandstål (en lång och en kort) och tre muttrar och bultar. En mutter och bult utgör svängpunkten på ett gaffelverktyg, med de andra två muttrarna och bultarna ska sitta i ändarna på gaffelns ben och hakas i drevets ekrar så som visas* ***(se bild).***

b) *Demontera kamaxelkåpan enligt beskrivning i avsnitt 4 och håll fast kamaxeln med en öppen nyckel på de plana ytorna.*

8.2 **Ett hemgjort låsningsverktyg används för att hålla kamaxeldrevet på plats medan bulten lossas**

8.5 **Montera kamaxeldrevet och se till att styrstiftet (1) går i ingrepp med hålet i drevet (2)**

8.6 **En öppen nyckel används till att hålla kamaxeln stilla medan drevets fästskruv dras åt till specificerat moment**

8.11 **Montera vevaxeldrevet och se till att dess inställningsmärke vänds utåt**

8.14 **Lossa och ta bort fästbulten och demontera kamremsspännaren**

3 Skruva loss fästbulten och brickan och ta bort drevet från kamaxelns ände.

Montering

4 Innan montering, undersök om oljetätningen är skadad eller läcker och byt ut den om så behövs enligt beskrivning i avsnitt 9.

5 Sätt tillbaka drevet på kamaxeländen, placera dess urtag i linje med kamaxelns styrstift, sätt sedan tillbaka bulten och brickan **(se bild)**.

6 Dra åt drevets fästbult till specificerat moment medan kamaxeln hålls stilla med samma metod som vid demonteringen **(se bild)**.

7 Sätt tillbaka kamremmen enligt beskrivning i avsnitt 7 och (där så behövs) montera kamaxelkåpan enligt beskrivning i avsnitt 4.

8.15 **Vid montering, se till att klacken på bakplattan (1) går in i hålet i oljepumphuset (2)**

Vevaxeldrev

Demontering

8 Demontera kamremmen (se avsnitt 7).

9 Dra av drevet från vevaxeländen, notera vilken väg det sitter.

Montering

10 Se till att woodruffkilen placeras rätt på vevaxeln.

11 Rikta in drevet med vevaxelspåret och skjut sedan drevet på plats. Se till att dess inställningsmärke är vänt utåt **(se bild)**.

12 Montera kamremmen (se avsnitt 7).

Spännarenhet

Demontering

13 Demontera kamremmen (se avsnitt 7).

14 Lossa och ta bort fästbulten och demontera spännarenheten från oljepumpen **(se bild)**.

Montering

15 Montera spännaren på oljepumphuset, se till att klacken på bakplattan går i hålet i oljepumphuset **(se bild)**. Försäkra dig om att spännaren sitter som den ska, sätt sidan i fästbulten och dra åt den till specificerat moment.

9 Kamaxelns oljetätning – byte

1 Demontera kamaxeldrevet enligt beskrivning i avsnitt 8.

2 Slå eller borra försiktigt två små hål mitt emot varandra i oljetätningen. Skruva in en självgängande skruv i varje hål och dra i skruvarna med en tång för att dra ut tätningen **(se bild)**.

3 Rengör tätningshuset och polera bort borrskägg eller utstickande kanter som kan ha orsakat att tätningen felade i första början.

4 Smörj den nya tätningens läppar med ren motorolja och pressa den på plats med en passande rördorn (som t.ex. en hylsa) som endast vilar på tätningens yttre hårda kant **(se bild)**. Var försiktig så att inte tätningens läppar skadas under monteringen; notera att läpparna ska vara vända inåt.

5 Sätt tillbaka kamaxeldrevet enligt beskrivning i avsnitt 8.

9.2 **Demontering av kamaxelns oljetätning**

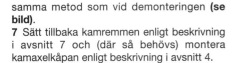

9.4 **Montering av en ny oljetätning**

10 Kamaxelhus och kamaxel – demontering, inspektion och montering

Demontering

Med Opels serviceverktyg (verktyg nr MKM 891)

1 Om tillgång finns till ett specialverktyg kan kamaxeln demonteras från motorn utan att man först måste demontera kamaxelhuset. Verktyget monteras uppe på kamaxelhuset, efter det att kåpan har demonterats (se avsnitt 4), och det trycker ner kamföljarna. Detta gör att kamaxeln kan tas ut från husets vänstra ände efter det att kamremsdrevet har tagits bort (se avsnitt 8) och kåpan och tryckplattan har skruvats loss (se punkt 3 till 5).

Varning: Innan verktyget monteras, rotera vevaxeln 90° förbi ÖD (se avsnitt 3). Detta placerar kolvarna ungefär mitt i loppen och förhindrar att ventilerna kommer i kontakt med dem när verktyget monteras

Utan serviceverktyg

2 Om ett specialverktyg inte finns till hands kan kamaxeln bara demonteras först efter det att kamaxelhuset demonterats från motorn. Eftersom kamaxelhuset hålls på plats av topplocksbultarna är det inte möjligt att demontera kamaxeln utan att först demontera topplocket (se avsnitt 12). **Observera:** *I teorin är det möjligt att demontera kamaxelhuset så snart topplocksbultarna har tagits bort, med topplocket fortfarande på plats. Detta innebär dock stor risk att man rubbar topplockspackningen vilket leder till att packningen förmodligen går sönder när kamaxeln och huset sedan sätts på plats igen. Om du önskar pröva detta, demontera kamaxelhuset enligt beskrivning i avsnitt 12, notera att man måste ta bort grenrören etc. Tänk dock på att efter monteringen kan topplockspackningen behöva bytas, vilket då betyder att topplocket måste tas bort i alla fall och då behövs en ny uppsättning bultar. Det är upp till den enskilde ägaren att bedöma om risken är värd att ta.*

3 Med kamaxelhuset demonterat, skruva loss DIS-modulen och ta bort den från huset.

4 Skruva loss fästbultarna och ta bort

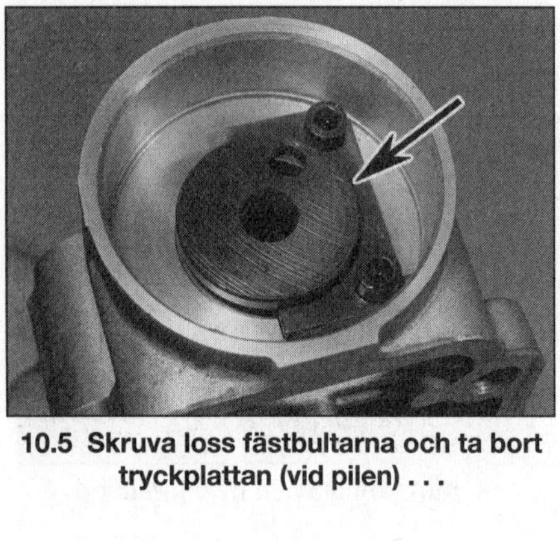

10.5 Skruva loss fästbultarna och ta bort tryckplattan (vid pilen) . . .

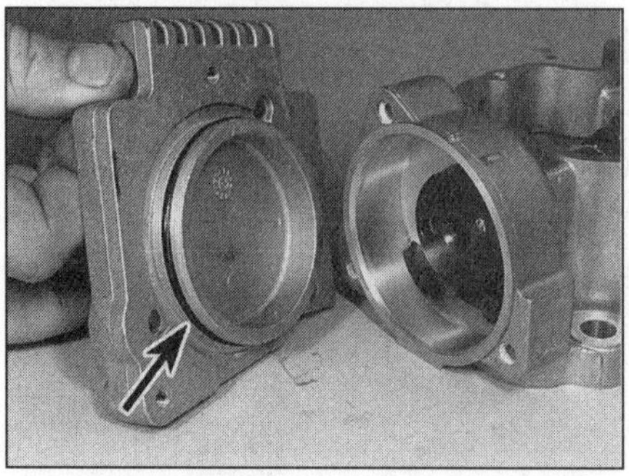

10.4 Ta bort ändkåpan från vänster sida av kamaxelhuset (tätningsring vid pilen)

ändkåpan från vänster sida på **(se bild)**. Ta bort tätningsringen från kåpan och kasta den, en ny måste användas vid monteringen.

5 Mät kamaxelns axialspel genom att sätta in bladmått mellan tryckplattan och kamaxeln; om axialspelet inte är inom gränserna som anges i specifikationerna måste tryckplattan bytas ut. Skruva loss de två fästbultarna och dra ut kamaxelns tryckplatta, notera vilken väg den sitter **(se bild)**.

6 Ta försiktigt ut kamaxeln från vänster sida av huset, var försiktig så att inte lagertapparna skadas **(se bild)**.

Inspektion

7 Med kamaxeln demonterad, undersök om lagren i kamaxelhuset är slitna eller gropiga. Om så är fallet måste förmodligen ett nytt kamaxelhus införskaffas. Kontrollera också att oljematningshålen i kamaxelhuset är fria från blockeringar.

8 Själva kamaxeln får inte ha märken eller repor på lagertapparnas eller lobernas ytor. Om kamaxeln har skador måste den bytas ut. Om kamaxelloberna visar tecken på slitage, undersök också följarna (se avsnitt 11).

9 Undersök om kamaxelns tryckplatta är sliten eller spårig och byt ut den vid behov.

Montering

10 Bänd försiktigt ut den gamla tätningen från kamaxelhuset med en passande skruvmejsel. Se till att huset är rent och tryck sedan in den nya tätningen, med läppen vänd inåt, tills den är jäms med huset.

11 Smörj kamaxel- och huslagren och oljetätningens läpp med rikligt med ny motorolja.

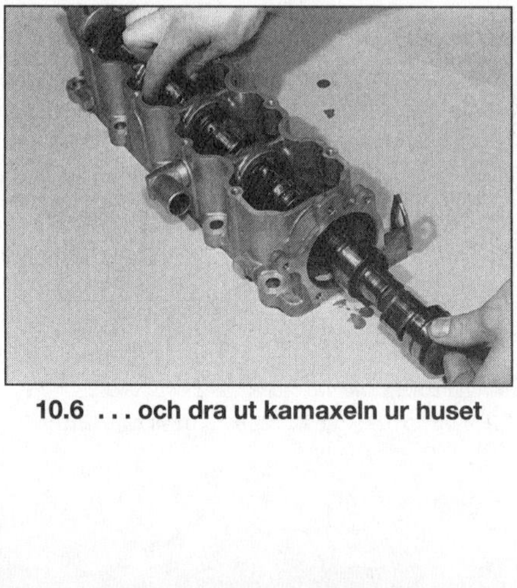

10.6 . . . och dra ut kamaxeln ur huset

12 Placera kamaxeln i huset, var försiktig så att inte lagerytorna repas eller oljetätningsläppen skadas.

13 Sätt tryckplattan på plats, haka i den med urtaget i kamaxeln och dra åt dess fästbultar till specificerat moment. Kontrollera kamaxelns axialspel (se punkt 5).

14 Sätt en ny tätningsring i ändkåpans urtag, sätt sedan kåpan på kamaxelhuset och dra åt dess fästbultar till specificerat moment. Montera DIS-modulen på huskåpan.

15 Om arbetet utförts med det speciella serviceverktyget, ta bort detta och sätt tillbaka kamaxeldrevet. Återför vevaxeln till ÖD och sätt tillbaka kamremmen (se avsnitt 7 och 8).

16 Om verktyget inte används, montera kamaxelhuset enligt beskrivning i avsnitt 12.

11 Kamaxelföljare och hydr. ventillyftare – demontering, inspektion och montering

Med Opels serviceverktyg (verktyg nr. KM-565)

Demontering

1 Om tillgång finns till specialverktyget (KM-565) eller lämpligt liknande verktyg, kan kamföljarna och lyftarna demonteras enligt följande, utan att kamaxeln rubbas.

2 Dra åt handbromsen ordentligt, lyft upp framvagnen och stöd den på pallbockar. Demontera höger framhjul.

3 Demontera kamaxelkåpan enligt beskrivning i avsnitt 4.

4 Andvänd hylsa och förlängningsstag, rotera vevaxeln i normal rotationsriktning tills kamaxelloben för den första följaren/lyftaren som ska demonteras pekar rakt upp.

5 Montera serviceverktyget uppe på kamaxelhuset, se till att verktygsänden hakar i toppen av ventilen. Skruva in verktygets pinnbult i ett av husets bulthål tills ventilen är tillräckligt nedtryckt för att följaren ska kunna dras ut från under kamaxeln. Den hydrauliska lyftaren kan sedan också tas bort liksom tryckmellanlägget från ventilens topp. Undersök komponenterna (se punkt 10 och 11) och byt ut dem om de är slitna eller skadade.

Montering

6 Smörj lyftaren och följaren med ny motorolja, skjut sedan in lyftaren i sitt lopp i topplocket. Sätt följaren på plats, se till att den hakar i ordentligt med lyftaren och ventilskaftet, ta sedan försiktigt bort verktyget.

7 Upprepa på övriga följare och lyftare.

Utan specialverktyg

Demontering

8 Om arbetet ska göras utan specialverktyget måste man demontera kamaxelhuset för att följarna och lyftarna ska kunna demonteras (se avsnitt 10, punkt 2).

11.9a Ta bort varje följare . . .

11.9b . . . tryckmellenlägg . . .

11.9c . . . och lyftare ur topplocket

9 När huset är demonterat, införskaffa åtta små rena behållare och numrera dem 1 till 8. Alternativt, dela in en stor behållare i åtta sektioner. Lyft ut varje följare, tryckmellanlägg och hydraulisk lyftare en taget och placera dem i sina respektive behållare. Blanda inte ihop kamföljarna, det kommer att öka slitaget betydligt **(se bilder)**.

Inspektion

10 Undersök om kamföljarnas lagerytor, som är i kontakt med kamaxelloberna, har slitkanter eller repor. Byt ut följare som visar tecken på detta. Om en följares lageryta är mycket repig, undersök också om motsvarande kamaxellob är sliten, eftersom det är troligt att de båda slitits. Undersök också om tryckmellanlägget är slitet eller skadat. Byt ut komponenter efter behov.

11 Om de hydrauliska ventillyftarna misstänks vara defekta bör de bytas ut, de kan inte testas.

Montering

12 Smörj ventillyftarna och deras topplockslopp med ren motorolja. Sätt tillbaka lyftarna på topplocket, se till att de monteras på sina ursprungliga platser.

13 Sätt tillbaka tryckmellanläggen på sina respektive ventiltoppar.

14 Smörj följarna med ren motorolja. Montera varje följare, se till att den monteras rätt med både lyftaren och tryckmellanlägget, sätt sedan tillbaka kamaxelhuset (se avsnitt 12).

12 Topplock – demontering och montering

Demontering

Observera: *Motorn måste vara kall när topplocket demonteras. Nya topplocksbultar måste användas vid montering.*

1 Tryckavlasta bränslesystemet enligt beskrivning i kapitel 4 och koppla sedan loss batteriets negativa pol.

2 Tappa av kylsystemet och ta bort tändstiften enligt beskrivning i kapitel 1.

3 Demontera kamremmen enligt avsnitt 7.

4 Demontera insugs- och avgasgrenrören enligt beskrivning i kapitel 4. Om inget arbete skall utföras på topplocket kan det demonteras komplett med grenrören efter det att följande moment har utförts (se kapitel 4).

a) *Koppla loss de olika kontaktdonen från gasspjällhuset och grenröret och frigör kabelhärvan från insugsgrenröret.*

b) *Koppla loss bränsleslangarna från gasspjällhuset och de olika vakuum- och kylvätskeslangarna från insugsgrenröret.*

c) *Skruva loss insugsgrenrörets stödfäste och generatorns övre fästkonsol.*

d) *Koppla loss gasvajern.*

e) *Skruva loss det nedåtgående avgasröret från grenröret och koppla loss syresensorns kontaktdon.*

5 Demontera kamaxelkåpan enligt beskrivning i avsnitt 4.

6 Demontera kamaxeldrevet enligt beskrivning i avsnitt 8.

7 Skruva loss fästbultarna som håller den bakre kamremskåpan till kamaxelhuset.

8 Koppla loss kontaktdonen från DIS-modulen, rensventilen, kylvätsketemperaturgivaren och topplockets vänstra sida. Frigör sedan kablarna från fästklämmorna, notera hur de är dragna, och lägg undan dem från topplocket.

9 Lossa fästklämman och koppla loss kylvätskeslangen från termostathuset.

10 Gör en sista kontroll för att försäkra att alla relevanta slangar, rör och ledningar etc. har kopplats loss.

11 Arbeta i omvänd ordning mot åtdragningsordningen **(se bild 12.29a)**, skruva stegvis loss topplockets bultar med en tredjedels varv i taget tills alla bultar kan skruvas loss för hand. Ta bort en bult i taget, tillsammans med dess bricka.

12 Lyft av kamaxelhuset från topplocket **(se bild)**. Om så behövs, knacka försiktigt på huset med en mjuk klubba för att frigöra det från topplocket, men bänd inte i fogytorna. Notera hur de två styrstiften är placerade och ta bort dem för förvaring om de är lösa.

13 Lyft av topplocket från motorblocket, men var noga med att inte rubba kamföljarna eller tryckmellanläggen **(se bild)**. Om så behövs, knacka försiktigt på topplocket med en mjuk klubba för att frigöra det från blocket, men bänd inte i fogytorna. Notera hur de två styrstiften är placerade och ta bort dem för förvaring om de är lösa.

14 Ta vara på topplockspackningen och kasta den.

Förberedelser för montering

15 Fogytorna på topplocket och motorblocket måste vara helt rena innan topplocket sätts på plats. Använd en skrapa för att ta bort alla spår av packning och sot och rengör också kolvtopparna. Var speciellt försiktig med aluminiumytorna eftersom den mjuka metallen lätt kan skadas. Var också noga med att inte låta skräp komma in i olje- och vattenkanalerna – detta är speciellt viktigt för oljekretsen, eftersom sot kan blockera oljematningen till kamaxel- eller vevaxellagren. Använd tejp och papper till att täta vatten-, olje- och bulthålen i motorblocket. För att förhindra att sot kommer in i mellanrummet mellan kolvarna och loppen, lägg lite fett i öppningen. När kolvarna har rengjorts, rotera vevaxeln så att kolvarna flyttar ner i loppen, torka sedan bort fett och sot med en ren tygrasa. Rengör alla kolvkronor på samma sätt.

12.12 Demontering av kamaxelhuset

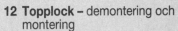

12.13 Demontering av topplocket

12.22a Lägg packningen på motorblocket, över styrstiften (vid pilarna) . . .

12.22b . . . märkningen OBEN/TOP skall vara vänd uppåt

12.25 Lägg tätningsmedel på topplockets övre fogyta och montera kamaxelhuset

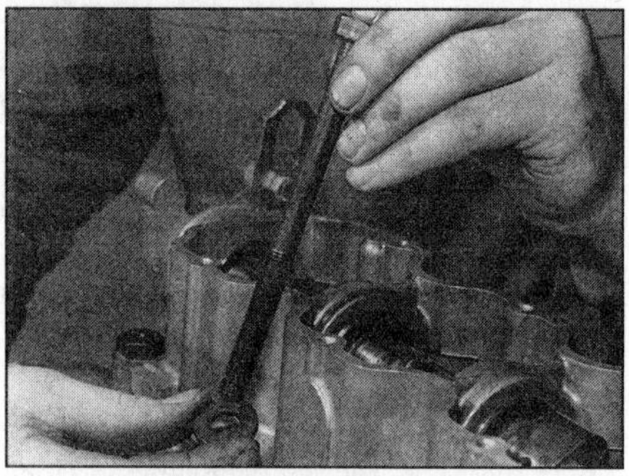

12.28 Sätt brickorna på de nya topplocksbultarna och skruva in bultarna

16 Undersök om blocket eller locket är stött, har djupa repor eller andra skador. Om skadorna är små kan de försiktigt tas bort med en fil. Allvarligare skador kan eventuellt repareras med maskinbearbetning, men detta är ett specialistjobb.

17 Om topplocket misstänks vara skevt, använd en stållinjal för att mäta detta. Se kapitel 2E vid behov.

18 Se till att topplocksbultarnas hål i vevhuset är rena och fria från olja. Ta bort eventuell olja med hjälp av en bollspruta eller en trasa. Detta är mycket viktigt för att rätt åtdragningsmoment ska kunna appliceras och för att förhindra att blocket spricker av det hydrauliska trycket när bulten dras åt.

19 Byt ut bultarna oavsett deras synliga skick.

Montering

20 Placera kolv nr 1 i ÖD och torka rent fogytan på topplocket och blocket.

21 Se till att de två styrstiften är på plats i var ände av motorblocket/vevhuset.

22 Placera den nya topplockspackningen på blocket, med sidan märkt OBEN/TOP vänd uppåt **(se bilder)**.

23 Montera försiktigt topplocket, placera det på styrstiften.

24 Försäkra dig om att fogytorna på topplocket och kamaxelhuset är rena och torra. Kontrollera att kamaxeln fortfarande är rätt placerad genom att tillfälligt montera kamaxeldrevet och kontrollera att drevets inställningsmärke fortfarande är uppåt.

25 Lägg en sträng lämpligt tätningsmedel på topplockets fogyta **(se bild)**.

26 Se till att de två styrstiften är på plats och smörj sedan kamaxelföljarna med ren motorolja.

27 Sänk försiktigt kamaxelhuset på plats, placera det på styrstiften.

28 Sätt brickorna på de nya topplocksbultarna och sätt försiktigt in bultarna på sina platser (låt dem inte falla in), dra sedan åt dem med fingrarna i detta läge **(se bild)**.

29 Arbeta stegvis i visad ordning, dra först åt alla topplocksbultar till momentet för steg 1 **(se bilder)**.

30 När alla bultar har dragits åt till steg 1, dra åt bultarna till vinkeln för steg 2, fortfarande i samma ordning, med en hylsa och ett förlängningsstag. Det rekommenderas att en vinkelmätare används för bästa resultat. **(se bild)**.

31 Arbeta igen i visad ordning och dra åt alla bultar till vinkeln för steg 3.

32 Dra sedan avslutningsvis åt bultarna till vinkeln för steg 4 (fortfarande i samma ordning).

33 Sätt tillbaka bultarna som håller kamremskåpan till kamaxelhuset och dra åt dem till specificerat moment.

34 Montera kamaxeldrevet enligt beskrivning i avsnitt 8, montera sedan kamremmen enligt beskrivning i avsnitt 7.

35 Anslut kontaktdonen till topplockskomponenterna, se till att allt kablage är rätt draget och fäst det med klämmorna.

36 Sätt tillbaka kylvätskehuset till termostathuset och dra åt dess fästklämma ordentligt.

37 Montera/anslut grenrören enligt beskrivning i kapitel 4 (efter tillämplighet).

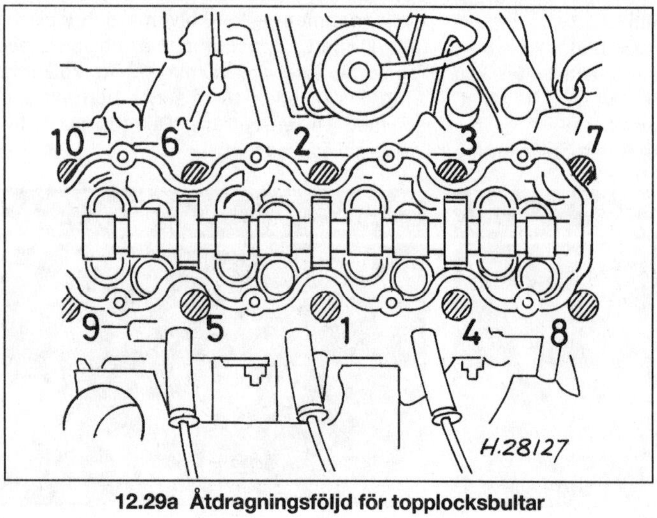

12.29a Åtdragningsföljd för topplocksbultar

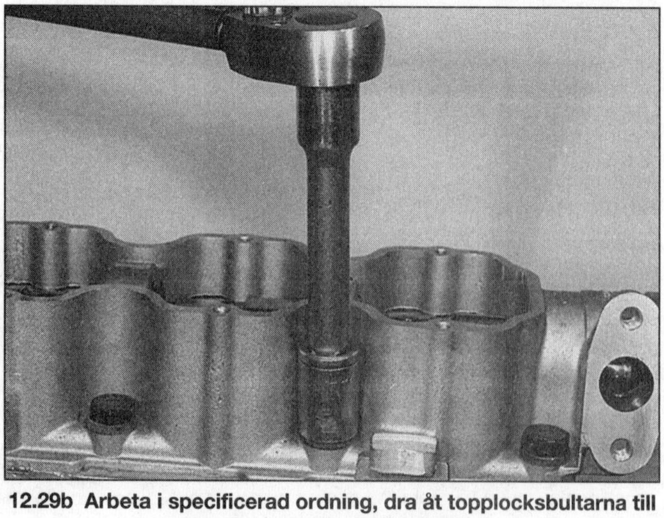

12.29b Arbeta i specificerad ordning, dra åt topplocksbultarna till momentet som anges för steg 1 . . .

12.30 . . . och därefter till de angivna vinklarna (se texten)

38 Montera hjulet, sänk ner bilen och dra åt hjulbultarna till specificerat moment

39 Se till att alla rör och slangar ansluts säkert, fyll på kylsystemet och sätt tillbaka tändstiften enligt beskrivning i kapitel 1.

40 Anslut batteriet, starta motorn och leta efter läckor.

13 Oljesump – demontering och montering

Demontering

1 Koppla loss batteriets negativa pol.

2 Dra åt handbromsen ordentligt, lyft upp framvagnen och stöd den på pallbockar (se *"Lyftning och stödpunkter")*.

3 Tappa av motoroljan enligt beskrivning i kapitel 1, sätt sedan på en ny tätningsbricka och sätt tillbaka avtappningspluggen. Dra åt den till specificerat moment.

4 Demontera avgassystemets nedåtgående rör enligt beskrivning i kapitel 4.

5 Där så behövs, koppla loss kontaktdonet från oljenivågivaren på oljesumpen.

Modell utan luftkonditionering (oljesump av pressat stål)

6 Lossa och ta bort fästbultarna till svänghjulets/drivplattans nedre kåpa och ta bort kåpan från växellådan **(se bild)**.

7 Lossa stegvis och ta bort bultarna som håller oljesumpen längst ner på motorblocket/oljepumpen. Bryt skarven genom att slå på oljesumpen med handflatan, sänk sedan oljesumpen från motorn och ta bort den **(se bild)**. Ta bort och kassera packningen.

8 Medan oljesumpen är demonterad, ta chansen att undersöka om pumpens upptagare/sil är igensatt eller sprucken. Om så behövs, skruva loss upptagaren/silen och ta bort den från oljepumphuset tillsammans med tätningsringen. Silen kan sedan enkelt rengöras i lösningsmedel eller bytas ut.

Modell med luftkonditionering (oljesump av legering)

9 Lossa och ta bort bultarna som håller oljesumpflänsen till växellådshuset.

10 Demontera oljesumpen och (där så

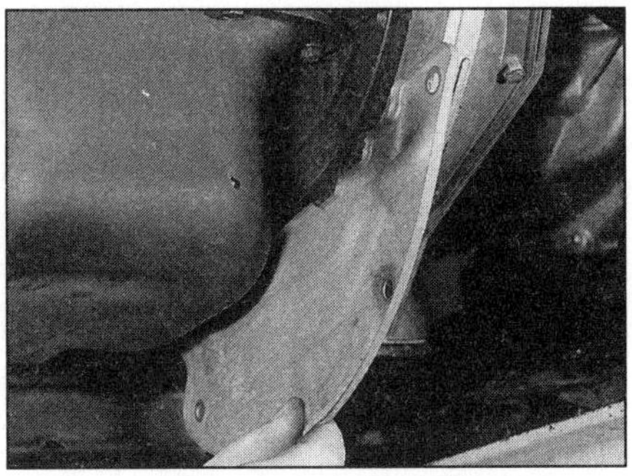

13.6 Ta bort svänghjulets/drivplattans nedre kåpa – modell utan luftkonditionering

behövs) oljepumpens upptagare/sil enligt beskrivning i punkt 7 och 8. Notera att bultarna som håller växellådsänden av oljesumpen till motorblocket nås genom urtagen i oljesumpflänsen, efter det att gummipluggarna har tagits bort **(se bild)**.

Montering

Modell med oljesump av pressad stål

11 Ta bort all smuts och olja från fogytorna på oljesumpen och motorblocket och (om demonterad) upptagaren/silen och oljepumphuset. Ta också bort allt låsningsmedel från upptagarens bultar.

12 Där så behövs, placera en ny tätningsring uppe på upptagaren/silen och montera silen **(se bild)**. Lägg låsningsmedel på gängorna på fästbultarna, sätt i bultarna och dra åt dem till specificerat moment.

13 Lägg ett lager lämpligt tätningsmedel på de delar av motorblockets fogyta som utgör oljehusets och bakre ramlageröverfallets fogytor **(se bild)**.

14 Lägg en ny packning på oljesumpen, för sedan upp oljesumpen mot motorblocket och sätt i fästbultarna. Arbeta ut från mitten i diagonal ordning, dra stegvis åt oljesumpens fästbultar till specificerat moment.

13.7 Demontering av oljesump av pressat stål – modell utan luftkonditionering

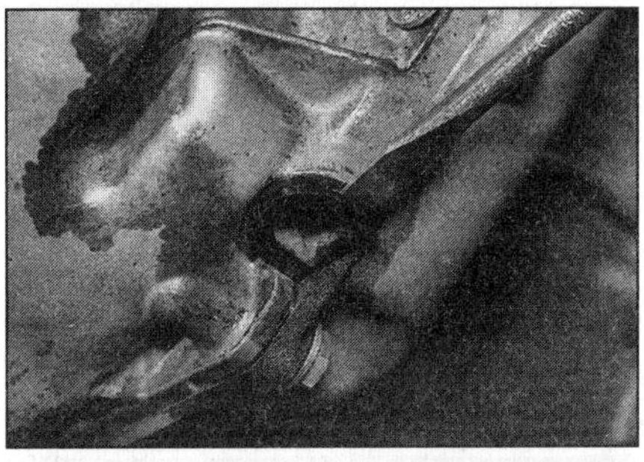

13.10 På modeller med luftkonditionering, ta bort gummipluggarna från sumpflänsen för att komma åt kvarvarande bultar

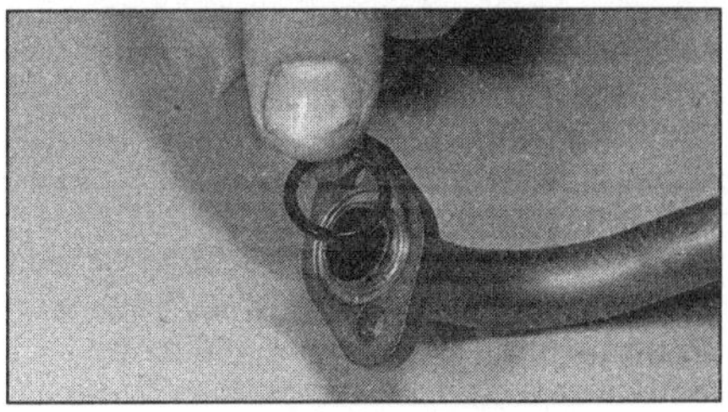

13.12 Placera en ny tätningsring på upptagaren/silen

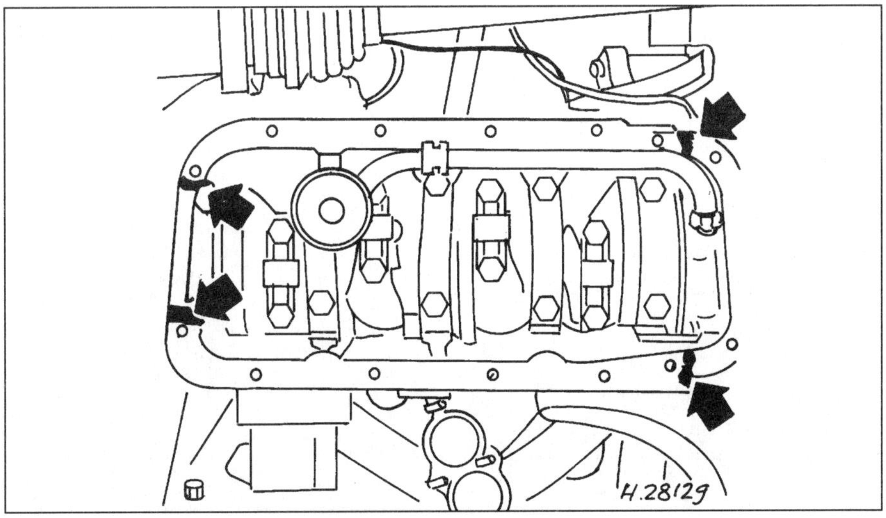

13.13 Lägg tätningsmedel på oljepumpens och de bakre ramlageröverfallens fogytor (vid pilarna) innan oljesumpen monteras

14.8 Skruva loss fästskruvarna och ta bort oljepumpkåpan

15 Sätt tillbaka täckplattan på växellådshuset och dra åt bultarna till specificerat moment.

16 Montera det nedåtgående avgasröret (se kapitel 4) och anslut oljenivågivarens kontaktdon (om tillämpligt).

17 Sänk ner bilen och fyll motorn med färsk olja, se kapitel 1.

Modeller med oljesump av legering

18 Där så behövs, montera oljepumpens upptagare/sil enligt beskrivning i punkt 11 och 12

19 Se till att oljesumpens och motorblockets fogytor är rena och torra och ta bort alla spår av låsningsmedel från oljesumpbultarna.

20 Lägg ett lager lämpligt tätningsmedel på de delar av motorblockets fogyta som utgör oljehusets och bakre ramlageröverfallets fogytor.

21 Placera en ny packning på oljesumpen och lägg några droppar låsningsmedel på gängorna på bultarna mellan oljesumpen och motorblocket/oljepumpen.

22 För oljesumpen på plats, kontrollera att packningen inte rubbas, och sätt i alla fästbultar löst. Arbeta från mitten och utåt i diagonal ordning och dra stegvis åt bultarna som håller oljesumpen till motorblocket/oljepumpen till specificerat moment.

23 Dra åt bultarna som håller oljesumpflänsen till växellådshuset till specificerat moment. Sätt tillbaka gummipluggarna i oljesumpflänsens urtag.

24 Montera det nedåtgående avgasröret (se kapitel 4) och anslut oljenivågivarens kontaktdon (om tillämpligt).

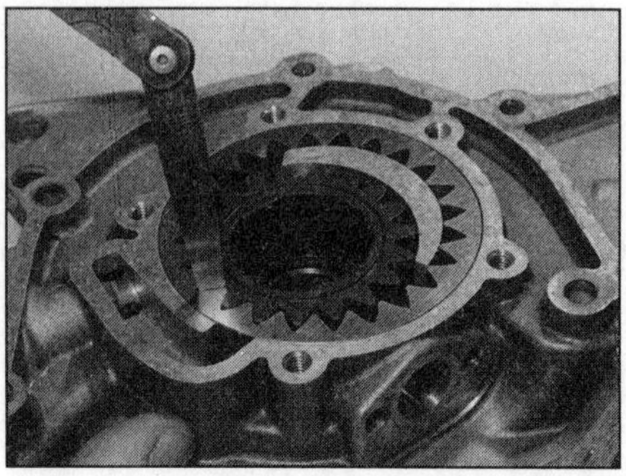

14.13a Använd bladmått till att mäta spelet mellan de två kugghjulen

14.10 Demontering av pumpens yttre kugghjul – märkning vänd utåt vid pilen

25 Sänk ner bilen och fyll motorn med färsk olja, se kapitel 1.

14 Oljepump – demontering, renovering och montering

Demontering

Observera: *Oljeövertrycksventilen kan demonteras med pumpen på plats på motorn.*

1 Demontera kamremmen (se avsnitt 7).

2 Demontera kamaxelns och vevaxelns kamremsdrev och spännaren enligt beskrivning i avsnitt 8.

3 Skruva loss den bakre kamremskåpan från kamaxelhuset och oljepumpen och ta bort den från motorn.

4 Demontera oljesumpen och oljepumpens upptagare/sil enligt beskrivning i avsnitt 13.

5 Koppla loss kontaktdonet från oljetryckskontakten.

6 Skruva loss vevaxelgivarens fästkonsol och flytta undan den från pumpen

7 Lossa och ta bort fästbultarna och dra av oljepumphuset från vevaxeländen, tappa inte bort styrstiften. Ta bort huspackningen och kasta den.

Renovering

8 Skruva loss fästskruvarna och lyft av pumpkåpan bak på huset **(se bild)**.

9 Notera eventuella markeringar som identifierar de yttre ytorna på pumpkugghjulen. Om det inte finns några, gör egna med markeringspenna för att försäkra att kugghjulen sätts tillbaka rätt väg.

14.13b Stållinjal och bladmått används till att mäta axialspelet

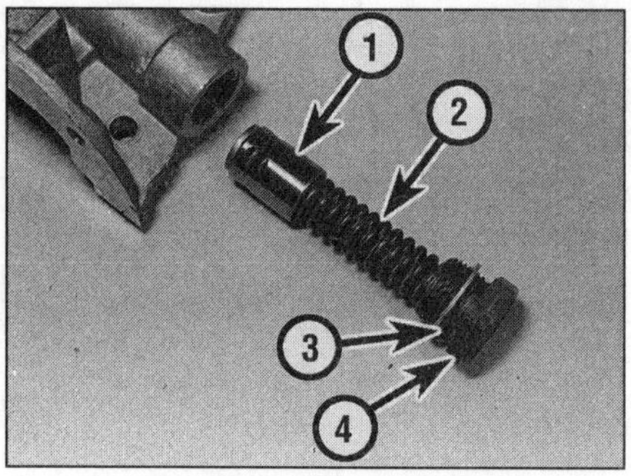

14.11 Oljeövertrycksventilens komponenter

1 Kolv	*3 Tätningsbricka*
2 Fjäder	*4 Ventilbult*

10 Lyft ut inre och yttre kugghjul från pumphuset **(se bild)**.

11 Skruva loss oljeövertrycksventilens bult framtill på pumphuset och dra ut fjädern och kolven från huset, notera vilken väg kolven sitter. **(se bild)**. Ta bort tätningsbrickan från ventilbulten.

12 Rengör delarna och undersök noggrant om kugghjulen, pumphuset eller övertrycksventilens kolv är repiga eller slitna. Byt ut komponenter som är skadade eller slitna; om kugghjulen eller pumphuset har märken bör hela pumpenheten bytas ut.

13 Om komponenterna verkar vara i ett skick så att de går att renovera, mät spelet mellan det inre kugghjulet och det yttre med bladmått. Mät också kugghjulens axialspel och kontrollera också ändkåpans platthet **(se bilder)**. Om spelen överskrider de specificerade måste pumpen bytas ut.

14 Om pumpen är i tillfredsställande skick, sätt ihop komponenterna i omvänd ordning mot demontering, notera följande:

a) Se till att båda kugghjulen monteras rätt väg, ta hjälp av markeringarna.

b) Sätt en ny tätningsbricka på övertrycksventilens bult och dra åt den till specificerat moment.

c) Ta bort alla spår av gammalt låsningsmedel från kåpans skruvar. Lägg på en droppe nytt låsningsmedel på varje skruv och dra åt skruvarna till specificerat moment.

d) Avsluta med att snapsa pumpen genom att fylla den med ren motorolja medan det inre kugghjulet roteras.

Montering

15 Innan montering, bänd försiktigt ut vevaxelns oljetätning med en flat skruvmejsel. Montera den nya oljetätningen, se till att dess tätningsläpp är vänd inåt och tryck den rakt in i huset med en rörformad dorn som endast vilar på tätningens hårda yttre kant **(se bild)**. Tryck tätningen på plats så att den hamnar jäms med huset och smörj oljetätningsläppen med ren motorolja.

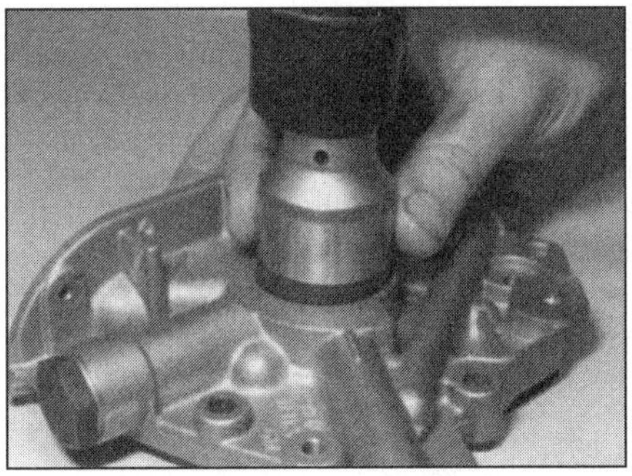

14.15 En ny vevaxeloljetätning monteras på oljepumphuset

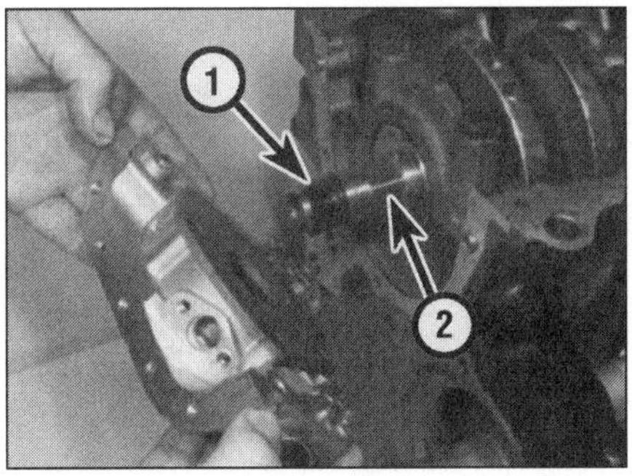

14.18 Vid montering, var försiktig så att inte oljetätningen skadas på vevaxelns läpp (1) och placera det inre kugghjulet på vevaxeln (2)

15.2 Lås svänghjulet/drivplattan med ett verktyg liknande det som visas

16 Se till att fogytorna på oljepumpen och motorblocket är rena och torra och att styrstiften sitter på plats.

17 Placera en ny packning på motorblocket.

18 För försiktigt oljepumpen på plats och haka i det inre kugghjulet med vevaxeländen **(se bild)**. Placera pumpen på stiften, var noga med att inte skada oljetätningsläppen.

19 Sätt tillbaka pumphusets fästbultar på sina ursprungliga platser och dra åt dem till specificerat moment.

20 Montera vevaxelgivarens fästkonsol på pumphuset och dra åt dess fästbult till specificerat moment. Anslut oljetrycks-kontaktens kontaktdon.

21 Montera oljepumpens upptagare/sil enligt beskrivning i avsnitt 13.

22 Montera den bakre kamremskåpan på motorn, dra åt dess fästbultar till specificerat moment.

23 Montera kamremsdreven och spännaren, montera sedan remmen enligt beskrivning i avsnitt 7 och 8.

24 Fyll avslutningsvis motorn med ren olja enligt beskrivning i kapitel 1.

15 Svänghjul/drivplatta – demontering, inspektion och montering

Demontering

Modeller med manuell växellåda

Observera: *Nya fästbultar till svänghjulet behövs vid monteringen.*

1 Demontera växellådan enligt beskrivning i kapitel 7 och demontera kopplingen enligt beskrivning i kapitel 6

2 Hindra svänghjulet från att rotera genom att låsa startkransens tänder med en anordning liknande den som visas **(se bild)**. Alternativt, skruva fast ett spännband mellan svänghjulet och motorblocket/vevhuset. Gör inriktningsmärken mellan svänghjulet och vevaxeln med målarfärg eller lämplig markeringspenna.

3 Lossa och ta bort fästbultarna och ta loss svänghjulet. Tappa det inte, det är tungt.

Modeller med automatväxellåda

4 Demontera växellådan enligt beskrivning i kapitel 7, demontera sedan drivplattan enligt beskrivning i punkt 2 och 3. Notera spännplattan mellan fästbultarna och drivplattan.

Inspektion

5 På modeller med manuell växellåda, undersök om svänghjulet är repat på kopplingsytan. Om kopplingsytan är repad kan svänghjulet eventuellt slipas, men byte är att föredra. Undersök om startkransens tänder är stötta eller slitna. Byte av startkransen är också möjligt, men det är inte en uppgift för hemmamekanikern. Byte kräver att den nya startkransen värms upp (till mellan 180° och 230°C) för att den ska kunna monteras.

6 På modeller med automatväxellåda, undersök noggrant om drivplattans och startkransens tänder är slitna eller skadade och undersök om drivplattans yta är sprucken.

7 Om det råder någon som helst tvekan om svänghjulets/drivplattans skick, rådfråga en Opelåterförsäljare eller motorrenoveringsspecialist. De kan informera om ifall en renovering är möjlig eller om enheten måste bytas.

Montering

Modeller med manuell växellåda

8 Rengör fogytorna på svänghjulet och vevaxeln.

9 För svänghjulet på plats och sätt i de nya fästbultarna. Om det gamla svänghjulet monteras, rikta in märkena som gjordes innan demonteringen.

10 Lås svänghjulet med samma metod som vid demonteringen. Dra åt fästbultarna till momentet specificerat för steg 1 och därefter till vinkeln angiven för steg 2, använd hylsa och förlängning, och dra avslutningsvis åt dem till vinkeln för steg 3.

Det är att rekommendera att man använder en vinkelmätare under de sista åtdragningsstegen, för bästa resultat **(se bilder)**. Om en mätare inte finns till hands, använd vit färg till att göra inriktningsmärken mellan bultskallen och svänghjulet innan åtdragningen; med hjälp av dessa kan man sedan kontrollera att bulten dras till rätt vinkel.

11 Montera kopplingen enligt beskrivning i kapitel 6, ta bort låsverktyget och montera växellådan enligt beskrivning i kapitel 7.

Modeller med automatväxellåda

12 Rengör fogytorna på drivplattan och vevaxeln och ta bort alla spår av låsningsmedel från drivplattans fästbultar.

13 Lägg en droppe låsningsmedel på varje bults gängor, sätt sedan drivplattan på plats. Om den gamla plattan används, ställ in markeringarna som gjordes innan demonteringen. Sätt dit spännplattan och skruva in fästbultarna.

14 Lås drivplattan med samma metod som

15.10a På modeller med manuell växellåda, dra åt svänghjulsbultarna till momentet specificerat för steg 1 . . .

15.10b . . . dra sedan åt dem till vinklarna för steg 2 och 3

vid isärtagningen, arbeta sedan i diagonal ordning och dra åt fästbultarna, jämnt och stegvis, till specificerat moment.

15 Ta bort låsverktyget och montera växellådan enligt beskrivning i kapitel 7.

16 Vevaxelns oljetätningar – byte

Höger oljetätning (kamremsänden)

1 Demontera vevaxeldrevet enligt beskrivning i avsnitt 8.

2 Använd dorn eller borr och gör två små hål mitt emot varandra i oljetätningen. Skruva in en självgängande skruv i varje hål och dra i skruvarna med en tång för att få ut tätningen **(se bild)**.

Varning: Var ytterst försiktig så att inte oljepumpen skadas.

3 Rengör tätningshuset och putsa bort eventuella borrskägg eller upphöjda kanter som kan ha orsakat tätningens haveri från första början.

4 Smörj läpparna på den nya tätningen med ren motorolja och för den på plats på axeländen. Tryck tätningen rakt in tills den är jäms med huset. Om så behövs, använd en dorn, t.ex. en hylsa, som bara vilar på tätningens yttre hårda kant **(se bild)**. Var försiktig så att inte oljetätningens läpp skadas under monteringen och se till att tätningsläpparna vänds inåt

5 Tvätta bort eventuell olja, sätt sedan vevaxeldrevet på plats enligt beskrivning i avsnitt 8.

Vänster oljetätning (svänghjuls-/drivplattsänden)

6 Demontera svänghjulet/drivplattan enligt beskrivning i avsnitt 15.

7 Byt ut tätningen enligt beskrivning i punkt 2 till 4.

8 Montera svänghjulet/drivplattan enligt beskrivning i avsnitt 15.

17 Motor-/växellådsfästen – inspektion och byte

Inspektion

1 Om bättre åtkomlighet behövs, lyft upp framvagnen och stöd den säkert på pallbockar. Där så behövs, lossa fästbultarna och demontera kåpan under motorn/växellådan.

2 Undersök om fästets gummi är sprucket, förhårdnat eller separerat från metallen på någon punkt; byt fästet om så är fallet.

3 Kontrollera att alla fästets fixturer är ordentligt åtdragna; använd en momentnyckel för att kontrollera om så behövs.

4 Använd en stor skruvmejsel eller liknande, leta efter slitage i fästet genom att försiktigt häva mot det och se om det finns fritt spel. Där så inte är möjligt, ta hjälp av någon att flytta motorn/växellådan framåt och bakåt, eller från sida till sida, medan du observerar fästet. Ett visst spel kan förväntas även från nya komponenter, men överdrivet spel bör vara uppenbart. Om spelet är stort, kontrollera först att alla fixturer är ordentligt åtdragna, byt sedan ut slitna komponenter enligt beskrivning nedan.

Byte

Kardanstag

5 Skruva loss fästbultarna och ta bort kardanstaget från motorns högra sida. Om så behövs, skruva loss fästkonsolen och ta bort den från motorn.

6 Vid montering, dra åt fästbultarna till specificerat moment.

Främre fäste

7 Skruva loss fästbultarna och ta loss kardanstaget från motorns högra sida.

8 Dra åt handbromsen, lyft sedan upp framvagnen och stöd den på pallbockar.

9 Ta upp motorns/växellådans vikt med en garagedomkraft med ett träblock som mellanlägg.

10 Skruva loss och ta bort muttern och brickan som håller fästet till den främre monteringsramen och den övre muttern som håller fästet till konsolen.

11 Lyft upp motorn/växellådan lite och manövrera fästet ur position, notera vilken väg det sitter. Om så behövs, skruva loss bultarna som håller fästkonsolen till motorblocket/växellådan (efter tillämplighet), ta sedan ut fästet och konsolen. **Observera:** *Var noga med att inte belasta avgassystemet när motorn lyfts upp. Om så behövs, koppla loss det nedåtgående avgasröret från grenröret (se kapitel 4).*

12 Undersök alla komponenter för att se om de är slitna eller skadade och byt ut dem om så behövs

13 Vid hopsättning, sätt tillbaka fästkonsolen (om demonterad) och dra åt bultarna till specificerat moment.

14 Placera fästet i monteringsramen, se till att det monteras rätt väg, och sänk ner motorn/växellådan på plats. Sätt tillbaka fästmuttrarna och dra åt dem till specificerat moment.

15 Sänk ner bilen, sätt tillbaka kardanstaget och dra åt fästbultarna till specificerat moment.

Bakre fäste

16 Skruva loss fästbultarna och ta bort kardanstaget från motorns högra sida

17 Dra åt handbromsen ordentligt, lyft upp framvagnen och stöd den på pallbockar.

18 På modeller med manuell växellåda, se kapitel 7A, lossa klämbulten till växelmekanismens väljarstag och haka loss väljarstaget från växellådans länksystem.

19 På modeller med automatväxellåda, se kapitel 7B och ta loss väljarvajern från växellådan.

20 Stöd motorns/växellådans vikt med en garagedomkraft med ett träblock som mellanlägg. Placera domkraften under växellådan och höj växellådan något för att helt avlasta det bakre fästet.

21 Lossa och ta bort bultarna som håller det bakre fästet till monteringsramen och växellådan och ta ut enheten från bilens undersida. Om så behövs, skruva loss fästbultarna och ta isär fästet och fäst-konsolen.

22 Vid montering, sätt ihop fästet och fästkonsolen (där så behövs), sätt sedan i fästbultarna och dra åt dem till specificerat moment.

23 För enheten på plats och sätt i bultarna som håller den till monteringsramen. Rengör gängorna på bultarna som håller fästet till växellådan och lägg några droppar låsningsmedel på dem. Sätt i bultarna och dra åt både konsolens och fästets bultar till specificerat moment. Ta bort domkraften under motorn/växellådan.

24 På modeller med manuell växellåda, anslut väljarstaget och justera växelmekanismen enligt beskrivning i kapitel 7A.

25 På modeller med automatväxellåda, anslut och justera väljarvajern enligt beskrivning i kapitel 7B.

26 Sänk ner bilen på marken, sätt tillbaka kardanstaget och dra åt dess fästbultar till specificerat moment.

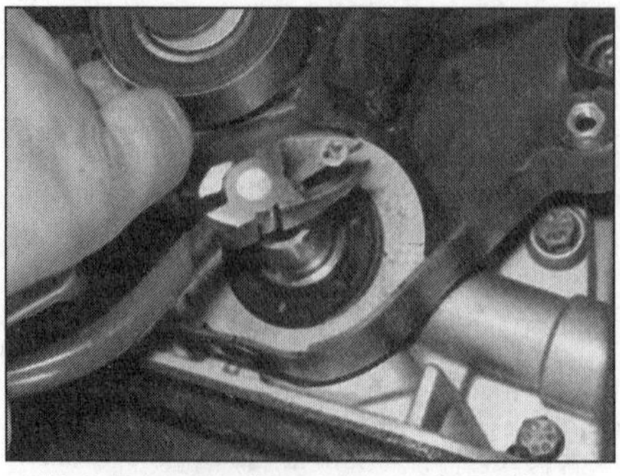

16.2 Demontering av vevaxelns främre oljetätning

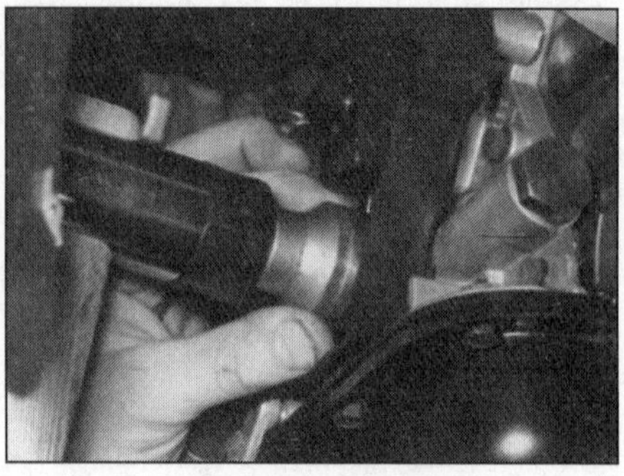

16.4 Montering av ny främre vevaxeltätning

Kapitel 2 Del B: Reparationer med motorn kvar i bilen – DOHC bensinmotor

Innehåll

Svårighetsgrader

Enkelt, passar novisen med lite erfarenhet	**Ganska enkelt,** passar nybörjaren med viss erfarenhet	**Ganska svårt,** passar kompetent hemmamekaniker	**Svårt,** passar hemmamekaniker med erfarenhet	**Mycket svårt,** för professionell mekaniker

Specifikationer

Allmänt

Motor, typ	Fyrcylindrig radmotor, vattenkyld. Dubbla överliggande kamaxlar, remdriven		
	1.6 liter	**1.8 liter**	**2.0 liter**
Tillverkarens motorkod	X16XEL	X18XE	X20XEV
Lopp	79,0 mm	81,6 mm	86,0 mm
Slag	81,5 mm	86,0 mm	86,0 mm
Volym	1598 cc	1799 cc	1998 cc
Kompressionsförhållande	10,5:1	10,8:1	10,8:1
Max effekt (kW)	74 vid 6200 varv/min	85 vid 5400 varv/min	100 vid 5600 varv/min
Max moment (Nm)	150 vid 3200 varv/min	170 vid 3600 varv/min	188 vid 3200 varv/min
Tändföljd	1-3-4-2 (cylinder nr 1 vid kamremsänden)		
Vevaxelns rotationsriktning	Medurs (sett från motorns kamremsände)		

Kompressionstryck

Standard	12 till 15 bar
Max skillnad mellan två cylindrar	1 bar

Kamaxel

Axialspel	0,04 till 0,15 mm	
Max tillåtet radialkast	0,040 mm	
Kammens lyfthöjd:	**Insug**	**Avgas**
1.6 liters motorer	10,0 mm	10,0 mm
1.8 och 2.0 liters motorer	8,5 mm	8,0 mm

Smörjsystem

Oljepump, typ	Kugghjul, driven direkt från vevaxeln
Minsta tillåtna oljetryck vid tomgång, med motorn vid arbetstemperatur (oljetemperatur minst 80°C)	1,5 bar
Oljepumpspel:	
Spel mellan inre och yttre kugghjul	0,10 till 0,20 mm
Kugghjulens axialspel:	
1.6 liters motorer	0,08 till 0,15 mm
1.8 och 2.0 liters motorer	0,03 till 0,10 mm

Atdragningsmoment

1.6 liters motorer

	Nm
Drivplattans bultar	60
Hjulbultar	110
Kamaxeldrevets bult: *	
Steg 1	50
Steg 2	Vinkeldra ytterligare 60°
Steg 3	Vinkeldra ytterligare 15°
Kamaxelkåpans bultar	8
Kamaxellagrens överfall, bultar	8
Kamremmens överföringsremskiva, bult	25
Kamremskåpans bultar:	
Övre och nedre kåpor	4
Bakre kåpa	6
Kamremsspännarens bult	20
Motor-/växellådsfästen, bultar:	
Främre (vänster och höger) fäste:	
Fästkonsol till motor/växellåda, bultar	60
Fäste till fästkonsol/monteringsram, muttrar	45
Bakre fäste:	
Fäste till fästkonsol, bultar	45
Fäste till monteringsram, bultar	20
Fästkonsol till växellåda, bultar	60
Kardanstagets bultar	60
Motor till växellåda, bultar:	
M8 bultar	20
M10 bultar	40
M12 bultar	60
Oljepump:	
Fästbultar	6
Pumpkåpans skruvar	6
Oljeövertrycksventilens bult	30
Oljepumpens upptagare/sil, bultar	8
Oljesumpens avtappningsplugg	Se kapitel 1A
Oljesumpbultar:	
Oljesump till motorblock/oljepump, bultar	10
Oljesumpfläns till växellåda, bultar:	
M8 bultar	20
M10 bultar	40
Ramlageröverfall, bultar: *	
Steg 1	50
Steg 2	Vinkeldra ytterligare 45°
Steg 3	Vinkeldra ytterligare 15°
Svänghjulsbultar: *	
Steg 1	35
Steg 2	Vinkeldra ytterligare 30°
Steg 3	Vinkeldra ytterligare 15°
Topplocksbultar: *	
Steg 1	25
Steg 2	Vinkeldra ytterligare 90°
Steg 3	Vinkeldra ytterligare 90°
Steg 4	Vinkeldra ytterligare 90°
Steg 5	Vinkeldra ytterligare 45°
Vevaxelgivarens fästkonsol, bult	8
Vevaxelremskivans bult: *	
Steg 1	95
Steg 2	Vinkeldra ytterligare 30°
Steg 3	Vinkeldra ytterligare 15°
Vevstakens storändslageröverfall, bult: *	
Steg 1	25
Steg 2	Vinkeldra ytterligare 30°

* **Observera:** *Tillverkaren anger att alla muttrar/bultar som vindeldras måste bytas ut som en rutinåtgärd*

1.8 och 2.0 liters motorer

Skvalpplåt, bultar	20
Kamaxellageröverfall, bultar	8
Kamaxelkåpans bultar	8

Atdragningsmoment (forts)

1.8 och 2.0 liters motorer (forts)

	Nm
Drivplattans bultar	60
Hjulbultar	110
Kamaxeldrevets bult: *	
Steg 1	50
Steg 2	Vinkeldra ytterligare 60°
Steg 3	Vinkeldra ytterligare 15°
Kamremmens överföringsremskiva:	
Remskivans bult	25
Fästkonsolens bultar	25
Kamremskåpans bultar	6
Kamremsspännarens bult	20
Motor/växellåda främre fästets fixturer:	
Fästkonsol till motor/växellåda, bultar	60
Fäste till fästkonsol/monteringsram, muttrar	45
Motor/växellåda bakre fästets bultar:	
Fäste till fästkonsol, bultar	45
Fäste till monteringsram, bultar	20
Fäste till växellåda, bultar	60
Motor/växellåda, kardanstag och fästkonsol, bultar	60
Motor till växellåda, bultar:	
M8 bultar	20
M10 bultar	40
M12 bultar	60
Oljepump:	
Fästbultar	6
Pumpkåpans skruvar	6
Oljeövertrycksventil, bultar	30
Oljepumpens upptagare/sil, bultar:	
Oljeupptagare till oljepumphus, bultar	8
Oljeupptagare till ramlageröverfallens gjutgods, bult	20
Oljesumpbultar:	
Oljesumptrågets bultar: *	
Steg 1	8
Steg 2	Vinkeldra ytterligare 30°
Huvuddelens bultar:	
Oljesump till motorblock/oljepump, bultar	20
Oljesumpfläns till växellåda, bultar:	
M8 bultar	20
M10 bultar	40
Oljesumpens avtappningsplugg	Se kapitel 1A
Ramlageröverfall, bultar: *	
Steg 1	50
Steg 2	Vinkeldra ytterligare 45°
Steg 3	Vinkeldra ytterligare 15°
Ramlagrens gjutgods, bultar	20
Svänghjulsbultar: *	
Steg 1	65
Steg 2	Vinkeldra ytterligare 30°
Steg 3	Vinkeldra ytterligare 15°
Topplocksbultar: *	
Steg 1	25
Steg 2	Vinkeldra ytterligare 90°
Steg 3	Vinkeldra ytterligare 90°
Steg 4	Vinkeldra ytterligare 90°
Steg 5	Vinkeldra ytterligare 15°
Vevaxeldrev, bult: *	
Steg 1	130
Steg 2	Vinkeldra ytterligare 40 till 50°
Vevaxelremskiva, bultar	20
Vevstakens storändslageröverfall, bult: *	
Steg 1	35
Steg 2	Vinkeldra ytterligare 45°
Steg 3	Vinkeldra ytterligare 15°

* **Observera:** *Tillverkaren anger att alla muttrar/bultar som vinkeldras måste bytas som en rutinåtgärd.*

1 Allmän information

Hur detta kapitel används

1 I denna del av kapitel 2 behandlas reparationer av motorn som kan göras med motorn kvar i bilen. Alla moment som rör demontering och montering av motorn och renovering av motorblocket/topplocket behandlas i kapitel 2E.
2 De flesta moment som tas upp i denna del baseras på antagandet att motorn fortfarande är kvar i bilen. Därför, om denna information används under en total motorrenovering, med motorn på arbetsbänken, är många av stegen irrelevanta.

Beskrivning av motorn

3 Motorn är en fyrcylindrig radmotor med dubbla överliggande kamaxlar, monterad på tvären framtill i bilen, med koppling och växellåda på den vänstra sidan.
4 Motorblocket av aluminiumlegering är av typen med torra foder. Vevaxeln ligger i motorblocket på fem ramlager av skåltyp. Tryckbrickor finns på ramlager nummer 3 för kontroll av vevaxelns axialspel.
5 Vevstakarna är anslutna till vevaxeln med horisontellt delade storändslager av skåltyp och till kolvarna med presspassade kolvbultar. Kolvarna är av aluminiumlegering och har tre kolvringar, två kompressionsringar och en oljering.
6 Kamaxlarna löper direkt i topplocket och drivs av vevaxeln via en kuggad kamrem (som också driver kylvätskepumpen). Kamaxlarna driver varje ventil via en följare. Varje följare har en hydraulisk självjusterande ventil som automatiskt justerar ventilspelen.

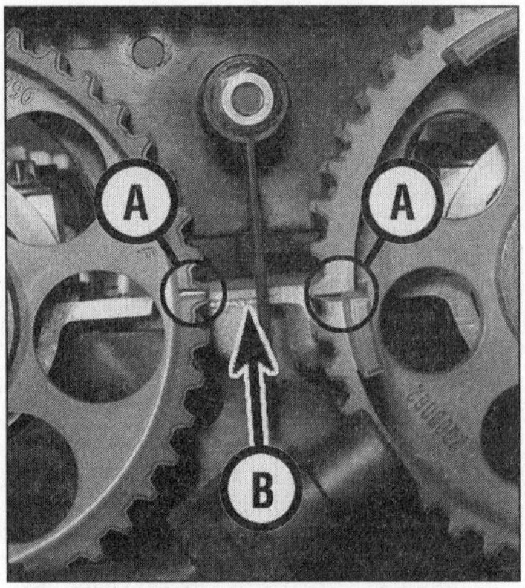

3.5 På 1.6 liters motorer, placera kamaxeldrevens inställningsmärken (A) i linje med topplockets övre yta (B) så som visas för att placera cylinder nr 1 i ÖD i kompressionstakten

7 Smörjning sker med tryckmatning från en kugghjulspump, som är monterad på höger ände av vevaxeln. Den drar olja genom en sil i sumpen och tvingar den sedan genom ett externt monterat fullflödesfilter av patrontyp. Oljan flödar in i gallerierna i ramlagren och motorblocket/vevhuset, varifrån det fördelas till vevaxeln (ramlager) och kamaxlarna. Storändslagren får olja via inre lopp i vevaxeln, medan kamaxellagren också är tryckmatade. Kamaxelloberna och ventilerna stänksmörjs, precis som andra motorkomponenter.
8 Ett halvslutet vevhusventilationssystem finns, vevhusgaser dras från topplockskåpan och förs via en slang in i insugsgrenröret.

Reparationer möjliga med motorn i bilen

9 Följande arbeten kan utföras utan att motorn demonteras från bilen:

a) Demontering och montering av topplock.
b) Demontering och montering av kamrem och drev.
c) Byte av kamaxeloljetätningar.
d) Demontering och montering av kamaxlar och följare.
e) Demontering och montering av sump.
f) Demontering och montering av vevstakar och kolvar.*
g) Demontering och montering av oljepump.
h) Byte av vevaxelns oljetätningar.
i) Byte av motorfästen.
j) Demontering och montering av svänghjul/drivplatta.

* Även om moment märkta med en asterisk kan utföras med motorn i bilen efter det att sumpen demonterats, är det bättre om motorn först demonteras, av renlighetsskäl och för bättre åtkomlighet. Av denna anledning beskrivs momentet i kapitel 2E.

2 Kompressionsprov – beskrivning och tolkning

Se kapitel 2A, avsnitt 2.

3 Övre dödpunkt (ÖD) för kolv nr 1 – inställning

1 I kolvens rörelsebana upp och ner i cylinderloppet är övre dödpunkten (ÖD) den högsta punkt kolven når när vevaxeln roterar. Varje kolv når ÖD både i kompressionstakten och i avgastakten, men när det gäller inställning av motorn och man talar om ÖD menar man kolvens (vanligtvis nr 1) läge längst upp i kompressionstakten.
2 Kolv (och cylinder) nr 1 är vid höger ände (kamremsänden) av motorn och dess ÖD-läge ställs in enligt följande. Notera att vevaxeln roterar medurs sett från bilens högra sida.
3 Koppla loss batteriets negativa pol. Om så behövs, ta bort tändstiften enligt beskrivning i kapitel 1 för att göra det lättare att rotera motorn.

1.6 liters motorer

4 För att kunna komma åt kamaxeldrevets inställningsmärke måste man demontera den övre kamremskåpan enligt beskrivningen i avsnitt 6.
5 Använd hylsa och förlängning på vevaxelremskivans bult, vrid vevaxeln tills inställningsmärkena på kamaxeldreven är vända mot varandra och båda är i linje med topplockets övre yta. Med kamaxeldrevens märken korrekt placerade, rikta in märket på vevaxelremskivans kant mot märket på den nedre kamremskåpan **(se bild)**. Motorn är nu inställd med kolv nr 1 i ÖD i kompressionstakten.

1.8 och 2.0 liters motorer

6 För att kunna komma åt kamaxeldrevens inställningsmärken måste man demontera den yttre kamremskåpan enligt beskrivningen i avsnitt 6.
7 Använd hylsa och förlängning på vevaxeldrevets bult, rotera vevaxeln tills inställningsmärkena på kamaxeldreven båda är uppåt och korrekt inriktade med märkena på kamaxelkåpan. Med kamaxeldrevmärkena inriktade, placera märket på vevaxelremskivans kant i linje med visaren på kåpan **(se bild)**. Motorn är nu inställd med kolv nr 1 i ÖD i kompressionstakten.

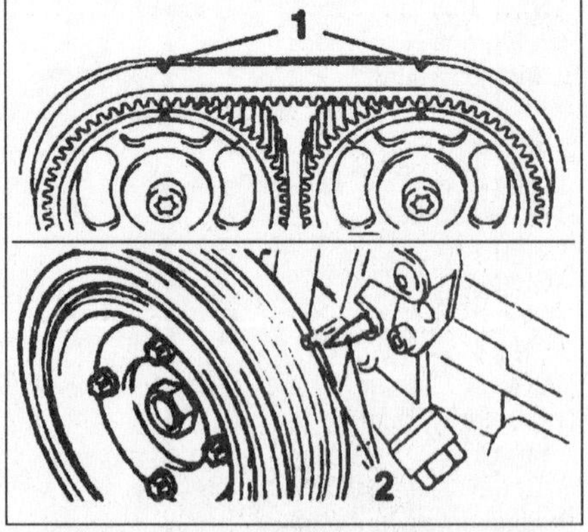

3.7 På 1.8 och 2.0 liters motorer, placera kamaxeldrevens inställningsmärken i linje med markeringarna (1) på topplockskåpan, och vevaxelremskivans urtag med visaren(2) för att placera cylinder nr 1 i ÖD i kompressionstakten

4 Kamaxelkåpa – demontering och montering

1.6 liters motorer

Demontering

1 Demontera den övre delen av insugsgrenröret enligt beskrivning i kapitel 4.

2 Koppla loss tändhattarna från tändstiften och flytta undan dem från kåpan.

3 Lossa fästklämmorna och koppla loss ventilationsslangarna från högra änden av kamaxelkåpan **(se bild)**.

4 Lossa och ta bort kamaxelkåpans fästbultar, jämnt och stegvis **(se bild)**.

5 Lyft av kamaxelkåpan från topplocket och ta vara på kåpans tätningar och tätningsringarna som sitter i fästbultarnas hål **(se bild)**. Undersök om tätningarna och tätningsringarna är slitna eller skadade och byt ut dem om så behövs.

Montering

6 Se till att kåpans och topplockets ytor är rena och torra, placera sedan kamaxeltätningarna ordentligt i kåpans spår. Sätt tätningsringarna i urtagen runt fästbultarnas hål, håll dem på plats med lite fett **(se bilder)**.

7 Lägg lite tätningsmedel på områdena av topplocksytan runt högra sidans lageröverfall för insugs- och avgaskamaxlarna och också på de halvmåneformade urtagen på vänstra sidan av topplocket.

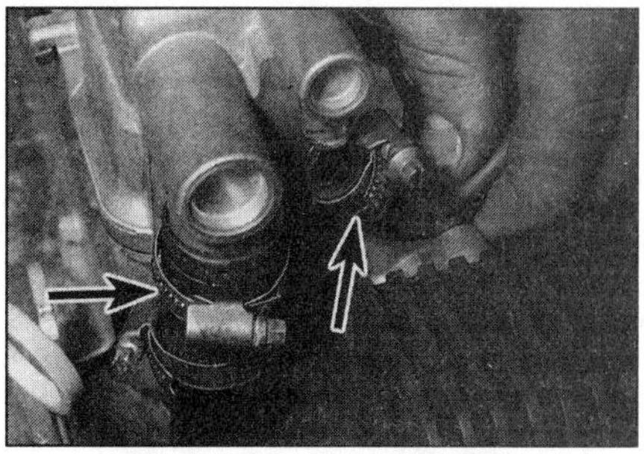

4.3 På 1.6 liters motorer, lossa fästklämmorna och koppla loss ventilationsslangarna (vid pilarna) från den vänstra änden av kamaxelkåpan

4.4 Skruva loss fästbultarna . . .

4.5 . . . och lyft bort kamaxelkåpan från motorn

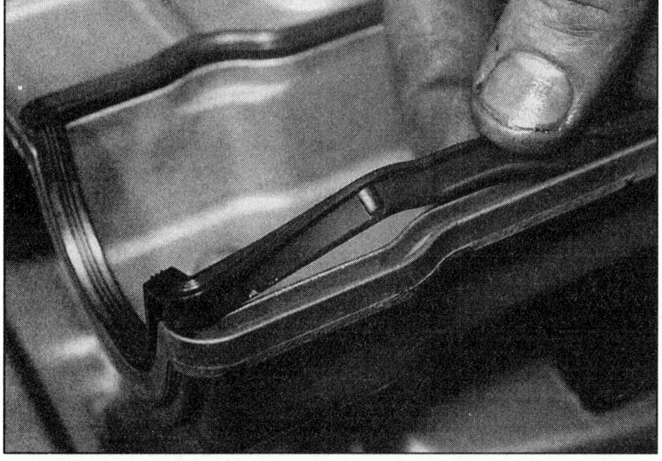

4.6a Se till att tätningarna placeras korrekt i skåran i kåpan . . .

4.6b . . . och sätt i tätningsringarna i urtagen runt bulthålen

4.11 På 1.8 och 2.0 liters motorer, lossa fästklämmorna och koppla loss ventilationsslangarna (vid pilarna) från kåpan

8 Sätt försiktigt kamaxelkåpan på plats, var försiktig så att alla tätningsringar förblir på sina platser. Sätt i kåpans fästbultar och dra åt dem till specificerat moment, arbeta i ett spiralmönster från mitten och utåt.

9 anslut ventilationsslangarna, fäst dem på plats med fästklämmorna och sätt tillbaka tändhattarna på tändstiften.

10 Montera insugsgrenrörets övre del enligt beskrivning i kapitel 4.

1.8 och 2.0 liters motorer

Demontering

11 Lossa fästklämmorna och koppla loss ventilationsslangarna bak på kåpan **(se bild)**.

12 Skruva loss fästskruvarna och demontera tändstiftskåpan. Ta loss tändhattarna från tändstiften, lossa tändkablarna och flytta undan dem från kåpan.

13 Koppla loss kamaxelgivarens kontaktdon och ta loss kablaget från kamaxelkåpan.

14 Skruva loss kamaxelkåpans fästbultar, jämnt och stegvis.

15 Lyft bort kamaxelkåpan från topplocket och ta vara på kåptätningen och tätningsringarna som sitter i bulthålen. Undersök om tätningen och tätningsringarna är slitna eller skadade och byt ut dem efter behov.

Montering

16 Montera kåpan enligt beskrivning i punkt 6 till 9, kom ihåg att ansluta kamaxelgivarens kontaktdon.

5 Vevaxelremskiva – demontering och montering

1.6 liters motorer

Observera: *En ny fästbult till remskivan behövs vid monteringen.*

Demontering

1 Dra åt handbromsen, lyft upp framvagnen och stöd den på pallbockar. Demontera höger hjul.

2 Demontera hjälpaggregatens drivrem enligt beskrivning i kapitel 1. Innan demontering, markera rotationsriktningen på remmen för att försäkra att den sätts tillbaka samma väg.

3 Lossa vevaxelremskivans bult. För att förhindra vevaxelrotation på modeller med manuell växellåda, låt en medhjälpare lägga i högsta växeln och dra åt handbromsen ordentligt. På modeller med automatväxellåda, förhindra rotation genom att ta bort en av momentomvandlarens fästbultar och skruva fast drivplattan i växellådshuset med hjälp av ett metallstag, distanser och passande bultar (se kapitel 7B). Om motorn är demonterad från bilen måste svänghjulet/drivplattan låsas (se avsnitt 14).

4 Skruva loss fästbulten och brickan och ta bort vevaxelremskivan från vevaxelns ände, var försiktig så att inte vevaxelgivaren skadas.

Montering

5 Sätt vevaxelremskivan på plats, placera urtaget i remskivan i linje med den upphöjda markeringen på kamremsdrevet, sätt sedan dit brickan och fästbulten.

6 Lås vevaxeln med samma metod som vid demonteringen och dra åt remskivans fästbult till momentet specificerat för steg 1 och sedan till vinkeln för steg 2 med hjälp av hylsa och förlängning, och slutligen till vinkeln för steg 3. Använd helst en vinkelmätare under de sista stegen för största noggrannhet. Om en mätare inte finns till hands, använd vit målarfärg och gör inställningsmärken mellan bultskallen och remskivan innan åtdragningen; med hjälp av dessa kan man sedan kontrollera att bulten dras till rätt vinkel.

7 Sätt tillbaka hjälpaggregatens drivrem enligt beskrivningen i kapitel 1 med hjälp av riktningsmarkeringen som gjordes innan demonteringen.

8 Sätt tillbaka hjulet, sänk ned bilen och dra åt hjulbultarna till specificerat moment.

1.8 och 2.0 liters motorer

Demontering

9 Utför momenten beskrivna i punkt 2 och 3.

10 Använd hylsa och förlängning på vevaxeldrevets bult, vrid vevaxeln tills märket på remskivans kant är i linje med visaren på kåpan.

11 Lossa och ta bort den lilla fästbulten som håller remskivan till vevaxeldrevet och ta bort remskivan från motorn. Om så behövs, förhindra att vevaxeln roterar genom att hålla drevets fästbult med en lämplig hylsa.

Montering

12 Kontrollera att vevaxeldrevets märke fortfarande är i linje med märket på huset, för sedan vevaxelremskivan på plats. Placera märket på remskivans kant i linje med visaren, sätt sedan remskivan på drevet och dra åt dess fästbult till specificerat moment.

13 Utför momenten som beskrivs i punkt 7 och 8.

6 Kamremskåpor – demontering och montering

1.6 liters motorer

Övre kåpa

1 Demontera luftrenarhuset enligt beskrivning i kapitel 4.

2 Skruva loss fästskruvarna, lossa sedan den övre kåpan från den bakre kåpan och ta bort den från motorrummet **(se bild)**.

3 Montering sker i omvänd ordning mot demonteringen, dra åt fästbultarna till specificerat moment.

Nedre kåpa

4 Demontera den övre kåpan enligt beskrivning i punkt 1 och 2.

5 Demontera vevaxelremskivan enligt beskrivning i avsnitt 5.

6 Skruva loss fästbultarna, lossa sedan kåpan från den bakre kåpan och ta ut den från sin plats **(se bilder)**.

7 Montering sker i omvänd ordning, dra åt kåpans bultar till specificerat moment.

Bakre kåpa

8 Demontera kamremmen enligt beskrivning i avsnitt 7.

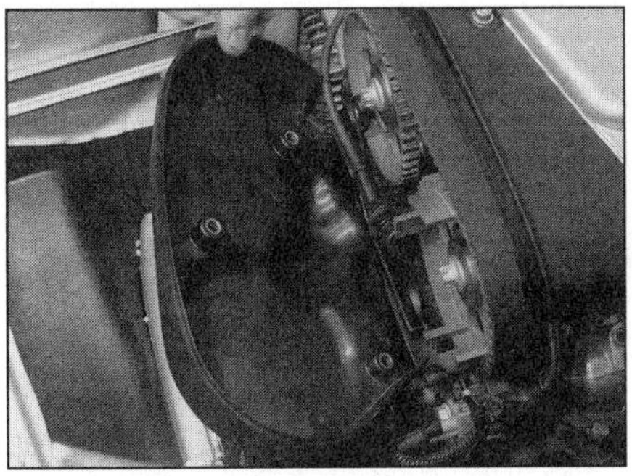

6.2 Den övre kamremskåpan demonteras – 1.6 liters motor

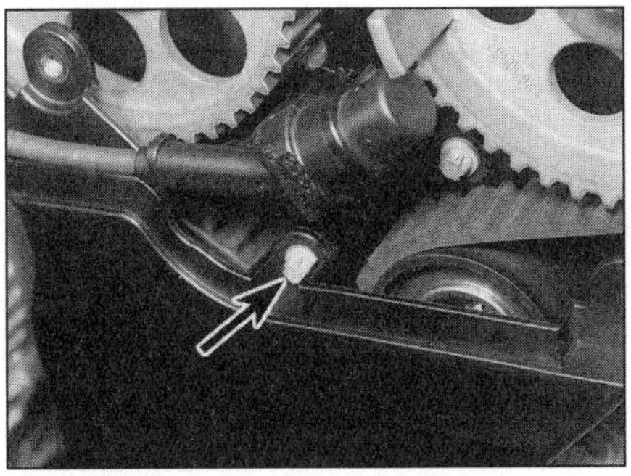

6.6a Den nedre kamremskåpans övre fästbult (vid pilen) . . .

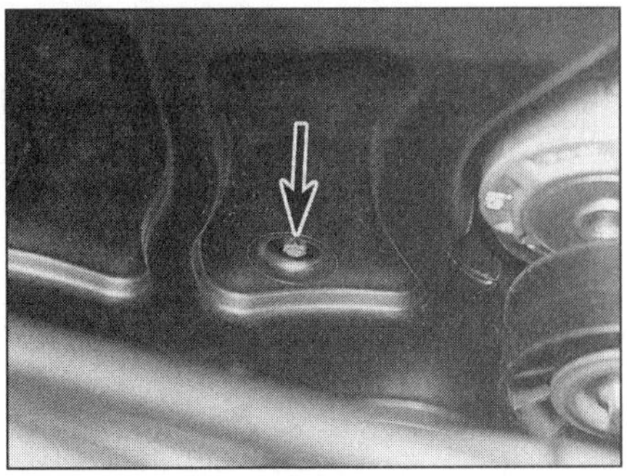

6.6b . . . och nedre fästbult (vid pilen) – 1.6 liters motor

9 Demontera kamaxeldreven, vevaxeldrevet, kamremsspännaren och den bakre överföringsremskivan enligt beskrivning i avsnitt 8.

10 Skruva loss fästbultarna och ta bort den bakre kåpan från motorn **(se bild)**.

11 Montering sker i omvänd ordning mot demonteringen, dra åt kåpans bultar till specificerat moment.

1.8 och 2.0 liters motorer

Yttre kåpa

12 Demontera luftrenarhuset enligt beskrivning i kapitel 4.

13 Demontera hjälpaggregatens drivrem enligt beskrivning i kapitel 1. Innan demontering, markera rotationsriktningen på remmen för att försäkra att den sätts tillbaka samma väg.

14 Lossa och ta bort bulten som håller kardanstaget till fästkonsolen, skruva sedan loss konsolen och ta bort den från motorns högra ände.

15 Skruva loss och ta bort fästbultarna, tillsammans med deras brickor och gummidistanser, och ta bort kåpan från motorn tillsammans med tätningen **(se bilder)**.

16 Montering sker i omvänd ordning mot demontering, se till att kåptätningen sitter korrekt **(se bild)**. Dra åt alla bultar till specificerat moment.

Bakre kåpa

17 Demontera kamremmen enligt beskrivning i avsnitt 7.

18 Demontera kamaxeldreven, vevaxeldrevet, kamremsspännaren och överföringsremskivan enligt beskrivning i avsnitt 8.

19 Skruva loss kamaxelgivaren från topplocket.

20 Skruva loss kardanstagets konsol från topplocksänden.

21 Skruva loss fästbultarna och demontera den bakre kåpan från motorn.

22 Montering sker i omvänd ordning, dra åt alla bultar till specificerat moment.

6.10 Den bakre kamremskåpans fästbultar – 1.6 liters motor (visad med kamrem och drev fortfarande på plats)

7 Kamrem – demontering och montering

***Observera**: Motorn måste vara kall när kamremmen demonteras och monteras.*

Demontering

1 Placera cylinder nr 1 i ÖD i kompressionstakten enligt beskrivningen i avsnitt 3.

2 Demontera vevaxelremskivan enligt beskrivning i avsnitt 5.

3 På 1.6 liters modeller, skruva loss den nedre kamremskåpan och ta bort den från motorn (se avsnitt 6).

4 På 1.6 liters modeller, kontrollera att kamaxeldrevens inställningsmärken är i linje med topplockets yta och att vevaxeldrevets

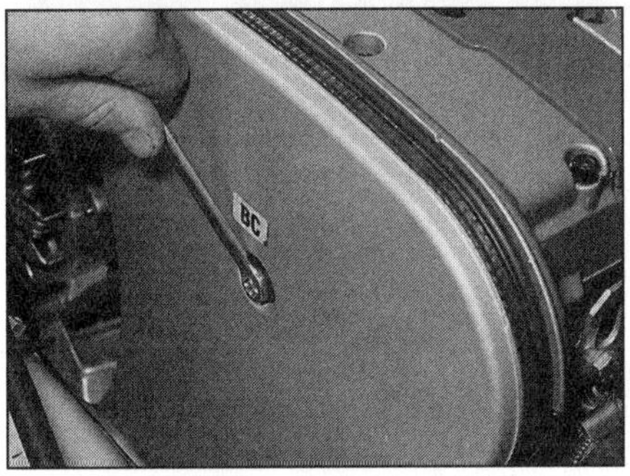

6.15a Skruva loss kamremskåpans fästbultar . . .

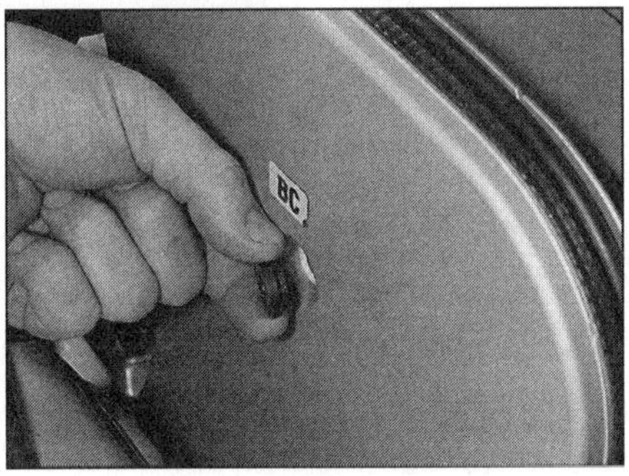

6.15b . . . och ta vara på gummidistanserna

6.16 Se till att den yttre kåpans tätning placeras rätt

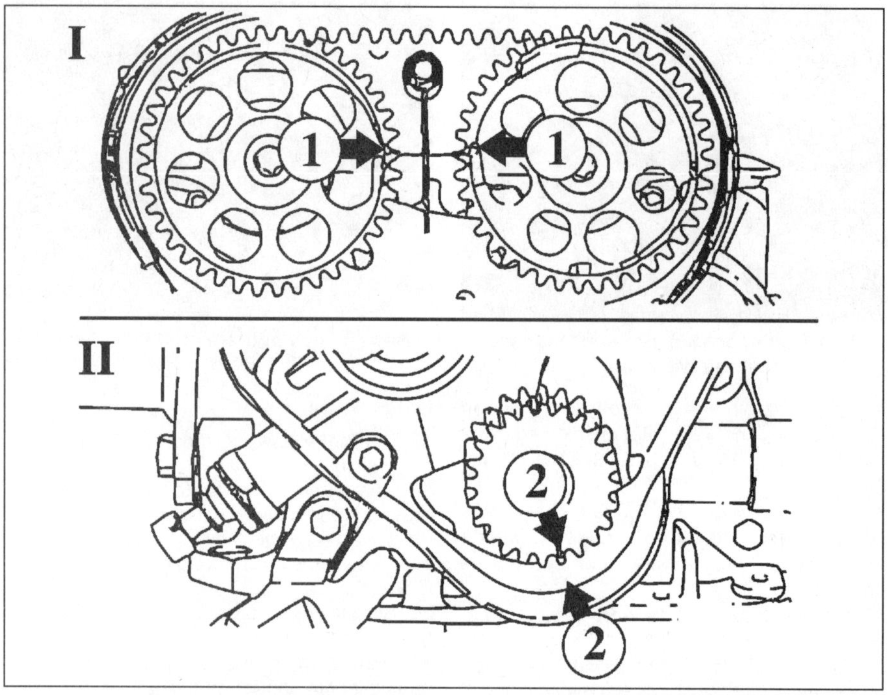

7.4a Kamaxel- och vevaxeldrevens inställningsmärken – 1.6 liters motor

I Kamaxeldrevens inställningsmärken i linje med topplockets övre yta
II Vevaxeldrevets inställningsmärke i linje med märket på oljepumphuset

7.4b På 1.6 liters motorer, skruva loss kamaxelgivaren och flytta undan den från kamremmen

inställningsmärke är i linje med märket på kåpan. Skruva loss de två bultarna som håller kamaxelgivaren till topplocket och flytta undan den från motorn **(se bilder)**.

5 På 1.8 och 2.0 liters modeller, kontrollera att kamaxeldrevens inställningsmärken är i linje med kamaxelkåpsmärkena och att vevaxeldrevets inställningsmärke är i linje med visaren på kåpan **(se bild)**.

6 På alla modeller, lossa kamremsspännarens bult. Använd en insexnyckel, rotera spännarens arm medurs till sitt stopp, för att ta bort spänningen på kamremmen, håll den på plats och dra åt fästbulten ordentligt **(se bild)**.

7 Dra av kamremmen från dreven och ta bort den från motorn **(se bild)**. Om remmen ska återanvändas, markera rotationsriktningen på remmen med vit färg. Rotera inte vevaxeln eller kamaxlarna förrän kamremmen har satts tillbaka.

8 Undersök noggrant om kamremmen är ojämnt sliten, sprucken eller förorenad av olja, och byt ut den om det råder någon som helst tvekan om dess skick. Om motorn genomgår en renovering och närmar sig tillverkarens specificerade intervall för byte av kamremmen (se kapitel 1), byt ut remmen som en rutinåtgärd, oavsett dess synliga skick. Om oljeföroreningar hittas, spåra källan till oljeläckan och åtgärda problemet, tvätta sedan motorns kamremsområde och alla relaterade komponenter för att få bort alla spår av olja.

Montering

9 Vid hopsättning, rengör kamremsdreven och spännar-/överföringsremskivorna. Undersök skivorna noggrant för att se om de är skadade, särskilt om de är spruckna. Det är en bra idé att byta ut dessa delar som en rutinåtgärd, oavsett deras skick, för att undvika framtida problem.

10 Kontrollera att kamaxeldrevens inställningsmärken fortfarande är i linje med topplockets yta (1.6 liters modeller) eller kamaxelkåpans märken (1.8 och 2.0 liters modeller) och att vevaxeldrevets märke fortfarande är i linje med märket på kåpan **(se bild)**.

11 Montera kamremmen över vevaxel- och kamaxeldreven och runt överföringsremskivorna, se till att remmens främre löp är

7.5 På 1.8 och 2.0 liters motorer, se till att kamaxeldrevens inställningsmärken är i linje med märkena på kamaxelkåpan (vid pilarna)

7.6 Lossa kamremsspännarens bult (1) och rotera spännaren medurs med en insexnyckel i armens urtag (2)

spänd (d.v.s. allt slack skall vara på remmens spännarsida), sätt sedan remmen över kylvätskepumpens drev och spännarremskivan. Vrid inte remmen skarpt vid monteringen. Om en gammal rem sätts tillbaka, se till att markeringen för rotationsriktning placeras åt samma håll som förut.

12 Lossa kamremsspännarens bult för att frigöra spännarfjädern. Rotera spännararmen moturs tills spännarens visare ligger helt mot sitt stopp, utan att remmen belastas för mycket. Håll spännaren i detta läge och dra åt fästbulten ordentligt **(se bild)**.

13 Kontrollera att drevinställningsmärkena fortfarande är i linje. Om justering behövs, lossa spännaren igen, haka därefter loss remmen från dreven och justera så mycket som behövs.

14 Använd en hylsa på vevaxelremskivans/-drevets bult (efter tillämplighet), rotera vevaxeln försiktigt två hela varv (720°) i normal rotationsriktning för att få kamremmen att sätta sig.

15 Kontrollera att både kamaxel- och vevaxeldrevets inställningsmärken är i linje, lossa sedan spännarbulten igen.

16 Om en ny kamrem monteras, justera spännaren så att visaren är i linje med urtaget på bakplattan **(se bild)**. Håll spännaren i rätt position och dra åt dess fästbult till specificerat moment. Rotera vevaxeln försiktigt ytterligare två hela varv i normal rotationsriktning, för att placera drevinställningsmärkena i linje igen. Kontrollera att spännarens visare fortfarande är i linje med bakplattans urtag.

17 Om den gamla remmen sätts tillbaka, justera spännaren så att visaren är placerad 4 mm till vänster om urtaget på bakplattan **(se bild)**. Håll spännaren i rätt position och dra åt dess fästbult till specificerat moment. Rotera vevaxeln försiktigt ytterligare två hela varv i normal rotationsriktning för att placera drevinställningsmärkena i linje igen. Kontrollera att spännarens visare fortfarande är rätt placerad i förhållande till urtaget i bakplattan.

7.7 Demontering av kamremmen

18 Om spännarens visare inte hamnar rätt i förhållande till bakplattan, upprepa momentet i punkt 17 (ny rem) eller 18 (gammal rem) (efter tillämplighet).

19 När spännarens visare och bakplattan förblir på korrekta platser i förhållande till varandra, sätt tillbaka kamremskåporna och vevaxelremskivan enligt beskrivning i avsnitt 5 och 6. På 1.6 liters modeller måste man sätta tillbaka kamaxelgivaren på topplocket, dra åt dess fästbult till specificerat moment innan den övre kåpan monteras.

8 Kamremsdrev, spännare och överföringsremskivor – demontering och montering

Kamaxeldrev

Observera: *Nya drevfästbultar behövs vid monteringen.*

Demontering

1 Demontera kamremmen enligt beskrivningen i avsnitt 7.

2 Kamaxeln måste hindras från att rotera när drevet skruvas loss och detta kan göras på två sätt.

*a) Tillverka ett drevlåsningsverktyg av två bitar bandstål (en lång och en kort) och tre muttrar och bultar. En mutter och bult utgör svängpunkten på ett gaffelverktyg, de andra två muttrarna och bultarna ska sitta i ändarna på gaffelns ben och hakas i drevets ekrar så som visas **(se bild 8.2 i kapitel 2A)**.*

*b) Demontera kamaxelkåpan enligt beskrivning i avsnitt 4 och håll fast kamaxeln med en öppen nyckel på de plana ytorna **(se bild)**.*

3 Skruva loss fästbulten och brickan och ta bort drevet från kamaxelns ände. Om drevets styrstift sitter löst i kamaxeländen, ta bort det och förvara det tillsammans med drevet.

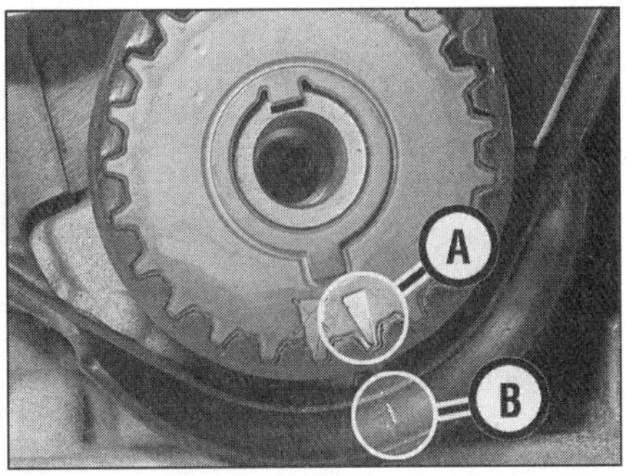

7.10 Vevaxeldrevets (A) och remkåpans (B) inställningsmärken - 1.6 liters motor

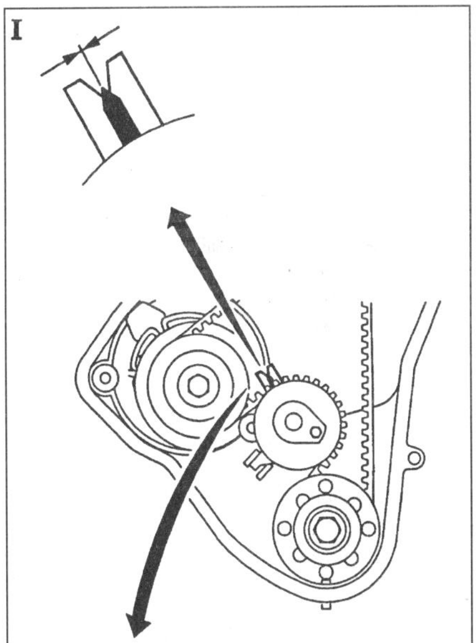

7.17 Positioner för kamremsspännarens visare

I Placering om en ny rem monteras

II Placering om den gamla remmen monteras (visaren skall vara 4 mm till vänster om bakplattans urtag)

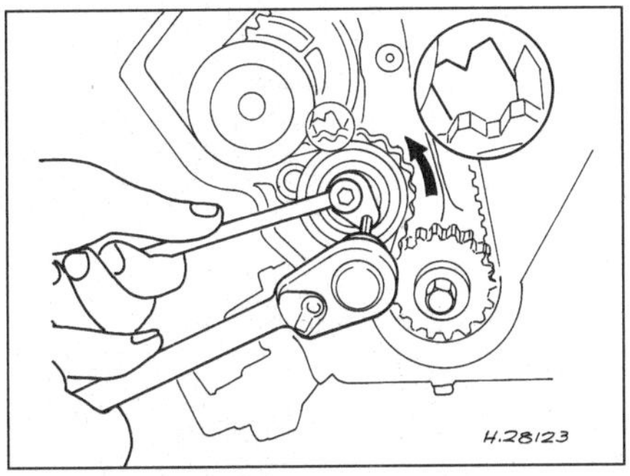

7.12 Spänn remmen genom att rotera spännararmen helt moturs tills visaren är i den position som visas

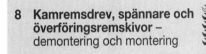

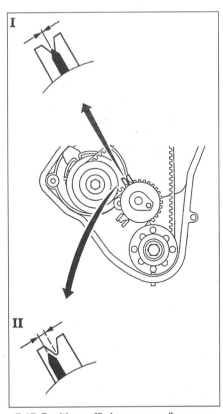

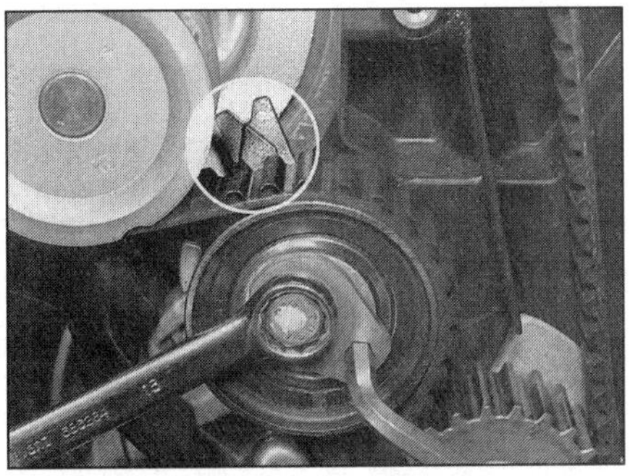

7.16 Om en ny rem monteras, placera spännaren så att visaren är i linje med bakplattans urtag

8.2 Håll fast kamaxeln med en öppen nyckel medan drevets fästbult lossas

8.7 På 1.6 liters motorer, se till att kamaxeldrevets urtag (vid pilen) går i ingrepp med styrstiftet

8.8 På 1.8 och 2.0 liters motorer, se till att styrstiftet går i ingrepp med rätt urtag i drevet vid montering (se text)

4 Om så behövs, demontera det kvarvarande drevet med samma metod. På 1.6 liters modeller är insugs- och avgasdreven olika; avgaskamaxeldrevet kan enkelt identifieras med hjälp av de klackar som aktiverar kamaxellägesgivaren. På 1.8 och 2.0 liters modeller är de två dreven lika.

Montering

5 Innan montering, undersök om oljetätningen/tätningarna visar tecken på skador eller läckage. Om så behövs, byt ut den/dem enligt beskrivning i avsnitt 9.

6 Se till att styrstiftet är på plats på kamaxeländen.

7 På 1.6 liters modeller, sätt tillbaka drevet på kamaxeländen, rikta in dess urtag med styrstiftet och sätt dit brickan och den nya fästbulten **(se bild)**. Om båda dreven har demonterats, se till att dreven monteras på rätt axel; avgaskamaxeldrevet känns igen på de klackar på drevet som aktiverar kamaxellägesgivaren.

8 På 1.8 och 2.0 liters modeller är insugs- och avgaskamaxeldreven lika, men vart och ett av dem har två styrstiftsurtag. Om drevet monteras på insugskamaxeln, haka i styrstiftet i "IN"-urtaget, och om drevet monteras på avgaskamaxeln, haka i styrstiftet i "EX"-urtaget **(se bild)**. Se till att kamaxelns styrstift hakas i rätt drevurtag, sätt sedan dit brickan och en ny fästbult.

9 På alla modeller, håll fast drevet med samma metod som vid demontering. Dra åt remskivans fästbult till momentet för steg 1, dra den därefter till vinkeln för steg 2, använd hylsa och förlängning, och dra den slutligen till vinkeln för steg 3 **(se bild)**. Det rekommenderas att en vinkelmätare används under de sista stegen av åtdragningen för bästa resultat. Om en mätare inte finns tillgänglig, gör inställningsmärken med vit färg på bultskallen och remskivan innan åtdragningen. Med hjälp av dessa kam man sedan kontrollera att bulten dras åt till rätt vinkel.

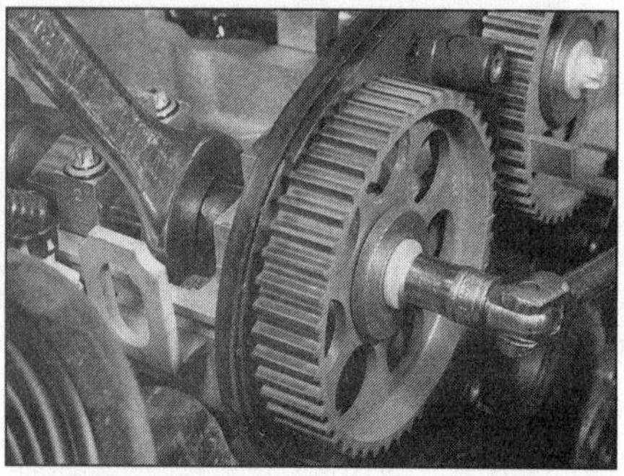

8.9 Hindra vevaxeln från att rotera

10 Montera kamremmen enligt beskrivning i avsnitt 7 och (där så behövs) sätt tillbaka kamaxelkåpan enligt beskrivning i avsnitt 4.

Vevaxeldrev – 1.6 liters modeller

Demontering

11 Demontera kamremmen enligt beskrivning i avsnitt 7.

12 Dra av drevet från vevaxeländen, notera vilken väg det är monterat.

Montering

13 Rikta in drevets styrkil med vevaxelspåret, skjut sedan drevet på plats, se till att inställningsmärket är vänt utåt.

14 Montera kamremmen enligt beskrivning i avsnitt 7.

Vevaxeldrev – 1.8 och 2.0 liters modeller

Observera: *En ny fästbult till vevaxeldrevet behövs vid monteringen.*

Demontering

15 Demontera kamremmen enligt beskrivning i avsnitt 7.

16 Lossa vevaxeldrevets fästbult. För att förhindra att vevaxeln roterar på modeller med manuell växellåda, låt en medhjälpare lägga i högsta växeln och dra åt handbromsen ordentligt. På modeller med automatväxellåda, förhindra rotation genom att ta bort en av momentomvandlarens fästbultar och skruva fast drivplattan på växellådshuset med hjälp av ett metallstag, distanser och lämpliga bultar (se kapitel 7B). Om motorn är demonterad från bilen måste man låsa fast svänghjulet/drivplattan (se avsnitt 14).

17 Skruva loss fästbulten och brickan och ta bort vevaxeldrevet från axeländen.

Montering

18 Rikta in drevets styrkil mot spåret i vevaxeln och skjut drevet på plats, se till att dess inställningsmärke är vänt utåt. Sätt dit brickan och den nya fästbulten.

19 Lås vevaxeln med samma metod som vid demonteringen. Dra åt drevets fästbult till momentet för steg 1, dra den sedan till vinkeln för steg 2, med hylsa och förlängare. Det rekommenderas att en vinkelmätare används under det sista steget av åtdragningen för bästa resultat. Om en mätare inte finns till hands, gör inställlningsmärken mellan bultskallen och drevet med vit färg innan åtdragningen. Märkena kan sedan användas till att kontrollera att bulten dras åt till rätt vinkel.

20 Montera kamremmen enligt beskrivning i avsnitt 7.

Spännarenhet

Demontering

21 Demontera kamremmen enligt beskrivning i avsnitt 7.

22 Lossa och ta bort fästbulten och ta bort spännarenheten från motorn.

Montering

23 Placera spännaren på motorn, se till att klacken på bakplattan hamnar rätt i oljepumphusets hål. Se till att spännaren sitter rätt och sätt i fästbulten. Använd en insexnyckel, rotera spännararmen medurs till sitt stopp och dra sedan åt fästbulten ordentligt.

24 Montera kamremmen enligt beskrivning i avsnitt 7.

Överföringsremskivor

Demontering

25 Demontera kamremmen enligt beskrivning i avsnitt 7.

26 Lossa och ta bort fästbulten/bultarna och ta bort överföringsremskivan/-skivorna från motorn. På 1.8 och 2.0 liters motorer, om så behövs, skruva loss remskivefästkonsolen och ta bort den från motorblocket.

Montering

27 På 1.8 och 2.0 liters modeller, sätt tillbaka fästkonsolen (om demonterad) på motorblocket och dra åt dess fästbultar till specificerat moment.

28 På alla modeller, sätt tillbaka överföringsremskivan/-skivorna och dra åt fästbulten/bultarna till specificerat moment.

29 Sätt tillbaka kamremmen enligt beskrivning i avsnitt 7.

9 Kamaxelns oljetätningar – byte

1 Demontera relevant kamaxeldrev enligt beskrivning i avsnitt 8.

2 Slå eller borra försiktigt två små hål mitt emot varandra i oljetätningen. Skruva in en självgängande skruv i varje hål och dra i skruvarna med en tång för att dra ut tätningen

3 Rengör tätningshuset och putsa bort borrskägg eller utstickande kanter som kan ha orsakat att tätningen felade.

4 Smörj den nya tätningens läppar med ren motorolja och pressa den på plats med en passande rördorn (t.ex. en hylsa) som endast vilar på tätningens yttre hårda kant **(se bild)**. Var försiktig så att inte tätningens läppar skadas under monteringen; notera att läpparna ska vara vända inåt.

5 Sätt tillbaka kamaxeldrevet enligt beskrivning i avsnitt 8.

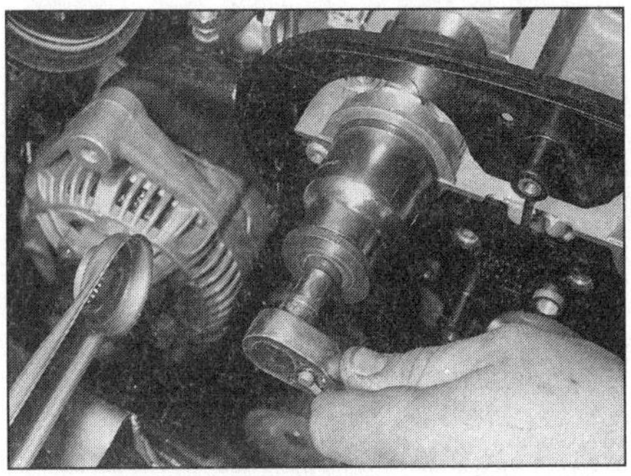

9.4 Montering av ny kamaxeloljetätning (1.6 liters motor visad)

10 Kamaxel och följare – demontering, inspektion och montering

Demontering

1 Demontera kamremmen enligt beskrivning i avsnitt 7. Innan kamremsspänningen släpps och remmen tas bort, rotera vevaxeln **bakåt** ungefär 60° (4 tänders rörelse); detta placerar kamaxlarna så att ventilfjädertrycket läggs jämnt längs hela axelns längd, vilket minskar risken för skador på lageröverfallen vid demontering/montering **(se bild)**.

2 Demontera kamaxeldreven enligt beskrivning i avsnitt 8.

3 Börja med insugskamaxeln, arbeta i ett spiralmönster utifrån och inåt, lossa kamaxellageröverfallens fästbultar ett varv i taget, för att lätta på ventilfjädrarnas tryck på lageröverfallen, stegvis och jämnt (omvänd ordning mot den i bild 10.15). När ventilfjädertrycket har lättats kan bultarna skruvas ur helt och tas bort tillsammans med överfallen. Lageröverfalls- och topplockspositionerna är numrerade (insugskamaxeln 1 till 5, avgaskamaxeln 6 till 10), för att överfallen ska kunna placeras korrekt vid montering **(se bilder)**. Tappa inte bort styrstiften (om monterade).

Varning: Om bultarna lossas oförsiktigt kan överfallen gå sönder. Om något överfall går sönder måste hela topplocksenheten bytas ut – överfallen matchas till topplocket kan inte köpas separat.

4 Lyft ut kamaxeln ur topplocket och dra av oljetätningen **(se bild)**.

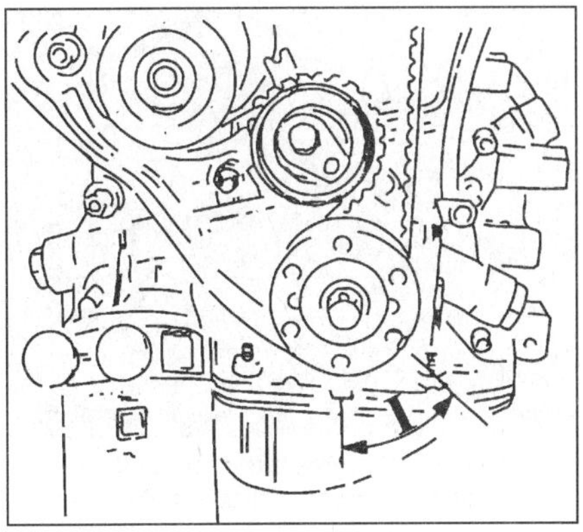

10.1 Innan kamremmen demonteras, rotera vevaxeln 60° bakåt för att se till att kamaxlarna är rätt placerade (1.8 och 2.0 liters motor visad)

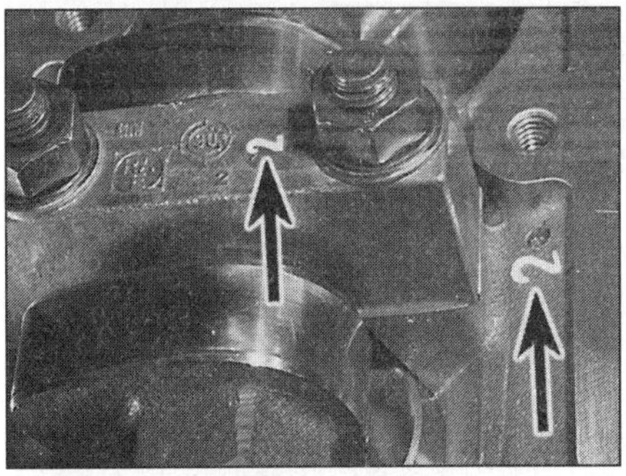

10.3b Identifikationsnumren skall vara markerade på både lageröverfallen och topplocket

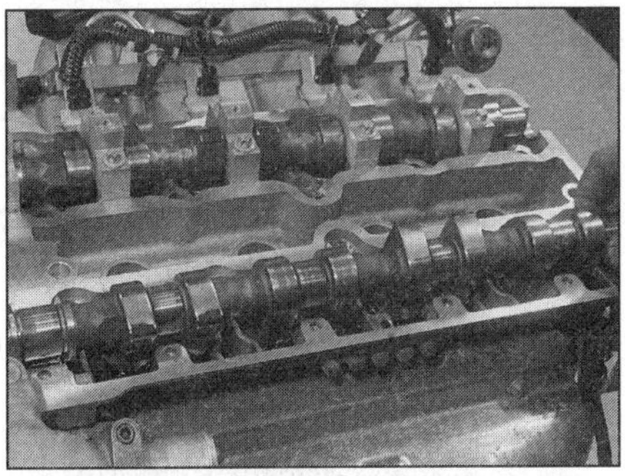

10.4 Demontering av avgaskamaxeln

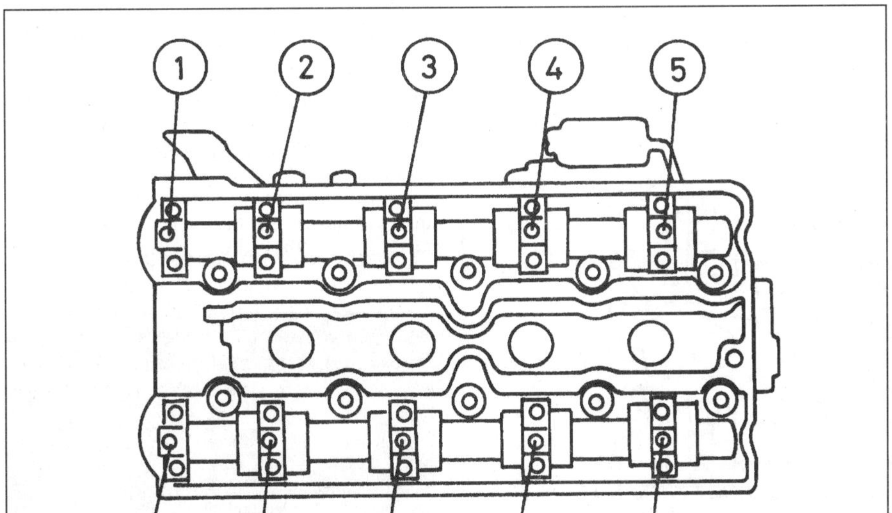

10.3a Numrering av kamaxelns lageröverfall (1.6 liters motor visad)

10.6 En sugpropp används till att demontera en kamaxelföljare

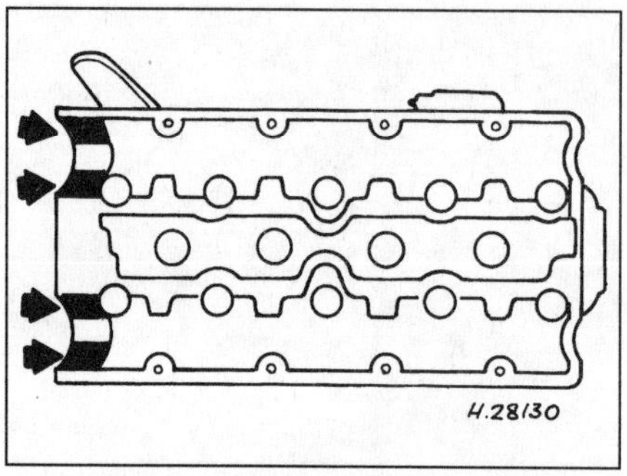

10.13 Lägg tätningsmedel på topplockets fogyta på de högra (nr 1 och 6) lageröverfallen (vid pilarna)

10.14 Montera lageröverfallen, ta hjälp av identifikationsmärkena för att garantera att alla monteras rätt

5 Upprepa momenten beskrivna i punkt 3 och 4 och demontera avgaskamaxeln.

6 Införskaffa 16 små rena plastbehållare och märk upp dem. Alternativt, dela upp en större behållare i små fack. Lyft ut följarna uppe på topplocket och förvara var och en i behållaren motsvarande sitt monterade läge **(se bild)**. **Observera:** *Förvara alla följare rätt väg upp för att undvika att olja rinner ut ur de hydrauliska ventiljusteringsmekanismerna.*

Inspektion

7 Undersök om kamaxellagerytorna och kamloberna har slitkanter och repor. Byt ut kamaxeln om så är fallet. Undersök lagerytorna både på kamaxellagertapparna och i topplocket. Om topplockets lagerytor är mycket slitna måste topplocket bytas ut.

8 Stöd kamaxelns ändlagertappar i V-block och mät kastet vid den mittre tappen med en mätklocka. Om kastet överskrider specificerad gräns måste kamaxeln bytas ut.

9 Undersök om följarnas lagerytor som har kontakt med kamaxelloberna har slitkanter eller repor. Undersök om följarna och deras lopp i topplocket är slitna eller skadade. Om någon följare tros vara defekt eller är uppenbart sliten måste den bytas.

Montering

10 Om följarna demonterats, smörj dem med ren motorolja och sätt försiktigt in var och en på sin ursprungliga plats i topplocket.

11 Smörj kamaxelföljarna med ren motorolja och lägg kamaxeln på plats. Se till att vevaxeln fortfarande är placerad ungefär 60° FÖD och placera varje kamaxel så att loberna för cylinder nr 1 pekar uppåt. Sätt tillfälligt tillbaka dreven på kamaxlarna och placera var och en så att dess drevs inställningsmärke är ungefär 4 tänder innan sitt ÖD-inställningsläge.

12 Se till att fogytorna på lageröverfallen och topplocket är rena och torra och smörj kamaxellagertapparna och loberna med ren motorolja.

13 Lägg ett lager tätningsmedel på fogytorna på både insugskamaxelns (nr 1) och avgaskamaxelns (nr 6) högra lageröverfall **(se bild)**.

14 Se till att styrstiften (där monterade) är på plats, sätt sedan tillbaka kamaxellageröverfallen och fästbultarna på sina ursprungliga platser på topplocket **(se bild)**. Överfallen är numrerade (insugskamaxeln 1 till 5, avgaskamaxeln 6 till 10) från höger till vänster och de motsvarande numren är markerade på topplockets övre yta. Alla lageröverfalls nummer skall vara rätt väg upp från motorns framsida sett.

15 Arbeta på insugskamaxeln, dra åt lageröverfallsbultarna för hand, arbeta sedan i ett spiralmönster från mitten och utåt, dra åt bultarna ett varv i taget för att gradvis lägga ventilfjädertrycket på lageröverfallen **(se bild)**. Upprepa denna ordning tills alla lageröverfall är i kontakt med topplocket, gå sedan runt och dra åt kamaxellageröverfallens bultar till specificerat moment.

Varning: Om lageröverfallsbultarna dras åt vårdslöst kan lageröverfallen gå sönder. Om ett lageröverfall går sönder måste hela topplocksenheten bytas ut; lageröverfallen är matchade med topplocket kan inte köpas separat

16 Dra åt avgaskamaxelns lageröverfallsbultar enligt beskrivning i punkt 15 **(se bild)**.

17 Montera nya kamaxeloljetätningar enligt beskrivning i avsnitt 9.

18 Sätt tillbaka kamaxeldreven enligt beskrivning i avsnitt 8.

19 Ställ in drevinställningsmärkena för att

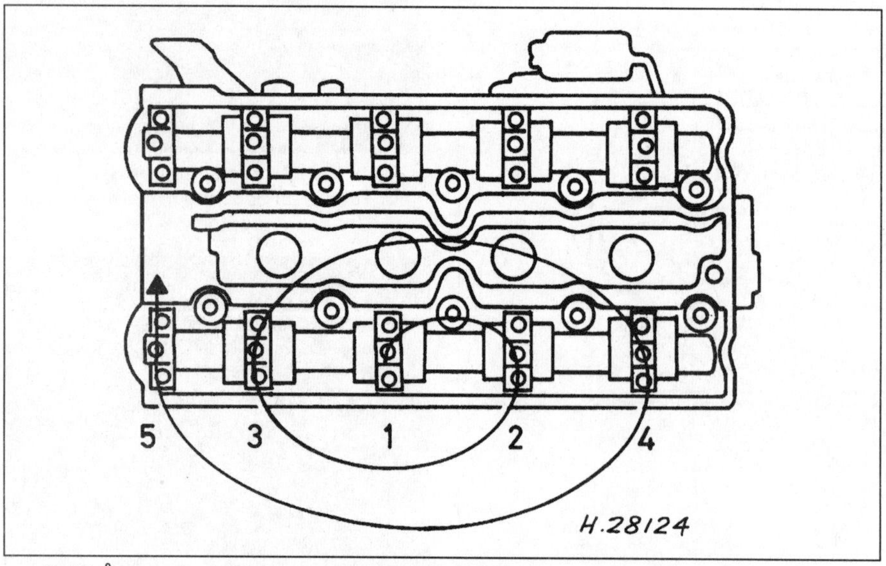

10.15 Åtdragningsföljd för kamaxellageröverfallen (avgaskamaxeln visad – samma ordning gäller för insugskamaxeln)

10.16 Arbeta enligt beskrivningen i texten, dra åt lageröverfallsbultarna till specificerat moment

placera kamaxlarna och vevaxeln i OD igen, montera sedan kamremmen enligt beskrivning i avsnitt 7.

20 Montera kamaxelkåpan och kamremskåpan/-kåporna enligt beskrivning i avsnitt 4 och 5.

11 Topplock - demontering och montering

Demontering

Observera: *Motorn måste vara kall när topplocket demonteras. Nya topplocksbultar måste användas vid monteringen.*

1 Tryckavlasta bränslesystemet enligt beskrivning i kapitel 4, koppla sedan loss batteriets negativa pol.

2 Tappa av kylsystemet och ta bort tändstiften enligt beskrivning i kapitel 1.

3 Demontera kamremmen enligt beskrivning i avsnitt 7. Innan kamremsspänningen lossas och remmen tas bort, rotera vevaxeln bakåt ungefär 60° (4 tänders rörelse); detta placerar kamaxlarna så att ventilfjädertrycket fördelas jämnt längs hela axlarna, vilket hindrar axlarna från att rotera och minskar risken för att ventilerna tar i kolvarna **(se bild)**. Följ beskrivningen under relevant underrubrik.

1.6 liters modeller

4 Demontera hela insugsgrenröret enligt beskrivning i kapitel 4.

5 Demontera avgasgrenröret enligt beskrivning i kapitel 4. Om inget arbete skall utföras på topplocket, kan topplocket demonteras komplett med grenröret när följande moment har utförts (se kapitel 4).

a) Skruva loss det nedåtgående avgasröret från grenröret.
b) Koppla loss syresensorns kontaktdon.
c) Koppla loss luftslangen och vakuumslangen från luftinsprutningsventilen.

5 Demontera kamaxelkåpan enligt beskrivning i avsnitt 4.

6 Demontera kamaxeldreven och kamremmens överföringsremskivor enligt beskrivning i avsnitt 8.

7 Skruva loss fästbultarna som håller den bakre kamremskåpan till topplocket.

8 Se kapitel 10, skruva loss servostyrningspumpen och flytta undan den från topplocket.

9 Koppla loss kontaktdonen från DIS-modulen och kylvätsketemperaturgivarna på topplocket. Lossa kablaget från fästklämmorna, notera hur de är dragna, och flytta undan dem från topplocket.

10 Lossa fästklämmorna och koppla loss och ta bort den övre kylvätskeslangen som länkar topplocket till kylaren. Lossa fästklämman och koppla loss topplockets kylvätskeslang från expansionskärlet.

11 Se kapitel 3, lossa kylvätskeslangarna från värmepaketets anslutningar på motorrummets torpedvägg för att tappa av kylvätskan från motorblocket. När flödet har slutat, anslut båda slangarna och torka upp spilld kylvätska.

12 Gör en sista kontroll för att försäkra att alla relevanta slangar, rör och kablar etc. har kopplats loss.

13 Arbeta i omvänd ordning mot åtdragningen **(se bild 11.32a)**, lossa stegvis topplocksbultarna med en tredjedels varv åt gången tills alla bultar kan skruvas loss för hand. Ta bort alla bultar, en i taget, tillsammans med brickorna **(se bild)**.

14 Lyft av topplocket från motorblocket. Om så behövs, knacka försiktigt på topplocket med en mjuk klubba för att lossa det från blocket, men bänd inte mellan fogytorna. Notera hur de två styrstiften sitter och ta bort dem för förvaring om de är lösa **(se bild)**.

15 Ta bort topplockspackningen och kasta den.

1.8 och 2.0 liters modeller

16 Demontera insugs- och avgasgrenrören enligt beskrivning i kapitel 4. Om inget arbete skall utföras på topplocket kan det demonteras komplett med grenrören när alla slangar/kablage etc. har kopplats loss (se kapitel 4).

17 Demontera kamaxelkåpan enligt beskrivning i avsnitt 4.

18 Demontera kamaxlarna enligt beskrivning i avsnitt 10.

19 Skruva loss kardanstagets fästkonsol från topplocksänden.

20 Skruva loss fästbultarna som håller den bakre kamremskåpan till topplocket.

21 Demontera topplocket enligt beskrivning i punkt 10 till 15.

Förberedelser för montering

22 Fogytorna på topplocket och motorblocket måste vara helt rena innan topplocket sätts på plats. Använd en skrapa för att ta bort alla spår av packning och sot och rengör också kolvtopparna. Var speciellt försiktig med aluminiumytorna eftersom den mjuka metallen lätt kan skadas. Var också noga med

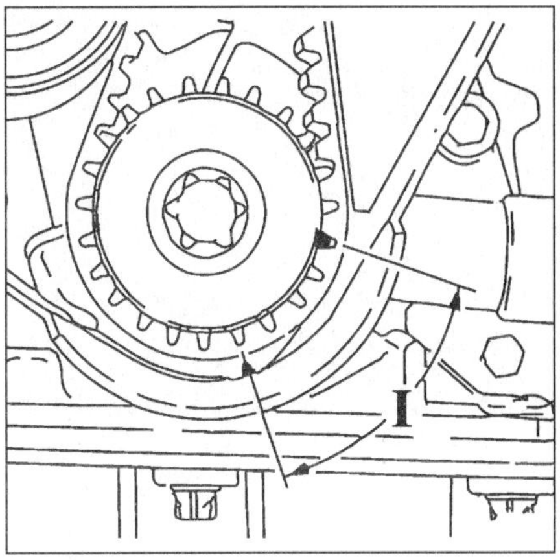

11.3 Innan kamremmen demonteras, rotera vevaxeln 60° bakåt för att försäkra att kamaxlarna placeras korrekt (1.6 liters motor visad)

att inte låta skräp komma in i olje- och vattenkanalerna – detta är speciellt viktigt för oljekretsen, eftersom sot kan blockera oljematningen till kamaxel- eller vevaxellagren. Använd tejp och papper till att täta vatten-, olje- och bulthålen i motorblocket. Lägg lite fett i mellanrummet mellan kolv och lopp för att förhindra att sot kommer in där. När kolvarna har rengjorts, rotera vevaxeln så att kolvarna flyttar ner i loppen, torka sedan bort fett och sot med en ren tygtrasa. Rengör alla kolvkronor på samma sätt.

23 Undersök om blocket eller locket är stött, har djupa repor eller andra skador. Om skadorna är små kan de försiktigt tas bort med en fil. Allvarligare skador kan eventuellt repareras med maskinbearbetning, men detta är ett specialistjobb.

24 Om topplocket misstänks vara skevt, använd en stållinjal för att mäta detta. Se kapitel 2E vid behov.

25 Se till att topplocksbultarnas hål i vevhuset är rena och fria från olja. Avlägsna eventuell olja i hålen med en bollspruta eller en trasa. Detta är mycket viktigt för att rätt åtdragningsmoment ska kunna appliceras och för man ska undvika risken att blocket spricker av det hydrauliska trycket när bulten dras åt.

11.13 Ta bort topplocksbultarna . . .

11.14 . . . och lyft av topplocket

11.29 Se till att placera packningen med märkningen OBEN/TOP vänd uppåt

26 Byt ut topplocksbultarna oavsett deras synliga skick.

Montering

27 Kontrollera att vevaxeln fortfarande är ungefär 60° FÖD och torka av fogytorna på motorblock och topplock.

28 Se till att de två styrstiften är på plats på änden av motorblockets/vevhusets yta.

29 Placera en ny topplockspackning på blocket, se till att den placeras rätt väg, med markeringen OBEN/TOP uppåt **(se bild)**.

30 Sätt försiktigt topplocket på plats, placera det på styrstiften.

31 Sätt brickorna på de nya topplocksbultarna och sätt dem försiktigt på plats (låt dem **inte** falla in), dra endast åt dem med fingrarna i det här läget **(se bild)**.

32 Arbeta stegvis och i visad ordning, dra

11.31 Sätt i de nya topplocksbultarna och dra åt dem för hand

först åt alla topplocksbultar till momentet för steg 1 **(se bilder)**.

33 Dra därefter åt dem till vinkeln specificerad för steg 2, i samma ordning, med hylsa och förlängare. Det rekommenderas att en vinkelmätare används för bästa resultat **(se bild)**.

34 Arbeta i angiven ordning, gå runt igen och dra åt alla bultar till vinkeln för steg 3.

35 I samma ordning, dra åt alla bultar till vinkeln för steg 4.

36 Gå slutligen runt i samma ordning igen och dra åt alla bultar till vinkeln för steg 5.

1.6 liters modeller

37 Anslut kylvätskeslangarna, fäst dem ordentligt med fästklämmorna.

38 Anslut kontaktdonen till topplocket, dra kablaget som förut och fäst med klämmorna.

39 Montera servostyrningspumpen (se kapitel 10).

40 Montera den bakre kamremskåpans fästbultar och dra åt dem till specificerat moment.

41 Montera kamaxeldreven och överföringsremskivorna enligt beskrivning i avsnitt 8.

42 Rikta in alla drevinställningsmärken för att placera kamaxlarna och vevaxeln i ÖD igen och sätt sedan tillbaka kamremmen enligt beskrivning i avsnitt 7.

43 Montera kamaxelkåpan och kamremskåpan/-kåporna enligt beskrivning i avsnitt 4 och 5.

44 Montera/anslut insugs- och avgasgrenrören (se kapitel 4).

45 Montera hjulen, sänk ner bilen på marken och dra åt hjulbultarna till specificerat moment.

46 Försäkra dig om att alla rör och slangar är säkert anslutna, fyll sedan på kylsystemet och sätt tillbaka tändstiften enligt beskrivning i kapitel 1.

47 Anslut batteriet, starta motorn och leta efter läckor.

1.8 och 2.0 liters modeller

48 Anslut kylvätskeslangarna, fäst dem ordentligt med fästklämmorna.

49 Sätt i den bakre kamremskåpans fästbultar och dra åt dem till specificerat moment.

50 Montera kardanstagets fästbygel på sidan av topplocket och dra åt dess fästbult ordentligt.

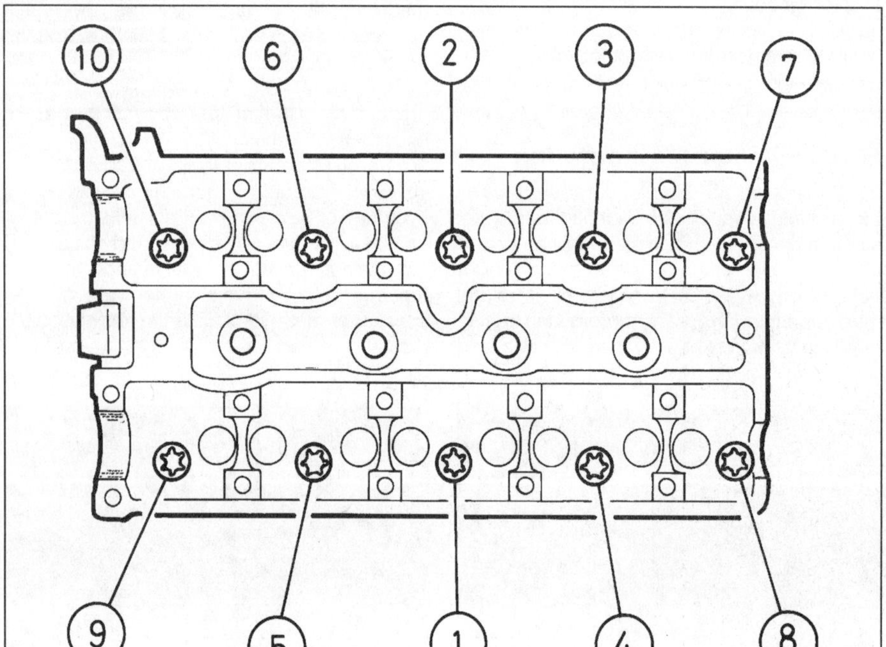

11.32a Åtdragningsordning för topplocksbultarna (1.8 och 2.0 liters motor visad – samma ordning gäller för 1.6 liters motor)

11.32b Dra åt topplocksbultarna till momentet för steg 1 . . .

11.33 . . . och sedan till angivna vinklar enligt beskrivningen i texten

51 Montera kamaxlarna enligt beskrivning i avsnitt 10.

52 Utför momenten beskrivna i punkt 42 till 47.

12 Sump - demontering och montering

1.6 liters modeller

Demontering

1 Koppla loss batteriets negativa pol.

2 Dra åt handbromsen ordentligt, lyft upp framvagnen och stöd den på pallbockar. Där så behövs, skruva loss fästskruvarna och ta bort kåpan under motorn/växellådan.

3 Tappa av motoroljan enligt beskrivning i kapitel 1, sätt sedan på en ny tätningsbricka och sätt tillbaka avtappningspluggen och dra åt den till specificerat moment.

4 Demontera avgassystemets nedåtgående rör enligt beskrivning i kapitel 4

5 Koppla loss kontaktdonet från oljenivågivaren (om monterad).

6 Lossa och ta bort bultarna som håller sumpflänsen till växellådshuset.

7 Ta bort gummipluggarna från växellådsänden av sumpflänsen för att komma åt sumpändens fästbultar **(se bild)**.

8 Lossa stegvis och ta bort bultarna som fäster sumpen till motorblocket/oljepumpen. Bryt sumpfogen genom att slå på sumpen med handflatan, sänk sedan ned sumpen från motorn och ta bort den. Ta bort packningen och kasta den.

9 Medan sumpen är demonterad, ta tillfället i akt undersöka om pumpens upptagare/sil är igensatt eller sprucken. Om så behövs, skruva loss enheten och ta bort den från motorn tillsammans med tätningsringen. Silen kan sedan lätt rengöras i lösningsmedel eller bytas ut.

Montering

10 Ta bort alla spår av smuts och olja från fogytorna på sumpen och motorblocket och (om monterad) oljeupptagaren/silen. Ta också bort alla spår av låsningsmedel från upptagarens bultar (om demonterad).

11 Om så behövs, lägg en ny packning ovanpå oljepumpens upptagare/sil och montera silen. Lägg låsningsmedel på gängorna på fästbultarna, sätt i bultarna och dra åt dem till specificerat moment.

12 Se till att sumpens och motorblockets fogytor är rena och torra och ta bort alla spår av låsningsmedel från sumpbultarna.

13 Lägg ett lager tätningsmedel på de delar av motorblockets fogyta som utgör oljepumphusets och det bakre ramlageröverfallets fogar **(se bild)**.

14 Placera en ny packning på sumpen och lägg på några droppar låsningsmedel på gängorna på bultarna som håller sumpen till motorblocket/oljepumpen.

15 För sumpen på plats, se till att packningen inte rubbas, och sätt löst i alla fästbultar. Arbeta från mitten och utåt i diagonal ordning, dra stegvis åt bultarna som håller sumpen till motorblocket/oljepumpen till specificerat moment.

16 Dra åt bultarna som håller sumpflänsen till växellådshuset till specificerat moment. Sätt tillbaka gummipluggarna i sumpflänsen.

17 Montera det nedåtgående avgasröret (se kapitel 4) och anslut oljenivågivarens kontaktdon (om tillämpligt).

18 Sänk ner bilen på marken, fyll motorn med färsk olja, se kapitel 1.

1.8 och 2.0 liters modeller

Observera: *Nya nedre sumpfästbultar krävs vid monteringen.*

Demontering

19 Utför momenten beskrivna i punkt 1 till 3.

20 Om en oljenivågivare är monterad, koppla loss kontaktdonet från givaren, dra sedan av fästklämman och tryck in givarkontakten i sumpen.

21 Lossa och ta bort bultarna som håller den nedre sumpdelen (tråget) till huvuddelen och ta bort tråget tillsammans med dess packning. På modeller med en oljenivågivare, var försiktig så att inte givarens kablage skadas.

22 För att ta bort pumpens huvuddel från motorn, börja med att ta bort oljefiltret (se kapitel 1). Om oljefiltret skadas vid demonteringen (vilket är troligt), använd ett nytt vid monteringen och fyll på motorn med ny olja.

23 Demontera det nedåtgående avgasröret enligt beskrivning i kapitel 4.

24 Lossa och ta bort bultarna som håller sumpflänsen till växellådshuset.

25 Lossa stegvis och ta bort bultarna som håller huvuddelen till motorblocket/oljepumpen. Bryt fogen genom att slå på sumpen med handflatan, sänk sedan ner från motorn och ta ut den. Ta bort packningen och kasta den. **Observera:** *På vissa modeller kan man behöva koppla loss höger drivaxel från växellådan för att kunna demontera sumpens huvuddel.*

26 Om så behövs, demontera oljepumpens upptagare/sil enligt beskrivning i punkt 9.

Montering

27 Ta bort alla spår av smuts och olja från fogytorna på sumpens huvuddel och tråget, motorblocket och (om demonterad) upptagaren/silen. Ta också bort allt låsningsmedel från gängorna i sumptrågets hål.

28 Där så behövs, placera en ny packning ovanpå oljeupptagaren/silen. Montera silen på motorn och dra åt dess fästbultar till specificerat moment.

29 Se till att fogytorna på sumpen och motorblocket är rena och torra och ta bort allt låsningsmedel från fästbultarna.

30 Lägg ett lager lämpligt tätningsmedel på

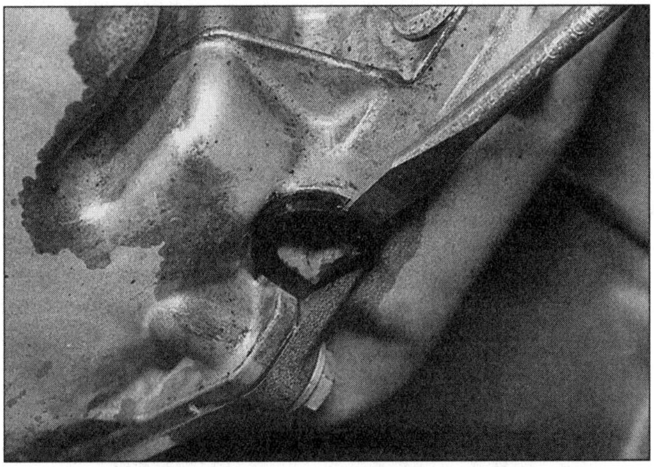

12.7 På 1.6 liters motor, ta bort gummipluggarna från sumpflänsen för att komma åt kvarvarande sumpbultar

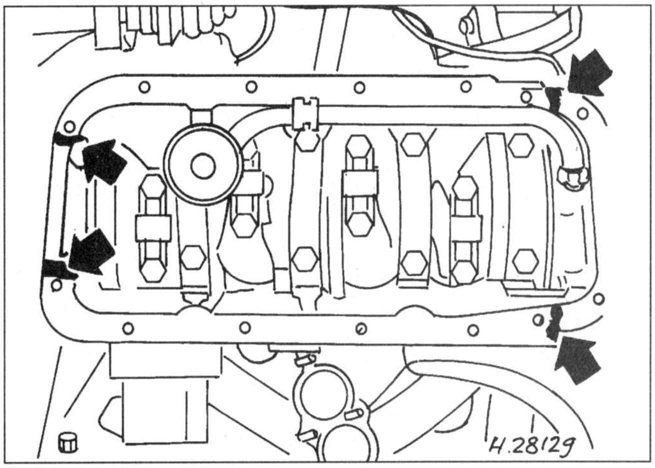

12.13 Lägg tätningsmedel på oljepumpens och de bakre ramlageröverfallens fogytor (vid pilarna) innan sumpen monteras

13.7 Skruva loss fästskruvarna och ta bort oljepumpkåpan

de delar av motorblockets fogyta som utgör oljepumphusets och bakre ramlageröverfallets fogytor.

31 Placera en ny packning på sumphuvuddelen och lägg några droppar låsningsmedel på gängorna på bultarna som håller sumpen till motorblocket/oljepumpen.

32 För sumphuvuddelen på plats, kontrollera att packningen inte rubbas, och sätt löst i alla fästbultar. Arbeta från mitten och utåt i diagonal ordning, dra stegvis åt bultarna som håller sumpen till motorblocket/oljepumpen till specificerat moment.

33 Dra åt bultarna som håller sumphuvuddelens fläns till växellådshuset till specificerat moment.

34 Montera det nedåtgående avgasröret (se kapitel 4) och, där så är aktuellt, montera drivaxeln (se kapitel 8).

35 Se till att sumptrågets och sumphuvuddelens ytor är rena och torra, placera den nya packningen på tråget och för upp det mot sumphuvuddelen. På modeller med en oljenivågivare, sätt en ny tätningsring på givarkontakten, sätt kontakten på sin plats i sumpen och säkra den på plats med fästklämman, innan sumptråget sätts på plats.

36 Sätt i de nya trågbultarna, gå sedan runt i diagonal ordning och dra åt dem till specificerat moment för steg 1. När alla bultar har dragits åt, gå runt igen och dra åt dem till vinkeln för steg 2.

37 Montera ett nytt oljefilter och anslut därefter oljenivågivarens kontaktdon (om tillämpligt).

38 Sänk bilen till marken och fyll på motorn med färsk motorolja, se kapitel 1.

13 Oljepump – demontering, renovering och montering

Demontering

Observera: *Oljeövertrycksventilen kan demonteras med pumpen på plats på motorn, men på vissa modeller måste man skruva loss fästkonsolen från blocket för att ventilen ska kunna demonteras.*

1 Demontera kamremmen (se avsnitt 7).

2 Demontera den bakre kamremskåpan enligt beskrivning i avsnitt 6.

3 Demontera sumpen och oljepumpens upptagare/sil enligt beskrivning i avsnitt 12.

4 Koppla loss kontaktdonet från oljetryckskontakten.

5 På 1.6 liters modeller, skruva loss vevaxelgivarens fästkonsol och flytta undan den från oljepumpen.

6 Lossa och ta bort fästbultarna och dra av oljepumphuset från vevaxeländen, tappa inte bort styrstiften. Ta bort huspackningen och kasta den.

Renovering

7 Lossa fästskruvarna och lyft av pumpkåpan från huset **(se bild)**.

8 Notera eventuella märken som identifierar pumpkugghjulens yttersidor. Om det inte finns några, gör egna med en markeringspenna för att försäkra att kugghjulen sätts tillbaka rätt väg.

9 Lyft ut inre och yttre kugghjul från pumphuset **(se bild)**.

10 Skruva loss oljeövertrycksventilens bult framtill på huset och dra ut fjäder och kolv från huset, notera vilkan väg kolven är monterad. Ta bort tätningsbrickan från ventilbulten **(se bild)**.

11 Rengör komponenterna och undersök noggrant om kugghjulen, pumphuset och övertrycksventilens kolv är repade eller slitna. Byt ut komponenter som är slitna eller skadade; om kugghjulen eller pumphuset är skadade måste hela pumpenheten bytas ut.

12 Om komponenterna verkar vara i servicebart skick, mät spelet mellan inre och yttre kugghjul med bladmått. Mät också axialspelet och kontrollera ändkåpans platthet **(se bilder)**. Om spelen överstiger specificerade toleranser måste pumpen bytas ut

13 Om pumpen är i tillfredsställande skick, sätt ihop komponenterna i omvänd ordning mot demontering, notera följande:

a) Se till att båda kugghjulen monteras rätt väg, använd ovan nämnda markeringar.
b) Sätt en ny tätningsring på övertrycksventilens bult och dra åt bulten till specificerat moment.
c) Dra åt pumpkåpans skruvar till specificerat moment.
d) Snapsa avslutningsvis oljepumpen genom att fylla den med ren motorolja medan det inre kugghjulet roteras.

Montering

14 Innan montering, bänd försiktigt ut vevaxelns oljetätning med en flat skruvmejsel. Montera den nya oljetätningen, se till att tätningsläppen vänds inåt, och pressa den rakt in i huset med en rördorn (t.ex. en hylsa)

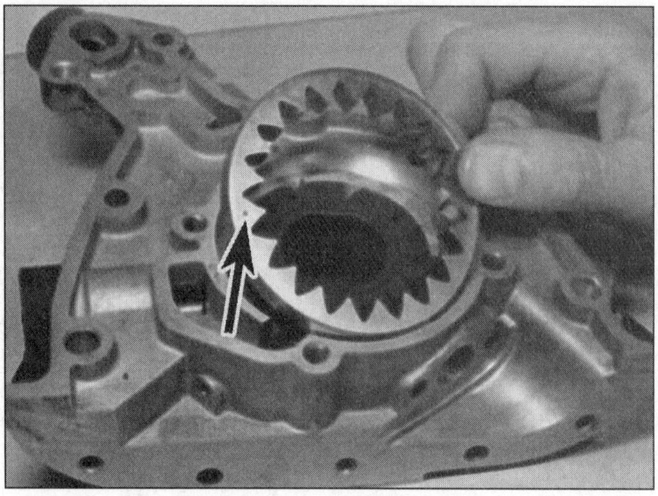

13.9 Demontering av pumpens yttre kugghjul – markering på den sida som är vänd utåt

13.10 Oljeövertrycksventilens komponenter

1 Kolv 2 Fjäder 3 Tätningsbricka 4 Ventilbult

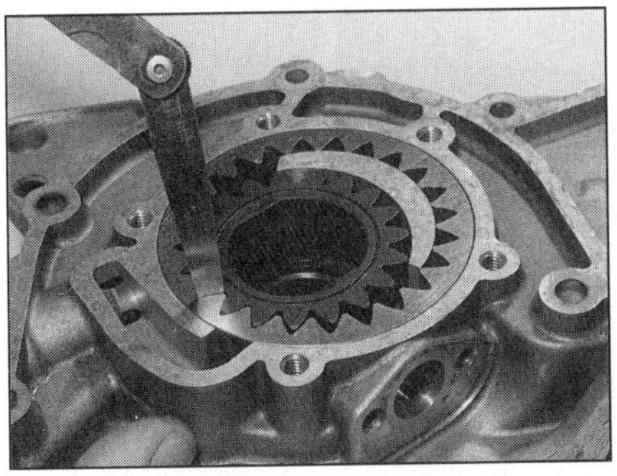

13.12a Ett bladmått används till att mäta spelet mellan kugghjulen

13.12b Stållinjal och bladmått används till att mäta axialspelet

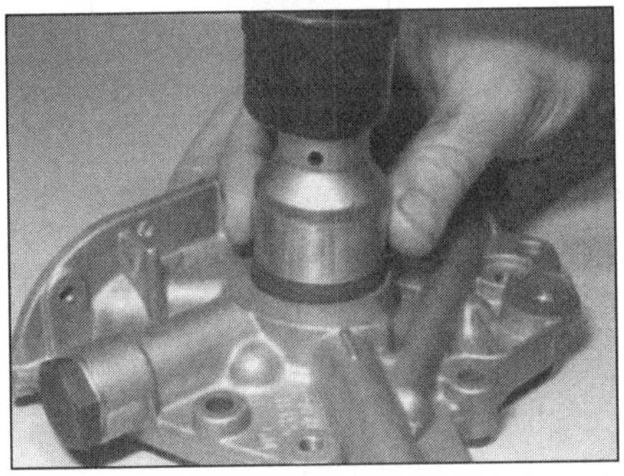

13.14 En ny vevaxeloljetätning monteras i oljepumphuset

som endast vilar på tätningens hårda yttre kant **(se bild)**. Pressa in tätningen tills den är jäms med huset och smörj oljetätningsläppen med ren motorolja.

15 Se till att fogytorna på oljepumpen och motorblocket är rena och torra och att styrstiften är på plats.

16 Placera en ny packning på motorblocket.

17 För försiktigt oljepumpen på plats och haka i det inre kugghjulet med vevaxeländen **(se bild)**. Placera pumpen på styrstiften, var noga med att inte skada oljetätningens läpp.

18 Sätt pumphusets fästbultar på sina ursprungliga platser och dra åt dem till specificerat moment.

19 På 1.6 liters modeller, sätt vevaxelgivarens fästbygel på pumphuset och dra åt dess fästbult till specificerat moment.

20 Anslut oljetrycksgivarens kontaktdon.

21 Sätt tillbaka oljepumpens upptagare/sil och sumpen enligt beskrivning i avsnitt 12.

22 Montera den bakre kamremskåpan på motorn, dra åt dess fästbultar till specificerat moment.

23 Sätt tillbaka kamremsdreven, överföringsremskivorna och spännaren, montera sedan remmen enligt beskrivning i avsnitt 7 och 8.

24 Montera avslutningsvis ett nytt oljefilter och fyll motorn med ny motorolja enligt beskrivning i kapitel 1.

14 Svänghjul/drivplatta – demontering, inspektion och montering

Se kapitel 2A, avsnitt 15.

15 Vevaxelns oljetätningar – byte

Höger oljetätning (kamremsänden)

1 Demontera vevaxeldrevet enligt beskrivning i avsnitt 8.

2 Använd dorn eller borr och gör två små hål mitt emot varandra i oljetätningen. Skruva in en självgängande skruv i varje hål och dra i skruvarna med en tång för att få ut tätningen **(se bild)**.

Varning: Var ytterst försiktig så att inte oljepumpen skadas.

3 Rengör tätningshuset och putsa bort eventuella borrskägg eller upphöjda kanter som kan ha orsakat tätningens haveri från första början.

4 Smörj läpparna på den nya tätningen med ren motorolja och för den på plats på axeländen. Tryck tätningen rakt in tills den är jäms med huset. Om så behövs, använd en rördorn, t.ex. en hylsa, som bara vilar på tätningens yttre hårda kant **(se bild)**. Var försiktig så att inte oljetätningens läpp skadas under monteringen och se till att tätningsläpparna vänds inåt.

5 Tvätta bort eventuell olja, sätt sedan vevaxeldrevet på plats enligt beskrivning i avsnitt 8.

Vänster oljetätning (svänghjuls-/drivplattsänden)

6 Demontera svänghjulet/drivplattan enligt beskrivning i avsnitt 14.

7 Byt ut tätningen enligt beskrivning i punkt 2 till 4 ovan.

8 Montera svänghjulet/drivplattan enligt beskrivning i avsnitt 14.

16 Motor-/växellådsfästen – inspektion och byte

Se kapitel 2A, avsnitt 17.

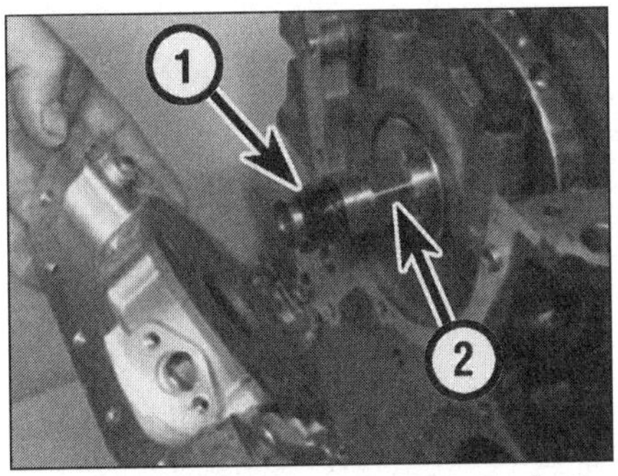

13.17 Vid montering, var försiktig så att inte oljetätningen skadas på vevaxelns läpp (1) och placera det inre kugghjulet på vevaxeln (2)

15.2 Demontering av vevaxelns främre oljetätning

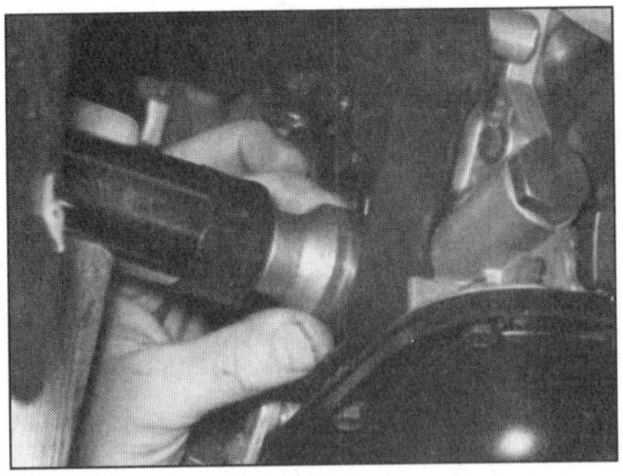

15.4 Montering av en ny tätning

Kapitel 2 Del C: Reparationer med motorn kvar i bilen – 1.7 liters dieselmotor

Innehåll

Svårighetsgrader

Enkelt, passar novisen med lite erfarenhet	**Ganska enkelt,** passar nybörjaren med viss erfarenhet	**Ganska svårt,** passar kompetent hemmamekaniker	**Svårt,** passar hemmamekaniker med erfarenhet	**Mycket svårt,** för professionell mekaniker

Specifikationer

Allmänt

Motor, typ	Fyrcylindrig vattenkyld radmotor. Enkel överliggande kamaxel, remdriven
Tillverkarens motorkod	X17DT
Lopp	79,0 mm
Slag	86,0 mm
Volym	1686 cc
Tändföljd	1-3-4-2 (cylinder nr 1 vid kamremsänden)
Vevaxelns rotationsriktning	Medurs (sett från motorns kamremsände)
Kompressionsförhållande	22:1
Max effekt	60 kW vid 4400 varv/min
Max moment	168 Nm vid 2400 varv/min

Kompressionstryck

Standard	18,5 till 34,5 bar
Max skillnad mellan två cylindrar	1,5 bar

Ventilspel

Kall motor:	
Insug	0,15 mm
Avgas	0,25 mm

Kamaxel

Axialspel	0,05 till 0,20 mm
Max tillåtet radialkast	0,05 mm
Kammens lyfthöjd:	
Insugsventil	8,47 till 8,67 mm
Avgasventil	8,57 till 8,77 mm
Lagerspel:	
Standard	0,040 till 0,082 mm
Service gräns	0,110 mm

Smörjsystem

Oljepump, typ	Kugghjul, driven av kamremmen	
Max tillåtet oljetryck vid tomgång, med motorn vid arbetstemperatur (oljetemperatur minst 80°C)	2,0 bar	
Oljepump, spel:	**Standard**	**Servicegräns**
Mellan yttre kugghjul och hus	0,24 till 0,36 mm	0,40 mm
Mellan inre och yttre kugghjul	0,13 till 0,15 mm	0,20 mm
Axialspel	0,035 till 0,100 mm	0,150 mm

Åtdragningsmoment

	Nm
Hjulbultar	110
Insprutningspumpens drev, mutter	69
Kamaxeldrevsbult	10
Kamaxelkåpans bultar	8
Kamaxellageröverfall, muttrar	19
Kamremmens överföringsremskiva, bult	76
Kamremskåpans bultar	8
Kamremsspännarens remskiva, bult	19
Kylvätskepump:	
Pumpens fästbultar	20
Remskivans fästbultar	10
Motor-/växellådsfästen, bultar:	
Höger fäste:	
Fäste till fästkonsol/monteringsram, muttrar	45
Fästkonsol till motor, bultar	60
Övre fästkonsol, muttrar	45
Vänster fäste:	
Fäste till fästkonsol/monteringsram, muttrar	45
Fästkonsol till växellåda, bultar	60
Bakre fäste:	
Fäste till fästkonsol, bultar	45
Fäste till monteringsram, bultar	20
Fästkonsol till växellåda, bultar	60
Motor till växellåda, bultar:	
M8 bultar	20
M10 bultar	40
M12 bultar	60
Oljefilter	Se kapitel 1B
Oljekylarens mittbult	49
Oljepumpens upptagare/sil, bultar	19
Oljepumpkåpans fästbultar	10
Oljepumpsdrev, mutter	44
Oljesumpbultar:	
Oljesumpens huvuddel till motorblock/oljepumpskåpa, muttrar/bultar	10
Oljesumptråg till huvuddel, bultar	10
Avtappningsplugg	Se kapitel 1B
Oljetrycksventil (reglering), bult	40
Oljeövertrycksventil (säkerhet), bult	40
Ramlageröverfall, bultar	88
Skvalpplåt till motorblock, bultar	19
Svänghjulets nedre täckkåpa, bultar	8
Svänghjulsbultar:*	
Steg 1	30
Steg 2	Vinkeldra ytterligare 45 till 60°
Topplocksbultar: *	
Steg 1	40
Steg 2	Vinkeldra ytterligare 60 till 75°
Steg 3	Vinkeldra ytterligare 60 till 75°
Vevaxeldrevets bult	196
Vevaxelns bakre oljetätningshus, bultar	10
Vevaxelremskivans bultar	20
Vevstakens storändslageröverfall, muttrar: *	
Steg 1	25
Steg 2	Vinkeldra ytterligare 100°
Steg 3	Vinkeldra ytterligare 15°

* **Observera:** *Tillverkaren anger att alla muttrar/bultar som vinkeldras måste bytas ut som en rutinåtgärd.*

1 Allmän information

1 Denna del av kapitel 2 beskriver de arbetsmoment som kan utföras på en 1.7 liters dieselmotor utan att motorn demonteras från bilen. Om motorn har demonterats och ska tas isär enligt beskrivningen i del E, kan inledande isärtagningsmoment ignoreras.

2 Observera att även om det kan vara fysiskt möjligt att renovera komponenter som kolvar/vevstakar medan motorn fortfarande är i bilen, utförs sådana arbeten oftast inte som separata moment. Vanligtvis måste många andra procedurer (för att inte nämna rengöring av komponenter och oljekanaler) utföras. Av denna anledning klassas alla sådana moment som huvudsakliga renoveringsarbeten och beskrivs i del E.

3 Del E beskriver demontering av motorn/växellådan från bilen och de renoveringsarbeten som då kan utföras.

Beskrivning av motorn

4 1.7 liters (1686 cc) dieselmotorn är en 8-ventils 4-cylindrig radmotor med enkel överliggande kamaxel (SOHC). Den är monterad på tvären framtill i bilen med växellådan på vänster sida.

5 Vevaxeln löper i fem ramlager. Tryckbrickor finns på ramlager nr 2 (övre halva) för kontroll av vevaxelns axialspel.

6 Vevstakarna roterar på horisontellt delade lagerskålar i storändarna. Kolvarna är kopplade till vevstakarna med kolvbultar, som har glidpassning i vevstaksändarna och hålls på plats med låsringar. Kolvarna av aluminiumlegering har tre kolvringar – två kompressionsringar och en oljering.

7 Motorblocket är av gjutjärn och cylinderloppen är en del av blocket. På den här typen av motor säger man ibland att cylinderloppen har torra foder.

8 Insugs- och avgasventilerna stängs av spiralfjädrar och arbetar i styrningar som är inpressade i topplocket.

9 Kamaxeln drivs av vevaxeln via en kamrem och roterar direkt i topplocket. Kamaxeln aktiverar ventilerna via följare som sitter direkt under kamaxeln. Ventilspelen justeras med hjälp av mellanlägg som placerade mellan kamaxel och följare.

10 Smörjning sker med en oljepump som drivs av kamremmen. Den drar olja genom en sil placerad i sumpen och tvingar sedan oljan genom ett externt monterat oljefilter in i oljegallerierna i motorblocket/vevhuset. Därifrån fördelas oljan till vevaxeln (ramlager) och kamaxeln. Storändslagren får olja via interna lopp i vevaxeln, medan kamaxellagren också får tryckmatning. Kamaxelloberna och ventilerna är stänksmörjda, som alla andra motorkomponenter. En oljekylare håller oljetemperaturen stabil under krävande arbetsförhållanden.

Reparationer möjliga med motorn i bilen

11 Följande arbeten kan utföras utan att motorn demonteras från bilen:

a) Test av kompressionstryck.
b) Demontering och montering av kamaxelkåpa.
c) Demontering och montering av kamremskåpa.
d) Demontering och montering av kamrem.
e) Demontering och montering av kamremsspännare och drev.
f) Kontroll och justering av ventilspel.
g) Demontering, inspektion och montering av kamaxel och följare.
h) Demontering och montering av topplock.
i) Demontering och montering av vevstakar och kolvar.*
j) Demontering och montering av sump.
k) Demontering, renovering och montering av oljepump.
l) Demontering och montering av oljekylare.
m) Byte av vevaxelns oljetätningar.
n) Inspektion och byte av motor-/växellådsfästen..
o) Demontering, inspektion och montering av svänghjul.

* Även om momentet märkt med asterisk kan utföras med motorn i bilen efter det att sumpen demonterats, är det bättre om motorn först demonteras, av renlighetsskäl och för bättre åtkomlighet. Av denna anledning beskrivs momentet i kapitel 2E.

2 Kompressionsprov – beskrivning och tolkning

Se kapitel 2D, avsnitt 2.

3 Övre dödpunkt (ÖD) för cylinder nr 1 – inställning

Observera: *Om motorn skall låsas på plats med kolv nr 1 i ÖD i kompressionstakten krävs en M6 och en M8 bult*

1 I kolvens rörelsebana upp och ner i cylinderloppet är övre dödpunkten (ÖD) den högsta punkt kolven når när vevaxeln roterar. Varje kolv når ÖD både i kompressionstakten och i avgastakten, men när man talar om ÖD i samband med inställning av motorn menar man kolvens (vanligtvis nr 1) läge längst upp i kompressionstakten.

2 Kolv (och cylinder) nr 1 är vid höger ände (kamremsänden) av motorn och dess ÖD-läge ställs in enligt följande. Notera att vevaxeln roterar medurs från bilens högra sida sett.

3 Koppla loss batteriets negativa pol. För att komma åt vevaxelremskivan, dra åt handbromsen, lyft upp framvagnen och stöd den på pallbockar och demontera höger framhjul.

3.5 Placera märket på vevaxelremskivan i linje med visaren längst ner på oljepumpkåpan

4 Demontera den övre kamremskåpan enligt beskrivning i avsnitt 6.

5 Använd hylsa och förlängare på vevaxeldrevets bult, rotera vevaxeln tills märket på vevaxelremskivans kant är i linje med visaren längst ner på oljepumpkåpan **(se bild)**. När märket är inställt är kolv nr 1 och 4 i ÖD.

6 För att avgöra vilken kolv som är i ÖD i kompressionstakten, kontrollera inställningshålen i kamaxel- och insprutningspumpdreven är placerade. När kolv nr 1 är i ÖD i kompressionstakten kommer båda drevhålen att vara i linje med de gängade hålen i topplocket/motorblocket. Om inställningshålen är 180° från varandra är cylinder nr 4 i ÖD i kompressionstakten; rotera vevaxeln ett helt varv (360°) för att placera cylinder nr 1 i kompressionstakten.

7 Med kolv nr 1 i ÖD i kompressionstakten kan kamaxelns och bränsleinsprutningspumpens drev låsas på plats om så behövs. Lås kamaxeldrevet genom att skruva en M6 bult genom drevhålet och in i hålet i topplocket, lås sedan insprutningspumpdrevet genom att skruva en M8 bult genom det pilförsedda hålet – notera att det finns två hål i detta drev; det rätta hålet för inställningssyften indikeras av en instansad pil – in i hålet i motorblocket **(se bilder)**.

3.7a Lås kamaxeldrevet på plats genom att skruva in en M6 bult på plats (vid pilen) . . .

3.7b . . . och låsa insprutningspumpens drev med en M8 bult (vid pilen) inskruvad i blocket genom drevets pilförsedda hål

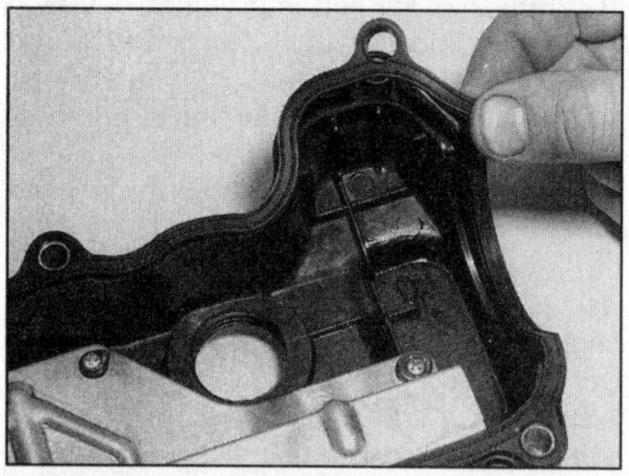

4.4 Se till att tätningen placeras korrekt i spåret i kåpan

4 Kamaxelkåpa – demontering och montering

Demontering

1 Lossa fästklämman och koppla loss ventilationsslangen baktill på kamaxelkåpan.

2 Lossa och ta bort kamaxelkåpans fästbultar, tillsammans med distanserna, och lyft bort kamaxelkåpan och tätningen från topplocket. Ta bort den halvcirkelformade gummitätningen från urtaget på topplockets vänstra sida **(se bild)**.

3 Undersök om kåpans tätning och den halvcirkelformade tätningen är skadade eller slitna och byt ut dem om så behövs.

Montering

4 Se till att kåpans och topplockets ytor är rena och torra, placera sedan tätningen i kåpans spår **(se bild)**.

5 Lägg lite tätningsmedel i det halvcirkelformade urtaget på vänster sida av topplocket och placera tätningen i urtaget.

6 Sänk försiktigt ned kåpan på plats, var noga med att inte rubba tätningen. Sätt tillbaka distanser och fästbultar och dra åt dem till specificerade moment.

7 Anslut ventilationsslangen bak på kåpan och säkra den på plats med fästklämman.

4.2 Ta bort den halvcirkelformade gummitätningen från topplockets vänstra ände

5 Vevaxelremskiva – demontering och montering

Demontering

1 Dra åt handbromsen, lyft upp framvagnen och stöd den på pallbockar. Demontera höger hjul.

2 Demontera hjälpaggregatens drivremmar enligt beskrivning i kapitel 1. Innan demontering, markera rotationsriktningen på remmarna så att de kan sättas tillbaka samma väg.

3 Lossa och ta bort de små fästbultarna som håller remskivan till vevaxeldrevet och ta bort remskivan från motorn. Om så behövs, förhindra att vevaxeln roterar genom att hålla fast drevets fästbult med en passande hylsa.

Montering

4 Montera remskivan på vevaxeldrevet, rikta in remskivehålet med drevets styrstift. Sätt i remskivans fästbultar och dra åt dem till specificerat moment **(se bild)**.

5 Montera hjälpaggregatens drivremmar enligt beskrivning i kapitel 1, använd markeringarna som gjordes innan demontering för att försäkra att remmarna monteras rätt väg.

6 Montera hjulet, sänk ner bilen och dra åt hjulbultarna till specificerat moment

6 Kamremskåpor – demontering och montering

Demontering

Övre kåpa

1 Dra åt handbromsen, lyft upp framvagnen och stöd den på pallbockar. Demontera höger hjul.

2 Demontera luftrenarhuset enligt beskrivning i kapitel 4.

3 Demontera hjälpaggregatens drivremmar enligt beskrivning i kapitel 1. Innan demontering, markera rotationsriktningen på remmarna så att de kan sättas tillbaka samma väg.

4 På modeller med luftkonditionering, skruva loss kompressordrivremmens spännare och ta bort den från motorn.

5 Se avsnitt 19, stöd motorn/växellådan, skruva loss fästmuttrarna och lyft av fästkonsolen från höger fäste. Skruva loss fästbygeln och ta bort den från motorblockets sida.

6 Lossa och ta bort fästbultarna och demontera den övre kamremskåpan från motorn, tillsammans med gummitätningsremsorna. Undersök om tätningsremsorna är skadade eller slitna och byt ut dem om så behövs **(se bild)**.

Nedre kåpa

7 Demontera den övre kåpan enligt beskrivning i punkt 1 till 6.

8 Demontera vevaxelremskivan enligt beskrivning i avsnitt 5.

9 Skruva loss fästbultarna och demontera den nedre kåpan från motorn, tillsammans med dess gummitätningsremsor. Undersök kom tätningsremsorna är slitna eller skadade och byt ut dem om så behövs.

Bakre kåpa

10 Demontera kamremmen enligt beskrivning i avsnitt 7.

11 Demontera kamaxeldrevet, bränsleinsprutningspumpens drev, kamremmens överföringsremskiva och spännarenheten enligt beskrivning i avsnitt 8.

12 Skruva loss den bakre kåpan från topplocket/motorblocket och ta bort den från motorn.

Montering

13 Montering sker i omvänd ordning, se till att kåpans tätningsremsor sitter ordentligt på plats och dra åt alla fästbultar till specificerade moment **(se bild)**.

5.4 Montera vevaxelremskivan, placera den på drevets stift (vid pilen) och sätt i fästbultarna

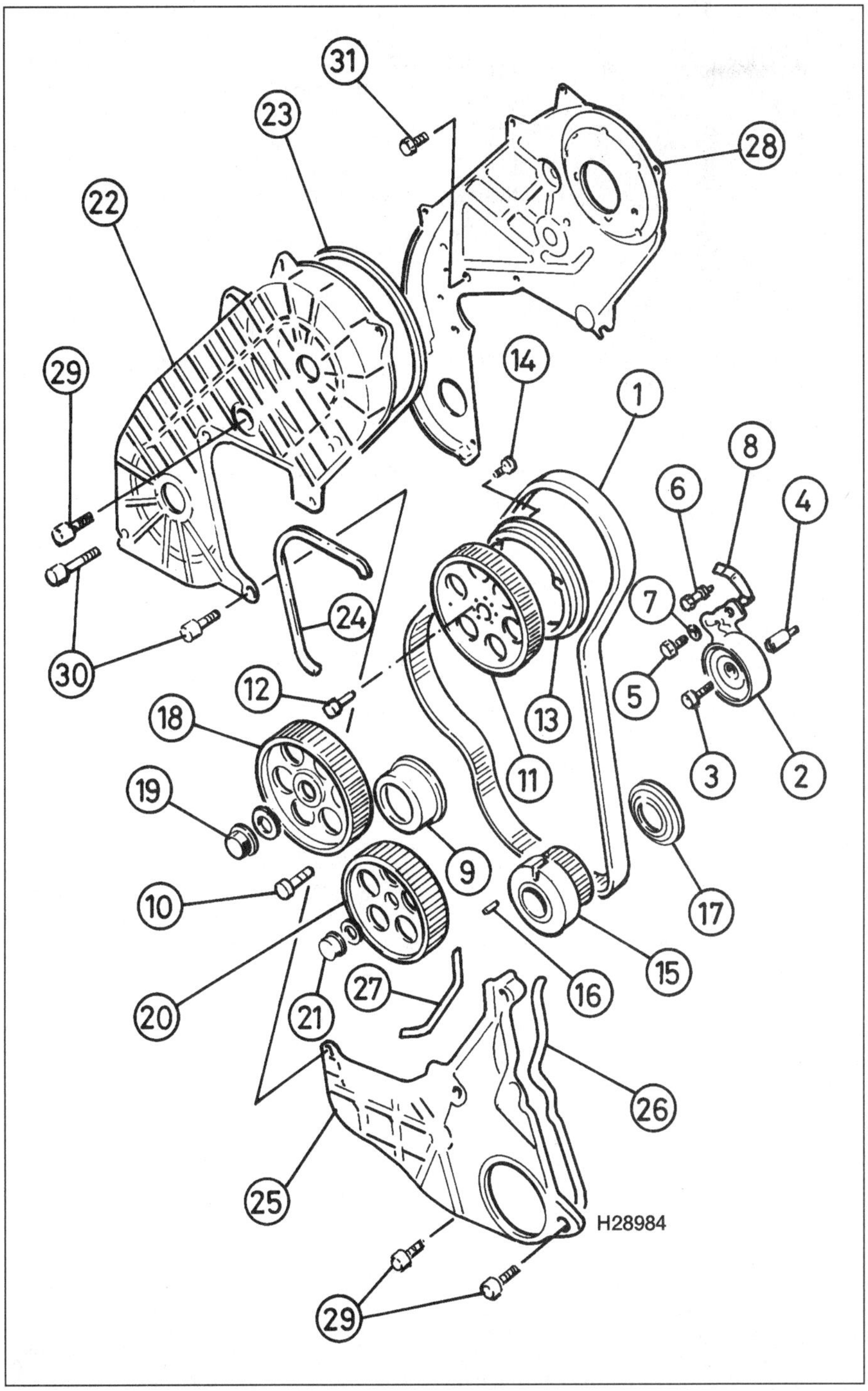

6.6 Kamrem och tillhörande komponenter

1 Kamrem	*11 Kamaxeldrev*	*21 Drevmutter*
2 Spännarenhet	*12 Kamaxeldrevets bult*	*22 Övre kåpa*
3 Spännarbult	*13 Kamaxeldrevets fläns*	*23 Tätningsremsa*
4 Spännarbult	*14 Flänsskruv*	*24 Tätningsremsa*
5 Spännarbult	*15 Vevaxeldrev*	*25 Nedre kåpa*
6 Fjäderbult	*16 Styrstift*	*26 Tätningsremsa*
7 Bricka	*17 Flänsad distans*	*27 Tätningsremsa*
8 Spännarfjäder	*18 Insprutningspumpens drev*	*28 Bakre kåpa*
9 Överföringsremskiva	*19 Drevmutter*	*29 Kåpans bultar*
10 Överföringsremskivans bult	*20 Oljepumpdrev*	*30 Kåpans bultar*
		31 Kåpans bultar

7 Kamrem – demontering och montering

***Observera**: Motorn måste vara kall när kamremmen demonteras och monteras.*

Demontering

1 Placera cylinder nr 1 i ÖD i kompressionstakten enligt beskrivning i avsnitt 3. Lås kamaxelns och insprutningspumpens drev i sina positioner genom att skruva in bultarna i hålen i topplocket/motorblocket.

2 Demontera vevaxelremskivan enligt beskrivning i avsnitt 5.

3 Skruva loss den nedre kamremskåpan och demontera den tillsammans med gummitätningsremsorna.

4 Lossa kamremsspännarens fästbultar och haka försiktigt loss spännarfjädern från styrstiften.

5 Dra av kamremmen från dreven och ta bort den från motorn. Om remmen ska återanvändas, använd vit färg eller liknande till att markera rotationsriktningen på den. Rotera inte vevaxeln förrän kamremmen har satts tillbaka.

6 Undersök noga om kamremmen är ojämnt sliten, sprucken eller förorenad av olja och byt ut den om det råder den minsta tvekan om dess skick. Om motorn genomgår en renovering och närmar sig tillverkarens specificerade intervall för kamremsbyte (se kapitel 1), byt ut remmen som en rutinåtgärd, oavsett dess synliga skick. Om oljeföroreningar upptäcks, spåra källan till oljeläckan och åtgärda detta, tvätta sedan motorns kamremsområde och alla tillhörande komponenter för att bli av med alls spår av olja.

Montering

7 Vid hopsättning, rengör kamremsdreven noggrant och se till att kamaxel- och insprutningspumpdreven är i rätt position. Sätt tillfälligt tillbaka vevaxelremskivan på drevet och kontrollera att remskivans urtag

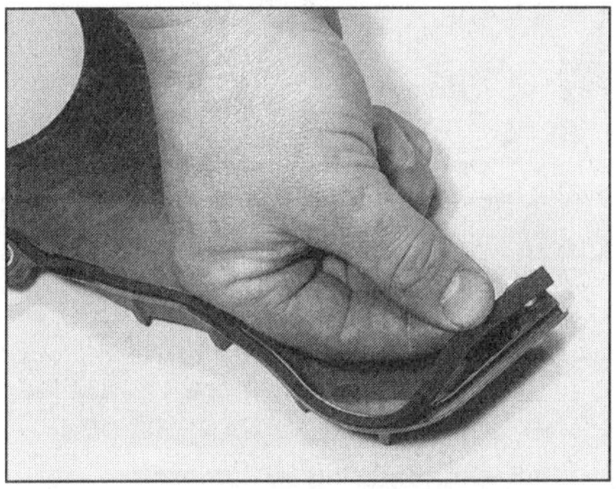

6.13 Se till att tätningsremsorna placeras ordentligt i spåren i kåpan

7.7 Kontrollera att vevaxeldrevets urtag är i linje med markeringen på oljepumpkåpan (vid pilen)

7.11a Rotera vevaxeln 60° bakåt för att justera kamremsspänningen . . .

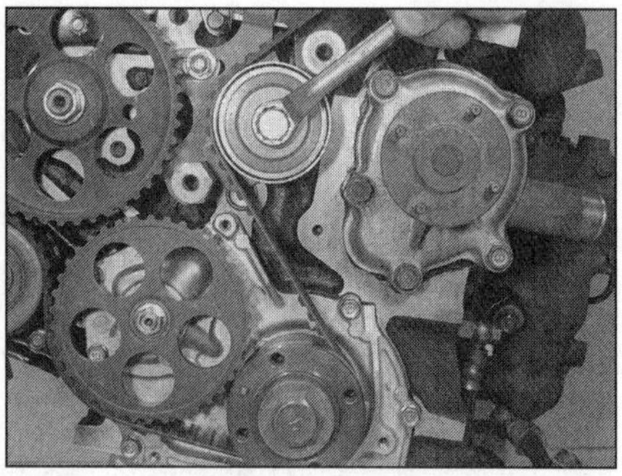

7.11b . . . och dra åt spännarremskivans bultar ordentligt

fortfarande är i linje med visaren på oljepumpkåpan; markeringen på vevaxeldrevet skall också vara i linje med markeringen på oljepumpkåpan **(se bild)**.

8 Ta bort remskivan och placera kamremmen över vevaxelns, oljepumpens, insprutningspumpens och kamaxelns drev. Se till att remmens bakre löp är spänt (d.v.s. allt slack är på spännarremskivans sida av remmen). Vrid inte remmen skarpt vid monteringen. Se till att remmens kuggar placeras centralt i dreven, och att inställningsmarkeringarna fortfarande är i linje. Om en använd rem sätts tillbaka, se till att riktningsmarkeringen som gjordes vid demonteringen hamnar åt rätt håll.

9 Spänn remmen genom att sätta tillbaka spännarremskivans fjäder, haka fast den ordentligt på stiften.

10 Kontrollera att vevaxeldrevets inställningsmärke fortfarande är rätt inställt, skruva sedan loss låsbultarna från insprutningspumps- och kamaxeldreven.

11 Lossa spännarremskivans bult, rotera sedan vevaxelremskivan 60° **bakåt** (moturs) för att automatiskt justera kamremsspänningen. Håll vevaxelremskivan stilla och dra åt spännarremskivans fästbult ordentligt **(se bilder)**.

12 Rotera vevaxeln försiktigt två hela varv (720°) i normal rotationsriktning så att kamremmen sätter sig på plats. Rikta in vevaxeldrevets inställningsmärke och kontrollera att kamaxel- och insprutningspumpdrevens låsbultar kan sättas tillbaka.

13 Lossa spännarremskivans fästbult, rotera sedan vevaxelremskivan ca 60° **bakåt** (moturs) för att automatiskt justera kamremsspänningen. Håll vevaxelremskivan på plats och dra åt spännarremskivans fästbult till specificerat moment.

14 Placera vevaxeln i ÖD igen och gör en sista kontroll av att drevets inställningsmärken/hål är korrekt placerade

15 Montera kamremskåporna och därefter vevaxelremskivan enligt beskrivning i avsnitt 5 och 6.

8 Kamremsspännare och drev – demontering och montering

Kamaxeldrev

Demontering

1 Demontera kamremmen enligt beskrivning i avsnitt 7.

2 Skruva in drevets låsbult helt på plats, lossa sedan och ta bort drevets fästbultar, medan låsbulten förhindrar rotation.

3 Skruva loss låsbulten och ta bort drevet från kamaxeländen, notera vilken väg det sitter **(se bild)**. Om drevets styrstift sitter löst, ta bort den från kamaxeländen och förvara det tillsammans med drevet.

Montering

4 Se till att styrstiftet är på plats, montera sedan drevet på kamaxeln, rikta in dess styrhål med stiftet.

5 Sätt i drevets fästbultar, rikta in inställningshålet med hålet i topplocket och skruva in låsbulten. Använd låsbulten till att hålla drevet på plats och dra åt drevbultarna till specificerat moment.

6 Montera kamremmen enligt beskrivning i avsnitt 7.

Insprutningspumpens drev

Demontering

7 Demontera kamremmen enligt beskrivning i avsnitt 7.

8 För att förhindra rotation när fästmuttern lossas krävs ett verktyg för att hålla drevet på plats. Om det speciella Opelverktyget inte finns till hands kan ett alternativ tillverkas av två bitar bandstål (en lång och en kort) och tre muttrar och bultar. En mutter och bult utgör svängpunkten på ett gaffelverktyg, och de andra två muttrarna och bultarna placeras i ändarna av gaffelns ben så att de kan kopplas ihop med drevets ekrar **(se bild)**.

9 Skruva loss remskivans låsbult och lossa drevets fästmutter medan verktyget används till att förhindra rotation. **Fall inte** för frestelsen att använda låsbulten till att hålla drevet stilla.

10 Demontera drevet från insprutningspumpens axel, notera vilken väg det sitter. Om Woodruffkilen sitter löst i axeln, ta bort den och förvara den tillsammans med drevet **(se bild)**.

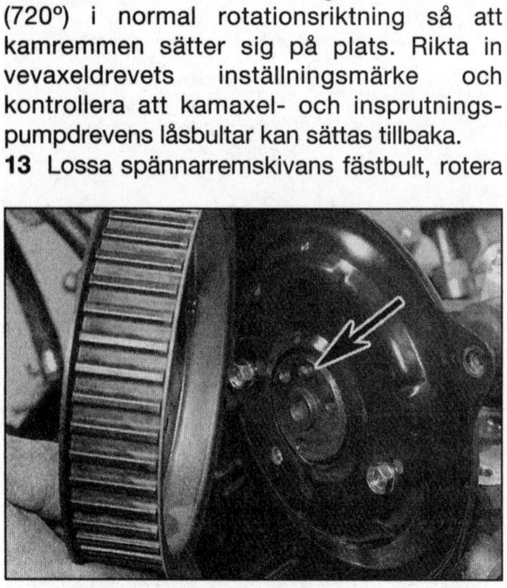

8.3 Demontering av kamaxeldrevet (styrstift vid pilen)

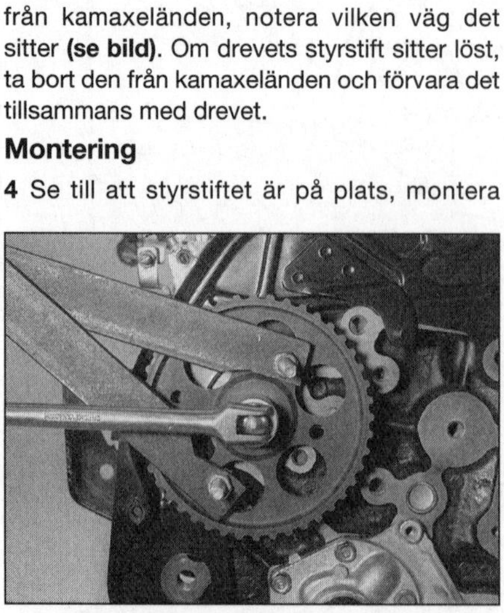

8.8 Använd ett drevlåsningsverktyg till att förhindra rotation när pumpdrevets mutter lossas

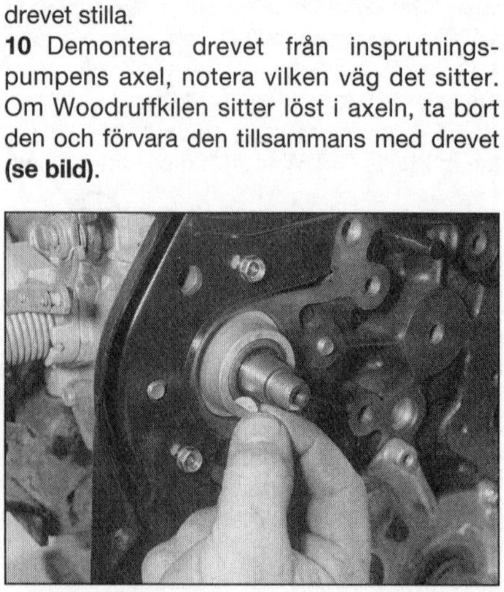

8.10 Ta bort drevet och ta vara på Woodruffkilen från insprutningspumpens axel

8.17a Skruva loss fästbulten och brickan . . .

8.17b . . . och ta bort vevaxeldrevet från motorn

8.18 Dra av den flänsade distansen, notera vilken väg den sitter

Observera: *Drevet har konpassning på insprutningspumpens axel och i vissa fall kan en avdragare behövas för att få loss det från drevet.*

Montering

11 Se till att Woodruffkilen är korrekt monterad på pumpaxeln och sätt tillbaka drevet, rikta in spåret i drevet med kilen.

12 Sätt tillbaka fästmuttern och dra åt den till specificerat moment medan låsverktyget används för att hålla drevet stilla.

13 Rikta in drevinställningshålet mot det gängade hålet i motorblocket och skruva in låsbulten.

14 Montera kamremmen enligt beskrivning i avsnitt 7.

Vevaxeldrev

Demontering

15 Demontera kamremmen enligt beskrivning i avsnitt 7.

16 Lossa vevaxeldrevets fästbult. För att förhindra vevaxelrotation, låt en medhjälpare lägga i högsta växeln och lägga an bromsarna ordentligt. Om motorn har demonterats från bilen måste svänghjulet låsas (se avsnitt 17).

17 Skruva loss fästbulten och brickan och ta bort vevaxeldrevet från vevaxeländen. Om drevet sitter med mycket tät passning, använd en avdragare till att dra loss det från vevaxeln **(se bilder)**. Om Woodruffkilen sitter löst i vevaxeln, ta bort den och förvara den tillsammans med drevet

18 Dra den flänsade distansen av vevaxeln, notera vilken väg den är monterad **(se bild)**.

Montering

19 Montera den flänsade distansen på vevaxeln med sin konvexa yta vänd bort från oljepumphuset.

20 Se till att Woodruffkilen sitter som den ska, trä sedan på vevaxeldrevet så att dess spår hakar i kilen.

21 Sätt tillbaka fästbulten och brickan, lås sedan vevaxeln med samma metod som vid demonteringen, och dra åt drevets fästbult till specificerat åtdragningsmoment.

22 Montera kamremmen enligt beskrivning i avsnitt 7.

Oljepumpdrev

Demontering

23 Demontera kamremmen enligt beskrivning i avsnitt 7.

24 Hindra oljepumpdrevet från att rotera med hjälp av en hylsa och förlängare placerad på en av oljepumpkåpans bultar, lossa sedan och ta bort drevets fästmutter **(se bild)**.

25 Demontera drevet från oljepumpaxeln, notera vilken väg det sitter.

Montering

26 Montera drevet, rikta in det mot den platta delen på pumpaxeln, och sätt dit fästmuttern. Dra åt drevets fästmutter till specificerat moment, använd hylsan och förlängaren för att hindra drevet från att rotera.

27 Montera kamremmen enligt beskrivning i avsnitt 7.

Spännarenhet

Demontering

28 Demontera kamremmen enligt beskrivning i avsnitt 7.

29 Skruva loss fästbultarna och demontera spännaren från motorn **(se bild)**.

Montering

30 Montera spännaren på motorn och dra åt dess fästbultar endast för hand

31 Montera kamremmen enligt beskrivning i avsnitt 7.

Överföringsremskiva

Demontering

32 Demontera kamremmen enligt beskrivning i avsnitt 7.

33 Lossa och ta bort fästbulten och ta bort överföringsremskivan från motorn **(se bild)**.

Montering

34 Montera remskivan och dra åt fästbulten till specificerat moment

35 Montera kamremmen enligt beskrivning i avsnitt 7.

8.24 Lås oljepumpdrevet på plats med hjälp av hylsa och förlängare

8.29 Skruva loss fästbultarna och demontera spännaren

8.33 Demontering av överföringsremskivan

9.2 Bultar som håller den bakre kamremskåpan till topplocket (vid pilarna)

9 Kamaxelns oljetätning – byte

1 Demontera kamaxeldrevet enligt beskrivning i avsnitt 8.

2 Lossa och ta bort bultarna som håller den bakre kamremskåpan till topplocket och motorblocket och bänd försiktigt undan kåpan från topplocket för att komma åt oljetätningen **(se bild)**. Om detta inte fungerar, demontera kåpan helt enligt beskrivning i avsnitt 6.

3 Gör försiktigt två små hål mitt emot varandra i oljetätningen med en dorn eller en borr. Skruva in en självgängande skruv i varje hål och dra i skruvarna med en tång för att få ut tätningen.

4 Rengör tätningshuset och putsa bort borrskägg eller utstickande kanter som kan ha orsakat att tätningen.

5 Smörj den nya tätningens läppar med ren motorolja och pressa den på plats med en passande rördorn (som en hylsa) som endast vilar på tätningens yttre hårda kant. Var försiktig så att inte tätningens läppar skadas under monteringen; notera att läpparna ska vara vända inåt.

6 Sätt i kamremskåpans bultar och dra åt dem till specificerat moment, eller följ monteringsbeskrivningen i avsnitt 6.

7 Montera kamaxeldrevet enligt beskrivning i avsnitt 8.

10 Ventilspel – kontroll och justering

Kontroll

1 Vikten av att ha ventilspelen rätt justerade kan inte nog betonas, eftersom de i stor utsträckning påverkar motorns prestanda. Kontroll bör dock inte ses som en rutinåtgärd. Det bör endast vara nödvändigt om ventilstyrningen ger ifrån sig missljud, efter motorrenovering eller när man försöker hitta orsaken till kraftförlust. Motorn måste vara kall för att kontrollen ska vara rättvisande. Spelen kontrolleras enligt följande.

2 Dra åt handbromsen, lyft upp framvagnen och stöd den på pallbockar. Demontera höger framhjul för att komma åt vevaxelremskivan.

3 Demontera kamaxelkåpan enligt beskrivning i avsnitt 4.

4 Använd hylsa och förlängare på vevaxeldrevets bult, rotera vevaxeln i normal rotationsriktning (medurs sett från motorns högra sida) tills hacket på vevaxelremskivan är korrekt inriktat mot visaren längst ner på oljepumpkåpan. **Observera:** *Det blir lättare att dra runt motorn om bränsleinsprutarna eller glödstiften demonteras.*

5 Kontrollera att kamaxelloberna för cylinder nr 1 (närmast motorns kamremsände) pekar bort från följarna, vilket indikerar att cylinder nr 1 är i ÖD i kompressionstakten. Om loberna pekar neråt, rotera vevaxeln ett helt varv (360°) och rikta in hacket och visaren igen.

6 Gör en skiss av motorn på en bit papper, med cylindrarna numrerade från kamremsänden. Visa varje ventils position, tillsammans med specificerat ventilspel. Spelet är olika för insugsventilerna och avgasventilerna, så var noga med att inte blanda ihop dem. Ventilordningen från motorns kamremsände är:

In - Av - In - Av - In - Av - In - Av

7 Med cylinder nr 1 i ÖD i kompressionstakten, mät spelet mellan basen på båda kamloberna för cylinder nr 1 och deras följare med bladmått och anteckna spelen.

8 Rotera vevaxelremskivan ett halvt varv (180°) för att placera cylinder nr 3 i ÖD i kompressionstakten. Mät spelet mellan basen på loberna till cylinder nr 3 och deras följare och anteckna resultatet.

9 Rotera vevaxelremskivan ett halvt varv (180°) och rikta in remskivans hack med visaren så att cylinder nr 4 är i ÖD i kompressionstakten. Mät spelet mellan basen på båda kamloberna för cylinder nr 4 och deras följare och anteckna spelen.

10 Rotera vevaxelremskivan ett halvt varv (180°) för att placera cylinder nr 2 i ÖD i kompressionstakten. Mät spelet mellan basen på båda kamloberna och deras följare och anteckna spelet.

11 Om alla spel är korrekta (eller inom 0,02 mm - skillnaden mellan mellanläggens storlekar), sätt tillbaka topplockskåpan (se avsnitt 4), montera sedan hjulet, sänk ner bilen på marken och dra åt hjulbultarna till specificerat moment. Om något spel inte är enligt specifikationerna måste justering göras enligt beskrivning nedan.

Justering

12 Rotera vevaxelremskivan tills loben för den ventil som ska justeras pekar rakt bort från följaren.

13 Rotera följaren tills spåret på dess övre kant är vänt mot motorns front.

14 Om inte Opels specialverktyg (KM-650) finns till hands, placera en stor flat skruvmejsel mellan kanten på följaren och basen på kamaxeln. Använd skruvmejseln till att helt trycka ner följaren tills det finns tillräckligt med utrymme för att mellanlägget ska kunna glida ut från sin plats mellan följaren och kamaxeln (en magnet är speciellt bra för detta) **(se bild)**.

15 Rengör mellanlägget och mät dess tjocklek med en mikrometer. Mellanläggen har tjockleksmarkeringar, men slitage kan ha minskat deras tjocklek, så var noga med att kontrollera **(se bild)**.

16 Lägg till det uppmätta ventilspelet till tjockleken på det ursprungliga mellanlägget, dra sedan ifrån det specificerade ventilspelet från denna siffra. Detta ger tjockleken på det mellanlägg som behövs. Till exempel:

Uppmätt ventilspel	0,35 mm
Plus existerande mellanläggs tjocklek	2,70 mm
Lika med	3,05 mm
Minus specificerat spel	-0,25 mm
Tjocklek på mellanlägg som behövs	2,80 mm

17 Införskaffa det nya mellanlägget och smörj det med ren motorolja. Tryck försiktigt ner följaren och sätt mellanlägget på plats, med tjockleksmarkeringen nedåt, och kontrollera att det sätter sig som det ska.

10.14 Med kamaxelloben pekande uppåt, tryck ner följaren och ta försiktigt bort mellanlägget

10.15 Mellanläggets tjocklek skall vara instämplad på en av sidorna

11.5 Ta bort kamaxellageröverfallen och notera varje överfalls identifikationsmarkering (vid pilen)

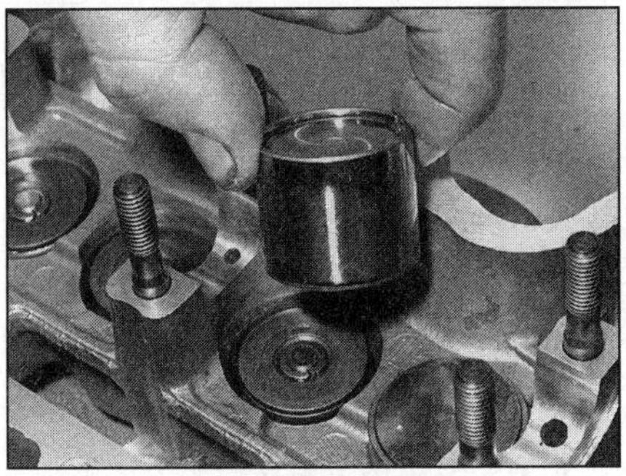

11.11a Montera följarna i topplocket . . .

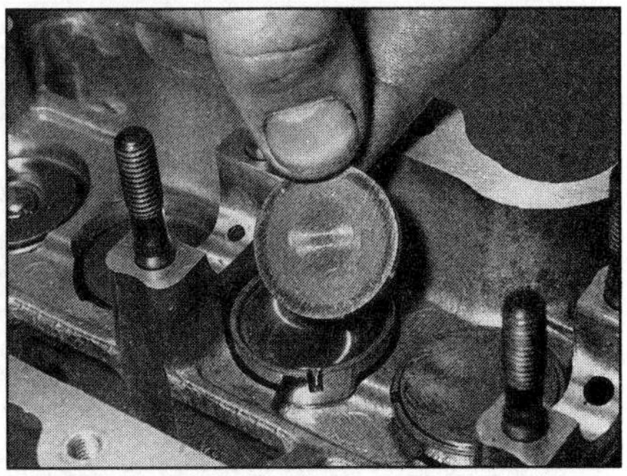

11.11b . . . och sätt tillbaka mellenläggen. Se till att de sätter sig ordentligt på plats

HAYNES TiPS

Det kan vara möjligt att justera spelen genom att flytta runt mellanläggen mellan ventilerna. Anteckna alla mellanläggs tjocklek för att underlätta justeringen av ventilspelen nästa gång.

18 Upprepa proceduren i punkt 12 till 17 på övriga ventiler som behöver justeras.

19 Rotera vevaxeln några gånger så att alla mellanlägg sätter sig ordentligt och kontrollera sedan ventilspelen igen innan kamaxelkåpan monteras (se avsnitt 4).

20 Montera hjulen, sänk ner bilen på marken och dra åt hjulbultarna.

11 Kamaxel och följare – demontering, inspektion och montering

Demontering

1 Demontera kamaxelkåpan enligt beskrivning i avsnitt 4.

2 Demontera kamaxeldrevet enligt beskrivning i avsnitt 8.

3 Lossa och ta bort bultarna som håller den bakre kamremskåpan till topplocket.

4 Arbeta i **omvänd** ordning mot åtdragningsordningen **(se bild 11.16)**, lossa kamaxellageröverfallens fästbultar ett varv i taget, för att lätta på ventilfjädrarnas tryck på lageröverfallen stegvis och jämnt. När fjädertrycket har avlastats kan muttrarna skruvas loss helt och tas bort.

11.12 Smörj lagren med ren motorolja och lägg kamaxeln på plats

Varning: Om lageröverfallsmuttrarna lossas vårdslöst kan lageröverfallen gå sönder. Om något lageröverfall går sönder måste hela topplocksenheten bytas ut; lageröverfallen är anpassade till det speciella topplocket och kan inte köpas separat

5 Ta bort lageröverfallen, notera samtidigt hur varje överfall är monterat. Lageröverfallen är numrerade 1 till 5 och pilen på varje överfall ska peka mot motorns kamremsände **(se bild)**.

6 Lyft ut kamaxeln ur topplocket och dra av oljetätningen.

7 Införskaffa åtta små rena plastbehållare och märk upp dem. Alternativt kan man dela upp en större behållare i sektioner. Lyft ut följare och mellanlägg från topplockets översida och förvara var och en i respektive monterad position. Var noga med att inte blanda ihop följarna och mellanläggen – detta för att ventilspelen skall förbli rätt justerade vid monteringen.

Inspektion

8 Undersök om kamaxellagerytorna och kamloberna har slitkanter och/eller repor. Byt kamaxeln om så är fallet. Undersök lagerytornas skick både på kamaxellagertapparna och i topplocket. Om topplockets lagerytor är mycket slitna måste topplocket bytas ut.

9 Stöd kamaxelns ändlagertappar i V-block och mät kastet vid den mittre lagertappen med en mätklocka. Om kastet överskrider specificerad gräns måste kamaxeln bytas ut.

10 Undersök om följarna och deras lopp i topplocket är skadade eller slitna. Om någon följare är synbart sliten måste den bytas ut.

Montering

11 Om demonterade, smörj följarna med ren motorolja och för försiktigt in var och en på sin ursprungliga plats i topplocket. Se till att varje mellanlägg placeras korrekt i toppen på relevant följare **(se bilder)**.

12 Smörj kamaxellagren med ren motorolja och lägg kamaxeln på plats **(se bild)**. Kontrollera att vevaxelremskivans hack fortfarande är korrekt inriktat mot visaren på oljepumpkåpan och att insprutningspumpdrevet är låst i sitt läge. Placera kamaxeln så att loberna för cylinder nr 1 pekar uppåt och drevets styrstift är överst.

13 Försäkra dig om att fogytorna på lageröverfallen och topplocket är rena och torra och smörj kamaxellagertapparna och loberna med ren motorolja.

14 Lägg ett lager tätningsmedel på de områden av topplocket som utgör fogyta för lageröverfall nr 1, på var sida om kamaxeländen **(se bild)**.

15 Sätt tillbaka kamaxellageröverfallen på sina ursprungliga platser i topplocket. Överfallen är numrerade 1 till 5 (överfall nr 1 vid motorns kamremsände) och pilen ingjuten uppe på varje överfall skall peka mot motorns kamremsände.

16 Sätt tillbaka lageröverfallens muttrar och dra endast åt dem för hand till att börja med. Arbeta därefter i den specificerade ordningen, dra åt muttrarna ett varv i taget för att stegvis lägga ventilfjädertrycket på

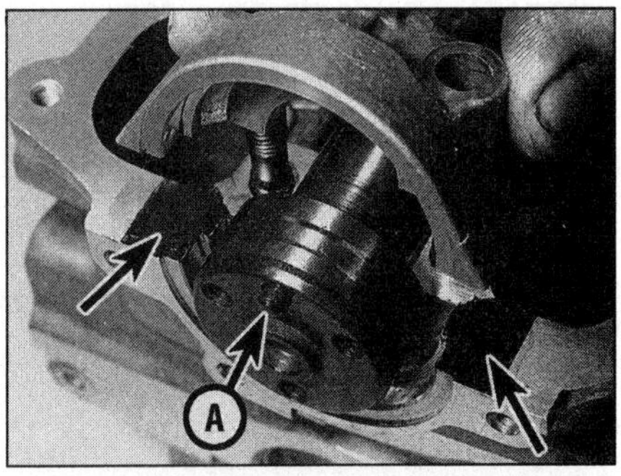

11.14 Lägg tätningsmedel på topplockets fogyta för lageröverfall nr 1(vid pilarna), sätt sedan tillbaka överfallen och se till att kamaxelns styrstift är korrekt placerat (A)

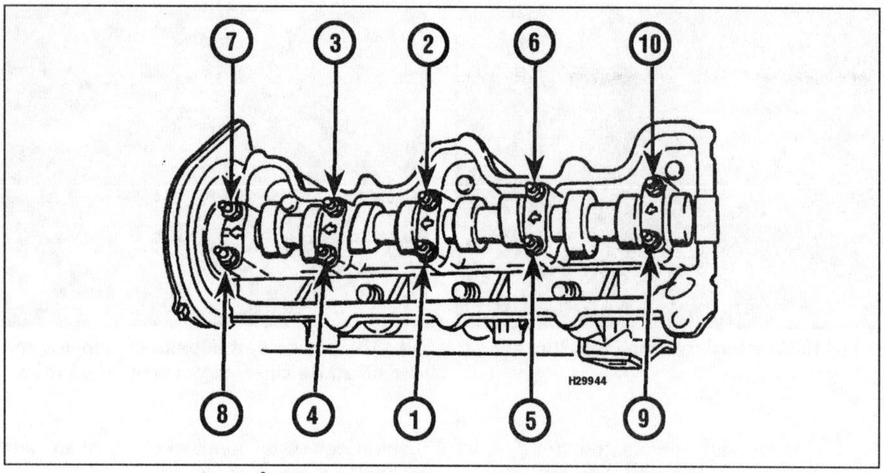

11.16 Åtdragningsordning för kamaxellageröverfall

lageröverfallen **(se bild)**. Upprepa denna ordning tills alla lageröverfall är i kontakt med topplocket, gå sedan runt i specificerad ordning och dra åt dem till specificerat moment.

Varning: Om lageröverfallsbultarna dras åt vårdslöst kan lageröverfallen gå sönder. Om något lageröverfall går sönder måste hela topplocket bytas ut; lageröverfallen är anpassade till topplocket och kan inte köpas separat.

17 Montera en ny kamaxeloljetätning enligt beskrivning i avsnitt 9.

18 Sätt tillbaka den bakre kamremskåpans fästbultar och dra åt dem till specificerat moment.

19 Montera kamaxeldrevet och kamremmen enligt beskrivning i avsnitt 7 och 8.

20 Kontrollera ventilspelen enligt beskrivning i avsnitt 10, montera sedan kamaxelkåpan enligt beskrivning i avsnitt 4.

12 Topplock – demontering och montering

Varning: Var försiktig så att inte smuts kommer in i bränsleinsprutningspumpen eller insprutarrören under detta moment.

Observera: *Nya topplocksbultar krävs vid monteringen.*

Demontering

1 Tappa av kylsystemet enligt beskrivning i kapitel 1.

2 Demontera insugs- och avgasgrenrören enligt beskrivning i kapitel 4.

3 Demontera kamaxeldrevet (avsnitt 8).

4 Lossa och ta bort bultarna som håller den bakre kamremskåpan till topplockets ände.

5 Lossa fästklämmorna och koppla loss kylvätskeslangarna från termostathuset och topplocket.

6 Skruva loss fästmuttern och koppla loss kontaktdonet från glödstiftet.

7 Koppla loss kontaktdonen från kylvätske-temperaturgivarna, ta loss kablaget från fästklämmorna och flytta undan det från topplocket.

8 Torka rent röranslutningarna, lossa sedan anslutningsmuttrarna som håller fast insprutarrören på toppen av varje insprutare och de fyra anslutningsmuttrarna som håller rören till insprutningspumpens bakre del. Medan varje pumpanslutningsmutter lossas, håll fast mellanstycket med en lämplig öppen nyckel för att förhindra att det skruvas loss från pumpen. När alla anslutningsmuttrar är lösa, ta bort insprutarrören från motorn och torka upp eventuellt bränslespill.

9 Arbeta i **omvänd** ordning mot den ordning som visas i bild 12.27, lossa stegvis de tio topplocksbultarna ett halvt varv i taget, tills alla bultar kan tas bort för hand.

10 Ta ut topplocksbultarna och ta vara på brickorna.

11 Lyft bort topplocket; ta helst hjälp av någon, enheten är tung. Ta bort packningen och notera de två styrstiften på motorblocket. Om de sitter löst, ta bort stiften och förvara dem tillsammans med topplocket. Spara packningen för identifiering (se punkt 18).

12 Om topplocket skall tas isär för renovering, se del E av detta kapitel.

Förberedelser för montering

13 Fogytorna på topplocket och motor-blocket/vevhuset måste vara helt rena innan montering av topplocket. Använd en hård plast- eller träskrapa till att ta bort alla spår av packning och sot; rengör också kolvkronorna. Var ytterst försiktig – ytan skadas lätt. Var också noga med att inte låta sot komma in i olje- eller vattenkanalerna – detta är speciellt viktigt för smörjsystemet, eftersom sot kan blockera oljematningen till motorns kompo-nenter. Använd tejp och papper och täck för vatten-, olje- och bulthål i motorblocket/ vevhuset. För att hindra sot att komma in i mellanrummet mellan kolvar och lopp, lägg lite fett i mellanrummet. När varje kolv har rengjorts, använd en liten borste/ pensel till att ta bort allt fett och sot från öppningen, torka sedan bort resten med en ren trasa. Rengör alla kolvar på samma sätt.

14 Undersök om fogytorna på motorblocket/ vevhuset och topplocket har hack, djupa repor eller andra skador. Om skadorna är små kan de försiktigt tas bort med en fil, men om de är större kan maskinbearbetning vara det enda alternativet till byte.

15 Försäkra att topplocksbultarnas hål i vevhuset är rena och fria från olja. Använd en spruta eller en trasa till att suga upp eventuell olja som fortfarande finns kvar i bulthålen. Detta är mycket viktigt för att bultarna ska kunna dras åt till rätt moment och för att inte riskera att blocket spricker av hydraultrycket när bultarna dras åt.

16 Topplocksbultarna måste kastas och nya användas, oavsett deras synbara skick.

17 Om man misstänker att topplockets packningsyta är skev, använd en stållinjal för att kontrollera detta. Se del E i detta kapitel om så behövs.

18 På den här motorn kontrolleras spelet mellan topplock och kolv med hjälp av topplockspackningar av olika tjocklek. Tjockleken på packningen kan avgöras genom att man tittar på främre vänstra hörnet av packningen och räknar antalet hål **(se bild)**.

Hål i packningen	Packningstjocklek
Inga hål	1,40 mm
Ett hål	1,45 mm
Två hål	1,50 mm

Rätt tjocklek på den packning som behövs väljs ut genom att man mäter kolvens utstick enligt följande.

19 Se till att vevaxeln fortfarande är rätt placerad i ÖD-läge. Montera en mätklocka

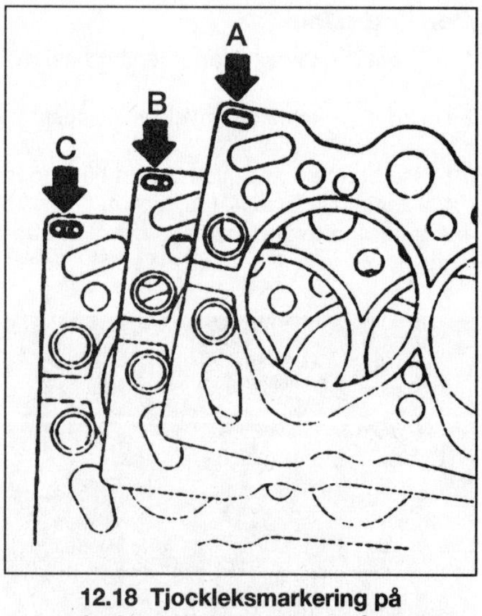

12.18 Tjockleksmarkering på topplockspackningen hittas på visade platser

A Inget hål – 1,40 mm tjock
B Ett hål – 1,45 mm tjock
C Två hål – 1,50 mm tjock

12.19 Mätpunkter för kolvutstick (vid pilarna)

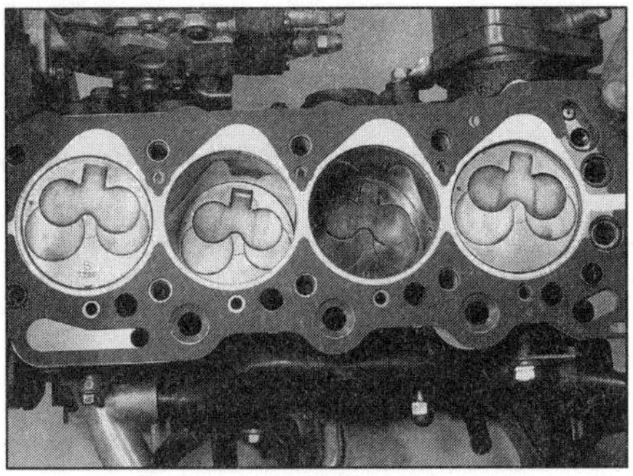

12.23 Placera en ny packning på motorblocket

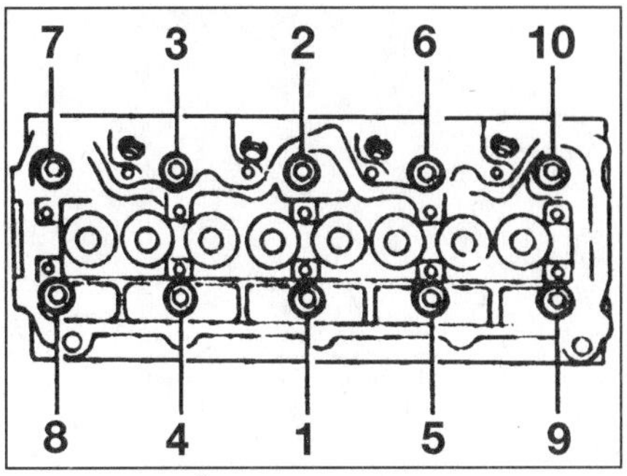

12.27 Åtdragningsordning för topplocksbultarna

säkert på motorblocket så att dess visare enkelt kan svängas mellan kolvkronan och blockets fogyta. Nollställ klockan på motorblockets packningsyta, flytta sedan försiktigt indikatorn över kolv nr 1 och mät utsticket vid de tre punkterna som visas **(se bild)**. Upprepa detta moment på kolv nr 4.

20 Rotera vevaxeln ett halvt varv (180°) för att placera kolv nr 2 och 3 i ÖD. Kontrollera att vevaxeln är rätt placerad, mät sedan utsticket på kolv nr 2 och 3 vid specificerade punkter. När båda kolvarna har mätts, rotera vevaxeln ytterligare ett och ett halvt varv (540°) för att placera kolv nr 1 och 4 i ÖD igen.

21 Räkna ut medelkolvutsticket genom att lägga ihop de 12 måtten som tagits (tre för varje kolv) och dela detta med 12. Välj sedan, med hjälp av detta medelvärde, rätt tjocklek på den topplockspackning som behövs enligt tabellen nedan.

Kolvutstick	Packningstjocklek som behövs
0,58 till 0,64 mm	1,40 mm (inga hål)
0,65 till 0,70 mm	1,45 mm (ett hål)
0,71 till 0,78 mm	1,50 mm (två hål)

Observera: *Om något av kolvutsticken överskrider medelvärdet med mer än 0,05 mm, välj en packning med tjocklek ett steg över medelvärdet. Till exempel, om medelutsticket är 0,59 mm men ett av utsticksmåtten var 0,67 mm (en skillnad på 0,08 mm), använd då en 1,45 mm tjock packning i stället för en 1,40 mm tjock packning.*

12.28 Använd en vinkelmätare för att garantera exakthet vid åtdragning av topplocksbultarna

Montering

22 Torka rent fogytorna på topplocket och motorblocket/vevhuset.

23 Kontrollera att de två styrstiften är på plats, placera sedan en ny packning på motorblocket **(se bild)**.

24 Kontrollera att vevaxelremskivans utskärning fortfarande är i linje med visaren på oljepumpkåpan med kolv nr 1 och 4 i ÖD och att kamaxeln är rätt placerad med loberna för cylinder nr 1 pekande uppåt och kamaxeldrevets styrstift överst.

25 Med hjälp av en assistent, sätt försiktigt tillbaka topplocket på blocket, rikta in det med hjälp av styrstiften.

26 Lägg lite olja på gängorna och undersidan av skallen på de nya topplocksbultarna och sätt försiktigt in varje bult i relevant hål *(låt dem inte falla in)*. Skruva in alla bultar med fingrarna.

27 Arbeta stegvis och i den ordning som visas, dra åt topplocksbultarna till momentet för steg 1, använd en momentnyckel och en passande hylsa **(se bild)**.

28 När alla bultar har dragits åt till momentet för steg 1, gå runt i samma ordning och dra åt dem till vinkeln för steg 2. Det rekommenderas att en vinkelmätare används för bästa resultat **(se bild)**. Om en vinkelmätare inte finns till hands, gör inriktningsmärken innan åtdragningen med vit färg, som sedan kan användas till att kontrollera att bulten dragits åt till rätt vinkel.

29 Dra slutligen åt bultarna till vinkeln för steg 3, fortfarande i samma ordning.

30 Anslut insprutarrören till motorn och dra åt anslutningsmuttrarna till specificerat moment (se kapitel 4)

31 Se till att kablaget blir rätt draget och anslut kontaktdonen till kylvätsketemperaturgivarna. Anslut glödstiftets kontakt och dra åt fästmuttern ordentligt.

32 Anslut alla kylvätskeslangar till topplocket och termostathuset, se till att de alla hålls ordentligt av fästklämman.

33 Sätt tillbaka bultarna som håller kamremskåpan till topplocket och dra åt dem till specificerat moment.

34 Montera kamaxeldrevet och kamremmen enligt beskrivning i avsnitt 7 och 8.

35 Montera insugs- och avgasgrenrören enligt beskrivning i kapitel 4.

36 Efter avslutat arbete, fyll på kylsystemet enligt beskrivning i kapitel 1.

13 Oljesump – demontering och montering

Demontering

1 Koppla loss batteriets negativa pol.

2 Dra åt handbromsen ordentligt, lyft upp framvagnen och ställ den på pallbockar. Där så behövs, lossa fästskruvarna och demontera kåpan under motorn/växellådan.

3 Tappa av motoroljan enligt beskrivning i kapitel 1, sätt sedan dit en ny tätningsbricka och sätt tillbaka avtappningspluggen och dra åt den till specificerat moment.

4 Lossa och ta bort bultarna som håller oljesumptråget till huvuddelen och ta bort tråget underifrån bilen **(se bild)**.

5 För att demontera oljesumpens huvuddel från motorn, demontera avgassystemets nedåtgående rör enligt beskrivning i kapitel 4.

6 Skruva loss fästbultarna och ta bort svänghjulets nedre täckplatta från växellådan.

7 Lossa stegvis och ta bort muttrarna och bultarna som håller oljesumpens huvuddel till motorblocket/oljepumpkåpan. Bryt fogen genom att slå på oljesumpen med handflatan, sänk sedan ner den från motorn och ta bort den från bilen.

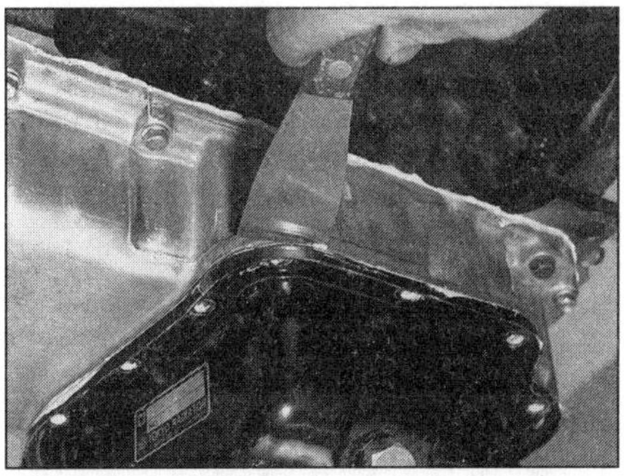

13.4 Om sumptråget sitter fast, bänd försiktigt loss det med en bredbladig skrapa

13.8 Demontering av oljeupptagare/sil

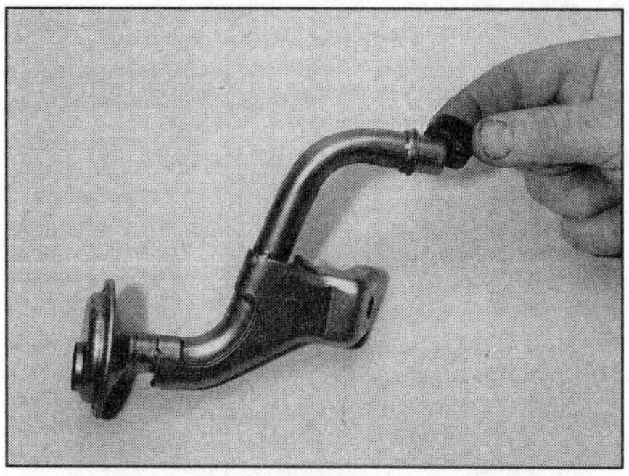

13.10 Använd en ny tätningsring vid monteringen av oljeupptagaren/silen

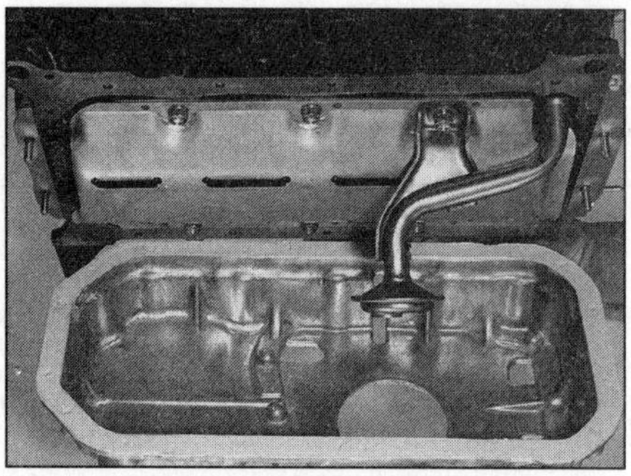

13.11 Lägg tätningsmedel på sumpens övre fogyta

8 Medan oljesumpens huvuddel är demonterad, ta tillfället i akt att undersöka om oljepumpens upptagare/sil är igensatt eller sprucken. Om så behövs, skruva loss upptagaren/silen och ta bort den från motorn tillsammans med tätningsringen **(se bild)**. Silen kan sedan lätt rengöras eller bytas ut.

Montering

9 Ta bort alla spår av smuts och olja från fogytorna på oljesumpens huvuddel och tråget, motorblocket och (om demonterad) upptagaren/silen.

10 Där så behövs, sätt en ny tätningsring på oljepumpens upptagare/sil och montera silen längst ner på motorblocket **(se bild)**. Sätt i silens fästbult och dra åt den till specificerat moment.

11 Kontrollera att oljesumphuvuddelens och motorblockets fogytor är rena och torra och lägg tätningsmedel på oljesumpens övre fogyta **(se bild)**.

12 För oljesumpen på plats och sätt löst i alla fästmuttrar och bultar. Arbeta utåt från mitten i diagonal ordning, dra stegvis åt fästbultarna till specificerat moment.

13 Sätt tillbaka svänghjulets nedre täckplatta och dra åt dess fästbultar till specificerat moment.

14 Montera det nedåtgående avgasröret enligt beskrivning i kapitel 4.

15 Se till att oljesumphuvuddelens och trågets fogytor är rena och torra och lägg på tätningsmedel på trågets övre fogyta. Sätt tråget på plats på huvuddelen och dra åt dess fästbultar till specificerat moment.

16 Sänk ner bilen på marken och fyll motorn med ny motorolja, se kapitel 1.

14 Oljepump – demontering, inspektion och montering

Demontering

Observera: *Två ventiler styr flödet och trycket av olja i motorns smörjsystem. Båda är inskruvade bak på motorblocket på dess högra sida (kamremsänden) och båda är svåra att nå eftersom de är gömda bakom insprutningspumpen. Övertrycksventilen (säkerhet) sitter bakom pumpens fästkonsol, medan oljetrycksventilen (reglering) sitter under pumpen, precis till höger om fästkonsolen. Båda ventilerna kan därför servas oberoende av pumpen (se punkt 7 nedan).*

1 Demontera kamremmen enligt beskrivning i avsnitt 7.

2 Demontera oljepumpens och vevaxelns kamremsdrev enligt beskrivning i avsnitt 8

3 Demontera oljesumpens huvuddel enligt beskrivning i avsnitt 13.

4 Lossa och ta bort fästbultarna, dra sedan av oljepumpkåpan av vevaxeländen, var försiktig så att inte styrstiften tappas bort. Ta bort tätningsringen som sitter runt oljepumphusdelen av kåpan och kasta den.

5 Använd en passande markeringspenna, märk ytan på pumpens yttre kugghjul så att det kan sättas rätt väg vid monteringen.

6 Demontera oljepumpens inre och yttre kugghjul från motorblocket **(se bilder)**.

7 Där så behövs, skruva loss oljetrycksventilen – vidta nödvändiga säkerhetsåtgärder för att samla upp olja som kommer att rinna ut **(se bild)**. Ta vara på tätningsbrickan. När det gäller övertrycksventilen, demontera först insprutningspumpens fästkonsol enligt beskrivning i kapitel 4B, ta sedan bort ventilen på samma sätt.

Inspektion

8 Rengör komponenterna och undersök noggrant om kugghjulen, pumphuset och kåpan är repade eller slitna. Byt ut komponenter som visar tecken på slitage eller skada. Om pumphuset i motorblocket har märken, rådfråga en Opelverkstad om vad som är de bästa åtgärderna.

9 Om komponenterna verkar vara i servicebart skick, montera kugghjulen i huset och mät spelet mellan det yttre kugghjulet och pumphuset och mellan det inre kugghjulets spets och det yttre kugghjulet med bladmått **(se bilder)**. Mät också axialspelet och kontrollera kåpans planhet. Om spelen överstiger specificerade toleranser, byt ut de slitna komponenterna.

10 Om någon av ventilerna har demonterats, rengör komponenterna noggrant. Kontrollera

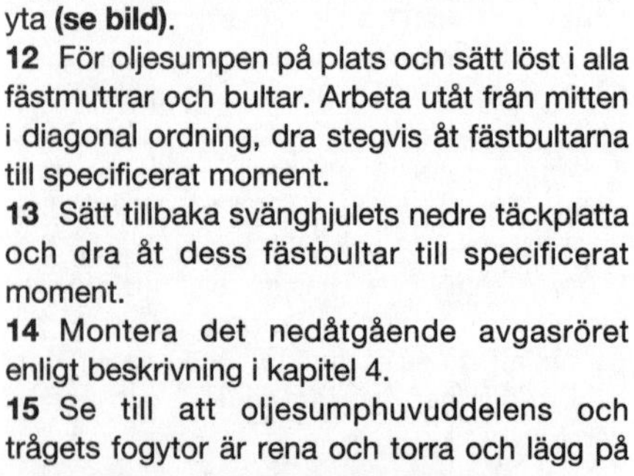

14.6a Demontera pumpens inre kugghjul . . .

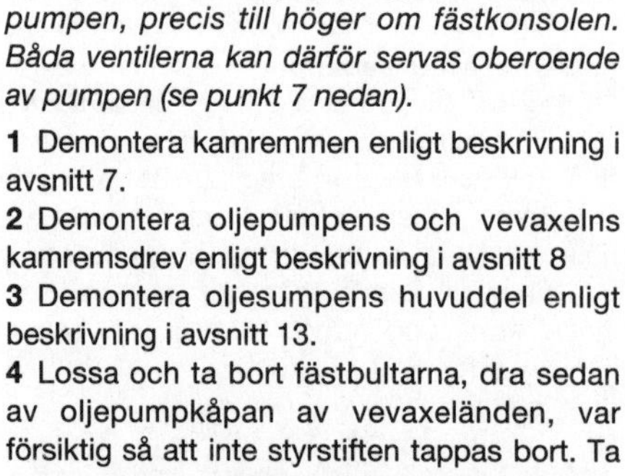

14.6b . . . och yttre kugghjul från motorblocket

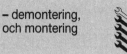

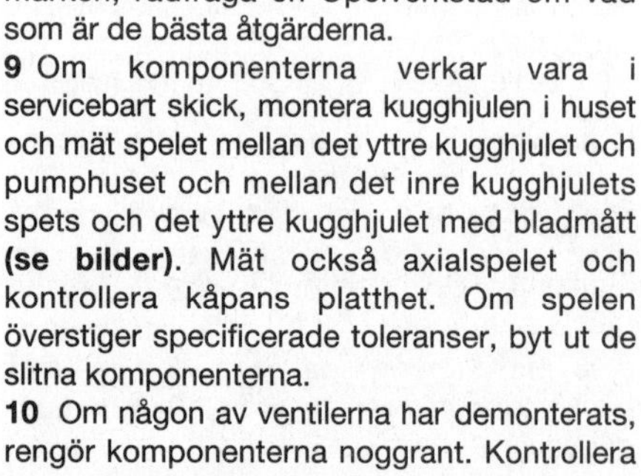

14.7 Demontera oljetrycksventilen (reglering)

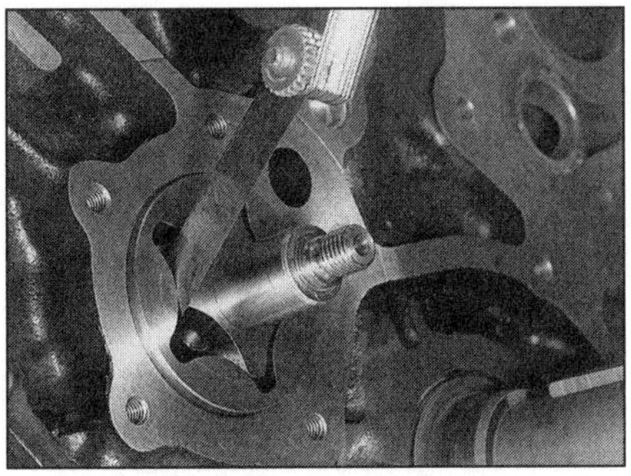

14.9a Mät spelet mellan yttre och inre kugghjul med bladmått

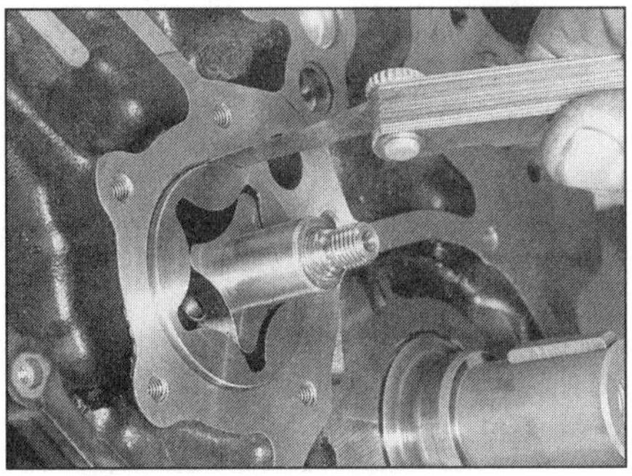

14.9b Mät spelet mellan det yttre kugghjulet och pumphuset med bladmått

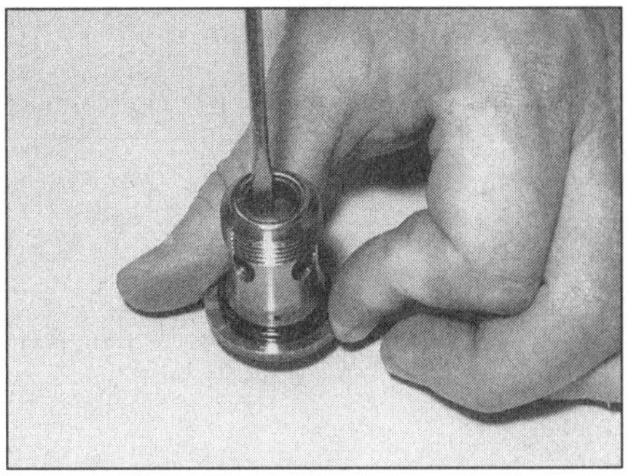

14.10 Kontrollera oljetrycksventilens (reglering) funktion

att ventilkolven rör sig fritt och går tillbaka lätt, utan att kärva, under fjädertrycket – speciellt när det gäller oljetrycksventilen **(se bild)**. Om detta inte är fallet, byt ut hela ventilen.

Montering

11 Om någon av ventilerna har demonterats, sätt dit en ny tätningsring och sätt tillbaka ventilen på motorblocket och dra åt den till specificerat moment.

12 Smörj pumpkugghjulen med ren motorolja och montera dem i pumphuset. Använd märket som gjordes innan demonteringen för att försäkra att det yttre kugghjulet monteras rätt väg.

13 Innan montering, bänd försiktigt ut vevaxelns och oljepumpens oljetätningar med en flat skruvmejsel. Sätt de nya oljetätningarna på plats, se till att tätningsläpparna är vända inåt och pressa dem rakt in i huset med hjälp av en rördorn (t.ex. en hylsa) som endast vilar på tätningens hårda ytterkant. Pressa in tätningarna så att de är jäms med huset och smörj sedan tätningsläpparna med ren motorolja.

14 Se till att fogytorna på oljepumpen och motorblocket är rena och torra och att styrstiften är på plats. Ta bort alla spår av tätningsmedel från gängorna på pumpkåpans bultar.

15 Lägg tätningsmedel på oljepumpkåpans fogyta. Lägg samma tätningsmedel på den nya oljepumptätningsringen och placera tätningsringen i spåret i kåpan **(se bild)**.

16 För försiktigt oljepumpkåpan på plats, var försiktig så att inte oljetätningsläpparna skadas på vevaxeln och det inre kugghjulets axel. Placera kåpan på stiften och se till att pumptätningsringen inte rubbas från sin plats.

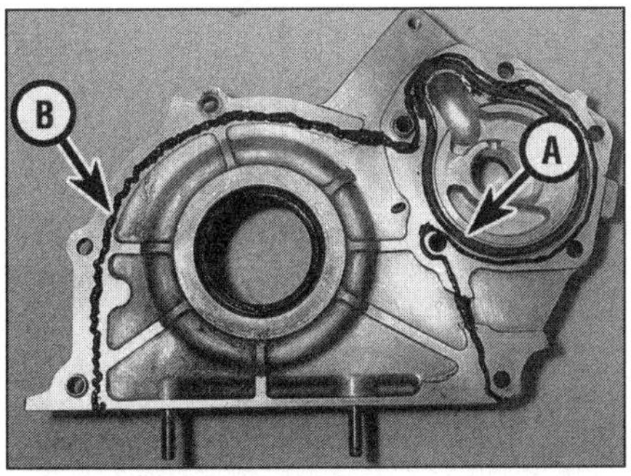

14.15 Täck pumpkåpans tätningsring (A) med tätningsmedel och lägg lite tätningsmedel på kåpans fogyta (B)

17 Lägg lite tätningsmedel på gängorna på kåpbultarna, sätt i bultarna och dra åt dem till specificerat moment.

18 Montera kamremsdreven och kamremmen enligt beskrivning i avsnitt 7 och 8 och montera sedan sumpen enligt beskrivning i avsnitt 13.

19 Fyll avslutningsvis motorn med ren olja enligt beskrivning i kapitel 1.

15 Oljepumptätning – byte

1 Demontera oljepumpdrevet enligt beskrivning i avsnitt 8.

2 Med en dorn eller en borr, gör försiktigt två små hål mitt emot varandra i oljetätningen. Skruva in en självgängande skruv i varje hål och dra i skruvarna med en tång för att få ut tätningen.

Varning: Var ytterst försiktig för att undvika skador på oljepumpen.

3 Rengör tätningshuset och putsa bort eventuella borrskägg eller upphöjda kanter som kan ha orsakat att tätningen felade.

4 Smörj läpparna på den nya tätningen med ren motorolja och tryck den på plats med en passande rördorn (som t.ex. en hylsa) som endast vilar på tätningens hårda ytterkant. Var noga med att inte skada tätningsläpparna under monteringen och kom ihåg att läpparna skall vara vända inåt.

5 Montera oljepumpdrevet enligt beskrivning i avsnitt 8.

16 Oljekylare – demontering och montering

Demontering

1 Dra åt handbromsen ordentligt, lyft sedan upp framvagnen och stöd den på pallbockar. Om så behövs, skruva loss fästskruvarna och ta bort underkåpan för att komma åt oljekylaren som sitter baktill på motorblocket.

2 Tappa av kylsystemet enligt beskrivning i kapitel 1. Alternativt, kläm ihop oljekylarens kylvätskeslangar direkt ovanför kylaren, och var beredd på kylvätskespill när slangarna kopplas loss.

3 Placera en passande behållare under oljefiltret. Skruva loss filtret med ett speciellt oljefilterverktyg om så behövs och tappa av oljan i behållaren. Om oljefiltret skadas eller blir skevt under demonteringen måste det bytas ut. Kostnaden för ett nytt filter är låg jämfört med kostnaden för reparation av de skador som kan uppstå om ett återanvänt filter börjar läcka, så det är förmodligen en god ide att byta ut filtret i vilket fall som helst.

4 Lossa klämmorna och koppla loss kylvätskeslangarna från oljekylaren

5 Notera korrekt placering av oljekylaranslutningarna, skruva sedan loss mittbulten och ta bort kylaren från motorblocket. Kasta oljekylarens tätningsring; en ny måste användas vid montering.

Montering

6 Sätt en ny tätningsring i spåret baktill på kylaren, för sedan kylaren mot motorblocket.

7 Se till att oljekylarens anslutningar placeras rätt, sätt sedan i mittbulten och dra åt den till specificerat moment.

8 Anslut kylvätskeslangarna till kylaren och säkra dem på plats med fästklämmor.

9 Montera oljefiltret, sänk sedan ner bilen på marken, fyll på motorolja enligt beskrivning i kapitel 1.

10 Fyll på kylsystemet enligt beskrivning i kapitel 1. Starta motorn och undersök om det förekommer läckage kring oljekylaren.

17 Svänghjul – demontering, inspektion och montering

Observera: *Nya fästbultar till svänghjulet behövs vid montering.*

Demontering

1 Demontera växellådan enligt beskrivning i kapitel 7, demontera sedan kopplingen enligt beskrivning i kapitel 6.

17.2 Tillverka ett verktkyg liknande det som visas för att hålla fast svänghjulet

17.3 Ta bort fästbultarna och lyft av hållplattan

17.10 En vinkelmätare används för att garantera exakthet vid åtdragning av svänghjulsbultarna

2 Hindra svänghjulet från att rotera genom att låsa startkransens tänder med en metod liknande den som visas **(se bild)**. Alternativt, skruva fast ett spännband mellan svänghjulet och motorblocket/vevhuset. Gör inställningsmärken mellan svänghjulet och vevaxeln med färg eller lämplig markeringspenna.

3 Lossa och ta bort fästbultarna och hållplattan och ta bort svänghjulet **(se bild)**. Tappa det inte, det är mycket tungt.

Inspektion

4 Undersök om svänghjulets startkrans har slitna eller trasiga tänder. Byte av startkransen är möjlig, men det är inte en uppgift för hemmamekanikern. Byte kräver att startkransen värms upp (till mellan 180° och 230°C) för att den ska kunna monteras.

5 Undersök om svänghjulet är repigt på kopplingsytan. Om kopplingsytan är repig kan svänghjulet eventuellt slipas om, men byte är att föredra.

6 Om det föreligger några tveksamheter om svänghjulets skick, rådfråga en Opelverkstad eller en motorrenoveringsspecialist. De kan ge råd om huruvida det är möjligt att renovera svänghjulet eller om det måste bytas ut.

Montering

7 Rengör fogytorna på svänghjul och vevaxel.

8 Lägg en droppe låsningsmedel på gängorna på svänghjulets fästbultar, sätt sedan tillbaka svänghjulet och hållplattan och sätt i de nya bultarna. Om de gamla delarna sätts tillbaka, rikta in inställningsmärkena som gjordes innan demonteringen.

9 Lås svänghjulet med den metod som användes vid isärtagningen, arbeta sedan i diagonal ordning och dra åt fästbultarna jämnt och stegvis till momentet specificerat för steg 1.

10 När alla bultar har dragits åt till momentet för steg 1, gå runt igen och dra åt alla bultar till vinkeln för steg 2. Det rekommenderas att en vinkelmätare används under de sista stegen av åtdragningen, för bästa resultat **(se bild)**. Om en mätare inte finns till hands, använd vit målarfärg för att göra inställningsmärken innan åtdragningen, som sedan kan användas till att kontrollera att bulten har dragits åt till rätt vinkel.

11 Montera kopplingen enligt beskrivning i kapitel 6, ta sedan bort låsverktyget och montera växellådan enligt beskrivningen i kapitel 7.

18 Vevaxelns oljetätningar – byte

Höger oljetätning (kamremsänden)

1 Demontera vevaxeldrevet enligt beskrivning i avsnitt 8.

2 Använd dorn eller borr och gör två små hål mitt emot varandra i oljetätningen. Skruva in en självgängande skruv i varje hål och dra i skruvarna med en tång för att få ut tätningen

3 Rengör tätningshuset och putsa bort eventuella borrskägg eller upphöjda kanter som kan ha orsakat tätningens haveri från första början.

4 Smörj läpparna på den nya tätningen med ren motorolja och för den på plats på axeländen. Tryck tätningen rakt in tills den är jäms med huset. Om så behövs, använd en rördorn, t.ex. en hylsa, som bara vilar på tätningens yttre hårda kant. Var försiktig så att inte oljetätningens läpp skadas under monteringen och se till att tätningsläpparna vänds inåt

5 Tvätta bort eventuell olja, sätt sedan vevaxeldrevet på plats enligt beskrivning i avsnitt 8.

Vänster oljetätning (svänghjulsänden)

6 Demontera svänghjulet enligt beskrivning i avsnitt 17.

7 Byt tätningen enligt beskrivning i punkt 2 till 4.

8 Montera svänghjulet enligt beskrivning i avsnitt 17.

19 Motor-/växellådsfästen – inspektion och byte

Se kapitel 2D, avsnitt 17.

Kapitel 2 Del D: Reparationer med motorn kvar i bilen – 2.0 liters dieselmotor

Innehåll

Svårighetsgrader

Enkelt, passar novisen med lite erfarenhet	**Ganska enkelt,** passar nybörjaren med viss erfarenhet	**Ganska svårt,** passar kompetent hemmamekaniker	**Svårt,** passar hemmamekaniker med erfarenhet	**Mycket svårt,** för professionell mekaniker

Specifikationer

Allmänt

Motor, typ	Vattenkyld fyrcylindrig radmotor. Enkel överliggande kamaxel, kedjedriven, driver hydrauliska ventillyftare
Tillverkarens motorkod:	
Lågtrycks turbomodell	X20DTL
Högtrycks turbomodell	X20DTH
Lopp	84 mm
Slag	90 mm
Volym	1994 cc
Insprutningsordning	1-3-4-2 (cylinder nr 1 vid motorns kamkedjeände)
Vevaxelns rotationsriktning	Medurs (sett från motorns kamkedjeände)
Kompressionsförhållande	18,5:1
Max effekt:	
Lågtrycks turbomodell	60 kW vid 4300 varv/min
Högtrycks turbomodell	74 kW vid 4300 varv/min
Max moment:	
Lågtrycks turbomodell	185 Nm vid 1800 till 2500 varv/min
Högtrycks turbomodell	205 Nm vid 1600 till 2750 varv/min

Kompressionstryck

Standard	17 till 24 bar
Max skillnad mellan två cylindrar	1 bar

Kamaxel

Axialspel	0,04 till 0,14 mm
Max tillåtet radialkast	0,06 mm
Kammens lyfthöjd (insug och avgas)	8,0 mm

Smörjsystem

Oljepump, typ	Kugghjul, driven direkt från vevaxeln
Minsta tillåtna oljetryck vid tomgång, med motorn vid arbetstemperatur (oljetemperatur minst 80°C)	1,5 bar

Atdragningsmoment

	Nm
Hjulbultar	110
Hjälpaggregatens drivremsspännare, bultar:	
Remskivans bakplatta, svängbult	42
Stöttans fästbultar	23
Insprutningspumpdrev, bultar	20
Insprutningspumpdrev, kåpans bultar	6
Kamaxeldrev, bult: *	
Steg 1	90
Steg 2	Vinkeldra ytterligare 60°
Steg 3	Vinkeldra ytterligare 30°
Kamaxelkåpa, bultar	8
Kamaxellageröverfall, bultar	20
Kamkedjekåpa, bultar	20
Kamkedjespännarblad, pivåbult	20
Kamkedjespännarens plugg	60
Kamkedjestyrning, bultar	8
Motor-/växellådsfästen, bultar:	
Höger fäste:	
Fäste till fästkonsol/monteringsram, muttrar	45
Fästkonsol till motor, bultar	60
Övre fästkonsol, muttrar	45
Vänster fäste:	
Fäste till konsol/monteringsram, muttrar	45
Konsol till växellåda, bultar	60
Bakre fäste:	
Fäste till konsol, bultar	45
Fäste till monteringsram, bultar	20
Konsol till växellåda, bultar	60
Motor till växellåda, bultar:	
M8 bultar	20
M10 bultar	40
M12 bultar	60
Motorblockets oljespraymunstycke, bultar	22
Oljepump:	
Oljeövertrycksventil, bult	60
Pumpkåpa, skruvar	8
Pumpens upptagare/sil, bultar	8
Säkerhetsventil, bult	45
Oljesumpbultar:	
Oljesump till motorblock/kamkedjekåpa, bultar	20
Oljesumpfläns till växellåda, bultar:	
M8 bultar	20
M10 bultar	40
Ramlageröverfallens gjutgods, bultar	20
Ramlageröverfall, bultar: *	
Steg 1	90
Steg 2	Vinkeldra ytterligare 60°
Steg 3	Vinkeldra ytterligare 15°
Avtappningsplugg	18
Svänghjulsbultar: *	
Steg 1	45
Steg 2	Vinkeldra ytterligare 30°
Steg 3	Vinkeldra ytterligare 15°
Topplocksbultar: *	
Steg 1	25
Steg 2	Vinkeldra ytterligare 65°
Steg 3	Vinkeldra ytterligare 65°
Steg 4	Vinkeldra ytterligare 65°
Steg 5	Vinkeldra ytterligare 65°
Steg 6	Vinkeldra ytterligare 15°
Topplock till kamkedjekåpa/block, bultar	20
Vevaxelremskiva, bult: *	
Steg 1	150
Steg 2	Vinkeldra ytterligare 45°
Steg 3	Vinkeldra ytterligare 15°
Vevstakens storändslageröverfall, bult: *	
Steg 1	35
Steg 2	Vinkeldra ytterligare 45°
Steg 3	Vinkeldra ytterligare 15°

* **Observera:** *Tillverkaren anger att alla muttrar/bultar som vinkeldras skall bytas ut som en rutinåtgärd.*

1 Allmän information

Hur detta kapitel används

1 Denna del av kapitel 2 beskriver de arbetsmoment som kan utföras på en 2.0 liters dieselmotor utan att motorn demonteras från bilen. Om motorn har demonterats och ska tas isär enligt beskrivningen i del E, kan inledande isärtagningsmoment ignoreras.

2 Observera att även om det kan vara fysiskt möjligt att renovera komponenter som kolvar/vevstakar medan motorn fortfarande är i bilen, utförs sådana arbeten oftast som separata moment. Vanligtvis måste många andra procedurer (för att inte nämna rengöring av komponenter och oljekanaler) utföras. Av denna anledning klassas alla sådana moment som huvudsakliga renoveringsarbeten och beskrivs i del E av kapitlet.

3 Del E beskriver demontering av motorn/växellådan från bilen, och de renoveringsarbeten som då kan utföras.

Beskrivning av motorn

4 2.0 liters (1994 cc) motorn är en helt ny motor utformad av Opel. Det är en 16-ventils radmotor med fyra cylindrar och enkel överliggande kamaxel (SOHC), monterad på tvären framtill i bilen med växellådan på vänster sida.

5 Vevaxeln löper i fem ramlager. Tryckbrickor finns på ramlager nr 3 för kontroll av vevaxelns axialspel.

6 Vevstakarna roterar på horisontellt delade lagerskålar i storändarna. Kolvarna är kopplade till vevstakarna med kolvbultar, som har glidpassning i vevstaksändarna och hålls på plats med låsringar. Kolvarna av aluminiumlegering har tre kolvringar – två kompressionsringar och en oljering.

7 Motorblocket är av gjutjärn och cylinderloppen är en del av blocket. På den här typen av motor säger man ibland att cylinderloppen har torra foder.

8 Insugs- och avgasventilerna stängs av spiralfjädrar och arbetar i styrningar som är inpressade i topplocket.

9 Kamaxeln drivs av vevaxeln via två kamkedjor; den nedre kamkedjan länkar vevaxeln till bränsleinsprutningspumpen och den övre kedjan länkar insprutningspumpen till kamaxeln. Kamaxeln roterar direkt i topplocket och driver de 16 ventilerna via följare och hydrauliska ventillyftare. Följarna är placerade direkt under kamaxeln och var och en aktiverar två ventiler. Ventilspelen justeras automatiskt av de hydrauliska ventillyftarna.

10 Smörjning sker via en oljepump som drivs från vevaxelns högra ände. Den drar olja genom en sil placerad i oljesumpen och den tvingar sedan oljan genom ett externt monterat filter in i gallerierna i motorblocket/vevhuset. Därifrån fördelas oljan till vevaxeln (ramlagren) och kamaxeln. Storändslagren förses med olja via inre lopp i vevaxeln, medan kamaxellagren också får tryckmatning. Kamaxelloberna och ventilerna stänksmörjs, som alla andra motorkomponenter. En oljekylare finns monterad som håller oljetemperaturen stabil under krävande arbetsförhållanden.

Reparationer möjliga med motorn i bilen

11 Följande arbeten kan utföras utan att motorn demonteras från bilen:

a) Test av kompressionstryck.
b) Demontering och montering av kamaxelkåpa
c) Demontering och montering av kamkedjekåpa.
d) Demontering och montering av kamkedjor
e) Demontering och montering av kamkedjespännare, styrningar och drev.
f) Demontering, inspektion och montering av kamaxel och följare.
g) Demontering och montering av topplock.
*h) Demontering och montering av vevstakar och kolvar *.*
i) Demontering och montering av oljesump.
j) Demontering, renovering och montering av oljepump.
k) Demontering och montering av oljekylare.
l) Byte av vevaxeloljetätningar.
m) Inspektion och byte av motor-/växellådsfästen.
n) Demontering, inspektion och montering av svänghjul.

* Även om momentet märkt med asterisk kan utföras med motorn i bilen efter det att oljesumpen demonterats, är det bättre om motorn först demonteras, av renlighetsskäl och för bättre åtkomlighet. Av denna anledning beskrivs momentet i kapitel 2E.

2 Kompressionsprov – beskrivning och tolkning

Kompressionsprov

Observera: *En kompressionsprovare speciellt utformad för dieselmotorer måste användas.*

1 När motorns prestanda är dålig, eller om misständning inträffar som inte kan hänföras till bränslesystemet, kan ett kompressionsprov ge ledtrådar om motorns skick. Om testet utförs regelbundet kan det varna för problem innan andra symptom har visat sig.

2 En kompressionsprovare speciellt utformad för dieselmotorer måste användas på grund av de höga trycken. Provaren ansluts till en adapter som skruvas in i glödstifts- eller insprutarhålet. På dessa modeller krävs en adapter som skruvas in i glödstiftshålen, detta på grund av insprutarnas utformning. Det är inte troligt att det är värt att köpa en sådan provare för enstaka tillfällen, men det kan vara möjligt att hyra eller låna en – om inte, låt en verkstad utföra provet.

3 Om inte specifika instruktioner som anger annat medföljer provaren, gör enligt följande:

a) Batteriet måste vara välladdat, luftfiltret måste vara rent och motorn skall ha normal arbetstemperatur.
b) Alla glödstift skall demonteras innan testet påbörjas (se kapitel 5).
c) Lossa fästklämman och koppla loss kontaktdonet från bränsleinsprutningspumpens styrenhet (se kapitel 4) för att förhindra att motorn går igång och att bränsle sprutas in.

4 Man behöver inte hålla ner gaspedalen under detta test, eftersom dieselmotorns luftinlopp inte har något gasspjäll.

5 Dra runt motorn på startmotorn; efter ett eller två varv bör kompressionstrycket byggas upp till ett maxtal och sedan stabiliseras. Anteckna den högsta avläsningen.

6 Upprepa på övriga cylindrar och anteckna trycket för alla.

7 Alla cylindrar bör ge mycket likartade tryck; en skillnad som överstiger den specificerade tyder på ett fel. Kompressionstrycket skall byggas upp snabbt i en väl fungerande motor. Lågt tryck i den första takten, följt av gradvis ökande tryck med följande takter, tyder på slitna kolvringar. En låg kompressionsavläsning i den första takten som inte byggs upp i efterföljande takter tyder på läckande ventiler eller en trasig topplockspackning (ett sprucket topplock kan också vara orsaken). Avlagringar på undersidan av ventilhuvudena kan också orsaka lågt kompressionstryck.

Observera: *Orsaken till lågt kompressionstryck är svårare att fastställa på en dieselmotor än på en bensinmotor. Effekten av att tillsätta olja i cylindrarna ("våt" testning) är inte avgörande eftersom det föreligger en risk att oljan sätter sig i virvelkammaren eller i fördjupningen på kolvkronan i stället för att gå vidare till ringarna.*

8 Efter avslutat test, anslut insprutningspumpens kontaktdon och sätt tillbaka glödstiften enligt beskrivning i kapitel 5.

Tryckförlusttest

9 Ett tryckförlusttest mäter hastigheten med vilken hoptryckt luft som matats in i cylindern läcker ut. Det är ett alternativ till kompressionsprovet och är på många sätt bättre, eftersom den utströmmande luften visar var tryckfallet uppstår (kolvringar, ventiler eller topplockspackning).

10 Den utrustning som krävs för ett tryckförlusttest finns vanligtvis inte till hands för hemmamekanikern. Om dålig kompression misstänks, bör detta prov därför överlämnas till en lämpligt utrustad verkstad.

3.6a När cylinder nr 1 är i ÖD i kompressionstakten pekar dess kamaxellober (vid pilarna) uppåt . . .

3.6b . . . och inställningshålet (vid pilen) på kamaxelns vänstra ände är placerat längst upp

3 Övre dödpunkt (ÖD) för kolv nr 1 – inställning

1 I kolvens rörelsebana upp och ner i cylinderloppet är övre dödpunkten (ÖD) den högsta punkt kolven når när vevaxeln roterar. Varje kolv når ÖD både i kompressionstakten och i avgastakten, men när det gäller inställning av motorn och man talar om ÖD menar man kolvens (vanligtvis nr 1) läge längst upp i kompressionstakten.

2 Kolv (och cylinder) nr 1 är vid höger ände (kamkedjeänden) på motorn och dess ÖD-läge fastställs enligt följande. Notera att vevaxeln roterar medurs från bilens högra sida sett.

3 Koppla loss batteriets negativa pol. För att komma åt vevaxelremskivan, dra åt handbromsen, lyft upp framvagnen och stöd den på pallbockar och demontera höger framhjul.

4 För att kontrollera kamaxelns position, demontera antingen kamaxelkåpan (avsnitt 5), så att kamlobernas position kan ses, eller demontera bromssystemets vakuumpump (kapitel 9) så att inställningshålet på kamaxeländen kan ses.

5 Använd hylsa och förlängare på vevaxelremskivans bult, rotera vevaxeln tills hacket på vevaxelremskivans kant är i linje med märket på kamkedjekåpan. När märket är korrekt inställt är kolv nr 1 och 4 i ÖD.

6 För att avgöra vilken kolv som är i ÖD i kompressionstakten, kontrollera kamaxellobernas/inställningshålets position (efter tillämplighet). När kolv nr 1 är i ÖD i kompressionstakten pekar cylinder nr 1 kamaxellober uppåt och inställningshålet på kamaxelns vänstra ände är längst upp (klockan 12) med kamaxelspåret parallellt med topplocksytan **(se bilder)**. Om cylinder kamaxelloberna för cylinder nr 1 pekar nedåt och kamaxeländens märke är längst ner (klockan 6), är cylinder nr 4 i ÖD i kompressionstakten; rotera vevaxeln ett helt varv (360°) för att placera cylinder nr 1 i ÖD i kompressionstakten.

7 Med kolv nr 1 i ÖD kan vevaxeln, om så behövs, låsas genom att ett låsverktyg sätts in genom vevaxelgivarens lopp framtill på motorblocket. Om man inte har tillgång till Opels specialverktyg (KM-929) kan ett hemgjort alternativ tillverkas (se avsnitt 4). Demontera vevaxelgivaren (se kapitel 4) och sätt i verktyget, se till att det hamnar rätt i urtaget i vevaxeln **(se bilder)**.

3.7a Demontera vevaxelgivaren från motorblocket och sätt i låsstiftet . . .

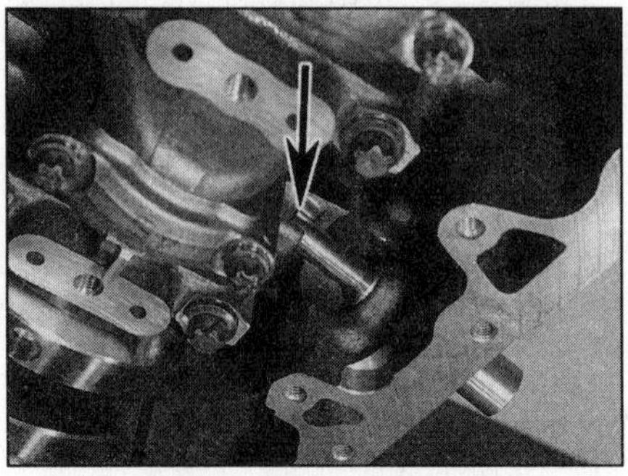

3.7b . . . och se till att det går i ingrepp med urtaget i vevaxeln (vid pilen – visad med sumpen demonterad)

4 Ventilinställning – kontroll och justering

Observera: *För att kontrollera ventil- (och bränsleinsprutningspump-) inställningen behöver man följande Opelverktyg (eller liknande): kamaxellåsverktyg (KM-932), låsstift för insprutningspumpflänsen (KM-927), låsstift för vevaxeln (KM-929) och kamaxeldrevsnyckel (KM-933). Om tillgång inte finns till dessa verktyg måste detta arbete överlåtas till en Opelverkstad. Om möjlighet finns att tillverka alternativa verktyg, ges dimensioner för låsstiften i bilderna* **(se bilder)**. *Kamaxellåsverktyget (också på bild) ser till att kamaxeln förblir i rätt position genom att hålla kamaxelspåret parallellt med topplocksytan.*

1 Demontera hjälpaggregatens drivrem enligt beskrivning i kapitel 1. Skruva loss den nedre fästbulten till drivremsspännarens stötta och pivåbulten till remskivans bakplatta och ta bort spännaren från motorn.

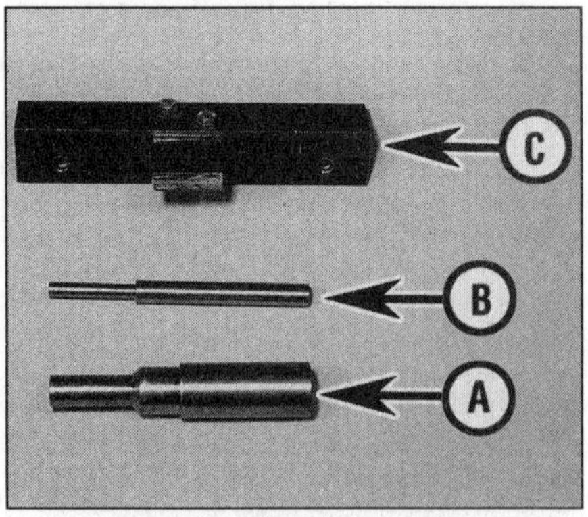

4.1a Hemmagjorda verktyg som behövs för kontroll/justering av ventilinställningen

A Vevaxellåsverktyg
B Låsstift för insprutningspumpens fläns
C Kamaxellåsverktyg

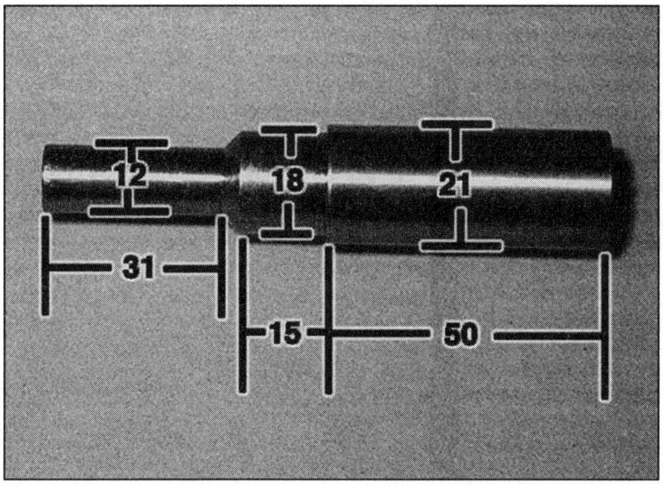

4.1b Dimensioner (i mm) för vevaxelns låsstift

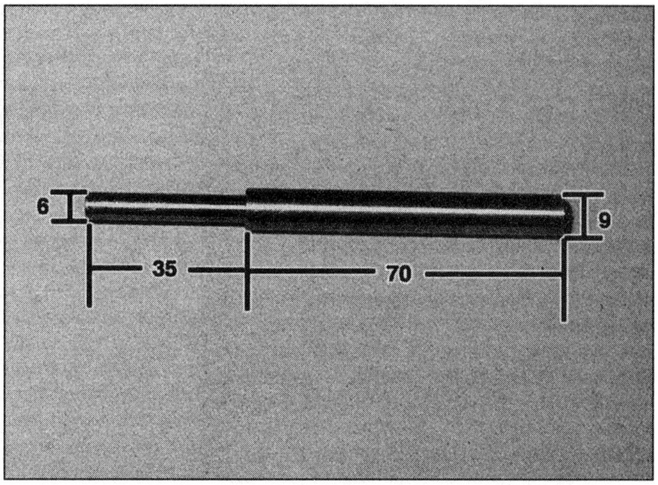

4.1c Dimensioner (i mm) för pumpflänsens låsstift

Observera: *Förvara enheten så att spännarens stötta är rätt väg upp; om man inte gör det måste den snapsas efter monteringen.*

2 Demontera bromssystemets vakuumpump enligt beskrivning i kapitel 9.

3 För att förbättra åtkomligheten till insprutningspumpdrevets kåpa och pumpen, gör följande.

a) *Demontera luftrenarhuset och avgassystemets nedåtgående rör (se kapitel 4).*

b) *Skruva loss muttern uppe på motorns/växellådans högra fäste, lyft sedan upp den högra änden av motorn med en domkraft/motorstöd (se avsnitt 17). Lyft motorn så högt som möjligt utan att överbelasta övriga fästen eller eventuella rör/slangar eller kablage.*

4 Demontera kamaxelkåpan och placera cylinder nr 1 i ÖD i kompressionstakten enligt beskrivning i avsnitt 3.

5 Demontera vevaxelgivaren enligt beskrivning i kapitel 4, avsnitt 10

6 Skruva loss fästskruvarna och ta bort insprutningspumpdrevets kåpa från kamkedjekåpan.

7 Se till att vevaxelremskivans hack är korrekt inriktat mot märket på kamkedjekåpan, sätt in vevaxellåsstiftet i vevaxelgivaröppningen och haka i den med urtaget i vevaxeln **(se bilder 3.7a and 3.7b)**.

8 Med vevaxeln låst i sitt läge, sätt i insprutningspumpflänsens låsstift i hålet i flänsen och haka i det med hålet i pumphuset, skjut sedan kamaxellåsverktyget på plats på kamaxelns vänstra ände **(se bilder)**.

9 Om alla låsverktyg kan sättas på plats är ventilinställningen rätt inställd och ingen justering behövs, följ då beskrivningen i punkt 21 till 26. Om något av verktygen inte kan sättas på plats, justera inställningen enligt följande. Notera att en ny bult behövs till kamaxeldrevet och en ny tätningsring till spännarbulten.

10 Ta bort kamaxel-/insprutningspumpdrevets låsverktyg (efter tillämplighet), skruva sedan loss det högre fästet från topplocket.

11 Skruva loss den övre kamkedjespännarens lock baktill på topplocket och ta ut kolven, notera vilken väg den sitter. Ta bort tätningsringen från locket och kasta den, en ny skall användas vid monteringen.

12 Håll fast kamaxeln med en öppen nyckel på de platta ytorna, lossa sedan och ta bort kamaxeldrevets fästbult. Sätt i den nya bulten och dra bara åt den med fingrarna än så länge.

13 Lossa bultarna som håller insprutningspumpdrevet till pumpflänsen.

14 Med vevaxeln låst, se till att inställningsmärket på insprutningspumpens övre kamkedjedrev är i linje med pumpflänsens inställningshål. Sätt i flänslåsstiftet och försäkra dig om att det går in ordentligt, dra sedan åt drevets fästbultar till specificerat moment **(se bild)**.

15 Skjut kamaxellåsverktyget på plats och se till att dess stift går in centralt i kamaxelloppet.

16 Med alla låsverktyg på plats, placera drevnyckeln på kamaxeldrevet; om inte en specialnyckel finns till hands, stick två bultar genom hålen i drevet och använd en skruvmejsel till att häva på bultarna. Låt en medhjälpare hålla kamkedjan spänd på styrningens sida (övre) genom att lägga lite tryck på drevet; detta försäkrar att allt slack i kedjan hamnar på spännarsidan.

17 Med den övre kamkedjan spänd enligt beskrivningen, kontrollera att insprutningspumpens låsstift kan dras in och ut på sin

4.8a Stick in låsstiftet genom urtaget i flänsen och haka i det i hålet i pumphuset

4.8b Montera kamaxellåsverktyget i urtaget i axeln

4.14 Se till att pumpdrevets inställningsmärke (vid pilen) är korrekt placerat, dra sedan åt drevbultarna till specificerat moment

4.18 Justera den övre kamkedjans spänning enligt beskrivning i texten, dra sedan åt kamaxeldrevets bult till momentet för steg 1

plats med endast ett litet motstånd. Om större kraft behövs för att röra på stiftet, låt medhjälparen minska trycket på drevet och om stiftet rörs för lätt, öka trycket.

18 När den övre kamkedjan är rätt spänd, håll fast kamaxeln med en öppen nyckel och dra åt kamaxeldrevets fästbult till specificerat moment för steg 1 **(se bild)**. Kontrollera hur insprutningspumpens stift kan röras och dra sedan åt bulten till vinkeln för steg 2 och slutligen till vinkeln för steg 3. Det rekommenderas att en vinkelmätare används under de sista stegen av åtdragningen för bästa resultat. Om en mätare inte finns till hands, använd vit färg och gör inriktningsmärken mellan bultskallen och remskivan innan åtdragningen. Med hjälp av dessa kan man sedan kontrollera att bulten dragits åt till rätt vinkel.

19 Ta bort alla låsverktyg och sätt en ny tätningsring på den övre kamkedjespännarens lock. Sätt i tryckkolven i topplocket, med dess slutna ände mot kamkedjan, sätt sedan dit locket och dra åt det till specificerat moment. **Observera:** *Om en ny spännare monteras, frigör den genom att trycka in stiftet mitt i locket helt tills det hörs "klicka", spännarstiftet skall sedan kunna tryckas in lätt och återgå mjukt.*

20 Rotera vevaxeln två hela varv (720°) i rätt rotationsriktning (för att placera kolv nr 1 i ÖD

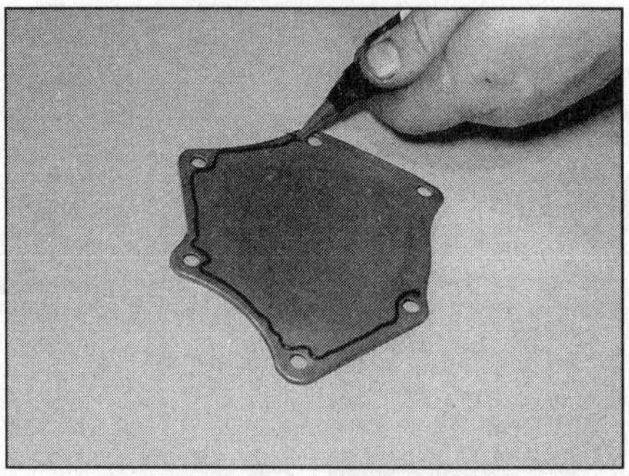

4.21 Lägg en sträng tätningsmedel på pumpdrevskåpans fogyta

i kompressionstakten igen) och kontrollera sedan att alla låsverktyg kan sättas in som de ska.

21 Se till att fogytorna på pumpdrevskåpan och kamkedjekåpan är rena och torra. Om kåpan ursprungligen hade en packning, montera kåpan med en ny sådan och dra åt fästbultarna till specificerat moment. Om ingen packning fanns, lägg en sträng tätningsmedel (ca 2 mm tjock) på kåpans fogyta, sätt sedan tillbaka kåpan och dra åt dess fästbultar till specificerat moment **(se bild)**.

22 Montera hjälpaggregatens drivremsspännare på motorn, dra åt stöttans och bakplattans bultar till specificerade moment. Om en ny spännarstötta monteras, eller om den gamla inte förvarats på rätt sätt, snapsa stöttan genom att upprepade gånger trycka ihop den med hjälp av en hylsa på bakplattans sexkantsdel. När stöttan fungerar som den ska, montera hjälpaggregatens drivrem enligt beskrivning i kapitel 1.

23 Montera höger fästkonsol på topplocket (om demonterat), sänk sedan ner motorn/växellådan på fästet. Sätt tillbaka fästesmuttern och dra åt den till specificerat moment. Montera kamaxelkåpan (se avsnitt 5).

24 Montera det nedåtgående avgasröret och luftrenarhuset enligt beskrivning i kapitel 4.

25 Montera vakuumpumpen på topplocket (se kapitel 9).

26 Montera vevaxelgivaren på motorblocket (se kapitel 4) och anslut batteriet.

5 Kamaxelkåpa – demontering och montering

Demontering

1 Skruva loss fästskruvarna och ta bort plastkåpan ovanpå kamaxelkåpan **(se bild)**.

2 Lossa fästklämman och koppla loss ventilationsslangen bak på kåpan.

3 På lågtrycks turbomodeller (X20DTL motor), lossa klämman som håller metallröret till turboaggregatet och klämman som håller inloppstrumman till grenröret. Skruva loss de två fästbultarna och ta bort trumenheten från motorn tillsammans med tätningsringen som sitter mellan röret och turboaggregatet **(se bild)**.

4 På alla modeller, ta försiktigt loss bränsleslangarna från kåpans högra ände och lossa glödstiftens kabelstyrning bak på kåpan. Skruva loss bulten som håller insugsgrenrörets kabelhärveplåt till kåpan.

5 Lossa och ta bort kamaxelkåpans fästbultar tillsammans med tätningsbrickorna, lyft sedan bort kamaxelkåpan och tätningen från topplocket **(se bild)**. Undersök om kåptätningen och fästbultarnas tätningsbrickor är skadade eller försämrade och byt ut dem om så behövs.

Montering

6 Se till att kåpans och topplockets ytor är rena och torra, placera sedan tätningen i spåret i kåpan **(se bild)**.

7 Sätt tätningsbrickorna på fästbultarna, försäkra dig om att de sätts med rätt sida upp. Sätt i fästbultarna i kåpan och se till att tätningen hålls ordentligt på plats av den nedre kragen på varje bult.

8 Lägg lite tätningsmedel på det halvrunda

5.1 Skruva loss fästskruvarna och ta bort plastkåpan från motorn

5.3 På modeller med lågtrycks turbo (X20DTL motor), ta bort metallröret och inloppstrumman som ansluter turboaggregatet med grenröret

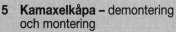

5.5 Lossa och ta bort kamaxelkåpans fästbultar och notera tätningsbrickan (vid pilen) som sitter på varje bult

5.6 Placera tätningen i kamaxelkåpans spår

5.8a Lägg tätningsmedel på det halvcirkelformade urtaget på topplockets högra ände . . .

5.8b . . . och på ytorna på topplocket på var sida om vänster ändes kamaxelöverfall (vid pilarna)

urtaget på den högra sidan av topplockets fogyta och på var sida om kamaxelns vänstra ände **(se bilder)**.

9 Sänk försiktigt ned kåpan och skruva i fästbultarna. När alla bultar har skruvats i för hand, gå runt och dra åt dem till specificerat moment.

10 Fäst bränsleslangarna och kablaget på plats och anslut ventilationsslangen bak på kåpan.

11 På lågtrycks turbomodeller, montera inloppstrumman och röret, använd en ny tätningsring, och dra åt fästklämmor och bultar ordentligt.

12 På alla modeller, sätt tillbaka plastkåpan och dra åt fästbultarna ordentligt.

6 Vevaxelremskiva – demontering och montering

Observera: *En ny fästbult till remskivan behövs vid monteringen.*

Demontering

1 Dra åt handbromsen, lyft upp framvagnen och stöd den på pallbockar. Demontera höger hjul.

2 Demontera hjälpaggregatens drivrem enligt beskrivning i kapitel 1. Innan demontering, markera rotationsriktningen på remmen för att försäkra att den kan sättas tillbaka samma väg.

3 Lossa vevaxelremskivans fästbult. För att förhindra att vevaxeln roterar medan fästbulten lossas, låt en medhjälpare lägga i högsta växeln och dra åt handbromsen ordentligt; om motorn är demonterad från bilen måste svänghjulet låsas (se avsnitt 16).

4 Skruva loss fästbulten och brickan och ta bort vevaxelremskivan från axeländen. Medan remskivan är demonterad, undersök om oljetätningen är sliten eller skadad och byt vid behov ut den enligt beskrivning i avsnitt 15.

Montering

5 Placera försiktigt vevaxelremskivan på vevaxeländen, rikta in remskivans spår med vevaxelkilen. Skjut remskivan på plats, var försiktig så att inte oljetätningen skadas, sätt sedan dit brickan och fästbulten **(se bilder)**.

6 Lås vevaxeln med samma metod som vid demonteringen och dra åt remskivans fästbult till momentet specificerat för steg 1, dra den sedan till vinkeln för steg 2, med hylsa och förlängning, och dra slutligen åt den till vinkeln för steg 3. Det rekommenderas att en vinkelmätare används för bästa resultat **(se bild)**. Om en mätare inte finns till hands, använd vit färg för att göra inställningsmärken mellan bulten och remskivan innan åtdragningen. Med hjälp av märkena kan man sedan kontrollera att bulten dras åt till rätt vinkel.

7 Montera hjälpaggregatens drivrem enligt beskrivning i kapitel 1, använd riktningsmarkeringen som gjordes innan demonteringen.

8 Montera hjulet, sänk ner bilen och dra åt hjulbultarna till specificerat moment.

7 Kamkedjekåpa – demontering och montering

Demontering

1 Demontera den övre kamkedjekåpan och dreven enligt beskrivning i avsnitt 9.

2 Demontera topplocket enligt beskrivning i avsnitt 11. **Observera:** *I teorin är det möjligt att demontera kåpan utan att ta bort topplocket. Detta medför dock en stor risk för skador på topplockspackningen, vilket leder till olje-/kylvätskeläckage när kåpan sedan monteras. Om du ändå vill försöka detta, lämna topplocket på plats och skruva bara loss bultarna som håller topplocket till kamkedjekåpan. Tänk på att efter monteringen kan det visa sig att topplockspackningen behöva bytas ut, vilket betyder att topplocket måste demonteras i alla fall. Beslutet ligger hos den enskilde ägaren om risken är värd att ta.*

3 Demontera kylvätskepumpen enligt beskrivning i kapitel 3.

4 Demontera vevaxelremskivan enligt beskrivning i avsnitt 6. Innan remskivebulten lossas, ta tillfälligt bort låsstiftet från vevaxeln för att förhindra skador. Sätt tillbaka stiftet när bulten är lös.

5 Demontera oljesumpen enligt beskrivning i avsnitt 12.

6 Demontera generatorn enligt beskrivning i kapitel 5.

7 Demontera servostyrningspumpen enligt beskrivning i kapitel 10.

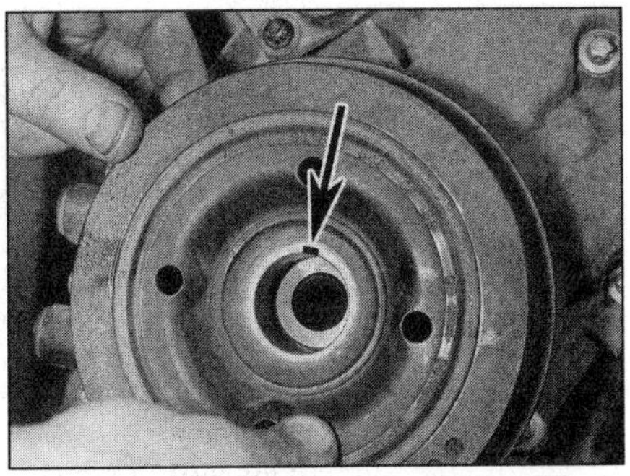

6.5a Skjut vevaxelremskivan försiktigt på plats, haka i dess spår (vid pilen) med Woodruffkilen . . .

6.5b . . . sätt sedan dit fästbulten och brickan

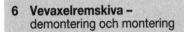

6.6 Lås vevaxeln och dra åt remskivans fästbult enligt beskrivning i texten

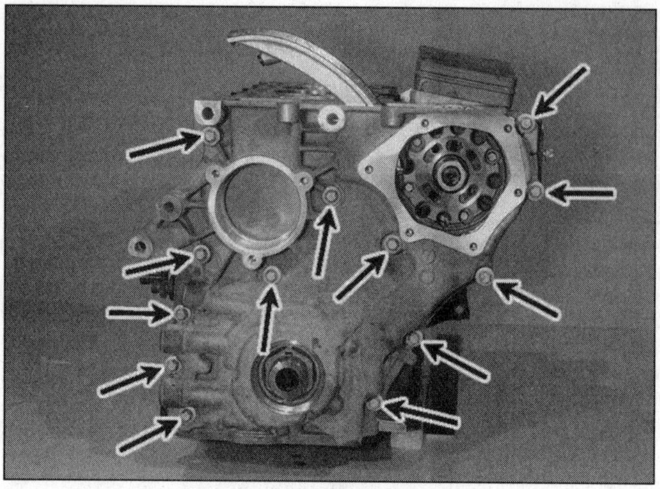

7.9 Kamkedjekåpans bultar

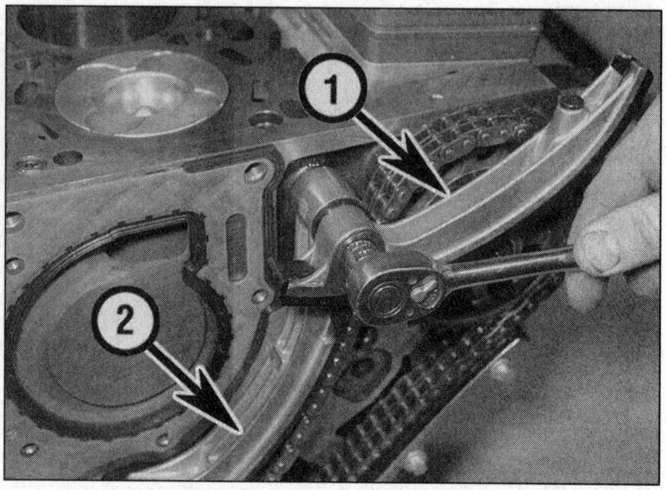

7.11 Skruva loss pivåbulten och demontera övre (1) och nedre (2) kamkedjespännarblad

8 Skruva loss den nedre kamkedjespännarens lock bak på kamkedjekåpan och ta ut spännarens tryckkolv, notera vilken väg den sitter. Ta bort tätningsringen från locket och kasta den, en ny måste användas vid monteringen.

9 Skruva loss bultarna som håller kamkedjekåpan till motorblocket men notera hur alla bultar sitter (de är olika långa) **(se bild)**.

10 Ta försiktigt bort kamkedjekåpan rakt ut från motorblocket och ta bort den från sin plats. Notera hur dess styrstift sitter och om dessa är lösa, ta bort dem och förvara dem tillsammans med kåpan.

7.12 Skruva loss fästbultarna (vid pilarna) och ta bort den nedre kedjestyrningen

11 Skruva loss pivåbulten och ta bort övre och nedre kamkedjespännarbladen från motorblocket **(se bild)**.

12 Skruva loss fästbultarna och ta bort den nedre kamkedjestyrningen från motorblocket, notera vilken väg styrningen är monterad **(se bild)**.

13 Lossa tillfälligt det nedre kamkedjedrevet från insprutningspumpen och ta bort kamkedjekåpans packning från motorblocket. När packning är borttagen, sätt tillbaka drevet på insprutningspumpens fläns **(se bild)**.

Montering

14 Det rekommenderas att vevaxeloljetätningen byts ut innan kåpan monteras. Bänd försiktigt ut tätningen med en stor flat skruvmejsel. Sätt den nya tätningen på kåpan med tätningsläppen vänd inåt. Tryck/knacka tätningen på plats tills den är jäms med kåpan, använd en rördorn, t.ex. en hylsa, som bara vilar på tätningens hårda kant.

15 Se till att fogytorna på kåpan och motorblocket är rena och torra och att styrstiften är på plats.

16 Lossa tillfälligt drevet från insprutningspumpflänsen, för packningen på plats och sätt den över styrstiften. Sätt tillbaka drevet på insprutningspumpflänsen.

17 Montera den nedre kamkedjestyrningen på motorblocket och dra åt dess fästbultar till specificerat moment. Se till att styrningen monteras rätt väg med dess avsatsförsedda sida inåt **(se bild)**.

18 Manövrera kamkedjespännarbladen på plats och sätt tillbaka pivåbulten och dra åt den till specificerat moment **(se bild)**.

19 För kamkedjekåpan på plats. Rikta in oljepumpdrevet mot vevaxeldrevet och skjut kåpan på plats, över styrstiften.

20 Sätt i kamkedjekåpans fästbultar, se till att alla sätts tillbaka på sina ursprungliga platser, dra sedan åt dem jämnt och stegvis till specificerat moment.

21 Sätt en ny tätningsring på den nedre kamkedjespännarens lock. Sätt i kolvbulten, med dess slutna ände mot kamkedjan, sätt sedan locket på kamkedjekåpan och dra åt det till specificerat moment. **Observera:** *Om en ny spännare monteras, frigör den genom att trycka in stiftet mitt i locket helt tills det "klickar", spännarstiftet skall sedan gå lätt att trycka in och det ska gå upp mjukt.*

22 Montera vevaxelremskivan enligt beskrivning i avsnitt 6.

23 Montera topplocket enligt beskrivning i avsnitt 11.

7.13 Lossa drevet från insprutningspumpen och ta bort kamkedjekåpans packning

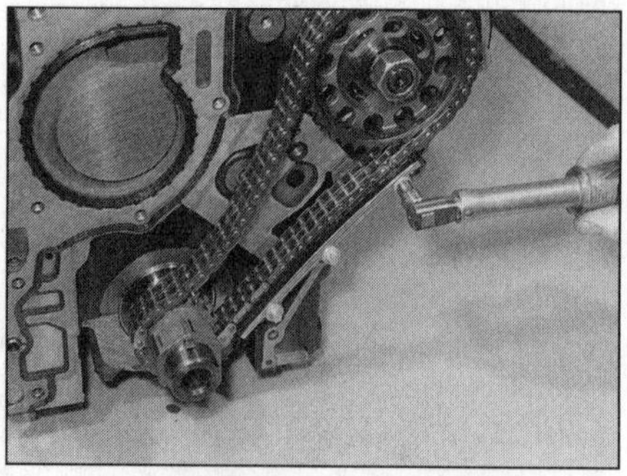

7.17 Montera den nedre kamkedjestyrningen och dra åt dess fästbultar till specificerat moment

7.18 Sätt tillbaka pivåbulten på spännarbladen och dra åt dem till specificerat moment

8.3a Skruva loss spännarens plugg bak på topplocket . . .

8.3b . . . och dra ut kolven, notera vilken väg den sitter

24 Montera den övre kamkedjan och dreven enligt beskrivning i avsnitt 9.

25 Montera oljesumpen enligt beskrivningen i avsnitt 12.

26 Montera kylvätskepumpen, generatorn och servostyrningspumpen (se kapitel 3, 5 och 10) och sätt tillbaka hjälpaggregatens drivrem (se kapitel 1).

27 Efter avslutat arbete, fyll på motorn med motorolja och kylvätska enligt beskrivning i kapitel 1. Starta motorn och leta efter oljeläckor.

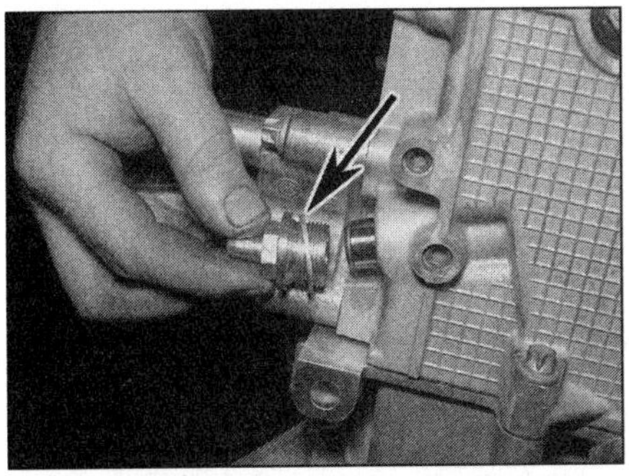
8.6a Sätt i kolven, se till att dess slutna ände är vänd mot kamkedjan, sätt sedan tillbaka spännarens plugg och tätningsbricka (vid pilen)

8 Kamkedjespännare – demontering och montering

Övre kamkedjespännare

Demontering

1 Demontera luftrenarhuset enligt beskrivning i kapitel 4.

2 Se avsnitt 17, stöd motorn/växellådan och skruva loss höger fäste från topplocket.

3 Skruva loss spännarens plugg bak på topplocket och ta ut kolvbulten, notera vilken väg den sitter **(se bilder)**. Ta bort tätningsringen från pluggen och kasta den, en ny måste användas vid montering.

Varning: Rotera inte motorn medan spännaren är demonterad.

4 Undersök om spännarens kolvbult är sliten eller skadad och byt ut den vid behov.

Montering

5 Smörj spännarens kolvbult med ren motorolja och sätt in den i topplocket. Se till att den sätts rätt väg med den slutna änden vänd mot kamkedjan.

6 Sätt en ny tätningsring på spännarens plugg, sätt pluggen i topplocket och dra åt den till specificerat moment. **Observera:** *Om en ny spännare monteras, frigör den genom att trycka in stiftet mitt i pluggen helt tills det "klickar", spännarstiftet skall sedan lätt kunna tryckas in och gå tillbaka mjukt* **(se bilder)**.

7 Montera motorns/växellådans högra fäste (se avsnitt 17).

8 Montera luftrenarhuset enligt beskrivning i kapitel 4.

Nedre kamkedjespännare

Demontering

9 Dra åt handbromsen, lyft upp framvagnen och stöd den på pallbockar

10 Skruva loss fästbultarna/klämmorna och demontera motorns/växellådans underkåpa (om monterad).

11 Skruva loss spännarens plugg bak på kamkedjekåpan och ta bort kolvbulten, notera vilken väg den sitter. Ta bort tätningsringen från pluggen och kasta den, en ny skall användas vid monteringen **(se bilder)**.

Varning: Rotera inte motorn medan spännaren är demonterad.

12 Undersök om spännarens kolvbult är sliten eller skadad och byt ut den vid behov.

8.6b Om en ny spännare monteras, frigör den genom att trycka in mittstiftet i pluggen tills det hörs klicka

8.11a Lossa och ta bort den nedre kamkedjespännarens plugg och tätningsbricka bak på kamkedjekåpan . . .

8.11b . . . och dra ut spännarkolven

8.13 Montera kolven rätt väg, med den slutna änden (vid pilen) vänd mot kamkedjan

Montering

13 Smörj spännarens kolvbult med ren motorolja och sätt in den i kamkedjekåpan. Se till att kolvbulten sätts rätt väg med dess slutna ände vänd mot kamkedjan **(se bild)**.

14 Placera en ny tätningsring på spännarens plugg, sätt pluggen i kåpan och dra åt det till specificerat moment. **Observera:** *Om en ny spännare monteras, frigör den genom att trycka in stiftet mitt i pluggen helt tills det "klickar", spännarstiftet skall sedan lätt kunna tryckas in och gå tillbaka mjukt* **(se bild)**.

15 Montera underkåpan (om sådan finns) och ställ ner bilen.

Övre och nedre kamkedjespännarblad

16 Demontering och montering av kamkedjespännarbladen är en del av demontering och montering av kamkedjekåpan (se avsnitt 7).

8.14 Om en ny spännare monteras, frigör den genom att trycka in stiftet i pluggen

Bladen måste bytas ut om de är slitna eller skadade på kedjeytorna.

9 Kamkedjor och drev – demontering, inspektion och montering

Observera: *För att ventilinställningen skall kunna göras noggrant behövs flera speciella Opelverktyg (eller likvärdiga alternativ) (se avsnitt 4). Om man inte har tillgång till lämpliga verktyg rekommenderas att detta arbete överlämnas till en Opelverkstad eller annan lämpligt utrustad verkstad. Om arbetet ska utföras utan verktygen måste exakta inställningsmärken göras mellan drevet/dreven, kedjan/kedjorna och axeln/axlarna innan demontering, för att försäkra att ventilinställningen blir korrekt vid monteringen.*

Observera: *En ny fästbult för kamaxeldrevet och nya fästbultar till den övre kamkedjestyrningen behövs vid monteringen.*

Demontering

Övre kamkedja och drev

Observera: *En ny fästbult till kamaxeldrevet och nya fästbultar till kamkedjestyrningen behövs vid monteringen.*

1 Koppla loss batteriets negativa ledning och demontera kamaxelkåpan (se avsnitt 5).

2 Placera cylinder nr 1 i ÖD i kompressionstakten enligt beskrivning i avsnitt 3 och lås vevaxeln i läge.

3 För att förbättra åtkomligheten till insprutningspumpdrevets kåpa, gör följande.

a) *Demontera luftrenarhuset och avgassystemets nedåtgående rör (se kapitel 4).*
b) *Demontera hjälpaggregatens drivrem (se kapitel 1).*
c) *Skruva loss muttern uppe på motorns/växellådans högra fäste och lyft upp motorns högra ände med en domkraft/motorstöd (se avsnitt 17). Lyft upp motorn så högt som möjligt utan att överbelasta övriga fästen och rör/slangar eller kablar.*

4 Demontera både övre och nedre kamkedjespännare enligt beskrivning i avsnitt 8

5 Skruva loss den nedre fästbulten till drivremsspännarens stötta och pivåbulten till remskivans bakplatta och ta bort spännarenheten från motorn. **Observera:** *Förvara enheten så att spännarstöttan är rätt väg upp; om stöttan inte förvaras på rätt sätt måste den snapsas efter monteringen.*

6 Skruva loss fästbultarna och ta bort insprutningspumpdrevets kåpa från kamkedjekåpan **(se bilder)**.

7 Om de speciella låsverktygen finns till hands, lås insprutningspumpens drev och kamaxeln i sina lägen (se avsnitt 4). Om verktygen inte används, gör exakta inställningsmärken mellan kedjan och dreven och mellan dreven och kamaxeln/pumpflänsen.

8 Skruva loss fästbultarna, lyft ut den övre kedjestyrningen från topplocket.

Observera: *Den övre kamkedjestyrningens bultar skall värmas upp med en varmluftspistol innan demontering; detta löser upp låsningsmedlet på bultskallarna underlättar borttagningen av bultarna avsevärt* **(se bilder)**.

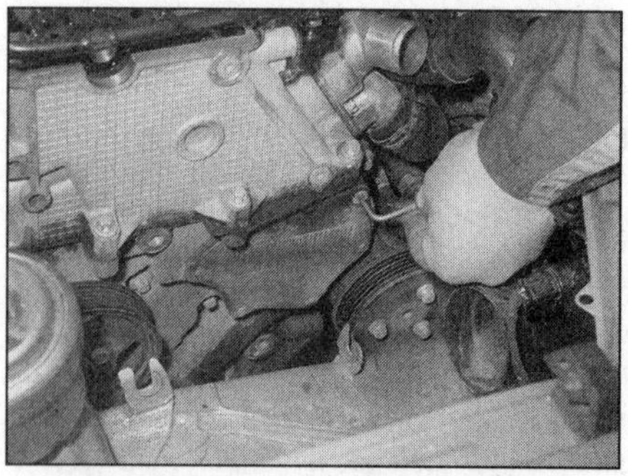

9.6a Skruva loss fästskruvarna . . .

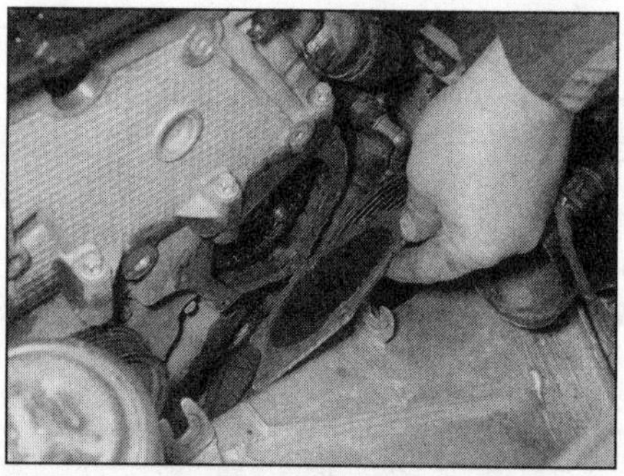

9.6b . . . och ta bort pumpdrevets kåpa från motorn

9.8a För att underlätta demonteringen, värm först upp kamkedjestyrningens bultar med en varmluftspistol

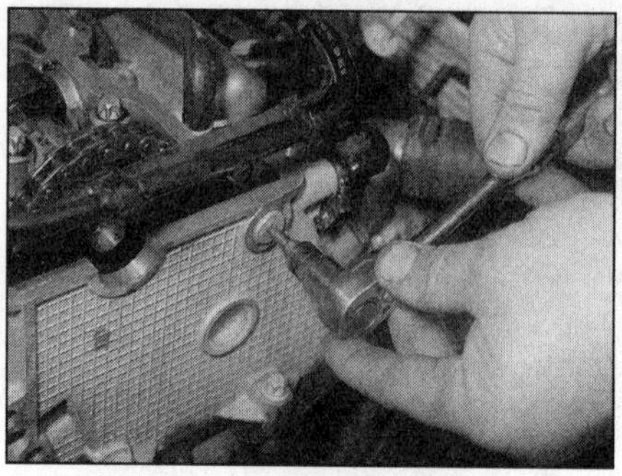

9.8b Skruva loss fästbultarna . . .

9.8c . . . och lyft ut den övre styrningen genom topplocket

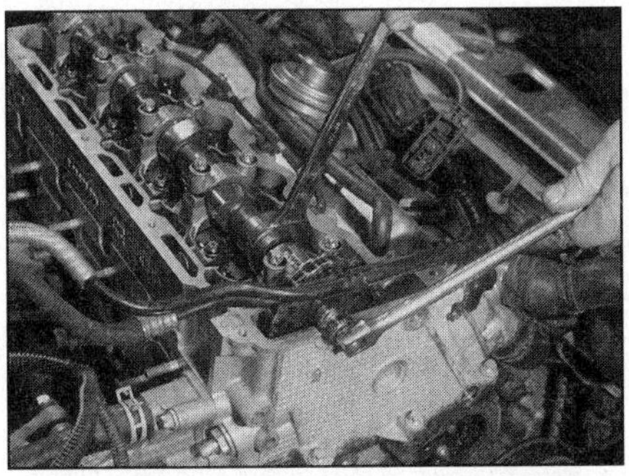

9.9 Håll kamaxeln stilla med en öppen nyckel och skruva loss drevets fästbult

9.10 Skruva loss drevet från insprutningspumpen, lossa det sedan från kedjan och ta bort det genom kåpans öppning

9.14 Lossa drevet från insprutningspumpens fläns och ta bort det tillsammans med den nedre kamkedjan

9 Håll kamaxeln stilla med en öppen nyckel på de flata ytorna, lossa sedan och ta bort kamaxeldrevets fästbult **(se bild)**. För att försäkra att kamaxeldrevet och kedjan förblir i rätt position i förhållande till varandra, fäst kedjan till drevet med ett kabelband. **Observera:** *Om låsverktygen används, ta bort dem innan drevets bult lossas och sätt tillbaka dem när den är lös.*

10 Ta bort insprutningspumpens låsverktyg (om monterat), skruva sedan loss bultarna som håller insprutningspumpdreven till pumpflänsen. Lirka ut det övre kedjedrevet från sin plats, lossa kamaxeldrevet från kamaxeländen och lyft ut drevet och den övre kamkedjan ur topplocket **(se bild)**.

Nedre kamkedja och drev

11 Demontera den övre kedjan och dreven enligt beskrivning i punkt 1 till 10.

12 Demontera kamkedjekåpan enligt beskrivning i avsnitt 7.

13 Gör inställningsmärken mellan kedjan och dreven och mellan insprutningspumpdrevet och pumpflänsen.

14 Frigör pumpdrevet från flänsen och ta bort drevet och kamkedjan från motorn, notera vilken väg drevet är monterat **(se bild)**.

15 Dra av vevaxeldrevet från vevaxeländen och ta vara på Woodruffkilen från spåret i vevaxeln **(se bilder)**.

Inspektion

16 Undersök om tänderna på dreven är slitna eller har skador som bortstötta bitar, tänder som saknas eller är krokiga. Om något av dreven är slitet eller skadat ska båda dreven och aktuell kedja bytas som en uppsättning.

17 Undersök om länkarna på kedjorna är slitna eller skadade på rullarna. Omfattningen av slitaget kan avgöras om man kontrollerar hur mycket kedjan kan böjas i sidled; en ny kedja har ytterst lite rörelse i sidled. Om kedjan kan böjas mycket i sidled måste den bytas ut.

18 Observera att det är klokt att byta ut kamkedjorna, oavsett deras synbara skick, om motorn har gått många mil, eller om kedjan/kedjorna ger ifrån sig missljud när

9.15a Dra av drevet från vevaxeländen . . .

9.15b . . . och ta bort Woodruffkilen

motorn är igång. Även om det inte är absolut nödvändigt, är det alltid värt att byta ut kedjorna och drevet som en uppsättning, eftersom det är falsk ekonomi att ha en ny kedja på slitna drev och vice versa. Om det föreligger den minsta tveksamhet om kedjornas och drevens skick, fråga en Opelverkstad om råd.

19 Undersök om kedjestyrningen/-styrningarna och spännarbladet/-bladen är slitna eller skadade på kedjekontaktytorna och byt ut delar som är i dåligt skick.

Montering

Övre kamkedja och drev

20 Om nya komponenter monteras, överför inställningsmärkena från de gamla för att underlätta monteringen. Kontrollera att vevaxeln fortfarande är låst i ÖD-läge.

21 Haka i kamaxeldrevet med kedjan och sänk enheten på plats.

22 Sätt insprutningspumpdrevet på plats och haka i det med kamkedjan.

23 Kontrollera att de markeringar som gjordes innan demonteringen alla är rätt inställda, haka sedan i dreven med kamaxeln och insprutningspumpflänsen. Där så behövs, ta bort kabelbandet från kamaxeldrevet.

24 Rikta in insprutningspumpdrevets inställningsmärke mot hålet i pumpflänsen, sätt sedan tillbaka fästbultarna och dra endast åt dem för hand än så länge **(se bild)**.

25 Sätt i den nya drevfästbulten på kamaxeländen, dra endast åt den för hand än så länge **(se bild)**.

26 Montera den nedre kamkedjespännaren enligt beskrivning i avsnitt 8.

27 Sätt den övre kamkedjestyrningen på plats, se till att dess styrklack är överst, sätt

9.24 Placera insprutningspumpdrevets inställningsmärke (vid pilen) i linje med hålet i pumpflänsen och sätt i fästbultarna

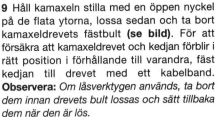

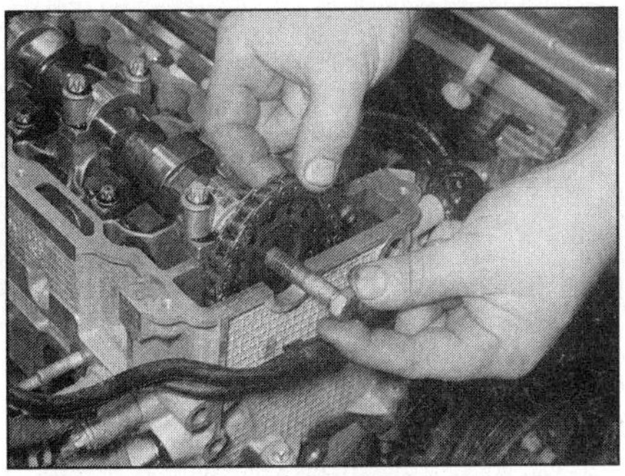

9.25 Sätt i den nya bulten och dra åt den för hand

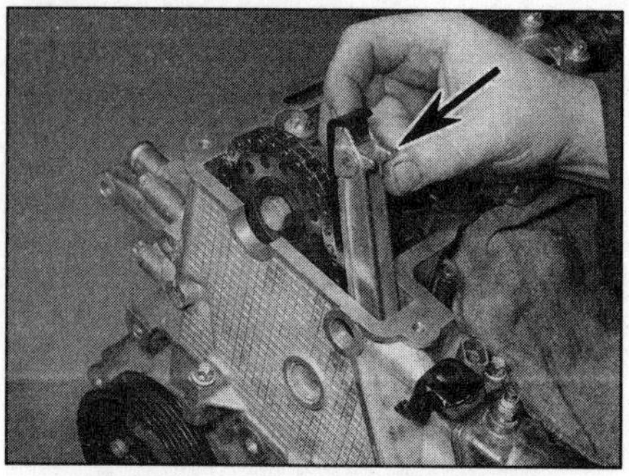

9.27 Montera den övre kamkedjestyrningen på topplocket och se till att dess styrklack (vid pilen) hamnar uppåt

sedan i de nya fästbultarna och dra åt dem till specificerat moment **(se bild)**.

28 Om specialverktygen finns till hands, sätt i alla verktyg för att försäkra att pumpen, kamaxeln och vevaxeln är rätt placerade. Om verktygen inte används, se till att markeringarna som gjordes innan demonteringen åter är i linje.

29 Om specialverktygen används, justera ventilinställningen enligt beskrivning i avsnitt 4, punkt 14 till 18. Ta bort alla låsverktyg.

30 Om verktygen inte finns till hands, ställ in markeringarna som gjordes innan demonteringen, dra sedan åt insprutningspumpdrevens bultar till specificerat moment. Dra åt kamaxeldrevets bult till momentet för steg 1, medan kamaxeln hindras att rotera. Kontrollera att inställningsmärkena fortfarande är i linje och dra åt bulten till vinkeln för steg 2 och slutligen till vinkeln för steg 3. Det rekommenderas att en vinkelmätare används för mest exakta resultat. Om en mätare inte finns till hands, använd vit färg och gör inställningsmärken innan åtdragningen. Med hjälp av dessa kan man kontrollera att bulten dras åt till rätt vinkel.

31 Montera den övre kamkedjespännaren enligt beskrivning i avsnitt 8.

32 Se till att fogytorna på pumpdrevskåpan och kamkedjekåpan är rena och torra. Om kåpan ursprungligen hade en packning, montera kåpan med en ny packning och dra åt fästbultarna till specificerat moment. Om ingen packning fanns, lägg en sträng tätningsmedel (ca 2 mm tjock) i spåret i kåpan, montera sedan kåpan och dra åt fästbultarna till specificerat moment.

33 Montera drivremsspännaren på motorn, dra åt stöttans och bakplattans pivåbultar till specificerat moment. Om en ny spännarstötta monteras, eller om den gamla inte förvarats på rätt sätt, snapsa stöttan genom att upprepade gånger trycka ihop den med hjälp av en hylsa på bakplattans sexkantsdel. När stöttan fungerar som den ska, montera hjälpaggregatens drivrem enligt beskrivning i kapitel 1.

34 Montera höger fäste på topplocket och sänk ner motorn/växellådan på fästet. Sätt på fästmuttern och dra åt den till specificerat moment.

35 Montera kamaxeln enligt beskrivning i avsnitt 5.

36 Montera det nedåtgående avgasröret, luftrenarhuset och vevaxelgivaren (se kapitel 4). Om ett kamaxelinställningsverktyg har använts, montera vakuumpumpen på topplocket (se kapitel 9).

Nedre kamkedja och drev

37 Om nya komponenter monteras, överför inställningsmärkena från de gamla komponenterna för att underlätta monteringen.

38 Sätt Woodruffkilen på plats på vevaxeln, sätt sedan vevaxeldrevet på plats och rikta in dess spår med kilen.

39 Kontrollera att insprutningspumpflänsen fortfarande är placerad med flänsens inställningsurtag i linje med hålet i pumphuset och att vevaxeln fortfarande är låst i ÖD-läge.

40 Rikta in märkena som gjordes innan demonteringen och haka i pumpdrevet med kedjan och manövrera hela enheten på plats. Haka i kedjan med vevaxeldrevet och placera pumpdrevet på flänsen, se till så att drevet placeras rätt väg. Kontrollera att alla markeringar som gjordes innan demonteringen är korrekt inställda och att insprutningspumpflänsens inställningsurtag är rätt placerad i det avlånga hålet i drevet.

41 Montera kamkedjekåpan enligt beskrivning i avsnitt 7, montera sedan den övre kamkedjan enligt beskrivning tidigare i detta avsnitt.

10 Kamaxel och följare – demontering, inspektion och montering

Observera: *En ny fästbult till kamaxeldrevet och nya fästbultar till den övre kamkedjestyrningen behövs vid monteringen*

Demontering

1 Koppla loss batteriets negativa anslutning och demontera sedan kamaxelkåpan enligt beskrivning i avsnitt 5.

2 Demontera bromssystemets vakuumpump enligt beskrivning i kapitel 9.

3 Placera cylinder nr 1 i ÖD i kompressionstakten enligt beskrivning i avsnitt 3 och lås vevaxeln i det läget.

4 För att förbättra åtkomligheten till insprutningspumpdrevets kåpa, gör följande.

a) *Demontera luftrenarhuset och det nedåtgående avgasröret (se kapitel 4).*
b) *Demontera hjälpaggregatens drivrem (se kapitel 1).*
c) *Skruva loss muttern uppe på motorns/växellådans högra fäste, lyft sedan upp motorns högra sida med en domkraft/motorlyft (se avsnitt 17). Lyft upp motorn så högt som möjligt utan att överbelasta övriga fästen eller eventuella rör/slangar eller kablage.*

5 Demontera den övre kamkedjespännaren enligt beskrivning i avsnitt 8

6 Skruva loss den nedre fästbulten till drivremsspännarens stötta och pivåbulten till remskivans bakplatta och ta bort spännarenheten från motorn. **Observera:** *Förvara enheten så att spännarstöttan är rätt väg upp; om den inte förvaras på rätt sätt måste den snapsas efter monteringen.*

7 Skruva loss fästbultarna och ta bort insprutningspumpdrevets kåpa från kamkedjekåpan.

8 Gör inställningsmarkeringar mellan övre kamkedjan och dreven och mellan kamaxeldrevet och kamaxeln.

9 Skruva loss fästbultarna och lyft ut den övre kamkedjestyrningen från topplocket **(se bild)**. **Observera:** *Den övre kamkedjestyrningens bultar bör värmas upp med en varmluftspistol innan demonteringen; detta löser upp låsningsmedlet på bultskallen och underlättar borttagningen av bultarna avsevärt.*

10 Håll kamaxeln stilla med hjälp av en öppen nyckel på de platta ytorna, skruva sedan loss kamaxeldrevets fästbult. Ta bort vevaxelns låsverktyg innan drevbulten lossas och sätt tillbaka det när bulten är lös.

11 Haka loss kamaxeldrevet från den övre kamkedjan och ta bort den från motorn. Stick en skruvmejsel eller förlängare genom den övre kedjan för att förhindra att den faller ner i topplocket, och låt den vila på topplockets övre yta **(se bilder)**.

12 Observera identifikationsmärkena på

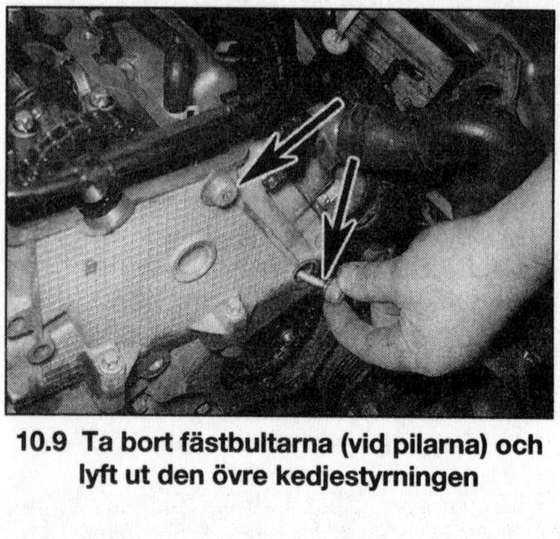

10.9 Ta bort fästbultarna (vid pilarna) och lyft ut den övre kedjestyrningen

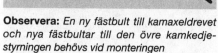

10.11a Frigör kamaxeldrevet från kamkedjan . . .

10.11b . . . stick sedan en skruvmejsel eller liknande genom kedjan för att hindra den från att falla ner i motorn

10.12 Varje kamaxellageröverfall skall vara stämplat med ett identifikationsnummer

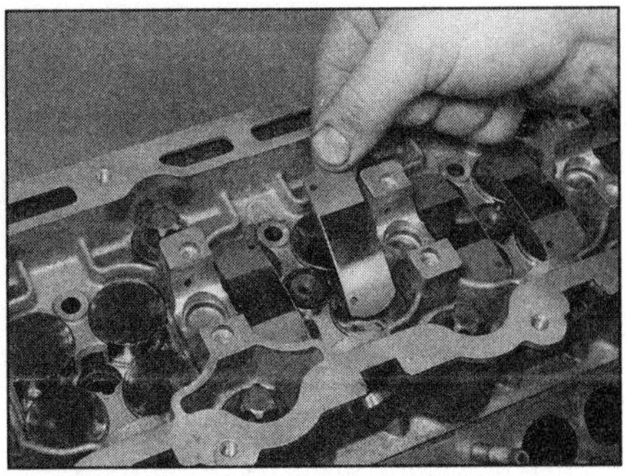

10.14 Demontering av en kamaxelföljare

kamaxellageröverfallen. Överfallen är numrerade 1 till 5 och siffrorna ska vara rätt väg från motorns främre ände sett. Överfall nr 1 är vid motorns kamkedjeände och överfall nr 5 är vid svänghjulsänden **(se bild)**. Om markeringarna inte kan ses tydligt, gör egna identifikationsmärken för att försäkra att varje överfall sätts tillbaka på rätt plats.

13 Arbeta i ett spiralmönster utifrån och in, lossa kamaxellageröverfallens fästbultar ett varv i taget för att lätta på ventilfjädrarnas tryck på överfallen jämnt och stegvis. När ventilfjädertrycket har lättats kan bultarna skruvas ut helt och tas bort, tillsammans med överfallen. Tappa inte bort styrstiften som sitter på vänstra ändens överfall (nr 5). Lyft ut kamaxeln från topplocket

Varning: Om lageröverfallsbultarna tas bort vårdslöst kan överfallen gå sönder. Om något överfall går sönder måste hela topplocksenheten bytas ut; lageröverfallen är anpassade till topplocket och kan inte införskaffas separat.

14 Införskaffa åtta (tjugofyra om ventillyftarna också skall demonteras) små, rena plastbehållare och märk upp dem. Alternativt, dela in en större behållare i sektioner. Lyft ut följarna ur topplocket och förvara var och en av dem i sitt respektive monteringsläge. **(se bild)**.

15 Om de hydrauliska ventillyftarna också skall demonteras, demontera först insprutarnas korsningsrör enligt beskrivning i kapitel 4. Använd en gummisugpropp eller en magnet till att dra ut varje ventillyftare och placera den i sin behållare.

Inspektion

16 Undersök om kamaxellagerytorna och kamloberna har slitkanter och repor. Byt ut kamaxeln om detta är fallet. Undersök lagerytornas skick både på kamaxellagertapparna och i topplocket. Om topplockets lagerytor är mycket slitna måste topplocket bytas ut.

17 Stöd kamaxelns ändlagertappar i V-block och mät skevheten vid den mittre lagertappen med en mätklocka. Om skevheten överskrider den specificerade gränsen måste kamaxeln bytas ut.

18 Undersök om följarnas lagerytor som är i kontakt med kamaxelloberna har slitkanter och repor. Byt ut eventuella följare som är i detta skick.

19 Undersök om de hydrauliska ventillyftarna (om de demonterats) och deras lopp i topplocket är slitna eller skadade. Om en ventillyftare tros vara defekt måste den bytas ut.

Montering

20 Om ventillyftarna har demonterats, smörj dem med ren motorolja och sätt försiktigt in dem på sina ursprungliga platser i topplocket **(se bild)**. Montera insprutarnas korsningsrör enligt beskrivning i kapitel 4.

21 Montera kamaxelföljarna i topplocket. Se till att varje följare sätts tillbaka på sin ursprungliga plats och att körnmarkeringarna på de övre ytorna är vända mot insprutarnas korsningsrör **(se bild)**.

22 Smörj kamaxelföljarna med ren motorolja och lägg kamaxeln på plats. Se till att vevaxeln fortfarande är låst i sitt läge och placera kamaxeln så att loberna för cylinder nr 1 pekar uppåt och spåret i kamaxelns vänstra ände är parallell med topplockets yta (inställningshålet uppåt) **(se bilder)**.

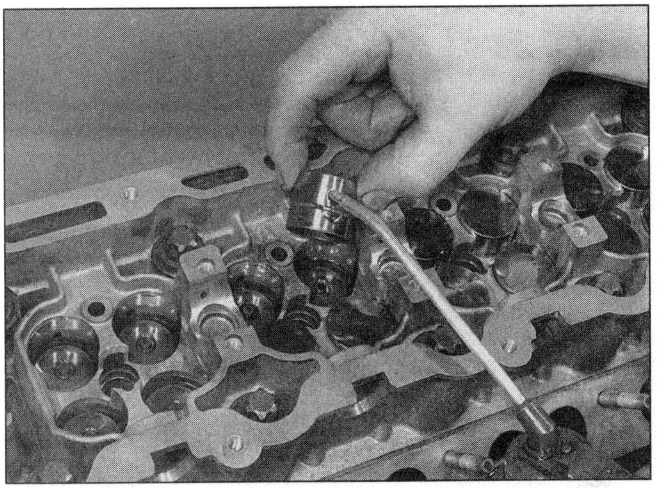

10.20 Smörj de hydrauliska ventillyftarna med ren motorolja och montera dem i topplocket

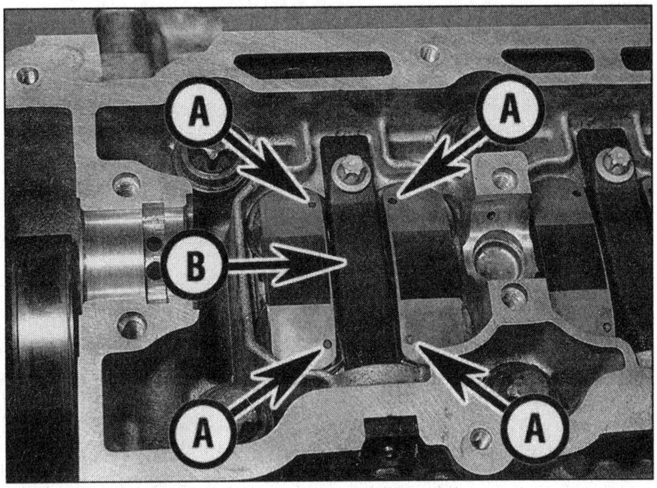

10.21 Vid montering, se till att alla följare placeras korrekt och att dornmarkeringarna (A) vänds mot insprutarnas tvärrör (B)

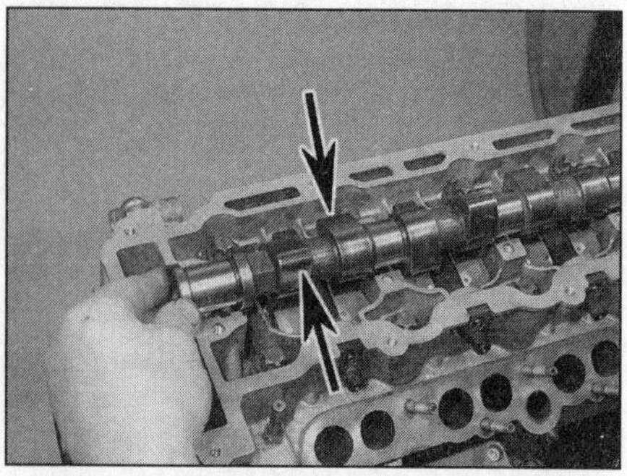

10.22a Montera kamaxeln, placera den så att loberna för cylinder nr 1 pekar uppåt (vid pilarna) . . .

23 Kontrollera att fogytorna på lageröverfallen och toppocket är rena och torra och smörj kamaxellagertapparna och loberna med ren motorolja.

24 Lägg lite tätningsmedel på topplockets fogyta på vänster lageröverfall (nr 5) och sätt överfallets styrstift på topplocket **(se bild)**.

25 Sätt tillbaka kamaxellageröverfallen och fästbultarna på sina ursprungliga platser på topplocket **(se bild)**. Överfallen är numrerade 1 till 5 från topplockets kamkedjeände och alla siffror skall vara rätt väg när man tittar på dem från motorns främre ände.

26 Dra först åt alla bultar för hand, arbeta sedan i ett spiralmönster från mitten och utåt, dra åt bultarna ett varv i taget för att stegvis lägga ventilfjädertrycket på lageröverfallen. Upprepa denna ordning tills alla lageröverfall är i kontakt med topplocket, gå sedan runt och dra åt alla lageröverfallsbultar till specificerat moment **(se bild)**.

Varning: Om lageröverfallsbultarna dras åt vårdslöst kan lageröverfallen gå sönder. Om något överfall går sönder måste hela topplocket bytas ut; lageröverfallen är anpassade till det speciella topplocket och kan inte införskaffas separat.

27 Med hjälp av markeringarna som gjordes innan demontering, kontrollera att den övre kamkedjan fortfarande är korrekt ihakad med insprutningspumpdrevet, sätt sedan tillbaka kamaxeldrevet till kedjan. Placera drevet på kamaxelns ände och sätt i den nya fästbulten **(se bild)**.

28 För den övre kamkedjestyrningen på plats, se till att dess styrklack är uppåt, sätt sedan i fästbultarna och dra åt dem till specificerat moment.

29 Om de speciella verktygen finns till hands, justera ventilinställningen enligt beskrivning i avsnitt 4, punkt 14 till 18. Ta bort alla låsverktyg.

30 Om verktygen inte finns till hands, rikta in markeringarna som gjordes innan demonteringen på kamaxeln och drevet. Håll kamaxeln stilla med en öppen nyckel och dra åt drevets bult till specificerat moment för steg 1. Kontrollera att markeringarna fortfarande är i linje och dra åt bulten till vinkeln för steg 2 och slutligen till vinkeln för steg 3. Det rekommenderas att en vinkelmätare används under de sista stegen av åtdragningen för bästa resultat **(se bilder)**. Om en mätare inte finns till hands, använd vit färg och gör inriktningsmärken innan åtdragningen; dessa kan sedan användas till att kontrollera att bulten dras till rätt vinkel.

31 Montera den övre kamkedjespännaren enligt beskrivning i avsnitt 8.

32 Kontrollera att fogytorna på pumpdrevets kåpa och kamkedjekåpan är rena och torra. Om kåpan ursprungligen hade an packning, montera kåpan med en ny packning och dra åt fästbultarna till specificerat moment. Om ingen packning fanns, lägg en sträng tätningsmedel (ca 2 mm tjock) i kåpans spår, montera sedan kåpan och dra åt bultarna till specificerat moment.

10.22b . . . och spåret i axelns vänstra ände är parallell med topplocket med inställningshålet upptill (vid pilen)

10.24 Lägg tätningsmedel på de ytor som indikeras på topplockets vänstra ände (vid pilarna)

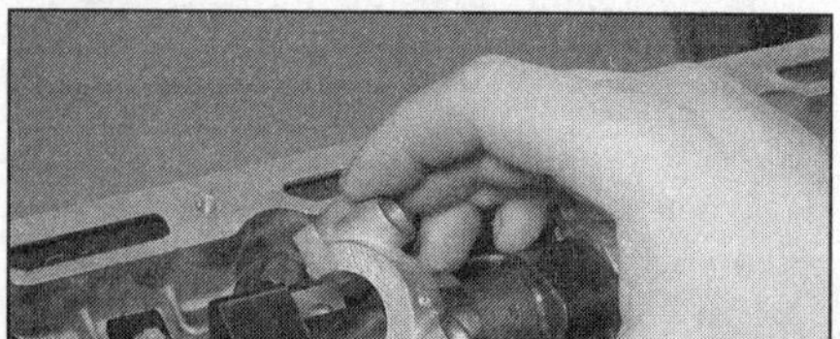

10.25 Montera kamaxellageröverfallen, ta hjälp av identifikationsmarkeringarna för att försäkra att de hamnar rätt

10.26 Arbeta enligt beskrivningen i texten, dra åt överfallsbultarna till specificerat moment

10.27 Montera kamaxeldrevet och sätt i den nya fästbulten

10.30a Om inställningsverktygen inte finns till hands, ställ in markeringarna som gjordes innan demonteringen och dra åt drevbulten till momentet för steg 1 . . .

10.30b . . . och därefter till vinklarna för steg 2 och 3

33 Montera drivremsspännaren på motorn, dra stöttans och bakplattans bultar till specificerat moment. Om en ny spännarstötta monteras, eller den gamla har förvarats på fel sätt, snapsa stöttan genom att upprepade gånger trycka ihop den med hjälp av en hylsa på bakplattans sexkantsdel. När stöttan fungerar som den ska, montera hjälpaggregatens drivrem enligt beskrivning i kapitel 1.

34 Montera höger fäste på topplocket och sänk ner motorn/växellådan på fästet. Sätt dit fästmuttern och dra åt den till specificerat moment.

35 Montera kamaxelkåpan enligt beskrivning i avsnitt 5.

36 Montera det nedåtgående avgasröret, luftrenarhuset och vevaxelgivaren (se kapitel 4).

37 Montera vakuumpumpen enligt beskrivning i kapitel 9.

11 Topplock – demontering och montering

Varning: Var försiktig så att inte smuts kommer in i bränsleinsprutningspumpen eller insprutarrören under detta moment.

Observera: *Nya topplocksbultar, nya fästbultar till övre kamkedjestyrningen och en ny fästbult till kamaxeldrevet behövs vid monteringen.*

11.5a Koppla loss kylvätskeslangarna (vid pilarna) framtill på topplocket . . .

11.3a Skruva loss anslutningsbultarna, koppla loss bränslematnings- och returrörens anslutningar från pumpen . . .

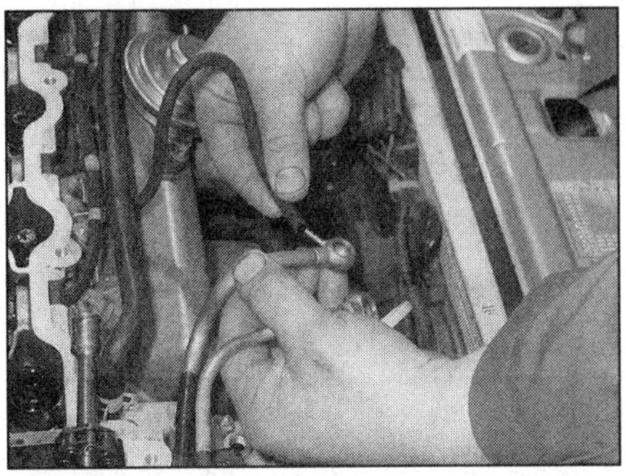

11.3b . . . och koppla loss returröret

Demontering

1 Tappa av kylsystemet enligt beskrivning i kapitel 1.

2 Utför momenten beskrivna i punkt 1 till 11 i avsnitt 10 och observera att man måste lyfta upp motorn med en domkraft. Stöd motorn genom att placera ett kraftigt träblock mellan högra änden av oljesumpen och monteringsramen. **Observera:** *Om oljesumpen behöver demonteras samtidigt som topplocket måste man tillverka ett lämpligt alternativ till Opels specialverktyg (KM-909-A). Verktyget skruvas fast på fjädringens monteringsram och passar in i hålet i högra bakre hörnet på motorblocket; detta stödjer motorns vikt medan höger fäste demonteras men man kan fortfarande komma åt oljesumpen.*

3 Torka rent området runt bränsleslanganslutningarna på insprutningspumpen, skruva sedan loss anslutningsbultarna och tätningsbrickorna. Koppla loss returröret från pumpanslutningen, lossa slangarna från fästklämmorna och flytta undan dem från topplocket **(se bilder)**.

4 Demontera insugs- och avgasgrenrören enligt beskrivning i kapitel 4. Om inget arbete ska utföras på topplocket kan topplocket demonteras komplett med grenrören efter det att följande moment har utförts (se kapitel 4).

a) *På högtrycks turbomodeller, demontera inloppsstrummorna och metallröret från turboaggregatet.*

b) *Skruva loss kabelhärvans plåt uppe på insugsgrenröret, koppla loss kontaktdonen och flytta undan det från motorn. Ta loss vevaxelgivarens kablage från grenröret.*

c) *Demontera insprutarrören som länkar pumpen till insprutarna.*

d) *Koppla loss vakuumslangarna från insugsgrenrörets omkopplingsventil och EGR-ventilen.*

e) *Koppla loss/skruva loss kontaktdonen från glödstiften och demontera turboaggregatets värmesköldar.*

f) *Koppla loss turboaggregatets oljerör från motorblocket. Koppla loss wastegatemembranets vakuumslang.*

g) *Demontera startmotorns värmesköld och skruva loss kabelhärvans styrning och avgasgrenrörets stödfäste från motorblockets bakre del.*

5 Lossa fästklämmorna och koppla loss kylvätskeslangarna från topplockets högra sida, fram och bak **(se bilder)**.

6 Skruva loss generatorns övre fästbult och sväng generatorn bakåt för att flytta undan den från topplocket **(se bild)**.

7 Skruva loss de tre bultarna som håller höger ände av topplocket till toppen av kamkedjekåpan och den enda bulten som håller topplocket till motorblocket **(se bild)**.

8 Arbeta i omvänd ordning mot den ordning som visas i bild 11.26, lossa stegvis de tio

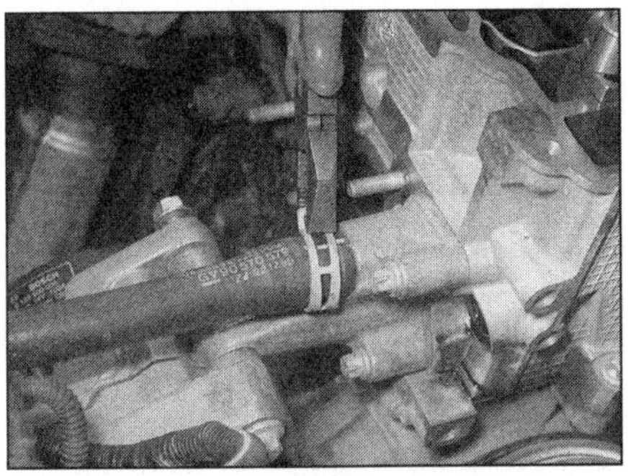

11.5b . . . och slangen baktill på topplocket

11.6 Skruva loss den övre fästbulten och sväng bort generatorn från topplocket

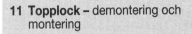

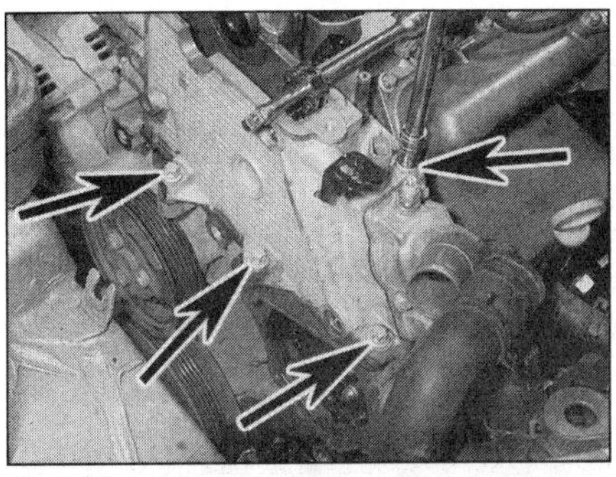

11.7 Skruva loss bultarna (vid pilarna) som håller höger ände av topplocket till kamkedjekåpan/blocket

11.10a Lyft av topplocket . . .

11.10b . . . och ta bort packningen från blocket

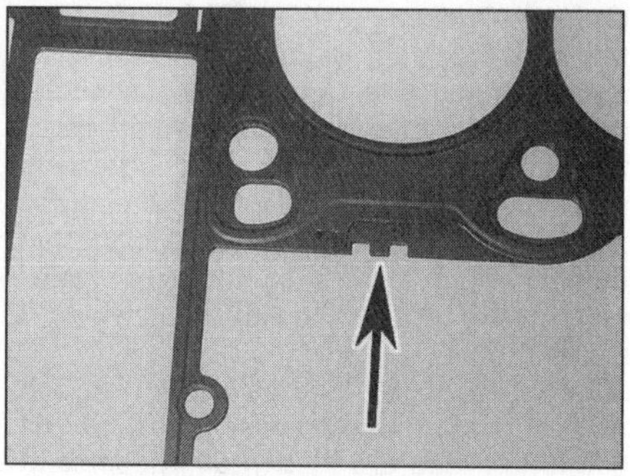

11.17 Urtag som identifierar topplockspackningens tjocklek

topplocksbultarna ett halvt varv i taget, tills alla bultar kan skruvas ut för hand.

9 Lyft ut topplocksbultarna och ta vara på brickorna.

10 Lyft bort topplocket; ta helst hjälp av någon eftersom det är en tung enhet (speciellt om det demonteras med grenröret). Ta bort packningen och notera de två styrstiften ovanpå motorblocket. Om de sitter löst, ta bort dem och förvara dem tillsammans med topplocket. Behåll packningen för identifiering (se punkt 17) **(se bilder)**.

Varning: Lägg inte topplocket direkt på en bänk på fogytan, stöd det på träblock och se till att varje block endast har kontakt med fogytan, inte glödstiften eller insprutarmunstyckena. Glödstiften och insprutarmunstyckena sticker ut på undersidan och kommer att skadas om topplocket placeras direkt på en arbetsbänk.

11 Om topplocket skall tas isär för renovering, se del E av detta kapitel.

Förberedelser för montering

12 Fogytorna på topplocket och motorblocket/vevhuset måste vara helt rena innan montering av topplocket. Använd en hård plast- eller träskrapa till att ta bort alla spår av packning och sot; rengör också kolvkronorna. Var ytterst försiktig – ytan skadas lätt. Var också noga med att inte låta sot komma in i olje- eller vattenkanalerna – detta är speciellt viktigt för smörjsystemet, eftersom sot kan blockera oljematningen till motorns komponenter. Använd tejp och papper och täck för vatten-, olje- och bulthål i motorblocket/vevhuset. För att hindra sot att komma in i mellanrummet mellan kolvar och lopp, lägg lite fett i mellanrummet. När varje kolv har rengjorts, ta bort allt fett och sot från öppningen med en liten borste/pensel, torka sedan bort resten med en ren trasa. Rengör alla kolvar på samma sätt.

13 Undersök om fogytorna på motorblocket/vevhuset och topplocket har hack, djupa repor eller andra skador. Om skadorna är små kan de försiktigt tas bort med en fil, men om de är större kan maskinbearbetning vara det enda alternativet till byte.

14 Försäkra att topplocksbultarnas hål i vevhuset är rena och fria från olja. Använd en spruta eller en trasa till att suga upp eventuell olja som fortfarande finns kvar i bulthålen. Detta är mycket viktigt för att bultarna ska kunna dras åt till rätt moment, och för att inte riskera att blocket spricker av hydraultrycket när bultarna dras åt.

15 Topplocksbultarna måste kastas och nya användas, oavsett deras synbara skick.

16 Om topplockets packningsyta misstänks vara skev, använd en stållinjal för att kontrollera detta. Se del E i detta kapitel om så behövs.

17 På den här motorn kontrolleras spelet mellan topplock och kolv med hjälp av topplockspackningar av olika tjocklek. Tjockleken på packningen kan avgöras om man tittar på fliken precis framför cylinder nr 1 **(se bild)**.

Urtag på fliken	Packningstjocklek
Inga urtag	1,2 mm
Ett urtag	1,3 mm
Två urtag	1,4 mm
Tre urtag	1,5 mm

Tjockleken på den packning som behövs räknas ut på följande sätt:

18 Kontrollera att vevaxeln fortfarande är låst i ÖD-läget. Montera en mätklocka säkert på motorblocket så att dess visare lätt kan svängas mellan kolvkronan och blockets fogyta. Nollställ mätklockan på packningsytan på blocket och flytta sedan försiktigt indikatorn över kolv nr 1 och mät dess utstick **(se bild)**. Upprepa detta moment på kolv nr 4.

19 Ta bort vevaxelns låsverktyg och rotera vevaxeln ett halvt varv (180°) för att placera kolv nr 2 och 3 i ÖD. Kontrollera att vevaxeln är i rätt position och mät sedan utsticket för kolv nr 2 och 3. När båda kolvarna har mätts, rotera vevaxeln ytterligare ett och ett halvt varv (540°) för att placera kolv nr 1 och 4 i ÖD och lås vevaxeln igen.

Varning: När vevaxeln roteras, håll den övre kamkedjan spänd för att förhindra att kedjan fastnar runt insprutningspumpdrevet.

20 Utgå ifrån det största utsticket av de fyra kolvarna och välj tjockleken på den packning som behövs med hjälp av följande tabell.

Kolvutstick	Packningstjocklek som behövs
0,40 till 0,50 mm	1,2 mm
0,51 till 0,60 mm	1,3 mm
0,61 till 0,70 mm	1,4 mm

Montering

21 Torka rent fogytorna på topplocket och motorblocket/vevhuset.

22 Kontrollera att de två styrstiften är på plats och sätt den nya packningen på plats på motorblocket **(se bild)**.

23 Kontrollera att vevaxeln är låst i ÖD-läge och att kamaxeln är korrekt placerad med loberna för cylinder nr 1 pekande uppåt och

11.18 Mät kolvutsticket med en mätklocka

11.22 Se till att styrstiften är på plats (vid pilarna) och montera den nya packningen

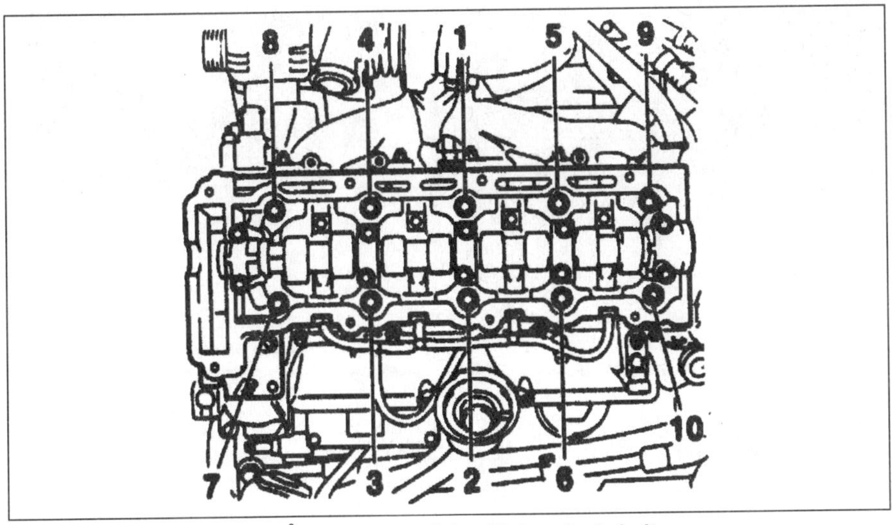

11.26 Åtdragningsordning för topplocksbultar

spåret på kamaxelns vänstra ände är parallellt med topplocksytan (med inställningshålet överst).

24 Ta hjälp av någon, montera försiktigt topplocket på blocket, rikta in det mot styrstiften. När topplocket är monterat, mata den övre kamkedjan upp genom topplocket, håll den på plats genom att sticka en skruvmejsel genom kedjan och låta den vila på topplockets övre yta.

25 Smörj olja på gängorna och undersidan av skallarna på de nya topplocksbultarna och sätt försiktigt in varje bult i relevant hål *(tappa inte in dem)*. Skruva in alla bultar för hand.

26 Arbeta stegvis och i den ordning som visas, dra åt topplocksbultarna till momentet för steg 1 med en momentnyckel och en lämplig hylsa **(se bild)**.

27 När alla bultar har dragits åt till momentet för steg 1, gå runt i samma ordning och dra åt dem till vinkeln för steg 2. Det rekommenderas att en vinkelmätare används för bästa resultat. Om en mätare inte finns till hands, gör inriktningsmärken med vit färg innan åtdragningen; dessa kan sedan användas till att kontrollera att bultarna dras åt till rätt vinkel.

28 Fortsätt arbeta i samma ordning och dra åt alla bultarna till vinkeln specificerad för steg 3.

29 I samma ordning, dra åt alla bultar till vinkeln specificerad för steg 4.

30 Dra därefter åt bultarna till vinkeln specificerad för steg 5, fortfarande i samma ordning

31 Dra avslutningsvis åt bultarna till vinkeln för steg 6.

32 Sätt tillbaka bultarna som håller höger ände av topplocket till motorblocket/ kamkedjekåpan och dra åt dem till specificerat moment.

33 Sväng tillbaka generatorn på plats och dra åt dess övre fästbult till specificerat moment (kapitel 5).

34 Anslut kylvätskeslangarna till topplocket och säkra dem på plats med fästklämmorna.

35 Anslut insugs- och avgasgrenrören och tillhörande komponenter enligt beskrivning i kapitel 4.

36 Montera kamaxeldrevet på kamaxeln enligt beskrivning i punkt 27 till 37 i avsnitt 10.

37 Placera en ny tätningsbricka på var sida om insprutningspumpens bränsleslanganslutningar, sätt dit båda anslutningsbultarna och dra åt dem till specificerat moment (se kapitel 4).

38 Fyll avslutningsvis på kylsystemet enligt beskrivning i kapitel 1.

12 Oljesump - demontering och montering

Demontering

1 Koppla loss batteriets negativa pol.

2 Dra åt handbromsen ordentligt, lyft upp framvagnen och stöd den på pallbockar. Om så behövs, lossa fästskruvarna och ta bort kåpan under motorn/växellådan.

3 Tappa av motoroljan enligt beskrivning i kapitel 1, sätt sedan på en ny tätningsbricka och sätt tillbaka avtappningspluggen, dra åt den till specificerat moment.

4 Koppla loss kontaktdonet/-donen från oljetemperaturgivaren och (om monterad) oljenivågivaren **(se bild)**.

5 Skruva loss och ta bort bultarna som håller oljesumpflänsen till växellådshuset **(se bild)**.

6 Lossa stegvis och ta bort bultarna so håller oljesumpen till motorblocket/oljepumpen. Bryt fogen genom att slå på oljesumpen med handflatan, sänk sedan ner den från motorn och ta bort den. Ta bort packningen och kasta den.

7 Medan oljesumpens huvuddel är demonterad, ta tillfället i akt att undersöka om oljepumpens upptagare/sil är igensatt eller sprucken. Om så behövs, skruva loss upptagaren/silen och ta bort den från oljesumpen tillsammans med tätningsringen **(se bild)**. Silen kan sedan lätt rengöras eller bytas ut.

Montering

8 Ta bort alla spår av smuts och olja från fogytorna på oljesumpen och motorblocket och (om demonterad) oljeupptagaren/silen.

9 Där så är tillämpligt, placera en ny tätningsring på oljeupptagarens/silens fläns och montera enheten på pumpen, dra åt dess fästbultar till specificerat moment.

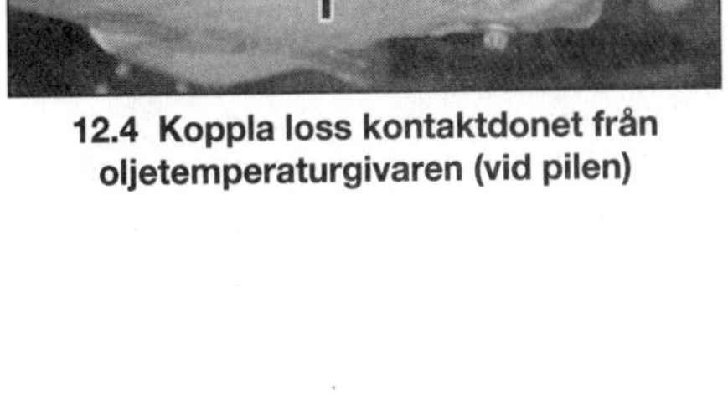

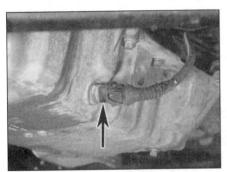

12.4 Koppla loss kontaktdonet från oljetemperaturgivaren (vid pilen)

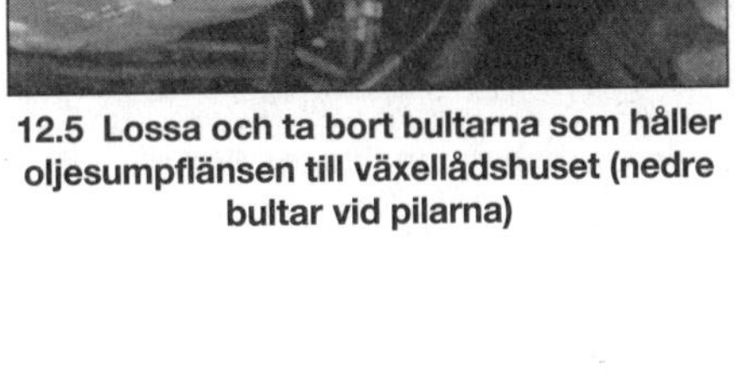

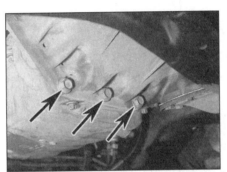

12.5 Lossa och ta bort bultarna som håller oljesumpflänsen till växellådshuset (nedre bultar vid pilarna)

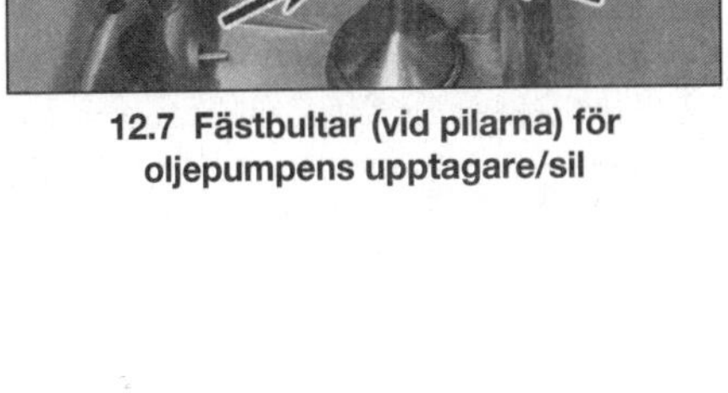

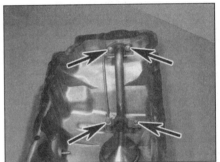

12.7 Fästbultar (vid pilarna) för oljepumpens upptagare/sil

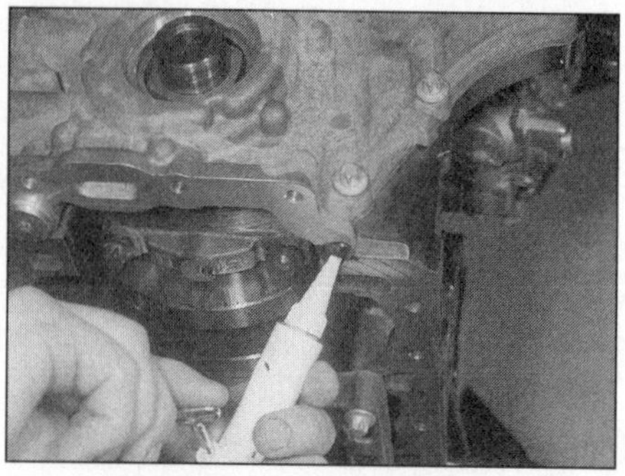

12.10a Lägg tätningsmedel på motorblockets fogyta runt oljepumphuset . . .

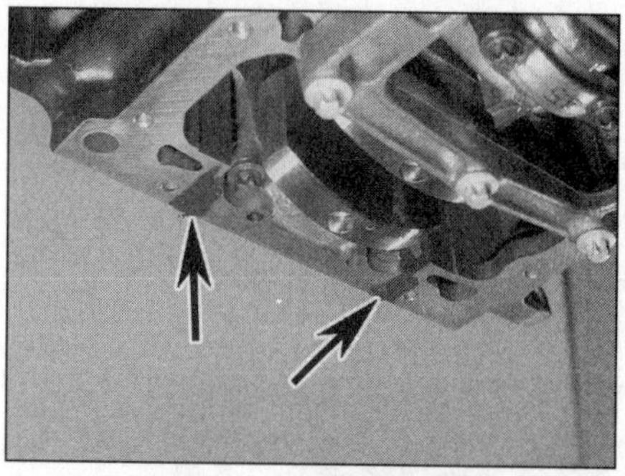

12.10b . . . och de bakre lageröverfallsfogarna

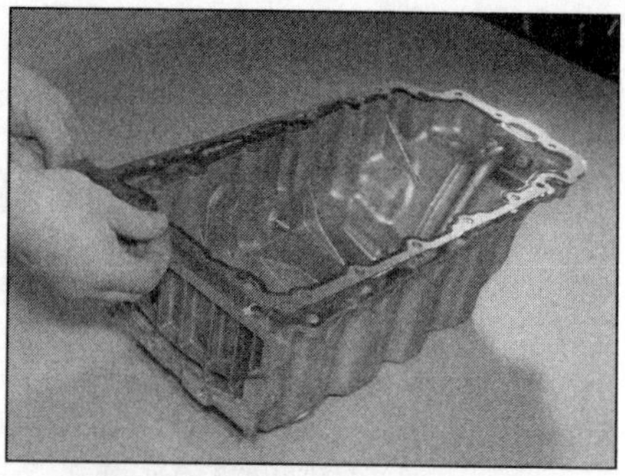

12.11 Placera en ny packning på oljesumpen och sätt den sedan på plats

10 Lägg lämpligt tätningsmedel på områdena på motorblockets fogyta runt oljepumphuset och de bakre lageröverfallsfogarna **(se bilder)**.

11 Placera en ny packning på oljesumpen och för upp sumpen mot motorblocket och sätt i bultarna löst **(se bild)**.

12 Arbeta från mitten och utåt i diagonal ordning, dra stegvis åt bultarna som håller oljesumpen till motorblocket/oljepumpen till specificerat moment.

13 Dra åt bultarna som håller oljesumpflänsen till växellådshuset till specificerat moment.

14 Anslut oljetemperaturgivarens/-nivågivarens kontaktdon (efter tillämplighet). Montera underkåpan (om tillämpligt).

15 Sänk ner bilen på marken och fyll på motorn med ny olja (se kapitel 1).

13 Oljepump – demontering, inspektion och montering

Demontering

1 Oljepumpen är inbyggd i kamkedjekåpan. Demontering och montering beskrivs i avsnitt 7. **Observera:** *Oljepumpens säkerhetsventil kan demonteras med kamkedjekåpan på plats på motorn och övertrycksventilen kan demonteras när oljesumpen har demonterats (se nedan).*

Inspektion

2 Skruva loss fästskruvarna och lyft av pumpkåpan från insidan av kamkedjekåpan **(se bild)**.

3 Märk ytan på båda kugghjulen med en lämplig markeringspenna för att försäkra att de sätts tillbaka samma väg vid monteringen.

4 Lyft ut båda kugghjulen från kåpan **(se bilder)**.

5 Skruva loss oljeövertrycksventilens bult längst ner på kamkedjekåpan och dra ut fjädern, fjäderhylsan och kolven, notera vilken väg kolven sitter. Ta bort tätningsringen från ventilens bult **(se bilder)**.

6 Skruva loss säkerhetsventilens bult bak på kamkedjekåpan, det är den översta av de tre bultarna på baksidan av kåpan. Ta ut fjäder och kolv från kåpan, notera vilken väg kolven sitter **(se bilder)**. Demontera tätningsringen från ventilens bult.

7 Rengör komponenterna och undersök noggrant om kugghjulen, pumphuset och ventilkolvarna är repade eller slitna. Byt ut

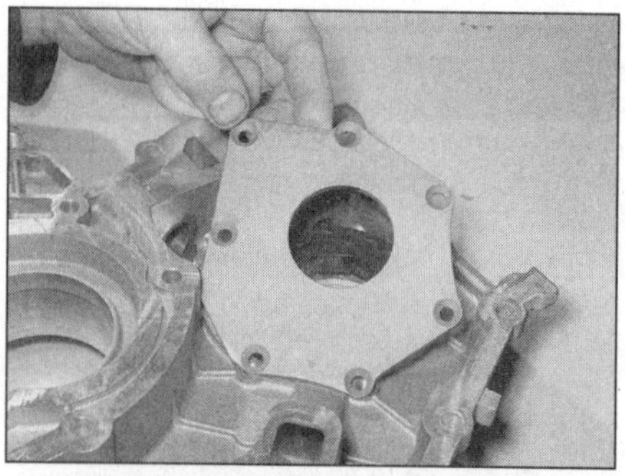

13.2 Ta bort oljepumpkåpan från kamkedjekåpan . . .

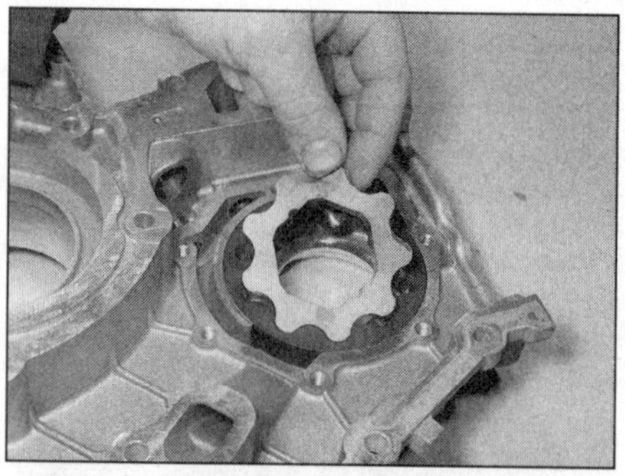

13.4a . . . ta sedan ut pumpens inre . . .

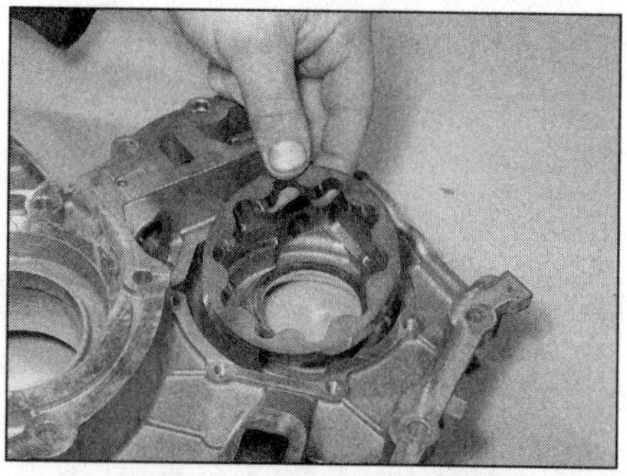

13.4b . . . och yttre kugghjul

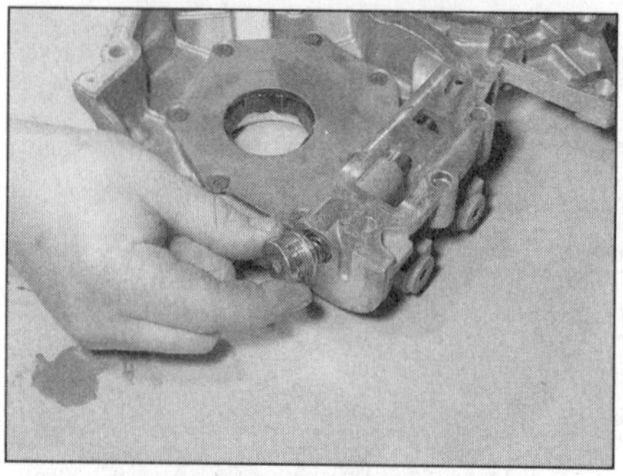

13.5a Skruva loss oljeövertrycksventilens bult och tätningsbricka . . .

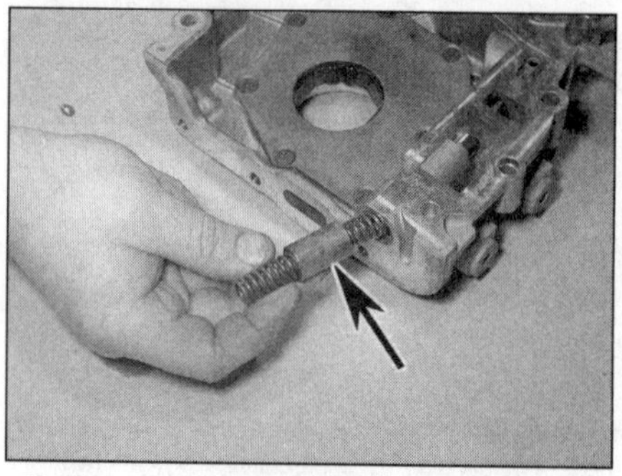

13.5b . . . och dra ut fjädern, fjäderhylsan (vid pilen) . . .

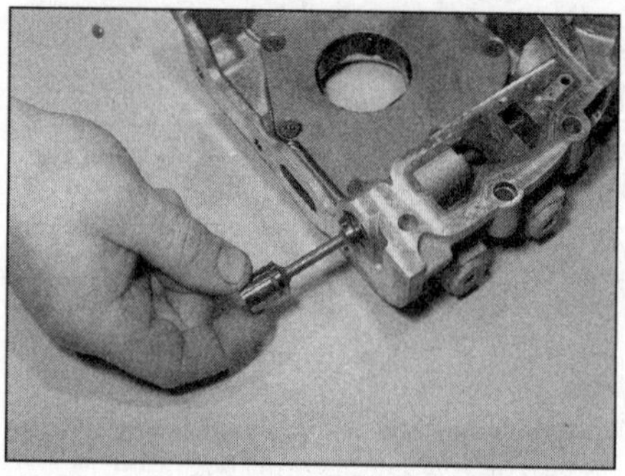

13.5c . . . och kolven från kamkedjekåpan

13.6a Skruva loss säkerhetsventilens bult och bricka . . .

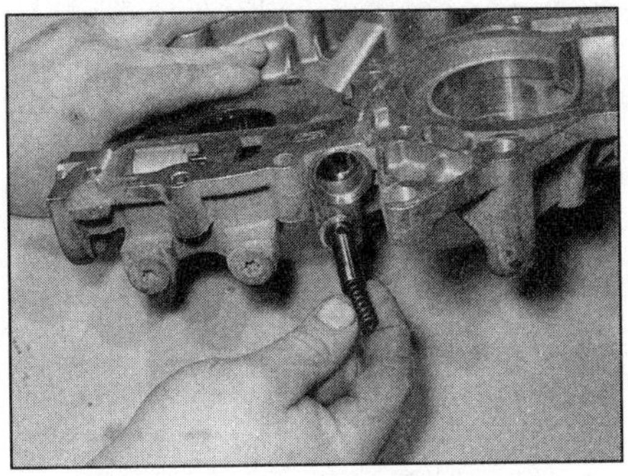

13.6b . . . och ta bort fjädern och ventilkolven från kamkedjekåpan

13.8 Vid montering, dra åt pumpkåpans skruvar till specificerat moment

komponenter som är slitna eller skadade; om kugghjulen eller pumphuset har märken måste hela pumpenheten bytas ut.

8 Om pumpen är i gott skick, sätt ihop komponenterna i omvänd ordning mot demonteringen, notera följande.

a) Försäkra att båda kugghjulen och ventilkolvarna sätts tillbaka rätt väg.

b) Sätt nya tätningsringar på övertrycksventilens och säkerhetsventilens bultar och dra åt dem till specificerat moment.

*c) Montera pumpkåpan och dra åt skruvarna till specificerat moment **(se bild)**.*

d) Efter avslutat arbete, snapsa oljepumpen genom att fylla den med ren motorolja medan det inre kugghjulet roteras.

Montering

9 Montera kamkedjekåpan enligt beskrivning i avsnitt 7.

14 Oljekylare – demontering och montering

Demontering

1 Oljekylaren är monterad på den främre vänstra änden av motorblocket. På tidiga modeller (före 1998) är kylaren placerad inuti oljefilterhuset medan den på senare modeller (1998 och framåt) är fastskruvad framtill på huset. För att skapa bättre arbetsutrymme, dra åt handbromsen ordentligt, lyft upp framvagnen och stöd den på pallbockar. Om så behövs, skruva loss kåpan under motorn/växellådan.

Tidiga modeller (före 1998)

2 För att minimera kylvätskeförlusten, kläm ihop kylvätskeslangarna på var sida om oljekylaren, lossa fästklämmorna och ta loss båda slangarna. Var beredd på viss kylvätskeförlust och torka upp spill.

3 Torka rent området runt oljefilterhuset, skruva loss fästbultarna och demontera hela huset och packningen från motorblocket. **Observera:** *På modeller med luftkonditionering kan man behöva demontera kylfläkten för att skapa det utrymme som behövs för demontering av huset (se kapitel 3).*

4 Skruva loss fästskruvarna och ta bort oljekylarens kåpa och tätning från filterhuset **(se bilder)**.

5 Lossa och ta bort fästbultarna och brickorna bak på oljefilterhuset och ta bort oljekylaren framtill på huset, tillsammans med dess tätningsringar **(se bilder)**.

Senare modeller (1998 och framåt)

6 För att minimera kylvätskeförlusten, kläm ihop kylvätskeslangarna på var sida om oljekylaren, lossa fästklämmorna och ta loss båda slangarna. Var beredd på viss kylvätskeförlust och torka upp spill.

7 Torka rent området runt oljekylaren, skruva loss fästbultarna och ta bort kylaren och packningen från oljefilterhuset.

14.4a På tidiga modeller, skruva loss skruvarna och ta bort oljekylarkåpan . . .

14.4b . . .och tätningen från filterhuset

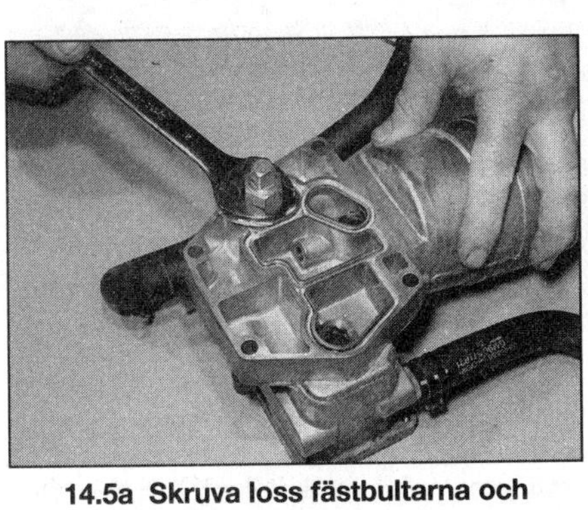

14.5a Skruva loss fästbultarna och brickorna . . .

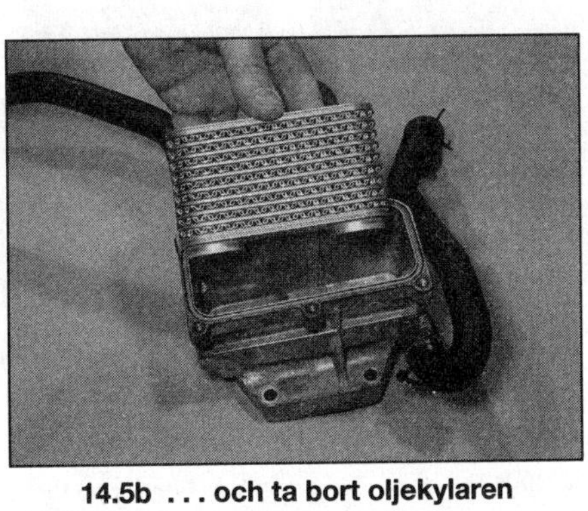

14.5b . . . och ta bort oljekylaren

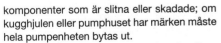

14.5c Tätningsringarna (vid pilarna) som sitter i kylarens urtag

14.8 Vid montering på tidiga modeller, montera en ny tätning på oljefilterhuset

15.2 Bänd ut höger vevaxeloljetätning från kamkedjekåpan

15.4 Pressa/knacka in den nya tätningen rakt in tills den är jäms med kåpan

Montering

8 Montering sker i omvänd ordning, använd ny(a) packning(ar) och nya tätningsringar (om sådana används) **(se bild)**.

15 Vevaxeloljetätningar – byte

Höger oljetätning (kamkedjeänden)

1 Demontera vevaxelremskivan enligt beskrivning i avsnitt 6.

2 Använd en stor flat skruvmejsel och bänd försiktigt ut tätningen från kamkedjekåpan **(se bild)**.

3 Rengör tätningshuset och putsa bort borrskägg eller förhöjda kanter som kan ha orsakat att tätningen felade.

4 Smörj den nya tätningens läppar med ren motorolja och tryck/knacka in den rakt tills den är jäms med kåpan **(se bild)**. Om så behövs, använd en rördorn, t.ex. en hylsa, som endast vilar på tätningens hårda ytterkant, till att knacka tätningen på plats.

5 Tvätta bort eventuell olja, montera sedan vevaxelremskivan enligt beskrivningen i avsnitt 6.

Vänster oljetätning (svänghjuls-/drivplattsänden)

6 Demontera svänghjulet enligt beskrivning i avsnitt 16.

7 Använd dorn eller borr och gör två små hål mitt emot varandra i oljetätningen. Skruva in en självgängande skruv i varje hål och dra i skruvarna med en tång för att få ut tätningen **(se bild)**.

8 Rengör tätningshuset och putsa bort eventuella borrskägg eller upphöjda kanter som kan ha orsakat att tätningen felade.

9 Smörj läpparna på den nya tätningen med ren motorolja och för den på plats på vevaxeländen. Tryck tätningen rakt in tills den är jäms med lageröverfallet. Om så behövs, använd en rördorn, t.ex. en hylsa, som endast vilar på tätningens hårda ytterkant, till att trycka tätningen på plats. Var försiktig så att inte tätningens läppar skadas under monteringen och kom ihåg att tätningsläpparna skall vara vända inåt **(se bild)**.

10 Montera svänghjulet enligt beskrivning i avsnitt 16.

16 Svänghjul – demontering, inspektion och montering

Observera: *Nya fästbultar till svänghjulet behövs vid montering.*

Demontering

1 Demontera växellådan enligt beskrivning i kapitel 7, demontera sedan kopplingen enligt beskrivning i kapitel 6.

2 Hindra svänghjulet från att rotera genom att låsa startkransens kuggar med en metod liknande den som visas **(se bild)**. Alternativt kan man skruva fast ett spännband mellan svänghjulet och motorblocket/vevhuset. Gör inställnings-märken mellan svänghjulet och vevaxeln med färg eller lämplig markeringspenna.

3 Lossa och ta bort fästbultarna och demontera svänghjulet **(se bild)**. Tappa det inte, det är mycket tungt.

Inspektion

4 Undersök om svänghjulets startkrans har slitna eller trasiga tänder. Byte av startkransen är möjlig, men det är inte en uppgift för hemmamekanikern. Byte kräver att start-

15.7 Demontering av vevaxelns vänstra oljetätning

15.9 För försiktigt den nya tätningen över änden på vevaxeln och knacka/pressa den rakt in på plats

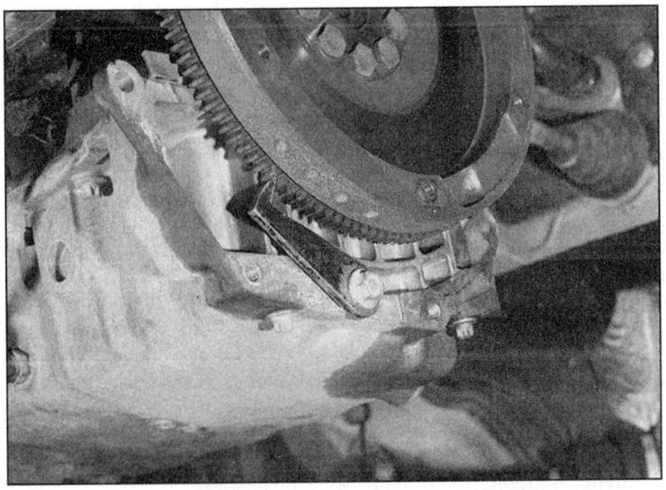

16.2 Lås svänghjulens startkrans med ett verktyg liknande det som visas . . .

16.3 . . . skruva sedan loss fästbultarna och ta bort svänghjulet

kransen värms upp (till mellan 180° och 230°C) för att den ska kunna monteras.

5 Undersök om svänghjulet är repigt på kopplingsytan. Om kopplingsytan är repig kan svänghjulet eventuellt slipas om, men byte är att föredra.

6 Om det föreligger några tveksamheter om svänghjulets skick, rådfråga en Opelverkstad eller en motorrenoveringsspecialist. De kan ge råd om huruvida det är möjligt att renovera svänghjulet eller om det måste bytas ut.

Montering

7 Rengör fogytorna på svänghjul och vevaxel.

8 Sätt svänghjulet på plats och sätt i de nya fästbultarna. Om det gamla svänghjulet monteras, rikta in markeringarna som gjordes innan demontering.

9 Lås svänghjulet med samma metod som vid demonteringen, arbeta sedan i diagonal ordning och dra jämnt och stegvis åt bultarna till momentet specificerat för steg 1.

10 Gå nu runt och dra åt alla bultarna till vinkeln för steg 2. Det rekommenderas att en vinkelmätare används, för bästa resultat. Om en mätare inte finns till hands, använd vit färg och gör inställningsmärken innan åtdragningen; dessa kan sedan användas till att kontrollera att bulten har dragits åt till rätt vinkel.

11 Dra avslutningsvis åt bultarna till vinkeln för steg 3, i samma ordning.

12 Montera kopplingen enligt beskrivning i kapitel 6, ta sedan bort låsverktyget och montera växellådan enligt beskrivningen i kapitel 7.

17 Motor-/växellådsfästen – inspektion och byte

Inspektion

1 Om förbättrad åtkomlighet behövs, lyft upp framvagnen och stöd den på pallbockar. Om så behövs, skruva loss kåpan under motorn/växellådan.

2 Undersök om monteringsgummit är sprucket, förhårdnat eller separerat från metallen vid någon punkt; byt ut fästet om sådant slitage eller skador upptäcks.

3 Kontrollera att alla fästets muttrar/bultar är ordentligt åtdragna; använd helst en momentnyckel för att göra detta.

4 Använd en stor skruvmejsel eller liknande, leta efter slitage i fästet genom att försiktigt bända mot det och se om det förekommer spel. Där detta inte är möjligt, ta hjälp av någon och flytta motorn/växellådan fram och tillbaka och från sida till sida, medan du observerar fästet. Ett visst spel kan förväntas, även från nya komponenter, men kraftigt slitage bör vara uppenbart.

5 Om spelet är stort, kontrollera först att alla muttrar/bultar är åtdragna som de ska, byt sedan ut slitna komponenter enligt beskrivningen nedan.

Byte

Observera: *Opel rekommenderar att både höger och vänster fäste byts ut samtidigt om något av dem är skadat.*

Höger fäste

6 Demontera luftrenarhuset och inloppstrumman enligt beskrivning i kapitel 4.

7 Ta upp motorns/växellådans vikt med en garagedomkraft med ett träblock som mellanlägg.

8 Skruva loss muttrarna som håller fästeskonsolen till fästet och motorkonsolen och lyft av fästeskonsolen. Om så behövs kan sedan motorkonsolen skruvas loss från sidan av motorblocket.

9 Lyft motorn/växellådan lite, skruva sedan loss fästets nedre mutter och ta bort fästet från karossen. **Observera:** *Var noga med att inte överbelasta avgassystemet när motorn lyfts upp. Om så behövs, koppla loss det nedåtgående röret från grenröret (se kapitel 4).*

10 Undersök alla komponenter för att se om de är slitna eller skadade och byt ut dem efter behov.

11 Vid hopsättning, montera fästet på karossen och dra åt dess mutter till specificerat moment.

12 Montera motorkonsolen (om demonterad) på motorblocket och dra åt dess bultar till specificerat moment. Sätt tillbaka fästets konsol på motor-/växellådskonsolen och dra åt dess muttrar till specificerat moment.

Vänster fäste

13 Lossa och ta bort muttern som håller **höger** fästeskonsol till fästet.

14 Dra åt handbromsen, lyft upp framvagnen och stöd den på pallbockar. Om så behövs, skruva loss och ta bort underkåpan.

15 Ta upp motorns/växellådans vikt med en domkraft med ett träblock som mellanlägg.

16 Lossa och ta bort muttern och brickan som håller vänster fäste till den främre monteringsramen och den övre muttern som håller fästet till sin konsol **(se bild)**.

17 Lyft upp motorn/växellådan något, skruva sedan loss bultarna som håller fästeskonsolen till växellådan och ta loss fästet och konsolen. Ta bort muttern och separera fästet och konsolen, notera vilken väg fästet sitter.

17.16 Mutter som fäster vänster fäste till monteringsramen

Observera: *Var noga med att inte överbelasta avgassystemet när motorn lyfts upp. Om så behövs, koppla loss det nedåtgående röret från grenröret (se kapitel 4).*

18 Undersök alla komponenter för att se om de är slitna eller skadade och byt ut dem efter behov.

19 Vid montering, sätt tillbaka fästet på konsolen, se till att det monteras rätt väg, och dra åt dess mutter lätt.

20 Sätt fästenheten på plats och sätt tillbaka bultarna som håller den till växellådan, dra åt dem till specificerat moment.

21 Sänk ner motorn/växellådan och placera fästet korrekt i monteringsramen. Sätt den nedre fästmuttern på plats och dra åt både den övre och den nedre muttern till specificerat moment.

22 Sänk ner bilen, sätt tillbaka muttern till det högra fästet och dra åt den till specificerat moment.

Bakre fäste

23 Demontera höger drivaxel enligt beskrivning i kapitel 8.

24 Demontera det nedåtgående avgasröret enligt beskrivning i kapitel 4

25 Se kapitel 7, lossa klämbulten till växlingsmekanismens väljarstag och koppla loss väljarstaget från växellådans länksystem.

26 Skruva loss fästmuttern som håller fästkonsolen till överdelen på höger fäste.

27 Ta upp motorns/växellådans vikt med en domkraft med ett träblock som mellanlägg. Placera domkraften under växellådan och lyft upp den lite för att avlasta det bakre fästet.

28 Lossa och ta bort bultarna som håller det bakre fästet till monteringsramen och växellådan, ta sedan ut enheten underifrån bilen. Om så behövs, skruva loss fästbultarna och separera fästet och fästkonsolen.

29 Vid montering, sätt ihop fästet och konsolen (om så behövs), sätt sedan i fästbultarna och dra åt dem till specificerat moment.

30 För enheten på plats och sätt i bultarna som håller den till monteringsramen och växellådan. Dra åt fästbultarna till specificerat moment och ta bort domkraften från under motorn/växellådan.

31 Sätt tillbaka muttern på det högra fästet och dra åt den till specificerat moment.

32 Anslut väljarstaget och justera växlingsmekanismen enligt beskrivning i kapitel 7.

33 Montera höger drivaxel enligt beskrivning i kapitel 8.

34 Montera det nedåtgående avgasröret enligt beskrivning i kapitel 4.

Kapitel 2 Del E:
Demontering och renovering av motor

Innehåll

Svårighetsgrader

Enkelt, passar novisen med lite erfarenhet	**Ganska enkelt,** passar nybörjaren med viss erfarenhet	**Ganska svårt,** passar kompetent hemmamekaniker	**Svårt,** passar hemmamekaniker med erfarenhet	**Mycket svårt,** för professionell mekaniker

Specifikationer

Observera: *Där det i specifikationerna står "Information ej tillgänglig" finns ingen information vid tiden för bokens tryckning. Kontakta din Opelförsäljare för aktuell information.*

1.6 liters SOHC bensinmotor

Topplock		
Packningsytans skevhet	max 0,05 mm	
Topplockshöjd	95,90 till 96,10 mm	
Ventilsätets bredd:		
Insug	1,3 till 1,5 mm	
Avgas	1,6 till 1,8 mm	
Ventiler och styrningar		
Ventilstyrningens höjd i topplocket	80,85 till 81,25 mm	
Ventilskaftets diameter*:	**Insug**	**Avgas**
Standard (K)	6,998 till 7,012 mm	6,978 till 6,992 mm
1:a överstorlek (0,075 mm - K1)	7,073 till 7,087 mm	7,053 till 7,067 mm
2:a överstorlek (0,150 mm - K2)	7,148 till 7,162 mm	7,128 till 7,142 mm
3:e överstorlek (0,250 mm - A)	7,248 till 7,262 mm	7,228 till 7,262 mm
Ventilskaftets kast	Mindre än 0,03 mm	
Ventilstyrningsloppets diameter*:		
Standard (K)	7,030 till 7,050 mm	
1:a överstorlek (0,075 mm - K1)	7,105 till 7,125 mm	
2:a överstorlek (0,150 mm - K2)	7,180 till 7,200 mm	
3:e överstorlek (0,250 mm - A)	7,280 till 7,300 mm	
Spel mellan skaft och styrning:		
Insug	0,018 till 0,052 mm	
Avgas	0,038 till 0,072 mm	
Ventillängd:		
Ny	101,5 mm	
Servicegräns	101,1 mm	
Ventilskaftets monteringshöjd	13,75 till 14,35 mm	
Ventilhuvudets diameter:		
Insug	38 mm	
Avgas	31 mm	

**Identifikationsmarkering i parentes*

1.6 liters SOHC bensinmotor (forts)

Motorblock

Packningsytans skevhet	max 0,05 mm
Cylinderloppsdiameter:	
Standard:	
Storleksgrupp 6	78,955 till 78,965 mm
Storleksgrupp 7	78,965 till 78,975 mm
Storleksgrupp 8	78,975 till 78,985 mm
Överstorlek (0,5 mm)	79,465 till 79,475 mm
Cylinderloppets maximala orundhet	0,013 mm
Cylinderloppets maximala konicitet	0,013 mm

Kolvar och ringar

Kolvdiameter:	
Standard:	
Storleksgrupp 6	78,935 till 78,945 mm
Storleksgrupp 7	78,945 till 78,955 mm
Storleksgrupp 8	78,955 till 78,965 mm
Överstorlek (0,5 mm) - storleksgrupp 7 + 0,5	79,445 till 79,455 mm
Spel mellan kolv och lopp	0,02 ± 0,01 mm
Kolvringarnas ändgap (monterade i loppet):	
Kompressionsringar	0,3 till 0,5 mm
Oljering	0,4 till 1,4 mm
Kolvringarnas tjocklek:	
Övre kompressionsring	1,2 mm
Nedre kompressionsring	1,5 mm
Oljering	3,0 mm
Spel mellan kolvring och spår	Information ej tillgänglig

Kolvbultar

Diameter	18 mm
Längd	55 mm
Spel mellan kolvbult och kolv	0,009 till 0,012 mm

Vevstakar

Storändens sidospel	0,07 till 0,24 mm

Vevaxel

Axialspel	0,1 till 0,2 mm
Ramlagertapparnas diameter:	
Standard	54,980 till 54,997 mm
1:a (0,25 mm) understorlek	54,730 till 54,747 mm
2:a (0,50 mm) understorlek	54,482 till 54,495 mm
Storändslagertapp diameter:	
Standard	42,971 till 42,987 mm
1:a (0,25 mm) understorlek	42,721 till 42,737 mm
2nd (0,50 mm) understorlek	42,471 till 42,487 mm
Lagertappens orundhet	0,04 mm
Lagertappens konicitet	Information ej tillgänglig
Vevaxelns kast	Mindre än 0,03 mm
Ramlagerspel	0,017 till 0,047 mm
Storändslagerspel	0,019 till 0,071 mm

Åtdragningsmoment

Se specifikationer i kapitel 2A

1.6 liters DOHC motor

Topplock

Packningsytans skevhet	max 0,05 mm
Topplockets höjd	135 mm
Ventilsätesbredd:	
Insug	1,0 till 1,4 mm
Avgas	1,4 till 1,8 mm

Kolvbultar

Diameter	18 mm
Längd	55 mm
Spel mellan kolvbult och kolv	0,007 till 0,010 mm

1.6 liters DOHC motor (forts)

Vevaxel

Axialspel	0,1 till 0,2 mm
Ramlagertappar, diameter:	
Standard	54,980 till 54,997 mm
1:a (0,25 mm) understorlek	54,730 till 54,747 mm
2:a (0,50 mm) understorlek	54,482 till 54,495 mm
Storändslagertappar, diameter:	
Standard	42,987 till 42,971 mm
1:a (0,25 mm) understorlek	42,721 till 42,737 mm
2:a (0,50 mm) understorlek	42,471 till 42,487 mm
Lagertappens orundhet	0,04 mm
Lagertappens konicitet	Information ej tillgänglig
Vevaxelns kast	Mindre än 0,03 mm
Ramlagerspel	0,017 till 0,047 mm
Storändslagerspel	0,019 till 0,071 mm

Motorblock

Packningsytans maximala skevhet	max 0,05 mm
Cylinderloppsdiameter:	
Standard:	
Storleksgrupp 5	78,945 till 78,955 mm
Storleksgrupp 6	78,955 till 78,965 mm
Storleksgrupp 7	78,965 till 78,975 mm
Storleksgrupp 8	78,975 till 78,985 mm
Storleksgrupp 99	78,985 till 78,995 mm
Storleksgrupp 00	78,995 till 79,005 mm
Storleksgrupp 01	79,005 till 79,015 mm
Storleksgrupp 02	79,015 till 79,025 mm
Storleksgrupp 03	79,025 till 79,035 mm
Storleksgrupp 04	79,035 till 79,045 mm
Storleksgrupp 05	79,045 till 79,055 mm
Storleksgrupp 06	79,055 till 79,065 mm
Storleksgrupp 07	79,065 till 79,075 mm
Storleksgrupp 08	79,075 till 79,085 mm
Storleksgrupp 09	79,085 till 79,095 mm
Storleksgrupp 1	79,095 till 79,105 mm
Överstorlek (0,5 mm)	79,465 till 79,475 mm
Cylinderloppets maximala orundhet och konicitet	0,013 mm

Kolvar och ringar

Kolvdiameter:	
Standard:	
Storleksgrupp 5	78,915 till 78,955 mm
Storleksgrupp 6	78,925 till 78,935 mm
Storleksgrupp 7	78,935 till 78,945 mm
Storleksgrupp 8	78,945 till 78,955 mm
Storleksgrupp 99	78,955 till 78,965 mm
Storleksgrupp 00	78,965 till 78,075 mm
Storleksgrupp 01	78,075 till 78,085 mm
Storleksgrupp 02	78,085 till 78,095 mm
Storleksgrupp 03	78,095 till 79,005 mm
Storleksgrupp 04	79,005 till 79,015 mm
Storleksgrupp 05	79,015 till 79,025 mm
Storleksgrupp 06	79,025 till 79,035 mm
Storleksgrupp 07	79,035 till 79,045 mm
Storleksgrupp 08	79,045 till 79,055 mm
Storleksgrupp 09	79,055 till 79,065 mm
Storleksgrupp 1	79,065 till 79,075 mm
Överstorlek (0,5 mm) - Storleksgrupp 7 + 0,5	79,435 till 79,445 mm
Spel mellan kolv och lopp	0,02 till 0,04 mm
Kolvringarnas ändgap (monterade i loppet):	
Kompressionsringar	0,3 till 0,5 mm
Oljering	0,4 till 1,4 mm
Kolvringarnas tjocklek:	
Övre kompressionsring	1,2 mm
Nedre kompressionsring	1,5 mm
Oljering	2,5 mm
Spel mellan kolvring och spår	Information ej tillgänglig

1.6 liters DOHC motor (forts)

Vevstake		
Storändens sidospel	0,11 till 0,24 mm	
Ventiler och styrningar		
Ventilstyrningens höjd i topplocket	10,70 till 11,00 mm	
Ventilskaftets diameter*:	**Insug**	**Avgas**
Standard (K)	5,995 till 5,970 mm	5,935 till 5,950 mm
1:a överstorlek (0,075 mm - K1)	6,030 till 6,045 mm	6,010 till 6,025 mm
2:a överstorlek (0,150 mm - K2)	6,105 till 6,120 mm	6,085 till 6,100 mm
Ventilskaftets kast	Mindre än 0,03 mm	
Ventilstyrningsloppets diameter*:		
Standard (K)	6,000 till 6,012 mm	
1:a överstorlek (0,075 mm - K1)	6,075 till 6,090 mm	
2:a överstorlek (0,150 mm - K2)	6,150 till 6,165 mm	
Spel mellan skaft och styrning	Information ej tillgänglig	
Ventillängd:		
Insug	103,1 mm	
Avgas	102,2 mm	
Ventilhuvudets diameter:		
Insug	31,0 mm	
Avgas	27,5 mm	

**Identifikationsmärken i parentes*

Åtdragningsmoment

Se specifikationer i kapitel 2B

1.8 och 2.0 liters DOHC bensinmotorer

Topplock		
Packningsytans skevhet	max 0,05 mm	
Topplockshöjd	134 mm	
Ventilsätesbredd:		
Insug	1,0 till 1,5 mm	
Avgas	1,7 till 2,2 mm	
Ventiler och styrningar		
Ventilstyrningens höjd i topplocket	13,70 till 14,00 mm	
Ventilskaftets diameter*:	**Insug**	**Avgas**
Standard (K)	5,955 till 5,970 mm	5,945 till 5,960 mm
1:a överstorlek (0,075 mm - K1)	6,030 till 6,045 mm	6,020 till 6,035 mm
2:a överstorlek (0,150 mm - K2)	6,105 till 6,120 mm	6,095 till 6,110 mm
Ventilskaftets kast	Mindre än 0,03 mm	
Ventilstyrningsloppets diameter*:		
Standard (K)	6,000 till 6,012 mm	
1:a överstorlek (0,075 mm - K1)	6,075 till 6,090 mm	
2:a överstorlek (0,150 mm - K2)	6,150 till 6,165 mm	
Spel mellan skaft och styrning:		
Insug	0,030 till 0,057 mm	
Avgas	0,040 till 0,067 mm	
Ventillängd:		
Insug	102,0 mm	
Avgas	101,7 mm	
Ventilhuvudets diameter:		
Insug	31,9 till 32,1 mm	
Avgas	28,9 till 29,1 mm	

**Identifikationsmärken i parentes*

Motorblock		
Packningsytans maximala skevhet	0,05 mm	
Cylinderloppsdiameter:	**1.8 liters motor**	**2.0 liters motor**
Standard:		
Storleksgrupp 8	81,575 till 81,585 mm	85,975 till 85,985 mm
Storleksgrupp 99	81,585 till 81,595 mm	85,985 till 85,995 mm
Storleksgrupp 00	81,595 till 81,605 mm	85,995 till 86,005 mm
Storleksgrupp 01	81,605 till 81,615 mm	86,005 till 86,015 mm
Storleksgrupp 02	81,615 till 81,625 mm	86,015 till 86,025 mm
Överstorlek (0,5 mm)	82,065 till 82,075 mm	86,465 till 86,475 mm
Cylinderloppets maximala orundhet	0,013 mm	
Cylinderloppets maximala konicitet	0,013 mm	

1.8 och 2.0 liters DOHC bensinmotorer (forts)

Kolvar och ringar		
Kolvdiameter:	**1.8 liters motor**	**2.0 liters motor**
Standard:		
Storleksgrupp 8	81,555 till 81,565 mm	85,955 till 85,965 mm
Storleksgrupp 99	81,565 till 81,575 mm	85,965 till 85,975 mm
Storleksgrupp 00	81,575 till 81,585 mm	85,975 till 85,985 mm
Storleksgrupp 01	81,585 till 81,595 mm	85,985 till 85,995 mm
Storleksgrupp 02	81,595 till 81,605 mm	85,995 till 86,005 mm
Överstorlek (0,5 mm) - Storleksgrupp 7 + 0,5	82,045 till 82,055 mm	86,445 till 86,455 mm
Spel mellan kolv och lopp	0,02 till 0,04 mm	
Kolvringarnas ändgap (monterade i loppet):		
Kompressionsringar	0,3 till 0,5 mm	
Oljering	0,4 till 1,4 mm	
Kolvringarnas tjocklek:		
Kompressionsringar	1,5 mm	
Oljering	3,0 mm	
Spel mellan kolvringar och spår	Information ej tillgänglig	
Kolvbultar		
Diameter	21 mm	
Längd:		
1.8 liters motor	56,0 mm	
2.0 liters motor	61,5 mm	
Spel mellan kolvbult och kolv	0,011 till 0,014 mm	
Vevstake		
Storändens sidospel	0,07 till 0,24 mm	
Vevaxel		
Axialspel	0,05 till 0,15 mm	
Ramlagertapp, diameter:		
Standard:		
1:a storleksgrupp (vit)	57,974 till 57,981 mm	
2:a storleksgrupp (grön)	57,981 till 57,988 mm	
3:e storleksgrupp (brun)	57,988 till 57,995 mm	
1:a (0,25 mm) understorlek	57,732 till 57,745 mm	
2:a (0,50 mm) understorlek	57,482 till 57,495 mm	
Storändslager, diameter:		
Standard	48,970 till 48,988 mm	
1:a (0,25 mm) understorlek	48,720 till 48,738 mm	
2:a (0,50 mm) understorlek	48,470 till 48,488 mm	
Lagertappens orundhet	0,04 mm	
Lagertappens konicitet	Information ej tillgänglig	
Vevaxelns kast	mindre än 0,03 mm	
Ramlagerspel	0,015 till 0,040 mm	
Storändslagerspel	0,006 till 0,031 mm	

Åtdragningsmoment

Se specifikationer i kapitel 2B

1.7 liters dieselmotor

Topplock	
Packningsytans skevhet	max 0,1 mm
Topplockshöjd:	
Standard	131,45 till 131,55 mm
Servicegräns	131,25 mm
Ventilsätets bredd:	
Standard	1,2 till 1,5 mm
Servicegräns	2,0 mm
Virvelkammarens utstick	0,001 till 0,030 mm
Ventilhuvudets djup under packningsytan	0,5 till 1,0 mm
Kolvbultar	
Diameter	27 mm
Längd	60 mm
Spel mellan kolvbult och kolv	0,002 till 0,012 mm
Spel mellan kolvbult och vevstake	0,008 till 0,050 mm

1.7 liters dieselmotor (forts)

Ventiler och styrningar

Ventilskaftsdiameter:		
Insug	6,959 till 6,977 mm	
Avgas	6,960 till 6,978 mm	
Ventilstyrningslopp diameter	7,000 till 7,015 mm	
Spel mellan skaft och styrning:	**Insug**	**Avgas**
Standard	0,023 till 0,056 mm	0,030 till 0,063 mm
Servicegräns	0,080 mm	0,095 mm
Ventillängd	104,05 mm	104,00 mm
Ventilhuvudets diameter	34,6 mm	30,6 mm

Motorblock

Cylinderloppsdiameter:	
Storleksgrupp A	79,000 till 79,009 mm
Storleksgrupp B	79,010 till 79,019 mm
Storleksgrupp C	79,020 till 79,029 mm
Cylinderloppets maximala orundhet	0,015 mm
Cylinderloppets maximala konicitet	0,015 mm
Ramlagerlopp diameter (lagerskålar borttagna):	
Storleksgrupp 1	55,992 till 56,000 mm
Storleksgrupp 2	55,984 till 55,992 mm
Storleksgrupp 3	55,976 till 55,984 mm

Kolvar och ringar

Kolvdiameter:	
Storleksgrupp A	78,975 till 78,984 mm
Storleksgrupp B	78,965 till 78,994 mm
Storleksgrupp C	78,995 till 79,004 mm
Spel mellan kolv och lopp	0,016 till 0,034 mm
Kolvringarnas ändgap (monterade i loppet):	
Övre kompressionsring	0,25 till 0,80 mm
Nedre kompressionsring	0,20 till 0,80 mm
Oljering	0,20 till 0,80 mm
Spel mellan kolvring och spår:	
Övre kompressionsring	0,12 till 0,18 mm
Nedre kompressionsring	0,05 till 0,15 mm
Oljering	0,02 till 0,15 mm
Kolvringarnas tjocklek:	
Kompressionsringar	2,0 mm
Oljering	3,0 mm

Vevstake

Storändens sidospel	0,20 till 0, mm
Max tillåtna viktskillnad mellan vevstakar	4 gram

Vevaxel

Axialspel	0,06 till 0,30 mm
Ramlagertapp diameter:	
1:a storleksgrupp (ett urtag)	51,928 till 51,938 mm
2:a storleksgrupp (dubbla urtag)	51,918 till 51,928 mm
Storändslagertapp diameter	Information ej tillgänglig
Lagertappens orundhet	Information ej tillgänglig
Lagertappens konicitet	Information ej tillgänglig
Vevaxelns kast	mindre än 0,06 mm
Ramlagerspel	0,030 till 0,080 mm
Storändslagerspel	0,025 till 0,100 mm

Åtdragningsmoment

Se specifikationer i kapitel 2C

2.0 liters dieselmotor

Topplock

Packningsytans skevhet	Information ej tillgänglig	
Topplockshöjd	140 mm	
Ventilsätesbredd	1,4 till 1,8 mm	

Ventiler och styrningar

Ventilstyrningens höjd i topplocket	11,20 till 11,50 mm	
Ventilskaftets diameter*:	**Insug**	**Avgas**
Standard (K)	5,955 till 5,970 mm	5,945 till 5,960 mm
1:a understorlek (0,075 mm - K1)	6,030 till 6,045 mm	6,020 till 6,035 mm
2:a understorlek (0,150 mm - K2)	6,105 till 6,120 mm	6,095 till 6,110 mm
Ventilskaftets kast	Mindre än 0,03 mm	
Ventilstyrningslopp diameter*:		
Standard (K)	6,000 till 6,012 mm	
1:a understorlek (0,075 mm - K1)	6,075 till 6,090 mm	
2:a understorlek (0,150 mm - K2)	6,150 till 6,165 mm	
Spel mellan skaft och styrning	Information ej tillgänglig	
Ventillängd:		
Insug	97,1 till 97,2 mm	
Avgas	96,9 till 97,0 mm	
Ventilhuvudets diameter:		
Insug	28,9 till 29,1 mm	
Avgas	25,9 till 26,1 mm	

**Identifikationsmärken i parentes*

Motorblock

Packningsytans skevhet	Information ej tillgänglig
Cylinderloppsdiameter:	
Standard:	
Storleksgrupp 8	83,975 till 83,985 mm
Storleksgrupp 99	83,985 till 83,995 mm
Storleksgrupp 00	83,995 till 84,005 mm
Storleksgrupp 01	84,005 till 84,015 mm
Storleksgrupp 02	84,015 till 84,025 mm
Överstorlek (0,5 mm)	Information ej tillgänglig
Cylinderloppets maximala orundhet	Information ej tillgänglig
Cylinderloppets maximala konicitet	Information ej tillgänglig

Kolvar och ringar

Kolvdiameter:	
Standard:	
Storleksgrupp 8	Information ej tillgänglig
Storleksgrupp 99	Information ej tillgänglig
Storleksgrupp 00	Information ej tillgänglig
Storleksgrupp 01	Information ej tillgänglig
Storleksgrupp 02	Information ej tillgänglig
Överstorlek (0,5 mm)	Information ej tillgänglig
Spel mellan kolv och lopp	Information ej tillgänglig
Kolvringarnas ändgap (monterad i loppet):	
Kompressionsringar	0,3 till 0,5 mm
Oljering	0,4 till 1,4 mm
Spel mellan kolvring och spår:	
Kompressionsringar	0,02 till 0,04 mm
Oljering	0,01 till 0,03 mm
Kolvringarnas tjocklek:	
Övre kompressionsring:	
X20DTL motor	2,00 mm
X20DTH motor	2,50 mm
Nedre kompressionsring:	
X20DTL motor	1,75 mm
X20DTH motor	2,00 mm
Oljering	3,00 mm

2.0 liters dieselmotor (forts)

Kolvbultar

Diameter	29 mm
Längd	68 mm

Vevstake

Storändens sidospel	0,07 till 0,28 mm

Vevaxel

Axialspel	0,05 till 0,15 mm
Ramlagertapp diameter:	
Standard:	
1:a storleksgrupp (grön)	67,966 till 67,974 mm
2:a storleksgrupp (brun)	67,974 till 67,982 mm
1:a (0,25 mm) understorlek	67,716 till 67,732 mm
2:a (0,50 mm) understorlek	67,466 till 67,482 mm
Storändslagertapp diameter:	
Standard	48,971 till 48,990 mm
1:a (0,25 mm) understorlek	48,721 till 48,740 mm
2:a (0,50 mm) understorlek	48,471 till 48,490 mm
Lagertappens orundhet	0,03
Lagertappens konicitet	Ingen information tillgänglig
Vevaxelns kast	Mindre än 0,03 mm
Ramlagerspel	0,016 till 0,069 mm
Storändslagerspel	0,010 till 0,061 mm

Åtdragningsmoment

Se specifikationer i kapitel 2D

1 Allmän information

1 I denna del av kapitel 2 finns information om demontering av motorn/växellådan från bilen och allmänna renoveringsarbeten för topplocket, motorblocket och alla andra interna komponenter.

2 Informationen som ges rör allt från råd om förberedelser för renovering och inköp av reservdelar, till detaljerade steg-för-steg instruktioner om demontering, inspektion, renovering och montering av motorns interna komponenter.

3 Efter avsnitt 6 är alla instruktioner baserade på antagandet att motorn har demonterats från bilen. För information som rör reparationer med motorn kvar i bilen, så väl som demontering och montering av de externa komponenter som behövs för full renovering, se relevant del av detta kapitel (2A till 2D) och fram till avsnitt 7 i denna del. Bortse dock från eventuella inledande isärtagningsmoment som beskrivs i kapitel 2A till 2D eftersom dessa inte längre är relevanta när motorn har demonterats från bilen.

4 Förutom åtdragningsmomenten, som anges i början av relevant kapitel (2A till 2D), återfinns specifikationer relaterade till motorrenovering i början av denna del av kapitel 2.

2 Motorrenovering – allmän information

1 Det är inte alltid lätt att avgöra när, eller om, en motor bör genomgå en totalrenovering eftersom många faktorer måste tas i beaktande.

2 Lång körsträcka är inte nödvändigtvis en indikation på att renovering behövs, medan kort körsträcka inte absolut betyder att en renovering är onödig. Regelbunden och tät service är den viktigaste faktorn. En motor som har fått regelbundna och täta olje- och filterbyten, så väl som annat underhåll, bör ge många tusentals mil pålitlig tjänstgöring. Omvänt kan en motor som inte skötts om ordentligt behöva en renovering tidigt.

3 Överdriven oljeförbrukning tyder på att kolvringar, ventilsäten och/eller ventilstyrningar behöver ses över. Försäkra dig om att inte oljeläckage är orsaken innan avgörandet tas att ringarna och/eller styrningarna är slitna. Utför ett kompressionsprov enligt beskrivning i relevant del av detta kapitel för att avgöra vad som är den troliga orsaken till problemet.

4 Kontrollera oljetrycket med en mätare som monteras på oljetryckskontaktens plats, och jämför det med det specificerade Om det är extremt lågt är förmodligen ram- och storändslagren, och/eller oljepumpen, utslitna.

5 Kraftförlust, ojämn gång, knackande eller metalliska motorljud, kraftigt oljud från ventilstyrningarna och hög bränsleförbrukning kan också indikera ett behov av en renovering, speciellt om alla dessa symptom uppträder samtidigt. Om en fullständig service inte förbättrar situationen är övergripande mekaniskt arbete den enda lösningen.

6 En motorrenovering innebär återställande av alla interna delar till specifikationerna hos en ny motor. Under renoveringen byts kolvarna och kolvringarna ut. Nya ram- och storändslager monteras; om så behövs kan vevaxeln bytas ut för att lagertapparna ska återställas. Ventilerna servas också, eftersom de förmodligen är i ett ganska dåligt skick vid det här laget. När motorn renoveras kan också andra komponenter, som startmotorn och generatorn, renoveras vid samma tillfälle. Slutresultatet bör vara en så gott som ny motor som ska ge många problemfria mil.

Observera: *Kritiska kylsystemskomponenter som slangar, termostat och kylvätskepump bör också bytas ut när motorn renoveras. Kylaren bör undersökas noggrant, den får inte vara igensatt eller läcka. Det är också en god idé att byta ut oljepumpen närhelst motorn renoveras.*

7 Innan motorrenoveringen påbörjas, läs igenom alla arbetsmoment för att bekanta dig med arbetets omfattning och krav. Renovering av motorn är inte svårt om instruktionerna följs noggrant, om man har tillgång till nödvändiga verktyg och utrustning, och är uppmärksam på alla specifikationer. Det kan dock vara tidskrävande. Planera för att bilen blir stående minst två veckor, speciellt om delar måste tas till verkstad för reparation eller maskinbearbetning. Kontrollera tillgången på reservdelar och se till att införskaffa nödvändiga specialverktyg och utrustning i förhand. Största delen av arbetet kan göras med vanliga verktyg, men ett antal precisionsmätverktyg krävs för inspektion av vissa delar för att man ska kunna avgöra om de måste bytas ut. Ofta kan verkstaden utföra inspektion av komponenter och ge råd om bearbetning och byte. **Observera:** *Vänta alltid tills motorn har tagits isär helt, och tills alla komponenter (speciellt motorblock och vevaxel) har inspekterats, innan beslut fattas vilka service- och reparationsarbeten som måste utföras av en verkstad. Dessa delars skick är en avgörande faktor när det gäller att bestämma om renovering av motorn är lönsamt, eller om man bör köpa en renoverad enhet. Köp därför inga delar eller låt utföra renovering av andra delar innan dessa komponenter har undersökts noggrant.* Som en allmän regel är tiden den största kostnaden vid en renovering, så det lönar sig inte att montera delar som är slitna eller av undermålig standard.

8 Avslutningsvis, för att garantera maximal livslängd och ett minimum av problem från en renoverad motor, måste allt sättas ihop med största noggrannhet och hållas absolut rent.

3 Motordemontering - metoder och föreskrifter

1 Om du har bestämt att motorn måste demonteras för renovering eller övergripande mekaniskt reparationsarbete måste ett antal förberedande steg vidtas.

2 En lämplig arbetsplats är mycket viktigt. Tillräckligt med arbetsutrymme och en plats att förvara bilen behövs. Om man inte har tillgång till en verkstad eller ett garage krävs åtminstone en solid, plan och ren arbetsyta.

3 Rengör motorrummet och motorn/växellådan innan demonteringsarbetet påbörjas – detta hjälper till att hålla alla verktyg rena under arbetets gång.

4 En motorlyft av något slag behövs också. Kontrollera att utrustningen klarar av den kombinerade vikten av motorn och växellådan. Säkerhet är av största vikt med tanke på de potentiella risker som hör samman med detta arbete.

5 Om detta är första gången du demonterar en motor, ta hjälp av någon. Råd och hjälp från någon som har mer erfarenhet är till stor nytta. Det är många tillfällen när en person ensam inte kan utföra alla moment som krävs vid urlyftning av motorn ur bilen.

6 Planera arbetet i förväg. Införskaffa alla verktyg och all utrustning som kommer att behövas innan arbetet påbörjas. En del av den utrustning som behövs för att utföra demontering och montering av motorn/växellådan säkert och relativt enkelt (utöver en motorlyft) är följande: en garagedomkraft, en komplett uppsättning nycklar och hylsor enligt beskrivning i referenskapitlet längst bak i boken, träblock och mängder av trasor och rengöringsmedel för att torka upp spilld olja, kylvätska och bränsle. Om motorlyften måste hyras, se till att arrangera detta i förväg och utför alla moment som är möjliga utan den först. Detta spar tid och pengar.

7 Planera för att bilen blir stående ett bra tag. En verkstad kommer att behöva utföra viss del av arbetet som hemmamekanikern inte kan göra utan specialutrustning. Verkstäderna är ofta ganska välbokade, så det är bra att kontakta dem innan motorn demonteras, för att kunna bedöma hur lång tid som kommer att gå åt till att bygga om eller reparera komponenter som kan behöva åtgärdas.

8 Var alltid ytterst försiktig vid demontering och montering av motorn/växellådan. Allvarliga skador kan bli följden av vårdslöshet. Med god planering och gott om tid kan arbetet utföras framgångsrikt och olycksfritt, även om det är frågan om ett mycket omfattande projekt.

4 Bensinmotor och växellåda - demontering, isärtagning och montering

Demontering

Observera: *Motorn kan endast demonteras från bilen som en komplett enhet tillsammans med växellådan; de två separeras sedan för renovering. Motorn/växellådan sänks ner från sin plats och tas ut underifrån. Tänk på detta när bilen lyfts upp, så att det blir tillräckligt med utrymme mellan bilen och marken för att enheten skall kunna tas ut.*

1 Parkera bilen på fast, jämn mark och demontera sedan motorhuven enligt beskrivning i kapitel 11.

2 Tryckavlasta bränslesystemet (se kapitel 4), demontera sedan batteriet och monteringsplattan enligt beskrivning i kapitel 5.

3 Klossa bakhjulen och dra sedan åt handbromsen ordentligt. Lyft upp framvagnen och stöd den på pallbockar, tänk på vad som sades i inledningen till detta avsnitt. Om så behövs, skruva loss kåpan under motorn/växellådan.

4 Om motorn skall tas isär, följ beskrivningen i kapitel 1 och tappa av motoroljan och demontera oljefiltret. Tappa också av kylsystemet.

5 Se kapitel 4 och utför följande:

a) *Demontera luftrenarhuset och tillhörande komponenter.*
b) *Demontera det nedåtgående avgasröret.*
c) *Koppla loss bränslematnings- och returslangar från bränslefördelningsskenan/gasspjällhuset.*
d) *Koppla loss gasvajern och flytta undan den från motorn.*
e) *Koppla loss bromsservoslangen och de olika vakuumslangarna från insugs- och avgasgrenrören, notera hur de är anslutna.*
f) *Koppla loss kontaktdonen från insugsgrenrörets elektriska komponenter och lösgör kablaget så att det kan flyttas undan från motorn.*

6 Se kapitel 3 och utför följande:

a) *Lossa fästklämmorna och koppla loss de olika kylvätskeslangarna från topplocket och motorblocket.*
b) *På modeller med luftkonditionering, skruva loss kompressorn och flytta undan den från motorn.* ***Öppna inte*** *kylmediekretsen.*
c) *Lossa kylvätskans/luftkonditioneringens slangar/rör (efter tillämplighet) från relevanta klämmor och kabelband och flytta undan dem från motorn.*

7 Se kapitel 5, koppla loss kablaget från startmotorn, generatorn, oljetrycksvarningslampans kontakt och (om monterad) oljenivågivaren. Skruva loss relevanta jordledningar från motorblocket/växellådan och skruva loss/ta loss kablaget från motorn och flytta undan det.

8 Se kapitel 10, skruva loss servostyrningspumpen och flytta undan den från motorn med slangen fortfarande ansluten.

9 På modeller med manuell växellåda, utför följande:

a) *Tappa av växellådsoljan (se kapitel 7A) eller var beredd på oljespill när motorn/växellådan demonteras.*
b) *Koppla loss kontaktdonet från backljuskontakten.*
c) *Demontera växellänkaget från växellådan (se kapitel 7A).*
d) *Dra av fästklämman och koppla loss kopplingsslangens ändinfästning uppe på växellådans balanshjulskåpa (sa kapitel 7A). Tryck inte ner kopplingspedalen medan slangen är frånkopplad.*

10 På modeller med automatväxellåda, utför följande moment enligt beskrivning i kapitel 7B.

a) *Tappa av växellådsoljan.*
b) *Koppla loss väljarvajern och flytta undan den från växellådan.*
c) *Koppla loss växellådans kontaktdon.*
d) *Koppla loss oljekylarslangarna från växellådan.*

11 För motorlyften på plats och anslut den till lyftöglorna som är fastskruvade i motorn/växellådan. Höj upp lyften tills den håller upp motorns vikt.

12 Med motorn säkert stöttad, demontera framfjädringens monteringsram enligt beskrivning i kapitel 10.

13 Se kapitel 8, frigör drivaxelns inre CV-knutar från växellådan och flytta undan dem. Observera att man inte måste demontera drivaxlarna, de kan lämnas anslutna till naven. **Observera:** *Låt inte axlarna hänga ner med hela sin vikt eftersom detta kan skada CV-knutarna/damaskerna.*

14 Gör en sista kontroll för att försäkra att alla komponenter som skulle kunna hindra motorn/växellådan från att lyftas ut har demonterats eller kopplats loss. Se också till att komponenter som drivaxlarna är säkert fästa så att de inte kan skadas vid demonteringen.

15 Lossa och ta bort fästbultarna och ta bort kardanstaget från topplockets högra ände.

16 Om tillgång finns till en låg vagn, placera denna under motorn/växellådan för att göra det lättare att ta ut enheten från under bilen. Sänk ned motorn/växellådan, kontrollera att inget fastnar och var försiktig så att inte kylaren/kylfläkten skadas. Ta hjälp av någon under detta moment, det kan vara nödvändigt att vicka enheten något för att få den förbi alla karosspaneler. Var ytterst försiktig så att inget fastnar eller skadas under demonteringen.

17 Koppla loss motorlyften och ta ut motorn/växellådan under bilen.

Isärtagning

Modeller med manuell växellåda

18 När motorn/växellådan är demonterad, stöd enheten på lämpliga träblock på en arbetsbänk (eller möjligtvis på en ren yta på garagegolvet).

19 På modeller med en pump av pressat stål, skruva loss fästbultarna och ta bort svänghjulets nedre täckplatta från växellådan.

20 Skruva loss fästbultarna och ta bort startmotorn från växellådan (se kapitel 5).

21 Se till att både motorn och växellådan är ordentligt stöttade, lossa sedan och ta bort kvarvarande bultar som håller växellådshuset till motorn. Anteckna hur varje bult sitter (och relevanta fästkonsoler) när de tas bort, för att underlätta monteringen.

22 Ta försiktigt bort växellådan från motorn. Växellådans vikt får inte hänga på ingående axeln medan denna fortfarande är ihopkopplad med kopplingslamellen.

23 Om de är lösa, ta bort styrstiften från motorn eller växellådan och förvara dem på ett säkert ställe.

Modeller med automatväxellåda

24 Medan motorn/växellådan är demonterad, stöd enheten på träblock på en arbetsbänk (eller möjligtvis på en ren yta på garagegolvet).

25 Skruva loss fästbultarna och ta bort startmotorn från växellådan (se kapitel 5).

26 Ta bort gummikåpan/-kåporna från motorblocket/sumpflänsen för att komma åt momentomvandlarens fästbultar. Lossa och ta bort de(n) synliga bulten/-arna, använd sedan en hylsa med förlängning till att rotera vevaxelremskivan och skruva loss kvarvarande bultar som håller momentomvandlaren till drivplattan allt eftersom de blir åtkomliga. På 1.6 liters modeller finns det totalt tre bultar och på 1.8 och 2.0 liters modeller finns det sex. Kasta bultarna och använd nya vid monteringen.

27 För att försäkra att momentomvandlaren inte faller ut när växellådan demonteras, dra omvandlaren längs axeln och helt in i växellådshuset.

28 Separera motorn och växellådan enligt beskrivning i punkt 21 till 23.

Montering

Modeller med manuell växellåda

29 Om motorn och växellådan har tagits isär, utför momenten beskrivna nedan i punkt 30 till 33. Om inte, följ beskrivningen i punkt 34 och framåt.

30 Se till att styrstiften är korrekt placerade, för sedan försiktigt växellådan mot motorn tills styrstiften har hakat i. Låt inte växellådans vikt hänga på ingående axeln när den är ihopkopplad med kopplingslamellen.

31 Sätt tillbaka bultarna mellan växellådan och motorn, se till att eventuella fästkonsoler monteras rätt, och dra åt dem till specificerat moment.

32 Montera startmotorn och dra åt dess fästbult till specificerat moment (se kapitel 5).

33 På modeller med pump av pressat stål, montera svänghjulets nedre täckplatta på växellådan och dra åt dess fästbultar till specificerat moment.

34 Skjut motorn/växellådan på plats och anslut lyften och taljan till motorns lyftöglor.

35 Ta nu hjälp av någon och lyft försiktigt enheten på plats i motorrummet och manövrera lyftanordningen efter behov. Var försiktig så att inga komponenter skadas.

36 Rikta in motorn mot fästkonsolen på höger sida av motorrummet, montera sedan kardanstaget. Dra åt stagets bultar för hand än så länge.

37 Byt ut drivaxelns oljetätningar (se kapitel 7), koppla sedan försiktigt ihop drivaxelns inre CV-knutar med växellådan (se kapitel 8).

38 Montera främre fjädringens monteringsram enligt beskrivning i kapitel 10.

39 Med monteringsramen ordentligt monterad, dra åt kardanstagets fästbultar till specificerat moment.

40 Resten av monteringen sker i omvänd ordning mot demonteringen, notera följande:

a) Se till att allt kablage dras rätt och fästs med alla relevanta fästklämmor och att alla kontaktdon kopplas fast ordentligt och på rätt plats.

b) Se till att alla lossade slangar återansluts rätt och fästs ordentligt med fästklämmorna.

c) Sätt en ny tätningsring på kopplingsslangens ändinfästning på växellådan och sätt tillbaka ändinfästningen, fäst den säkert med fästklämman. Lufta avslutningsvis systemet enligt beskrivning i kapitel 6.

d) Montera växellänkaget på växellådan och justera enligt beskrivningen i kapitel 7A.

e) Justera gasvajern enligt beskrivning i kapitel 4.

f) Fyll växellådan med rätt mängd och typ av olja, enligt beskrivning i kapitel 7A. Om oljan inte tappades av, fyll på enligt beskrivning i kapitel 1.

g) Fyll på motorn med olja enligt beskrivning i kapitel 1 och fyll också på kylsystemet.

Modeller med automatväxellåda

41 Om motorn och växellådan har tagits isär, utför momenten beskrivna i punkt 42 till 46. Om inte följ beskrivningen i punkt 47 och framåt.

42 Ta bort alla spår av gammal låsvätska från momentomvandlarens gängor med hjälp av en gängtapp med rätt gängdiameter. Om en lämplig gängtapp inte finns till hands, använd en av de gamla bultarna och skär ett spår i dess gängor.

43 Se till att motorns/växellådans styrstift är rätt placerade och lägg ett lager molybdendisulfidfett på momentomvandlarens styrstift och dess centreringsbussning i vevaxeländen.

44 För växellådan försiktigt mot motorn, tills styrstiften har hakat i. Sätt i bultarna mellan växellådan och motorn, och sätt tillbaka alla nödvändiga fästkonsoler på rätt platser, och dra åt bultarna till specificerat moment.

45 Sätt i de nya bultarna mellan momentomvandlaren och drivplattan och dra åt dem lätt till att börja med. Gå sedan runt och dra åt dem till specificerat moment i diagonal ordning. Sätt tillbaka gummikåporna på sumpflänsen.

46 Montera startmotorn och dra åt dess fästbultar till specificerat moment (se kapitel 5).

47 För motorn/växellådan på plats och anslut lyftanordningen till motorns lyftöglor.

48 Ta hjälp av någon och lyft försiktigt enheten på plats i motorrummet, manövrera lyftanordningen efter behov. Var ytterst försiktig så att inga komponenter fastnar i något.

49 Rikta in motorn med fästkonsolen på höger sida av motorrummet och montera sedan kardanstaget. Dra bara åt stagets bultar för hand än så länge.

50 Byt ut drivaxeloljetätningarna (se kapitel 7B), koppla sedan ihop de inre drivaxelknutarna med växellådan (se kapitel 8).

51 Montera framfjädringens monteringsram enligt beskrivning i kapitel 10.

52 När monteringsramen är korrekt monterad, dra åt kardanstagets fästbultar till specificerat moment.

53 Resten av monteringen sker i omvänd ordning mot demonteringen, notera följande:

a) Se till att dra allt kablage rätt och fäst det ordentligt med alla relevanta fästklämmor och koppla fast alla kontaktdon rätt och säkert.

b) Koppla fast alla rubbade slangar på rätt plats och fäst dem säkert med fästklämmorna.

c) Sätt nya tätningsringar på växellådsoljekylarens slanganslutningar och se till att båda anslutningarna fästs säkert med klämmorna.

d) Justera gasvajern enligt beskrivning i kapitel 4.
e) Fyll på växellådan med olja av specificerad typ och mängd och justera väljarvajern enligt beskrivning i kapitel 7B.
f) Fyll på motorn med olja av rätt typ och mängd enligt beskrivning i kapitel 1.
g) Fyll på kylsystemet enligt beskrivning i kapitel 1.

5 Dieselmotor och växellåda - demontering, isärtagning och montering

Demontering

Observera: *Motorn kan endast demonteras som en enhet tillsammans med växellådan; de två kan sedan separeras för renovering. Motorn/växellådan sänks ned från sin plats och dras sedan ut under bilen. Tänk på detta när bilen lyfts upp, så att tillräckligt med utrymme skapas för att enheten ska kunna tas ut.*

1 Utför momenten beskrivna i punkt 1 till 4 i avsnitt 4, och observera att man måste tryckavlasta bränslesystemet.

2 Se kapitel 4 och utför följande:
a) Demontera luftrenarhuset och tillhörande komponenter.
b) Demontera det nedåtgående avgasröret.
c) Koppla loss bränslematnings- och returslangarna från insprutningspumpen.
d) Koppla loss bromsservoslangen och de olika vakuumslangarna från insugs- och avgasgrenrören och notera hur de sitter.
e) Koppla loss kontaktdonen från insugsgrenrörets elektriska komponenter och frigör kablaget så att det kan föras undan från motorn.
f) På 1.7 liters modeller, koppla loss gasvajern och flytta undan den från motorn.

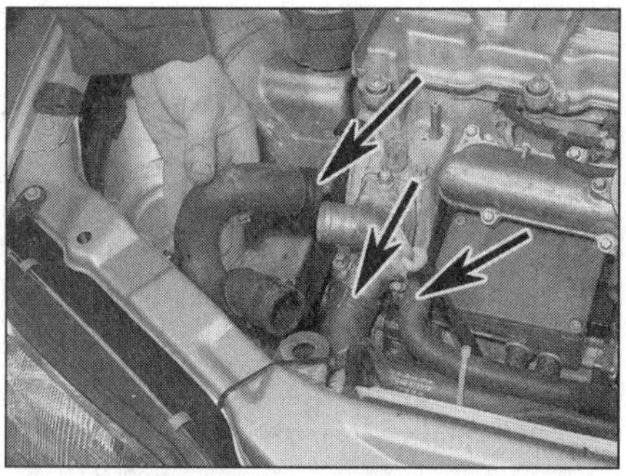

5.3 På 2.0 liters modeller, koppla loss kylvätskeslangarna (vid pilarna) från topplockets högra ände

3 Se kapitel 3 och utför följande:
a) Lossa fästklämmorna och koppla loss de olika kylvätskeslangarna från topplocket och motorblocket **(se bild)**.
b) På modeller med luftkonditionering, skruva loss kompressorn och flytta undan den från motorn. ***Öppna inte*** *kylmediekretsen.*
c) Lossa kylvätskans/luftkonditioneringens slangar/rör (efter tillämplighet) från relevanta klämmor och kabelband och flytta undan dem från motorn.

4 Se kapitel 5, koppla loss kablaget från startmotorn, generatorn, oljetrycksvarningslampans kontakt och (om monterad) oljenivå-/oljetemperaturgivaren. Skruva loss eventuella relevanta jordledningar från motorblocket/växellådan och skruva loss/ta loss kablaget från motorn och flytta det åt sidan **(se bilder)**.

5 Se kapitel 10, skruva loss servostyrningspumpen och flytta undan den från motorn med slangarna fortfarande anslutna.

6 Se kapitel 7A och utför följande:
a) Tappa av växellådsoljan eller var beredd på oljespill när motorn/växellådan demonteras.

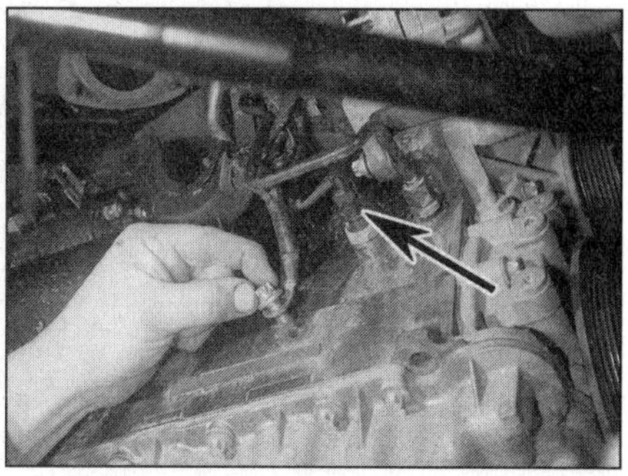

5.4a På 2.0 liters modeller, ta bort bulten som håller jordledningen till motorblocket, koppla sedan loss kablaget från oljetryckskontakten (vid pilen) . . .

b) Koppla loss kontaktdonet från backljuskontakten.
c) Demontera växellänkaget från växellådan.
d) Dra ut fästklämman och koppla loss kopplingsslangens ändinfästning uppe på växellådans balanshjulskåpa. Tryck inte ner kopplingspedalen medan slangen är frånkopplad.

7 För motorlyften på plats och anslut den till lyftöglorna som finns på motorn/växellådan **(se bild)**. Höj lyften tills den tar upp motorns vikt.

8 Med motorn säkert stöttad, demontera framfjädringens monteringsram enligt beskrivning i kapitel 10.

9 Se kapitel 8, lossa de inre drivaxelknutarna från växellådan och flytta undan dem. Notera att man inte behöver demontera drivaxlarna, de kan lämnas anslutna till naven. **Observera:** *Låt inte axlarna hänga ner på sin egen vikt eftersom detta kan skada CV-knutarna/damaskerna.*

10 Gör en sista kontroll av att alla komponenter som kan hindra demonteringen av motorn/växellådan har demonterats eller kopplats loss. Se också till att komponenter

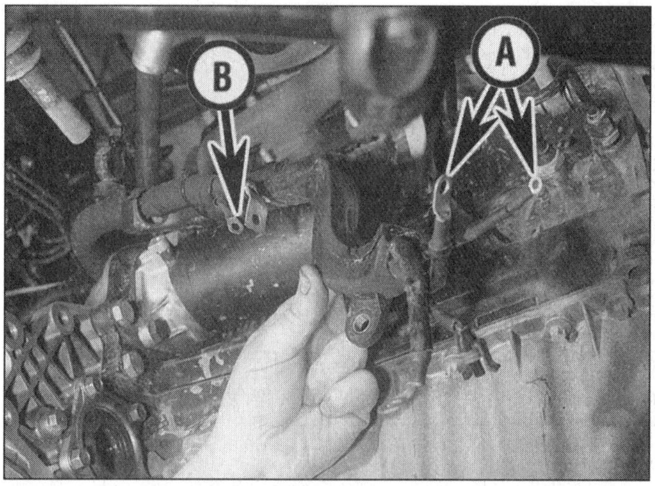

5.4b . . . generatorn (A) och startmotorn (B) skruva sedan loss kablagehållaren från blocket

5.7 Anslut en motorlyft till lyftöglorna på topplocket (2.0 liters modell visad)

5.12a Se till att alla komponenter är frånkopplade, sänk sedan försiktigt ned motorn/växellådan . . .

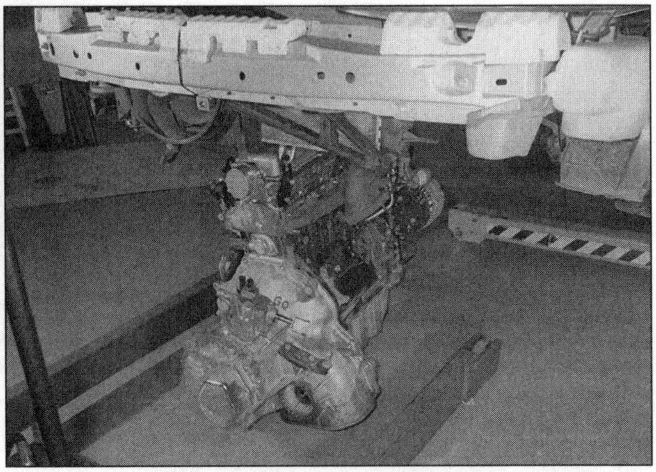

5.12b . . . och manövrera ut den från bilens undersida

som drivaxlarna är säkert fästa så att de inte skadas vid demonteringen.

11 Skruva loss fästmuttrarna och ta bort fästkonsolen som håller höger motorfäste till topplocket.

12 Om möjligt, placera en låg vagn under motorn/växellådan för att göra det lättare att ta ut enheten under bilen. Sänk ner enheten, kontrollera att inget fastnar och var ytterst försiktig så att inte kylaren/kylfläkten skadas **(se bilder)**. Ta hjälp av någon under detta moment, man kan behöva vicka på enheten lite för att undvika karosspanelerna. Var ytterst försiktig så att inte komponenter fastnar i något eller skadas under demonteringen.

13 Koppla loss motorlyften och dra ut motorn/växellådan från under bilen.

Isärtagning

14 Se avsnitt 4.

Montering

15 Om motorn och växellådan har tagits isär, utför momenten beskrivna nedan i punkt 16 till 18. Om inte, följ beskrivningen i punkt 19 och framåt.

16 Se till att styrstiften placeras rätt och för sedan försiktigt växellådan på plats mot motorn, tills styrstiften hakar i. Låt inte växellådan hänga på den ingående axeln när den kopplas ihop med kopplingslamellen.

17 Sätt i bultarna mellan växellådshuset och motorn, se till att alla nödvändiga fästkonsoler placeras rätt, och dra åt bultarna till specificerat moment.

18 Montera startmotorn och dra åt dess fästbultar till specificerat moment (se kapitel 5).

19 Skjut motorn/växellådan på plats och anslut motorlyften till motorns lyftöglor.

20 Ta hjälp av någon, lyft motorn på plats i motorrummet och manövrera lyftanordningen efter behov. Var ytterst försiktig så att inga komponenter fastnar.

21 Rikta in motorn mot höger fäste och sätt tillbaka fästkonsolen, dra åt dess muttrar för hand än så länge.

22 Byt drivaxeloljetätningarna (se kapitel 7A), koppla sedan försiktigt ihop de inre drivaxelknutarna med växellådan (se kapitel 8).

23 Montera framfjädringens monteringsram enligt beskrivning i kapitel 10.

24 Med monteringsramen korrekt monterad, dra åt den högra fästkonsolens muttrar till specificerat moment.

25 Resten av monteringen sker i omvänd ordning mot demonteringen, men notera följande:

a) Se till att dra allt kablage korrekt och fäst det ordentligt med alla relevanta fästklämmor och anslut alla kontaktdon rätt och säkert.

b) Återanslut alla rubbade slangar på rätt platser och fäst dem ordentligt med fästklämmorna.

c) Sätt nya tätningsbrickor på insprutningspumpens bränsleslanganslutningar och dra åt anslutningsbultarna till specificerat moment (se kapitel 4).

d) Sätt en ny tätningsring på kopplingens ändinfästning på växellådan och anslut ändinfästningen, fäst den säkert med klämman. Lufta avslutningsvis hydraulsystemet enligt beskrivning i kapitel 6.

e) Montera växellänkaget på växellådan och justera enligt beskrivning i kapitel 7A.

f) På 1.7 liters modeller, justera gasvajern enligt beskrivning i kapitel 4.

g) Fyll växellådan med rätt typ och mängd av olja enligt beskrivning i kapitel 7A. Om oljan inte tappats av, höj nivån i växellådan enligt beskrivning i kapitel 1.

h) Fyll motorn med olja enligt beskrivning i kapitel 1 och fyll också på kylsystemet.

6 Motorrenovering – isärtagningsordning

1 Det är mycket enklare att ta isär och arbeta på motorn om den är monterad på ett flyttbart motorställ. Dessa ställ kan ofta hyras hos verktygsuthyrare. Innan motorn monteras på stället måste svänghjulet/drivplattan demonteras, så att ställets bultar kan skruvas in i änden av motorblocket.

2 Om ett ställ inte finns tillgängligt är det möjligt att ta isär motorn om den får ligga på träblock på en arbetsbänk, eller på golvet. Var ytterst försiktig så att du inte tippar över eller tappar motorn om arbetet görs utan motorställ.

3 Om en renoverad motor skall införskaffas måste alla yttre komponenter demonteras först, så att de kan överföras till ersättningsmotorn (precis som de måste om du själv skall utföra en totalrenovering). Dessa komponenter är följande:

a) Insugs- och avgasgrenrör (kapitel 4).

b) Fästkonsol(er) till generator/servostyrningspump/luftkonditioneringskompressor (efter tillämplighet).

c) Kylvätskepump (kapitel 3).

d) Bränslesystemets komponenter (kapitel 4).

e) Kabelhärva och alla elektriska brytare och givare.

f) Oljefilter (kapitel 1).

g) Svänghjul/drivplatta (relevant del av detta kapitel).

Observera: *Vid demonteringen av de yttre komponenterna, var uppmärksam på detaljer som kan vara till hjälp vid monteringen. Anteckna hur packningar, tätningar, distanser, stift, brickor, bultar och andra små delar sitter.*

4 Om en "kort" motor införskaffats (som består av motorblock, vevaxel, kolvar och

7.5a Använd en ventilfjäderkompressor . . .

7.5b . . . tryck ihop ventilfjädern tills knastren kan tas bort från ventilen

7.5c Ta bort kompressorn och lyft av fjäderhållaren . . .

7.5d . . . och ta bort ventilfjädern

vevstakar), måste toppocket, sumpen, oljepumpen och kamremmen/-kedjorna (efter tillämplighet) också demonteras.

5 Om du planerar en totalrenovering kan motorn tas isär och de inre komponenterna demonteras i ordningen som anges nedan. Se relevant del av detta kapitel om inte annat anges.

a) Insugs- och avgasgrenrör (kapitel 4)
b) Kamrem, drev och spännare – alla modeller utom 2.0 liter dieselmotor
c) Topplock
d) Svänghjul/drivplatta
e) Sump
f) Oljepump
g) Kamkedjor och drev – 2.0 liter dieselmotor
h) Kolvar/vevstakar
i) Vevaxel

6 Innan isärtagning och renovering påbörjas, se till att alla verktyg som behövs finns till hands. Se *"Verktyg och arbetsutrymmen"* i slutet av boken för ytterligare information.

7 Topplock – isärtagning

Observera: *Nya och renoverade topplock finns hos tillverkaren och från motorrenoveringsspecialister. Var beredd på att vissa specialverktyg behövs för isärtagning och inspektion, och att nya komponenter kan vara svåra att få tag i. Det kan därför vara mer praktiskt och ekonomiskt för hemmamekanikern att köpa ett redan renoverat topplock, än att ta isär, undersöka och renovera det gamla.*

1 På 1.6 liter SOHC bensinmotor, se del A i detta kapitel, demontera topplocket från motorn och lyft sedan ut kamaxelföljarna, tryckmellanlägg och de hydrauliska ventillyftarna från topplocket.

2 På alla DOHC bensinmotorer, demontera kamaxlarna och följarna enligt beskrivning i del B av detta kapitel, demontera sedan topplocket från motorn.

3 På 1.7 liter dieselmotor, arbeta enligt beskrivning i del C av detta kapitel, demontera kamaxel, följare och mellanlägg. Skruva loss glödstiften (kapitel 5) och insprutarna (kapitel 4) från topplocket och demontera sedan topplocket från motorn.

4 På 2.0 liter dieselmotorer, följ beskrivningen i del D av detta kapitel, demontera kamaxeln, följarna och de hydrauliska ventillyftarna från topplocket. Skruva loss glödstiften (kapitel 5) och demontera sedan topplocket från motorn.

5 På alla modeller, använd en ventilfjäderkompressor och tryck ihop varje ventilfjäder i tur och ordning tills det delade knastret kan tas ut. Släpp kompressorn och lyft av hållaren och fjädern. Använd en tång och dra försiktigt ut ventilskaftstätningen från toppen av styrningen, dra sedan av fjädersätet **(se bilder)**.

6 Om, när ventilfjäderkompressorn skruvas ner, fjäderhållaren inte vill lossna och exponera knastret, knacka försiktigt på toppen av verktyget, precis ovanför hållaren, med en lätt hammare. Detta frigör hållaren.

7 Dra ut ventilen genom förbränningskammaren. Det är viktigt att varje ventil förvaras tillsammans med knaster, hållare, fjäder och fjädersäte. Ventilerna skall också förvaras i rätt ordning, såvida de inte är så illa slitna att de måste bytas ut.

HAYNES TiPS

Om komponenterna ska monteras tillbaka, förvara varje ventil och dess tillhörande delar i en plastpåse eller annan behållare. Märk behållaren/påsen med relevant ventilnummer så att den med säkerhet kan monteras tillbaka på sin ursprungliga plats

7.5e Dra bort tätningen från ventilstyrningen . . .

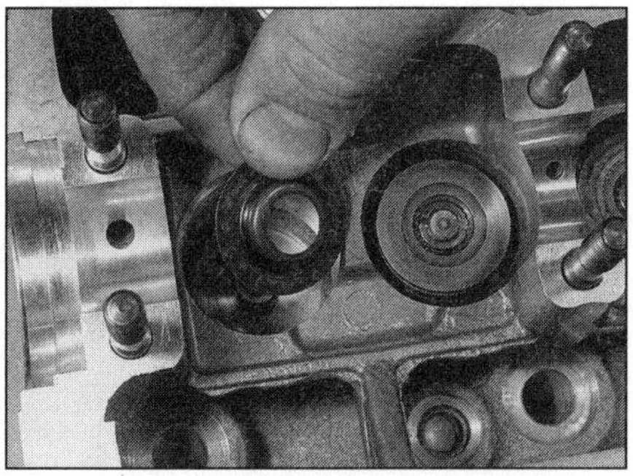

7.5f . . . och ta bort fjädersätet

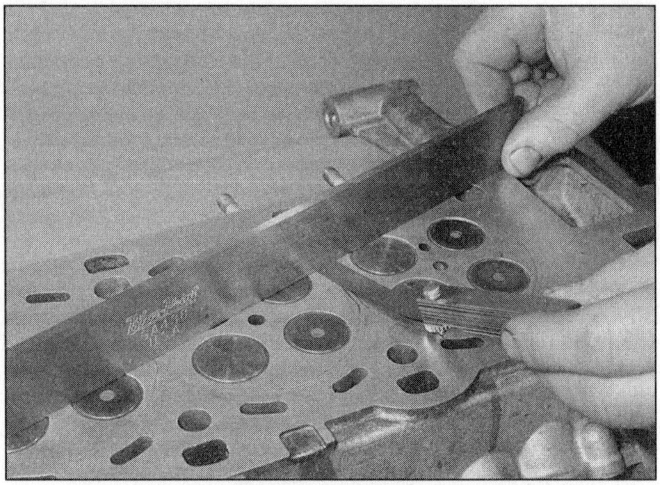

8.6 Använd stållinjal och bladmått till att kontrollera om topplocksytan är deformerad

8.11 Använd en mätklocka till att mäta virvelkammarens utstick – 1.7 liters dieselmotor

8 Topplock och ventiler – rengöring och inspektion

1 En ordentlig rengöring av topplocket och ventilkomponenterna följd av en detaljerad inspektion, hjälper dig att avgöra hur mycket servicearbete ventilerna behöver under motorrenoveringen. **Observera:** *Om motorn har överhettats kraftigt är det bäst att anta att topplocket är skevt – leta noga efter tecken på detta.*

Rengöring

2 Skrapa bort alla spår av gammalt packningsmaterial från topplocket.

3 Skrapa bort sot från förbränningskamrarna och portarna, tvätta sedan topplocket noggrant med fotogen eller lämpligt lösningsmedel.

4 Skrapa bort eventuella kraftiga sotavlagringar som kan ha samlats på ventilerna, använd sedan en elektrisk stålborste till att ta bort avlagringarna från ventilhuvudena och skaften.

Inspektion

Observera: *Utför alla följande inspektionsarbeten innan du avgör om hjälp behövs från en motorrenoveringsspecialist. Gör en lista över alla delar som måste ses över.*

Topplock

5 Undersök noggrant om topplocket är sprucket, visar tecken på kylvätskeläckage eller andra skador. Om sprickor hittas måste ett nytt topplock införskaffas.

6 Använd en stållinjal och bladmått och undersök om topplocksytan är missformad **(se bild)**. Om så är fallet kan det vara möjligt att slipa om det, förutsatt att inte den slutliga topplockshöjden blir mindre än specificerat.

7 Undersök ventilsätena i varje förbränningskammare. Om de är mycket gropiga, spruckna eller brända behöver de bytas ut (detta är endast möjligt på 1.7 liter dieselmotorer) eller fräsas om av en motorrenoveringsspecialist. Om de bara är lätt skadade kan detta åtgärdas genom att ventilhuvudena och sätena slipas in med slipmassa enligt beskrivningen nedan.

8 Om ventilstyrningarna är slitna (vilket indikeras av sidledes ventilrörelse, tillsammans med mycket blå rök i avgaserna när motorn är igång) måste nya styrningar monteras. Mät diametern på ventilskaften (se nedan) och styrningarnas lopp, räkna sedan ut spelet och jämför resultatet med specificerat värde. Om spelet inte är inom specificerade gränser, byt ut ventilerna och/eller styrningarna efter behov.

9 Byte av ventilstyrningarna bör helst utföras av en motorrenoveringsspecialist. Om arbetet ändå utförs hemma, använd ett drivdorn med dubbel diameter till att driva ut den slitna styrningen mot förbränningskammaren. När den nya styrningen monteras, placera den först i en frys i en timme, driv sedan in den i sitt topplockslopp från kamaxelsidan tills den sticker ut ovanför topplocksytan enligt specifikationerna (om inget mått anges, rådfråga en Opelverkstad).

10 Om ventilsätena ska fräsas om måste detta göras efter det att styrningarna har bytts ut.

8.13 Mät ventilskaftets diameter med en mikrometer

11 På 1.7 liter dieselmotorer, undersök om virvelkamrarna är brända, spruckna eller på annat sätt skadade. Små sprickor i kamrarna kan accepteras; byte av kamrarna behövs endast om de är illa brända och missformade, eller om de inte längre har tät passning i topplocket. Om det råder någon som helst tvekan om virvelkamrarnas skick, rådfråga en Opelverkstad eller en motorrenoveringsspecialist som specialiserat sig på dieselmotorer. Byte av virvelkammare bör överlämnas till en specialist. Använd en mätklocka och kontrollera om virvelkammarutsticket är inom specificerade gränser. Nollställ mätklockan på packningsytan på topplocket, mät sedan virvelkammarens utstick **(se bild)**. Om utsticket inte är inom specificerade gränser, kontakta en Opelverkstad eller en specialist på dieselmotorer.

Ventiler

12 Undersök om ventilhuvudena har gropar, är brända, spruckna eller allmänt slitna, och undersök om ventilskaftet är repigt eller har slitkanter. Rotera ventilen och undersök om den är böjd. Leta efter gropar och kraftigt slitage på spetsen på varje ventilskaft. Byt ut ventiler som visar tecken på slitage eller skada.

13 Om ventilerna verkar vara i tillfredsställande skick, mät ventilskaftets diameter på flera punkter med en mikrometer **(se bild)**. Betydande skillnader i avläsningarna indikerar att ventilskaftet är slitet. Om något av dessa förhållanden är uppenbara måste aktuell ventil bytas ut.

14 Om ventilerna är i tillfredsställande skick skall de slipas in i respektive säte, så att en mjuk gastät tätning skapas. Om sätet bara är lite gropigt, eller om det har frästs om, skall **endast** finkornig slipmassa användas. Grovkornig slipmassa skall inte användas såvida inte sätet är illa bränt eller har djupa

8.16 Inslipning av en ventil

gropar; om detta är fallet måste topplocket och ventilerna inspekteras av en specialist som kan avgöra om fräsning, eller till och med byte, av ventilen eller ventilsätet behövs.

15 Ventilinslipning utförs enligt följande. Placera topplocket upp och ner på en arbetsbänk.

16 Lägg lite slipmassa av lämplig grad på sätesytan och pressa ett inslipningsverktyg på ventilhuvudet. Slipa in ventilhuvudet i sätet med en halvcirkelrörelse, lyft då och då upp ventilen för att omfördela slipmassan **(se bild)**. En lätt fjäder under ventilhuvudet underlättar detta moment avsevärt.

17 Om grovkornig slipmassa används, arbeta endast tills en matt jämn yta uppstår på både ventilsätet och ventilen, torka sedan av den använda massan och upprepa med finare slipmassa. När en mjuk obruten ring av ljust grå matt yta uppstått på både ventilen och sätet är inslipningen klar. Slipa **inte** in ventiler längre än absolut nödvändigt – sätet kan sjunka in i topplocket i förtid.

18 När alla ventiler har slipats in, tvätta försiktigt bort alla spår av slipmassa med fotogen eller lämpligt lösningsmedel innan topplocket sätts ihop.

Ventilkomponenter

19 Undersök om ventilfjädrarna är skadade eller missfärgade; om möjligt, jämför också fjäderns fria längd med en ny.

20 Ställ varje fjäder på en plan yta och kontrollera om den är rak. Om någon av fjädrarna är skadad, missformad eller har mist sin spänst, införskaffa en ny uppsättning fjädrar.

21 På 1.6 liter SOHC motorer har avgasventilernas fjädersäten ett lager; lagret roterar ventilen vilket hjälper till att hålla ventilsätet rent. Om något fjädersäteslager visar tecken på slitage eller inte roterar mjukt, måste sätet bytas ut.

9 Topplock - hopsättning

1 Smörj ventilskaften och sätt in dem på sina ursprungliga platser **(se bild)**. Om nya ventiler monteras, sätt in dem på de platser där de slipats in.

2 På den första ventilen, montera fjädersätet. Doppa den nya ventilskaftstätningen i ren motorolja, placera den sedan försiktigt över ventilen och på styrningen. Var försiktig så att inte tätningen skadas när den passerar över ventilskaftet. Använd en lämplig hylsa eller ett metallrör till att pressa tätningen på plats på styrningen. **Observera:** *Om originaltätningar monteras, använd skyddet som medföljer tätningarna; skyddet passar över ventilskaftet och förhindrar att oljetätningsläppen skadas på ventilen* **(se bilder)**.

3 Placera fjädern på sätet och montera fjäderhållaren **(se bild)**.

4 Tryck ihop ventilfjädern och placera det delade knastret i urtaget i ventilskaftet **(se bild)**. Släpp kompressorn, upprepa sedan proceduren på övriga ventiler.

5 När alla ventiler är monterade, placera topplocket platt på arbetsbänken, använd en hammare och ett träblock och knacka på änden på varje ventilskaft så att komponenterna sätter sig.

6 På 1.6 liter SOHC motor, arbeta enligt beskrivning i del A, montera de hydrauliska ventillyftarna, tryckmellanläggen och följarna på topplocket, montera sedan topplocket.

7 På alla DOHC bensinmotorer, arbeta enligt beskrivning i del B, montera topplocket på motorn och montera följarna och kamaxlarna.

8 På 1.7 liter dieselmotorer, arbeta enligt

9.1 Smörj ventilskaftet med motorolja och sätt in ventilen i rätt styrning

9.2a Montera fjädersätet . . .

9.2b . . . montera sedan tätningsskyddet (där sådant finns) till ventilen . . .

9.2c . . . sätt dit ventilstyrningens nya oljetätning . . .

9.2d . . . och pressa ner den på ventilstyrningen med en lämplig hylsa

9.3 Montera ventilfjädern och fjäderhållaren

9.4 Tryck ihop ventilen och placera knastren i urtaget på ventilskaftet

beskrivning i del C, montera topplocket på motorn och sätt tillbaka följarna, mellanläggen och kamaxeln. Montera insprutarna och glödstiften enligt beskrivning i kapitel 4 och 5.

9 På 2.0 liter dieselmotorer, följ beskrivningen i del D, montera topplocket på motorn och montera de hydrauliska ventillyftarna, följarna och kamaxeln.

10 Kolvar och vevstakar – demontering

Observera: *Nya bultar (och muttrar på 1.7 liter dieselmotor) till vevstakarnas storändsöverfall behövs vid monteringen.*

1 På 1.6 liter bensinmotorer, demontera topplocket och sumpen och skruva sedan loss oljeupptagaren/silen från oljepumpen. Se del A för information om SOHC motorer och del B för information om DOHC motorer.

2 På 1.8 och 2.0 liter DOHC motorer, se del B av detta kapitel, demontera topplocket och sumpen och skruva sedan loss oljeupptagaren/silen från oljepumpen. Skruva loss fästskruvarna och ta bort skvalpplåten från motorblocket. För att förbättra åtkomligheten ytterligare, lossa jämnt och stegvis fästbultarna och ta bort ramlagrens gjutgods från motorblocket.

HAYNES TiPS

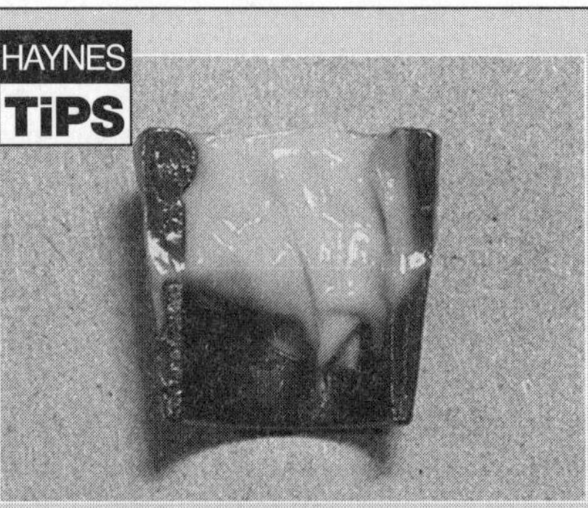

Använd lite fett för att hålla knastren på plats på ventilskaftet medan fjäderkompressorn lossas

3 På 1.7 liter dieselmotorer, se del C av detta kapitel, demontera toppocket och sumpen och demontera sedan oljeupptagaren/silen från oljepumpen. Skruva loss fästbultarna och ta bort skvalpplåten från motorblocket **(se bild)**.

4 På 2.0 liter dieselmotorer, arbeta enligt beskrivningen i del D av detta kapitel, demontera topplocket och sumpen och skruva loss oljeupptagaren/silen från oljepumpen.

5 På alla modeller, om det finns en tydlig slitkant längst upp i något lopp kan man måsta ta bort denna med en skrapa eller en kantbrotsch för att undvika skador på kolven vid demonteringen. En sådan kant indikerar att cylinderloppet är mycket slitet.

6 Innan demontering, använd bladmått och mät storändens sidospel på varje vevstake **(se bild)**. Om någon vevstake överskrider specificerat spel måste den bytas ut.

10.3 På 1.7 liters dieselmotorer, skruva loss skvalpplåten från motorblocket

7 Använd en hammare och en körnare, färg eller liknande och markera varje vevstake och dess lageröverfall med respektive cylindernummer på den plana delen; om motorn har tagits isär förut, anteckna noggrant eventuella identifikationsmärken som gjorts förut **(se bild)**. Observera att cylinder nr 1 är vid motorns kamrems-/kamkedjeände.

8 Vrid vevaxeln för att placera kolv nr 1 och 4 i ND (nedre dödpunkt).

9 Skruva loss muttrarna (1.7 liter dieselmotor) eller bultarna (alla andra motorer) från kolv nr 1 storändslageröverfall. Ta bort överfallet och ta vara på den nedre lagerskålshalvan. Om lagerskålarna skall återanvändas, tejpa ihop dem med överfallen.

Varning: På vissa motorer har inte vevstakens/lageröverfallets fogytor slipats plana; storändslageröverfallet har "brutits" av från vevstaken under produktionen och lämnas orörd för att försäkra att överfall och vevstake ska passa ihop perfekt. Om denna typ av vevstakar är monterade, var ytterst försiktig så att inte fogytorna skadas. Minsta lilla skada på ytorna påverkar styrkan hos vevstaken avsevärt och kan leda till förtida haveri.

10.6 Kontrollera sidospelet för varje vevstakes storände

10.7 Innan demontering, gör identifikationsmärken på vevstakarna och lageröverfallen (inringat). Notera att klacken på lageröverfallet är vänd mot svänghjulet/drivplattan

11.4 Identifikationsmärken på ramlageröverfallen (vid pilarna)

11.7 Demontering av vevaxeln

10 Med hjälp av ett hammarskaft, tryck upp kolven genom loppet och ta bort den uppe på motorblocket. Ta vara på lagerskålen och tejpa ihop den med vevstaken för förvaring.

11 Sätt löst tillbaka storändsöverfallet på vevstaken och säkra med muttrar/bultar – detta för att hålla komponenterna i rätt ordning.

12 Demontera kolv nr 4 på samma sätt.

13 Vrid vevaxeln 180° för att placera kolv nr 2 och 3 i ND och demontera dem på samma sätt.

11 Vevaxel - demontering

Observera: *Nya bultar till ramlageröverfallen behövs vid monteringen.*

1.6 liter bensinmotor

1 Demontera oljepumpen och svänghjulet/drivplattan. Se del A för information om SOHC motorn och del B för information om DOHC motorn.

2 Demontera kolvarna och vevstakarna enligt beskrivning i avsnitt 10. Om inget arbete skall utföras på kolvarna/vevstakarna, skruva loss överfallen och tryck kolvarna så långt upp i loppen att vevstakarna hamnar ur vägen för vevaxeltapparna.

3 Kontrollera vevaxelns axialspel enligt beskrivning i avsnitt 14, gör sedan enligt följande.

4 Ramlageröverfallen skall vara numrerade 1 till 5 från kamremsänden och alla identifikationsnummer skall vara rätt väg från motorblockets baksida sett **(se bild)**. **Observera:** *På vissa motorer är kanske inte lageröverfallet vid svänghjuls-/drivplattsänden (nr 5) numrerat, men det kan lätt identifieras ändå.* Om lageröverfallen inte är märkta, använd hammare och körnare eller en filtpenna, numrera överfallen 1 till 5 från kamremsänden och markera varje överfall för att indikera dess rätta monterade läge för att undvika förvirring vid monteringen.

5 Arbeta i diagonal ordning, lossa jämnt och stegvis de tio ramlageröverfallsbultarna ett halvt varv i taget tills alla bultar är lösa. Ta bort bultarna.

6 Ta försiktigt bort varje överfall från motorblocket, kontrollera att den nedre lagerskålen stannar kvar i överfallet.

7 Lyft försiktigt ut vevaxeln, var noga med att inte rubba de övre ramlagerskålarna **(se bild)**. Demontera den bakre oljetätningen och kasta den.

8 Ta vara på de övre lagerskålarna från motorblocket och tejpa ihop dem med respektive överfall för förvaring.

1.8 och 2.0 liter bensinmotorer

9 Demontera svänghjulet/drivplattan och oljepumpen enligt beskrivning i del B av detta kapitel.

10 Skruva loss fästskruvarna och ta bort skvalpplåten från motorblocket.

11 Lossa fästbultarna jämnt och stegvis och ta bort ramlagrens gjutgods från motorblocket.

12 Demontera vevaxeln enligt beskrivning i punkt 2 till 8.

1.7 liter dieselmotor

13 Arbeta enligt beskrivning i del C i detta kapitel, demontera svänghjulet och skruva loss oljepumpkåpan från motorblockets högra ände.

14 Skruva loss vevaxelns bakre oljetätningshus och ta bort det från motorblocket **(se bild)**. Om husets styrstift sitter löst, ta bort dem och förvara dem tillsammans med huset.

15 Demontera vevaxeln enligt beskrivning i punkt 2 till 8 men notera att lageröverfallens identifikationsmarkering är annorlunda. På denna motor skall överfallen vara numrerade 1 till 5 med överfall nr 1 vid kamremsänden, och pilen på varje överfall skall peka mot motorns kamremsände.

16 När vevaxeln är demonterad, ta bort tryckbrickshalvorna från sidorna på ramlager nr 2.

2.0 liter dieselmotor

17 Arbeta enligt beskrivningen i del D av detta kapitel, demontera vevaxelns kamkedjedrev och svänghjulet.

18 Lossa fästbultarna jämnt och stegvis och ta bort ramlagrens gjutgods från basen på lageröverfallen, notera vilken väg den sitter.

19 Demontera vevaxeln enligt beskrivning i punkt 2 till 8 men notera att lageröverfallens identifikationsmärken är annorlunda. På denna motor måste man göra identifikationsmärken på varje överfall eftersom endast överfall nr 1 och 2 är märkta av tillverkaren **(se bild)**. Numrera överfallen 1 till 5 från motorns

11.14 På 1.7 liters dieselmotorer, skruva loss det bakre oljetätningshuset och ta bort det från motorn

11.19 På 2.0 liters dieselmotorer är bara ramlageröverfall nr 1 och 2 märkta av tillverkaren (vid pilarna)

12.2 På 2.0 liters dieselmotorer, skruva loss fästskruvarna och ta bort oljespraymunstyckena från motorblocket

kamkedjeände och markera också varje överfall för att indikera dess korrekta monterade läge, detta för att undvika förvirring vid monteringen.

12 Motorblock - rengöring och inspektion

Rengöring

1 Demontera alla yttre komponenter och elektriska brytare/givare från motorblocket. För en total rengöring skall frostpluggarna helst tas bort. Borra ett litet hål i varje plugg, sätt sedan in en självgängande skruv i hålet. Dra ut pluggen genom att dra i skruven med en tång, eller genom att använda en glidhammare.

2 På dieselmotorer, demontera kolvarnas oljespraymunstycken från insidan av motorblocket. På 1.7 liters motorer har munstyckena tryckpassning i blocket och på 2.0 liters modeller är de fästa med bultar **(se bild)**.

3 Skrapa bort alla spår av packning från motorblocket och från raglagrens gjutgods (om monterat), var försiktig så att inte packnings-/tätningsytan skadas.

4 Demontera alla oljegalleripluggar (om monterade). Pluggarna sitter vanligtvis mycket hårt - de kan behöva borras ut, och hålen gängas om. Använd nya pluggar när motorn sätts ihop.

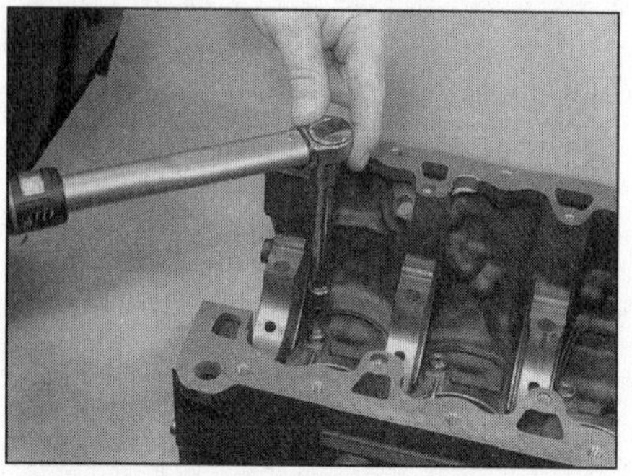

12.10 På 2.0 liters dieselmotorer, montera oljespraymunstyckena och dra åt bultarna till specificerade moment

5 Om något av gjutgodsen är extremt smutsig bör alla ångtvättas.

6 När gjutgodsen kommit tillbaka, rengör alla oljehål och oljegallerier en gång till. Spola alla inre passager med varmt vatten tills vattnet som kommer ut är klart. Torka noggrant och lägg på ett tunt lager olja på alla fogytor för att förhindra rostbildning. Olja också cylinderloppen. Om du har tillgång till tryckluft, använd det till att skynda på torkningen och till att blåsa ut all olja i hålen och gallerierna.

⚠ *Varning: Använd skyddsglasögon vid arbete med tryckluft.*

7 Om gjutgodsen inte är mycket smutsiga kan rengöringen utföras med hett (så hett som du klarar av) såpvatten och en styv borste. Ta gott om tid på dig och gör ett noggrant arbete. Oavsett vilken rengöringsmetod som används, se till att rengöra alla oljehål och gallerier mycket noggrant och torka alla komponenter ordentligt. Skydda cylinderloppen mot rost enligt beskrivningen ovan.

8 Alla gängade hål måste vara rena för att rätt momentåtdragning skall kunna göras. För att rengöra gängorna, använd en gängtapp av rätt storlek i varje hål för att ta bort rost, korrosion, gänglås eller avlagringar, och för att återställa skadade gängor. Om möjligt, använd tryckluft till att rensa hålen på skräp som bildas under detta moment. Ett bra alternativ är att spraya in vattenavvisande smörjmedel i varje hål, med hjälp av den långa pip som vanligtvis medföljer.

⚠ *Varning: Använd skyddsglasögon när hålen rengörs på detta sätt.*

9 Lägg passande tätningsmedel på de nya oljegalleripluggarna och sätt in dem i hålen i blocket. Dra åt dem ordentligt.

10 På dieselmotorer, montera kolvarnas oljespraymunstycken på motorblocket. På 1.7 liters motorer, pressa in munstyckena på plats och försäkra dig om att var och en av dem placeras exakt i rak vinkel i förhållande till vevaxeln. På 2.0 liters motorer, sätt tillbaka munstyckena i blocket och dra åt fästbultarna till specificerat moment **(se bild)**.

11 Om motorn inte skall sättas ihop på en gång, täck över den med en stor plastsäck för att hålla den ren. Skydda alla fogytor och cylinderlopp mot rost enligt beskrivningen ovan.

Inspektion

12 Undersök om gjutgodsen är spruckna eller korroderade. Leta efter trasiga gängor i de gängade hålen. Om det någon gång har varit en inre vattenläcka kan det vara värt att låta en motorrenoveringsspecialist kontrollera motorblocket/vevhuset med specialutrustning. Om defekter hittas, låt reparera dem om det är möjligt eller byt ut enheten.

13 Undersök alla cylinderlopp för att se om de är repade.

14 Mät diametern på varje cylinderlopp längst upp (just under slitkanten), på mitten och längst ner, både parallellt med vevaxeln och i rät vinkel mot den, så att totalt sex mått tas. Observera att det finns olika storleksgrupper av standardloppsdiameter för att lämna utrymme för tillverkningstoleranser. Storleksgruppen är instansad på motorblocket.

15 Jämför resultatet med specifikationerna i början av detta kapitel. Om något av måtten överskrider servicegränsen måste motorblocket borras om (om möjligt) eller bytas ut och nya kolvar monteras.

16 Om cylinderloppen är kraftigt gropiga eller repiga, eller om de är mycket slitna, orunda eller koniska, eller om spelet mellan kolv och lopp är för stort (se avsnitt 13), måste motorblocket borras om (om möjligt) eller bytas och nya kolvar monteras. Kolvar av överstorlek (0,5 mm) finns för alla motorer utom 1.7 liter dieselmotor.

17 Om loppen är i relativt gott skick och inte är slitna till specificerad gräns, skall kolvringarna bytas ut. Om detta är fallet skall loppen henas så att de nya ringarna bäddas in rätt och ger bästa möjliga tätning. Den konventionella typen av henverktyg har fjäderbelastade stenar och används med en elborr. Man behöver också lite fotogen (eller heningsolja) och trasor. Henverktyget skall dras upp och ner i loppet och skapa ett kryssmönster och mycket heningsolja skall användas. Helst skall de korsande linjerna skära under en vinkel av 60°. Ta inte bort mer material än nödvändigt för att skapa den önskade ytan. Om nya kolvar monteras kan kolvtillverkaren specificera en yta med en annan vinkel, så deras instruktioner bör då följas. Ta inte ut henverktyget ur loppet medan det fortfarande går runt, stanna det först. När ett lopp har henats, torka bort all heningsolja. Om utrustning av denna typ inte finns tillgänglig, eller om du inte är säker på att du klarar av detta arbete, kan en motorrenoveringsspecialist utföra det till en rimlig kostnad.

13 Kolvar och vevstakar - inspektion

1 Innan inspektionen påbörjas måste kolvarna/vevstakarna rengöras och kolvringarna tas bort från kolvarna.

2 Utvidga försiktigt de gamla ringarna och dra upp dem över toppen på kolven. Använd två eller tre gamla bladmått för att hindra att kolvringarna faller in i tomma spår **(se bild)**. Var noga med att inte repa kolven med ringändarna. Ringarna är sköra och går av om de böjs ut för mycket. De är också mycket vassa - skydda händerna med handskar. Notera att den tredje ringen (oljeringen) består av en distans och två sidoskenor. Ta alltid bort ringarna från toppen av kolven. Förvara varje uppsättning ringar tillsammans med

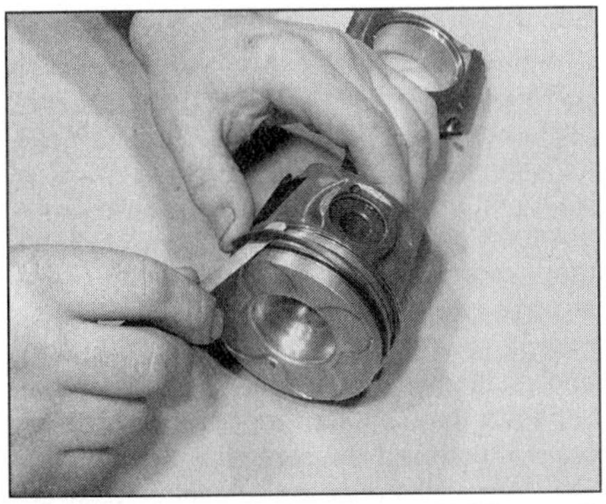

13.2 Kolvringarna tas bort med hjälp av ett bladmått

tillhörande kolv om de gamla skall återanvändas.

3 Skrapa bort alla spår av sot från kolvtoppen. En stålborste (eller en fin slipduk) kan användas när den största delen av avlagringarna har skrapats bort. Kolvarnas identifikationsmärken bör nu vara synliga.

4 Ta bort sot från ringspåren i kolven med hjälp av en gammal ring. Bryt av ringen för att göra detta (var försiktig så att du inte skär dig - kolvringarna är vassa). Var noga med att endast ta bort sotavlagringarna – ta inte bort någon metall och repa inte ringspåren.

5 När alla avlagringar har tagits bort, rengör kolvarna/vevstakarna med fotogen eller lämpligt lösningsmedel och torka ordentligt. Kontrollera att oljereturhålen i ringspåren är rena.

6 Om cylinderloppen inte är skadade eller mycket slitna, och om motorblocket inte behöver borras om (se avsnitt 12), kontrollera kolvarna enligt följande.

7 Undersök noggrant varje kolv för att se om den har sprickor runt kjolen, runt kolvbultshålen och i områdena mellan ringspåren.

8 Leta efter repor på kolvkjolen, hål i kolvkronan och brända områden på kanten av kronan. Om kjolen är repad kan motorn ha varit utsatt för överhettning och/eller onormal förbränning som orsakat extremt höga arbetstemperaturer. Kyl- och smörjsystemen skall kontrolleras noggrant. Brännmärken på sidorna på kolven visar att förbiblåsning har inträffat. Ett hål i kolvkronan, eller brända områden på kanten av kolvkronan, tyder på onormal förbränning (förtändning, knackning eller detonation). Om något av dessa problem upptäcks, måste orsakerna undersökas och åtgärdas, annars kommer skadorna att uppstå igen. Orsaken kan också omfatta felaktig tänd-/pumpinställning (efter tillämplighet), eller en defekt insprutare.

9 Korrosion på kolven, i form av gropar, tyder på att kylvätska har läckt in i förbränningskammaren och/eller vevhuset. Igen, orsaken måste hittas och åtgärdas om inte problemet skall uppstå igen i den hopmonterade motorn.

10 Mät kolvdiametern i räta vinklar i förhållande till kolvbultsaxeln; jämför resultaten med specifikationerna i början av kapitlet. Notera att det finns olika storleksgrupper för kolvdiameterstandard för att lämna utrymme för tillverkningstoleranser. Storleksgruppen är instansad på kolvkronan.

11 För att mäta spelet mellan kolv och lopp, mät antingen loppet (se avsnitt 12) och kolvkjolen enligt beskrivning och dra ifrån kjoldiametern från loppmåttet, eller placera varje kolv i sitt ursprungliga lopp och stick in ett bladmått tillsammans med kolven. Kolven måste vara exakt i sitt normala läge och bladmåttet måste vara mellan kolven och loppet, på en av tryckytorna precis ovanför botten i loppet. Dela det uppmätta spelet i två för att erhålla spelet när kolven är centrerad i loppet. Om spelet för stort måste en ny kolv sättas dit. Om kolven kärvar i den nedre änden av loppet och är glapp upptill är loppet koniskt. Om kärva punkter påträffas när kolven/bladmåttet roteras i loppet är loppet orunt.

12 Upprepa momentet för alla kolvar och cylinderlopp. En kolv som är sliten över specificerade gränser måste bytas ut.

13 Undersök varje vevstake noggrant för att se om den är skadad, t.ex. har sprickor runt storänds- och lilländslagren. Kontrollera att vevstaken inte är böjd eller missformad. Det är inte troligt att vevstakarna är skadade, såvida inte motorn har skurit eller överhettats ordentligt. En detaljerad kontroll av vevstakarna kan endast utföras av en Opelverkstad eller en motorrenoveringsspecialist med nödvändig utrustning.

14 På alla bensinmotorer har kolvbultarna presspassning i vevstakens lilländslager. Därför skall alltid byte av kolv och/eller vevstake överlåtas till en Opelverkstad eller motorrenoveringsspecialist som har nödvändiga verktyg för att demontera och montera kolvbultar. Om nya kolvar ska monteras, se till att kolvar av rätt storleksgrupp monteras i varje lopp. **Observera:** *Opel anger att kolvar/vevstakar inte skall tas isär. Om någon komponent behöver bytas måste hela enheten bytas ut. Montera inte ihop en ny kolv med en gammal vevstake eller vice versa.*

15 På dieselmotorer är kolvbultarna av flytande typ, fästa på plats av två låsringar. På dessa motorer kan kolvarna och vevstakarna separeras enligt följande.

16 Använd en liten flat skruvmejsel, bänd ut låsringarna och tryck ut kolvbulten **(se bild)**. Tryck med handen skall vara nog för att få ut bulten. Identifiera kolv och vevstake så att de kan sättas ihop rätt. Kasta låsringarna – nya *måste* användas vid montering.

17 Undersök om kolvbulten och vevstakens lilländslager är slitna eller skadade **(se bild)**. Slitage kräver byte av både kolvbulten och vevstaken. På 1.7 liters motorn finns lilländsbussningen att få tag i separat, men byte av bussning är ett jobb för en specialist – tillgång till en press krävs och den nya bussningen måste brotschas noggrant.

18 Vevstakarna själva bör inte behöva bytas, om inte motorn har kärvat eller något annat mekaniskt fel har uppstått. Undersök vevstakarna visuellt – om de inte är raka, ta dem till en motorrenoveringsspecialist för en mer detaljerad kontroll.

19 Undersök alla komponenter och införskaffa eventuellt nya delar från din Opelåterförsäljare. Om nya kolvar köps levereras de med kolvbultar och låsringar. Låsringar kan också köpas individuellt.

20 På 1.7 liters motorn, sätt ihop kolven och vevstaken så att inställningsmarkeringen (pricken) på kolvkronan är på samma sida som det upphöjda märket ingjutet på sidan av vevstaken **(se bilder)**.

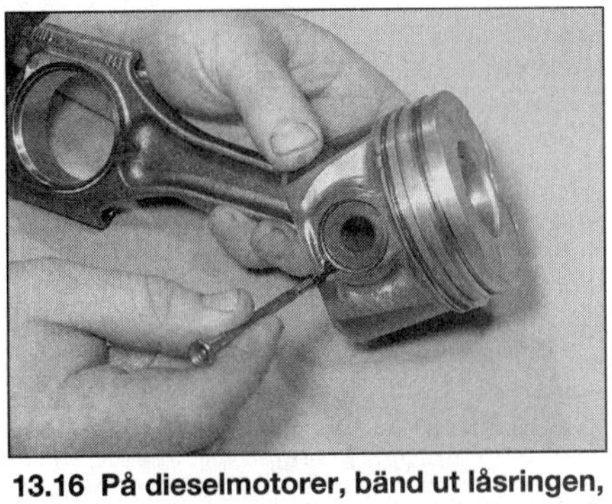

13.16 På dieselmotorer, bänd ut låsringen, ta bort kolvbulten och separera kolven och vevstaken

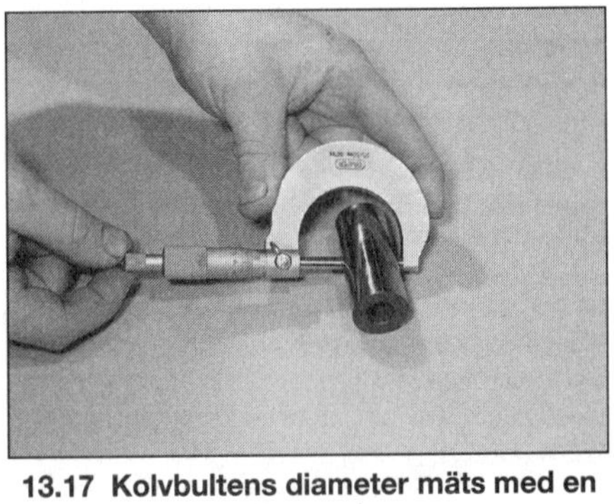

13.17 Kolvbultens diameter mäts med en mikrometer

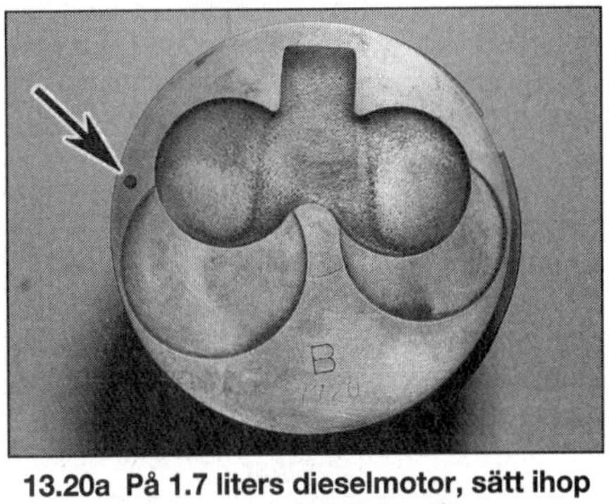

13.20a På 1.7 liters dieselmotor, sätt ihop kolven och vevstaken så att inställningsmärket (vid pilen) . . .

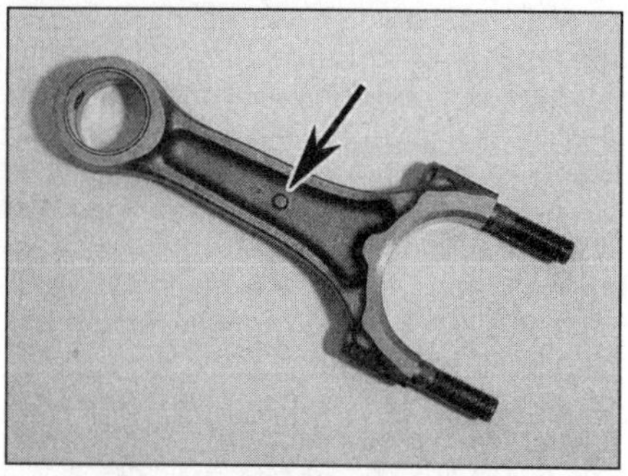

13.20b . . . är på samma sida som vevstakens upphöjning (vid pilen)

21 På 2.0 liters motorer, sätt ihop kolv och vevstake så att pilen på kolvkronan pekar bort från hopsättningsmarkeringen ingjuten på sidan av vevstaken, ovanför storändsloppet **(se bild)**.

22 Lägg lite ren motorolja på kolvbulten. Skjut in den i kolven och genom vevstakens lillände. Kontrollera att kolven svänger fritt på vevstaken, säkra sedan kolvbulten på plats med två nya låsringar och se till att varje låsring sätter sig rätt i sitt spår i kolven. På 2.0 liters motorer, se till att båda låsringarna placeras så att deras ändgap är uppåt **(se bilder)**.

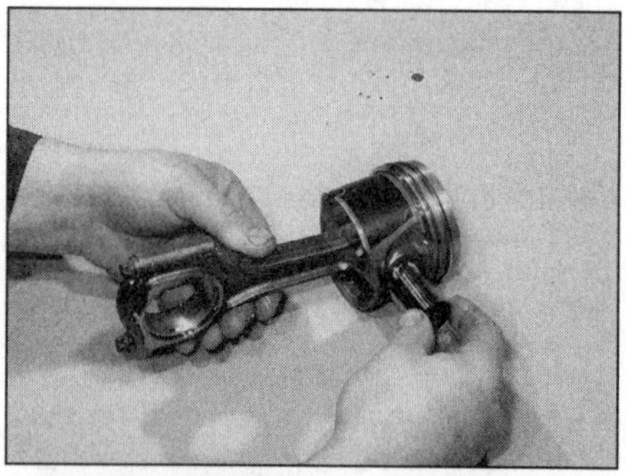

13.22a När kolven och vevstaken är korrekt hopsatta, sätt in kolvbulten . . .

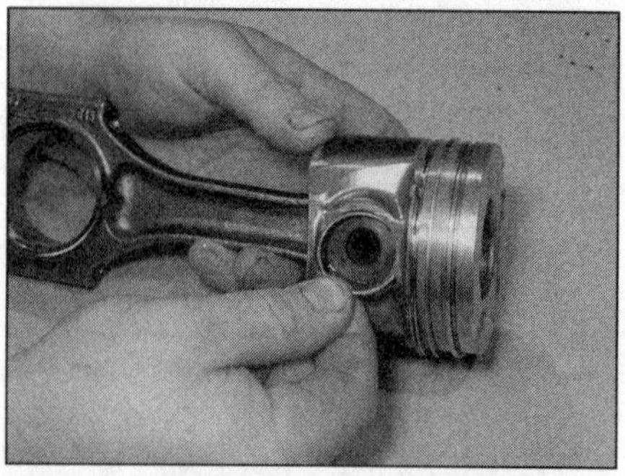

13.22b . . . och säkra den på plats med nya låsringar

På 2.0 liters motorer, placera låsringens ändgap uppåt

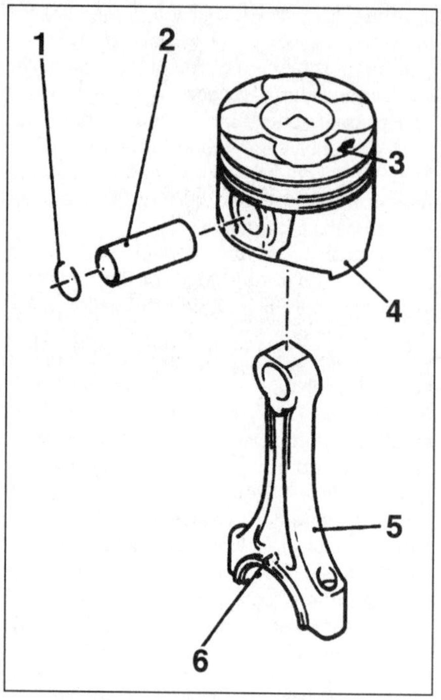

13.21 Kolvens/vevstakens komponenter

1 *Låsring*
2 *Kolvbult*
3 *Pil på kolvkrona*
4 *Kolv*
5 *Vevstake*
6 *Vevstakens hopsättningsmärke*

14 Vevaxel – inspektion

Kontroll av vevaxelns axialspel

1 Om vevaxelns axialspel skall kontrolleras, måste detta göras medan vevaxeln fortfarande är kvar i motorblocket men är fri att röras (se avsnitt 11).

2 Kontrollera axialspelet med en mätklocka i kontakt med vevaxelns ände. Tryck vevaxeln så långt det går åt ena hållet och nollställ klockan. Tryck vevaxeln helt åt andra hållet och kontrollera axialspelet **(se bild)**. Resultatet kan nu jämföras med specifikationerna och det ger en indikation om huruvida nya tryckbrickshalvor (1.7 liter dieselmotor) eller ramlagerskålar (alla andra motorer) behövs.

3 Om en mätklocka inte finns till hands kan bladmått användas. Tryck först vevaxeln helt mot motorns svänghjuls-/drivplattsände, använd sedan bladmått till att mäta gapet mellan vevaxelslängen och sidan på tryckbrickan **(se bild)**. På 1.7 liters dieselmotorer är separata tryckbrickor monterade på sidorna om övre lagerskålen till ramlager nr 2 och på alla andra motorer är tryckbrickor inkluderade i ramlagerskålarna för nr 3.

Inspektion

4 Rengör vevaxeln med fotogen eller lämpligt lösningsmedel och torka den, helst med tryckluft om möjligt. Var noga med att rengöra oljehålen med en piprensare eller liknande, de får inte vara blockerade.

⚠ ***Varning: Använd skyddsglasögon vid arbete med tryckluft.***

5 Undersök om ramlager- och storändslagertapparna är ojämnt slitna, repade, gropiga eller spruckna.

6 Storändslagerslitage åtföljs av ett distinkt metalliskt knackande när motorn är igång (speciellt märkbart när motorn drar från låg hastighet) och viss förlust av oljetryck.

7 Ramlagerslitage åtföljs av kraftig motorvibration och mullrande – vilket blir stegvis värre när motorhastigheten ökar – och även här förlust av oljetryck.

8 Undersök om lagertapparna är ojämna genom att känna med fingret över lagerytan. Eventuella ojämnheter (vilket åtföljs av tydligt lagerslitage) tyder på att vevaxeln behöver slipas om (om möjligt) eller bytas ut.

9 Leta efter borrskägg runt vevaxelns oljehål (hålen är vanligtvis fasade, så borrskägg bör inte vara ett problem om inte omborrningen utförts vårdlöst). Ta bort eventuellt borrskägg med en fin fil eller skrapa och rengör oljehålen ordentligt enligt tidigare beskrivning.

10 Använd en mikrometer, mät diametern på

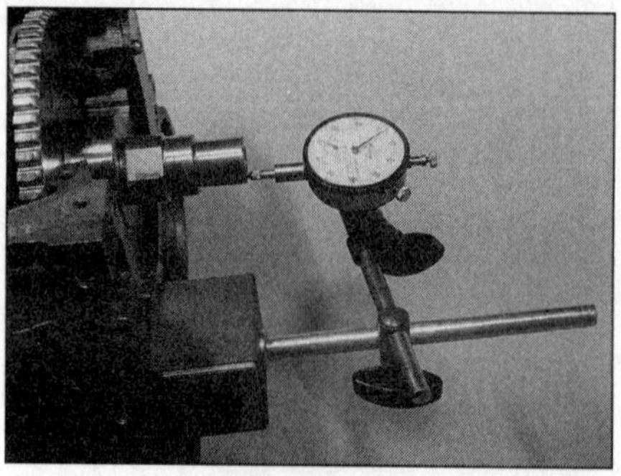

14.2 Kontrollera vevstakens axialspel med en mätklocka . . .

14.3 . . . eller ett bladmått

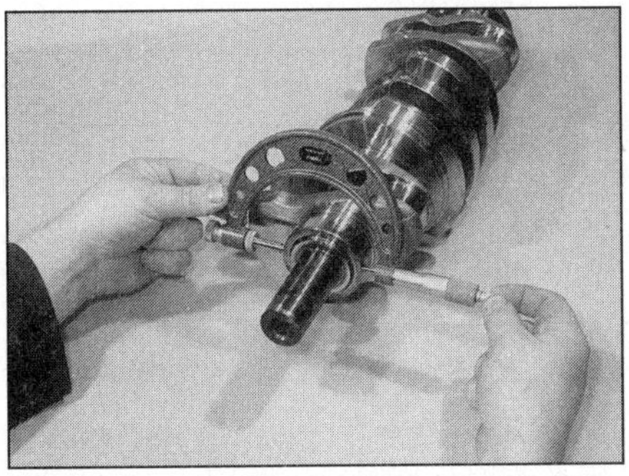

14.10 En mikrometer används till att mäta ramlagertappens diameter

ram- och storändslagertapparna och jämför resultaten med specifikationerna **(se bild)**. Genom att mäta diametern på ett flertal punkter runt varje tapps omkrets kan man avgöra om tappen är orund eller inte. Ta ett mått i varje ände av tappen, intill vevaxelslängen, för att avgöra om tappen är konisk. Jämför resultaten med de angivna i specifikationerna.

11 Undersök om oljetätningarnas kontaktytor i vevaxelns båda ändar är slitna och/eller skadade. Om tätningen har slitit ett djupt spår i ytan på vevaxeln, rådfråga en motorrenoveringsspecialist; det kan vara möjligt att reparera, men annars måste en ny vevaxel införskaffas.

12 Placera vevaxeln i V-block och placera en mätklocka uppe på vevaxelns ramlagertapp nr 1. Nollställ mätklockan, rotera sedan vevaxeln sakta två hela varv och observera tappens kast. Upprepa momentet på de fyra andra ramlagertapparna, så att du har ett **kast** mått för alla ramlagertappar. Om skillnaden mellan två lagertappar överskrider gränsen angiven i specifikationerna måste vevaxeln bytas ut.

13 Storänds- och ramlagerskålar av understorlek (0,25 och 0,50 mm) produceras av Opel för alla motorer utom 1.7 liter dieselmotorn. Om vevaxeltapparna inte redan har slipats om kan det vara möjligt att renovera vevaxeln och montera lagerskålar av understorlek. På 1.7 liter dieselmotorn måste vevaxeln bytas ut om den är sliten under specificerad gräns.

15 Ram- och storändslager – inspektion

1 Även om ram- och storändslager bör bytas ut under motorrenoveringen skall de gamla lagren behållas så att de kan undersökas, eftersom de kan ge värdefull information om motorns skick **(se bild)**.

2 Lagerhaveri kan uppstå på grund av smörjmedelsbrist, smutspartiklar, överbelastning av motorn eller korrosion **(se bild)**. Oavsett orsaken till lagerhaveri måste orsaken

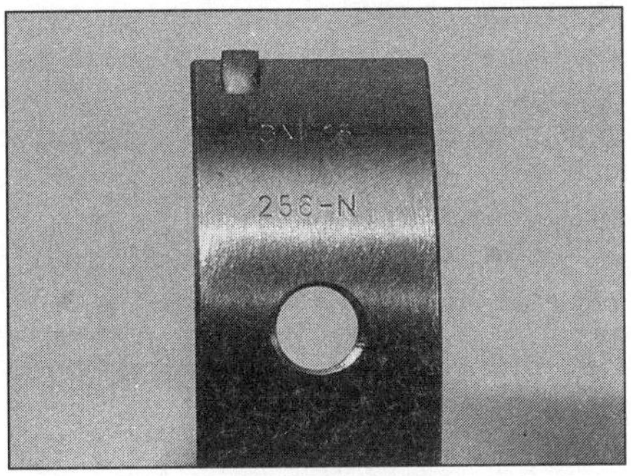

15.1 Typisk identifikationsmärkning på en ramlagerskål

utredas och problemet åtgärdas innan motorn sätts ihop, för att förhindra att samma sak händer igen.

3 Vid undersökning av lagerskålarna, ta bort dem från motorblocket, ramlageröverfallen, vevstakarna och vevstakarnas storändslageröverfall. Lägg ut dem på en ren yta i samma positioner som de är monterade i motorn. Detta gör att man kan matcha lagerproblem med motsvarande vevaxeltapp.

4 Smuts och andra partiklar kommer in i motorn på olika sätt. Det kan ha lämnats i motorn under hopsättningen eller det kan komma in genom filter eller vevhusventilationssystemet. Det kan också komma in i oljan och därifrån in i lagren. Metallflisor från sliparbeten och normalt motorslitage är vanliga. Slipmedel blir ibland kvar i motorns komponenter efter renovering, speciellt om inte delarna rengörs noggrant med rätt metoder. Oavsett källan blir dessa partiklar ofta inbäddade i det mjuka lagermaterialet och kan lätt upptäckas. Stora partiklar bäddas inte in i materialet och de repar eller urholkar lagret och tappen. Det bästa sättet att förebygga denna typ av lagerhaveri är att rengöra alla delar mycket noga och hålla allt absolut rent under hopsättningen av motorn. Täta och regelbundna olje- och filterbyten rekommenderas också.

5 Brist på smörjmedel (smörjmedelshaveri) har ett antal sinsemellan relaterade orsaker. Extrem hetta (vilket tunnar ut oljan), överbelastning (vilket pressar oljan från lagerytan) och oljeläckage (p.g.a. stora lagerspel, sliten oljepump eller höga motorhastigheter) bidrar alla till smörjmedelsbrist. Blockerade oljekanaler, vilket vanligtvis är resultatet av felinställda oljehål i en lagerskål, svälter också ett lager på olja och förstör det. När oljebrist är orsaken till ett lagerhaveri nöts eller pressas lagermaterialet bort från stålunderlaget. Temperaturer kan stiga till den grad att stålunderlaget blir blått av överhettning.

6 Körvanor kan ha avgörande effekter på ett lagers livslängd. Full gas i låg hastighet (varvning av motorn) lägger stor belastning på lagren och pressar ut oljelagret. Dessa belastningar gör att lagren böjs, vilket skapar fina sprickor i lagerytan (utmattning). Till slut kommer lagermaterialet att lossna i bitar och slitas bort från stålunderlaget.

7 Körning korta sträckor leder till korrosion av lagren eftersom inte tillräckligt med värme från motorn produceras för att eliminera kondens och korrosiva gaser. Dessa produkter samlas i motoroljan och skapar syra och slam. När oljan förs till motorns lager angriper syran lagermaterialet och skapar korrosion.

8 Felaktig montering av lager under hopsättningen leder också till lagerhaveri. Lager som sitter för hårt ger inte tillräckligt med spel och orsakar oljesvält. Smuts eller andra partiklar som fastnat bakom en lagerskål resulterar i upphöjda punkter i lagret vilket också leder till haveri.

9 Som vi nämnt i början av detta avsnitt bör lagerskålarna bytas ut som en rutinåtgärd under en motorrenovering. Att inte göra det är falsk ekonomi.

16 Motorrenovering – hopsättningsordning

1 Innan hopsättningen påbörjas, se till att alla nya delar har införskaffats och att alla nödvändiga verktyg finns till hands. Läs igenom hela arbetsbeskrivningen för att bekanta dig med arbetet och se till att allt som behövs för hopsättning av motorn finns till hands. Utöver alla vanliga verktyg och material behövs också gänglåsningsmedel. En tub tätningsmedel av bra kvalitet behövs också för fogytor som inte har packningar.

2 För att spara tid och undvika problem kan motorn sättas ihop i följande ordning:

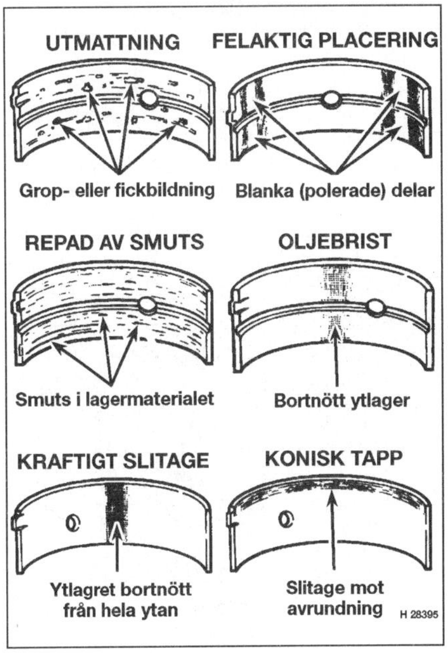

15.2 Vanligt lagerslitage

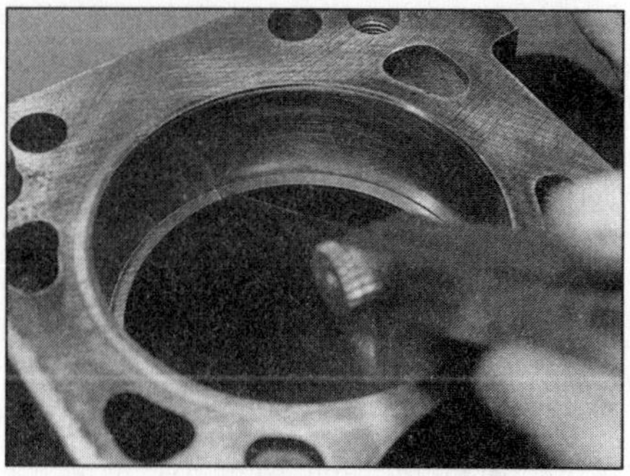

17.4 Kolvringens ändgap mäts med bladmått

a) Vevaxel
b) Kolvar och vevstakar
c) Kamkedja och drev – 2.0 liters dieselmotor
d) Oljepump
e) Sump
f) Svänghjul/drivplatta
g) Topplock
h) Kamremsspännare och drev, och remmar – alla modeller utom 2.0 liter dieselmotor
i) Insugs- och avgasgrenrör (kapitel 4)
j) Yttre motorkomponenter

3 Vid det här laget bör alla motorkomponenter vara absolut rena och torra och alla defekter skall vara åtgärdade. Lägg ut alla komponenter (möjligtvis i individuella behållare) på en absolut ren arbetsyta.

17 Kolvringar – montering

1 Innan nya kolvringar monteras måste ändgapen kontrolleras enligt följande.
2 Lägg ut kolvarna/vevstakarna och den nya uppsättningarna kolvringar, så att ringarna matchas med samma kolv och cylinder under mätningen av ändgapen som under efterföljande motorhopsättning.
3 Sätt in den översta ringen i den första cylindern och tryck ner den i loppet med kolvtoppen. Detta försäkrar att ringen förblir i rät vinkel mot cylinderväggarna. Tryck ner ringen i loppet tills den är 15 till 20 mm ner från loppets översta kant, dra sedan ut kolven.
4 Mät ändgapet med bladmått och jämför måttet med siffrorna som anges i specifikationerna **(se bild)**.
5 Om gapet är för litet (osannolikt om Opels egna delar används) måste det förstoras, annars kan ringändarna ta i varandra under motorgång vilket resulterar i allvarliga skador. Helst skall nya kolvringar med rätt ändgap monteras. Som en sista utväg kan ändgapet förstoras genom att man filar av ringändarna mycket försiktigt med en fin fil. Montera filen i ett skruvstäd med mjuka käftar, dra ringen över filen så att ändarna vidrör filens yta och rör sakta ringen så att lite material tas bort från ändarna. Var försiktig – kolvringarna är vassa och de går också lätt sönder.
6 Med nya kolvringar är det osannolikt att ändgapen är för stora, kontrollera att du har rätt ringar för den aktuella motorn och för den speciella cylinderloppsstorleken.
7 Upprepa kontrollen för de andra ringarna i den första cylindern och därefter för ringarna i de övriga cylindrarna. Kom ihåg att förvara ringar, kolvar och cylindrar tillsammans så att de inte blandas ihop.

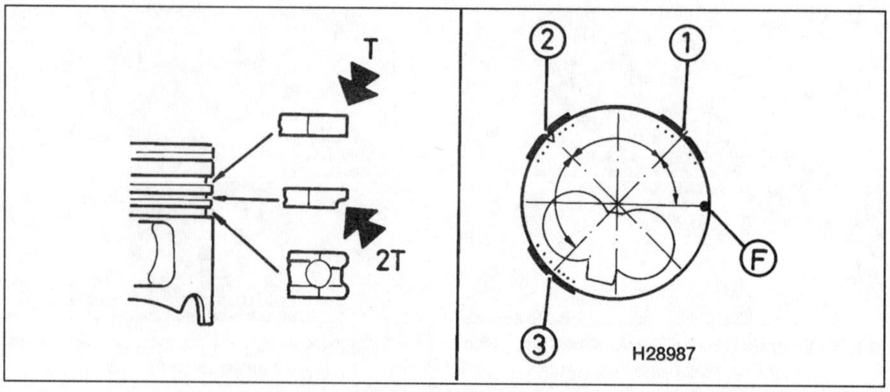

17.10 Kolvringarnas identifikation och placering av ändgapen

1 Övre kompressionsring
2 Andra kompressionsring
3 Oljering
F Inställningsmärke (prick) på kolvkronan

8 När ringarnas ändgap har kontrollerats och vid behov korrigerats kan ringarna monteras på kolvarna.
9 Montera kolvringarna med samma teknik som vid demonteringen. Montera först oljeringens (den nedersta ringen) distans, därefter de båda sidoskenorna. Notera att det för både distansen och sidoskenorna inte spelar någon roll vilken sida som är vänd uppåt.
10 På 1.7 liters dieselmotorer är de två kompressionsringarna olika och kan identifieras av märken på den övre ytan; den översta ringen har en rak profil och är märkt "T", medan den andra kompressionsringen har en fasad profil och är märkt "2T". Montera de båda ringarna och se till att båda monteras med rätt sida vänd uppåt, med identifikationsmakeringen överst **(se bild)**. **Observera:** *Följ alltid instruktioner som medföljer de nya kolvringarna – olika tillverkare specificerar olika arbetsprocedurer. Blanda inte ihop den övre och den nedre kompressionsringen.*
11 På alla andra motorer är kompressionsringarna också olika och kan identifieras med hjälp av sina profiler; den övre ringen är konisk medan den andra ringen är rak. Montera de två kompressionsringarna och se till att varje ring placeras rätt väg upp, med identifikationsmärket ("TOP") överst **(se bild)**.

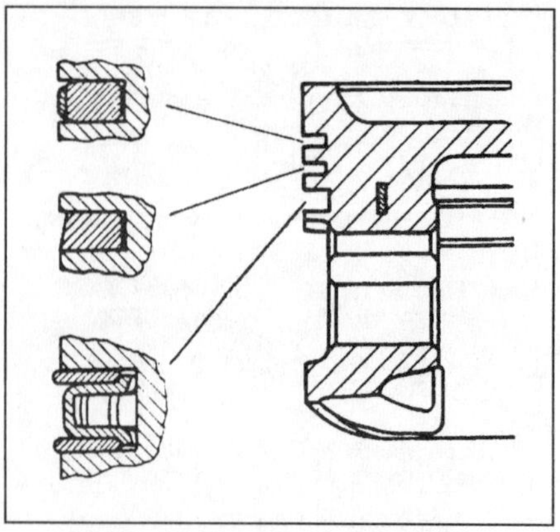

17.11 Genomskärning av kolvringar (1.6 liter visad – övriga liknande)

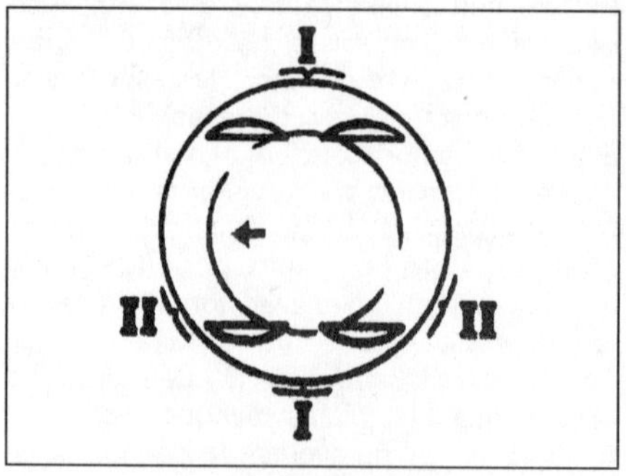

17.12a Placering av kolvringarnas ändgap – bensinmotor

I Övre och nedre kompressionsringar
II Oljeringarnas sidoskenor

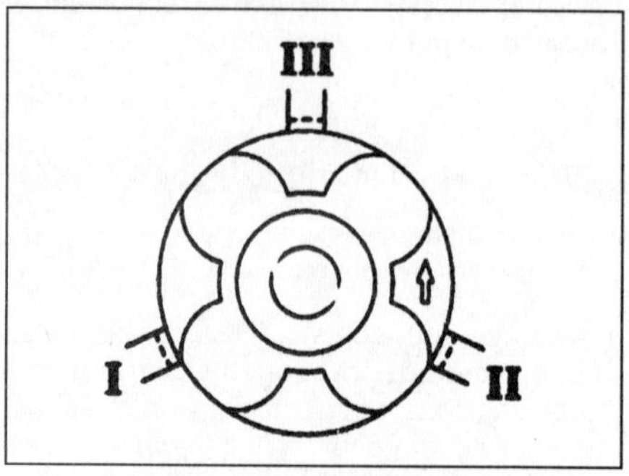

17.12b Placering av kolvringarnas ändgap – 2.0 liters dieselmotor

I Övre kompressionsring
II Andra kompressionsring
III Oljering

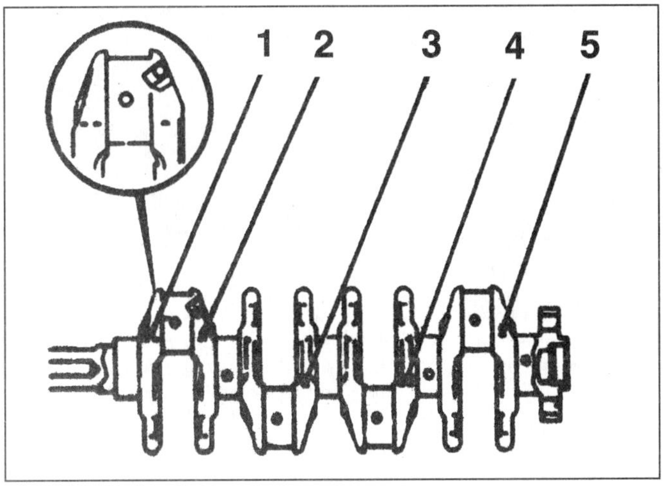

18.2 Storleksmarkeringar för vevaxelns ramlagertappar – 1.7 liters dieselmotor

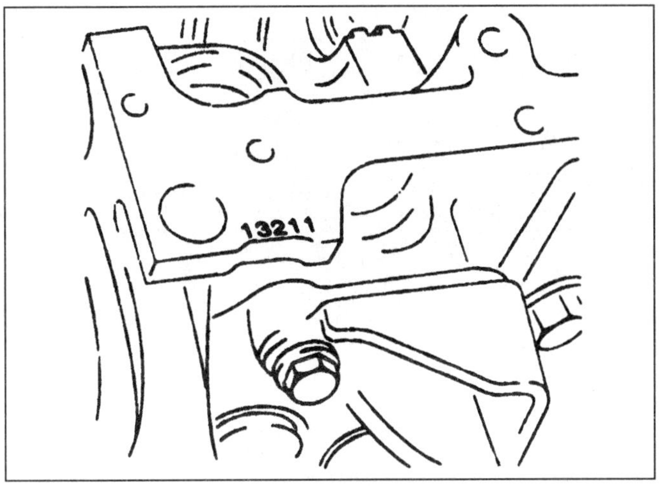

18.3 Ramlagerloppens storlekskoder på motorblocket – 1.7 liters dieselmotor

Observera: *Följ alltid instruktioner som medföljer de nya kolvringarna – olika tillverkare specificerar olika arbetssätt. Blanda inte ihop kompressionsringarna. På vissas motorer har den översta ringen inget identifikationsmärke och det spelar då ingen roll vilken sida som vänds uppåt.*

12 När kolvringarna är ordentligt installerade, kontrollera att alla ringar kan rotera fritt i sina spår. Mät spelet mellan varje ring och dess spår med bladmått och kontrollera att spelet motsvarar specifikationerna, placera sedan ringgapen så som visas **(se bilder)**.

18 Vevaxel - montering och kontroll av ramlagerspel

Observera: *Det rekommenderas att nya ramlagerskålar monteras oavsett de gamlas skick.*

Val av lagerskålar

1.7 liter dieselmotor

1 Ramlagerspelet kontrolleras i produktionen genom att man väljer lagerskålar av en av fyra grader. Graden indikeras av en färgkod på kanten på varje skål vilken anger skålens tjocklek. Från den tunnaste till den tjockaste är skålgraderna följande: grön, brun, svart och blå. Lagerskålar tillverkas endast i standardstorlekar, inga understorlekar finns tillgängliga från Opel.

2 Om lagerskålarna skall bytas, kontrollera först och anteckna identifikationsmärkningen instansad på vevaxeln, intill varje ramlagertapp. Markeringen består antingen av en enkel linje eller en dubbel linje på vevaxelslängen. Nummer 1 (motorns kamremsände) lagerkod är placerad till höger om lagertappen, medan alla andra koder är på vänster sida om aktuell tapp **(se bild)**.

3 Därefter, kontrollera och anteckna ramlagerloppens storlekskoder som är instansade på högra, bakre änden av motorblockets nedre fogyta **(se bild)**. Markeringarna består av siffror (1 till 3). Den första siffran indikerar storleksgruppen för ramlagerlopp nr 1 (kamremsänden) och den sista siffran nummer 5.

4 Matcha relevant ramlagerloppskod med dess vevaxellagertappskod och välj en ny uppsättning lagerskålar med hjälp av följande tabell. Vevaxelkoderna är listade i den vänstra spalten och ramlagerloppskoderna i raden längst upp; den lagergrad som behövs hittar man där de två kolumnerna korsas.

	1	2	3
Enkel linje	Svart	Brun	Grön
Dubbel linje	Blå	Svart	Brun

Alla andra motorer

5 För alla motorer utom 1.7 liters dieselmotor, även om originallagerskålarna som monterats vid tillverkningen kan vara av olika grader, är alla ersättningsskålar som säljs av samma grad. Opel levererar lagerskålar av både standardstorlek och understorlek som kan användas om vevaxeln har slipats om. Vilken storlek på skålarna som behövs kan avgöras genom att man mäter vevaxeltapparna (se avsnitt 14).

Kontroll av ramlagerspel

6 Rengör baksidan av lagerskålarna och lagerplatserna både i motorblocket och ramlageröverfallen.

7 Pressa in lagerskålarna på sina platser, se till att fliken på varje skål hakar i urtaget i motorblocket eller ramlageröverfallet **(se bild)**. Om originallagerskålarna används för kontrollen, se till att de sätts tillbaka på sina ursprungliga platser. Spelet kan kontrolleras på två olika sätt.

8 En metod (som blir svår att utföra utan tillgång till en rad interna mikrometrar eller interna/externa expanderande tänger) är att sätta tillbaka ramlageröverfallen på motorblocket, med lagerskålarna på plats. Med överfallsbultarna rätt åtdragna (använd originalbultarna för kontrollen, inte de nya), mät den inre diametern för varje par hopsatta lagerskålar. Om sedan diametern på varje motsvarande vevaxeltapp mäts och sedan dras av från lagrets inre diameter, blir resultatet ramlagerspelet.

9 Den andra (och mer exakta) metoden är att använda en produkt kallad Plastigauge. Denna består av en fin tråd av helt rund plast som trycks ihop mellan lagerskålen och tappen. När skålen tas bort är plasten deformerad och kan mätas med en speciell skala som medföljer tråden. Spelet avläses med hjälp av denna skala. Plastigauge är ibland svårt att få tag i, men någon av de större motorspecialisterna bör känna till någon leverantör i området. Kontrollen med Plastigauge görs enligt följande:

10 Med de övre ramlagerskålarna monterade, lägg försiktigt vevaxeln på plats. Använd inget smörjmedel; vevaxeltapparna och lagerskålarna måste vara helt rena och torra.

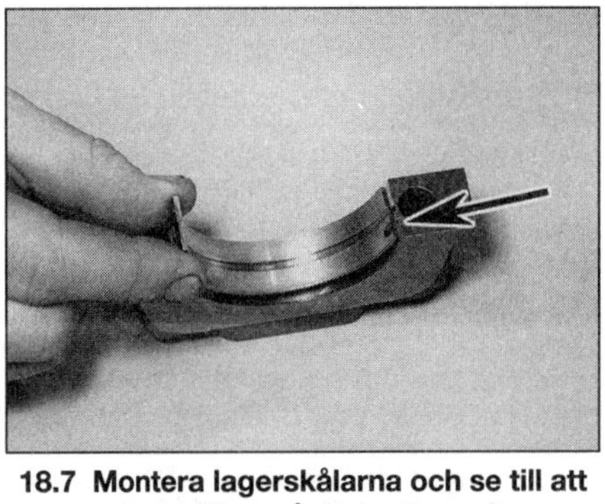

18.7 Montera lagerskålarna och se till att deras flikar går in i urtagen i lageröverfallen/motorblocket

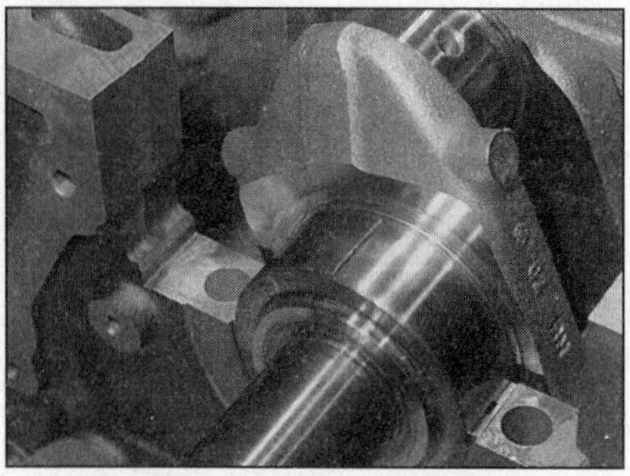

18.11 Plastigauge placerad på en ramlagertapp

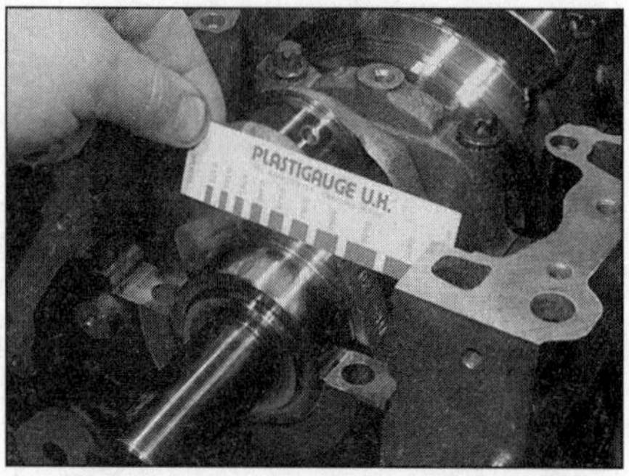

18.13 Mät bredden på den deformerade tråden med den medföljande skalan

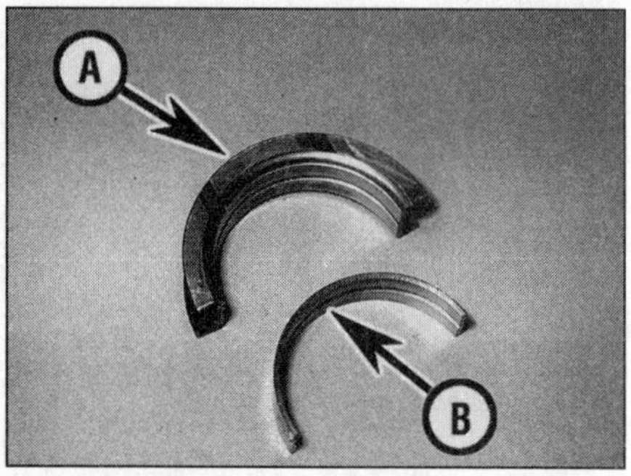

18.19 På alla motorer utom 1.7 liters diesel har de mittre ramlagerskålarna (A) tryckflänsar och alla andra skålar är enkla (B)

11 Klipp flera bitar Plastigauge (lite kortare än ramlagren är breda) och placera en bit på varje vevaxeltapp, längs dess axel **(se bild)**.

12 Med de nedre ramlagerskålarna på plats, sätt tillbaka ramlageröverfallen, använd identifikationsmärkena till att försäkra att alla placeras korrekt. Sätt tillbaka de ursprungliga fästbultarna och dra åt dem till specificerat moment (1.7 liter dieselmotor - se punkt 41) eller till specificerat moment för steg 1 och därefter till vinklarna för steg 2 och 3 (alla andra motorer - se punkt 24 till 26). Var noga med att inte rubba Plastigaugetråden och **rotera inte** vevaxeln alls under detta moment. Lossa och ta bort ramlageröverfallsbultarna jämnt och stegvis och lyft av överfallen, hela tiden försiktigt så att inte tråden rubbas eller vevaxeln roterar.

13 Jämför bredden på den hoptryckta tråden på varje tapp med skalan på trådens kuvert för att erhålla ramlagerspelet **(se bild)**. Jämför spelet med det som anges i specifikationerna i början av detta kapitel.

14 Om spelet avviker betydligt från det förväntade kan lagerskålarna vara av fel storlek (eller mycket slitna om originalskålarna återanvänds). Innan du bestämmer dig för att vevaxeln är sliten, se till att inte smuts eller olja trots allt funnits mellan lagerskålarna och överfallen eller motorblocket när spelet mättes. Om Plastigaugetråden var bredare i ena änden kan vevaxeltappen vara konisk.

15 Innan några komponenter döms ut, rådfråga en Opelverkstad eller annan motorrenoveringsspecialist. De kan också informera om vilka åtgärder som lämpligast bör vidtas eller om byte är nödvändigt.

16 Om så behövs, införskaffa lagerskålar av rätt storlek och upprepa kontrollen av spelet enligt ovan.

17 Efter avslutat arbete, skrapa försiktigt bort alla spår av Plastigauge från vevaxeln och lagerskålarna med nageln eller något annat som inte repar lagerytan.

Slutlig montering av vevaxeln

Modeller med 1.6 liters bensinmotor

18 Lyft försiktigt ut vevaxeln ur motorblocket.

19 Placera lagerskålarna på sina platser enligt beskrivningen ovan i punkt 6 och 7 **(se bild)**. Om nya skålar monteras, tvätta bort allt skyddsfett med fotogen. Torka skålarna och överfallen torra med en luddfri trasa.

20 Smörj de övre skålarna med ren motorolja och sänk ned vevaxeln **(se bild)**.

21 Se till att vevaxeln sitter ordentligt på plats och kontrollera axialspelet enligt beskrivning i avsnitt 14.

22 Kontrollera att lagerskålarna sitter ordentligt i överfallen och sätt tillbaka överfall nummer 1 till 4 i motorblocket **(se bild)**. Var noga med att överfallen sätts tillbaka på sina rätta platser, med överfall nummer 1 vid kamremsänden, och att de monteras rätt väg så att alla siffror är rätt från motorblockets baksida sett.

23 Se till att det bakre lageröverfallet (nr 5) är rent och torrt och fyll sedan spåret på var sida av överfallet med tätningsmedel (Opel rekommenderar tätningsmedel nr 90485251, tillgängligt hos din Opelåterförsäljare) **(se bild)**. Montera lageröverfallet på motorn, se till att det hamnar rätt väg.

24 Lägg ett lager ren motorolja på gängorna och under skallarna på de nya ramlageröverfallsbultarna. Sätt i bultarna och dra åt dem för hand **(se bild)**.

25 Arbeta i diagonal ordning från mitten och utåt, dra åt överfallsbultarna till momentet specificerat för steg 1 **(se bild)**.

26 Gå sedan runt igen och dra åt alla bultarna till vinkeln specificerad för steg 2, gå därefter runt en gång till och dra åt alla bultar till vinkeln för steg 3. Det rekommenderas att en vinkelmätare används under de sista stegen av åtdragningen, för att ett så exakt resultat som möjligt ska erhållas **(se bild)**. Om en mätare inte finns till hands, använd vit färg och rör inriktningsmärken mellan bultskallen och överfallet innan åtdragning; dessa märken kan sedan användas till att kontrollera att bulten dragits åt till rätt vinkel.

27 När alla bultar har dragits åt, spruta in mer tätningsmedel i spåren i det bakre ramlageröverfallet tills man kan se tätningsmedel komma ut i fogarna. När alla överfallets spår är fulla med tätningsmedel, torka bort överflödet men en ren trasa.

28 Kontrollera att vevaxeln kan rotera fritt; om det krävs stor kraft för att rotera vevaxeln, undersök orsaken innan arbetet går vidare.

18.20 Smörj de övre lagerskålarna med ren motorolja och montera sedan vevaxeln

18.22 Smörj vevaxellagertapparna och montera lageröverfall nr 1 till 4 på sina ursprungliga platser

18.23 Fyll sidospåren i det bakre lageröverfallet (nr 5) med tätningsmedel innan det monteras på motorn

18.24 Smörj gängorna på de nya bultarna till ramlageröverfallen . . .

29 Sätt tillbaka/anslut kolvarna/vevstakarna på vevaxeln enligt beskrivning i avsnitt 19.

30 Se del A (SOHC motor) eller del B (DOHC motor), montera en ny vevaxeloljetätning på vänster sida, montera sedan svänghjulet/drivplattan, oljepumpen, topplocket, kamremsdrevet(n) och montera en ny kamrem.

1.8 och 2.0 liters bensinmotorer

31 Montera kamaxeln enligt beskrivning i punkt 18 till 29.

32 Se till att överfallens och ramlagrens gjutgods ytor är rena och torra, montera sedan gjutgodset på motorn. Sätt i fästbultarna och dra åt dem till specificerat moment, arbeta i diagonal ordning från mitten och utåt.

33 Montera skvalpplåten längst ner på motorblocket och dra åt dess fästbultar till specificerat moment.

34 Arbeta enligt beskrivning i del C av detta kapitel, montera en ny vevaxeloljetätning på vänster sida, montera sedan svänghjulet/drivplattan, oljepumpen, topplocket, kamremsdrevet(n) och montera en ny kamrem.

1.7 liters dieselmotor

35 Lyft försiktigt ut vevaxeln ur motorblocket.

36 Placera lagerskålarna på sina platser enligt beskrivningen i punkt 6 och 7. Om nya skålar monteras, se till att tvätta bort allt skyddande fett med fotogen. Torka skålarna och överfallen torra med en luddfri trasa.

37 Använd lite fett och fäst tryckbrickorna på var sida om det övre läget för ramlager nr 2; se till att oljespåren på varje tryckbricka är vänt utåt **(se bild)**.

18.41 . . . sätt i de nya fästbultarna och dra åt dem jämnt och stegvis till specificerat moment

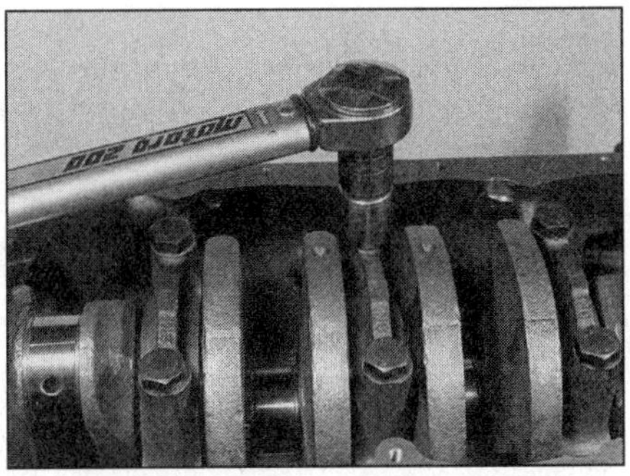

18.25 . . . dra sedan åt bultarna till momentet specificerat för steg 1 . . .

38 Smörj de övre lagerskålarna med ren motorolja och sänk ned vevaxeln på plats.

39 Se till att vevaxeln sitter ordentligt och kontrollera sedan axialspelet enligt beskrivning i avsnitt 14.

40 Försäkra att lagerskålarna är korrekt placerade i överfallen och sätt tillbaka överfallen på motorblocket **(se bild)**. Se till att överfallen sätts på sina rätta platser, men överfall nr 1 vid kamremsänden, och att de monteras rätt väg, så att alla pilar pekar mot motorns kamremsände. Innan montering av överfall nr 1, lägg ett lager tätningsmedel på dess fogyta.

41 Lägg lite ren motorolja på gängorna och under skallarna på de nya ramlageröverfallsbultarna. Sätt i bultarna och dra först åt dem för hand. Arbeta sedan i diagonal ordning från mitten och utåt och dra åt bultarna, jämnt och stegvis, till specificerat moment
(se bild).

42 Kontrollera att vevaxeln kan rotera mjukt; om stor kraft behövs för att rotera vevaxeln, undersök orsaken innan arbetet går vidare.

43 Se till att fogytorna på det bakre oljetätningshuset och motorblocket är rena och torra. Notera oljetätningens monteringsdjup och knacka/bänd sedan ut tätningen ur huset **(se bild)**.

44 Lätt en sträng tätningsmedel på oljetätningshusets fogyta och se till att styrstiften är på plats **(se bild)**. För huset över vevaxeländen och in på sin plats på

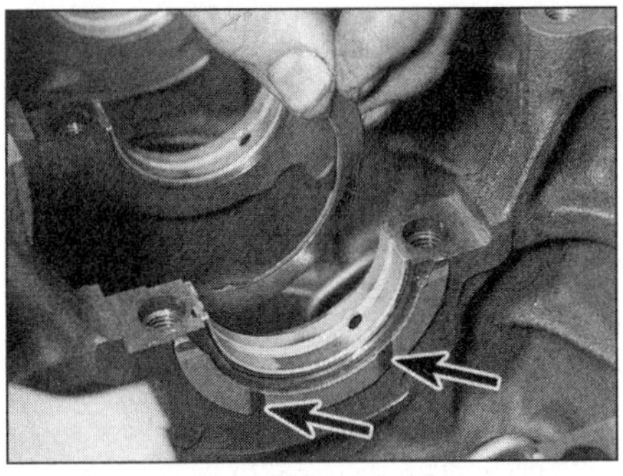

18.37 På 1.7 liters dieselmotor, placera tryckbrickorna på var sida om ramlager nr 2 och se till att oljespåren (vid pilarna) pekar utåt

18.43 Demontera oljetätningen från det bakre huset innan montering

18.26 . . . och därefter till vinklarna för steg 2 och 3

18.40 Montera ramlageröverfallen . . .

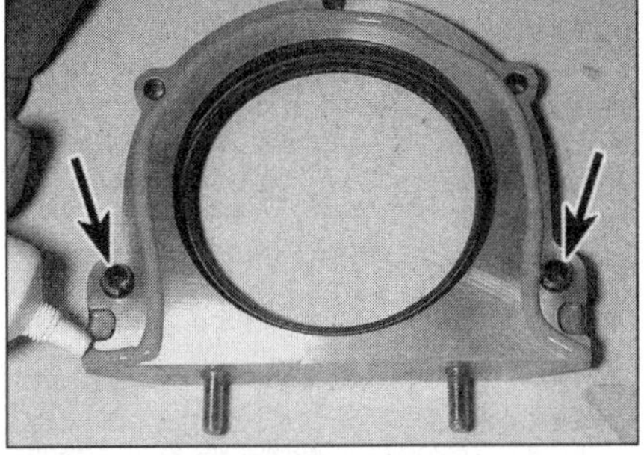

18.44 Lägg en sträng tätningsmedel på det bakre oljetätningshusets fogyta och montera huset på motorn (styrstift vid pilarna)

18.46a Med det bakre lageröverfallet på plats, spruta in tätningsmedel i spåret . . .

18.46b . . . tills man kan se det komma ut genom hålet i överfallet (vid pilen)

motorblocket, dra sedan åt fästbultarna till specificerat moment.

45 Montera/anslut kolvarna/vevstakarna på vevaxeln enligt beskrivning i avsnitt 19. Se del C i detta kapitel, montera en ny bakre vevaxeloljetätning, montera sedan svänghjulet, oljepumpkåpan, topplocket, kamremsdrevet(n) och montera en ny kamrem.

2.0 liters dieselmotor

46 Montera vevaxeln enligt beskrivning i punkt 18 till 29, ta hjälp av markeringarna som gjordes vid demonteringen för att garantera att lageröverfallen monteras korrekt (se avsnitt 11) **(se bilder)**.

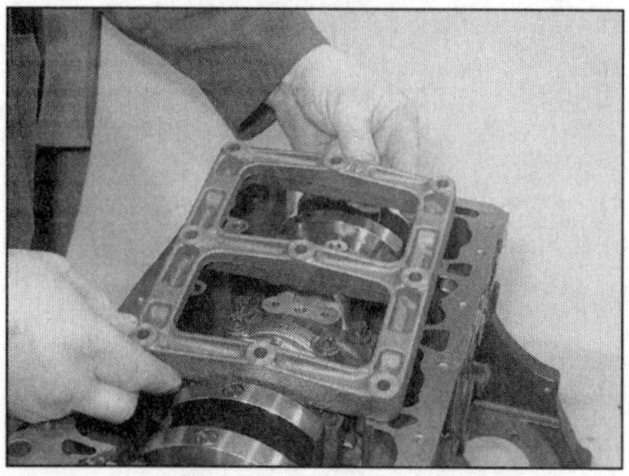

18.47a Montera ramlagrens gjutgods . . .

18.47b . . . se till att dess pil pekar mot motorns kamkedjeände och dra åt fästbultarna till specificerat moment

47 Se till att lageröverfallens och ramlagrens gjutgods ytor är rena och torra. Montera gjutgodset på motorn och se till att pilen på godset pekar mot motorns kamremsände. Sätt i fästbultarna och dra åt dem till specificerat moment, arbeta i diagonal ordning från mitten och utåt **(se bilder)**.

48 Arbeta enligt beskrivningen i del D av detta kapitel, montera en ny vevaxeloljetätning på vänster sida, montera sedan svänghjulet, kamkedjorna och dreven och topplocket.

19 Kolvar och vevstakar – montering och kontroll av storändslagerspel

Observera: *Det rekommenderas att nya kolvringar och storändslageröverfall monteras oavsett de gamlas skick*

Val av lagerskålar

1.7 liters dieselmotor

1 Storändslagerspelet kontrolleras vid produktionen genom val av lagerskålar av en av tre grader. Graden indikeras av en färgkodsmarkering på kanten på varje skål, vilket anger skålens tjocklek. Från den tunnaste till den tjockaste är skålgraderna följande: brun, svart och blå. Lagerskålar produceras endast i standardstorlekar, inga understorlekar finns tillgängliga från Opel.

19.2 Storleksmarkering på vevstakens storände (vid pilen) – 1.7 liters dieselmotor

2 Om lagerskålarna skall bytas ut, kontrollera först och anteckna identifikationsmärket instansat på sidoytan på varje vevstake **(se bild)**. Markeringarna används till att välja lagerskål av rätt grad enligt följande:

Vevstaksmarkering	Lagerskålsgrad som behövs
I	Blå
II	Svart
III	Brun

Alla andra motorer

3 På alla motorer utom 1.7 liter diesel, även om originallagerskålarna som monterats vid tillverkningen kan vara av olika grader, är alla ersättningsskålar som säljs av samma grad. Opel levererar både lagerskålar av standardstorlek och skålar av understorlek som kan användas när vevaxeln har slipats om. Vilken storlek som behövs på skålen kan man avgöra genom att mäta vevaxeltapparna (se avsnitt 14).

Kontroll av storändslagerspel

4 Rengör baksidan av lagerskålarna och lagerlägena i både vevstaken och lageröverfallet.

5 Tryck lagerskålarna på plats, se till att fliken på varje skål hakar i urtaget i vevstaken och överfallet **(se bild)**. Om de gamla lagerskålarna används för kontrollen, se till att de sätts tillbaka på sina ursprungliga platser. Spelet kan kontrolleras på två sätt.

6 En metod är att montera storändslageröverfallet på vevstaken, med lagerskålarna på plats. Med lageröverfallets fästbultar/muttrar (använd de gamla bultarna för kontrollen) korrekt åtdragna, använd en intern mikro-

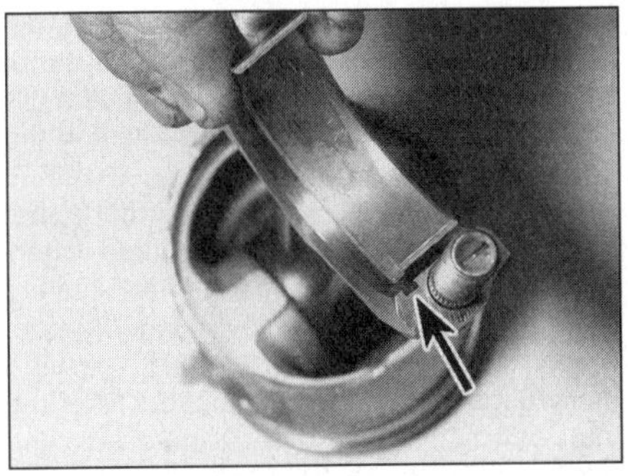

19.5 Montera lagerskålarna och se till att deras flikar placeras korrekt i vevstakens/överfallets spår (vid pilen)

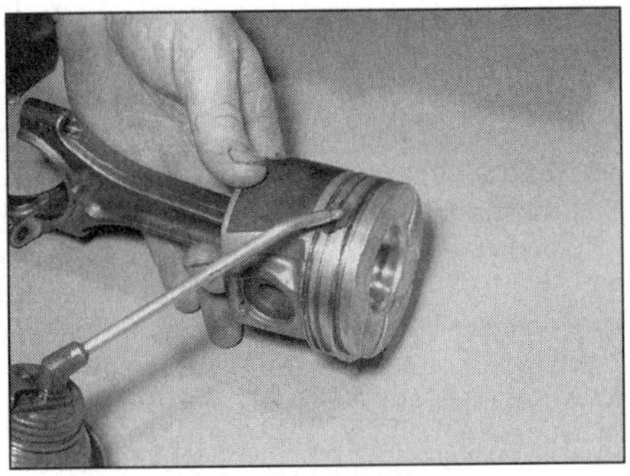

19.9 Smörj kolvringarna med ren motorolja

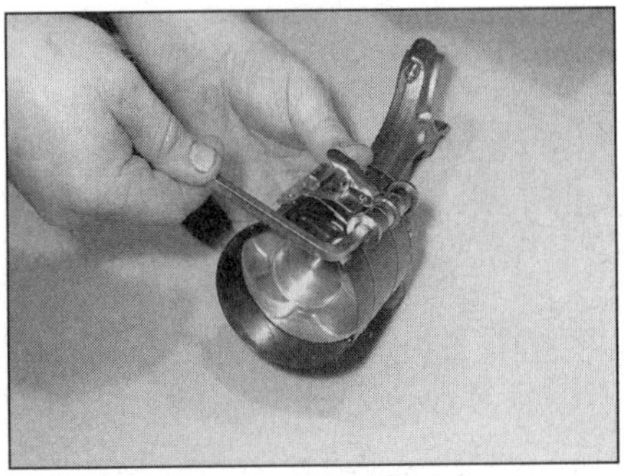

19.10 Kontrollera att kolvringarnas ändgap är rätt placerade, montera sedan ringkompressorn

meter eller ett skjutmått till att mäta den interna diametern på varje par hopsatta lagerskålar. Om sedan diametern på varje motsvarande vevaxeltapp mäts och detta mått dras bort från lagrets interna diameter, blir resultatet storändslagerspelet.

7 Den andra metoden är att använda Plastigauge enligt beskrivningen i avsnitt 18, punkt 9 till 17. Placera en bit Plastigauge på varje (väl rengjord) vevtapp och montera (de rengjorda) kolvarna/vevstakarna, lagerskålarna och storändslageröverfallen. Dra åt bultarna/muttrarna (efter tillämplighet) korrekt och var försiktig så att inte Plastigauge-tråden rubbas. Ta isär enheterna utan att rotera vevaxeln och använd skalan på Plastigauge-trådens kuvert till att avläsa storändslagerspelen. När mätningen avslutats, skrapa försiktigt bort alla spår av tråden från tapparna och lagerskålarna med en nagel eller något annat som inte repar komponenterna.

Slutlig hopsättning av kolvar och vevstakar

8 Kontrollera att lagerskålarna är korrekt monterade enligt beskrivningen i punkt 4 och 5. Om nya skålar ska monteras, tvätta bort allt skyddande fett med fotogen. Torka lagerskålarna och vevstakarna torra med en luddfri trasa.

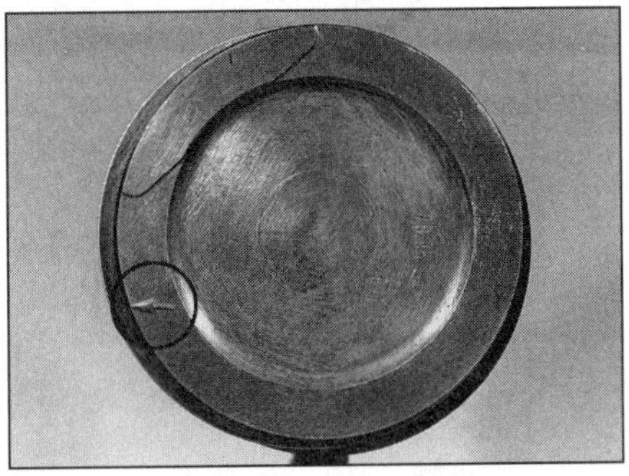

19.11a Sätt in kolven/vevstaken i rätt lopp och se till att pilen på kolvkronan (inringad) pekar mot motorns kamremsände

9 Smörj loppen, kolvarna och kolvringarna, lägg sedan ut varje kolv/vevstake i respektive position **(se bild)**.

10 Starta med enhet nr 1, se till att kolvringarna fortfarande är placerade enligt beskrivningen i avsnitt 17, kläm sedan fast dem på sina platser med en kolvringskompressor **(se bild)**.

Bensinmotorer

11 Sätt in kolven/vevstaken i cylinder nr 1, med pilen på kolvkronan pekande mot motorns kamremsände. Använd ett träblock eller ett hammarskaft mot kolvkronan och knacka in enheten i cylindern tills kolvkronan är jäms med cylinderns kant **(se bilder)**.

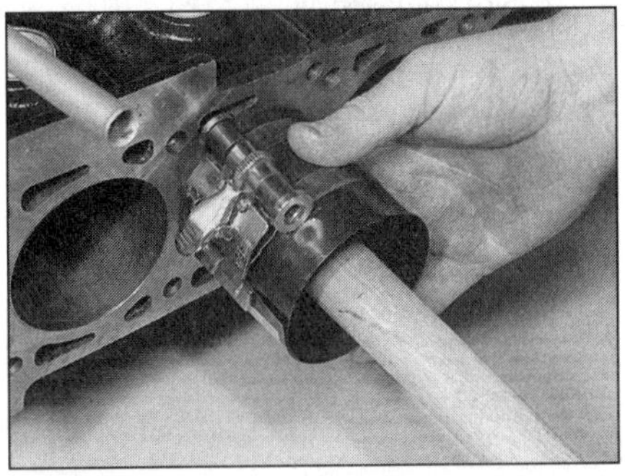

19.11b Knacka försiktigt in kolven i loppet med hjälp av ett hammarskaft

12 Var försiktig så att inte cylinderloppet repas. Smörj lagertappen och båda lagerskålarna rikligt, dra sedan kolven/vevstaken ner i loppet och över lagertappen och montera storändslageröverfallet; se till att det monteras rätt väg (klacken på överfallet skall vara vänd mot motorns svänghjuls/drivplattsände) och skruva i de nya fästbultarna **(se bild)**.

13 På 1.6 liters motorer, dra åt båda lageröverfallsbultarna till momentet specificerat för steg 1 och dra sedan åt dem till vinkeln för steg 2. Det rekommenderas att en vinkel-

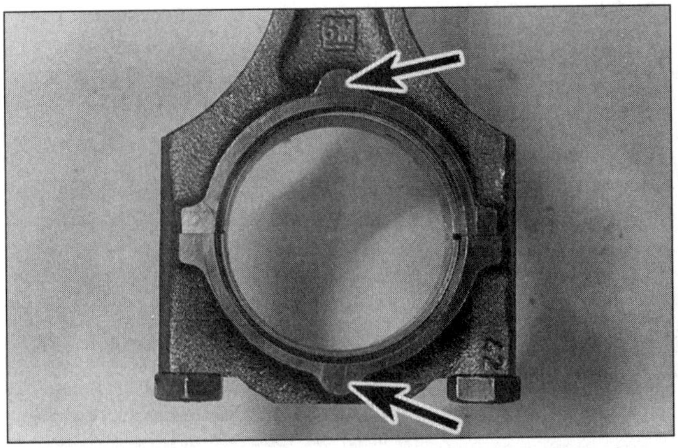

19.12 Montera lageröverfallet på vevstaken och se till att dess klack (vid den nedre pilen) är vänd mot svänghjulet/drivplattan

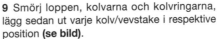

19.13a Dra åt överfallsbultarna till specificerat moment för steg 1 . . .

19.13b . . . och sedan till specificerad vinkel

mätare används för största möjliga exakthet **(se bilder)**. Om en mätare inte finns till hands, använd vit färg och gör inriktningsmärken mellan bultskallen och överfallet innan åtdragningen; dessa kan sedan användas till att kontrollera att bulten dras åt till rätt vinkel.

14 På 1.8 och 2.0 liters motorer, dra åt båda överfallsbultarna till momentet för steg 1, därefter till vinkeln för steg 2 och slutligen till vinkeln för steg 3. Det rekommenderas att en vinkelmätare används för största möjliga exakthet. Om en mätare inte finns till hands, se punkt 13 ovan.

15 Montera de tre övriga kolvarna och vevstakarna på samma sätt.

16 Rotera vevaxeln och kontrollera att den kan roteras fritt, utan tecken på kärvning eller tröga punkter.

17 På 1.8 och 2.0 liters motorer, om demonterade, se till att lageröverfallens och ramlagrens gjutgods ytor är rena och torra. Montera godset på motorn och dra åt dess fästbultar till specificerat moment, arbeta i diagonal ordning från mitten och utåt. Montera skvalpplåten längst ner på motorblocket och dra åt dess fästbultar till specificerat moment.

18 På alla motorer, montera oljepumpsilen, sumpen och topplocket enligt beskrivning i del A eller B (efter tillämplighet) i detta kapitel.

1.7 liters dieselmotorer

19 Innan montering, knacka försiktigt ut de gamla bultarna från vevstaken och sätt i de nya bultarna **(se bild)**.

20 Sätt in kolven/vevstaken i cylinder nr 1 och se till att inställningsmärket (punkt) på kolvkronan pekar mot motorns kamremsände. Med ett träblock eller ett hammarskaft mot kolvkronan, knacka in enheten i cylindern tills kolvkronan är jäms med cylinderkanten **(se bilder)**.

21 Var försiktig så att inte cylinderloppet repas, smörj lagertappen och båda lagerskålarna rikligt, dra sedan ner kolven/vevstaken i loppet och över lagertappen. Montera storändslageröverfallet, använd markeringarna till att försäkra att det sitter rätt väg, och sätt dit de nya fästmuttrarna **(se bild)**.

22 Dra åt båda lageröverfallsmuttrarna till momentet specificerat för steg 1, därefter till vinkeln för steg 2 och slutligen till vinkeln för steg 3 **(se bild)**. Det rekommenderas att en vinkelmätare används för största möjliga exakthet. Om en mätare inte finns till hands, använd vit färg och gör inriktningsmärken mellan bultskallen och överfallet innan åtdragningen; dessa kan sedan användas till att kontrollera att bulten dras åt till rätt vinkel.

23 Montera de övriga tre kolvarna/vevstakarna på samma sätt.

24 Rotera vevaxeln och kontrollera att den

19.19 På 1.7 liters dieselmotor, byt ut vevstakarnas överfallsbultar innan kolvarna/vevstakarna monteras

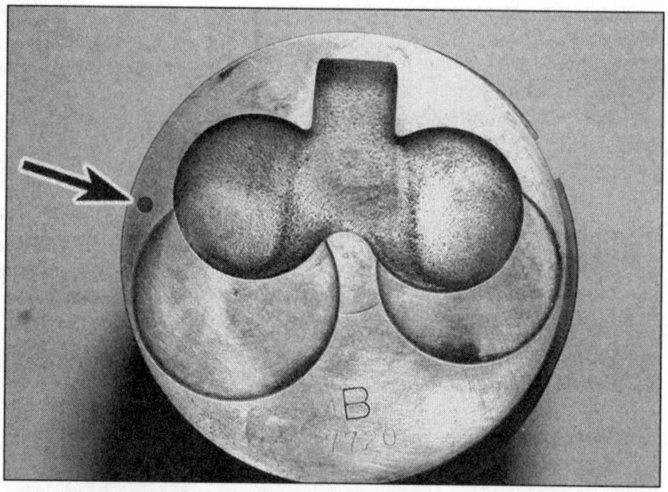

19.20a Sätt in kolvens vevstake i rätt lopp och se till att inställningsmärket (vid pilen) på kolvkronan pekar mot motorns kamremsände

19.20b Knacka försiktigt in kolven i loppet med ett hammarskaft

19.21 Montera lageröverfallet på vevstaken

19.22 Dra åt vevstakarnas muttrar till momentet specificerat för steg 1 och därefter till vinklarna för steg 2 och 3

19.27 Knacka försiktigt in kolven/vevstaken i loppet med ett hammarskaft

19.28 Smörj lagerskålen med ren motorolja och sätt tillbaka lageröverfallet på vevstaken . . .

kan roteras fritt, utan tecken på kärvning eller tröga punkter.

25 Montera skvalpplåten längst ner på motorblocket och dra åt dess fästbultar till specificerat moment.

26 Montera oljepumpsilen, sumpen och topplocket enligt beskrivning i del C av detta kapitel.

2.0 liters dieselmotor

27 Sätt in kolven/vevstaken i cylinder nr 1 och se till att pilen på kolvkronan pekar mot motorns kamkedjeände. Använd ett träblock eller ett hammarskaft mot kolvkronan, knacka in enheten i cylindern tills kolvkronan är jäms med cylinderkanten **(se bild)**.

28 Var försiktig så att inte cylinderloppet repas, smörj lagertappen och båda lagerskålarna rikligt, dra sedan ner kolven/vevstaken i loppet och över lagertappen. Sätt tillbaka storändslageröverfallet, använd markeringarna för att försäkra att det monteras rätt väg (klacken på lageröverfallet skall vara vänd mot motorns svänghjulsände), och skruva in de nya fästbultarna **(se bild)**.

29 Dra åt båda lageröverfallsbultarna till momentet specificerat för steg 1, därefter till vinkeln för steg 2 och slutligen till vinkeln för steg 3. Det rekommenderas att en vinkelmätare används för största möjliga exakthet **(se bild)**. Om en mätare inte finns till hands, använd vit färg och gör inriktningsmärken mellan bultskallen och överfallet innan åtdragningen; dessa kan sedan användas till att kontrollera att bulten dras åt till rätt vinkel.

30 Montera de övriga tre kolvarna och vevstakarna på samma sätt.

31 Rotera vevaxeln, kontrollera att den kan rotera fritt utan tecken på kärvning eller tröga punkter.

32 Montera oljepumpsilen, sumpen och topplocket enligt beskrivning i del D av detta kapitel.

20 Motor – första start efter renovering

1 När motorn har monterats i bilen, kontrollera motorolje- och kylvätskenivåerna igen. Gör en sista kontroll att allt har återanslutits och att inga verktyg eller trasor har glömts kvar i motorrummet.

2 På modeller med bensinmotor, avaktivera tändsystemet genom att koppla loss kontaktdonet från tändningens DIS-modul och bränslesystemet genom att ta loss bränslepumpreläet från motorrummets relädosa (se kapitel 4A, avsnitt 8). Dra runt motorn på startmotorn tills oljetrycksvarningslampan slocknar, stanna då och anslut kontaktdonet och sätt tillbaka reläet.

3 På modeller med dieselmotor, slå på tändningen och dra omedelbart runt motorn på startmotorn (utan att låta glödstiften

19.29a . . . och se till att dess klack (vid pilarna) är vänd mot motorns svänghjulsände. Dra åt överfallsbultarna till momentet specificerat för steg 1 . . .

19.29b . . . och sedan till vinklarna för steg 2 och 3

värmas upp) tills oljetrycksvarningslampan slocknar.

4 På alla modeller, starta motorn normalt och observera att det kan ta lite längre än normalt eftersom bränslesystemets komponenter har rubbats.

5 Medan motorn går på tomgång, leta efter bränsle-, vatten och oljeläckor. Bli inte orolig om det förekommer underliga lukter och rök från delar som hettas upp och bränner av oljeavlagringar.

6 Förutsatt att allt verkar som det ska, låt motorn gå på tomgång tills hett vatten känns cirkulera genom den övre slangen, stäng sedan av motorn.

7 Låt motorn kallna, kontrollera sedan olje- och kylvätskenivåerna enligt beskrivning i *"Veckokontroller"* och fyll på efter behov.

8 Om nya kolvar, ringar eller vevaxellager har monterats måste motorn behandlas som ny och köras in de första 800 km. Ge inte full gas och varva inte motorn i någon växel. Det rekommenderas att oljan och filtret byts ut i slutet av denna inkörningsperiod.

Kapitel 3
Kyl-, värme- och luftkonditioneringssystem

Innehåll

Svårighetsgrader

Enkelt, passar novisen med lite erfarenhet	**Ganska enkelt,** passar nybörjaren med viss erfarenhet	**Ganska svårt,** passar kompetent hemmamekaniker	**Svårt,** passar hemmamekaniker med erfarenhet	**Mycket svårt,** för professionell mekaniker

Specifikationer

Systemtyp	Trycksatt, med fjärrmonterat expansionskärl
Termostat	
Öppningstemperaturer:	
Bensinmotorer:	
Börjar öppna	92°C
Helt öppen	107°C
1.7 liters dieselmotor:	
Börjar öppna:	
Huvudventil	86 till 90°C
Extra ventil	83 till 87°C
Helt öppen:	
Huvudventil	103°C
Extra ventil	100°C
2.0 liters dieselmotor:	
Börjar öppna	92°C
Helt öppen	107°C
Oljekylartermostat (X17DT dieselmotor)	
Öppningstemperaturer:	
Börjar öppna	107°C
Helt öppen	120°C
Elektrisk kylfläkt, arbetstemperaturer	
Kylfläkt på	100°C
Kylfläkt av	95°C
Expansionskärlets lock	
Öppningstryck:	
Bensinmotorer	1,2 till 1,5 bar
Dieselmotorer	1,4 till 1,5 bar
Kokpunkt	123°C

Atdragningsmoment	Nm
Höger motorfäste, mutter	45
Kylvätskepump:	
1.6 liters bensinmotor	8
1.8 och 2.0 liters bensinmotorer	25
1.7 liters dieselmotor	20
2.0 liters dieselmotor	20
Kylvätskepumpens remskiva, fästmuttrar:	
1.7 liters dieselmotor	10
2.0 liters dieselmotor	20
Kylvätsketemperaturgivare:	
X 16 SZR motor – bränsleinsprutningssystem	20
X 16 XEL motor – bränsleinsprutningssystem	14
X 18 XE och X 20 XEV motorer – bränsleinsprutningssystem	10
X 17 DT motor – förvärmningssystem	10
X 20 DTL och X 20 DTH motorer – bränsleinsprutningssystem	18
Luftkonditioneringens kylmedieledning	27
Luftkonditioneringskompressorns fästbult:	
Alla utom X20DTL dieselmotor	35
X20DTL dieselmotor	20 till 24
Temperaturmätarens givare:	
X 16 SZR motor	10 to 14
X 16 XEL motor	14
X 18 XE och X 20 XEV motorer	10
X 17 DT motor	8
X 20 DTL och X 20 DTH motorer	10
Termostathus:	
DOHC 1.6 liters bensinmotor	20
DOHC 1.8 och 2.0 liters bensinmotorer	15
1.7 liters dieselmotor	24
2.0 liters dieselmotor:	
Till motorblock	20
Till topplock	8
Termostatkåpa:	
SOHC 1.6 liters bensinmotor	10
DOHC 1.6 liters bensinmotor	8
DOHC 1.8 och 2.0 liters bensinmotorer	15
1.7 liters dieselmotor	24
2.0 liters dieselmotor:	
Standard termostat	8
Oljekylartermostat*	20

* **Observera:** *Denna termostat är endast monterad på tidiga modeller*

1 Allmän information och föreskrifter

Allmän information

Kylsystemet är trycksatt, det består av en pump som drivs av kamremmen på bensinmotorer och av hjälpaggregatens drivrem på dieselmotorer, en kylare med vattengenomströmning i horisontalled, elektrisk(a) kylfläkt(ar) och termostat(er). Systemet fungerar enligt följande. Kall kylvätska från kylaren passerar genom den nedre slangen till kylvätskepumpen, där det pumpas runt motorblocket, topplockets kanaler och värmepaketet. Efter att ha kylt ned cylinderloppen, förbränningsytorna och ventilsätena, når kylvätskan undersidan av termostaten, vilken inledningsvis är sluten. Kylvätskan passerar genom värmaren och går tillbaka till kylvätskepumpen. När motorn är kall cirkulerar kylvätskan endast genom motorblocket, topplocket och värmaren. När kylvätskan når en förutbestämd temperatur öppnar termostaten och kylvätskan går vidare till kylaren. När kylvätskan passerar genom kylaren kyls den ned av den inrusande vinden när bilen rör sig framåt. Luftflödet kompletteras av en elektrisk kylfläkt när så behövs. När kylvätskan har passerat genom kylaren, och kylts ned, upprepas cykeln.

Den elektriska kylfläkten, monterad bak på kylaren, styrs av en termostatkontakt. Vid en förutbestämd kylvätsketemperatur aktiverar kontakten fläkten.

På modeller med 1.7 liters dieselmotor finns en extra elektrisk kylvätskepump monterad på den nedre högra sidan av kylfläktsenheten på kylaren. Denna pump leder kylvätskan till det vattenkylda turboaggregatet. En extra kylfläkt finns också bak på kylaren.

På modeller med 2.0 liter dieselmotor var till en början en extra termostat monterad på högra änden av motorblocket, i utloppet till oljekylaren, men senare modeller har inte denna termostat.

Ett expansionskärl är monterat på vänster sida i motorrummet för expansion av kylvätskan när den är het. Kärlet är anslutet till toppen av kylaren.

Se avsnitt 12 för information om luftkonditioneringssystemet.

Föreskrifter

Varning: Försök inte ta bort expansionskärlets påfyllningslock eller rubba någon del av kylsystemet medan motorn är het; det föreligger risk för skållning. Om locket måste tas bort innan motorn och kylaren har svalnat helt (även om detta inte rekommenderas) måste man först lätta på trycket i kylsystemet. Täck över locket med en tjock trasa och börja långsamt skruva loss det tills ett väsande ljud hörs. När väsandet har upphört, vilket tyder på att trycket har minskat, fortsätt skruva av locket långsamt. Om mer väsande hörs, vänta tills det har slutat innan locket skruvas av helt. Håll dig hela tiden på avstånd från påfyllningslockets öppning.

Varning: Låt inte frostskyddsvätska komma i kontakt med huden eller med lackerade ytor på bilen. Skölj omedelbart av spill med stora mängder vatten. Låt aldrig frostskyddsvätska stå i en öppen behållare, eller ligga i en pöl på garagegolvet eller uppfarten. Barn och husdjur kan attraheras av den söta lukten och förtäring av frostskyddsvätska kan vara livsfarligt.

Varning: Om motorn är het kan den elektriska kylfläkten starta även om motorn inte är igång, så var noga med att hålla undan händer, hår och lösa klädseldelar vid arbete i motorrummet.

Varning: Se avsnitt 12 för föreskrifter som måste iakttagas vid arbete på modeller som har luftkonditionering.

2 Kylsystemets slangar – frånkoppling och byte

Observera: *Se varningarna i avsnitt 1 av detta kapitel innan arbetet fortsätter. Försök inte koppla loss några slangar medan systemet fortfarande är varmt.*

1 Om kontrollerna beskrivna i kapitel 1 avslöjar en defekt slang måste den bytas enligt följande.

2 Tappa först av kylsystemet (se kapitel 1). Om inte kylvätskan skall bytas kan den återanvändas om den samlas upp i en ren behållare.

3 Innan en slang kopplas loss, observera först hur den är dragen i motorrummet och om den är fäst med några klämmor och kabelband. Använd en skruvmejsel till att lossa klämmorna, flytta sedan klämmorna längs slangen, ur vägen för relevant inlopps-/utloppsanslutning. Ta försiktigt loss slangen.

4 Notera att kylarens inlopps- och utloppsanslutningar är ömtåliga; använd inte överdriven kraft när slangarna tas loss. Om en slang inte vill lossna, försök att lossa den genom att först rotera slangänden.

HAYNES TIPS ***Om allt annat misslyckas, skär av kylvätskeslangen med en vass kniv, slitsa den sedan så att den kan skalas av i två delar. Även om detta kan bli dyrt om slangen annars är oskadad, är det bättre än att köpa en ny kylare***

5 När en slang monteras, trä först på klämman på slangen, sätt sedan slangen på plats. Om klämmor av typen som kläms ihop var monterade är det en bra idé att byta ut dessa mot klämmor av typen som skruvas ihop när slangen sätts tillbaka. Om slangen är styv, använd lite tvålvatten (diskmedel

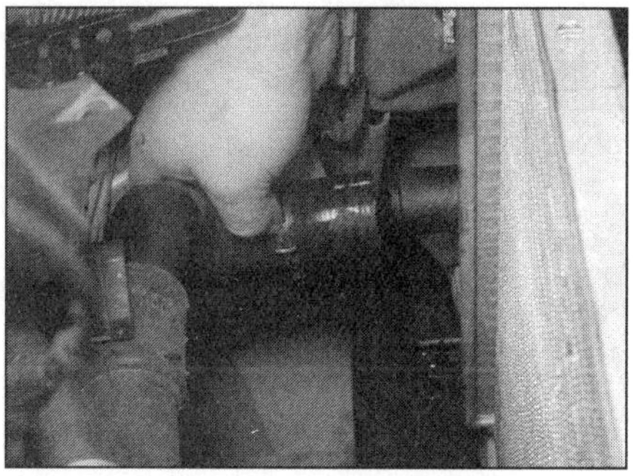

3.3 Koppla loss den nedre slangen från kylaren

fungerar utmärkt) som smörjmedel, eller mjuka upp slangen genom att lägga den i hett vatten.

6 Arbeta in slangen på plats, se till att den är rätt dragen och sitter säkert. Dra varje klämma längs slangen tills den går över den vidgande änden på relevant inlopps-/utloppsanslutning och dra sedan åt klämman ordentligt.

7 Fyll på kylsystemet, se kapitel 1.

8 Leta noggrant efter läckor när någon del av kylsystemet har rubbats.

3 Kylare – demontering, inspektion och montering

Demontering

Modeller utan luftkonditionering

1 Koppla loss batteriets negativa ledning (jord) (se kapitel 5A).

2 Dra åt handbromsen, lyft upp framvagnen och stöd den på pallbockar (se *"Lyftning och stödpunkter"*).

3 Tappa av kylsystemet enligt beskrivning i kapitel 1 genom att koppla loss den nedre slangen från kylaren **(se bild)**.

4 På alla modeller utom de med 1.6 liters motor, demontera den elektriska fläkten från kylaren enligt beskrivning i avsnitt 5.

5 Koppla loss expansionskärlets slang och, om så behövs, ta bort den lilla termostatslangen uppe på kylaren **(se bild)**.

6 Koppla loss den övre slangen på kylarens högra sida.

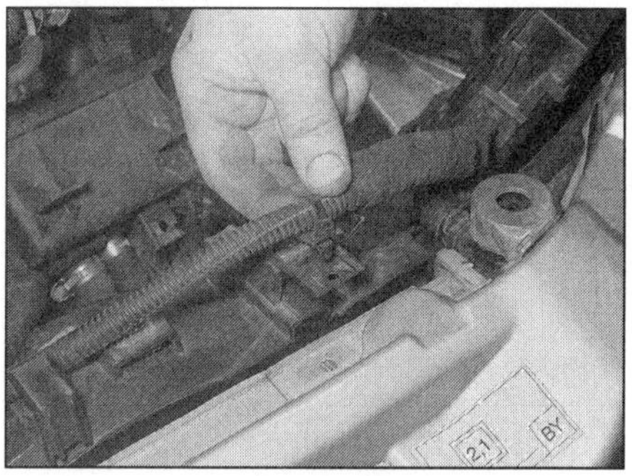

3.8b . . . och ta loss kabelhärvan uppe på kylaren

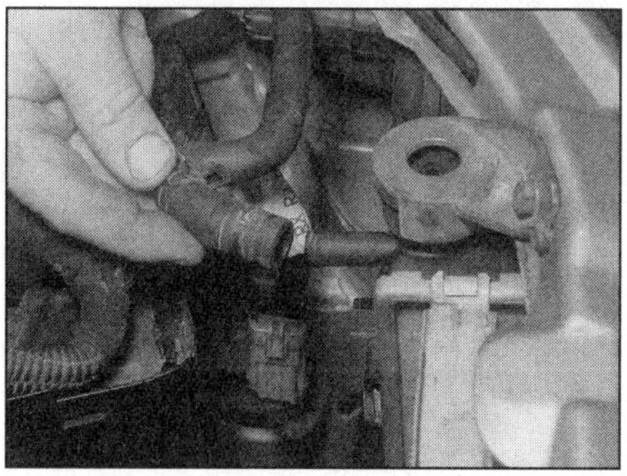

3.5 Koppla loss expansionskärlets slang från kylaren

7 På modeller med automatväxellåda, koppla loss vätskekylarslangarna genom att öppna fjäderklämmorna. Var beredd på vätskespill och placera en passande behållare under slangarna.

8 Koppla loss den elektriska kylfläktens kabelhärva och lossa kablaget från fläktens termokontakt(er). Frigör också kablaget uppe på kylaren **(se bilder)**.

9 Demontera kylargrillen enligt beskrivning i kapitel 11.

10 Där så behövs, ta loss luftstyrningarna från vänster och höger sida av kylaren och ta loss servostyrningskylarslangen från konsolen.

11 Ta loss konsolen från luftavvisarpanelen där så är tillämpligt.

12 På modeller med 2.0 liters dieselmotor, skruva loss servostyrningsvätskans behållare uppe på kylaren och flytta den åt sidan. Lossa

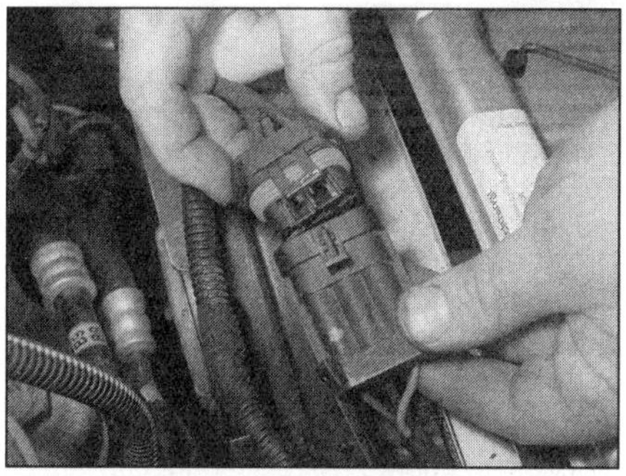

3.8a Koppla loss den elektriska kylfläktens kabelhärva . . .

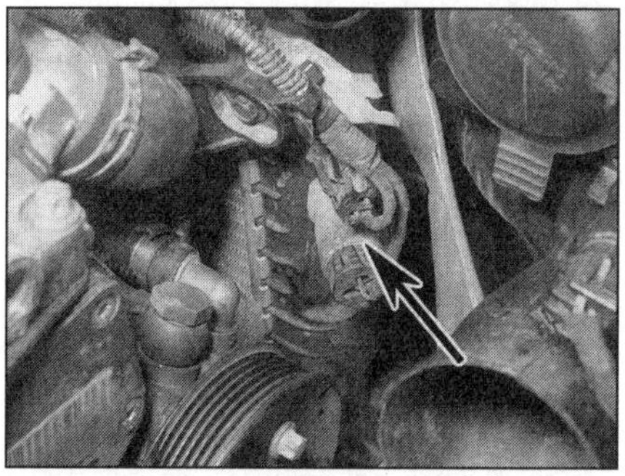

3.8c Kablage på fläktens termokontakt (vid pilen)

3.12a På modeller med 2.0 liters dieselmotor, skruva loss servostyrningens vätskebehållare från kylaren

3.12b Lossa servostyrningens kylarslang från stödet

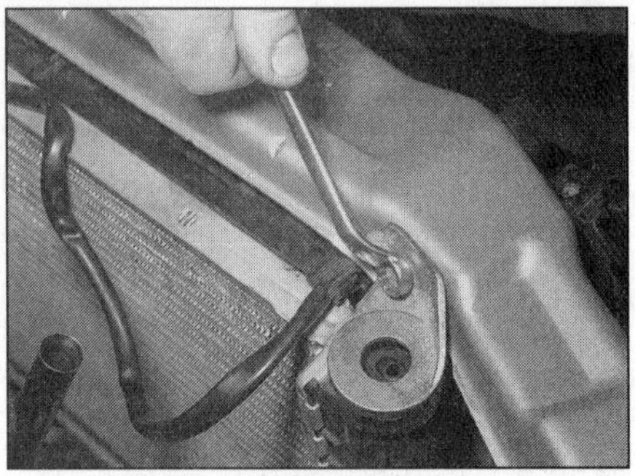

3.13a Skruva loss fästbultarna . . .

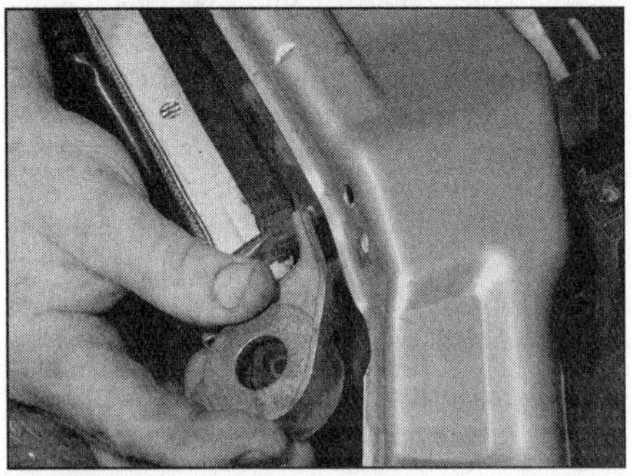

3.13b . . . och ta bort kylarens övre fästkonsoler

3.13c Undersök om de övre fätsgummina är slitna eller skadade

också servostyrningskylslangen från stödet **(se bilder)**.

13 Skruva loss fästbultarna och ta bort fästkonsolerna uppe på kylaren. Undersök fästgummina och skaffa vid behov nya **(se bilder)**.

14 Lyft kylaren (tillsammans med den elektriska fläkten om tillämpligt) uppåt från gummifästena i monteringsramen. Dra ut kylaren från motorrummet **(se bilder)**.

15 Om en ny kylare ska monteras, demontera fläkten och, där tillämpligt, automatväxellådans vätskekylarrör, och flytta över dessa till den nya kylaren.

Modeller med luftkonditionering

16 Koppla loss batteriets negativa ledning (jord) (se kapitel 5A).

17 Dra åt handbromsen, lyft upp framvagnen och stöd den på pallbockar (se *"Lyftning och stödpunkter"*).

18 Tappa av kylsystemet enligt beskrivning i kapitel 1 genom att koppla loss den nedre slangen från kylaren.

19 Förutom på modeller med 1.6 liter motor, demontera den elektriska fläkten bak på kylaren enligt beskrivning i avsnitt 5.

20 Koppla loss expansionskärlets slang och frigör den lilla termostatslangen uppe på kylaren.

21 Koppla loss den övre slangen från kylarens vänstra sida.

22 På modeller med automatväxellåda, koppla loss vätskekylarslangarna. Var beredd på vätskespill och placera en passande behållare under slangarna.

23 Koppla loss kylfläktens/-fläktarnas kabelhärvekontakt och kablaget från fläktens termokontakt. Koppla också loss kablaget från luftkonditioneringens termokontakt.

24 Demontera den främre stötfångaren enligt beskrivning i kapitel 11.

25 Skruva loss luftkonditioneringens kondensator och den extra elfläkten från kylaren och flytta dem åt sidan. Koppla inte loss kylmedieledningarna.

26 Där så behövs, skruva loss fästbulten från torkaren.

27 På dieselmodeller med en mellankylare, koppla loss och ta bort luftslangarna/rören. Observera att mellankylaren demonteras tillsammans med kylaren.

28 Skruva loss fästbultarna och ta bort konsolerna uppe på kylaren, dra sedan ut kylaren (tillsammans med fläkten om tillämpligt) uppåt från de nedre fästgummina.

3.14a Kylaren lyfts ut ur motorrummet (modell med 2.0 liters dieselmotor)

29 Om en ny kylare skall monteras, demontera fläkten och, där tillämpligt, automatväxellådans vätskekylarrör och flytta över dessa till den nya kylaren.

Inspektion

30 Om kylaren har demonterats på grund av misstänkt blockering, spola den baklänges enligt beskrivningen i kapitel 1. Tvätta bort smuts och flisor från kylarfenorna, med hjälp av en luftledning (använd i så fall skyddsglasögon) eller en mjuk borste.

Varning: Var försiktig, fenorna kan lätt ta skada och de är också vassa!.

31 Om så behövs kan en kylarspecialist utföra ett "flödestest" på kylaren för att fastställa om den är blockerad internt.

32 En läckande kylare måste lämnas till en specialist för permanent reparation. Försök inte svetsa eller löda en läckande kylare, det kan resultera i skador.

33 I nödfall kan mindre läckor från kylaren åtgärdas med passande kylartätning (enligt tillverkarens instruktioner) med kylaren fortfarande i bilen.

34 Undersök kylarens gummifästen och byt ut dem om så behövs.

Montering

35 Montering sker i omvänd ordning, tänk på följande:

a) *Se till att de nedre gummifästena placeras rätt i den främre kanten.*

b) *Alla slangar måste anslutas rätt och deras klämmor dras åt säkert.*

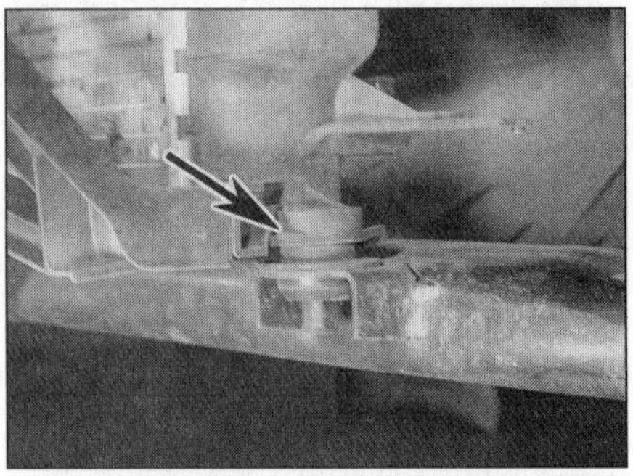

3.14b Kylarens nedre gummifästen (vid pilen) sitter i den främre monteringsramen

c) *Efter avslutat arbete, fyll på kylsystemet enligt beskrivning i kapitel 1 och, på modeller med automatväxellåda, kontrollera oljenivån i växellådan och fyll vid behov på enligt beskrivning i kapitel 1.*

4 Termostat - demontering, test och montering

SOHC 1.6 liters motor

Observera: *En ny tätningsring behövs vid monteringen.*

Demontering

1 Koppla loss batteriets negativa ledning (jord) (se kapitel 5A).
2 Tappa av kylsystemet enligt beskrivning i kapitel 1.
3 Lossa klämman och koppla loss den övre slangen från termostatkåpan på höger sida av motorn.
4 Demontera kamremmen och överföringsremskivan, kamaxeldrevet och den bakre kamremskåpan, se kapitel 2.
5 Skruva loss fästbultarna och demontera termostatkåpan från topplocket.
6 Bänd försiktigt loss termostaten från topplocket och ta bort tätningsringen.

Test

7 Ett ungefärligt test av termostatens funktion kan göras om man binder fast den i ett snöre och sänker ned den i en behållare fylld med vatten. Värm upp vattnet tills det kokar – termostaten måste öppna när vattnet kokar. Om inte, byt ut den **(se bild)**.
8 Arbetstemperaturen är vanligtvis märkt på termostaten. Om en termometer finns till hands kan termostatens exakta öppningstemperatur avgöras, och jämföras med det som står på termostaten.
9 En termostat som inte stänger när vattnet kyls ned måste bytas ut.

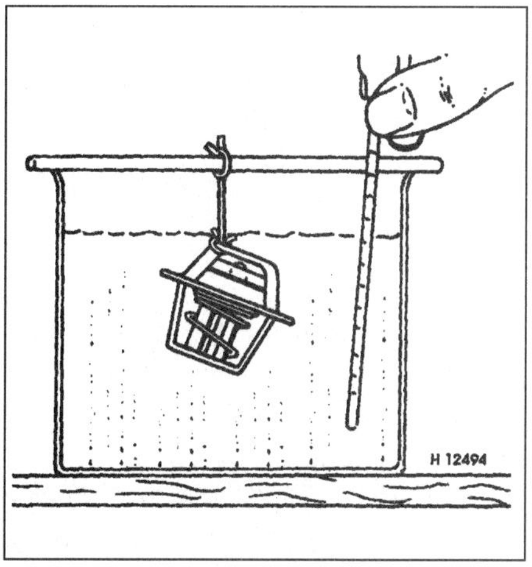

4.7 Testa termostatens öppningstemperatur

Montering

10 Rengör noggrant fogytorna på termostatkåpan och topplocket.
11 Sätt termostaten i topplocket med en ny tätningsring. Se till att fjäder- och kapsyländen är vänd in mot topplocket och placera termostaten med den yttre staven vertikal.
12 Montera termostatkåpan och dra åt bultarna till specificerat moment.
13 Montera den bakre kamremskåpan, kamaxeldrevet och kamremmen och överföringsremskivan, se kapitel 2.
14 Anslut den övre slangen till termostatkåpan och dra åt klämman.
15 Fyll på och avlufta kylsystemet, se kapitel 1.
16 Anslut batteriets negativa ledning.

DOHC 1.6, 1.8 och 2.0 liters bensinmotorer

Demontering

17 Koppla loss batteriets negativa ledning (jord) (se kapitel 5A).
18 Tappa av kylsystemet enligt beskrivning i kapitel 1.
19 Lossa klämman och koppla loss den övre slangen från termostatkåpan på höger sida av motorn. På 1.6 liters motorer är kåpan ansluten till ytterligare ett hus fastskruvat på höger sida av motorn. På 1.8 och 2.0 liters motorer är kåpan fastskruvad direkt på topplocket och man måste koppla loss den lilla slangen så väl som den övre slangen.
20 Skruva loss bultarna och ta bort termostatkåpan, som har en inbyggd termostat. På 1.6 liters motor, ta bort tätningsringen **(se bilder)**. På 1.8 och 2.0 liters motorer, ta bort packningen.

Test

21 Se punkt 7 t.o.m. 9.

Montering

22 Rengör noggrant fogytorna på termostatkåpan och huset/topplocket.
23 Montera termostaten och kåpan med en ny tätningsring (1.6 liters motor) eller packning (1.8 och 2.0 liters motorer) och dra åt bultarna till specificerat moment.
24 Anslut den övre slangen (och den lilla slangen på 1.8 och 2.0 liters motorer) på termostatkåpan och dra åt klämman/-orna.

4.20a Termostaten och kåpan tas bort på en DOHC 1.6 liters bensinmotor

25 Fyll på och avlufta kylsystemet, se beskrivning i kapitel 1.
26 Anslut batteriets negativa ledning (jord).

1.7 liters dieselmotor

Demontering

27 Koppla loss batteriets negativa ledning (jord) (se kapitel 5A).
28 Tappa av kylsystemet enligt beskrivning i kapitel 1.
29 Demontera batteriet och stödfästet enligt beskrivning i kapitel 5A.
30 Lossa klämman och koppla loss den övre slangen från termostatkåpan placerad på vänster sida av topplocket.
31 Skruva loss bultarna och demontera termostatkåpan, observera placeringen av kablagets stödfäste på den övre bulten. Ta vara på packningen.

Test

32 Se punkt 7 t.o.m. 9.

Montering

33 Rengör noggrant fogytorna på termostatkåpan och huset.
34 Placera termostaten i huset med ventilationshålet uppåt.
35 Montera kåpan med en ny packning och dra åt bultarna till specificerat moment.
36 Anslut den övre slangen och dra åt klämman.
37 Montera batteriets stödfäste och batteriet, se kapitel 5A.
38 Fyll på och avlufta kylsystemet enligt beskrivning i kapitel 1.
39 Anslut batteriets negativa ledning.

2.0 liter dieselmotor

Demontering

40 Koppla loss batteriets negativa ledning (jord) (se kapitel 5A).
41 Tappa av kylsystemet enligt beskrivning i kapitel 1.
42 Dra åt handbromsen, lyft upp framvagnen och stöd den på pallbockar (se *"Lyftning och stödpunkter"*).
43 Demontera stänkskyddet under motorn.
44 För att demontera standardtermostaten placerad på höger sida fram på topplocket,

4.20b Tätningsringen tas bort på en DOHC 1.6 liters bensinmotor

4.44a Lossa klämman . . .

4.44b . . . och koppla loss den övre slangen från termostathusets kåpa

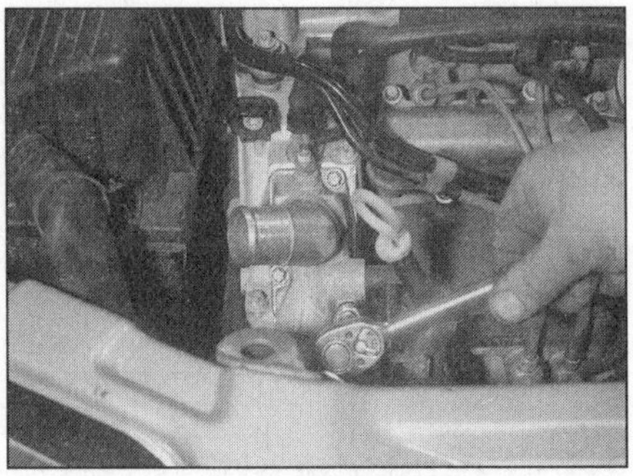

4.44c Skruva loss fästbultarna . . .

koppla först loss kablaget från temperaturgivaren, koppla sedan loss de tre slangarna inklusive den övre slangen. Skruva loss bultarna och ta bort huset med den inbyggda termostaten. Ta vara på packningen **(se bilder)**.

45 För att demontera oljekylartermostaten placerad på motorblockets vänstra ände, koppla först loss slangen, skruva sedan loss bultarna och demontera huset med den inbyggda termostaten. Ta vara på packningen.

Test

46 Se punkt 7 t.o.m. 9. Om termostaten är defekt, skruva loss temperaturgivaren och flytta över den till det nya huset.

Montering

47 Rengör noggrant fogytorna på termostatkåpan och topplocket/motorblocket.

48 Montera huset tillsammans med en ny packning och dra åt fästbultarna till specificerat moment.

49 Anslut slangar och kablage, efter tillämplighet.

50 Montera stänkskyddet och sänk ner bilen.

51 Fyll på och avlufta kylsystemet enligt beskrivning i kapitel 1.

52 Anslut batteriets negativa ledning.

5 Elektrisk kylfläkt - test, demontering och montering

Varning: Om motorn är het kan kylfläkten starta när som helst. Så var extra försiktig vid arbete i närheten av fläkten.

Test

1 Kylfläkten matas med ström via tändningslås, relä(er) och en säkring (se kapitel 12). Kretsen fullbordas av kylfläktens termostatkontakt, som sitter i kylarens högra ände. **Observera:** *På modeller med luftkonditionering finns två kontakter på kylaren, båda manövrerar kylfläkten och luftkonditioneringens extra kylfläkt samtidigt.*

2 Om fläkten inte fungerar, låt motorn gå tills den når normal arbetstemperatur, låt den sedan gå på tomgång. Om fläkten inte startar inom några minuter (eller innan temperaturmätaren indikerar överhettning), slå av tändningen och koppla loss kontaktdonet från kylfläktens kontakt. Brygga de två kontaktstiften i donet med en bit ledning och slå på tändningen. Om fläkten nu fungerar är kontakten förmodligen defekt och måste bytas ut.

3 Om fläkten fortfarande inte fungerar, kontrollera att full batterispänning finns vid matningsledningen till kontakten; om inte är matningsledningen defekt.

4 Om kontakten och ledningen är i bra skick måste felet finnas i själva motorn. Motorn kan kontrolleras genom att man kopplar loss dess kontaktdon och ansluter 12 volts matning direkt till motorns poler. Om den nu inte fungerar är den defekt och måste bytas ut.

Demontering

Modeller med bensinmotor utan luftkonditionering

5 Koppla loss kontaktdonet från fläktmotorn och frigör kablaget från stödklämman.

6 Skruva loss de övre fästbultarna som håller fläkten bak på kylaren.

7 Lyft försiktigt bort fläkten från de nedre fästkonsolerna och ta ut den från motorrummet.

8 Med enheten på arbetsbänken, skruva loss motorns fästmuttrar och dra ut fästklämman, ta sedan bort motorn från huset och fläkten från motorn.

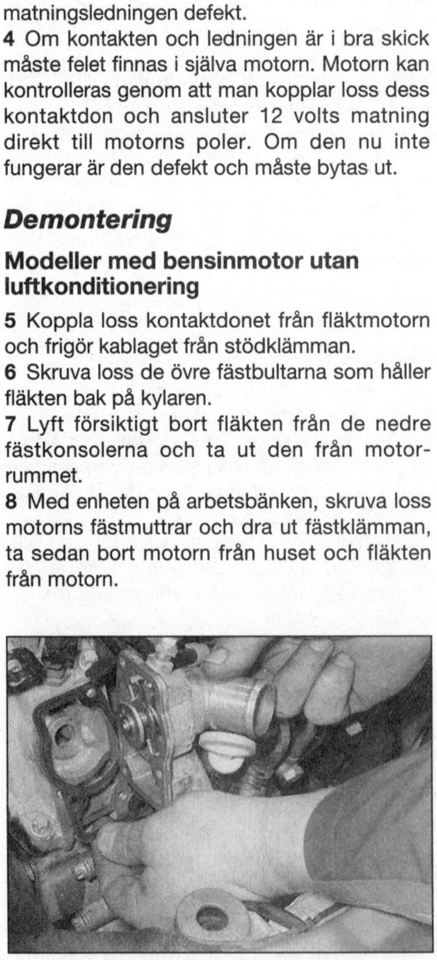

4.44d . . . och ta bort termostaten och kåpan tillsammans med packningen

Modeller med bensinmotor som har luftkonditionering

9 Koppla loss batteriets negativa (jord) **och** positiva ledning (se kapitel 5A), demontera sedan relä- och säkringsdosan som sitter framför batteriet.

10 Koppla loss kontaktdonet för den extra kylfläkten, koppla också loss det roterande kontaktdonet.

11 Skruva loss jordkabeln från karossen.

12 Koppla loss kablaget från båda luftkonditioneringstryckkontakterna placerade på motorrummets torpedvägg.

13 Tappa av kylsystemet enligt beskrivning i kapitel 1.

14 Lossa klämmorna och koppla loss den övre slangen från kylaren och termostathuset.

15 Skruva loss kylmedieledningens fästkonsol från kylarens högra sida.

16 Koppla loss kablaget från de två luftkonditioneringskontakterna nertill på höger sida på kylaren.

17 Koppla loss kablaget från luftkonditioneringskompressorn.

19 Ta loss den vänstra sidan av fläkten från kylaren, lyft enheten försiktigt uppåt och ta ut den ur motorrummet.

20 Koppla loss kontaktdonet, skruva loss motorns fästbultar och ta bort motorn och fläkten.

21 Lossa klämman och ta bort fläkten från motorn.

Modeller med dieselmotor

22 Demontera batteriet och stödfästet enligt beskrivning i kapitel 5A.

23 Demontera den främre stötfångaren enligt beskrivning i kapitel 11.

24 Demontera det nedre högra hjulhusfodret (se kapitel 11), koppla sedan loss kontaktdonen som leder till fläkten.

25 På modeller med luftkonditionering, koppla loss kablaget från tryckkontakten baktill på motorn.

26 På modeller med 1.7 liter dieselmotor, demontera den extra kylvätskepumpen enligt beskrivning i avsnitt 7. Koppla också loss slangarna från kylaren.

27 Där så behövs, koppla loss luftinloppstrummorna från mellankylaren på vänster sida av kylaren.

28 Koppla loss alla kontaktdon från fläkten.
29 På modeller med luftkonditionering, koppla loss kablaget från den extra fläkten och kompressorn.
30 Skruva loss fästbultarna från kylaren, lyft sedan försiktigt enheten uppåt från det nedre högra fästet, var försiktig så att inte kylarfenorna skadas **(se bilder)**.
31 Dra ut klämman och ta bort fläkten.
32 Skruva loss fästbultarna och demontera motorn från enheten.

Montering

33 Montering sker i omvänd ordning mot demontering. Fyll på och avlufta kylsystemet (se kapitel 1).

6 Extra elektrisk kylfläkt (1.7 liters dieselmotor) - test, demontering och montering

Test

1 Se avsnitt 5.

Demontering

2 Demontera den främre stötfångaren (se kapitel 1).
3 Demontera höger strålkastare enligt beskrivning i kapitel 12.
4 Skruva loss fläktkåpan.
5 Koppla loss kablaget för den extra kylfläkten.
6 Demontera fästkonsolen för turboaggregatets mellankylare.
7 På modeller med luftkonditionering, demontera kondensatorn och flytta den åt sidan.
8 Skruva loss bultarna som håller den extra kylfläkten till kylaren, lyft sedan försiktigt enheten uppåt och ta ut den från motorrummet.
9 Skruva loss fästbultarna och demontera fläktmotorn från huset.

Montering

10 Montering sker i omvänd ordning mot demontering.

7 Extra elektrisk kylvätskepump (1.7 liters diesel) - test, demontering och montering

Test

1 Den extra kylvätskepumpen matas med ström via tändningslåset, ett relä och en säkring (se kapitel 12).
2 Om pumpen inte fungerar, koppla loss kontakten och kontrollera om det finns batterispänning vid matningsledningen; om inte är matningsledningen defekt.
3 Pumpen kan kontrolleras om man kopplar loss kablaget och ansluter 12 volts matning direkt till pumpens poler. Om pumpen nu inte fungerar är den defekt och måste bytas ut.

5.30a Skruva loss fästbultarna från kylaren . . .

5.30b . . . och lyft enheten uppåt ut ur motorrummet

Demontering

4 Demontera den elektriska kylfläkten enligt beskrivning i avsnitt 5.
5 Koppla loss slangarna och demontera pumpen från fläkten.

Montering

6 Montering sker i omvänd ordning, se avsnitt 5 för montering av den elektriska kylfläkten.

8 Kylsystemets elektriska givare och kontakter - test, demontering och montering

Kylvätsketemperaturgivare - bränsleinsprutningssystem

Observera: *Temperaturmätarens givare kan vanligtvis särskiljas med hjälp av sin enda elektriska ledning från bränsleinsprutningssystemets kylvätsketemperaturgivare (som har en flerstifts blockkontakt). På X 17 DT motorer kan förvärmningssystemets kylvätsketemperaturgivare identifieras med hjälp av sin integrerade ledning från temperaturmätarens givarenhet. Placeringen för temperaturgivaren är enligt följande:*

X 16 SZR motor - givaren är inskruvad i insugsgrenröret under gasspjällhuset
X 16 XEL motor - givaren är inskruvad i termostathuset på höger sida av topplocket
X 18 XE och X 20 XEV motorer - givaren är inskruvad i huset på topplockets vänstra ände
X 17 DT motor - givaren är inskruvad i termostathuset på topplockets vänstra ände
X 20 DTL och X 20 DTH motorer - givaren är inskruvad i topplockets högra ände, bakom termostathuset **(se bild)**

Test

1 Test av kylvätsketemperaturgivarens krets måste överlämnas till en Opelverkstad med nödvändig speciell diagnostisk utrustning.

Demontering

2 Tappa av kylsystemet enligt beskrivning i kapitel 1.
3 På modeller med X 16 SZR motor, demontera kåpan från gasspjällhuset och koppla loss luftinloppstrumman och vakuum- och ventilationsslangarna från kåpan enligt beskrivning i avsnitt 12 i kapitel 4A. På modeller med X 18 XE eller X 20 XEV motorer, demontera DIS-modulen (se kapitel 5B).
4 Koppla loss kylvätsketemperaturgivarens kablage.
5 Skruva loss givaren och ta bort den.

Montering

6 Montering sker i omvänd ordning mot demonteringen. Ta noggrant bort alla spår av tätningsmedel från givarens gängor och från gängorna och fogytorna på motorn. Om givaren har en tätningsbricka måste denna bytas ut som en rutinåtgärd: Om ingen tätningsbricka finns, lägg ett lager tätningsmedel på givarens gängor. Montera givaren, dra åt den till specificerat moment och anslut dess kablage. Montera alla komponenter som demonterats för åtkomlighet, fyll sedan på kylsystemet (se kapitel 1).

Temperaturmätarens givare

Observera: *Temperaturmätarens givare kan vanligtvis särskiljas med hjälp av sin enda elektriska ledning från bränsleinsprutningssystemets kylvätsketemperaturgivare (som har en flerstifts blockkontakt). På X 17 DT motorer kan förvärmningssystemets kylvätsketemperaturgivare identifieras med hjälp av sin integrerade kabel från temperaturmätarens givare. Placeringen för givaren är följande:*

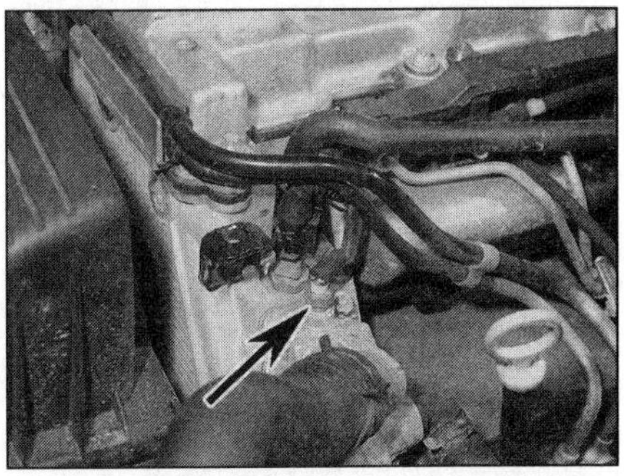

8.1 Kylvätskans temperaturgivare placerad till höger framtill på topplocket (2.0 liters dieselmotor)

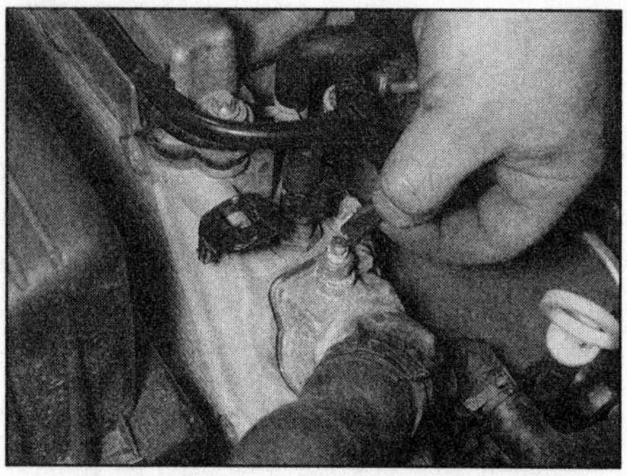

8.10 Koppla loss givarens kontakt

X 16 SZR motor – givaren är inskruvad i insugsgrenrörets högra ände
X 16 XEL motor – givaren är inskruvad i termostathuset i topplockets högra ände
X 18 XE och X 20 XEV motorer – givaren är inskruvad i huset i topplockets vänstra ände
X 17 DT motor – givaren är inskruvad i termostathuset i topplockets vänstra ände
X 20 DTL och X 20 DTH motorer – givaren är inskruvad i topplockets högra ände, bakom termostathuset

Test

7 Test av givaren görs genom att man byter ut den mot en enhet som man med säkerhet vet fungerar.

Demontering

8 Tappa av kylsystemet enligt beskrivning i kapitel 1.

9 På modeller med X 16 SZR motor kan givaren nås utan att man först måste demontera andra komponenter. Om mer arbetsutrymme ändå önskas, följ beskrivningen i punkt 4 ovan. På modeller med X 18 XE eller X 20 XEV motorer, demontera DIS-modulen (se kapitel 5B).

10 Koppla loss temperaturmätargivarens kontakt **(se bild)**.

11 Skruva loss givaren och dra ut den.

Montering

12 Montering sker i omvänd ordning mot demontering. Ta försiktigt bort alla spår av tätningsmedel från givarens gängor och från motorns gängor och fogytor. Om givaren har en tätningsbricka måste denna bytas ut som en rutinåtgärd. Om ingen tätningsbricka finns, lägg tätningsmedel på givarens gängor. Montera givaren, dra åt den till specificerat moment och anslut dess kontakt. Montera alla komponenter som demonterats för åtkomlighet, fyll sedan på kylsystemet enligt beskrivning i kapitel 1.

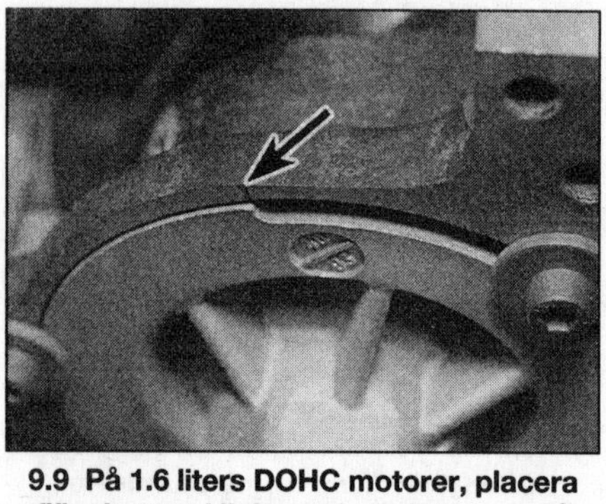

9.9 På 1.6 liters DOHC motorer, placera flänskanten i linje med markeringen på motorblocket

Temperaturkontakt för kylfläkt/extrafläkt

Demontering

13 Tappa av kylsystemet enligt beskrivning i kapitel 1.

14 Koppla loss kablaget från kontakten som sitter på kylarens högra sida. Den övre kontakten är för kylfläkten och den nedre kontakten för extrafläkten.

15 Skruva loss och ta bort kontakten från kylaren.

Montering

16 Montering sker i omvänd ordning mot demontering, men fyll på kylsystemet med hänvisning till kapitel 1

Kylvätskenivå, varningskontakt

Demontering

17 Kontakten sitter i expansionskärlet. Med kall motor, skruva los expansionskärlets påfyllningslock för att lätta på eventuellt kvarvarande tryck.

18 Tappa av kylvätska från kärlet tills nivån är under kontakten.

19 Koppla loss kablaget, skruva sedan loss kontakten från kärlet.

Montering

20 Montering sker i omvänd ordning mot demontering.

9 Kylvätskepump – demontering och montering

1.6 liter bensinmotor

Demontering

1 Koppla loss batteriets negativa ledning (jord) (se kapitel 5A).

2 Tappa av kylsystemet enligt beskrivning i kapitel 1.

3 Demontera kamremmen och den bakre kamremskåpan enligt beskrivning i kapitel 2.

4 Skruva loss och ta bort kylvätskepumpens tre fästbultar.

5 Ta bort kylvätskepumpen från motorblocket, man kan behöva knacka lite på pumpen med en mjuk klubba för att få loss den från motorblocket.

6 Ta reda på pumpens tätningsring och kasta den, en ny måste användas vid monteringen.

7 Notera att det inte är möjligt att renovera pumpen. Om den är defekt måste den bytas ut.

Montering

8 Se till att pumpens och motorblockets fogytor är rena och torra och lägg silikonfett på pumpens fogyta i motorblocket.

9 Sätt en ny tätningsring på pumpen och montera pumpen på motorblocket. Se till att klackarna på pumpen och motorblocket är i linje med varandra på SOHC motorer. På DOHC motorer, rikta in kanten på kylvätskepumpflänsen med märket på motorblocket **(se bild)**.

10 Sätt i fästbultarna och dra åt dem till specificerat moment.

11 Montera den bakre kamremskåpan och kamremmen enligt beskrivning i kapitel 2.

12 Fyll på kylsystemet, se kapitel 1.

13 Anslut batteriets negativa ledning (se kapitel 5A).

DOHC 1.8 och 2.0 liters bensinmotorer

Demontering

14 Koppla loss batteriets negativa ledning (jord) (se kapitel 5A).

15 Tappa av kylsystemet enligt beskrivning i kapitel 1.

16 Demontera kamremmen, dess bakre kåpa och spännaren enligt beskrivning i kapitel 2B.

17 Skruva loss och ta bort kylvätskepumpens tre skruvar.

18 Ta bort kylvätskepumpen från motorblocket, man kan behöva knacka lätt på pumpen med en mjuk klubba för att den ska lossna från motorblocket.

19 Ta vara på pumptätningsringen och kasta den, en ny måste användas vid monteringen.

20 Pumpen kan inte renoveras, om den är defekt måste den bytas ut.

Montering

21 Se till att pumpens och motorblockets fogytor är rena och torra och lägg silikonfett på pumpens fogyta i motorblocket.

22 Sätt en ny tätningsring på pumpen och placera pumpen i motorblocket. Se till att klackarna på pumpen och motorblocket är i linje med varandra.

23 Sätt i fästbultarna och dra åt dem till specificerat moment.

24 Montera den bakre kamremskåpan och kamremmen enligt beskrivning i kapitel 2.

25 Anslut batteriets negativa ledning (se kapitel 5A).

26 Fyll på kylsystemet, se kapitel 1.

1.7 liters dieselmotor

Demontering

27 Koppla loss batteriets negativa ledning (jord) (se kapitel 5A).

28 Tappa av kylsystemet (se kapitel 1).

29 Demontera hjälpaggregatens drivrem (se kapitel 1).

9.51 Skruva loss fästbultarna . . .

9.52 . . . dra bort kylvätskepumpen från motorblocket . . .

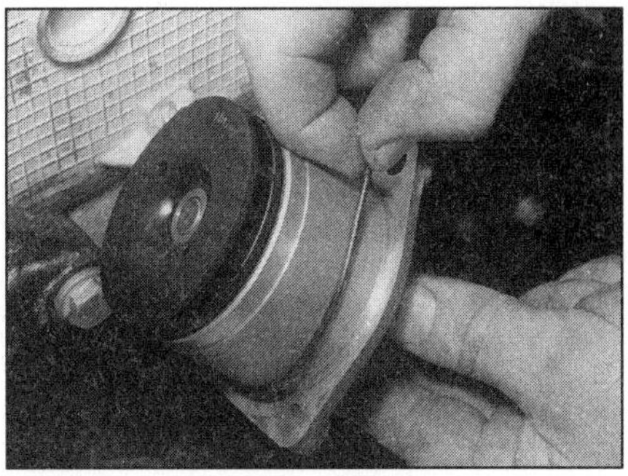

9.53 . . . och ta vara på tätningsringen

30 Håll kylvätskepumpen stilla med en gammal drivrem eller ett oljefilterverktyg, skruva sedan loss och ta bort muttrarna och ta bort remskivan från drivflänsen på kylvätskepumpen.

31 Skruva loss och ta bort kylvätskepumpens fästbultar.

32 Ta bort kylvätskepumpen från motorblocket, man kan behöva knacka lätt på den med en mjuk klubba för att få loss den från motorblocket. Demontera styrningen mellan kylvätskekanalen och motorblocket .

33 Ta bort packningen och kasta den, en ny måste användas vid montering.

34 Observera att det är möjligt att få tag i renoveringsdelar till kylvätskepumpen, men en press behövs för att montera lagret. Om pumpen är mycket sliten är det förmodligen mer ekonomiskt att införskaffa en ersättningspump än att renovera den gamla.

Montering

35 Se till att pumpens och motorblockets fogytor är rena och torra.

36 Montera styrningen, placera sedan kylvätskepumpen på motorblocket med en ny packning.

37 Sätt i fästbultarna och dra åt dem stegvis till specificerat moment.

38 Montera remskivan och dra åt fästmuttrarna till specificerat moment medan remskivan hålls stilla med samma metod som vid demonteringen.

39 Montera och spänn hjälpaggregatens drivrem enligt beskrivning i kapitel 1.

40 Anslut batteriets negativa ledning (se kapitel 5A).

41 Fyll på och avlufta kylsystemet, se beskrivning i kapitel 1.

2.0 liters dieselmotor

Demontering

42 Koppla loss batteriets negativa ledning (jord) (se kapitel 5A).

43 Tappa av kylsystemet (se kapitel 1).

44 Demontera hjälpaggregatens drivrem (se kapitel 1).

45 Demontera luftrenaren enligt beskrivning i kapitel 4.

46 Dra åt handbromsen, lyft upp framvagnen och stöd den på pallbockar (se *"Lyftning och stödpunkter"*).

47 Demontera stänkskyddet under motorn.

48 Skruva loss muttern uppe på höger motorfäste.

49 Motorn måste nu lyftas upp lite från höger fäste för att kylvätskepumpen ska kunna tas ut. För att göra detta, placera antingen en garagedomkraft och ett träblock under motorn eller anslut en motorlyft till motorns högra sida. Vilken metod som än används, kontrollera att utrustningen är passande för jobbet och kan användas med säkerhet.

50 Håll kylvätskepumpen stilla med en gammal drivrem eller ett oljefilterverktyg, skruva sedan loss och ta bort bultarna och ta bort remskivan från drivflänsen på kylvätskepumpen.

51 Skruva loss och ta bort kylvätskepumpens tre fästskruvar **(se bild)**.

52 Ta bort kylvätskepumpen från motorblocket, man måste eventuellt slå lätt på pumpen med en mjuk klubba för att få loss den från motorblocket **(se bild)**.

53 Ta bort pumpens tätningsring och kasta den, en ny måste användas vid monteringen **(se bild)**.

54 Det är inte möjligt att renovera pumpen. Om den är defekt måste den bytas ut.

Montering

55 Se till att pumpens och motorblockets fogytor är rena och torra och lägg lite silikonfett på pumpens fogyta i motorblocket.

56 Sätt en ny tätningsring på pumpen och sätt tillbaka pumpen på motorblocket.

57 Sätt i fästbultarna och dra åt dem till specificerat moment.

58 Montera remskivan och dra åt fästbultarna till specificerat moment.

59 Sänk ned motorn, sätt tillbaka muttern uppe på höger fäste och dra åt den till specificerat moment.

60 Montera stänkskyddet och ställ ner bilen på marken.

61 Montera luftrenaren enligt beskrivning i kapitel 4.

62 Montera och spänn hjälpaggregatens drivrem enligt beskrivning i kapitel 1.

63 Anslut batteriets negativa ledning (se kapitel 5A).

64 Fyll på och avlufta kylsystemet enligt beskrivning i kapitel 1.

10 Värme- och ventilationssystem – allmän information

Värme-/ventilationssystemet består av en 4-hastighets fläktmotor (som sitter bakom instrumentbrädan), ventilatorer i mitten och var ände av instrumentbrädan och luftkanaler till främre och bakre fotbrunnar

Värmereglagen sitter i mitten av instrumentbrädan och reglagen styr klaffventiler som omleder och blandar luftflödet genom olika delar av värme-/ventilationssystemet. Klaffventilerna sitter i luftfördelningshuset, vilket fungerar som en central fördelningsenhet som fördelar luft till de olika kanalerna och ventilatorerna.

Kall luft kommer in i systemet genom grillen baktill i motorrummet.

Luften (förstärkt av en fläkt om så behövs) flödar sedan genom olika kanaler, beroende på hur reglagen är inställda. Gammal luft går ut genom kanalerna baktill i bilen. Om varm luft behövs skickas den kalla luften genom värmepaketet som värms upp av motorns kylvätska.

En återcirkulationsbrytare gör det möjligt att stänga av luftinmatningen, medan luften inuti bilen kan återcirkuleras. Detta kan vara användbart om man vill undvika otrevliga lukter utifrån, men bör endast användas tillfälligt eftersom luften inuti bilen snart blir dålig.

11 Värme- och ventilationssystem – demontering och montering av komponenter

Luftventilatorer

Demontering

1 För att demontera en ventilator i mitten av instrumentbrädan, stick in en liten skruvmejsel mellan de två ventilatorerna och bänd försiktigt ut en av dem. På förarsidan måste man demontera parkeringsljusbrytaren först. När ventilatorn tagits bort kan huset demonteras om man skruvar loss de tre fästskruvarna.

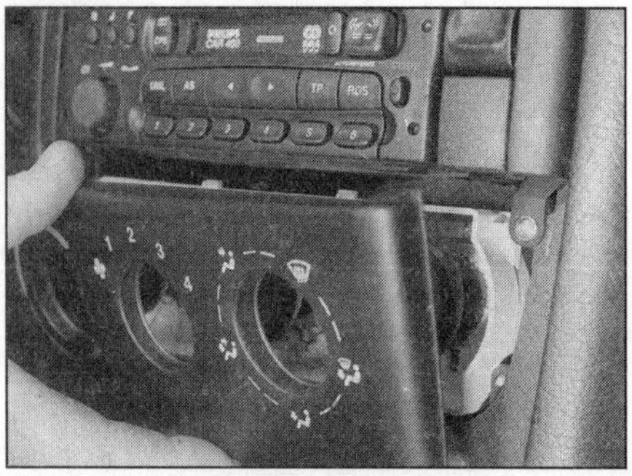

11.13a Demontering av värmereglagepanelen

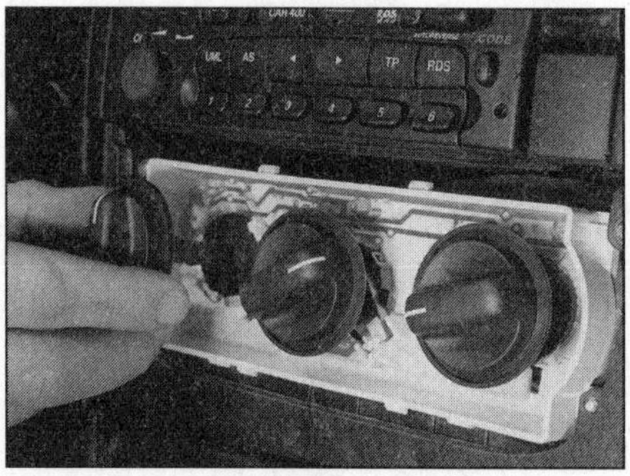

11.13b Reglagen tas bort

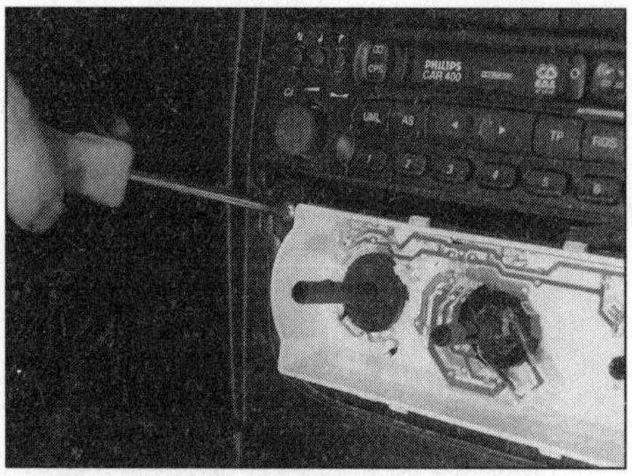

11.14 Reglageenhetens fästskruvar skruvas loss

2 För att ta bort ventilatorn på förarens sida av instrumentbrädan, bänd först ut ljusreglagebrytaren, demontera sedan rattstångskåporna. Skruva loss de tre skruvarna och dra ut ventilatorn – den övre skruven sitter bakom grillarna. Koppla loss kablaget och ta bort ventilatorn.

3 För att demontera ventilatorn från passagerarens sida av instrumentbrädan, demontera först handskfacket enligt beskrivningen i kapitel 11. Skruva loss de tre skruvarna och dra ut ventilatorn.

4 För att demontera den luftkanalspanel som sitter längs botten på vindrutan, gör enligt följande. På modeller med elektronisk klimatkontroll (ECC), demontera solsensorn enligt beskrivning i punkt 69 till 71 i detta avsnitt. Lossa de 10 klämmorna och ta bort panelen, men var försiktig så att inte instrumentbrädan skadas. Opels tekniker använder ett speciellt verktyg till att lossa klämmorna (KM-595-1), och om klämmorna är svåra att ta bort, försök få tag i detta verktyg från en Opelåterförsäljare.

Montering

5 Montering sker i omvänd ordning mot demontering.

Fläktmotormotstånd

Observera: *Motståndet finns inte på modeller med ECC.*

Demontering

6 Demontera värmefläktsmotorn enligt beskrivning nedan.

7 Dra motståndet uppåt och sedan åt sidan, koppla sedan loss kablaget.

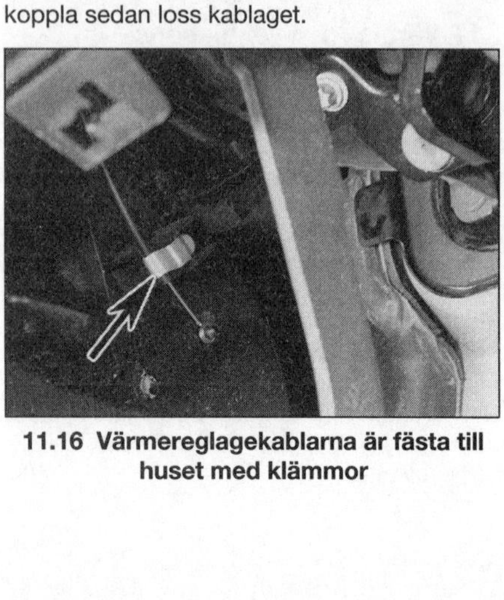

11.16 Värmereglagekablarna är fästa till huset med klämmor

Montering

8 Montering sker i omvänd ordning mot demontering.

Värmefläktsmotor

Demontering

9 Demontera pollenfilterhuset. Detta innebär att man måste demontera vindrutetorkarmotorn och koppla loss vakuumslangarna från huset. På modeller med 2.0 liter dieselmotor, demontera också yttertemperaturgivaren för den extra värmningen.

10 Skruva loss bultarna som håller värmefläktsmotorns kåpa, lossa klämmorna och ta bort kåpan.

11 Koppla loss kontaktdonet, ta bort värmarmotorn och koppla loss kvarvarande kablage.

Montering

12 Montering sker i omvänd ordning mot demontering.

Värmereglage – modeller utan Elektronisk klimatkontroll (ECC)

Demontering

13 Stick in en liten skruvmejsel i de nedre hörnen, bänd försiktigt loss värmereglagepanelen från instrumentbrädan, över knapparna. Placera en trasa under skruvmejseln för att skydda instrumentbrädan. När det nedre paret fästklämmor lossnar, lyft panelen och lossa de två övre klämmorna (använd en lång smalbladig skruvmejsel om så behövs). Dra av reglageknapparna **(se bilder)**.

14 Skruva loss de övre fästskruvarna och ta bort värmereglageenheten genom att dra den lätt uppåt och sedan ut från instrumentbrädan **(se bild)**.

15 Koppla loss kablaget på baksidan av reglaget.

16 Notera hur kablarna sitter, lossa sedan klämmorna och koppla loss kablarna. Om kablarna skall tas bort helt, koppla loss dem från värmarhuset **(se bild)**.

Montering

17 Montering sker i omvänd ordning. Innan panelen monteras, kontrollera att glödlamporna är korrekt monterade. När knapparna sätts tillbaka, se till att ledaren hakar i klacken på axeln.

Värmarhus

Observera: *På modeller med luftkonditionering måste man tappa av systemets kylmedia. Detta arbete **måste** utföras av en kvalificerad person.*

Demontering

18 Demontera instrumentpanelen enligt beskrivning i kapitel 11.

19 Demontera framdörrarna (se kapitel 11).

20 Använd en torxnyckel, skruva loss bultarna som håller de yttre ändarna av styrningens tvärbalk till A-stolparna på var sida, ta sedan bort tvärbalken från styrningarna och skruva loss toleransbultarna från ändarna på tvärbalken, notera att de är vänstergängade.

21 Demontera den bakre fotbrunnens luftfördelarhus.

22 På modeller med luftkonditionering måste systemets kylmedia nu tappas av av en specialist.

⚠ *Varning: Försök inte tappa av kylmedia utan specialutrustning – det är ett potentiellt farligt arbetsmoment.*

23 På modeller med luftkonditionering, arbeta i motorrummet och koppla loss ledningarna från förångaren och ta bort kondensavtappningsflänsen.

24 Fortfarande i motorrummet, använd två slangklämmor till att klämma ihop slangarna som leder till värmepaketet. Slangarna sitter på torpedväggen, precis ovanför styrväxeln. Alternativt, tappa av kylsystemet helt enligt beskrivning i kapitel 1.

25 Koppla loss slangarna från värmepaketets **stubs** genom att pressa på staven och dra tillbaka låsringen. Notera att anslutningarna är av snabblossande typ. Var beredd på kylvätskespill när slangarna lossas och placera trasor under dem.

26 Skruva loss de tre bultarna som håller värmarhuset till torpedväggen. Bultarna sitter i motorrummet.

27 Demontera pollenfilterhuset. Detta innebär att man måste demontera vindrutetorkarmotorn och koppla loss vakuumslangarna från huset. På modeller med 2.0 liter dieselmotor, demontera också yttertemperaturgivaren för extra värmning.

11.31a På modeller med 2.0 liter dieselmotor, koppla loss kablaget . . .

11.31b . . . och demontera bränslefiltret

11.31c Använd slangklämmor till att klämma ihop värmepaketets slangar i motorrummet

28 På modeller med elektronisk klimatkontroll (ECC), lossa kabelhärvans kontakt för strömmatning från servomotorerna och fläkten.

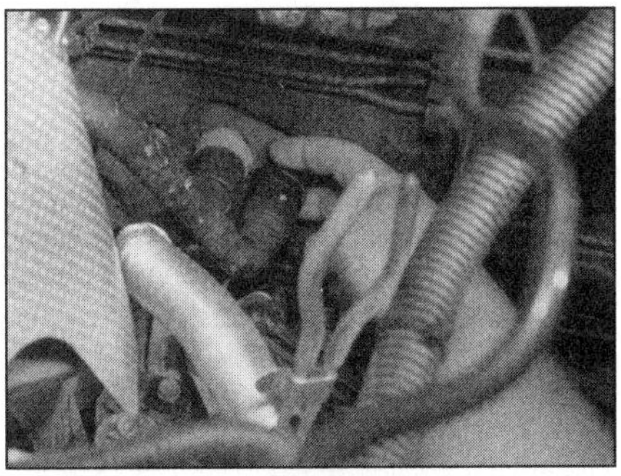

11.32a Dra tillbaka låsringen för att lossa slangen

11.32b Täta ändarna på värmepaketets slanganslutningar innan värmepaketet demonteras

29 Ta bort värmarhuset inifrån bilen.

Montering

30 Montering sker i omvänd ordning, men fyll på kylsystemet enligt beskrivning i kapitel 1. På modeller med luftkonditionering, låt ladda systemet av en kylmediespecialist. Vid montering av tvärbalken, se till att de övre styrningarna sitter som de ska innan bultarna dras åt.

Värmepaket

Demontering

31 Arbeta i motorrummet, använd två slangklämmor till att klämma ihop slangarna som leder till värmepaketet. Slangarna sitter på torpedväggen, just ovanför styrväxeln. Alternativt, tappa av kylsystemet helt enligt beskrivning i kapitel 1. För bättre åtkomlighet, demontera bränslefiltret på modeller med dieselmotor **(se bilder)**.

11.34 Instrumentbrädans stödkonsol demonteras (vid pilen)

32 Koppla loss slangarna från anslutningarna på värmepaketet genom att pressa på staven och dra tillbaka låsringen. Notera att anslutningarna är av snabblossningstyp. Tejpa över eller plugga anslutningarna för att förhindra att smuts kommer in i kylsystemet **(se bilder)**. Var beredd på kylvätskespill när slangarna lossas, lägg trasor under dem.

33 Demontera mittkonsolen enligt beskrivning i kapitel 11.

34 Demontera instrumentbrädans stödkonsol, mitt under brädan **(se bild)**.

35 Demontera den bakre fotbrunnens luftfördelningshus som sitter under instrumentbrädans mitt. Dra först upp förlängningarna från de nedre utloppen, skruva sedan loss fästskruven och dra ut huset. Ta slutligen bort stödkonsolen **(se bilder)**.

36 Lossa klämmorna och ta bort kåpan från

11.35a Dra upp förlängningarna från de nedre utloppen . . .

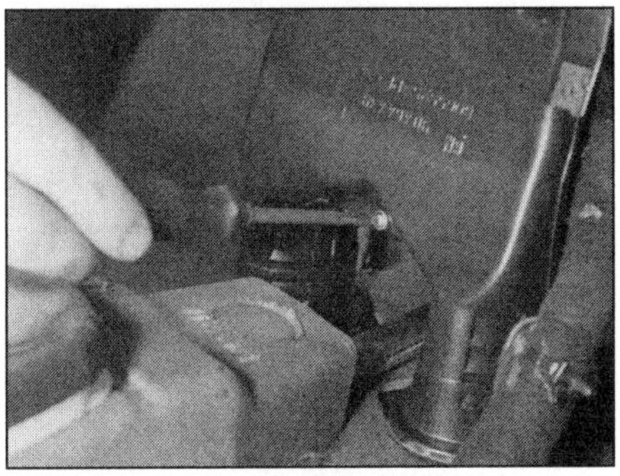

11.35b . . . skruva loss skruven . . .

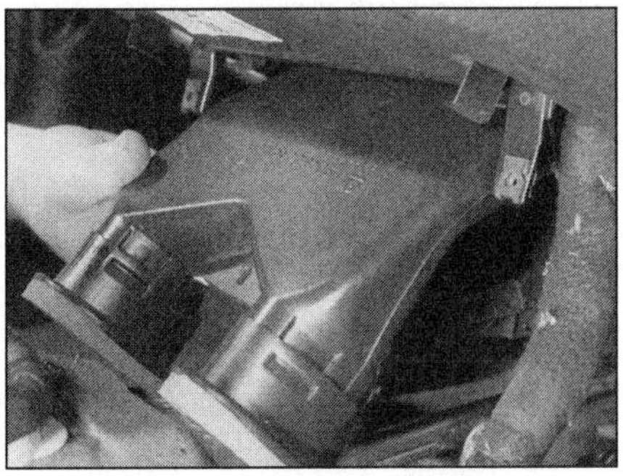

11.35c . . . och dra ut den bakre fotbrunnens luftfördelningshus . . .

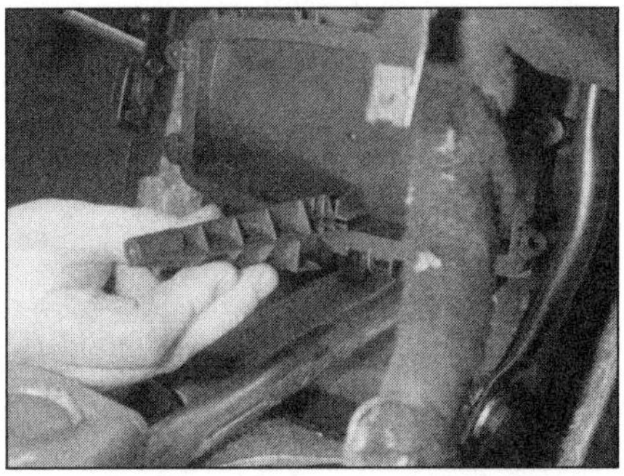

11.35d . . . följt av stödkonsolen

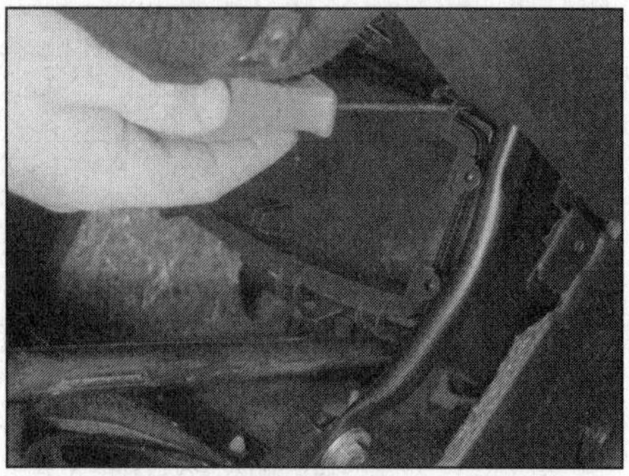

11.36a Lossa klämmorna med en skruvmejsel . . .

11.36b . . . och ta bort kåpan från värmepaketet

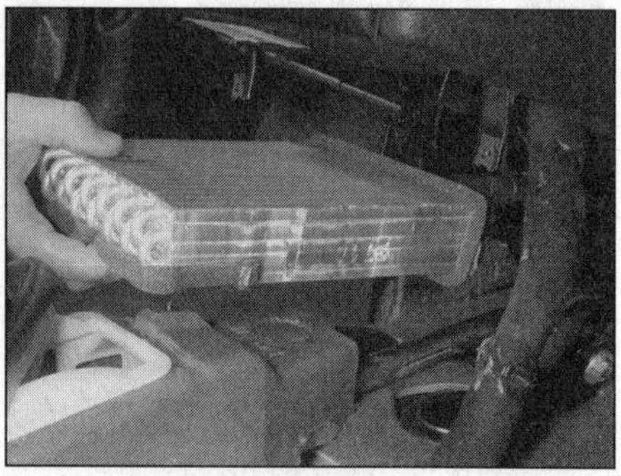

11.37 Dra försiktigt bort värmepaketet från huset

värmepaketet **(se bilder)**. På modeller med luftkonditionering sitter kåpan fast med bultar.

37 Ta försiktigt bort värmepaketet från huset **(se bild)**. På modeller med luftkonditionering måste man flytta värmepaketet till höger innan det kan tas ut.

Montering

38 Montering sker i omvänd ordning. Om värmepaketskåpans klämmor skadas vid demonteringen, borra fyra hål i kåpan och använd självgängande skruvar till att fästa kåpan. Pressa in värmepaketet ordentligt i huset innan kåpan sätts tillbaka **(se bild)**. Fyll avslutningsvis på kylsystemet enligt beskrivning i kapitel 1. Se till att snabblossningsfästena sitter som de ska genom att kontrollera att den gröna ringen är lossad.

Värmekontakt

Demontering

39 Demontera värmereglaget enligt beskrivning i punkt 13 till 16.

40 Lossa försiktigt klackarna och ta bort kontakten från panelen.

Montering

41 Montering sker i omvänd ordning.

Värmereglagebrytare i instrumentbrädan

Demontering

42 Använd en liten skruvmejsel och bänd försiktigt ut brytaren från instrumentbrädan. Var försiktig så att inte instrumentbrädan skadas, använd en trasa som skydd.

Montering

43 Montering sker i omvänd ordning.

Vakuumtank

Demontering

44 Med motorhuven öppen, demontera vattenavvisaren som sitter baktill i motorrummet – på höger sida på vänsterstyrda bilar och på vänster sida på högerstyrda bilar – för att komma åt vakuumtanken.

45 Notera hur vakuumslangarna sitter och koppla sedan loss dem **(se bild)**.

46 Skruva loss de två fästmuttrarna och ta bort vakuumtanken.

Montering

47 Montering sker i omvänd ordning.

Vakuumenhet

Demontering

48 Demontera handskfacket (se kapitel 11).

49 Demontera den nedre klädselpanelen i höger fotbrunn.

50 Koppla loss kablaget och vakuumslangen från vakuumenheten.

51 Demontera luftåtercirkulationens vakuumenhet och sänk ned den tills klaffen i luftfördelningshuset är öppen.

52 Tryck länksystemet mot bilens front och dra ut vakuumenheten in i bilen.

Montering

53 Montering sker i omvänd ordning.

Värmereglage – modeller med Elektronisk klimatkontroll (ECC)

Demontering

54 På modeller med en "hel" värmereglagepanel (som omger radion såväl som värmereglagen), stick in en liten skruvmejsel upptill på panelen, bänd försiktigt panelen utåt från instrumentbrädan tills de fyra fästklämmorna lossas från panelens övre kant, lyft sedan panelen och dra ut den. Placera en trasa under skruvmejseln för att skydda instrumentbrädan.

55 På bilar med en panel som endast omger värmeraglagen, stick in en liten skruvmejsel i de nedre hörnen och bänd försiktigt ut panelen från instrumentbrädan. Placera en trasa under skruvmejseln för att skydda instrumentbrädan. När de nedre två fästklämmorna lossnat, lyft panelen och lossa de två övre klämmorna (använd en lång smalbladig skruvmejsel om så behövs).

56 På alla modeller, demontera radion, ta sedan loss varningsblinkersbrytaren och andra tryckknappsbrytare ovanför radions öppning – se aktuellt avsnitt i kapitel 12. Ta bort radions fästkonsol och brytarfästremsan.

57 Använd en liten skruvmejsel till att lossa låsstagen och koppla loss de två elektriska kontakterna på framsidan (d.v.s. motorrumssidan) av reglageenheten. På modeller med en "hel" panel, skruva loss enhetens två övre fästbultar. På alla modeller, använd en skruvmejsel till att lossa enhetens två nedre fästtungor (genom att trycka in dem), skjut sedan enheten mot bilens front (tills de två styrstiften lossnar från instrumentbrädan) och lyft ut den.

Montering

58 Montering sker i omvänd ordning, notera följande:

a) Manövrera reglageenheten på plats och dra den mot instrumentbrädan så att de två styrstiften går in i respektive öppningar och de två nedre fästtungorna går i ingrepp som de ska.

b) Se till att anslutningarna är rena, anslut de två elektriska kontakterna framtill på enheten, sätt sedan tillbaka låsstagen för att säkra dem.

c) På bilar med en "hel" värmereglagepanel, dra åt enhetens två övre fästbultar.

11.38 Tryck in värmepaketet ordentligt i huset innan kåpan monteras

11.45 Vakuumtanken sitter baktill i ett hörn i motorrummet

d) På alla modeller, montera alla komponenter som tagits bort för åtkomlighet. På modeller med en "hel" reglagepanel, se till montera panelens övre kant först, så att dess fyra fästklämmor är korrekt på plats innan panelens nedre ände trycks på plats.

e) När hopsättningen är klar, synkronisera servomotorerna genom att slå på tändningen och trycka in reglagen "Auto on" och "Auto off" samtidigt i ungefär 5 sekunder.

ECC lufttemperaturgivare

Demontering

59 Demontera styrenheten enligt beskrivningen ovan.

60 Koppla loss kontakten från luftutloppets temperaturgivare.

61 Vrid temperaturgivaren moturs och ta bort den från huset.

Montering

62 Montering sker i omvänd ordning.

ECC fläktregulator

Demontering

63 Demontera luftkanalen i vänster fotbrunn.

64 Demontera värmekammarkåpan från förarsidan.

65 Demontera gaspedalen, ta loss gasvajern där så är tillämpligt (se relevant del av kapitel 4).

66 Skruva loss fästbultarna och ta bort regulatorn från värmarhuset.

Montering

67 Montering sker i omvänd ordning mot demontering.

ECC solsensor

Demontering

68 Bänd försiktigt ut sensorn upptill på luftkanalspanelen men var försiktig så att inte panelen skadas. Lägg en trasa emellan som skydd.

69 Tejpa eller kläm fast kablaget på instrumentbrädan för att stoppa det från att falla in.

70 Koppla loss kablaget och ta bort sensorn.

Montering

71 Montering sker i omvänd ordning.

12 Luftkonditionering – allmän information och föreskrifter

Allmän information

Luftkonditionering är standard på toppmodellerna och finns som tillval på vissa andra modeller. Systemet gör det möjligt att sänka temperaturen på inkommande luft och avfuktar också luften, vilket ger snabb avimning och ökad komfort.

Kylsidan av systemet arbetar på samma sätt som ett vanligt kylskåp. Kylmedia i form av gas dras in i en remdriven kompressor, det förs sedan vidare in i en kondensator monterad framför kylaren där det förlorar värme och övergår i flytande form. Vätskan passerar genom en expansionsventil till en förångare, där den omvandlas från vätska under högt tryck till gas under lågt tryck. Denna förändring åtföljs av en temperatursänkning, vilken kyler ner förångaren. Kylmediet återvänder till kompressorn och cykeln börjar om från början.

Luft blåser genom förångaren och förs till värmarenheten, där den blandas med varm luft som går genom värmepaketet, för att uppnå önskad temperatur i kupén.

Systemets värmesida arbetar på samma sätt som på modeller utan luftkonditionering (se avsnitt 10).

Manövreringen av systemet styrs elektroniskt. Eventuella problem med systemet bör överlåtas till en Opelverkstad eller en specialist på luftkonditionering.

Föreskrifter

Det är viktigt att vidta speciella säkerhetsåtgärder närhelst man arbetar med någon del av luftkonditioneringssystemet, dess tillhörande komponenter och andra delar som kräver att man kopplar från systemet.

Varning: Kylmediekretsen innehåller ett flytande kylmedia som är potentiellt farligt och endast bör handhas av kvalificerade personer. Om det stänker på huden kan det orsaka frostskador. Det är inte i sig självt giftigt, men i närhet av nakna lågor omvandlas det till en giftig gas; inandning av ångan genom en tänd cigarett kan vara livsfarligt. Okontrollerat utsläpp av kylmedia är farligt och kan skada miljön. Det är därför farligt att koppla loss någon del av systemet utan specialkunskap och speciell utrustning. Om systemet av någon anledning måste kopplas ifrån, överlåt detta arbete till en auktoriserad verkstad eller luftkonditioneringsspecialist.

Varning: Aktivera inte luftkonditioneringen om du vet att det finns för lite kylmedia i systemet, det kan skada kompressorn.

13 Luftkonditionering – demontering och montering av komponenter

Kompressor

Varning: Läs föreskrifterna i avsnitt 12 och låt en Opelverkstad eller luftkonditioneringsspecialist tappa av systemet. Utför inte följande moment om inte systemet har tappats av.

Demontering

Modeller med 4-cylindrig bensinmotor eller X20DTL dieselmotor

1 Låt en kvalificerad person tappa av systemet.

2 Om så behövs, demontera filterhuset enligt beskrivning i kapitel 4.

3 Demontera hjälpaggregatens drivrem enligt beskrivning i kapitel 1.

4 Dra åt handbromsen, lyft upp framvagnen och stöd den på pallbockar (se *"Lyftning och stödpunkter"*). Demontera stänkskyddet under motorrummet.

5 På modeller med bensinmotor, demontera det nedåtgående avgasröret enligt beskrivning i kapitel 4.

6 Koppla loss kylmedieledningarna från kompressorn, tejpa sedan över eller plugga igen ledningarna.

7 Koppla loss kontakten från kompressorn.

8 På modeller med X20DTL motor, koppla loss kontakten vid sumpen.

9 Skruva loss fästbultarna och ta bort kompressorn från motorn.

Modeller med X17DTL dieselmotor

10 Låt en kvalificerad person tappa av systemet.

11 Demontera luftfilterhuset enligt beskrivning i kapitel 4.

12 Skruva loss bultarna från ledningarnas stödkonsoler på höger sida av topplocket och baktill på kompressorn.

13 Koppla loss kablaget från kontaktdonet under kompressorn.

14 Ta loss kylmedieledningarna från kompressorn och tejpa över eller plugga igen ledningarna.

15 Skruva loss och ta bort värmeskölden från avgasgrenröret.

16 Demontera hjälpaggregatens drivrem enligt beskrivning i kapitel 1, demontera sedan spännarrullen.

17 Skruva loss fästbultarna och ta bort kompressorn från motorn. Ta vara på distansen.

Montering

18 Montering sker i omvänd ordning, men dra åt fästbultarna till specificerat moment och spänn hjälpaggregatens drivrem enligt beskrivning i kapitel 1. Efter avslutat arbete, låt specialister fylla på systemet och sätta nya O-ringar på ledningsanslutningarna. Om en ny kompressor monteras, fyll på olja innan den monteras.

Förångare

Demontering

19 Låt en kvalificerad person tömma systemet.

20 Demontera värmefläktsmotorn enligt beskrivning i avsnitt 11.

21 Demontera expansionsventilen.

22 Demontera handskfacket (se kapitel 11).

23 Demontera klädselpanelen i höger fotbrunn (se kapitel 1).

24 Demontera kylvätskeledningskåpan och även luftkanalen i höger fotbrunn.
25 Skär försiktigt runt kanten på huset och ta bort förångaren. Notera att en ny förångare är försedd med en ny kåpa som skruvas fast.

Montering

26 Montering sker i omvänd ordning, men innan den nya förångaren sätts på plats, lägg tätningsmedel på kanten på den nya kåpan. Låt avslutningsvis specialisten fylla luftkonditioneringssystemet och sätta nya O-ringar på ledningsanslutningarna.

Kondensator

Demontering

27 Låt en kvalificerad person tömma systemet.
28 Demontera kylargrillen (se kapitel 11).
29 Skruva loss den extra elektriska kylfläkten och koppla loss kablaget.
30 Koppla loss kylmedieledningarna från kondensatorn och tejpa över eller plugga igen öppningarna.
31 Koppla loss kylarfläktens kablage vid kontakten.
32 Lyft försiktigt bort kondensatorn från kylaren och ta bort den från bilen.
33 Om så behövs, ta loss torkarenheten från kondensatorn.

Montering

34 Montering sker i omvänd ordning. Låt en specialist fylla på systemet och sätta nya O-ringar på ledningsanslutningarna.

Torkarenhet

Demontering

35 Låt en specialist tappa av systemet.
36 Demontera den främre stötfångaren enligt beskrivning i kapitel 11.
37 Torkarenheten sitter på främre vänstra sidan av kylaren.
38 Ta loss kylmedieledningarna och tejpa över eller plugga igen dem.
39 Skruva loss torkarenheten från kondensatorn.

Montering

40 Montering sker i omvänd ordning. Låt en specialist fylla på systemet och sätta nya O-ringar på ledningsanslutningarna.

Extra fläktens trippelbrytare

Demontering

41 Den extra fläktens brytare sitter till vänster på kylarens bakre ände. Börja med att låta en specialist tappa av systemet.
42 Dra åt handbromsen, lyft upp framvagnen och stöd den på pallbockar (se *"Lyftning och stödpunkter"*).
43 Koppla loss kablaget från brytaren, skruva sedan loss brytaren från kylmedieledningen.

Montering

44 Montering sker i omvänd ordning. Låt specialisten fylla på systemet och sätta nya O-ringar på ledningsanslutningarna.

Kapitel 4 Del A:
Bränsle- och avgassystem – modeller med bensinmotor

Innehåll

Svårighetsgrader

Enkelt, passar novisen med lite erfarenhet	**Ganska enkelt,** passar nybörjaren med viss erfarenhet	**Ganska svårt,** passar kompetent hemmamekaniker	**Svårt,** passar hemmamekaniker med erfarenhet	**Mycket svårt,** för professionell mekaniker

Specifikationer

Systemtyp

Modeller med 1.6 liters SOHC motor	Multec* (enpunkts insprutning)
Modeller med 1.6 liters DOHC motor	Multec S* (flerpunkts insprutning)
Modeller med 1.8 eller 2.0 liters motor	Simtec 56.5* (flerpunkts insprutning)

**Se avsnitt 6 för ytterligare information*

Bränslesystem

Bränslepump, typ	Elektrisk, nedsänkt i tanken
Bränslepumpens reglerade konstanta tryck (ca):	
Enpunkts insprutningssystem	0,8 bar
Flerpunkts insprutningssystem*	3,0 till 3,5 bar
Specificerad tomgångshastighet	Ej justerbar – styrs av ECU
Tomgångsblandningens CO-halt	Ej justerbar – styrs av ECU

**Bränsletrycksregulatorns vakuumslang frånkopplad och igenpluggad.*

Rekommenderat bränsle

Minsta oktantal	95 oktan* blyfri. Blyat bränsle får **inte** användas

**91 oktan blyfritt bränsle (finns i vissa länder) kan användas, men viss kraftförlust kan då märkas.*

Atdragningsmoment

	Nm
Gaspedalens muttrar	20
Bromssystemets vakuumslang, anslutningsmutter	15
Kamaxelgivare:	
1.6 liters DOHC motor	5
1.8 och 2.0 liters motorer	6
Vevaxelgivarens bult:	
1.6 liters motor	8
1.8 och 2.0 liters motorer	6
Nedåtgående avgasrör till grenrör, bultar	25
Avgasgrenrörets muttrar:	
1.6 liters SOHC motor	22
1.6 liters DOHC motor	30
1.8 och 2.0 liters motorer	22
Avgasgrenrörskåpans bultar	8
Bränsleslang, anslutningsmutter	15
Bränsletrycksregulatorns krampa – 1.8 och 2.0 liters motorer	5
Bränslefördelningsskenans bultar	8
Bränsletankens spännbands bultar	20
Insugsgrenrörets muttrar och bultar:	
1.6 liters SOHC motor	22
1.6 liters DOHC motor:	
Övre grenrörets muttrar och bultar	8
Nedre grenrörets muttrar och bultar	20
1.8 och 2.0 liter motorer	22
Knacksensorns bult	20
Tändstiftens värmesköldar – 1.6 liters SOHC motor	30
Gasspjällhus - 1.6 liters SOHC motor:	
Fästmuttrar	22
Skruvar mellan övre och nedre hus	6
Gasspjällhusets bultar – 1.6 liters DOHC motor	8
Gasspjällhusets muttrar – 1.8 och 2.0 liters motor	9
Gasspjällpotentiometerns bultar – 1.6 liters SOHC motor	2

1 Allmän information och föreskrifter

Bränslesystemet består av en bränsletank (som är monterad under bakvagnen, med en elektrisk bränslepump nedsänkt i den), ett bränslefilter och bränslematnings- och returledningar. På modeller med enpunkts insprutning matas bränslet av en gasspjällenhet som innehåller den enda bränsleinsprutaren och bränsletrycksregulatorn. På modeller med flerpunkts insprutning matar bränslepumpen bränsle till bränslefördelningsskenan, vilken agerar som en behållare för de fyra bränsleinsprutarna som sprutar in bränsle i inloppskanalerna. Utöver detta finns det en elektronisk styrenhet (ECU) och olika givare, elektriska komponenter och tillhörande kablage.

Se avsnitt 7 för ytterligare information om varje insprutningssystems funktion, och avsnitt 18 för information om avgassystemet.

Varning: Många av arbetsmomenten i detta kapitel omfattar demontering av bränsleledningar och anslutningar, vilket kan leda till bränslespill. Innan något arbete utförs på bränslesystemet, se föreskrifterna i "Säkerheten främst!" i början av boken och följ dessa noggrant. Bensin är en mycket farlig och lättflyktig vätska och säkerhetsåtgärderna som måste vidtas vid hanteringen kan inte nog betonas.

Observera: *Det kommer att finnas kvar tryck i bränsleledningarna långt efter det att bilen använts senast. Innan någon bränsleledning kopplas loss, tryckavlasta först systemet enligt beskrivning i avsnitt 8.*

2 Luftrenare och luftinloppstrummor – demontering och montering

Demontering

1 För att demontera luftrenarhuset, lossa fästklämman och koppla loss trumman från utloppet, skruva sedan loss fästmuttrarna och ta bort huset från motorrummet. På modeller med enpunkts insprutning måste man koppla loss vakuumslangen och varmluftsinloppsslangen från huset när det demonteras.

2 De olika trummorna kan kopplas loss och tas bort när fästklämmorna har lossats. I vissa fall måste man koppla loss ventilationsslangar och kontakter för att trumman ska kunna tas bort; trumman kan också vara fastskruvad i en fästkonsol **(se bild)**.

Montering

3 Montering sker i omvänd ordning mot demontering, se till att alla trummor fästs på plats ordentligt och säkert.

3 Inloppsluftens temperaturregleringssystem (enpunkts insprutning)

Allmän information

1 Systemet kontrolleras via en värmekänslig vakuumkontakt som sitter i gasspjällhusets kåpa. När temperaturen på den luft som passerar genom kåpan är låg (under ca 35°C) är vakuumkontakten öppen, vilket låter undertrycket i insugsgrenröret agera på lufttemperaturstyrventilens membran längst ner i luftrenarhuset. Detta vakuum gör att membranet stiger och drar en klaffventil över kalluftsintaget, så att endast varm luft från

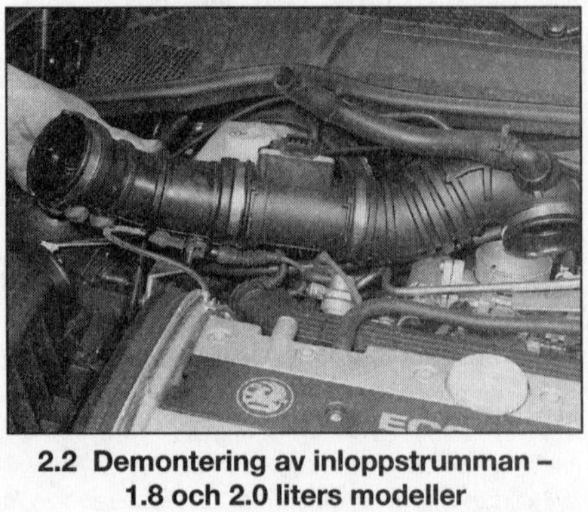

2.2 Demontering av inloppstrumman – 1.8 och 2.0 liters modeller

4.1 Ta bort fästklämman och lossa innervajerns ändinfästning från kulleden . . .

4.2 . . . och lossa vajerhöljet från fästkonsolen

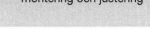

4.11 Ta bort gasvajerns justerklämma

avgasgrenrörets kåpa kan komma in i luftrenaren.

2 När temperaturen på den luft som värmts upp av avgaserna och kommer in i gasspjällhuset stiger, deformeras vaxkapseln i vakuumkontakten och stänger kontakten, vilket stänger av vakuummatningen till lufttemperaturstyrventilen. När vakuummatningen stängs av sänks klaffen stegvis över varmluftsintaget, och när temperaturen på luften i trumman är helt uppvärmd (ca 40°C) stänger styrventilen, så att endast kall luft från bilens front kan komma in i luftrenaren.

Test

3 För att kontrollera systemet, låt motorn svalna helt, ta sedan loss inloppstrumman från framsidan av luftrenarhuset – styrventilenhetens klaffventil i husets trumma skall vara säkert placerad över varmluftsintaget. Starta motorn – klaffen skall genast stiga för att stänga av kalluftsintaget och sedan sjunka stadigt medan motorn värms upp, tills den till slut är helt över varmluftsintaget igen.

4 För att kontrollera vakuumkontakten, koppla loss vakuumröret från styrventilen medan motorn är igång och placera ett finger över röränden. När motorn är kall ska fullt insugsrörsvakuum kännas i röret, och när motorn har normal arbetstemperatur skall det inte finnas något vakuum i röret.

5 För att kontrollera lufttemperaturstyrventilen, koppla loss inloppstrumman från luftrenarhuset; klaffventilen skall vara säkert placerad över varmluftsintaget. Koppla loss vakuumröret och, med hjälp av en lämplig slangbit, sug hårt vid styrventilens anslutning; klaffen skall stiga och stänga av kalluftsintaget.

6 Om någon av komponenterna är defekt måste den bytas ut. Vakuumkontakten är en inbyggd del av gasspjällhusets kåpa och temperaturstyrventilen är en del av luftrenarhuset – ingen del kan erhållas separat.

7 Efter avslutad kontroll, se till att alla rubbade komponenter sätts tillbaka/ansluts säkert.

4 Gasvajer – demontering, montering och justering

Demontering

1 Arbeta i motorrummet, lossa innervajerns fästklämma, dra sedan av klämman från ändinfästningen och lossa vajern från gasspjällkammen **(se bild)**.

2 Lossa vajerhöljet från fästkonsolen, tappa inte bort justerklämman **(se bild)**. Arbeta bakåt längs hela vajerns längd, lossa den från fästklämmor eller kabelband och notera hur den är dragen. På modeller med automatväxellåda måste man koppla loss kablaget från kickdownkontakten som är inbyggd i vajern.

3 Inuti bilen, skruva loss fästena och ta bort den nedre klädselpanelen från under förarens sida av instrumentbrädan för att komma åt gaspedalen.

4 Sträck upp handen under instrumentbrädan, ta loss innervajern från toppen av gaspedalen.

5 Gå tillbaka till motorrummet, lossa vajerns tätningsmuff från torpedväggen och ta bort vajern och muffen från bilen.

6 Undersök om vajern är sliten eller skadad och byt ut den om så är fallet. Undersök om gummimuffen är skadad eller sliten och byt ut den om så behövs.

Montering

7 Mata vajern på plats från motorrummet och placera vajerhöljets muff i torpedväggen.

8 Från bilens insida, kläm innervajern på plats på pedaländen och kontrollera att muffen sitter som den ska i torpedväggen. Försäkra dig om att vajern sitter fast ordentligt och montera klädselpanelen på instrumentbrädan.

9 Gå till motorrummet, kontrollera att vajern sitter ordentligt i torpedväggen, arbeta sedan längs hela vajern och fäst den med fästklämmor och kabelband. Se till att den blir rätt dragen. På modeller med automatväxellåda, anslut kontakten till kickdownkontakten.

10 Anslut innervajern till gasspjällkammen och fäst den med fästklämman. Fäst vajerhöljet i fästkonsolen och justera vajern enligt beskrivning nedan.

Justering

11 Arbeta i motorrummet, dra av justerklämman från vajerhöljet **(se bild)**.

12 Med klämman borttagen, se till att gasspjällkammen är helt mot sitt stopp. Dra försiktigt ut vajern ur sin muff tills allt fritt spel är eliminerat från innervajern.

13 Håll vajern i denna position, sätt tillbaka fjäderklämman i det sista exponerade spåret i vajerhöljet framför gummimuffen. När klämman är på plats och vajerhöljet släppt skall det endast finnas ett litet spel i innervajern.

14 Låt en medhjälpare trycka ner gaspedalen och kontrollera att gasspjällkammen öppnar helt och återgår mjukt till sitt stopp.

5 Gaspedal – demontering och montering

1 Inuti bilen, skruva loss fästena och ta bort den nedre klädselpanelen under förarens sida av instrumentbrädan för att komma åt gaspedalen.

2 Sträck upp handen under instrumentbrädan, ta loss innervajern från toppen på gaspedalen.

3 Skruva loss fästmuttrarna och ta bort pedalenheten från torpedväggen.

4 Undersök om pedalenheten är sliten, var speciellt uppmärksam på pedalbussningarna och byt ut dem efter behov. För att ta isär enheten, haka loss returfjädern, dra sedan av fästklämman och ta isär pedalen, fästkonsolen, returfjädern och pivåbussningarna.

5 Om enheten har tagits isär, lägg ett lager universalfett på pedalens pivåaxel och bussningar. Montera bussningarna och returfjädern på fästkonsolen och sätt in pedalen, se till att den passerar genom returfjäderns lopp. Säkra pedalen på plats med fästklämman och haka fast returfjädern bakom pedalen.

6 Montera pedalenheten och dra åt dess fästmuttrar till specificerat moment.

7 Kläm fast gasvajern på plats på pedalen, montera sedan klädselpanelen på instrumentbrädan.

8 Efter avslutat arbete, justera gasvajern enligt beskrivning i avsnitt 4.

6 Blyfri bensin – allmän information och användning

Observera: *Informationen som ges i detta kapitel stämmer vid tiden för bokens tillkomst. Om mer aktuell information krävs, rådfråga en Opelåterförsäljare. Inför resor utomlands, ta kontakt med någon motoristorganisation eller liknande som kan ge råd om tillgänglighet för olika typer av bränsle.*

1 Det bränsle som rekommenderas av Opel anges i specifikationerna i början av detta kapitel

2 Alla bensinmodeller är utformade för att gå på bränsle med minst 95 oktan. Bränsle med lägre oktan, ner till ett minimum av 91 oktan (finns i vissa länder), kan utan problem användas eftersom motorstyrningssystemet automatiskt justerar tändinställningen efter det bränsle som används (med hjälp av informationen som ges av knacksensorn). Man får dock vara beredd på en viss kraftförlust om man använder bränsle med lägre oktantal än 95.

3 Alla modeller har en katalysator och måste därför köras på blyfritt bränsle. Under inga omständigheter får blyat bränsle användas, eftersom det kan skada katalysatorn.

4 Blyfritt bränsle med oktantal 98 kan också användas, men det finns ingen fördel med detta.

7 Bränsleinsprutningssystem – allmän information

Modeller med 1.6 liters SOHC motor - Multec enpunkts insprutning

1 Multec motorstyrningssystem (bränsleinsprutning/tändning) **(se bild)** innefattar en sluten katalysator, ett förångningssystem för avgasrening och ett EGR-system (avgasåterföring), och uppfyller aktuella krav på avgasrening. Systemets bränsleinsprutningssida arbetar enligt beskrivningen nedan, se kapitel 5 för information om tändsystemet.

2 Bränslepumpen, nedsänkt i bränsletanken, pumpar bränsle från bränsletanken till bränsleinsprutaren, via ett filter monterat under bilens bakvagn. Bränslematningstrycket styrs av tryckregulatorn i gasspjällhuset. Regulatorn låter överflödigt bränsle föras tillbaka till tanken.

3 Det elektriska styrsystemet består av en ECU (elektronisk styrenhet) tillsammans med följande komponenter:

a) *Gasspjällpotentiometer – informerar ECU om gasspjällets läge och med vilken hastighet spjället öppnar eller stänger.*
b) *Kylvätsketemperaturgivare – informerar ECU om motorns temperatur.*
c) *Syresensor – informerar ECU om syrehalten i avgaserna (förklaras närmare i del C av detta kapitel).*
d) *Vevaxelgivare – informerar ECU om motorns hastighet och vevaxelns position.*
e) *Knacksensor – informerar ECU när förtändning ("spikning") inträffar.*

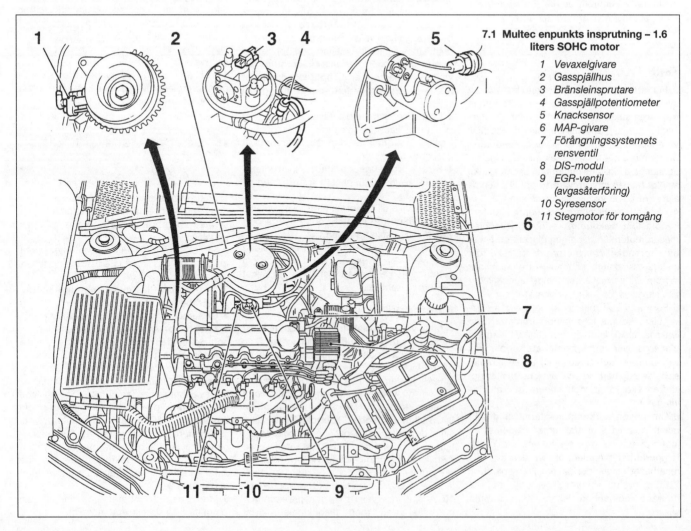

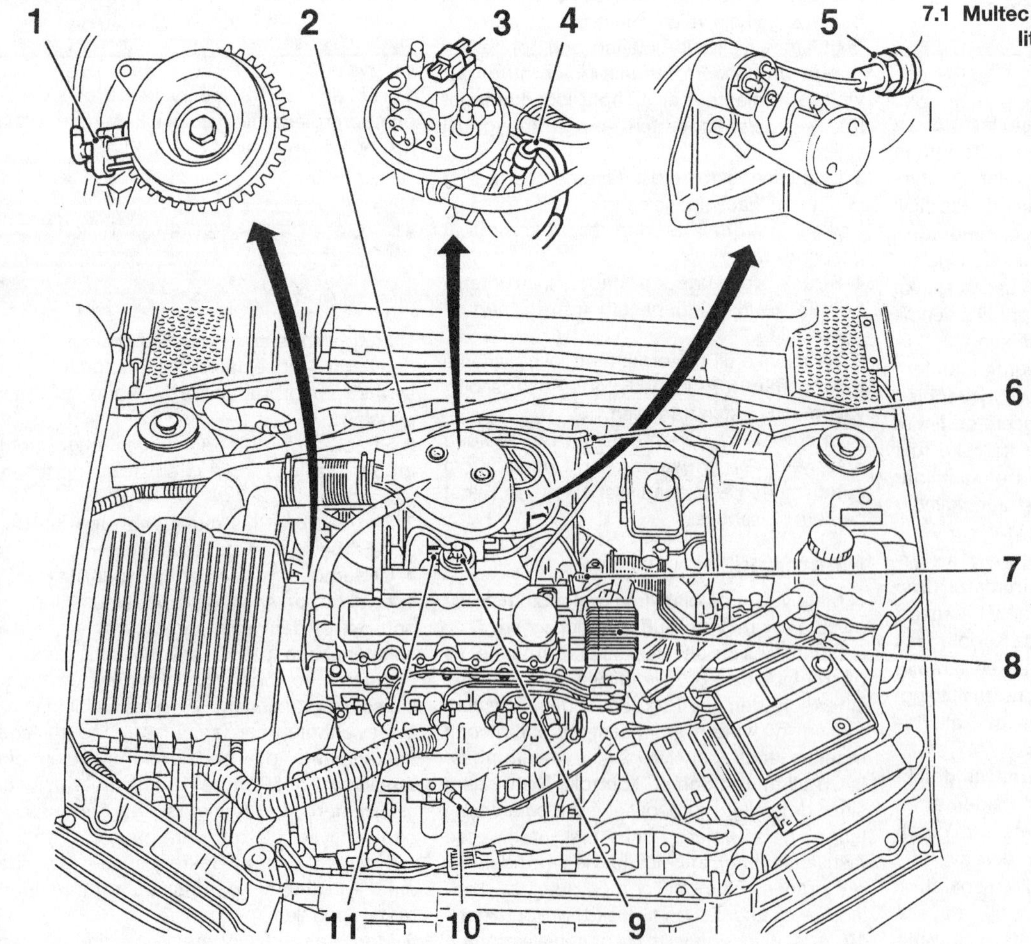

7.1 Multec enpunkts insprutning – 1.6 liters SOHC motor

1 *Vevaxelgivare*
2 *Gasspjällhus*
3 *Bränsleinsprutare*
4 *Gasspjällpotentiometer*
5 *Knacksensor*
6 *MAP-givare*
7 *Förångningssystemets rensventil*
8 *DIS-modul*
9 *EGR-ventil (avgasåterföring)*
10 *Syresensor*
11 *Stegmotor för tomgång*

f) MAP-givare (givare för tryck i insugsgrenröret) – informerar ECU om motorns belastning genom att övervaka trycket i insugsgrenröret.

g) ABS styrenhet – informerar ECU om bilens hastighet.

h) Luftkonditioneringssystemets kontakt (om monterad) – informerar ECU när luftkonditioneringen är på.

4 All information ovan analyseras av ECU och med utgång från detta avgör ECU lämpliga tändnings- och bränslekrav för motorn. ECU styr bränsleinsprutaren genom att variera dess pulsbredd – den tid som insprutaren är öppen – för att ge fetare eller magrare blandning. Blandningen varieras hela tiden av ECU, för att ge bästa inställning för runddragning, start (med varm eller kall motor), uppvärmning, tomgång, marschfart och acceleration.

5 ECU har också full kontroll över motorns tomgångshastighet, via en stegmotor som är monterad på gasspjällhuset. Motorns tryckstång styr öppningen av en luftpassage som går förbi gasspjällventilen. När gasspjällventilen är stängd (gaspedalen uppsläppt), använder ECU stegmotorn till att variera mängden luft som går in i motorn och kontrollerar på så sätt tomgångshastigheten.

6 ECU kontrollerar också avgas- och förångningssystemen, som beskrivs närmare i del C av detta kapitel.

7 Om avläsningen från någon av givarna är onormal går ECU in i backup-läge. I detta fall ignorerar ECU den onormala givarsignalen och antar ett förprogrammerat värde som låter motorn fortsätta gå (om än med minskad effektivitet). Om ECU går in i backup-läge tänds varningslampan på instrumentpanelen och aktuell felkod lagras i ECU-minnet.

8 Om varningslampan tänds skall bilen tas till en Opelverkstad så snart som möjligt. Ett fullständigt test av motorstyrningssystemet kan då utföras, med hjälp av en speciell elektronisk diagnostikutrustning som ansluts till systemets diagnostikuttag. Uttaget finns bakom mittkonsolen – ta loss klädselpanelen precis framför handbromshandtaget för att komma åt det **(se bilder)**.

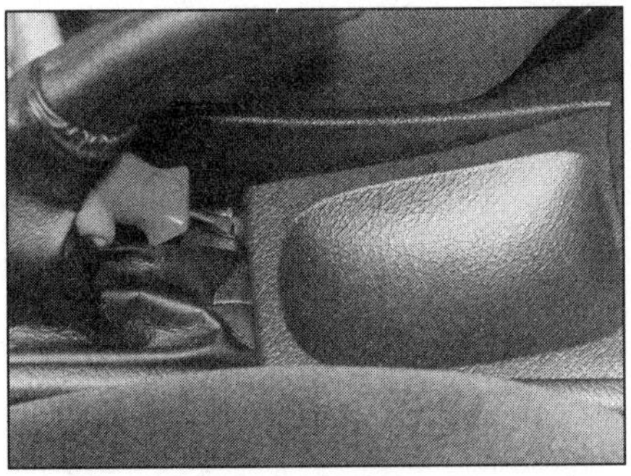

7.8a Ta loss klädselpanelen uppe på mittkonsolen . . .

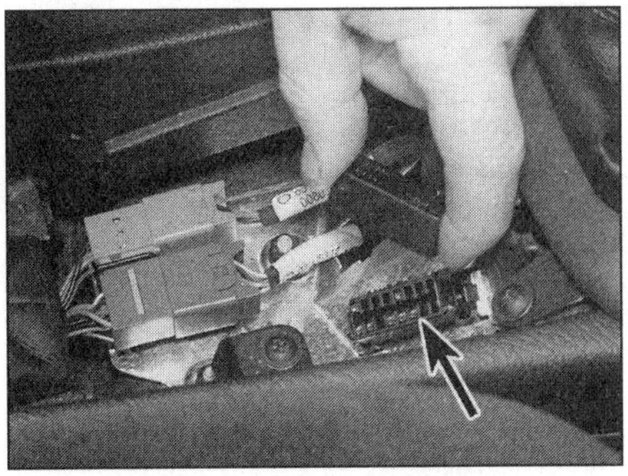

7.8b . . . för att komma åt diagnostikuttaget (vid pilen)

Modeller med 1.6 liters DOHC motor – Multec S flerpunkts insprutningssystem

9 Multec S motorstyrningssystem (bränsleinsprutning/tändning) **(se bild)** innehåller en sluten katalysator, ett förångningssystem för avgasrening, ett EGR-system (avgasåterföring) och ett sekundärt luftsystem, och uppfyller de senaste kraven på avgasrening. Systemets bränsleinsprutningssida fungerar

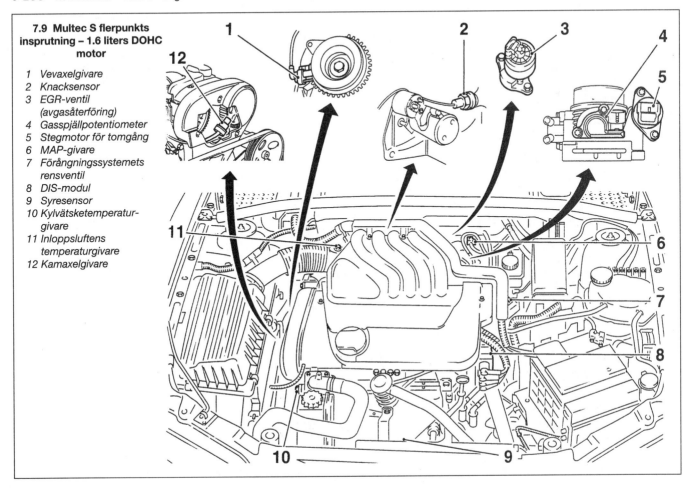

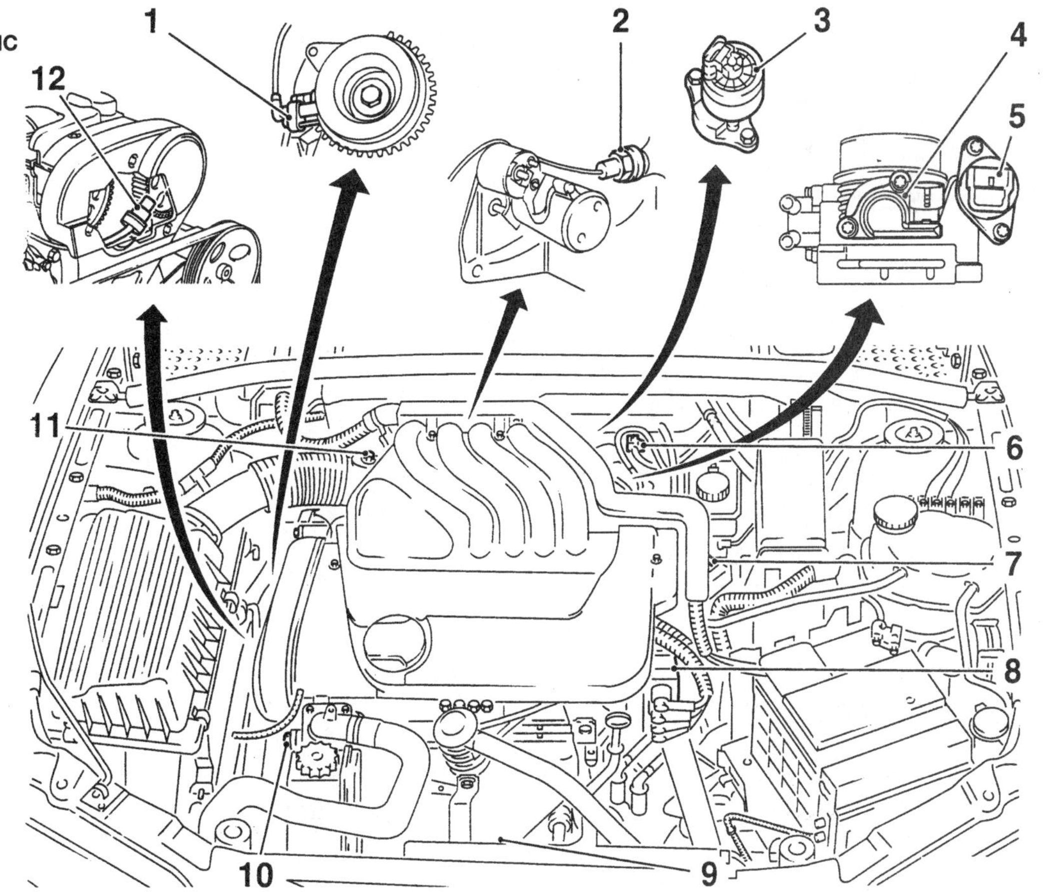

7.9 Multec S flerpunkts insprutning – 1.6 liters DOHC motor

1 *Vevaxelgivare*
2 *Knacksensor*
3 *EGR-ventil (avgasåterföring)*
4 *Gasspjällpotentiometer*
5 *Stegmotor för tomgång*
6 *MAP-givare*
7 *Förångningssystemets rensventil*
8 *DIS-modul*
9 *Syresensor*
10 *Kylvätsketemperaturgivare*
11 *Inloppsluftens temperaturgivare*
12 *Kamaxelgivare*

enligt följande; se kapitel 5 för information om tändsystemet.

10 Bränslepumpen, nedsänkt i bränsletanken, pumpar bränsle från bränsletanken till bränslefördelningsskenan via ett filter monterat under bilens bakvagn. Bränslematningstrycket kontrolleras av tryckregulatorn som låter överflödigt bränsle återgå till tanken.

11 Det elektriska styrsystemet består av en ECU (elektronisk styrenhet) och följande komponenter:

a) Gasspjällpotentiometer – informerar ECU om gasspjällets läge och med vilken hastighet gasspjället öppnar eller stänger.

b) Kylvätsketemperaturgivare – informerar ECU om motorns temperatur.

c) Inloppsluftens temperaturgivare – informerar ECU om temperaturen på den luft som går in i grenröret.

d) Syresensor – informerar ECU om syrehalten i avgaserna (förklaras närmare i del C av detta kapitel).

e) Vevaxelgivare – informerar ECU om motorhastighet och vevaxelläge.

f) Kamaxelgivare – informerar ECU om avgaskamaxelns hastighet och position.

g) Knacksensor – informerar ECU när förtändning (spikning) inträffar.

h) MAP-givare (givare för absolut tryck i insugsgrenröret) – informerar ECU om motorns belastning genom att övervaka trycket i insugsgrenröret.

i) ABS styrenhet – informerar ECU om bilens hastighet.

j) Luftkonditioneringssystemets kontakt (om monterad) – informerar ECU när luftkonditioneringssystemet är i gång.

12 All information ovan analyseras av ECU och utifrån detta avgör ECU lämpliga tändnings- och bränsleförhållanden för motorn. ECU styr bränsleinsprutaren genom att variera dess pulsbredd - den tid insprutaren hålls öppen – för att ge fetare eller magrare blandning. Blandningen varieras konstant av ECU, för att ge bästa inställning för runddragning, start (med varm eller kall motor), uppvärmning, tomgång, marschfart och acceleration. Multec S system är ett sekventiellt bränsleinsprutningssystem. Detta betyder att var och en av de fyra insprutarna utlöser individuellt just innan insugsventilen för relevant cylinder ska öppna.

13 ECU har också full kontroll över motorns tomgångshastighet, via en stegmotor som är monterad på gasspjällhuset. Stegmotorn styr öppningen av en luftpassage som går förbi gasspjällventilen. När gasspjällventilen är stängd (gaspedalen uppsläppt), använder ECU stegmotorn till att variera mängden luft som går in i motorn och styr på så sätt tomgångshastigheten.

14 ECU kontrollerar också avgas- och förångningssystem, som beskrivs närmare i del C av detta kapitel.

15 Om någon av avläsningarna från någon givare är onormal går ECU in i backup-läge. I detta fall ignorerar ECU den onormala signalen och antar ett förprogrammerat värde som gör att motorn kan fortsätta gå (dock med minskad effektivitet). Om ECU övergår till backup-läge tänds varningslampan på instrumentpanelen och relevant felkod lagras i ECU-minnet.

16 Om varningslampan tänds bör bilen tas till en Opelverkstad vid första möjliga tillfälle. Ett komplett test av motorstyrningssystemet kan då utföras, med hjälp av en speciell elektronisk diagnostiktestenhet som ansluts till systemets diagnostikuttag. Uttaget finns bakom mittkonsolen; ta loss klädselpanelen

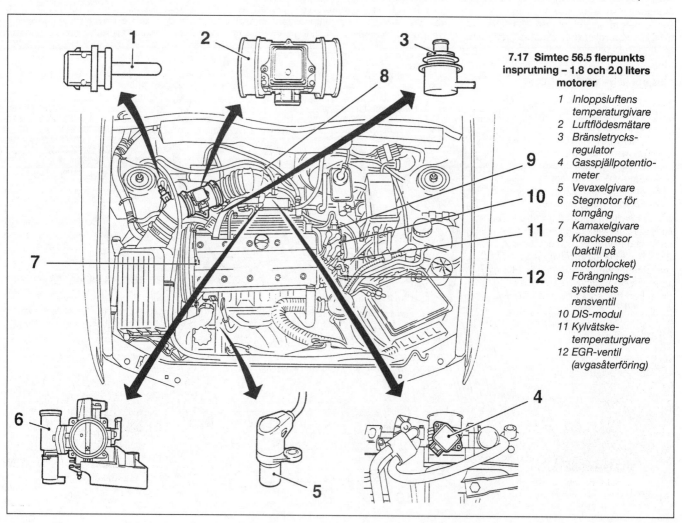

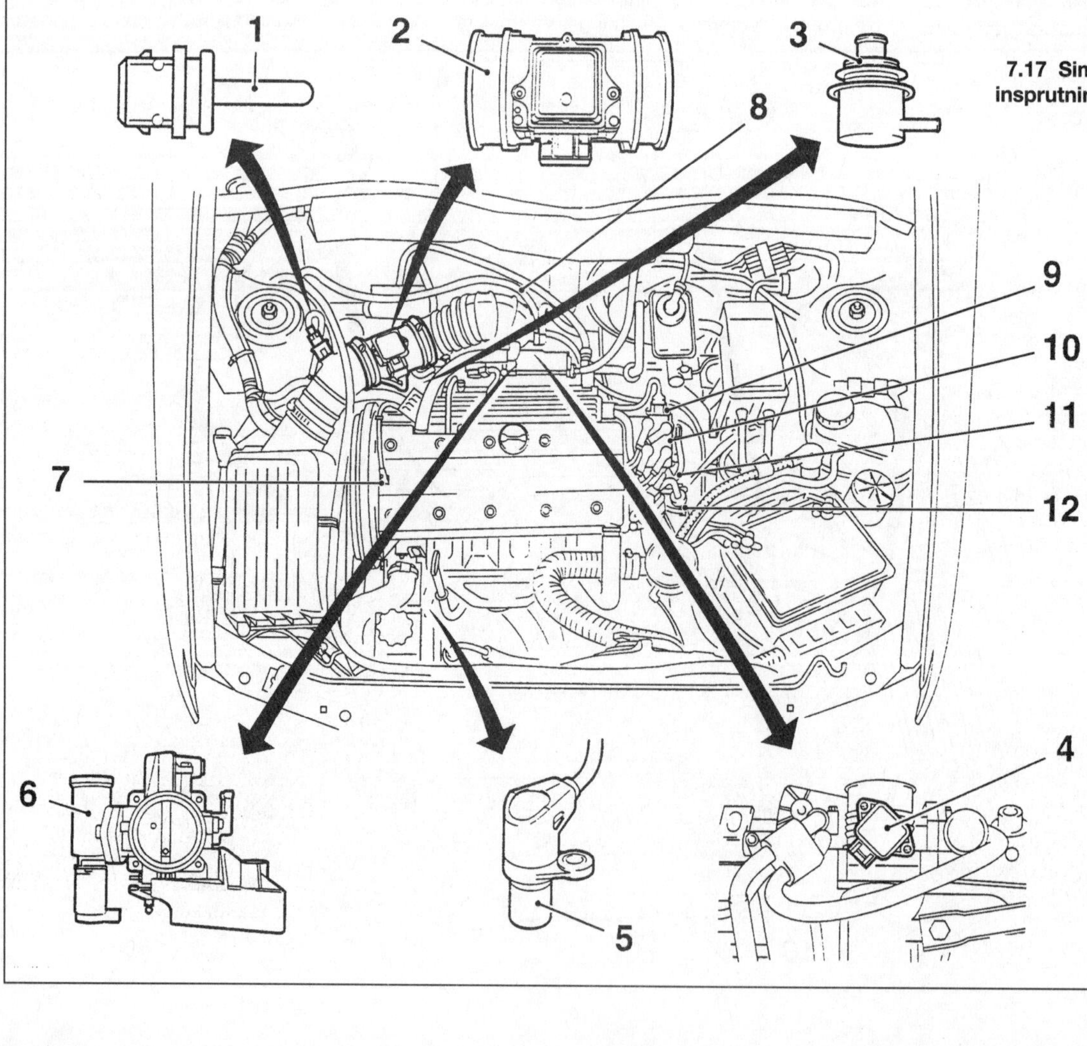

7.17 Simtec 56.5 flerpunkts insprutning - 1.8 och 2.0 liters motorer

1 Inloppsluftens temperaturgivare
2 Luftflödesmätare
3 Bränsletrycksregulator
4 Gasspjällpotentiometer
5 Vevaxelgivare
6 Stegmotor för tomgång
7 Kamaxelgivare
8 Knacksensor (baktill på motorblocket)
9 Förångningssystemets rensventil
10 DIS-modul
11 Kylvätsketemperaturgivare
12 EGR-ventil (avgasåterföring)

8.2a Ta loss locket från relädosan i motorrummet . . .

8.2b . . . och ta loss bränslepumpreläet

precis framför handbromsen för att komma åt den **(se bilder 7.8a och 7.8b)**.

Modeller med 1.8 och 2.0 liters motor – Simtec 56.5 flerpunkts insprutningssystem

17 Simtec 56.5 motorstyrningssystem **(se bild)** är nästan identiskt i sin funktion med Multec S systemet monterat på 1.6 liters DOHC motorer (se punkt 9 till 16). Den enda huvudsakliga förändringen på detta system är att en luftflödesmätare finns på platsen för MAP-givaren. Luftflödesmätaren informerar ECU om mängden luft som går in i insugsgrenröret.

18 En annan extra egenskap hos Simtec system är att det har ett insugsgrenrör med variabla kanaler för att öka momenteffekten vid låga motorhastigheter. Varje kanal är utrustad med en ventil. Ventilen styrs av ECU via en solenoidventil och en vakuummembranenhet.

19 Vid låga motorhastigheter (under ca 3600 varv/min) förblir ventilen stängd. Luften som går in i motorn tvingas då att ta den långa inloppsvägen genom grenröret, vilket leder till en ökning i motorns momenteffekt.

20 Vid högre motorhastigheter ställer ECU om solenoidventilen som då låter vakuum agera på membranenheten. Membranenheten är länkad till ventilerna och öppnar upp var och en av de fyra ventilerna och låter luft passera genom grenröret och ta den kortare inloppsvägen som är mer lämplig för högre motorhastigheter.

8 Bränsleinsprutningssystem – tryckavlastning

Varning: Se varningen i avsnitt 1 innan arbetet påbörjas. Följande moment lättar endast på trycket i bränslesystemet – kom ihåg att det fortfarande kommer att finnas bränsle i systemets komponenter och vidta lämpliga säkerhetsåtgärder innan någon del kopplas loss.

1 När man talar om bränslesystemet i detta avsnitt menar man den tankmonterade pumpen, bränslefiltret, bränsleinsprutaren/-arna och tryckregulatorn, och metallrören och slangarna för bränsleledningarna mellan dessa komponenter. Alla dessa innehåller bränsle som är under tryck när motorn är igång och/eller när tändningen är påslagen. Trycket blir kvar ett tag efter det att tändningen slagits av och måste avlastas på ett kontrollerat sätt när någon av dessa komponenter skall demonteras för servicearbete.

1.6 liters SOHC motor

2 Kontrollera att tändningen är avslagen, demontera sedan kåpan från motorrummets relädosa, som sitter bredvid batteriet. Demontera bränslepumpreläet (reläet skall vara lila) från pumpen **(se bilder)**.

3 Starta motorn och låt den gå på tomgång tills motorn börjar gå ojämnt och slå sedan av tändningen.

4 Koppla loss batteriets negativa anslutning, montera sedan reläet och kåpan på relädosan.

1.6 liters DOHC, 1.8 och 2.0 liters motorer

5 På dessa motorer kan bränslesystemet antingen tryckavlastas enligt beskrivning i punkt 2 till 4, eller enligt följande.

6 Leta reda på ventilenheten som sitter på bränslefördelningsskenan på insugsgrenröret. På 1.6 liter motorer sitter ventilen på höger ände av skenan och på 1.8 och 2.0 liter motorer finns den på toppen av skenan **(se bilder)**.

7 Skruva loss locket på ventilen och placera en behållare under ventilen. Håll en trasa över ventilen och lätta på trycket i bränslesystemet genom att trycka in ventilens kärna med en lämplig skruvmejsel **(se bild)**. Var beredd på att det kan spruta bränsle när ventilkärnan

8.6a Bränslesystemets tryckavlastningsventil (vid pilen) – 1.6 liters DOHC motor

8.6b Bränslesystemets tryckavlastningsventil (vid pilen) – 1.8 och 2.0 liters motorer

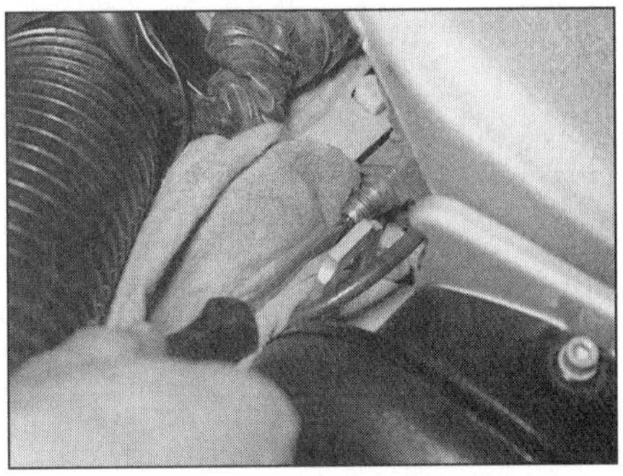

8.7 Tryck in ventilens kärna och fånga upp allt bränslespill

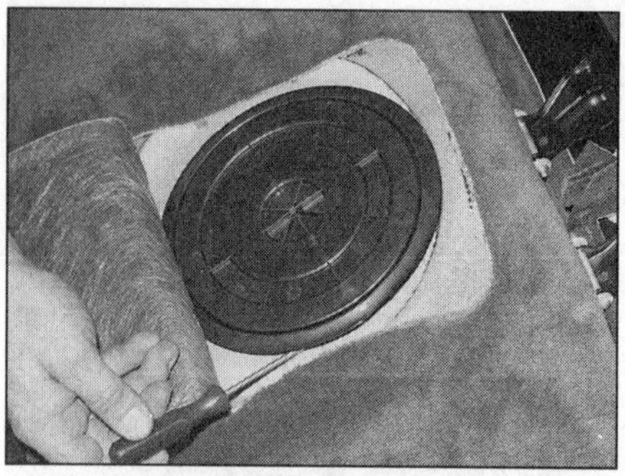

9.3 Bänd loss kåpan för att komma åt bränslepumpen

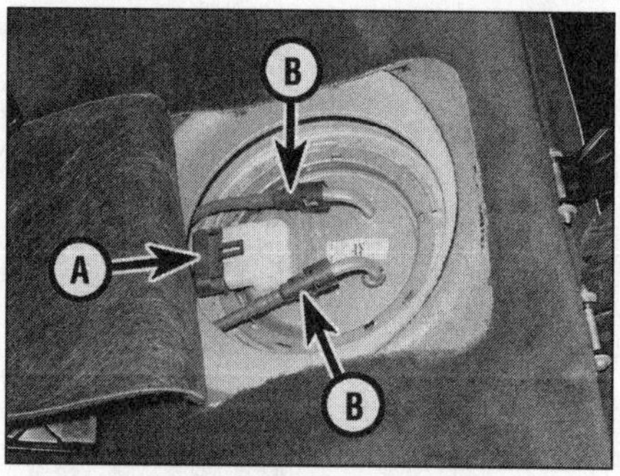

9.4 Bränslepumpens kontakt (A) och bränsleslangar (B)

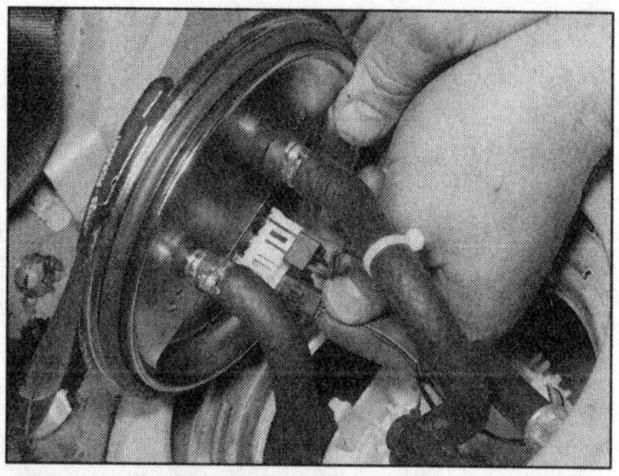

9.7 Koppla loss kontakten från undersidan av bränslepumpkåpan

pressas in och fånga upp det med trasan. Håll ventilkärnan intryckt tills inget mer bränsle kommer ut.

8 När allt tryck har avlastats, sätt tillbaka locket ordentligt.

9 Bränslepump – demontering och montering

> ⚠ ***Varning: Se varningen i avsnitt 1 innan arbetet påbörjas.***

Observera: *En ny tätningsring till bränslepumpens kåpa behövs vid monteringen.*

Demontering

1 Tryckavlasta bränslesystemet enligt beskrivning i avsnitt 8, koppla sedan loss batteriets negativa ledning.

2 Vik baksätesdynan framåt och lyft upp klaffen i mattan för att komma åt bränslepumpens accesskåpa.

3 Använd en skruvmejsel, bänd försiktigt loss plastkåpan från golvet för att exponera bränslepumpen **(se bild)**.

4 Koppla loss kontakten från bränslepumpen och tejpa fast kontakten på karossen så att den inte försvinner bakom tanken **(se bild)**.

5 Märk upp bränsleslangarna så att de kan identifieras. Slangarna har snabblossningsfästen så att de lätt kan kopplas loss. För att koppla loss en slang, tryck ihop klämmorna på var sida om fästet och lossa fästet från sin anslutning. Koppla loss båda slangarna uppe på pumpen, notera hur tätningsringarna sitter och plugga igen slangändarna för att minska bränsleförlusten.

6 Skruva loss låsringen och ta bort den från tanken. Detta görs bäst med hjälp av en skruvmejsel på de upphöjda ribborna på låsringen. Knacka försiktigt på skruvmejseln för att vrida ringen moturs tills den kan skruvas loss för hand.

7 Lyft försiktigt av bränslepumpkåpan från tanken tills kontakten kan kopplas loss från dess undersida. Gör inställningsmärken mellan kåpan och slangarna, lossa sedan fästklämmorna och ta bort kåpan från bilen tillsammans med dess tätningsring **(se bild)**. Kasta tätningsringen; en ny måste användas vid monteringen.

8 Lossa de tre fästklämmorna genom att trycka dem inåt, lyft sedan ut bränslepumphuset ur bränsletanken. Var ytterst försiktig så att du inte tappar bränslefiltret som är monterat längst ner på pumpen **(se bilder)**. Försök också undvika att spilla bränsle i bilen.

9 Undersök om bränslefiltret är skadat eller slitet och byt ut det vid behov **(se bild)**.

10 Om så behövs kan pumphuset tas isär och pumpen demonteras. Observera i så fall hur kontakterna sitter.

Montering

11 Om tillämpligt, sätt ihop pumpens och husets delar, se till att kontakterna ansluts korrekt och att de sitter fast ordentligt.

12 Montera filtret på pumpen och fäst det ordentligt, för sedan pumpen på plats och fäst dess klämmor ordentligt.

13 Sätt en ny tätningsring på tanken.

14 Anslut bränsleslangarna på pumpkåpan, använd märkena som gjorde innan demonteringen och dra åt deras klämmor ordentligt. Anslut kontakten och sätt tillbaka pumpkåpan på tanken.

15 Sätt tillbaka låsringen på bränsletanken och dra åt den ordentligt.

16 Anslut bränsleslangarna på pumpkåpan, se till att varje fäste klickar säkert på plats, och anslut kontakten.

17 Anslut batteriet, starta motorn och leta efter bränsleläckor. Om allt är som det ska, sätt tillbaka accesskåpan och vik tillbaka sätet.

10 Bränslemätarens givare – demontering och montering

> ⚠ ***Varning: Se varningen i avsnitt 1 innan arbetet påbörjas.***

Observera: *En ny tätningsring till bränslepumpkåpan behövs vid montering.*

1 Utför momenten i punkt 1 till 7 i avsnitt 9 för att demontera bränslepumpkåpan.

2 Bränslemätarens givare är fastklämd på sidan av bränslepumpens infattning/behållare. Lossa försiktigt fästklämman, dra sedan

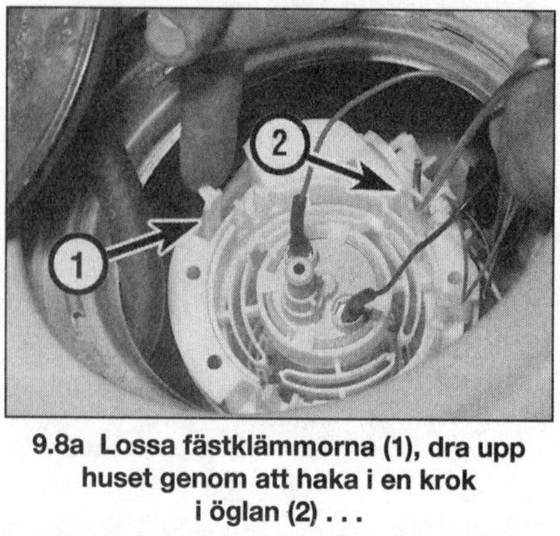

9.8a Lossa fästklämmorna (1), dra upp huset genom att haka i en krok i öglan (2) . . .

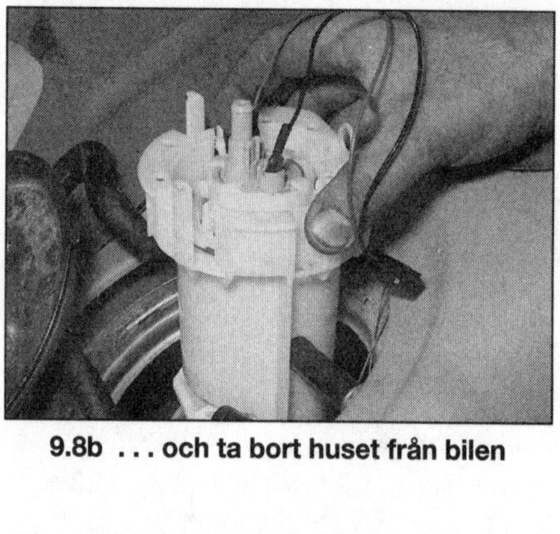

9.8b . . . och ta bort huset från bilen

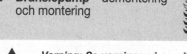

9.9 Demontering av bränslefiltret från pumpen

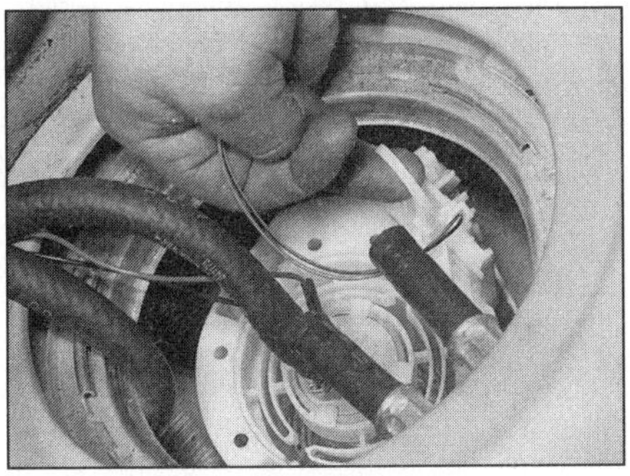

10.2 Lossa givaren . . .

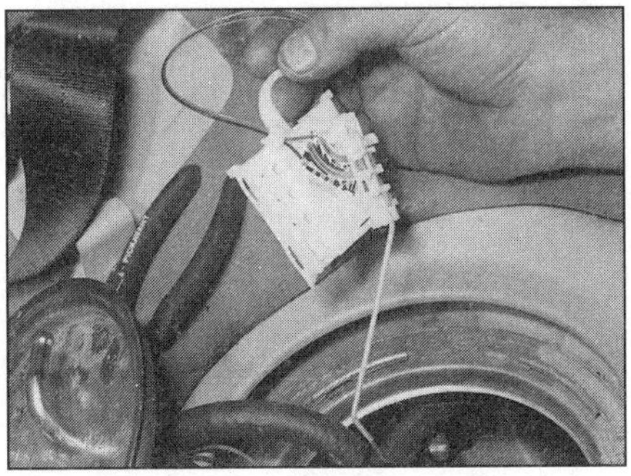

10.3 . . . och ta ut den ur tanken

11.5a Ta bort gummikåpan från påfyllningshalsens öppning . . .

givaren uppåt för att lossa den från sitt fäste **(se bild)**.

3 Lirka givaren genom öppningen i bränsletanken, var försiktig så att inte flottörarmen skadas **(se bild)**.

4 För försiktigt in givaren genom tanköppningen och skjut den på plats på sidan av pumpbehållaren.

5 Fäst givaren ordentligt på plats med klämman, montera sedan bränslepumpkåpan enligt beskrivning i punkt 12 till 16 i avsnitt 9.

11 Bränsletank – demontering och montering

Varning: Se varningen i avsnitt 1 innan arbetet påbörjas.

1 Tryckavlasta bränslesystemet enligt beskrivning i avsnitt 8, koppla sedan loss batteriets negativa anslutning.

2 Innan bränsletanken demonteras måste allt bränsle tappas av från den. Eftersom det inte finns någon avtappningsplugg är det att föredra om man utför demonteringen när tanken är så gott som tom. Kvarvarande bränsle kan sedan sifoneras eller handpumpas ut ur tanken.

3 Demontera avgassystemet och relevant(a) värmesköld(ar) enligt beskrivning i avsnitt 18.

4 Koppla loss kontakten från bränslepumpen enligt beskrivning i punkt 1 till 4 i avsnitt 9.

5 Öppna tankluckan och ta bort gummikåpan runt påfyllningshalsens öppning. Lossa och ta bort fästbulten som håller påfyllningshalsen till karossen **(se bilder)**.

6 Demontera höger bakhjul, ta bort fästskruvarna och fästklämmorna och demontera hjulhusfodret av plast.

7 Gör inställningsmärken mellan de små slangarna och toppen av påfyllningshalsen, lossa sedan fästklämmorna och koppla loss båda slangarna.

8 Lossa fästklämmorna och koppla loss huvudslangarna längst ner på påfyllningshalsen. Skruva loss påfyllningshalsens nedre fästbult och ta ut enheten under bilen.

9 Följ bränslematnings- och returslangarna från tanken till deras anslutningar framför tanken **(se bild)**. Gör inställningsmärken mellan slangarna, lossa sedan fästklämmorna och koppla loss båda slangarna. Om slangarna har snabblossningsfästen, koppla loss varje slang genom att trycka ihop klämmorna på var sida om fästet **(se bild)**.

10 Ta loss filtret från bränsletankens fästband **(se bild)**.

11 Placera en garagedomkraft med ett träblock som mellanlägg under tanken, höj sedan domkraften tills den håller upp tankens vikt.

12 Lossa och ta bort fästbultarna och ta bort de två fästbanden under bränsletanken **(se bild)**.

13 Sänk försiktigt ned bränsletanken, koppla loss relevanta ventilationsrör allteftersom de blir åtkomliga (där så behövs) och ta ut tanken från under bilen.

14 Om tanken är förorenad med avlagringar

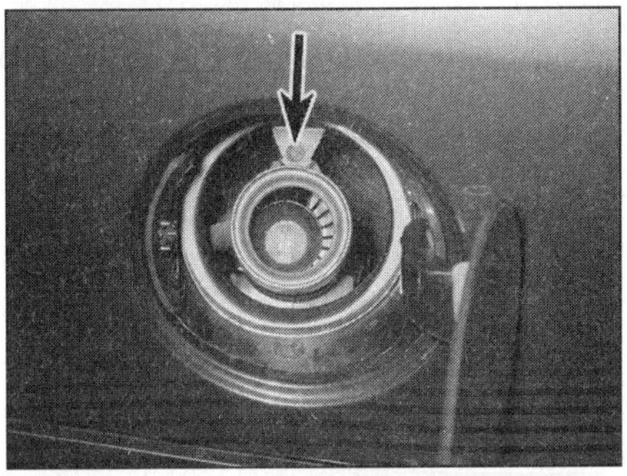

11.5b . . . och skruva loss fästskruven (vid pilen)

eller vatten, demontera bränslepumpkåpan (avsnitt 9) och fyll tanken med rent bränsle. Tanken är formgjuten av syntetiskt material – om den skadas allvarligt måste den bytas ut. I vissa fall kan det dock vara möjligt att reparera små läckor eller andra mindre skador. Rådfråga en specialist innan försök görs att reparera bränsletanken.

15 Montering sker i omvänd ordning, notera följande:

a) När tanken lyfts tillbaka på plats, se till att ingen av slangarna fastnar mellan tanken och karossen. Montera fästbanden och dra åt bultarna till specificerat moment.

b) Se till att alla rör och slangar dras korrekt och att alla slanganslutningar sätts åt ordentligt.

c) Fyll avslutningsvis på tanken med lite bränsle. Leta efter tecken på läckor innan bilen tas ut i trafiken.

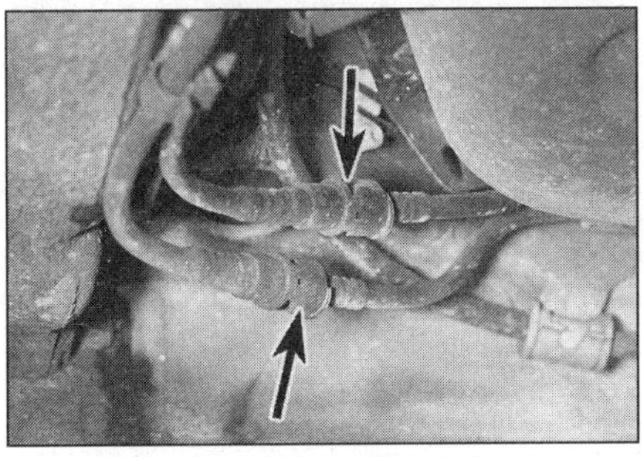

11.9 Koppla loss bränslematnings- och retursIangarna (vid pilarna) vid anslutningarna framtill på bränsletanken

11.10 Ta loss bränslefiltret från bränsletankens fästband

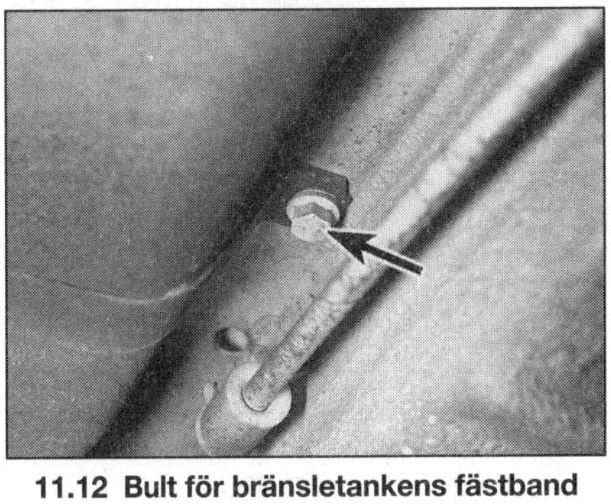

11.12 Bult för bränsletankens fästband (vid pilen)

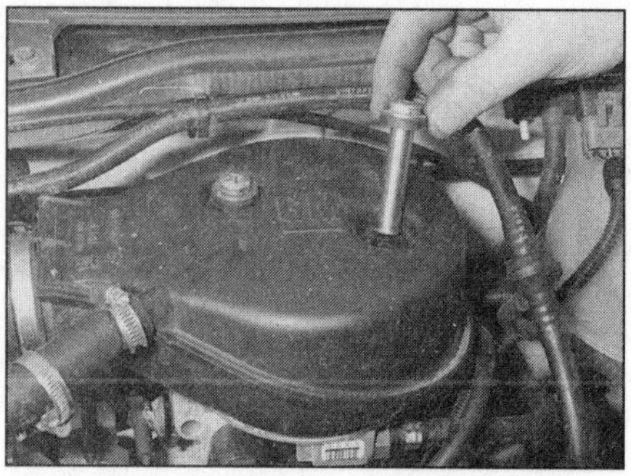
12.2a Lossa och ta bort fästskruvarna . . .

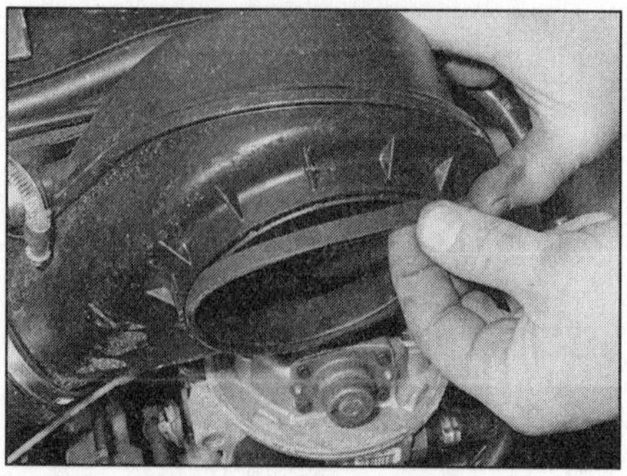
12.2b . . . och ta loss intagstrumman och tätningsringen från gasspjällhuset

12.3 Koppla loss insprutarens kontakt och ta bort den från gasspjällhuset

12 Gasspjällhus – demontering och montering

Varning: Se varningen i avsnitt 1 innan arbetet påbörjas.

Modeller med 1.6 liters SOHC motor

1 Tryckavlasta bränslesystemet enligt beskrivningen i avsnitt 8, koppla sedan loss batteriets negativa anslutning.

2 Lossa fästklämman och koppla loss luftintagstrumman från gasspjällhusets kåpa. Koppla loss vakuum- och ventilationsslangar från kåpan, skruva sedan loss fästskruvarna och ta bort kåpan och tätningsringen från toppen av gasspjällhuset **(se bilder)**.

3 Tryck ihop fästklämmorna och koppla loss kontakterna från potentiometern, tomgångsstegmotorn och insprutaren och ta loss kablaget från gasspjällhusets sida **(se bild)**.

4 Koppla loss bränsleslangarna från gasspjällhusets sida.

5 Ta loss gasspjällänkstaget från kulleden på gasspjällhuset **(se bild)**.

6 Koppla loss ventilations-/vakuumslangarna från gasspjällhuset (efter tillämplighet).

7 Lossa och ta bort muttrarna som håller gasspjällhuset till insugsgrenröret, demontera sedan enheten tillsammans med packningen **(se bild)**. Kasta packningen, en ny behövs vid monteringen.

8 Om så behövs, skruva loss fästskruvarna och dela på gasspjällhusets övre och undre del **(se bild)**. Ta bort packningen och kasta den, en ny behövs vid monteringen.

9 Där så behövs, se till att fogytorna är rena och torra, sätt på en ny packning och sätt ihop gasspjällhusets övre och undre del. Lägg låsningsmedel på fästskruvarnas gängor, sätt i dem och dra åt dem jämnt och stegvis till specificerat moment.

10 Kontrollera att gasspjällhusets och grenrörets fogytor är rena och torra och ta bort alla spår av låsningsmedel från pinnbultarna och muttrarna.

11 Placera en ny packning på grenröret och montera gasspjällhuset. Lägg några droppar låsningsmedel på gängorna på varje fästmutter, sätt sedan tillbaka muttrarna och dra åt dem jämnt och stegvis till specificerat moment.

12 Anslut vakuum-/ventilationsslangarna (efter tillämplighet) och kläm fast gasspjällänkstaget på plats på kulleden.

13 Anslut bränsleslangarna till gasspjällhuset, dra åt anslutningsmuttrarna till specificerat moment och anslut därefter kontakterna.

14 Se till att tätningsringen är på plats och montera kåpan på gasspjällhuset. Dra åt kåpans fästskruvar ordentligt, anslut sedan inloppstrumman och vakuumslangarna.

15 Anslut batteriet, starta sedan motorn och undersök om det förekommer läckage innan bilen tas ut i trafiken.

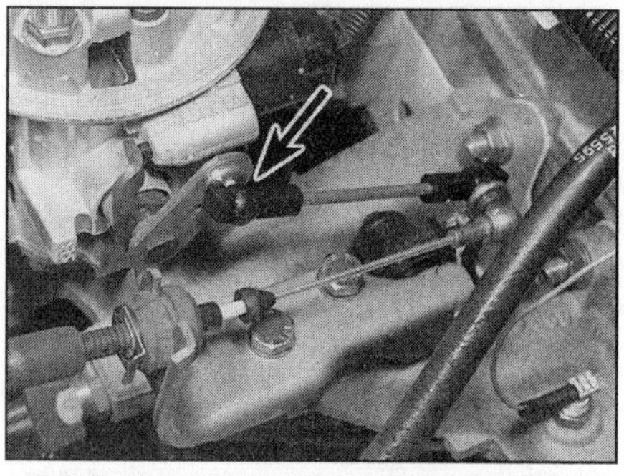
12.5 Ta loss gasspjällänkstaget (vid pilen) från gasspjällhusets kulled

Modeller med 1.6 liters DOHC motor

16 Tryckavlasta bränslesystemet enligt beskrivning i avsnitt 8, koppla sedan loss batteriet.

17 Ta bort motorns oljepåfyllningslock, skruva loss fästskruvarna och lyft av motorkåpan. Sätt tillbaka oljepåfyllningslocket.

18 Lossa och ta bort bultarna som håller kabelhärvans plastbricka bak på insugsgrenröret. Börja framtill och arbeta bakåt, koppla loss kontakterna från syresensorn, DIS-modulen, rensventilen och de olika kontakterna på vänster sida av grenröret. Skruva loss muttrarna som håller jordledningarna till topplocket och grenröret, ta sedan loss plastbrickan och flytta undan den från grenröret **(se bilder)**.

12.7 Demontering av gasspjällhuset – 1.6 liters SOHC motor

12.8 Skruva loss fästskruvarna och separera övre och nedre delar av gasspjällhuset

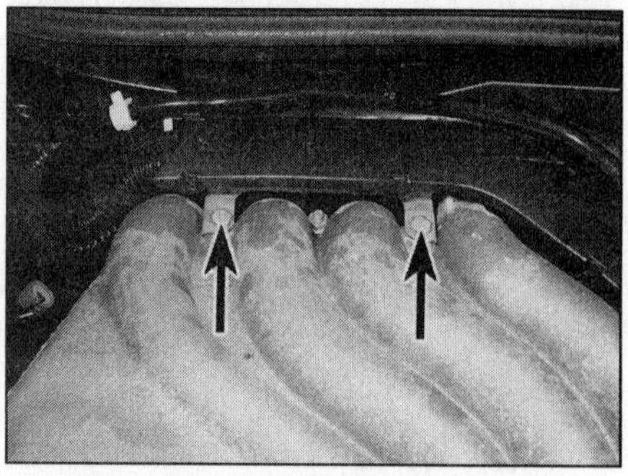
12.18a Skruva loss fästbultarna (vid pilarna) . . .

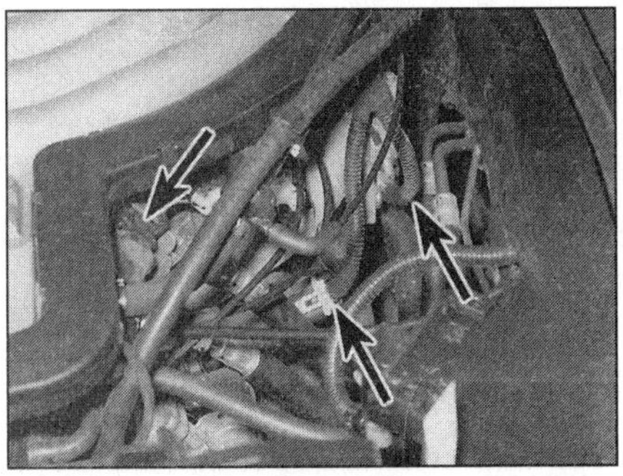

12.18b . . . koppla sedan loss de olika kontakterna (vid pilarna) . . .

19 Demontera DIS-modulen enligt beskrivning i kapitel 5.

20 Ta loss förångningssystemets rensventil från grenrörets vänstra ände och koppla loss ventilslangen från grenröret **(se bild)**.

21 Lossa anslutningsmuttern och koppla loss bromssystemets vakuumservoslang från grenröret. Koppla också loss ventilations-/vakuumslangarna som sitter bredvid servoenhetens anslutning **(se bild)**.

22 Lossa fästklämman och koppla loss inloppstrumman från gasspjällhuset.

23 Lossa och ta bort bultarna som håller gasvajerns fästkonsol till grenröret. Ta bort fästklämman, lossa vajerns ändinfästning från gasspjällkammen och flytta undan den från huset.

24 Lossa och ta bort gasspjällhusets fästbultar och lossa huset från grenröret. Ta vara på husets packning och kasta den, en ny måste användas vid monteringen.

25 Lossa anslutningsmuttern och koppla loss bränsleslangarna från bränslefördelningsskenan. Håll fast bränsleskenans mellanstycken med en öppen nyckel medan anslutningsmuttrarna lossas.

26 Rotera gasspjällhuset tills dess kylvätskeslangar blir åtkomliga. Gör inställningsmärken mellan slangarna och huset, lossa sedan fästklämmorna och koppla loss båda från huset. Plugga slangändarna för att minimera kylvätskeförlusten.

27 Koppla loss kontakterna från gasspjällventilens potentiometer och tomgångsstyrningens stegmotor, lyft sedan ut gasspjällhuset ur motorrummet.

12.20 Ta loss rensventilen från grenrörets vänstra ände

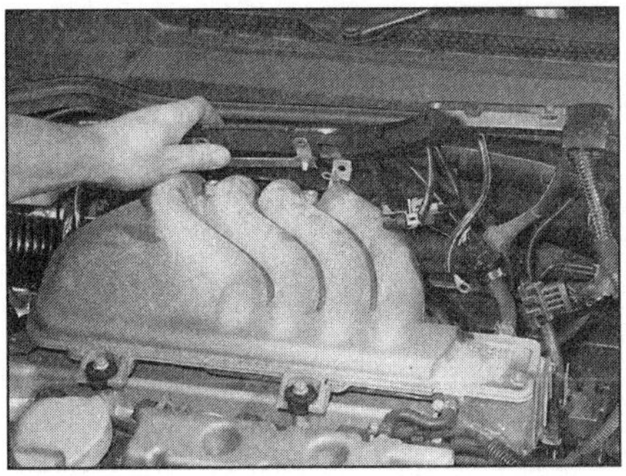

12.18c . . . och frigör kabelhärvan från grenröret

28 Montering sker i omvänd ordning, tänk på följande:

a) Se till att kontakterna och kylvätskeslangarna ansluts rätt och säkert innan huset skruvas fast i grenröret.

b) Använd en ny packning och dra åt husbultarna till specificerat moment.

c) Dra åt bränsleslangarnas anslutningsmuttrar till specificerat moment.

d) Försäkra dig om att alla slangar återansluts rätt och fästs säkert.

e) Justera avslutningsvis gasvajern enligt beskrivning i avsnitt 4.

Modeller med 1.8 och 2.0 liters motorer

29 Koppla loss batteriets negativa pol.

30 Koppla loss kontakterna från inloppsluftens temperaturgivare och luftflödesmätaren.

31 Lossa fästklämman och koppla loss ventilationsslangen bak på topplockskåpan.

32 Lossa fästklämmorna och koppla loss inloppstrumman från luftrenaren och gasspjällhuset och ta bort trumman från motorrummet.

33 Ta bort fästklämman och lossa gasvajern från gasspjällkammens kulled och ta loss vajern från dess fästkonsol. På modeller med farthållare måste man också ta loss farthållarvajern.

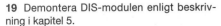

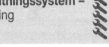

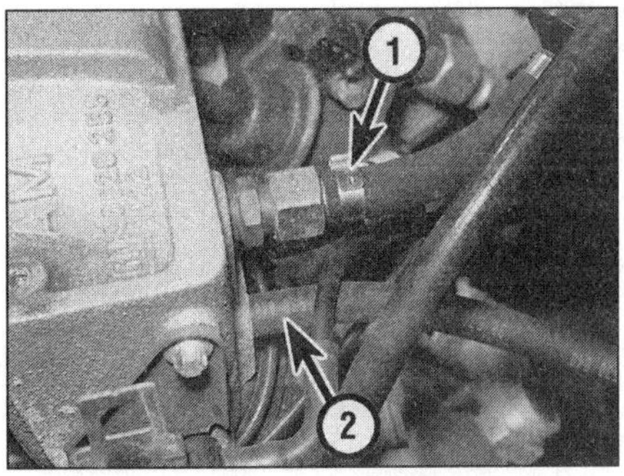

12.21 Koppla loss vakuumservons slang (1) och vakuumslangen (2) från grenröret

34 Skruva loss fästbultarna och lossa vajerns fästkonsol från gasspjällhuset.

35 Kläm ihop kylvätskeslangarna som är anslutna bak på gasspjällhuset, lossa sedan fästklämmorna och koppla loss båda slangarna. Torka bort spilld kylvätska.

36 Koppla loss kontakterna från gasspjällpotentiometern och tomgångsstegmotorn.

37 Koppla loss vakuum-/ventilationsslangarna från gasspjällhuset, observera hur de är monterade, lossa sedan fästmuttrarna och ta bort huset från grenröret.

38 Montering sker i omvänd ordning, tänk på följande:

a) Se till att fogytorna är rena och torra, sätt sedan på en ny packning och dra åt husets muttrar till specificerat moment.

b) Se till att alla slangar ansluts rätt och säkert.

c) Justera avslutningsvis gasvajern enligt beskrivning i avsnitt 4.

13 Bränsleinsprutningssystem – test och justering

Test

1 Om ett fel uppstår i bränsleinsprutningssystemet, försäkra dig först om att systemets alla kontakter är ordentligt anslutna och fria från korrosion. Kontrollera att felet inte beror på dåligt underhåll, d.v.s. kontrollera att luftfiltret är rent, att tändstiften är i gott skick och har rätt elektrodavstånd, att cylinderkompressionstrycket är rätt och att motorns ventilationsslangar inte är blockerade eller skadade – se kapitel 1, 2 och 5 för ytterligare information (efter tillämplighet).

2 Om dessa kontroller inte avslöjar någon orsak till problemet måste bilen tas till en välutrustad Opelverkstad för test. En blockkontakt finns i motorstyrningssystemets krets, till vilken en speciell elektrisk diagnostikutrustning kan anslutas (se avsnitt 6). Testaren lokaliserar felet snabbt och enkelt, vilket undanröjer behovet att testa alla systemkomponenter individuellt, vilket är ett tidskrävande arbete som också för med sig risken att man skadar ECU.

Justering

3 Erfarna hemmamekaniker med avsevärd kunskap och bra utrustning (inklusive en varvräknare och en exakt kalibrerad avgasanalyserare) kan eventuellt kontrollera CO-halt och tomsångshastighet. Om dessa behöver justeras måste dock bilen tas till en lämpligt utrustad Opelverkstad som har tillgång till den diagnostikutrustning som behövs för test och justering av inställningarna.

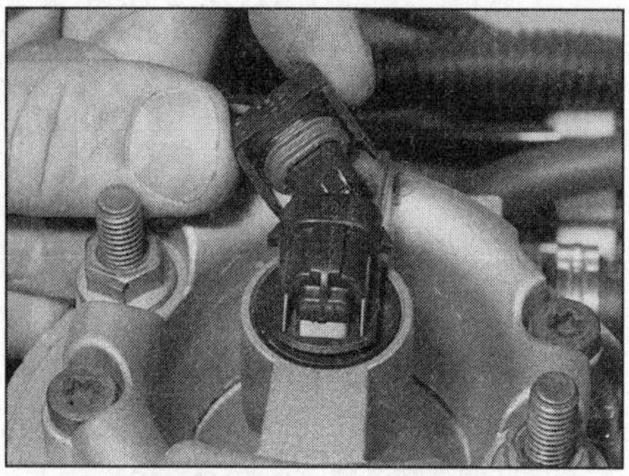

14.3 Koppla loss kontakten från bränsleinsprutaren . . .

14 Enpunkts bränsleinsprutningssystem – demontering och montering av komponenter

Varning: Se varningen i avsnitt 1 innan arbetet påbörjas.

Bränsleinsprutare

Observera: *Innan en insprutare döms ut, om det misstänks att en insprutare är defekt, är det värt att pröva effekten av en behandling med insprutarrengörare.*

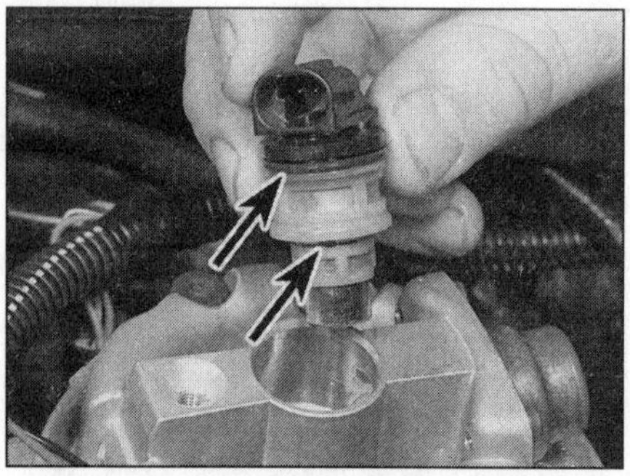

14.5 Ta bort insprutaren från gasspjällhuset, notera dess tätningsringar (vid pilarna)

14.4a . . . skruva loss fästskruven . . .

1 Tryckavlasta bränslesystemet enligt beskrivning i avsnitt 8, koppla sedan loss batteriets negativa anslutning.

2 Lossa fästklämman och koppla loss luftinloppstrumman från gasspjällhusets kåpa. Koppla loss vakuum- och ventilationsslangar från kåpan, lossa sedan fästskruvarna och ta bort kåpan och tätningsringen från toppen av gasspjällhuset.

3 Lossa fästklämmorna och koppla loss kontakten från insprutaren **(se bild)**.

4 Skruva loss fästskruven och ta bort insprutarens fästplatta **(se bilder)**.

5 Ta ut insprutaren ur gasspjällhuset tillsammans med dess tätningsringar **(se bild)**. Kasta tätningsringarna, nya måste användas närhelst insprutaren rubbas.

6 Montering sker i omvänd ordning, men använd nya tätningsringar. Vid montering av fästplattan, se till att den hakar i ordentligt med insprutaren och dra åt dess fästskruv ordentligt.

Bränsletrycksregulator

Observera: *Vid tiden för bokens tillkomst finns regulatorenheten inte tillgänglig separat; om den är defekt måste hela gasspjällhusets övre del bytas ut. Även om enheten kan tas isär för rengöring om så behövs, skall den inte rubbas om det inte är absolut nödvändigt.*

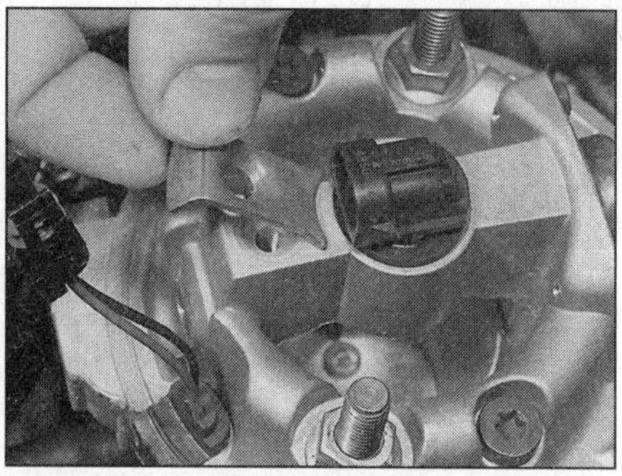

14.4b . . . och ta bort insprutarens hållplatta

7 Tryckavlasta bränslesystemet enligt beskrivning i avsnitt 8, koppla sedan loss batteriets negativa anslutning.

8 Lossa fästklämman och koppla loss luftinloppstrumman från gasspjällhusets kåpa. Koppla loss vakuum- och ventilationsslangarna från kåpan, lossa sedan fästskruvarna och ta bort kåpan och tätningsringen från gasspjällhuset.

9 Använd en filtpenna, gör inställningsmärken mellan regulatorkåpan och gasspjällhuset, skruva sedan loss kåpans fästskruvar **(se bild)**.

10 Lyft av kåpan, ta bort fjädersätet och fjädern och dra ut membranet, notera vilken väg det är monterat **(se bild)**. Ta bort alla spår av smuts och undersök om membranet är sprucket. Om skador hittas måste man förmodligen byta ut hela gasspjällhuset.

11 Montering sker i omvänd ordning, se till att montera membranet och kåpan rätt väg och dra åt fästskruvarna ordentligt.

Stegmotor för tomgångshastighetskontroll

12 Koppla loss batteriets negativa anslutning.

13 För att förbättra åtkomligheten av motorn, lossa fästklämman och koppla loss luftinloppstrumman från gasspjällhusets kåpa.

14.9 Bränsletrycksregulatorns fästskruvar (vid pilarna)

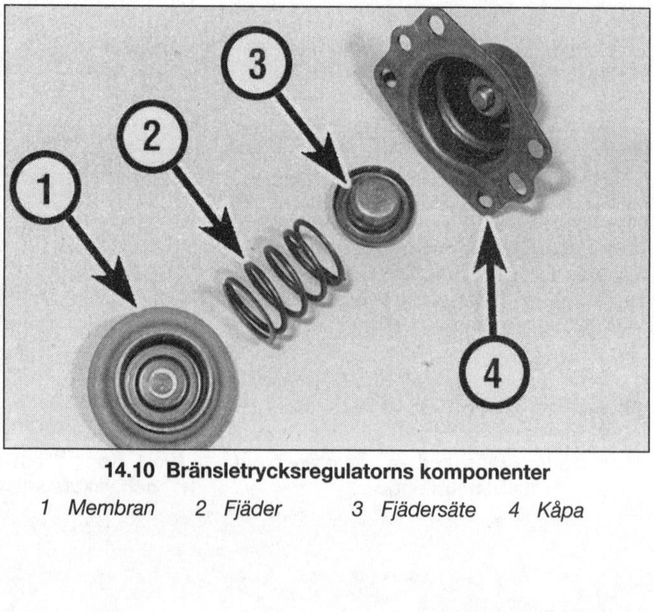

14.10 Bränsletrycksregulatorns komponenter
1 Membran 2 Fjäder 3 Fjädersäte 4 Kåpa

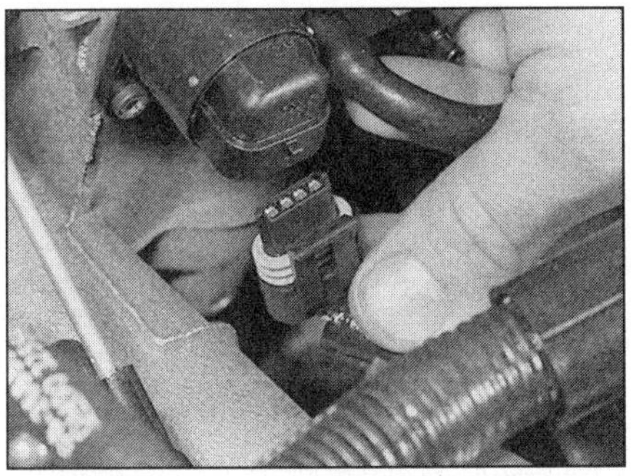

14.14 Koppla loss kontakten från stegmotorn

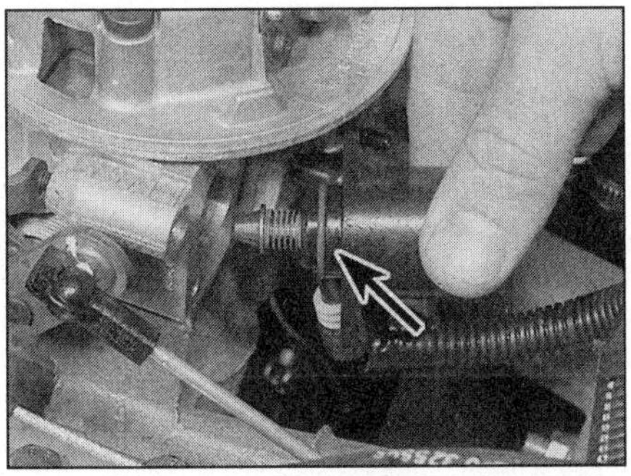

14.15 Demontera motorn från gasspjällhuset, notera tätningsringen (vid pilen)

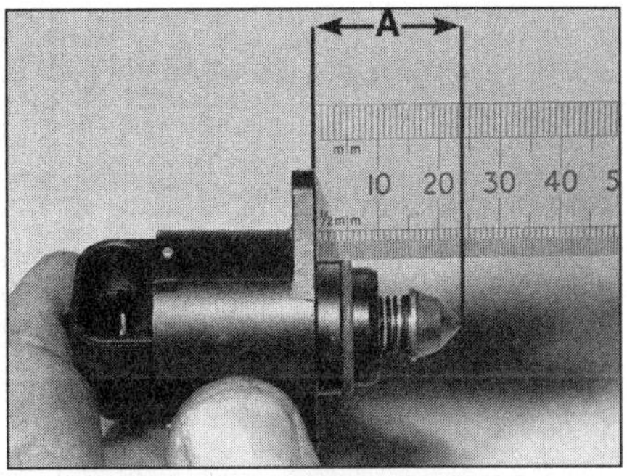

14.16 Innan montering, kontrollera att kolven inte sticker ut mer än specificerat (A) från flänsen (se text)

Koppla loss vakuum- och ventilationsslangarna från kåpan, skruva sedan loss fästskruvarna och ta bort kåpan och tätningsringen från gasspjällhuset.

14 Lossa fästklämman och koppla loss kontakten från motorn som sitter framtill på gasspjällhuset **(se bild)**.

15 Skruva loss fästskruvarna och ta försiktigt ut motorn, var noga med att inte skada motorns kolvbult. Ta bort tätningsringen från motorn och kasta den, en ny måste användas vid monteringen **(se bild)**.

16 Montering sker i omvänd ordning, använd en ny tätningsring. För att försäkra att motorns kolvbult inte skadas vid monteringen, kontrollera innan monteringen att kolvbultens spets inte sticker ut mer än 28 mm från motorns fogfläns **(se bild)**. Om så behövs, tryck försiktigt in kolvbulten tills den sitter som den ska.

Gasspjällpotentiometer

17 Koppla loss batteriets negativa ledning, lossa sedan fästklämman och koppla loss kontakten från gasspjällpotentiometern som sitter på vänster sida av gasspjällhuset **(se bild)**.

18 Lossa och ta bort fästskruvarna och ta bort potentiometern **(se bild)**.

19 Innan montering, rengör gängorna på fästbultarna och lägg på en droppe färskt låsningsmedel på var och en av dem. Se till att potentiometern hakar i gasspjällventilens axel som den ska, dra sedan åt dess fästbultar till specificerat moment och anslut kontakten.

Kylvätsketemperaturgivare

20 Kylvätsketemperaturgivaren är inskruvad baktill i insugsgrenröret. Se kapitel 3 för information om demontering och montering.

MAP-givare (givare för absolut tryck i grenrör)

21 MAP-givaren sitter på motorrummets torpedvägg, precis till vänster om gasspjällhuset. Se till att tändningen är avstängd, koppla sedan loss kontakten och vakuumslangen från givaren. MAP-givaren kan sedan tas loss och demonteras från sitt fäste.

22 Montering sker i omvänd ordning.

Vevaxelgivare

23 Givaren sitter baktill på motorblocket och kan nås från bilens undersida. Dra åt handbromsen ordentligt, lyft upp framvagnen och stöd den på pallbockar.

24 Följ kablaget bakåt från givaren, frigör den från alla relevanta klämmor och kabelband och notera dess dragning. Koppla loss kontakten så att kablaget är fritt att demonteras med givaren.

25 Skruva loss fästbulten och ta bort givaren från bilens undersida **(se bild)**.

26 Montering sker i omvänd ordning, dra åt fästbulten till specificerat moment. Se till att kablaget dras rätt och fästs med alla relevanta klämmor och kabelband.

27 Avslutningsvis, använd bladmått och kontrollera att spelet mellan givarspetsen och vevaxelremskivans tänder är 1,0 ± 0,7 mm. Om spelet inte motsvarar specifikationerna, byt ut givarens fästkonsol.

Knacksensor

28 Knacksensorn är monterad bak på motorblocket och kan nås från bilens undersida. Dra åt handbromsen ordentligt, lyft upp framvagnen och stöd den på pallbockar.

29 Följ kablaget bakåt från sensorn, notera dess dragning och koppla loss det vid kontakten.

30 Lossa och ta bort fästbulten och ta bort sensorn från motorn.

31 Vid montering, se till att fogytorna är rena och torra, montera sedan sensorn och dra åt dess fästbult till specificerat moment. Se till att kablaget dras rätt och ansluts säkert, sänk sedan ner bilen på marken.

Elektronisk styrenhet (ECU)

32 ECU är placerad bakom vattenavvisarpanelen längst ner på vindrutan.

33 Koppla loss batteriets negativa anslutning, demontera sedan båda vindrutetorkararmarna enligt beskrivning i kapitel 12.

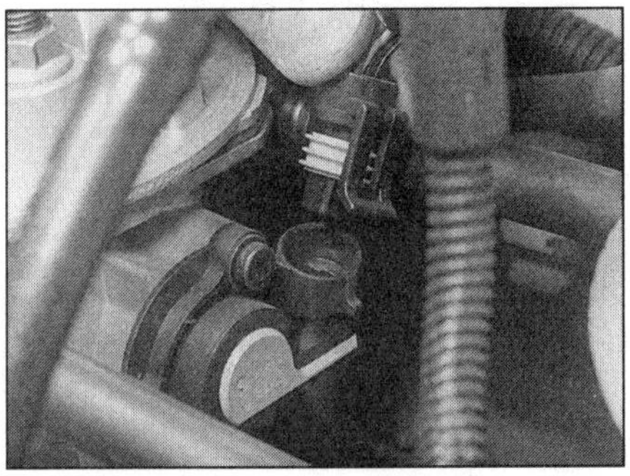

14.17 Koppla loss kontakten . . .

14.18 . . . skruva loss fästskruvarna och ta bort potentiometern från gasspjällhuset

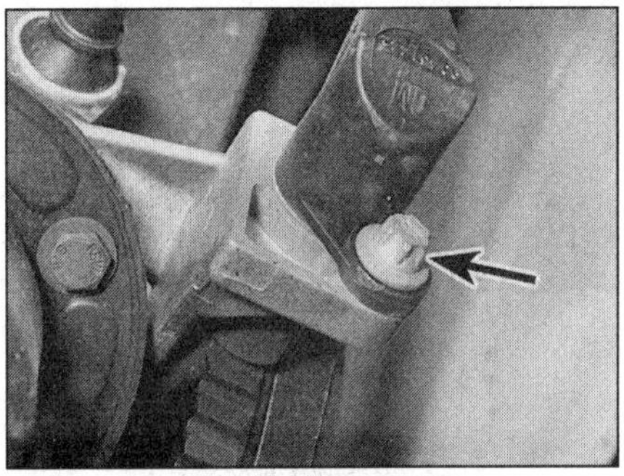

14.25 Vevaxelgivarens fästbult (vid pilen) – sedd från bilens undersida

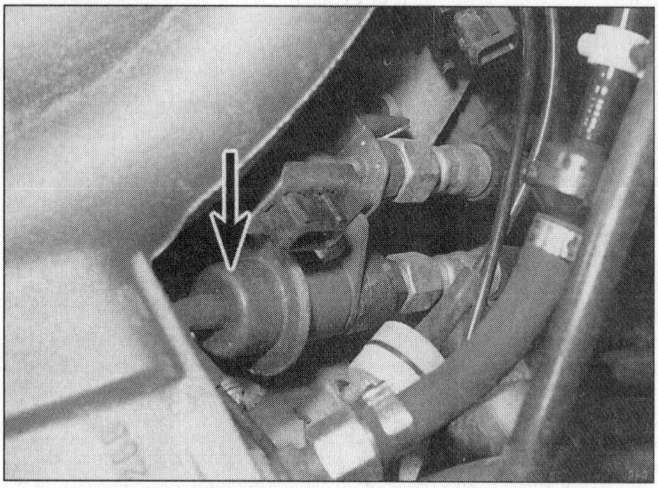

15.9 På 1.6 liters DOHC motorer är bränsletrycksregulatorn (vid pilen) placerad vid vänster ände av bränslefördelningsskenan

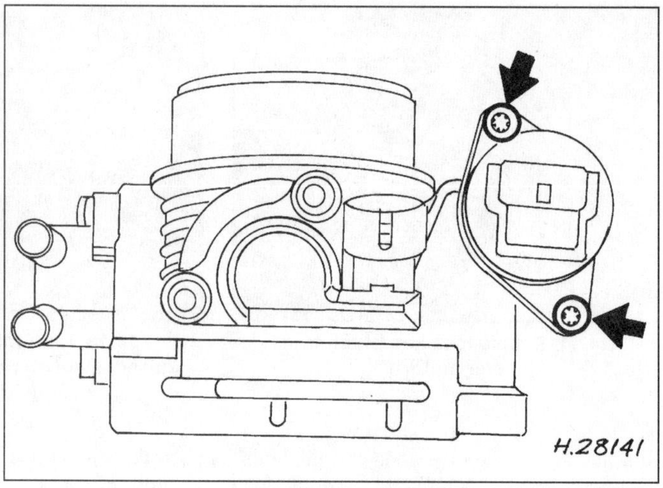

15.15 Stegmotorns fästskruvar (vid pilarna) - visade med gasspjällhuset demonterat

34 Skala av gummitätningen från motorrummets torpedvägg, ta loss vattenavvisarpanelen och ta bort den från bilen.

35 Skruva loss fästmuttrarna och ta bort skyddskåpan för att komma åt ECU.

36 Koppla loss kontakterna, skruva loss fästmuttrarna och ta bort ECU från bilen.

37 Montering sker i omvänd ordning, se till att kontakterna ansluts säkert och att ECU-kåpan och vattenavvisaren monteras korrekt.

Bränslepumprelä

38 Bränslepumpreläet sitter i motorrummets huvudrelädosa.

39 Ta loss kåpan och flytta undan den från dosan. Bränslepumpreläet är lila. Se till att tändningen är avslagen och dra sedan ut reläet.

40 Montering sker i omvänd ordning.

Luftkonditioneringssystemets kontakt

41 Luftkonditioneringens kontakt är inskruvad i ett av kylmedierören och kan inte tas bort utan att man först tappar av kylmediet (se kapitel 3). Byte av kontakten bör därför överlåtas till en lämpligt utrustad verkstad.

15 Flerpunkts bränsleinsprutningssystem - demontering och montering av komponenter

Varning: Se varningen i avsnitt 1 innan arbetet påbörjas.

Modeller med 1.6 liters motor

Bränslefördelningsskena och insprutare

Observera: *Om en insprutare misstänks vara defekt är det värt att pröva en behandling med insprutarrengörare innan insprutaren döms ut.*

1 Tryckavlasta bränslesystemet enligt beskrivning i avsnitt 8, koppla sedan loss batteriets negativa anslutning.

2 Demontera den övre delen av insugsgrenröret enligt beskrivning i avsnitt 16.

3 Koppla loss kontakterna från de fyra insprutarna, lossa sedan kabelhärvan från bränslefördelningsskenan.

4 Skruva loss anslutningsmuttrarna och koppla loss bränsleslangarna från bränslefördelningsskenan. Medan anslutningarna lossas, håll fast skenans mellanstycken med en öppen nyckel.

5 Lossa och ta bort de tre fästbultarna, ta sedan försiktigt bort skenan och insprutarna från grenröret. Ta bort de nedre tätningsringarna från insprutarna och kasta dem, de måste bytas ut närhelst de har rörts.

6 Dra av relevant fästklämma och dra av insprutaren från skenan. Ta bort den övre tätningsringen från insprutaren och kasta den, alla tätningsringar som rubbas måste bytas ut.

7 Montering sker i omvänd ordning, notera följande:

a) *Byt ut alla tätningsringar som har tagits loss och lägg lite olja på de nya för att underlätta monteringen.*
b) *För in insprutaren i bränsleskenan, se till att tätningsringen inte rubbas från sin plats, och fäst den på plats med fästklämman.*
c) *Vid montering av bränsleskenan, var försiktig så att inte insprutarna skadas och se till att alla tätningsringar sitter kvar där de ska. När skenan har satts ordentligt på plats, dra åt bultarna till specificerat moment.*
d) *Starta motorn och leta efter läckor.*

Bränsletryckregulator

8 Tryckavlasta bränslesystemet enligt beskrivning i avsnitt 8, koppla sedan loss batteriets negativa anslutning.

9 Åtkomligheten till bränsleregulatorn är dålig men den kan förbättras något om man lossar kabelhärvans plastbricka från insugsgrenröret (se avsnitt 16) **(se bild)**.

10 Håll fast regulatorn med en öppen nyckel och skruva loss bränsleslangens anslutningsmutter. Koppla loss bränsleslangen och vakuumslangen från regulatorn.

11 Lossa och ta bort fästbulten och lossa kablagets fästkonsol från bränslefördelningsskenan.

12 Ta försiktigt ut regulatorn från änden av skenan och ta bort den tillsammans med tätningsringen.

13 Montering sker i omvänd ordning, använd en ny tätningsring. Starta motorn och leta efter bränsleläckor.

Stegmotor för tomgångshastighetskontroll

14 Åtkomligheten till stegmotorn är mycket dålig, för att förbättra den, demontera gasspjällhuset enligt beskrivning i avsnitt 12.

15 Skruva loss fästskruvarna och ta bort motorn från huset tillsammans med tätningsringen **(se bild)**.

16 Montering sker i omvänd ordning, notera följande.

a) *Innan montering, kontrollera att kolvbultens spets inte sticker ut mer än 33 mm från motorfogens fläns* ***(se bild 14.16)****. Om så behövs, tryck försiktigt in kolvbulten tills den får rätt utstick. Om detta inte görs kan motorn ta skada.*
b) *Lägg låsningsmedel på motorskruvarna.*

Gasspjällpotentiometer

17 Demontera gasspjällhuset enligt beskrivning i avsnitt 12.

18 Skruva loss fästskruvarna och ta bort potentiometern från husets sida **(se bild)**.

19 Montera potentiometern och se till att den hakar i korrekt med gasspjällventilens axel. Lägg låsningsmedel på fästskruvarna och dra åt dem ordentligt. Kontrollera gasspjällventilens funktion och montera sedan huset enligt beskrivning i avsnitt 12.

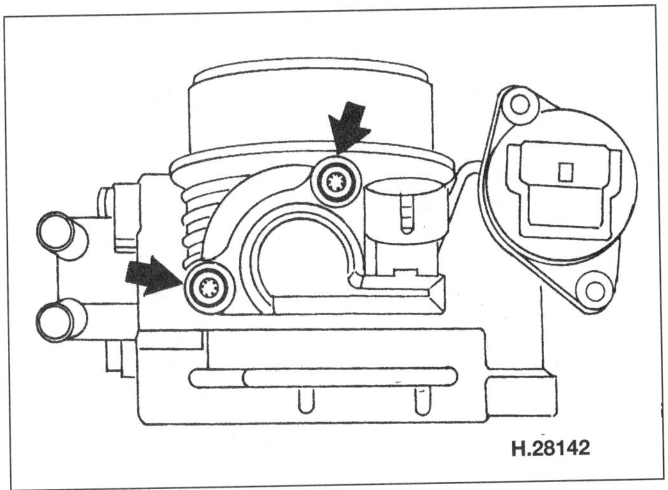

15.18 Gasspjällpotentiometerns fästskruvar (vid pilarna) – visade med gasspjällhuset demonterat

15.25 MAP-givaren är monterad på torpedväggen

Kylvätsketemperaturgivare

20 Kylvätsketemperaturgivaren är inskruvad i termostathuset. Se kapitel 3 för information om demontering och montering.

Inloppsluftens temperaturgivare

21 Inloppsluftens temperaturgivare är monterad i inloppstrumman som ansluter luftrenarhuset till insugsgrenröret.

22 Se till att tändningen är avslagen, koppla sedan loss kontakten från givaren.

23 Ta försiktigt loss givaren och ta bort dess tätningsmuff från inloppstrumman. Om tätningsmuffen är skadad eller sliten måste den bytas ut.

24 Montering sker i omvänd ordning, se till att givaren och muffen placeras korrekt i trumman.

MAP-givare (givare för absolut tryck i grenröret)

25 MAP-givaren är monterad på motorrummets torpedvägg, precis till vänster om insugsgrenröret **(se bild)**.

26 Kontrollera att tändningen är avslagen, koppla sedan loss kontakten och vakuumslangen från givaren. MAP-givaren kan sedan lossas och tas bort från sitt fäste.

27 Montering sker i omvänd ordning.

Vevaxelgivare

28 Givaren är monterad baktill på motorblocket och är åtkomlig från bilens undersida. Dra åt handbromsen ordentligt, lyft upp framvagnen och stöd den på pallbockar.

29 Följ kablaget bakåt från givaren, lossa det från alla relevanta klämmor och kabelband och notera dess dragning.

30 Skruva loss fästbulten och ta bort givaren från bilens undersida.

31 Montering sker i omvänd ordning, dra åt fästbulten till specificerat moment. Se till att kablaget dras rätt och fästs med alla relevanta klämmor och kabelband.

32 Använd bladmått och kontrollera att spelet mellan givarens spets och vevaxelremskivans tänder är 1,0 ± 0,7 mm. Om spelet inte motsvarar dessa specifikationer, byt ut givarens fästkonsol.

Kamaxelgivare

33 Demontera den övre kamremskåpan enligt beskrivning i kapitel 2.

34 Följ kablaget bakåt från givaren, lossa det från alla relevanta klämmor och kabalband och notera dess dragning. Koppla loss kontakten så att kablaget kan tas bort med givaren.

35 Skruva loss fästbultarna och ta bort givaren från sidan av topplocket **(se bild)**.

36 Montering sker i omvänd ordning, dra åt fästbultarna till specificerat moment. Se till att kablaget dras rätt och fästs med alla relevanta klämmor och kabelband.

Knacksensor

37 Dra åt handbromsen ordentligt, lyft upp framvagnen och stöd den på pallbockar. Knacksensorn är monterad baktill på motorblocket, precis till höger om startmotorn, och den är åtkomlig från bilens undersida.

38 Följ kablaget bakåt från sensorn, notera dess dragning och koppla loss det vid kontaktdonet.

39 Lossa och ta bort fästbulten och ta bort sensorn från motorn.

40 Vid montering, se till att fogytorna är rena och torra, sätt sensorn på plats och dra åt dess fästbult till specificerat moment. Se till att dra kablaget rätt och fästa det ordentligt, sänk sedan ner bilen.

Elektronisk styrenhet (ECU)

41 ECU sitter bakom vattenavvisarpanelen längst ner på vindrutan.

42 Koppla loss batteriets negativa anslutning, demontera sedan båda vindrutetorkararmarna enligt beskrivning i kapitel 12.

43 Skala av gummitätningen från motorrummets torpedvägg, ta loss vattenavvisarpanelen längst ner på vindrutan och ta bort den från bilen.

44 Skruva loss fästmuttrarna och ta bort skyddskåpan för att komma åt ECU.

45 Skruva loss fästklämman(-orna) och koppla loss kontaktdonet(-n) från ECU. Skruva loss fästmuttrarna och ta bort ECU från bilen.

46 Montering sker i omvänd ordning, se till att ansluta kontakterna säkert och montera ECU-kåpan och vattenavvisaren korrekt.

Bränslepumprelä

47 Bränslepumpreläet sitter i motorrummets huvudrelädosa.

48 Lossa kåpan och ta bort den från relädosan, bränslepumpreläet är lila. Kontrollera att tändningen är avslagen och dra ut reläet.

49 Montering sker i omvänd ordning.

Luftkonditioneringssystemets kontakt

50 Luftkonditioneringssystemets kontakt är inskruvad i ett av kylmedierören och kan inte demonteras utan att man först tappar av kylmediet (se kapitel 3). Byte av kontakten bör därför överlämnas till en lämpligt utrustad verkstad.

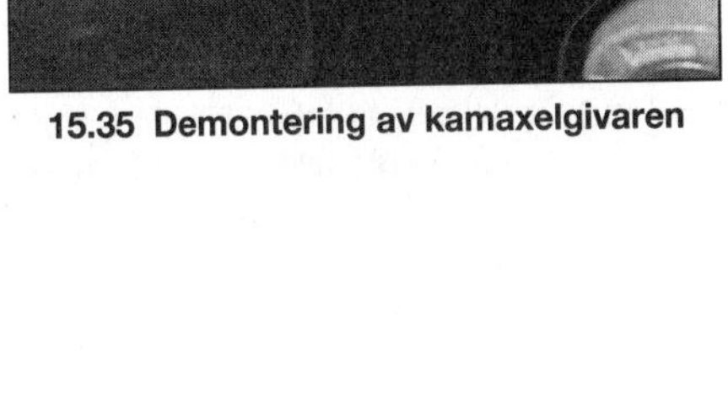

15.35 Demontering av kamaxelgivaren

15.55 Ta loss gasvajern från gasspjällhuset och dess fästkonsol

Modeller med 1.8 eller 2.0 liters motor

Bränslefördelningsskena och insprutare

Observera: *Om det misstänks att en insprutare är defekt är det värt att pröva en behandling med insprutarrengöring innan insprutaren döms ut.*

51 Tryckavlasta bränslesystemet enligt beskrivning i avsnitt 8, koppla sedan loss batteriets negativa anslutning.

52 Koppla loss kontakterna från inloppsluftens temperaturgivare och luftflödesmätaren.

53 Lossa fästklämmorna och koppla loss ventilationsslangarna från baksidan av topplockskåpan.

54 Lossa fästklämmorna och koppla loss inloppstrumman från luftrenaren och gasspjällhuset och ta bort trumenheten från motorrummet, frigör den från kabelhärvan.

55 Ta bort fästklämman, lossa gasvajern från gasspjällarmens kulled och ta loss vajern från dess fästkonsol **(se bild)**. På modeller med farthållare måste man också ta loss farthållarvajern.

56 Koppla loss kontakten från tomgångsmotorn, lossa sedan fästbultarna och frigör vajerns fästkonsol från gasspjällhuset.

57 Lossa försiktigt fästklämmorna och lyft insprutarkablagets kåpenhet rakt bort från toppen av insprutarna; kontakterna är en integrerad del av kåpan **(se bild)**.

58 Placera kåpan så att den är ur vägen för bränslefördelningsskenan.

59 Skruva loss anslutningsmuttrarna och koppla loss bränsleslangarna från bränslefördelningsskenan. Håll fast bränslefördelningsskenans mellanstycken med en öppen nyckel medan anslutningarna lossas.

60 Lossa och ta bort de tre fästbultarna, ta sedan försiktigt bort bränslefördelningsskenan och insprutarna från grenröret. Ta bort de nedre tätningsringarna från insprutarna och kasta dem, de måste alltid bytas ut när de har tagits loss.

61 Dra av aktuell fästklämma och dra ut insprutaren från bränslefördelningsskenan. Ta bort den övre tätningsringen från insprutaren och kasta den; alla tätningsringar som rubbas måste bytas ut.

62 Montering sker i omvänd ordning, notera följande:

a) Byt ut alla tätningsringar som rubbats och lägg lite motorolja på de nya för att underlätta monteringen.

b) För in insprutaren i bränslefördelningsskenan, men kontrollera att tätningsringen inte rubbas ur sin position, och fäst den på plats med fästklämman. Sätt tillbaka alla demonterade insprutare på samma sätt.

c) Vid montering av bränslefördelningsskenan, var försiktig så att inte insprutarna skadas och se till att alla tätningsringar förblir på sina platser. När skenan är ordentligt på plats, dra åt dess fästbultar till specificerat moment.

d) Starta motorn och leta efter läckor.

Bränsletryckregulator

63 Tryckavlasta bränslesystemet enligt beskrivning i avsnitt 8, koppla sedan loss batteriets negativa anslutning.

64 För att förbättra åtkomligheten av regulatorn, lossa fästklämmorna och koppla loss ventilationsslangen baktill på topplockskåpan.

65 Koppla loss vakuumslangen från regulatorn **(se bild)**.

66 Lossa fästkrampan, för sedan försiktigt ut tryckregulatorn från toppen av bränslefördelningsskenan. Ta bort båda tätningsringarna från regulatorn och kasta dem, nya måste användas vid montering.

67 Montering sker i omvänd ordning, använd nya tätningsringar. Smörj tätningsringarna med lite motorolja för att underlätta installationen och dra åt fästkrampans skruv till specificerat moment

Stegmotor för tomgångshastighetskontroll

68 Koppla loss kontakterna från inloppsluftens temperaturgivare och luftflödesmätaren. Lossa fästklämman och koppla loss ventilationsslangen baktill på topplocket, lossa sedan fästklämmorna och ta bort inloppstrumenheten från motorrummet.

69 Koppla loss kontakten, skruva loss fästskruvarna och ta bort motorenheten från sidan av gasspjällhuset **(se bilder)**. Ta bort packningen och kasta den, en ny skall användas vid monteringen.

70 Montering sker i omvänd ordning, använd en ny packning.

Gasspjällpotentiometer

71 Kontrollera att tändningen är avslagen, koppla sedan loss kontakten från gasspjällpotentiometern som sitter baktill på gasspjällhuset.

72 Lossa och ta bort fästskruvarna och ta bort potentiometern från huset.

15.57 Lossa fästklämmorna (vid pilarna) och koppla loss kablagets kåpa från insprutarna

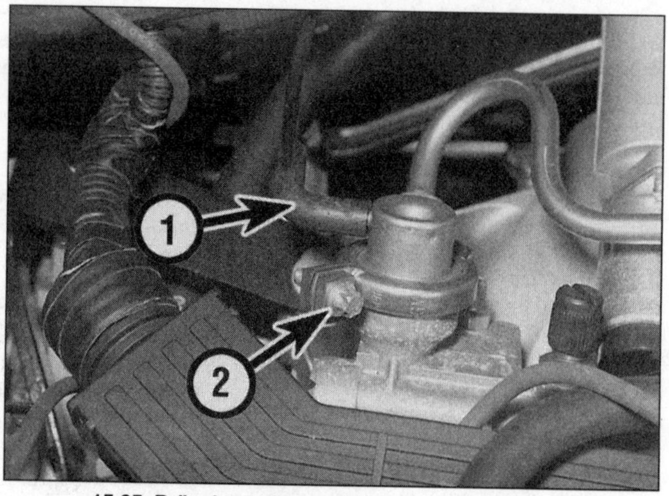

15.65 Bränsletrycksregulatorns vakuumslang (1) och fästklämma (2)

15.69a Koppla loss kontakten . . .

15.69b . . . skruva loss fästskruvarna (en dold) och ta bort motorn från gasspjällhuset

73 Montering sker i omvänd ordning, se till att potentiometern hakar i gasspjällventilens axel ordentligt.

Kylvätsketemperaturgivare

74 Kylvätsketemperaturgivaren är inskruvad i huset på vänster sida av topplocket. Se kapitel 3 för information om demontering och montering.

Inloppsluftens temperaturgivare

75 Kontrollera att tändningen är avslagen, koppla sedan loss kontakten från givaren **(se bild)**.

76 Lossa fästklämmorna och ta loss inloppstrumman från luftflödesmätaren och luftrenarhuset och ta bort den från bilen.

77 För försiktigt ut givaren från sin plats, men var försiktig så att inte trumman skadas.

78 Montering sker i omvänd ordning, observera att givaren måste monteras så att dess plana kant är i linje med den plana ytan på inloppstrumman.

Luftflödesmätare

79 Försäkra dig om att tändningen är avslagen, koppla sedan loss kontakten från luftflödesmätaren **(se bild)**.

80 Lossa fästklämmorna, koppla loss luftinloppstrummorna och ta bort luftflödesmätaren från bilen. Undersök om mätaren är skadad och byt ut den om så är fallet.

81 Montering sker i omvänd ordning, se till att trummorna hakar i ordentligt med urtagen i mätaren.

Vevaxelgivare

82 Givaren är monterad framtill på motorblocket och kan nås från bilens undersida. Dra åt handbromsen, lyft upp framvagnen och stöd den på pallbockar.

83 Demontera motorns/växellådans främre fäste enligt beskrivning i kapitel 2.

84 Följ kablaget bakåt från givaren, lossa det från alla relevanta klämmor och kabelband och notera dess dragning.

85 Lossa fästklämmorna och lyft kablagekåpan rakt bort från topplocket för att komma åt givarens kontakt. Koppla loss kontakten så att kablaget kan tas bort med givaren.

86 Skruva loss fästbulten och ta bort givaren från motorblockets främre del, tillsammans med tätningsringen. Kasta tätningsringen, en ny skall användas vid monteringen.

87 Montering sker i omvänd ordning. Använd en ny tätningsring och dra åt givarens bult till specificerat moment. Se till att kablagekåpan fästs ordentligt på plats med klämmorna.

Kamaxelgivare

88 Skruva loss fästskruvarna och ta bort tändstiftskåpan uppe på topplockskåpan.

89 Se till att tändningen är avslagen, koppla sedan loss kontakten från kamaxelgivaren.

90 Demontera den främre kamremskåpan enligt beskrivning i kapitel 2.

91 Skruva loss fästbulten och ta bort kamaxelgivaren uppe på topplocket.

92 Montering sker i omvänd ordning, dra åt givarens fästbult till specificerat moment.

Knacksensor

93 Knacksensorn är monterad baktill på motorblocket och är åtkomlig från bilens undersida. Dra åt handbromsen, lyft upp framvagnen och stöd den på pallbockar.

94 Följ kablaget bakåt från sensorn, lossa det från alla relevanta klämmor och kabelband och notera dess dragning.

95 Lossa försiktigt fästklämman och lyft kablagekåpan rakt bort från topplocket för att komma åt sensorns kontakt. Koppla loss kontakten så att kablaget kan tas bort med sensorn.

96 Lossa och ta bort fästbulten och ta bort sensorn från motorn.

97 Vid montering, se till att fogytorna är rena och torra, montera sedan sensorn och dra åt dess fästbult till specificerat moment. Se till att kablaget dras rätt och ansluts säkert, sätt sedan tillbaka kablagekåpan.

Elektronisk styrenhet (ECU)

98 Se punkt 41 till 46.

Bränslepumprelä

99 Se punkt 47 till 49.

Luftkonditioneringssystemets kontakt

100 Luftkonditioneringssystemets kontakt är inskruvad i ett av kylvätskerören och kan inte demonteras utan att man först tappar av kylmediet (se kapitel 3). Byte av kontakten bör därför överlämnas till en lämpligt utrustad verkstad.

15.75 Koppla loss kontakten till inloppsluftens temperaturgivare

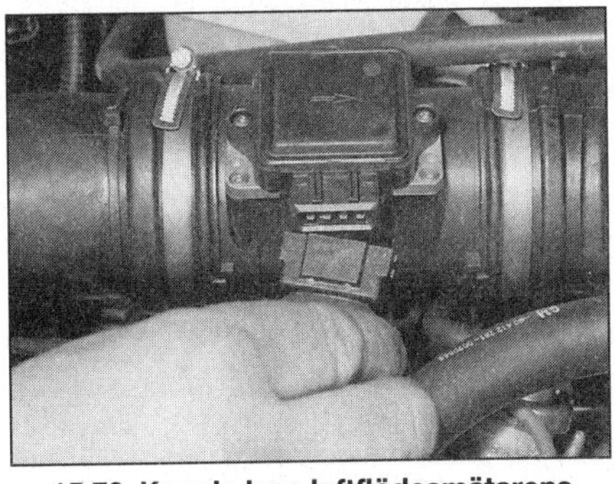

15.79 Koppla loss luftflödesmätarens kontakt

16.16 Lossa kabelhärvan från grenröret

16.17 Ta loss rensventilen (vid pilen) från grenrörets vänstra ände

Omkopplingssolenoid för insugsgrenrörets ventiler

101 Solenoiden som manövrerar insugsgrenrörets ventilenheter är monterad på grenrörets vänstra ände.

102 Se till att tändningen är avslagen, koppla sedan loss kontakten från solenoiden.

103 Koppla loss båda vakuumslangarna och ta bort solenoiden från grenröret.

104 Montering sker i omvänd ordning.

Vakuummembran för insugsgrenrörsventiler

105 Insugsgrenrörets vakuummembranenhet är monterad på grenrörets vänstra ände.

106 Koppla loss vakuumslangen, ta loss membranstaget från kulleden och ta bort enheten från grenröret.

107 Montering sker i omvänd ordning.

16 Insugsgrenrör – demontering och montering

Modeller med 1.6 liters SOHC motor

1 Tryckavlasta bränslesystemet enligt beskrivning i avsnitt 8, koppla sedan loss batteriets negativa anslutning.

2 Demontera hjälpaggregatens drivrem, tappa sedan av kylsystemet enligt beskrivning i kapitel 1.

3 Demontera luftrenarhuset och inloppstrumman enligt beskrivning i avsnitt 2.

4 Koppla loss vakuum- och ventilationsslangar från gasspjällhusets kåpa, lossa sedan fästskruvarna och ta bort kåpan och tätningsringen från toppen av gasspjällhuset.

5 Koppla loss kontakterna från gasspjällpotentiometern, stegmotorn för tomgångskontroll, gasspjällhusets insprutare, kylvätsketemperaturgivaren, temperaturmätargivaren och EGR-ventilen. Notera kablagets dragning och lossa det från alla relevanta klämmor och kabelband. Ta loss kablagetrumman bak på topplocket och flytta undan den från insugsgrenröret.

6 Skruva loss fästskruvarna och ta bort stödfästet och generatorns fästkonsol från grenrörets högra sida.

7 Lossa anslutningsmuttrarna och koppla loss bränsleslangarna från gasspjällhusets sida. Håll fast mellanstyckena med en öppen nyckel medan muttrarna skruvas loss.

8 Lossa och dra ut fästklämman som håller gasvajerns ändinfästning på plats och ta loss vajern från kulleden. Lossa vajerhöljet från fästkonsolen och flytta undan den från grenröret.

9 Koppla loss ventilations-/vakuumslangarna från gasspjällhuset (efter tillämplighet), notera hur de är monterade.

10 Lossa fästklämman och koppla loss kylvätskeslangen bak på grenröret.

11 Skruva loss anslutningsmuttern och koppla loss bromssystemets servoenhetsslang från grenröret.

12 Kontrollera att alla vakuum-/ventilationsslangar har kopplats loss, lossa sedan och ta bort grenrörets fästmuttrar.

13 Demontera grenröret från motorn och ta vara på grenrörspackningen, notera vilken väg den är monterad.

14 Montering sker i omvänd ordning, kom ihåg följande:

a) Innan montering, undersök grenrörets pinnbultar och byt ut dem om de är slitna eller skadade.

b) Se till att grenrörets och topplockets fogytor är rena och torra och sätt den nya packningen på plats. Montera grenröret och dra åt fästmuttrarna jämnt och stegvis till specificerat moment.

c) Se till att alla relevanta slangar återansluts på rätt platser och att de hålls på plats ordentligt av sina fästklämmor.

d) Dra åt bränsleslangens och vakuumservoslangens anslutningsmuttrar till specificerade moment.

e) Montera hjälpaggregatens drivrem och fyll på kylsystemet enligt beskrivning i kapitel 1.

f) Justera avslutningsvis gasvajern enligt beskrivning i avsnitt 4.

Modeller med 1.6 liters DOHC motor

Observera: *Om endast den övre delen av grenröret skall demonteras, utför momenten beskrivna i punkt 15 till 20.*

15 Ta bort oljepåfyllningslocket, lossa fästskruvarna och lyft av kåpan uppe på motorn. Sätt tillbaka oljepåfyllningslocket.

16 Lossa och ta bort bultarna som håller kablagets plastbricka bak på insugsgrenröret. Starta framtill och arbeta bakåt, koppla loss kontakterna från syresensorn, DIS-modulen, rensventilen och de olika kontakterna på grenrörets vänstra sida. Skruva loss muttrarna som håller jordledningarna till topplocket och grenröret, ta sedan loss plastbrickan och flytta undan den från grenröret **(se bild)**.

17 Ta loss förångningssystemets rensventil från grenrörets vänstra ände och koppla loss ventilens slang från grenröret **(se bild)**.

18 Lossa anslutningsmuttern och koppla loss bromssystemets vakuumservoslang från grenröret. Koppla också loss ventilations-/vakuumslangarna som sitter bredvid servoenhetens anslutning och koppla loss vakuumslangen från bränsletryckregulatorn **(se bild)**.

19 Lossa fästklämman som håller gasspjällhusets anslutande slang till grenrörets övre del.

20 Lossa och ta bort fästmuttrarna och bultarna fram och bak på grenrörets övre del **(se bild)**. Lyft ut grenrörsdelen från sin plats, lossa den från den anslutande slangen, och ta vara på packningen från den nedre delen.

21 För att demontera den nedre delen av grenröret, tryckavlasta först bränslesystemet enligt beskrivning i avsnitt 8.

22 Lossa anslutningsmuttrarna och koppla

loss bränsleslangarna från bränsleskenan. Håll fast mellanstyckena med en öppen nyckel medan muttrarna lossas.

23 Lossa den nedre fästklämman och ta bort förbindningsstycket från gasspjällhuset.

24 Koppla loss vevaxelgivarens kontakt och lossa den från grenröret, observera dess dragning.

25 Lossa gasvajern från gasspjällhuset och fästkonsolen (se avsnitt 4), koppla sedan loss kontakterna från tomgångsmotorn och gasspjällpotentiometern.

26 Skruva loss fästbultarna och ta bort gasspjällhuset från sin monteringsfläns. Ta reda på huspackningen och kasta den.

27 Skruva loss gasspjällhusets monteringsfläns och ta bort den från grenrörets sida. Observera hur varje bult sitter, de är av olika längd.

28 Demontera hjälpaggregatens drivrem (se kapitel 1), skruva sedan loss fästbultarna och ta bort generatorns fästkonsol från grenrörets högra ände.

29 Tappa av kylsystemet enligt beskrivning i kapitel 1, lossa sedan fästklämman och koppla loss kylvätskeslangen från grenrörets bas.

30 Lossa och ta bort fästmuttrarna, ta bort den nedre delen av grenröret från topplocket och ut ur motorrummet.

31 Skruva loss kylvätskehuset från topplockets högra ände, ta sedan bort grenrörspackningen och kasta den.

32 Montering sker i omvänd ordning, tänk på följande:

a) *Innan montering, undersök grenrörets pinnbultar och byt ut dem om de är slitna.*

b) *Se till att grenrörets och topplockets fogytor är rena och torra och montera den nya packningen. Montera grenröret och kylvätskehuset och dra åt fästmuttrarna och bultarna jämnt och stegvis till specificerat moment.*

c) *Montera gasspjällhuset med en ny packning och dra åt dess fästbultar till specificerat moment.*

d) *Se till att alla relevanta slangar ansluts till sina ursprungliga platser och hålls ordentligt på plats (där så behövs) av sina fästklämmor.*

e) *Dra åt bränsleslangen och vakuumservoslangens muttrar till specificerade moment.*

f) *Fyll på kylsystemet enligt beskrivning i kapitel 1.*

g) *Efter avslutat arbete, justera gasvajern enligt beskrivning i avsnitt 4.*

Modeller med 1.8 och 2.0 liters motorer

33 Demontera hjälpaggregatens drivrem enligt beskrivning i kapitel 1.

34 Tryckavlasta bränslesystemet enligt beskrivning i avsnitt 8, koppla sedan loss batteriets negativa anslutning.

35 Utför momenten beskrivna i punkt 30 till 37 i avsnitt 12, observera att man inte behöver skruva loss gasspjällhuset från grenröret.

36 Lossa anslutningsmuttrarna och koppla loss bränsleslangarna från bränslefördelningsskenan. Håll fast bränsleskenans mellanstycken med en öppen nyckel medan muttrarna lossas.

37 Koppla loss kontakterna från DIS-modulen, rensventilen, grenrörsventilernas omkopplingssolenoid, kylvätsketemperaturgivaren, EGR-ventilen och syresensorn.

38 Lossa försiktigt fästklämmorna och lyft kablagekåpan rakt bort från topplocket. Koppla loss vevaxelgivarens och knacksensorns kontakter längst ner på kåpan, flytta sedan undan kåpan och kablaget från grenröret.

39 Skruva loss anslutningsmuttern och koppla loss bromssystemets servoenhetsslang från grenröret. Koppla loss alla övriga vakuum-/ventilationsslangar från grenröret, observera vilken hur är monterade.

40 Skruva loss fästbultarna och ta bort generatorns fästkonsoler från insugsgrenrörets högra sida.

41 Skruva loss fästbultarna och ta bort stödfästet från grenrörets bas.

42 Lossa och ta bort fästmuttrarna och bultarna och ta bort grenröret från motorn. Ta bort packningen och kasta den.

Observera: *Grenrörsenheten måste behandlas som en förseglad enhet; försök inte ta isär det – inga komponenter, förutom omkopplingsmembranet och solenoiden, finns tillgängliga separat.*

43 Montering sker i omvänd ordning, notera följande.

a) *Innan montering, undersök grenrörets pinnbultar och byt ut dem om de är slitna eller skadade.*

b) *Se till att grenrörets och topplockets fogytor är rena och torra och sätt den nya packningen på plats. Montera grenröret och dra åt fästmuttrarna och bultarna jämnt och stegvis till specificerat moment.*

c) *Se till att alla relevanta slangar ansluts till sina ursprungliga platser och hålls säkert (där så behövs) av sina fästklämmor.*

d) *Dra åt bränsleslangens och vakuumservoslangens anslutningsmuttrar till specificerade moment.*

e) *Montera hjälpaggregatens drivrem enligt beskrivning i kapitel 1.*

f) *Justera avslutningsvis gasvajern enligt beskrivning i avsnitt 4.*

17 Avgasgrenrör – demontering och montering

Observera: *Nya grenrörsmuttrar behövs vid montering.*

Modeller med 1.6 liters SOHC motor

1 Följ kablaget bakåt från syresensorn och koppla loss dess kontakt. Frigör kablaget från

16.18 Koppla loss vakuum- och ventilationsslangar från grenröret

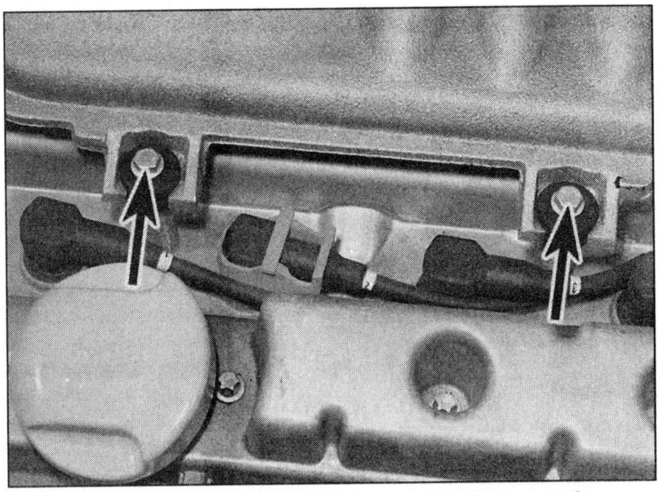

16.20 Bultar mellan grenrörets övre del och kamaxelkåpan

klämmor och kabelband så att sensorn kan tas loss med grenröret.

2 Demontera avgassystemets nedåtgående rör enligt beskrivning i avsnitt 18.

3 Koppla loss varmluftsslangen från avgasgrenrörets kåpa, skruva sedan loss fästbultarna och ta bort kåpan från grenröret.

4 Ta bort motorns oljemätsticka och dra av tändstiftshattarna från de mittre (nr 2 och 3) tändstiften. Skruva loss de mittre tändstiftens värmesköldar och ta bort dem från grenröret (en speciell hylsa, nummer KM-834, finns för demontering av värmesköldarna).

5 Skruva loss fästmuttrarna som håller grenröret till topplocket. Ta ut grenröret från motorrummet, tillsammans med packningen.

6 Undersök avgasgrenrörets alla pinnbultar för att se om de är skadade eller korroderade; ta bort all korrosion och reparera eller byt ut skadade pinnbultar.

7 Se till att grenrörets och topplockets tätningsytor är rena och plana och sätt den nya packningen på plats.

8 Montera grenröret, sätt på de nya fästmuttrarna och dra åt dem till specificerat moment.

9 Lägg ett lager högtemperaturfett på gängorna till tändstiftens värmesköldar, sätt tillbaka sköldarna och dra åt dem till specificerat moment. Sätt tillbaka tändstiftshattarna och mätstickan.

10 Montera kåpan på grenröret, dra åt dess fästbultar till specificerat moment och anslut varmluftsslangen.

11 Anslut syresensorns kontakt, se till att kablaget dras rätt och hålls på plats av alla nödvändiga klämmor.

12 Montera det nedåtgående avgasröret enligt beskrivning i avsnitt 18.

Alla övriga modeller

13 Demontera det sekundära luftinsprutningssystemets luftventil och anslutningsrör enligt beskrivning i kapitel 4C.

14 På modeller med 1.6 liter motor, följ kablaget bakåt från syresensorn och koppla loss dess kontakt. Frigör kablaget från alla klämmor och kabelband så att sensorn kan tas bort med grenröret.

15 Lossa och ta bort bultarna som håller det nedåtgående röret till grenröret och ta vara på packningen.

16 Skruva loss fästmuttrarna som håller grenröret till topplocket. Ta ut grenröret från motorrummet, komplett med packningen.

17 Montera grenröret enligt beskrivning i punkt 6 till 8.

18 Placera en ny packning mellan grenröret och det nedåtgående röret, sätt sedan i det nedåtgående rörets bultar och dra åt dem till specificerat moment.

19 På modeller med 1.6 liter motor, anslut syresensorns kontakt, se till att kablaget dras korrekt och fästs med alla nödvändiga klämmor.

20 Montera det sekundära luftinsprutningssystemets anslutningsrör och luftventil enligt beskrivning i kapitel 4C.

18 **Avgassystem** – allmän information, demontering och montering

Allmän information

1 På de flesta modeller består avgassystemet av tre delar: det nedåtgående röret som innefattar katalysatorn, mellanröret och den mittre ljuddämparen, och ändröret och huvudljuddämparboxen. På modeller med automatväxellåda är avgassystemet delat i fyra delar; systemet är identiskt med det som just beskrivits förutom att katalysatorn är en separat enhet och inte en del av det nedåtgående röret.

2 Alla delar är hopsatta med flänsade fogar som är säkrade med bultar. Vissa av fogarna är av typen med fjäderbelastad kula för att tillåta rörelse i avgassystemet. Systemet är upphängt i gummifästen.

Demontering

3 Varje del av avgassystemet kan demonteras individuellt, eller så kan hela systemet demonteras som en enhet. Även om bara en del av systemet behöver åtgärdas, är det oftast lättare att demontera hela systemet och sedan ta isär det på arbetsbänken.

4 För att demontera systemet eller en del av det, lyft upp fram- och bakvagn och stöd bilen säkert på pallbockar. Alternativt, placera bilen över en smörjgrop.

Nedåtgående rör – modeller med 1.6 liter SOHC motor

5 Lossa och ta bort bultarna och fjädrarna som håller det nedåtgående rörets flänsfog till grenröret.

6 Skruva loss bultarna som håller det nedåtgående röret till mellanröret och demontera röret från bilens undersida. Ta vara på packningen från foger mellan röret och grenröret.

Nedåtgående rör – modeller med 1.6 liter DOHC motor

7 Skruva loss bultarna som håller det nedåtgående rörets flänsfog till grenröret **(se bild)**.

8 På modeller med manuell växellåda, skruva loss muttern som håller det nedåtgående röret till fästkonsolen och ta bort brickan, distansen och fästesgummit **(se bild)**. Skruva loss bultarna som håller det nedåtgående röret till mellanröret och ta bort det nedåtgående röret från bilen. Ta vara på packningen mellan röret och grenröret.

9 På modeller med automatväxellåda, skruva loss muttrarna som håller det nedåtgående röret till fästkonsolen och ta bort hållplattan. Lossa och ta bort bultarna och fjädrarna som håller det nedåtgående röret till katalysatorn och ta bort det nedåtgående röret från bilen. Ta vara på packningarna från rörets fogar.

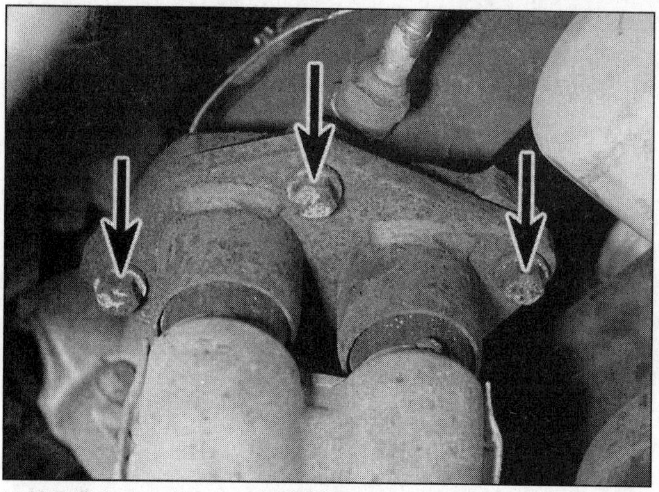

18.7 Bultar mellan det nedåtgående avgasröret och grenröret (vid pilarna) . . .

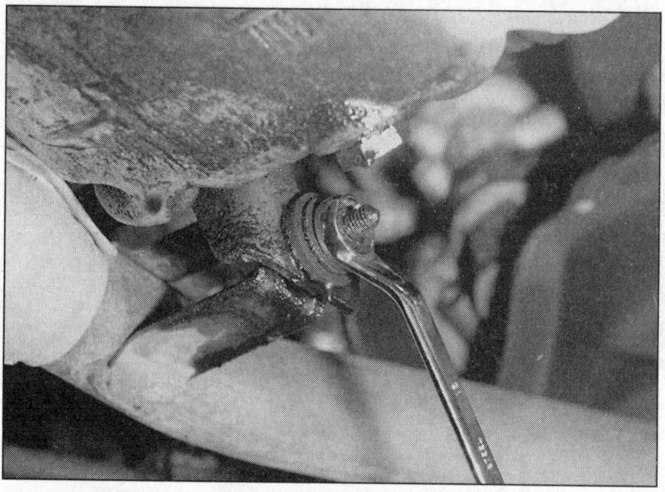

18.8 . . . och det nedåtgående rörets fästmuter – 1.6 liters DOHC motor

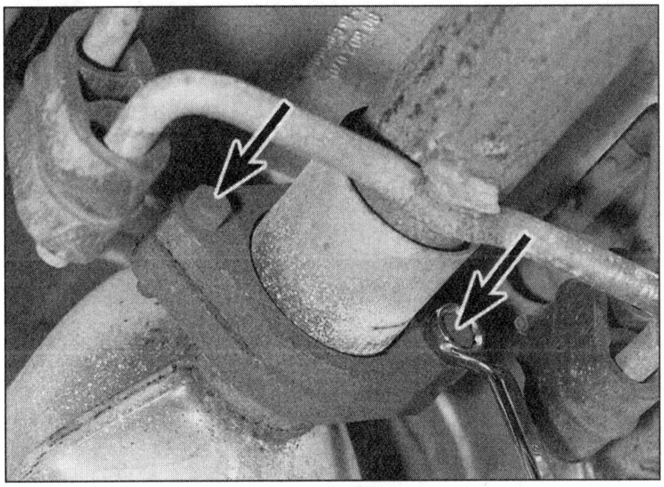
18.18 Lossa och ta bort bultarna (vid pilarna) som håller mellanröret till det nedåtgående röret

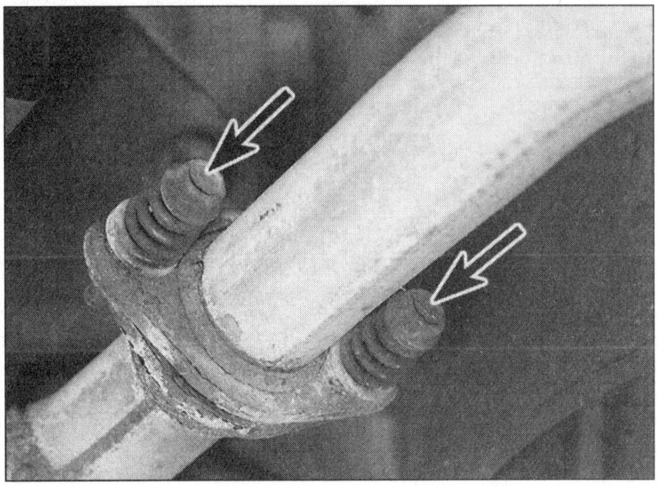
18.22 Bultar och fjädrar mellan mellanrör och ändrör (vid pilarna)

Nedåtgående rör – modeller med 1.8 eller 2.0 liters motor

10 Följ kablaget bakåt från syresensorn, notera dess dragning och koppla loss dess kontakt. Frigör kablaget från eventuella klämmor så att sensorn kan tas loss tillsammans med det nedåtgående röret.

11 Lossa och ta bort bultarna som håller det nedåtgående rörets flänsfog till grenröret.

12 Skruva loss muttrarna som håller det nedåtgående röret till fästkonsolen och ta bort hållplattan.

13 På modeller med manuell växellåda, lossa och ta bort bultarna som håller det nedåtgående röret till mellanröret och ta bort det nedåtgående röret från bilen. Ta vara på packningen från fogen mellan röret och grenröret.

14 På modeller med automatväxellåda, lossa och ta bort bultarna och fjädrarna som håller det nedåtgående röret till katalysatorn och demontera det nedåtgående röret från bilen. Ta vara på packningarna från rörets fogar.

Katalysator – modeller med automatväxellåda

15 Lossa och ta bort bultarna och fjädrarna som håller katalysatorn till det nedåtgående röret och bultarna som håller den till mellanröret. Ta bort katalysatorn från bilens undersida och ta vara på packningen från fogen mot det nedåtgående röret.

Mellanrör – modeller med 1.6 liters SOHC motor

16 Lossa och ta bort bultarna som håller mellanröret till det nedåtgående röret och lossa krampan som håller mellanröret till ändröret.

17 Lossa mellanröret från sina gummifästen och ta ut det från under bilen.

Mellanrör – modeller med 1.6 liters DOHC, 1.8 eller 2.0 liters motor

18 Lossa och ta bort bultarna som håller mellanröret till det nedåtgående röret och bultarna och fjädrarna som håller det till ändröret **(se bild)**.

19 Ta loss mellanröret från gummifästena och ta ut det från bilens undersida.

Ändrör – modeller med 1.6 liters SOHC motor

20 Lossa krampan som håller ändröret till mellanröret.

21 Lossa ändröret från gummifästena och ta ut det från bilens undersida.

Ändrör – modeller med 1.6 liters DOHC, 1.8 eller 2.0 liters motor

22 Ta bort bort bultarna och fjädrarna som håller ändrörets fog till mellanröret **(se bild)**.

23 Lossa ändröret från gummifästena och ta bort det tillsammans med packningen.

Komplett system – modeller med 1.6 liters SOHC motor

24 Skruva loss bultarna och fjädern som håller det nedåtgående rörets flänsfog till grenröret.

25 Ta loss systemet från alla gummifästen och sänk ner det under bilen. Ta vara på packningen från det nedåtgående rörets fog.

Komplett system – modeller med 1.6 liters DOHC motor

26 Skruva loss muttern/muttrarna som håller det nedåtgående röret till fästkonsolen och ta bort hållplattan eller distansbrickan och gummifästet (efter tillämplighet).

27 Skruva loss bultarna som håller det nedåtgående röret till grenröret, separera flänsfogen och ta vara på packningen.

28 Frigör avgassystemet från alla gummifästen och sänk ned det under bilen.

Komplett system – modeller med 1.8 eller 2.0 liters motor

29 Följ kablaget bakåt från syresensorn, notera dess dragning och koppla loss dess kontakt. Lossa kablaget från eventuella klämmor så att sensorn kan tas loss med det nedåtgående röret.

30 Skruva loss muttrarna som håller det nedåtgående röret till fästkonsolen och ta bort hållplattan.

31 Lossa och ta bort bultarna som håller det nedåtgående rörets flänsfog till grenröret och ta vara på packningen

32 Lossa avgassystemet från alla gummifästen och sänk ned det under bilen.

Värmesköldar

33 Värmesköldarna sitter fast i undersidan av karossen med olika muttrar och bultar. Varje sköld kan demonteras när relevant avgassystemdel har demonterats. Om en sköld demonteras för att man ska komma åt en komponent bakom den, kan det i vissa fall vara tillräckligt att ta bort fästmuttrarna och/eller bultarna och helt enkelt sänka ned skölden, utan att rubba avgassystemet.

Montering

34 Varje del monteras i omvänd ordning mot demonteringen. Notera följande punkter:

a) Se till att ta bort alla spår av korrosion från flänsarna och byt ut alla nödvändiga packningar.

b) Undersök om gummifästena är skadade eller slitna och byt ut dem om så behövs.

c) Om ingen packning finns i fogen, lägg på ett lager fogpasta för att få en gastät tätning.

d) Innan avgassystemets infästningar dras åt, se till att alla gummifästen är rätt placerade.

Kapitel 4 Del B:
Bränsle- och avgassystem – modeller med dieselmotor

Innehåll

Svårighetsgrader

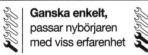

Enkelt, passar novisen med lite erfarenhet	**Ganska enkelt,** passar nybörjaren med viss erfarenhet	**Ganska svårt,** passar kompetent hemmamekaniker	**Svårt,** passar hemmamekaniker med erfarenhet	**Mycket svårt,** för professionell mekaniker

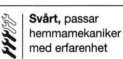

Specifikationer

Allmänt

Systemtyp:	
1.7 liters motor	Indirekt insprutningssystem som har en fördelningsinsprutningspump med inbyggd överföringspump. Turboaggregat och mellankylare monterade på alla modeller.
2.0 liters motor	Direkt insprutningssystem med inbyggd elstyrd bränsleinsprutningspump. Turboaggregat monterat på alla modeller och mellankylare monterad på högtrycks turbomodeller (X20DTH).

Justeringar

Tomgångshastighet	Se kapitel 1B
Maximal hastighet:	
1.7 liters motor	5200 varv/min
2.0 liters motor	4900 till 5100 varv/min – styrd av ECU

Insprutningspump

Rotationsriktning	Medurs från drevets ände sett
Pumpinställning (statisk):	
1.7 liters motor:	
Motorns position	Kolv nr 1 i ÖD
Pumpinställningsmått	0,55 ± 0,05 mm
2.0 liter motor	Förinställd – kontrollerad av ECU

Insprutare

Öppningstryck:	
1.7 liters motor	142 till 162 bar
2.0 liters motor	180 bar (ca)

Atdragningsmoment

	Nm
1.7 liter motor	
Avgasgrenrör:	
Fästmuttrar och bultar	24
Stödfästesbultar	51
Bränsleinsprutare	50
Bränsleinsprutarnas returrör, muttrar	29
Bränslerörsanslutningsmuttrar	25
Insugsgrenrörets muttrar och bultar	24
Insprutningspump:	
Främre fästmuttrar	23
Bakre fästkonsolens bultar:	
M8 bultar	25
M10 bultar	40
Inställningshål, accesskruv	20
Kamremsdrev, mutter	se kapitel 2C
Nedåtgående avgasrör till turboaggregat, muttrar	65
Turboaggregat:	
Kylvätskerör, bultar	8
Avgasfläns, muttrar	27
Muttrar mellan turboaggregat och grenrör	27
2.0 liters motor	
Avgasgrenrör:	
Fästmuttrar	22
Stödfäste, bultar	25
Bränslerör, anslutningsmuttrar	25
Gaspedalmuttrar	20
Hjälpaggregatens drivremsspännare, bultar:	
Remskivans bakplatta, pivåbult	42
Stödstagets fästbultar	23
Insprutningspump:	
Främre fästesbultar	25
Bränslerör, anslutningsbultar	15
Bakre fästkonsol, bultar	20
Drevkåpans bultar	se kapitel 2D
Drevets fästbultar	se kapitel 2D
Insugsgrenrör:	
Nedre del till topplock, muttrar	22
Övre del till nedre del, bultar	8
Kamaxeldrev, bult	se kapitel 2D
Kamkedja:	
Spännarens lock (övre och nedre)	se kapitel 2D
Övre kedjestyrningsbultar	se kapitel 2D
Kylvätsketemperaturgivare	se kapitel 3
Laddtrycksgivare, bult	8
Nedåtgående avgasrör:	
Rör till mellanrör, bultar	12
Rör till grenrör, muttrar	20
Turboaggregat:	
Avgasfläns, bultar	30
Oljematningsrör:	
Rör till motorblock, anslutningsmutter	20
Rör till turboaggregat, anslutningsbult	20
Oljereturrör:	
Rör till motorblock, anslutningsmutter	25
Rör till turboaggregat, bultar	8
Turboaggregat till grenrör, bultar	30
Vevaxelgivare, bult	8

1 Allmän information och föreskrifter

Allmän information – 1.7 liters modeller

1 Bränslesystemet består av en baktill monterad bränsletank, ett bränslefilter med inbyggd vattenseparator, en bränsleinsprutningspump, insprutare och tillhörande komponenter. Innan bränslet passerar genom filtret värms det upp av ett elektroniskt värmeelement som är monterat på filterhuset.
2 Bränsle dras från bränsletanken till bränsleinsprutningspumpen av en överföringspump inbyggd i bränsleinsprutningspumpen. Innan det når pumpen passerar bränslet genom ett bränslefilter, där skräp och vatten tas bort. Överflödigt bränsle smörjer de rörliga komponenterna i pumpen och går sedan tillbaka till tanken.
3 Bränsleinsprutningspumpen drivs av kamremmen med halva vevaxelns hastighet. Det höga tryck som krävs för att spruta in bränsle i den hoptryckta luften i virvelkamrarna uppnås genom att en kamplatta aktiverar en kolv. Bränslet passerar genom en central rotor med ett enda utloppshål som är i linje med portarna som leder till insprutarrören
4 Bränslemätning styrs av en centrifugal regulator, som reagerar på gaspedalens läge och motorhastigheten. Regulatorn är ansluten till en mätarventil, som ökar eller minskar mängden bränsle som levereras vid varje pumpslag.
5 Grundläggande insprutningsinställning bestäms när pumpen monteras. När motorn är igång varieras den automatiskt för att passa aktuell motorhastighet genom en mekanism som vrider kamplattan (ringen).
6 De fyra bränsleinsprutarna sprayar bränsle in i virvelkamrarna som är placerade i topplocket. Insprutarna är kalibrerade att öppna och stänga vid kritiska tryck för att ge effektiv och jämn förbränning. Varje insprutarnål smörjs av bränslet, vilket samlas i fjäderkammaren och leds till insprutningspumpens returslang av spillrör.
7 Kallstart assisteras av förvärmnings- eller glödstift monterade i varje virvelkammare. En termostatisk kapsel på insprutningspumpen ökar tomgångshastigheten när motorn är kall.
8 En stoppsolenoid stänger av bränslematningen till insprutningspumpens rotor när tändningen slås av.
9 Ett turboaggregat är monterat för att öka motorns effektivitet genom att höja trycket i insugsgrenröret över atmosfäriskt tryck. Istället för att luft sugs in i cylindrarna, tvingas den in. Extra bränsle matas av insprutningspumpen i förhållande till det ökade luftintaget.
10 Energi för turboaggregatets funktion kommer från avgaserna. Gaserna flödar genom ett speciellt utformat hus (turbinhuset) och snurrar på så sätt turbinhjulet. Turbinhjulet är anslutet till en axel, som har ett annat skovlat hjul i andra änden, känt som kompressorhjulet. Kompressorhjulet roterar i sitt eget hus och trycker ihop inloppsluften på väg mot insugsgrenröret.
11 Mellan turboaggregatet och insugsgrenröret passerar den hoptryckta luften genom en mellankylare. Detta är en luft-till-luft värmeväxlare monterad bredvid kylaren, som matas med kylande luft från bilens front. Syftet med denna mellankylare är att eliminera en del av den värme som skapats vid kompressionen av inloppsluften. Eftersom kall luft är tätare, ökar elimineringen av värmen ytterligare motorns effektivitet.
12 Laddtryck (trycket i insugsgrenröret) begränsas av en wastegate, vilken leder bort avgaserna från turbinhjulet som respons på en tryckkänslig aktiverare. En tryckmanövrerad kontakt aktiverar en varningslampa på instrumentpanelen om överdrivet laddtryck utvecklas.
13 Turbons axel trycksmörjds av ett oljematningsrör från motorns huvudolja så att axeln "flyter" på en kudde av olja. Ett avtappningsrör leder tillbaka oljan till sumpen. Turbon är också ansluten till kylsystemet för att förhindra överhettning.
14 Förutsatt att det regelbundna underhållet utförs kommer bränsleinsprutningssystemet att ge en lång och problemfri service. Insprutningspumpen själv kan till och med överleva motorn. Den huvudsakliga potentiella orsaken till skador på insprutningspumpen och insprutarna är smuts eller vatten i bränslet.
15 Service av insprutningspumpen och insprutarna är mycket begränsad för hemmamekanikern och eventuell isärtagning eller justering utöver det som beskrivs i detta kapitel måste överlämnas till en Opelverkstad eller en specialist på bränsleinsprutning.

Allmän information – 2.0 liters modeller

Observera: *Två versioner av 2.0 liters motorn finns; en lågtrycks turbomodell (X20DTL) och en högtrycks modell (X20DTH). Se avsnittet "Identifikationsnummer" i slutet av boken för information om motornumrets placering för att kunna avgöra vilken motor som är monterad i den aktuella bilen.*
16 Bränslesystemet består av en bränsletank monterad baktill i bilen, ett bränslefilter med inbyggd vattenseparator, en bränsleinsprutningspump, insprutare och tillhörande komponenter.
17 Bränsle dras från bränsletanken av bränsleinsprutningspumpen. Innan det når pumpen passerar bränslet genom ett filter, där smuts och vatten silas bort. Överflödigt bränsle smörjer pumpens rörliga delar och går sedan tillbaka till tanken.
18 Bränsleinsprutningspumpen drivs av den nedre kamkedjan med halva vevaxelns hastighet. Det höga tryck som krävs för att spruta in bränsle i den hoptryckta luften i cylindern uppnås med hjälp av en radial kolvpump.
19 Insprutningspumpen är elstyrd för att motsvara aktuella utsläppskrav. Systemet består av en elektronisk styrenhet (ECU), insprutningspumpens styrenhet och följande komponenter:

a) *Gaspedalens positionsgivare – informerar ECU om gaspedalens läge.*
b) *Kylvätsketemperaturgivare – informerar ECU om motorns temperatur.*
c) *Inloppsluftens temperaturgivare – informerar ECU om temperaturen på luften som passerar genom inloppstrumman.*
d) *Oljetemperaturgivare – informerar ECU om motoroljans temperatur.*
e) *Luftflödesmätare – informerar ECU om mängden luft som passerar genom inloppstrumman.*
f) *Vevaxelgivare – informerar ECU om motorhastighet och vevaxelns position.*
g) *Laddtrycksgivare – informerar ECU om trycket i insugsgrenröret.*
h) *ABS styrenhet – informerar ECU om bilens hastighet.*
i) *Luftkonditioneringssystemets kompressorkontakt (om monterad) – informerar ECU om när luftkonditioneringen är påslagen.*

20 All information ovan analyseras av ECU och baserat på detta avgör ECU vilka insprutningsförhållanden motorn kräver. ECU styr insprutningspumpens inställning, via pumpens styrenhet, för att ge bästa inställning för runddragning, start (med kall eller varm motor), uppvärmning, tomgång, marschfart och acceleration.
21 ECU kontrollerar också EGR-systemet (avgasåterföring) (se kapitel 4C) och förvärmningssystemet (se kapitel 5C).
22 De fyra bränsleinsprutarna sprayar in bränsle direkt i cylindrarna. Insprutarna är kalibrerade att öppna och stänga vid kritiska tryck för att ge effektiv och jämn förbränning. Varje insprutarnål smörjs av bränsle, som samlas i fjäderkammaren och leds till insprutningspumpens returslang via spillrör.
23 Insugsgrenröret har en spjällventil för att förbättra effektiviteten vid låga motorhastigheter. Varje cylinder har två inloppstrummor i grenröret, varav en är utrustad med en ventil; ventilens funktion styrs av ECU via en solenoidventil och ett vakuummembran. Vid låga motorhastigheter (under ca 1500 varv/min) förblir ventilerna stängda, vilket betyder att luft som kommer in i varje cylinder endast passerar genom en av de två grenrörstrummorna. Vid högre motorhastigheter öppnar ECU var och en av de fyra ventilerna och låter luften som passerar genom grenröret gå genom båda inloppstrummorna.
24 Se punkt 9 till 13 för information om turboaggregatet, notera att mellankylare endast finns på högtrycks turbomodeller (X20DTH). Laddtryckets wastegate styrs av ECU via en solenoidventil.

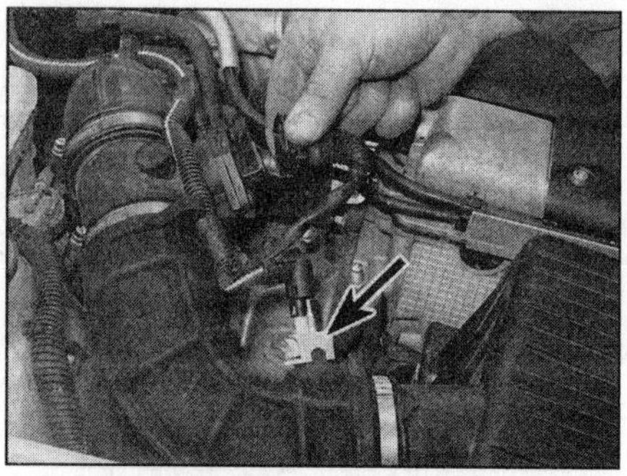

2.4 Koppla loss kontakten från luftflödesmätaren och (där monterad) inloppsluftens temperaturmätare

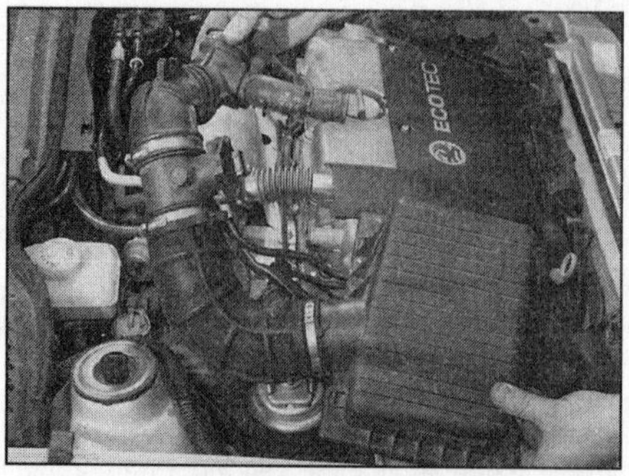

2.5 Demontering av inloppstrumman – 2.0 liters modeller (visad med luftrenarhusets lock demonterat)

2.7a På lågtrycks turbomodeller, lossa fästkrampan som håller metallröret till turboaggregatet . . .

25 Om någon av givarna ger onormala avläsningar går ECU in i backup-läge. I detta fall ignorerar ECU den onormala givarsignalen och antar ett förinställt värde som låter motorn fortsätta gå (dock med försämrad effektivitet). Om ECU går in i backup-läge tänds varningslampan på instrumentpanelen och relevant felkod lagras i ECU-minnet.

26 Om varningslampan tänds skall bilen tas till en Opelverkstad så snart som möjligt. Ett fullständigt test av insprutningssystemet kan då göras, med hjälp av speciell elektronisk diagnostikutrustning som ansluts till systemets diagnostikuttag. Uttaget är placerat bakom mittkonsolen, ta loss klädselpanelen framför handbromshandtaget för att komma åt det.

Föreskrifter

Varning: Särskilda försiktighetsåtgärder måste vidtas vid arbete på bränslesystemet, särskilt med insprutarna. Innan något arbete utförs, se föreskrifterna i "Säkerheten främst!" i början av boken samt ytterligare varningar i början av aktuella avsnitt.

Varning: Låt inte motorn gå om någon av luftinloppstrummorna kopplats loss eller om filtret demonterats. Skräp som kommer in i motorn kan orsaka allvarliga skador på turboaggregatet.

Varning: För att förebygga skador på turboaggregatet, rusa aldrig motorn omedelbart efter start, speciellt inte om den är kall. Låt den gå mjukt på tomgång så att oljan får några sekunder att cirkulera runt turboaggregatets lager. Låt alltid motorn återgå till tomgång innan den stängs av – gasa inte just innan motorn stängs av, eftersom detta kan göra att turbon fortsätter att rotera utan smörjning.

Varning: Observera rekommenderade intervall för olje- och filterbyte, och använd olja av god kvalitet i specificerad mängd. Om man inte byter olja, eller använder olja av dålig kvalitet, kan sotavlagringar bildas på turbons axel och leda till haveri.

2 Luftrenare och inloppstrummor – demontering och montering

Demontering – 1.7 liters modeller

1 Lossa fästklämman och ta loss inloppstrumman från luftrenarhuset. Om så behövs, lossa den andra fästklämman och ta loss trumman från grenröret och ta ut den från motorrummet.

2 Skruva loss muttrarna som håller luftrenarfästena till karossen, frigör sedan huset från sitt luftinlopp och ta ut enheten ur motorrummet.

3 De övriga trummorna som länkar turboaggregatet, mellankylaren och insugsgrenröret, kan demonteras när deras fästklämmor och (vid behov) bultar har lossats.

Demontering – 2.0 liters modeller

4 Koppla loss batteriets negativa anslutning, koppla sedan loss kontakten(-erna) från luftflödesmätaren och (om monterad) inloppsluftens temperaturgivare **(se bild)**.

5 Koppla loss ventilationsslangen från inloppstrumman, lossa sedan fästklämmorna och ta bort trumenheten, komplett med luftflödesmätare, från motorrummet **(se bild)**.

6 Ta loss luftrenarhusets lock och ta bort luftfiltret, notera vilken väg det är monterat. Skruva loss fästmuttrarna och demontera huset från motorrummet, lossa det från sitt inlopp.

7 På lågtrycks turbomotorer (X20DTL), för att demontera trummorna som länkar turboaggregatet och insugsgrenröret, skruva först loss fästskruvarna och ta bort plastkåpan uppe på motorn. Lossa fästklämman som håller trumman som ansluter metallröret till grenröret. Skruva loss bultarna som håller röret till topplockskåpan, lossa sedan fästkrampan och ta loss röret från turboaggregatet. Ta bort rör- och trumenheten från toppen på motorn och ta vara på tätningsringen som sitter mellan röret och turboaggregatet **(se bilder)**.

8 På högtrycks turbomodeller (X20DTH) kan trummorna som länkar mellankylaren till grenröret och turboaggregatets rör demonteras när deras fästklämmor har lossats. För

2.7b . . . skruva sedan loss de två fästbultarna (vid pilarna) . . .

2.7c . . . och ta bort metallröret och inloppstrumman . . .

2.7d . . . notera tätningsringen som sitter på turboaggregatet (vid pilen)

att demontera metallröret, lossa trumman och lossa sedan krampan som håller det till turboaggregatet. Skruva loss fästbulten och ta bort röret från motorn, observera tätningsringen som sitter mellan röret och turboaggregatet.

Montering

9 Montering sker i omvänd ordning, se till att alla inloppstrummor är ordentligt anslutna och deras fästklämmor säkert åtdragna. På 2.0 liters modeller, byt ut tätningsringen om metallröret har tagits loss från turboaggregatet.

3 Gasvajer – demontering, montering och justering

1.7 liters modeller

1 Se avsnitt 4 i kapitel 4A men ersätt alla referenser till "gasspjällkam" med "insprutningspumpens gasspjällarm". Det är svårt att komma åt insprutningspumpen och åtkomligheten kan endast förbättras genom att insugsgrenröret demonteras (se avsnitt17).

2.0 liters modeller

2 På 2.0 liters modeller finns ingen gasvajer. Insprutningspumpen är elektroniskt styrd av ECU via styrenheten som är fastskruvad längst upp på pumpen. Gaspedalen är ansluten till en lägesgivare och denna givare informerar ECU om pedalens position (se avsnitt 1).

4 Gaspedal – demontering och montering

1.7 liters modeller

1 Se avsnitt 5 i kapitel 4A.

2.0 liters modeller

2 Inuti bilen, skruva loss fästena och ta bort klädselpanelen under förarens sida av instrumentbrädan för att komma åt gaspedalen **(se bilder)**.
3 Koppla loss kontakten från gaspedalens lägesgivare.
4 Skruva loss fästmuttrarna och ta bort pedalenheten från torpedväggen.
5 Undersök om pedalenheten är sliten, var speciellt uppmärksam på pedalbussningarna, och byt ut delar efter behov. För att ta isär enheten, ta bort lägesgivaren (se avsnitt 10), haka sedan av returfjädern, dra av fästklämman och ta isär pedalen, fästkonsolen, returfjädern och pivåbussningarna.
6 Om enheten har tagits isär, lägg ett lager universalfett på pedalens pivåaxel och

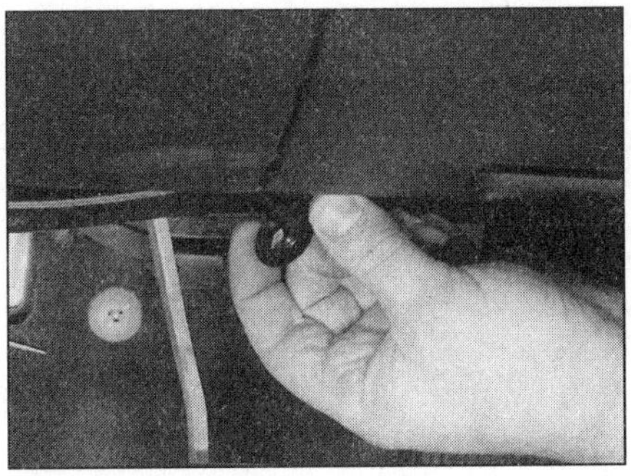

4.2a Skruva loss fästena . . .

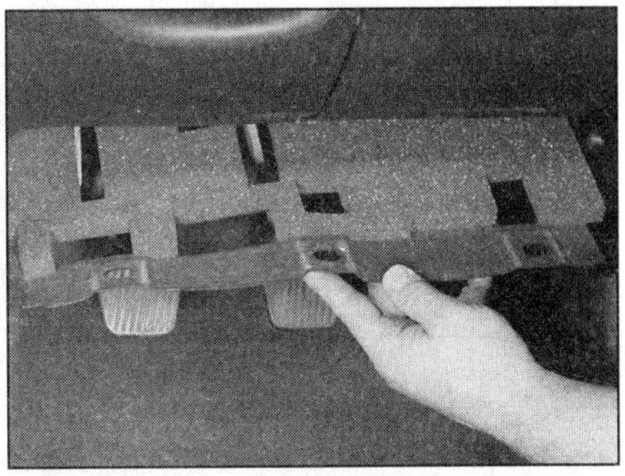

4.2b . . . och ta bort den nedre panelen under instrumentbrädan på förarsidan

bussningar. Montera bussningarna och returfjädern på fästkonsolen och sätt in pedalen; se till att den går igenom returfjäderns lopp. Fäst pedalen med fästklämman och haka fast returfjädern bakom pedalen. Montera lägesgivaren (se avsnitt 10).
7 Montera pedalenheten och dra åt dess fästmuttrar till specificerat moment.
8 Anslut kontakten och sätt tillbaka klädselpanelen på instrumentbrädan.

5 Bränslesystem – snapsning och luftning

1 Man behöver inte snapsa och lufta systemet manuellt efter arbete på systemets komponenter. Starta motorn (detta kan ta lite längre än normalt, speciellt om bränslesystemet har körts torrt – aktivera startmotorn i tio sekunders intervall med 5 sekunders mellanrum) och låt den gå på snabb tomgång i en minut eller så för att släppa ut eventuell luft i bränsleledningarna. Efter detta bör motorn gå mjukt på tomgång med konstant hastighet.
2 Om motorn går ojämnt på tomgång finns det fortfarande luft fångad i bränslesystemet. Öka motorhastigheten igen i ännu en minut och kontrollera sedan tomgångshastigheten igen. Upprepa detta så länge som behövs tills tomgången är jämn.

6 Bränslemätarens givare – demontering och montering

1 Se avsnitt 10 i kapitel 4A, notera att det inte finns någon bränslepump i tankbehållaren, endast ett bränsleupptagningsfilter.

7 Bränsletank – demontering och montering

1 Se avsnitt 11 i kapitel 4A, men notera att det inte finns något bränslefilter fastklämt på tankbandet. Plugga igen slangändarna för att förhindra bränsleförlust; detta gör att motorn kan starta lättare när bränsletanken har monterats igen (se avsnitt 5).

8 Maximal hastighet – kontroll och justering

Varning: Justerskruven för maximal hastighet är förseglad vid tillverkningen, med färg eller låstråd och blyplomb. Det finns ingen anledning till varför den skulle behöva justeras. Rör inte skruven om bilen fortfarande har gällande garanti, eftersom det kan förverka garantin. Denna justering kräver användning av en varvräknare – se kapitel 1 för alternativa metoder.

1.7 liters modeller

1 Om en varvräknare är tillgänglig, anslut denna. Låt motorn gå tills den når normal arbetstemperatur.
2 Låt en medhjälpare trycka ned gaspedalen helt och kontrollera att motorns maximala hastighet motsvarar specifikationerna. Låt inte motorn gå på maximal hastighet mer än två eller tre sekunder.
3 Om justering behövs, stanna motorn. Lossa låsmuttern, vrid justerskruven efter behov och dra sedan åt låsmuttern **(se bild)**.

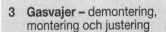

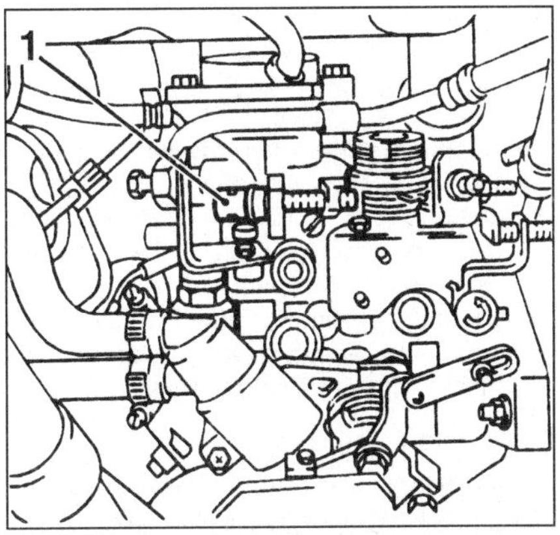

8.3 På 1.7 liters modeller är justerskruven för maximal hastighet (1) förseglad med en blyplomb

9.4a På 1.7 liters motorer, mät spelet mellan kallstartförställningsarmens skruv och gasspjällarmen . . .

9.4b . . . och om så behövs, justera genom att lossa låsmuttern och vrida justerskruven

4 Upprepa momentet i punkt 2 för att kontrollera justeringen.

5 Stanna motorn och koppla loss varvräknaren.

2.0 liters modeller

6 Maximal hastighet styrs av ECU och kan inte justeras av hemmamekanikern. Hastigheten kan kontrolleras enligt beskrivningen ovan (se punkt 1 och 2), men om justering behövs måste bilen tas till en Opelverkstad. De har den diagnostikutrustning som behövs för justering av inställningen.

9 Kallstartförställningssystem (CSA) – allmän information och justering

Allmän information

1 På 1.7 liters modeller finns en kallstartförställningskapsel monterad på insprutningspumpen för att förbättra motorgången och minska avgasutsläppen när motorn är kall. Kylvätskan cirkulerar runt den termostatiska kapseln som innehåller ett expanderelement. När motorn är kall tidigarelägger elementet insprutningen och ökar motorns tomgångshastighet ca 150 varv/min. Detta hindrar motorn från att tjuvstanna och minskar också avgasröken.

2 På 2.0 liters modeller övervakas och kontrolleras tomgångshastigheten och insprutningsinställningen konstant av ECU för att garantera optimal prestanda under alla arbetsförhållanden (se avsnitt 1). Därför finns inget extra system för kallstartförställning.

Justering

3 Kontrollera, och om så behövs justera, tomgångshastigheten enligt beskrivning i kapitel 1 och låt sedan motorn svalna helt.

4 Med kall motor, mät utrymmet mellan justerskruven för kallstartförställningsarmen och insprutningspumpens gasspjällarm. När kylvätsketemperaturen är 20°C skall spelet vara 0,8 till 1,1 mm. **Observera:** *Om kylvätsketemperaturen är lägre eller högre än 20°C måste detta tas i beaktande när mätningen görs; ju lägre temperatur, desto större avstånd och ju högre temperatur desto mindre avstånd.* Om så behövs, lossa låsmuttern och justera avståndet genom att vrida på kallstartarmens justerskruv **(se bilder)**. När avståndet är korrekt, håll fast skruven och dra åt låsmuttern ordentligt.

5 När avståndet är justerat, starta motorn och kontrollera att motorn går på tomgång med den hastighet som anges i specifikationerna. Om justering behövs, lossa låsmuttern och justera tomgångshastighetsskruven tills hastigheten är inom specificerade gränser, dra sedan åt låsmuttern.

6 Värm upp motorn till normal arbetstemperatur och kontrollera tomgången igen. När motorn värms upp skall avståndet mellan kallstartarmen och gasspjällarmen stadigt minska tills de två vidrör varandra. Om detta inte sker är det fel på systemet för kallstartförställning och bilen måste tas till en Opelverkstad för test.

7 Där tillämpligt, koppla loss varvräknaren.

10 Insprutningssystemets elektriska komponenter – demontering och montering

1.7 liters modeller

1 Den enda elektriska komponenten i insprutningssystemet är stoppsolenoiden. Solenoiden är placerad baktill uppe på bränsleinsprutningspumpen och dess uppgift är att stänga av bränslematningen när tändningen slås av. Om ett kretsbrott uppstår i solenoiden eller matningskablaget kan man inte starta motorn, eftersom inget bränsle då når insprutarna. Detsamma gäller om solenoidens kolvbult fastnar i det "stängda" läget. Om solenoiden fastnar i det "öppna" läget kommer motorn inte att stanna när tändningen slås av.

Varning: Var noga med att inte låta smuts komma in i insprutningspumpen under detta arbete.

Modeller utrustade med en Opel immobiliser

Observera: *Nya skjuvbultar till solenoidens styrenhet behövs vid montering.*

2 Demontera insugsgrenröret enligt beskrivning i avsnitt 17.

3 Demontera oljekylaren enligt beskrivning i kapitel 2.

4 Koppla loss kontakten till solenoidens styrenhet. Ta bort gummiskyddet uppe på solenoiden, lossa sedan och ta bort fästmuttern och brickan och koppla loss matningsledningen.

5 Var försiktig så att du inte skadar solenoidens styrenhet, borra försiktigt av skallarna på styrenhetens fästbultar. Dra av styrenheten från insprutningspumpens bakre del och skruva loss övriga fästbultar.

6 Rengör försiktigt runt solenoiden, skruva sedan loss och dra ut solenoiden och ta vara på tätningsbrickan/-ringen (efter tillämplighet). Ta vara på solenoidens kolvbult och fjäder om de är kvar i pumpen. Om solenoiden skall demonteras för en längre tid, täck över insprutningspumpen så att inte smuts kan komma in i den.

7 Montering sker i omvänd ordning, använd en ny tätningsbricka-/ring och dra åt solenoiden ordentligt. Fäst styrenheten på plats med nya skjuvbultar och dra åt dem jämnt och stegvis tills deras skallar går av.

Modeller som inte har en Opel immobiliser

8 Demontera insugsgrenröret enligt beskrivning i avsnitt 17.

9 Ta bort gummiskyddet uppe på solenoiden,

10.9 Stoppsolenoidens elektriska ledning (vid pilen) – 1.7 liters motor

10.10 Stoppsolenoid, tätningsring, fjäder och kolvbult

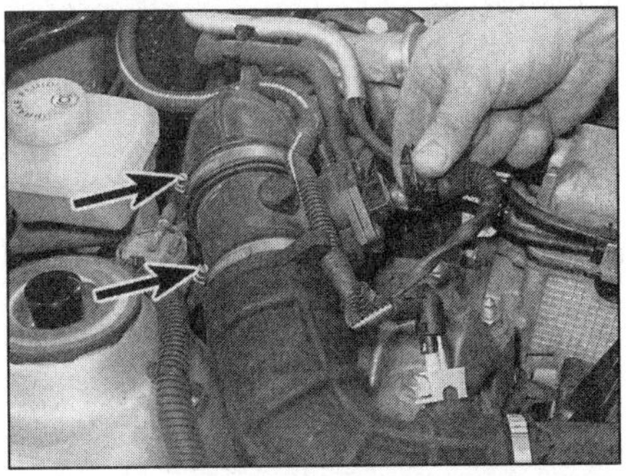
10.12 På 2.0 liters modeller, koppla loss kontakten, lossa fästklämmorna (vid pilarna) och ta bort luftflödesmätaren

lossa sedan och ta bort muttern och brickan och koppla loss matningsledningen **(se bild)**.

10 Rengör försiktigt runt solenoiden, skruva sedan loss och dra ut solenoiden och ta vara på tätningsbrickan/-ringen (efter tillämplighet). Ta vara på solenoidens kolvbult och fjäder om de blir kvar i pumpen **(se bild)**. Om solenoiden skall demonteras för en längre tid, täck över insprutningspumpen för att förhindra smutsintrång.

11 Montering sker i omvänd ordning, använd en ny tätningsbricka/-ring och dra åt solenoiden ordentligt.

2.0 liters modeller

Luftflödesmätare

12 Kontrollera att tändningen är avslagen, koppla sedan loss kontakten från luftflödesmätaren **(se bild)**.

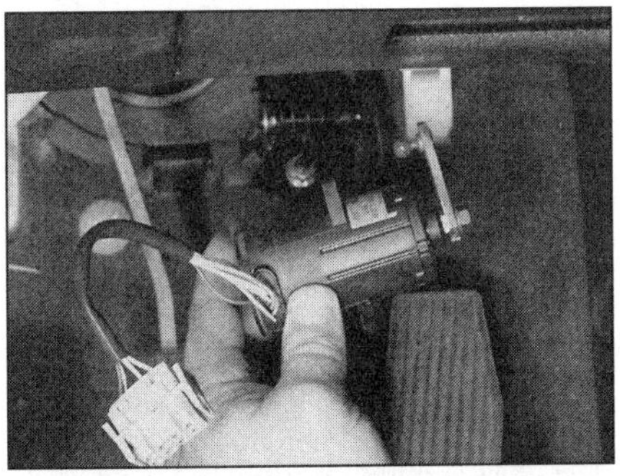
10.20 Demontering av gaspedalens lägesgivare

13 Lossa fästklämmorna, ta loss luftflödesmätaren från inloppstrummorna och ta bort den från motorrummet.

14 Montering sker i omvänd ordning, se till att inloppstrummorna sätter sig som de ska och dra åt deras fästklämmor ordentligt.

Inloppsluftens temperaturgivare – modeller med lågtrycks turbomotor (X20DTL)

Observera: *På högtrycks turbomotor (X20DTH) är lufttemperaturgivaren inbyggd i luftflödesmätaren.*

15 Kontrollera att tändningen är avslagen, koppla loss kontakten och lyft försiktigt ut givaren ur inloppstrumman.

16 Montering sker i omvänd ordning, se till att givaren sitter ordentligt på plats i trumman.

Gaspedalens lägesgivare

17 Inne i bilen, skruva loss fästena och ta bort den nedre klädselpanelen under förarens sida av instrumentbrädan för att komma åt gaspedalen.

18 Koppla loss kontakten från givaren som är monterad uppe på gaspedalen.

19 Ta bort fästklämman från länkstagets kulled, ta sedan loss staget från givaren.

20 Skruva loss fästskruvarna och ta bort givaren från pedalfästet **(se bild)**.

21 Montering sker i omvänd ordning mot demontering.

Vevaxelgivare

22 Skruva loss fästskruvarna och ta bort plastskyddet uppe på topplocket.

23 För att komma åt givaren underifrån, dra åt handbromsen, lyft upp framvagnen och stöd den på pallbockar. Där så behövs, skruva loss fästbultarna och ta bort kåpan under motorn/växellådan.

24 Följ kablaget bakåt från vevaxelgivaren till dess kontakt, ta loss kontakten från fästkonsolen och koppla loss den från huvud kabelhärvan **(se bild)**.

25 Torka rent området runt vevaxelgivaren, skruva loss fästbulten. Ta bort givaren från motorblocket och ta vara på tätningsringen **(se bild)**.

26 Montering sker i omvänd ordning, använd en ny tätningsring. Dra åt givarens fästbult till specificerat moment.

Kylvätsketemperaturgivare

27 Kylvätsketemperaturgivaren är inskruvad framtill på topplocket, på höger sida. Se kapitel 3 för information om demontering och montering.

Laddtrycksgivare

28 Skruva loss fästskruvarna och ta bort plastskyddet uppe på topplocket.

29 Lossa och ta bort skruvarna som håller kabelhärvans bricka uppe på insugsgrenröret och koppla loss kontakten från laddtrycksgivaren **(se bild)**.

30 Skruva loss fästbulten och ta bort givaren från insugsgrenröret, observera tätningsringen som sitter på givarens axel.

31 Montering sker i omvänd ordning, använd en ny tätningsring och dra åt fästbulten till specificerat moment.

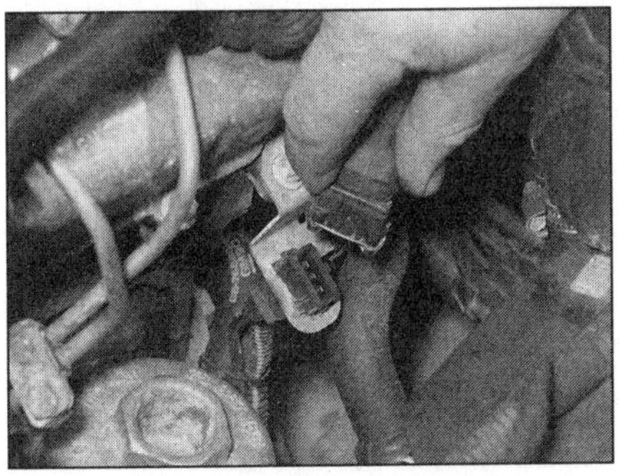
10.24 Koppla loss kontakten. . .

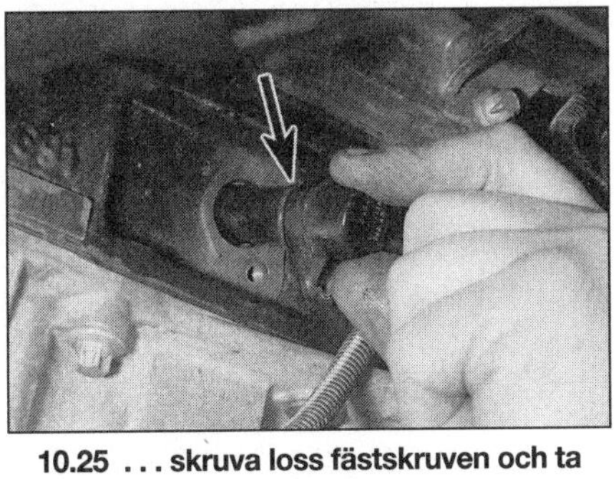
10.25 . . . skruva loss fästskruven och ta bort vevaxelgivaren från motorblocket (tätningsring vid pilen)

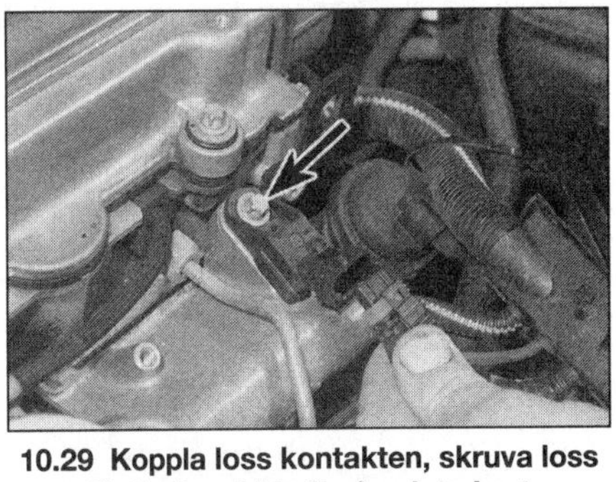
10.29 Koppla loss kontakten, skruva loss fästbulten (vid pilen) och ta bort laddtrycksgivaren

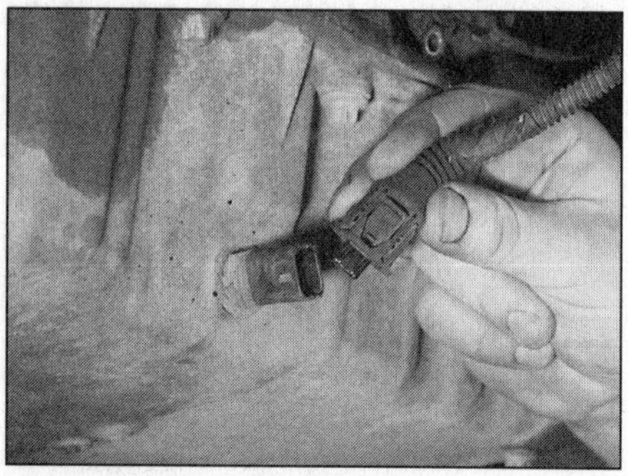

10.34 Koppla loss oljetemperaturgivarens kontakt

Oljetemperaturgivare

32 Dra åt handbromsen ordentligt, lyft upp framvagnen och stöd den på pallbockar. Om så behövs, skruva loss fästbultarna och ta bort kåpan under motorn/växellådan.

33 Tappa av motoroljan enligt beskrivning i kapitel 1. När oljan har tappats av, sätt på en ny tätningsring, sätt tillbaka avtappningspluggen och dra åt den till specificerat moment.

34 Koppla loss kontakten och skruva ut givaren från sumpen **(se bild)**.

35 Montering sker i omvänd ordning, fyll sedan på motorn med olja enligt beskrivning i kapitel 1.

Elektronisk styrenhet (ECU)

36 Demontera vindrutetorkararmarna enligt beskrivning i kapitel 12, koppla sedan loss batteriets negativa anslutning.

37 Skruva loss plastmuttrarna från torkararmarnas spindlar.

38 Skala av gummitätningsremsan upptill på motorrummets torpedvägg.

39 Ta försiktigt loss plastventilationspanelen längst ner på vindrutan och ta bort den från bilen för att komma åt ECU.

40 Skruva loss fästmuttrarna och frigör ECU skyddskåpa från karossen.

41 Lossa fästklämman och koppla loss kontakten från ECU.

11.5 Insprutningspumpens kallstartförställningskapsel (vid pilen) – 1.7 liters motor

42 Skruva loss fästmuttrarna och ta bort ECU från bilen.

43 Montering sker i omvänd ordning, se till att kontakten ansluts ordentligt.

Insprutningspumpens styrenhet

44 Styrenheten är en inbyggd del av insprutningspumpen och skall inte röras. Försök **aldrig** separera styrenheten och pumpen.

Ventil för insugsgrenrörets omkopplingssolenoid

45 Demontera batteriet (se kapitel 5) för att komma åt ventilen som är placerad i det främre vänstra hörnet av motorrummet. Notera att det finns två ventiler, EGR-systemets ventil och grenrörets omkopplingsventil; brytarventilen känns igen på sin grå kontakt.

46 Koppla loss kontakten och vakuumslangen från ventilen, lossa sedan fästskruvarna och ta bort ventilen från sin fästkonsol.

47 Montering sker i omvänd ordning.

Turboaggregatets wastegate solenoidventil

48 Solenoidventilen är placerad i det bakre högra hörnet i motorrummet.

49 För att komma åt ventilen, demontera inloppstrumman som förbinder luftrenarhuset med turboaggregatet (se avsnitt 2).

50 Koppla loss kontakten och vakuumslangarna från ventilen, lossa sedan fästskruvarna och ta bort ventilen från sin fästkonsol.

51 Montering sker i omvänd ordning.

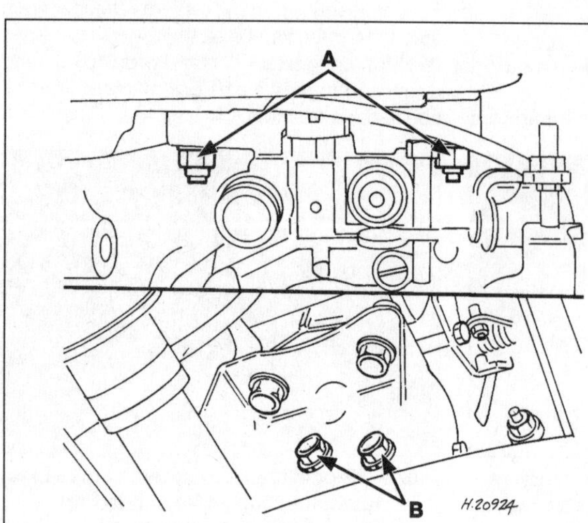

11.10 Insprutningspumpens främre fästmuttrar (A) och bakre fästkonsolsbultar (B)

11 Bränsleinsprutningspump – demontering och montering

Varning: Var försiktig så att inte smuts kommer in i insprutningspumpen eller insprutarrören under detta arbete.

1.7 liters modeller

1 Koppla loss batteriets negativa ledning, demontera sedan insugsgrenröret enligt beskrivning i avsnitt 17.

2 Demontera insprutningspumpens kamremsdrev enligt beskrivning i kapitel 2.

3 Demontera motorns oljefilter enligt beskrivning i kapitel 1. Om oljefiltret skadas under demonteringen (vilket är troligt), tappa av motoroljan och sätt dit ett nytt filter vid monteringen, fyll sedan på motorn med ny motorolja.

4 Ta bort fästklämman och lossa gasvajern från insprutningspumpen.

5 Kläm ihop kylvätskeslangarna för att minimera kylvätskeförlusten, lossa fästklämmorna och koppla loss båda slangarna från insprutningspumpens kallstartförställningskapsel **(se bild)**. Torka upp spilld kylvätska.

6 Ta bort alla spår av smuts och gör inställningsmärken mellan bränslematningsoch returslangarna och deras pumpanslutningar. Lossa fästklämmorna och koppla loss båda slangarna från pumpen. Plugga slangändarna för att minimera bränsleförlusten och förhindra smutsinträng.

7 Torka rent röranslutningarna, lossa anslutningsmuttrarna som håller insprutarrören till varje insprutares topp och de fyra anslutningsmuttrarna som håller rören till insprutningspumpens baksida. När varje anslutningsmutter lossas, håll fast mellanstycket med en passande öppen nyckel för att förhindra att det skruvas loss från pumpen.

8 Koppla loss kontakten från insprutningspumpens solenoid/solenoidens styrenhet (efter tillämplighet).

9 Märk bränsleinsprutningspumpens främre fläns i förhållande till fästkonsolen, använd en rits eller en filtpenna. Detta garanterar att rätt pumpinställning bibehålls vid monteringen.

10 Lossa och ta bort fästbultarna som håller pumpens bakre fästkonsol till motorblockets fäste **(se bild)**.

11 Lossa och ta bort pumpens främre fästesmuttrar och ta bort pumpenheten från motorn.

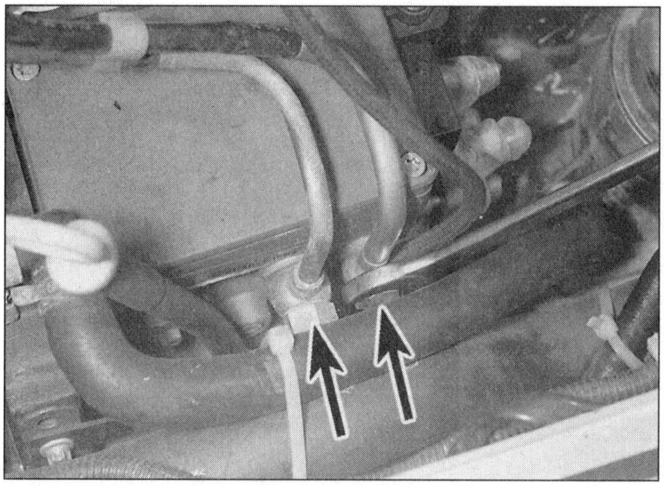

11.26 **På 2.0 liters modeller, skruva loss anslutningsbultarna (vid pilarna) och koppla loss matnings- och returrören från pumpen**

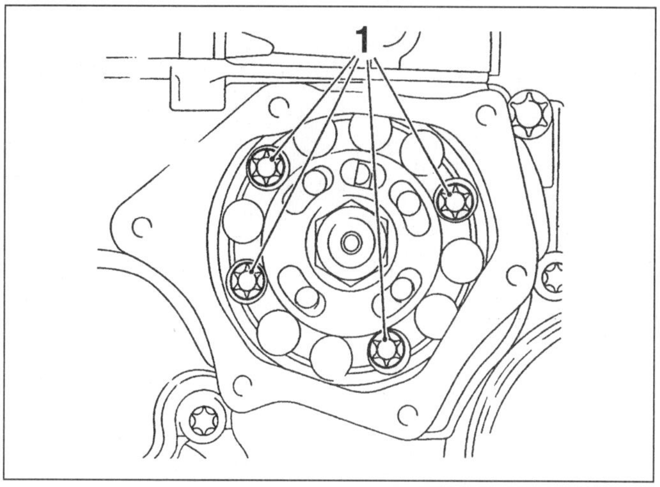

11.28 **Lossa och ta bort insprutningspumpens främre fästbultar (1) genom hålen i det nedre kamkedjedrevet**

Varning: Försök aldrig ta isär pumpen. Om problem uppstår, ta pumpen till en Opelverkstad eller en specialist på dieselinsprutning för test/reparation.

12 Sätt pumpen på plats och sätt löst i de främre fästesmuttrarna och de bakre fästesbultarna.

13 Ställ in märkena som gjordes på pumpen och fästkonsolen innan demontering och dra åt fästesmuttrarna och bultarna lätt. Om en ny pump monteras, överför markeringarna från den gamla pumpen för att ge en ungefärlig inställning.

14 Montera insprutningspumpens drev och kamremmen enligt beskrivning i kapitel 2.

15 Justera insprutningsinställningen enligt beskrivning i avsnitt 13, dra sedan åt pumpens fästmuttrar och bultar till specificerat moment.

16 Se till att anslutningarna är rena och torra, sätt sedan tillbaka insprutarrören och dra åt deras anslutningsmuttrar till specificerat moment.

17 Anslut kablaget till insprutningspumpens solenoid/solenoidens styrenhet (efter tillämplighet).

18 Anslut matnings- och returslangarna till insprutningspumpen, fäst dem på plats med fästklämmorna.

19 Anslut kylvätskeslangarna till kallstartförställningskapseln och säkra dem med fästklämmorna.

20 Anslut gasvajern till sumpen och säkra den på plats med fästklämman.

21 Montera insugsgrenröret enligt beskrivning i avsnitt 17.

22 Montera oljefiltret och fyll på motorn med olja (se kapitel 1 och *"Veckokontroller"*).

23 Anslut batteriets negativa anslutning, starta sedan motorn och lufta bränslesystemet enligt beskrivning i 5.

24 Värm upp motorn till normal arbetstemperatur, kontrollera sedan tomgångshastigheten enligt beskrivning i kapitel 1 och justera vid behov.

2.0 liters modeller

Observera: *Eftersom man måste demontera den över kamkedjan och dreven för att kunna demontera insprutningspumpen, krävs många speciella Opelverktyg (eller lämpliga alternativ) vid monteringen för att ventilinställningen skall kunna justeras noggrant (se avsnitt 4 i kapitel 2D). Om lämpliga verktyg inte finns till hands rekommenderas att detta arbete överlämnas till en Opelverkstad eller annan lämpligt utrustad verkstad. Om arbetet skall utföras utan verktygen måste exakta inriktningsmärken göras mellan dreven, kamaxeln och insprutningspumpens fläns innan demontering. Det är också troligt att en speciell hylsa (MKM-604-30) behövs till att skruva loss pumpens främre fästesbultar.*

Observera: *En ny bult till kamaxeldrevet och nya bultar till den övre kamkedjestyrningen behövs vid monteringen.*

25 Demontera insugsgrenröret enligt beskrivning i avsnitt 17

26 Ta bort alla spår av smuts runt insprutningspumpens bränslematnings- och returrörsanslutningar. Lossa och ta bort anslutningsbultarna och tätningsbrickorna och koppla loss båda rören och flytta undan dem från pumpen **(se bild)**.

27 Demontera den övre kamkedjan och dreven enligt beskrivning i kapitel 2.

28 Arbeta genom hålen i det nedre kamkedjedrevet, skruva loss pumpens främre fästbultar **(se bild)**.

29 Skruva loss fästbultarna och ta bort pumpens bakre fästkonsol. Ta ut pumpen från sin plats tillsammans med dess tätningsring. Kasta tätningsringen, en ny måste användas vid montering **(se bilder)**.

Varning: Försök aldrig ta isär pumpen. Om problem uppstår, ta pumpen till en Opelverkstad eller en specialist på dieselinsprutning för test/reparation.

30 Innan montering, se till att inställningsurtaget i pumpdrevets fläns är i linje med inställningshålet i pumphuset och kontrollera att kamaxeln och vevaxeln fortfarande är i rätt positioner.

31 Se till att fogytorna är rena och torra, sätt sedan en ny tätningsring på pumpflänsen.

32 För pumpen på plats, haka i det nedre kamkedjedrevet med pumpflänsen. Sätt i pumpens främre fästbultar och dra åt dem till specificerat moment.

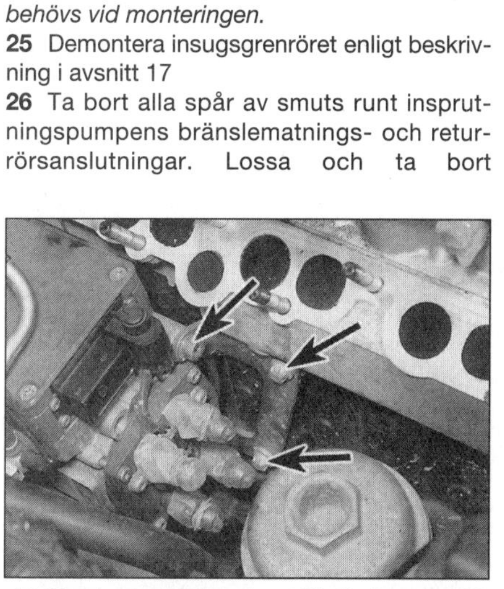

11.29a **Lossa och ta bort fästbultarna (vid pilarna, en dold) och ta bort den bakre fästkonsolen . . .**

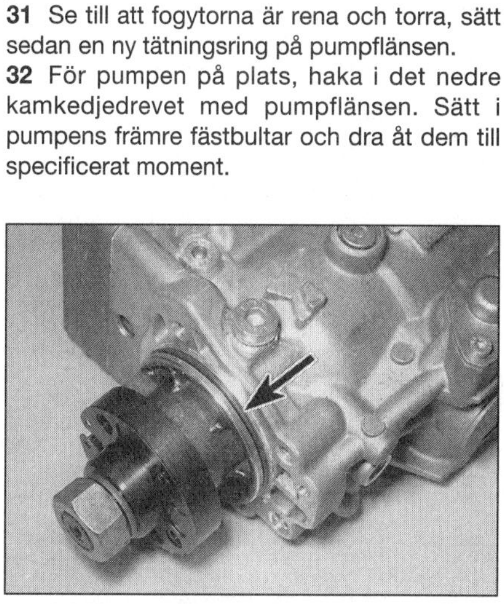

11.29b **. . . ta sedan bort pumpen från motorn, notera tätningsringen (vid pilen)**

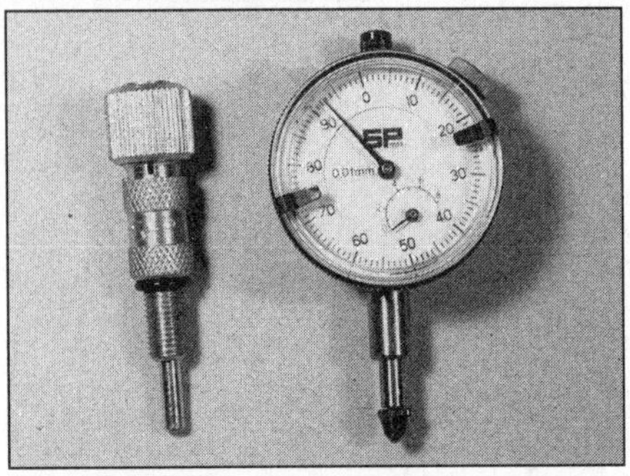

12.3 Mätklocka och tillsats som behövs för kontroll av insprutningsinställning på 1.7 liters modeller

33 Sätt tillbaka fästkonsolen bak på insprutningspumpen och dra åt dess fästbultar till specificerat moment.

34 Montera den övre kamkedjan och dreven enligt beskrivning i kapitel 2.

35 Placera en ny tätningsbricka på var sida om insprutningspumpens matnings- och returrörsanslutningar, sätt sedan i anslutningsbultarna och dra åt dem till specificerat moment.

36 Montera insugsgrenröret enligt beskrivning i avsnitt 17.

37 Anslut batteriets negativa ledning, starta sedan motorn och lufta bränslesystemet enligt beskrivning i avsnitt 5.

12 Insprutningsinställning – kontrollmetoder

1.7 liters modeller

1 Kontroll av insprutningsinställningen är inte ett rutinarbete. Det är endast nödvändigt om insprutningspumpen har demonterats.

2 Utrustning för dynamisk inställning finns, men det är inte troligt att den är tillgänglig för hemmamekanikern. Utrustningen arbetar så att den omvandlar tryckpulser i ett insprutarrör till elektriska signaler. Om sådan utrustning finns till hands, använd den enligt tillverkarens instruktioner.

3 Statisk inställning som beskrivs i detta kapitel ger goda resultat om det utförs noggrant. En mätklocka behövs, med sonder och tillsatser som passar den speciella insprutningspumpen **(se bild)**. Läs igenom arbetsbeskrivningen innan arbetet påbörjas, så att du vet vad det omfattar.

2.0 liters modeller

4 På dessa modeller bestäms insprutningsinställningen av ECU, som använder information från de olika givarna. Kontroll av insprutningssystemet kan endast utföras med hjälp av speciell diagnostisk utrustning (se avsnitt 1).

13 Insprutningsinställning – kontroll och justering

Varning: Var noga med att inte låta smuts komma in i insprutningspumpen eller insprutarrören under detta arbete.

Varning: Vissa av insprutningspumpens inställningar och åtkomstpluggar kan vara förseglade av tillverkaren, med färg eller låstråd och blyplomb. Bryt inte förseglingarna om bilen fortfarande har gällande garanti, eftersom denna då förverkas. Försök inte heller utföra arbetet om inte rätt instrument finns till hands.

1.7 liters modeller

1 Om insprutningsinställningen kontrolleras med pumpen på plats på motorn, snarare än som en del av pumpens monteringsprocedur, koppla loss batteriets negativa ledning. Dra åt handbromsen ordentligt, lyft upp framvagnen och stöd den på pallbockar. Där så behövs, skruva loss kåpan under motorn. Ta bort all smuts från anslutningarna för cylinder nr 1 och 2 insprutarrör, lossa sedan anslutningsmuttrarna och ta bort rören från motorn. Medan pumpanslutningsmuttrarna lossas, håll fast mellanstyckena med en lämplig öppen nyckel så att de inte skruvas ut ur pumpen. När alla anslutningsmuttrar är lossade, ta bort insprutarrörenheten från motorn och torka upp spillt bränsle.

2 På alla modeller, skruva loss accesskruven som sitter i mitten av de fyra insprutarrörsanslutningarna från insprutningspumpens baksida **(se bild)**. När skruven är borttagen, placera en lämplig behållare under pumpen för att samla upp eventuellt spill. Torka upp spill med en ren trasa.

3 Avaktivera kallstartförställningsmekanismen genom att sticka en skruvmejsel genom de två hålen i förställningsarmen så som visas och vrida armen moturs **(se bild)**.

4 Se kapitel 2 och placera cylinder nr 1 i ÖD i kompressionstakten. Från den positionen, vrid vevaxeln **bakåt** (moturs) ca en kvarts varv.

5 Skruva in tillsatsen bak på pumpen och montera mätklockan i tillsatsen **(se bild)**. Om inte den speciella tillsatsen och mätklockan (Opel verktyg nr KM-798) finns till hands, kan de köpas från de flesta bra motorspecialister. Placera mätklockan så att dess kolvbult är mitt i sin rörelsebana och dra åt tillsatsens låsmutter ordentligt.

6 Rotera långsamt vevaxeln fram och tillbaka och observera samtidigt mätklockan, för att kunna avgöra när insprutningspumpens kolv är i nedre dödpunkt (ND). När kolven är rätt placerad, nollställ mätklockan.

7 Rotera vevaxeln långsamt i rätt riktning tills vevaxelremskivans markering är i linje med visaren (cylinder nr 1 i ÖD i kompressionstakten).

8 Avläsningen på mätklockan skall överensstämma med pumpinställningsmåttet som anges i specifikationerna i början av kapitlet.

9 Rotera vevaxeln ett och ett tre fjärdedels varv i normal rotationsriktning. Lokalisera insprutningspumpkolvens nedre dödpunkt enligt beskrivning i punkt 6 och nollställ mätklockan.

10 Rotera vevaxeln sakta i rätt rotationsriktning tills vevaxelremskivans markering är i linje med visaren (placera motorn i ÖD igen). Kontrollera inställningsmåttet igen.

11 Om justering behövs, lossa pumpdrevets bultar och upprepa momenten i punkt 8 till 10.

12 När pumpinställningen är rätt, skruva loss tillsatsen och ta bort mätklockan. Återställ också mekanismen för kallstartförställning genom att vrida förställningsarmen medurs och ta bort skruvmejseln.

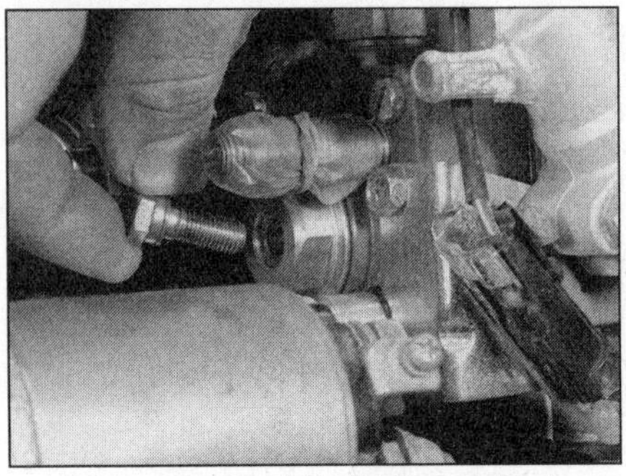

13.2 På 1.7 liters modeller, ta bort accesskruven från pumpen

13.3 Avaktivera kallstartförställningsmekanismen genom att vrida förställningsarmen moturs

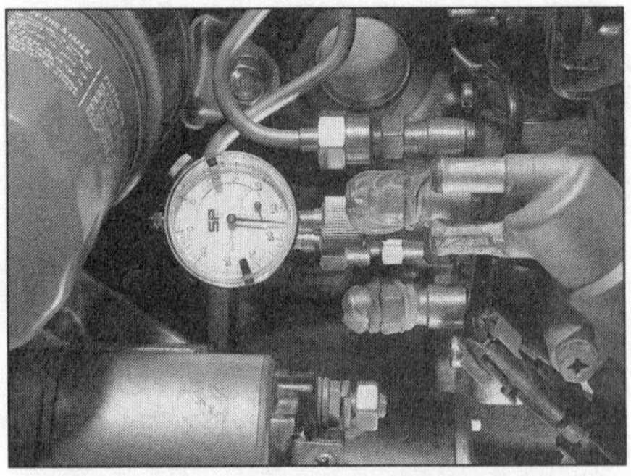

13.5 Skruva in tillsatsen bak på pumpen och montera mätklockan

14.7a På 1.7 liters motorer, montera värmehylsan på topplocket . . .

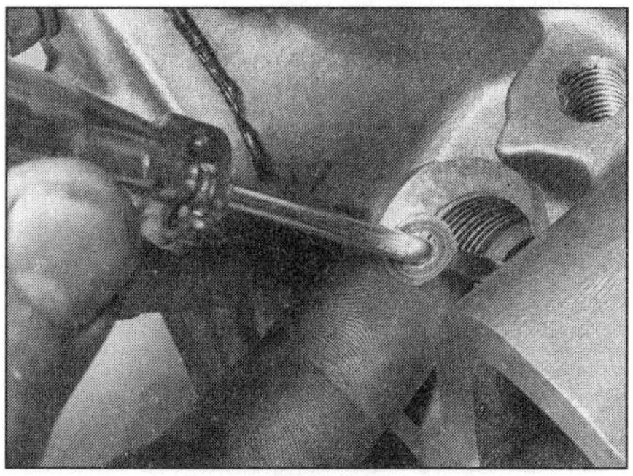

14.7b . . . följt av flamtätningsbrickan . . .

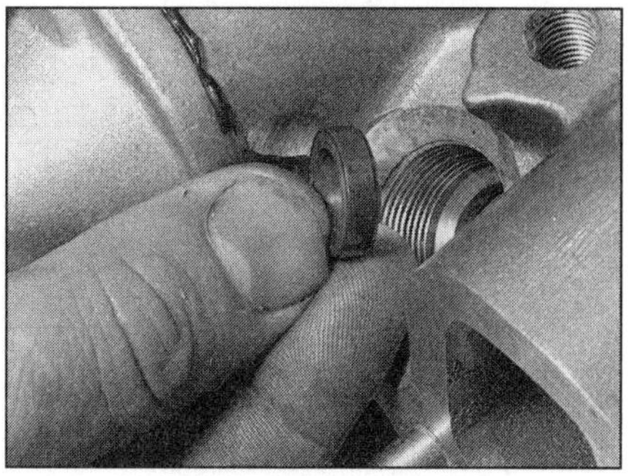

14.7c . . . och tätningsringen. Se till att alla delar monteras rätt väg

13 Sätt tillbaka skruven och tätningsbrickan på pumpen och dra åt till specificerat moment.

14 Om arbetet utförs som en del av pumpens montering, följ beskrivningen i avsnitt 11.

15 Om arbetet utförs med pumpen monterad på motorn, anslut bränslerören till pumpen och insprutarna och dra åt anslutningsmuttrarna till specificerat moment. Sänk ner bilen och anslut batteriet. Starta motorn och lufta bränslesystemet enligt beskrivning i avsnitt 5. Kontrollera och justera vid behov tomgångshastigheten enligt beskrivning i kapitel 1.

2.0 liters modeller

16 På dessa modeller bestäms insprutningsinställningen av ECU som får information av olika givare. Kontroll och justering av insprutningssystemet kan endast utföras med hjälp av speciell diagnostisk utrustning (se avsnitt 1).

14 Bränsleinsprutare - demontering och montering

Varning: Var extremt försiktig vid arbete med bränsleinsprutarna. Utsätt aldrig händerna eller andra delar av kroppen för insprutarspray. Det höga arbetstrycket kan göra att bränslet penetrerar huden, vilket kan få ödesdigra följder.

Varning: Var noga med att inte låta smuts komma in i insprutningspumpen, insprutarna eller rören under detta moment.

Varning: Tappa inte insprutarna och var noga med att inte skada nålarna. Insprutarna är precisionstillverkade och får inte behandlas vårdslöst. De får absolut inte monteras fast i ett skruvstäd.

1.7 liters modeller

1 För att komma åt insprutarna, demontera insugsgrenröret enligt beskrivning i avsnitt 17.

2 Torka av röranslutningarna, lossa sedan anslutningsmuttrarna som håller insprutarrören till varje insprutare och de fyra anslutningsmuttrarna som håller rören baktill på insprutningspumpen. När varje pumpanslutningsmutter lossas, håll fast mellanstycket med en öppen nyckel så att det inte skruvas loss från pumpen. När alla muttrar är lossade, ta bort insprutarrören från motorn och torka upp spillt bränsle.

3 Skruva loss muttern från toppen på varje insprutare och lyft sedan av returrörsenheten. Ta vara på tätningsbrickan på varje insprutare och kasta dem, nya måste användas vid montering.

4 Rengör runt basen på den/de insprutare som ska tas loss och skruva sedan ut den/dem ur topplocket.

Varning: Se till att skruva ut varje insprutarhållare från topplocket och ta bort hela insprutarenheten istället för att skruva ur själva insprutaren ur hållaren. Om insprutaren skruvas loss från hållaren rubbas de små interna delarna i insprutaren och man måste då ta enheten till en specialist som kan sätta ihop och testa den innan den monteras.

5 Ta bort tätningsringen, flamtätningsbrickan och värmehylsan från insprutaren/topplocket och kasta dem; nya måste användas vid montering. **Försök inte** ta isär insprutarna ytterligare.

6 Test av insprutarna kräver användning av specialutrustning. Om någon insprutare misstänks vara defekt, låt en dieselmotorspecialist eller Opelverkstad testa den och om så behövs renovera den.

7 Påbörja monteringen genom att sätta in värmehylsorna, flamtätningsbrickorna och tätningsringarna i topplocket. Se till att alla komponenter monteras rätt väg **(se bilder)**.

8 Sätt försiktigt insprutaren/-arna på plats och dra åt till specificerat moment. När alla insprutare är korrekt åtdragna skall markeringen (dorn- eller färgmarkering) på insprutaren vara i linje med utsticket på topplocket **(se bild)**.

9 Sätt en ny tätningsbricka på toppen på varje insprutare, sätt sedan tillbaka returrörsenheten och dra åt dess fästmuttrar till specificerat moment.

10 Montera insprutarrören på motorn och dra åt anslutningsmuttrarna till specificerat moment.

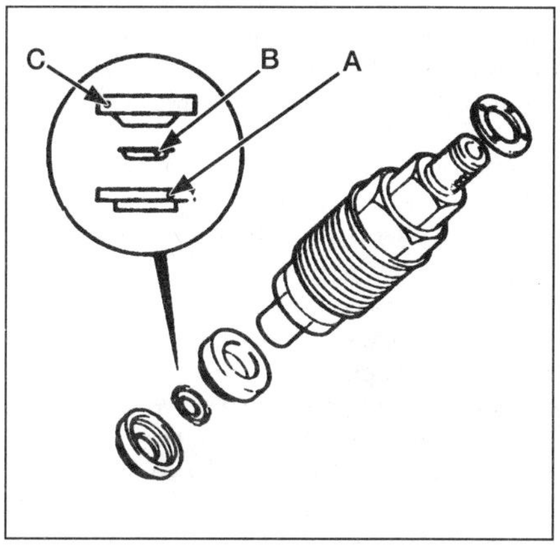

14.7d Korrekt placering för insprutarens komponenter

A Värmehylsa *C Tätningsring*
B Flamtätningsbricka

11 Montera insugsgrenröret enligt beskrivning i avsnitt 17.

12 Starta motorn och lufta bränslesystemet enligt beskrivning i avsnitt 5.

2.0 liters modeller

Observera: *Om insprutarmunstycket skall tas bort från topplocket är det troligt att Opels speciella avdragare (KM-928-B) och tillsats (KM-931) behövs. Nya bultar till insprutarnas tvärrör skall användas vid montering.*

13 Demontera den övre delen av insugsgrenröret enligt beskrivning i avsnitt 17.

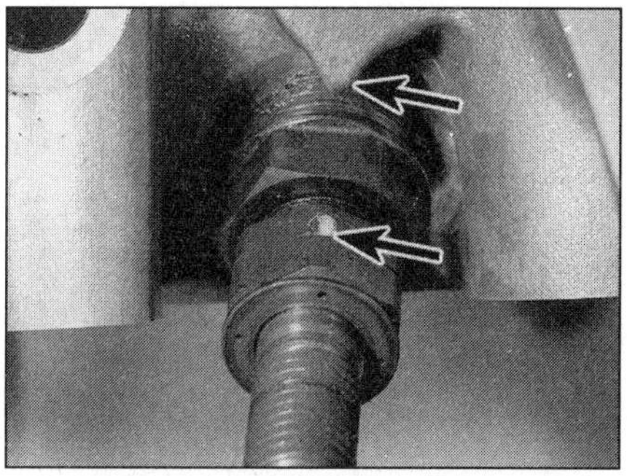

14.8 När insprutaren är åtdragen till specificerat moment skall dess markering vara i linje med topplockets utstick

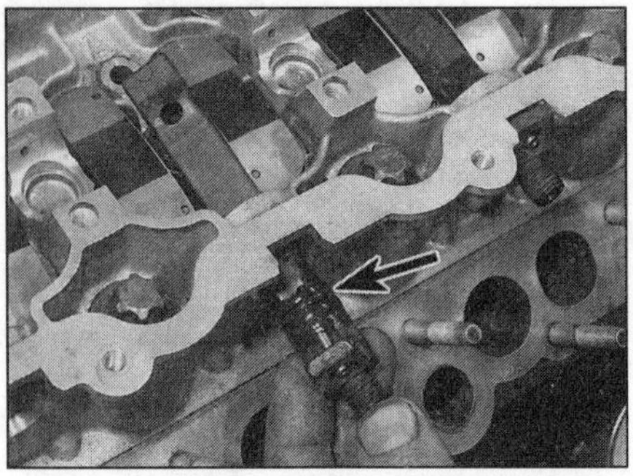

14.16 På 2.0 liters motorer, demontera insprutarens tvärrör från topplocket (tätningsring vid pilen) . . .

14.17 . . . ta sedan bort tätningsringen uppe på insprutarmunstycket

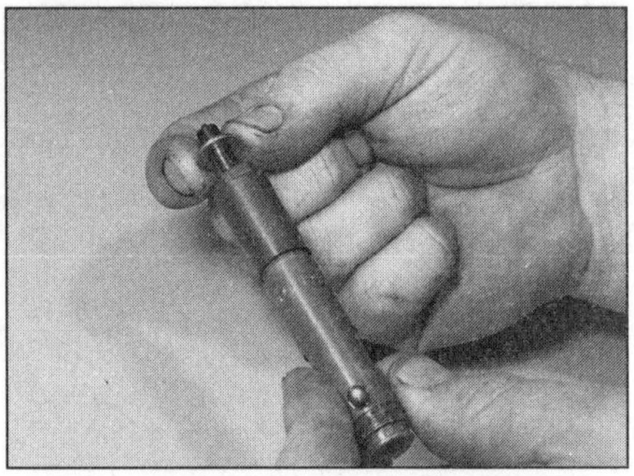

14.19a Sätt en ny tätningsbricka längst ner på insprutarmunstycket . . .

14 Demontera kamaxeln och följarna enligt beskrivning i kapitel 2.

15 Koppla loss returröret från insprutarens tvärrör.

16 Skruva loss fästbulten, frigör sedan tvärröret från toppen av insprutarmunstycket och ta bort det från topplocket **(se bild)**.

17 Ta bort tätningsringarna från tvärröret och toppen av insprutarmunstycket och kasta dem, nya måste användas vid monteringen **(se bild)**.

18 Montera tillsatsen och avdragaren på toppen av insprutarmunstycket och dra försiktigt munstycket rakt ut från topplocket. Ta vara på tätningsbrickan som sitter längst ner på munstycket och kasta den.

19 Sätt en ny tätningsbricka längst ner på insprutarmunstycket och för sedan försiktigt munstycket på plats i topplocket, rikta in dess styrklack med topplockets urtag **(se bilder)**.

20 Tryck in insprutarmunstycket helt i topplocket och sätt en ny tätninsring på dess övre ände.

21 Sätt en ny tätningsring i tvärrörets urtag. För tvärröret på plats i topplocket, montera det ordentligt på toppen av insprutar-munstycket, och sätt dit en ny fästbult. Dra åt fästbulten så mycket som det går för hand, med hjälp av hylsa och förlängare, dra sedan åt den ytterligare ett helt varv (360°) **(se bilder)**.

22 Anslut returröret till tvärröret, montera sedan insugsgrenröret enligt beskrivning i avsnitt 17.

23 Montera kamaxeln och följarna enligt beskrivning i kapitel 2

24 Starta motorn och lufta systemet enligt beskrivning i avsnitt 5.

15 Turboaggregat – demontering och montering

Demontering

1 Demontera avgasgrenröret och turboaggregatet enligt beskrivning i avsnitt 18 och fortsätt sedan enligt beskrivning under relevant rubrik.

1.7 liters modeller

2 Med enheten på arbetsbänken, skruva loss fästmuttrarna och ta bort avgasanslutnings-flänsen och packningen från turboaggregatet.

3 Skruva loss fästbultarna och ta bort kylvätskerörsenheten och packningen från turboaggregatet.

4 Skruva loss anslutningsmuttern och ta bort oljematningsröret tillsammans med tätnings-brickorna som sitter på var sida om röranslutningen.

5 Skruva loss fästmuttrarna och ta bort oljereturrörets anslutning och packning.

6 Skruva loss fästmuttrarna, demontera sedan turboaggregatet och packningen från grenröret.

7 Försök inte ta isär turboaggregatet ytterligare. Om enheten misstänks vara defekt måste den tas till en turbospecialist eller en Opelverkstad för test och undersökning. De kan informera dig om huruvida enheten kan renoveras eller måste bytas ut.

2.0 liters modeller

8 Med enheten på bänken, skruva loss fästbultarna och ta bort avgasanslutnings-flänsen och packningen från turboaggregatet.

9 Skruva loss fästbulten och ta bort olje-matningsröret. Ta vara på tätningsbrickorna som sitter på var sida om röranslutningen.

10 Skruva loss fästbultarna och ta bort oljereturröret och packningen.

11 Lossa och ta bort fästbultarna, ta sedan loss turboaggregatet och packningen från grenröret.

12 Försök inte ta isär turboaggregatet ytterligare. Om enheten misstänks vara defekt måste den tas till en turbospecialist eller en Opelverkstad för test och undersökning. De kan informera dig om huruvida enheten kan renoveras eller måste bytas ut.

Montering

13 Montering sker i omvänd ordning. Använd nya packningar/tätningsbrickor och dra åt fixturerna till specificerade moment (där sådana är angivna). Montera grenröret och turboaggregatet enligt beskrivning i avsnitt 18.

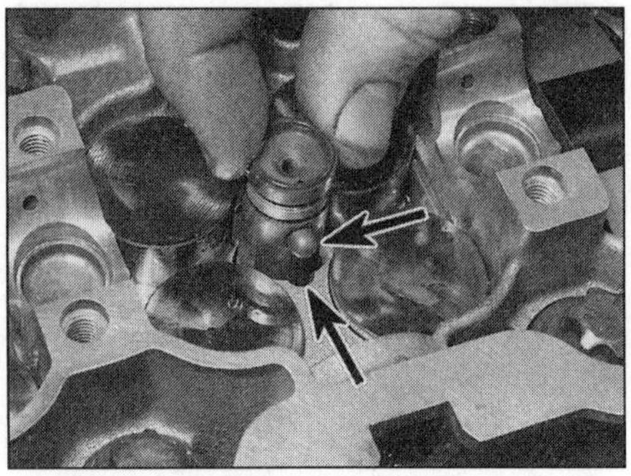

14.19b . . . montera sedan munstycket i topplocket, rikta in dess styrklack med urtaget (vid pilarna)

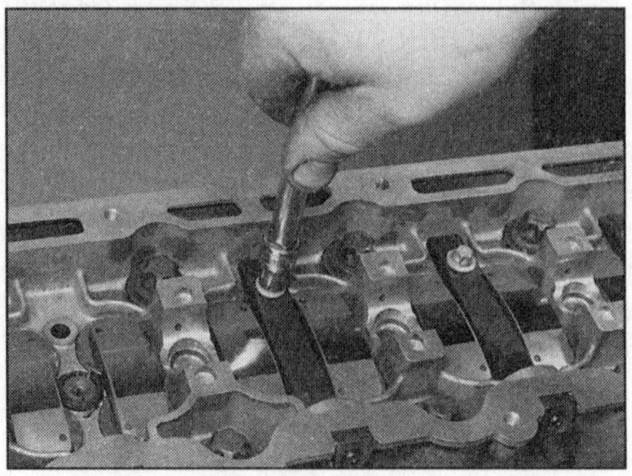

14.21a Dra åt tvärrörets bult så hårt det går för hand . . .

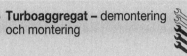

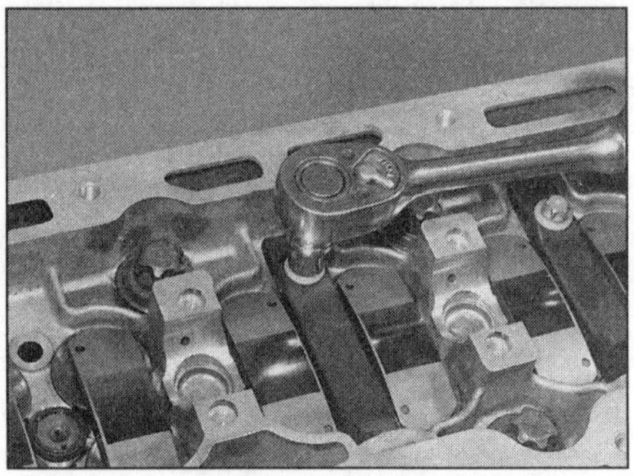

14.21b . . . dra sedan åt bulten ytterligare ett helt varv

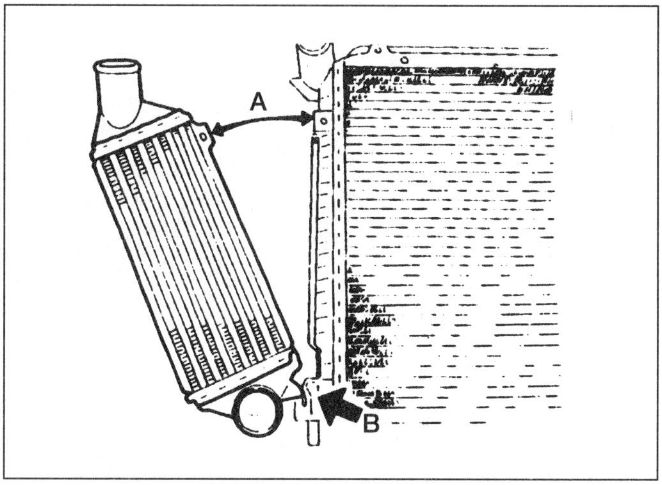

16.2 **Mellankylaren demonteras från kylaren (1.7 liters modell visad)**

A Övre fästskruvens plats *B Nedre fästpunkt*

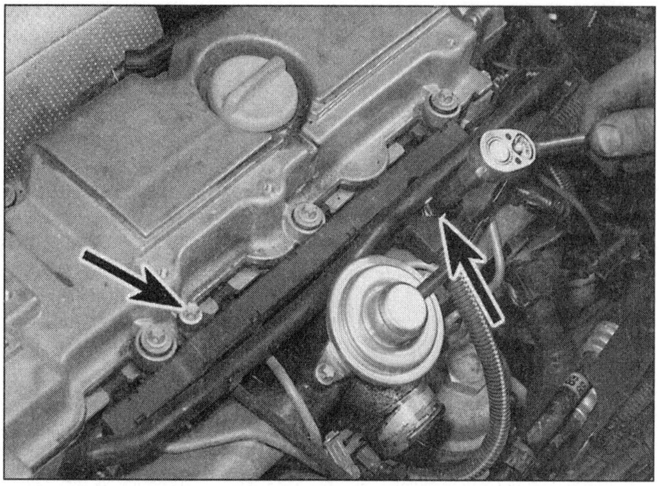

17.17a På 2.0 liters modeller, lossa och ta bort fästbultarna (vid pilarna) . . .

16 Mellankylare – demontering och montering

1 Demontera kylaren enligt beskrivning i kapitel 3.

2 Skruva loss fästbultarna och ta bort mellankylaren från kylarens sida **(se bild)**.

3 Montering sker i omvänd ordning.

17 Insugsgrenrör – demontering och montering

1.7 liters modeller

1 Koppla loss batteriets negativa anslutning.

2 Lossa fästklämmorna som håller luftrenarhusets inloppstrumma på plats och ta bort den från motorrummet.

3 Lossa fästklämmorna och bulten som håller turboaggregatets inloppstrumma på plats och ta bort trumman från motorn, koppla loss ventilationsslangen från topplocket.

4 Lossa och ta bort bultarna som håller mellankylarens luftinloppsrör till grenröret och topplocket och separera sedan röret från grenröret.

5 Lossa fästklämman och koppla loss insprutningspumpens vakuumslang från grenrörets bakre del.

6 Skruva loss fästskruvarna och ta loss kabelhärvans fästen från grenröret.

7 Jämnt och stegvis, lossa och ta bort muttrar och bultar som håller insugsgrenröret till topplocket, notera hur den udda bulten sitter monterad.

8 För ut grenröret från sin plats och ta bort packningen.

9 Se till att grenrörets och topplockets fogytor är rena och torra och sätt en ny packning över grenrörets stift.

10 Montera grenröret och sätt dit fästmuttrar och bultar. Arbeta i diagonal ordning och dra åt grenrörets muttrar och bultar, jämnt och stegvis, till specificerat moment.

11 Montera kabelhärvans fästen på grenröret och (där så behövs) anslut grenrörsvärmarens kontakt.

12 Anslut insprutningspumpens vakuumslang till grenröret och fäst den på plats med fästklämman.

13 Se till att fogytorna är rena och torra, sätt sedan tillbaka mellankylarens luftintagsrör tillsammans med en ny packning. Dra åt rörets bultar ordentligt, anslut sedan inloppsslangen och dra åt dess fästklämma ordentligt.

14 Montera inloppstrummorna och anslut batteriet.

2.0 liters modeller

Observera: *Nya fästmuttrar till grenrörets nedre del behövs vid monteringen.*

15 Koppla loss batteriets negativa anslutning, lossa fästskruvarna och ta bort plastkåpan från topplocket.

16 Se avsnitt 2. På lågtrycks turbomodeller (X20DTL motor), ta bort metallröret och trumman som förbinder insugsgrenröret med turboaggregatet. På högtrycks turbomodeller (X20DTH motor), demontera trumman som förbinder grenröret med mellankylaren.

17 Skruva loss fästskruvarna som håller kabelhärvans hållare upptill på insugsgrenröret. Koppla loss kontakterna från kylvätskegivarna, bränsleinsprutningspumpen (dra ut fästklämman för att lossa kontakten), vevaxelgivaren och grenrörets laddtrycksgivare, flytta sedan undan hållaren från grenröret **(se bilder)**.

18 Skruva loss vakuumröret från EGR-ventilen uppe på grenröret **(se bild)**.

19 Torka rent röranslutningarna, lossa sedan anslutningsmuttrarna som håller insprutarrören till insprutarna och de fyra anslutningsmuttrarna som håller rören bak på insprutningspumpen. När varje pumpanslutningsmutter lossas, håll fast mellanstycket med en öppen nyckel för att förhindra att det skruvas loss från pumpen. När alla

17.17b . . . koppla sedan loss de olika kontakterna och flytta undan kabelhärvans hållare från grenröret

17.18 Koppla loss EGR-ventilens vakuumrör

17.19a Lossa anslutningsmuttrarna som håller insprutarrören till insprutarna . . .

17.19b . . . och insprutningspumpen . . .

17.19c . . . och demontera rören från motorn

17.20 Lossa och ta bort fästbultarna och ta bort den övre delen av insugsgrenröret

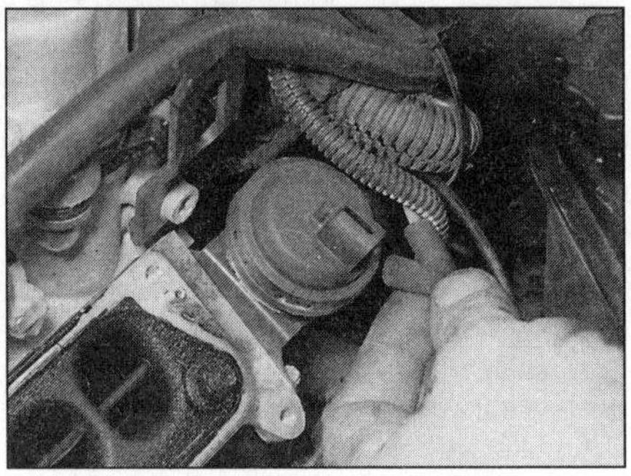

17.21a Koppla loss vakuumröret från grenrörets omkopplingsventil . . .

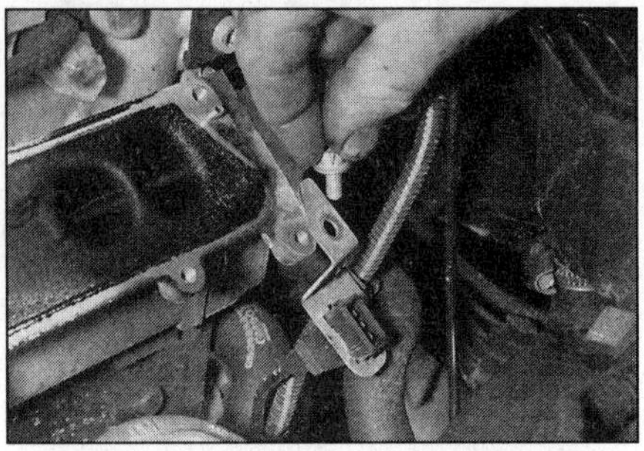

17.21b . . . skruva sedan loss bulten som håller vevaxelgivarens kablage till den nedre delen

anslutningsmuttrar är lossade, demontera insprutarrören från motorenheten och torka upp spillt bränsle **(se bilder)**. Täta rörändarna för att minimera bränsleförlusten och förhindra smutsinträng.

20 Jämnt och stegvis, lossa och ta bort fästbultarna och lyft av den övre delen av grenröret **(se bild)**. Ta reda på packningen och kasta den.

21 För att demontera grenrörets nedre del, koppla loss vakuumröret från membranenheten för grenrörets omkopplingsventil och skruva loss kontaktens fästkonsol från grenröret. Skruva loss fästmuttrarna jämnt och stegvis, ta sedan bort grenrörets nedre del och packningen från topplocket **(se bilder)**.

22 Se till att alla fogytor är rena och torra.

23 Placera en ny packning på topplocket och sätt grenrörets nedre del på plats **(se bild)**. Sätt på de nya fästmuttrarna och dra åt dem till specificerat moment jämnt och stegvis i diagonal ordning.

24 Placera den nya packningen på grenrörets nedre del, montera sedan den övre delen och dra åt dess fästbultar till specificerat moment.

25 Montera insprutarrören, dra åt anslutningsmuttrarna till specificerat moment.

26 Montera kabelhärvans bricka på toppen på grenröret, dra åt fästbultarna ordentligt och anslut kontakterna. Anslut vakuumröret till EGR-ventilen.

27 Montera inloppstrumman/-röret (se avsnitt 2), sätt sedan tillbaka plastkåpan på topplocket.

28 Anslut batteriet, starta motorn och lufta bränslesystemet enligt beskrivning i avsnitt 5.

18 Avgasgrenrör – demontering och montering

1.7 liters modeller

1 Avgasgrenröret skall demonteras med turboaggregatet. Dra åt handbromsen och lyft upp framvagnen så att åtkomlighet skapas både uppifrån och underifrån. Om så behövs, skruva loss kåpan under motorn/växellådan.

2 Demontera kylarens fläkt enligt beskrivning i kapitel 3.

17.21c Skruva loss fästmuttrarna och ta bort insugsgrenrörets nedre del från motorn

3 Lossa fästklämmorna och bulten som håller turboaggregatets inloppstrumma på plats och ta bort trumman från motorn, koppla loss ventilationsslangen från topplocket.

4 Skruva loss bultarna som håller mellankylarens luftinloppsrör till grenröret och topplocket, ta sedan loss röret från grenröret. Ta vara på packningen, lossa slangens fästklämma och ta bort röret från motorn.

5 Lossa fästklämmorna och ta bort trumman som ansluter turboaggregatet till mellankylaren.

6 Följ kylvätskerören/-slangarna bakåt från turboaggregatets baksida till anslutningarna på termostat- och kylvätskepumphusen. Var beredd på kylvätskeförlust, lossa fästklämmorna och lossa båda slangarna från huset. Plugga igen husanslutningarna för att minimera kylvätskeförlusten och torka upp eventuellt spill. Lossa kylvätskeslangarna från

17.23 Använd en ny grenrörspackning vid monteringen

18.11 Avgasgrenrörets fästmuttrar och -bultar – 1.7 liters motor

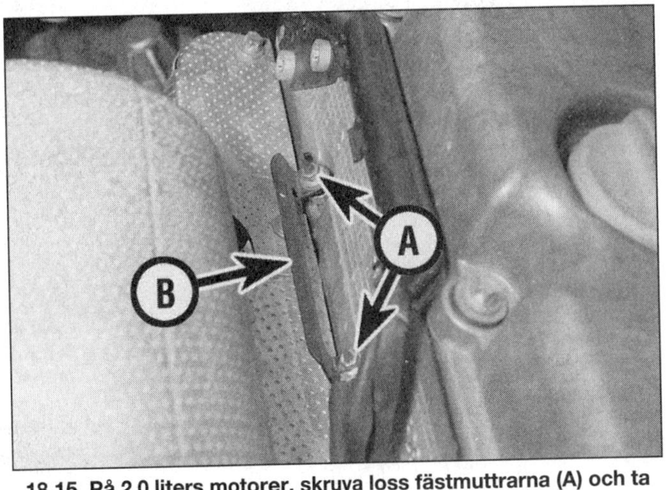

18.15 På 2.0 liters motorer, skruva loss fästmuttrarna (A) och ta bort kontaktbanden (B) från glödstiften (vänster)

relevanta klämmor eller kabelband så att de kan tas bort med grenrörsenheten.

7 Skruva loss fästbultarna och ta bort värmeskölden från turboaggregatet.

8 Skruva loss muttrarna, lossa det nedåtgående avgasröret från turboaggregatet och ta vara på packningen.

9 Ta bort alla spår av smuts runt turboaggregatets oljematningsrörs- och returslanganslutningar. Lossa anslutningsbulten som håller turboaggregatets oljematningsrör till motorblocket, ta vara på tätningsbrickorna och lossa fästklämman och koppla loss oljereturslangen. Torka upp spill.

10 Skruva loss fästbultarna och ta bort fästkonsolen från turboaggregatets sida.

11 Arbeta i diagonal ordning, skruva jämnt och stegvis loss och ta bort avgasgrenrörets fästmuttrar och bultar. Ta bort grenröret från sin plats och ta vara på packningen **(se bild)**. Om så behövs, separera turboaggregatet från grenröret enligt beskrivning i avsnitt 15.

12 Montering sker i omvänd ordning, tänk på följande:

a) Se till att alla fogytor är rena och torra och använd nya packningar överallt.

b) Dra åt grenrörsmuttrarna och bultarna och stödfästets bultar till specificerade moment.

c) Återanslut turboaggregatets olje- och kylvätskerör/slangar säkert.

d) Montera inloppstrummorna och se till att fästa dem ordentligt.

e) Avslutningsvis, kontrollera olje- och kylvätskenivåer och fyll vid behov på enligt beskrivning i "Veckokontroller".

f) Innan motorn startas för första gången, koppla loss kablaget från insprutningspumpens stoppsolenoid (se avsnitt 10), dra sedan runt motorn på startmotorn tills oljetrycksvarningslampan slocknar; detta låter olja cirkulera runt turboaggregatets lager innan motorn startar. Anslut solenoiden och starta sedan motorn som vanligt.

2.0 liters modeller

Observera: *Nya fästmuttrar till grenröret och muttrar till det nedåtgående avgasröret behövs vid montering.*

13 Koppla loss batteriets negativa anslutning, lossa fästskruvarna och ta bort plastkåpan från topplocket.

14 Se avsnitt 2, demontera luftrenarhusets trumenhet och ta bort metallröret som förbinder turboaggregatet med grenröret/mellankylarens trumma (efter tillämplighet).

15 Skruva loss fästmuttrarna och brickorna (om monterade) från toppen på varje glödstift, koppla sedan loss kontakterna och lyft av kontaktbanden **(se bild)**. På senare modeller, koppla helt enkelt loss kontakten från toppen på varje glödstift.

16 Skruva loss fästskruvarna och ta bort värmesköldarna från uppe på grenröret **(se bilder)**.

17 Skruva loss muttrarna som håller avgassystemets nedåtgående rör till grenröret och frigör röret från grenröret **(se bild)**.

18 Arbeta under bilen, skruva loss fästbultarna och ta bort värmeskölden baktill på startmotorn.

19 Skruva loss fästbultarna och ta bort kabelhärvans styrning bak på motorblocket.

20 Ta bort alla spår av smuts från runt turboaggregatets oljematnings- och returrörsanslutningar. Lossa anslutningsmuttrarna som håller rören till motorblocket och låt oljan rinna ner i en lämplig behållare. Torka upp eventuell spilld olja.

21 Lossa och ta bort fästbultarna och ta bort grenrörets stödkonsol. Koppla loss vakuumslangen från turboaggregatets wastegatemembran **(se bild)**.

22 Arbeta i diagonal ordning, lossa jämnt och stegvis och ta bort avgasgrenrörets fästmuttrar. Ta ut grenrörsenheten från sin plats

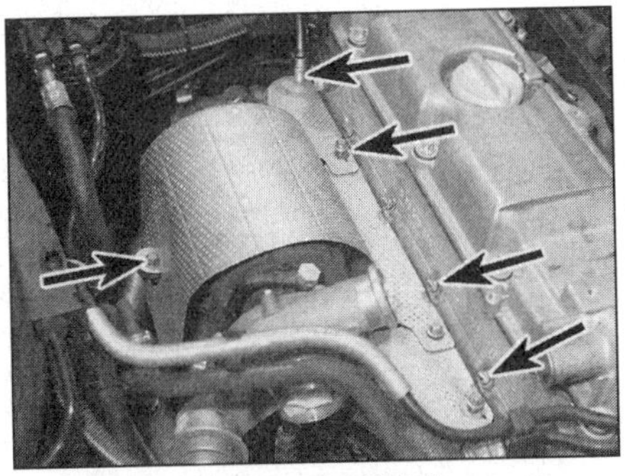

18.16a Skruva loss fästskruvarna (vid pilarna) . . .

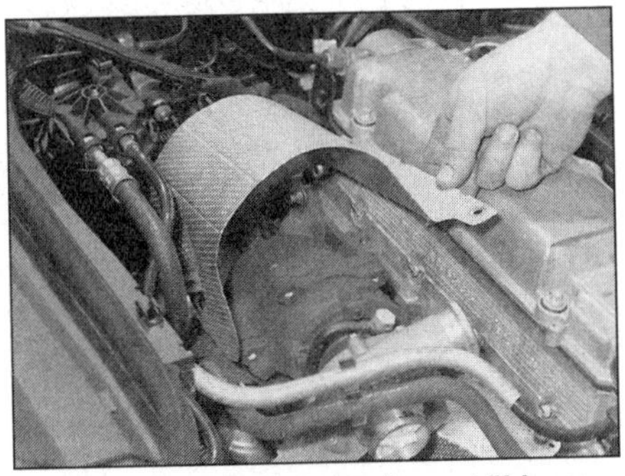

18.16b . . . och ta bort värmesköldarna från grenröret

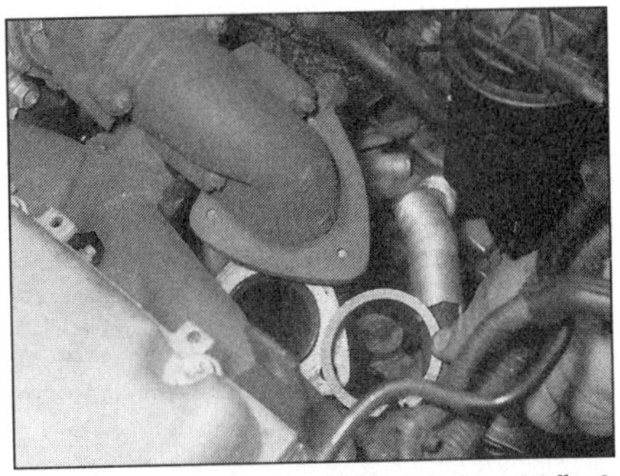

18.17 Ta loss det nedåtgående avgasröret från grenröret och ta vara på packningen

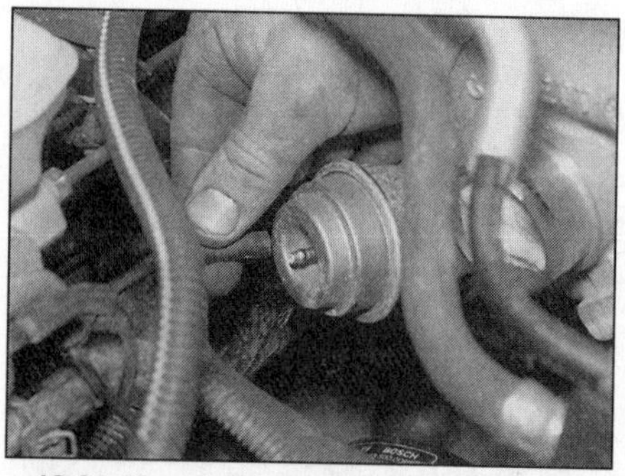

18.21 Koppla loss vakuumslangen från turboaggregatets wastegate

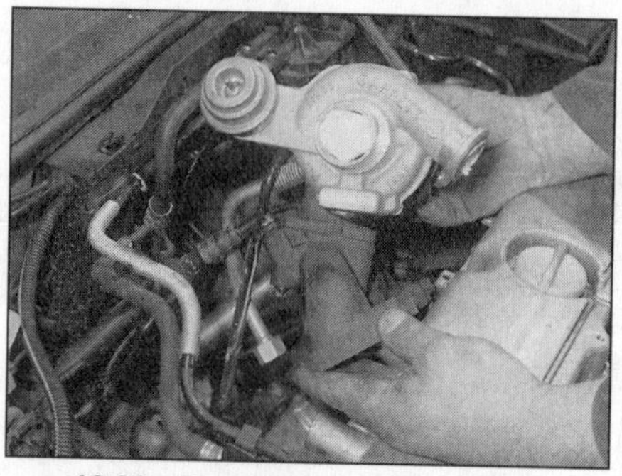

18.22a Demontera grenröret från motorn . . .

18.22b . . . och ta bort packningen

och ta vara på packningen **(se bilder)**. Om så behövs, separera turboaggregatet från grenröret enligt beskrivning i avsnitt 15.

23 Montering sker i omvänd ordning, tänk på följande:

a) *Se till att alla fogytor är rena och torra och använd nya packningar överallt.*
b) *Sätt dit de nya grenrörsmuttrarna och dra åt dem jämnt och stegvis till specificerat moment, arbeta i diagonal ordning. Dra också åt stödkonsolens bultar till specificerat moment.*
c) *Dra åt turboaggregatets oljerörsanslutningsmuttrar till specificerat moment.*
d) *Se till att inloppstrumman och metallröret återansluts säkert (se avsnitt 2).*
e) *Montera det nedåtgående avgasröret enligt beskrivning i avsnitt 19.*
f) *Avslutningsvis, kontrollera olje- och kylvätskenivåer och fyll vid behov på enligt beskrivning i "Veckokontroller".*
g) *Vid start av motorn för första gången, låt motorn gå på tomgång i några minuter innan motorvarvet ökas, detta låter oljan gå runt i turboaggregatets lager.*

19 Avgassystem – allmän information, demontering och montering

Allmän information

1 Avgassystemet består av tre delar: det nedåtgående röret (som också innefattar katalysatorn), mellanröret och ändröret. Det nedåtgående röret har en flexibel del för att tillåta rörelse i avgassystemet. På 2.0 liters modeller är också skarven mellan mellanröret och ändröret fjädrad för att tillåta rörelse.

2 Hela systemet är upphängt i gummifästen.

Demontering

3 Varje del av avgassystemet kan demonteras separat, eller så kan hela systemet demonteras som en enhet. Även om endast en del av systemet behöver undersökas, kan det i vissa fall vara lättare att demontera hela systemet och ta isär delarna på arbetsbänken.

4 För att demontera systemet eller delar av det, lyft först upp fram- eller bakvagnen och stöd bilen på pallbockar. Alternativt, placera bilen över en smörjgrop eller på ramper. Om så behövs, skruva loss fästbultarna och ta bort kåpan under motorn/växellådan.

Nedåtgående rör (med katalysator)

Observera: *På 2.0 liters modeller behövs nya muttrar mellan det nedåtgående röret och grenröret vid montering.*

5 Skruva loss muttrarna som håller det nedåtgående röret till turboaggregatet/grenröret. Lossa och ta bort bultarna som håller det nedåtgående röret till mellanröret.

6 Ta loss det nedåtgående röret från turboaggregatet, ta vara på packningen, och från mellanröret, ta sedan bort det under bilen.

Mellanrör – 1.7 liters modeller

Observera: *Om mellanröret är korroderat in i ändröret, demontera mellanröret och ändröret som en enhet och separera de två på arbetsbänken.*

7 Lossa och ta bort bultarna som håller mellanröret till det nedåtgående röret och krampan som håller det till ändröret.

8 Ta bort fästklämmorna och lossa mellanröret från gummifästena. Haka loss mellanröret från det nedåtgående röret och ändröret och ta bort det från under bilen.

Mellanrör – 2.0 liters modeller

9 Lossa och ta bort bultarna som håller mellanröret till det nedåtgående röret och bultarna och fjädrarna som håller det till ändröret.

10 Ta bort fästklämmorna och lossa mellanröret från gummifästena. Haka loss mellanröret från det nedåtgående röret och ändröret och ta bort det från under bilen. Ta vara på packningen som sitter i ändrörets fog.

Ändrör – 1.7 liters modeller

11 Lossa krampan som håller ändröret till mellanröret och haka loss krampan från fogen.

12 Ta bort fästklämmorna, haka sedan loss ändröret från gummifästena och lossa det från mellanröret.

Ändrör – 2.0 liters modeller

13 Lossa och ta bort bultarna och fjädrarna som håller ändröret till mellanrörets fog.

14 Ta bort fästklämmorna och haka loss ändröret från gummifästena och lossa det från mellanröret. Ta vara på packningen från fogen.

Hela systemet – alla modeller

Observera: *På 2.0 liters modeller skall nya muttrar mellan nedåtgående röret **och grenröret** användas.*

15 Lossa och ta bort muttrarna som håller det nedåtgående rörets flänsfog till turboaggregatet.

16 Ta bort fästklämmorna, lossa systemet från gummifästena och ta bort det från under bilen. Ta vara på packningen från det nedåtgående rörets fog.

Värmesköldar

17 Värmesköldarna är fästa till undersidan av karossen med olika muttrar och bultar. Varje sköld kan demonteras när relevant del av avgassystemet har demonterats. Om en sköld demonteras för att man ska komma åt en komponent bakom den, kan det i vissa fall visa sig vara tillräckligt att ta bort fästmuttrarna och/eller bultarna och helt enkelt sänka ner skölden, utan att rubba avgassystemet.

Montering

18 Varje del monteras i omvänd ordning mot demonteringen, notera följande:

a) *På 2.0 liters modeller, byt ut det nedåtgående rörets muttrar närhelst dessa rubbats.*
b) *Se till att ta bort alla spår av korrosion från flänsarna och byt ut alla packningar. På de ställen där ingen packning används, lägg ett lager fogpasta för avgassystem för att garantera en gastät tätning.*
c) *Undersök om gummifästena är skadade eller slitna och byt ut dem efter behov.*
d) *Innan avgassystemets fixturer dras åt, se till att alla gummifästen är rätt placerade och att det finns tillräckligt med utrymme mellan avgassystemet och karossens underrede.*

Kapitel 4 Del C: Avgasreningssystem

Innehåll

Svårighetsgrader

Enkelt, passar novisen med lite erfarenhet	**Ganska enkelt,** passar nybörjaren med viss erfarenhet	**Ganska svårt,** passar kompetent hemmamekaniker	**Svårt,** passar hemmamekaniker med erfarenhet	**Mycket svårt,** för professionell mekaniker

Specifikationer

Åtdragningsmoment	Nm
Avgasgrenrörskåpans bultar	8
EGR-ventilens bultar	20
Sekundärt luftinsprutningssystem:	
Luftventilens anslutningsrör, bultar:	
M6 bult	8
M8 bult	20
Stödkonsolens bultar – 1.6 liters motor	8
Syresensor	30

1 Allmän information

1 Alla modeller med bensinmotor använder blyfri bensin och har också olika andra egenskaper inbyggda i bränslesystemet för att minska de skadliga utsläppen. Alla modeller är utrustade med ett vevhusventilationssystem, en katalysator, ett EGR-system (avgasåterföring) och ett förångningssystem för att hålla bränsleångor/avgasutsläpp till ett minimum. Alla modeller utom de som har en 1.6 liter SOHC motor är också utrustade med ett sekundärt luftinsprutningssystem för att ytterligare förbättra avgasutsläppen vid motorns uppvärmning.

2 Alla modeller med dieselmotor är också utformade för att möta strikta utsläppskrav. Alla modeller har ett vevhusventilationssystem och en katalysator. Alla 2.0 liters modeller har också ett EGR-system (avgasåterföring) för att ytterligare minska de skadliga utsläppen.

3 Avgasreningssystemen fungerar enligt följande:

Modeller med bensinmotor

Vevhusventilationssystem

4 För att minska utsläppen av oförbrända kolväten från vevhuset ut i atmosfären är motorn förseglad och genomblåsningsgaserna och oljeångan dras inifrån vevhuset genom en oljeseparator in i inloppstrumman för att sedan förbrännas av motorn under normal förbränning.

5 Under förhållanden med högt undertryck i grenröret (tomgång, retardation) sugs gaserna ut ur vevhuset. Under förhållanden med lågt undertryck i grenröret (acceleration, fullgaskörning) tvingas gaserna ut ur vevhuset av det (relativt) högre vevhustrycket. Om motorn är sliten kommer det höjda trycket i vevhuset (orsakat av ökad genomblåsning) att göra att en del av flödet går tillbaka under alla grenrörsförhållanden.

Katalysator

6 För att minimera mängden farliga ämnen som släpps ut i atmosfären är alla modeller utrustade med en katalysator i avgassystemet. Systemet är av sluten typ, i vilket en syresensor i avgassystemet förser bränslesystemets/tändsystemets ECU med konstant feedback, vilket gör att ECU kan justera blandningen och skapa bästa möjliga förhållanden för katalysatorn.

7 Syresensorns spets är känslig för syre och den skickar en varierande spänning till ECU beroende på mängden syre i avgaserna; om inloppsluften/bränsleblandningen är för fet, har avgaserna en låg halt syre och sensorn sänder en lågspänningssignal, spänningen ökar sedan allteftersom blandningen blir magrare och mängden syre stiger i avgaserna. Den effektivaste omvandlingen av alla huvudsakliga föroreningar inträffar om inloppsluften/bränsleblandningen bibehålls i det kemiskt korrekta förhållandet för total förbränning av 14,7 delar bensin (i vikt) och 1 del luft (det "stoikiometriska" förhållandet). Givarens utgående spänning ändras i ett stort steg vid denna punkt, ECU använder signalförändringen som en referenspunkt och korrigerar inloppsluften/bränsleblandningen därefter genom att ändra bränsleinsprutarens pulsbredd.

Förångningssystem

8 För att minimera utsläppen i atmosfären av oförbrända kolväten finns också ett förångningssystem monterat på alla modeller. Bränsletankens påfyllningslock är tätat och en kolkanister är monterad bakom höger framskärm. Kanistern samlar upp bensinångorna som genereras i tanken medan bilen är parkerad och lagrar dem tills de kan släppas ut ur kanistern (under kontroll av bränsleinsprutningens/tändsystemets ECU) via en rensventil, in i inloppssystemet för att sedan förbrännas av motorn under normal förbränning.

9 För att garantera att motorn går bra när den är kall och/eller går på tomgång, och för att skydda katalysatorn från effekterna av en för fet blandning, öppnas inte rensventilen av ECU förrän motorn har värmts upp är under belastning. Ventilsolenoiden slås då av och på för att låta de samlade ångorna ledas in i inloppssystemet.

EGR-system (avgasåterföring)

10 Detta system är utformat för att återföra små mängder avgaser till inloppssystemet, och därmed in i förbränningssystemet. Denna process minskar mängden oförbrända kolväten i avgaserna innan de når katalysatorn. Systemet styrs av bränsleinsprutningens/tändsystemets ECU, som använder information från olika givare, via EGR-ventilen.

11 På 1.6 liters modeller är EGR-ventilen elektriskt styrd och monterad på insugsgrenröret.

12 På 1.8 och 2.0 liters modeller är EGR-ventilen monterad på topplocket. Ventilenheten innehåller den vakuumstyrda ventilen och den elektriska solenoidventilen som används till att slå ventilen på och av.

Sekundärt luftinsprutningssystem – modeller med DOHC motor

13 Syftet med det sekundära luftinsprutningssystemet är att minska avgasutsläppen när motorn är kall. Systemet uppnår detta genom att höja temperaturen på avgaserna, vilket har effekten att katalysatorn snabbt värms upp till normal arbetstemperatur. När katalysatorn har normal arbetstemperatur stängs luftinsprutningssystemet av.

14 Systemet består av pumpen, luftventilen och solenoidventilen och det styrs av bränsleinsprutningens/tändsystemets ECU. När moton är kall ställer solenoiden ventilen så att den öppnar och pumpen sprutar in en kontrollerad mängd luft i topplockets avgasportar. Luften blandas sedan med avgaserna, vilket gör att oförbrända partiklar av bränslet i blandningen bränns i avgasporten/grenröret vilket i själva verket höjer temperaturen på avgaserna. När katalysatorn når rätt temperatur stänger solenoiden luftventilen och pumpen stängs av. En envägsventil förhindrar att avgaserna passerar genom luftventilen.

Modeller med dieselmotor

Vevhusventilation

15 Se punkt 4 och 5.

Katalysator

16 För att minska mängden föroreningar som släpps ut i atmosfären finns en katalysator monterad på vissa modeller.

17 Katalysatorn består av en kanister som innehåller ett fint nät impregnerat med ett katalytiskt material, över vilket de heta avgaserna passerar. Katalysatorn påskyndar oxideringen av skadliga koloxider, oförbrända kolväten och sot, vilket minskar mängden skadliga produkter som släpps ut i atmosfären via avgaserna.

EGR-system (avgasåterföring) – 2.0 liters modeller

18 Detta system är utformat för att återföra små mängder avgaser in i inloppssystemet och därmed in i förbränningsprocessen. Denna process minskar mängden oförbrända kolväten i avgaserna innan de når katalysatorn. Systemet styrs av insprutningssystemets/tändsystemets ECU, som använder information från olika givare, via EGR-ventilen på insugsgrenrörets övre del. Ventilen är vakuumstyrd och slås av och på av en elektrisk solenoidventil.

2 Avgasreningssystem för bensinmotorer – test och byte av komponenter

Vevhusventilation

1 Komponenterna i detta system behöver ingen tillsyn annat än regelbundna kontroller av att slangarna inte är blockerade eller skadade.

Förångningssystem

Test

2 Om systemet tros vara defekt, koppla loss slangarna från kolkanistern och rensventilen och kontrollera att de inte är blockerade genom att blåsa genom dem. Ett fullständigt test av systemet kan endast utföras med hjälp av speciell elektronisk utrustning som ansluts till motorstyrningssystemets diagnostiska uttag (se kapitel 4A). Om rensventilen eller kolkanistern misstänks vara defekta måste de bytas ut.

Byte av kolkanister

3 Kolkanistern är monterad bakom höger framskärm. För att komma åt kanistern, dra åt handbromsen ordentligt, lyft upp framvagnen och stöd den på pallbockar.

4 Ta bort fästskruvarna och fästena och demontera hjulhusfodret för att komma åt kanistern.

5 Lossa och ta bort fästkrampans mutter och frigör kanistern från sin fästkonsol. Markera slangarna så att de kan identifieras, koppla sedan loss dem och ta bort kanistern från bilen.

6 Montering sker i omvänd ordning, se till att slangarna sätts tillbaka rätt och ansluts säkert.

Byte av rensventil – 1.6 liters modeller

7 Rensventilen är monterad på vänster sida av insugsgrenröret.

8 För att byta ut ventilen, kontrollera att tändningen är avslagen, tryck sedan ihop fästklämman och koppla loss kontakten från ventilen.

9 Koppla loss slangarna från ventilen, notera hur de är monterade, skruva sedan loss ventilens fästkonsol från grenröret och ta bort den från motorn. Ventilen och konsolen kan sedan tas isär.

10 Montering sker i omvänd ordning. Se till att ventilen monteras rät väg och att slangarna ansluts säkert.

Byte av rensventil – 1.8 och 2.0 liters modeller

11 Rensventilen är monterad på topplockets vänstra ände.

12 För att förbättra åtkomligheten till ventilens fästbultar, demontera DIS-modulen enligt beskrivning i kapitel 5B **(se bild)**.

13 Koppla loss kontakten från rensventilen, koppla sedan loss vakuumslangarna och notera hur de sitter.

14 Skruva loss fästbultarna och ta bort rensventilen och fästkonsolen från topplocket.

15 Montering sker i omvänd ordning, se till att ventilen monteras rätt väg och att slangarna ansluts säkert.

Katalysator

Test

16 Katalysatorns prestanda kan endast kontrolleras genom att man mäter avgaserna med en noggrant kalibrerad avgasanalysator av god kvalitet, enligt beskrivning i kapitel 1.

17 Om CO-halten i ändröret är för hög skall bilen tas till en Opelverkstad så att hela bränsleinsprutnings- och tändsystemen, inklusive syresensorn, kan kontrolleras noggrant med speciell diagnostikutrustning. Om dessa har kontrollerats och inga fel har upptäckts, måste felet ligga i katalysatorn som i så fall måste bytas ut.

Byte av katalysator

18 Se kapitel 4A.

Byte av syresensor – 1.6 liters modeller

Observera: *Syresensorn är ömtålig och kommer inte att fungera om den tappas eller utsätts för slag, om dess strömmatning avbryts eller om något slags rengöringsmedel används på den.*

19 Låt motorn gå tills den når normal arbetstemperatur, stanna den sedan och koppla loss batteriets negativa anslutning.

2.12 Rensventilens placering (vid pilen) – 1.8 och 2.0 liters bensinmotorer

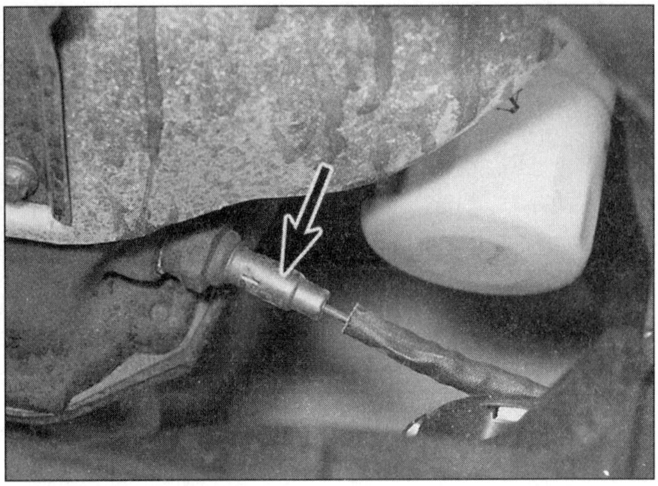

2.20 På 1.6 liters bensinmotorer är syresensorn (vid pilen) inskruvad i avgasgrenröret

20 Följ kablaget bakåt från syresensorn, vilken är inskruvad på vänster sida av avgasgrenröret och koppla loss dess kontakt, frigör kablaget från fästklämmor och kabelband **(se bild)**.

21 Skruva loss givaren och ta bort den från grenröret.

Varning: Var försiktig så att du inte bränner dig på det heta grenröret/givaren.

22 Montering sker i omvänd ordning. Innan givaren monteras, lägg ett lager högtemperaturfett på givarens gängor (Opel rekommenderar fett 19 48 602, del nr 90 295 397 – tillgängligt från din Opelåterförsäljare). Dra åt givaren till specificerat moment och se till att kablaget dras rätt och inte riskerar att komma i kontakt med avgasgrenröret eller motorn.

Byte av syresensor – 1.8 och 2.0 liters modeller

Observera: *Syresensorn är ömtålig och kommer inte att fungera om den tappas eller utsätts för slag, om dess strömmatning avbryts eller om något slags rengöringsmedel används på den*

23 Dra åt handbromsen, lyft upp framvagnen och stöd den på pallbockar. Koppla loss batteriets negativa anslutning.

24 Följ kablaget bakåt från givaren, som är inskruvad i det nedåtgående avgasröret, till konakten som är fastklämd på topplockets vänstra ände **(se bild)**. Koppla loss kontakten och frigör kablaget från relevanta klämmor och kabelband, notera dess dragning.

25 Skruva loss givaren och ta bort den från avgasröret. Ta vara på tätningsbrickan och kasta den, en ny måste användas vid monteringen.

26 Montering sker i omvänd ordning, använd en ny tätningsbricka. Innan givaren sätts tillbaka, lägg ett lager högtemperaturfett gå givarens gängor (Opel rekommenderar att man använder fett 19 48 602, del nr 90 295 397 – tillgängligt från din Opelåterförsäljare). Dra åt givaren till specificerat moment och se till att kablaget dras rätt och inte riskerar komma i kontakt med avgassystemet eller motorn.

EGR-system (avgasåterföring)

Test

27 Omfattande test av systemet kan endast utföras med hjälp av speciell elektronisk utrustning som ansluts till motorstyrningssystemets diagnostikuttag (se kapitel 4A). Om EGR-ventilen misstänks vara defekt måste den bytas ut.

Byte av EGR-ventil – 1.6 liters modeller

28 Kontrollera att tändningen är avslagen, koppla loss kontakten från ventilen. På SOHC motorer är ventilen monterad mitt på insugsgrenröret och på DOHC motorer är den monterad på grenrörets vänstra ände **(se bild)**.

2.24 På 1.8 och 2.0 liters bensinmotorer är syresensorn (vid pilen) inskruvad i det nedåtgående röret

2.28 På 1.6 liters SOHC bensinmotorer, koppla loss kontakten . . .

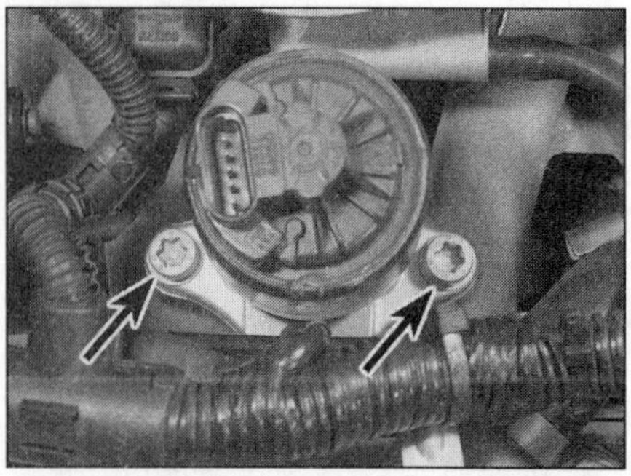

2.29 . . . skruva sedan loss fästskruvarna (vid pilarna) och ta bort EGR-ventilen från insugsgrenröret

29 Skruva loss fästskruvarna och ta bort ventilen och dess packning från grenröret **(se bild)**.

30 Montering sker i omvänd ordning, använd en ny packning och dra åt ventilbultarna till specificerat moment.

Byte av EGR-ventil – 1.8 och 2.0 liters modeller

31 Kontrollera att tändningen är avslagen, koppla sedan loss kontakten och vakuumslangen från EGR-ventilen, som är monterad på topplockets vänstra ände **(se bild)**.

32 Skruva loss fästskruvarna och ta bort ventilen och dess packning från grenröret.

33 Montering sker i omvänd ordning, använd en ny packning och dra åt ventilens bultar till specificerat moment.

Sekundärt luftinsprutningssystem – modeller med DOHC motor

Test

34 Omfattande test av systemet kan endast göras med hjälp av speciell elektronisk utrustning som ansluts till motorstyrningssystemets diagnostikuttag (se kapitel 4A). Om någon komponent misstänks vara defekt måste den bytas ut.

Luftinsprutningsventil – byte

35 Luftinsprutningsventilen är placerad framtill på topplocket. På 1.6 liters motorer är ventilen placerad ovanför avgasgrenröret och på 1.8 och 2.0 liters motorer sitter den på topplockets vänstra ände **(se bild)**.

36 Koppla loss vakuumröret från ventilen, lossa sedan fästklämman och koppla loss luftslangen **(se bild)**.

37 Lossa och ta bort bultarna som håller ventilen till metallröret och ta bort ventilen och dess packning från metallröret.

38 Montering sker i omvänd ordning, använd en ny packning.

Byte av luftinsprutningsventilens anslutande rör – 1.6 liters motor

39 Demontera luftinsprutningsventilen enligt beskrivning i punkt 35 till 37.

40 Skruva loss fästbultarna som håller rörets stödkonsol och avgasgrenrörets kåpa på plats och ta bort båda komponenterna från grenröret.

2.31 EGR-ventilens placering (vid pilen) – 1.8 och 2.0 liters bensinmotorer

41 Lossa och ta bort rörets fästbultar, ta sedan bort röret och packningen från topplockets främre del.

42 Montering sker i omvänd ordning, notera följande:

a) Se till att fogytorna är rena och torra och använd en ny packning.

b) Lägg ett lager högtemperaturfett på gängorna på rörets fästbultar innan montering.

c) Dra åt alla bultar till specificerat moment (om angivet).

Byte av luftinsprutningsventilens anslutande rör – 1.8 och 2.0 liters motor

43 Demontera luftinsprutningsventilen enligt beskrivning i punkt 35 till 37.

44 Skruva loss fästbultarna och ta bort kåpan från avgasgrenröret.

45 Skruva loss fästbultarna och ta bort det anslutande röret från topplocket. Ta vara på packningarna som sitter mellan röret och topplocket, och packningen som sitter mellan röret och topplockskonsolen.

46 Montering sker i omvänd ordning, notera följande:

a) Se till att fogytorna är rena och torra och använd nya packningar.

b) Lägg ett lager högtemperaturfett på gängorna på rörets fästbultar innan de sätts på plats.

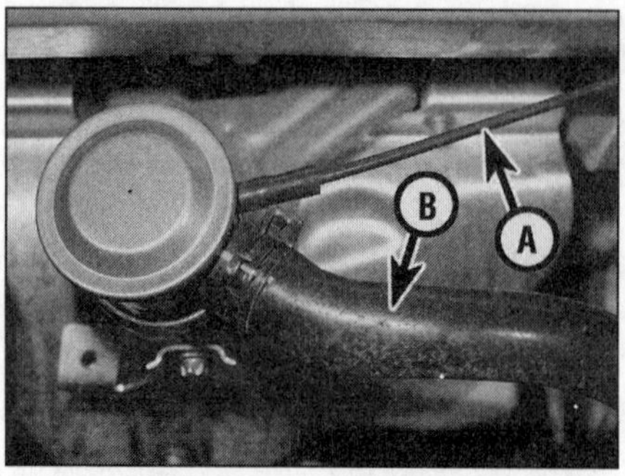

2.36 Luftinsprutningsventilens vakuumrör (A) och luftslang (B) – 1.6 liters DOHC bensinmotor

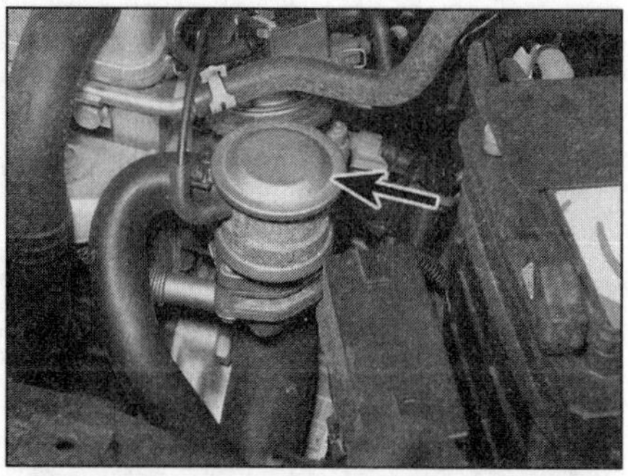

2.35 Luftinsprutningsventilens placering (vid pilen) – 1.8 och 2.0 liters bensinmotorer

c) Dra åt alla bultar till specificerade moment (där angivet).

Byte av luftinsprutningspump

47 För att komma åt pumpen, demontera batteriet och fästplattan (se kapitel 5A) **(se bild)**.

48 Koppla loss luftslangarna från pumpen, skruva sedan loss muttrarna till pumpens fästkonsol.

49 Ta ut pumpenheten från motorrummet, koppla loss kontakten när den blir åtkomlig. Om så behövs kan sedan pumpen och fästkonsolen separeras.

50 Montering sker i omvänd ordning, dra åt fästmuttrarna ordentligt.

Byte av luftinsprutningspumpens filter

51 För att komma åt filtret, öppna motorhuven, skruva loss fästskruvarna och ta bort kylargrillen (se kapitel 11). Filtret är fastklämt i mitten på bilens främre tvärbalk, bakom stötfångaren.

52 Lossa klämbulten, haka loss filtret från klämman och koppla loss det från luftslangen.

53 Montering sker i omvänd ordning.

Byte av solenoidventil

54 Solenoidventilen är monterad på vänster sida i motorrummet. För att leta reda på ventilen, följ vakuumslangen bakåt från luftventilen framtill på motorn. På 1.8 och 2.0 liters modeller måste man demontera batteriet för att komma åt ventilen.

55 Koppla loss kontakten från ventilen och

2.47 Luftinsprutningspumpen sitter bredvid batteriet

lossa vakuumslangarna, notera hur de är anslutna.

56 Skruva loss fästskruvarna och ta bort ventilen från motorrummet.

57 Montering sker i omvänd ordning, se till att vakuumslangarna ansluts rätt.

3 Avgasreningssystem för dieselmotorer - test och byte av komponenter

Vevhusventilation

1 Komponenterna i detta system behöver ingen tillsyn annat än regelbundna kontroller av att slangarna inte är blockerade eller skadade

Katalysator

Test

2 Katalysatorns prestanda kan endast kontrolleras genom att man mäter avgaserna med en noggrant kalibrerad avgasanalysator av god kvalitet, enligt beskrivning i kapitel 1.

3 Om katalysatorn misstänks vara defekt, kontrollera först att inte problemet beror på defekt(a) insprutare innan den döms ut. Fråga din Opelåterförsäljare om ytterligare information.

Katalysator - byte

4 Katalysatorn är en inbyggd del av avgassystemets nedåtgående rör. Se kapitel 4B för information om demontering och montering.

EGR-system (avgasåterföring) - 2.0 liters modeller

Test

5 Omfattande test av systemet kan endast utföras med hjälp av speciell elektronisk utrustning som ansluts till insprutningssystemets diagnostikuttag (se kapitel 4B). Om EGR-ventilen eller solenoidventilen misstänks vara defekta måste de bytas ut.

EGR-ventil - byte

6 Om EGR-ventilen skall bytas ut måste man byta ut hela den övre delen av insugsgrenröret (se kapitel 4B). Ventilen finns inte tillgänglig separat och den skall inte tas bort från grenröret.

EGR solenoidventil - byte

7 Demontera batteriet (se kapitel 5) för att komma åt ventilen som är placerad i det främre vänstra hörnet i motorrummet. Notera att det finns två ventiler, EGR-systemets ventil och insugsgrenrörets omkopplingsventil; EGR-systemets ventil känns igen på sitt svarta kontaktdon.

8 Koppla loss kontaktdonet och vakuumslangarna från ventilen, skruva sedan loss fästskruvarna och ta bort ventilen från sin fästkonsol.

9 Montering sker i omvänd ordning mot demontering.

4 Katalysator - allmän information och föreskrifter

1 Katalysatorn är en pålitlig och enkel enhet som inte behöver något direkt underhåll, men det finns några saker som en ägare bör vara medveten om för att katalysatorn skall fungera ordentligt under hela sin livstid.

Bensinmodeller

a) *ANVÄND INTE blyad bensin i en bil med katalysator - blyet lägger sig på ädelmetallerna vilket reducerar deras omvandlingsförmåga och så småningom förstörs katalysatorn.*

b) *Underhåll alltid tändsystem och bränslesystem väl enligt tillverkarens rekommendationer.*

c) *Om motorn misständer, kör inte bilen alls (eller åtminstone så lite som möjligt) förrän felet har åtgärdats.*

d) *Starta INTE bilen genom att bogsera eller knuffa igång den - detta dränker katalysatorn i oförbränt bränsle och gör att den överhettar när motorn startar.*

e) *SLÅ INTE av tändningen vid höga motorvarv.*

f) *ANVÄND INTE bränsle- eller motoroljetillsatser - dessa kan innehålla ämnen som är skadliga för katalysatorn.*

g) *ANVÄND INTE bilen om motorn bränner olja till den grad att blå rök kommer ut ur avgasröret.*

h) *Kom ihåg att katalysatorn arbetar vid mycket höga temperaturer. Parkera därför INTE över torr växtlighet, över högt gräs eller lövhögar efter lång körning.*

i) *Kom ihåg att katalysatorn är ÖMTÅLIG - slå inte på den med verktyg under servicearbeten.*

j) *I vissa fall kan en svavelaktig lukt (som ruttna ägg) märkas från avgaserna. Detta är vanligt för många bilar utrustade med katalysator och när bilen har några tusen kilometer bakom sig bör problemet upphöra.*

k) *En katalysator på en väl underhållen och väl körd bil skall hålla mellan 80 000 och 160 000 km - om katalysatorn inte längre är effektiv måste den bytas ut..*

Dieselmodeller

2 Se informationen i punkterna f, g, h, i och k för bensinmodeller ovan.

Kapitel 5 Del A:
Start- och laddningssystem

Innehåll

Svårighetsgrader

Enkelt, passar novisen med lite erfarenhet	**Ganska enkelt,** passar nybörjaren med viss erfarenhet	**Ganska svårt,** passar kompetent hemmamekaniker	**Svårt,** passar hemmamekaniker med erfarenhet	**Mycket svårt,** för professionell mekaniker

Specifikationer

Systemtyp	12 volt, negativ jord
Batteri	
Laddningsförhållanden:	
Dåligt	12,5 volt
Normalt	12,6 volt
Bra	12,7 volt
Åtdragningsmoment	**Nm**
Generatorns infästningar:	
Dieselmodeller:	
1.7 liters motor:	
M8 bultar	24
M10 bultar	48
2.0 liters motor	35
Bensinmodeller:	
Generator till konsol, bultar	35
Generatorns fästkonsol till motorblock, bultar	35
Stödkonsolens bultar	18
Motorns kardanstag, bultar	60
Oljetryckskontakt:	
Dieselmodeller	20
Bensinmodeller:	
1.6 liters motor	30
1.8 och 2.0 liters motor	40
Startmotorbultar:	
Dieselmodeller:	
1.7 liters motor	38
2.0 liters motor	45
Bensinmodeller:	
1.6 liters motor	25
1.8 och 2.0 liters motor	60

1 Allmän information och föreskrifter

Allmän information

1 Motorns elsystem består huvudsakligen av laddnings- och startsystem. På grund av deras motorrelaterade funktioner behandlas dessa komponenter separat från karossens elektriska komponenter, som lysen, instrument etc. (vilka behandlas i kapitel 12). För modeller med bensinmotor, se del B för information om tändsystemet, och för modeller med dieselmotor, se del C för information om förvärmningssystemet.

2 Elsystemet är av typen 12 volt och negativ jord.

3 Batteriet är ett lågunderhållsbatteri eller ett underhållsfritt (förseglat) batteri och det laddas av generatorn, vilken drivs av en rem från vevaxelremskivan.

4 Startmotorn är av förinkopplad typ och har en integrerad solenoid. Vid start för solenoiden drivpinjongen i ingrepp med svänghjulets startkrans innan startmotorn beläggs med spänning. När motorn har startat förhindrar en envägskoppling att motorarmaturen drivs av motorn till dess att pinjongen släpper från svänghjulet.

Föreskrifter

5 Ytterligare information om de olika systemen ges i relevanta avsnitt i detta kapitel. Även om vissa reparationsarbeten beskrivs, är det vanliga att man byter ut aktuella komponenter. Den ägare vars intresse sträcker sig bortom byte av komponenter kan införskaffa boken *"Bilens elektriska och elektroniska system"* från utgivaren av denna handbok.

6 Det är viktigt att vara extra försiktig vid arbete med elsystemet för att undvika skador på halvledare (dioder och transistorer), och för att undvika risken för personskador. Läs föreskrifterna i *"Säkerheten främst!"* i början av boken och notera också följande:

7 *Ta alltid av ringar, klockor etc. innan arbete med elsystemet påbörjas.* Även om batteriet är urkopplat kan urladdning inträffa om en komponents strömförande pol jordas genom ett metallobjekt. Detta kan orsaka en ordentlig stöt eller brännskador.

8 *Kasta inte om batteripolerna.* Komponenter som generator, elektriska styrenheter eller andra komponenter som har halvledarkretsar kan skadas bortom reparationsmöjligheter.

9 Om motorn startas med hjälp av startkablar och ett laddningsbatteri, anslut batterierna *positiv-till-positiv* och *negativ-till-negativ* (se *"Starthjälp"*). Detta gäller också när man använder en batteriladdare.

10 Koppla aldrig loss batteripolerna, generatorn, elektriska kablar eller testinstrument när motorn är i gång.

11 Låt inte motorn dra runt generatorn när generatorn inte är ansluten.

12 Testa aldrig generatorns uteffekt genom att "dutta" ledningen till jord.

13 Använd aldrig en ohmmätare av den typen som har en handvevad generator för test av kretsen eller kontinuitet.

14 Kontrollera alltid att batteriets negativa ledning är urkopplad vid arbete på elsystemet.

15 Om bågsvetsningsutrustning skall användas på bilen, koppla loss batteriet, generatorn och komponenter som bränsleinsprutningens/tändsystemets styrenhet för att skydda dessa från skador.

16 Radion/kassettbandspelaren som är monterad som standard av Opel har en inbyggd säkerhetskod för att avskräcka tjuvar. Om strömmatningen till enheten bryts aktiveras stöldskyddssystemet. Även om strömkällan omedelbart ansluts igen kommer inte radion/kassettbandspelaren att fungera förrän korrekt säkerhetskod har knappats in. Därför, om du inte känner till koden, koppla inte loss batteriets negativa ledning och ta inte heller ut radion från bilen. Se *"Stöldskyddssystem för radio/kassettbandspelare"* i referenskapitlet längst bak i boken för ytterligare information.

2 Elektrisk felsökning - allmän information

Se kapitel 12.

3 Batteri - test och laddning

Traditionellt batteri och lågunderhållsbatteri - test

1 Om bilen har en kort årlig körsträcka är det värt att kontrollera batterielektrolytens densitet var tredje månad för att avgöra batteriets laddning. Använd en hydrometer för att utföra kontrollen och jämför resultaten med följande tabell. Notera att specificerade avläsningar förutsätter en elektrolyttemperatur på 15°C; för varje 10°C under 15°C dra av 0,007. För varje 10°C över 15°C lägg till 0,007.

	Omgivande temperatur över 25°C	Omgivande temperatur under 25°C
Fulladdat	*1,210 till 1,230*	*1,270 till 1,290*
70% laddat	*1,170 till 1,190*	*1,230 till 1,250*
Urladdat	*1,050 till 1,070*	*1,110 till 1,130*

2 Om batteriet misstänks vara i dåligt skick, kontrollera först elektrolytens densitet i varje cell. En variation på 0,040 eller mer mellan cellerna tyder på elektrolytförlust eller försämring av de interna plattorna.

3 Om den specifika densiteten varierar med 0,040 eller mer måste batteriet bytas ut. Om variationen är tillfredsställande men batteriet är urladdat, ladda det enligt beskrivning längre fram i avsnittet.

Underhållsfritt batteri - test

4 På ett förseglat, underhållsfritt batteri kan inte påfyllning och test av elektrolyten i cellerna göras. Batteriets skick kan därför endast testas med en batteriindikator eller en voltmätare.

5 Vissa modeller har ett "Delco" underhållsfritt batteri, med inbyggd laddningsindikator. Indikatorn sitter uppe på batterilådan och indikerar batteriets skick med färg **(se bild)**. Om indikatorn visar grönt är batteriet väl laddat. Om indikatorn blir mörkare och slutligen svart behöver batteriet laddas, enligt beskrivningen längre fram i avsnittet. Om indikatorn är ofärgad/gul är elektrolytnivån i batteriet för låg för vidare användning och batteriet måste bytas ut. **Försök inte** ladda eller starta ett batteri med startkablar om indikatorn visar ofärgat/gult.

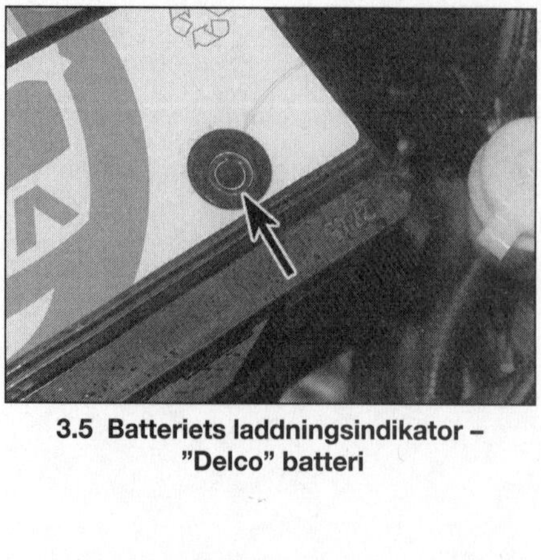

3.5 Batteriets laddningsindikator – "Delco" batteri

6 Om test av batteriet görs med en voltmätare, anslut voltmätaren över batteriet och jämför resultatet med specifikationerna, under "laddningsförhållanden". Testet är bara rättvisande om batteriet inte har utsatts för någon som helst laddning under de senaste sex timmarna. Om detta detta förhållande inte kan uppfyllas, slå på strålkastarna i 30 sekunder, vänta sedan fyra till fem minuter innan batteriet testas efter det att strålkastarna slagits av. Alla andra elektriska kretsar måste vara avstängda, så kontrollera att dörrar och baklucka är helt stängda när testet görs.

7 Om spänningsavläsningen är mindre än 12,2 volt är batteriet urladdat, medan en avläsning på 12,2 till 12,4 volt indikerar delvis urladdning.

8 Om batteriet skall laddas, demontera det från bilen (avsnitt 4) och ladda det enligt beskrivning längre fram i detta avsnitt.

Traditionellt batteri och lågunderhållsbatteri - laddning

Observera: *Följande beskrivning är endast avsett som en allmän vägledning. Se alltid tillverkarens rekommendationer (ofta tryckta på en etikett på batteriet) innan batteriet laddas.*

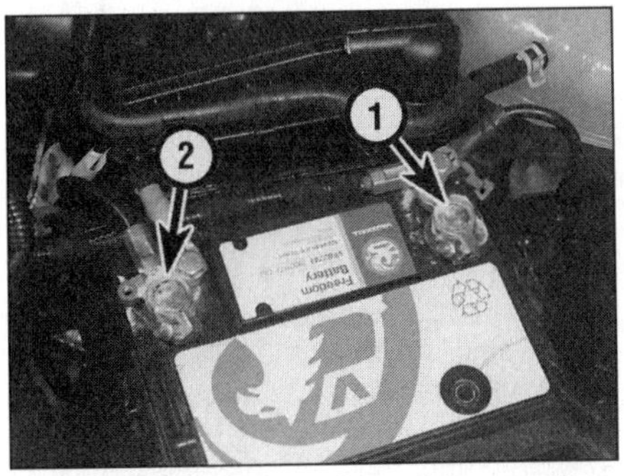

4.2 Koppla alltid loss batteriets negativa pol (1) först och dess positiva pol (2) sist

9 Ladda batteriet i en takt om 3,5 till 4 ampere och forstätt ladda i denna takt tills ingen ökning av elektrolytens densitet noteras under en fyra timmars period.

10 Alternativt kan en droppladdare med takten 1,5 ampere stå och ladda över natten.

11 Speciella snabbladdare som påstås kunna återställa batteriets styrka på 1 till 2 timmar rekommenderas inte, de kan orsaka allvarliga skador på batteriplattorna genom överhettning.

12 Medan batteriet laddas får temperaturen på elektrolyten aldrig överstiga 37,8°C.

Underhållsfritt batteri - laddning

Observera: *Följande beskrivning är endast avsedd som en allmän vägledning, se alltid tillverkarens rekommendationer (ofta tryckta på en etikett på batteriet) innan batteriet laddas.*

13 Denna typ av batteri behöver mycket längre tid att laddas än ett standardbatteri. Hur lång tid det tar beror på hur urladdat batteriet är, men det kan ta så lång tid som upp till tre dagar.

14 En laddare av konstantspänningstyp krävs, som skall ställas till mellan 13,9 och 14,9 volt, med en ladddström under 25 ampere. Med denna metod bör batteriet vara användbart inom tre timmar och ge en spänningsavläsning på 12,5 volt. Detta är dock för ett delvis urladdat batteri och som tidigare nämnts kan fulladdning ta betydligt längre tid.

15 Om batteriet skall laddas från totalt urladdat skick (mindre än 12,2 volt), låt din Opelverkstad eller bilelektriker utföra laddningen. Laddningstakten är högre och konstant övervakning krävs.

4 Batteri - demontering och montering

Observera: *Om en Opel radio/kassettbandspelare är monterad, se avsnittet "Stöldskyddssystem för radio/kassettbandspelare".*

Observera: *När batteriet återansluts måste elfönsterhissarna (om monterade) omprogrammeras. Se kapitel 11, avsnitt 22.*

Demontering

1 Batteriet sitter på vänster sida i motorrummet. På vissa modeller har batteriet ett skyddande hölje.

2 Ta loss höljet (om monterat), skruva loss klämmuttern och ta loss klämman från batteriets negativa pol (jord) **(se bild)**.

3 Lyft isoleringsskyddet och koppla på samma sätt loss den positiva polens ledning.

4 Skruva loss bulten och ta bort batteriets fästkrampa och lyft ut batteriet ur motorrummet **(se bild)**.

5 Om så behövs, lossa säkringsdosans/kablagets konsol bak på batteriets monteringsplatta och ta loss relädosan (-dosorna) fram på monteringsplattan. Skruva loss monteringsplattan och ta ut den från motorrummet, lossa eventuella ledningar från fästklämmorna **(se bilder)**.

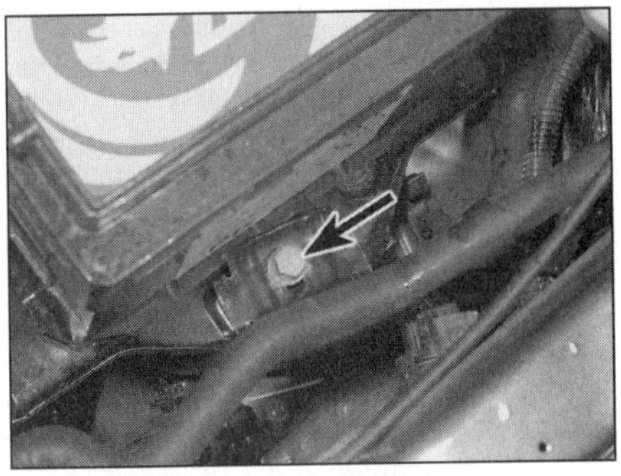

4.4 Batterikrampans fästbult (vid pilen)

Montering

6 Montering sker i omvänd ordning mot demontering, men lägg lite vaselin på batteripolerna när kablarna ansluts och anslut alltid den positiva kabeln först och därefter den negativa.

5 Laddningssystem - test

Observera: *Se varningarna i "Säkerheten främst!" och i avsnitt 1 av detta kapitel innan arbetet påbörjas.*

1 Om laddningslampan inte tänds när tändningen slås på, kontrollera först att generatorns kontakter är väl anslutna. Om så är fallet, kontrollera att inte glödlampan är trasig och att lamphållaren sitter ordentligt på sin plats i instrumentpanelen. Om lampan fortfarande inte tänds, kontrollera kontinuiteten i varningslampans matningsledning från generatorn till lamphållaren. Om allt är som det ska måste felet ligga hos generatorn och den måste då bytas eller tas till en bilelektriker för test och reparation.

2 Om laddningslampan tänds när motorn går, stanna motorn och kontrollera att drivremmen

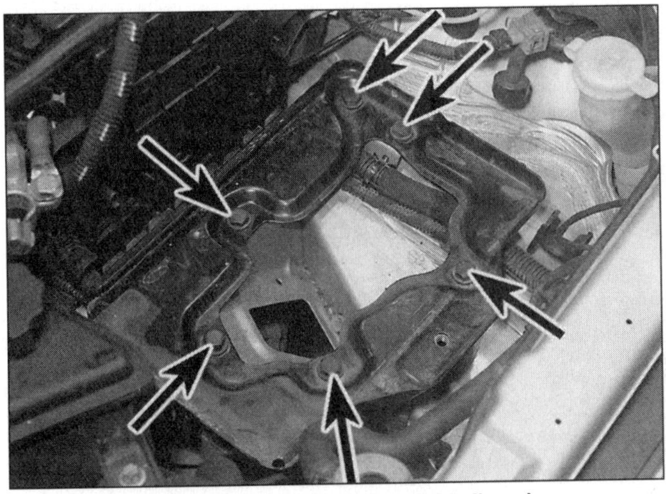

4.5a Skruva loss fästskruvarna (vid pilarna) . . .

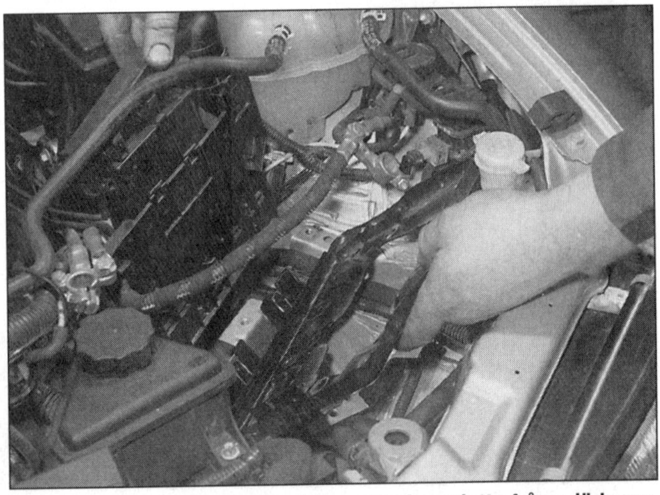

4.5b . . . ta sedan loss batteriets monteringsplatta från relädosan och ta bort den från motorrummet

har rätt spänning (se kapitel 1) och att generatorns kontakten är säkert anslutna. Om allt är som det ska så långt, låt en bilelektriker testa generatorn.

3 Om generatorns uteffekt är misstänkt även om varningslampan fungerar som den ska, kan den reglerade spänningen kontrolleras enligt följande.

4 Anslut en voltmätare över batteripolerna och starta motorn.

5 Öka varvtalet tills voltmätaren ger ett stadigt värde. Det skall vara mellan 12 och 13 volt, och inte mer än 14 volt.

6 Slå på så många elektriska tillbehör som möjligt (t.ex. strålkastare, uppvärmd bakruta och värmefläkt) och kontrollera att generatorn upprätthåller en reglerad spänning på 13 till 14 volt.

7 Om den reglerade spänningen inte motsvarar det som angivits kan felet bero på slitna borstar, svaga borstfjädrar, en defekt spänningsregulator, en defekt diod, skadad faslindning eller slitna eller skadade släpringar. Generatorn bör bytas ut eller tas till en bilelektriker för test och reparation.

6 Generatorns drivrem - demontering, montering och spänning

1 Se beskrivning som ges för hjälpaggregatens drivrem (-mar) i kapitel 1.

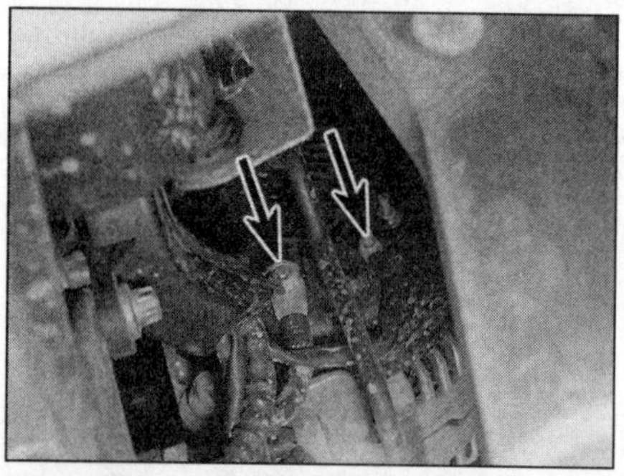

7.24 Generatorns kontakter (vid pilarna) - sett från bilens undersida

7 Generator - demontering och montering

Demontering

1 Dra åt handbromsen ordentligt, lyft upp framvagnen och stöd den säkert på pallbockar. Om så behövs, skruva loss fästbultarna och ta bort kåpan under motorn/växellådan. Koppla loss batteriets negativa kabel och fortsätt enligt beskrivning i relevant underrubrik.

1.6 liter SOHC, 1.8 liter och 2.0 liter bensinmotorer

2 Demontera luftrenarhuset och inloppstrumman (se kapitel 4).

3 Lossa på hjälpaggregatens drivrem enligt beskrivnig i kapitel 1 och haka loss den från generatorremskivan.

4 Skruva loss fästbultarna och ta bort kardanstaget från topplockets högra ände.

5 Skruva loss bultarna och ta bort stödfästena som håller generatorn till insugsgrenröret och topplocket.

6 Ta bort gummiskydden (om monterade) från generatorns poler, skruva sedan loss fästmuttrarna och koppla loss kablaget bak på generatorn.

7 Skruva loss bultarna som håller generatorns fästkonsol till motorblocket, ta sedan ut konsolen och generatorn från sin plats.

8 Skruva loss bulten (-arna) som håller generatorn till fästkonsolen och separera de två komponenterna.

1.6 liter DOHC bensinmotor

9 Lossa på hjälpaggregatens drivrem enligt beskrivning i kapitel 1 och haka loss den från generatorns remskiva.

10 Skruva loss fästbulten och ta bort inloppstrumman från insugsgrenröret.

11 Ta bort gummiskydden (om monterade) från generatorns poler, skruva sedan loss fästmuttern och koppla loss kablaget bak på generatorn.

12 Skruva loss bultarna som håller basen på generatorns fästkonsol till motorblocket.

13 Skruva loss fästbultarna och ta bort kardanstaget från topplockets högra ände.

14 Skruva loss den övre fästbulten som håller fästkonsolen på plats, ta sedan ut generatorn och konsolen uppåt och bort från sin plats.

15 Skruva loss bultarna som håller generatorn till sin fästkonsol och separera de två komponenterna.

1.7 liter dieselmotor

16 Lossa hjälpaggregatens drivrem enligt beskrivning i kapitel 1 och haka loss den från generatorns remskiva.

17 Se kapitel 9, demontera bromssystemets vakuumpump (som är monterad bak på generatorn). **Observera:** *Om generatorn inte skall bytas ut kan pumpen lämnas kvar på generatorn och vakuumrören och oljeledningarna kopplas loss.*

18 Följ kablaget från generatorn och koppla loss det vid kontaktdonet.

19 Skruva loss generatorns fästbultar och ta ut den under bilen.

2.0 liter dieselmotor

20 Lossa hjälpaggregatens drivrem och ta bort den från generatorns remskiva enligt beskrivning i kapitel 1.

21 Se kapitel 4, demontera luftrenarhusets kåpa, komplett med luftinloppsrör och luftflödesmätare.

22 Skruva loss fästbulten som håller kabelhärvans hållbricka bak på motorblocket.

23 Skruva loss fästmuttrarna och ta bort värmeskölden (om monterad) bak på generatorn.

24 Skruva loss fästmuttrarna och koppla loss kablaget från generatorn **(se bild)**.

25 Skruva loss solenoidventilkonsolen till turboaggregatets wastegate från höger hörn i motorrummet. För undan ventilenheten från generatorn; man behöver inte koppla loss kablage eller slangar.

26 Lossa och ta bort generatorns fästmutter och bultar, ta sedan loss generatorn från sitt fäste och lyft den uppåt och ut från sin plats. På högerstyrda modeller, för att skapa tillräckligt med utrymme för demontering av generatorn, tappa av kylsystemet (se kapitel 1), koppla sedan loss kylvätskeslangen och ta loss kylvätskeutloppshuset och packningen bak på topplocket **(se bilder)**.

7.26a På 2.0 liters motorer, lossa och ta bort den övre fästbulten. . .

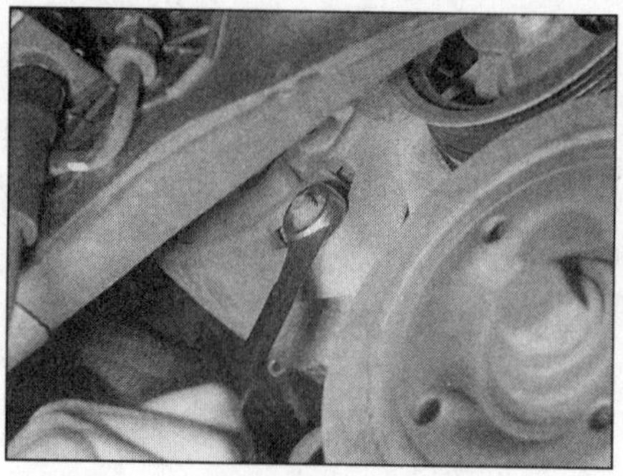

7.26b . . . och den nedre fästbulten . . .

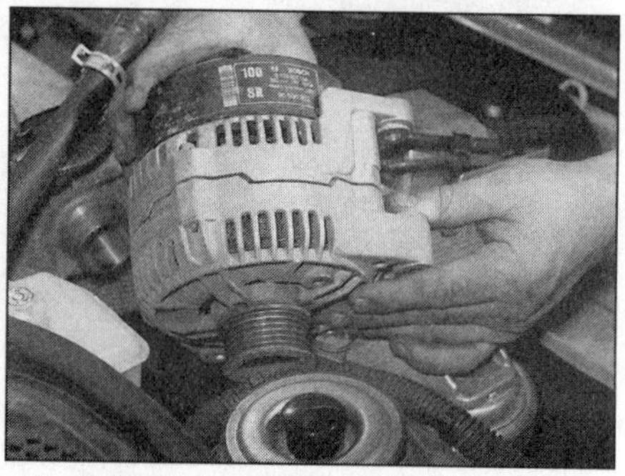

7.26c . . . och ta bort generatorn

7.26d På högerstyrda modeller måste man tappa av kylsystemet, koppla loss slangen . . .

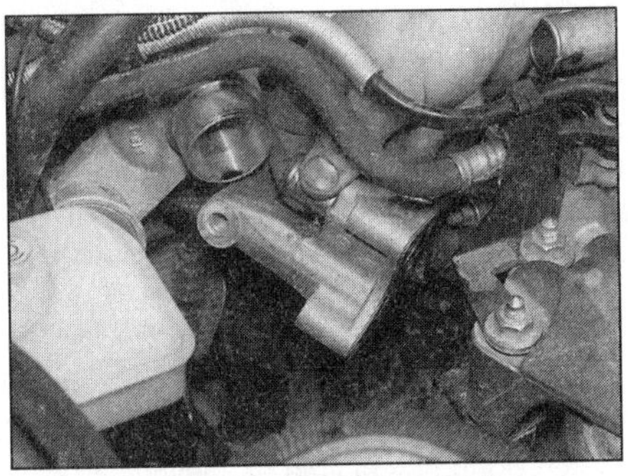

7.26e . . . och skruva loss kylvätskeutloppets hus för att skapa utrymme för demontering av generatorn

Montering

27 Montering sker i omvänd ordning mot demontering. Dra åt alla fästbultar till specificerade moment (om angivna) och se till att montera och spänna drivremmen på rätt sätt enligt beskrivning i kapitel 1.

8 Generator - test och renovering

1 Om generatorn misstänks vara defekt skall den demonteras från bilen och lämnas till en bilelektriker för test. De flesta bilelektriker kan leverera och montera borstar till ett rimligt pris. Kontrollera dock kostnaden för reparationsarbeten eftersom det kan visa sig mer ekonomiskt att införskaffa en ny eller utbytes generator.

9 Startsystem - test

Observera: *Se föreskrifterna i "Säkerheten främst!" och i avsnitt 1 i detta kapitel innan arbetet påbörjas.*

1 Om startmotorn inte fungerar när startnyckeln vrids till rätt läge kan detta bero på följande:

a) Batteriet är defekt.

b) De elektriska anslutningarna mellan tändningslåset, solenoiden, batteriet och startmotorn misslyckas någonstans med att överföra behövlig ström från batteriet över startmotorn till jord.

c) Solenoiden är defekt.

d) Startmotorn är defekt mekaniskt eller elektriskt.

2 För att kontrollera batteriet, slå på strålkastarna. Om de försvagas efter några sekunder tyder det på att batteriet är urladdat - ladda batteriet (se avsnitt 3) eller byt ut det. Om strålkastarna lyser starkt, vrid om startnyckeln och observera lysena. Om de försvagas tyder detta på att ström når startmotorn, varför felet måste ligga i själva startmotorn. Om lysena fortsätter lysa starkt (och inget klickande ljud kan höras från startmotorns solenoid), tyder detta på att det är ett fel i kretsen eller solenoiden – se följande punkter. Om startmotorn går runt sakta när den aktiveras, men batteriet är i gott skick, indikerar detta antingen att startmotorn är defekt eller att det är ett stort motstånd någonstans i kretsen.

3 Om ett fel i kretsen misstänks, koppla loss batterikablarna (inklusive jordledningen till karossen), startmotor-/solenoidkablaget och motorns/växellådans jordfläta. Rengör alla anslutningar noggrant och anslut batterikablar och övrigt kablage, använd sedan en voltmätare eller testlampa för att kontrollera att full batterispänning finns vid den positiva batterikabelns anslutning till solenoiden och att jorden är fullgod. Lägg vaselin runt batteripolerna för att förhindra korrosion – korroderade anslutningar är en av de vanligaste orsakerna till problem i elsystemet.

4 Om batteriet och alla anslutningar är i gott skick, kontrollera kretsen genom att koppla loss ledningen från solenoidens bladkontakt. Anslut en voltmätare eller en testlampa mellan ledningsänden och god jord (som t.ex. batteriets negativa pol), och kontrollera att ledningen är strömförande när tändningslåset ställs i 'startläge'. Om den är det är kretsen fullgod - om inte kan kretsens kablage kontrolleras enligt beskrivning i kapitel 12.

5 Solenoidens kontakter kan kontrolleras om man ansluter en voltmätare eller en testlampa mellan batteriets positiva anslutning på solenoidens startmotorsida och jord. När sedan tändningslåset ställs i 'startläge' skall man få en avläsning/lampan skall tändas. Om detta inte är fallet är solenoiden defekt och måste bytas ut.

6 Om kretsen och solenoiden är i fullgott skick måste felet ligga hos startmotorn. Om så är fallet kan det vara möjligt att få startmotorn renoverad av en specialist, men kontrollera kostnaden för reservdelar innan detta görs. Det kan visa sig vara mer ekonomiskt att införskaffa en ny eller utbytes motor.

10 Startmotor - demontering och montering

Demontering

1 Koppla loss batteriets negativa kabel, dra åt handbromsen ordentligt, lyft upp framvagnen och stöd den på pallbockar. Om så behövs, skruva loss fästbultarna och ta bort kåpan under motorn/växellådan. Fortsätt sedan enligt beskrivningen under relevant underrubrik.

1.6 liters bensinmotor

2 Skruva loss de två fästmuttrarna och koppla loss kablaget från startmotorsolenoiden. Ta vara på brickorna under muttrarna.

3 Skruva loss fästmuttern och koppla loss jordledningen från startmotorns övre bult.

4 Skruva loss fästbultarna och ta ut startmotorn från under motorn.

1.8 och 2.0 liters bensinmotorer

5 Skruva loss fästbultarna och ta bort stödkonsolen från insugsgrenrörets undersida.

6 Där så behövs, skruva loss muttern/bulten (-arna) (efter tillämplighet) och ta bort startmotorns fästkonsol.

7 Skruva loss de två fästmuttrarna och koppla loss kablaget från startmotorsolenoiden. Ta vara på brickorna under muttrarna.

8 Skruva loss fästbultarna och ta ut startmotorn från under motorn.

1.7 liters dieselmotor

9 Skruva loss de två fästmuttrarna och koppla loss kablaget från startmotorsolenoiden. Ta vara på brickorna under muttrarna.

10 Skruva loss fästbultarna och ta ut startmotorn från under motorn.

2.0 liters dieselmotor

11 För att förbättra åtkomligheten, demontera avgassystemets nedåtgående rör enligt beskrivning i kapitel 4.

12 Skruva loss fästbultarna och ta bort värmeskölden från startmotorns bakre del.

13 Lossa och ta bort fästbultarna och ta bort avgasgrenrörets stödkonsol.

14 Lossa och ta bort de två fästmuttrarna och koppla loss kablaget från startmotorsolenoiden. Ta vara på brickorna under muttrarna.

15 Skruva loss fästmuttern/bulten och ta bort fästkonsolen baktill på startmotorn.

16 Lossa och ta bort fästbultarna och lyft ut startmotorn från under motorn.

Montering

17 Montering sker i omvänd ordning mot demontering, dra åt fästbultarna till specificerat moment. Se till att dra allt kablage korrekt och dra åt dess fästmuttrar ordentligt.

11 Startmotor - test och renovering

1 Om startmotorn misstänks vara defekt skall den demonteras och överlämnas till en bilelektriker för test. De flesta bilelektriker kan leverera och montera borstar till ett rimligt pris. Undersök dock kostnaden för reparation innan detta görs, det kan visa sig mera ekonomiskt att införskaffa en ny eller utbytes motor.

12 Tändningslås - demontering och montering

1 Tändningslåset är integrerat med rattlåset och kan demonteras enligt beskrivning i kapitel 12.

13 Oljetrycksvarningslampans kontakt - demontering och montering

Demontering

Modeller med bensinmotor

1 Kontakten är inskruvad baktill i oljepumphuset som sitter på motorns högra ände, på änden av vevaxeln. För att lättare komma åt kontakten, dra åt handbromsen, lyft upp framvagnen och stöd den på pallbockar. Om så behövs, skruva loss och ta bort kåpan under motorn/växellådan.

2 Koppla loss ledningens kontaktdon, skruva sedan ut kontakten och ta vara på tätningsbrickan. Var beredd på oljespill och om kontakten skall förbli demonterad från motorn under en längre tid, plugga igen kontaktens öppning.

Modeller med dieselmotor

3 På 1.7 liters modeller är oljetryckskontakten inskruvad på vänster ände av motorblocket och kan nås ovanifrån.

4 På 2.0 liters modeller är kontakten inskruvad baktill i motorblocket. För att komma åt den, dra åt handbromsen, lyft upp framvagnen och stöd den på pallbockar. Om så behövs, skruva loss bultarna och ta bort kåpan under motorn/växellådan. Kontakten kan nu nås från bilens undersida.

5 Koppla loss ledningens kontaktdon, skruva ut kontakten och ta vara på tätningsbrickan. Var beredd på oljespill och om kontakten ska förbli demonterade fårn motorn under en längre tid, plugga igen kontaktens öppning.

Montering

6 Undersök om tätningsbrickan är skadad eller försämrad och byt ut den om så behövs.

7 Sätt tillbaka kontakten och brickan, dra åt den till specificerat moment och anslut kontaktdonet.

8 Ställ ned bilen på marken, kontrollera sedan motoroljenivån och fyll vid behov på enligt beskrivning i *"Veckokontroller"*.

14 Oljenivågivare - demontering och montering

Modeller med 1.6 liters bensinmotor

Demontering

1 Oljenivågivaren (om monterad) sitter på motoroljesumpens baksida.

2 För att komma åt givaren, dra åt handbromsen, lyft upp framvagnen och stöd den på pallbockar. Om så behövs, skruva loss fästbultarna och ta bort kåpan under motorn/växellådan.

3 Tappa av motoroljan i en ren behållare, sätt sedan tillbaka avtappningspluggen och dra åt den till specificerat moment (se kapitel 1).

4 Koppla loss kontaktdonet(n) från givaren.

5 På modeller med en sump av pressat stål, skruva loss fästbultarna, för försiktigt ut givaren från sumpen och ta bort den tillsammans med tätningsringen. Kasta tätningsringen, en ny måste användas vid montering.

6 På modeller med en sump av aluminiumgods, skruva loss givaren och ta bort den från sumpen. Kasta tätningsbrickan, en ny ska användas vid monteringen.

Montering

7 Montering sker i omvänd ordning mot demontering, se till att dra kablaget korrekt och ansluta det ordentligt. Fyll avslutningsvis på motorn med motorolja (se kapitel 1)

Övriga modeller

Demontering

8 Oljenivågivaren (om monterad) sitter inuti sumpen vilken först måste demonteras (se kapitel 2).

9 När sumpen är demonterad, dra av fästklämman och lossa givarens kontaktdon från sumpen.

10 Observera hur kablaget är draget, lossa sedan fästskruvarna och ta bort givarenheten från sumpen. Undersök om kontaktdonets tätning är skadad och byt ut den om så behövs.

Montering

11 Innan montering, ta bort alla spår av låsningsmedel från givarens fästskruv och sumpens gängor. Lägg en droppe nytt låsningsmedel på skruvens gängor och smörj kontaktdonets tätning med lite motorolja.

12 Montera givaren, se till att kablaget dras rätt, och dra åt dess fästskruvar. För kontaktdonet genom sumpen, var försiktig så att inte tätningen skadas, och fäst den på plats med fästklämman.

13 Försäkra dig om att givaren är ordentligt monterad, montera sedan sumpen enligt beskrivning i kapitel 2.

Kapitel 5 Del B:
Tändsystem – modeller med bensinmotor

Innehåll

Svårighetsgrader

Enkelt, passar novisen med lite erfarenhet	**Ganska enkelt,** passar nybörjaren med viss erfarenhet	**Ganska svårt,** passar kompetent hemmamekaniker	**Svårt,** passar hemmamekaniker med erfarenhet	**Mycket svårt,** för professionell mekaniker

Specifikationer

Systemtyp	Fördelarlöst tändsystem som styrs av motorstyrningssystemets ECU
Tändföljd	1-3-4-2 (cylinder nr 1 vid kamremsänden)
Åtdragningsmoment	**Nm**
DIS-modulens skruvar	8

1 Tändsystem – allmän information

1 Tändsystemet är integrerat med bränsle-insprutningssystemet för att utgöra ett kombinerat motorstyrningssystem under kontroll av en ECU (elektronisk styrenhet) (se kapitel 4 för ytterligare information). Systemets tändningssida är av fördelarlös typ och består av DIS-modulen (distributorless ignition system – fördelarlöst tändsystem) och knacksensorn.

2 DIS-modulen är i själva verket en tändspole med fyra utmatningar. Modulen består av två separata högspänningsspolar som matar två cylindrar var (en spole matar cylinder 1 och 4 och den andra cylinder 2 och 3). Under kontroll av ECU arbetar modulen efter principen att varje tändstift gnistrar två gånger per cykel, en gång i kompressionstakten och en gång i avgastakten. ECU använder sin information från olika givare/sensorer för att räkna ut vilken tändförställning och spol-laddningstid som behövs.

3 Knacksensorn sitter på motorblocket och informerar ECU när motorn "spikar" under belastning. Sensorn är känslig för vibration och känner av knackningen som uppträder när motorn börjar "spika" (förtända). Knacksensorn sänder en elektrisk signal till ECU som i sin tur fördröjer tändningen tills "spikningen" upphör.

Varning: Spänning producerad av ett elektroniskt tändsystem är betydligt högre än den som produceras av konventionella tändsystem. Man måste vara ytterst försiktig vid arbete med systemet om tändningen är på. Personer med pacemaker skall hålla sig på avstånd från tändningskretsarna, komponenterna och testutrustningen.

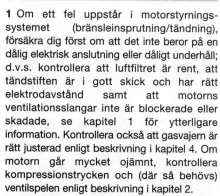

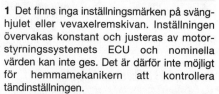

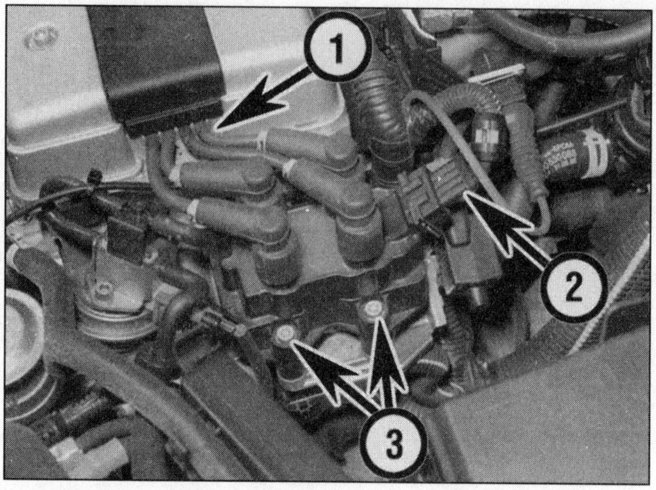

3.2 DIS-modulens placering – 1.8 och 2.0 liters modeller
1 Tändkablar *2 Kontakt* *3 Fästskruvar*

2 Tändsystem – test

1 Om ett fel uppstår i motorstyrningssystemet (bränsleinsprutning/tändning), försäkra dig först om att det inte beror på en dålig elektrisk anslutning eller dåligt underhåll; d.v.s. kontrollera att luftfiltret är rent, att tändstiften är i gott skick och har rätt elektrodavstånd samt att motorns ventilationsslangar inte är blockerade eller skadade, se kapitel 1 för ytterligare information. Kontrollera också att gasvajern är rätt justerad enligt beskrivning i kapitel 4. Om motorn går mycket ojämnt, kontrollera kompressionstrycken och (där så behövs) ventilspelen enligt beskrivning i kapitel 2.

2 Om dessa kontroller inte avslöjar orsaken till problemet måste bilen tas till en lämpligt utrustad Opelverkstad för test. En blockkontakt finns i motorstyrningssystemets krets till vilken en speciell elektronisk diagnostisk testare kan anslutas. Testaren kan snabbt lokalisera felet vilket gör att man slipper testa alla systemkomponenter individuellt, vilket är ett tidsödande arbete som också medför stor risk för skador på ECU.

3 De enda kontrollerna av tändsystemet som kan utföras av hemmamekanikern är de som beskrivs i kapitel 1, som rör tändstiften. Om så behövs kan också systemets kablage och kontaktdon kontrolleras enligt beskrivning i kapitel 12, men se till att först koppla loss ECU kontaktdon.

3 DIS-modul – demontering och montering

Demontering

1 Koppla loss batteriets negativa anslutning.

2 Koppla loss kontaktdonet och högspänningsledningarna från DIS-modulen **(se bild)**. Modulens högspänningsledningspoler är numrerade (ledningarna bör också vara numrerade) med respektive cylindernummer, detta för att förvirring skall undvikas vid monteringen.

3 Lossa och ta bort fästskruvarna och ta bort DIS-modulen från topplockets ände.

Montering

4 Montera modulen på topplocket och dra åt dess fästskruvar till specificerat moment.

5 Återanslut högspänningskablarna till sina respektive poler på DIS-modulen med hjälp av numreringarna.

6 Anslut kontaktdonet till DIS-modulen och anslut därefter batteriet.

4 Tändinställning – kontroll och justering

1 Det finns inga inställningsmärken på svänghjulet eller vevaxelremskivan. Inställningen övervakas konstant och justeras av motorstyrningssystemets ECU och nominella värden kan inte ges. Det är därför inte möjligt för hemmamekanikern att kontrollera tändinställningen.

2 Det enda sättet på vilket tändinställningen kan kontrolleras och (där möjligt) justeras är med hjälp av speciell elektronisk testutrustning som ansluts till motorstyrningssystemets diagnostikuttag (se kapitel 4 för ytterligare information). Kontakta din Opelåterförsäljare för ytterligare information.

Kapitel 5 Del C: Förvärmningssystem – modeller med dieselmotor

Innehåll

Svårighetsgrader

Enkelt, passar novisen med lite erfarenhet	**Ganska enkelt,** passar nybörjaren med viss erfarenhet	**Ganska svårt,** passar kompetent hemmamekaniker	**Svårt,** passar hemmamekaniker med erfarenhet	**Mycket svårt,** för professionell mekaniker

Specifikationer

Åtdragningsmoment	**Nm**
Glödstift:	
1.7 liters motor	20
2.0 liters motor	10

1 Förvärmningssystem - beskrivning och test

Beskrivning

1 I varje cylinder i motorn finns ett värmestift (vanligtvis kallat glödstift) inskruvat. Stiften strömförs innan och under start när motorn är kall. Elektrisk matning till glödstiften styrs via ett relä och förvärmningssystemets styrenhet (1.7 liters modeller) eller insprutningssystemets ECU (2.0 liters modeller).

2 En varningslampa i instrumentpanelen informerar föraren om att förvärmning pågår. När lampan slocknar är motorn redo att starta. Spänningsmatningen till glödstiften fortsätter i flera sekunder efter det att lampan slocknat. Om inget startförsök görs stänger sedan timern av matningen så att inte batteriet laddas ur eller glödstiften överhettas.

3 Glödstiften har också en 'eftervärmande' funktion, där glödstiften förblir på under en period efter det att motorn startat. Hur lång tid eftervärmning pågår bestäms av styrenheten men det kan vara upp till 6 minuter, beroende på motorns temperatur.

4 På 1.7 liters modeller har också bränslefiltret ett värmeelement för att förhindra att bränslet tjocknar under extrema förhållanden och förbättra förbränning. Värmeelementet är monterat mellan filtret och dess hus och det styrs av förvärmningssystemets styrenhet via temperaturkontakten på filterhuset. Värmeelementet slås på om temperaturen på bränslet som passerar genom filtret är lägre än 5°C och slås av när bränsletemperaturen når 16°C.

Test

5 Om systemet inte fungerar som det ska innebär det slutgiltiga testet att man byter ut komponenterna mot väl fungerande enheter, men vissa inledande kontroller kan göras enligt följande:

6 Anslut en voltmätare eller en 12 volts testlampa mellan glödstiftens matningskabel och jord (motorns eller karossens metall). Se till att den strömförande anslutningen hålls på avstånd från motorn och karossen.

7 Låt en medhjälpare slå på tändningen och kontrollera att spänning läggs på glödstiften. Observera hur länge varningslampan är tänd och den totala tid som spänning matas innan systemet stängs av. Slå av tändningen.

8 Med en temperatur på 20°C under motorhuven bör ett typiskt tidsintervall vara ca 3 sekunder för varningslampan. Varningslampan kommer att lysa längre vid lägre temperaturer och kortare vid högre temperaturer.

9 Om det inte finns någon matning alls är styrenheten, reläet eller tillhörande kablage defekt.

10 För att hitta ett defekt glödstift, lossa och ta bort muttrarna och brickorna (om monterade), koppla sedan loss huvudmatningsledningen(-arna) och den elektriska matningsskenan från stiften. På senare modeller, dra helt enkelt av kontaktdonet från varje stift.

11 Använd en kontinuitetstestare eller en 12 volts testlampa ansluten till batteriets positiva pol för att kontrollera kontinuiteten mellan varje glödstift och jord. Motståndet i ett glödstift som är i gott skick är mycket låg (mindre än 1 ohm), så om testlampan inte lyser eller om kontinuitetstestaren visar högt motstånd, är glödstiftet med säkerhet defekt.

12 Om en amperemätare finns till hands kan strömförbrukningen i varje glödstift kontrolleras. Efter en topp på 15 till 20 ampere skall varje stift dra 12 ampere. Ett stift som drar mycket mer eller mindre än så är förmodligen defekt.

13 Som en slutlig kontroll kan glödstiften demonteras och inspekteras enligt beskrivning i nästa avsnitt.

2 Glödstift - demontering, inspektion och montering

Varning: Om förvärmningssystemet just har varit på, eller om motorn har varit igång, kommer glödstiften att vara mycket heta.

Demontering

1.7 liters modeller

1 Koppla loss batteriets negativa kabel. För att förbättra åtkomligheten, koppla loss ventilationsslangen bak på topplockskåpan.

2.5a På 2.0 liters motorer, skruva loss fästmuttern från varje glödstift . . .

2 Lossa muttern som håller den elektriska matningsskenan till varje glödstift, dra sedan skenan bakåt för att haka loss den från glödstiften.
3 Skruva loss glödstiftet(-n) och ta bort det/dem från topplocket.

2.0 liters modeller

4 Koppla loss batteriets negativa anslutning. Om så behövs för förbättrad åtkomlighet, ta bort metallröret som förbinder turbo-aggregatet med grenröret/mellankylar-trumman (se kapitel 4).
5 På tidigare modeller, skruva loss fäst-muttrarna och brickorna från toppen på varje glödstift, koppla sedan loss kontaktdonen och lyft av de elektriska anslutande skenorna **(se bilder)**. På senare modeller, koppla helt enkelt loss kontakten från toppen på varje glödstift.
6 Skruva loss glödstiftet(-n) och ta bort dem från topplocket.

Inspektion

7 Undersök varje glödstift för att se om det är skadat. Brända eller eroderade glödstifts-spetsar kan orsakas av ett dåligt insprut-ningsmönster. Låt någon kontrollera insprutarna om denna typ av skada hittas.
8 Om glödstiften är i gott fysiskt skick, kontrollera dem elektriskt med en 12 volts testlampa eller en kontinuitetstestare enligt beskrivningen i föregående avsnitt.
9 Glödstiften kan aktiveras genom att man ansluter 12 volt till dem, för att få bekräftat att de värms upp jämnt och inom rätt tid. Observera följande föreskrifter:

a) *Stöd glödstiftet genom att försiktigt klämma fast det i ett skruvstäd eller en självlåsande tång. Kom ihåg att stiftet kommer att bli glödhett.*
b) *Se till att strömmatnings- eller testledningen har en säkring eller ett överspänningsskydd som skydd mot skada från en eventuell kortslutning.*
c) *Efter testet, låt glödstiftet svalna i flera minuter innan det vidrörs.*

10 Ett glödstift i gott skick ska börja glöda i toppen när det dragit ström i ca 5 sekunder. Ett stift som tar betydligt längre tid innan det börjar glöda, eller som börjar glöda i mitten i stället för i toppen, är defekt.

Montering

1.7 liters modeller

11 Sätt försiktigt tillbaka stiften(-n) och dra åt till specificerat moment. Dra inte åt för hårt, detta kan skada glödstiftets element.
12 För den elektriska matningsskenan på plats, se till att den hakar i som den ska med vart och ett av de fyra glödstiften, och dra åt glödstiftens muttrar ordentligt.
13 Anslut ventilationsslangen, anslut batteriet och kontrollera att glödstiften fungerar.

2.0 liters modeller

14 Sätt försiktigt tillbaka stiftet(-n) och dra åt till specificerat moment. Dra inte åt för hårt, det kan skada glödstiftets element.
15 På tidiga modeller, sätt tillbaka matnings-skenan(-orna) på glödstiften, anslut kontakt-donet(-n), sätt sedan tillbaka brickorna och fästmuttrarna och dra åt dem ordentligt. På senare modeller, anslut kontaktdonen till stiften.
16 Montera metallröret (om demonterat) på turboaggregatet/trumman (se kapitel 4), anslut sedan batteriet och kontrollera glödstiftens funktion.

3 Förvärmningssystem – demontering och montering av komponenter

1.7 liters modeller

Förvärmningssystemets styrenhet

1 Enheten sitter på vänster sida i motor-rummet där den är monterad baktill på batterilådan.
2 Koppla loss batteriets negativa anslutning.
3 Skruva loss fästmuttern som håller enheten till batterilådan.
4 Koppla loss kontaktdonet längst ner på enheten, skruva sedan loss de två fäst-muttrarna och lossa matningsledningarna från enheten. Ta ut enheten ur motorrummet.
5 Montering sker i omvänd ordning, se till att kontaktdonen ansluts korrekt.

Kylvätsketemperaturgivare

6 Kylvätsketemperaturgivaren är inskruvad i termostathuset. Se kapitel 3 för demontering och montering.

Bränslefiltrets värmeelement

7 Demontera filtret enligt beskrivning i kapitel 1. Om filtret skadas vid demonteringen (vilket är troligt), använd ett nytt vid monteringen.
8 Koppla loss batteriets negativa anslutning, koppla sedan loss kontaktdonet från värme-elementet.
9 Skruva loss mittbulten och ta bort värme-elementet från filterhuset. Ta vara på tätnings-ringen och kasta den, en ny ska användas vid monteringen.

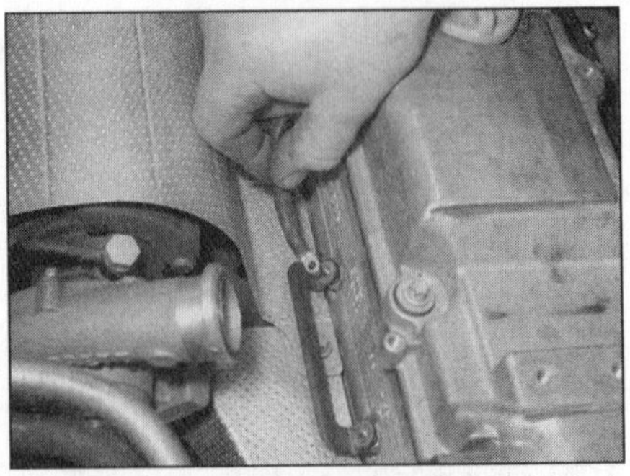

2.5b . . . koppla loss kablaget . . .

2.5c . . . och lyft av skenorna

10 Sätt en ny tätningsring i värmeelementets urtag, montera sedan elementet i filterhuset och dra åt mittbulten ordentligt.
11 Anslut batteriet, montera sedan bränsle-filtret enligt beskrivning i kapitel 1.

Temperaturkontakt för bränslefiltrets värmeelement

12 Koppla loss batteriets negativa anslut-ning, koppla sedan loss kontaktdonet från temperaturkontakten som är inskruvad i bränslefilterhuset.
13 Placera en trasa under filterhuset för att fånga upp bränslespill, skruva sedan ut kontakten och ta bort den från huset. Plugga igen öppningen för att minimera bränsle-förlusten och förhindra smutsintrång. Ta bort tätningsringarna från kontakten och byt ut dem.
14 Sätt nya tätningsringar i kontaktens urtag, sätt sedan tillbaka kontakten i filterhuset och dra åt den ordentligt. Anslut kontaktdonet till kontakten, anslut sedan batteriet.

Reläer eller säkringar

15 Reläer och säkringar för glödstifts- och filtervärmeelementen sitter i dosan i motorrummet. Se kapitel 12 för ytterligare detaljer.

2.0 liters modeller

16 Förvärmningssystemets funktion styrs av insprutningssystemets ECU och dess givare. Se kapitel 4 för ytterligare information.

2 Hydraulsystem - luftning

Varning: Hydraulvätska är giftig - om vätska kommer i kontakt med huden, tvätta omedelbart bort den och sök läkarhjälp om vätska sväljs eller kommer in i ögonen. Vissa typer av hydraulvätska är antändbara och kan fatta eld om de kommer i kontakt med heta komponenter. Vid service av ett hydraulsystem är det säkrast att anta att vätskan är antändbar och vidta samma säkerhetsåtgärder mot brand som när man handskas med bensin. Hydraulvätska är också en effektiv färgborttagare och angriper plast; om vätska spills, skölj omedelbart bort den med massor av vatten. Slutligen är vätskan också hygroskopisk (den absorberar fukt från luften) - gammal vätska kan vara förorenad och därför oanvändbar. Vid påfyllning eller byte av vätskan, använd alltid rekommenderad typ och försäkra dig om att den kommer från en förseglad nyöppnad behållare.

1 För att hydraulsystemet ska fungera korrekt får det inte finnas någon luft i komponenterna och kretsen; detta åstadkommer men med luftning av systemet.

2 När luftning utförs, fyll endast på med ren, oanvänd hydraulvätska av rekommenderad typ; återanvänd aldrig vätska som har tappats av ur systemet. Se till att ha tillräckligt mycket vätska till hands innan arbetet påbörjas.

3 Om det föreligger risk att felaktig vätska finns i systemet måste den hydrauliska kretsen spolas helt med oförorenad vätska av rätt typ.

4 Om hydraulvätska har läckt från systemet, eller om luft har kommit in på grund av en läcka, se till att åtgärda detta innan du fortsätter.

5 Luftningsskruven är inskruvad i husets ändinfästning som sitter uppe på växellådshuset. På vissa modeller är åtkomligheten till luftningsskruven begränsad och man måste eventuellt lyfta upp framvagnen och ställa den på pallbockar så att skruven kan nås underifrån.

6 Kontrollera att alla rör och slangar sitter säkert, att anslutningarna är ordentligt åtdragna och att luftningsskruven är stängd. Torka bort all smuts runt luftningsskruven.

7 Skruva loss huvudcylinderbehållarens lock (kopplingen delar vätskebehållare med bromssystemet) och fyll på huvudcylinderbehållaren till den övre nivålinjen (MAX). Sätt tillbaka locket löst och kom ihåg att hela tiden hålla nivån över MIN-linjen under arbetets gång, annars kan ännu mer luft komma in i systemet.

8 Det finns ett antal enmans luftningssatser tillgängliga hos tillbehörsbutiker. Det rekommenderas att man använder en sådan närhelst möjligt, eftersom de underlättar arbetet avsevärt och reducerar risken för att utsläppt luft och vätska kommer tillbaka in i systemet. Om en sådan sats inte finns till hands måste den grundläggande (tvåmans) metoden användas, som beskrivs nedan.

9 Om en luftningssats skall användas, förbered bilen enligt tidigare beskrivning och följ tillverkarens instruktioner - de kan variera lite beroende på typ av sats. Generellt sett går arbetet till enligt beskrivningen nedan.

Luftning - grundläggande (tvåmans) metod

10 Samla ihop en ren glasburk, en lämplig bit plast- eller gummirör som passar tätt över luftningsskruven, och en ringnyckel som passar skruven. Du behöver också ta hjälp av någon.

11 Ta av dammskyddet från luftningsskruven. Sätt nyckeln och röret på skruven, placera den andra änden av röret i glasburken och häll i så mycket vätska att änden av röret är väl täckt.

12 Se till att vätskenivån hålls minst över den nedre nivålinjen i behållaren under hela arbetet.

13 Låt medhjälparen trycka ned kopplingspedalen helt flera gånger för att bygga upp tryck och håll den sedan nere.

14 Medan pedaltrycket hålls, skruva loss luftningsskruven (ca ett varv) och låt den hoptryckta vätskan och luften flöda ut i burken. Medhjälparen skall hålla pedalen nedtryckt tills du säger till. När flödet slutar, dra åt luftningsskruven igen, låt medhjälparen sakta släppa upp pedalen och kontrollera vätskenivån i behållaren igen.

15 Upprepa stegen i punkt 13 och 14 tills vätskan som kommer ut ur luftningsskruven är fri från luftbubblor. Om huvudcylindern har tappats av och fyllts på, låt det gå ca 5 sekunder mellan cyklerna så att huvudcylinderns passager hinner fyllas.

16 När inga mer luftbubblor syns, dra åt luftningsskruven ordentligt, ta bort röret och nyckeln och sätt tillbaka dammskyddet. Dra inte åt luftningsskruven för hårt.

Luftning med envägsventil

17 Som namnet antyder består denna sats av en bit rör med en envägsventil som förhindrar att utsläppt luft och vätska dras tillbaka in i systemet igen; vissa satser har också en genomskinlig behållare som kan placeras så att luftbubblorna lättare kan ses när de kommer ut ur röränden.

18 Satsen ansluts till luftningsskruven som sedan öppnas. Användaren återvänder till förarsätet, trycker ner kopplingspedalen med en mjuk stadig rörelse och släpper sedan långsamt upp den igen; detta upprepas sedan tills det inte längre finns några luftbubblor i vätskan som kommer ut.

19 Observera att denna sats förenklar arbetet så mycket att det är lätt att glömma bort nivån i kopplingsvätskans behållare; se till att den hålls minst över den nedre nivålinjen under hela arbetet.

Luftning med trycksats

20 Dessa satser drivs vanligen av luften i reservdäcket. Det kan dock vara nödvändigt att lätta på trycket till en lägre nivå än normalt, se instruktionerna som medföljer satsen.

21 Genom att ansluta en vätskefylld behållare under tryck till kopplingens vätskebehållare kan luftning utföras genom att man helt enkelt öppnar luftningsskruven och låter vätskan flöda ut tills den är fri från luftbubblor.

22 Denna metod har fördelen att den stora behållaren med vätska utgör en extra säkerhet mot att luft dras in i systemet under luftningen.

Alla metoder

23 När luftningen är slutförd och pedalen känns normal igen, dra åt luftningsskruven ordentligt och torka bort eventuell spilld vätska. Sätt tillbaka dammskyddet på luftningsskruven.

24 Kontrollera hydraulvätskenivån i huvudcylinderns behållare och fyll på vid behov (se *"Veckokontroller"*).

25 Kassera hydraulvätska som har tappats av, den kan inte användas igen.

26 Kontrollera kopplingspedalens funktion. Om kopplingen fortfarande inte fungerar som den ska finns det fortfarande luft i systemet och ytterligare luftning måste göras. Om man inte lyckas bli av med all luft efter upprepade försök kan detta bero på slitna tätningar i huvudcylindern/slavcylindern.

3 Huvudcylinder - demontering och montering

Observera: *En ny tätningsring till hydraulrörsanslutningen behövs vid montering.*

Demontering

Högerstyrda modeller

1 För att komma åt huvudcylindern, demontera bromssystemets vakuumservoenhet enligt beskrivning i kapitel 9.

2 Ta bort alla spår av smuts från utsidan av huvudcylindern och placera en trasa under cylindern för att fånga upp vätskespill.

3 Dra ut fästklämman och frigör hydraulröret från huvudcylinderns framsida. Plugga igen röränden och huvudcylinderns port för att minimera vätskeförlusten och förhindra smutsintrång. Ta vara på tätningsringen från anslutningen och kasta den, en ny måste användas vid monteringen. Sätt tillbaka fästklämman i huvudcylinderns spår, se till att den hamnar rätt.

4 Inuti bilen, dra av fästklämman och ta bort gaffelbulten som håller huvudcylinderns tryckstång till pedalen.

Kapitel 6
Koppling

Innehåll

Svårighetsgrader

Enkelt, passar novisen med lite erfarenhet	**Ganska enkelt,** passar nybörjaren med viss erfarenhet	**Ganska svårt,** passar kompetent hemmamekaniker	**Svårt,** passar hemmamekaniker med erfarenhet	**Mycket svårt,** för professionell mekaniker

Specifikationer

Typ	Enkel torrlamell med membranfjäder, hydrauliskt manövrerad
Lamell	
Diameter:	
Modeller med bensinmotor:	
1.6 liters SOHC motor	200 mm
1.6 liters DOHC motor:	
Tidiga modeller	200 mm
Senare modeller	205 mm
1.8 liters motor	216 mm
2.0 liters motor	228 mm
Modeller med dieselmotor:	
1.7 liters motor	200 mm
2.0 liters motor	228 mm
Åtdragningsmoment	**Nm**
Huvudcylinderns fästmuttrar	20
Hydraulrör, anslutningsmutter	14
Pedalens fästkonsol, muttrar	20
Slavcylinderns fästbultar	5
Tryckplattans fästbultar	15

1 Allmän information

1 Kopplingen består av en lamell, en tryckplatta och den hydrauliska slavcylindern (som innehåller urtrampningslagret); alla dessa komponenter sitter i den stora balanshjulskåpan av aluminiumgods, mellan motorn och växellådan.

2 Lamellen sitter mellan motorns svänghjul och kopplingens tryckplatta och den glider på räfflorna på växellådans ingående axel.

3 Tryckplattan är fastskruvad i svänghjulet. När motorn är igång överförs drivkraft från vevaxeln, via svänghjulet, till lamellen (dessa komponenter är säkert hopklämda av tryckplattsenheten) och från lamellen till växellådans ingående axel.

4 För att drivningen ska avbrytas måste fjädertrycket lättas. Detta uppnås med hjälp av en hydraulisk urtrampningsmekanism som består av huvudcylindern, slavcylindern och rören/slangarna som förbinder de två. När pedalen trycks ned läggs tryck på huvudcylinderns tryckstång som hydrauliskt tvingar slavcylinderns kolv mot tryckplattans fjäderfingrar. Detta gör att fjädrarna deformeras och släpper greppet om lamellen.

5 Kopplingen är självjusterande och kräver ingen manuell justering.

5 Atergå till motorrummet, lossa fästskruvarna och ta bort huvudcylindern från bilen, tillsammans med packningen. Om huvudcylindern är defekt måste den bytas ut, renovering är inte möjlig.

Vänsterstyrda modeller

6 För att komma åt huvudcylindern, ta loss relädosan från ABS hydraulmodulatorn och flytta den åt sidan. Åtkomligheten är fortfarande dålig men den kan förbättras om bromssystemets vakuumservoenhet demonteras (se kapitel 9).
7 Minimera bränsleförlusten genom att ta bort huvudcylinderbehållarens lock, lägga en bit plastfolie över öppningen och skruva tillbaka locket igen, för att få en lufttät tätning.
8 Torka bort all smuts runt huvudcylinderns röranslutning på sidan av vätskebehållaren. Lossa fästklämman och koppla loss röret, fånga upp spill med en trasa. Plugga igen eller tejpa över behållaranslutningen och röränden för att minimera vätskeförlusten och förhindra smutsintrång. Torka av spill omedelbart.
9 Inuti bilen, skruva loss fixturerna och ta bort den nedre klädselpanelen under förarens sida av instrumentbrädan för att komma åt kopplingspedalen.
10 Demontera huvudcylindern enligt beskrivning i punkt 2 till 5.

Montering

Högerstyrda modeller

11 Se till att cylinderns och torpedväggens fogytor är rena och torra och att packningen är på plats.
12 För huvudcylindern på plats och se samtidigt till att tryckstångens klyka greppar i pedalen korrekt. Försäkra dig om att tryckstången är korrekt i ingrepp och dra sedan åt huvudcylinderns fästmuttrar till specificerat moment.
13 Lägg ett lager universalfett på gaffelbulten, rikta sedan in gaffelbulten och pedalen och sätt i bulten. Säkra gaffelbulten på plats med fästklämman, se till att den sätts ordentligt i bultens spår.
14 Sätt en ny tätningsring på hydraulrörets anslutning och se till att fästklämman sitter som den ska i huvudcylinderns spår. För röranslutningen på plats tills fästklämman hörs 'klicka', kontrollera sedan att röret hålls säkert på plats.
15 Montera bromssystemets servoenhet och huvudcylindern och lufta hydraulbromssystemet enligt beskrivning i kapitel 9.
16 När bromssystemet har luftats, lufta kopplingshydraulsystemet enligt beskrivning i avsnitt 2.

Vänsterstyrda modeller

17 Utför momenten beskrivna i punkt 11 till 14.
18 Montera den nedre klädselpanelen på förarens sida av instrumentbrädan.
19 Anslut huvudcylinderns slang till vätskebehållaren och säkra den på plats med fästklämman.
20 Lufta hydraulsystemet enligt beskrivning i avsnitt 2, montera sedan relädosan på modulatorenheten.

4 Slavcylinder - demontering och montering

Observera: *Se varningen angående riskerna med asbestdamm i början av avsnitt 6.*

Demontering

1 Om inte den kompletta motor-/växellådsenheten skall demonteras från bilen och separeras för övergripande renovering (se kapitel 2) kan kopplingens slavcylinder nås genom att man enbart demonterar växellådan, enligt beskrivning i kapitel 7.
2 Torka ren utsidan av slavcylindern, lossa sedan anslutningsmuttern och koppla loss hydraulröret **(se bild)**. Torka upp spilld vätska med en ren trasa.
3 Skruva loss de tre fästbultarna och dra av slavcylindern från växellådans ingående axel. Ta bort tätningsringen som sitter mellan cylindern och växellådshuset och kasta den, en ny måste användas vid montering. Medan cylindern är demonterad, var noga med att inte låta smuts eller skräp komma in i växellådsenheten.
4 Slavcylindern är en förseglad enhet och den kan inte renoveras. Om cylinderns tätningar är trasiga eller om urtrampningslagret ger i från sig oljud eller fungerar ojämnt, måste hela enheten bytas ut.

Montering

5 Se till att slavcylinderns och växellådans fogytor är rena och torra och sätt den nya tätningsringen i växellådans urtag.
6 Smörj slavcylinderns tätning med lite växellådsolja, för sedan cylindern försiktigt längs ingående axeln tills den är på plats. Kontrollera att tätningsringen fortfarande sitter ordentligt på plats i sitt spår, sätt sedan i slavcylinderns fästbultar och dra åt dem till specificerat moment.

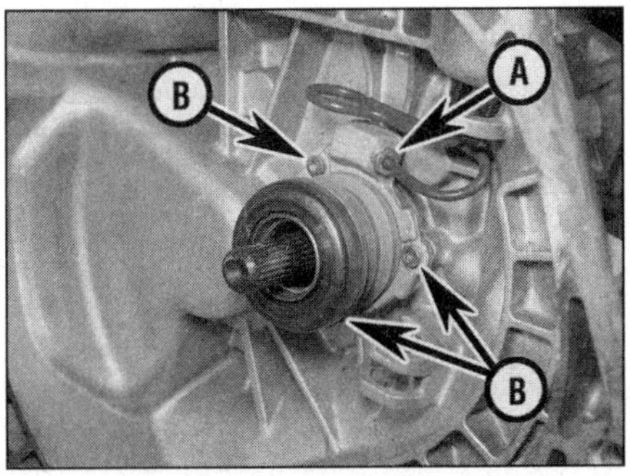

4.2 Anslutningsmutter (A) och fästbultar (B) till kopplingens slavcylinder

7 Anslut hydraulröret till slavcylindern, dra åt dess anslutningsmutter till specificerat moment.
8 Montera växellådan enligt beskrivning i kapitel 7.

5 Kopplingspedal - demontering och montering

Demontering

1 Demontera bromssystemets vakuumservoenhet enligt beskrivning i kapitel 9. Se till att kopplingshuvudcylinderns vätskematningsslang är säkert hopklämd eller pluggad för att förhindra vätskeförlust och smutsintrång.
2 Dra av fästklämman och ta bort gaffelbulten som håller huvudcylinderns tryckstång till kopplingspedalen.
3 Haka försiktigt loss returfjädern bakom pedalen för att lätta på all spänning i fjädern.
4 På modeller med farthållare, koppla loss kontaktdonet från kopplingskontakten, ta sedan bort kontakten från pedalkonsolen.
5 Lossa och ta bort muttrarna som håller toppen av pedalens fästkonsol till instrumentbrädans ram.
6 Återgå till motorrummet och lossa och ta bort kopplingshuvudcylinderns fästmuttrar. Lämna huvudcylindern på plats, man behöver inte ta bort den eller koppla loss den.
7 Lossa och ta bort resten av muttrarna som håller pedalens fästkonsol till torpedväggen. Ta sedan ut pedal- och konsolenheten från bilens insida.
8 Undersök om pedalens fästkonsoler är skadade eller deformerade (konsolerna är utformade så att de ska böjas lätt som en säkerhetsåtgärd i händelse av en kollision) och undersök om fästbussningarna är slitna. Om någon av komponenterna är sliten eller skadad skall den bytas ut; pedalen och konsolerna kan separeras när konsolbultarna har skruvats loss.

Montering

9 Om pedalen och konsolen har tagits isär, lägg universalfett på pedalens pivåaxel och bussningar innan hopsättning. Sätt i hop alla komponenter, se till att pedalens returfjäder är korrekt ihakad i konsolen, dra sedan åt konsolens bultar. Kontrollera att pedalen svänger mjukt innan enheten sätts tillbaka i bilen.
10 För pedalenheten på plats, haka i pedalen med huvudcylinderns tryckstång, sätt sedan löst tillbaka muttrarna som håller den till instrumentbrädans ram.
11 Arbeta i motorrummet, sätt tillbaka muttrarna som håller pedalens fästkonsol och huvudcylindern till torpedväggen och dra åt dem till specificerat moment.
12 Inuti bilen, lägg ett lager universalfett på gaffelbulten, rikta sedan in tryckstången med

6.3 Lossa och ta bort bultarna . . .

6.4 . . . och ta bort kopplingens tryckplatta och lamell från svänghjulet

kopplingspedalens hål och sätt in bulten. Säkra bulten på plats med fästklämman, se till att den hamnar rätt i spåret.

13 Dra åt muttrarna som håller pedalkonsolen till instrumentbrädan till specificerat moment.

14 Haka returfjädern på plats bakom kopplingspedalen.

15 Montera bromssystemets servoenhet och huvudcylindern, lufta sedan hydraulsystemet enligt beskrivning i kapitel 9.

16 På modeller med farthållare, se till att kontaktens kolvbult är helt intryckt, sätt sedan tillbaka kontakten på konsolen och anslut kontaktdonet. Pressa ner kopplingspedalen helt och dra ut kolvbulten, släpp sedan pedalen för att ställa in kontaktjusteringen.

17 Montera den nedre kåpan till instrumentbrädan och kontrollera kopplingens funktion innan bilen tas ut i trafiken.

6 Kopplingsenhet – demontering, inspektion och montering

Varning: Damm från kopplingsslitage som lagt sig på komponenterna kan innehålla asbest, vilket är hälsofarligt. BLÅS INTE ut det med tryckluft och andas inte in det. ANVÄND INTE bensin eller petroleumbaserade lösningsmedel för att tvätta bort dammet. Bromssystemrengörare eller denaturerad sprit skall användas till att spola ner dammet i en lämplig behållare. När kopplingskomponenterna torkats rena med en trasa, kasta de förorenade trasorna och rengöringsmedlet i en behållare som sedan förseglas och märks.

Observera: *Även om vissa friktionsmaterial inte längre innehåller asbest är det säkrast att anta att de gör det och vidta nödvändiga säkerhetsåtgärder.*

Demontering

1 Om inte hela motor-/växellådsenheten skall demonteras från bilen och tas isär för övergripande renovering (se kapitel 2) kan kopplingen nås om man bara demonterar växellådan enligt beskrivning i kapitel 7.

2 Innan kopplingen rörs, märk ut förhållandet mellan tryckplattan och svänghjulet med krita eller filtpenna.

3 Arbeta i diagonal ordning, lossa tryckplattans bultar med ett halvt varv åt gången, tills fjädertrycket lättas och bultarna kan skruvas ut för hand **(se bild)**.

4 Demontera tryckplattan och ta ut lamellen, notera vilken väg lamellen är monterad **(se bild)**.

Inspektion

Observera: *Eftersom det är ett relativt omfattande arbete att demontera och montera kopplingens komponenter, är det en bra idé att byta ut kopplingens lamell, tryckplatta och urtrampningslager som en uppsättning, även om bara en av dessa komponenter är så pass sliten att den egentligen behöver bytas. Det är också värt att överväga byta av kopplingskomponenterna som en förebyggande åtgärd om motorn och/eller växellådan av någon anledning har demonterats.*

5 Demontera kopplingen.

6 Vid rengöring av komponenterna, läs först varningen i början av detta avsnitt. Ta bort damm med en ren, torr trasa och arbeta i ett väl ventilerat utrymme.

7 Undersök om lamellens ytor är slitna, skadade eller förorenade med olja. Om friktionsmaterialet är sprucket, bränt, repat eller skadat, eller om den är förorenad med olja eller fett (vilket visar sig som blanka svarta fläckar), måste lamellen bytas ut.

8 Om friktionsmaterialet fortfarande är i servicebart skick, kontrollera att navets räfflor inte är slitna, att torsionsfjädrarna är i gott skick och säkert fästa, och att alla nitar sitter hårt. Om slitage eller skada hittas måste lamellen bytas ut.

9 Om friktionsmaterialet är förorenat med olja måste detta bero på en oljeläcka från vevaxelns oljetätning, från fogen mellan sumpen och motorblocket eller från slavcylindern (antingen huvudtätningen eller tätningsringen). Byt ut vevaxelns oljetätning eller reparera sumpfogen enligt beskrivning i kapitel 2, innan den nya lamellen monteras. Slavcylindern behandlas i avsnitt 4.

10 Undersök om tryckplattan är sliten eller skadad; skaka den för att se om nitarna är lösa, om stödringarna är slitna eller skadade, och kontrollera att drivbanden som håller tryckplattan till kåpan inte visar tecken på överhettning (som en djup gul eller blå missfärgning). Om membranfjädern är sliten eller skadad, eller om dess tryck på något sätt är tvivelaktig, ska tryckplattsenheten bytas ut.

11 Undersök de slipade lagerytorna på tryckplattan och svänghjulet, de ska vara rena, helt plana och får inte ha repor. Om någon av ytorna är missfärgad av överhettning, eller visar tecken på sprickor, bör den bytas ut – även om mindre skador av detta slag ibland kan slipas bort med sandpapper.

12 Kontrollera att slavcylinderns lager roterar lätt och mjukt, utan ojämnheter eller missljud. Kontrollera också att själva ytan är mjuk och inte sliten, utan tecken på sprickor, gropar eller repor. Om det råder någon som helst tvekan om dess skick skall kopplingens slavcylinder bytas ut (man kan inte byta ut lagret separat).

Montering

13 Vid hopsättning, se till att lagerytorna på svänghjulet och tryckplattan är helt rena, mjuka och fria från olja eller fett. Använd lösningsmedel till att ta bort skyddsfett från nya komponenter.

14 Montera lamellen så att dess fjädernav är vänt bort från svänghjulet; det kan också finnas markeringar som visar vilken väg den ska monteras.

15 Montera tryckplattsenheten, rikta in märkena som gjordes vid monteringen (om originalplattan används). Sätt i tryckplattans bultar men dra bara åt dem med fingrarna så att lamellen fortfarande kan röras.

16 Lamellen måste nu centreras så att, när växellådan monteras, dess ingående axel kan gå igenom räfflorna i mitten av lamellen.

17 Centrering kan göras genom att man sticker en skruvmejsel eller annan stång genom lamellen och in i hålet i vevaxeln; lamellen kan sedan flyttas runt tills den är centrerad på vevaxelns hål. Alternativt kan ett kopplingscentreringsverktyg användas, om man vill undvika gissningar; dessa kan köpas i de flesta tillbehörsbutiker. Ett hemgjort verktyg kan tillverkas av en bit metall- eller trästav som passar snävt i vevaxelns hål och har isoleringstejp lindad runt änden för att motsvara diametern i lamellens räfflade hål.

18 När lamellen är centrerad, dra åt tryckplattans bultar jämnt i diagonal ordning till specificerat moment.

19 Montera växellådan enligt beskrivning i kapitel 7.

Kapitel 7 Del A: Manuell växellåda

Innehåll

Svårighetsgrader

Enkelt, passar novisen med lite erfarenhet	**Ganska enkelt,** passar nybörjaren med viss erfarenhet	**Ganska svårt,** passar kompetent hemmamekaniker	**Svårt,** passar hemmamekaniker med erfarenhet	**Mycket svårt,** för professionell mekaniker

Specifikationer

Allmänt

Typ	Manuell växellåda med fem framåtväxlar och back. Synkronisering på alla framåtväxlar
Identifikationskod*:	
Bensinmodeller:	
1.6 liters SOHC motor	F13
1.6 liters DOHC motor:	
Tidiga modeller	F15
Senare modeller	F17
1.8 och 2.0 liters motor	F18
Dieselmodeller	F18

**Växellådans identifikationskod är ingjuten uppe på växellådshuset, intill väljarmekanismens kåpa*

Smörjning

Oljetyp	Se *"Veckokontroller"*
Oljevolym	Se kapitel 1A eller 1B

Åtdragningsmoment

	Nm
Differentialens nedre täckplatta, bultar:	
F18 växellåda	40
Övriga växellådor:	
Modeller med täckplatta av legering	18
Modeller med täckplatta av stål	30
Motor till växellåda, bultar:	
M8 bultar	20
M10 bultar	40
M12 bultar	60
Motorns/växellådans vänstra fäste, bultar	60
Svänghjulets täckplatta	8
Växlingsmekanism:	
Väljarstagets klämbult:	
Steg 1	12
Steg 2	Vinkeldra ytterligare 180°
Armens fästbultar	6
Nivåplugg	Se kapitel 1A eller 1B
Backljuskontakt	20
Hjulbultar	Se kapitel 1A eller 1B

2.8a Skruva loss ventilationsventilen uppe på växellådshuset . . .

1 Allmän information

1 Växellådan sitter i ett hus av aluminiumlegering, fastskruvad på motorns vänstra ände, och består av växellådan och slutväxeldifferentialen – ofta kallad huvudaxel.

2 Drivkraft överförs från vevaxeln via kopplingen till den ingående axeln, vilken har en räfflad förlängning för att ta emot kopplingslamellen och roterar i förseglade kullager. Från den ingående axeln överförs drivkraften till den utgående axeln, som roterar i ett rullager på höger ände och ett förseglat kullager i vänster ände. Från den utgående axeln överförs drivkraften till differentialens kronhjul, som roterar med differentialhuset och planetdreven och på så sätt driver soldreven och drivaxlarna. Planetdrevens rotation på sina axlar låter det inre hjulet rotera med en lägre hastighet än det yttre hjulet när bilen svänger.

3 Ingående och utgående axlar är arrangerade sida vid sida, parallellt med vevaxeln och drivaxlarna, så att deras pinjongtänder är i konstant ingrepp. I neutralläge roterar utgående axelns drevpinjonger fritt, så att drivkraften inte kan överföras till kronhjulet.

4 Växling sker via en golvmonterad spak och en väljarlänkagemekanism. Väljarlänkaget får aktuell väljargaffel att flytta respektive synkhylsa längs axeln, för att låsa drevpinjongen till synknavet. Eftersom synknaven är räfflade mot utgående axeln låser detta pinjongen till axeln, så att drivkraft kan överföras. För att försäkra att växling kan göras snabbt och tyst, är ett synkroniseringssystem monterat till alla framåtväxlar, som består av synkringar och fjäderbelastade fingrar, så väl som drevpinjongerna och synknaven.

3.4 Lås växelspaken genom att sticka in en dorn genom klämman och in i hålet på vänster sidan om spaken

2.8b . . . och fyll på växellådan med specificerad mängd olja av rätt typ

2 Växellådsolja – avtappning och påfyllning

Observera: *En ny packning till differentialens nedre täckplatta behövs för detta moment.*

1 Eftersom växellådsoljan inte byts ut som en del av tillverkarens underhållsschema, finns ingen avtappningsplugg på växellådan. Om växellådan av någon anledning behöver tappas av, är därför enda sättet att göra detta att demontera differentialens nedre täckplatta.

2 Detta arbetsmoment kan utföras mycket effektivare om bilen först körs en sväng, tillräckligt länge för att motorn/växellådan skall värmas upp till normal arbetstemperatur.

Varning: Om arbetet ska utföras på en het växellåda, var försiktig så att du inte bränner dig på det heta avgassystemet eller på växellådan/motorn.

3 Parkera bilen på jämn mark, slå av tändningen och dra åt handbromsen ordentligt. Lyft upp framvagnen och stöd den på pallbockar. Om så behövs, skruva loss fästbultarna och ta bort kåpan under motorn/växellådan.

4 Torka rent området runt differentialens täckplatta och placera ett lämpligt uppsamlingskärl under plattan.

5 Jämnt och stegvis, lossa och ta bort fästbultarna, ta sedan bort täckplattan och låt växellådsoljan rinna ner i kärlet. Ta bort packningen och kasta den, en ny ska användas vid monteringen.

6 Låt oljan rinna ut helt i kärlet. Om oljan är het, var försiktig så att du inte skållar dig. Ta bort alla spår av smuts och olja från plattans och växellådans fogytor och torka ren insidan av täckplattan.

7 När all olja har runnit ut, se till att fogytorna är rena och torra och sätt tillbaka plattan på växellådan, tillsammans med en ny packning. Sätt tillbaka fästbultarna och dra åt dem, jämnt och stegvis, till specificerat moment. Sänk ner bilen på marken.

8 Växellådan fylls på via ventilationsöppningen på väljarenhetens kåpa, uppe på växellådan. Torka rent området runt ventilationsventilen, skruva sedan ut ventilen från växellådan. Fyll på växellådan med olja av rätt typ och mängd enligt specifikationerna, sätt sedan tillbaka ventilationsventilen och dra åt den ordentligt **(se bilder)**.

9 Kör bilen en sväng så att den nya oljan får fördela sig i växellådans komponenter.

10 Parkera sedan bilen på plan mark igen och kontrollera oljenivån enligt beskrivning i kapitel 1.

3 Växlingsmekanism – justering

Observera: *En 5 mm borr eller dorn behövs för detta arbetsmoment.*

1 Justering av växlingsmekanismen är inte ett rutinarbete och ska bara behövas om mekanismen har demonterats. Om växlingen är trög eller obestämd, kontrollera att den är rätt justerad enligt följande.

2 Mekanismen justeras via klämbulten som håller väljarstaget till växellådslänkaget (se avsnitt 4). Bulten sitter baktill på motorn/växellådan, just framför motorrummets torpedvägg, och på de flesta modeller kan man komma åt bulten ovanifrån. Om bulten inte kan nås ovanifrån, dra åt handbromsen, ställ upp framvagnen på pallbockar och stöd den på pallbockar. Begränsad åtkomlighet kan fås från bilens undersida.

3 Lossa bulten till växlingsväljarstaget som sitter framtill på staget. Ta inte bort bulten helt.

4 Inuti bilen, ta loss växelspakens damask från konsolen och vik undan den. Lås växelspaken genom att sätta in en 5 mm borr eller dorn genom klämman på vänster sida längst ner på spaken och in i lokaliseringshålet **(se bild)**.

5 Lås väljarmekanismen på plats genom att trycka in det fjäderbelastade låsstiftet på väljarmekanismens kåpa, som sitter uppe på växellådan **(se bild)**.

6 När både spaken och växellådan är låsta i sina positioner, dra åt väljarstagets klämbult till specificerat moment för steg 1, dra sedan åt den till vinkeln för steg 2.

7 Ta loss låsstiftet från växelspaken och kontrollera växlingsmekanismens funktion; växellådans låsstift kommer automatiskt att lossa när spaken flyttas till backläge.

8 Kontrollera att växellådans låsstift har lossat, sänk sedan ned bilen på marken.

3.5 Väljarmekanismens låsstift sitter upptill på växellådan

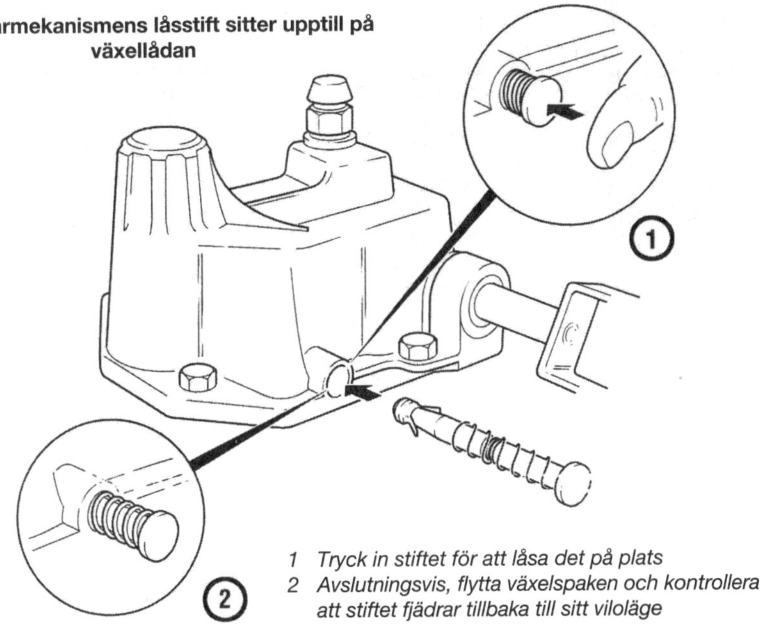

1 *Tryck in stiftet för att låsa det på plats*
2 *Avslutningsvis, flytta växelspaken och kontrollera att stiftet fjädrar tillbaka till sitt viloläge*

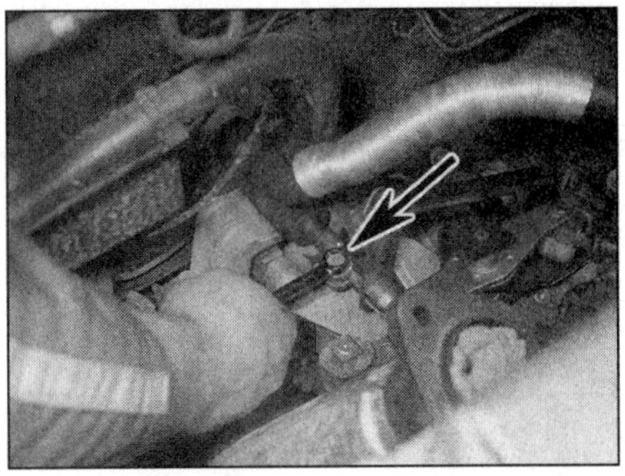

4.3 Lossa klämbulten (vid pilen) som håller växellänkaget till väljarstaget

4 Växlingsmekanism – demontering och montering

Demontering

1 Växlingsmekanismen består av växelspaken, väljarstaget och länkaget på växellådan. Spaken och väljarstaget och länkaget kan demonteras separat.

Växelspak och väljarstag

2 Dra åt handbromsen ordentligt, lyft upp framvagnen och stöd den på pallbockar. Om så behövs, skruva loss fästbultarna och ta bort kåpan under motorn/växellådan.

3 Använd färg eller en lämplig filtpenna, gör inställningsmärken mellan väljarstaget och klämman i främre änden av staget. Lossa klämbulten med ett par varv men ta inte bort den helt **(se bild)**. Flytta växelspaken till 4:ans växelläge, lossa sedan väljarstaget från klämman och dra av gummidamasken.

4 Demontera mittkonsolen enligt beskrivning i kapitel 11.

5 Skruva loss skruvarna och ta bort brytarpanelen runt växelspaken, ta loss kontaktdonen när de blir åtkomliga (se kapitel 12).

6 Lossa och ta bort de fyra bultarna som håller växelspaken till golvet, ta sedan ut spaken och väljarstaget.

7 För att ta isär spaken och väljarstaget, lossa försiktigt fästklämman längst ner på spaken, ta sedan isär staget och spaken och ta bort dem från huset. Undersök alla komponenter för att se om de är slitna eller skadade, var speciellt uppmärksam på väljarstagets och spakens pivåbussningar, och byt ut delar efter behov.

Växellådans länkage

Observera: *Ett nytt pivåstift mellan länkaget och växellådsarmen skall användas vid monteringen.*

8 Separera väljarstaget från sin klämma enligt beskrivning i punkt 3. Bulten sitter baktill på motor-/växellådsenheten, precis framför motorrummets torpedvägg och på de flesta modeller kan man komma åt bulten ovanifrån. Om bulten inte kan nås ovanifrån, dra åt handbromsen, lyft upp framvagnen och stöd den på pallbockar. Begränsad åtkomlighet kan då fås från bilens undersida.

9 Tryck in spärrmekanismen och ta bort pivåstiftet som förbinder länkaget till väljararmen uppe på växellådsenheten **(se bilder)**. Kasta pivåstiftet, ett nytt måste användas vid monteringen.

10 Dra av fästklämman som håller länkagekonsolen till fästena, ta sedan ut enheten uppåt och bort från sin plats **(se bild)**. Om så behövs kan fästkonsolerna sedan skruvas loss och tas bort.

11 Undersök om länkaget är slitet eller skadat och byt ut slitna komponenter efter behov **(se bild)**.

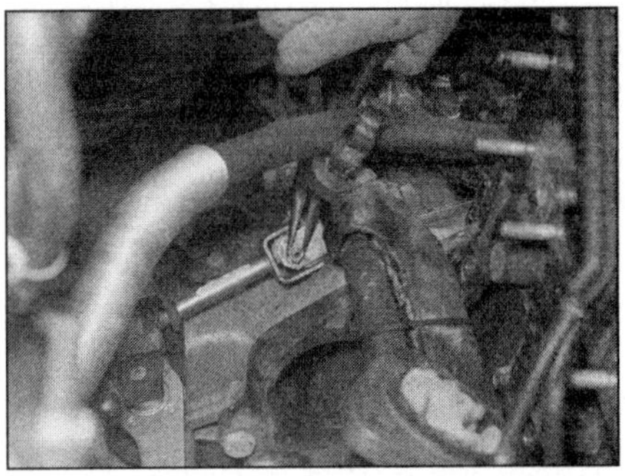

4.9a Dra ut stiftet som förbinder länkaget med väljararmen på växellådan . . .

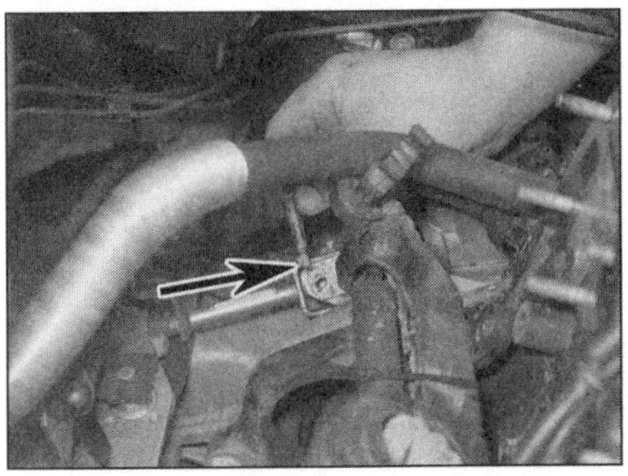

4.9b . . . och notera att man måste trycka in spärrmekanismen (vid pilen) för att kunna lossa stiftet

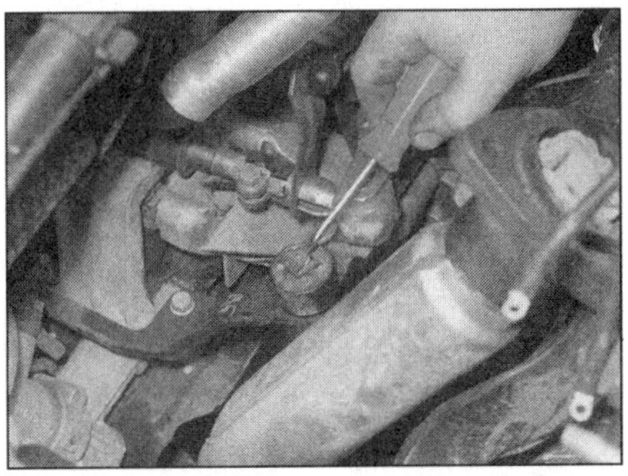

4.10 Dra försiktigt av fästklämmorna som håller länkagets fästkonsol till fästena och ta bort enheten från motorrummet

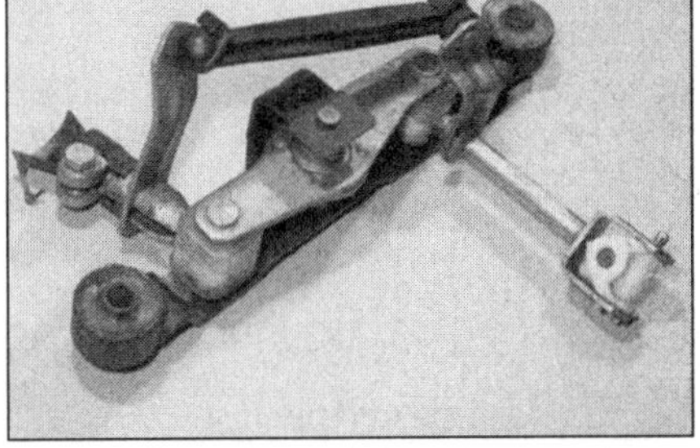

4.11 Undersök om länkaget är slitet eller skadat och byt ut delar efter behov

Montering

Växelspak och väljarstag

12 Om så behövs, sätt ihop spaken och staget, se till att spakens bas sätter sig korrekt i husets pivå, och fäst dem med fästklämmorna.

13 Smörj alla pivåpunkter och lagerytor med silikonfett, för sedan enheten på plats. Sätt tillbaka husets fästbultar och dra åt dem till specificerat moment.

14 Montera brytarpanelen, se till att dess kablage dras rätt, montera sedan mittkonsolen enligt beskrivning i kapitel 11.

15 Arbeta under bilen, dra gummidamasken på änden av väljarstaget och placera den säkert i torpedväggen.

16 Haka i väljarstagets ände med länkageklämman. Rikta in märkena som gjordes innan demonteringen och dra åt klämbulten till momentet för steg 1, därefter till vinkeln för steg 2.

17 Kontrollera växlingsmekanismens funktion innan bilen ställs ned på marken. Om mekanismen verkar ryckig eller obestämd, justera det enligt beskrivning i avsnitt 3.

Växellådans länkage

18 Innan montering, smörj kullederna och pivåpunkterna med silikonfett.

19 För enheten på plats och placera länkagekonsolen på sina fästen. Fäst enheten med fästklämmorna och se till att de hamnar rätt i fästkonsolens stiftspår.

20 Rikta in länkaget mot växellådans väljararm och sätt i det nya pivåstiftet. Se till att stiftet hålls säkert av sin spärrmekanism.

21 Haka i väljarstaget med sin länkageklämma. Ställ in markeringarna som gjordes innan demontering och dra åt klämbulten till specificerat moment för steg 1, därefter till vinkeln för steg 2.

22 Kontrollera växlingsmekanismens funktion innan bilen ställs ned på marken. Om mekanismen verkar ryckig eller obestämd, justera den enligt beskrivning i avsnitt 3.

5 Oljetätningar - byte

Drivaxeloljetätningar

1 Klossa bakhjulen, dra åt handbromsen, lyft upp framvagnen och ställ den på pallbockar. Demontera aktuellt framhjul.

2 Tappa av växellådsoljan enligt beskrivning i avsnitt 2 eller var beredd på oljeförlust när tätningen byts ut.

3 Demontera drivaxeln enligt beskrivning i kapitel 8.

4 Notera på vilket djup tätningen är monterad i sitt hus, bänd sedan försiktigt ut den med en stor flat skruvmejsel **(se bild)**.

5 Ta bort all smuts från området runt oljetätningsöppningen, lägg sedan lite fett på den nya oljetätningens yttre läpp. Se till att placera tätningen rätt väg, med tätningsläppen vänd inåt, och knacka den rakt in på plats med hjälp av en rördorn (som en hylsa) som endast vilar på tätningens hårda ytterkant **(se bild)**. Montera tätningen på samma djup i huset som den gamla tätningen satt.

5.4 Demontering av drivaxelns oljetätning

5.5 Montering av en ny drivaxeloljetätning med hjälp av en hylsa

6 Montera drivaxeln enligt beskrivning i kapitel 8.

7 Om växellådan tappats av, fyll den med olja av specificerad typ och mängd, enligt beskrivning i avsnitt 2. Om oljan inte tappats av helt, fyll på den och kontrollera nivån enligt beskrivning i kapitel 1.

Ingående axelns oljetätning

8 Den ingående axelns oljetätning är en integrerad del av kopplingens slavcylinder; om tätningen läcker måste hela slavcylinderenheten bytas ut. Innan slavcylindern döms ut, kontrollera att läckan inte kommer från tätningsringen som sitter mellan topplocket och växellådshuset. Tätningsringen kan bytas ut om man demonterar slavcylindern. Se kapitel 6 för information om demontering och montering.

Väljarstagets oljetätning

9 Byte av väljarstagets oljetätning kräver att väljarmekanismens kåpa skruvas loss från växellådan och tas isär. Detta är ett komplicerat moment och det bör därför överlåtas till en Opelverkstad.

6 Backljuskontakt - test, demontering och montering

Test

1 Backljuskretsen styrs av en kontakt av tryckkolvstyp som är inskruvad upptill i växellådan, mot framsidan av huset. Om ett fel utvecklas i kretsen, kontrollera att säkringen (nr 29) inte är trasig.

2 För att testa kontakten, koppla loss kontaktdonet. Använd en multimätare (inställd på motståndsfunktion) eller en testkrets med batteri och glödlampa, för att kontrollera att det finns kontinuitet mellan kontaktens poler endast när backväxeln är ilagd. Om detta inte är fallet, och det inte finns några uppenbara brott eller andra skador på ledningarna, är kontakten defekt och måste bytas.

Demontering

3 För att förbättra åtkomligheten till kontakten, demontera batteriet och fästplattan (se kapitel 5).

4 Koppla loss kontaktdonet, skruva sedan ut kontakten och ta bort den från växellådshuset tillsammans med dess tätningsring **(se bild)**.

Montering

5 Sätt en ny bricka på kontakten, skruva sedan tillbaka den på sin plats i växellådshuset och dra åt den till specificerat moment. Anslut kontaktdonet, montera batteriet och kontrollera kretsens funktion.

7 Växellåda - demontering och montering

Demontering

1 Klossa bakhjulen, dra åt handbromsen ordentligt. Lyft upp framvagnen och stöd den säkert på pallbockar. Demontera båda framhjulen och, om så behövs, skruva loss fästbultarna och ta bort kåpan under motorn/växellådan.

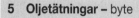

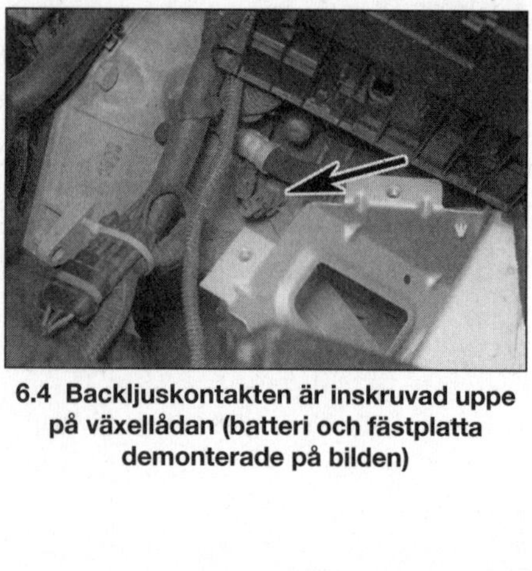

6.4 Backljuskontakten är inskruvad uppe på växellådan (batteri och fästplatta demonterade på bilden)

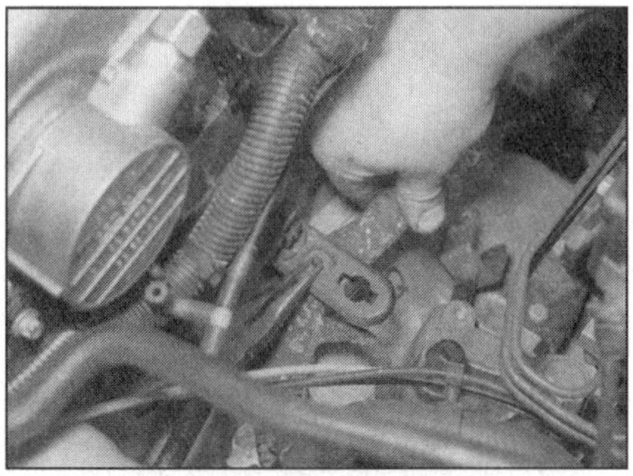

7.4 Koppla loss backljuskontaktens kontaktdon och lossa kablaget från fästklämmorna

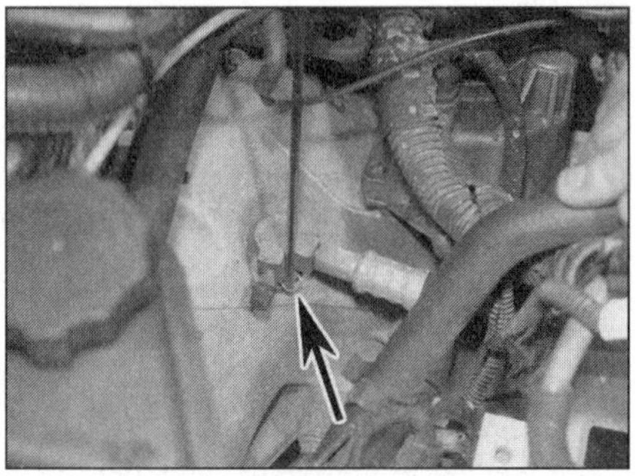

7.5a Bänd försiktigt ut fästklämman (vid pilen) . . .

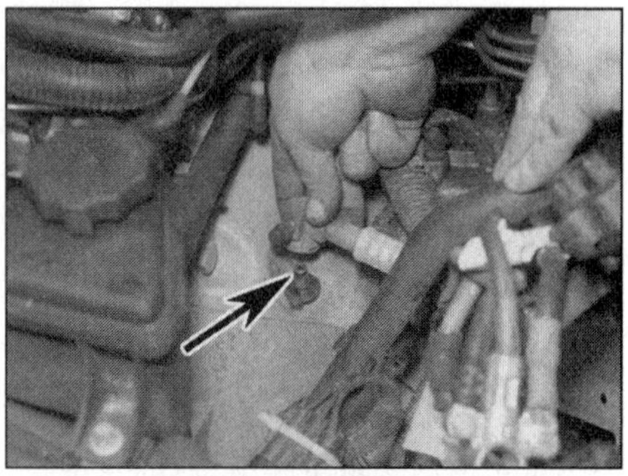

7.5b . . . och frigör kopplingsrörets/-slangens ändinfästning från växellådan, notera tätningsringen (vid pilen)

2 Tappa av växellådsoljan enligt beskrivning i avsnitt 2 eller var beredd på oljeförlust när växellådan demonteras.

3 Demontera batteriet och dess fästplatta och startmotorn (se kapitel 5).

4 Koppla loss kontaktdonet från backljuskontakten och lossa kablaget från växellådan och fästkonsolerna **(se bild)**.

5 Minimera förlusten av kopplingsvätska genom att klämma ihop huvudcylinderns matningsslang, som är ansluten till sidan av broms-/kopplingsvätskebehållaren. Bänd loss fästklämman som håller kopplingshydraulrörets/-slangens ändinfästning till toppen av växellådans balanshjulskåpa och ta loss ändinfästningen från växellådan. Sätt tillbaka klämman på plats i ändinfästningen och kasta tätningsringen från röränden, en ny tätningsring måste användas vid montering **(se bilder)**. Plugga igen/täck över både anslutnings- och rörändar för att minimera vätskeförlusten och förhindra smutsinträng i hydraulsystemet. **Observera:** *Tryck inte ned kopplingspedalen medan slangen/röret är frånkopplat.*

6 Demontera växlingsmekanismens länkage från växellådan enligt beskrivning i avsnitt 4.

7 Demontera främre fjädringens monteringsram enligt beskrivning i kapitel 10, se till att motorenheten är säkert stöttad **(se bild)**.

8 Se kapitel 8, frigör de inre drivaxelknutarna från växellådan och flytta undan dem. Observera att man inte behöver demontera drivaxlarna, de kan lämnas anslutna till naven. **Observera:** *Låt inte axlarna hänga ner under sin egen vikt eftersom detta kan skada CV-knutarna/damaskerna.* Om växellådan inte har tappats av, var beredd på vätskeförlust.

9 Skruva loss fästbultarna och ta bort det främre, vänstra motor-/växellådsfästet från växellådshusets framsida **(se bild)**.

10 På modeller som har en sump av pressat stål monterade på motorn, skruva loss svänghjulets täckplatta och ta bort den från växellådan.

11 På alla modeller, placera en garagedomkraft med ett träblock under växellådan, och höj domkraften så att den tar upp växellådans vikt.

12 Lossa och ta bort de övre och de nedre bultarna som håller växellådshuset till motorn. För att underlätta monteringen, notera noggrant hur alla bultar, och eventuella konsoler, sitter innan de tas bort. Gör en sista kontroll att alla komponenter har kopplats loss och inte utgör något hinder när växellådan skall tas bort.

13 När bultarna är borttagna, flytta domkraften och växellådan till höger för att frigöra den från styrstiften. När växellådan är fri, sänk domkraften och för ut enheten under bilen **(se bild)**. Ta bort styrstiften från växellådan eller motorn om de är lösa och förvara dem på en säker plats.

7.7 Se till att motorn är säkert stöttad innan framfjädringens monteringsram demonteras

Montering

14 Växellådan monteras i omvänd ordning mot demonteringen, tänk på följande:

a) Se till att styrstiften placeras rätt innan monteringen.

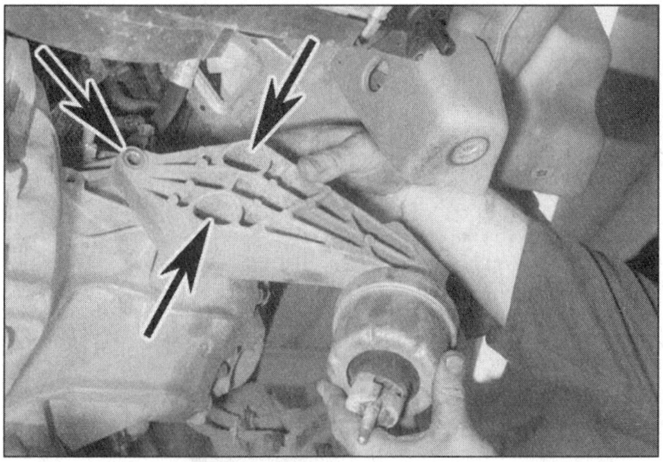

7.9 Skruva loss fästbultarna (vid pilarna) och ta bort vänster fästesenhet från växellådshuset

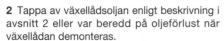

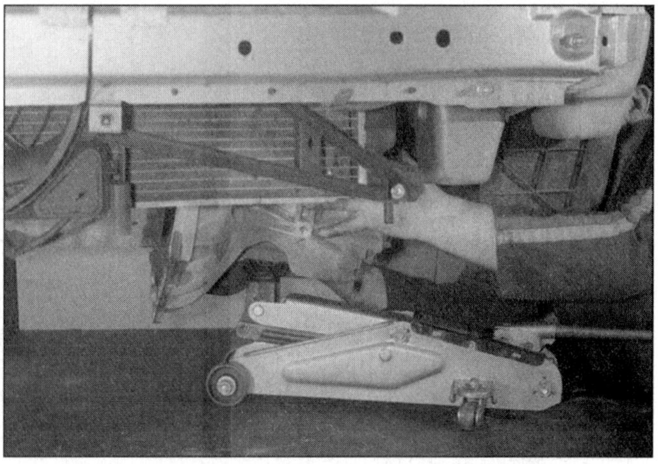

7.13 Ta loss växellådan från motorn, sänk ned den från sin plats och ta bort den från bilen

b) Dra åt alla muttrar och bultar till specificerat moment (där angivet).
c) Byt ut drivaxeloljetätningarna (se avsnitt 5) innan drivaxlarna sätts tillbaka.
d) Montera främre fjädringens monteringsram enligt beskrivning i kapitel 10.
e) Sätt en ny tätningsring på växellådans kopplingshydraulrör innan slangens/rörets ändinfästning sätts på plats. Se till att ändinfästningen hålls säkert av sin fästklämma, lufta sedan hydraulsystemet enligt beskrivning i kapitel 6.
f) Om växellådan tappats av, fyll den med olja av specificerad typ och mängd enligt beskrivning i avsnitt 2. Om oljan inte tappats av, fyll på så mycket som behövs och kontrollera nivån enligt beskrivning i kapitel 1.
g) Avslutningsvis, justera växlingsmekanismen enligt beskrivning i avsnitt 3.

8 **Växellåda** - renovering, allmän information

1 Renovering av en manuell växellåda är ett svårt och invecklat arbete för hemmamekanikern. Utöver isärtagning och hopsättning av många små delar, måste spel mätas med precision och eventuellt ändras med hjälp av utvalda mellanlägg och distanser. Interna växellådskomponenter är också ofta svåra att få tag i och i många fall mycket dyra. På grund av detta, om växellådan utvecklar ett fel eller börjar leva om, är det bästa man kan göra att låta en specialist renovera växellådan, eller införskaffa en utbytesenhet.

2 Det är dock inte omöjligt för en mer erfaren mekaniker att renovera växellådan, förutsatt att specialverktygen finns till hands och jobbet utförs noggrant steg för steg, så att inget förbises.

3 De verktyg som behövs för renovering omfattar interna och externa låsringstänger, lageravdragare, en glidhammare, en uppsättning drivdorn, en mätklocka och möjligtvis en hydraulisk press. Utöver detta kommer också en stor, stadig arbetsbänk och ett skruvstäd att behövas.

4 Under isärtagningen av växellådan, gör noggranna anteckningar över hur varje komponent sitter, detta för att underlätta monteringen och försäkra att allt sätts tillbaka korrekt.

5 Innan växellådan tas isär är det bra om man har en idé om vad som orsakar problemet. Vissa problem kan vara nära anknutna till specifika delar av växellådan, och kunskap om detta underlättar undersökning och byte av komponenterna. Se avsnittet *"Felsökning"* i slutet av boken för mer information.

Kapitel 7 Del B:
Automatväxellåda

Innehåll

Svårighetsgrader

Enkelt, passar novisen med lite erfarenhet	**Ganska enkelt,** passar nybörjaren med viss erfarenhet	**Ganska svårt,** passar kompetent hemmamekaniker	**Svårt,** passar hemmamekaniker med erfarenhet	**Mycket svårt,** för professionell mekaniker

Specifikationer

Allmänt

Typ	Fyrväxlad elektroniskt styrd automatväxellåda med tre körlägen (normal, sport, vinter)
Identifikationskod*:	
1.6 liters modeller	AF13
1.8 och 2.0 liters modeller	AF20

**Identifikationskoden är markerad på identifikationsplattan som sitter uppe på växellådan*

Smörjning

Oljetyp	Se *"Veckokontroller"*
Volym	Se kapitel 1A

Åtdragningsmoment

	Nm
Avtappningsplugg	35
Ingående axelns hastighetsgivare, bult	6
Momentomvandlare till drivplatta, bultar	55
Motor till växellåda, bultar:	
M8 bultar	20
M10 bultar	40
M12 bultar:	
1.6 liters modeller	60
1.8 och 2.0 liters modeller	75
Motorns/växellådans vänstra fäste, bultar	60
Startspärr/backljuskontakt, bult	25
Utgående axelns hastighetsgivare, bult	6
Väljararm:	
Pivåarm, mutter	28
Väljararm till kaross, bultar	10
Vätsketemperaturgivare	25
Växellådans väljaraxel, muttrar:	
Huvudmutter (startmotor/backljuskontakt)	8
Väljararm, mutter	16

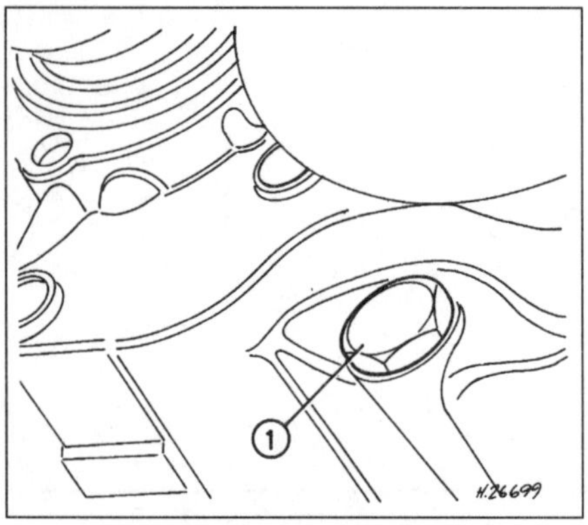

2.3 Automatväxellådans oljeavtappningsplugg (1)

1 Allmän information

1 De flesta modeller som behandlas i denna bok finns med alternativet fyrväxlad, elektroniskt styrd automatväxellåda, bestående av en momentomvandlare, planetväxel och hydrauliskt manövrerade kopplingar och bromsar. Enheten styrs av ECU (elektronisk styrenhet) via fyra elektriskt styrda solenoidventiler. Växellådan har tre körlägen; normal (ekonomi), sport och vinter.

2 Det normala läget (ekonomi) är standardläget för körning där växellådan växlar upp vid relativt låga motorvarv för att kombinera rimlig prestanda med ekonomi. Om växellådan ställs i läge sport, med hjälp av en knapp på växelspaken, växlar växellådan upp endast vid höga motorvarv, vilket ger förbättrad accelerations- och omkörningsförmåga. När växellådan är i läge sport lyser indikationslampan på instrumentpanelen. Om växellådan ställs i läge vinter, med hjälp av en knapp på växelspakens indikationspanel, väljer växellådan 3:e växeln när bilen kör iväg från att ha stått stilla; detta hjälper till att bibehålla dragkraft på mycket hala underlag.

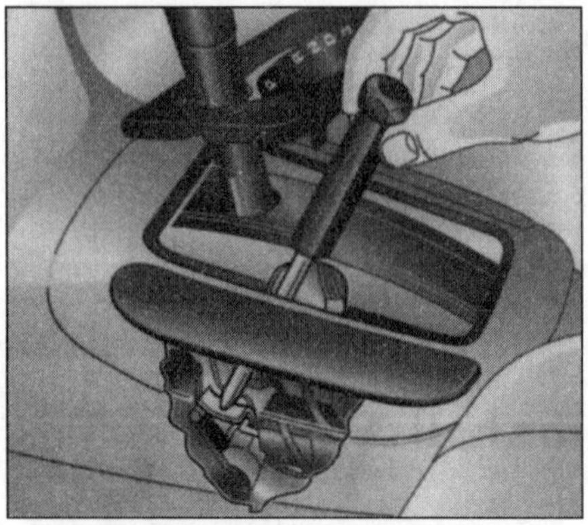

3.0 Om väljarspaken måste flyttas från läge 'P' medan batteriet är frånkopplat, lossa spärren manuellt enligt bilden

3 Momentomvandlaren utgör en vätskekoppling mellan motorn och växellådan, som agerar som en automatisk koppling och också ger en grad av momentmultiplikation vid acceleration.

4 Planetväxeln ger antingen en av de fyra framväxlarnas eller backväxelns utväxlingsförhållande, beroende på vilka av dess komponentdelar som hålls stilla eller tillåts rotera. Komponenterna i planetväxeln hålls eller frigörs av bromsar och kopplingar som aktiveras av en styrenet. En vätskepump i växellådan ger tillräckligt hydraultryck för att aktivera bromsarna och kopplingarna.

5 Förarens kontroll över växellådan sker via en växelspak med sju lägen. Körläget 'D', låter växellådan växla till alla fyra växellägen. En automatisk kickdownfunktion växlar ner en växel om gaspedalen trycks ned helt. Växellådan har också tre 'håll'-lägen, 1 betyder att bara 1:an kan väljas, 2 låter både 1:an och 2:an väljas automatiskt och 3 tillåter automatisk växling mellan de tre första växlarna. Dessa 'håll'-lägen är användbara när man vill ha motorbroms i körning nedför branta backar. Notera dock att växellådan *aldrig* skall växlas ned ett läge vid höga motorvarv.

6 På grund av växellådans komplexitet bör reparation eller renovering överlämnas till en Opelverkstad som har all den speciella utrustning som behövs för feldiagnos och reparation. Innehållet i följande avsnitt är därför begränsade till allmän information och serviceinformation och instruktioner som kan vara användbara för ägaren.

2 Växellådsolja - avtappning och påfyllning

Avtappning

1 Detta arbete går snabbare och kan utföras mer effektivt om bilen först körs en sväng, tillräckligt för att motorn/växellådan skall nå normal arbetstemperatur.

2 Parkera bilen på plan mark, slå av tändningen och dra åt handbromsen ordentligt. För bättre åtkomlighet, lyft upp framvagnen och stöd den på pallbockar.

3 Dra ut mätstickan, placera sedan en behållare under avtappningspluggen baktill på höger sida på växellådan, under drivaxeln. Skruva loss pluggen och ta bort den tillsammans med tätningsbrickan **(se bild)**.

4 Låt oljan rinna ut helt i behållaren. Om oljan är het, vidta säkerhetsåtgärder mot skållning.

5 När oljan har runnit ut, rengör avtappningspluggens gängor och gängorna i växellådshuset, sätt på en ny tätningsring och sätt tillbaka avtappningspluggen och dra åt den till specificerat moment. Ställ ned bilen på marken.

Påfyllning

6 Påfyllning av växellådan är ett knepigt moment, där man ska fylla på vätska av specificerad typ och mängd, lite i taget, via mätsticksröret. Använd en tratt med ett fint nät i, för att undvika spill och för att förhindra att skräp kommer in i växellådan. Ge vätskan tillräckligt med tid att rinna ner ordentligt.

7 Starta motorn, låt den gå på tomgång i några minuter medan du flyttar växelspaken till de olika lägena. Slå av motorn och fyll på olja tills nivån är upp till det nedre märket på mätstickan. Kör bilen en sväng för att fördela den nya oljan i växellådan, kontrollera sedan nivån enligt beskrivning i kapitel 1, med växellådan vid normal arbetstemperatur.

3 Väljarvajer - justering

Observera: *Om batteriet kopplas loss med växelspaken i läge 'P' kommer spaken att vara låst i detta läge. För att manuellt lossa spaken, bänd försiktigt ut väljarvajerns infattning uppe på mittkonsolen, använd sedan en skruvmejsel till att trycka ned spärrhaken på vänster sida av växelspaken* **(se bild)**.

1 För växelspaken genom alla växellägen och kontrollera att rätt drev aktiveras enligt vad som visas på väljarspakens indikator. Om justering behövs, fortsätt enligt följande.

2 Placera spaken i läge 'P' (park).

3 Arbeta i motorrummet. För att komma åt väljarvajerns växellådsände, demontera batteriet och monteringsplattan (se kapitel 5).

4 Leta reda på väljarvajerns fästkonsol uppe på växellådan och lossa innervajern genom att försiktigt lyfta låsklämman i vajerns ändinfästning **(se bild)**.

5 Se till att växelspaken är låst i läge 'P' och flytta armen på växellådans väljarmekanism så långt det går framåt så att växellådan också är i läge 'park' **(se bild)**. Med både växelspaken och växellådan i korrekt lägen,

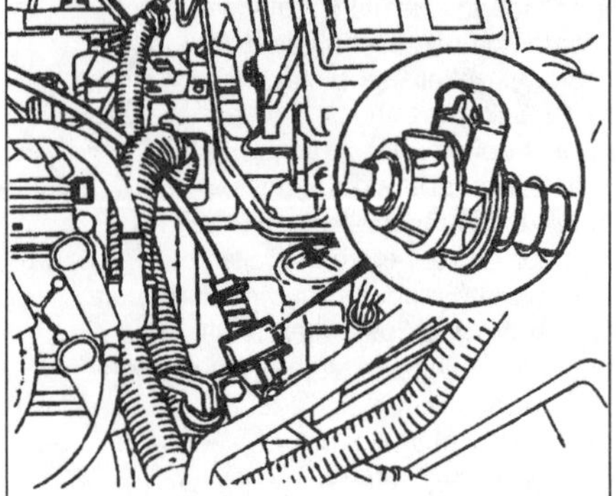

3.4 Lossa innervajern genom att lyfta låsklämman (infälld)

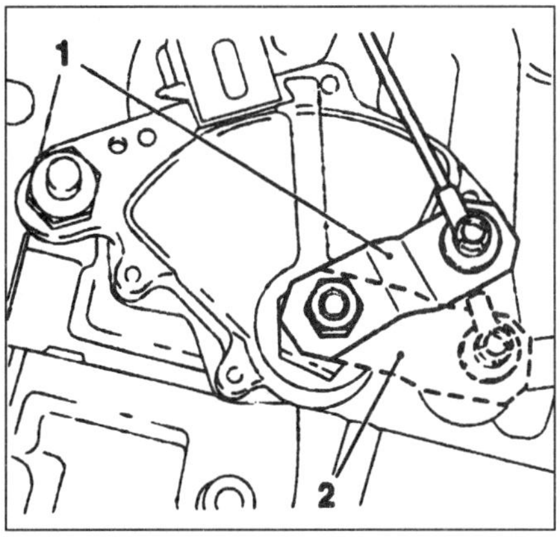

3.5 Flytta väljararmen (1) så långt det går framåt så att den hamnar i läge 'P' (2)

lås vajerjusteraren på plats genom att trycka låsklämman kraftigt nedåt tills den klickar på plats.

6 Montera batteriet, kontrollera sedan växelspakens funktion och upprepa vid behov justeringsmomentet.

4 Väljarvajer - demontering och montering

Demontering

1 Demontera mittkonsolen enligt beskrivning i kapitel 11, placera sedan växelspaken i läge 'P' (park).

2 Använd en flat skruvmejsel, bänd försiktigt bort väljarvajerns ändinfästning från kulleden längst ner på spaken. Dra ut fästklämman och lossa vajern framtill på spakens fästplatta **(se bild)**.

3 Arbeta i motorrummet. För att komma åt väljarvajerns ände, demontera batteriet och fästplattan (se kapitel 5).

4 Dra av fästklämman (om monterad) ta sedan försiktigt loss väljarvajerns ändinfästning från växellådsarmen. Ta loss vajerhöljet från fästkonsolen.

5 Arbeta bakåt längs vajern, notera dess dragning och lossa den från alla relevanta fästklämmor. Ta loss vajermuffen från torpedväggen och ta bort den från bilen.

6 Undersök vajern, leta efter slitna ändinfästningar eller skadat hölje, och se efter om innervajern är fransig. Undersök vajerns funktion; innervajern skall röra sig mjukt och lätt genom höljet. Kom ihåg att en vajer som verkar servicebar när den testas utanför bilen ändå kan vara mycket trögare när den monterats på sin plats i bilen. Byt ut vajern om den visar sig vara mycket sliten eller skadad.

Montering

7 Manövrera vajern på plats, se till att dra den rätt och mata den genom torpedväggen. Se till att vajern går genom växelspakens fästplatta, sätt sedan muffen säkert på plats i torpedväggen.

8 Mata vajerns växellådsände genom fästkonsolen och kläm höljet säkert på plats. Rikta in innervajerns ändinfästning med växellådsarmen, fäst den sedan på armen och (där så behövs) säkra den på plats med fästklämman.

9 Inne i bilen, säkra vajerhöljet på plats med fästklämman och fäst innervajerns ändinfästning säkert på växelspakens kulled.

10 Justera väljarvajern enligt beskrivning i avsnitt 3

11 Montera mittkonsolen enligt beskrivning i kapitel 11 och sätt sedan tillbaka övriga komponenter som demonterats av utrymmesskäl.

5 Växelspak - demontering och montering

Observera: *Byte av kontakterna för sport- och vinterlägen behandlas i avsnitt 8.*

Demontering

1 Demontera mittkonsolen enligt beskrivning i kapitel 11, placera sedan växelspaken i läge 'P' (park).

2 Koppla loss kontaktdonen från växelspakens lägeskontakter och frigör glödlampshållaren från indikatorpanelen.

3 Använd en flat skruvmejsel, bänd försiktig loss vajerns ändinfästning från kulleden längst ner på spaken.

4 Lossa och ta bort fästbultarna och ta ut spaken.

5 Undersök om växelspaksmekanismen är sliten eller skadad. För att ta isär den, lossa och ta bort muttern och brickan, dra sedan ut pivåarmen. Ta loss indikatorpanelen och separera spaken och fästplattan. Ingen ytterligare isärtagning är möjlig.

Montering

6 Om så behövs, sätt ihop spaken och fästplattan och sätt in pivåarmen. Se till att armen går korrekt i ingrepp med väljarspaken, sätt sedan tillbaka brickan och dra åt fästmuttern till specificerat moment. Sätt tillbaka indikatorpanelen på fästplattan, kontrollera sedan spakens funktion innan den monteras i bilen.

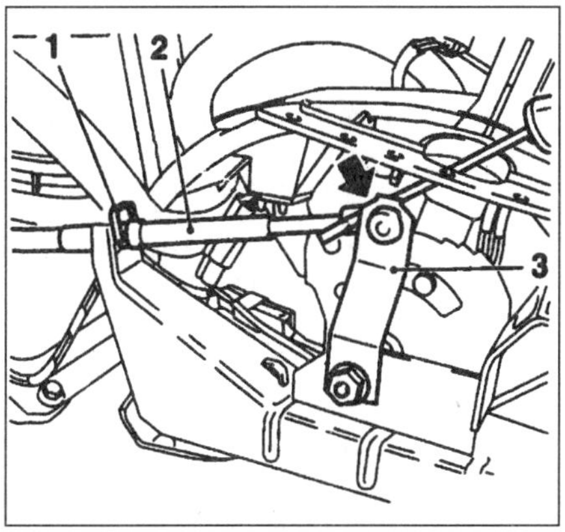

4.2 Ta bort fästklämman (1) och bänd loss väljarvajern (2) från väljararmens kulled (vid pilen). Påvåarm (3)

7 Sätt enheten på plats, haka i den med väljarvajern. Sätt tillbaka fästbultarna och dra åt dem till specificerat moment.

8 Säkra vajerhöljet på plats med fästklämman och fäst vajerns ändinfästning ordentligt på växelspakens kulled.

9 Se till att kablaget dras rätt, sätt tillbaka lamphållaren på indikatorpanelen och anslut kontakternas kontaktdon.

10 Justera väljarvajern enligt beskrivning i avsnitt 3, montera sedan mittkonsolen enligt beskrivning i kapitel 11.

6 Oljetätningar - byte

Drivaxeloljetätningar

1 Se kapitel 7A.

Momentomvandlarens oljetätning

2 Demontera växellådan enligt beskrivning i avsnitt 9.

3 Dra försiktigt av momentomvandlaren från växellådans axel och var beredd på bränslespill.

4 Notera exakt hur tätningen är monterad i oljepumphuset, bänd sedan försiktigt ut tätningen och var försiktig så att inte huset eller ingående axeln skadas.

5 Ta bort alla spår av smuts från området runt oljetätningsöppningen, tryck sedan den nya tätningen på plats, se till att dess tätningsläpp vänds inåt.

6 Smörj tätningen med ren växellådsolja och sätt försiktigt momentomvandlaren på plats.

7 Montera växellådan (se avsnitt 9).

7 Oljekylare - allmän information

1 Växellådans oljekylare är en integrerad del av kylarenheten. Se kapitel 3 för information om demontering och montering. Om oljekylaren skadas måste hela kylarenheten bytas ut.

8 Växellådans styrsystem, elektriska komponenter - demontering och montering

Startspärr-/backljuskontakt

1 Kontakten utför både backljuskontaktens och startspärrkontaktens funktioner. Kontakten aktiverar backljuset när backväxeln

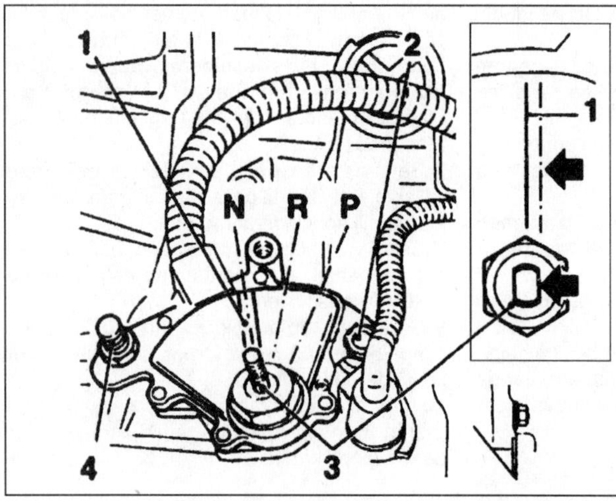

8.18 Justering av startspärr-/backljuskontakt

1 Kontaktenhetens märkning
2 Fästbult
3 Väljaraxel
4 Fästbult

är vald och hindrar motorn att starta när växellådan är i någon växel. Om någon gång backljuset inte fungerar, eller om motorn kan startas när väljarspaken är i något annat läge än 'P' (park) eller 'N' (neutral), är det troligt att kontakten är defekt.

Demontering

2 Placera väljarspaken i läge 'N' (neutral).

3 För att komma åt kontakten, demontera batteriet och fästplattan enligt beskrivning i kapitel 5.

4 Dra av fästklämman (om monterad), ta sedan försiktigt loss väljarvajerns ändinfästning från växellådsarmen. Skruva loss fästmuttern och ta bort armen från växellådans väljaraxel.

5 Följ kablaget bakåt från kontakten och koppla loss den vid kontaktdonet.

6 På 1.8 och 2.0 liters modeller, dra ut växellådsoljans mätsticka, skruva sedan loss fästmuttern och ta ut mätsticksröret från växellådan. Ta bort tätningen och kasta den, en ny ska användas vid montering.

7 Bänd undan låsbrickan (om monterad), lossa sedan och ta bort huvudmuttern och brickan (-orna) från växellådans väljaraxel.

8 Lossa och ta bort kontaktens och kablagefästplattans bultar och ta bort kontaktenheten uppåt och bort från växellådan.

Montering

9 Innan montering, se först till att växellådans väljaraxel fortfarande är i läge 'N' (neutral). Om det råder någon som helst tvekan, haka i växelspaken med växellådans axel och flytta spaken helt framåt (till läge 'P'), flytta den sedan två hack bakåt.

10 Placera kontakten på växellådsaxeln och sätt tillbaka kablagefästplattan. Sätt i fästbultarna och dra endast åt dem med fingrarna än så länge.

11 Sätt tillbaka brickan (-orna) och huvudmuttern på väljaraxeln. Dra åt muttern till specificerat moment och säkra den genom att bända upp låsbrickan mot en av dess plana ytor.

12 Justera kontakten enligt beskrivning i punkt 18.

13 När kontakten är justerad, anslut kontaktdonet och se till att kablaget dras rätt.

14 På 1.8 och 2.0 liters modeller, sätt en ny tätning i växellådans öppning och för sedan mätstickans rör på plats. Dra åt rörets fästmutter ordentligt och sätt i mätstickan.

15 Montera växelspaken till axeln och dra åt dess fästmutter till specificerat moment. Fäst väljarvajerns ändinfästning säkert på spakens kulled.

16 Montera batteriet och kontrollera kontaktens funktion. Om så behövs, justera väljarvajern enligt beskrivning i avsnitt 3.

Justering

Observera: *Innan justering av kontakten, se först till att väljarvajern är korrekt justerad (se avsnitt 3).*

17 Utför momenten beskrivna i punkt 2 till 4.

18 Med växellådan i neutralläge skall de plana ytorna på väljaraxeln vara parallella med markeringarna på kontakten **(se bild)**. Om justering behövs, lossa kontaktens fästbultar och rotera kontaktenheten efter behov innan bultarna dras åt till specificerat moment.

19 Sätt tillbaka växelspaken till axeln och dra åt dess fästmutter till specificerat moment. Sätt tillbaka väljarvajerns ändinfästning på spaken och (där så behövs) säkra den på plats med fästklämman.

20 Montera batteriet och kontrollera kontaktens funktion. Om justeringen av kontakten inte har lyckats måste den vara defekt och skall då bytas.

Brytare för sportläge

Observera: *En lödkolv och ett lod behövs för att byta ut brytaren.*

Demontering

21 Demontera väljarspaken enligt beskrivning i avsnitt 5.

22 Tryck ut brytaren från toppen av väljarspaken genom att sticka in en bit svetsstav genom väljarspakens lopp **(se bild)**.

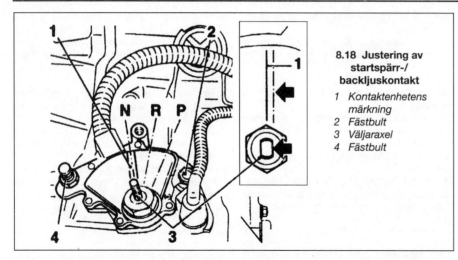

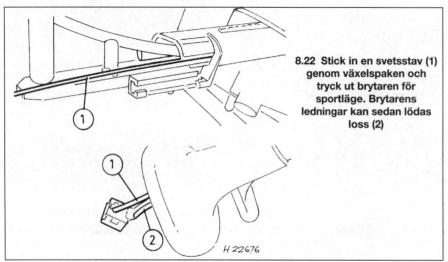

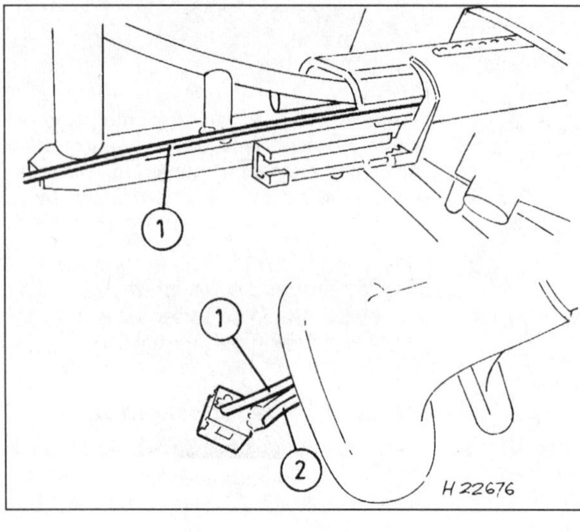

8.22 Stick in en svetsstav (1) genom växelspaken och tryck ut brytaren för sportläge. Brytarens ledningar kan sedan lödas loss (2)

23 Gör identifikationsmärken mellan brytaren och ledningarna, löd sedan loss ledningarna från brytarens poler och ta bort brytaren. Ledningarna kan sedan dras ut från den nedre änden av spaken.

Montering

24 Mata ledningarna upp genom väljarspakens lopp tills de kommer ut längst upp. Löd fast ledningarna på brytarens poler, ta hjälp av märkena som gjordes innan demonteringen för att garantera rätt anslutning.

25 Tryck brytaren säkert på plats och montera sedan växelspaken enligt beskrivning i avsnitt 5.

Brytare för vinterläge

Demontering

26 Ta loss förvaringsfacket från mittkonsolen för att komma åt växelspakskåpans skruvar. Lossa och ta bort de två skruvarna baktill på kåpan och lyft av kåpan från spaken.

27 Lossa fästklämman och frigör växelspakens indikatorpanel från spakens fästplatta.

28 Följ kablaget bakåt från brytaren och

koppla loss det vid kontaktdonet. Ta loss brytaren från indikatorpanelen och ta bort den från bilen.

Montering

29 Montering sker i omvänd ordning, se till att dra kablaget rätt.

Kickdownkontakt

30 Kickdownkontakten är en integrerad del av gasvajern och kan inte bytas ut separat. Se kapitel 4 för information om demontering och montering av gasvajern.

Elektronisk styrenhet (ECU)

Demontering

31 ECU sitter i frampassagerarens fotbrunn. Innan demontering, koppla loss batteriets negativa anslutning.

32 Bänd ut fästklämmorna och ta bort underkåpan från passagerarens sida av instrumentbrädan. Demontera handskfacket från instrumentbrädan (se kapitel 11) för att komma åt ECU.

33 Lossa fästklämman och koppla loss kontaktdonet från ECU. Lossa fästkonsolen från enheten och ta bort ECU från bilen.

Montering

34 Montering sker i omvänd ordning, se till att dra kablaget rätt.

Hastighetsgivare för växellådans ingående och utgående axlar

Demontering

35 Hastighetsgivarna sitter uppe på växellådan. Den ingående axelns hastighetsgivare är den främre av de två och sitter närmast växellådans vänstra ände. Den utgående axelns givare är den bakre **(se bild)**.

36 För att komma åt givarna, demontera batteriet och fästplattan enligt beskrivning i kapitel 5. Åtkomligheten kan förbättras ytterligare om man tar bort kylvätskans expansionskärl från sina fästen och flyttar den åt sidan.

37 Koppla loss kontaktdonet och torka rent området runt relevant givare.

38 Skruva loss fästbulten och ta bort givaren från växellådan. Ta bort tätningsringen från givaren och kasta den, en ny skall användas vid montering.

Montering

39 Sätt den nya tätningsringen i givarens spår och smörj den med lite växellådsolja.

40 För givaren på plats, sätt i fästbulten och dra åt den till specificerat moment. Anslut kontaktdonet.

41 Montera batteriet och sätt tillbaka expansionskärlet (där så är aktuellt).

Växellådsoljans temperaturgivare

Demontering

42 Oljetemperaturgivaren är inskruvad längst ner i växellådan, framtill. Innan givaren tas bort, koppla loss batteriets negativa anslutning.

43 Dra åt handbromsen ordentligt, lyft upp framvagnen och stöd den på pallbockar.

44 Följ kablaget bakåt från givaren, notera dragningen. Koppla loss kontaktdonet och frigör kablaget från fästklämmorna.

45 Skruva loss fästbultarna och ta bort täckplattan från givaren **(se bild)**.

46 Torka rent området runt givaren och ha en passande plugg till hands för att minimera vätskeförlust när givaren demonteras **(se bild)**.

47 Skruva loss givaren och ta bort den från växellådan tillsammans med tätningsbrickan. Plugga snabbt igen växellådans öppning och torka upp spilld vätska.

Montering

48 Sätt en ny tätningsbricka på givaren, ta bort pluggen och skruva snabbt in givaren i växellådan. Dra åt givaren till specificerat moment och torka upp spilld vätska. Sätt tillbaka täckplattan och dra åt dess fästbultar ordentligt.

49 Se till att dra kablaget korrekt och fästa det med alla nödvändiga klämmor, anslut sedan kontaktdonet.

50 Sänk ned bilen på marken och anslut batteriet. Kontrollera växellådans vätskenivå enligt beskrivning i kapitel 1.

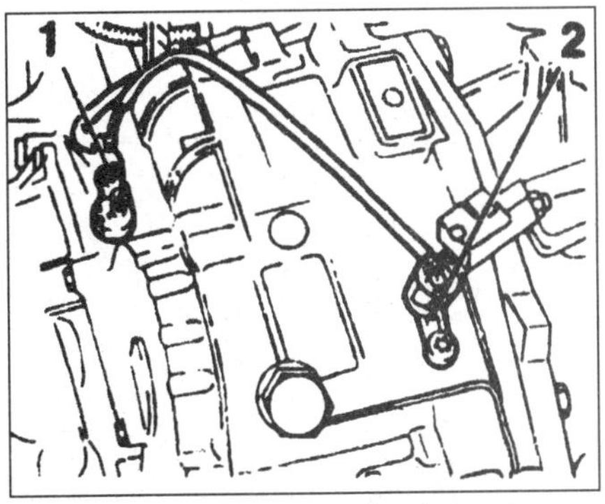

8.35 Växellådans ingående axels hastighetsgivare (1) och utgående axels hastighetsgivare (2)

9 Automatväxellåda – demontering och montering

Observera: *Nya bultar mellan momentomvandlaren och drivplattan samt nya tätningsringar för vätskekylarens anslutningar behövs vid montering.*

Demontering

1 Klossa bakhjulen, dra åt handbromsen och placera växelspaken i läge 'N' (neutral). Lyft upp framvagnen och stöd den säkert på pallbockar. Demontera båda framhjulen, ta sedan bort fästskruvarna och fästena och (där så behövs) ta bort underkåpan från motorn/växellådan.

2 Tappa av växellådsoljan enligt beskrivning i avsnitt 2, sätt sedan tillbaka avtappningspluggen och dra åt den till specificerat moment.

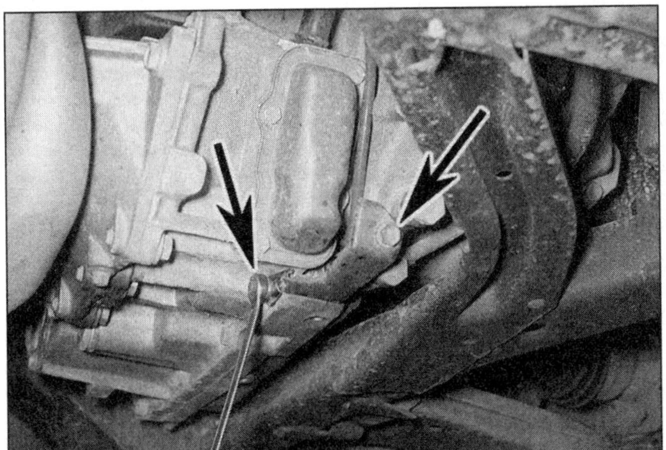

8.45 Skruva loss fästbultarna (vid pilarna) och ta bort täckplattan . . .

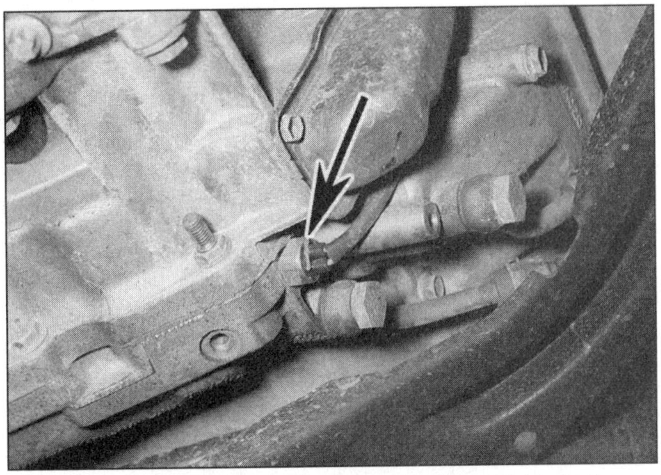

8.46 . . . för att komma åt temperaturgivaren (vid pilen)

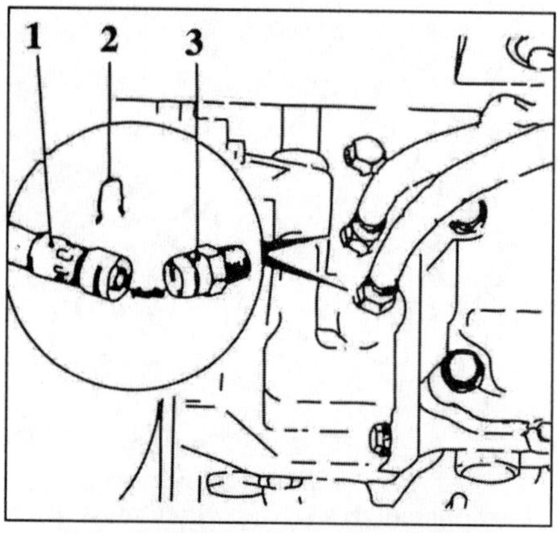

9.8a Anslutningar för växellådans vätskekylarslangar – 1.6 liters modeller

1 Slangändfäste — *3 Växellådsanslutning*
2 Fästklämma

3 Demontera batteriet och monteringsplattan och startmotorn enligt beskrivning i kapitel 5. För att förbättra åtkomligheten, ta loss kylvätskans expansionskärl från sina fästen.

4 På 1.6 liters modeller, demontera DIS tändmodulen enligt beskrivning i kapitel 5.

5 Dra av fästklämman (om monterad), ta sedan försiktigt loss väljarvajerns ändinfästning från växellådsarmen. Lossa vajerhöljet från fästkonsolen och flytta undan vajern från växellådan.

6 Följ kablaget bakåt från växellådans kontakter och givare och koppla loss de olika kontaktdonen genom att lyfta deras fästklämmor. Frigör huvudkabelhärvan från eventuella klämmor och kabelband som fäster den till växellådan.

7 Koppla loss ventilationsslangen (om monterad) uppe på växellådan.

8 Gör identifikationsmärken mellan oljekylarens slangar och deras anslutningar framtill på växellådshuset. Använd en flat skruvmejsel, bänd ut fästklämmorna från varje slangs ändinfästning och ta loss båda slangarna från växellådan **(se bilder)**. Sätt tillbaka fästklämmorna på plats i ändinfästningarna och kasta tätningsringarna, nya måste användas vid montering. Plugga igen/täck över både anslutningarna och slangändarna för att undvika smutsinträng.

9 Demontera främre fjädringens monteringsram enligt beskrivning i kapitel 10, se till att motorn är ordentligt stöttad.

10 Se kapitel 8, frigör de inre drivaxelknutarna från växellådan och flytta undan dem. Notera att man inte behöver demontera drivaxlarna, de kan lämnas anslutna till naven

Observera: *Låt inte drivaxlarna hänga ner med hela sin tyngd eftersom det kan skada knutarna/damaskerna.*

11 Skruva loss fästbultarna och ta bort vänster motor-/växellådsfäste från växellådshusets framsida.

12 Ta bort gummiskyddet/-n från motorblocket/sumpflänsen för att komma åt momentomvandlarens fästbultar. Lossa och ta bort synliga bultar, rotera sedan vevaxelremskivan med hjälp av hylsa och förlängare och lossa kvarvarande bultar som håller momentomvandlaren till drivplattan allt eftersom de blir åtkomliga. På 1.6 liters modeller finns det totalt tre bultar, på 1.8 och 2.0 liters modeller finns det totalt 6. Kasta bultarna och använd nya vid montering.

13 För att garantera att inte momentomvandlaren faller ut när växellådan demonteras, dra momentomvandlaren längs axeln och helt in i växellådshuset.

14 Placera en domkraft och ett träblock under växellådan och höj domkraften för att ta upp växellådans vikt.

15 Med domkraften på plats under växellådan, lossa och ta bort övre och nedre bultar som håller växellådshuset till motorn. Anteckna noga hur varje bult, och eventuella konsoler, sitter när de tas bort, för att underlätta monteringen. Gör en sista kontroll att alla komponenter har lossats och är ur vägen för växellådan så att de inte kan förhindra demonteringen.

16 När alla bultar har tagits bort, flytta garagedomkraften och växellådan till höger för att lossa den från styrstiften. När växellådan är fri, sänk ned domkraften och ta ut enheten från under bilen, var försiktig så att inte momentomvandlaren faller ut. Ta bort styrstiften från växellådan eller motorn om de är lösa och förvara dem på säker plats.

Montering

17 Montering sker i omvänd ordning, tänk på följande:

a) *Innan montering, ta bort alla spår av gammalt låsningsmedel från momentomvandlarens gängor genom att använda en gängtapp med rätt gängdiameter i hålen. Om en lämplig tapp inte finns till hands, använd en av de gamla bultarna och skär spår i gängorna på denna.*

b) *Innan montering, se till att placera motorns/växellådans styrstift på rätt platser och lägg ett lager molybdendisulfidfett på momentomvandlarens styrtapp och dess centreringsbussning i vevaxeländen.*

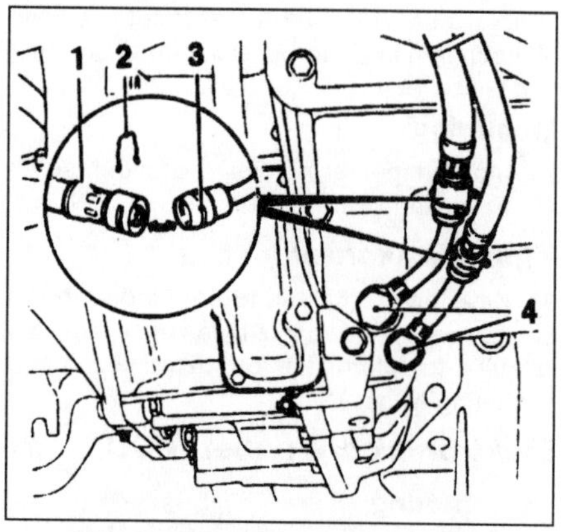

9.8b Anslutningar för växellådans vätskekylarslangar – 1.8 och 2.0 liters modeller

1 Slangändfäste — *3 Rörändfäste*
2 Fästklämma — *4 Växellådsanslutningar*

c) *När växellådan och motorn är korrekt hopfogade, sätt i fästbultarna och dra åt dem till specificerat moment.*

d) *Sätt i de nya bultarna mellan momentomvandlaren och drivplattan och dra åt dem lätt till att börja med, gå sedan runt och dra åt dem till specificerat moment i diagonal ordning.*

e) *Dra åt alla muttrar och bultar till specificerat moment (där sådant anges).*

f) *Byt ut drivaxeloljetätningarna (se kapitel 7A) och sätt tillbaka drivaxlarna på växellådan enligt beskrivning i kapitel 8.*

g) *Sätt nya tätningsringar på oljekylarens slanganslutningar och se till att båda anslutningarna fästs säkert med klämmorna.*

h) *Avslutningsvis, fyll på växellådan med olja av specificerad typ och mängd enligt beskrivning i avsnitt 2 och justera väljarvajern enligt beskrivning i avsnitt 3.*

10 Automatväxellåda – renovering, allmän information

1 Om ett fel uppstår med växellådan måste man först avgöra om felet är av mekanisk eller hydraulisk natur, och för att göra detta behöver man speciell testutrustning. Arbetet måste därför överlämnas till en Opelverkstad om växellådan misstänks vara defekt.

2 Demontera inte växellådan från bilen för möjlig reparation innan en professionell felsökning har utförts, eftersom de flesta test kräver att växellådan är kvar i bilen.

Kapitel 8
Drivaxlar

Innehåll

Svårighetsgrader

Enkelt, passar novisen med lite erfarenhet	**Ganska enkelt,** passar nybörjaren med viss erfarenhet	**Ganska svårt,** passar kompetent hemmamekaniker	**Svårt,** passar hemmamekaniker med erfarenhet	**Mycket svårt,** för professionell mekaniker

Specifikationer

Allmänt

Drivaxel typ	Solida stela axlar med inre och yttre CV-knutar. Höger drivaxel är utrustad med en vibrationsdämpare (utom på 1.6 liters modeller).
Smörjning:	
Typ/specifikation	Specialfett (Opel del nr 19 41 521 (90 094 176) som levereras i påsar tillsammans med damaskerna – knutar är annars förpackade med fett och förseglade
Mängd (per knut)	90 g

Åtdragningsmoment

	Nm
Drivaxelfästmutter:	
Steg 1	130
Steg 2	Lossa helt
Steg 3	20
Steg 4	Vinkeldra ytterligare 90°
Steg 5	Om så behövs, lossa ca 9° för att sätta in saxpinne
Främre fjädrings länkarmskulled till hjulspindel	Se kapitel 10
Styrled till styrarm på hjulspindel	Se kapitel 10

1 Allmän information

Drivkraft överförs från differentialen till framhjulen via två olika långa drivaxlar.

Varje drivaxel är utrustad med en yttre och en inre drivknut (CV-knut). De yttre knutarna har spår för att gå i ingrepp med hjulnavet och hålls av en stor mutter. De inre knutarna är också spårade för att gå i ingrepp med differentialens solhjul och hålls på plats av en inre låsring.

På alla modeller utom 1.6 liter finns en vibrationsdämpare fastskruvad till höger drivaxel.

2 Drivaxel – demontering och montering

Demontering

Observera: *En ny drivaxelmutter och en låsring till den inre knuten behövs vid montering. Drivaxelns yttre knut kan sitta mycket hårt i navet och man kan behöva en avdragare för att dra av navet från drivaxeln under demonteringen.*

1 Dra åt handbromsen, lyft upp framvagnen och stöd den på pallbockar (se *"Lyftning och stödpunkter"*). Demontera hjulet. Det är en fördel att bara lyfta upp ena sidan av bilen eftersom detta förhindrar att olja rinner ut från växellådan när drivaxeln dras ut.

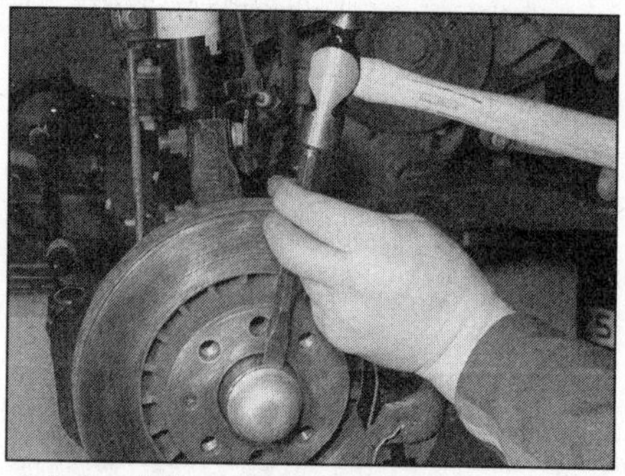

2.2 Använd en huggmejsel till att knacka av drivaxelmutterns kåpa

2.3 Dra ut saxpinnen från kronmuttern

2 Använd en huggmejsel eller en skruvmejsel och knacka loss drivaxelmutterns kåpa **(se bild)**.

3 Dra ut saxpinnen från drivaxelns kronmutter på änden av axeln **(se bild)**.

4 Drivaxelmuttern måste nu lossas. Muttern sitter mycket hårt och en förlängare kommer att behövas till att lossa den. För att förhindra drivaxeln från att rotera, sätt i två hjulbultar och placera en metallstång mellan dem för att hålla emot navet. Ta bort muttern och brickan från drivaxeln **(se bilder)**.

5 Skruva loss muttern som håller styrleden till styrarmen på hjulspindeln, använd sedan en kulledsseparator till att ta bort styrleden.

6 Skruva loss och ta bort klämbulten som håller den främre länkarmen till hjulspindeln. Observera att bultskallen är vänd mot bilens baksida **(se bild)**.

7 Använd en huggmejsel eller en skruvmejsel som kil, bänd ut kulledens klämma längst ned på hjulspindeln **(se bild)**.

8 Använd en hävstång, tryck ner på fjädringens länkarm för att frigöra kulleden från hjulspindeln, flytta sedan hjulspindeln åt ena sidan och frigör armen. Var försiktig så att inte kulledens gummidamask skadas.

9 Navet måste nu lossas från änden av drivaxeln. Det ska vara möjligt att dra navet av drivaxeln, men om drivaxeländen sitter hårt i navet, sätt tillfälligt tillbaka drivaxelmuttern för att skydda drivaxelgängorna, knacka sedan på drivaxeländen med en mjuk klubba medan hjulspindeln dras utåt **(se bild)**. Alternativt, använd en passande avdragare till att pressa drivaxeln genom navet.

10 När drivaxeln är losstagen från hjulspindeln, bind fast fjäderbenet åt ena sidan och stöd drivaxeln på en pallbock.

11 En hävstång behövs nu till att lossa drivaxelns inre ände från differentialen. Häv mellan drivaxeln och differentialhuset för att frigöra drivaxelns låsring **(se bild)**.

12 Dra ut drivaxeln från växellådan, se till att inte utsätta drivknutarna för stora påfrestningar, och ta bort drivaxeln under bilen. Medan drivaxeln är demonterad, plugga igen eller tejpa över differentialöppningen för att förhindra smutsinträng.

2.4a Ta bort drivaxelmuttern . . .

2.4b . . . och brickan

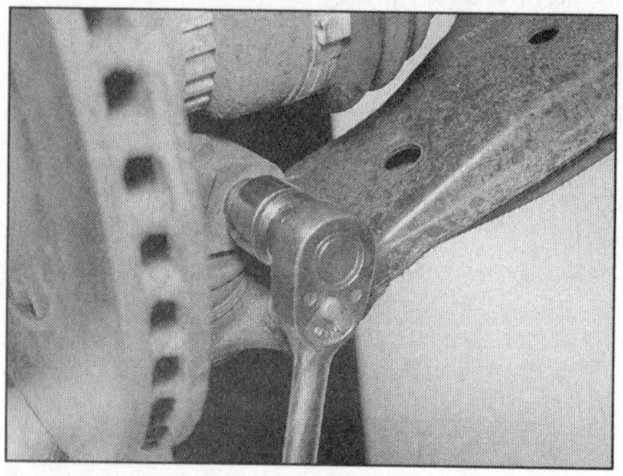

2.6 Skruva loss klämbulten som håller den främre länkarmen till hjulspindeln

2.7 Använd en huggmejsel till att expandera klämman längst ner på hjulspindeln

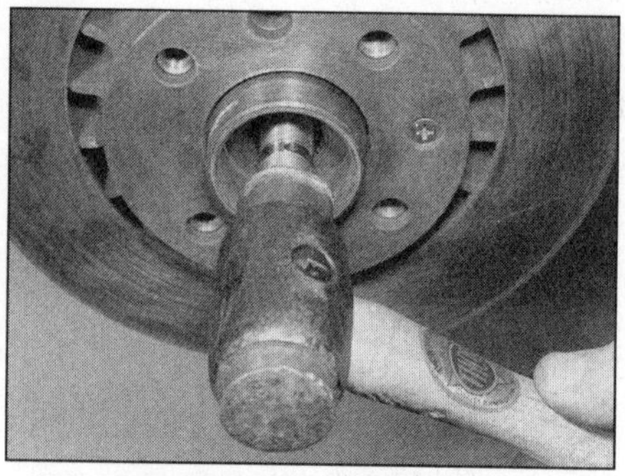

2.9 Använd en mjuk klubba till att driva loss axeln från navet

2.11 Häv försiktigt mellan drivaxeln och differentialhuset för att lossa drivaxeln

2.13 Vibrationsdämpare monterad på höger drivaxel (alla modeller utom 1.6 liter)

2.24a Sätt i en ny saxpinne . . .

Varning: Låt inte bilen vila på hjulen medan en eller båda drivaxlarna är demonterade - det kan resultera i skador på hjullagren. Om bilen måste flyttas på hjulen, kläm fast hjullagren med distanser och en lång gängad stång som får ta drivaxelns plats.

13 Alla modeller utom 1.6 liter har en vibrationsdämpare monterad på höger drivaxel. Om dämparen överförs till en ny drivaxel, mät dess monterade läge innan den demonteras och placera den i samma läge på den nya drivaxeln **(se bild)**.

Montering

14 Innan montering av drivaxeln, undersök oljetätningen i växellådshuset och byt ut den om så behövs enligt beskrivning i kapitel 7A eller 7B.

15 Ta bort låsringen från änden av drivaxelns inre knuts spår och kasta den. Sätt dit en ny låsring och se till att den sätter sig ordentligt i spåret.

16 Rengör noggrant drivaxelns spår, och öppningarna i växellådan och navet. Lägg ett tunt lager fett på oljetätningsläpparna och på drivaxelns spår och ansatser. Kontrollera att alla damaskklämmor sitter ordentligt.

17 För upp drivaxeln och haka i den inre knutens spår med spåren på differentialens soldrev, var noga med att inte skada oljetätningen. Tryck knuten på plats, kontrollera sedan att låsringen sitter som den ska och håller knuten säkert på plats. Om så behövs, använd en mjuk klubba eller dorn till att driva in den inre drivaxelknuten helt på plats.

18 Rikta in den yttre knutens spår med navets och skjut tillbaka knuten på plats i navet.

19 Använd hävarmen till att trycka ner på länkarmen, placera sedan om kulleden och släpp armen. Se till att kulledens stump går in helt i hjulspindeln.

20 Sätt in klämbulten med skallen vänd mot bilens bakre del och dra åt den till specificerat moment.

21 Sätt tillbaka styrleden till styrarmen på hjulspindeln och dra åt muttern till specificerat moment.

22 Sätt tillbaka brickan på änden av drivaxeln, skruva sedan på en ny mutter och dra åt den måttligt i detta läge.

23 Montera hjulet och sänk ned bilen på marken.

24 Dra åt drivaxelmuttern enligt de steg som anges i specifikationerna och sätt i en ny saxpinne. Böj det yttre benet på saxpinnen över änden på drivaxeln, kapa sedan av det inre benet efter behov och böj det inåt **(se bilder)**.

25 Knacka drivaxelmutterns kåpa på plats och sätt tillbaka hjulsidan.

26 Kontrollera oljenivån i växellådan och fyll vid behov på enligt beskrivning i kapitel 1.

3 **Drivaxelknut** - kontroll och byte

Kontroll

1 Kör bilen och lyssna efter ett metalliskt klickande ljud från bilens främre del när bilen körs sakta i en cirkel med fullt rattutslag. Om det är tydligt indikerar det slitage i den yttre knuten och den måste då bytas.

2 För att leta efter slitage i den inre knuten, dra åt handbromsen, lyft upp framvagnen och ställ den på pallbockar (se *"Lyftning och stödpunkter"*). Försök röra drivaxelns inre ände upp och ner, håll sedan knuten med en hand och försök rotera drivaxeln med den andra. Om slitage är uppenbart måste knuten bytas.

2.24b . . . och böj benen för att låsa muttern

Byte

3 Med drivaxeln demonterad, enligt beskrivning i avsnitt 2, lossa metallsäkerhetsbanden och dra undan gummidamasken från den slitna knuten. Om så behövs, skär loss banden men var försiktig så att inte damaskens säte skadas **(se bild)**.

4 Använd en skruvmejsel eller en låsringstång, vidga låsringen som håller knuten till drivaxeln **(se bild)**.

5 Använd en mjuk klubba, knacka bort knuten från drivaxeln **(se bild)**.

6 Se till att montera en ny låsring till den nya knuten, knacka sedan den nya knuten på

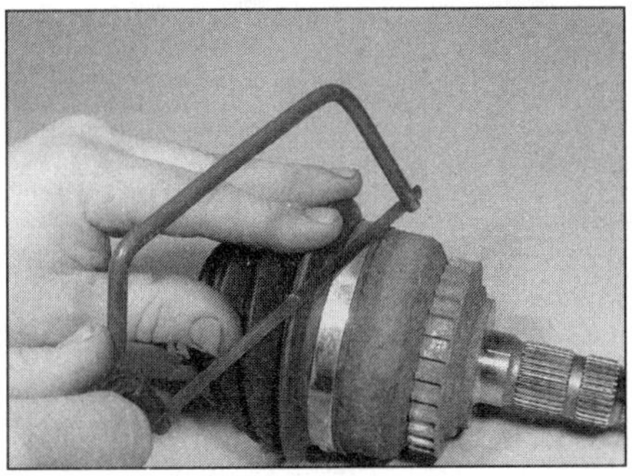

3.3 Damaskens säkerhetsband kapas med en bågfil

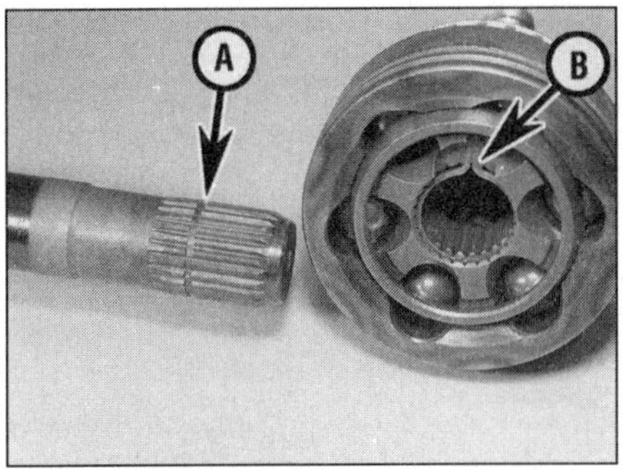

3.4 Drivaxelknutens låsringsspår (A) och låsring (B)

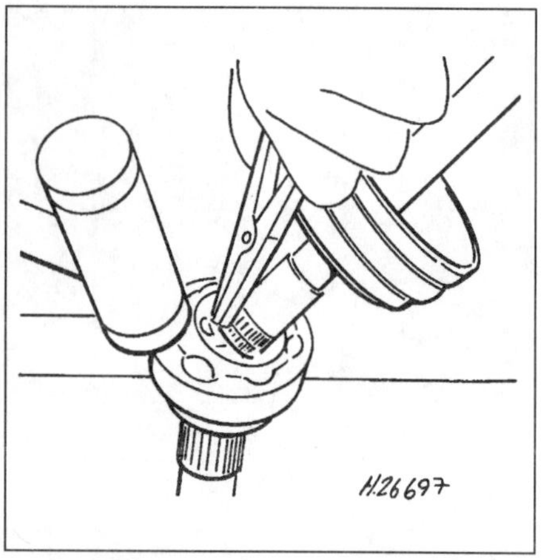

3.5 Knuten knackas loss från drivaxeln

plats på drivaxeln tills låsringen går in i sitt spår.

7 Packa knuten med fett av specificerad typ

8 Sätt tillbaka gummidamasken på den nya knuten, se avsnitt 4 vid behov.

9 Montera drivaxeln på bilen enligt beskrivning i avsnitt 2.

4.5 Packa knuten med fett av specificerad typ

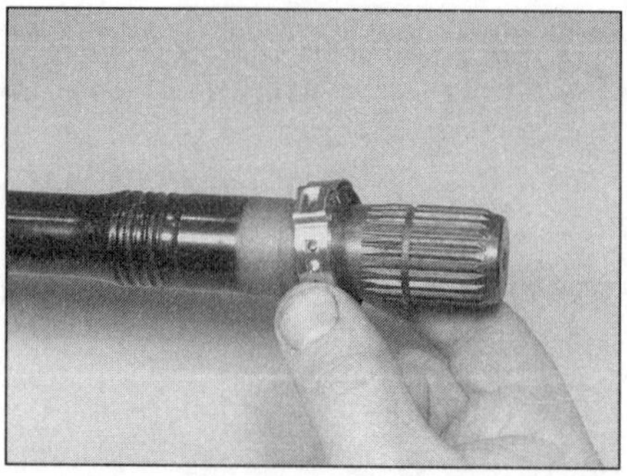

4.4a Placera det nya inre säkerhetsbandet på drivaxeln . . .

4.4b . . . följt av den nya damasken

4 Drivaxelknutarnas damasker - byte

Byte

1 Med drivaxeln demonterad enligt beskrivning i avsnitt 2, demontera aktuell knut enligt beskrivning i avsnitt 3. Notera att om båda damaskerna på en drivaxel skall bytas ut behöver man bara demontera en knut, men på den högra drivaxeln måste man också demontera vibrationsdämparen, efter det att dess position noterats (utom på 1.6 liters modeller).

2 Lossa kvarvarande säkerhetsband och dra av damasken från drivaxeln. Om ett originalband från Opel monteras, använd en avbitartång till att kapa den.

3 Ta bort det gamla fettet från knuten, packa sedan in nytt fett av specificerad typ i knuten. Om drivknuten är mycket sliten eller skadad skall den bytas ut enligt beskrivning i avsnitt 3.

4 Dra den nya damasken och det nya inre säkerhetsbandet på drivaxeln så att den mindre öppningen placeras i spåret i drivaxeln **(se bilder)**. **Observera:** *Beroende på modell kan det vara ett eller två spår i drivaxeln; se till att damasken placeras rätt. På modeller med ett spår måste damaskens inre ände vara 135 mm från drivaxeländen. På modeller med två spår måste damaskens inre ände vara 123 mm från drivaxeländen .*

5 Packa knuten med fett av specificerad typ **(se bild)**.

6 Montera knuten, använd en ny inre låsring **(se bild)**. Knacka knuten på plats på drivaxeln tills låsringen hakar i sitt spår.

7 Dra damasken över knuten, släpp sedan ut eventuell överflödig luft genom att försiktigt lyfta damasken från knuten med en skruvmejsel.

8 Fäst damasken med nya säkerhetsband. För att montera ett band av ögletyp, placera det över damasken och kläm sedan ihop den upphöjda delen med en kniptång **(se bilder)**. För att montera ett band av typen som har flik och urtag, placera det runt damasken och dra åt bandet så hårt som möjligt, haka i fliken i änden av bandet med ett av urtagen. Använd en skruvmejsel om så behövs till att pressa åt bandet så hårt som möjligt innan fliken och urtaget hakas ihop. Dra avslutningsvis åt bandet genom att trycka ihop den upphöjda delen av bandet med en tång, men var försiktig så att inte damasken skadas.

9 Montera drivaxeln enligt beskrivning i avsnitt 2.

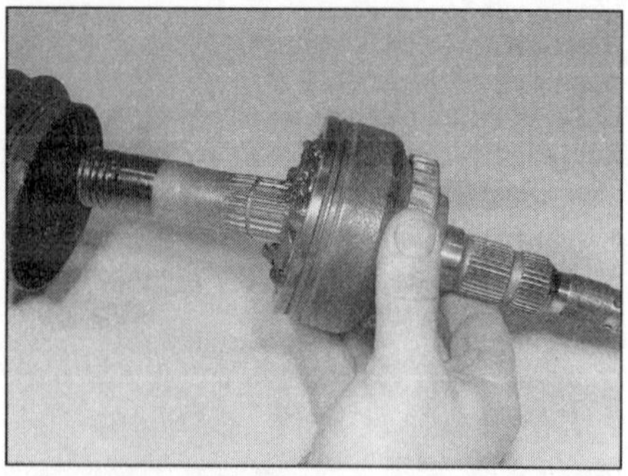

4.6 Knuten placeras på drivaxelns spår

4.8a Montera det yttre säkerhetsbandet . . .

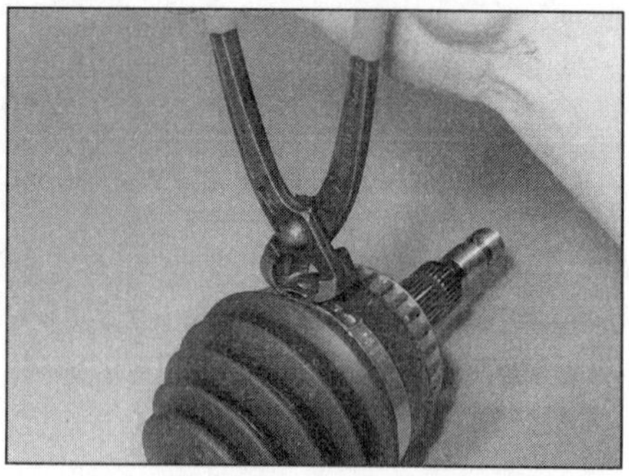

4.8b . . . och dra åt det med en tång

Kapitel 9
Bromssystem

Innehåll

Svårighetsgrader

Enkelt, passar novisen med lite erfarenhet	**Ganska enkelt,** passar nybörjaren med viss erfarenhet	**Ganska svårt,** passar kompetent hemmamekaniker	**Svårt,** passar hemmamekaniker med erfarenhet	**Mycket svårt,** för professionell mekaniker

Specifikationer

Systemtyp

Alla modeller	Främre skivbromsar och bakre trumbromsar (modeller med 1.6 liters SOHC motor) eller bakre skivbromsar (alla modeller utom 1.6 liters SOHC motor) med vakuumservo, 4-kanals ABS (standard), aktiverad via en hydraulmodulator, två bromskretsar med diagonal uppdelning. Vajermanövrerad handbroms på bakhjulen

Främre skivor

Typ	Ventilerade
Diameter:	
Alla modeller utom 2.0 liter (X20XEV motor)	256 mm
2.0 liter (X20XEV motor)	288 mm
Max skevhet	0,1 mm
Minsta tjocklek på bromsklossarnas friktionsmaterial (inklusive monteringsplatta)	7,5 mm
Minsta tjocklek på skiva efter bearbetning: *	
Alla modeller utom 2.0 liter (X20XEV motor)	22 mm
2.0 liter (X20XEV motor)	23 mm

** När detta mått har nåtts får endast en ytterligare uppsättning bromsklossar användas, byt sedan ut bromsskivorna*

Bakre skivor

Typ	Massiva
Diameter:	
Alla modeller utom 2.0 liter (X20XEV motor)	270 mm
2.0 liter (X20XEV motor)	286 mm
Max skevhet	0,1 mm
Minsta tjocklek på bromsklossarnas friktionsmaterial (inklusive monteringsplatta)	7,0 mm
Minsta tjocklek på skiva efter bearbetning *	9,0 mm
Minsta tjocklek på bromsbackarnas friktionsmaterial (endast belägg)	1,0 mm

* *När detta mått har nåtts får endast en ytterligare uppsättning klossar användas, byt sedan ut bromsskivorna*

Bakre trummor

Intern diameter	230 mm
Max intern diameter	231 mm
Minsta tjocklek på bromsbackarnas friktionsmaterial	0,5 mm över nitskallarna

ABS-system

Alla modeller utom 2.0 liter (X20XEV motor)	ABS 415
2.0 liter (X20XEV motor)	ABS 5/TC

Bromsvätska

Alla modeller	Bromsvätska till DOT 3 eller DOT 4, eller SAE J1703

Åtdragningsmoment

	Nm
ABS styrenhet till hydraulmodulator:	
Steg 1	6
Steg 2	7
Bakre bromsok, fäste	80
Bakre bromstrumma, fästskruv	4
Bakre hjulcylinder	9
Bromsokets luftningsskruv	9
Bromsoksslang, banjobult	40
Bromsskivans fästskruv	4
Bromsvätskeledningar, anslutningar	16
Främre bromsok, fästkonsol till hjulspindel	95
Främre bromsok, styrbultar	30
Handbromsspak, fäste	10
Handbromsspakens varningskontakt	2,5
Hjulbultar	110
Hjulhastighetsgivare	8
Huvudcylinder till servo	22
Hydraulmodulator (ABS)	8
Pedalstöd	20
Vakuumservo fästmuttrar/-bultar	20
Vakuumservo, tryckstångens låsmutter	18
Vakuumslang till insugsgrenrör	18
Vakuumslang till vakuumpump (dieselmotor)	18

1 Allmän information

Bromssystemet är servoassisterat och diagonalt uppdelat i två bromskretsar. Utformningen av bromssystemet är sådant att varje krets manövrerar en fram- och en bakbroms från en tandemhuvudcylinder. Under normala förhållanden arbetar båda kretsarna tillsammans. Om den ena kretsen skulle haverera finns dock full bromskraft kvar på två hjul.

Alla modeller har skivbromsar fram och modeller med 1.6 liters SOHC motor har trumbromsar bak, medan övriga modeller har skrivbromsar bak. De främre skivbromsarna aktiveras av enkolvs glidande ok, vilka försäkrar att lika tryck läggs på båda bromsklossarna, medan de bakre oken har tvåkolvs fixerade ok. De bakre trumbromsarna (modeller med 1.6 liters SOHC motor) har ledande och släpande backar, vilka aktiveras av tvåkolvs hjulcylindrar. En självjusteringsmekanism finns, som automatiskt kompenserar för slitage på bromsbackarna. Allteftersom bromsbackarnas belägg slits, aktiverar fotbromsmanövreringen automatiskt justeringsmekanismen, vilken i själva verket förlänger bromsbackarnas stag och omplacerar backarna, för att minska spelet mellan belägget och trumman.

Alla modeller har 4-kanals ABS (låsningsfria bromsar) som inkluderar en hjulhastighetsgivare på varje hjul. När tändningen är påslagen tänds en ABS-symbol i instrumentpanelen en kort stund medan systemet utför ett självtest. Systemet består av en elektronisk styrenhet, hjulhastighetsgivare, en hydraulmodulator och nödvändiga ventiler och reläer. Syftet med systemet är att stoppa hjulen från att låsa vid kraftig inbromsning. Detta uppnås genom automatiskt lossande av bromsen på det låsande hjulet, följt av ansättning av bromsen igen. Detta moment utförs många gånger i sekunden av hydraulmodulatorn. Modulatorn styrs av en elektronisk styrenhet som själv mottar signaler från hjulgivarna, vilka övervakar huruvida hjulen är låsta eller inte. ABS-enheten är monterad mellan bromshuvudcylindern och bromsarna. Huvudcylindern på modeller med antispinnsystem (med X20XEV motor) är annorlunda än den monterad på modeller utan antispinnsystem.

Om ABS-symbolen på instrumentpanelen förblir tänd, eller om den tänds under körning, finns det ett fel i systemet och bilen måste tas till en Opelverkstad för utvärdering med speciell diagnostisk utrustning.

Handbromsen är vajeraktiverad på bakbromsarna av en spak som sitter mellan framsätena.

På modeller med dieselmotor finns ingen strypning av insugsgrenröret, insugsgrenröret är därför en passande vakuumkälla för att aktivera vakuumservoenheten. Servoenheten är därför ansluten till en separat vakuumpump – på 1.7 liters dieselmotorer är pumpen ansluten till generatorn och drivs av en central spårad kil, medan den på 2.0 liters dieselmotorer är fastskruvad på vänster ände av topplocket och drivs av kamaxeln.

Varning: När någon del av systemet servas, arbeta noggrant och systematiskt och var ytterst noga med renligheten vid renovering av någon del av bromssystemet. Byt alltid ut komponenter (i axeluppsättningar) om tveksamhet råder angående deras skick, och använd endast Opels egna reservdelar, eller åtminstone delar av godkänd kvalitet. Observera varningarna i "Säkerheten främst!" och i relevanta delar av detta kapitel angående faran med asbestdamm och bromsvätska.

2 Bromssystem – luftning

Varning: Bromsvätska är giftig, tvätta omedelbart bort vätska om den kommer på huden och sök genast läkarhjälp om vätska sväljs eller kommer i ögonen. Vissa typer av bromsvätska är lättantändlig och kan fatta eld om den kommer i kontakt med heta komponenter. Vid service av ett bromssystem är det säkrast att anta att vätskan är lättantändlig och vidta säkerhetsåtgärder mot brand som om man handskades med bensin. Bromsvätska är också en effektiv färgborttagare och angriper plast; om vätska spills ska den genast sköljas bort med stora mängder rent vatten. Avslutningsvis är bromsvätskan också hygroskopisk (den absorberar fukt från luften) – gammal vätska kan vara förorenad och olämplig för vidare användning. Vid påfyllning eller byte av vätskan, använd alltid rekommenderad typ och försäkra dig om att den kommer från en förseglad nyöppnad behållare.

Allmänt

1 Ett bromssystem kan endast fungera korrekt om all luft släpps ut från komponenterna och kretsen – detta uppnås genom luftning av systemet.

2 Under luftningsproceduren, fyll endast på med ren, oanvänd bromsvätska av rekommenderad typ, återanvänd aldrig vätska som har tappats av från systemet. Se till att ha tillräckligt med vätska till hands innan arbetet påbörjas.

3 Om det föreligger risk att fel typ av vätska redan finns i systemet måste bromskomponenterna och kretsen spolas helt med oförorenad vätska av rätt typ och nya tätningar ska monteras på de olika komponenterna.

4 Om bromsvätska har läckt ut ur systemet, eller om luft kommit in på grund av en läcka, se till att åtgärda problemet innan arbetet går vidare.

5 Parkera bilen över en smörjgrop eller på ramper. Alternativt, dra åt handbromsen, lyft upp fram- och bakvagn och ställ bilen på pallbockar (se *"Lyftning och stödpunkter"*). För att skapa bättre åtkomlighet när bilen är upplyft, demontera hjulen.

6 Kontrollera att alla rör och slanger sitter säkert, att anslutningar är väl åtdragna och luftningsskruvar är stängda. Torka bort smuts runt luftningsskruvarna.

7 Skruva loss huvudcylinderbehållarens lock och fyll på behållaren upp till 'MAX'-nivålinjen. Sätt tillbaka locket löst och kom ihåg att behålla vätskenivån minst över 'MIN'-nivålinjen under hela arbetet, annars kan det komma in luft i systemet.

8 Det finns ett antal enmans luftningssatser tillgängliga hos tillbehörsbutiker. Det rekommenderas att en sådan används om det är möjligt, eftersom de underlättar luftningen avsevärt och också minskar risken för att utsläppt luft och vätska dras in i systemet igen. Om en sådan sats inte finns tillgänglig, måste den grundläggande (tvåmans) metoden användas, som beskrivs nedan.

9 Om en sats skall användas, förbered bilen enligt tidigare beskrivning och följ tillverkarens instruktioner – metoderna kan variera något beroende på vilken typ som används, men generellt sett följer de beskrivningarna nedan.

10 Vilken metod som än används måste samma luftningsordning följas (punkt 11 och 12) för att all luft garanterat skall släppas ut ur systemet.

Luftningsordning

11 Om endast delar av systemet har kopplats loss, och lämpliga åtgärder vidtagits för att minimera vätskeförlusten, skall det endast vara nödvändigt att lufta den aktuella delen av systemet (d.v.s. primär- eller sekundärkretsen).

12 Om hela systemet skall luftas skall det utföras i följande ordning:

a) Vänster bakbroms
b) Höger frambroms
c) Höger bakbroms
d) Vänster frambroms

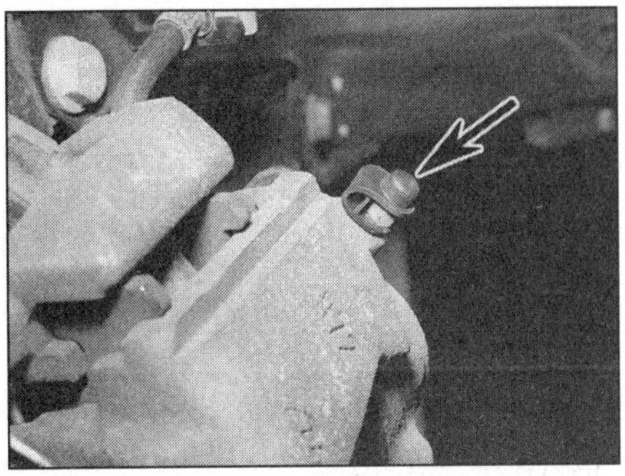

2.14 Dammskydd på en luftningsskruv (vid pilen)

Luftning – grundläggande (tvåmans) metod

13 Samla ihop en ren glasburk, en lämplig bit plast- eller gummislang som har tät passning över luftningsskruven samt en nyckel som passar skruven. En medhjälpare behövs också.

14 Ta bort dammskyddet från den första luftningsskruven i ordningen **(se bild)**. Sätt nyckeln och slangen på skruven, placera den andra änden av slangen i glasburken och häll i så mycket vätska att slangänden är väl täckt.

15 Se till att vätskenivån i huvudcylinderbehållaren hålls minst över 'MIN'-nivålinjen under hela arbetet.

16 Låt medhjälparen trycka ned bromspedalen helt flera gånger för att bygga upp ett tryck och därefter hålla den nere.

17 Medan pedaltrycket hålls, skruva loss luftningsskruven (ca ett varv) och låt den komprimerade vätskan och luften flöda ut i burken. Medhjälparen skall behålla pedaltrycket, följa det ned till golven om så behövs, och skall inte släppa pedalen förrän du säger till. När flödet upphör, dra åt luftningsskruven och låt medhjälparen släppa upp pedalen långsamt. Kontrollera sedan vätskenivån i behållaren.

18 Upprepa stegen i punkt 16 och 17 tills vätskan som kommer ut ur luftningsskruven är fri från luftbubblor. Om huvudcylindern har tappats av och fyllts på, och luft släpps ut från den första skruven i ordningen, vänta ca 5 sekunder mellan cyklerna så att huvudcylinderns passager hinner fyllas upp.

19 När inga mer luftbubblor kommer ut, dra åt luftningsskruven ordentligt, ta bort slang och nyckel och sätt tillbaka dammskyddet. Dra inte åt luftningsskruven för hårt.

20 Upprepa momentet på övriga skruvar i ordningen, tills all luft är utsläppt ur systemet och bromspedalen känns fast igen.

Luftning med envägsventil

21 Som namnet antyder består denna sats av en bit slang med en envägsventil, som förhindrar att utsläppt luft och vätska dras tillbaka in i systemet. Vissa satser har en genomskinlig behållare som kan placeras så att luftbubblorna lättare kan ses flöda ut ur slangänden.

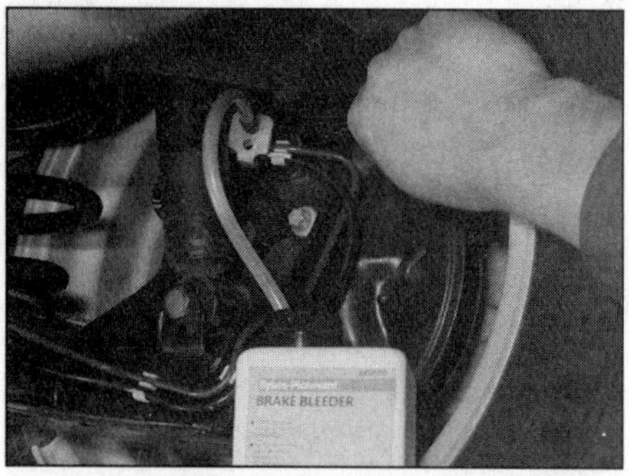

2.22 Luftning av bakbroms med en envägsventil

22 Satsen ansluts till luftningsskruven som sedan öppnas **(se bild)**. Användaren återvänder till förarsätet, trampar ned bromspedalen med en mjuk stadig rörelse och släpper sedan långsamt upp den; detta upprepas tills luften som kommer ut är fri från luftbubblor.

23 Observera att dessa satser underlättar arbetet så mycket att det är lätt att glömma bort vätskenivån i huvudcylinderbehållaren; se till att nivån behålls minst över 'MIN'-nivålinjen hela tiden.

Luftning med trycksats

24 Dessa satser aktiveras vanligtvis av tryckluften i reservdäcket. Man måste dock förmodligen minska trycket till en lägre nivå än normalt; se instruktionerna som medföljer satsen.

25 Genom att ansluta en vätskefylld behållare under tryck till huvudcylinderbehållaren kan luftning utföras genom att man helt enkelt öppnar varje skruv en i taget (i specificerad ordning), och låter vätskan flöda ut tills den är fri från bubblor.

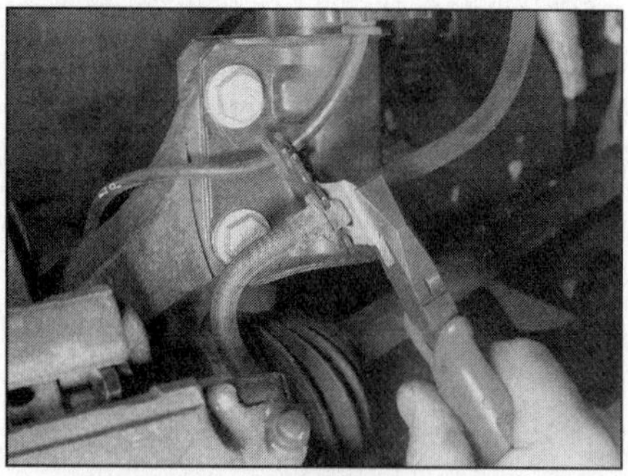

3.2a Dra ut fjäderklämman . . .

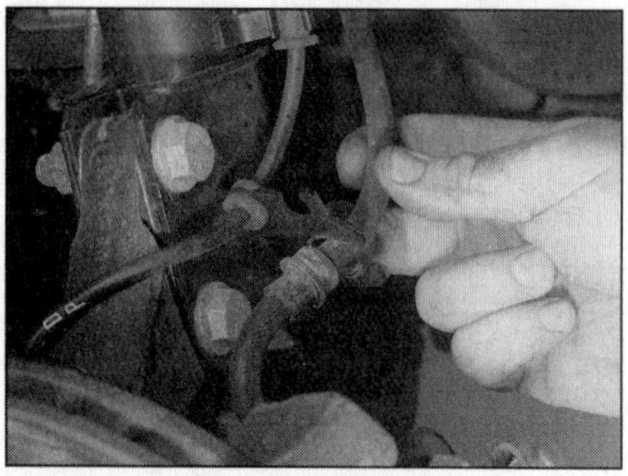

3.2b . . . och koppla loss slangen från det främre fjäderbenet

26 Denna metod har fördelen att den stora vätskebehållaren utgör en extra säkerhetsåtgärd mot att luft dras in i systemet under luftningen.

27 Tryckluftning är speciellt effektiv vid luftning av ett "svårt" system, eller när man luftar hela systemet vid rutinmässigt vätskebyte.

Alla metoder

28 När luftningen är färdig, och pedalen känns fast igen, tvätta bort spilld vätska, dra åt luftningsskruvarna ordentligt och sätt tillbaka dammskydden.

29 Kontrollera bromsvätskenivån i huvudcylinderbehållaren och fyll på vid behov (se *"Veckokontroller"*).

30 Kassera bromsvätska som har tappats av från systemet, den kan inte återanvändas.

31 Undersök pedalkänslan. Om den känns svampig finns de fortfarande luft i systemet och ytterligare luftning måste utföras. Om man inte lyckas lufta systemet tillfredsställande efter rimligt antal försök kan det bero på slitna huvudcylindertätningar.

3 Bromsrör och slangar - byte

Observera: *Innan arbetet startar, se anmärkningen i början av avsnitt 2 angående farorna med bromsvätska.*

1 Om ett rör eller en slang skall bytas ut, minimera vätskeförlusten genom att ta av huvudcylinderbehållarens lock och skruva tillbaka det igen över en bit plastfolie för att få lufttät tätning. Alternativt kan slangklämmor sättas på slangarna för att isolera delar av kretsen; metallrörsanslutningar kan pluggas igen (om man är försiktig så att inte smuts kommer in i systemet) eller täckas över så fort de kopplas loss. Placera trasor under varje anslutning som ska kopplas loss för att samla upp spill.

2 Om en slang skall kopplas loss, skruva loss bromsrörsanslutningens mutter innan den fjäderklämma tas bort som håller slangen till fästkonsolen. Där så är tillämpligt, skruva loss banjoanslutningsbulten som håller slangen till oket och ta vara på kopparbrickorna. Vid demontering av den främre slangen, dra ut fjäderklämman och koppla loss den från fjäderbenet **(se bilder)**.

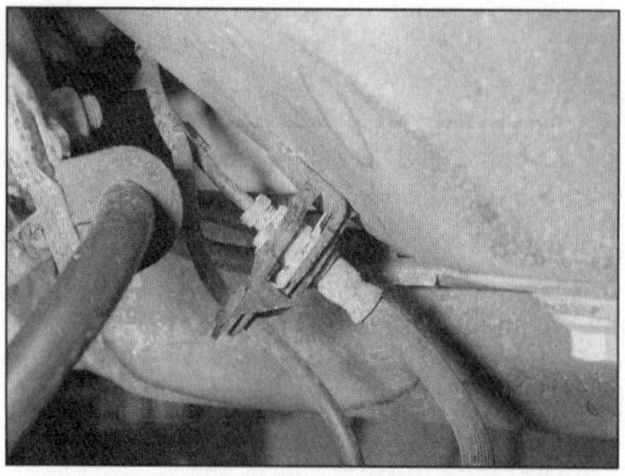

3.2c Den bakre slangen är ansluten till ett bromsrör under hjulhuset

3 När anslutningsmuttrarna ska skruvas loss är det att föredra om man har en bromsrörsnyckel av rätt storlek; dessa finns hos de flesta tillbehörsbutiker. Om en sådan inte finns till hands måste man använda en tätt passande öppen nyckel, men om muttrarna sitter hårt eller är korroderade, kan de rundas av ifall nyckeln halkar. I så fall är en självlåsande tång ofta det enda sättet att skruva loss en envis anslutning, men det betyder att röret och den skadade muttern måste bytas ut vid hopsättningen. Rengör alltid en anslutning och omgivande område innan den kopplas loss. Om en komponent med mer än en anslutning kopplas loss, gör noggranna anteckningar över anslutningarna innan de rubbas.

4 Om ett bromsrör skall bytas ut kan det införskaffas färdigkapat till rätt längd och med anslutningsmuttrar och flänsar på plats, från Opelåterförsäljare. Sedan behöver man bara böja röret till rätt form, med hjälp av det gamla röret, innan det monteras i bilen. Alternativt kan de flesta tillbehörsbutiker sätta ihop bromsrör från olika satser, men detta kräver mycket noggrann mätning av originalröret, för att garantera att ersättningsröret får rätt längd.

5 Dra inte åt anslutningsmuttrarna för hårt vid montering.

6 Vid montering av slangarna till oken, använd alltid nya kopparbrickor och dra åt banjoanslutningsbultarna till specificerat moment. Se till att slangarna placeras så att de inte kommer i kontakt med omgivande kaross eller hjulen.

7 Se till att rören och slangarna dras rätt väg, utan veck, och att de fästs i de därför avsedda klämmorna eller konsolerna. Efter montering, ta bort plastfolien från behållaren och lufta bromssystemet enligt beskrivning i avsnitt 2. Tvätta bort spilld vätska och undersök om det förekommer läckor.

4 Främre bromsklossar - byte

Varning: Byt ut BÅDA uppsättningarna främre bromsklossar samtidigt - byt ALDRIG ut klossarna bara på ett hjul, eftersom det kan leda till ojämn bromsverkan. Tänk på att damm som skapas av slitage på klossarna kan innehålla asbest, vilket är hälsofarligt. Blås aldrig bort dammet med tryckluft och andas inte in det. En godkänd ansiktsmask bör användas vid arbete på bromsarna. ANVÄND ALDRIG petroleumbaserade

lösningsmedel för att rengöra bromsdelarna – använd bromsrengörare eller denaturerad sprit.

1 Dra åt handbromsen, lyft upp framvagnen och stöd den på pallbockar (se *"Lyftning och stödpunkter"*). Demontera framhjulen.

2 Bänd ut bromsklossens varningsgivare med en skruvmejsel och ta loss den från hållaren.

3 Ta loss hållfjädern från den yttre kanten på oket, notera hur den sitter **(se bild)**.

4 Ta bort dammskydden från styrbultarnas inre ändar **(se bild)**.

5 Skruva loss styrbultarna från oket och lyft bort oket och den inre klossen från fästkonsolen. Bind fast oket i fjäderbenet med en lämplig bit vajer **(se bilder)**. Låt inte oket hänga fritt på bromsslangen.

6 Ta bort den inre klossen från okkolven, observera att den hålls av en fjäderklämma som sitter på klossens fästplatta, och ta vara på den yttre klossen från fästkonsolen **(se bild)**.

7 Borsta bort smuts och damm från oket, men andas inte in det. Ta försiktigt bort rost från kanterna på bromsskivan.

8 Mät tjockleken på varje bromskloss (friktionsmaterial och monteringsplatta) **(se bild)**. Om någon av klossarna på någon punkt är sliten ned till specificerad minimitjocklek eller mindre, måste alla fyra klossar bytas ut. Bromsklossarna skall också bytas ut om någon av dem är förorenade med olja eller fett; det finns inget tillfredsställande sätt att avfetta friktionsmaterial när det väl är förorenat. Om någon av bromsklossarna är ojämnt slitna, eller förorenade med olja eller

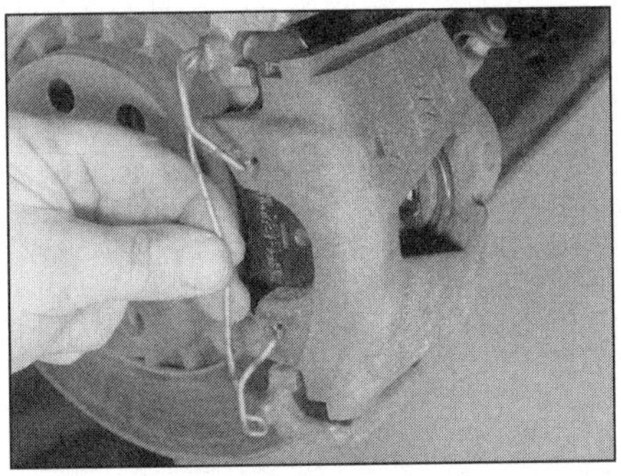

4.3 Ta loss hållfjädern från det främre oket

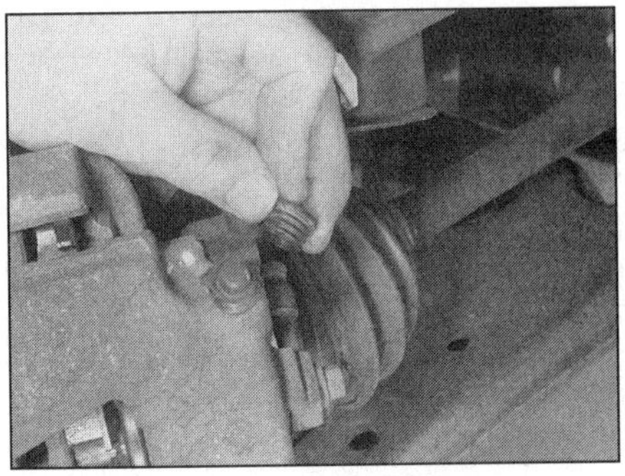

4.4 Ta bort dammskydden . . .

fett, leta reda på orsaken och åtgärda problemet innan hopsättning.

9 Om bromsklossarna fortfarande är i servicebart skick, rengör dem noggrant med en ren, fin stålborste eller liknande. Var speciellt noga med sidorna och baksidan av metallplattan. Rengör spåren i friktionsmaterialet och ta ut inbäddade smutspartiklar. Rengör noggrant klossarnas säten i oket/fästkonsolen.

10 Innan klossarna monteras, kontrollera att styrbultarna har tät passning i okbussningarna. Borsta bort damm och smuts från oket och kolven. Lägg lite kopparbromsfett med hög smältpunkt på de delar av klossarnas fästplattor som är i kontakt med oket och kolven. Undersök om dammtätningen runt kolven är skadad och om kolven visar tecken på läckage, korrosion eller skador. Om någon av dessa komponenter behöver ses över, se avsnitt 10.

11 Om nya bromsklossar skall monteras måste okkolven tryckas tillbaka in i cylindern för att skapa utrymme för dem. Använd en skruvtving eller liknande verktyg, eller använd lämpliga träblock som hävstänger. Förutsatt att huvudcylinderbehållaren inte har överfyllts med bromsvätska bör där inte bli något spill, men håll ett vakande öga på vätskenivån medan kolven dras tillbaka. Om vätskenivån vid något tillfälle stiger över 'MAX'-nivålinjen måste överflödet sugas ut eller tappas av via ett plaströr anslutet till luftningsskruven.

Varning: Sug inte ut vätskan med munnen – den är giftig. Använd en bollspruta eller liknande hävert.

12 Kontrollera att försänkningarna på okkolven är placerade så som visas **(se bild)**. Om så behövs, vrid försiktigt kolven till rätt position.

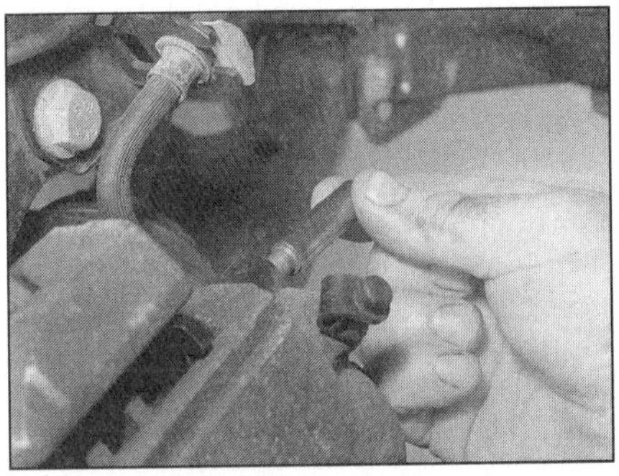

4.5a . . . skruva loss styrbultarna . . .

4.5b . . . och lyft bort oket och den inre bromsklossen från fästkonsolen

4.5c Bind upp oket mot fjäderbenet för att undvika belastning på bromsslangen

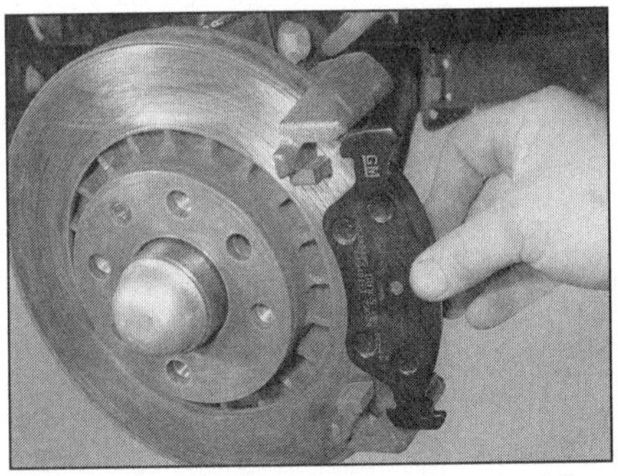

4.6 Ta bort den yttre bromsklossen från fästkonsolen

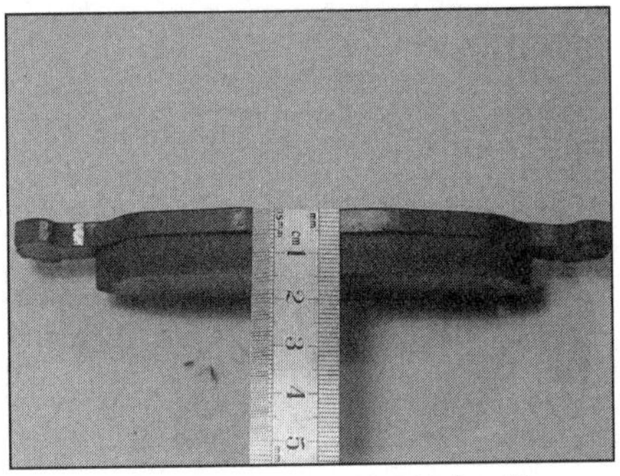

4.8 Bromsklossens tjocklek mäts

4.12 Främre bromsokets försänkning (vid pilen) korrekt placerad

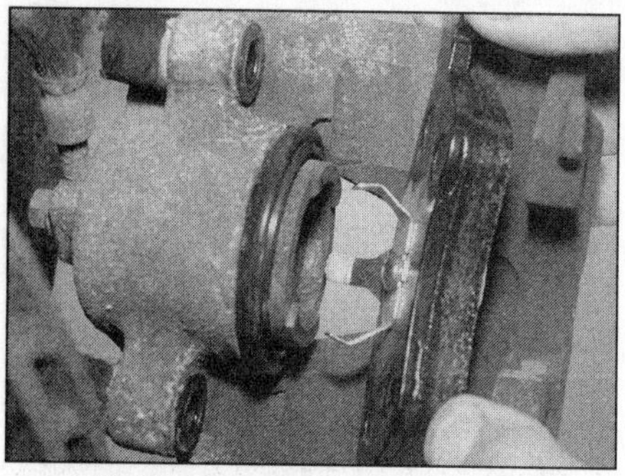

4.13 Placera klämman i den främre okkolven när den inre klossen monteras

4.16 Dra åt okets styrbultar med en momentnyckel

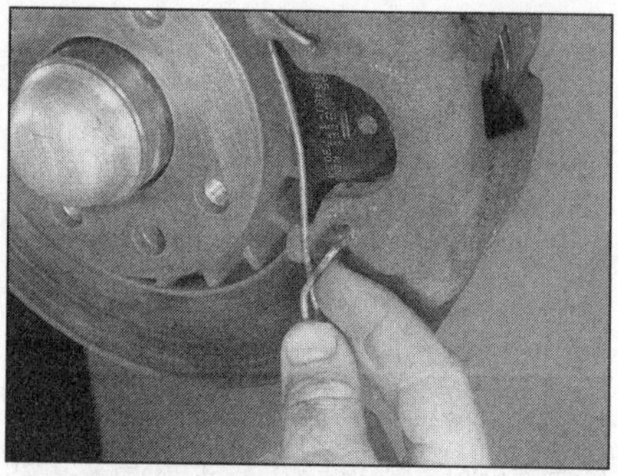

4.18 Se till att hållfjäderns ändar placeras korrekt i hålen i oket

13 Montera den inre klossen på oket, se till att placera dess klämma rätt i okkolven **(se bild)**.

14 Montera den yttre klossen på okets fästkonsol, med friktionsmaterialet mot bromsskivan.

15 För oket och den inre klossen på plats över den yttre klossen och placera den i fästkonsolen.

16 Sätt i okets styrbultar och dra åt dem till specificerat moment **(se bild)**.

17 Sätt tillbaka styrbultarnas dammskydd.

18 Montera hållfjädern på oket, se till att placera dess ändar korrekt i hålen i oket **(se bild)**.

19 Montera bromsklossvarningsgivaren.

20 Tryck ned bromspedalen upprepade gånger, tills normalt pedaltryck återställs.

21 Upprepa proceduren ovan på det andra främre bromsoket.

22 Montera hjulen, sänk ned bilen på marken och dra åt hjulbultarna till specificerat moment.

23 Kontrolla bromsvätskenivån enligt beskrivning i *"Veckokontroller"*.

5.2 Bromsklossens hållstift drivs ut från det bakre bromsoket

5 Bakre bromsklossar - byte

Varning: Byt ut BÅDA uppsättningarna bakre bromsklossar samtidigt - byt ALDRIG ut klossarna bara på ett hjul, eftersom det kan leda till ojämn bromsverkan. Tänk på att damm som skapas av slitage på klossarna kan innehålla asbest, vilket är hälsofarligt. Blås aldrig bort dammet med tryckluft och andas inte in det. En godkänd ansiktsmask bör användas vid arbete på bromsarna. ANVÄND ALDRIG petroleumbaserade lösningsmedel för att rengöra bromsdelarna - använd bromsrengörare eller denaturerad sprit.

1 Klossa framhjulen, lyft upp bakvagnen och stöd den på pallbockar (se *"Lyftning och stödpunkter"*). Ta loss bakhjulen.

2 Notera hur antiskallerfjädern är monterad, driv sedan ut övre och nedre bromsklosshållstift från utsidan av oket med en dorn **(se bild)**.

3 Ta bort antiskallerfjädern **(se bild)**.

4 Tryck bort klossarna från skivan något, använd sedan en tång eller ett demonteringsverktyg till att dra ut den yttre klossen från oket **(se bild)**.

5 Dra ut den inre klossen från oket **(se bild)**.

6 Borsta bort smuts och damm från oket, men var noga med att inte andas in det. Ta försiktigt bort rost från bromsskivans kant.

7 Mät tjockleken på varje bromskloss (friktionsmaterial och monteringsplatta). Om någon av klossarna på någon punkt är sliten ner till specificerad minimitjocklek eller mindre, måste alla fyra klossar bytas ut. Bromsklossarna skall också bytas ut om de är förorenade med olja eller fett; det finns inget tillfredsställande sätt att avfetta friktionsmaterialet. Om någon av klossarna är ojämnt sliten, eller förorenad med olja eller fett, leta reda på orsaken och åtgärda problemet innan hopsättningen.

8 Om bromsklossarna fortfarande är i servicebart skick, rengör dem noggrant med en ren, fin stålborste eller liknande. Var speciellt noga med sidorna och baksidan av metallplattan. Rengör spåren i friktionsmaterialet och ta ut inbäddade smutspartiklar. Rengör noggrant klossarnas säten i oket/fästkonsolen.

9 Innan klossarna monteras, kontrollera att styrbultarna har tät passning i okbussningarna. Borsta bort damm och smuts från oket och kolven. Lägg lite kopparbromsfett med hög smältpunkt på de delar av klossarnas fästplattor som är i kontakt med oket och kolven. Undersök om dammtätningen runt kolven är skadad och om kolven visar tecken på läckage, korrosion eller skador. Om någon av dessa komponenter behöver ses över, se avsnitt 11.

10 Om nya bromsklossar skall monteras

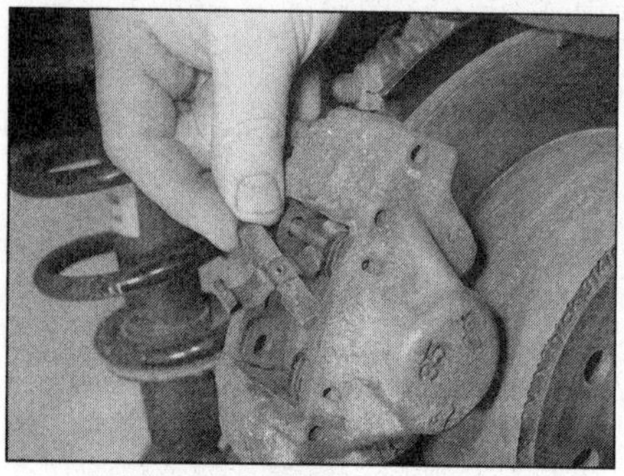

5.3 Antiskallerfjädern tas bort

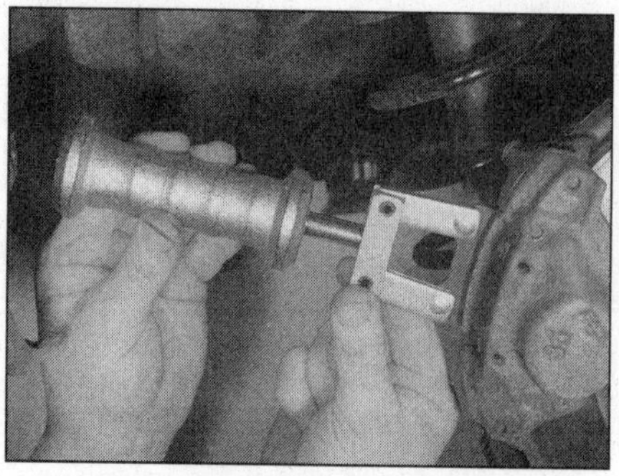

5.4 Ett specialverktyg används till att demontera den yttre bromsklossen

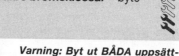

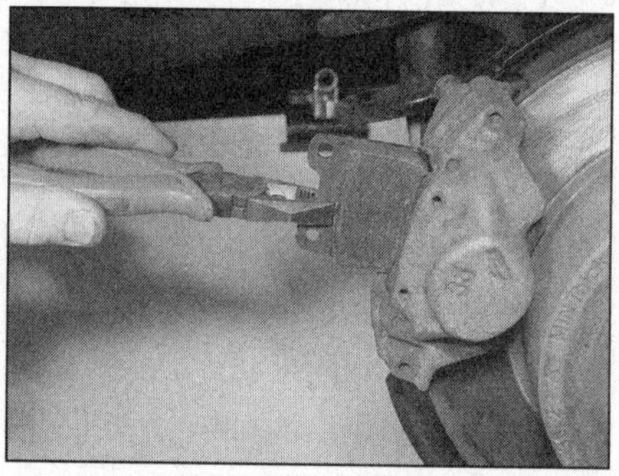

5.5 En tång används till att demontera den inre klossen från oket

5.11 Kontroll av kolvarnas försänkningar med hjälp av en mall av kartong

måste okkolven tryckas tillbaka in i cylindern för att skapa utrymme för dem. Använd en skruvtving eller liknande verktyg, eller använd lämpliga träblock som hävstänger. Förutsatt att huvudcylinderbehållaren inte har överfyllts med bromsvätska, bör där inte bli något spill, men håll ett vakande öga på vätskenivån medan kolven dras tillbaka. Om vätskenivån vid något tillfälle stiger över 'MAX'-nivålinjen måste överflödet sugas ut eller tappas av via ett plaströr anslutet till luftningsskruven.

⚠ ***Varning: Sug inte ut vätskan med munnen - den är giftig. Använd en bollspruta eller liknande hävert.***

11 Kontrollera att försänkningarna i kolvarna är placerade ca 23° i förhållande till horisontallinjen En mall av kartong kan användas för denna kontroll **(se bild)**. Om så behövs, vrid försiktigt kolvarna till rätt positioner.

12 Placera de nya klossarna och anti-gnisselbrickorna i locket. Se till att friktionsmaterialet är vänt mot skivan och kontrollera att klossarna är fria att röras lite.

13 Placera antiskallerfjädern på klossarna, sätt sedan in klossarnas hållstift från okets innerkant, medan fjädern hålls ned. Knacka in stiften ordentligt i oket.

6.3 Kontroll av den bakre bromsbackens slitage

14 Tryck ned bromspedalen upprepade gånger tills normalt pedaltryck återställs.

15 Upprepa ovan beskrivna moment på det andra bromsoket.

16 Montera hjulen, sänk ned bilen på marken och dra åt hjulbultarna till specificerat moment.

17 Kontrolla bromsvätskenivån enligt beskrivning i *"Veckokontroller"*.

6 Bakre bromsbackar - byte

⚠ ***Varning: Bromsbackarna måste bytas ut på båda hjulen samtidigt - byt aldrig ut backar bara på ett hjul, eftersom det kan resultera i ojämn bromsverkan. Damm som skapas av slitage på backarna kan innehålla asbest, vilket är en hälsorisk. Blås aldrig bort det med tryckluft och andas inte in det. En godkänd ansiktsmask bör användas vid arbete på bromsarna. ANVÄND ALDRIG petroleumbaserade lösningsmedel till att rengöra bromsdelarna, använd endast bromsrengörare eller denaturerad sprit.***

6.5 Innan backarna demonteras, observera noga hur alla delar är monterade och var speciellt uppmärksam på justerstagets komponenter

1 Demontera den bakre bromstrumman enligt beskrivning i avsnitt 9.

2 Ta bort allt damm från bromstrumma, backar och fästplatta, men var noga med att inte andas in dammet.

3 Mät tjockleken på friktionsmaterialet på varje bromsback vid flera punkter. Om någon av backarna vid någon punkt är sliten ned till specificerad minimitjocklek eller mindre, måste **alla fyra** backar bytas ut som en uppsättning **(se bild)**. Backarna skall också bytas om de är föreorenade med olja eller fett.

4 Om någon av bromsbackarna är ojämnt sliten, eller förorenad med olja eller fett, leta reda på orsaken och åtgärda problemet innan hopsättning. Om backarna skall bytas, fortsätt enligt nedan. Om allt är som det ska, montera trummorna enligt beskrivning i avsnitt 9.

5 Notera noggrant var och vilken väg alla komponenter sitter innan isärtagning, för att underlätta hopsättningen **(se bild)**.

6 Med hjälp av en tång, haka försiktigt loss den övre returfjädern och ta loss den från bromsbackarna **(se bild)**.

7 Bänd ut justerarmens hållfjäder ur den främre backen och ta bort hållfjädern, armen och returfjädern från bromsbacken, notera noggrant hur alla delar sitter **(se bild)**.

6.6 Haka loss den övre returfjädern och ta bort den från bromsklossarna

6.7 Ta bort hållfjädern, följd av armen och returfjädern (vid pilen)

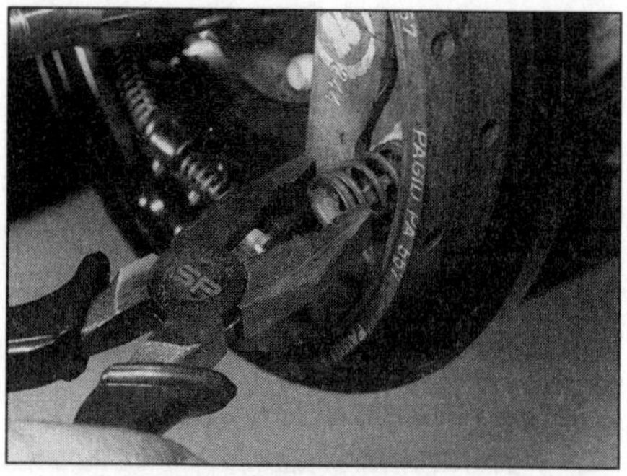

6.11a Ta bort fjäderbrickan med en tång . . .

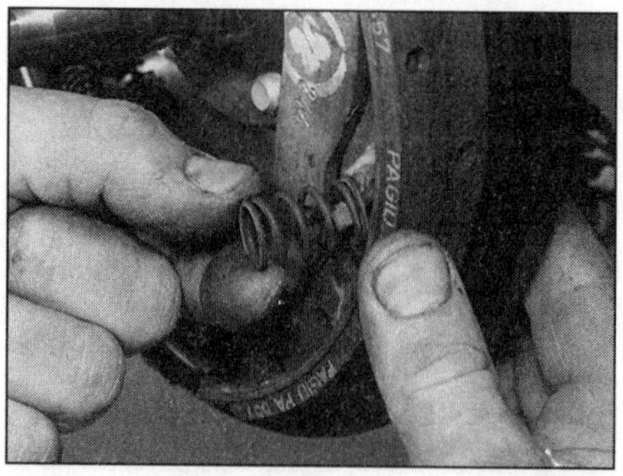

6.11b . . . och lyft av fjädern och hållstiftet

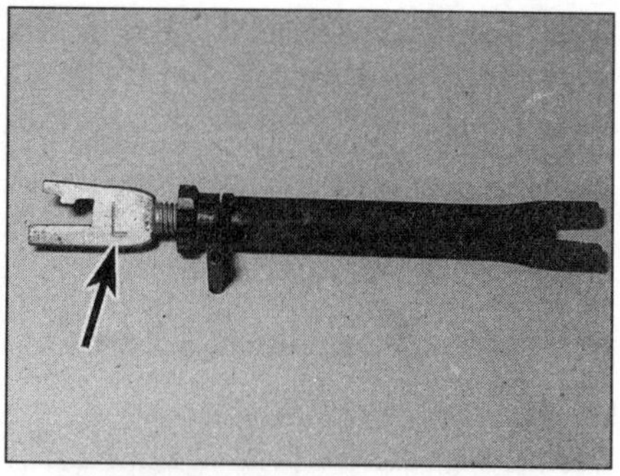

6.13 Vänster justerstag är märkt "L" (vid pilen)

8 Bänd isär de övre ändarna av bromsbackarna och ta ut justerstaget mellan backarna.

9 Använd en tång, ta bort den främre backens hållfjäderbricka genom att trycka in den och vrida den 90°. När brickan är borttagen, lyft av fjädern och dra ut hållstiftet.

10 Haka loss den främre backen från den nedre returfjädern och ta bort både backen och returfjädern.

11 Ta bort den bakre backens hållfjäderbricka, fjäder och hållstift enligt beskrivning i punkt 9, ta sedan bort backen och haka loss den från handbromsvajern **(se bilder)**.

12 Trampa inte ned bromspedalen medan bromsbackarna är demonterade. Som en förebyggande åtgärd, linda ett starkt gummiband runt hjulcylinderkolvarna för att hålla dem på plats.

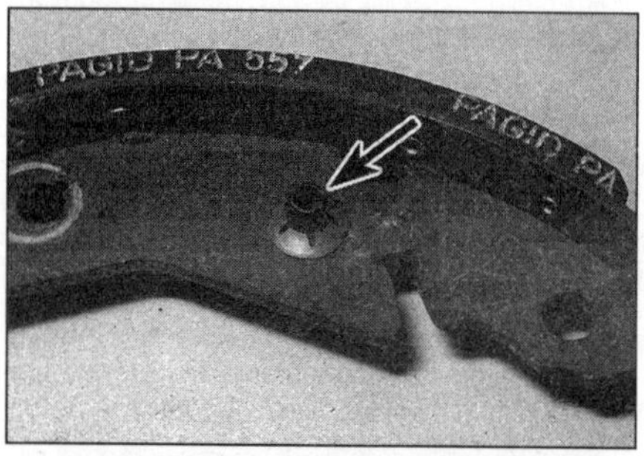

6.16 Man kan behöva flytta över justerarmens pivåstift och klämma (vid pilen) från de gamla backarna till de nya

13 Om båda bromsenheterna tas isär på samma gång, var noga med att inte blanda ihop dem. Observera att vänster och höger justeringskomponenter är märkta; det gängade staget är märkt "L" (vänster) eller "R" (höger) och de övriga komponenterna är färgkodade, svart för vänster sida och silver för höger sida **(se bild)**.

14 Ta isär och rengör justerstaget. Lägg ett lager silikonbaserat fett på justergängorna. Om nya bromsbelägg eller backar skall monteras måste termoklämman på justerstaget också bytas ut **(se bild)**.

15 Undersök returfjädrarna. Om de är missformade, eller om de har varit i service länge, rekommenderas att de byts ut. Svaga fjädrar kan göra att bromsarna kärvar.

16 Om en ny handbromsaktiveringsarm inte levererades med de nya backarna (där tillämpligt), flyta över armen från de gamla backarna. Armen kan vara fäst med ett stift och en låsring, eller med en nit som då måste borras ut. Man kan också behöva flytta över justerarmens pivåstift och klämma från den gamla främre backen till den nya **(se bild)**.

17 Vik undan dammskydden och undersök om hjulcylindern läcker eller är på annat sätt skadad. Kontrollera att båda cylinderkolvarna kan röras lätt. Se avsnitt 12 om så behövs för information om hjulcylinderrenovering.

18 Innan installationen, rengör fästplattan

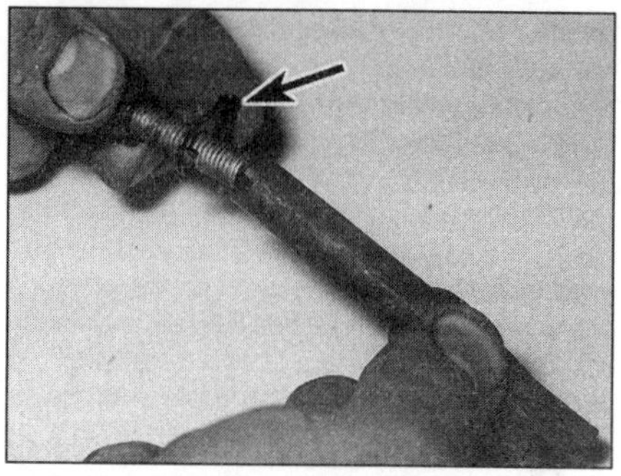

6.14 Ta isär justerstaget. Termoklämman (vid pilen) skall bytas ut

ordentligt. Lägg ett tunt lager kopparbaserat högtemperaturfett eller antikärvningsmedel på backarnas kontaktyta på fästplattan och hjulcylinderkolvarna **(se bild)**. Låt inget fett komma på friktionsmaterialet.

19 Se till att handbromsvajern hålls korrekt av klämman på bromsbackens nedre pivåpunkt, haka sedan i den bakre backen med vajern. Placera backen på fästplattan **(se bild)**.

20 Sätt den bakre backens hållstift och fjäder på plats och säkra dem med fjäderbrickan.

21 Haka fast den nedre returfjädern på den bakre backen, haka sedan fast den främre backen i returfjädern. Placera den främre backen på fästplattan och fäst den på plats med hållstiftet, fjädern och fjäderbrickan **(se bilder)**.

6.18 Lägg antikärvningsmedel på fästplattans kontaktpunkter (vid pilarna). Notera gummibandet runt hjulcylindern

6.19 Haka ihop den bakre bromsbacken med handbromsvajern och placera backen på fästplattan

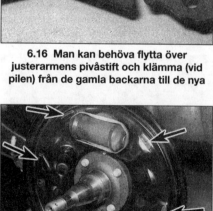

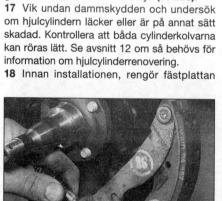

6.21a Montera den främre backen och den nedre returfjädern . . .

6.21b . . . och säkra den på plats med hållstiftet, fjädern och fjäderbrickan

22 Skruva justerstagets hjul helt mot den gafflade änden av justeraren, så att justerstaget blir så kort som möjligt. Backa tillbaka hjulet ett halvt varv och kontrollera att det kan rotera fritt.

23 Sätt justerstagsenheten på plats mellan bromsbackarna. Se till att båda ändarna av staget är korrekt i ingrepp med backarna, observera att den gafflade änden på staget måste vara placerad så att dess längre, raka ben är mot backens baksida **(se bild)**.

24 Haka i justerarmen returfjäder med den främre backen och justerarmen och placera armen på sitt pivåstift **(se bild)**. Kontrollera att armen och fjädern är korrekt placerade och säkra armen på plats med hållfjädern, se till att fjäderändarna placeras säkert i hållstiftet och backen.

25 Ta bort gummibandet från hjulcylindern. Se till att båda backarna är korrekt placerade på hjulcylinderkolvarna, sätt sedan dit den övre returfjädern **(se bild)**.

26 Se till att handbromsaktiveringsarmens stopp är korrekt placerat mot bromsbackens kant, montera sedan bromstrumman enligt beskrivning i avsnitt 9.

27 Upprepa momentet på den andra bromsen.

28 När båda uppsättningarna bakre bromsbackar har bytts ut, lossa handbromsen, justera spelet mellan belägget och trumman genom att upprepade gånger trycka ner bromspedalen, minst 20 till 25 gånger. Medan pedalen trycks ned, låt en medhjälpare lyssna på de bakre trummorna, för att kontrollera att justerstaget fungerar som det ska; om så är

6.23 Montera justerstaget. Den längre, raka delen av gaffeln (vid pilen) ska sitta bakom backen

fallet avger staget ett klickande ljud när pedalen trycks ned.

29 Kontrollera, och om så behövs justera, handbromsen enligt beskrivning i avsnitt 17.

30 Avslutningsvis, kontrollera bromsvätskenivån enligt beskrivning i *"Veckokontroller"*.

Varning: Nya bromsbackar ger inte full bromseffekt förrän de har arbetats in. Var beredd på detta och undvik hårda inbromsningar i största möjliga mån under de första 150 km eller så efter byte.

7 Handbromsbackar (bakre skivbromsar) - inspektion, demontering och montering

Varning: Bromsbackar måste bytas ut på båda bakhjulen samtidigt för att korrekt handbromsfunktion skall garanteras. Dammet som skapas av slitage på backarna kan innehålla asbest, vilket är hälsofarligt. Blås aldrig bort det med tryckluft och andas inte in det. En godkänd andningsmask bör användas vid arbete med bromsarna. ANVÄND INTE bensin eller petroleumbaserade lösningsmedel till att rengöra bromsdelarna; använd endast bromsrengörare eller denaturerad sprit.

Inspektion

1 På modeller med skivbromsar bak arbetar handbromsen oberoende av fotbromsen, den använder bromsbackar på insidan av skivan på liknande sätt som på modeller med bakre trumbromsar.

6.24 Montera justerarmen och fjädern och se till att haka i fjädern ordentligt i hålet i den främre bromsbacken (vid pilen)

6.25 Se till att båda backarna sitter rätt i förhållande till hjulcylindern och montera den övre returfjädern

2 Demontera bromsskivan (avsnitt 8).

3 Med skivan demonterad, kontrollera att friktionsmaterialet inte har slitits ned till under specificerat minimum.

4 Om någon av backarna är sliten under specificerad gräns måste alla fyra handbromsbackar bytas ut enligt följande.

Demontering

5 Tvätta bort damm och smuts från bromsbackarna och fästplattan (se varningen i början av detta avsnitt).

6 Ta bort backens hållstift, fjädrar och brickor genom att pressa in brickorna och vrida dem 90° med en tång **(se bilder)**. Detta är ett svårt moment på grund av den kraftiga fjäderspänningen och den begränsade åtkomligheten, och en alternativ metod är att använda en liten hylsa genom hålen i navflänsen till att

7.6a Handbromsbackens hållfjäder och bricka (vid pilen)

7.6b Använd en tång . . .

7.6c . . . till att ta bort bromsbackarnas hållfjädrar

7.7 Justeraren tas bort från bromsbackarna

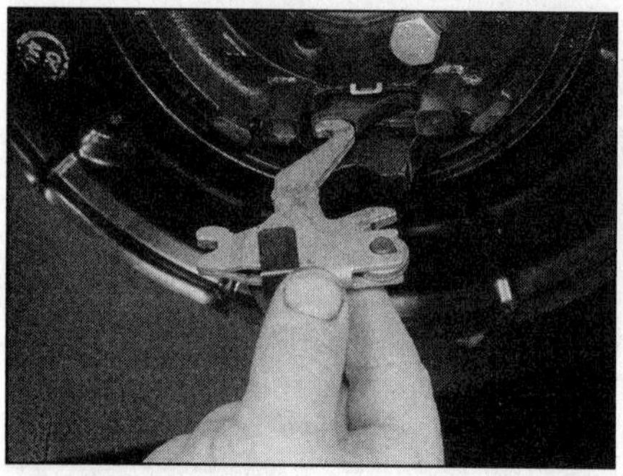

7.8 Haka av den övre returfjädern från backarna med en tång

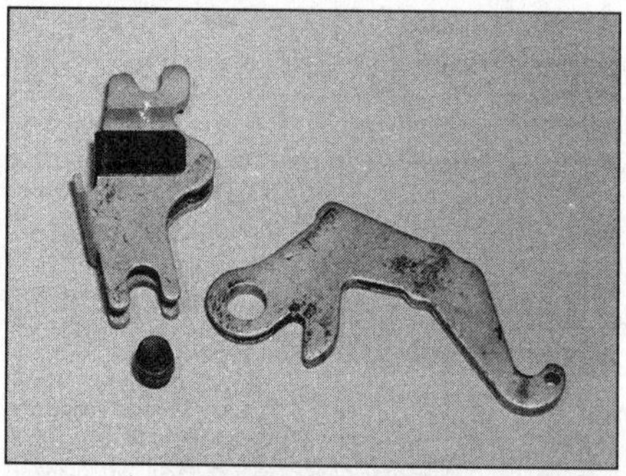

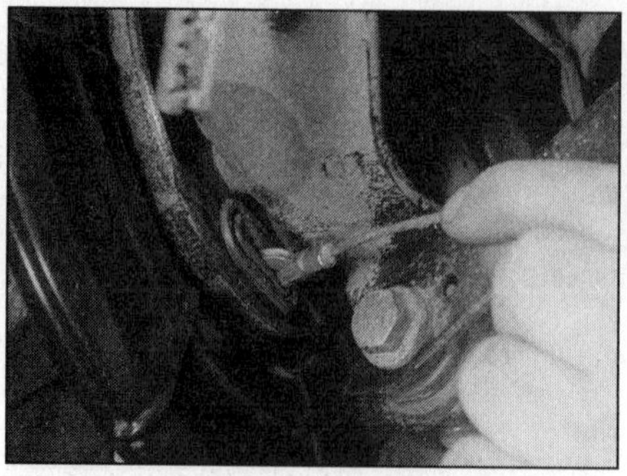

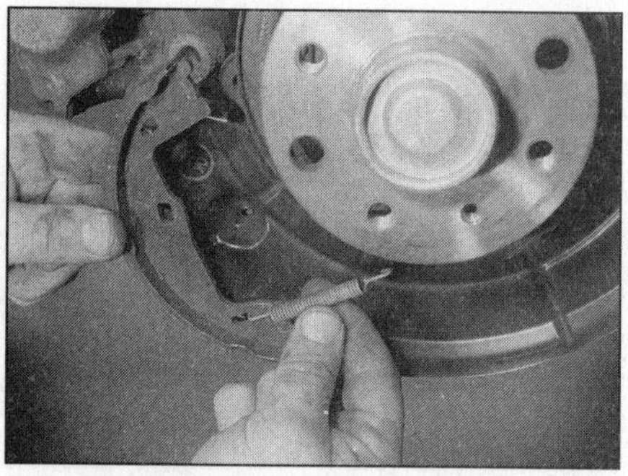

7.9a Haka loss den nedre returfjädern och ta loss den ledande . . .

trycka ned fjädrarna **Observera:** *Det främre hållstiftet kan tas bort genom bromsfästplattans bakre del, men det bakre stiftet kan endast tas bort efter det att bakre navet och konsolen har demonterats (se kapitel 10).*

7 Notera noggrant hur alla komponenter sitter, ta sedan bort justeraren mellan backarnas över ändar **(se bild)**.
8 Använd en tång och haka av den övre returfjädern från backarna **(se bild)**.

9 Haka loss den nedre returfjädern och ta bort ledande och släpande bromsback **(se bilder)**.
10 Koppla loss handbromsvajern från skarvdonet med hjälp av en liten skruvmejsel,

7.9b . . . och den släpande bromsbacken från fästplattan

7.10a Lossa den bakre vajern från skarvdonet med en liten skruvmejsel

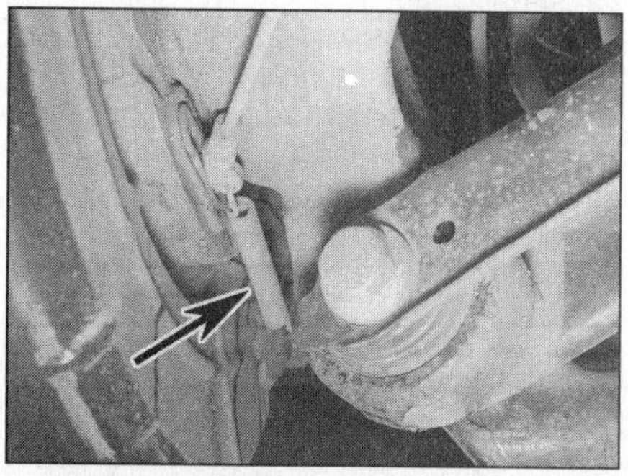

7.10b Returfjädern placerad baktill på fästplattan (vid pilen)

7.13 Med det bakre navet demonterat, håll fästplattan tillfälligt på plats med två bultar

7.14a Armen isärtagen

7.14b Armen hopmonterad

7.14c Montering av armen på fästplattan

7.15a Haka fast den bakre vajern i amen . . .

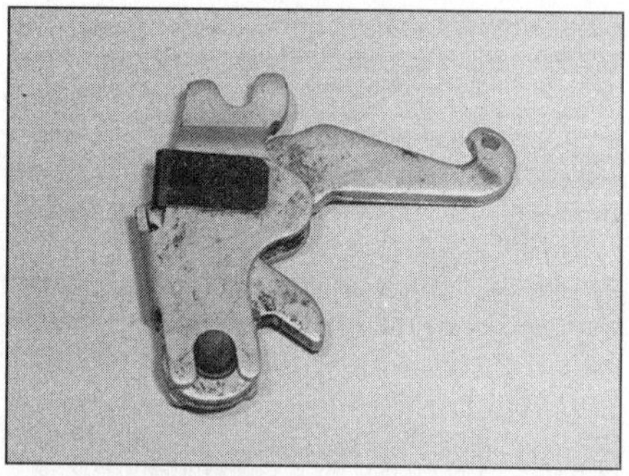

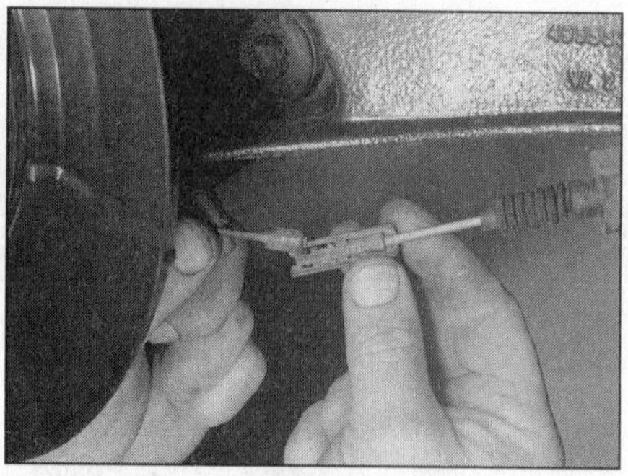

7.15b . . . och skarvdonet . . .

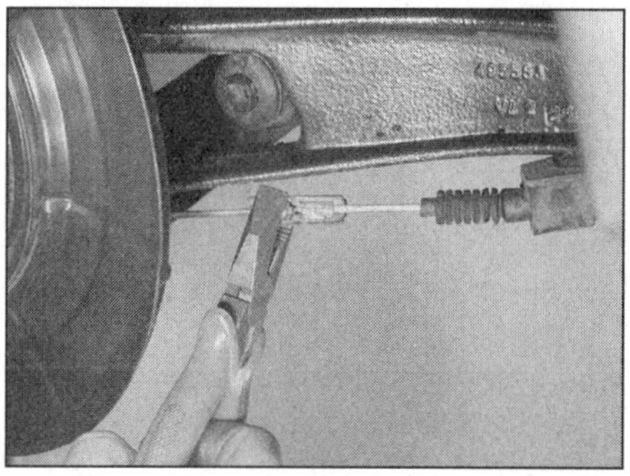

7.15c . . . och tryck ihop skarvdonet med en tång

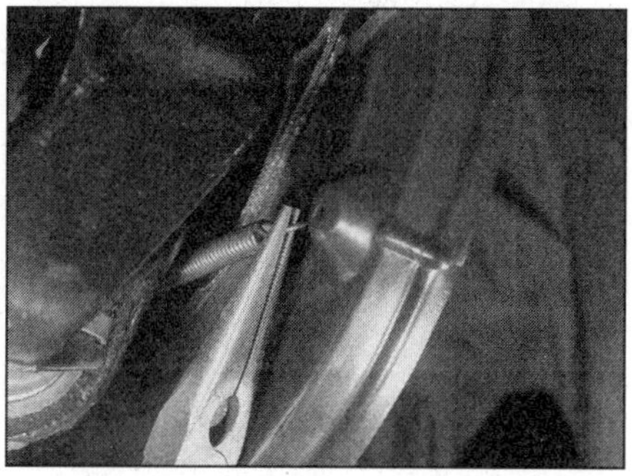

7.15d Montering av returfjädern

7.16 Lägg kopparbaserat fett på fästplattans kontaktytor

haka sedan av returfjädern från fästplattan och ta bort armen **(se bilder)**.

11 Om båda handbromsenheterna tas isär samtidigt, var noga med att inte blanda ihop dem.

7.17a Placera den främre (släpande) backen på fästplattan . . .

12 Ta isär och rengör alla komponenter. Undersök returfjädrarna. Byt ut slitna eller skadade komponenter.

Montering

13 Innan installation, rengör fästplattan ordentligt. Handbromsbackarna kan sättas ihop i omvänd ordning mot isärtagningen, men det är möjligt att förbättra åtkomligheten genom att demontera det bakre navet enligt beskrivning i kapitel 10 och tillfälligt hålla fästplattan på plats på länkarmen med hjälp av två bultar **(se bild)**. Efter hopsättningen kan navet sättas tillbaka.

14 Sätt ihop armen och lägg lite kopparfett på kontaktytorna, sätt sedan tillbaka den på fästplattan och för in den genom gummimuffen **(se bilder)**.

15 Haka fast vajern på armen och skarvdonet och använd en tång till att trycka ihop skarvdonet, sätt sedan tillbaka returfjädern **(se bilder)**.

16 Lägg sedan ett tunt lager kopparbaserat högtemperaturfett eller antikärvningsmedel på backens kontaktytor på fästplattan **(se bild)**.

17 Med stiften redan monterade på fästplattan, sätt tillbaka den främre (släpande) backen och säkra den med hållfjädern och brickan **(se bilder)**.

18 Placera den bakre (ledande) backen på armen och sätt tillbaka den nedre returfjädern **(se bilder)**.

19 Sätt tillbaka hållfjädern och brickan för att säkra den ledande backen till fästplattan **(se bild)**.

20 Montera justeraren mellan backarnas övre ändar **(se bild)**.

7.17b . . . montera fjädern och brickan . . .

7.17c . . . och tryck in och vrid brickan med en tång

7.18a Montera den bakre (ledande) backen och den nedre returfjädern

7.18b Haka i den nedre änden av backen i armen . . .

7.19 . . . och sätt tillbaka hållfjädern och brickan

7.20 Montera justeraren mellan bromsbackarnas övre ändar

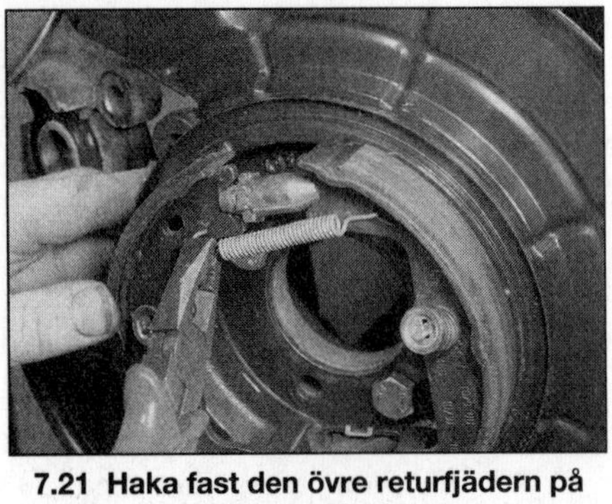

7.21 Haka fast den övre returfjädern på bromsbackarna

7.22 Handbromsbackarna hopsatta och färdiga för montering på navet

7.23 Stick en skruvmejsel genom hålet i drivflänsen för att vrida den räfflade muttern på justeraren

21 Haka fast den övre returfjädern på backarna **(se bild)**.

22 Om det bakre navet demonterats kan det sättas tillbaka nu **(se bild)**.

23 Sätt tillfälligt tillbaka skivan över backarna för att avgöra justeringen. Om det behövs, använd sedan en skruvmejsel till att vrida den räfflade justermuttern tills man precis kan sätta tillbaka skivan över backarna utan att de kärvar **(se bild)**.

24 Montera bromsskivan med referens till avsnitt 8.

25 Justera handbromsen enligt beskrivning i avsnitt 17.

26 Montera hjulen och sänk ned bilen på marken.

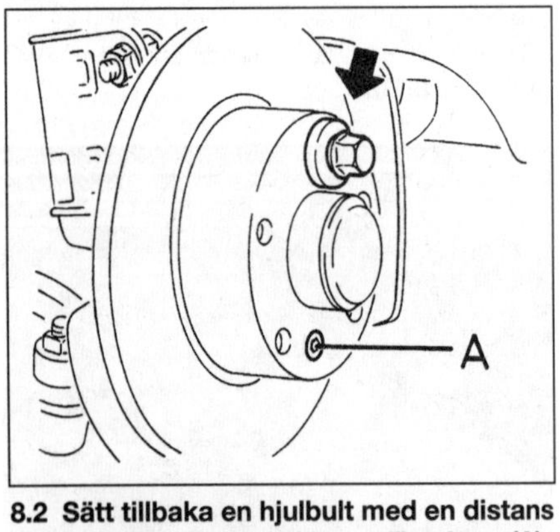

8.2 Sätt tillbaka en hjulbult med en distans (vid pilen) mitt emot skivans fästskruv (A) innan bromsskivans skevhet mäts

8 Främre/bakre bromsskiva – inspektion, demontering och montering

Observera: *Innan arbetet påbörjas, se varningen i början av avsnitt 4 eller 5 angående farorna med asbestdamm. Om någon av skivorna behöver bytas ut bör båda bytas ut samtidigt tillsammans med nya klossar, för att jämn och konsekvent bromsverkan ska garanteras.*

Inspektion

1 Ta bort hjulsidan och lossa hjulbultarna. Om kontrollen utförs på en främre skiva, dra åt handbromsen; om kontrollen är på en bakre skiva, klossa framhjulen. Lyft därefter upp relevant del av bilen och stöd den på pallbockar (se *"Lyftning och stödpunkter"*).

2 Kontrollera att bromsskivans fästbult sitter hårt, sätt sedan en ca 10,0 mm tjock distans på en av hjulbultarna och sätt tillbaka och dra åt bulten i hålet mitt emot skivans fästskruv **(se bild)**.

3 Rotera bromsskivan och undersök om den har djupa spår eller repor. Lätt repning är normalt, men om det är kraftigt ska skivan demonteras och antingen bytas ut eller slipas (inom specificerade gränser) av en verkstad. Minsta tjocklek är instämplad på den bakre skivans yttre yta **(se bild)**.

4 Använd en mätklocka, eller ett platt metallblock och bladmått, kontrollera att skivans skevhet inte överskrider siffran angiven i specifikationerna.

5 Om den bakre skivans är för skev, kontrollera det bakre hjullagrets justering enligt beskrivning i kapitel 10.

6 Om den främre skivan är för skev, demontera skivan enligt beskrivning längre fram och kontrollera att ytorna mellan skivan och navet är helt rena. Montera skivan och kontrollera skevheten igen.

7 Om skevheten fortfarande överskrider specifikationerna skall skivan bytas ut.

8 För att demontera en skiva, gör enligt följande:

Främre skiva

Demontering

9 Ta bort hjulbulten och distansen som användes vid kontroll av skivan.

10 Skruva loss och ta bort det främre bromsoket komplett med skiva och bromsklossar och knyt fast det åt ena sidan. Demontera också bromsokets fästkonsol med referens till avsnitt 10 **(se bild)**.

11 Ta bort fästskruven och dra bort skivan från navet **(se bilder)**.

Montering

12 Montering sker i omvänd ordning, men se till att fogytorna på skivan och navet är helt rena och lägg på lite låsningsmedel på fästskruvens gängor.

13 Montera skivans bromsklossar enligt beskrivning i avsnitt 4.

8.3 Minimitjockleken är instämplad på skivans utsida

8.10 Bind fast det främre bromsoket på ena sidan när skivan demonteras

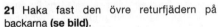

8.11a Använd en slagskruvmejsel till att lossa den främre skivans fästskruv

8.11b Demontering av främre bromsskiva

8.17a Skruva loss fästskruven . . .

8.17b . . . och ta bort den bakre skivan från navets drivfläns

Bakre skiva

Demontering

14 Där så är tillämpligt, ta bort hjulbulten och distansen som användes vid kontroll av skivan.

15 Demontera bromsklossarna enligt beskrivning i avsnitt 5.

16 Demontera bromsoket med referens till avsnitt 11, men lämna bromsvätskeröret anslutet. Flytta oket åt sidan och häng upp det med en vajer eller ett snöre för att undvika påfrestning på röret.

17 Ta bort fästskruven och dra bort skivan från navet **(se bilder)**. Om skivan sitter hårt, flytta undan handbromsbackarna genom att sticka in en skruvmejsel genom justeringshålet i skivan och vrida på justerhjulet som sitter längst upp på fästplattan.

Montering

18 Montering sker i omvänd ordning, men se till att fogytorna på skivan och navet är helt rena och lägg lite låsningsmedel på fästskruvens gängor. Montera skivans klossar enligt beskrivning i avsnitt 5.

9 Bakre bromstrumma - demontering, inspektion och montering

Observera: *Innan arbetet påbörjas, se varningen i början av avsnitt 6 angående farorna med asbestdamm.*

Demontering

1 Ta bort relevant hjulsida, lossa hjulbultarna och klossa framhjulen. Lyft upp bakvagnen och stöd den på pallbockar (se *"Lyftning och stödpunkter"*) som placeras under karossens sidobalkar. Demontera aktuellt hjul.

2 Lossa handbromsen helt.

3 Dra ut trummans fästskruv och ta bort trumman. Om trumman sitter hårt, ta bort pluggen från inspektionshålet i bromsfästplattan och tryck bort handbromsaktiveringsarmen från bromsbacken så att backarna kan flyttas bort från trumman.

Inspektion

4 Borsta bort smuts och damm från trumman men var noga med att inte andas in det.

5 Undersök trummans inre friktionsyta. Om den har djupa repor, eller om bromsbackarna har skapat slitkanter, måste båda trummorna bytas ut.

6 Omslipning av friktionsytan kan vara möjlig, förutsatt att den maximala diameter som anges i specifikationerna inte överskrids.

Montering

7 Innan montering av trumman, se till att handbromsaktiveringsarmen förs tillbaka till sin normala position.

8 Montera bromstrumman och dra åt fästskruven. Om så behövs, flytta undan justerhjulet på staget tills trumman passar över backarna.

9 Justera bromsarna genom att aktivera fotbromsen ett antal gånger. Ett klickande ljud hörs vid trumman när den automatiska justeraren arbetar. När klickandet slutar är justeringen färdig.

10 Sätt tillbaka hjulet och sänk ned bilen på marken.

10 Främre bromsok - demontering, renovering och montering

Observera: *Nya bromsslangkopparbrickor behövs vid monteringen. Innan arbetet påbörjas, se varningen i början av avsnitt 2 angående farorna med bromsvätska och varningen i början av avsnitt 4 angående farorna med asbestdamm.*

Demontering

1 Dra åt handbromsen, lyft upp framvagnen och stöd den på pallbockar (se *"Lyftning och stödpunkter"*). Demontera hjulet.

2 Minimera vätskeförlusten genom att ta bort huvudcylinderbehållarens lock och sedan sätta tillbaka det över en bit plastfolie, för att få en lufttät tätning. Alternativt, använd en bromsslangklämma eller liknande till att klämma ihop slangen som leder till bromsoket.

3 Rengör området runt okets bromsslanganslutning. Skruva loss och ta bort anslutningsbulten och ta vara på tätningsbrickan på var sida om slanganslutningen. Kasta brickorna, nya måste användas vid montering. Plugga slangänden och okhålet, för att minimera vätskeförlusten och förhindra smutsinträng i bromssystemet.

4 Demontera bromsklossarna enligt beskrivning i avsnitt 4, demontera sedan oket från bilen.

5 Om så behövs, skruva loss okets fästkonsol från hjulspindeln **(se bilder)**.

Renovering

6 Placera oket på arbetsbänken och torka det rent med en trasa.

7 Dra ut den delvis utskjutande kolven från oket och ta bort dammskyddet. Kolven kan dras ut för hand, eller om så behövs pressas ut med hjälp av tryckluft som ansluts till

10.5a Skruva loss bultarna . . .

10.5b . . . och demontera det främre bromsokets fästkonsol

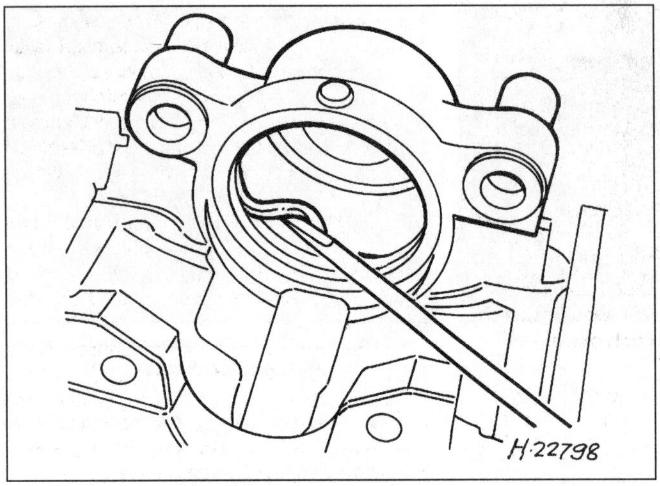

10.8 Ta loss kolvtätningen från oket

10.16 De upphöjda delarna (vid pilarna) måste vara i vertikalt läge när det främre bromsoket monteras

bromsslanganslutningens hål. Endast lågt tryck bör behövas, som genereras av t.ex. en fotpump.

8 Använd en liten skruvmejsel, ta bort kolvtätningen från oket, var försiktig så att inte loppet skadas **(se bild)**.

9 Pressa försiktigt ut bussningarna ur kolven.

10 Rengör alla komponenter noggrant, använd endast denaturerad sprit eller ren bromsvätska. Använd aldrig mineralbaserade lösningsmedel som bensin eller fotogen, vilka angriper gummikomponenter i bromssystemet. Torka komponenterna med tryckluft eller en ren luddfri trasa. Använd helst tryckluft till att blåsa vätskepassagerna rena.

Varning: Använd skyddsglasögon vid arbete med tryckluft.

11 Undersök alla komponenter och byt ut skadade eller slitna delar. Om kolven och/eller cylinderloppet är mycket repade, byt ut hela oket. Undersök också styrbussningarnas och bultarnas skick; både bussningarna och bultarna måste vara i oskadat skick och de (när de är rengjorda) ska ha en ganska tät glidpassning. Om det råder någon som helst tvekan om någon komponents skick, byt ut den.

12 Om oket är lämpligt för fortsatt användning, införskaffa nödvändiga komponenter från din Opelåterförsäljare. Byt ut oktätningarna och dammskydden som en rutinåtgärd, dessa ska aldrig återanvändas.

13 Vid hopsättning, se till att alla komponenter är absolut rena och torra.

14 Doppa kolven och den nya kolvtätningen i ren hydraulvätska och smörj ren vätska på cylinderloppets yta.

15 Placera den nya tätningen i cylinderloppsspåret, använd endast fingrarna till att sätta den på plats.

16 Sätt en ny dammtätning på kolven, sätt sedan in kolven i cylinderloppet med en vridande rörelse för att garantera att den går ini tätningen ordentligt. Se till att kolven går rakt in i loppet med de upphöjda delarna placerade vertikalt så som visas **(se bild)**. Placera dammtätningen i spåret och tryck in kolven helt i okets lopp.

17 Sätt in styrbussningarna på plats i oket.

Montering

18 Placera okets fästkonsol på hjulspindeln, sätt sedan in och dra åt bultarna (med låsningsmedel på gängorna) till specificerat moment **(se bild)**.

19 Montera bromsklossarna enligt beskrivning i avsnitt 4, tillsammans med oket som i detta skede inte har slangen ansluten.

20 Placera en ny koppartätningsbricka på var sida om slanganslutningen och anslut bromsslangen till oket. Se till att slangen placeras korrekt mot klacken på oket, sätt sedan i anslutningsbulten och dra åt den till specificerat moment.

21 Ta bort bromsslangklämman eller plastfolien, avlufta bromssystemet enligt beskrivning i avsnitt 2. Notera att, förutsatt att beskrivna åtgärder vidtagits för att minimera bromsvätskeförlust, skall det endast vara nödvändigt att lufta relevant frambroms.

22 Montera hjulet, sänk ned bilen på marken och dra åt hjulbultarna till specificerat moment.

11 Bakre bromsok – demontering, renovering och montering

Observera: *Innan arbetet påbörjas, se varningen i början av avsnitt 2 angående farorna med bromsvätska, och varningen i början av avsnitt 4 angående farorna med asbestdamm.*

Demontering

1 Klossa framhjulen, lyft upp bakvagnen och stöd den på pallbockar (se *"Lyftning och stödpunkter"*). Demontera hjulet.

2 Minimera vätskeförlusten genom att ta bort huvudcylinderbehållarens lock och sedan sätta tillbaka det över en bit plastfolie för att få en lufttät tätning.

3 Rengör området runt bromsledningens anslutningsmutter, lossa sedan på muttern **(se bild)**. Skruva inte av muttern helt ännu.

4 Demontera bromsklossarna enligt beskrivning i avsnitt 5.

5 Skruva loss och ta bort fästbultarna som håller oket till länkarmen **(se bild)**.

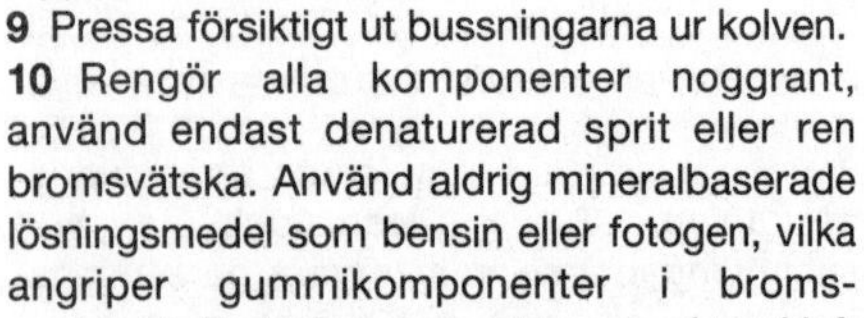
10.18 Dra åt bultarna till okets fästkonsol

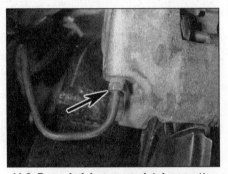

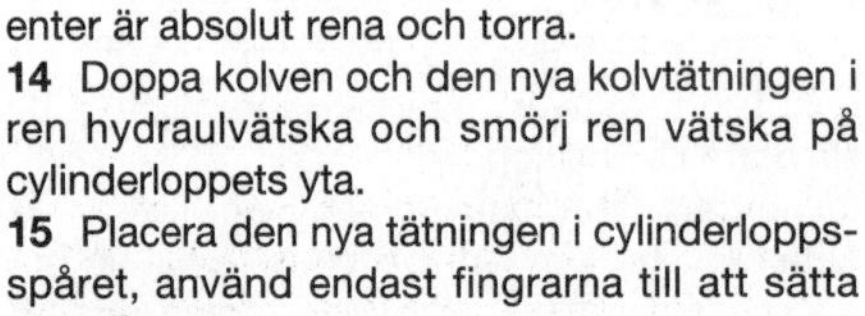
11.3 Bromsledningens anslutningsmutter på det bakre bromsoket

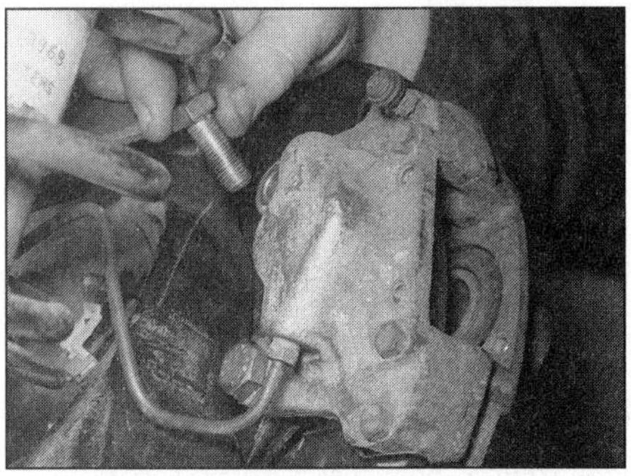

11.5 Skruva loss bultarna som håller det bakre bromsoket till länkarmen

6 Skruva loss anslutningsmuttern helt och koppla loss bromsledningen från oket, dra sedan bort oket från skivan **(se bild)**. Tejpa över eller plugga igen bromsledningen för att undvika smutsinträng.

Renovering

7 Placera oket på en arbetsbänk och torka det rent med en trasa.

8 Dra ut de delvis utskjutande kolvarna från oket och ta bort dammtätningarna. Kolvarna kan dras ut för hand, eller om så behövs pressas ut med tryckluft ansluten till bromsledningens anslutningshål. Endast lågt tryck skall behövas, som från en fotpump.

9 Använd en liten skruvmejsel, ta försiktigt bort kolvtätningarna från oket men var försiktig så att inte loppet repas.

10 Rengör alla komponenter noggrant, använd endast denaturerad sprit eller ren hydraulvätska. Använd aldrig mineralbaserade lösningsmedel som bensin eller fotogen, som kan angripa gummikomponenter i bromssystemet.

11 Torka komponenterna med tryckluft eller en ren luddfri trasa. Om så är möjligt, använd tryckluft till att blåsa vätskepassagerna rena.

Varning: Bär skyddsglasögon vid användning av tryckluft!

12 Undersök alla komponenter och byt ut de som är slitna eller skadade. Om kolvarna och/eller cylinderloppen är mycket repade, byt ut hela oket.

13 Om oket är lämpligt för fortsatt användning, införskaffa nödvändiga komponenter från din Opelåterförsäljare. Byt ut oktätningarna och dammskydden som en rutinåtgärd, de ska aldrig återanvändas.

14 Vid hopsättning, se till att alla komponenter är helt rena och torra.

15 Arbeta på en kolv i taget, doppa kolven och den nya kolvtätningen i ren bromsvätska, och smörj ren vätska på cylinderloppets yta.

16 Placera den nya tätningen i cylinderloppets spår, använd endast fingrarna till att föra den på plats.

17 Sätt den nya dammtätningen på kolven, sätt sedan in kolven i cylinderloppet med en vridande rörelse för att garantera att den går in i tätningen ordentligt. Se till att kolven går rakt in i loppet med de upphöjda delarna placerade enligt beskrivning i avsnitt 5 **(se bild)**. Placera dammtätningen i spåret och tryck in kolven helt i okloppet.

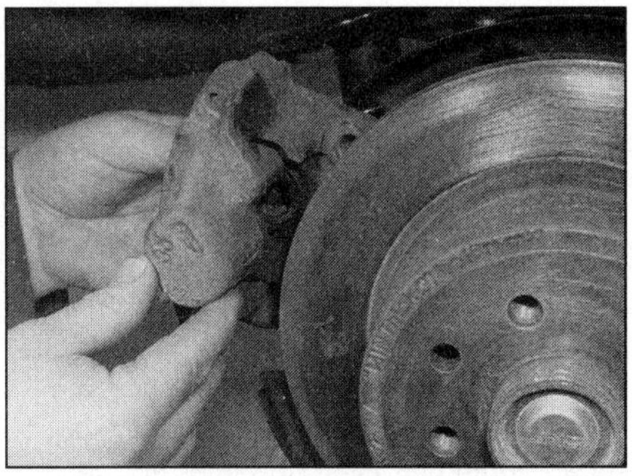

11.6 Demontering av det bakre bromsoket från länkarmen och skivan

Montering

18 Placera oket över skivan, sätt sedan in bromsledningen och skruva in anslutningsmuttern. Dra inte åt muttern helt ännu.

19 Lägg lite låsningsmedel på fästbultarnas gängor, sätt sedan i dem och dra åt dem till specificerat moment.

20 Montera bromsklossarna (se avsnitt 5).

21 Dra åt bromsanslutningens mutter helt.

22 Ta bort plastfolien, om sådan använts, och lufta bromssystemet enligt beskrivning i avsnitt 2. Förutsatt att beskrivna åtgärder vidtagits för att minimera bromsvätskeförlust, bör man endast behöva lufta relevant bakbroms.

23 Montera hjulet, sänk ned bilen på marken och dra åt hjulbultarna till specificerat moment.

12 Bakhjulscylinder - demontering, renovering och montering

Observera: *Innan arbetet påbörjas, se varningen i början av avsnitt 2 angående farorna med bromsvätska, och varningen i början av avsnitt 4 angående farorna med asbestdamm.*

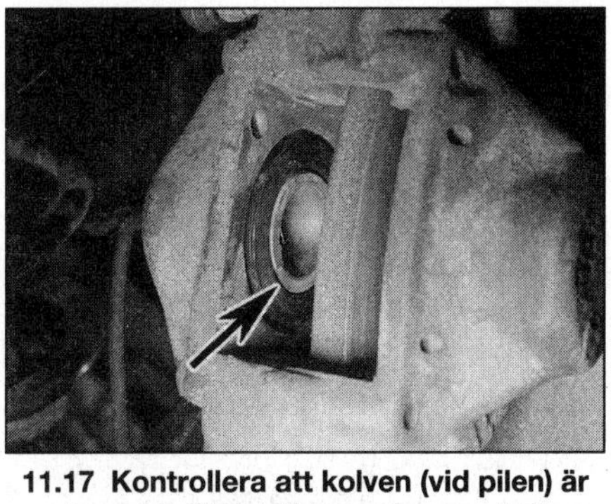

11.17 Kontrollera att kolven (vid pilen) är korrekt placerad innan bromsoket monteras

Demontering

1 Demontera bromstrumman (se avsnitt 9).

2 Minimera vätskeförlusten genom att ta av huvudcylinderbehållarens lock och sedan sätta tillbaka det över en bit plastfolie, för att erhålla en lufttät tätning. Alternativt, använd en bromsslangklämma eller liknande till att klämma ihop slangen så nära hjulcylindern som möjligt.

3 Haka försiktigt loss bromsbackarnas övre returfjäder och ta bort den från båda backarna. Dra bort de övre ändarna av backarna från hjulcylindern för att haka loss dem från kolvarna.

4 Torka bort all smuts runt bromsrörets anslutningsmutter baktill på hjulcylindern och skruva loss muttern. Ta försiktigt ut röret från hjulcylindern och plugga igen eller tejpa över dess ände för att förhindra smutsinträng. Torka omedelbart bort spilld vätska.

5 Skruva loss fästbulten bak på fästplattan och ta bort hjulcylindern, men var försiktig så att inte överflödig bromsvätska förorenar bromsklossbeläggen.

Renovering

6 Borsta bort smuts och damm från hjulcylindern, men var noga med att inte andas in det.

7 Ta bort gummidammtätningarna från ändarna av cylindern **(se bild)**.

8 Kolvarna skjuts i normala fall ut av trycket från spiralfjädern, men om de inte gör det, knacka på änden av cylindern med ett träblock som mellanlägg, eller anslut luft under lågt tryck (t.ex. från en fotpump) till bromsvätskeanslutningens hål för att pressa ut kolvarna från sina lopp.

9 Undersök om ytorna på kolvarna och deras lopp i cylindern är repade eller visar tecken på metall-till-metall kontakt. Om detta är fallet, byt ut hela hjulcylindern.

10 Om kolvarna och loppen är i gott skick, kasta tätningarna och införskaffa en reparationssats, som då innehåller alla utbytbara delar.

11 Smörj kolvtätningarna med ren bromsvätska och sätt in dem i cylinderloppen, med fjädern mellan dem, använd bara fingertryck.

12 Doppa kolvarna i ren bromsvätska och sätt in dem i cylinderloppen.

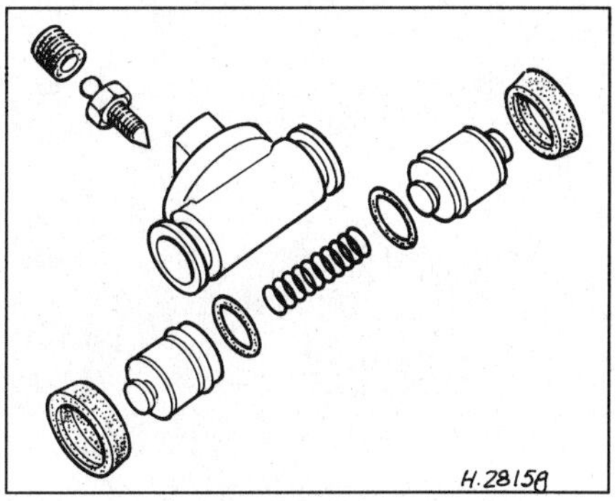

12.7 Sprängskiss av den bakre hjulcylindern

13 Sätt på dammtätningarna och kontrollera att kolvarna kan röra sig fritt i loppen.

Montering

14 Se till att fästplattans och hjulcylinderns fogytor är rena, sära sedan på bromsbackarna och för hjulcylindern på plats.

15 Sätt i bromsröret och skruva in anslutningsmuttern två eller tre varv för att garantera att gängan har startat.

16 Sätt in hjulcylinderns fästbult och dra åt den till specificerat moment. Dra nu åt bromsrörets anslutningsmutter till specificerat moment.

17 Ta bort klämman från bromsslangen, eller plastfolien från huvudcylinderbehållaren.

18 Se till att bromsbackarna är rätt placerade i cylinderkolvarna, sätt sedan försiktigt tillbaka den övre returfjädern.

19 Montera bromstrumman enligt beskrivning i avsnitt 9.

20 Lufta bromssystemet enligt beskrivning i avsnitt 2. Förutsatt att lämpliga åtgärder vidtagits för att minimera vätskeförlusten, bör endast relevant bakbroms behöva luftas.

13 Huvudcylinder - demontering, renovering och montering

Observera: *Innan arbetet påbörjas, se varningen i början av avsnitt 2 angående farorna med bromsvätska.*

Demontering

1 Pumpa ut vakuumet i bromsservon genom att upprepade gånger trampa ned bromspedalen.

2 Ta bort huvudcylinderbehållarens lock och sug ut bromsvätskan från behållaren med en hävert.

Varning: Sug inte ut vätskan med munnen - den är giftig. Använd en bollspruta eller liknande.

Alternativt, öppna närmast möjliga luftningsskruv i systemet och pumpa försiktigt på bromspedalen för att driva ut vätskan genom ett plaströr anslutet till luftningsskruven (se avsnitt 2). Där tillämpligt, koppla loss kontaktdonet från bromsvätskans nivågivare.

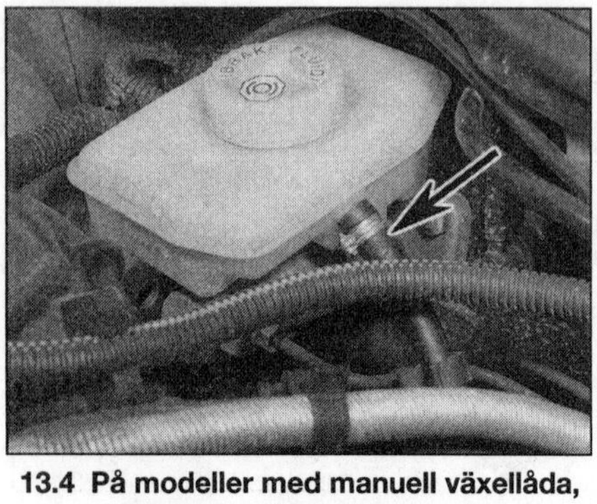

13.4 På modeller med manuell växellåda, koppla loss kopplingens rör (vid pilen) från vätskebehållaren

3 Koppla loss relädosan från hydraulmodulatorn på vänster sida i motorrummet.

4 På modeller med manuell växellåda, lossa klämman och koppla loss kopplingens rör från vätskebehållaren **(se bild)**. Tejpa över eller plugga igen öppningen.

5 Placera trasor under vätskebehållaren, ta sedan försiktigt loss den från toppen av huvudcylindern och dra ut den från motorrummet.

6 Identifiera bromsledningarna och notera hur de sitter, skruva sedan loss anslutningsmuttrarna och flytta ledningarna åt sidan. Tejpa över eller plugga igen ledningsutloppen.

7 Skruva loss fästmuttrarna och ta bort huvudcylindern från vakuumservons framsida. Ta vara på tätningen. Var noga med att inte spilla vätska på lackerade delar.

Renovering

8 Vid tiden för bokens tryckning är renovering av huvudcylindern inte möjlig och inga reservdelar finns tillgängliga.

9 De enda delar som är tillgängliga individuellt är vätskebehållaren, dess fästestätningar, påfyllningslocket och huvudcylinderns fästestätning.

10 Om huvudcylindern är mycket sliten måste den bytas ut.

Montering

11 Se till att fogytorna är rena och torra, sätt sedan en ny tätning bak på huvudcylindern.

12 Montera huvudcylindern på servoenheten, se till att servons tryckstång går in i huvudcylinderkolven centralt. Sätt på fästmuttrarna och dra åt dem till specificerat moment.

13 Sätt tillbaka bromsledningarna och dra åt anslutningsmuttern ordentligt.

14 Smörj lite bromsvätska på gummitätningarna i toppen på huvudcylindern, tryck sedan vätskebehållaren ordentligt på plats i tätningarna.

15 På modeller med manuell växellåda, anslut kopplingshydraulröret och dra åt klämman.

16 Montera relädosan på hydraulmodulatorn.

17 Där tillämpligt, anslut kontaktdonet till bromsvätskans nivågivare.

18 Fyll på behållaren med ny bromsvätska till "MAX"-märket (se *"Veckokontroller"*).

19 Lufta bromssystemet enligt beskrivning i avsnitt 2 och sätt sedan tillbaka påfyllningslocket. Kontrollera noggrant att bromsarna fungerar som de ska innan bilen tas ut i trafiken.

14 Bromspedal - demontering och montering

Demontering

1 Demontera vakuumservoenheten enligt beskrivning i avsnitt 15.

2 Skruva loss muttrarna som håller bromspedalsenheten till torpedväggen.

3 Koppla loss kablaget från bromsljuskontakten på pedalfästet.

4 Under instrumentbrädan, skruva loss fästbultarna från pedalfästets baksida.

5 Ta bort pedalenheten från bilens insida.

6 Notera hur returfjädern och lagren sitter, skruva sedan loss muttrarna från ändarna av pivåaxeln, dra ut axeln och ta bort pedalkomponenterna från fästet.

7 Undersök om pedalen är sliten eller skadad, var speciellt uppmärksam på pivålagren, och byt ut slitna komponenter efter behov.

Montering

8 Lägg lite universalfett på lagerytorna på pedalen, pivåaxeln och lagren. Montera pedalen och komponenterna på fästet, sätt sedan tillbaka muttrarna och dra åt dem ordentligt.

9 Placera pedalenheten på torpedväggen. Sätt i de bakre fästbultarna och dra åt dem.

10 Anslut kablaget till bromsljuskontakten.

11 Sätt tillbaka de främre fästmuttrarna och dra åt dem till specificerat moment.

12 Montera vakuumservoenheten enligt beskrivning i avsnitt 15.

13 Kontrollera bromspedalens och bromsljuskontaktens funktion innan bilen tas ut i trafiken.

15 Vakuumservo - test, demontering och montering

Test

1 För att testa servons funktion, med motorn avslagen, trampa ned fotbromsen flera gånger för att driva bort vakuumet. Starta nu motorn, med pedalen hårt nedtrampad. När motorn startar skall pedalen märkbart ge efter när vakuumet byggs upp. Låt motorn gå i minst två minuter, slå sedan av den. Bromspedalen skall nu kännas normal, men efterkommande nedtrampningar skall resultera i att pedalen känns fastare och pedalvägen skall minska med varje nedtrampning.

2 Om servon inte fungerar enligt beskrivningen, undersök först servoenhetens kontrollventil enligt beskrivning i avsnitt 16.

3 Om servon fortfarande inte fungerar tillfredsställande ligger felet i själva enheten. Det är inte möjligt att reparera enheten; om den är defekt måste den bytas ut.

Demontering

Vänsterstyrda modeller

4 Demontera den nedre instrumentbrädespanelen med referens till kapitel 11.

5 Arbeta under förarens sida av instrumentbrädan, bänd ut låsplattan, ta sedan bort pivåstiftet och koppla loss bromspedalen från servons kolvstång.

6 Ta bort gummidamasken från torpedväggen.

7 Demontera bromshuvudcylindern enligt beskrivning i avsnitt 13.

8 Ta bort kabelhärvans ledare ovanför servon i motorrummet.

9 Demontera ABS hydraulmodulator och styrenhet enligt beskrivning i avsnitt 23. Skruva loss modulatorns fästkonsol. På vissa modeller kan man behöva koppla loss bromsledningarna från modulatorn.

10 Ta försiktigt bort envägsventilen eller adaptern från gummimuffen i servoenheten.

11 Skruva loss fästmuttrarna från konsolen och ta vara på brickorna, dra sedan ut enheten framåt och uppåt från motorrummet.

Högerstyrda modeller

12 Demontera den nedre instrumentbrädespanelen med referens till kapitel 11.

13 Arbeta under förarens sida av instrumentbrädan, bänd loss klämman och koppla loss pedalens tryckstång från vakuumservons kolv.

14 Demontera motorhuven och vindrutans främre avvisare enligt beskrivning i kapitel 11.

15 Demontera luftrenaren och trumman enligt beskrivning i kapitel 4.

16 Efter tillämplighet, skruva loss motorns kardanstagsfästen från höger sida av motorn.

17 Demontera bromshuvudcylindern enligt beskrivning i avsnitt 13.

18 Ta ut vakuumenvägsventilen eller adaptern och kröken från gummimuffen i vakuumservoenheten **(se bild)**.

19 Demontera torkarmotorn enligt beskrivning i kapitel 12.

20 Skruva loss fästmuttrarna och bultarna på höger sida av torpedväggen och under servon.

21 Lossa bromsledningarna från klämmorna på torpedväggen, dra sedan ut vakuumservoenheten från motorrummet.

Montering

22 Innan servon monteras, kontrollera att tryckstångens inställning är korrekt enligt följande.

23 Mät avståndet från ändytan på servons hus till änden av tryckstången med referens till relevant bild **(se bilder)**. Detta avstånd skall vara 149,5 mm på vänsterstyrda modeller och 152,4 mm på högerstyrda modeller.

24 Om justering behövs, lossa låsmuttern och vrid tryckstången tills specificerat mått erhålls. Håll tryckstången och dra åt låsmuttern till specificerat moment.

25 Undersök om servons kontrollventils tätningsmuff är skadad eller sliten, och byt ut den om så behövs enligt beskrivning i avsnitt 16.

Vänsterstyrda modeller

26 Se till att servons fästytor är rena och torra.

27 Placera servon på torpedväggen och rikta in den med pedalens tryckstång, sätt sedan tillbaka fästmuttrarna och dra åt dem till specificerat moment.

28 Montera envägsventilen eller adaptern i gummimuffen.

29 Montera ABS hydraulmodulator och styrenet tillsammans med fästkonsolen, se avsnitt 23.

30 Sätt tillbaka kabelhärvans ledare.

31 Montera bromshuvudcylindern, se avsnitt 13.

32 Sätt tillbaka gummidamasken på torpedväggen.

15.18 Vakuumslangens adapter (vid pilen) i vakuumservoenheten

33 Anslut bromspedalen till servons kolvstång och sätt tillbaka låsplattan.

34 Montera den nedre instrumentbrädespanelen med referens till kapitel 11.

35 Lufta bromshydraulsystemet enligt beskrivning i avsnitt 2.

36 Avslutningsvis, starta motorn och leta efter luftläckor vid anslutningen mellan vakuumslangen och servon. Kontrollera att bromssystemet fungerar som det ska.

Högerstyrda modeller

37 Se till att servons fästesytor är rena och torra.

38 Placera servon på torpedväggen, sätt sedan tillbaka fästmuttrarna och bulten och dra åt dem till specificerat moment.

39 Montera torkarmotorn (kapitel 12).

40 Sätt tillbaka envägsventilen eller adaptern och kröken på gummimuffen i vakuumservon.

41 Montera bromshuvudcylindern med referens till avsnitt 13.

42 Montera bromsledningarna i klämmorna på torpedväggen.

43 Montera motorns kardanstagsfästen och dra åt fästbultarna till specificerat moment.

44 Montera luftrenaren och trumman enligt beskrivning i kapitel 4.

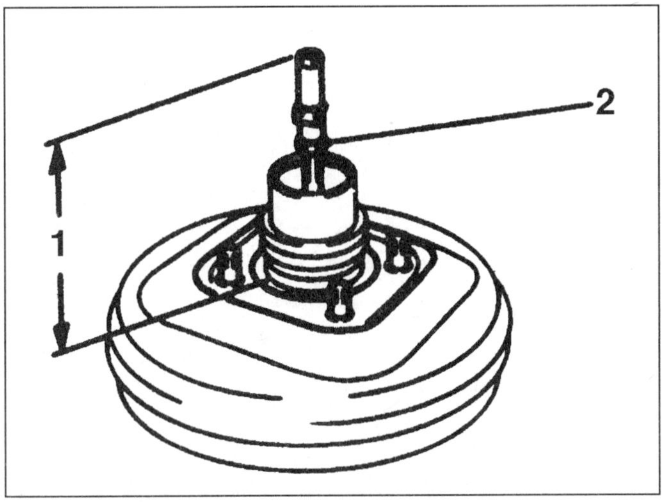

15.23a Tryckstångens inställning (1) och låsmutter (2) på vänsterstyrda modeller

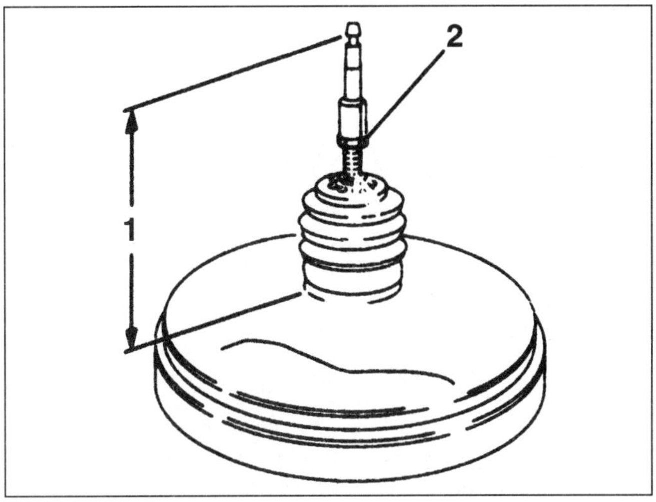

15.23b Tryckstångens inställning (1) och låsmutter (2) på högerstyrda modeller

45 Sätt tillbaka vindrutans främre avvisare och motorhuven enligt beskrivning i kapitel 11.

46 Sätt tillbaka klämman som håller pedalens tryckstång till vakuumservons kolv.

47 Montera den nedre instrumentbrädes-panelen med referens till kapitel 11.

48 Lufta bromssystemet enligt beskrivning i avsnitt 2.

49 Avslutningsvis, starta motorn och leta efter luftläckor vid anslutningen mellan vakuumslangen och servon. Kontrollera att bromsarna fungerar som de ska.

16 Vakuumservons kontrollventil och slang - demontering test och montering

Demontering

1 Ta försiktigt bort envägsventilen/adaptern från sin gummimuff framtill på servoenheten.

2 Koppla loss slangen (-arna) från ventilen/adaptern efter behov och skruva loss anslutningsmuttern från insugsgrenröret (bensinmotorn) eller vakuumpumpen (dieselmotorer). Om slangen sitter för hårt kan man behöva skära loss den.

Test

3 Undersök om ventilen och/eller slangen (-arna) är skadade och byt ut dem efter behov. Ventilen kan testas om man blåser genom den i båda riktningarna. Luft skall bara kunna flöda genom ventilen i en riktning – när man blåser genom den från servoänden. Byt ut ventil och slangar efter behov.

4 Undersök om servoenhetens gummitätningsmuff är skadad eller sliten och byt ut den om så är fallet.

Montering

5 Montering sker i omvänd ordning men se till att pilarna på envägsventilen pekar mot insugsgrenröret (bensinmotor) eller vakuumpumpen (dieselmotor). Dra åt anslutningsmuttern på insugsgrenröret eller vakuumpumpen till specificerat moment.

6 Starta motorn och kontrollera att det inte förekommer några luftläckor.

17 Handbroms - justering

1 Man behöver bara justera handbromsen om man har bytt ut eller tagit isär de bakre bromsbackarna, eller bytt ut trumman/skivan.

Modeller med bakre trumbromsar

2 Klossa framhjulen, lyft upp bakvagnen och stöd den på pallbockar (se *"Lyftning och stödpunkter"*).

3 Lossa handbromsen helt, trampa sedan ned fotbromsen hela vägen flera gånger för att garantera att självjusteringsmekanismen är helt justerad. Dra åt handbromsens handtag till 7:e hacket och kontrollera att båda bakhjulen är helt låsta genom att försöka rotera dem för hand.

4 Om justering behövs, lossa damasken från mittkonsolen och dra upp den över handbromsspaken för att komma åt justermuttern.

5 Ställ in handbromsspaken till 4:e hacket, dra sedan åt justermuttern på spaken (framtill på primärvajern) tills bakhjulen precis kan roteras för hand.

6 Dra åt handbromsspaken till 7:e hacket och kontrollera att båda bakhjulen är ordentligt låsta. Om så behövs, upprepa justeringen.

7 Montera damasken och sänk ned bilen på marken.

Modeller med bakre skivbromsar

8 Klossa framhjulen, lyft upp bakvagnen och stöd den på pallbockar (se *"Lyftning och stödpunkter"*).

9 Lossa handbromsen helt, dra sedan åt den till 7:e hacket. Kontrollera att båda bakhjulen är ordentligt låsta genom att försöka rotera dem.

10 Om justering behövs, lossa först handbromsen helt, frigör sedan damasken från mittkonsolen och dra bort den över spaken för att komma åt justermuttern. Skruva tillbaka muttern till änden av primärvajern.

11 Ta loss båda bakhjulen.

12 Arbeta på en sida åt gången, placera hålet i skivan över den räfflade justermuttern på justeraren längst upp på fästplattan. Stick in en skruvmejsel genom hålet, vrid muttern för att låsa skivan, vrid sedan tillbaka den tills skivan precis kan röras fritt **(se bild)**. Upprepa justeringen på den andra bakbromsen.

13 Inuti bilen, skruva på justermuttern på handbromsspaken flera varv, dra sedan åt spaken till 7:e hacket **(se bild)**. Kontrollera att båda bakhjulen är ordentligt låsta. Om justering behövs, lossa handbromsen och vrid justermuttern efter behov, kontrollera sedan justeringen igen.

14 När nya handbromsbackar har monterats skall de arbetas in. Detta görs genom att man kör en kort sträcka (ca 300 meter) i låg hastighet med handbromsen lätt åtdragen. Kontrollera, och om så behövs justera, handbromsen igen efter inarbetningen.

15 Montera hjulen, sätt tillbaka damasken på handbromsspaken och sänk ned bilen på marken.

18 Handbromsspak - demontering och montering

Demontering

1 Lyft upp bilen och stöd den på pallbockar (se *"Lyftning och stödpunkter"*).

2 Demontera avgassystemet enligt beskrivning i kapitel 4.

17.12 Stick in en skruvmejsel genom hålet i skivan/flänsen och justera handbromsbacken

17.13 Justermutter på handbromsspaken

3 Skruva loss och ta bort värmeskölden för att komma åt handbromsspakens kompensator. Med handbromsen helt lossad, tryck kompensatorn framåt och haka loss primärvajern från den.
4 Inuti bilen, demontera mittkonsolen och handbromsspakens damask enligt beskrivning i kapitel 11.
5 Skruva loss justermuttern från den främre änden av primärvajern och dra bort vajern från handbromsspaken.
6 Skruva loss och ta bort spakens fästmuttrar, koppla loss kablaget från varningslampans kontakt och dra ut spaken in i bilen **(se bild)**.
7 Varningslampans kontakt kan tas bort från spaken om man skruvar loss fästbulten.

Montering

8 Montering sker i omvänd ordning, men justera handbromsen enligt beskrivning i avsnitt 17.

19 Handbromsvajrar - demontering och montering

Demontering

1 Handbromsvajern består av tre huvudsektioner - en kort främre (primär) del som förbinder spaken med utjämnarplattan och en höger- och en vänsterdel (sekundära) som förbinder utjämnarplattan med bakbromsarna. Korta vajrar ansluter sedan den bakre änden av sekundärvajrarna till armarna på de bakre bromsbackarna med speciella fjäderklämmor. Varje del kan demonteras separat enligt följande.

Primär (främre) vajer

2 Klossa framhjulen ordentligt, lyft upp bakvagnen och stöd den på pallbockar (se *"Lyftning och stödpunkter"*).
3 Inuti bilen, lossa damasken från mittkonsolen och dra upp den över handbromsspaken.
4 Med handbromsen helt lossad, skruva loss justermuttern från den främre änden av primärvajern.
5 Arbeta under bilen, demontera det bakre avgassystemet från katalysatorn enligt beskrivning i kapitel 4.
6 Skruva loss och ta bort värmeskölden från underredet för att komma åt handbromsens kompensatorplatta.
7 Vrid primärvajerns ändstopp 90° och koppla loss det från kompensatorplattan.
8 Ta loss gummidamasken från underredet och dra ut primärvajern. Ta bort damasken från vajern.

Sekundär (bakre) vajer

Observera: *De sekundära vajrarna levereras som en del tillsammans med kompensatorplattan.*
9 Klossa framhjulen ordentligt, lyft upp bakvagnen och stöd den på pallbockar (se *"Lyftning och stödpunkter"*).
10 Arbeta under bilen, demontera det bakre avgassystemet från katalysatorn enligt beskrivning i kapitel 4.
11 Skruva loss och ta bort värmeskölden från underredet för att komma åt handbromsens kompensatorplatta.
12 Skjut kompensatorplattan framåt, vrid sedan ändstoppet på primärvajern 90° och koppla loss det från kompensatorplattan.
13 Koppla loss bakänden på båda sekundärvajrarna från de bakre vajrarna vid skarvdonen med en liten skruvmejsel för att bända loss dem. Undersök skarvdonen och byt ut dem om så behövs.
14 Bänd upp fästklämmorna och lossa vajerenheten från styrningarna på underredet.
15 Dra ut enheten under bilen.

Bakre vajer

16 Klossa framhjulen ordentligt, lyft upp bakvagnen och stöd den på pallbockar (se *"Lyftning och stödpunkter"*). Lossa handbromsspaken helt.
17 Koppla loss den bakre vajern från skarvdonet med en liten skruvmejsel, för att bända ut ändinfästningen. Undersök skarvdonet och byt ut det vid behov.
18 Haka loss vajern från den bakre bromsbacksarmen.
19 Om så behövs, ta bort gummidamasken från armen.

Montering

20 Montering sker i omvänd ordning mot demontering, men justera handbromsen enligt beskrivning i avsnitt 17.

20 Bromsljuskontakt - demontering, montering och justering

Demontering

1 Bromsljuskontakten är placerad på pedalfästet i förarens fotbrunn.
2 För att ta bort kontakten, demontera först den nedre instrumentbrädespanelen (se kapitel 11), koppla sedan loss värmekanalen för att komma åt kontakten.
3 Koppla loss kablagets kontaktdon från kontakten, vrid sedan kontakten och ta bort den från pedalfästet.

Montering och justering

4 Innan kontakten sätts tillbaka, tryck in utlösningsstiftet helt.
5 Skruva in kontakten i pedalfästet och dra åt det måttligt.
6 Tryck ner bromspedalen, dra sedan ut utlösningsstiftet helt ur kontakten så att den kommer i kontakt med pedalen. Släpp nu pedalen så att stiftet sätter sig.
7 Sätt tillbaka värmekanalen och sänk ner instrumentbrädespanelen. Kontrollera att bromsljuset fungerar.

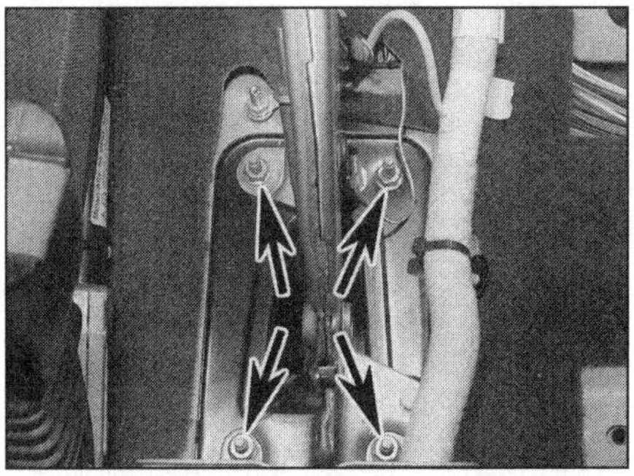

18.6 Handbromsspakens fästmuttrar (vid pilarna)

21 Handbromsvarningslampans kontakt - demontering och montering

Demontering

1 Ta loss handbromsspakens damask från mittkonsolen och dra bort den över handbromsspaken.
2 Koppla loss kablaget, skruva loss fästbulten och ta bort kontakten från handbromsspakens fästkonsol **(se bild)**.

Montering

3 Montering sker i omvänd ordning.

22 Låsningsfria bromsar (ABS) och antispinnsystem - allmän information

ABS är monterat som standard på alla modeller. Antispinnsystem är standard på modeller med 2.0 liters motor.

ABS-systemet består av en hydraulmodulator och en elektronisk styrenhet tillsammans med fyra hjulgivare. Hydraulmodulatorn innehåller den elektroniska styrenheten (ECU), hydrauliska solenoidventiler (en uppsättning för varje broms) och den elektriskt drivna pumpen. Syftet med systemet är att förhindra att hjulen låser under kraftig inbromsning. Detta uppnås genom automatiskt lossande av bromsen på det låsande hjulet, följt av att bromsen ansätts igen.

21.2 Koppla loss kabeln (vid pilen) från handbromsens varningskontakt

Solenoidventilerna styrs av ECU, vilken mottar signaler från de fyra hjulgivarna som övervakar rotationshastigheten på varje hjul. Genom att jämföra dessa signaler kan ECU avgöra med vilken hastighet bilen färdas. Den kan använda denna hastighetsinformation till att avgöra när ett hjul saktar in med onormal hastighet, jämfört med bilens hastighet, och kan så förutsäga när ett hjul håller på att låsa. Under normala förhållanden fungerar systemet på samma sätt som ett system utan ABS.

Om ECU känner att ett hjul håller på att låsa aktiverar det relevant solenoidventil i hydraulenheten, vilken sedan isolerar relevant broms från huvudcylindern, i själva verket stängs hydraultrycket in.

Om rotationshastigheten på ett hjul fortsätter att minska onormalt fort aktiverar ECU den elektriskt drivna pumpen som pumpar bromsvätskan tillbaka in i huvudcylindern vilket lossar bromsen. När hjulets rotationshastighet återgår till acceptabel nivå stannar pumpen och solenoidventilerna ställs om igen, låter huvudcylinderns hydraultryck återgå till oket/hjulcylindern (efter tillämplighet), vilket sedan åter ansätter bromsen. Denna cykel kan utföras flera gånger i sekunden.

Solenoidventilernas och returpumpens arbete skapar pulser i den hydrauliska kretsen. När ABS-systemet arbetar kan dessa pulser kännas i bromspedalen.

På 2.0 liters bensinmodeller med ABS innehåller hydraulenheten en extra uppsättning solenoidventiler som aktiverar antispinnsystemet. Systemet arbetar vid hastigheter upp till ca 60 km/tim och använder signalerna från hjulgivarna. Om ECU känner att ett drivande hjul håller på att börja spinna förhindras detta genom att frambromsen tillfälligt ansätts.

Funktionen för ABS och antispinnsystem är helt beroende av elektriska signaler. För att hindra systemet att reagera på felaktiga signaler, övervakar en inbyggd säkerhetskrets alla signaler som mottas av ECU. Om en felaktig signal eller låg batterispänning upptäcks stängs systemet automatiskt av och varningslampan på instrumentpanelen tänds för att informera föraren om att systemet inte fungerar. Normal inbromsning fungerar dock som vanligt.

Om ett fel utvecklas i ABS-/antispinnsystemet måste bilen tas till en Opelverkstad för felsökning och reparation.

23 ABS och antispinnsystem - demontering och montering av komponenter

Hydraulmodulator och elektronisk styrenhet (modeller utan antispinnsystem)

Demontering

1 Demontera batteriet enligt beskrivning i kapitel 5A.

2 Demontera relädosan och fästkonsolen från hydraulmodulatorn.

3 Skruva loss påfyllningslocket från bromsvätskebehållaren, sug sedan ut all bromsvätska med en bollspruta eller en gammal batterihydrometer.

4 Koppla loss den speciella multikontakten från toppen av hydraulmodulatorn genom att lyfta klämman och haka loss kontakten.

5 Skruva loss anslutningsmuttern som håller bromsledningarna till huvudcylindern och dra bort ledningarna lite. Helst skall en speciell öppen ringnyckel användas till att skruva loss muttrarna eftersom de kan sitta mycket hårt. Var beredd på viss vätskeförlust genom att placera trasor under ledningarna.

6 Skruva loss och ta bort de tre fästbultarna, dra därefter modulatorn och styrenheten uppåt från motorrummet. Var försiktig så att du inte spiller bromsvätska på några lackerade ytor.

Montering

7 Montering sker i omvänd ordning, men avsluta med att lufta systemet enligt beskrivning i avsnitt 2.

Hydraulmodulator och elektronisk styrenhet (modeller med antispinnsystem)

Demontering

8 Koppla loss batteriets negativa ledning (jord) (se kapitel 5A).

9 Koppla loss vakuumslangen från bromsvakuumservon.

10 Ta bort reläet tillsammans med dess bas.

11 Demontera relädosan från hydraulmodulatorn.

12 Demontera bromshuvudcylindern enligt beskrivning i avsnitt 13.

13 Skruva loss de övre bromsledningarnas anslutningsmuttrar och flytta undan ledningarna lite från modulatorn. Helst skall en speciell öppen ringnyckel användas till att lossa muttrarna eftersom de kan sitta mycket hårt. Lossa endast de nedre bromsledningarnas anslutningsmuttrar.

14 Koppla loss jordledningen från modulatorn.

15 Koppla loss kablagets multikontakt från styrenheten genom att lyfta klämman och haka loss kontakten.

16 Lossa klämman och koppla loss den lilla slangen från kylvätskans expansionskärl. Plugga slangen för att förhindra kylvätskeförlust. Ta bort klämman och flytta expansionskärlet åt sidan.

17 Skruva loss fästmuttern, flytta sedan försiktigt bromsledningarna åt sidan efter behov och lyft upp modulatorn och styrenheten uppåt från motorrummet.

Montering

18 Montering sker i omvänd ordning mot demontering, men avsluta med att lufta bromssystemet enligt beskrivning i avsnitt 2. Om så behövs, fyll på kylsystemet (se *"Veckokontroller"*).

Hjulgivare

Demontering

19 För att demontera bakhjulsgivaren, demontera hjulnavet enligt beskrivning i kapitel 10.

20 För att demontera framhjulsgivaren, dra åt handbromsen, lyft upp framvagnen och stöd den på pallbockar (se *"Lyftning och stödpunkter"*). Demontera relevant hjul.

21 Koppla loss givarens kablage och lossa det från klämmorna på det främre fjäderbenet och hjulhuset.

22 Skruva loss fästbulten med en Torxnyckel och ta bort givaren från fästkonsolen **(se bilder)**.

Montering

23 Montering sker i omvänd ordning mot demontering, men dra åt fästbulten till specificerat moment.

Antispinnsystemets kontakt

Demontering

24 Bänd försiktigt ut kontakten från instrumentbrädan med en liten skruvmejsel. Använd kartong eller en trasa för att skydda brädan.

Montering

25 Montering sker i omvänd ordning mot demontering.

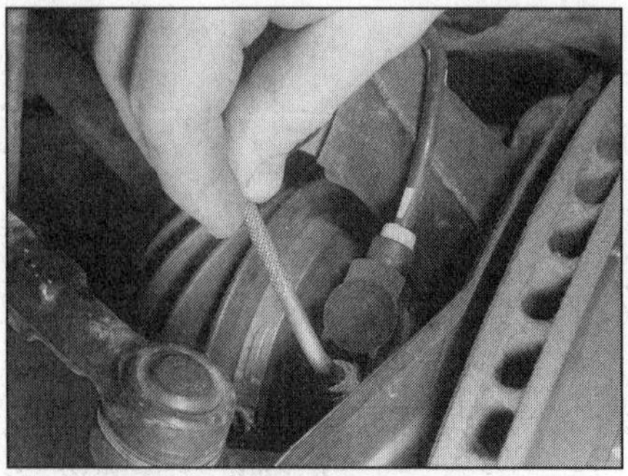

23.22a Skruva loss bulten med en Torxnyckel . . .

23.22b . . . och ta bort hjulgivaren

24.1 Vakuumpumpen sitter på vänster sida av topplocket (2.0 liters dieselmotor)

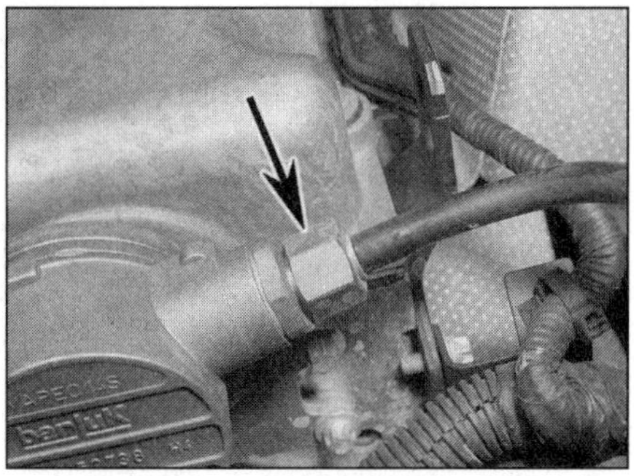

24.3 Skruva loss anslutningsmuttern (vid pilen) och koppla loss röret från vakuumpumpen (2.0 liters dieselmotor)

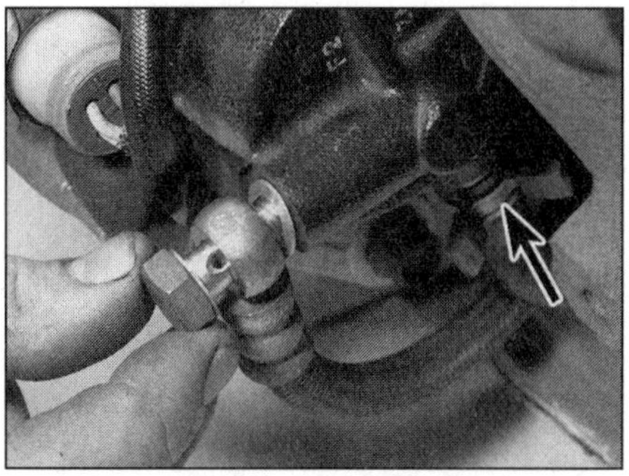

24.4 Koppla loss oljematningsledningen från vakuumpumpen. Returröret vid pilen (1.7 liters dieselmotor)

ABS styrenhet

Demontering

26 Demontera hydraulmodulatorn och den elektroniska styrenheten enligt tidigare beskrivning i detta avsnitt.

27 Koppla loss kablaget, skruva loss fästbultarna och ta försiktigt bort ABS styrenhet från hydraulenheten. Var försiktig så att inte spolhållaren skadas.

28 Ta vara på tätningen mellan spolhållaren och styrenheten.

Montering

29 Sätt in den nya tätningen, placera försiktigt styrenheten på modulatorn och dra åt bultarna till specificerat moment i angivna steg. **Observera:** *Luta inte styrenheten när den placeras på modulatorn.*

30 Resten av monteringen sker i omvänd ordning mot demontering.

24 Vakuumpump (modell med dieselmotor) - demontering och montering

Demontering

1 På 1.7 liters dieselmotorer är vakuumpumpen monterad bak på generatorn, medan den på 2.0 liters dieselmotorer är fastskruvad direkt på topplocket **(se bild)**. Åtkomligheten till pumpen på 1.7 liters motorer kan förbättras om man demonterar avgasrörets värmesköld intill pumpen, eller alternativt kan generatorn demonteras enligt beskrivning i kapitel 5A.

2 På 1.7 liters motorer, dra åt handbromsen, ställ upp framvagnen och stöd den på pallbockar (se *"Lyftning och stödpunkter"*).

3 Koppla loss servons vakuumrör från pumpen genom att hålla emot på den stora anslutningsmuttern och skruva loss den lilla **(se bild)**.

4 På 1.7 liters motorer, skruva loss anslutningsmuttern och koppla loss oljematningsledningen från pumpen **(se bild)**.

5 Lossa klämman och koppla loss oljereturledningen. Låt eventuell olja rinna ner i en lämplig behållare och plugga igen eller täck över alla ledningar.

6 Skruva loss fästbultarna, notera eventuella kabelklämmor/stöd som sitter under dem, och dra bort pumpen från generatorn (1.7 liters motorer) eller topplocket (2.0 liters motorer) **(se bilder)**.

7 Ta bort O-ringen från generatorn (1.7 liters motorer) eller spåret i pumpen (2.0 liters motorer) **(se bild)**. Kasta O-ringen och införskaffa en ny.

Montering

8 Montering sker i omvänd ordning mot demontering, notera följande.

a) På 1.7 liters motorer, innan pumpen monteras, häll ca 5 cc ren motorolja i oljematningsöppningen.

b) Rengör fogytorna på pumpen och generatorn eller topplocket (efter tillämplighet) och sätt på en ny O-ring.

c) På 1.7 liters motorer, med pumpen monterad på generatorn, se till att generatorns remskiva kan roteras enkelt för hand.

25 Vakuumpump (modell med dieselmotor) - test och renovering

Observera: *En vakuummätare behövs för detta test.*

1 Funktionen hos bromssystemets vakuumpump kan kontrolleras med hjälp av en vakuumpump.

2 Koppla loss vakuumröret från pumpen och anslut mätaren till pumpanslutningen med en lämplig bit slang.

3 Starta motorn och låt den gå på tomgång, mät sedan vakuumet som skapas av pumpen. Som en vägledning, efter en minut bör ett minimum av ca 500 mm Hg kunna mätas. Om det vakuum som registreras är betydligt lägre än detta är det troligt att pumpen är defekt. Tag dock kontakt med en Opelverkstad innan pumpen döms ut.

4 Renovering av vakuumpumpen är inte möjlig eftersom inga komponenter till den kan införskaffas separat. Om den är defekt måste hela pumpen bytas ut.

24.6a Demontering av vakuumpumpen från generatorn (1.7 liters dieselmotor)

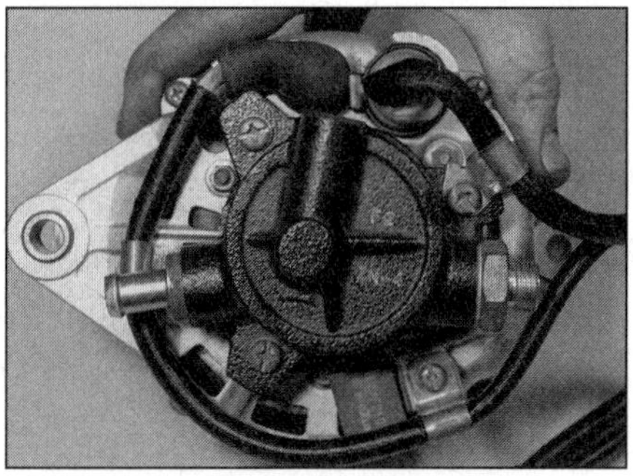

24.6b Se till att de elektriska kablarna dras rätt runt vakuumpumpen (1.7 liters dieselmotor)

24.7 Byt ut O-ringen (vid pilen) i generatorkåpan (1.7 liters dieselmotor)

Kapitel 10
Fjädring och styrning

Innehåll

Svårighetsgrader

Enkelt, passar novisen med lite erfarenhet	**Ganska enkelt,** passar nybörjaren med viss erfarenhet	**Ganska svårt,** passar kompetent hemmamekaniker	**Svårt,** passar hemmamekaniker med erfarenhet	**Mycket svårt,** för professionell mekaniker

Specifikationer

Allmänt

Främre fjädring	Individuell, med MacPherson fjäderben, gasfyllda stötdämpare och krängningshämmare
Bakre fjädring	Individuell, med länkarmar, spiralfjädrar, gasfyllda stötdämpare, övre och nedre tvärarmar och krängningshämmare
Styrning	Kuggstång. Servostyrning standard på alla modeller

Bakre hjullager

Lagerspel (max)	0,3 mm
Lagrets sidokast	0,05 mm
Lagrets radialkast	0,05 mm

Framhjulsinställning

Camber	-1°05' ± 45'
Max skillnad mellan sidorna	1°
Caster (ej justerbar):	
Sedan	+3°50' ± 1°
Kombi	+3°30' ± 1°
Max skillnad mellan sidorna	1°
Toe-in	+0°10' ± 10'
Toe-in vid sväng (innerhjulet vridet 20° inåt)	1°10' ± 45'

Bakhjulsinställning

Camber (ej justerbar):	
Fram till 1997 års modeller	-1°20' ± 35'
Fr.o.m. 1997 års modeller:	
Sedan	-1°27' ± 35'
Kombi	-1°19' ± 35'
Max skillnad mellan sidorna	35'
Toe-in:	
Fram till 01/96	+0°16' ± 10'
01/96 till 1997 års modeller	+0°25' ± 10'
Fr.o.m. 1997 års modeller:	
Sedan	+0°27' ± 10'
Kombi	+0°26' ± 10'
Max skillnad mellan sidorna	15'

Styrning

Förhållande	16.5 : 1
Servostyrningsdrivremmens spänning (mätt med Opel specialverktyg):	
Ny rem	250 till 300 N
Använd rem	450 N

Hjul och däck

Hjulstorlek	$5^1/_2$J x 14 eller 6J x 15
Däckstorlek:	
$5^1/_2$J x 14 hjul	175/70 R14-84T, 185/70 R14-88 H, 185/70 R14-88 T
6J x 15 hjul	195/65 R15-91 H, 195/65 R15-91 T, 195/65 R15-91 V, 205/60 R15-91 V

Åtdragningsmoment

	Nm
Främre fjädring	
Bromsstänkskydd	4
Fjäderben till hjulspindel: *	
Steg 1	50
Steg 2	90
Steg 3	Vinkeldra 45°
Steg 4	Vinkeldra 15°
Främre fjäderbenets övre fäste	55
Främre fjädringens länkarm till monteringsram: *	
Steg 1	90
Steg 2	Vinkeldra 75°
Steg 3	Vinkeldra 15°
Främre fjädringens nedre spindelled till länkarm	35
Främre fjädringens nedre spindelled till hjulspindel	100
Främre krängningshämmare till monteringsram	20
Främre krängningshämmarlänk:	
Till fjäderben	65
Till krängningshämmare	65
Främre monteringsram:	
Fästbultar: *	
Steg 1	100
Steg 2	Vinkeldra 45°
Steg 3	Vinkeldra 15°
Motorfästesmuttrar	45
Hydraulledning till styrväxel	28
Stödlager till stöddämparens kolvstång	70
Bakre fjädring	
Bakre fjäderben till länkarm: *	
Steg 1	150
Steg 2	Vinkeldra 30°
Steg 3	Vinkeldra 15°
Bakre fjäderbenets övre fästkonsol till kaross	55
Bakre fjädringens monteringsram till underrede: *	
Steg 1	90
Steg 2	Vinkeldra 60°
Steg 3	Vinkeldra 15°
Bakre fjädringens nedre tvärarm till länkarm och monteringsram: *	
Steg 1	90
Steg 2	Vinkeldra 60°
Steg 3	Vinkeldra 15°

Bakre fjädring (forts)	Nm
Bakre fjädringens övre tvärarm till länkarm och monteringsram: *	
Steg 1	90
Steg 2	Vinkeldra 60°
Steg 3	Vinkeldra 15°
Bakre navfästkonsol till länkarm: *	
Steg 1	50
Steg 2	Vinkeldra 30°
Steg 3	Vinkeldra 15°
Bakre stötdämparens övre fästmutter	20
Länkarm till främre fästkonsol: *	
Steg 1	90
Steg 2	Vinkeldra 60°
Steg 3	Vinkeldra 15°
Länkarmens främre fästkonsol till underrede: *	
Steg 1	90
Steg 2	Vinkeldra 30°
Steg 3	Vinkeldra 15°
Krängningshämmare	55
Styrning	
Bakre motorfästkonsol till monteringsram	20
Hydraultrycksledning till servostyrningspump:	
Bensinmotorer	37.5
1.7 liter dieselmotor	28
2.0 liter dieselmotor	35
Krockkudde till ratt	8
Ratt	25
Rattstång till tvärbalk	22
Rattstångens fästkonsol, övre mutter	22
Rattstångens mellanaxel, klämbult	22
Styrväxel till monteringsram	45
Servostyrningspump till fästkonsol:	
Modell med 1.6 liter bensinmotor	20
Modell med 1.8 eller 2.0 liter bensinmotor	25
Modeller med dieselmotor	25
Servostyrningspumpens spännare	40
Servostyrningspumpens remskiva: *	
Steg 1	20
Steg 2	Vinkeldra 30°
Steg 3	Vinkeldra 45°
Styrled till hjulspindelns styrarm	60
Styrled till styrstag	85
Styrledens låsmutter	60
Styrstag till styrväxelns kuggstång:	
Saginaw	100
Servotronic	80 ± 8
Hjul	
Alla modeller	110

* **Observera:** *Tillverkaren anger att alla bultar/muttrar som vinkeldras skall bytas ut som en rutinåtgärd.*

1 Allmän information och föreskrifter

Allmän information

Framfjädringen är av individuell typ, med en monteringsram, MacPherson fjäderben, länkarmar och krängningshämmare. Fjäderbenen, som innehåller spiralfjädrar och integrerade gasfyllda stötdämpare, är anslutna i övre ändarna till de förstärkta fjäderbensfästena på karossen. Den nedre änden av varje fjäderben är fastbultad i en gjuten hjulspindel, vilken bär navet, och bromsskivan och oket. Navet löper i ett (ej justerbart) lager i hjulspindeln. Den nedre änden av hjulspindeln är ansluten, via en spindelled, till en länkarm av pressad stål. Spindelleden är fastbultad i länkarmen och ansluten till hjulspindeln med en klämbult. Länkarmens inre ände är ansluten till monteringsramen med flexibla gummibussningar och kontrollerar framhjulens rörelse både i sidled och framåt/bakåt. En krängningshämmare är monterad på alla modeller. Krängningshämmaren är monterad på monteringsramen och är ansluten till fjäderbenen med vertikala länkar.

Bakfjädringen är helt individuell, med en central tvärbalk, gasfyllda stötdämpare som innehåller spiralfjädrar, länkarmar, övre och nedre tvärarmar och en krängningshämmare. Stötdämparna är i de övre ändarna anslutna till fjädertorn placerade i hjulhusen; denna utformning minskar överföringen av oljud till den bakre delen av kupén. De bakre naven/axeltapparna är fastbultade till hjälparmarna. Länkarmarna och de övre och nedre tvärarmarna är monterade med flexibla gummibussningar. En bakre krängningshämmare är monterad på alla modeller. Krängningshämmaren är monterad på den centrala monteringsramen och är ansluten till länkarmarna med länkar.

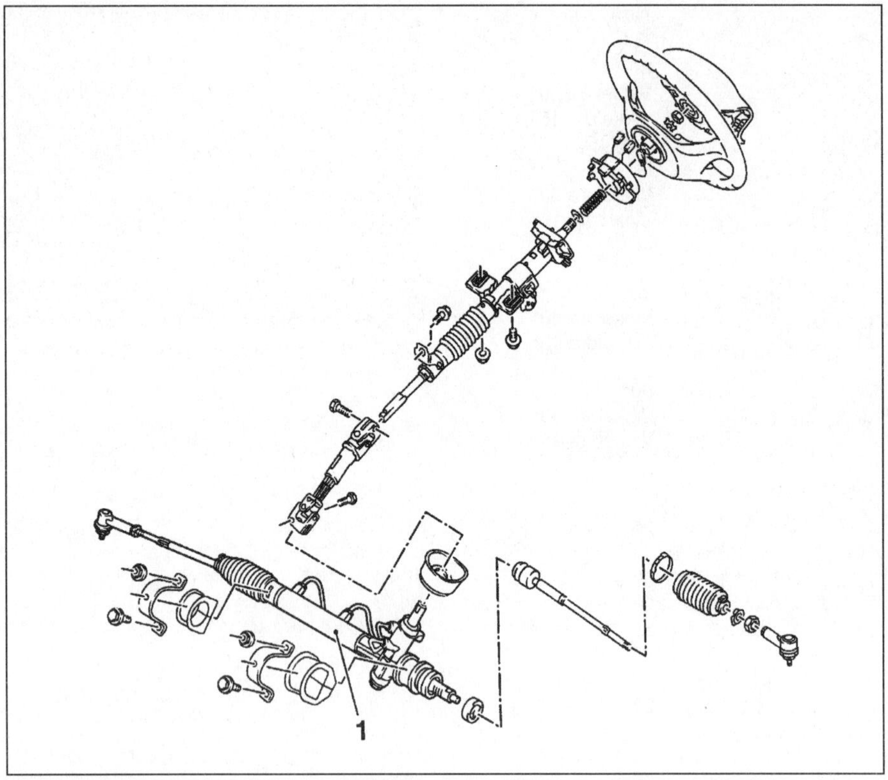

1.3 Styrväxel och rattstång

Styrningen är av konventionell kuggstångstyp och har en hoptryckbar rattstång **(se bild)**. Rattstången är förbunden med styrväxeln med en mellanaxel som har två universalknutar. Den övre delen av rattstången har en yttre glidkoppling i vilken rattlåset går i ingrepp. När rattlåset är i ingrepp låter kopplingen rattstången vridas endast till moment över 200 Nm, och gör det på så sätt omöjligt att bryta rattlåsets säkerhetsstift. Det är dock inte möjligt att kontrollera bilen vid detta vridmoment. Styrväxeln är monterad på främre fjädringens monteringsram. Styrväxelns styrstag är anslutna till styrarmarna på hjulspindlarna med styrleder.

Alla modeller har servostyrning. Servostyrningspumpen är remdriven från vevaxelremskivan. Servostyrningens oljebehållare är antingen inkluderad i pumpen eller fjärrmonterad, beroende på modell.

Föreskrifter

En krockkudde är monterad i ratten. För att garantera att den fungerar som den ska om det någon gång skulle behövas, och för att undvika risken för personskador om den oavsiktligt utlöses, måste följande åtgärder vidtagas. Se också kapitel 12 för ytterligare information:

a) Innan något arbete utförs på krockkudden, koppla loss batteriets negativa anslutning och vänta minst 1 minut för att ge systemets kondensator tid att ladda ur.

b) Krockkudden får inte utsättas för temperaturer över 90°C. När krockkudden är demonterad måste den förvaras med själva kudden vänd uppåt.

c) Låt inte lösningsmedel eller rengöringsmedel komma i kontakt med någon del av krockkudden. Enheten får endast rengöras med en fuktig trasa.

d) Krockkudden och styrenheten är båda känsliga för slag. Om någon av dem tappas från en höjd över 50 cm måste de bytas ut.

e) Koppla loss krockkuddens styrenhets kontaktdon innan bågsvetsning utförs på bilen.

f) På bilar som har krockkudde på passagerarsidan, placera inte extrautrustning i krockkuddens område. Detaljer som telefon, kassettförvaringsbox, extra speglar etc. kan slitas av och orsaka allvarliga skador om krockkudden löser ut.

2 Främre hjulspindel – demontering och montering

Observera: *Det rekommenderas att alla fästmuttrar och bultar byts ut. En spindelledsavdragare behövs för detta arbetsmoment.*

Varning: Framhjulens camberinställning styrs av bultarna som håller hjulspindlarna till det främre fjäderbenet. Innan bultarna tas bort, märk hjulspindeln noggrant i förhållande till fjäderbenet. Efter avslutat arbete måste camberinställningen kontrolleras och justeras av en lämpligt utrustad verkstad.

Demontering

1 Dra åt handbromsen, lyft upp framvagnen och stöd den på pallbockar (se *"Lyftning och stödpunkter"*). Demontera aktuellt framhjul.

2 Skruva loss muttern som håller styrleden till styrarmen på hjulspindeln. Använd en spindelledsavdragare, dra av styrleden från styrarmen.

3 Skruva loss och ta bort klämbulten som håller den nedre spindelleden i hjulspindeln. Notera vilken väg den är monterad.

4 Använd en lämplig hävstång, pressa ned länkarmen och separera den från hjulspindeln. När länkarmen släpps, var försiktig så att inte spindelledens gummidamask längst ner på hjulspindeln skadas; om så behövs, skydda den med en bit kartong eller plast. **Observera:** *Om spindelledens tapp sitter hårt i hjulspindeln, använd en skruvmejsel eller huggmejsel som kil för att tvinga isär klämman.*

5 Demontera bromsoket, se kapitel 9, men koppla inte loss bromsledningen från det. Knyt fast oket i spiralfjädern på fjäderbenet med en bit vajer eller snöre **(se bild)**.

6 Skruva loss fästbulten och ta bort hjulhastighetsgivaren upptill på hjulspindeln. Knyt fast den åt sidan.

7 Knacka försiktigt loss skyddskapseln från mitten av navet, dra sedan ut saxpinnen och skruva loss drivaxelns fästmutter medan navet hålls stilla med ett stag placerat mellan två hjulbultar som tillfälligt sätts på navet. **Observera:** *Muttern är åtdragen till ett högt moment.* Ta bort muttern och distansen.

8 Dra hjulspindeln utåt samtidigt som drivaxeln pressas genom navet. Om den sitter för hårt kan en lämplig avdragare användas.

9 Markera fjäderbenets position på hjulspindeln. Detta är viktigt för att camberinställningen skall bibehållas.

10 Skruva loss och ta bort de två bultarna som håller hjulspindeln till fjäderbenet, notera vilken väg de sitter. Lyft nu ut hjulspindeln under framskärmen medan navet dras bort från drivaxeln **(se bilder)**. Om så behövs,

2.5 Bind fast oket i spiralfjädern medan den främre hjulspindeln demonteras

2.10a Skruva loss bultarna som håller hjulspindeln till fjäderbenet

2.10b Dra loss navet från drivaxeln

2.12 Främre stänkskyddets fästskruvar

använd en mjuk klubba till att driva drivaxeln genom navet.

11 Skruva loss skruven och ta bort bromsskivan från navets drivfläns.

12 Skruva loss skruvarna och ta bort stänkskyddet från hjulspindeln **(se bild)**.

Montering

13 Montera stänkskyddet på hjulspindeln och dra åt alla skruvar.

14 Montera bromsskivan på navets drivfläns och dra åt skruven.

15 Se till att den yttre drivaxelknutens och navets spår är rena, lägg sedan lite fett på spåren.

16 Lyft hjulspindeln på plats och placera navet på spåren på drivaxeländen. Placera hjulspindeln på fjäderbenet och sätt i bultarna, se till att bultskallarna vänds mot bilens front.

17 Sätt tillbaka drivaxelns fästmutter och distans och dra åt muttern för hand än så länge.

18 Montera bromsoket, se kapitel 9.

19 Använd en hävstång och pressa ner länkarmen, placera sedan spindelleden längst ner i hjulspindeln och tryck spindelleden helt uppåt. Sätt i klämbulten med skallen vänd bakåt och dra åt den till specificerat moment.

20 Montera styrleden på styrarmen och dra åt muttern till specificerat moment.

21 Montera framhjulet och ställ ned bilen på marken.

22 Dra åt drivaxelns fästmutter helt till specificerat moment i de steg som anges i specifikationerna (se kapitel 8). Kontrollera att kronmuttern är i linje med hålet i drivaxeln – om så behövs, lossa muttern något till nästa urtag. Sätt i en ny saxpinne och böj över dess ändar för att säkra den.

23 Knacka fast skyddskapseln över navets mitt.

24 Kontrollera, och om så behövs justera, cambervinkeln vid första möjliga tillfälle.

3 Framhjulslager – kontroll och byte

Observera: *En press, en lämplig avdragare eller liknande verktyg behövs för detta arbetsmoment. Införskaffa en lagerrenoveringssats innan arbetet påbörjas. En ny låsring till lagret skall användas vid montering.*

Kontroll

1 För att kontrollera om de främre hjullagren är slitna, dra åt handbromsen, lyft upp framvagnen och stöd den på pallbockar (se *"Lyftning och stödpunkter"*). Rotera hjulet för hand och undersök om lagret känns ojämnt eller ger i från sig oljud. Ta tag i hjulet och skaka på det för att se om det förekommer stort spel i lagret. Missta dock inte slitage i fjädringens eller styrningens leder för slitage i lagret.

Byte

2 Med hjulspindeln demonterad enligt beskrivningen i avsnitt 2, fortsätt enligt följande.

3 Navet måste nu demonteras från lagret/hjulspindeln. Helst bör en press användas till detta, men det är möjligt att driva ut navet med ett metallrör med passande diameter. Alternativt kan en avdragare användas.

4 Stöd hjulspindeln på ett säkert sätt, med den inre ytan uppåt, använd sedan en metallstång eller ett rör med passande diameter, pressa eller driv navet från navlagret. Alternativt, använd en avdragare till att separera navet från lagret. Notera att en del av lagrets inre bana kommer att stanna kvar på navet.

5 Använd en lämplig avdragare, dra den halva inre lagerbanan från navet. Alternativt, stöd lagerbanan på lämpliga tunna metallstag och pressa eller driv bort navet från lagerbanan.

6 Ta bort lagrets låsring från den inre ytan på hjulspindeln – kasta låsringen, en ny måste användas vid montering.

7 Sätt tillfälligt tillbaka den halva inre lagerbanan i lagret, se till att lagerburen och tätningen är på plats. Använd sedan en avdragare och dra av lagret från hjulspindeln, lägg trycket på den inre lagerbanan. Alternativt, stöd hjulspindeln och pressa eller driv ut lagret.

8 Innan ett nytt lager monteras, rengör lagrets plats i hjulspindeln noggrant.

9 Använd en press eller en lämplig avdragare, montera det nya lagret i hjulspindeln. Den yttre ytan av lagret skall vara i kontakt med ansatsen i hjulspindeln. Det kan vara möjligt att själv tillverka en avdragare av en hylsa, mutter, brickor och en gängad stång.

10 Sätt en ny låsring på den inre ytan på hjulspindeln.

11 Pressa eller dra navet in i lagret. Lagrets inre bana måste stödjas under detta moment. Detta kan göras med hjälp av en hylsa, mutter, brickor och en gängad stång.

12 Montera hjulspindeln enligt beskrivning i avsnitt 2.

4 Främre monteringsram – demontering och montering

Observera: *Opels tekniker använder speciella jiggar för att garantera att motorn/växellådan blir korrekt inriktad. Om man inte använder dessa verktyg är det viktigt att notera motorns/växellådans position noggrant innan demontering.*

Demontering

1 Placera styrningen i läge rakt fram, ta därefter bort startnyckeln och låt rattlåset gå i ingrepp.

2 I förarens fotbrunn, skruva loss bulten som håller den nedre änden av rattstångens mellanaxel till styrväxelns pinjong. Dra sedan bort axeln från pinjongen och flytta den åt sidan.

3 Sug ut all hydraulvätska ur servostyrningens vätskebehållare med en hävert.

4 På modeller med manuell växellåda, koppla loss växlingsstaget från växellådan, se kapitel 7A. Om så föredras kan länkaget kopplas loss vid fästkonsolen på styrningens kuggstång.

5 På bensinmodeller, koppla loss syresensorns kablage och flytta det åt sidan.

6 Anslut en lyft till motorn/växellådan och ta upp dess vikt. Om en lyft som placeras i motorrummets sidokanaler finns tillgänglig är en sådan att föredra, eftersom den garanterar korrekt placering under monteringen.

7 Demontera kylargrillen (kapitel 11), använd sedan kabelband till att knyta kylaren till luftavvisarepanelen/tvärbalken framtill i motorrummet.

8 Demontera den främre stötfångaren enligt beskrivning i kapitel 11.

9 Dra åt handbromsen, lyft upp framvagnen

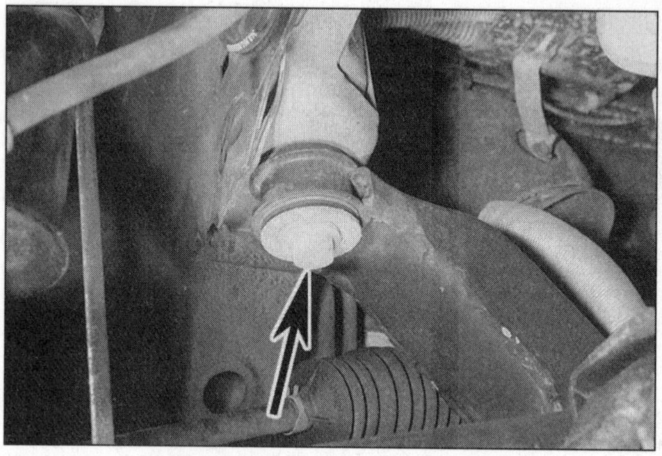

4.20 Monteringsramens sidofästbult

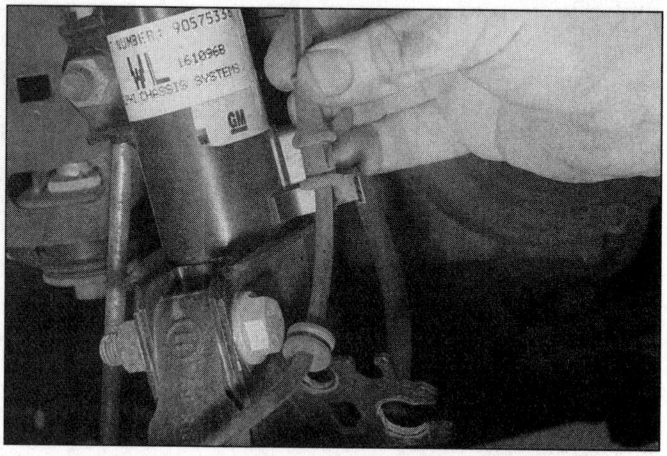

5.4 Ta loss bromsklossens kablage från fjäderbenet

och stöd den på pallbockar (se *"Lyftning och stödpunkter"*). Demontera båda framhjulen.

10 Skruva loss muttrarna och koppla loss krängningshämmarlänkarna från fjäderbenen på båda sidorna. Använd ytterligare en nyckel till att hålla fast pinnbultarna medan muttrarna lossas.

11 Koppla loss styrlederna från hjulspindlarna genom att skruva loss muttrarna och sedan använda en spindelledsavdragare.

12 Skruva loss och ta bort klämbultarna som håller länkarmarnas spindelleder i hjulspindlarna, notera vilken väg de sitter.

13 Använd en passande hävstång, tryck ned länkarmarna och separera dem från hjulspindlarna. När länkarmarna lossas, var försiktig så att inte spindelledernas gummidamasker längst ner på hjulspindlarna skadas. **Observera:** *Om spindelledstappen sitter hårt i hjulspindeln, använd en skruvmejsel eller en huggmejsel till att tvinga isär klämman.*

14 Demontera det nedåtgående avgasröret enligt beskrivning i kapitel 4.

15 Skruva loss de tre bultarna som håller den bakre motorfästkonsolen till växellådan. Om så föredras kan konsolen skruvas loss från monteringsramen.

16 På modeller med luftkonditionering, koppla loss kylvätskeledningarna från monteringsramen.

17 Lossa klämman och koppla loss servostyrningens hydraulledningar från höger sida på monteringsramen.

18 Helst skall motorn/växellådan stödjas med en vagga på en garagedomkraft. Alternativt behövs två garagedomkrafter och assistans av två medhjälpare.

19 Skruva loss bultarna som håller växellådans främre fäste till monteringsramen. På modeller med bensinmotor, skruva också loss bulten som håller höger främre fäste till monteringsramen.

20 Skruva loss monteringsramens fästbultar – notera att de bakre fästkonsolerna måste skruvas loss från underredet **(se bild)**. Sänk monteringsramen något tills servostyrningens hydraulledningar kan skruvas loss från styrväxeln. Placera en lämplig behållare under styrväxeln för att samla upp spill. Tejpa över eller plugga igen ledningarna för att förhindra att smuts och damm kommer in i systemet och bind upp dem åt ena sidan.

21 Sänk monteringsramen till marken. Ta bort länkarmarna (avsnitt 7), krängningshämmaren (avsnitt 6), det bakre motorfästet (kapitel 2) och styrväxeln (avsnitt 21).

Montering

22 Montering sker i omvänd ordning, men dra åt alla muttrar och bultar till specificerade moment i de angivna stegen. Se till att inställningshålen i monteringsramen och underredet är korrekt inriktade innan fästbultarna dras åt helt.

5 Främre fjäderben – demontering, renovering och montering

Observera: *En spindelledsavdragare kommer att behövas för detta moment. Helst skall båda främre fjäderbenen bytas ut samtidigt för att goda styrnings- och fjädringsegenskaper skall bibehållas. Det rekommenderas att alla fästbultar och muttrar byts ut.*

Demontering

1 Dra åt handbromsen, lyft upp framvagnen och stöd den på pallbockar (se *"Lyftning och stödpunkter"*). Demontera relevant framhjul.

2 Skruva loss muttern och ta loss krängningshämmarlänken från fjäderbenet. Medan muttern lossas, håll fast länken med en nyckel på de plana ytorna.

3 Dra ut klämman och koppla loss bromsslangen från fästkonsolen på fjäderbenet.

4 Ta loss bromsklossens kablage från fjäderbenet **(se bild)**.

5 Markera fjäderbenets position på hjulspindeln. Detta är viktigt för att bibehålla camberinställningen.

6 Skruva loss och ta bort de två bultarna som håller hjulspindeln till fjäderbenet och notera vilken väg de sitter. När de två bultarna tagits bort, dra bort hjulspindeln från fjäderbenet och stöd den på en pallbock **(se bilder)**.

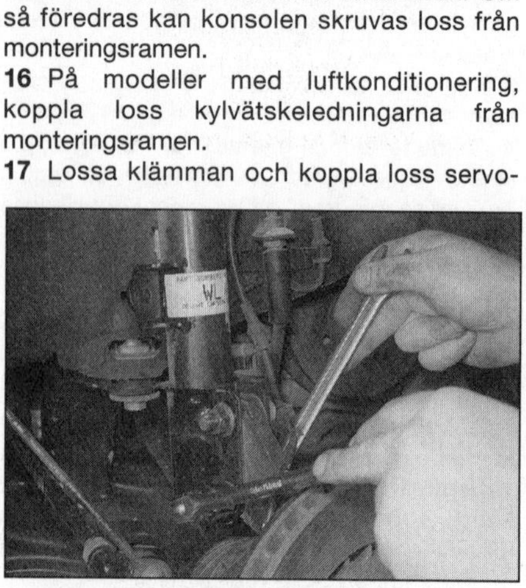

5.6a Håll emot på bultarna mellan hjulspindeln och fjäderbenet medan muttern lossas . . .

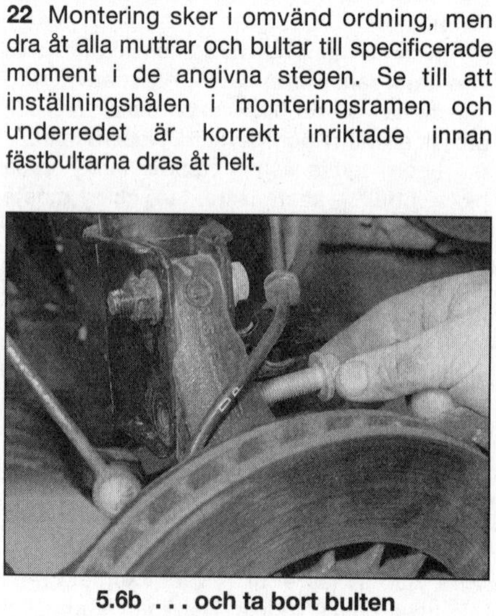

5.6b . . . och ta bort bulten

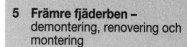

5.6c Dra loss hjulspindeln från fjäderbenet

5.7a Ta bort kapseln . . .

5.7b . . . skruva loss den övre fästesmuttern medan kolvstången hålls fast med en annan nyckel . . .

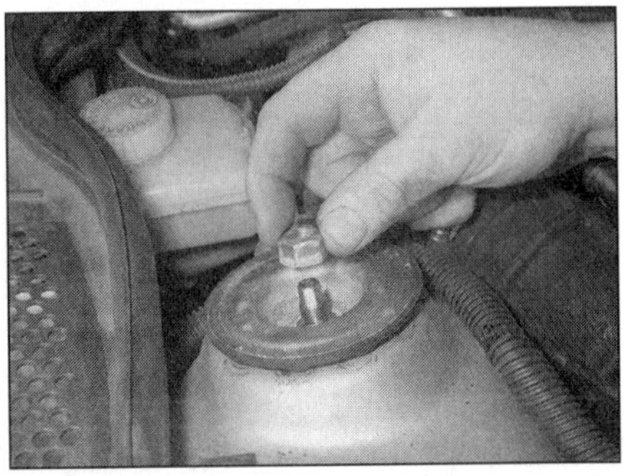

5.7c . . . och ta bort muttern . . .

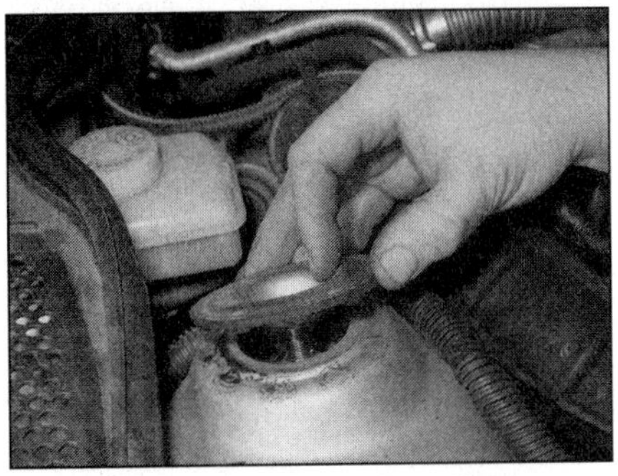

5.7d . . . följd av det övre fästet

7 Stöd fjäderbenet under framskärmen. I motorrummet, ta bort kapseln, skruva sedan loss fjäderbenets övre fästesmutter medan du håller emot kolvstången med en annan nyckel.

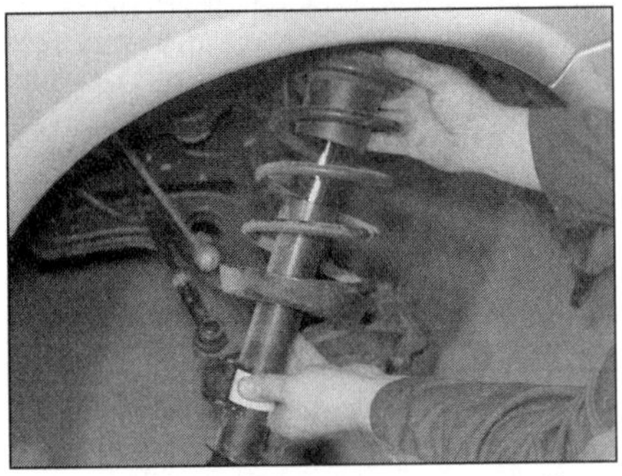

5.8 Det främre fjäderbenet tas ut under framskärmen

Ta vara på det övre fästet från fjädertornet **(se bilder)**.

8 Sänk ned fjäderbenet och ta ut det från under skärmen **(se bild)**.

Renovering

Observera: *En fjäderkompressor behövs till detta arbetsmoment.*

9 Med fjäderbenet vilande på en bänk, eller fastklämt i ett skruvstäd, montera fjäderkompressorn och tryck ihop fjädern för att lätta på trycket på fjädersätena. Se till att kompressorn är säkert placerad på fjädern, i enlighet med verktygstillverkarens instruktioner **(se bilder)**.

10 Håll fast fjäderbenets kolvstång med en nyckel och skruva loss kolvstångens mutter **(se bild)**.

11 Ta bort den övre dämparringen med stödlager, övre fjädersäte och buffert **(se bilder)**.

12 Demontera fjädern från fjäderbenet **(se bild)**.

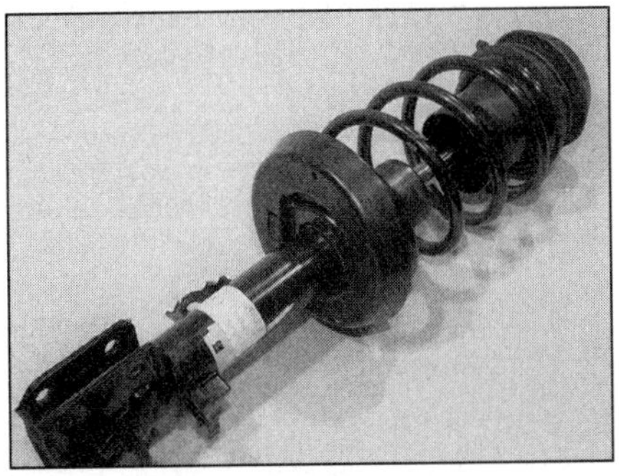

5.9a Det främre fjäderbenet demonterat från bilen

5.9b Se till att fjäderkompressorn monteras säkert på spiralfjädern

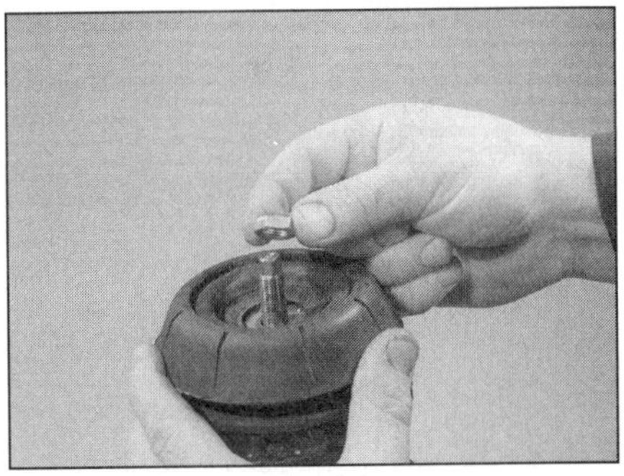

5.10 Ta bort kolvstångens mutter . . .

5.11a . . . övre dämparring och stödlager . . .

5.11b . . . övre fjädersäte . . .

5.11c . . . och buffert

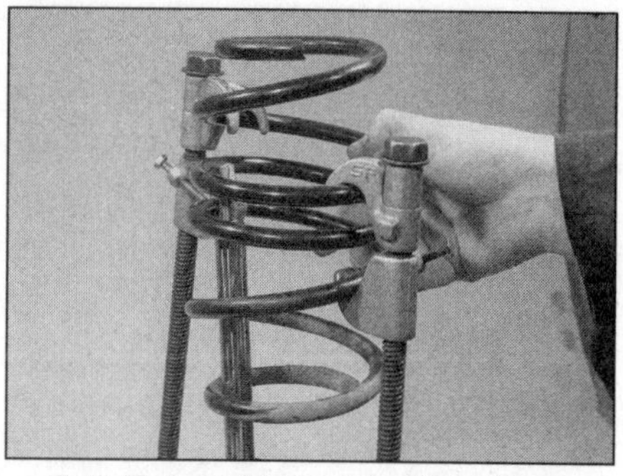

5.12 Ta bort fjädern från fjäderbenet

5.17 Upphöjt fjäderstopp på det främre fjäderbenet

5.21 Fjäderbenets övre fästesmutter dras åt med en momentnyckel

13 När fjäderbenet nu är helt isärtaget, undersök alla komponenter för att se om de är slitna, skadade eller deformerade, och undersök om stödlagret arbetar mjukt. Byt ut komponenter efter behov.

14 Undersök om fjäderbenet visar tecken på vätskeläckage. Undersök hela kolven för att se om den har gropar och kontrollera om fjäderbenshuset är skadat. Håll fjäderbenet i upprätt position, testa dess funktion genom att först föra kolven genom ett helt slag, därefter genom korta slag på 50 till 100 mm. I båda fallen skall det motstånd som känns vara mjukt och kontinuerligt. Om motståndet är ojämnt eller ryckigt, eller om det finns synliga tecken på slitage eller skada på fjäderbenet måste det bytas ut.

15 Om det råder tvekan om spiralfjäderns skick, ta försiktigt bort fjäderkompressorn och undersök om fjädern är missformad eller sprucken. Byt ut fjädern om så är fallet eller om det råder någon som helst tvekan om dess skick

16 Undersök alla andra komponenter angående skada eller förslitning och byt ut delar efter behov.

17 Med fjädern hoptryckt med kompressorn, placera fjädern på fjäderbenet och se till att den sätter sig korrekt med den nedre änden på det upphöjda stoppet **(se bild)**.

18 Montera buffert, övre fjädersäte och övre dämparring.

19 Sätt tillbaka kolvstångens mutter och dra åt den till specificerat moment medan kolvstången hålls fast med en nyckel.

20 Lossa sakta fjäderkompressorn för att lätta på trycket i fjädern. Kontrollera att ändarna på fjädern sätter sig korrekt mot stoppen på fjädersätena. Om så behövs, vänd fjädern och det övre sätet så att komponenterna sätter sig korrekt på plats innan kompressorn tas bort. Ta bort kompressorn när fjädern sitter på plats.

Montering

21 Montering sker i omvänd ordning mot demontering.

a) *Byt ut de två bultarna som håller hjulspindeln till fjäderbenet och även kolvstångens övre muttrar. Observera att bultarna mellan fjäderbenet och hjulspindeln måste sättas in framifrån och bakåt.*

b) *Dra åt alla muttrar och bultar till specificerat moment* ***(se bild)****.*

c) *Avslutningsvis, låt kontrollera och justera camberinställningen hos en lämpligt utrustad verkstad.*

6 Främre krängningshämmare och länkar - demontering och montering

Observera: *Det rekommenderas att alla fästmuttrar och bultar byts ut.*

Demontering

1 Demontera den främre monteringsramen enligt beskrivning i avsnitt 4.

2 Märk upp länkarna sida för sida för att garantera korrekt återmontering, skruva sedan loss muttrarna och ta bort länkarna från krängningshämmaren. Håll en nyckel på de plana ytorna för att hålla fast länkarna medan muttrarna lossas **(se bilder)**.

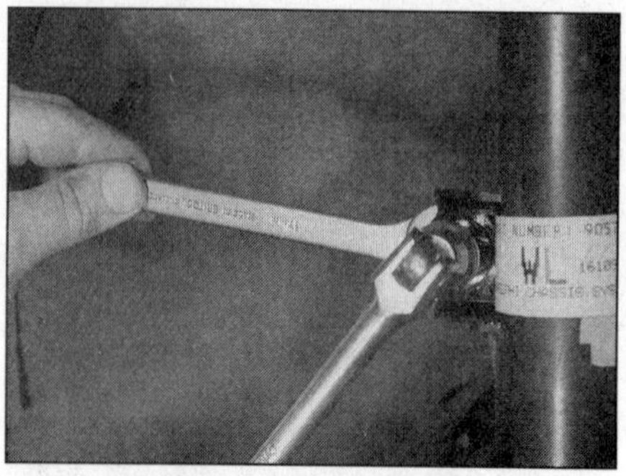

6.2a Håll fast krängningshämmarlänken medan muttern lossas

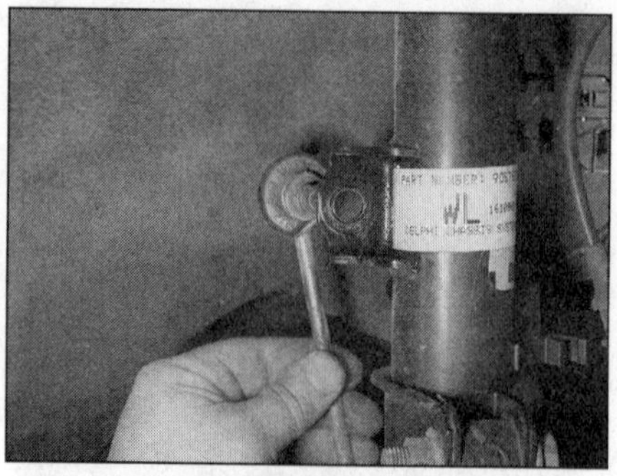

6.2b Krängningshämmarlänken kopplas loss från fjäderbenet

3 Skruva loss klämmorna som håller krängningshämmaren till monteringsramen. **Observera:** *Om bultarna har rostat fast kan de kapas och borras ut, och nya insatser kan sättas in. Kontakta en Opelåterförsäljare för ytterligare information.*

4 Lyft bort krängningshämmaren från monteringsramen.

5 Notera hur gummibussningarna sitter, ta sedan loss dem från krängningshämmaren.

6 Undersök om krängningshämmaren, länkarna och/eller gummibussningarna är slitna eller skadade och byt ut dem efter behov.

Montering

7 Montering sker i omvänd ordning mot demontering, men tänk på följande.

a) *Slitsarna på gummibussningarna måste vändas framåt när de monteras på krängningshämmaren.*

b) *Dra åt alla muttrar och bultar till specificerat moment.*

c) *Montera den främre monteringsramen, se avsnitt 4.*

7 Främre fjädringens länkarm - demontering, renovering och montering

Observera: *Länkarmens inre pivåbultar måste bytas ut vid montering.*

Demontering

1 Dra åt handbromsen, lyft upp framvagnen och stöd den på pallbockar (se *"Lyftning och stödpunkter"*).

2 Skruva loss och ta bort klämbulten som håller länkarmens spindelled till hjulspindeln, notera vilken väg den är monterad.

3 Använd en lämplig hävstång, pressa ned länkarmen och separera den från hjulspindeln. När länkarmen lossas, var noga med att inte skada spindelledens gummidamask längst ner på hjulspindeln. **Observera:** *Om spindelleden sitter hårt i hjulspindeln, använd en skruvmejsel eller en huggmejsel till att tvinga isär klämman.*

4 Notera att skallen på länkarmens inre fästbult är vänd mot bilens front. Skruva loss bultarna och ta bort länkarmen från monteringsramen **(se bilder)**. Man måste pressa lätt på armarna för att frigöra gummifästena.

Renovering

5 Den nedre spindelleden kan bytas ut enligt beskrivning i avsnitt 8. Gummibussningarna sitter hårt i armen och måste pressas ut. Om en press inte finns till hands kan bussningarna dras ut med en lång bult, mutter, brickor och en hylsa eller en bit metallrör.

6 Innan de nya bussningarna sätts på plats, täck dem med silikonfett eller såpvatten. Pressa båda bussningarna helt in i länkarmen.

Montering

7 Placera länkarmen på monteringsramen och sätt i fästbultarna från bilens front. Dra åt bultarna för hand i det här läget.

8 Placera den nedre spindelledens tapp helt i botten på hjulspindeln, sätt sedan in klämbulten bakifrån och dra åt dess mutter till specificerat moment.

9 Montera framhjulet och ställ ned bilen på marken.

10 Med bilens vikt på fjädringen, dra åt länkarmens inre pivåbultar till specificerat moment i angivna steg.

8 Främre fjädringens nedre spindelled - byte

Observera: *Originalspindelleden är fastnitad i länkarmen, men vid byte skruvas den nya på plats.*

1 Demontera länkarmen enligt beskrivning i avsnitt 7. **Observera:** *Om spindelleden är en som har monterats som ersättning vid en service, behöver men inte demontera armen helt, utan bara koppla loss spindelleden från hjulspindeln och skruva loss den gamla spindelleden.*

2 Montera länkarmen i ett skruvstäd, borra sedan bort skallarna från de tre nitarna som

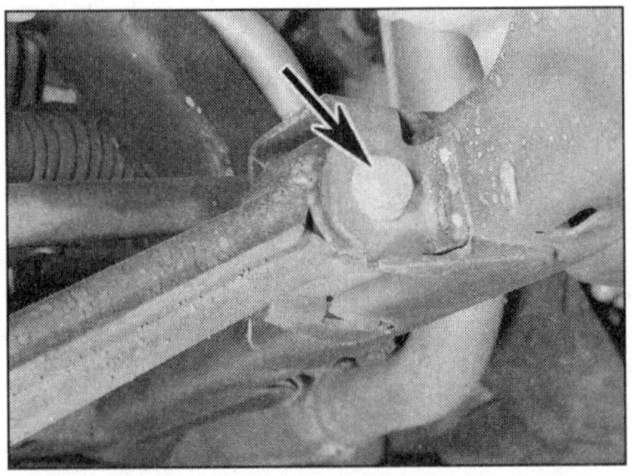

7.4a Länkarmens främre inre fästbult . . .

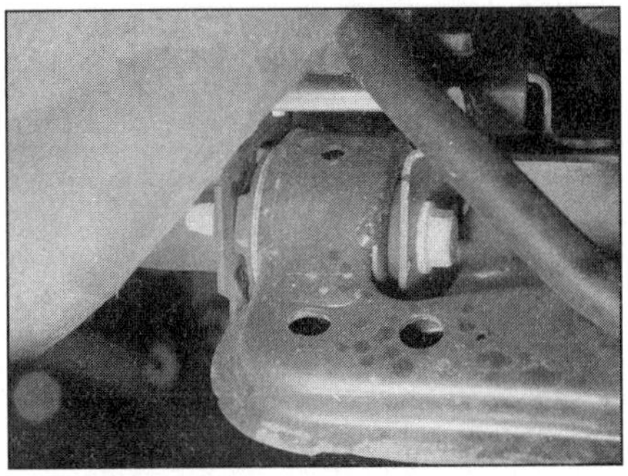

7.4b . . . och bakre inre fästbult

håller spindelleden till länkarmen. Använd en 12,0 mm borr **(se bild)**.

3 Om så behövs, knacka bort nitarna från länkarmen, ta sedan bort spindelleden.

4 Ta bort eventuell rost från nithålen och lägg på rostskyddsmedel.

5 Den nya spindelleden måste monteras med tre specialbultar, fjäderbrickor och muttrar, tillgängliga från Opels reservdelsavdelning.

6 Se till att spindelleden monteras rätt väg upp, notera att fästmuttrarna placeras på undersidan av länkarmen. Dra åt muttrarna till specificerat moment.

7 Montera länkarmen enligt beskrivning i avsnitt 7.

9 Bakre nav och fästkonsol - demontering och montering

Observera: *Nya muttrar behövs när navets fästkonsol ska monteras till länkarmen.*

Demontering

1 Demontera bakbromsens trumma eller skiva enligt beskrivning i kapitel 9.

2 På insidan av den bakre länkarmen, koppla loss hjulhastighetsgivarens kablage.

3 Stöd bakbromsens fästplatta och backar på pallbockar, stöd sedan baknavet och skruva loss fästmuttrarna på insidan av länkarmen **(se bild)**. Ta bort navets fästkonsol från länkarmen. Notera att styrstiften är placerade så att konsolen endast kan monteras på ett sätt. Om så behövs kan fästplattan och handbromsbackarna demonteras, se kapitel 9.

Montering

4 Om fästplattan har demonterats, montera denna enligt beskrivning i kapitel 9, placera sedan navets fästkonsol i länkarmen och sätt på nya muttrar. Dra åt muttrarna till specificerade moment och vinklar i angivna steg.

5 Anslut hjulhastighetsgivarens kablage.

6 Montera den bakre bromstrumman eller -skivan enligt beskrivning i kapitel 9. Om så behövs, justera handbromsen enligt beskrivning i kapitel 9.

10 Bakre hjullager - kontroll och byte

1 Klossa framhjulen, lyft upp bakvagnen och stöd den på pallbockar (se *"Lyftning och stödpunkter"*). Demontera bakhjulen.

2 På modeller med bakre trumbromsar, demontera trummorna enligt beskrivning i kapitel 9.

3 En mätklocka behövs till att mäta spelet i lagret. På modeller med skivbromsar, nollställ

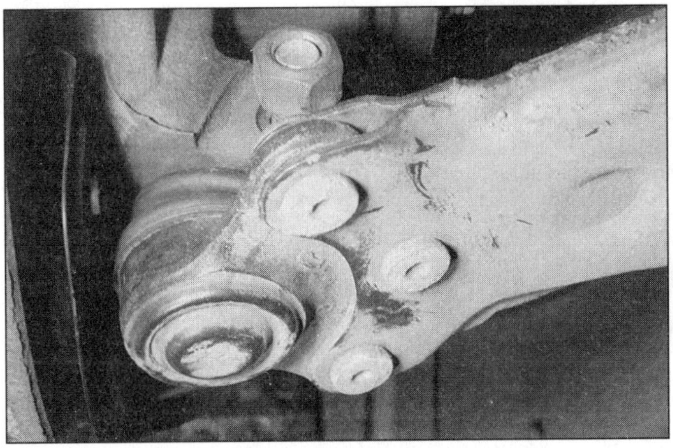

8.2 Originalspindelleden är fastnitad på länkarmen, men ersättningsleder skruvas fast

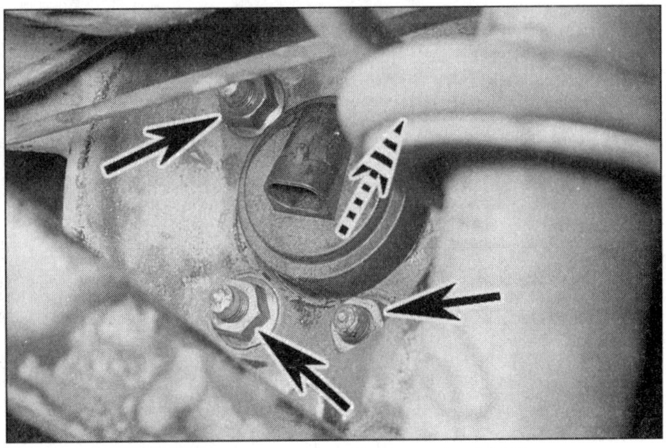

9.3 Muttrar till bakre navets fästkonsol på hjälparmen

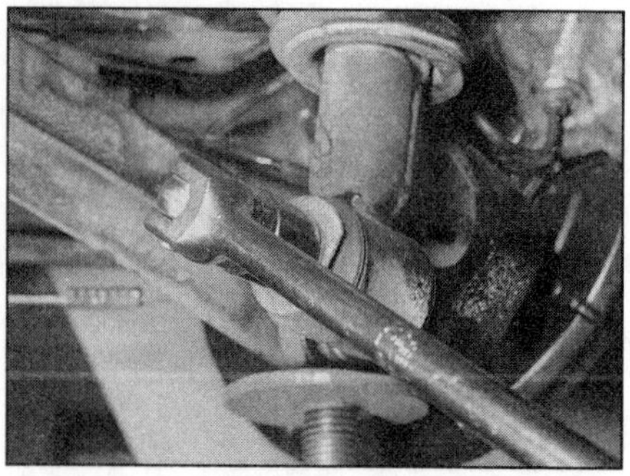

11.3 Skruva loss det bakre fjäderbenets nedre fästbult

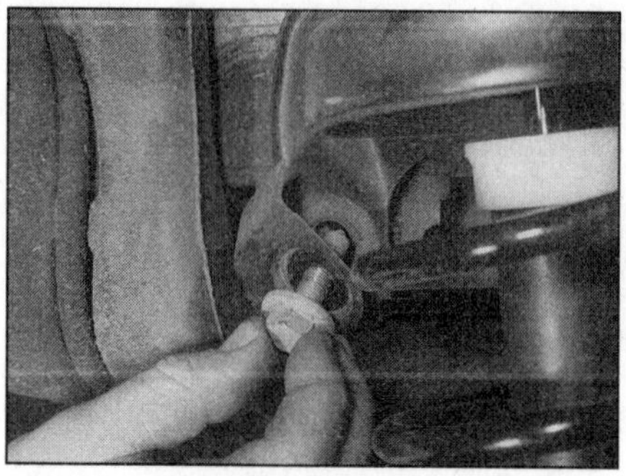

11.4a Ta bort fjäderbenets nedre bakre fästbult och konsol. . .

11.4b . . . och nedre främre fästbult

mätklockan på bromsskivan, och på modeller med trumbromsar på navflänsen.

4 Häv navet in och ut och mät spelet i lagret.

5 Mät nu lagrets kast genom att vrida skivan eller trumflänsen.

6 Sidokastet mäts genom att man placerar sonden på den yttre diametern på navets mittre öppning.

7 Om spelet eller kastet överstiger specifikationerna, byt ut navlagret och fästkonsolen enligt beskrivning i avsnitt 9.

11 Bakre fjäderben - demontering, renovering och montering

Observera: *En fjäderkompressor behövs för detta moment. Helst skall båda fjäderbenen bytas ut samtidigt, för att goda fjädringsegenskaper ska bibehållas. Det rekommenderas att alla fästmuttrar och bultar byts ut.*

Demontering

1 Klossa framhjulen, lyft upp bakvagnen och stöd den på pallbockar (se *"Lyftning och stödpunkter"*). Demontera aktuellt bakhjul och stöd länkarmen på en pallbock.

2 Demontera fodret i hjulhuset.

3 Skruva loss och ta bort fjäderbenets nedre fästbult och koppla loss fjäderbenet från länkarmen. Ta vara på brickan från fjäderbenets inre sida **(se bild)**.

4 Stöd fjäderbenet, lossa bara på de två övre fästbultarna och ta bort de två nedre fästbultarna som håller fjäderbenets övre hållarkonsol till den inre karosspanelen. Notera hur konsolen sitter på den nedre bakre bulten **(se bilder)**.

5 Lyft ut fjäderbenet under hjulhuset **(se bild)**.

Renovering

6 Med fjäderbenet vilande på en arbetsbänk, eller monterat i ett skruvstäd, montera en fjäderkompressor och tryck ihop spiralfjädern för att lätta på trycket på fjädersätena. Kontrollera att kompressorn är säkert monterad på fjädern, i enlighet med verktygstillverkarens instruktioner **(se bild)**.

7 Håll kolvstången på plats med en nyckel på sexkanten, skruva loss och ta bort muttern **(se bilder)**.

8 Demontera stötdämparens övre skål och lager följt av den övre hållaren, ta sedan loss det nedre lagret och hylsan samt den nedre skålen **(se bilder)**.

9 Ta bort bufferten från kolvstången, ta sedan loss spiralfjädern från det nedre sätet på stötdämparen **(se bild)**.

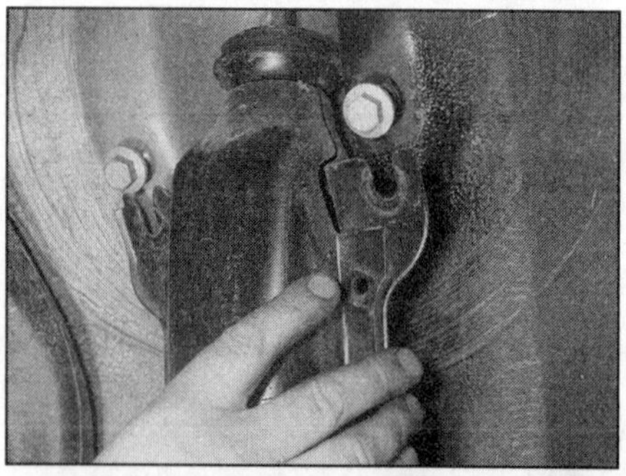

11.5 Sänk ner det bakre fjäderbenet från de lossade övre fästbultarna

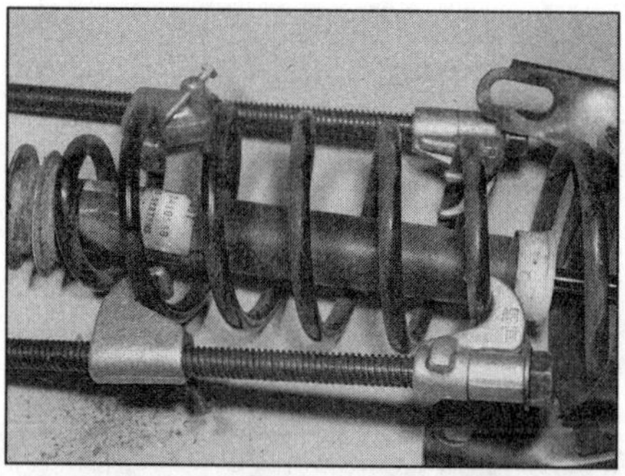

11.6 Fjäderkompressorn monterad på spiralfjädern

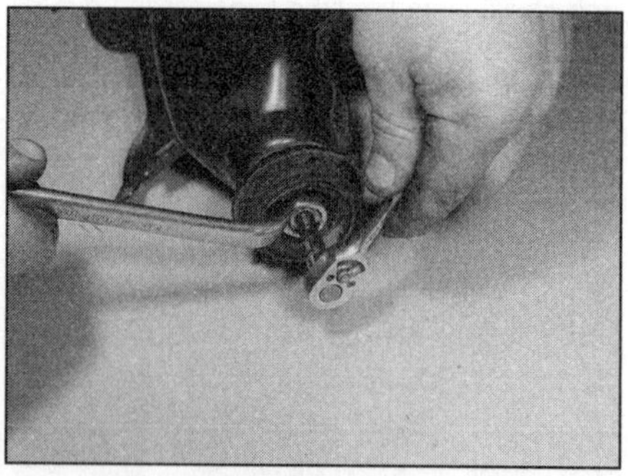

11.7a Håll fast kolvstången medan muttern lossas . . .

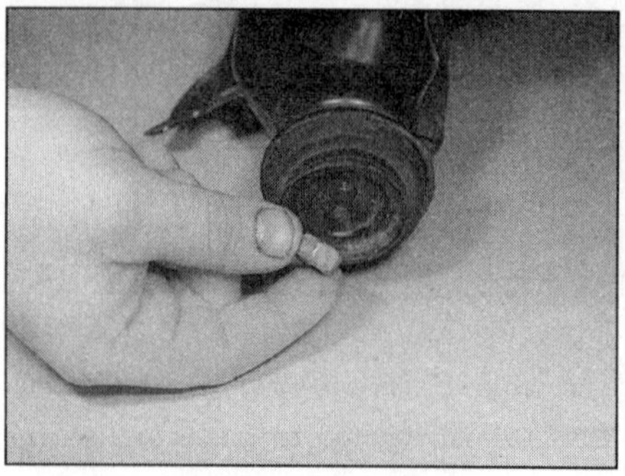

11.7b . . . ta sedan bort muttern längst upp på kolvstången

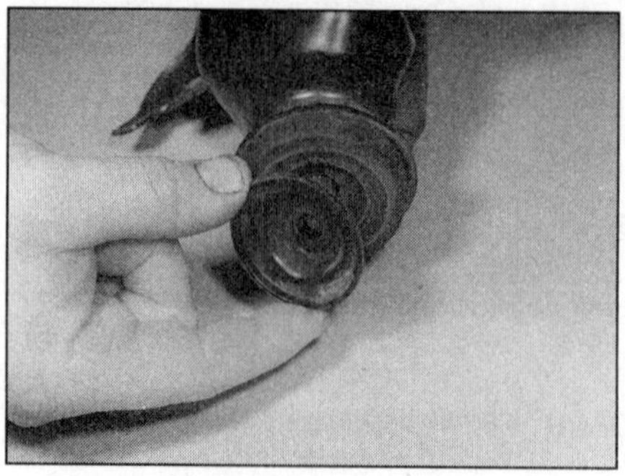

11.8a Ta bort den övre skålen . . .

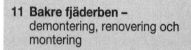

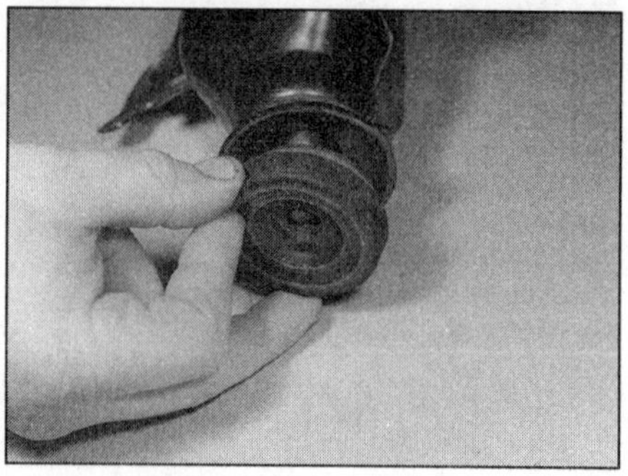

11.8b . . . och lagret . . .

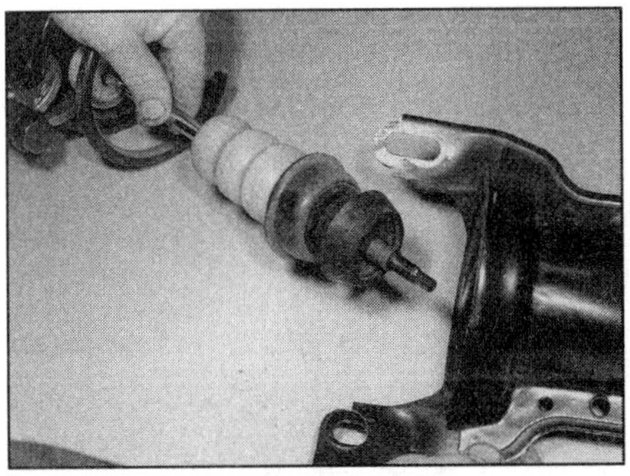

11.8c ... lyft sedan av den övre hållaren ...

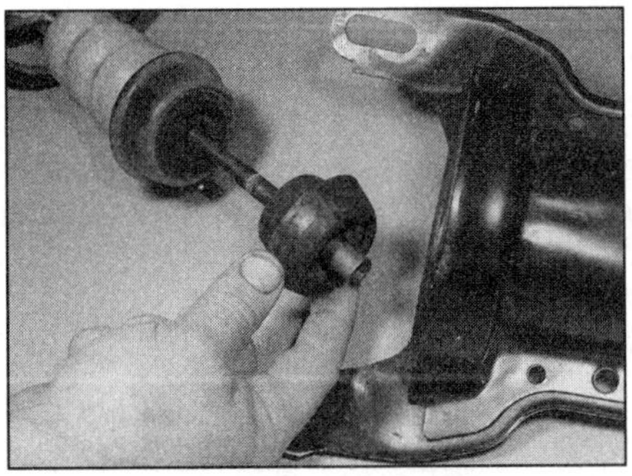

11.8d ... och ta bort det nedre lagret och hylsan ...

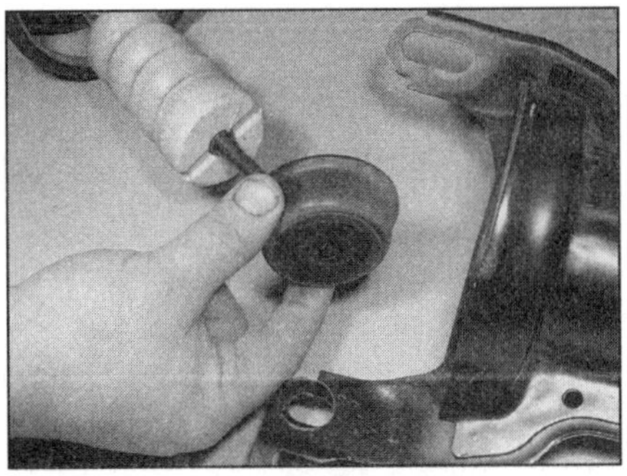

11.8e ... den nedre skålen ...

10 Ta bort fjädersätet från den övre hållaren **(se bild)**.

11 På modeller med automatisk nivåjustering, demontera också skyddsröret och dämparringen från stötdämparen.

12 Observera att spiralfjäderns nedre säte inte kan demonteras från stötdämparen.

13 När nu fjäderbenet är helt isärtaget, undersök alla delar för att se om de är slitna, skadade eller deformerade. Byt ut komponenterna efter behov.

14 Undersök om fjäderbenet visar tecken på läckage. Undersök hela kolven och leta efter gropar och undersök om fjäderbenets hus och hållare är skadade. Håll fjäderbenet i upprätt position, testa dess funktion genom att föra kolven genom ett helt slag, därefter genom korta slag på 50 till 100 mm. I båda fallen skall motståndet som känns vara mjukt och kontinuerligt. Om motståndet är ryckigt eller ojämnt, eller om det finns synliga tecken på slitage eller skador på fjäderbenet måste det bytas ut.

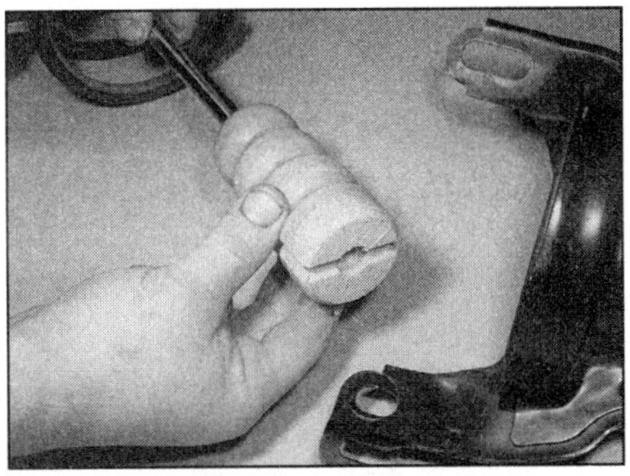

11.9 ... och bufferten

15 Om det råder tvekan om spiralfjäderns skick, ta försiktigt bort fjäderkompressorn och undersök om fjädern är missformad eller på annat sätt skadad. Byt ut fjädern om så behövs.

16 Undersök alla andra komponenter angående slitage eller skada och byt ut dem efter behov.

17 Om fjäderkompressorn har tagits bort från fjädern, sätt tillbaka den och tryck ihop fjädern så mycket att den kan monteras på fjäderbenet.

18 På modeller med automatisk nivåjustering, montera skyddsröret och dämparringen på stötdämparen.

19 Placera spiralfjädersätet i den övre hållaren.

20 Placera fjädern på stötdämparen och placera den nedre änden av fjädern i det nedre sätets urtag.

21 Montera bufferten på kolvstången.

22 Montera den nedre skålen på stötdämparens kolvstång, följd av det nedre lagret och hylsan.

23 Placera den övre hållaren över kolvstången och på spiralfjädern, se till att spiralfjäderns ände placeras i urtaget i sätet **(se bild)**.

24 Montera stötdämparens övre lager och skål.

25 Sätt tillbaka muttern upptill på kolvstången och dra åt den till specificerat moment medan stången hålls fast med en nyckel placerad på sexkanten.

26 Lossa sakta fjäderkompressorn för att lätta på trycket i fjädern. Kontrollera att fjäderns ändar sitter korrekt mot urtagen i fjädersätena. Ta bort kompressorn när fjädern sitter som den ska.

Montering

27 Montering sker i omvänd ordning mot demontering, men byt ut den nedre fästbulten mellan fjäderbenet och länkarmen. Dra åt den nedre fästbulten för hand till att börja med, dra sedan åt den till specificerat moment när bilens vikt bilar på fjädringen. Hållarens fästbultar kan dras åt helt innan bilen ställs ned på marken, men lyft först fjäderbenet så att det ligger mot ändarna av de avlånga öppningarna i hållaren. Observera också styrtappen intill den bakre nedre fästbulten **(se bild)**.

12 Bakre krängningshämmare och länkar - demontering och montering

Observera: *Det rekommenderas att alla fästmuttrar och bultar byts ut.*

Demontering

1 Klossa framhjulen, lyft upp bakvagnen och stöd den på pallbockar (se *"Lyftning och stödpunkter"*).

2 Notera hur länkarna är monterade, skruva

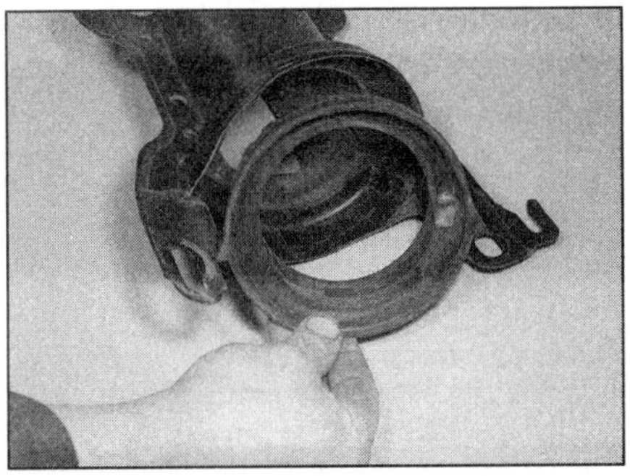

11.10 Demontering av spiralfjäderns säte från den övre hållaren

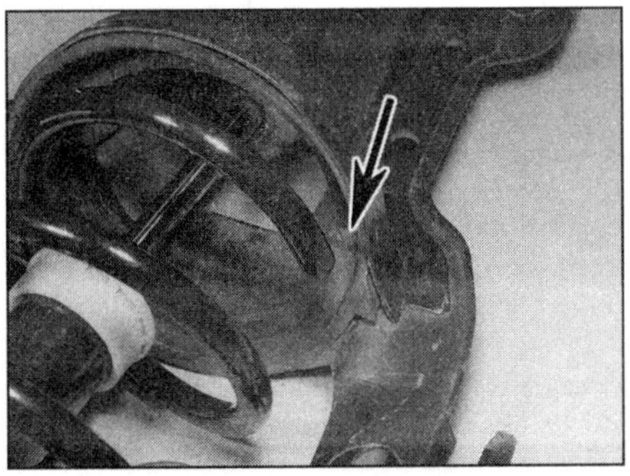

11.23 Se till att spiralfjäderns ände placeras i sätets urtag

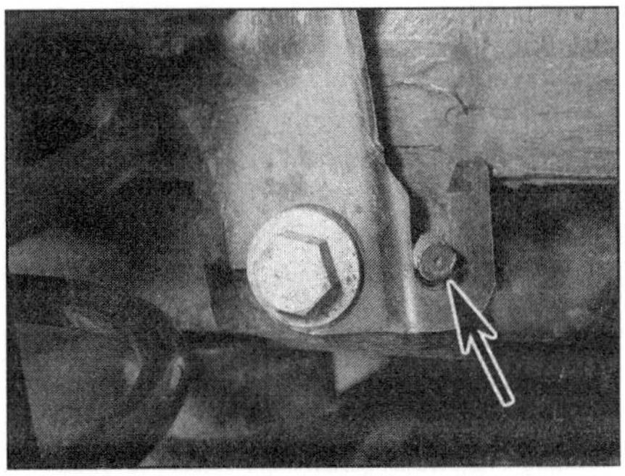

11.27 Styrtapp för det bakre fjäderbenets övre hållare

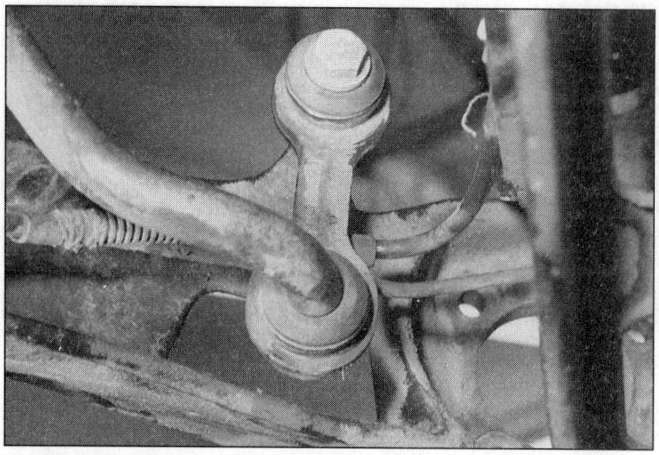

12.2 Bakre krängningshämmarlänk och bulten som håller länken till hjälparmen

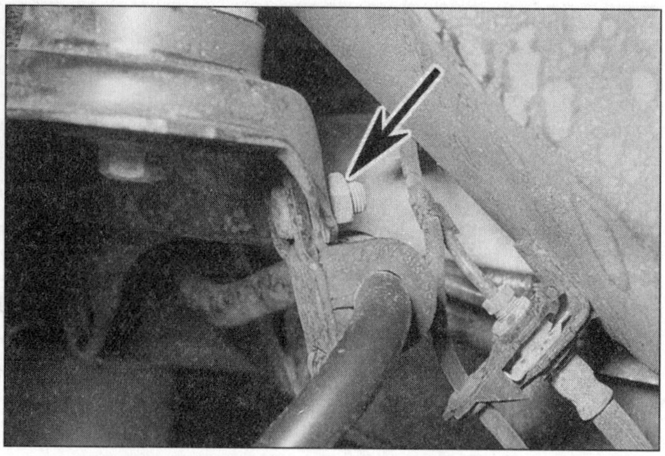

12.3 Bakre krängningshämmarens bult på tvärbalken

sedan loss och ta bort bultarna som håller länkarna längst upp på länkarmarna **(se bild)**.

3 Skruva loss muttrarna som håller krängningshämmarens stödklämmor till tvärbalken, luta sedan krängningshämmaren och dra ut den under bilen **(se bild)**.

4 Haka loss och ta bort klämmorna.

5 Skruva loss länkarna från krängningshämmaren. För att garantera korrekt hopsättning, markera länkarnas monteringsläge.

6 Demontera gummifästena från krängningshämmaren.

7 Undersök krängningshämmaren, länkarna och gummibussningarna angående slitage och skador och byt ut dem efter behov.

13.2 Övre armens yttre fästbult

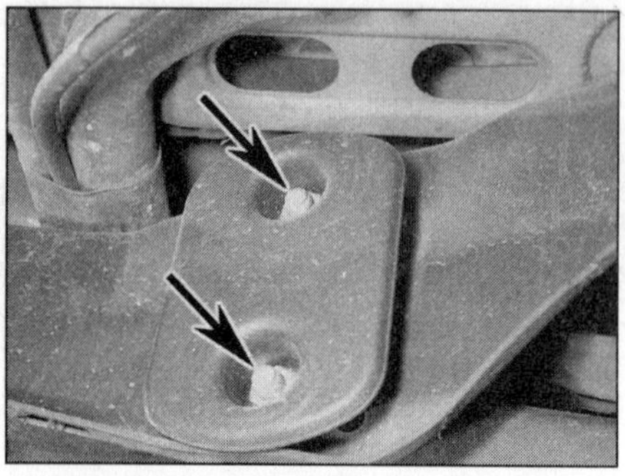

13.3 Fästbultar i tvärbalken för övre och nedre armar

Montering

8 Montering sker i omvänd ordning mot demontering, men dra åt alla muttrar och bultar till specificerat moment när bilens vikt vilar på fjädringen.

13 Bakre fjädringens övre tvärarm – demontering, renovering och montering

Observera: *Det rekommenderas att alla fästmuttrar och -bultar byts ut.*

Demontering

1 Klossa framhjulen, lyft upp bakvagnen och stöd den på pallbockar (se *"Lyftning och stödpunkter"*).

2 Lossa låsplattan, skruva sedan loss den yttre bulten som håller den övre armen till länkarmen **(se bild)**.

3 Skruva loss den inre bulten och dra bort den övre armen från tvärbalken och länkarmen **(se bild)**.

Renovering

4 För att byta ut den inre gummibussningen, fäst armen i ett skruvstäd, använd sedan en lång gängad stång, muttrar och metallrör till att pressa bort gummibussningen från armen. Alternativt kan en press användas till att ta bort bussningen. Sätt in en distans i armen för att förhindra att den krossas medan bussningen tas bort.

14.2 Den nedre armens yttre fästbult

5 Pressa in den nya bussningen i armen med samma metod som användes vid demonteringen.

6 Den yttre gummibussningen kan tas bort från länkarmen, se avsnitt 15.

Montering

7 Montering sker i omvänd ordning mot demontering, men byt ut låsplattan och dra inte åt dess fästbultar helt förrän bilens vikt vilar på fjädringen. Låt kontrollera, och om så behövs justera, bakhjulens toe-inställning vid första möjliga tillfälle.

14 Bakre fjädringens nedre tvärarm – demontering, renovering och montering

Observera: *Det rekommenderas att alla fästmuttrar och bultar byts ut.*

Demontering

1 Klossa framhjulen, lyft upp bakvagnen och stöd den på pallbockar (se *"Lyftning och stödpunkter"*).

2 Lossa låsplattan, skruva sedan ut den yttre bulten som håller den nedre armen till länkarmen **(se bild)**.

3 Skruva loss den inre bulten och ta ut den nedre armen från tvärbalken och länkarmen.

Renovering

4 För att byta ut den inre gummibussningen, fäst armen i ett skruvstäd, använd sedan en lång gängad stång, muttrar och metallrör till att pressa bort bussningen från armen. Alternativt kan en press användas till att demontera bussningen. Sätt in en distans i armen för att förhindra att den krossas medan bussningen demonteras.

5 Pressa in den nya bussningen i armen med samma metod som vid demonteringen.

6 Den yttre gummibussningen kan nu

demonteras från länkarmen enligt beskrivning i avsnitt 15.

Montering

7 Montering sker i omvänd ordning, men byt ut låsplattan och dra inte åt dess fästbultar helt förrän bilens vikt vilar på fjädringen. Låt kontrollera, och om så behövs justera, bakhjulens toe-inställning vid första möjliga tillfälle.

15 Bakre fjädringens länkarm – demontering, renovering och montering

Observera: *Det rekommenderas att alla fästmuttrar och bultar byts ut.*

Demontering

1 Klossa framhjulen, lyft upp bakvagnen och stöd den på pallbockar (se *"Lyftning och stödpunkter"*). Demontera aktuellt hjul.

2 Med handbromsen lossad, koppla loss den bakre vajern från sekundärvajern genom att bända loss infästningen från specialklämman.

3 Ta bort den sekundära handbromsvajern från stödet på länkarmen.

4 Demontera bakre navet och fästkonsolen tillsammans bromsfästplattan enligt beskrivning i avsnitt 9.

5 Skruva loss bromsledningens stöd från länkarmen.

6 Frigör ABS hjulhastighetsgivarens kablage från länkarmen.

7 Skruva loss bulten som håller krängningshämmarlänken till länkarmen.

8 Lossa låsplattorna, skruva sedan loss bultarna som håller övre och nedre armar till hjälp. Bänd loss armarna.

9 Skruva loss bulten som håller nedre änden av fjäderbenet till länkarmen

10 Markera noggrant placeringen av hjälparmens främre fästplatta på underredet. Detta är viktigt eftersom placeringen av plattan bestämmer toe-inställningen på bakhjulet.

11 Skruva loss de främre fästbultarna och dra bort länkarmen från underredet.

Renovering

12 Om den främre fästkonsolen behöver demonteras från länkarmen, avgör först konsolens viloläge i förhållande till armen genom att mäta avståndet från konsolens bakre ände till armen. Opels tekniker använder ett speciellt verktyg till att ställa in konsolens position, men om dess position noggrant markeras innan demontering, kan den nya konsolen placeras på samma plats.

13 Skruva loss bulten, notera vilken väg den sitter, och ta loss konsolen från armen.

14 För att byta ut gummibussningarna, sätt fast armen i ett skruvstäd, använd sedan en lång gängad stång, muttrar och metallrör till att pressa ut gummibussningarna. Alternativt kan en press användas.

15 Pressa in de nya bussningarna med samma metod som vid demonteringen.

16 Placera konsolen fram på länkarmen, enligt noteringar som gjordes vid demonteringen. Dra åt bulten till specificerade moment/vinklar.

Montering

17 Placera länkarmen och främre konsolen på underredet och sätt i bultarna. Placera konsolen enligt de noteringar som gjordes vid demonteringen och dra åt bultarna till specificerade moment och vinklar.

18 Sätt i bulten som håller den nedre änden av fjäderbenet till länkarmen och dra åt den till specificerade moment och vinklar.

19 Placera övre och nedre tvärarmar på länkarmen och sätt i fästbultarna löst än så länge.

20 Montera krängningshämmarlänken och dra åt fästbulten till specificerat moment.

21 Anslut ABS hjulhastighetsgivarens kablage till länkarmen.

22 Sätt tillbaka bromshydraulrörets stöd på länkarmen och dra åt bulten.

23 Montera navet och fästkonsolen tillsammans med bromsfästplattan enligt beskrivning i avsnitt 9.

24 Sätt in handbromsens sekundärvajer i stödet, anslut sedan innervajern till den bakre vajern genom att pressa in ändinfästningen i den speciella klämman.

25 Montera hjulet och sänk ned bilen på marken. Dra åt handbromsen.

26 Med bilens vikt vilande på fjädringen, dra slutgiltigt åt de yttre fästbultarna för övre och nedre armen

27 Låt kontrollera, och om så behövs justera, bakhjulens toe-inställning vid första möjliga tillfälle.

16 Bakre fjädringens tvärbalk – demontering och montering

Observera: *Det rekommenderas att alla fästmuttrar och bultar byts ut.*

Demontering

1 Klossa framhjulen, lyft upp bakvagnen och stöd den på pallbockar (se *"Lyftning och stödpunkter"*).

2 Demontera det bakre avgassystemet enligt beskrivning i kapitel 4.

3 Kläm ihop bromsarnas bakre slangar med slangklämmor, eller skruva loss bromsvätskebehållarens lock och skruva tillbaka den över en bit plastfolie. Detta förhindrar vätskeförlust medan bromsledningarna är bortkopplade.

4 Skruva loss anslutningsmuttrarna som ansluter de stela bromsledningarna till slangarna på hjällparmarna, dra sedan ut hållfjäderklämmorna och ta loss slangarna från stöden. Plugga igen slangarna och ledningarna så att inte smuts eller damm kan komma in i systemet. Var beredd på viss vätskeförlust genom att placera trasor eller en behållare under slangarna.

5 Koppla loss handbromsens sekundärvajrar från de bakre vajrarna genom att bända loss vajrarnas ändinfästningar från den speciella klämman.

6 Koppla loss kablaget från ABS hjulhastighetsgivare på båda sidor av bilen.

7 Markera noggrant placeringen av hjälparmens främre fästplattor på underredet. Detta är viktigt eftersom plattornas position bestämmer bakhjulens toe-inställning. Arbeta på en länkarm i taget, skruva loss och ta bort bultarna som håller armens främre konsoler till underredet. Stöd armarna på pallbockar.

8 Använd en garagedomkraft och ta upp vikten av tvärbalken. Om så behövs, placera en träbit under tvärbalken.

9 Skruva loss bultarna som håller de nedre ändarna av fjäderbenen till länkarmarna på var sida.

10 Ta hjälp av någon, skruva loss de fyra fästbultarna och sänk försiktigt ned tvärbalken på marken **(se bild)**.

11 Demontera övre och nedre tvärarmar från tvärbalken tillsammans med länkarmarna och baknaven, se avsnitt 13 och 14.

12 Demontera krängningshämmaren från tvärbalken, se avsnitt 12.

Montering

13 Montering sker i omvänd ordning, men notera följande:

a) *Innan tvärbalken lyfts på plats, undersök fästmuttrarnas skick i underredet och byt ut dem om så behövs.*
b) *Vänta med att dra åt övre och nedre armarnas inre bultar helt tills bilens vikt vilar på fjädringen.*
c) *Lufta bromssystemet enligt beskrivning i kapitel 9.*
d) *Låt kontrollera, och om så behövs justera, bakhjulens toe-inställning vid första möjliga tillfälle.*

17 Ratt – demontering och montering

Observera: *En avdragare behövs till att dra av ratten från rattstången och en ny låsbricka till fästmuttern behövs vid monteringen.*

16.10 Bakre fjädringens tvärbalksfäste

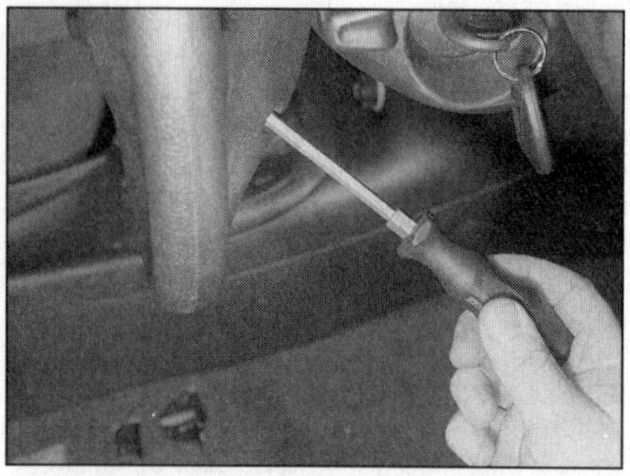

17.16a Ta bort skruvarna från ratten . . .

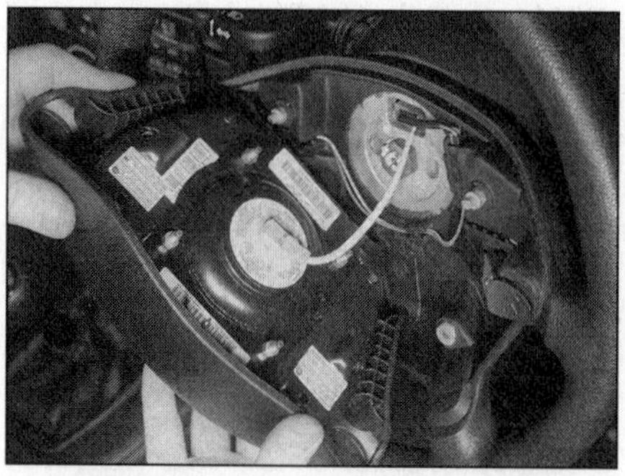

17.16b . . . ta loss krockkudden/ signalhornstryckplattan . . .

17.16c . . . och koppla loss kontakten

Modeller utan krockkudde

Demontering

1 Koppla loss batteriets negativa anslutning (kapitel 5A).

2 Placera framhjulen i läge rakt fram och lossa rattlåset genom att sätta i startnyckeln.

3 Ta försiktigt ut signalhornsknappen från ratten och koppla loss dess kablage.

4 Använd en skruvmejsel, bänd undan flikarna på fästmutterns låsbricka.

5 Skruva loss fästmuttern och lyft av låsbrickan. Kasta låsbrickan, en ny skall användas vid montering.

6 Gör inställningsmärken mellan ratten och rattstångsaxeln.

7 En tvåbent avdragare behövs nu till att lossa ratten från rattstången. Placera avdragarens ben i hålen i mitten av ratten och dra ratten från rattstången. Lyft av ratten och ta bort fjädern från rattstången.

Montering

8 Kontrollera att blinkersåterställningsklacken/signalhornsknappens kontaktplatta som sitter bak på ratten är i gott skick och byt ut den om så behövs. För att frigöra plattan, tryck in de två klämmorna inuti ratten. Lägg lite kopparfett på kontaktplattan innan den sätts tillbaka.

9 Se till att blinkersens brytararm är i sitt mittenläge (AV). Om den inte är det kan klacken på ratten bryta av fliken på brytaren när ratten monteras.

10 Montera fjädern på rattstången, placera sedan ratten på rattstångens spårade del, använd markeringarna som gjordes innan demontering.

17.17 Koppla loss kablaget från radioreglagens kontakter

17.18 Bänd upp flikarna på fästmutterns låsbricka . . .

11 Sätt på den nya låsbrickan och skruva på fästmuttern. Dra åt fästmuttern till specificerat moment och säkra den på plats med låsbrickans flikar.

12 Anslut kontaktdonen till signalhornsknappen och sätt tillbaka knappen i mitten av ratten.

13 Anslut batteriet och testa signalhornets funktion.

Modeller med krockkudde

Varning: Innan ratten demonteras, se säkerhetsföreskrifterna i kapitel 12 och i avsnitt 1 i detta kapitel.

Demontering

14 Koppla loss batteriets negativa anslutning (se kapitel 5A).

Varning: Vänta minst en minut innan arbetet fortsätter, detta för att krockkuddens kompensator skall ladda ur helt.

15 Ställ framhjulen i läge rakt fram, lås sedan rattstången på plats efter det att startnyckeln tagits bort.

16 Skruva loss och ta bort de två skruvarna bak på ratten och lyft försiktigt bort krockkudden/signalhornstryckplattan från ratten. Koppla loss kontaktdonet från krockkudden **(se bilder)**. Placera krockkudden på en säker plats där ingen obehörig kan fingra på den, med själva kudden vänd uppåt.

17 Om monterade, koppla loss kablaget från radioreglagekontakterna **(se bild)**.

18 Använd en skruvmejsel, bänd upp flikarna på fästmutterns låsbricka **(se bild)**.

19 Skruva loss fästmuttern och lyft av låsbrickan **(se bilder)**. Kasta låsbrickan, en ny skall användas vid montering.

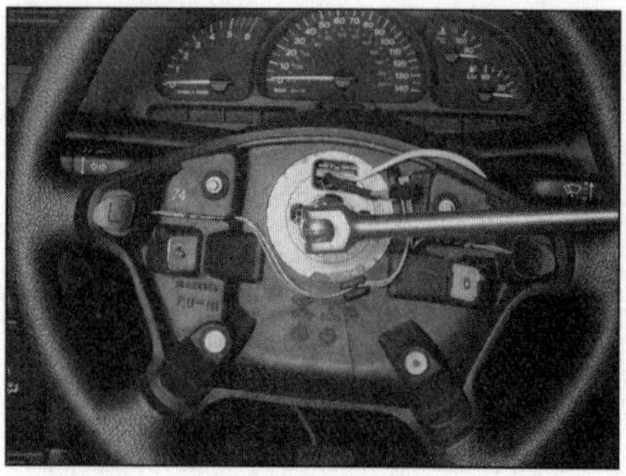

17.19a . . . skruva sedan loss rattens fästmutter . . .

17.19b . . . och ta bort den . . .

17.19c . . . tillsammans med låsbrickan

17.21a En tvåbent avdragare används till att dra loss ratten från rattstången

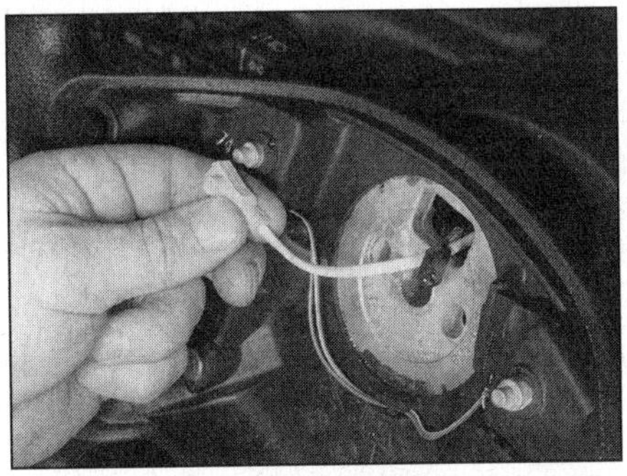

17.21b När ratten är demonterad, mata krockkuddens kablage genom hålet

20 Gör inställningsmärken mellan ratten och rattstångsaxeln.

21 En tvåbent avdragare behövs nu till att lossa ratten från rattstången. Placera avdragarens ben i hålen i mitten av ratten och dra loss ratten från rattstången. Lyft av ratten och ta bort fjädern från rattstångsaxeln. När ratten är demonterad, för kablaget för krockkuddens kontaktenhet (och radioreglaget om monterat) genom hålet **(se bilder)**.

22 Medan ratten är demonterad, rubba inte kontaktenheten. Om så behövs, håll den på plats med tejp.

Montering

23 Kontrollera att kontaktenheten är placerad med pilarna i linje med varandra. Om den har flyttats, placera den i sin centrala position igen genom att trycka in spärrhaken uppe på enheten och försiktigt vrida den centrala delen av enheten moturs tills ett motstånd känns. Vrid den nu 2,5 varv medurs och ställ in pilarna på den mittre delen och yttre kanten.

24 För ratten mot rattstången och för kablaget för kontaktenheten (och radioreglaget om monterat) genom hålet.

25 Se till att blinkersens brytararm är i sitt centrala läge (AV), sätt sedan ratten på rattstången, med hjälp av markeringarna som gjordes innan demonteringen. När ratten placeras på rattstångens spårade del, se till att kontaktenheten går korrekt i ingrepp med både rattstången och blinkersbrytaren.

26 Sätt den nya låsbrickan på plats och skruva på fästmuttern. Dra åt fästmuttern till specificerat moment och säkra den på plats med låsbrickans flikar.

27 Anslut kablaget till radioreglagekontakterna (om tillämpligt).

28 Sätt tillbaka krockkudden/signalhornstryckplattan och anslut kablaget. Sätt i de två skruvarna och dra åt dem till specificerat moment.

29 Frigör rattlåset, anslut batteriets negativa ledning.

18 Rattstång - demontering och montering

Demontering

Observera: *En ny skjuvbult måste användas vid montering.*

1 Demontera ratten enligt beskrivning i avsnitt 17. Alternativt kan ratten sitta kvar, men den måste då vridas så att man kommer åt skruvarna på ändytan.

2 Demontera rattstångskåporna genom att först skruva loss lutningsjusterarmen, sedan ta bort de två skruvarna från ändytan på den övre kåpan och de tre skruvarna från den nedre kåpan. Ta vara på startnyckelns lägesindikator från tändningslåset **(se bilder)**.

3 På modeller med krockkudde, demontera kontaktenheten enligt följande. Lyft av låsplattan med en liten skruvmejsel, koppla sedan loss kontaktdonet. Lossa de fyra bakre klämmorna och dra bort kontaktenheten från rattstången. **Observera:** *Se till att kontaktenhetens halvor förblir i sin centrala position*

18.2a Lutningsjusterarmen tas bort

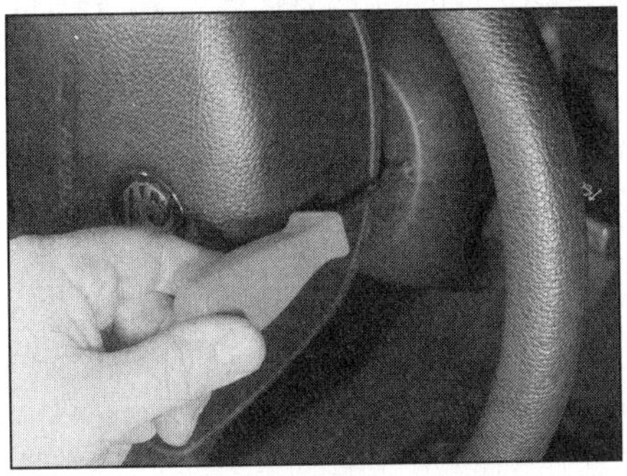

18.2b Med ratten vriden 90° från läge rakt fram, skruva loss skruvarna på den övre kåpans framsida

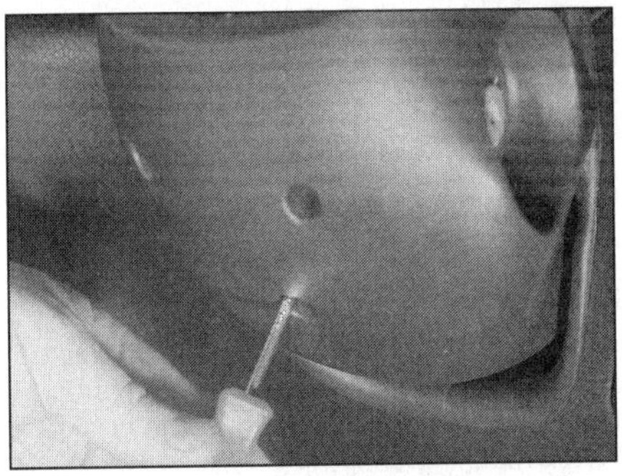

18.2c Skruva loss de tre skruvarna från den nedre kåpan

18.2d Demontera den övre kåpan . . .

18.2e . . . och den nedre kåpan

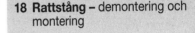

18.2f Ta bort startnyckelns lägesindikator

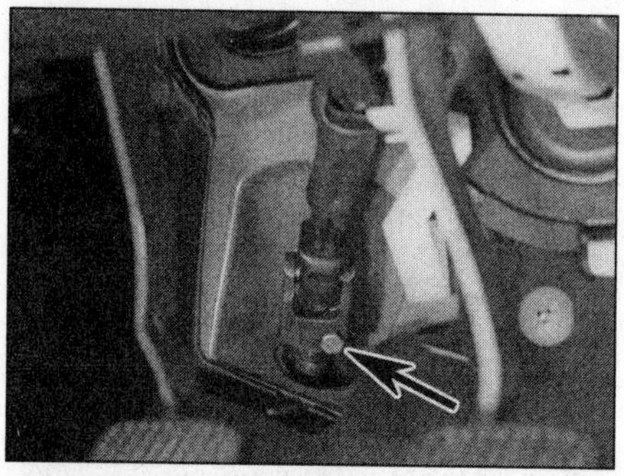

18.8 Klämbult som håller mellanaxeln till rattstången

med pilarna i linje längst ner. Om så behövs, sätt tejp på halvorna för att hålla dem på plats.

4 Lossa klämmorna och ta bort blinkersbrytaren och vindrutetorkarbrytaren (se kapitel 12 om så behövs).

5 Demontera tändningslåset och låscylindern enligt beskrivning i kapitel 12.

6 Demontera klädselpanelen under förarens sida av instrumentbrädan, dra sedan ut luftfördelningskanalen som leder till värmaren.

7 Ta bort skruvarna och dra ut den inre klädselpanelen i förarens fotbrunn för att komma åt rattstångens stötta. Skruva loss den nedre bulten och de övre muttrarna och ta bort stöttan.

8 Markera mellanaxeln i förhållande till den övre rattstången. Skruva loss och ta bort klämbulten och koppla loss rattstångens mellanaxel från den spårade delen på den övre rattstångens ände **(se bild)**.

9 Det övre rattstångsfästet är säkrat med en skjuvbult eller en standardbult. Borra antingen ut skjuvbulten eller lossa den med en liten huggmejsel. **Observera:** *En ny skjuvbult måste användas vid montering.*

10 Skruva loss resterande fästbultar och dra bort rattstången från torpedväggen. Ta ut rattstången in i bilen.

Montering

11 Påbörja monteringen med att placera rattstången på torpedväggen och sätta i fästbultarna löst. Skruva in den nya skjuvbulten med fingrarna.

12 Kontrollera att rattstången är korrekt placerad, dra sedan åt standardbultarna till specificerat moment. Dra åt skjuvbulten tills skallen går av.

13 Skjut på mellanaxeln längst ner på den övre rattstången. Rengör gängorna på klämbulten och lägg lite låsningsmedel på dem. Placera mellanaxeln som den ska sitta, sätt i klämbulten och dra åt den till specificerat moment.

14 Montera rattstångens stötta och skruva på muttrarna löst. Lätt lite låsningsmedel på gängorna på bulten, sätt i den och dra åt den till specificerat moment. Dra åt muttrarna till specificerat moment.

15 Montera luftfördelningskanalen och klädselpanelen i förarens fotbrunn.

16 Montera tändningslåset och låscylindern enligt beskrivning i kapitel 12.

17 Montera blinkersbrytaren och torkarbrytaren enligt beskrivning i kapitel 12.

18 På modeller med krockkudde, montera kontaktenheten uppe på rattstången (se vid behov kapitel 12). Se till att inriktningspilarna är rätt placerade och att kontaktenheten inte lutar utan hålls korrekt på plats av klämmorna.

19 Montera rattstångskåporna och dra åt fästskruvarna.

20 Montera ratten (avsnitt 17).

19 Rattstångens mellanaxel - demontering och montering

Demontering

1 Placera framhjulen i läge rakt fram. Ta bort startnyckeln och låt rattlåset gå i ingrepp.

2 Demontera klädselpanelen under förarens sida av instrumentbrädan, dra sedan ut luftfördelningskanalen som leder till värmarenheten.

3 Med färg eller lämplig penna, gör inställningsmärken mellan mellanaxelns knutar och rattstången och styrväxelpinjongen.

4 Skruva loss och ta bort övre och nedre klämbultar.

5 Haka loss axelns universalknut från rattstången, dra sedan loss axeln från styrväxelpinjongen och ta bort den från bilen.

Inspektion

6 Undersök om mellanaxelns universalknutar är mycket slitna eller skadade. Om någon av knutarna är sliten eller skadad måste hela enheten bytas ut.

Montering

7 Kontrollera att framhjulen fortfarande är i läge rakt fram och att ratten är rätt placerad.

8 Rikta in märkena som gjordes vid monteringen, sätt ihop axelns universalknutar med styrväxelpinjongen och rattstången. Sätt i klämbultarna och dra åt dem till specificerat moment.

9 Montera luftfördelningskanalen och klädselpanelen.

10 Se till att framhjulen är i läge rakt fram med ratten i läge rakt fram. Om inte, placera om ratten (se avsnitt 17).

20 Styrväxelns gummidamasker - byte

1 Demontera aktuell styrled enligt beskrivning i avsnitt 24.

2 Ta bort inre och yttre fästklämmor, dra sedan bort damasken från styrstagets ände **(se bild)**.

3 Rengör styrstaget ordentligt och för den nya damasken på plats. Notera att det finns ett spår i styrstaget som damaskens yttre ände ska vila i.

4 Sätt på damaskens fästklämmor, använd nya klämmor om så behövs, och se till att damasken inte vrids.

5 Montera styrleden (avsnitt 24).

6 Låt kontrollera, och om så behövs justera, framhjulens toe-inställning och cambervinkel vid första möjliga tillfälle.

21 Styrväxel - demontering och montering

Demontering

1 Ställ framhjulen i läge rakt fram. Ta bort startnyckeln och låt rattlåset gå i ingrepp.

2 Demontera den främre monteringsramen enligt beskrivning i avsnitt 4.

3 Skruva loss den bakre motorfästkonsolen från monteringsramen.

4 Märk upp styrväxelns fästklämmor så att de kan sättas tillbaka på samma plats, skruva sedan loss fästbultarna och ta bort klämmorna **(se bild)**.

5 Lyft bort styrväxeln från monteringsramen.

6 Bänd bort gummifästena från styrväxeln, notera deras monteringsläge.

7 Undersök om fästena är slitna eller skadade och byt ut dem om så behövs.

Montering

8 Placera gummifästena på styrväxeln, på de platser som noterats vid demonteringen.

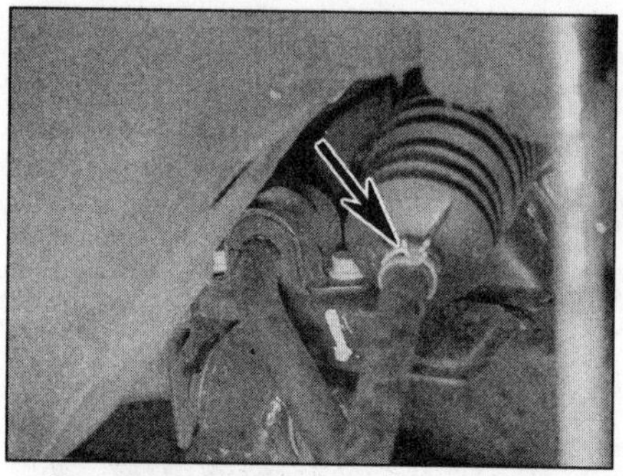

20.2 Yttre fästklämma för styrväxelns gummidamask

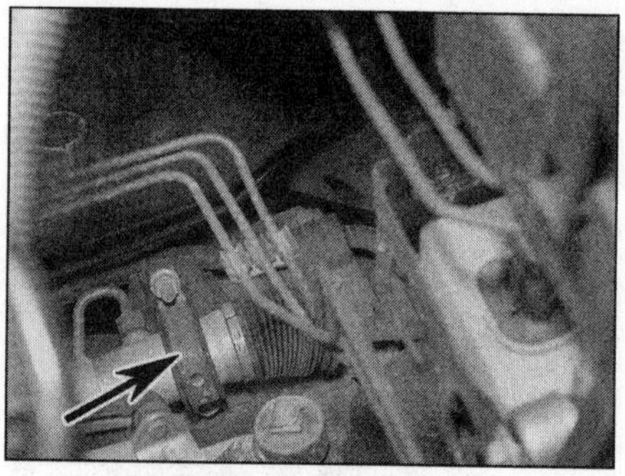

21.4 Styrväxelns klämma

9 Montera klämmorna över fästena, sätt i bultarna och dra åt dem till specificerat moment.
10 Montera den bakre motorfästkonsolen och dra åt bultarna till specificerat moment.
11 Montera den främre monteringsramen enligt beskrivning i avsnitt 4.
12 Låt kontrollera, och om så behövs justera, framhjulens toe-inställning och cambervinkel vid första möjliga tillfälle.

22 Servostyrningspump – demontering och montering

Modeller med 1.6, 1.8 eller 2.0 liters bensinmotor

Demontering

1 Demontera luftrenaren enligt beskrivning i kapitel 4.
2 Skruva loss locket från servostyrningens hydraulvätskebehållare, töm sedan vätskan i en behållare med en hävert. En bollspruta eller hydrometer kan användas till att dra ut vätskan.
3 Demontera hjälpaggregatens drivrem enligt beskrivning i kapitel 1. Märk drivremmen med rotationsriktningen så att den kan sättas tillbaka samma väg.
4 Placera en behållare under servostyrningspumpen för att samla upp spilld vätska, skruva sedan loss anslutningsbulten och koppla loss tryckledningen från pumpen. Frigör tryckledningen från stödfästet.
5 Lossa klämman och koppla loss returledningen längst ner på behållaren. Plugga igen vätskeledningar och öppningar för att undvika att damm och smuts kommer in i systemet.
6 Skruva loss de fyra fästbultarna och ta bort servostyrningspumpen tillsammans med hydraulvätskebehållaren från motorn. Linda in pumpen i trasor för att undvika att vätska spills på bilens lackering.

Montering

7 Placera servostyrningspumpen på fästkonsolerna, sätt i bultarna och dra åt dem till specificerat moment.
8 Anslut returledningen längst ner på behållaren och sätt tillbaka klämman.
9 Anslut tryckledningen och sätt tillbaka anslutningsbulten. Dra åt anslutningsbulten till specificerat moment och placera ledningen i stödfästet.
10 Montera och spänn hjälpaggregatens drivrem enligt beskrivning i kapitel 1.
11 Montera luftrenaren enligt beskrivning i kapitel 4.
12 Fyll hydraulvätskebehållaren med ny vätska och lufta systemet enligt beskrivning i avsnitt 23.

Modeller med 1.7 liters dieselmotor

Demontering

13 Demontera luftrenaren enligt beskrivning i kapitel 4.
14 På modeller med luftkonditionering, demontera kompressorn enligt beskrivning i kapitel 3.
15 Kläm ihop både matnings- och returslangarna nära behållaren med slangklämmor. Alternativt, skruva loss locket från servostyrningens vätskebehållare och töm vätskan i en behållare med hjälp av en hävert. En bollspruta eller hydrometer kan användas till att dra ut vätskan.
16 Demontera hjälpaggregatens drivrem enligt beskrivning i kapitel 1 och skruva loss spännarskruven. Märk ut rotationsriktningen på drivremmen så att den kan sättas tillbaka samma väg.
17 Placera en behållare under servostyrningspumpen för att samla upp spill, skruva sedan loss anslutningsbulten och koppla loss tryckledningen från pumpen.
18 Lossa klämman och koppla loss returledningen från pumpen. Plugga igen vätskeledningarna och öppningarna så att det inte kommer in smuts och skräp i systemet.
19 Skruva loss fästbultarna och ta bort pumpenheten från motorn. Linda in pumpen i trasor för att undvika spill på lackeringen.

Montering

20 Placera pumpenheten på motorn, sätt i bultarna och dra åt dem lätt.
21 Anslut returledningen och fäst med klämman.
22 Anslut tryckledningen och sätt tillbaka anslutningsbulten. Dra åt anslutningsbulten till specificerat moment. Ta bort eventuella slangklämmor.
23 Sätt tillbaka spännarskruven, montera sedan och spänn hjälpaggregatens drivrem enligt beskrivning i kapitel 1. Dra åt pumpens fästbultar till specificerat moment.
24 På modeller med luftkonditionering, montera kompressorn enligt beskrivning i kapitel 3.
25 Montera luftrenaren enligt beskrivning i kapitel 4.

22.27 Servostyrningens vätskebehållare är monterad uppe på kylaren på modeller med 2.0 liters dieselmotor

26 Fyll på hydraulvätskebehållaren med ren vätska och lufta systemet enligt beskrivning i avsnitt 23.

Modeller med 2.0 liters dieselmotor

Demontering

Observera: ***Ta inte*** *loss servostyrningspumpen från sitt stödfäste. Nya pumpar levereras med stödfästet.*

27 Kläm ihop både matnings- och returslangar med slangklämmor nära behållaren **(se bild)**. Alternativt, skruva loss locket på servostyrningens hydraulvätskebehållare och töm vätskan i en behållare med en hävert. En bollspruta eller hydrometer kan användas till att dra ut vätskan.
28 Demontera hjälpaggregatens drivrem och spännare enligt beskrivning i kapitel 10. Märk upp rotationsriktningen på remmen så att den kan sättas tillbaka samma väg.
29 Demontera luftkonditioneringens kompressor enligt beskrivning i kapitel 3.
30 Placera en behållare under servostyrningspumpen för att samla upp spilld vätska, skruva sedan loss anslutningsbulten och koppla loss tryckledningen från pumpen.
31 Lossa klämman och koppla loss returledningen från pumpen. Plugga igen vätskeledningarna och öppningarna så att inte smuts och damm kan komma in i systemet.
32 Skruva loss bulten som håller motoroljans mätsticksrör till pumpen, dra sedan röret från motorblocket.
33 Skruva loss fästbultarna mellan konsolen och motorfästet och dra servostyrningspumpen och konsolen nedåt från motorn. Linda in pumpen i trasor för att undvika spill.
34 Om en ny pump monteras, skruva loss remskivan så att den kan flyttas över till den nya pumpen.

Montering

35 Placera remskivan på den nya pumpen, sätt i bultarna och dra åt dem till specificerat moment medan remskivan hålls stilla med ett oljefilterverktyg.
36 Placera pumpen och konsolen på motorn och sätt i fästbultarna. Dra åt bultarna till specificerat moment.
37 Undersök oljetätningarna på mätsticksröret och byt ut dem om de är i dåligt skick. Sätt röret på motorblocket och fäst det till pumpen med bulten.
38 Anslut returledningen till pumpen och sätt dit klämman.
39 Anslut tryckledningen, sätt i anslutningsbulten och dra åt den till specificerat moment.
40 Anslut luftkonditioneringskompressorn enligt beskrivning i kapitel 3.
41 Montera och spänn hjälpaggregatens drivrem enligt beskrivning i kapitel 1.
42 Ta bort slangklämmorna, fyll sedan hydraulvätskebehållaren med ny vätska och lufta systemet enligt beskrivning i avsnitt 23.

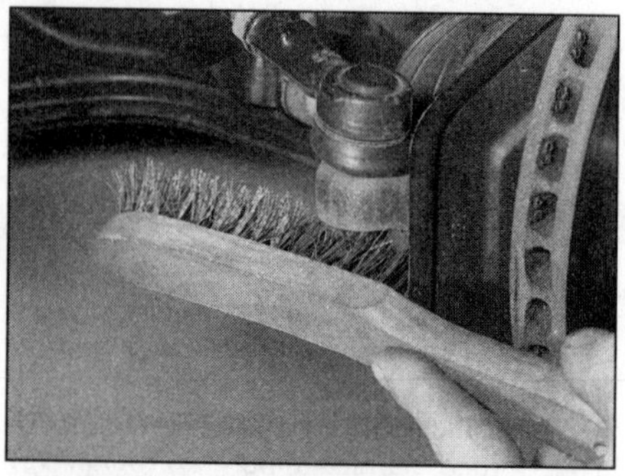

24.2 Ta bort rost från styrleden med en stålborste

23 Servostyrningens hydraulsystem - luftning

1 Kontrollera servostyrningsvätskans nivå och fyll på den till 'MAX'-märket enligt beskrivning i *"Veckokontroller"*.

2 Vrid ratten till fullt utslag från sida till sida flera gånger, kontrollera sedan vätskenivån igen och fyll på om så behövs.

3 Starta motorn och låt den gå på tomgång, vrid sedan ratten *långsamt* från sida till sida igen, flera gånger – håll inte ratten i fullt utslag i mer än 15 sekunder åt gången. Kontrollera om det finns luftbubblor i vätskebehållaren – om bubblor syns behöver systemet luftas ytterligare.

4 Stanna motorn och kontrollera nivån igen.

5 Om luftbubblor syns i behållaren när systemet aktiveras, eller om pumpen ger ifrån sig missljud (som dock inte skall blandas ihop med en slirande drivrem), upprepa luftningen.

24 Styrled - demontering och montering

Observera: *En spindelledsavdragare behövs för detta moment.*

Demontering

1 Ta loss hjulsidan på aktuellt framhjul och lossa hjulbultarna. Dra åt handbromsen, lyft upp framvagnen och stöd den säkert på pallbockar (se *"Lyftning och stödpunkter"*). Demontera hjulet.

2 Lossa styrledens låsmutter på styrstaget ett fjärdedels varv. Om så behövs, använd en stålborste till att ta bort rost från muttern och gängorna och smörj gängorna med rostolja innan muttern skruvas loss **(se bild)**.

3 Lossa styrledens spindelledsmutter, men lämna muttern på plats i änden av gängorna för att skydda den mot risken att skadas av spindelledsavdragaren.

4 Ta loss styrledens spindelled från styrarmen på hjulspindeln med en spindelledsavdragare, var försiktig så att inte damasken skadas **(se bild)**.

5 Skruva loss styrleden från styrstaget. Räkna antalet varv som behövs för att ta bort den och var noga med att inte rubba låsmuttern **Observera:** *Styrlederna är tillverkade sida för sida. Höger styrled är markerad med ett 'R' och har högergänga, medan vänster styrled är markerad med ett 'L' och har vänstergänga.*

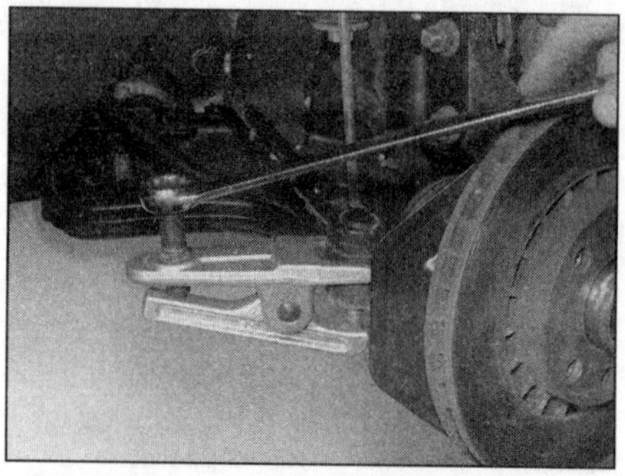

24.4 Använd en spindelledsavdragare för att ta loss styrleden från styrarmen

Montering

6 Skruva fast styrleden på styrstaget, med lika många varv som behövdes för att skruva loss den.

7 Sätt in styrledens spindelled i styrarmen på hjulspindeln, sätt sedan dit muttern och dra åt den till specificerat moment. Om spindelledens tapp vrids när muttern dras åt, tryck ner styrleden för att tvinga tappen in i armen.

8 Dra åt styrledens låsmutter på styrstaget till specificerat moment.

9 Montera hjulet, ställ ned bilen på marken och dra åt hjulbultarna.

10 Låt kontrollera och justera framhjulsinställningen vid första möjliga tillfälle.

25 Styrstag - demontering och montering

Demontering

1 Demontera styrväxeln enligt beskrivning i avsnitt 21.

2 Demontera aktuell styrled, se avsnitt 24.

3 Mät avståndet mellan styrledens låsmutter och änden av styrstaget, skruva sedan loss och ta bort låsmuttern.

4 Lossa klämmorna och ta bort gummibälgen från styrväxeln och styrstaget.

5 Skruva loss den inre spindelleden från kuggstången och ta bort styrstaget.

Montering

6 Lägg låsningsmedel på gängorna, skruva sedan fast styrstagets inre spindelled på kuggstången och dra åt till specificerat moment.

7 Sätt tillbaka bälgen och se till att den inre änden skjuts helt på plats på styrväxeln och att den yttre änden sätter sig i spåret i styrstaget.

8 Skruva fast låsmuttern till den position som markerats vid demontering.

9 Montera styrleden, se avsnitt 24.

10 Montera styrväxeln enligt beskrivning i avsnitt 21.

11 Låt kontrollera och justera framhjulsinställningen vid första möjliga tillfälle.

26 Hjulinställning och styrvinklar - allmän information

Framhjulsinställning

1 Korrekt framhjulsinställning är viktigt för god styrning och för jämnt däckslitage. Innan kontroll och eventuell justering av styrvinklarna, kontrollera att däcken har rätt lufttryck, att framhjulen inte har bucklor, att navlagren inte är slitna och att styrlänkaget är i gott skick utan glapp eller slitage i lederna. Bränsletanken måste vara halvfull och båda framsätena skall vara lastade med 70 kg.

2 Hjulinställning beror på fyra faktorer **(se bild)**:

Camber är den vinkel i vilken hjulen är ställda i förhållande till vertikalplanet sett framifrån eller bakifrån. Positiv camber är den vinkel (i grader) som hjulen upptill lutar utåt från vertikalen. Negativ camber är den vinkel som hjulen upptill lutar inåt från vertikalen. Cambervinkeln justeras genom att man lossar de två bultarna som håller den nedre änden av fjäderbenen till navhållarna, därefter sänker bilens vikt på framhjulen tills korrekt cambervinkel uppnås. Bulthålen är inte avlånga och endast minimal justering är möjlig (±1°).

Caster är vinkeln mellan styraxeln och en vertikal linje sett från sidan. Positiv caster är när styraxeln lutar mot bilens bakre del i övre änden. Denna vinkel är inte justerbar.

Styraxelns lutning (spindelbultslutning) är vinkeln, sett framifrån eller bakifrån, mellan vertikalplanet och en tänkt linje mellan övre och nedre främre fjäderbensfästen. Denna vinkel är inte justerbar.

Toe är skillnaden i avstånd mellan hjulens inre framkanter och bakkanter. Om avståndet mellan framkanterna är mindre än det mellan bakkanterna har hjulen toe-in. Om Avståndet mellan framkanterna är större än det mellan bakkanterna har hjulen toe-ut.

3 Eftersom man behöver precisionsmätverktyg för att mäta de små vinklarna i styrning och fjädring, rekommenderas att kontroll av camber och caster överlämnas till en verkstad med rätt utrustning. Caster ställs in under tillverkningen och eventuell avvikelse från specificerad vinkel måste bero på skador efter en olycka eller extremt slitage i fjädringens fästen.

4 För att kontrollera framhjulsinställningen, se

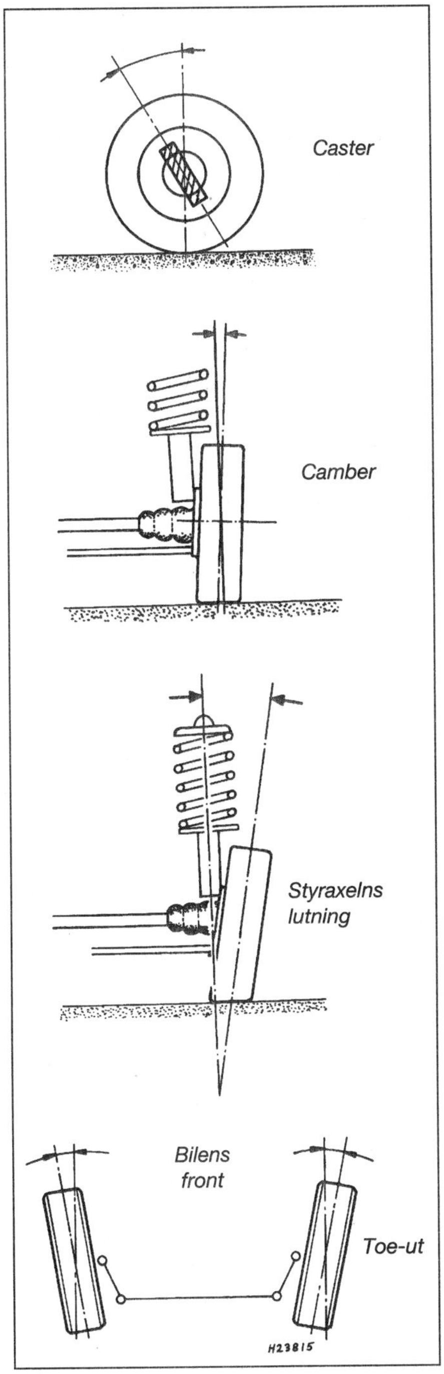

26.2 Hjulinställning och styrvinklar

först till att båda styrstagen är lika långa när styrningen är i läge rakt fram. Styrstagens längd kan justeras om så behövs genom att man lossar låsmuttrarna från styrlederna och roterar styrstagen. Vid behov kan en självlåsande tång användas till att rotera styrstagen.

5 Införskaffa en spårviddstolk. Dessa finns i olika utföranden från tillbehörsbutiker, men man kan också tillverka en av en bit stålrör som böjs så att det går förbi sumpen och växellådan, och som har en inställningsskruv och en låsmutter i ena änden.

6 Mät avståndet mellan de två hjulens innerkanter (i navhöjd) baktill på hjulen. Skjut bilen framåt för att rotera hjulet 180° (ett halvt varv) och mät avståndet mellan hjulens innerkanter framtill. Det sista måttet skall skilja sig från det första med ungefär den toe-in som anges i specifikationerna. Bilen måste stå på plan mark.

7 Om toe-in visar sig vara inkorrekt, lossa styrstagens låsmuttrar och vrid båda styrstagen lika mycket. Vrid dem bara ett fjärdedels varv åt gången innan inställningen kontrolleras igen. Om så behövs, använd en självlåsande tång till att vrida styrstagen – **grip inte** tag i den gängade delen av styrstaget under justeringen. Det är mycket viktigt att styrstagen blir lika långa under justeringen, annars kan rattens inställning bli felaktig och ojämnt däckslitage kan uppstå.

8 Dra avslutningsvis åt låsmuttrarna utan att störa inställningen. Kontrollera att spindellederna är i mitten av sin rörelsebåge.

Bakhjulsinställning

9 Bakhjulens camberinställning anges endast som referens, justering är inte möjlig.

10 Justering av bakhjulens toe-inställning är möjlig om man omplacerar den bakre hjälparmens främre fästkonsoler på underredet. Opels tekniker använder ett speciellt verktyg i ett av bulthålen (med en bult tillfälligt borttagen) till att flytta konsolerna.

Kapitel 11
Kaross och detaljer

Innehåll

Svårighetsgrader

Enkelt, passar novisen med lite erfarenhet	**Ganska enkelt,** passar nybörjaren med viss erfarenhet	**Ganska svårt,** passar kompetent hemmamekaniker	**Svårt,** passar hemmamekaniker med erfarenhet	**Mycket svårt,** för professionell mekaniker

Specifikationer

Åtdragningsmoment

Åtdragningsmoment	Nm
Bakre säkerhetsbältets fästen till golvet	35
Bakre säkerhetsbältets höjdjustering till C-stolpen	20
Baksätets bältesrulle	35
Framsätets fästskruvar	20
Främre säkerhetsbälte till B-stolpen, övre fästbult	35
Främre säkerhetsbälte till säte	20
Främre säkerhetsbältets rulle	35
Främre säkerhetsbältets spännare	35
Motorhuvens spärrplatta, låsmutter:	
Galvaniserad beläggning	40
Svart beläggning	22
Takluckans glass, sidofästskruv	5

1 Allmän information

Karossen finns som 4-dörrars sedan och 5-dörrars kombikupé eller kombi, och är tillverkad av höghållfasta låglegerade stålsektioner. Sektionerna är legeringsgalvaniserade på ena eller båda sidorna, beroende på deras position på bilen. De flesta komponenter är hopsvetsade, men i vissa fall används också speciella lim. De främre skärmarna är fastskruvade

Motorhuven, dörrarna och vissa andra ömtåliga paneler är förzinkade och skyddas ytterligare med ett lager splitterskyddsfärg innan de lackeras. Främre och bakre dörrar innehåller säkerhetsbalkar som skydd mot krock från sidan.

På alla modeller utom basmodellerna är de främre fönsterhissarna elstyrda, men elstyrda bakre fönsterhissar finns endast på toppmodellerna. Elfönsterhissarna kan aktiveras utifrån, antingen med hjälp av den infraröda fjärrkontrollen, eller så kan dörrlåsnyckeln hållas i låspositionen längre än 1 sekund. Den elektriska fönsterhissmekanismen innehåller en säkerhetsanordning som gör att fönstret stannar om det stöter på ett hinder.

Plast används i stor utsträckning, huvudsakligen i inredningen, men också i yttre komponenter. Främre och bakre stötfångare och framgrillen är formgjutna av ett syntetiskt material som är mycket starkt och ändå lätt. Plastkomponenter som hjulhus är monterade på undersidan av bilen, för att förbättra bilens korrosionssydd.

2 Underhåll – kaross och underrede

Karossens allmänna skick är en av de faktorer som väsentligt påverkar bilens värde. Underhåll är lätt, men måste vara regelbundet. Underlåtenheter, speciellt efter en mindre skada, kan snabbt leda till värre skador och dyra reparationer. Det är också viktigt att hålla ett öga på de delar som inte är direkt synliga, exempelvis undersidan, inuti hjulhusen och de nedre delarna av motorrummet.

Det grundläggande underhållet av karossen är tvättning – helst med stora mängder vatten från en slang. Det är väsentligt att spola av lösa smutspartiklar på ett sätt som förhindrar att lacken skadas. Hjulhus och underrede kräver tvätt på samma sätt, så att ansamlad lera tas bort. Denna binder fukt vilket underlättar rostangrepp. Paradoxalt nog är den bästa tidpunkten för tvätt av underrede och hjulhus när det regnar, eftersom leran då är blöt och mjuk. Vid körning i mycket våt väderlek spolar vanligen underredet av automatiskt vilket ger ett bra tillfälle för inspektion.

Periodvis, med undantag för bilar med vaxade underreden, är det en god idé att rengöra hela undersidan med ångtvätt, inklusive motorrummet, så att en grundlig inspektion kan utföras av vilka småreparationer som behövs. Ångtvätt finns på många bensinstationer och verkstäder och behövs för att ta bort ansamlingar av oljeblandad smuts som ibland kan bli tjock i vissa utrymmen. Om ångtvätt inte finns tillgänglig finns det utmärkta avfettningsmedel som kan strykas på med borste så att smutsen sedan kan spolas bort. Kom ihåg att dessa metoder inte skall användas på bilar med vaxade underreden, eftersom de tar bort vaxet. Bilar med vaxade underreden ska inspekteras årligen, helst på senhösten. Underredet tvättas då av så att skador i vaxlagret kan hittas och bättras på. Det bästa är att lägga på ett helt nytt lager vax före varje vinter. Det är även värt att överväga att spruta in vaxbaserat skydd i dörrpaneler, trösklar, balkar och liknande som ett extra rostskydd där tillverkaren inte redan åtgärdat den saken.

Efter det att lacken tvättats, torka av den med sämskskinn så att den får en fin yta. Ett lager genomskinligt skyddsvax ger förbättrat skydd mot kemiska föroreningar i luften. Om lacken mattats eller oxiderats kan ett kombinerat tvätt- och polermedel återställa glansen. Detta kräver lite ansträngning, men sådan mattning orsakas vanligen av slarv med regelbundenheten i tvättningen. Metalliclacker kräver extra försiktighet och speciella slipmedelsfria rengörings-/polermedel krävs för att inte ytan ska skadas.

Kontrollera alltid att dräneringshål och rör i dörrar och ventilation är helt öppna så att vatten kan rinna ut. Kromade ytor ska behandlas som lackerade. Glasytor ska hållas fria från smutshinnor med hjälp av glastvättmedel. Vax eller andra medel för polering av lack eller krom ska inte användas på glas.

3 Underhåll – klädsel och mattor

Mattorna ska borstas eller dammsugas med jämna mellanrum så att de hålls rena. Om de är svårt nedsmutsade kan de tas ut ur bilen och skrubbas. Se i så fall till att de är helt torra innan de läggs tillbaka i bilen. Säten och dekorpaneler kan hållas rena med en fuktig trasa och lite rengöringsmedel. Om de får fläckar (vilket är synligare på ljusa inredningar) kan lite flytande tvättmedel och en mjuk nagelborste användas till att skrubba ur smutsen ur materialet. Glöm inte takets insida. Håll det rent på samma sätt som klädseln. När flytande rengöringsmedel används inne i bilen, får de tvättade ytorna inte överfuktas. För mycket fukt kan komma in i sömmar och stoppning och där framkalla fläckar, störande lukter eller till och med röta. Om bilens insida blir våt är det värt besväret att torka ur den ordentligt, speciellt då mattorna. *Lämna inte elektriska eller oljedrivna värmeelement i bilen för detta ändamål.*

4 Mindre karosskador – reparation

Observera: *För mer detaljerad information om reparation av karosskador ger Haynes Publishing ut en bok med titeln "The Car Bodywork Repair Manual" (bok nr 9864, på engelska). Denna innehåller information om rostbehandling, målning och glasfiberreparationer, men också information om mer omfattande reparationer som svetsning och plåtslagning.*

Reparation av mindre repor i karossen

Om en repa är mycket ytlig och inte har trängt ner till karossmetallen är reparationen mycket enkel att utföra. Gnugga det skadade området helt lätt med lackrenoveringsmedel eller en mycket finkornig slippasta så att lös lack tas bort från skråman och det omgivande området befrias från vax. Skölj med rent vatten.

Lägg på bättringslack på repan med en fin pensel. Lägg på i många tunna lager till dess att ytan i repan är i jämnhöjd med den omgivande lacken. Låt den nya lacken härda i minst två veckor och jämna sedan ut den mot den omgivande lackeringen genom att gnugga hela området kring repan med lackrenoveringsmedel eller en mycket finkornig slippasta. Avsluta med vaxpolering

I de fall en repa har gått ner till karossmetallen och denna börjat rosta krävs en annan teknik. Ta bort lös rost från botten av repan med ett vasst föremål och lägg sedan på rostskyddsfärg så att framtida rostbildning förhindras. Fyll sedan upp repan med spackelmassa och en spackel av gummi eller plast. Vid behov kan spacklet tunnas ut med thinner så att det blir mycket tunt, vilket är idealiskt för smala repor. Innan spacklet härdar, linda ett stycke mjuk bomullstrasa runt en fingertopp. Doppa fingret i thinner och stryk snabbt över spackelytan i repan. Detta gör att ytan på spackelmassan blir lite urgröpt. Lacka sedan över repan enligt tidigare anvisningar.

Reparation av bucklor i karossen

När en djup buckla uppstått i bilens kaross blir den första uppgiften att räta up bucklan såpass att den i det närmaste återtar ursprungsformen. Det är ingen mening med att försöka återställa formen helt, eftersom metallen i det skadade området har sträckts vid skadans uppkomst och helt enkelt aldrig kan återta sin gamla form. Det är bättre att försöka ta bucklans nivå upp till ca 3 mm under den omgivande karossens nivå. I de fall bucklan är mycket grund är det inte värt besväret att räta ut den. Om undersidan av bucklan är åtkomlig kan den knackas ut med en träklubba eller plasthammare. Använd mothåll på plåtens utsida så att inte större delar knackas ut.

Om bucklan är på en del av karossen som har dubbel plåt, eller av annan anledning inte är åtkomlig från insidan, krävs en annan teknik. Borra ett flertal hål genom metallen i bucklan, speciellt i de djupare delarna. Skruva sedan in långa plåtskruvar precis så långt att de får ett fast grepp i metallen. Dra sedan ut bucklan genom att dra i skruvskallarna med en tång

Nästa steg är att ta bort lacken från det skadade området och ca 3 mm av den omgivande friska plåten. Detta görs enklast med stålborste eller en slipskiva monterad på en borrmaskin, men kan även göras för hand med slippapper. Fullborda förberedelserna före spacklingen genom att repa den nakna plåten med en skruvmejsel eller filspets, eller genom att borra små hål i det område som ska spacklas, så att spacklet fäster bättre.

Fullborda arbetet enligt anvisningarna för spackling och lackering.

Reparation av rosthål och revor i karossen

Ta bort lacken från det drabbade området och ca 30 mm av den omgivande plåten med en sliptrissa eller stålborste monterad i en borrmaskin. Om detta inte finns tillgängligt kan några ark slippapper göra jobbet lika effektivt. När lacken är borttagen kan du mer exakt uppskatta rostskadans omfattning och därmed avgöra om hela panelen (där möjligt) ska bytas ut eller om rostskadan ska repareras. Nya plåtdelar är inte så dyra som de flesta tror och ett plåtbyte är ofta snabbare och ger bättre resultat än försök till reparation av större rostskador

Ta bort all dekor från det drabbade området, utom den som styr den ursprungliga formen, exempelvis lyktsarger. Ta sedan bort lös eller rostig metall med plåtsax eller bågfil. Knacka kanterna något inåt så att en grop skapas för spackelmassan.

Borsta av det drabbade området med en stålborste så att rostdamm tas bort från ytan av den kvarvarande metallen. Måla det drabbade området med rostskyddsfärg, om möjligt även på baksidan.

Innan spacklingen kan ske måste hålet blockeras på något sätt. Detta kan göras med nät av plast eller aluminium eller med aluminiumtejp.

Nät av plast eller aluminium eller glasfiberväv är i regel det bästa materialet för ett stort hål. Skär ut en bit som är ungefär lika stor som hålet som ska fyllas och placera den i hålet så att kanterna hamnar under nivån för den omgivande plåten. Några klickar spackelmassa runt hålet fäster materialet på plats.

Aluminiumtejp kan användas till små eller mycket smala hål. Klipp till en lagom lång bit från rullen och fäst tejpen över hålet. Flera remsor kan läggas bredvid varandra om bredden på en inte räcker till. Pressa ned tejpkanterna med ett skruvmejselhandtag eller liknande så att tejpen fäster ordentligt på metallen.

Karossreparationer - spackling och lackering

Innan detta avsnitt används, se de föregående om reparationer av repor, bucklor och rosthål.

Många typer av spackelmassa förekommer. Generellt sett är de som består av grundmassa och härdare bäst vid denna typ av reparationer. Vissa av dem kan användas direkt från förpackningen. En bred och följsam spackel av plast eller gummi är ett ovärderligt verktyg för att skapa en väl formad spackling med fin yta.

Blanda lite massa och härdare på en skiva av exempelvis kartong eller masonit. Mät härdaren noga – följ tillverkarens instruktioner, annars härdar spacklet för snabbt eller för långsamt. Bred ut massan på det förberedda området med spackeln, dra spackeln över massan så att rätt form och en jämn yta uppstår. Så snart en någorlunda korrekt form skapats, sluta bearbeta massan. Om man håller på för länge blir spacklet kletigt och börjar fastna på spackeln. Fortsätt lägga på tunna lager med ca 20 minuters mellanrum till dess att massan är något högre än den omgivande plåten.

När massan härdat kan överskottet tas bort med hyvel eller fil och sedan slipas ned med gradvis finkornigare papper. Börja med nr 40 och avsluta med nr 400 vår- och torrpapper. Linda alltid papperet runt en slipkloss, annars blir inte den slipade ytan plan. Vid slutpoleringen skall slippapperet då och då sköljas med vatten. Detta ger en mycket slät yta på massan i slutskedet.

I detta läge skall bucklan vara omgiven av en ring med ren plåt som i sin tur omges av en lätt ruggad kant av frisk lack. Skölj av reparationsområdet med rent vatten till dess att allt slipdamm försvunnit.

Spruta ett tunt lager grundfärg på hela reparationsområdet. Detta avslöjar mindre ytfel i spacklingen. Laga dessa med ny massa eller filler och slipa av ytan igen. Massa kan tunnas ut med thinner så att den blir mer lämpad för riktigt små gropar. Upprepa denna sprutning och reparation tills du är nöjd med spackelytan och den ruggade lacken. Rengör ytan med rent vatten och låt den torka helt.

Reparationsytan är nu klar för lackering. Färgsprutning måste utföras i en varm, torr, damm- och dragfri omgivning. Detta kan skapas inomhus om du har tillgång till ett större arbetsområde, men om du är tvungen att arbeta utomhus är det noga med valet av dag. Om man arbetar inomhus kan golvet spolas med vatten eftersom detta binder damm som annars skulle virvla i luften. Om reparationsytan är begränsad till en panel skall de omgivande täckas över. Detta minskar effekten av en mindre missanpassning mellan färgerna. Dekorer och detaljer (kromlister, handtag etc.) ska även de täckas över. Använd riktig maskeringstejp och flera lager tidningspapper till detta.

Innan man börjar spruta ska burken skakas mycket ordentligt och man bör spruta på en provbit, exempelvis en konservburk, till dess att man behärskar tekniken. Täck sedan arbetsytan med ett tjockt lager grundfärg, uppbyggt av flera tunna skikt. Polera sedan grundfärgens yta med nr 400 våt- och torrslippapper tills den är slät. Medan detta görs skall ytan hållas våt och slippapperet då och då sköljas i vatten. Låt torka innan mer färg läggs på.

Spruta på det slutliga färglagret och bygg upp tjocklek med flera tunna lager färg. Börja spruta i mitten och arbeta utåt med enstaka sidledes rörelser till dess att hela reparationsytan och ca 50 mm av den omgivande lackeringen täckts. Ta bort maskeringen 10 till 15 minuter efter det att det sista lagret sprutats på.

Låt den nya lacken härda i minst två veckor innan en lackrenoverare eller mycket fin slippasta används till att jämna ut den nya lackens kanter mot den gamla. Avsluta med vax.

Plastdelar

Med den ökande användningen av plast i karossdelar (exempelvis stötgångare, spoilers, kjolar och i vissa fall större paneler) blir reparationer av allvarligare slag på sådana delar ofta en fråga om att överlämna dessa till en specialist eller byta ut delen i fråga. Gör-det-själv reparationer av sådana skador är inte rimliga beroende på kostnaden för den specialutrustning och de speciella material som krävs. Grundprincipen för dessa reparationer är att en skåra tas upp längs med skadan med en roterande rasp i en borrmaskin. Den skadade delen svetsas sedan ihop med en varmluftspistol och en plaststav i skåran. Plastöverskott tas sedan bort och ytan slipas ned. Typen av plast i olika delar kan variera (t.ex. PCB, ABS eller PPP) och det är därför viktigt att rätt typ av plastlod används.

Skador av mindre allvarlig natur (skrapningar, små sprickor) kan lagas av hemmamekanikern med en tvåkomponents epoximassa. Den blandas i lika delar och

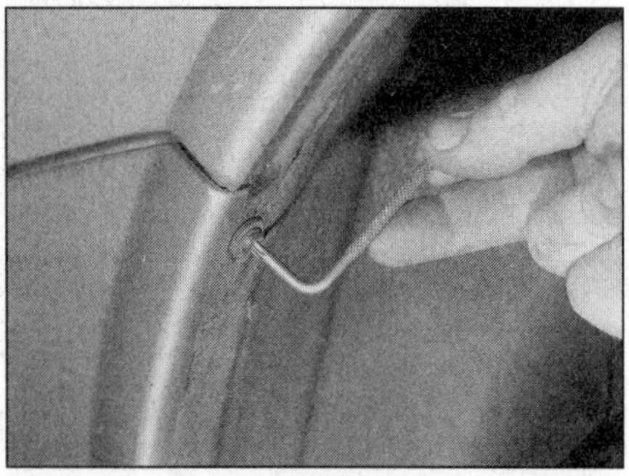

6.2a Skruva loss Torxskruvarna på sidorna och dra undan innerskärmarna

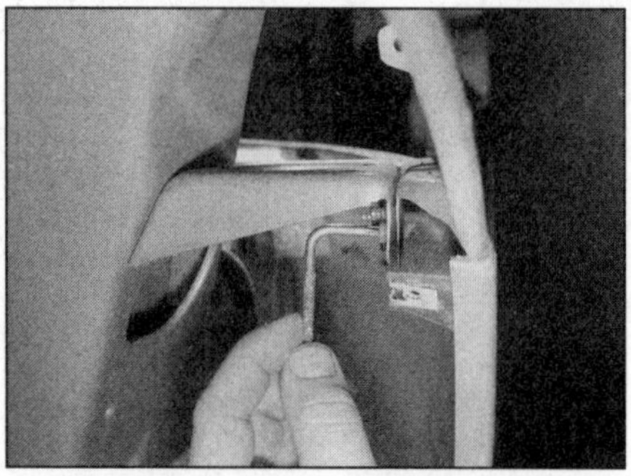

6.2b Torxskruvarna på sidofästena på den främre stötfångaren skruvas loss

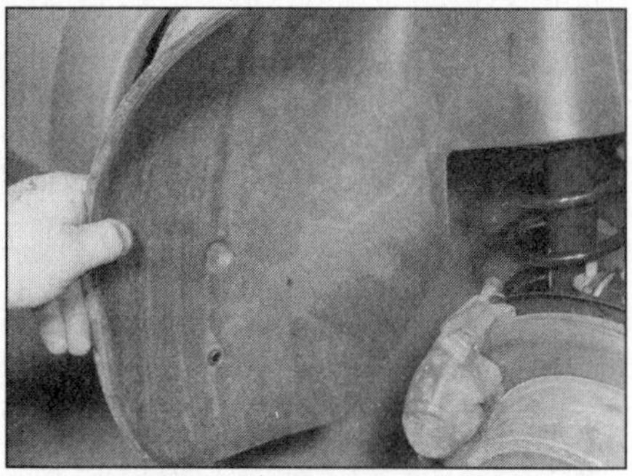

6.2c Hela innerskärmen demonteras

används på liknande sätt som spackelmassa på plåt. Epoxin härdar i regel inom 30 minuter och kan sedan slipas och målas.

Om ägaren byter en komplett del själv, eller reparerar med epoximassa, dyker problemet med målning upp. Svårigheten är att hitta en färg som är kompatibel med den plast som används. Generellt sett fastnar inte standardfärger på plast och gummi, men numera finns det satser för plastlackering att köpa som består av förprimer, grundfärg och färglager. Kompletta instruktioner medföljer satserna men grundmetoden är att först lägga på förprimern på aktuell del och låta den torka i 30 minuter innan grundfärgen läggs på. Denna ska sedan torka i ungefär en timme innan det slutliga färglagret läggs på. Resultatet blir en korrekt färgad del där lacken kan flexa med materialet. Det senare är en egenskap som standardfärger vanligtvis saknar.

5 Större karosskador - reparation

Om en allvarlig skada har inträffat, eller stora delar behöver bytas ut på grund av misskötsel, betyder det att helt nya paneler behöver svetsas in, vilket helst bör överlämnas till en specialist. Om skadan har uppstått efter en krock måste man också kontrollera hela karossens inställning, vilket endast kan utföras noggrant av en Opel-verkstad med speciella jiggar. Om karossen lämnas felriktad är det först och främst farligt, eftersom bilen inte uppför sig normalt. Det orsakar också ojämna belastningar på styrningen, fjädringen och eventuellt växellådan, vilket leder till onormalt slitage eller totalt haveri.

6 Stötfångare - demontering och montering

Främre stötfångare

Demontering

1 Demontera kylargrillen enligt beskrivning i avsnitt 7.

2 Arbeta under de främre hjulhusen, använd en torxnyckel till att skruva loss skruvarna, dra sedan undan innerskärmarna för att komma åt stötfångarens sidofästskruvar. Om så önskas kan innerskärmarna demonteras helt genom att plastfästena lossas (tryck mittenstiften genom klämmorna) **(se bilder)**. Skruva loss och ta bort sidofästskruvarna.

3 Ta bort plastklämmorna som håller nederkanten av stötfångaren till den främre listen. För att göra detta, dra ut mittstiften med en tång **(se bilder)**.

4 Skruva loss och ta bort de övre fästbultarna, dra sedan försiktigt bort stötfångaren från bilen.

5 Om en spoiler är monterad, ta loss klämmorna, tryck ihop klackarna och separera spoilern från stötfångaren. **Observera:** *Nya främre stötfångare levereras i basfärger och måste målas i rätt färg innan de monteras.*

Montering

6 Montering sker i omvänd ordning mot demontering.

Bakre stötfångare

Demontering

7 Öppna bagage-/bakluckan.

8 Dra upp tätningslisten för att komma åt den bakre stötfångarens övre fästskruvar.

9 Använd en torxnyckel och skruva loss skruvarna som håller den främre delen av stötfångaren till hjulhuset på båda sidor. På kombi, ta också bort skruvarna från de nedre hörnen.

6.3a Dra ut mittstiften med en tång . . .

6.3b . . . och dra loss plastklämmorna längst ner på stötfångaren

10 Med en nyckel, skruva loss skruvarna som håller nederkanten av stötfångaren till listen.

11 Skruva loss de övre fästskruvarna och dra försiktigt bort den bakre stötfångaren från bilen. **Observera:** *Nya stötfångare levereras i basfärger och måste målas i rätt färg innan montering.*

Montering

12 Montering sker i omvänd ordning, dra åt skruvarna ordentligt.

7 Kylargrill - demontering och montering

Demontering

1 Öppna motorhuven, använd sedan en torxskruvmejsel till att skruva loss kylargrillens övre fästskruvar **(se bild)**.

2 Lyft kylargrillen och lossa klämmorna från den främre stötfångaren **(se bild)**.

Montering

3 Montering sker i omvänd ordning mot demontering, dra åt skruvarna ordentligt.

8 Motorhuv och stöttor - demontering, montering och justering

Motorhuv

Demontering

1 Öppna motorhuven och låt en medhjälpare stötta den.

2 Använd en markeringspenna eller färg och gör markeringar runt gångjärnen på huven.

3 Koppla loss vindrutespolarslangen vid skarvdonet och stöttan **(se bild)**.

4 Ta nu hjälp av någon, skruva loss bultarna som håller huven till gångjärnen på båda sidor **(se bild)**.

5 Lyft av huven och var försiktig så att inte lackeringen skadas.

Montering

6 Rikta in markeringarna som gjordes innan demontering med gångjärnen, sätt sedan i och dra åt huvens fästbultar.

7 Anslut spolarvätskeslangen.

8 Kontrollera motorhuvens justering enligt beskrivningen nedan.

Justering

9 Stäng motorhuven och kontrollera att det finns ett lika stort mellanrum mellan huven och skärmen på båda sidor. Kontrollera också att huven sitter jäms med omgivande karosspaneler.

10 Motorhuven skall stänga mjukt och positivt utan överdrivet tryck. Om detta inte är fallet behöver den justeras.

11 För att justera inställningen, lossa huvens fästbultar och flytta huven på bultarna efter behov (bulthålen i gångjärnen medger detta). För justering av huvens höjd framtill i förhållande till framskärmarna finns justerbara gummistoppar monterade i de främre hörnen på huven, som kan skruvas in eller ut efter behov. Efter en justering måste huvens spärr justeras så att låsfjädern håller huven ordentligt mot gummistoppen. Lossa låsmuttern och skruva spärren in eller ut efter behov **(se bilder)**.

Stöttor

Demontering

12 Öppna motorhuven och låt en medhjälpare hålla i den.

13 Använd en skruvmejsel, bänd ut fästfjäderklämmorna och koppla loss stöttan från motorhuven och karossen. Notera vilken väg stöttan sitter **(se bild)**.

Montering

14 Montering sker i omvänd ordning.

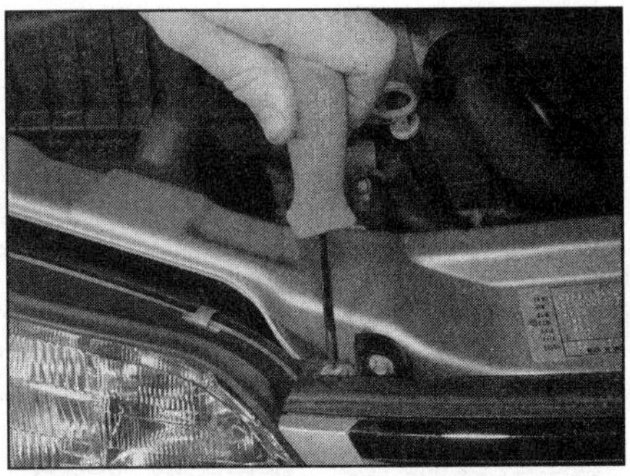

7.1 Skruva loss de övre fästskruvarna . . .

7.2 . . . och lyft upp kylargrillen och lossa klämmorna från stötfångaren

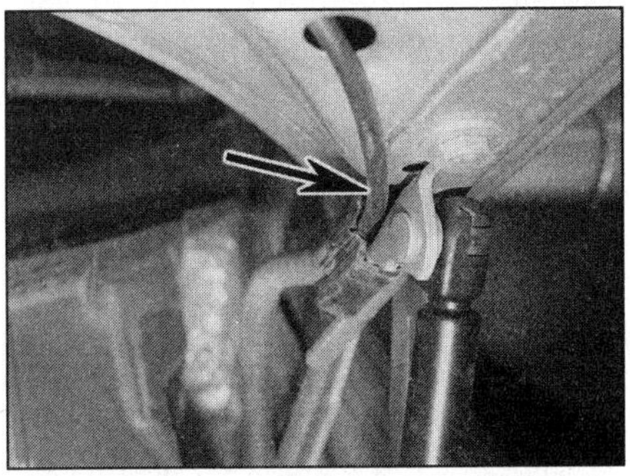

8.3 Vindrutespolarslang och klämma på motorhuven

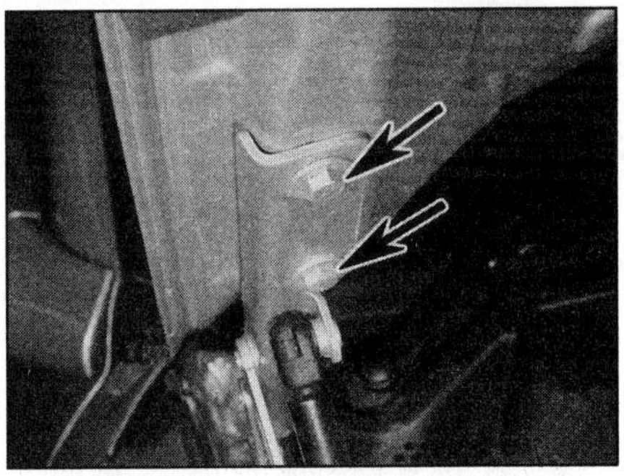

8.4 Bultar som håller motorhuven till gångjärnen

8.11a Motorhuvens gummistopp sitter i de främre hörnen

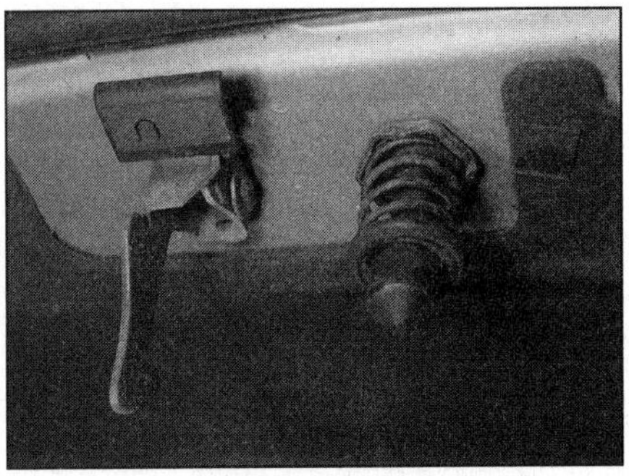

8.11b Motorhuvens spärr och säkerhetshake

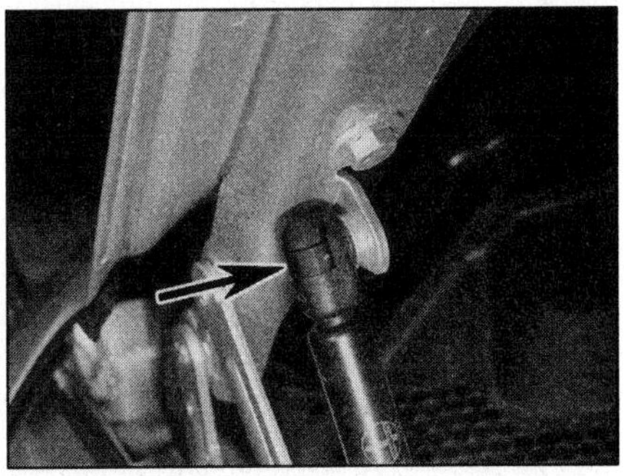

8.13 Bänd loss fjäderklämman från stöttan för att koppla loss den från motorhuven

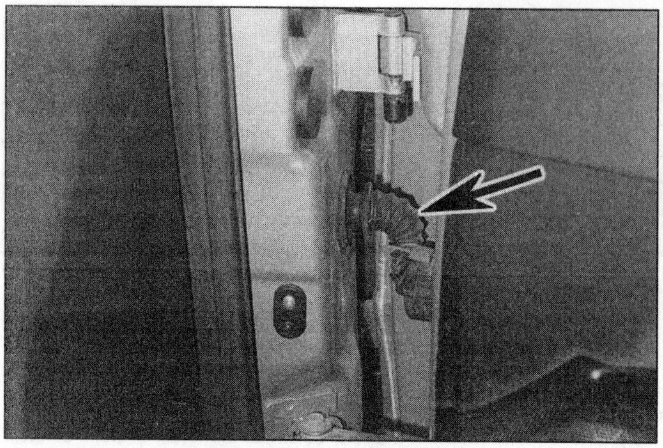

11.2 Kontaktdon på framdörren

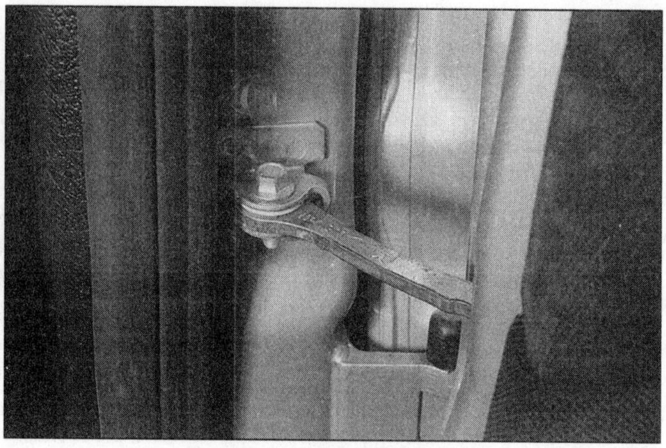

11.3 Framdörrens stopp

9 Motorhuvslåsets vajer - demontering och montering

Demontering

1 Demontera den nedre klädselpanelen under förarens sida av instrumentbrädan.

2 Demontera kylargrillen enligt beskrivning i avsnitt 7.

3 Koppla loss den främre änden av låsvajern från huvens låsfjäder.

4 Koppla loss den bakre änden av låsvajern från öppningshandtaget i förarens fotbrunn. Åtkomligheten är dålig och det kan hjälpa om man använder en spegel.

5 Frigör vajern från stödklämmorna i motorrummet, dra sedan vajern genom gummimuffen och dra ut den i motorrummet. För att underlätta monteringen, knyt ett snöre i vajern innan den demonteras och låt snöret sitta kvar till monteringen.

Montering

6 Montering sker i omvänd ordning mot demonteringen, men knyt snöret i vajerns ände mot öppningshandtaget och använd snöret till att dra vajern på plats. Se till att vajern dras rätt väg och att muffen placeras rätt.

10 Motorhuvslåsets fjäder - demontering och montering

Demontering

1 Motorhuven hålls på sin låsta plats med en stark fjäder som går i ingrepp med spärren på huvens främre kant. Låsvajern är ansluten till fjäderns ände.

2 Spärren kan demonteras från motorhuven om man skruvar ur låsmuttern, men mät först dess monterade längd för att underlätta monteringen.

3 För att ta bort låsfjädern, demontera först kylargrillen (se avsnitt 7), koppla sedan loss vajern och haka loss fjädern från den främre tvärbalken.

Montering

4 Montering sker i omvänd ordning mot demontering.

11 Dörr - demontering och montering

Demontering

1 Dörrgångjärnen är fastsvetsade på dörrkarmen och karosstolpen. Om så behövs utförs justering med specialverktyg, med vilka man böjer gångjärnen.

2 Öppna dörren för att komma åt kontaktdonet som är monterat på dörrens främre kant. Koppla loss kontaktdonet från dörrkanten. För att göra detta, skruva loss kontaktdonets låsring, dra sedan bort kontaktdonet från dörren **(se bild)**.

3 Skruva loss och ta bort bulten som håller dörrstoppet till karossen **(se bild)**.

4 Ta bort plastlocken från gångjärnsstiften. Låt en medhjälpare stötta dörren, driv sedan ut båda gångjärnsstiften med hjälp av hammare och dorn. **Observera:** *Opels tekniker använder ett speciellt gångjärnsverktyg som fungerar som en glidhammare.* Ta bort dörren från bilen.

5 Undersök om gångjärnsstiften är slitna eller skadade och byt ut dem om så behövs.

Montering

6 Montering sker i omvänd ordning, men kontrollera att dörren sitter mitt i öppningen när den är stängd. Om gångjärnsstiften har bytts ut och justering ändå behövs, måste gångjärnen riktas in med specialverktyg, vilket bör måste utföras av en Opelverkstad. Små justeringar kan dock vara möjliga om man lyfter dörren på gångjärnen. Efter justering, se till att dörrlåset går korrekt i ingrepp med spärren på karosstolpen. Om så behövs, lossa spärrens fästskruvar med en torxnyckel, placera om spärren och dra åt skruvarna **(se bild)**.

12 Dörrens inre klädselpanel - demontering och montering

Framdörr

Demontering

1 Koppla loss batteriets negativa anslutning (jord) (se kapitel 5A).

2 Med framdörren öppen, dra försiktigt av ytterspegelns justeringshandtag. Bänd därefter loss det trekantiga plastskyddet men var försiktig så att inte plastklämmorna skadas. Ta bort stoppningen **(se bilder)**.

3 Ta loss plastkåpan från insidan av draghandtaget. Bänd också loss den lilla plastpluggen eller elspegelsbrytaren (efter tillämplighet) från draghandtagets utsida - koppla loss kablaget där så behövs **(se bilder)**.

4 Ta loss det lilla högtalargallret **(se bild)**.

5 Skruva loss fästskruvarna och ta bort draghandtaget och dess infattning. Koppla loss kablaget från högtalaren **(se bilder)**.

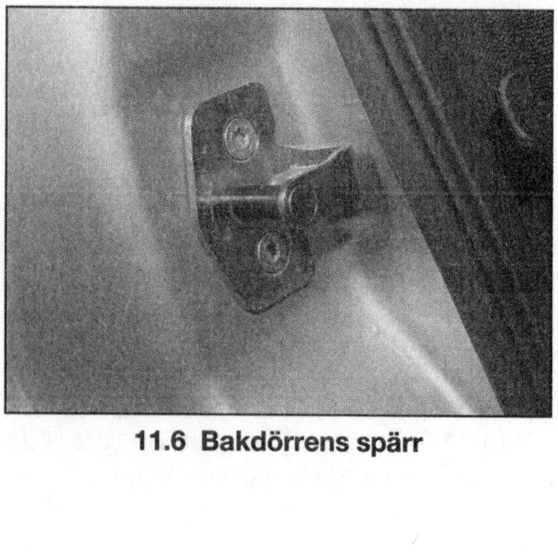

11.6 Bakdörrens spärr

12.2a Dra av spegelns justeringshandtag . . .

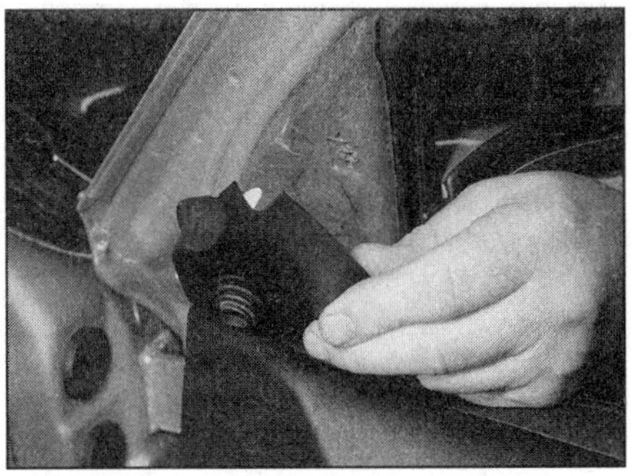

12.2b . . . ta bort den trekantiga plastkåpan . . .

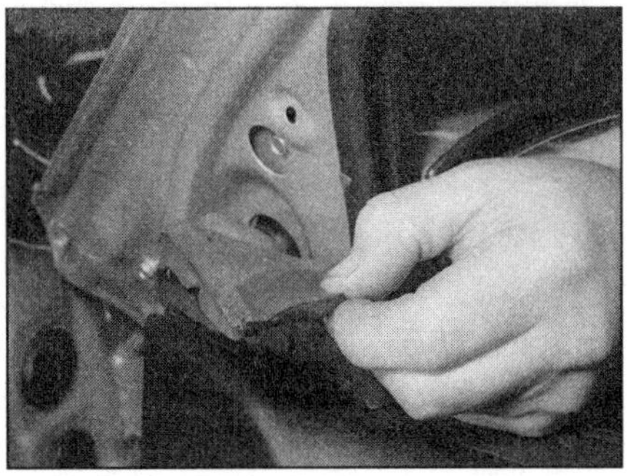

12.2c . . . och ta bort stoppningen

6 På basmodeller, demontera fönsterveven genom att först stänga dörren och notera vevens vinkel. Placera en tygtrasa bakom veven, lossa klämman och dra bort handtaget från den spårade axeln.

7 Skruva loss och ta bort skruvarna från nederkanten på klädselpanelen, använd sedan en bredbladig skruvmejsel eller ett demonteringsverktyg till att försiktigt bända loss klädselns klämmor från dörren. Haka loss överdelen av panelen och ta bort den från dörren **(se bilder)**.

8 Om så behövs, skala försiktigt loss skyddsplasten från dörren **(se bild)**.

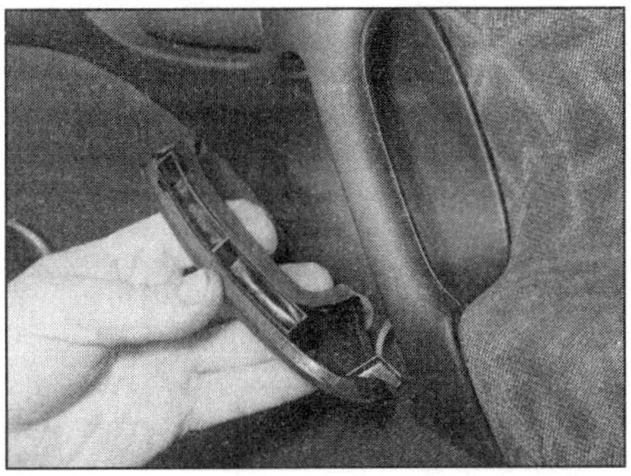

12.3a Ta loss plastkåpan från insidan av draghandtaget . . .

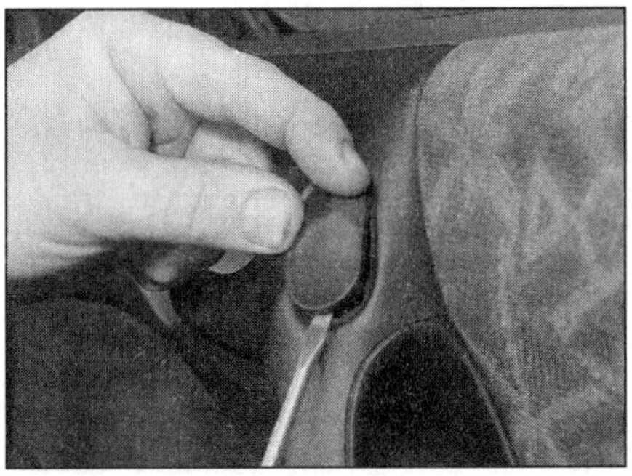

12.3b . . . och plastpluggen på utsidan av handtaget

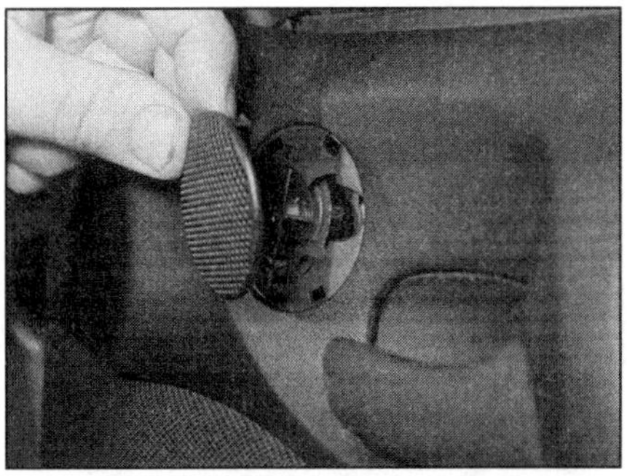

12.4 Ta loss det lilla högtalargallret från framdörren

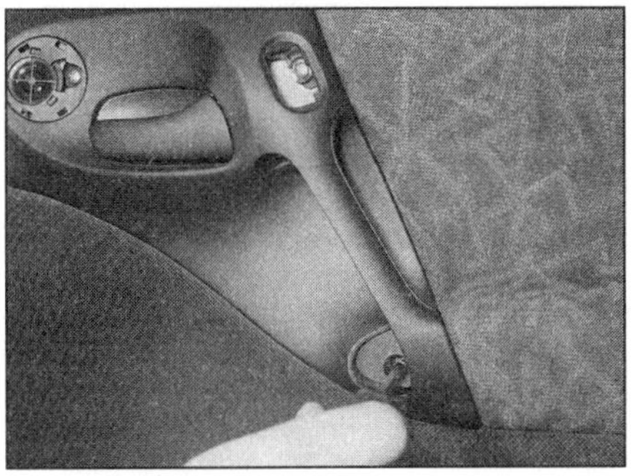

12.5a Skruva loss fästskruvarna . . .

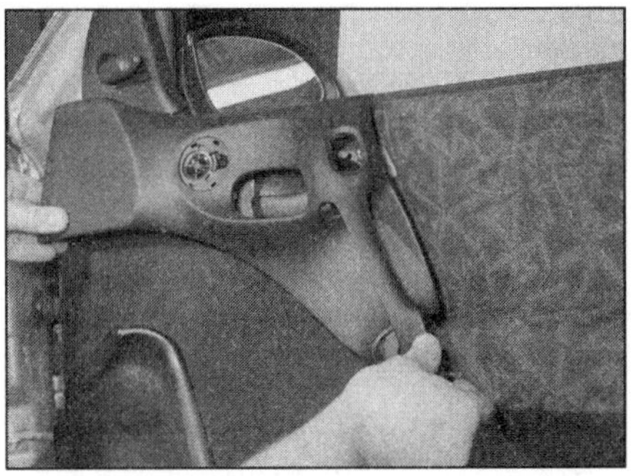

12.5b . . . ta bort draghandtaget och dess infattning . . .

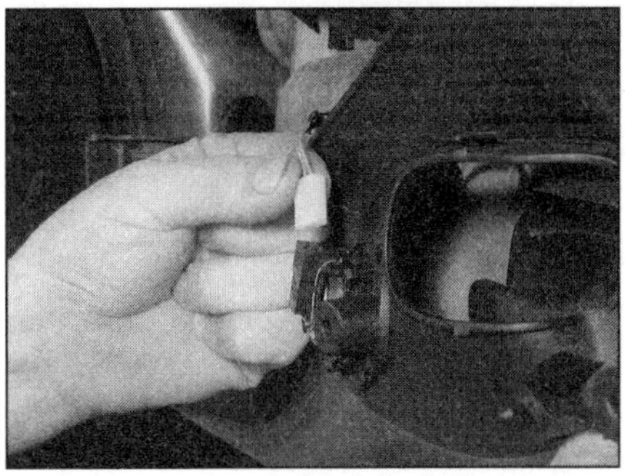

12.5c . . . och koppla loss kablaget från högtalaren

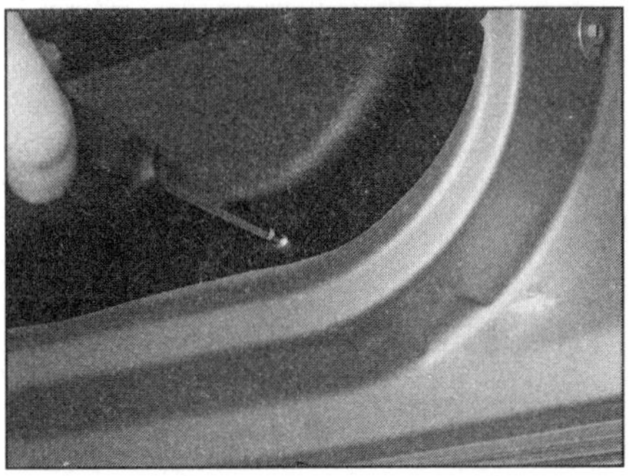

12.7a Skruva loss skruvarna från den nedre kanten av framdörrens panel . . .

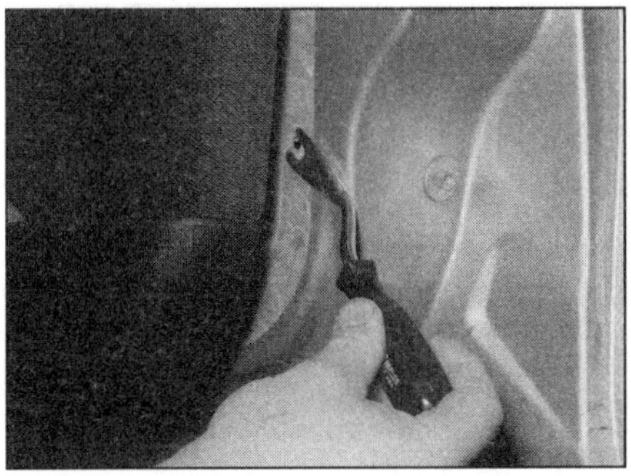

12.7b . . . bänd ut klämmorna och ta bort klädselpanelen från dörren

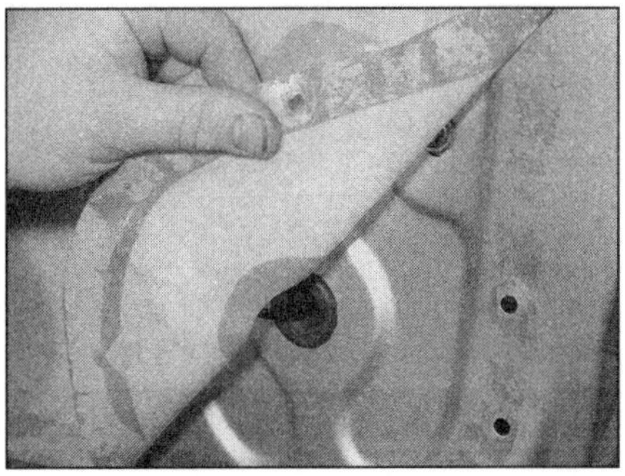

12.8 Skyddsplasten tas bort från dörren

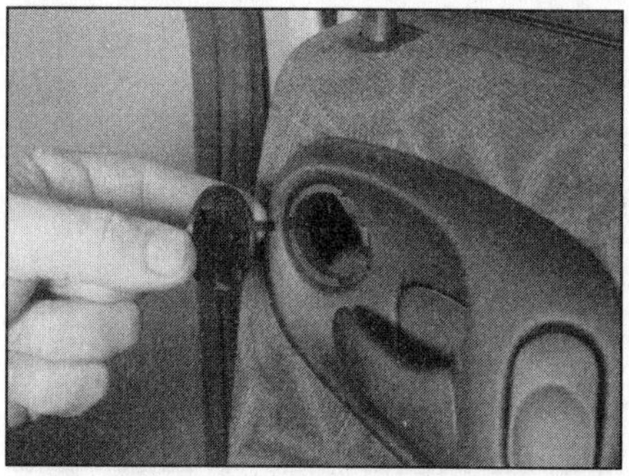

12.11 Ta loss den lilla högtalargallret från bakdörren

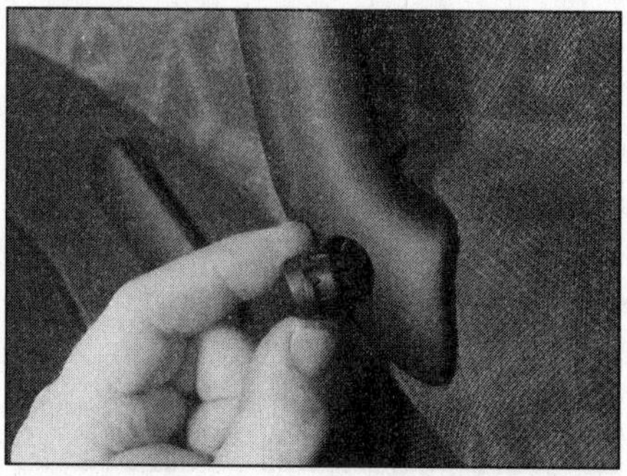

12.12a Ta loss den nedre plastpluggen . . .

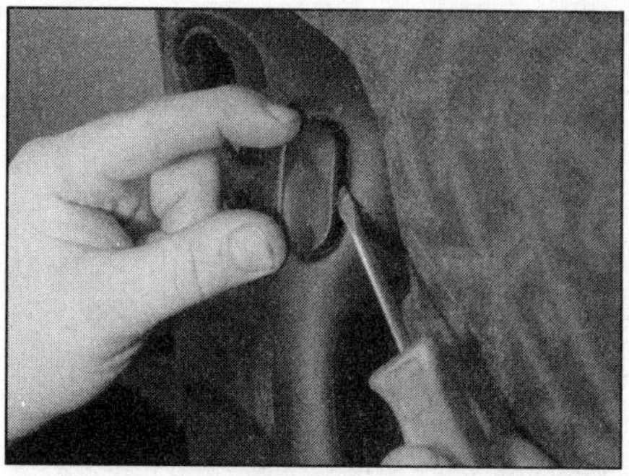

12.12b . . . och den övre plastpluggen från handtaget

Montering

9 Montering sker i omvänd ordning mot demontering.

Bakdörr

Demontering

10 Koppla loss batteriets negativa anslutning (jord) (se kapitel 5A).

11 Med bakdörren öppen, använd en liten skruvmejsel till att försiktigt bända loss det lilla högtalargallret **(se bild)**.

12 Bänd ut den nedre plastpluggen och den övre pluggen eller elfönsterbrytaren (efter tillämplighet) från innerhandtagets infattning **(se bilder)**.

13 Skruva loss och ta bort de tre fäst-skruvarna och ta bort handtaget/infattningen **(se bilder)**.

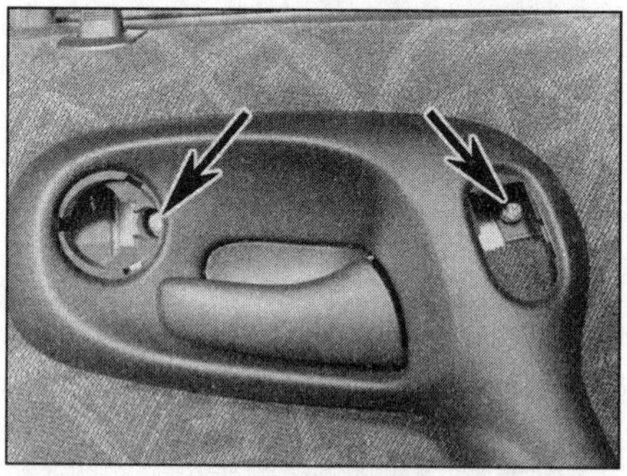

12.13a Skruva loss fästskruvarna (de övre två skruvarna visade) . . .

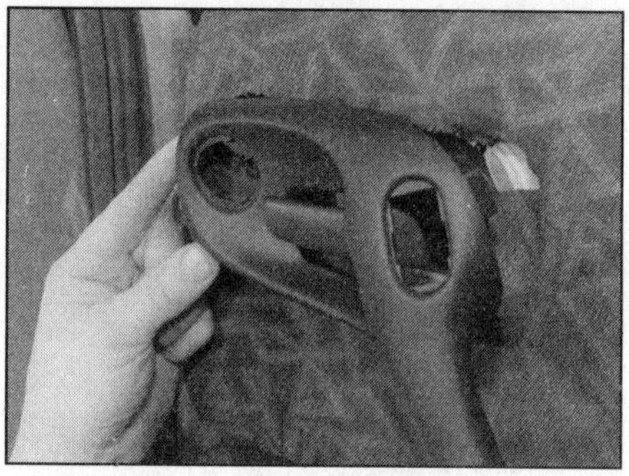

12.13b . . . och ta bort bakdörrens handtag/infattning

14 Om en manuell fönstervev är monterad, stäng fönstret helt och notera vevens vinkel. Veven måste nu tas bort från dess spårade axel. För att göra detta, placera en trasa mellan veven och klädseln och dra den åt ena sidan för att lossa fjäderklämman. Handtaget kan nu demonteras från axeln och brickan tas bort **(se bilder)**.

15 Bänd loss den trekantiga plastkåpan från klädselpanelens övre bakre hörn **(se bild)**.

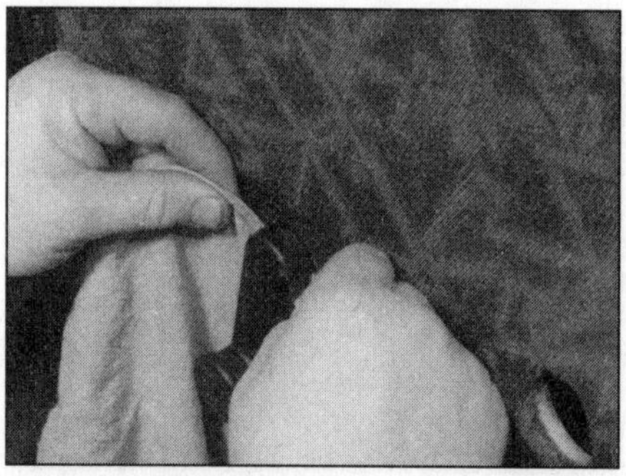

12.14a Placera en trasa mellan veven och klädseln . . .

12.14b . . . och dra den åt sidan för att lossa fjäderklämman, ta sedan loss veven från dess axel . . .

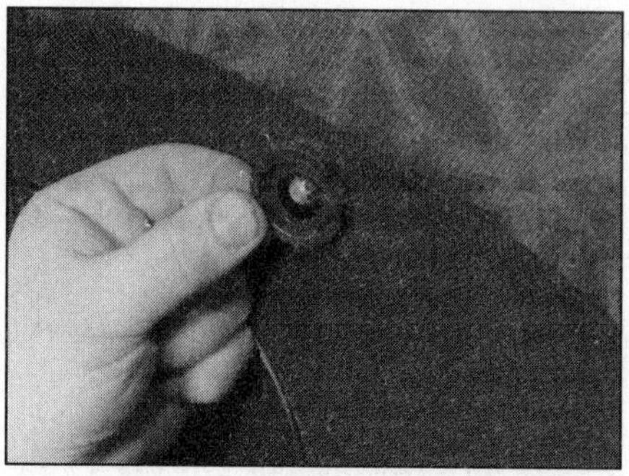

12.14c . . . och ta bort brickan

12.15 Ta loss den trekantiga plastkåpan från bakdörren

12.16a Skruva loss skruvarna från dörrens nederkant . . .

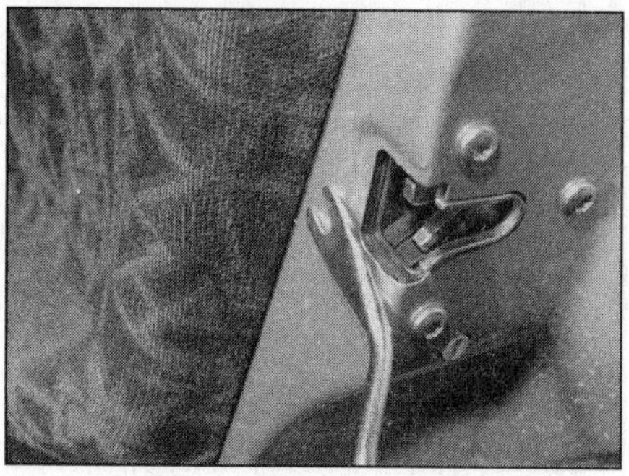

12.16b . . . bänd försiktigt loss klädselpanelen . . .

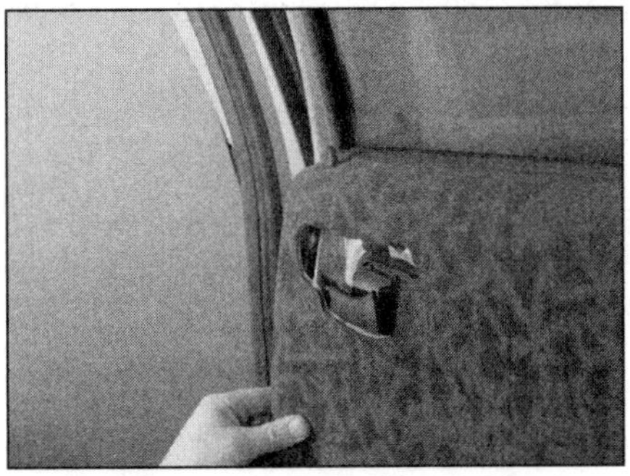

12.16c . . . och haka loss den från låsknappen

16 Skruva loss och ta bort skruvarna från den nedre kanten av klädselpanelen, använd sedan en bredbladig skruvmejsel eller liknande till att försiktigt bända loss klädselpanelens klämmor från insidan av

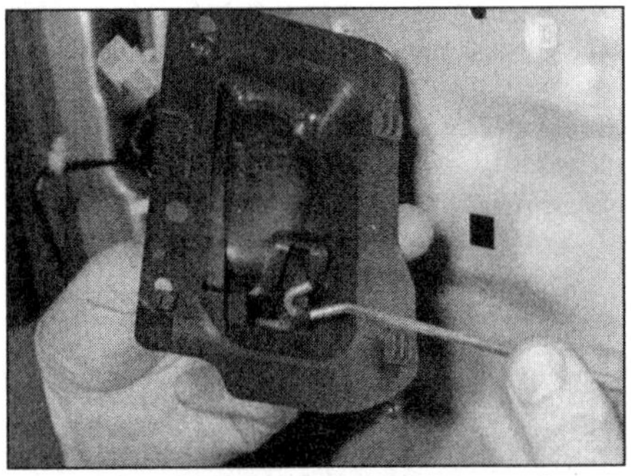

13.3 Haka loss innerhandtaget från länkaget

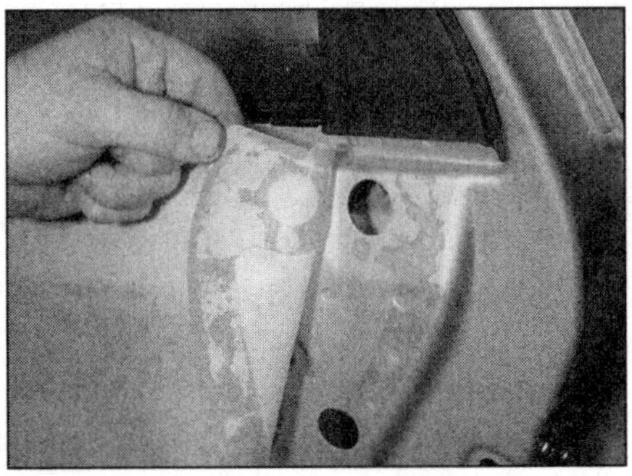

12.17 Plastskyddet tas bort från dörren

dörren. Haka loss panelens överkant från låsknappen och ta bort den från dörren **(se bilder)**.

17 Om så behövs, ta försiktigt loss skyddsplasten från dörren **(se bild)**.

Montering

18 Montering sker i omvänd ordning mot demontering.

13 Dörrhandtag och lås – demontering och montering

Inre dörrhandtag

Demontering

1 Demontera klädselpanelen och ta bort skyddsplasten enligt beskrivning i avsnitt 12.

2 Tryck innerhandtaget framåt för att lossa det från de avlånga hålen i dörren.

3 Haka loss dörrhandtaget från länkaget **(se bild)**.

Montering

4 Montering sker i omvänd ordning.

Framdörrens yttre handtag

Demontering

5 Demontera dörrens klädselpanel och ta bort skyddsplasten enligt beskrivningen i avsnitt 12.

6 Med fönstret stängt, dra ut gummistyrningen, skruva sedan loss fästskruvarna och ta ner bakrutans styrning från fönstret. Dra ut styrningen från öppningen i dörren **(se bilder)**.

7 Skruva loss muttrarna baktill på ytterhandtaget med en hylsa instucken genom hålet i dörren **(se bild)**.

8 Dra försiktigt bort ytterhandtaget från dörren. Var noga med att inte skada lacken **(se bild)**.

9 Haka loss länkaget från den inre kåpan/låscylinderhuset och dra ut handtaget genom öppningen i dörren **(se bilder)**.

Montering

10 Montering sker i omvänd ordning, men innan den inre klädselpanelen monteras, skruva ner den räfflade muttern på handtagets länkage tills den inte har något spel.

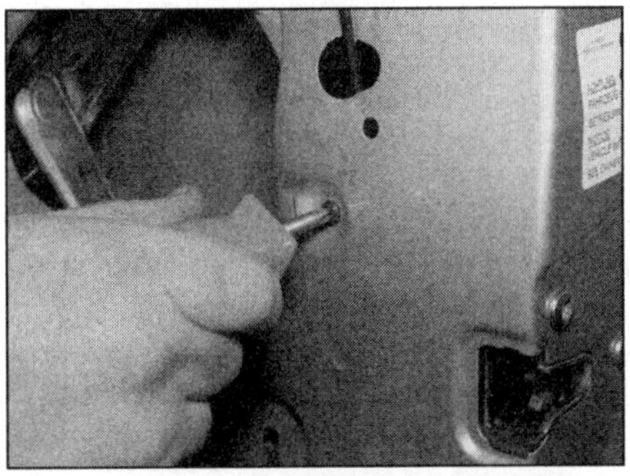

13.6a Skruva loss den övre fästskruven . . .

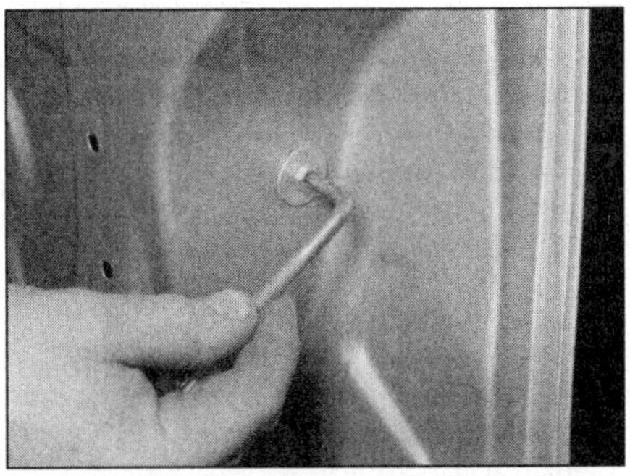

13.6b . . . och den nedre bakre fästskruven . . .

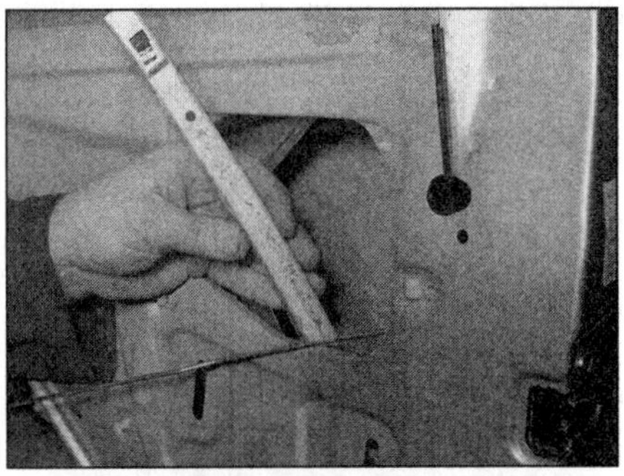

13.6c . . . och dra ut styrningen genom öppningen i dörren

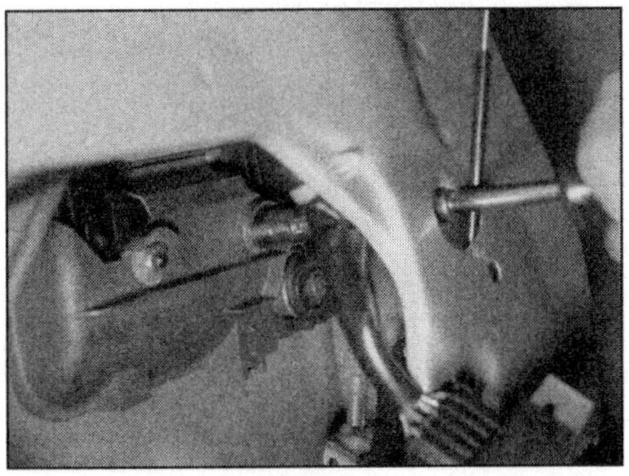

13.7 Skruva loss muttrarna med hjälp av en hylsa genom hålet i dörren . . .

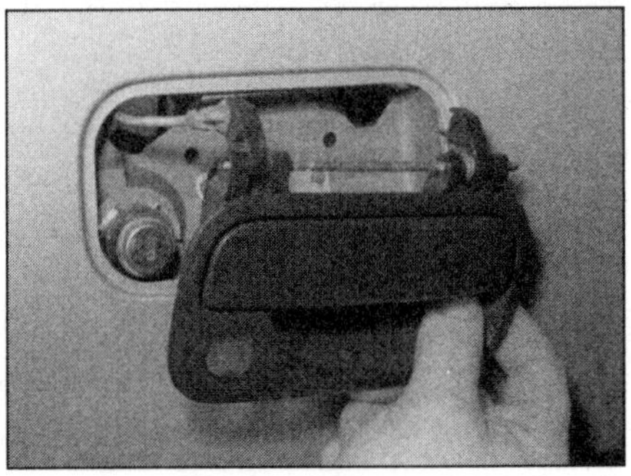

13.8 . . . ta loss ytterhandtaget från dörrens utsida . . .

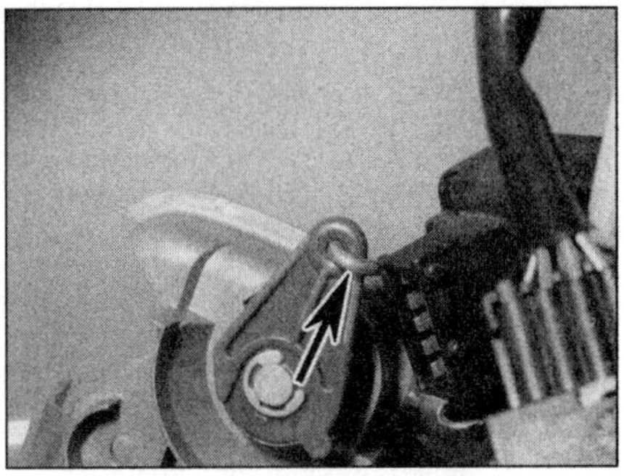

13.9a . . . haka loss länkaget . . .

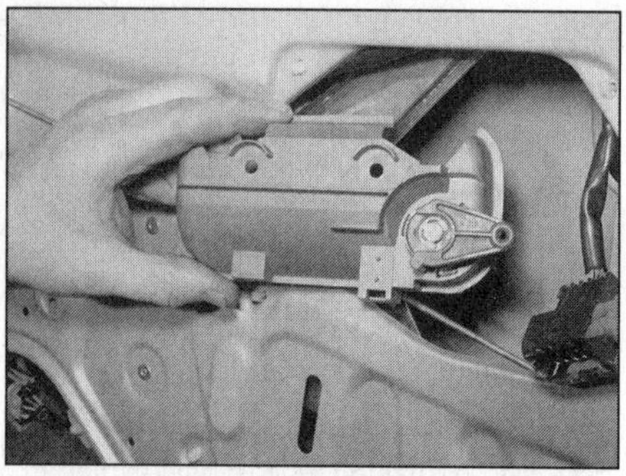

13.9b . . . och dra ut handtaget genom öppningen i dörren

Bakdörrens yttre handtag

Demontering

11 Demontera dörrens inre klädselpanel och ta bort skyddsplasten enligt beskrivning i avsnitt 12.

12 Sänk fönstret. Dra loss fönstrets tätningsremsa från fönsteröppningens bakre del och dra den uppåt från rutstyrningen **(se bild)**.

13 Skruva loss fästskruvarna och dra bort rutstyrningen upptill på dörren. Man kommer åt den nedre fästskruven genom ett speciellt hål i dörren **(se bild)**.

14 Skruva loss muttrarna baktill på ytterhandtaget med en hylsa instucken genom öppningen avsedd för åtkomlighet av den bakre muttern. Dra bort den inre kåpan/säkerhetsplattan genom öppningen i dörren **(se bilder)**.

15 Koppla loss länkagearmarna från dörrlåset genom att bända upp plastklämmorna.

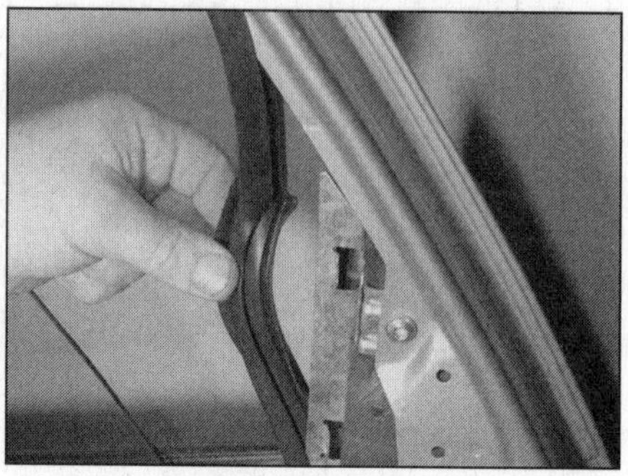

13.12 Dra loss tätningsremsan från styrningen . . .

16 Dra bort handtaget från dörren men var försiktig så att inte lacken skadas **(se bild)**.

Montering

17 Montering sker i omvänd ordning, men innan klädselpanelen monteras, skruva ner den räfflade muttern på handtagets länkage tills den inte har något fritt spel.

Framdörrens låscylinder

Demontering

18 Demontera det yttre handtaget enligt beskrivningen ovan.

19 Sätt in nyckeln i låscylindern, ta sedan loss låsringen och ta bort armen från cylinderns bakre del.

20 Dra bort låscylindern från den inre kåpan/säkerhetsplattan.

Montering

21 Montering sker i omvänd ordning.

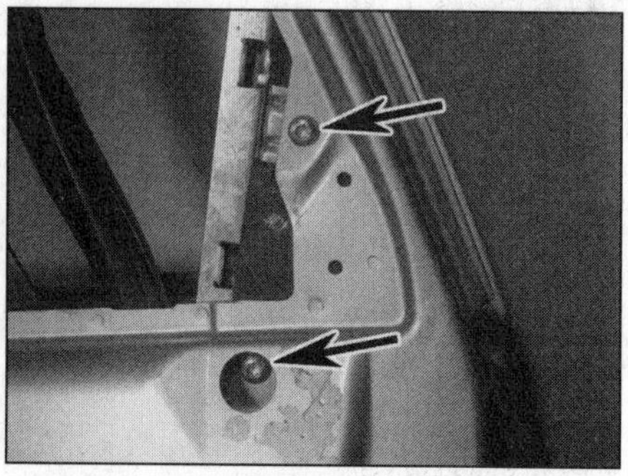

13.13 . . . skruva loss fästskruvarna och ta bort styrningen

Framdörrens lås

Demontering

22 Demontera dörrens innerklädsel och ta bort skyddsplasten enligt beskrivningen i avsnitt 12.

23 Med fönstret stängt, skruva loss fästskruvarna och sänk ned rutstyrningen från fönstret. Dra ut styrningen från öppningen i dörren.

24 Om monterat, koppla loss centrallåsets kablage från låset genom att bända upp plasthållaren och ta loss kontaktdonet **(se bild)**.

25 Skruva loss de tre fästskruvarna, koppla sedan loss länkarmarna för det yttre dörrhandtaget och låscylindern från låset.

26 Dra bort låset från dörrens insida och för samtidigt låsknappen genom hålet **(se bilder)**.

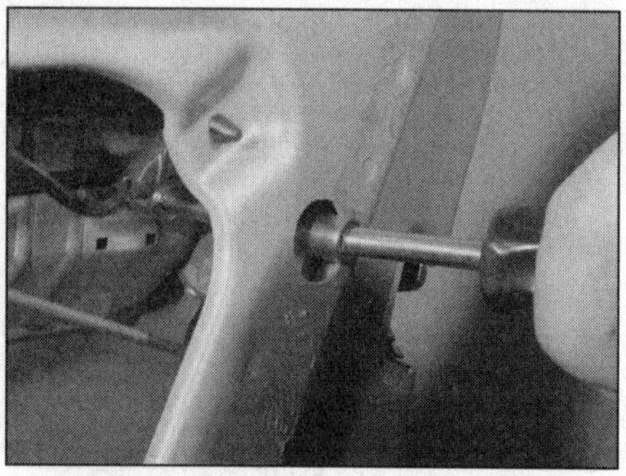

13.14a Skruva loss muttrarna . . .

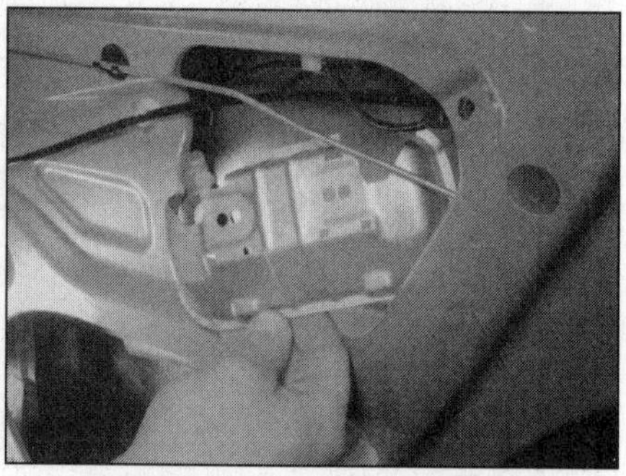

13.14b . . . och ta bort den inre kåpan/säkerhetsplattan från dörren

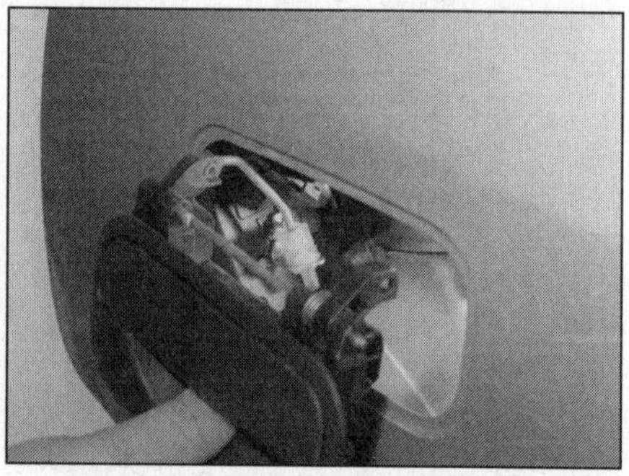

13.16 Ta bort bakdörrens ytterhandtag från dörrens utsida

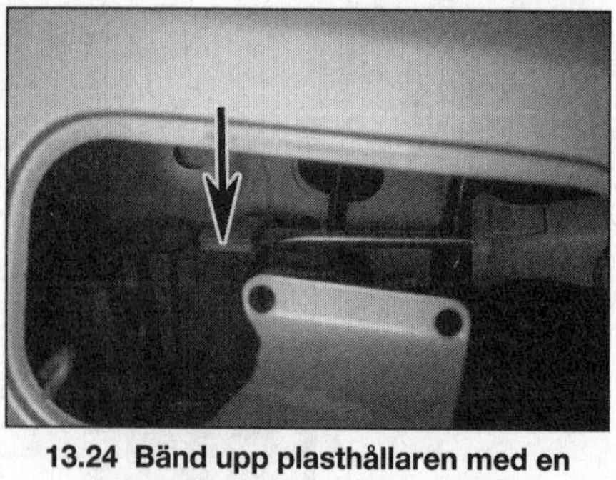

13.24 Bänd upp plasthållaren med en skruvmejsel för att kunna ta loss centrallåsets kablage från låset

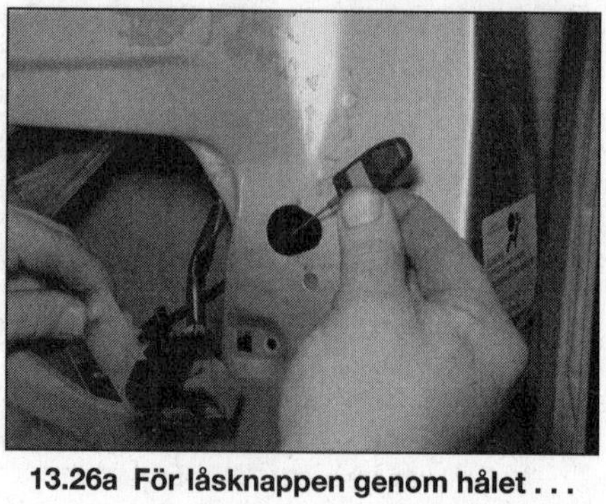

13.26a För låsknappen genom hålet . . .

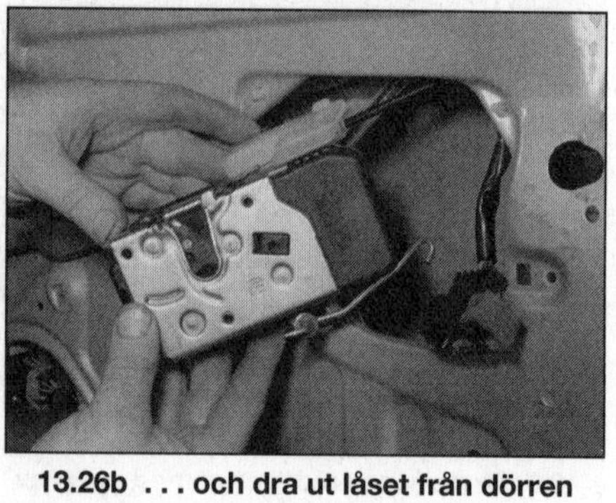

13.26b . . . och dra ut låset från dörren

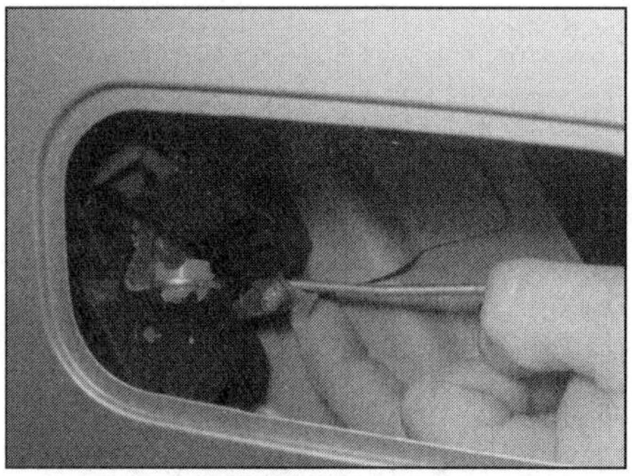

13.31 Lossa plastklämman och koppla loss låsknappens förlängning från bakdörrens lås

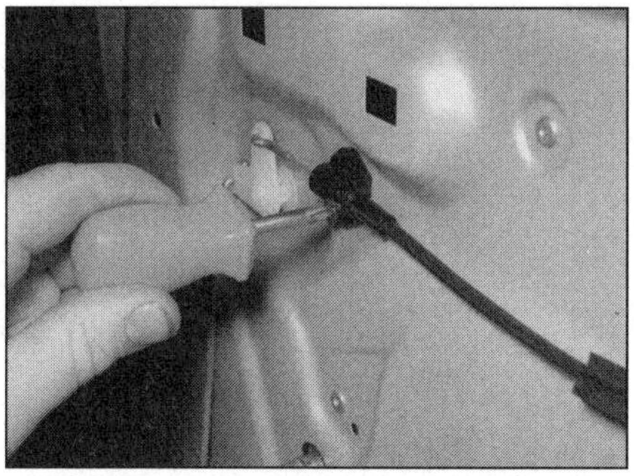

13.32a Skruva loss skruven och koppla loss den främre änden av låsknappens vajer från mellanarmen . . .

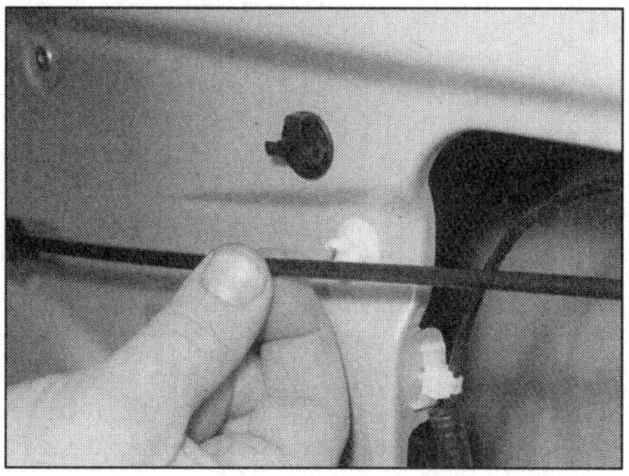

13.32b . . . och frigör vajern från stödet

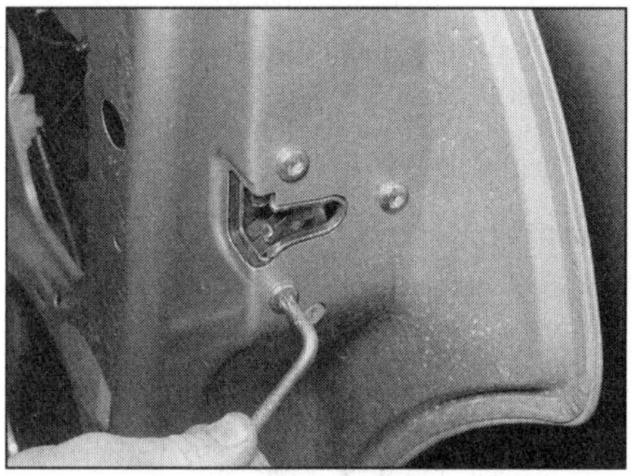

13.33a Skruva loss fästskruvarna . . .

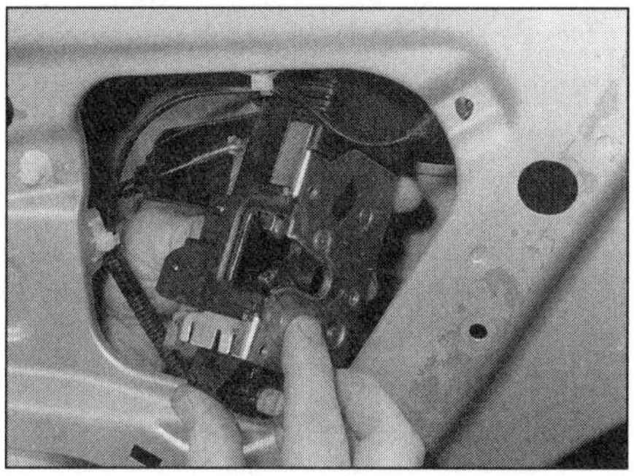

13.33b . . . och dra ut låset genom öppningen i dörren

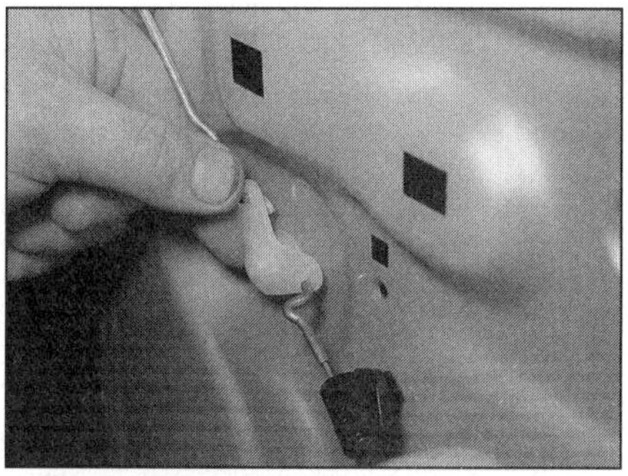

13.35 Låsknappens mellanarm tas bort

27 Koppla loss det inre handtagets vajer.

Montering

28 Montering sker i omvänd ordning.

Bakdörrens lås

Demontering

29 Demontera dörrens inre klädselpanel och ta bort skyddsplasten enligt beskrivning i avsnitt 12.

30 Demontera det yttre handtaget enligt tidigare beskrivning.

31 Koppla loss låsknappens förlängningslänkage från låset genom att lossa plastklämman **(se bild)**.

32 Skruva loss skruven och koppla loss den främre änden av låsknappens vajer från mellanarmen. Lossa vajern från stödet **(se bilder)**.

33 Skruva loss låsets fästskruvar och dra ut låset genom dörrens inre öppning **(se bilder)**.

34 Koppla loss centrallåsets kablage genom att bända upp plasthållaren och ta loss kontaktdonet.

35 Om så behövs, ta loss låsknappens mellanarm **(se bild)**.

Montering

36 Montering sker i omvänd ordning.

14 Dörrens fönsterhiss och ruta - demontering och montering

Fönsterhiss

Observera: *Nya nitar behövs för att säkra hissmekanismen till dörren vid montering.*

Demontering

1 Demontera dörrens inre klädselpanel och ta bort skyddsplasten enligt beskrivningen i avsnitt 12.

2 Vid demontering av den främre fönsterhissen på modeller med sidokrockkuddar, demontera krockkuddssensorns fästkonsol, se kapitel 12.

3 Stäng fönstret helt och säkra det med en stark tejp **(se bild)**.

4 På modeller med elektriska fönsterhissar, koppla loss kontaktdonet genom att trycka ihop flikarna **(se bild)**.

5 Markera placeringen för fönsterhissens styrskena i det avlånga hålet, skruva sedan loss och ta bort justerskruven **(se bild)**.

6 Borra ut nitarna, dra sedan armens förlängningar från kanalen längst ner på rutan **(se bilder)**.

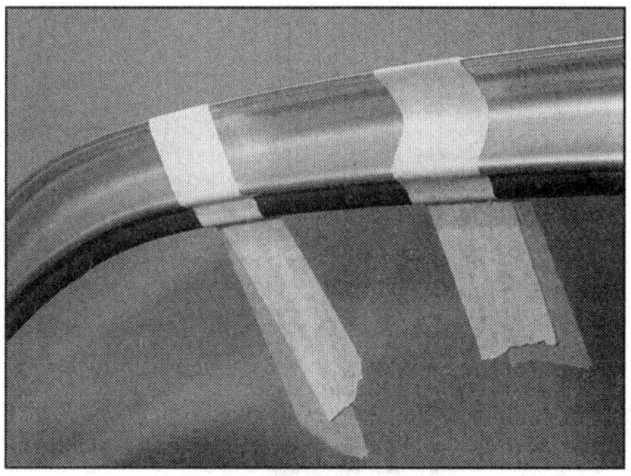

14.3 Fäst rutan i helt stängt läge med stark tejp

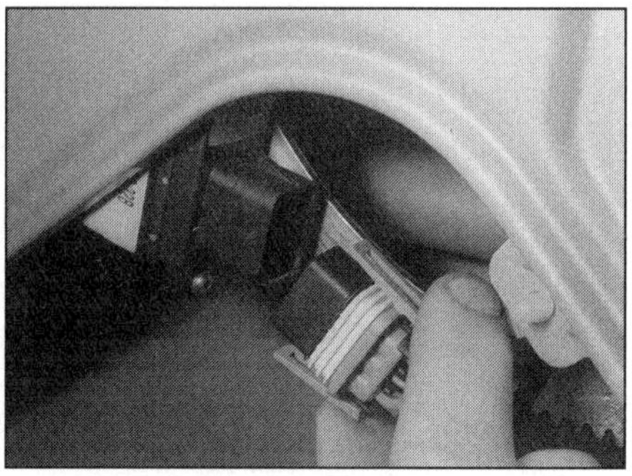

14.4 Koppla loss kontaktdonet från fönsterhissens regulator

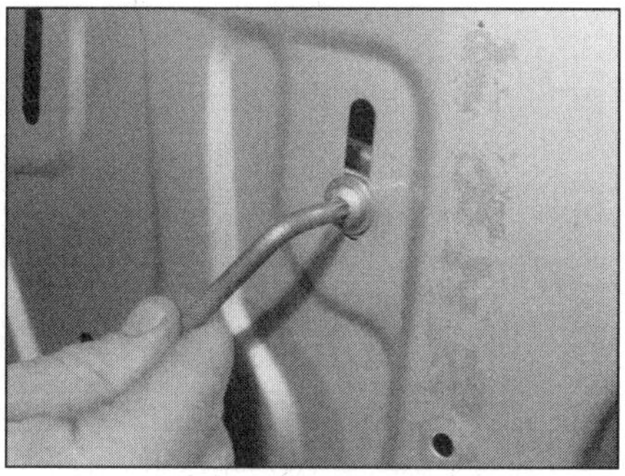

14.5 Markera styrskenans position i det avlånga hålet innan den skruvas loss

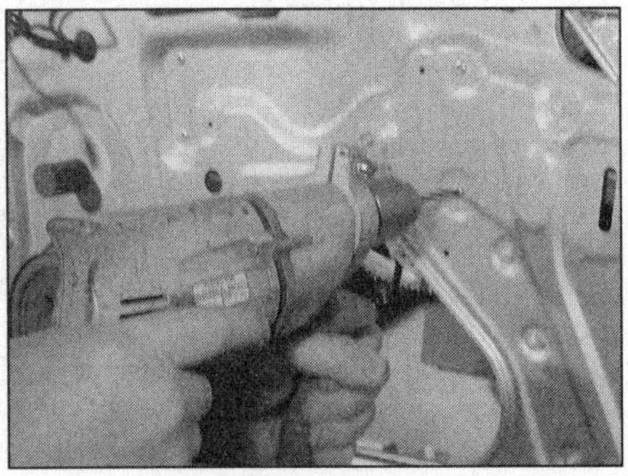

14.6a Borra ut nitarna . . .

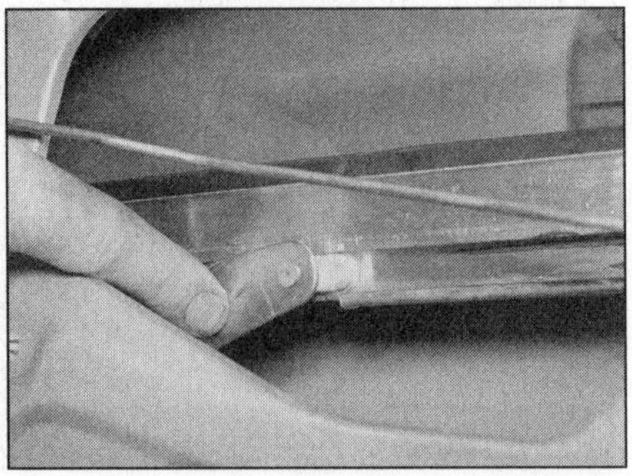

14.6b . . . och dra armförlängningarna från kanalen längst ner på rutan

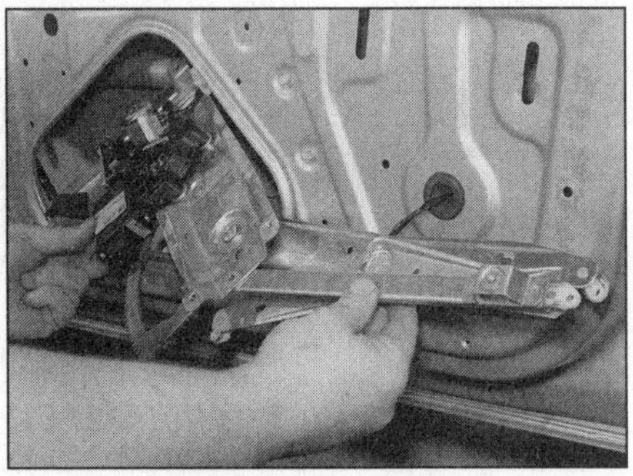

14.7a Demontering av framdörrens fönsterhissmekanism . . .

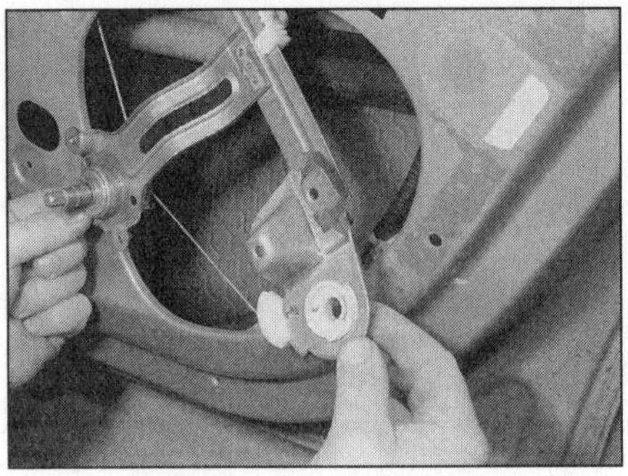

14.7b . . . och bakdörrens fönsterhissmekanism

7 Ta ut hissmekanismen från öppningen i dörrens inre panel **(se bilder)**.

Montering

8 Montering sker i omvänd ordning. Använd en popnittång till att säkra hissen med nya popnitar **(se bilder)**. Innan skyddsplasten och den inre klädselpanelen sätts tillbaka, justera fönsterhissens position genom att sätta in justerskruven och först bara dra åt den lätt, därefter höja och sänka fönstret helt. Dra åt justerskruven ordentligt och kontrollera att fönstret öppnar och stänger som det ska. Montera slutligen skyddsplasten och innerklädseln.

9 På modeller med elektriska fönsterhissar måste mekanismen omprogrammeras enligt följande. Stäng fönstret helt och håll sedan ner brytaren helt i ytterligare 5 sekunder.

Fönsterruta

Demontering

10 Demontera fönsterhissen enligt beskrivningen ovan.

11 Ta bort fönstertätningen på den yttre kanten på dörren, luta sedan rutan nedåt framtill och lyft den försiktigt uppåt från dörren **(se bild)**.

Montering

12 Montering sker i omvänd ordning.

15 Bakre hörnruta - demontering och montering

Observera: *Detta avsnitt beskriver demontering av hörnrutan på sedan och kombikupé. Se avsnitt 24 för kombi.*

Demontering

1 Demontera den inre klädselpanelen för att komma åt den bakre hörnrutans glas, se avsnitt 29.

2 Skruva loss muttrarna och ta bort glasrutan från karossen; på sedan är det 4 muttrar, på kombikupé 7.

Montering

3 Montering sker i omvänd ordning mot demontering.

16 Tankluckans lås - demontering och montering

Demontering

1 Öppna tankluckan och ta bort påfyllningslocket.

2 Skruva loss de två skruvarna och ta bort tankluckan.

3 Lossa gummidamasken från karossen och dra bort den över påfyllningshalsen.

4 Spärren kan demonteras om man skruvar loss de två skruvarna.

Montering

5 Montering sker i omvänd ordning, använd lämpligt lim till att fästa gummidamasken på karossen. Ta bort allt gammalt lim först. Observera att en ny tanklucka måste målas med karossens färg innan den monteras.

17 Bagagelucka - demontering, montering och justering

Demontering

1 Öppna bagageluckan, koppla loss kablaget vid kontaktdonet.

2 Använd en blyertspenna eller en markeringspenna, gör markeringar runt gångjärnen på luckan för att underlätta monteringen.

14.8a Sätt i nya popnitar . . .

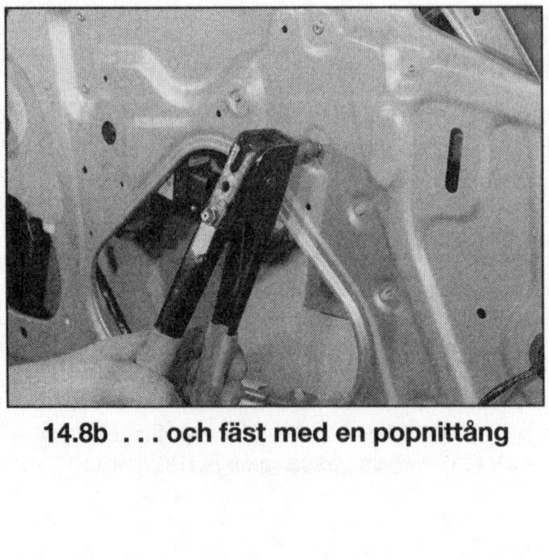

14.8b . . . och fäst med en popnittång

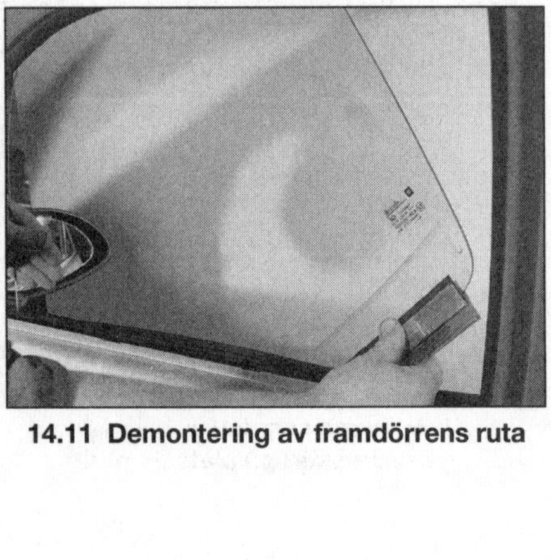

14.11 Demontering av framdörrens ruta

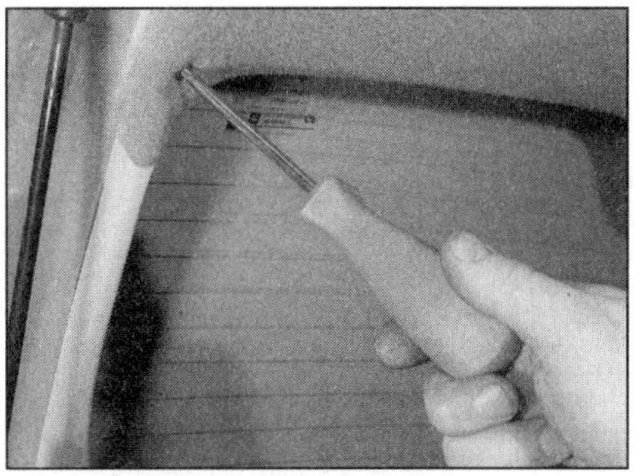

19.8a Skruva loss de övre skruvarna . . .

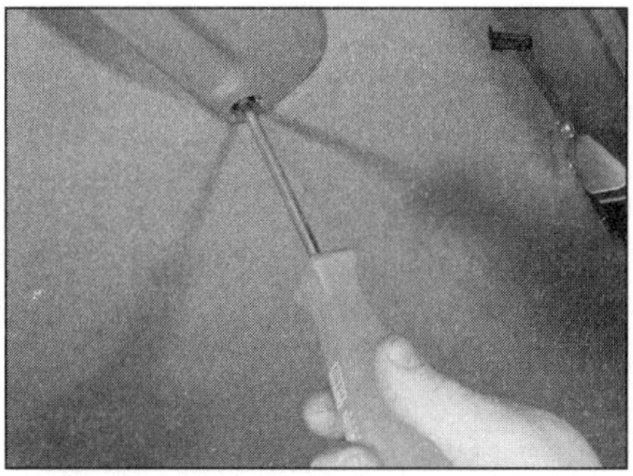

19.8b . . . och de nedre skruvarna . . .

19.8c . . . och ta loss panelen från insidan av bakluckan (kombi)

3 Ta hjälp av någon, skruva loss fästbultarna och lyft av luckan från gångjärnen.

4 Gångjärnen kan demonteras om så önskas, om man hakar loss returfjädrarna och skruvar loss gångjärnen från karossen.

Montering och justering

5 Montering sker i omvänd ordning, men se till att gångjärnen placeras enligt tidigare gjorda markeringar och dra åt fästbultarna ordentligt. Med bagageluckan stängd, kontrollera att den är placerad mitt i öppningen i karossen. Om justering behövs, lossa fästbultarna, placera om luckan och dra åt bultarna. Kontrollera också att spärren går in mitt i låset. Om så inte är fallet, lossa fästbulten, justera spärrens läge och dra åt bulten igen.

18 Bagageluckans låskomponenter - demontering och montering

Lås

Demontering

1 Öppna bagageluckan, skruva loss skruvarna och ta bort klädselpanelen genom att försiktigt bända ut den med en bredbladig skruvmejsel.

2 Koppla loss centrallåsets länkstag genom att bända upp plasthållaren.

3 Skruva loss fästbultarna med en torxnyckel och dra ut låset från bagageluckans insida.

19.15 Klämma som håller bakluckans gångjärnsstift på plats (kombi)

Montering

4 Montering sker i omvänd ordning. Kontrollera att låset hakar i spärren centralt när luckan stängs. Om så behövs, lossa bulten och justera spärrens position, dra sedan åt bulten igen.

Låscylinder

Demontering

5 Öppna bagageluckan och demontera klädselpanelen enligt tidigare beskrivning.

6 Koppla loss centrallåsets länkstag genom att bända upp plasthållaren.

7 Skruva loss fästbultarna med sexkantsskallar, haka sedan loss låscylindern från låslänkstaget och ta bort den från bagageluckan.

Montering

8 Montering sker i omvänd ordning.

19 Baklucka och stöttor - demontering, montering och justering

Baklucka (kombikupé)

Demontering

1 Koppla loss batteriets negativa anslutning (jord) (se kapitel 5A).

2 Öppna bakluckan och koppla loss kabelhärvan vid kontaktdonen.

3 Koppla loss bakluckans spolarslang.

4 Låt en medhjälpare stötta bakluckan, koppla sedan loss de övre ändarna av stöttorna genom att bända ut fjäderklämmorna med en liten skruvmejsel. Sänk stöttorna mot karossen.

5 Dra ut klämmorna från gångjärnens pivåstift, driv sedan ut stiften med en lämplig dorn medan en medhjälpare håller i luckan. Ta bort luckan från bilen.

Montering

6 Montering sker i omvänd ordning mot demontering, men kontrollera att luckan sitter mitt i öppningen när den är stängd, och jäms med omgivande kaross. Om så behövs, ta bort klädseln från den bakre delen av innertaket och lossa gångjärnens fästbultar, placera om bakluckan, dra åt bultarna och sätt tillbaka klädseln. Om så behövs, justera placeringen av gummistöden så att bakluckan hamnar jäms med omgivande kaross. Efter dessa justeringar, kontrollera att spärren går in i mitten i låset; lossa annars spärrens bultar och placera om den. Dra avslutningsvis åt bultarna.

Baklucka (kombi)

Demontering

7 Koppla loss batteriets negativa anslutning (jord) (se kapitel 5A).

8 Öppna bakluckan, ta bort klädselpanelen genom att ta bort skruvarna och försiktigt bända loss panelen från klämmorna **(se bilder)**.

9 Koppla loss kablaget vid kontaktdonet just under bakluckans ruta.

10 Lossa kabelbanden och skruva loss jordkabeln.

11 Koppla loss kablaget från den uppvärmda bakrutan, innerbelysningskontakten, nummerplåtsbelysningen, torkarmotorn, centrallåsdrivningen och stöldskyddssystemets kontakt

12 Knyt fast ett snöre i änden av kabelhärvan, dra sedan ut det från toppen av bakluckan. Knyt loss snöret och lämna det på plats i luckan för att underlätta monteringen.

13 Koppla loss bakluckans spolarslang.

14 Låt en medhjälpare stötta bakluckan, koppla loss de övre ändarna av stöttorna genom att bända ut fjäderklämmorna med en liten skruvmejsel.

15 Dra ut klämmorna från gångjärnens pivåstift, driv sedan ut stiften med en lämplig dorn medan medhjälparen håller bakluckan. Ta bort bakluckan från bilen **(se bild)**.

Montering

16 Montering sker i omvänd ordning, kontrollera att luckan sitter mitt i öppningen när den är stängd och att den är jäms med omgivande kaross. Om så behövs, ta loss klädseln från den bakre delen av innertaket och lossa gångjärnens bultar, placera om luckan, dra åt bultarna och sätt tillbaka takklädseln. Om så behövs, justera gummistödens position så att bakluckan hamnar jäms med omgivande kaross. När justeringarna gjorts, kontrollera att spärren går in mitt i låset; lossa annars spärrens bultar

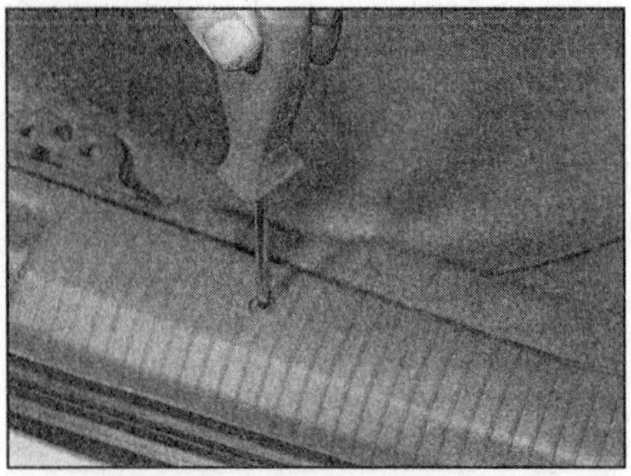

19.16a Skruva loss skruvarna och ta bort den bakre panelen . . .

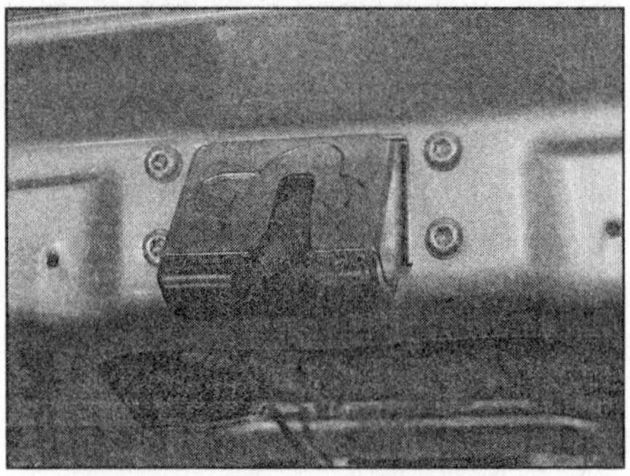

20.3 Bakluckans lås och fästbultar

och placera om den. Man kan behöva ta bort den bakre klädselpanelen för att göra detta. Dra åt bultarna och sätt tillbaka klädseln **(se bilder)**.

Stöttor

Demontering

17 Öppna bakluckan och notera vilken väg stöttorna är monterade. Låt en medhjälpare hålla bakluckan i sitt öppna läge.

18 Använd en liten skruvmejsel, bänd loss fjäderklämman från toppen av stöttan och koppla loss den från kulan på luckan **(se bild)**.

19 Ta också loss fjäderklämman längst ner på stöttan och lossa den från kulan på karossen. Ta bort stöttan.

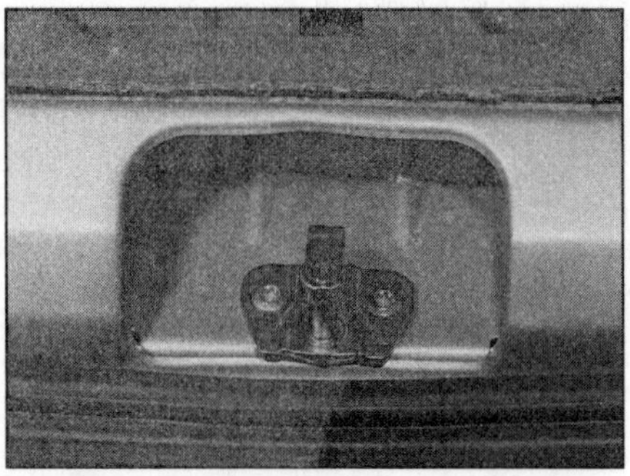

19.16b . . . för att komma åt bakluckans spärr

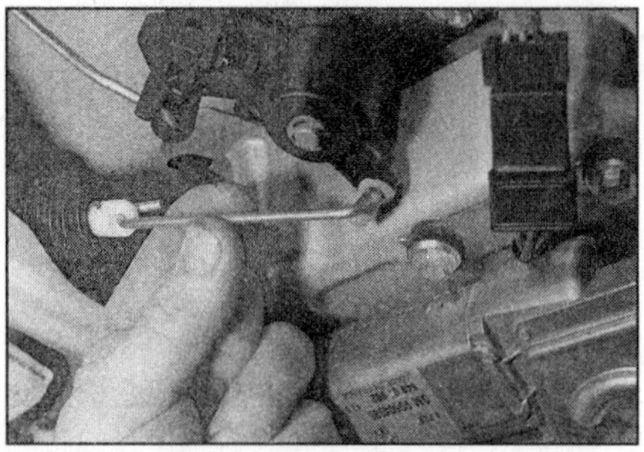

20.6 Koppla loss centrallåsets länkstag från låscylindern

Montering

20 Montering sker i omvänd ordning, se till att det exponerade staget placeras upptill.

20 Bakluckans låskomponenter - demontering och montering

Lås

Demontering

1 Öppna bakluckan och demontera klädselpanelen.

2 Koppla loss länkaget genom att bända upp plasthållaren.

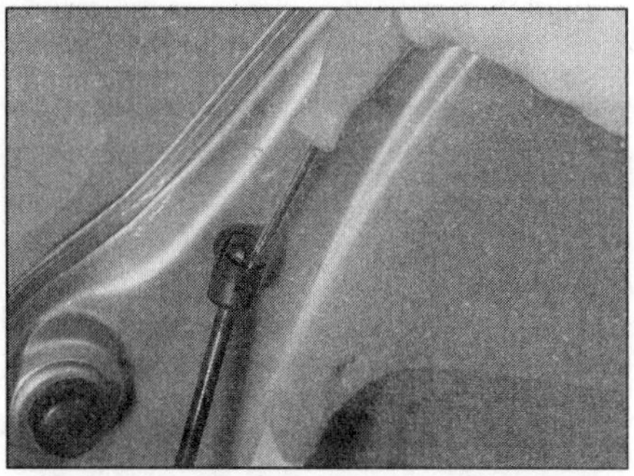

19.18 Bänd loss fjäderklämman längst upp på bakluckans stötta med en skruvmejsel

3 Skruva loss bultarna med en Torxnyckel, ta sedan bort låset från bakluckan **(se bild)**.

Montering

4 Montering sker i omvänd ordning.

Låscylinder

Demontering

5 Öppna bakluckan och demontera klädselpanelen.

6 Koppla loss centrallåslänken genom att bända upp plasthållaren **(se bild)**.

7 Skruva loss fästmuttrarna med sexkantsskallar, haka sedan loss låscylinderenheten från låsets länkstag och ta bort den från bakluckan **(se bilder)**.

Montering

8 Montering sker i omvänd ordning.

21 Centrallåssystemets komponenter - demontering och montering

Dörrens servomotor

Demontering och montering

1 Servomotorn är integrerad med dörrlåsen. Se avsnitt 13 för information om demontering och montering.

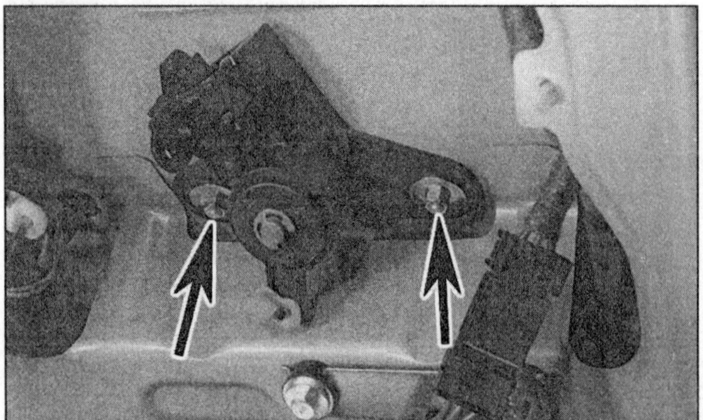

20.7a Skruva loss muttrarna . . .

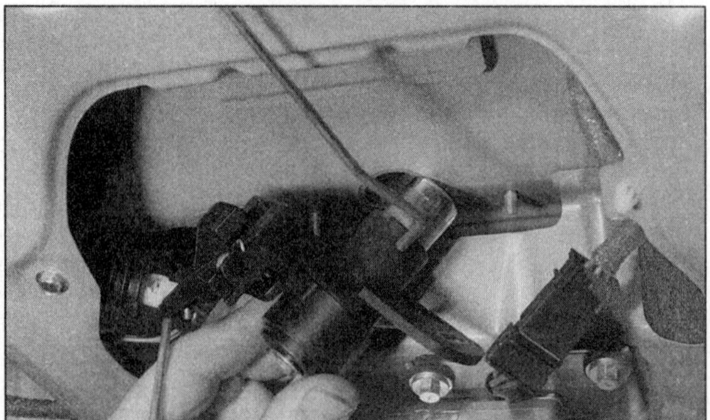

20.7b . . . och ta loss låscylindern från bakluckan

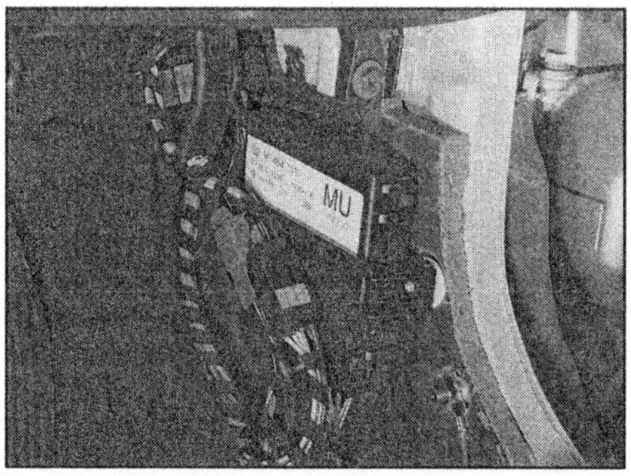

21.3 Centrallås-/stöldlarmsystemets styrenhet

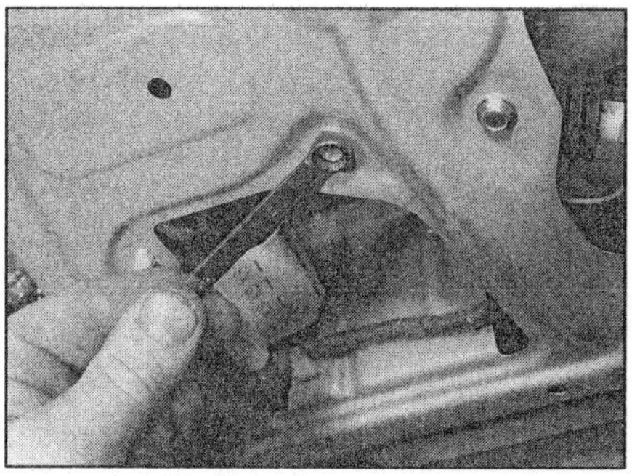

21.12 Skruva loss fästbultarna . . .

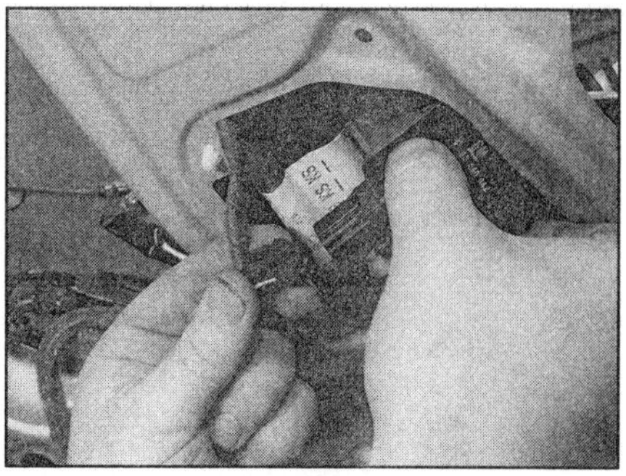

21.13 . . . och ta loss servomotorn från bakluckan

Styrenhet

Observera: *Centrallåsets styrenhet används också för stöldskyddssystemet.*

Demontering

2 Demontera klädselpanelen i höger fotbrunn.
3 Lossa haken och koppla loss kablaget längst ner på styrenheten **(se bild)**.
4 Skruva loss fästmuttrarna och ta bort styrenheten från bilens insida.

Montering

5 Montering sker i omvänd ordning, men dra åt fästmuttrarna ordentligt.

Bagageluckans servomotor

Demontering

6 Öppna bagageluckan, koppla loss centrallåslänken från servomotorn genom att bända upp plasthållaren.
7 Koppla loss kontaktdonet(-n) från motorn.
8 Skruva loss fästbultarna och ta bort servomotorn från bagageluckan.

Montering

9 Montering sker i omvänd ordning, dra åt bultarna ordentligt.

Bakluckans servomotor

Demontering

10 Öppna bakluckan och demontera klädselpanelen.
11 Koppla loss servomotorns länkage från låscylindern genom att bända upp plasthållaren.

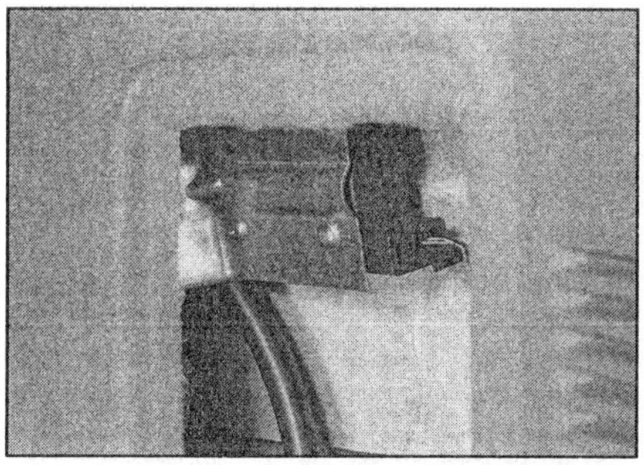

21.15 Tankluckans servomotor placerad bakom luckan i höger klädselpanel i bagageutrymmet (kombikupé och kombi)

12 Skruva loss fästbultarna **(se bild)**.
13 Koppla loss kontaktdonet från motorn och ta bort servomotorn från bakluckan **(se bild)**.

Montering

14 Montering sker i omvänd ordning, men dra åt fästbultarna ordentligt.

Tankluckans servomotor (kombikupé och kombi)

Demontering

15 Öppna klädselluckan på höger sida i bagageutrymmet, koppla loss kontaktdonet från servomotorn **(se bild)**.
16 Skruva loss de två fästbultarna och ta bort servomotorn från den bakre kvartspanelen. Dra in motorn i bilen.

Montering

17 Montering sker i omvänd ordning, dra åt fästbultarna ordentligt.

Tankluckans servomotor (sedan)

Demontering

18 Öppna klädselluckan på höger sida i bagageutrymmet och ta bort domkraften.
19 Ta loss innerklädselpanelen, koppla sedan loss kontaktdonet från servomotorn.
20 Skruva loss fästet och servomotorn och lyft in motorn i bilen.

Montering

21 Montering sker i omvänd ordning, dra åt fästbultarna ordentligt.

22 Elfönsterhissar - demontering och montering av komponenter

Observera: *Efter det att batteriet återanslutits, säkringar bytts ut eller fönsterhissens kontakter återanslutits, måste varje fönsterhiss omprogrammeras.*

Mittkonsolens reglagebrytare

Demontering

1 Ta försiktigt bort förvaringsutrymmets panel under handbromsspaken på mittkonsolen.
2 Koppla loss aktuellt kontaktdon, bänd sedan försiktigt ut reglagebrytaren och ta bort den tillsammans med kablaget från mittkonsolen.

Montering

3 Montering sker i omvänd ordning.

Bakdörrens reglagebrytare

Demontering

4 Använd två små skruvmejslar, bänd försiktigt loss bakdörrens reglagebrytare från dörrhandtaget. Ta också loss högtalargrillen och den nedre plastpluggen.
5 Skruva loss bultarna och ta bort draghandtaget medan brytarens kablage matas igenom.
6 Koppla loss kablaget och ta bort brytaren.

Montering

7 Montering sker i omvänd ordning.

Fönsterhissmotor

Demontering

8 Demontera fönsterhissen enligt beskrivning i avsnitt 14.
9 Skruva loss motorn från hissen.

Montering

10 Montering sker i omvänd ordning.

Programmering

11 Efter montering av en fönsterhissmotor eller anslutning av batteriet, måste varje motor programmeras i helt stängt läge.
12 Med tändningen påslagen, stäng alla dörrar.
13 Arbeta på ett fönster i taget, stäng fönstret helt genom att trycka ned vippbrytaren och sedan hålla den nere i minst 2 sekunder.

23 Yttre backspeglar och tillhörande komponenter - demontering och montering

Yttre spegel

Demontering

1 På modeller med elstyrda och eluppvärmda ytterbackspeglar, ta bort dörrens inre klädselpanel och skyddsplast enligt beskrivning i

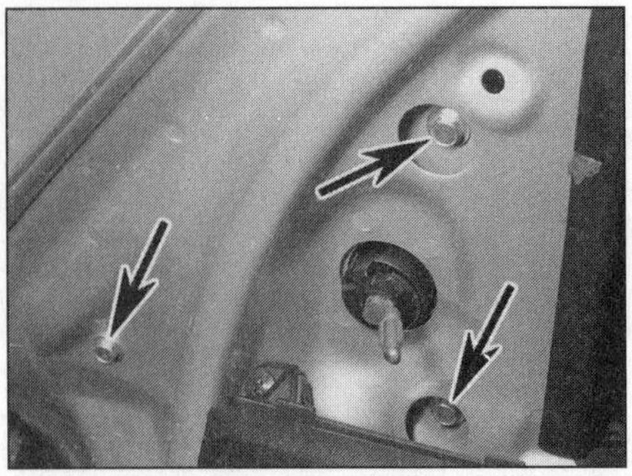

23.3a Skruva loss fästbultarna (vid pilarna) . . .

23.3b . . . och ta bort backspegeln från dörren

23.5 Koppla loss spegelglaset från hållaren i mitten och reglagevajeränderna

avsnitt 12, koppla sedan loss spegelns kablage.

2 På modeller med manuellt styrda speglar, dra försiktigt av reglageknoppen, bänd loss den triangulära klädselplattan och ta bort stoppningen.

3 Håll i spegeln, skruva loss de tre fästbultarna och lyft spegeln från dörren. Notera att den främre bulten är placerad på dörrkanten **(se bilder)**.

Montering

4 Montering sker i omvänd ordning.

Spegelglas

Demontering

5 Med hjälp av en trasa, pressa det övre inre hörnet av spegeln inåt så att glaset tvingas ut från den mittre hållaren och reglagevajerändarna **(se bild)**.

6 Koppla loss spegelns uppvärmningskablage och dra bort spegeln från huset.

Montering

7 Montering sker i omvänd ordning. Tryck försiktigt in spegeln i huset tills den mittre hållaren och reglagevajerändarna går i ingrepp **(se bild)**.

Servomotor

Demontering

8 Demontera spegeln enligt beskrivningen ovan.

9 Demontera spegelglaset enligt beskrivningen ovan.

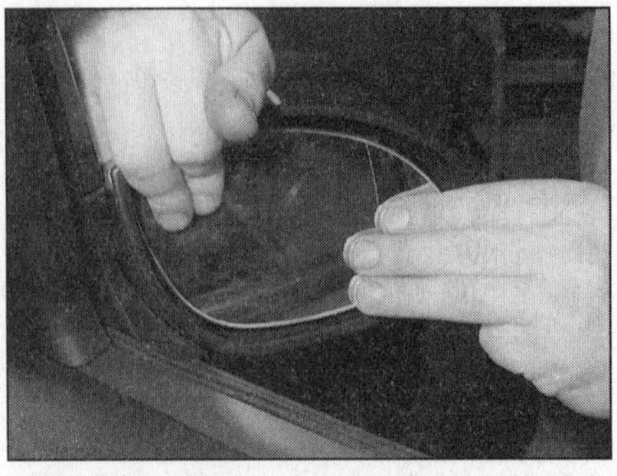

23.7 Vid montering av ett nytt glas, tryck in det ordentligt i huset tills hållaren i mitten och reglagevajerändarna går i ingrepp

10 Demontera den främre kåpan genom att bända ut de övre och nedre hörnen tills klacken lossar, dra sedan ut den bakre delen ur excentern. Ta ut kontaktdonet, skruva loss de tre skruvarna och dra ut servomotorn.

Montering

11 Montering sker i omvänd ordning.

Spegelns aktiveringsbrytare (där monterad på förarens dörr)

Demontering

12 Lossa plastkåpan från insidan av draghandtaget. Bänd också ut brytaren från utsidan av handtaget – koppla loss kablaget om så behövs.

13 Ta loss det lilla högtalargallret.

14 Skruva loss och ta bort fästskruvarna och ta bort draghandtaget/infattningen medan brytarens kablage matas genom hålet. Koppla loss kablaget från högtalaren.

15 Koppla loss kablaget och ta bort brytaren.

Montering

16 Montering sker i omvänd ordning.

Spegelns justervajer

Demontering

17 Demontera spegelglaset enligt tidigare beskrivning.

18 Ta loss kåporna från huset.

19 Notera placeringen för styrningens spår, tryck sedan isär reglagevajerstyrningarna och ta bort dem från spegelhusets baksida. Observera att den övre vajerinfästningen är vit och den nedre svart.

Montering

20 Montering sker i omvänd ordning, men notera att vajerstyrningarna måste placeras i det andra spåret på förarsidan och i det första spåret på passagerarsidan.

24 Vindruta och andra fasta rutor – allmän information

Vindrutan, bakrutan och den bakre hörnrutan (på kombi) är kittade på plats med ett speciellt bindemedel och man behöver specialistutrustning för demontering och montering. Byte av dessa fasta rutor anses ligga utanför vad en hemmamekaniker normalt kan utföra. Vi rekommenderar starkt att detta arbete överlämnas till en specialist på området.

På kombi har den bakre hörnrutan en brottsensor som är länkad till stöldskyddssystemet, och bakrutan innehåller en antenn för radion.

25 Takluckans komponenter – demontering och montering

1 Takluckan kan vara manuellt eller elektriskt manövrerad.

Takluckans glas

Demontering

2 Skjut undan solskärmen och öppna takluckan till hälften.

3 Skruva loss skruvarna från den främre kanten av takluckan och ta bort klädseldelen.

4 Stäng takluckan, lossa sedan sidoklädseln med en skruvmejsel.

5 Markera var sidoskruvarna sitter, skruva sedan loss dem och dra loss glaset.

Montering

6 Montering sker i omvänd ordning, justera glasets höjd enligt följande. Med sidoskruvarna lösa, placera glaset så att den främre kanten är jäms med den främre delen av taket eller max 1,0 mm under, och den bakre kanten är jäms med den bakre delen av taket eller max 1,0 mm över. Dra åt skruvarna till specificerat moment med glaset i detta läge.

Solskärm

Demontering

7 Demontera takluckans glas enligt tidigare beskrivning.

8 Demontera vattenavvisarpanelen.

9 Ta bort de främre löparna, dra sedan skärmen framåt och ta bort de bakre löparna.

10 Ta bort skärmen från taket.

Montering

11 Montering sker i omvänd ordning.

Vindavvisare

Demontering

12 Öppna glaset till hälften, använd sedan en tång till att lossa klackarna framtill i öppningen.
13 Bänd loss hållringen, dra ut stiftet och ta bort avvisaren.

Montering

14 Montering sker i omvänd ordning.

Takluckans vevdrivning

Demontering

15 Demontera innerbelysningslampan enligt beskrivning i kapitel 12.
16 Skruva loss den mittre skruven och ta bort vevhandtaget från axeln.
17 Skruva loss skruvarna och ta bort reglageenhetens kåpa.
18 Skruva loss skruvarna och ta bort vevdrivningen.

Montering

19 Montering sker i omvänd ordning, justera dock först drivningen genom att tillfälligt sätta veven på axeln och vrida drivningen medurs så långt det går. Vrid sedan tillbaka handtaget tre hela varv till spärrläge. **Observera:** *Vevhandtaget stannar efter 8 varv medurs, varefter knappen måste tryckas in och handtaget vridas ytterligare 2 varv för att glaset skall nå sin slutposition.*

Takluckans elektriska drivenhet

Demontering

20 Ta bort styrenhetens panel, koppla sedan loss kabelhärvans kontaktdon från drivenheten.
21 Skruva loss och ta bort den elektriska drivenheten.

Montering

22 Montering sker i omvänd ordning. Det rekommenderas att nya bultar används till att fästa drivenheten.

Taklucka och reglagevajrar

Demontering och montering

23 Demontering och montering av hela takluckan och reglagevajrarna ligger utanför vad de flesta hemmamekaniker klarar av och det involverar demontering av takklädseln. Arbetet bör utföras av en Opelverkstad.

26 Karossens yttre detaljer - demontering och montering

Luftintagspanel

Demontering

1 Öppna motorhuven. Demontera vindrutetorkararmarna enligt beskrivning i kapitel 12.

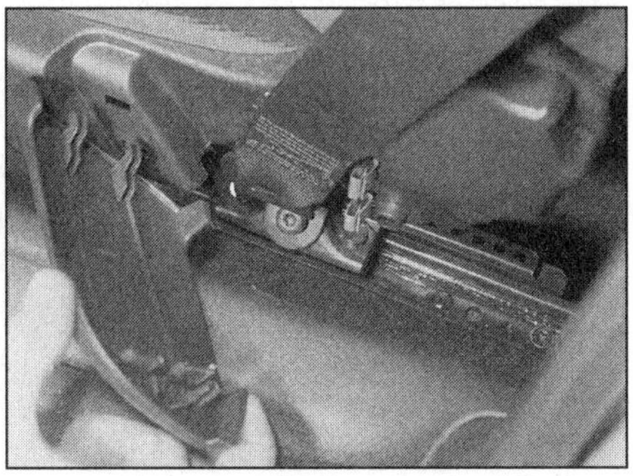

27.1 Bänd loss kåpan för att komma åt bältets fäste på framsätet

2 Dra bort gummitätningsremsan från panelens framkant.
3 Lossa sidoklämmorna och dra bort luftintagspanelen.

Montering

4 Montering sker i omvänd ordning.

Hjulhusfoder

Demontering och montering

5 Hjulhusfodren är fäste med en kombination av självgängande skruvar, klämmor och muttrar. Demonteringen blir uppenbar när bilen ställts upp på pallbockar och hjulen demonterats (se *"Lyftning och stödpunkter"*). Klämmorna tas bort genom att man pressar igenom stiftet i mitten och de fästs genom att stiften sätts i och trycks in så att de är jäms med klämman.

Stripes och dekaler

Demontering and demontering

6 Dekaler och dekorstripes hålls på plats med ett speciellt lim. För att de skall kunna tas bort måste de värmas upp, så att limmet mjuknar, och därefter skäras bort från ytan. Då det föreligger stor risk för skador på lacken under detta moment, rekommenderas att arbetet överlämnas till en Opelverkstad.

27 Säten - demontering och montering

Framsäte

⚠ ***Varning: Framsätena har bältesspännare som löses ut av krockkuddens styrsystem. Innan framsätena demonteras, koppla loss batteriet och vänta minst 1 minut så att systemets kondensatorer hinner ladda ur.***

Demontering

1 Ta försiktigt loss kåpan från den yttre sidan av sätet **(se bild)**.
2 Använd en torxnyckel, skruva loss fästbulten och koppla loss bältet från framsätet. Ta vara på den speciella brickan.

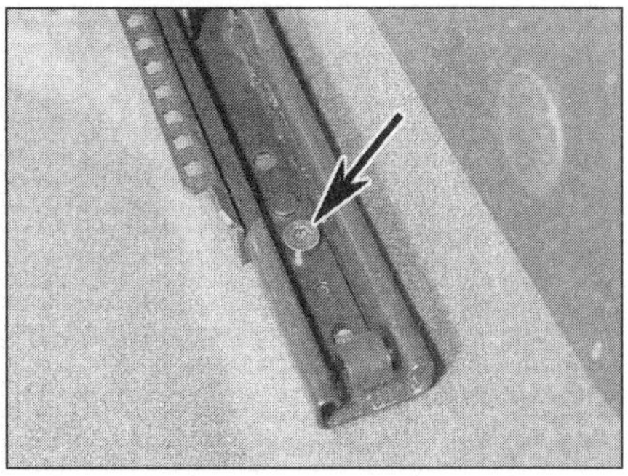

27.3 Framsätena är fästa till golvet med Torxskruvar

3 Skjut sätet så långt det går framåt, använd sedan en Torxnyckel till att skruva loss de bakre fästskruvarna **(se bild)**.
4 Luta sätet framåt och ta loss det från de främre fästena.
5 Koppla loss kablaget och ta bort framsätet från bilen.

Montering

6 Montering sker i omvänd ordning, dra åt fästskruvarna till specificerat moment.

Baksätets sittdyna

Demontering

7 Vik sittdynan framåt för att exponera de främre gångjärnsstiften **(se bild)**.
8 Dra ut låsringarna, driv sedan ut gångjärnsstiften med en passande dorn.
9 Ta ut sittdynan ur bilen.

Montering

10 Montering sker i omvänd ordning.

Baksätets ryggstöd

Demontering

11 Vik sittdynan framåt och ta loss bältesspännena från ryggstödet.
12 Där så behövs, ta loss gummikabeln.
13 Vik ryggstödet framåt, bänd sedan ut klämmorna och dra undan mattan från de bakre yttre hörnen **(se bilder)**.

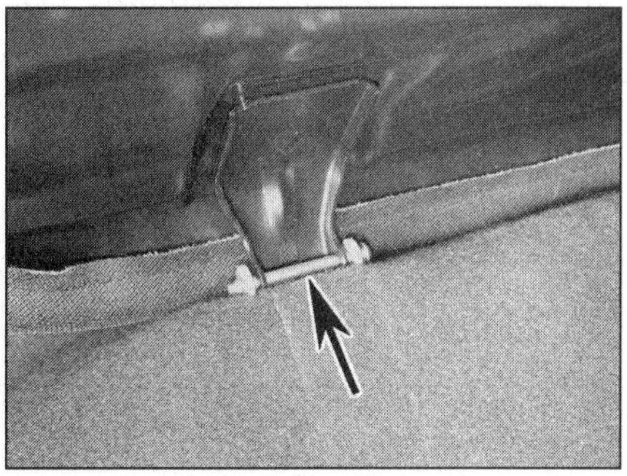

27.7 Sittdynans främre gångjärnsstift

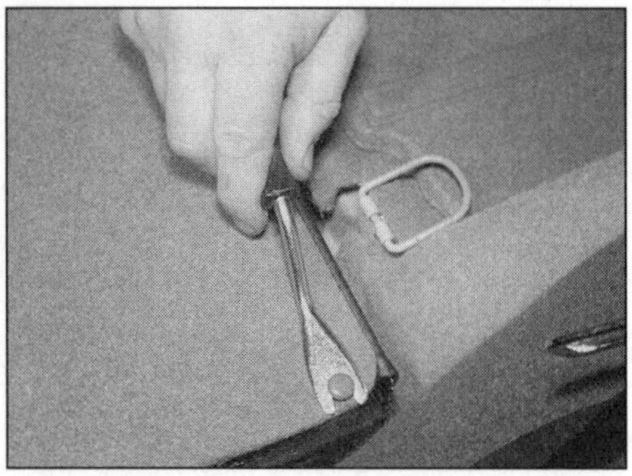

27.13a Använd en skruvmejsel eller ett demonteringsverktyg . . .

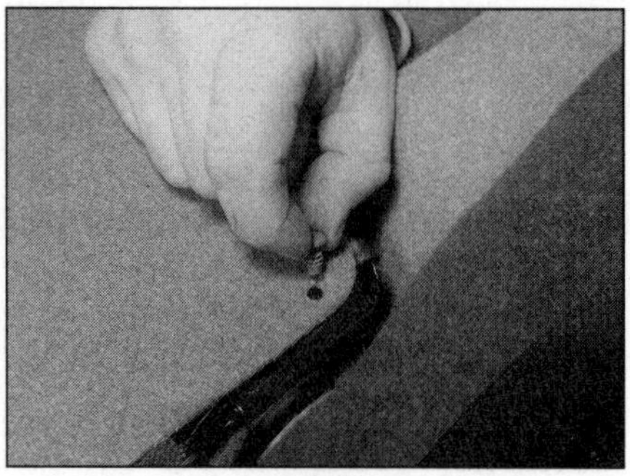

27.13b . . . till att ta bort plastklämmorna. . .

27.13c . . . dra sedan undan mattan för att komma åt ryggstödets sidogångjärn

14 Använd en torxnyckel, skruva loss skruvarna och ta loss sidogångjärnen.

15 Skruva loss skruvarna och ta loss de mittre gångjärnen **(se bild)**.

16 Ta ut ryggstödet från bilen.

Montering

17 Montering sker i omvänd ordning.

28 Säkerhetsbälten - demontering och montering av komponenter

Framsätets bälte och rulle

Demontering

1 Ta försiktigt loss kåpan från den yttre sidan av framsätet

2 Använd en torxnyckel, skruva loss fästbulten och koppla loss bältet från framsätet. Ta vara på den speciella brickan.

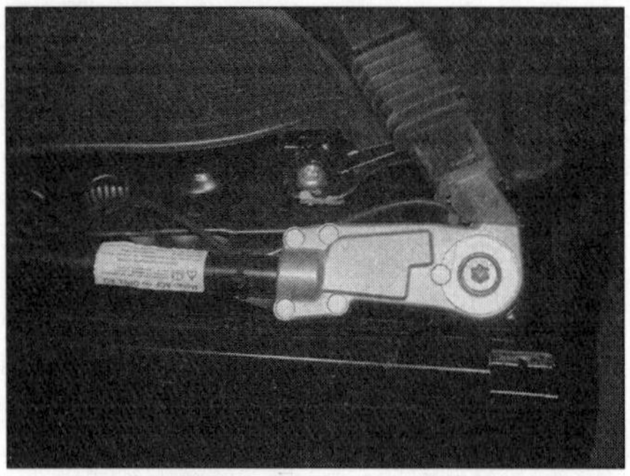

28.10 Bältesspännare

3 Ta bort den övre klädselpanelen från B-stolpen.

4 Haka loss säkerhetsbältet från bygeln, skruva sedan loss den övre fästbulten och ta loss säkerhetsbältet - ta vara på den speciella brickan.

5 Ta bort den nedre klädselpanelen från B-stolpen.

6 Ta loss kåpan nedtill på B-stolpen för att komma åt den främre bältesrullens fästmutter. Använd en djup hylsa till att skruva loss muttern, men var noga med att inte tappa den inuti stolpen. Notera att ett förlängningsstift finns för att göra det möjligt att säkert skruva loss muttern

7 När muttern är borttagen, ta bort rullen från stolpen. När den tas bort, mata bältet genom hålet i klädselpanelen.

Montering

8 Montering sker i omvänd ordning, dra åt bultarna till specificerat moment.

Främre säkerhetsbältets lås och spännare

Demontering

9 Demontera framsätet enligt beskrivning i avsnitt 27.

10 Koppla loss kontaktdonet och lossa kabelbandet, skruva sedan loss och ta bort spännaren **(se bild)**.

Montering

11 Montering sker i omvänd ordning, dra åt fästbulten till specificerat moment.

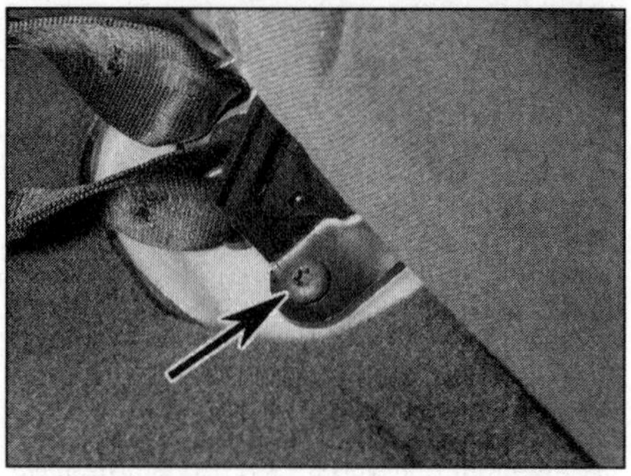

27.15 Fästskruvar för ryggstödets mittre gångjärn

Bakre säkerhetsbälte och rulle

Demontering

12 Öppna bakdörren och dra bort tätningsremsan från dörröppningen i hjulhusområdet **(se bild)**.

13 På kombi och kombikupé, ta bort fästklämman för baksätets ryggstöd och ta bagageutrymmets sidopanel.

14 På kombi, ta loss den bakre hörnpanelen.

15 Ta bort kåpan från bältets rulle, skruva sedan loss och ta bort rullen från bakom ryggstödet **(se bild)**. På sedan, trä bältet genom den inre panelen.

16 Demontera tröskelns inre panel, skruva sedan loss bulten som håller det yttre bältet till golvet **(se bild)**.

17 Ta bort kåpan, skruva loss bulten som håller bältet till höjdjusteraren, notera hur distanserna sitter **(se bild)**.

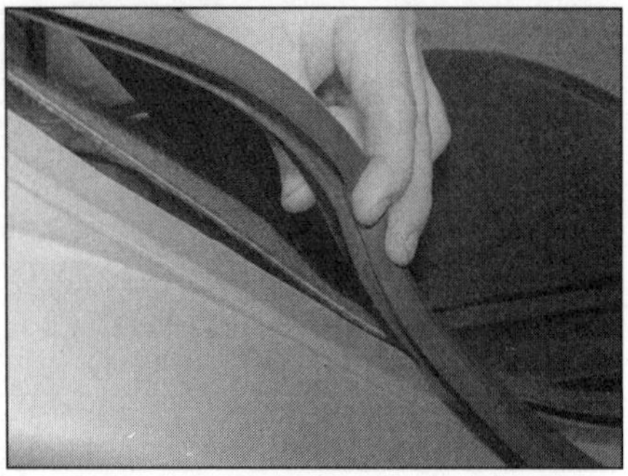

28.12 Dra loss tätningsremsan från dörröppningen och ta bort panelen . . .

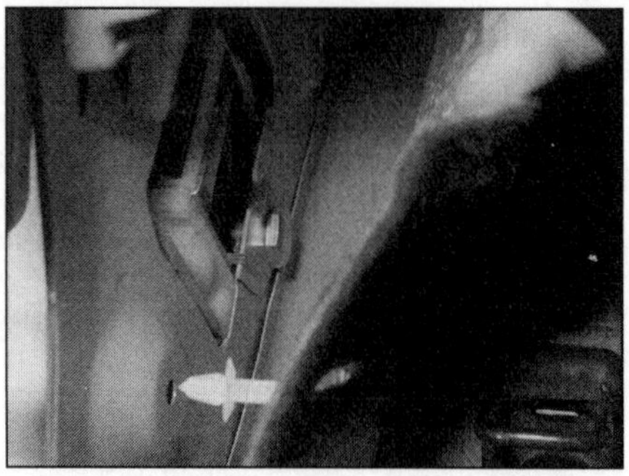

28.15 . . . för att komma åt bältesrullens fäste

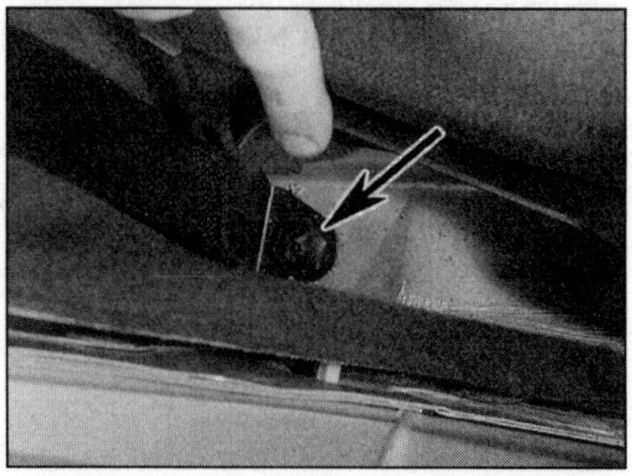

28.16 Bakbältets yttre fäste på golvet

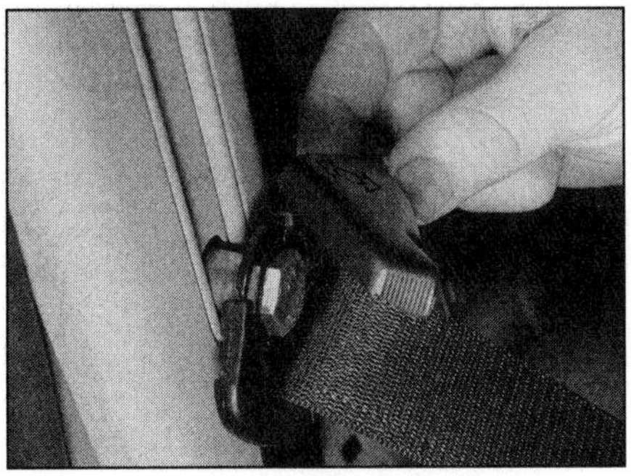

28.17 Ta bort kåpan från bältets höjdjusterare

18 Vik baksätets sittdyna framåt, skruva sedan bälteslåsen från golvet **(se bild)**.

Montering

19 Montering sker i omvänd ordning, dra åt fästbultarna till specificerat moment.

29 Inre klädsel - demontering och montering

1 De inre klädselpanelerna är fästa med klämmor och skruvar. Det är i allmänhet uppenbart hur man demonterar och monterar panelerna, men notera att man kan behöva lossa omgivande paneler för att komma åt en speciell panel. Följande avsnitt beskriver demontering och montering av huvudklädselpaneler mer i detalj.

Främre fotbrunnens sidopanel

Demontering

2 Öppna framdörren och dra bort tätningsremsan från sidopanelen.

3 Skruva loss stjärnskruven och tryck in mittstiftet genom klämman, ta sedan bort klädselpanelen.

Montering

4 Montering sker i omvänd ordning.

B-stolpens klädselpanel

Demontering

5 Om monterad, bänd försiktigt loss rörelsesensorn och koppla loss kablaget.

6 Skruva loss det främre säkerhetsbältet från höjdjusteraren, se avsnitt 28.

7 Dra bort tätningsremsan från klädseln.

8 Bänd loss den övre klädselpanelen från B-stolpen och mata igenom säkerhetsbältet.

9 Ta loss klädselpanelen från tröskeln, bänd sedan loss B-stolpens klädsel.

Montering

10 Montering sker i omvänd ordning.

Bakre hörnrutans klädselpanel

Demontering

11 På kombi och kombikupé, ta bort **bagageutrymmets täckpanel.**

12 Dra bort tätningslisten från panelen.

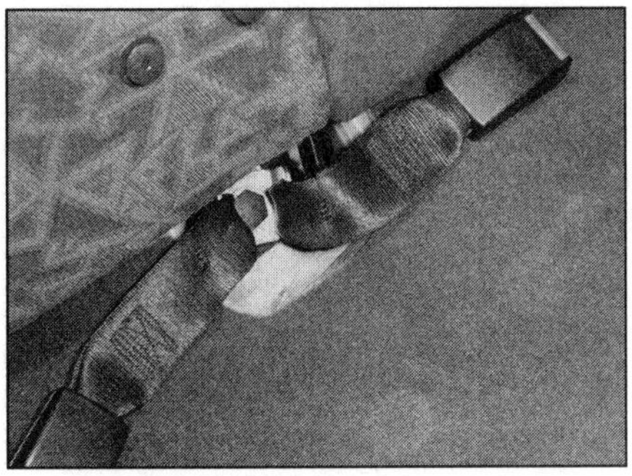

28.18 Bakre säkerhetsbältenas lås

13 Demontera det bakre säkerhetsbältet från C-stolpen, se avsnitt 28.

14 Ta försiktigt loss den bakre sidorutans klädselpanel. På sedan, mata säkerhetsbältet genom panelen.

Montering

15 Montering sker i omvänd ordning.

Tröskelns inre klädselpanel

Demontering

16 Demontera relevant framsäte enligt beskrivning i avsnitt 27.

17 Dra bort dörrens tätningsremsa från överkanten på klädselpanelen.

18 Klädselpanelen är säkrad med 7 klämmor. Lossa försiktigt klämmorna med en skruvmejsel och ta loss panelen.

Montering

19 Montering sker i omvänd ordning.

Bagageutrymmets sidoklädselpanel (kombikupé)

Demontering

20 Ta bort bagageutrymmets täckpanel.

21 Vik baksätets ryggstöd framåt.

22 Skruva loss skruvarna, bänd ut klädselpanelen och lossa klämmorna med en skruvmejsel.

23 Koppla loss kablaget för innerbelysningen och ta bort klädselpanelen.

Montering

24 Montering sker i omvänd ordning.

Bagageutrymmets sidoklädselpanel (kombi)

Demontering

25 Ta bort bagageutrymmets täckpanel.

26 Skruva loss skruvarna, bänd ut klädselpanelen och lossa klämmorna med en skruvmejsel.

Montering

27 Montering sker i omvänd ordning.

Bagageutrymmets sidoklädselpanel (sedan)

Demontering

28 Öppna bagageluckan och ta bort bilens verktyg.

29 Demontera ryggstödets losskopplingskonsol, gummibufferten och gångjärnsstiftet.

30 Ta bort mattan i bagageutrymmet.

31 Sidoklädselpanelerna är fästa med klämmor och muttrar. Ta bort dessa och bänd loss panelerna från karossen.

Montering

32 Montering sker i omvänd ordning.

Mattor

Demontering

33 De främre och bakre mattorna kan tas bort efter det att man demonterat framsätena, mittkonsolen och den bakre fotbrunnens luftfördelningskanaler tillsammans med sidoklädselpanelerna och kvarvarande fästen.

34 På kombimodeller kan det bakre bagageutrymmets matta tas bort om man lossar klämmorna som sitter på ryggstödet och den bakre listen och sedan tar ut verktygen och reservhjulsskyddet.

Montering

35 Montering sker i omvänd ordning.

Takklädsel

36 Takklädseln är fäst till taket med klämmor och skruvar och kan dras bort när alla detaljer, som handtag, solskydd, taklucka, främre, mittre och bakre stolpklädselpaneler samt tillhörande komponenter, demonterats. Dörrens och bakluckans tätningsremsor måste också tas bort.

37 Observera att demontering av takklädseln kräver stor kunskap och erfarenhet om det skall utföras utan medföljande materiella skador. Det rekommenderas därför att detta arbete överlämnas till en specialist.

30 Mittkonsol - demontering och montering

Demontering

1 Koppla loss batteriets negativa anslutning (jord) (se kapitel 5A).

2 Bänd försiktigt loss förvaringsbrickan under handbromsspaken, ta sedan loss damasken och infattningen och dra bort dessa över handbromsspaken **(se bilder)**.

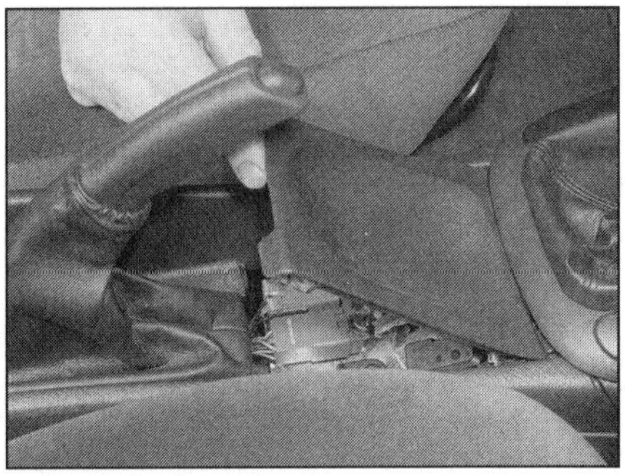

30.2a Demontering av förvaringsbrickan

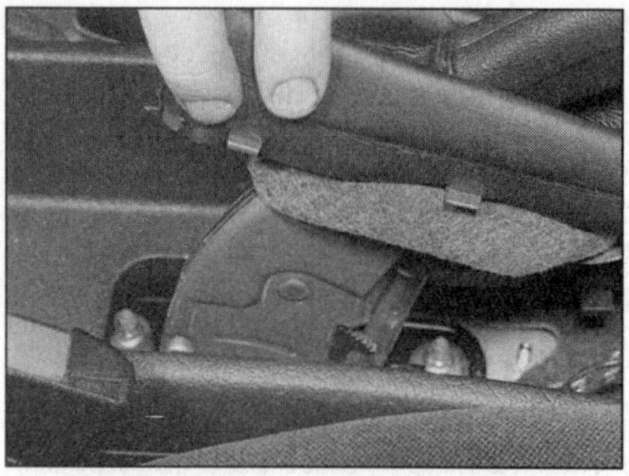

30.2b Demontering av damasken och infattningen från handbromsspaken

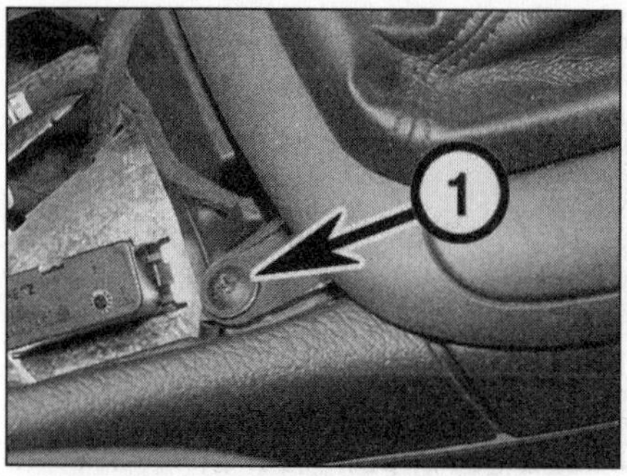

30.3 Fästskruvar (1) för växelspakens infattningspanel och mittkonsolens mittre skruv (2)

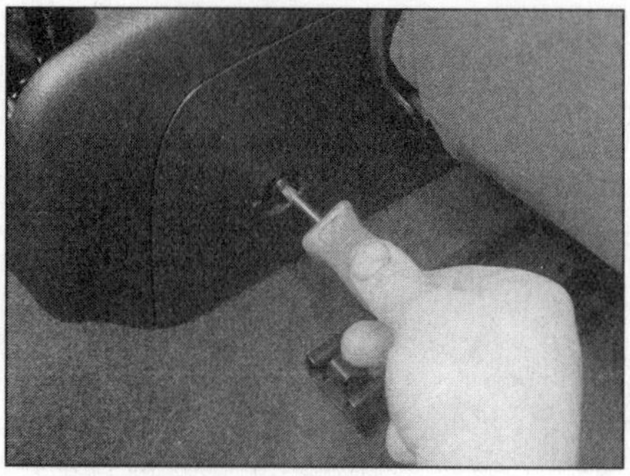

30.4a Skruva loss sidoskruvarna . . .

30.4b . . . och den mittre skruven

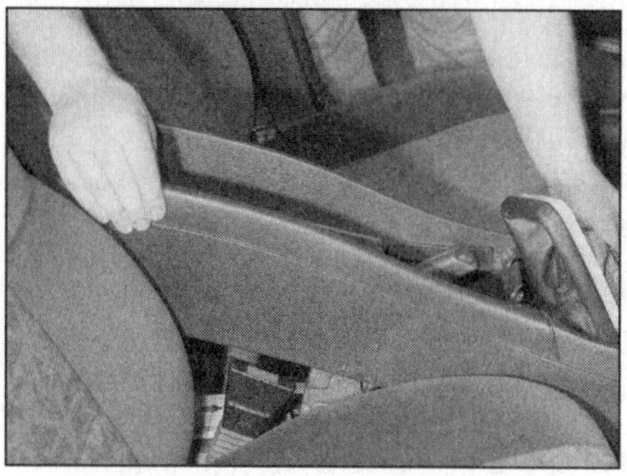

30.8 Demontering av mittkonsolen

3 Skruva loss skruvarna och ta bort växelspakens infattningspanel. Där så behövs, koppla också loss kablaget från fönsterhissbrytarna **(se bild)**.

4 Använd en liten skruvmejsel, bänd försiktigt ut täckpluggarna från mittkonsolens sidofästskruvar och skruva loss skruvarna. Två sitter på var sida framtill på konsolen och ytterligare två sitter baktill. Skruva också loss den mittre fästskruven **(se bilder)**.

5 Dra bort konsolen lite från instrumentbrädan, ta sedan försiktigt bort kåporna på var sida om askkoppen.

6 Bänd ut fästklämman för askkoppen och kopphållaren.

7 Koppla loss kablaget för askkoppsbelysningen och cigarettändaren.

8 Dra åt handbromsen helt, ta sedan bort mittkonsolen uppåt och ta ut den ur bilen **(se bild)**.

Montering

9 Montering sker i omvänd ordning.

31 Handskfack - demontering och montering

Demontering

1 Öppna handskfackets lucka och skruva loss de två övre fästskruvarna som håller den övre delen av handskfacket till instrumentbrädan.

2 Skruva loss de två nedre skruvarna och dra ut handskfacket från instrumentbrädan tillräckligt långt för att kunna koppla loss kablaget från lampan.

3 Om en sådan är monterad, koppla loss kablaget från CD-växlaren. På modeller med luftkonditionering, koppla loss slangen från reglaget.

4 Ta ut handskfacket från bilen.

Montering

5 Montering sker i omvänd ordning.

32 Instrumentbräda - demontering och montering

Demontering

1 Koppla loss batteriets negativa anslutning (jord) (se kapitel 5A).

Varning: Vänta minst 1 minut efter det att batteriet kopplats loss så att kondensatorerna i krockkuddens styrsystem hinner ladda ur.

2 Demontera ratten enligt beskrivning i kapitel 10.

3 Demontera krockkuddens kontaktenhet enligt beskrivning i kapitel 12.

4 Demontera vindrutetorkar- och blinkersspakarna från rattstången enligt beskrivning i kapitel 12, därefter deras fästkonsol.

5 Demontera tändningslåset enligt beskrivning i kapitel 12.

6 Demontera stöldskyddsimmobiliserns sändaremottagare enligt beskrivning i kapitel 12, avsnitt 4.

7 På förarens sida, demontera den nedre klädselpanelen under instrumentbrädan och ta ut luftfördelningskanalen **(se bilder)**.

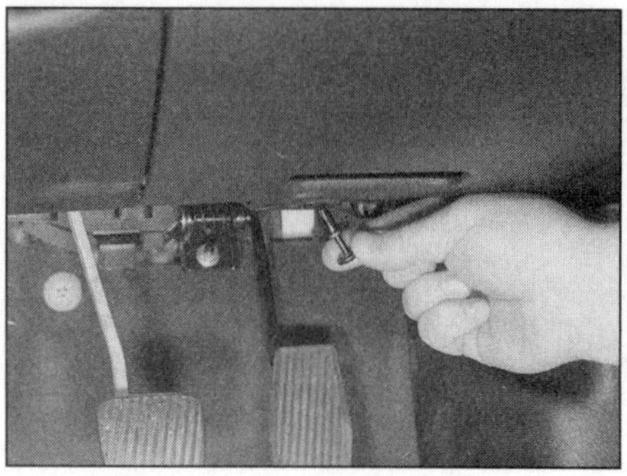

32.7a Ta loss klämmorna . . .

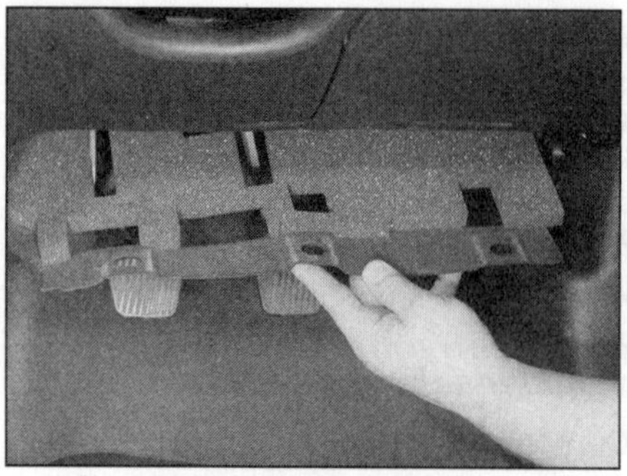

32.7b . . . och ta bort den nedre panelen under instrumentbrädan på förarsidan

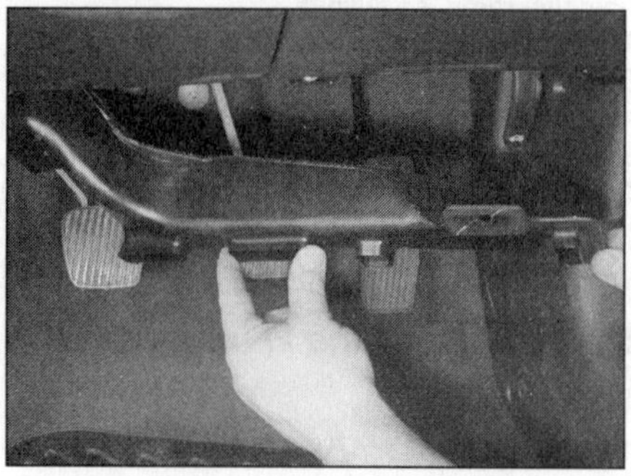

32.7c Ta ut luftfördelningskanalen

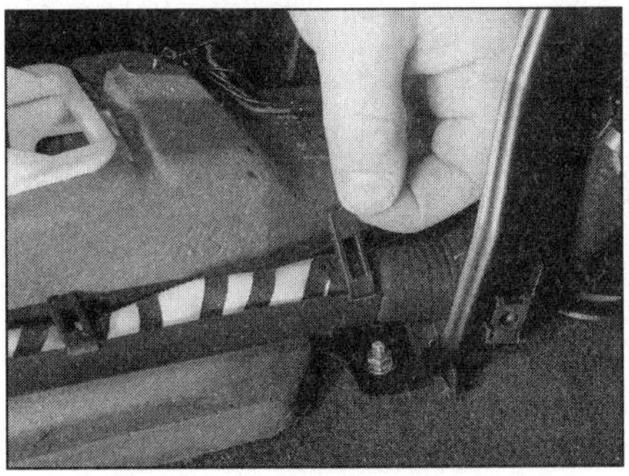

32.19a Lossa klämmorna . . .

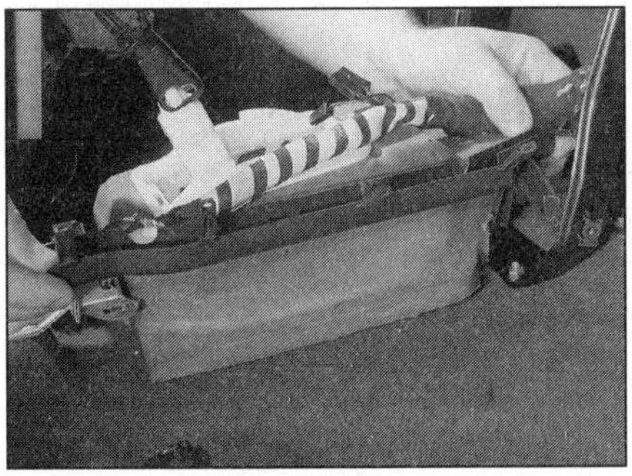

32.19b . . . ta bort kabelhärvans stöd . . .

32.19c . . . och skruva loss stödankarets nedre fästmuttrar . . .

8 Demontera radion enligt beskrivning i kapitel 12.

9 Demontera värmereglagen enligt beskrivning i kapitel 3.

10 Demontera de mittre luftventilatorerna enligt beskrivning i kapitel 3 och instrumentpanelen enligt beskrivning i kapitel 12.

11 Demontera handskfacket enligt beskrivning i avsnitt 31.

12 Demontera mittkonsolen enligt beskrivning i avsnitt 30.

13 Om monterad, demontera passagerarsidans krockkudde enligt beskrivningen i kapitel 12.

14 Demontera de inre panelerna från A-stolparna enligt beskrivning i avsnitt 29.

15 Demontera kylvätskeledningens kåpa från under instrumentbrädan.

16 Bänd försiktigt loss vindrutans luftflödeskåpa från instrumentbrädan.

17 Demontera klädselpanelerna från de yttre sidorna i båda fotbrunnarna.

18 Demontera värmeluftskanalerna på vänster och höger sida.

19 Ta loss kabelhärvan och stödet, skruva sedan loss stödankaret från mitten av instrumentbrädan **(se bilder)**.

20 Koppla loss kabelhärvans kontakt på höger sida i motorrummet.

21 Skruva loss bulten och koppla loss jordkabeln längst ner på A-stolpen. Koppla också loss jordkabeln från rattstångskonsolen.

22 Där så behövs, demontera ABS hydraulmodulator med hänvisning till kapitel 9, koppla sedan loss kabelhärvans kontakt och dra ut kablaget in i bilen.

23 Ta bort säkringsdosans lock och skruva loss säkringsdosan.

24 Skruva loss bultarna som håller instrumentbrädan till torpedväggen och karossen, och dra ut den tillsammans med kablaget. **(se bild)**. Ta ut instrumentbrädan ur bilen.

Montering

25 Montering sker i omvänd ordning, se relevanta kapitel vid behov. Om en ny instrumentbräda monteras, se till att varningsetiketterna för krockkudden flyttas över från den gamla.

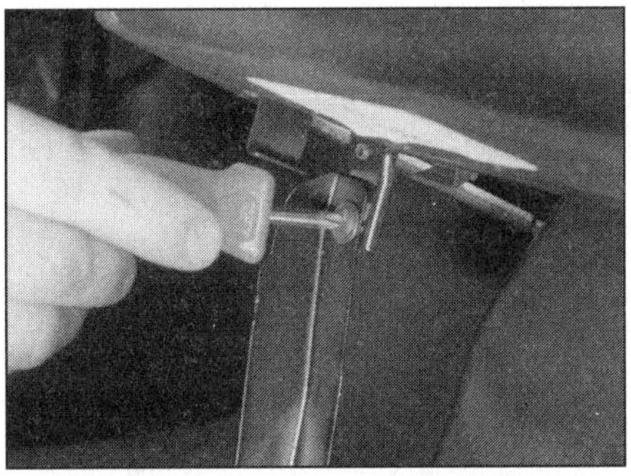

32.19d . . . och övre fästskruvar

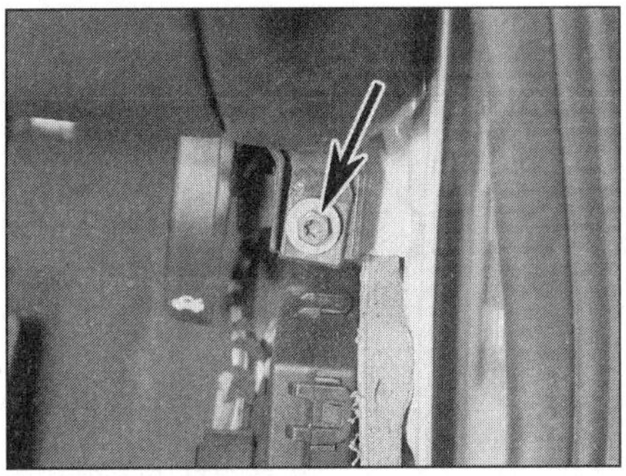

32.24 Instrumentbrädans nedre fästbult

Kapitel 12
Karossens elsystem

Innehåll

Svårighetsgrader

Enkelt, passar novisen med lite erfarenhet	**Ganska enkelt,** passar nybörjaren med viss erfarenhet	**Ganska svårt,** passar kompetent hemmamekaniker	**Svårt,** passar hemmamekaniker med erfarenhet	**Mycket svårt,** för professionell mekaniker

Specifikationer

Systemtyp . . . . 12 volt negativ jord

Torkarblad

Typ (vindruta och bakruta) . . . . 19" (Champion X-48)

Säkringar

Säkring	Klassificering (färg)	Skyddad krets
1	-	-
2	30 A (grön)	Luftkonditioneringssystem, kylfläkt
3	40 A (orange)	Uppvärmd bakruta
4	-	-
5	-	-
6	10 A (röd)	Halvljus (höger), strålkastarjustering
7	10 A (röd)	Sido- och bakljus, höger
8	10 A (röd)	Helljus, höger
9	30 A (grön)	Strålkastarspolarsystem *
10	20 A (gul)	Signalhorn
11	30 A (grön)	Centrallåssystem *
12	20 A (gul)	Dimljus *
13	-	-
14	30 A (grön)	Vindrutetorkare
15	-	-
16	10 A (röd)	Bakre dimljus *
17	30 A (grön)	Elstyrda fönsterhissar *
18	10 A (röd)	Nummerplåtsbelysning
19	20 A (gul)	Bränslepump
20	30 A (grön)	Elstyrda fönsterhissar *
21	-	-
22	20 A (gul)	Varningsblinkers, informationsdisplay, färddator *, innerbelysning, kylfläkt, radio *,indikatorlampor
23	-	-
24	10 A (röd)	Halvljus (vänster), strålkastarjustering
25	10 A (röd)	Parkerings- och bakljus, vänster
26	10 A (röd)	Helljus, vänster
27	-	-
28	-	-
29	10 A (röd)	Varningsblinkers, backljus, elektriskt justerbara backspeglar *, elstyrda fönsterhissar, taklucka *, farthållare *, innerbelysning
30	30 A (grön)	Taklucka *
31	-	-
32	10 A (röd)	Varselljus *
33	20 A (gul)	Pol 30; konstantström för husvagn/släp
34	20 A (gul)	CD-växlare *
35	10 A (röd)	ABS *, antispinnsystem *, automatväxellåda *
36	20 A (gul)	Uppvärmda framsäten *
37	10 A (röd)	Cigarettändare
38	10 A (röd)	Bromsljus, automatväxellåda *, informationsdisplay *, farthållare *
39	10 A (röd)	Automatväxellåda *
40	10 A (röd)	Kylfläkt, uppvärmd bakruta
41	10 A (röd)	Uppvärmda backspeglar

** Alla komponenter finns inte på alla modeller*

Åtdragningsmoment

Åtdragningsmoment	Nm
Bakrutans torkarmotor, fästmutter	10
Krockkudde till ratt	8
Passagerarsidans krockkudde	5
Sidokrockkudde	5
Styrenhet till krockkuddar	10

1 Allmän information och föreskrifter

Varning: Innan något arbete utförs på elsystemet, läs igenom föreskrifterna i "Säkerheten främst" i början av boken och i kapitel 5.

1 Elsystemet är av typen 12 volt negativ jord. Ett blysyrabatteri förser lampor och alla elektriska tillbehör med ström och batteriet laddas av generatorn.

2 Detta kapitel behandlar reparationer och service av de olika elektriska komponenter som inte är direkt förbundna med motorn. Information om batteriet, generatorn och startmotorn finns i kapitel 5.

3 Observera att innan arbete utförs på någon del av det elektriska systemet skall batteriets negativa kabel kopplas loss, för att undvika risk för kortslutningar och brand.

4 Undersök hela kabelhärvan noggrant med regelbundna intervall. Se till att den är fäst ordentligt med klämmor och kabelband så att den inte skaver mot andra komponenter. Om kablage har skavt mot andra komponenter, reparera skadorna och fäst upp härvan så att det inte kan inträffa igen.

Varning: Om radion/kassettbandspelaren som är monterad i bilen har en säkerhetskod, se informationen om detta i kapitlet "Referenser" i slutet av boken innan batteriet kopplas loss.

2 Elektrisk felsökning - allmän information

Observera: *Se föreskrifterna i "Säkerheten främst" i början av boken och avsnitt 1 i detta kapitel innan arbetet påbörjas. Följande test är tänkta för huvudkretsarna och de ska inte utföras på känsliga elektriska kretsar (som ABS-systemet), speciellt om en elektronisk styrenhet används.*

Allmänt

1 En typisk elektrisk krets består av en elektrisk komponent och brytare/kontakt, reläer, motorer, säkringar, smältsäkringar eller kretsbrytare som hör ihop med komponenten, samt kablage och kontaktdon som förbinder komponenten med batteriet och chassit. Som hjälp att hitta problem i en elektrisk krets finns kopplingsscheman i slutet av detta kapitel.

2 Innan du försöker diagnostisera ett elektriskt fel, studera aktuellt kopplingsschema för att få en översikt över komponenterna i den aktuella kretsen. De möjliga orsakerna till problemet kan begränsas om man undersöker om andra komponenter relaterade till kretsen fungerar som de ska. Om många komponenter eller kretsar felar samtidigt är det troligt att problemet orsakas av en delad säkring eller jordanslutning.

3 Elektriska problem har ofta enkla orsaker, som lösa eller korroderade anslutningar, en defekt jordanslutning, en trasig säkring, en smält smältsäkring eller ett defekt relä (se avsnitt 3 för information om test av reläer). Undersök alla säkringar, ledningar och anslutningar i en problematisk krets innan komponenterna testas. Använd kopplingsschemana till att avgöra vilka anslutningar som behöver kontrolleras för att felet skall kunna ringas in.

4 De verktyg som behövs för elektrisk felsökning inkluderar följande:

a) en kretsprovare eller voltmätare (en 12 volts glödlampa med en uppsättning testkablar kan också användas för vissa test)

b) en kontinuitetsmätare

c) en ohmmätare (för att mäta resistans)

d) ett batteri

e) en uppsättning testkablar

f) en förbindningskabel, helst med en inbyggd kretsbrytare eller säkring, som kan användas till att koppla förbi misstänkta ledningar eller elektriska komponenter

Innan du försöker hitta ett problem med testinstrument, studera kopplingsschemat för att avgöra var anslutningar skall göras.

5 För att hitta källan till ett intermittent ledningsfel (vanligtvis orsakat av en dålig eller smutsig anslutning, eller skadad isolering), kan ett 'vicktest' utföras på kablaget. Detta innebär att man vickar på kablaget för hand för att se om felet uppstår när kablaget rörs. Det bör vara möjligt att begränsa källan till felet till en speciell del av kablaget. Denna testmetod kan användas som ett komplement till de som beskrivs nedan.

6 Förutom de problem som beror på dåliga anslutningar, kan två grundläggande fel uppstå i en elektrisk krets - kretsbrott och kortslutning.

7 Kretsbrottsfel orsakas av ett brott någonstans i kretsen, som hindrar strömflödet. Ett kretsbrott gör att komponenten inte fungerar, men utlöser inte kretsens säkring.

8 Kortslutningar orsakas av att ledningar går ihop någonstans i kretsen, vilket medför att strömmen i kretsen tar en alternativ väg med mindre motstånd, vanligtvis till jord. Kortslutningar orsakas vanligtvis av att isoleringen nötts så att en ledare kan komma i kontakt med en annan ledare eller jord, t.ex. karossen. En kortslutning utlöser i regel kretsens säkring.

Att hitta ett kretsbrott

9 För att kontrollera om en krets är bruten, koppla den ena ledaren på en kretsprovare eller voltmätare till antingen batteriets minuspol eller annan god jord.

10 Anslut den andra ledaren till ett kontaktdon i den testade kretsen, helst närmast batteriet eller säkringen.

11 Slå på kretsen. Tänk på att vissa kretsar bara är strömförande med startnyckeln i ett speciellt läge.

12 Om ström ligger på (indikeras av att testlampan lyser eller voltmätaren ger utslag), betyder det att delen av kretsen mellan relevant kontaktdon och batteriet är felfri.

13 Fortsätt kontrollera resten av kretsen på samma sätt.

14 När en punkt nås där det inte finns ström, måste problemet ligga mellan den punkten och tidigare testpunkt som hade ström. De flesta fel kan härledas till en trasig, korroderad eller lös kontakt.

Att hitta en kortslutning

15 När du letar efter en kortslutning, koppla först bort strömförbrukarna från kretsen (komponenter som drar ström från en krets, som glödlampor, motorer, värmeelement etc.)

16 Ta bort aktuell säkring från kretsen och anslut en kretsprovare eller voltmätare till säkringens anslutning.

17 Slå på kretsen. Tänk på att vissa kretsar bara är strömförande med startnyckeln i ett visst läge.

18 Om ström finns i kretsen (testlampan lyser eller voltmätaren ger utslag) är kretsen kortsluten.

19 Om ingen ström finns men säkringen fortfarande går sönder när strömförbrukarna ansluts, tyder detta på ett internt fel i någon av de strömförbrukande komponenterna.

Att hitta ett jordfel

20 Batteriets negativa pol är kopplad till jord (metallen på motorn/växellådan och karossen) och de flesta system är kopplade så att de bara tar emot en positiv matning, strömmen som leds tillbaka genom metallen i karossen. Detta betyder att komponentfästen och karossen utför en del av kretsen. Lösa eller korroderade infästningar kan därför orsaka flera olika elfel, allt från totalt haveri till ett mystiskt partiellt fel. Lampor kan lysa svagt (speciellt när en annan krets delar samma jord), motorer (t.ex. torkarmotorn eller kylfläktsmotorn) kan gå långsamt och arbetet i en krets kan ha en till synes orelaterad effekt på en annan. Observera att på många bilar används särskilda jordflätor mellan vissa komponenter, som motorn/växellådan och karossen, vanligtvis där det inte finns någon direkt metallkontakt mellan komponenterna på grund av gummifästen etc.

21 För att kontrollera om en komponent är ordentligt jordad, koppla loss batteriet och koppla den ena ledaren på en ohmmätare till en känd jord. Koppla den andra ledaren till den kabel eller jord som ska testas. Motståndet skall vara noll ohm; om detta inte är fallet, kontrollera anslutningen enligt följande.

22 Om en jordanslutning misstänks vara defekt, ta isär anslutningen och putsa upp metallen både på karossen och kabelpolen eller komponentens jordanslutnings fogyta. Ta bort alla spår av smuts och korrosion, använd sedan en kniv för att skrapa bort lacken så att en ren kontaktyta uppstår. Dra åt fästena ordentligt vid monteringen. Om en kabelpol monteras, använd låsbrickor mellan polen och karossen för att vara säker på att en ren och säker koppling uppstår. Rostskydda ytorna med vaselin eller silikonbaserat fett.

3 Säkringar och reläer - allmän information

Allmänt

Säkringar

1 Säkringar är till för att bryta en krets när en förutbestämd ström nås, för att skydda komponenterna och kablaget som kan skadas av ett för stort strömflöde. Ett överdrivet strömflöde beror på ett fel i kretsen, vanligtvis en kortslutning (se avsnitt 2).

2 Huvudsäkringarna och reläerna sitter på en panel bakom en lucka i instrumentbrädan på förarsidan **(se bild)**. Ett antal säkringar (vanligtvis de med högre klassning som skyddar motorns kretsar) sitter i motorrummets relädosor.

3 De kretsar som skyddas av de olika säkringarna och reläerna är angivna på insidan av luckan.

3.2 Huvudsäkringarna sitter i förarens sida av instrumentbrädan

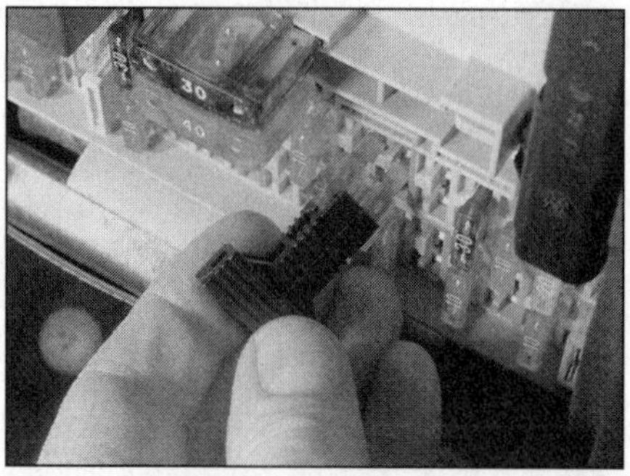

3.5 Använd det medföljande verktyget till att ta ut säkringarna

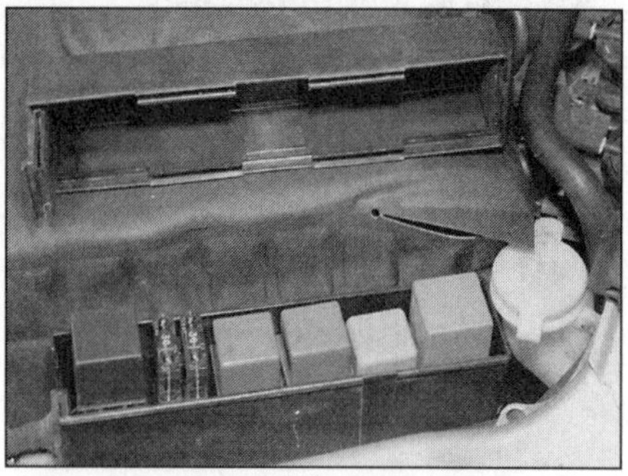

3.10 Motorrelaterade reläer sitter framför batteriet på dieselmodeller

3.12 Ett relä tas bort från relädosan

4 En trasig säkring har en smält eller bruten tråd.

5 För att ta bort en säkring, se först till att den aktuella kretsen är avslagen. Öppna sedan luckan och dra ut aktuell säkring från panelen med hjälp av den medföljande pincetten **(se bild)**. Om så önskas av utrymmesskäl, kan den nedre änden av panelen lutas framåt efter det att klämman lossats.

6 Innan en trasig säkring byts ut, leta reda på orsaken och åtgärda problemet, och använd alltid en säkring av rätt klassning. Byt aldrig ut en säkring mot en med högre klassning och gör aldrig tillfälliga reparationer med en bit vajer eller metallfolie, eftersom det kan leda till allvarliga skador och till och med brand.

7 Reservsäkringar sitter vanligtvis på de oanvända platserna i säkringsdosan.

8 Se specifikationerna för säkringarnas färgkoder, deras klassningar och vilka kretsar de skyddar.

Reläer

9 Ett relä är en elektriskt styrd brytare som används av följande orsaker:

a) Ett relä kan ställa om starkström på avstånd från den krets där styrströmmen flödar, vilket tillåter användning av lätare kablage och kontakter.

b) Ett relä kan till skillnad från en mekanisk brytare ta emot mer än en signal.

c) Ett relä kan ha en timerfunktion.

10 Huvudreläerna sitter i huvudsäkringsdosan och vissa motorrelaterade reläer sitter i motorrummet. Relädosorna sitter framför eller på sidan av batteriet och ovanför ABS styrenhet **(se bild)**.

11 Om en krets eller ett system som styrs av ett relä utvecklar ett fel och reläet misstänks, slå på systemet. Om reläet fungerar skall man kunna höra det 'klicka' när det strömförs. Om detta är fallet ligger felet i komponenterna eller kablaget i systemet. Om reläet inte strömförs får det antingen ingen nätström eller ingen ställström, eller så är själva reläet defekt. Testa det genom att byta ut det mot ett fungerande relä, men var försiktig - vissa reläer är identiska i både utseende och funktion, medan andra ser likadana ut men har olika funktion.

12 För att ta bort ett relä, se först till att relevant krets är avslagen. Reläet kan sedan helt enkelt dras ut från hållaren, och tryckas tillbaka på plats **(se bild)**.

13 I säkringsdosan finns en multitimer som kombinerar de komponenter och reläer som tidigare var separata enheter. Timern skjuts in i sidan av säkringsdosan som en separat modul. Den styr blinkers (blinkrelä) och varningsblinkers, innerbelysningens fördröjning, akustiskt varningssystem, vindrutetorkarfördröjning, uppvärmd bakruta och bakre dimljus. I vissa fall styr den också främre dimljus, bakrutetorkarens fördröjning och backspeglarnas värmekrets.

4 Brytare och kontakter - demontering och montering

Tändningslås/ rattstångens låscylinder

Rattstångens låscylinder

1 Demontera ratten. Alternativt kan ratten lämnas på plats, men den måste då vridas så att skruvarna på rattstångskåpornas ändar kan nås.

2 Demontera rattstångskåporna genom att först skruva loss rattstångens justeringshandtag och därefter skruva loss de två skruvarna från den övre kåpans ändyta och de tre skruvarna från den nedre kåpan **(se bilder)**. Ta vara på startnyckelns lägesindikator från tändningslåset.

3 Dra bort immobiliserns sändaremottagare från låset och koppla loss kablaget **(se bild)**.

4 Sätt i startnyckeln och vrid den till läge 'I'.

5 Använd en liten skruvmejsel eller en pinndorn, tryck ner låsstiftet genom hålet upptill i rattstången, dra sedan ut låscylindern med nyckeln **(se bilder)**.

4.2a Skruva loss rattstångskåpornas fästskruvar . . .

4.2b . . . och ta bort kåporna

4.3 Koppla loss kablaget från immobiliserns sändaremottagare

4.5a Tryck ned låsstiftet . . .

4.5b . . . och dra ut låscylindern med startnyckeln

4.6 Tryck in rattlåsets stift med en skruvmejsel innan låscylindern sätts på plats

6 För att sätta tillbaka låscylindern, tryck in enheten i låshuset tills låsstiftet går i ingrepp, vrid sedan nyckeln till läge '0' och dra ut nyckeln. Om rattlåsets stift går i ingrepp med rattstången när cylindern demonteras, kommer det inte att gå att sätta in cylindern så att låsstiftet hakar i. Om detta är fallet, använd en skruvmejsel i huset till att pressa ner rattlåsets stift innan låscylindern sätts in **(se bild)**.

Tändningslås

7 För att demontera tändningslåset, koppla loss batteriets negativa kabel (jord) (se kapitel 5A), demontera sedan låscylindern enligt beskrivningen ovan.

8 Skruva loss det lilla skruvstiftet och ta bort tändningslåset från rattstången.

9 Koppla loss kablaget från låset, använd en skruvmejsel till att bända loss kontakten om så behövs **(se bild)**.

10 Montering sker i omvänd ordning.

Brytare för blinkers/torkare

11 Brytarenheterna för blinkers och torkare demonteras på samma sätt.

12 Demontera ratten. Alternativt kan ratten sitta kvar, men den måste då vridas så att skruvarna på kåpornas ändyta blir åtkomlig.

13 Demontera rattstångskåporna genom att först skruva loss rattstångens justeringshandtag och därefter ta bort de två skruvarna från den övre kåpans ändyta och de tre skruvarna från den nedre kåpan. Ta vara på startnyckelns lägesindikator från tändningslåset.

14 Dra försiktigt av brytaren från toppen av huset, koppla sedan loss kablaget och ta bort den från bilen **(se bilder)**. På modeller med farthållare, koppla loss de extra kontakterna.

15 Montering sker i omvänd ordning.

Tryckknappsbrytare på instrumentbrädan (utom varningsblinkersbrytare)

16 Ett litet verktyg med en krok eller en bit svetsstav behövs till att dra ut brytaren från instrumentbrädan.

17 Stick försiktigt in det krokförsedda verktyget mellan brytaren och infattningen och dra ut brytaren **(se bild)**.

18 Koppla loss kablaget från brytaren.

19 Montering sker i omvänd ordning.

Ljus- och dimljusbrytare

20 Bänd försiktigt ut ljusbrytaren från instrumentbrädan med en skruvmejsel **(se bilder)**. Skydda instrumentbrädan genom att placera en trasa under skruvmejseln. Om brytaren sitter mycket hårt, stick in en skruvmejsel på var sida. Observera att polerna bak på brytaren passar direkt i socklarna i huset. För att ta ut dimljusbrytaren, lossa fliken.

4.9 Koppla loss kablaget från tändningslåset

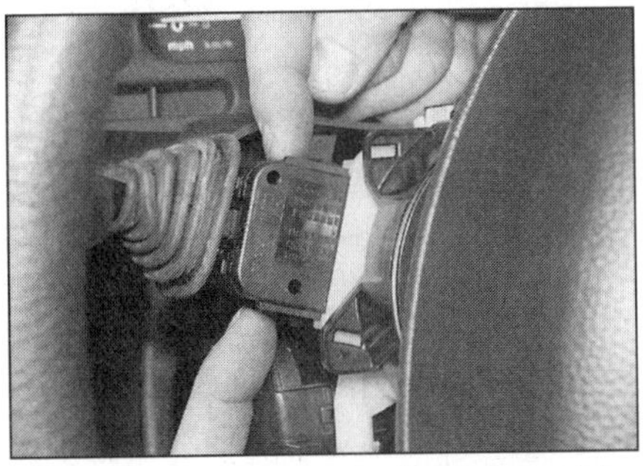

4.14a Dra av blinkers-/torkarbrytaren från huset . . .

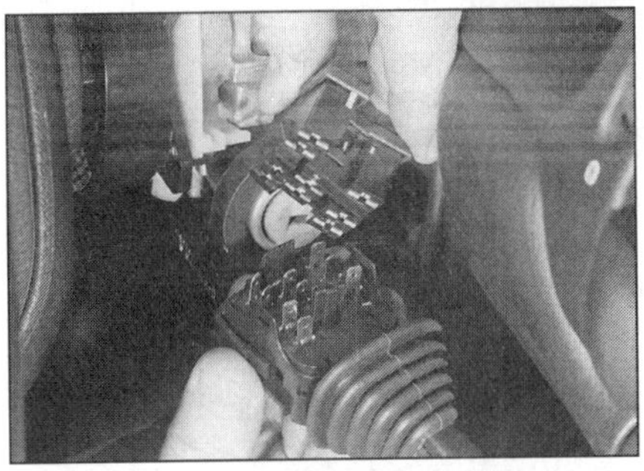

4.14b . . . och koppla loss kablaget

4.17 En tryckknappsbrytare tas bort från instrumentbrädan

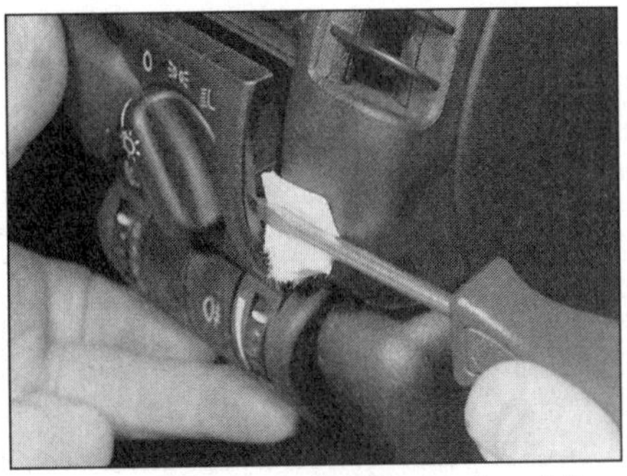

4.20a Använd en skruvmejsel och en bit av en trasa . . .

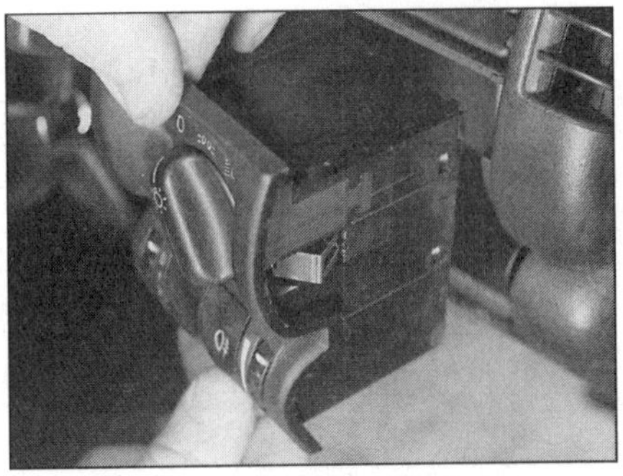

4.20b . . . till att ta ut brytaren

4.21 Demontering av ventilens/brytarens hus från instrumentpanelen

4.24 Ett krokförsett verktyg används för att ta ut brytaren för varningsblinkers

4.29a Skruva loss skruven och ta bort innerbelysningens kontakt . . .

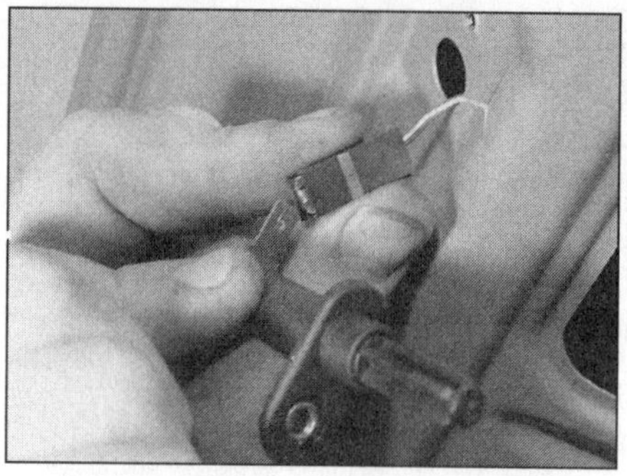

4.29b . . . och koppla loss kablaget

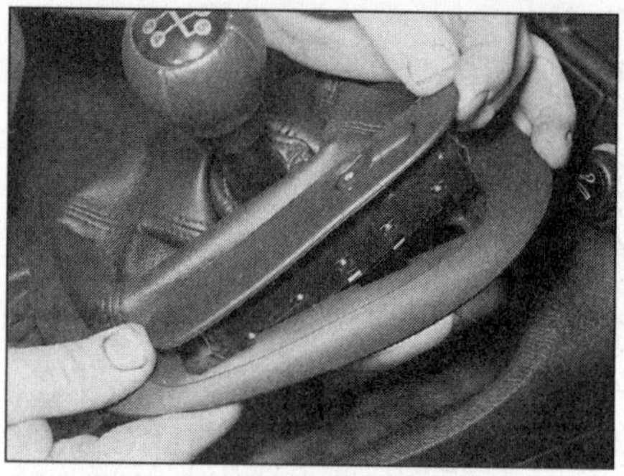

4.36 Tryck ut elfönsterhissens brytare från växelspakens infattning

21 Om så behövs kan huset demonteras om man tar bort luftventilen, skruvar loss skruven och drar ut huset **(se bild)**. Koppla loss kablaget.

22 Montering sker i omvänd ordning.

Varningsblinkers

23 Det är lättare att demontera varningsblinkersbrytaren när den är i läge 'PÅ'.

24 Stick in skruvmejslar i skårorna på var sida om brytaren och bänd försiktigt ut den från instrumentbrädan, eller använd ett litet krokförsett verktyg **(se bild)**.

25 På vissa modeller kan brytarens front tas bort från själva brytaren, men demonteringen är i övrigt densamma.

26 Montering sker i omvänd ordning.

Värmefläktmotorns reglage

27 Se kapitel 3.

Bromsljuskontakt och kontakt för 'handbroms på'

28 Se kapitel 9.

Innerbelysningens och bagageutrymmets kontakter

29 Skruva loss fästskruvarna och ta loss kontakten **(se bilder)**.

30 Koppla loss kablaget och tejpa fast det på panelen så att det inte faller in i karossen.

31 Kontrollera att fästskruven har god kontakt med karossen och kontakten. Om så behövs, rengör kontaktpunkterna.

32 Montering sker i omvänd ordning.

Brytare för elstyrd fönsterhiss

33 Bänd loss det lilla förvaringsfacket under handbromsspaken på mittkonsolen.

34 Koppla loss relevant kontaktdon.

35 Skruva loss de två skruvarna och lyft ut växelspakens infattning.

36 Tryck ut brytaren från infattningen **(se bild)**.

37 Montering sker i omvänd ordning.

5 Glödlampor (yttre lysen) - byte

1 När en glödlampa byts ut, tänk på följande punkter.

a) Kom ihåg att lampan kan vara mycket het om den nyligen har varit på.

b) Vidrör inte glaset med fingrarna, det kan orsaka förtida haveri eller en svärtad reflektor.

c) Kontrollera alltid glödlampans kontakter och hållare, se till att det finns ren metallkontakt mellan glödlampan och dess strömmatning och jord. Ta bort eventuell korrosion eller smuts innan en ny glödlampa monteras.

d) Se till att den nya glödlampan är av samma klassning.

Strålkastare

2 Med motorhuven öppen, ta bort kåpan från relevant strålkastare **(se bild)**. Notera att den inre strålkastaren är för halvljus och den yttre strålkastaren är för helljus. Vid arbete på vänster främre strålkastare, demontera tillfälligt relädosan framför batteriet.

3 Koppla loss kontakten från glödlampan **(se bilder)**.

5.2 Ta bort kåpan från strålkastarens baksida

5.3a Koppla loss kontakten från halvljuset . . .

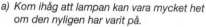

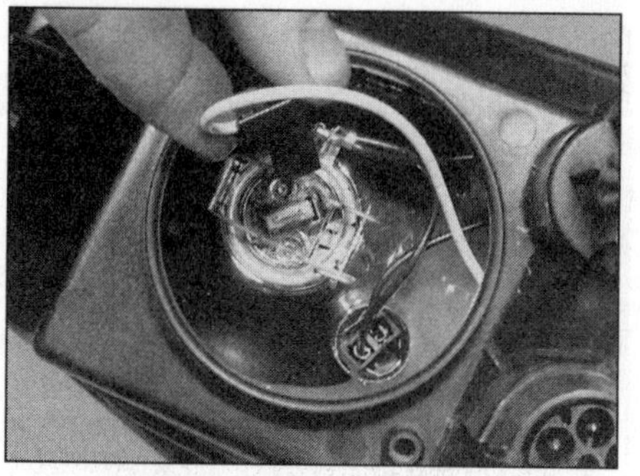

5.3b . . . och från helljuset

5.4a Ta loss fästklämman . . .

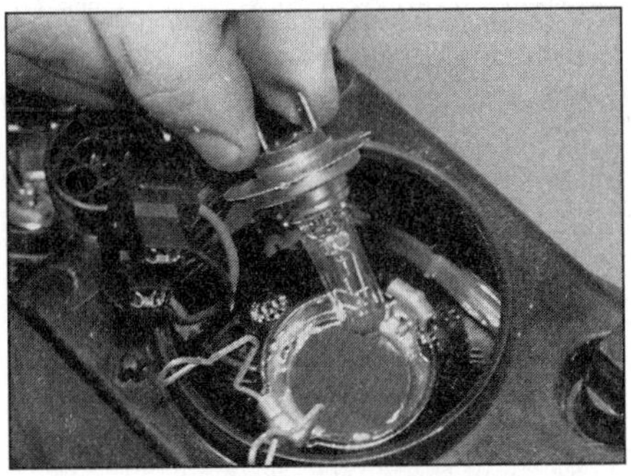

5.4b . . . och ta bort helljusets glödlampa från strålkastaren

5.4c Ta loss klämman . . .

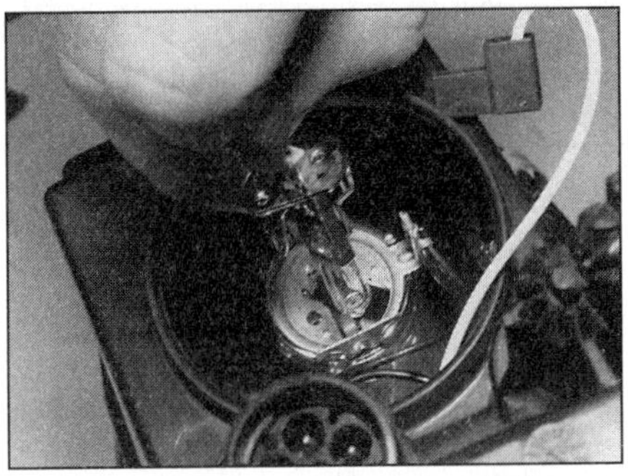

5.4d . . . och ta bort halvljusets glödlampa från strålkastaren

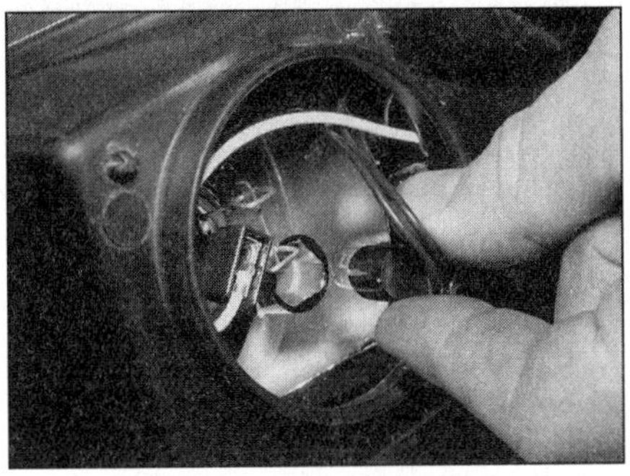

5.8 Ta bort parkeringsljusets glödlampshållare från strålkastaren

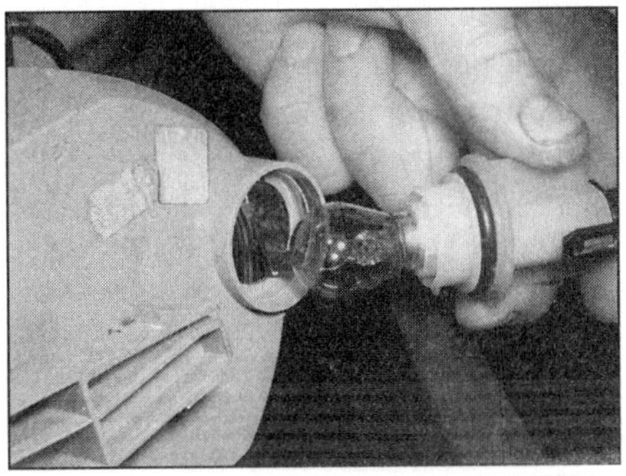

5.13 Ta bort glödlampshållaren . . .

4 Tryck ner och haka loss fästklämman, dra sedan loss glödlampan från strålkastaren **(se bilder)**.

5 Vid hanteringen av glödlampan, använd papper eller en ren trasa för att undvika att vidröra glaset med fingrarna. Fukt och fett från huden kan orsaka sotning och snabbt haveri av den här typen av glödlampor. Om glaset oavsiktligt råkar vidröras, torka av det med denaturerad sprit.

6 Montera i omvänd ordning. Se till att glödlampan monteras korrekt i urtagen i strålkastaren.

Främre parkeringsljus

7 Det främre parkeringsljusets glödlampa sitter på den yttre helljusstrålkastaren. Ta först bort kåpan som täcker baksidan av strålkastaren.

8 Dra loss parkeringsljusets glödlampshållare från strålkastaren **(se bild)**.

9 Ta bort glödlampan från hållaren.

10 Montera i omvänd ordning.

Främre blinkers

11 Med motorhuven öppen, använd en skruvmejsel för att lossa den övre fästklämman från den yttre sidan av strålkastaren.

12 Dra försiktigt blinkerslampan framåt från placeringsspåren i strålkastaren.

13 Vrid glödlampshållaren för att ta bort den från lampenheten **(se bild)**.

14 Tryck in och vrid glödlampan och ta bort den från lamphållaren **(se bild)**.

15 Sätt i den nya glödlampan i omvänd ordning.

Främre dimljus

16 Ta bort kåpan som sitter över baksidan av dimljuset i den främre stötfångaren.

17 Koppla loss kablaget, lossa sedan klämman och ta bort glödlampan från dimljuset.

18 Sätt i den nya glödlampan i omvänd ordning.

Främre sidoblinkers

19 Använd en liten skruvmejsel, bänd försiktigt loss sidoblinkerslampan från framskärmen **(se bild)**.

20 Håll i lamphållaren, vrid lyktglaset och ta bort det **(se bild)**.

21 Dra ut glödlampan från lamphållaren **(se bild)**.

22 Montera den nya glödlampan i omvänd ordning.

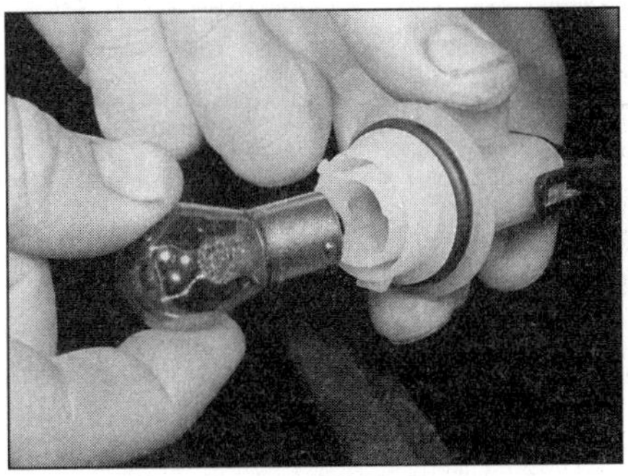

5.14 . . . och ta loss glödlampan

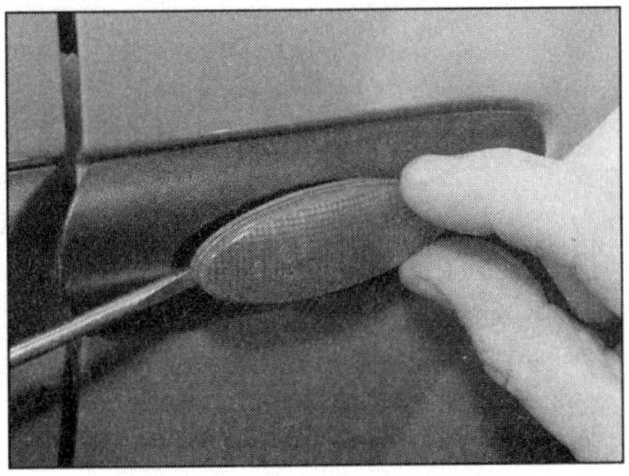

5.19 Bänd loss sidoblinkerslampan . . .

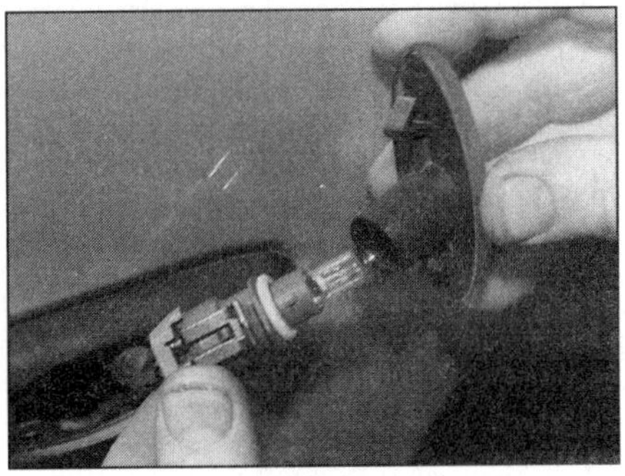

5.20 . . . vrid lyktglaset för att ta bort det . . .

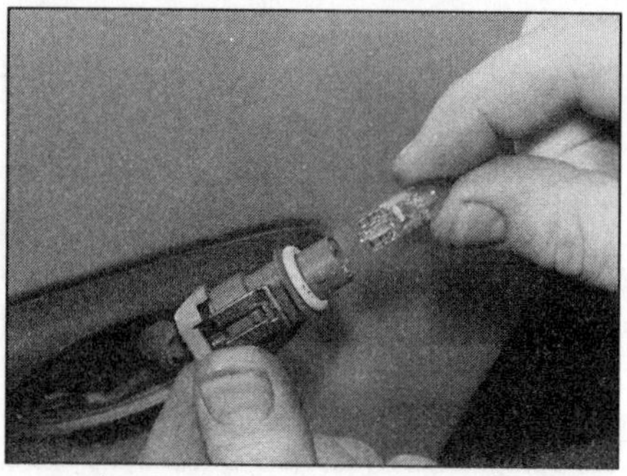

5.21 . . . och dra ut glödlampan

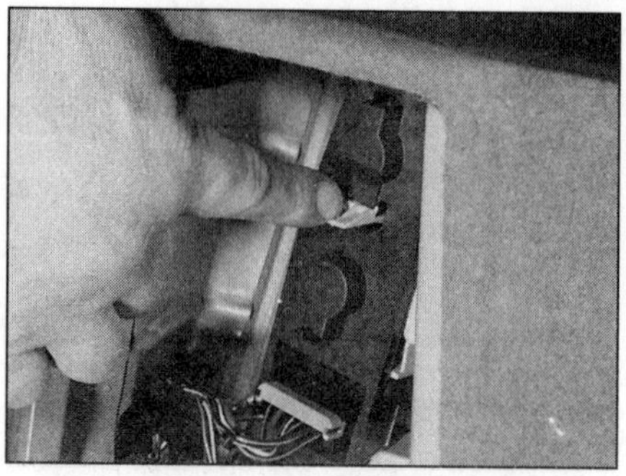

5.24 Tryck in klacken för att lossa bakljusenhetens glödlampshållare

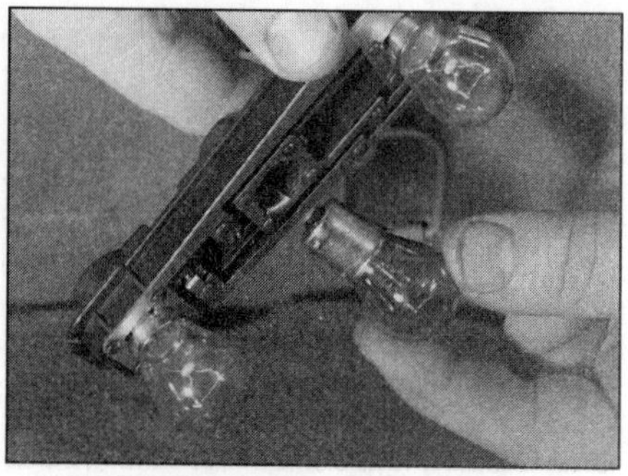

5.25 En glödlampa tas loss från bakljusenhetens glödlampshållare

Bakljusenhet

23 Ta bort sidoklädselpanelen i bagageutrymmet. Om du arbetar på höger sida, ta bort första hjälpen-utrustningen och varningstriangeln. På kombi tar man loss kåpan genom att vrida fästet.

24 Tryck in fästklacken i mitten av bakljusenheten och dra ut glödlampshållaren **(se bild)**.

25 Tryck in och vrid aktuell glödlampa **(se bild)**.

26 Montera i omvänd ordning.

Bakre nummerplåtsbelysning – sedan och kombikupé

27 Öppna bak-/bagageluckan, stick in en skruvmejsel vertikalt mellan lampans högra kant och den bakre stötfångaren.

28 Tryck in klämman och ta bort lyktglaset från lampenheten.

29 Tryck in och vrid glödlampan för att ta bort den.

30 Montera i omvänd ordning.

Bakre nummerplåtsbelysning – kombi

31 Öppna bakluckan halvvägs, skruva loss skruvarna från aktuell lampa och dra ut lampenheten från under handtagets list.

32 Ta loss glödlampan från fjäderkontakterna.

33 Sätt i den nya glödlampan i omvänd ordning. Se till att glödlampan hålls på plats ordentligt av fjäderkontakterna. Spänn vid behov kontakterna innan lampan monteras.

Högt monterat bromsljus – sedan och kombikupé

34 Ta loss kåpan från bromsljuset. På sedanmodeller, dra först ner det bakre mittre nackstödet.

35 Ta loss glödlampshållarens fäste från huset, demontera sedan glödlampshållaren.

36 Ta bort glödlampan/-lamporna.

37 Montera i omvänd ordning.

Högt monterat bromsljus – kombi

38 Med bakluckan öppen, demontera den inre klädselpanelen enligt beskrivningen i kapitel 11.

39 Bänd först ut skruvarnas täckpluggar, skruva sedan loss skruvarna och ta bort kantpanelen tillsammans med bromsljuset **(se bilder)**.

40 Demontera bromsljuset från panelen **(se bild)**.

41 Lossa kåpan från glödlampshållaren, lossa sedan tungorna med en skruvmejsel och dra ut glödlampsremsan från hållaren **(se bilder)**.

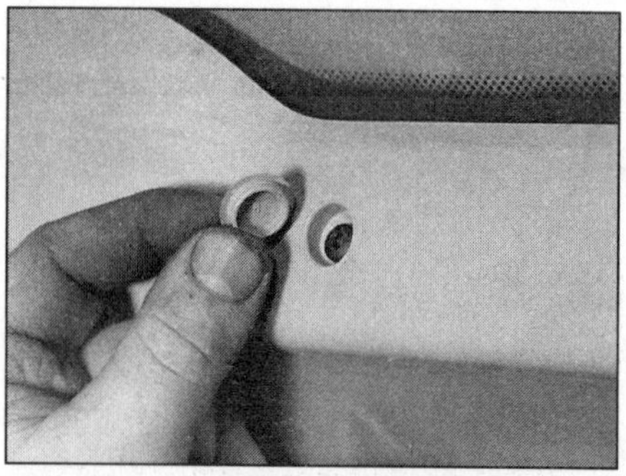

5.39a Ta bort täckpluggarna . . .

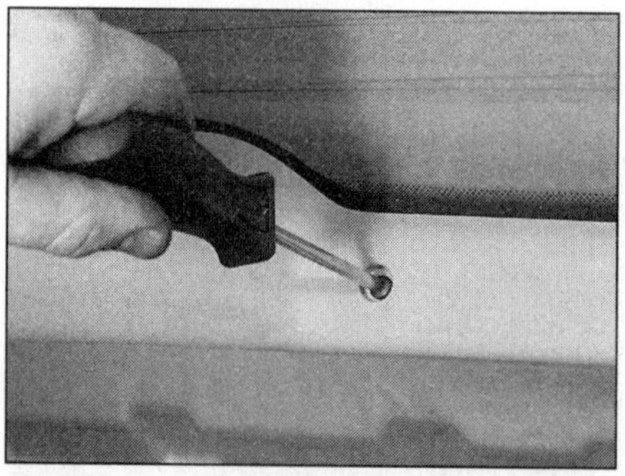

5.39b . . . och skruva loss skruvarna från kantpanelen

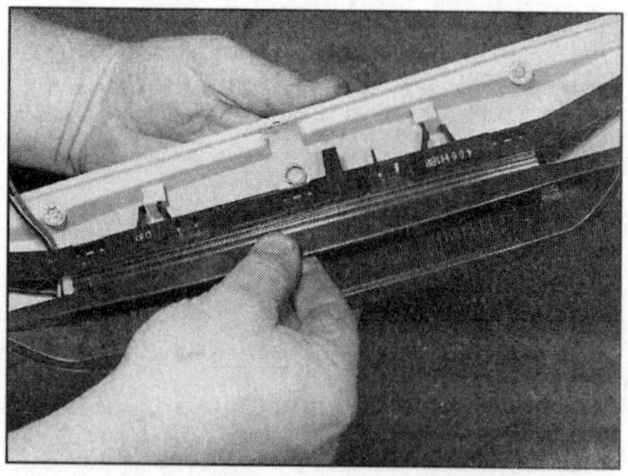

5.40 Ta loss bromsljuset

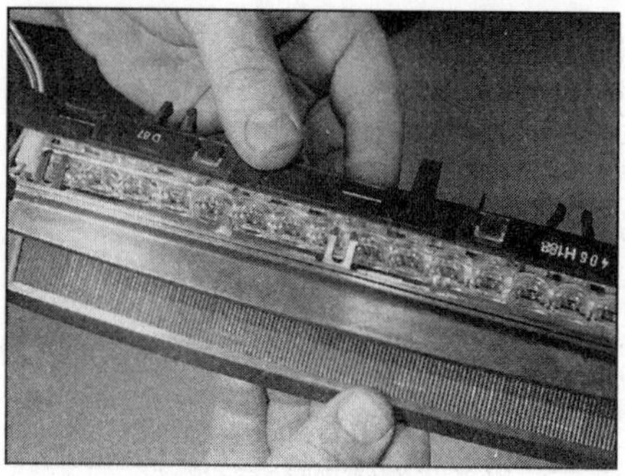

5.41a Lossa kåpan . . .

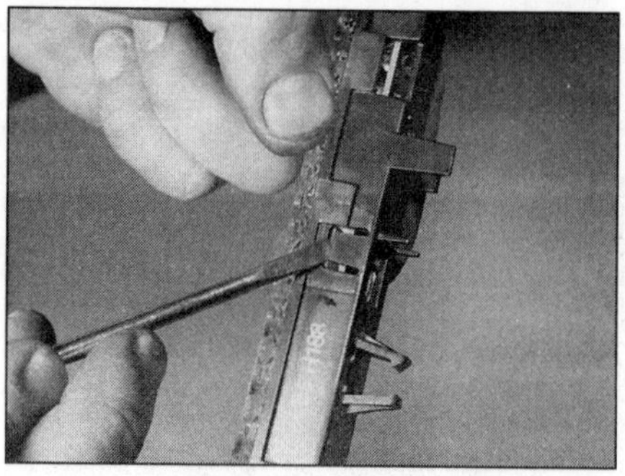

5.41b . . . bänd upp tungorna med en skruvmejsel . . .

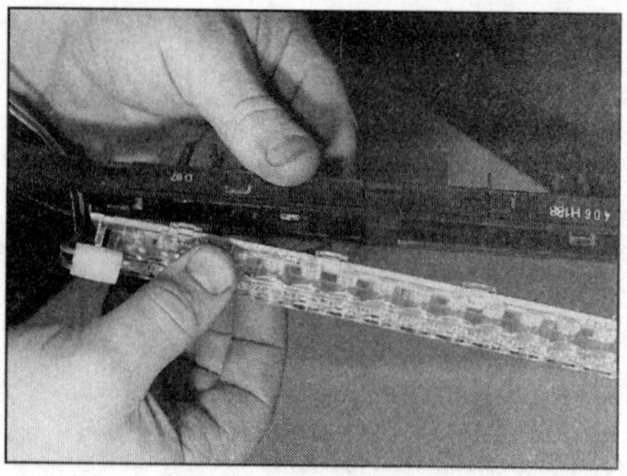

5.41c . . . och ta bort glödlampsremsan

42 Koppla loss kablaget och ta loss glödlampsremsan **(se bild)**.
43 Montera i omvänd ordning.

6 Glödlampor (innerbelysning) - byte

1 Närhelst en glödlampa byts ut, notera följande:

a) Kom ihåg att glödlampan kan vara mycket het om den nyligen varit på.
b) Vidrör inte glaset med fingrarna, det kan orsaka förtida haveri eller en sotig reflektor.
c) Undersök alltid glödlampans kontakter och hållare, se till att det är ren metallkontakt mellan glödlampan och dess strömmatning och jord. Ta bort korrosion och smuts innan den nya glödlampan monteras.
d) Se till att den nya glödlampan är av rätt klassificering.

Främre innerbelysning

2 Bänd försiktigt loss innerbelysningen från taket med en skruvmejsel **(se bilder)**.
3 Ta bort glödlampan från fjäderkontakterna **(se bild)**.
4 Montera i omvänd ordning. Se till att glödlampan hålls ordentligt på plats av fjäderkontakterna. Om så behövs, spänn kontakterna innan lampan monteras.

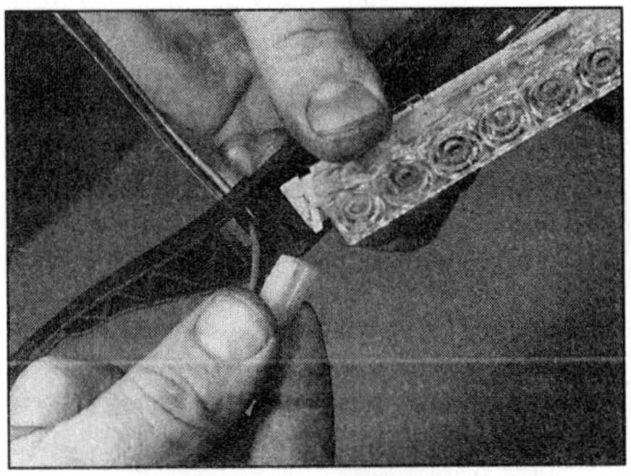

5.42 Koppla loss kablaget från glödlampsremsan

Bakre innerbelysning

5 Bänd försiktigt loss innerbelysningen från infattningen i takklädseln.
6 Ta loss glödlampan från fjäderkontakterna **(se bild)**.
7 Montera i omvänd ordning. Se till att glödlampan hålls ordentligt på plats mellan fjäderkontakterna. Om så behövs, förspänn kontakterna innan lampan monteras.

Bagageutrymmets belysning

8 Bänd försiktigt loss belysningen från sidoklädseln **(se bild)**.
9 Ta bort glödlampan från fjäderkontakterna **(se bild)**.
10 Montera i omvänd ordning. Se till att glödlampan hålls ordentligt på plats mellan fjäderkontakterna. Om så behövs, förspänn kontakterna innan lampan monteras.

Handskfacksbelysning

11 Med handskfacket öppet, bänd försiktigt ut belysningen.
12 Ta bort glödlampan från fjäderkontakterna.
13 Montera i omvänd ordning. Se till att glödlampan hålls ordentligt på plats mellan fjäderkontakterna. Om så behövs, förspänn kontakterna innan lampan monteras.

Bakre läslampa (om monterad)

14 Skruva loss skruvarna och ta bort handtaget från takklädseln.
15 Koppla loss kablaget eller ta bort värmeskölden, ta sedan bort glödlampan.
16 Montera i omvänd ordning.

Dörrmonterad innerbelysning

17 Bänd försiktigt loss belysningen från dörrens klädselpanel.
18 Koppla loss kablaget eller ta bort värmeskölden, ta sedan loss glödlampan från fjäderkontakterna.
19 Montera i omvänd ordning. Se till att glödlampan hålls ordentligt på plats mellan fjäderkontakterna. Om så behövs, förspänn kontakterna innan lampan monteras.

Cigarettändarens glödlampa

20 Demontera mittkonsolen enligt beskrivning i kapitel 11.
21 Skruva loss skruvarna och demontera förvaringsfacket tillsammans med askkoppen.
22 Koppla loss det övre kablaget från

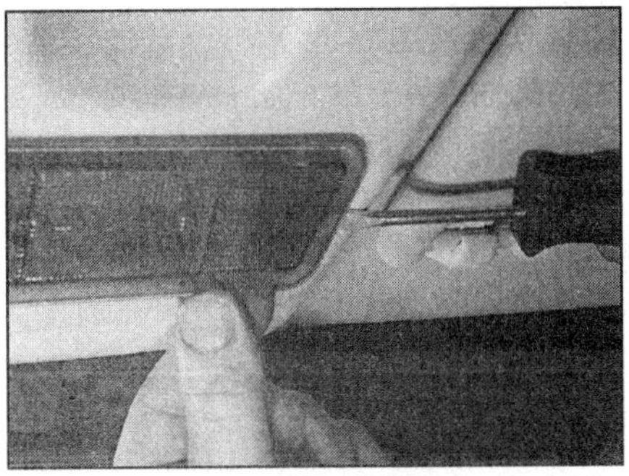

6.2a Använd en skruvmejsel till att lossa den främre innerbelysningen . . .

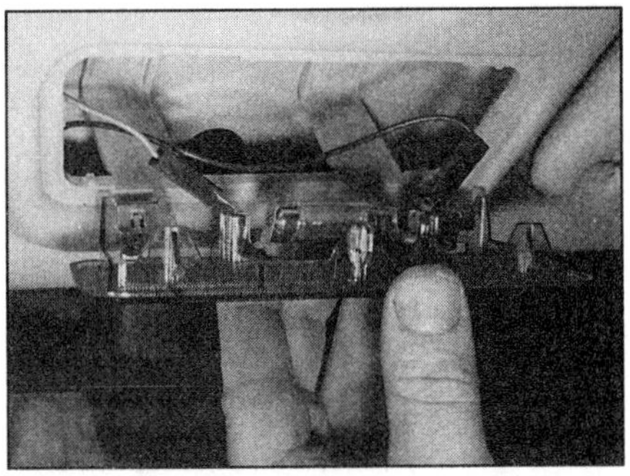

6.2b . . . och ta loss den från takklädseln

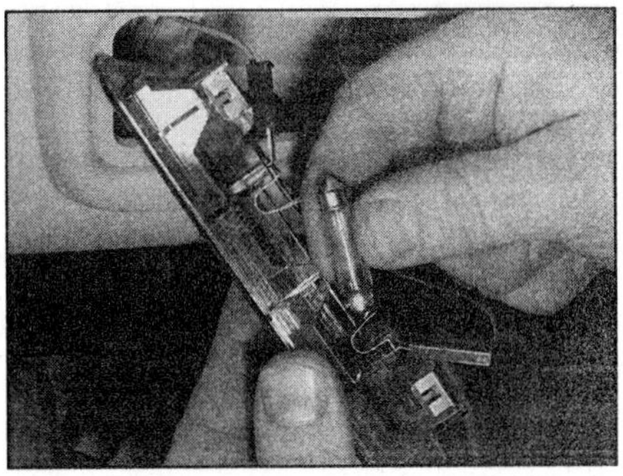

6.3 Ta loss innerbelysningens glödlampa

6.6 Bakre innerbelysningens glödlampa

6.8 Bagageutrymmets belysning tas loss från sidoklädseln

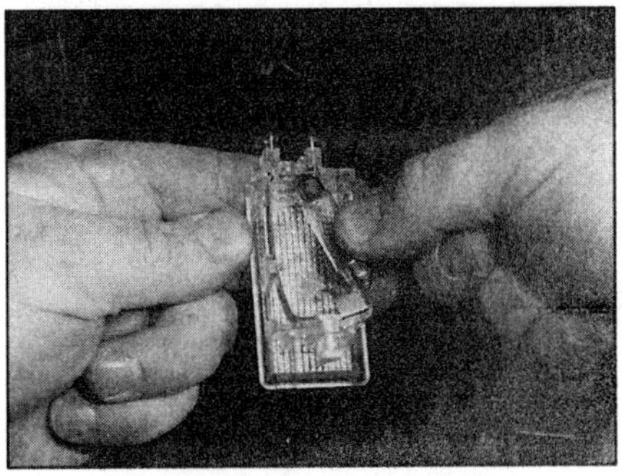

6.9 Glödlampan tas bort från bagageutrymmets belysning

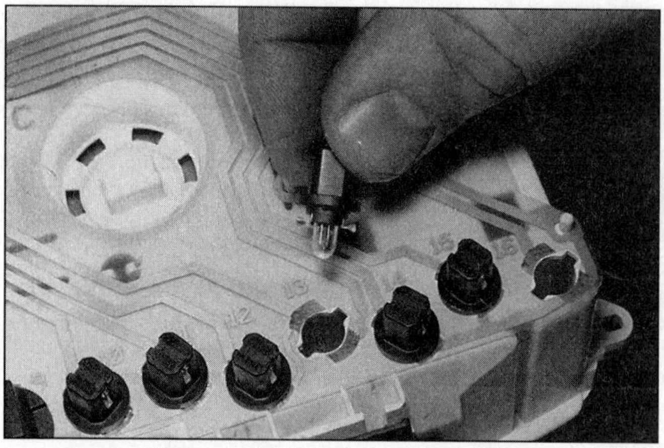

6.26a Demontering av en liten varningsglödlampa . . .

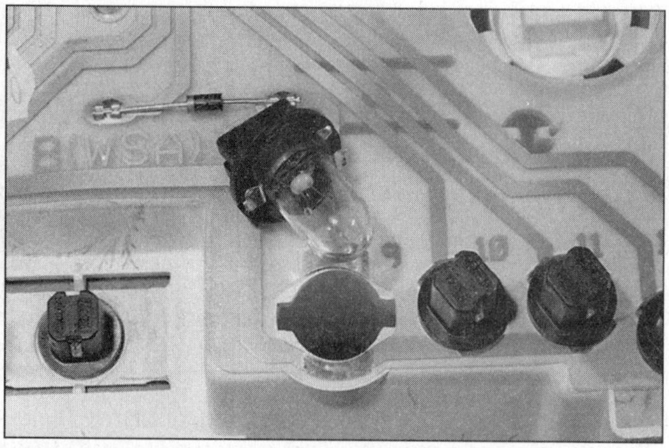

6.26b . . . och en stor glödlampshållare från instrumentpanelen

tändarens baksida, ta loss glödlampshållaren och ta bort glödlampan.

23 Montera i omvänd ordning.

Instrumentpanelens belysning och varningslampor

24 Demontera instrumentpanelen enligt beskrivning i avsnitt 9.

25 De mittre (vita) glödlampshållarna är för instrumentbelysningen och de nedre (svarta) lamphållarna på kretskortet är varningslamporna. Den mittre nedre (svarta) lamphållaren är vägmätarens displaybelysning och LCD-belysning (allt efter modell).

26 För att ta bort glödlamporna, vrid glödlampshållaren och ta bort den från instrumentpanelen, ta sedan bort glödlampan från hållaren där så är tillämpligt **(se bilder)**.

27 Montera i omvänd ordning.

Ljusbrytarens belysning

28 Demontera brytaren enligt beskrivning i avsnitt 4.

29 Vrid lamphållaren från brytarens baksida med en skruvmejsel **(se bild)**.

30 Montera i omvänd ordning.

Belysning för klocka/flerfunktionsdisplay

31 Demontera instrumentpanelen enligt beskrivningen i avsnitt 9. Klockan/flerfunktionsdisplayen sitter baktill på instrumentpanelen.

32 Vrid loss den aktuella glödlampshållaren från enhetens baksida med en tång **(se bilder)**.

33 Montera i omvänd ordning.

Värmereglagets belysning

34 Demontera värmereglageenheten enligt beskrivning i kapitel 3.

35 Dra ut relevant glödlampa från enheten **(se bild)**.

36 Montera i omvänd ordning.

7 Yttre lysen – demontering och montering

Strålkastare

Demontering

1 Demontera främre blinkers enligt beskrivning längre fram i detta avsnitt.

2 Demontera kylargrillen enligt beskrivning i kapitel 11.

3 Koppla loss kontakterna bak på strålkastaren **(se bilder)**. Om du arbetar på vänster strålkastare, demontera först relädosan framför batteriet.

6.26c De större glödlamporna kan tas bort från hållarna

6.29 Ta bort belysningsglödlampan från brytaren

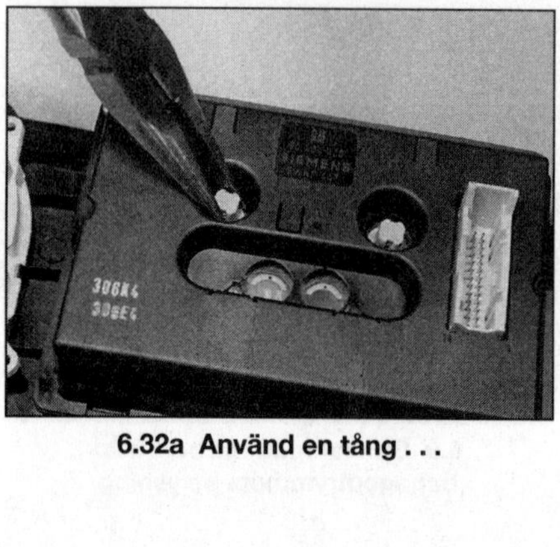

6.32a Använd en tång . . .

6.32b . . . till att ta loss glödlampshållaren från klockan/flerfunktionsdisplayen

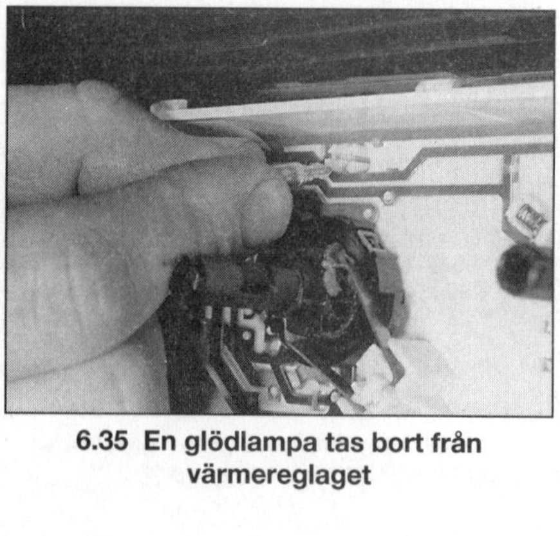

6.35 En glödlampa tas bort från värmereglaget

7.3a Koppla loss glödlampans kablage . . .

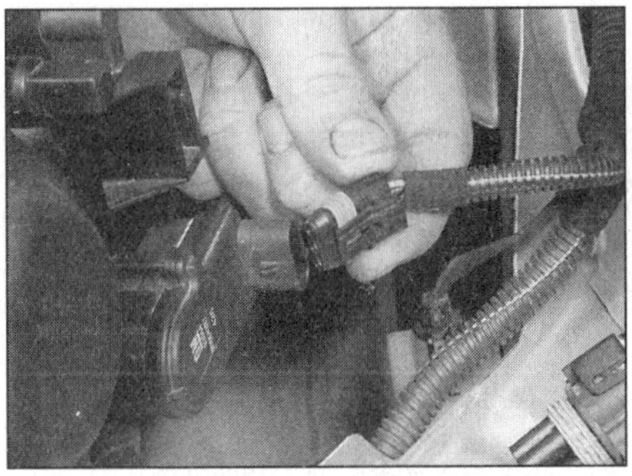

7.3b . . . och servomotorns kablage

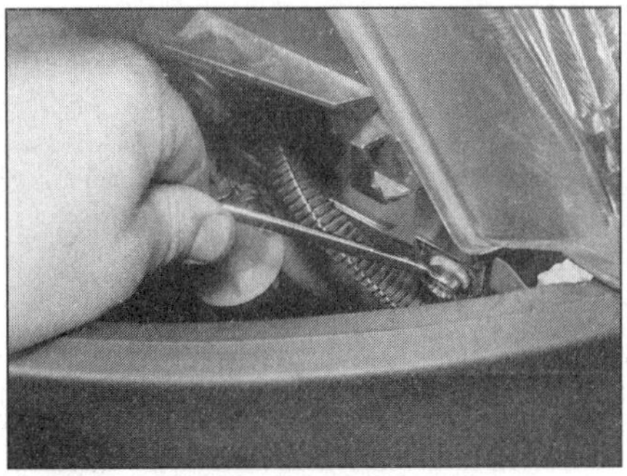

7.4a Skruva loss den yttre fästbulten . . .

4 Skruva loss strålkastarens fästbultar på var sida om enheten och dra bort strålkastaren från bilen **(se bilder)**.

5 Om så behövs kan strålkastarjusteringens servo demonteras om man vrider den moturs **(se bild)**.

Montering

6 Montering sker i omvänd ordning. Se till att styrklacken på strålkastaren hakar i motsvarande hål i kjolen. Låt kontrollera strålkastarinställningen vid första möjliga tillfälle **(se bild)**.

Främre blinkers

Demontering

7 Stick in en skruvmejsel upptill mellan blinkers och strålkastare och lossa fästklämman, dra sedan loss enheten framåt från styrhålen i strålkastaren **(se bild)**.

8 Koppla loss kablaget och ta bort blinkersenheten.

Montering

9 Montering sker i omvänd ordning. Tryck in enheten i styrhålen tills den övre fästklämman hakar i.

Främre dimljus

Demontering

10 Demontera den främre stötfångaren enligt beskrivning i kapitel 11.

11 Skruva loss de tre fästbultarna och ta bort dimljuset från stötfångaren, koppla sedan loss kablaget.

Montering

12 Montering sker i omvänd ordning.

Främre sidoblinkers

13 Arbetet beskrivs i avsnitt 5.

Bakljusenhet

Demontering

14 Demontera sidoklädseln i bagageutrymmet. Om du arbetar på höger sida, ta bort första hjälpen-utrustningen och varningstriangeln. På kombimodeller tas vänster kåpa loss genom att man vrider fästet.

15 Tryck in fästklacken i mitten av lampenheten och dra loss lamphållaren.

16 Skruva loss fästmuttrarna och dra ut lampenheten **(se bilder)**. Var försiktig så att inte lacken skadas.

7.4b . . . och den inre fästbulten . . .

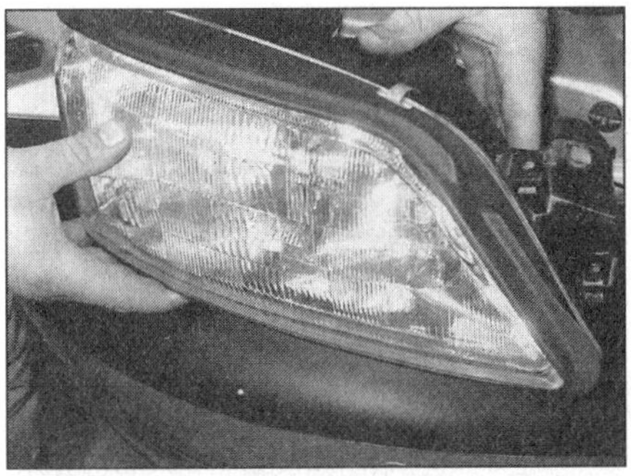

7.4c . . . och ta loss strålkastaren från bilen

7.5 Strålkastarjusteringens servo tas loss från enheten

7.6 Se till att styrklacken på strålkastaren går i ingrepp med motsvarande hål i kjolen

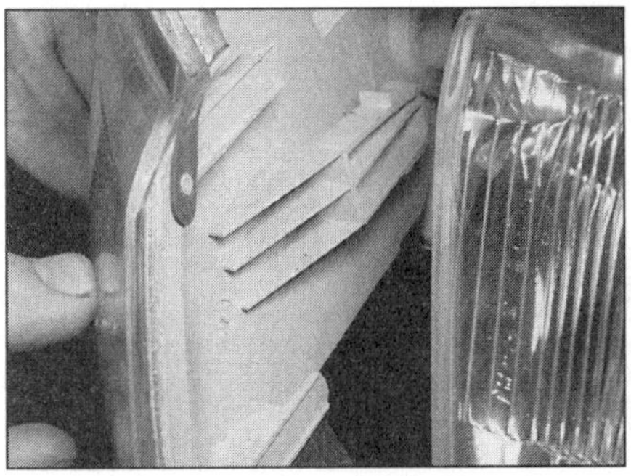

7.7 Dra loss blinkersenheten från strålkastaren

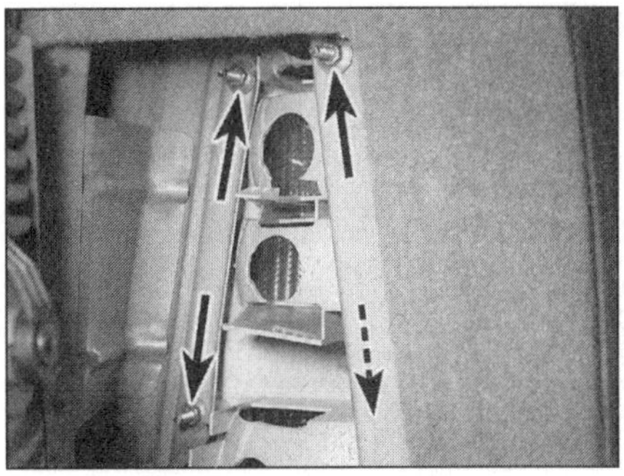

7.16a Bakljusenhetens fästmuttrar

7.16b Demontering av bakljusenheten

Montering

17 Montering sker i omvänd ordning.

Bakre nummerplåtsbelysning

18 Arbetet beskrivs i avsnitt 5.

Högt monterat bromsljus

19 Arbetet beskrivs i avsnitt 5.

8 Strålkastarinställning - allmän information

1 Exakt justering av strålkastaren är endast möjlig med optisk utrustning och detta bör därför överlåtas till en Opelverkstad eller annan lämpligt utrustad verkstad.

2 En ungefärlig justering av strålkastarna kan göras med justerarna som sitter på det främre övre yttre fästet och på det bakre inre fästet. Den inre skruven är till för horisontell justering och den yttre för vertikal justering.

3 Alla modeller har ett elstyrt justeringssystem för strålkastarna, som styrs via en brytare i instrumentbrädan. Rekommenderade inställningar är följande:

0 Passagerare i ett av eller båda framsätena
1 Passagerare i alla säten
2 Passagerare i alla säten och last i bagageutrymmet
3 Passagerare i förarsätet och last i bagageutrymmet

Observera: *När strålkastarinställningen justeras, se till att ha brytaren inställd på 0.*

4 På kombimodeller med automatisk självnivåreglering skall strålkastarjusteringen minskas med ett steg efter ca 3 km körning.

9 Instrumentpanel - demontering och montering

Demontering

1 Demontera rattstångskåporna. För att göra detta, demontera först ratten. Alternativt kan ratten sitta kvar, men den måste då vridas så att skruvarna på kåpornas ändytor kan nås. Skruva loss rattstångens justeringshandtag, ta sedan bort de två skruvarna från den övre kåpans ändyta och de tre skruvarna från den nedre kåpan. Ta bort kåporna och ta vara på startnyckelns lägesindikator från tändningslåset.

9.2 Bladmått används vid demontering av ventilen

2 Bänd försiktigt loss luftventilen i mitten och på förarsidan från instrumentbrädan. Använd en liten skruvmejsel eller bladmått till att trycka in sidoklämmorna **(se bild)**. Där så behövs, placera en trasa under skruvmejseln för att undvika skador.

3 Demontera ljusbrytaren enligt beskrivning i avsnitt 4.

4 Skruva loss fästskruvarna och ta bort den mittre infattningen och sidoinfattningen/ljusbrytarhuset från instrumentbrädan. Koppla loss kablaget **(se bilder)**.

5 Skruva loss de två fästskruvarna och dra bort instrumentpanelen från instrumentbrädan **(se bilder)**.

6 Koppla loss kablaget bak på instrumentpanelen och ta bort enheten **(se bild)**.

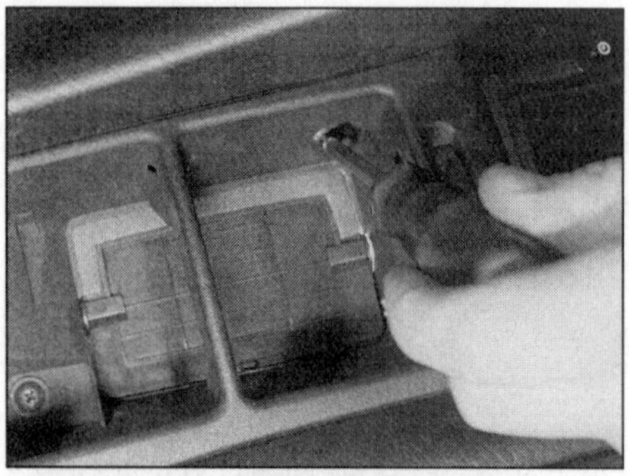

9.4a Skruva loss de inre skruvarna . . .

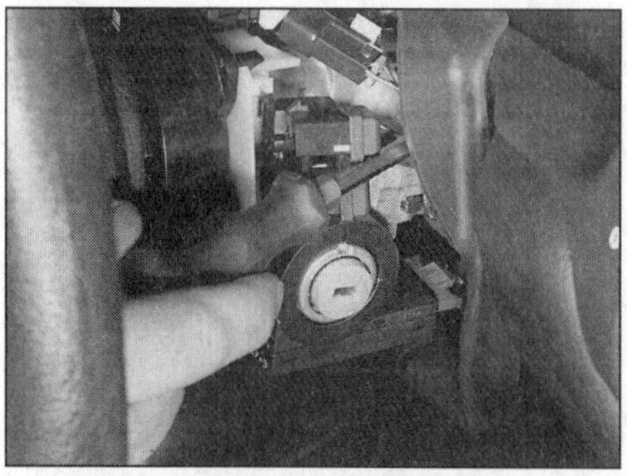

9.4b . . . och de yttre skruvarna . . .

9.4c . . . och ta loss infattningen

9.4d Skruvar för sidoinfattning/ljusbrytarhus

9.5a Skruva loss fästskruvarna . . .

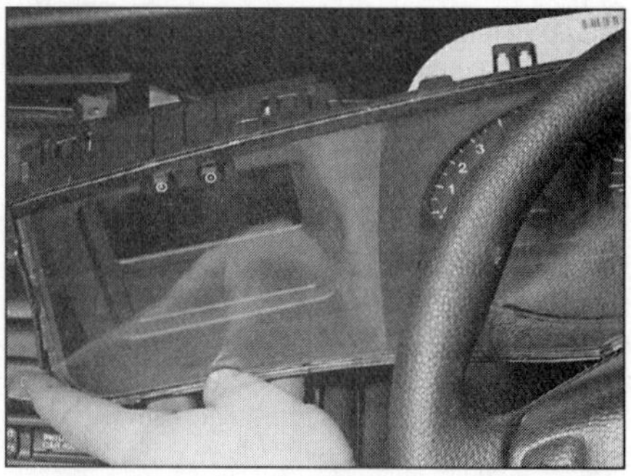

9.5b . . . och ta loss instrumentpanelen från instrumentbrädan

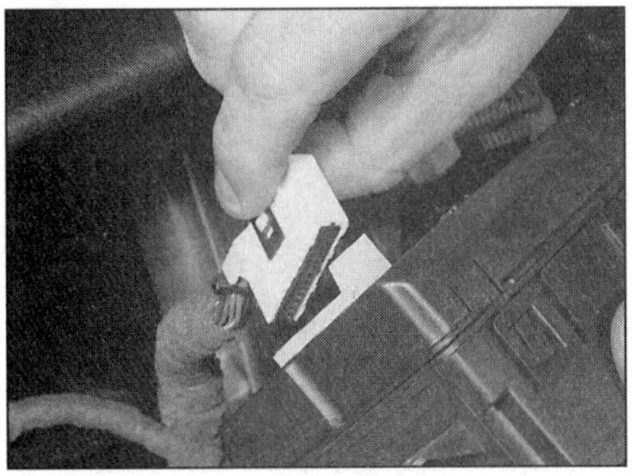

9.6 Koppla loss kablaget från instrumentpanelen

Montering

7 Montering sker i omvänd ordning, kontrollera att alla varningslampor och belysningslampor fungerar.

10 Instrumentpanel – demontering och montering av komponenter

Observera: *Hastighetsmätaren monterad på alla modeller är elektriskt aktiverad av signalerna från ABS hjulsensorer. Därför finns ingen hastighetsmätarvajer eller mekanisk drivning.*

Demontering

1 Med instrumentpanelen demonterad enligt beskrivning i avsnitt 9, ta bort varnings- och belysningslampor enligt beskrivning i avsnitt 6.

2 Demontera flerfunktionsdisplayen enligt beskrivning i avsnitt 11.

3 Lossa försiktigt klämman med en skruvmejsel, lossa sedan den främre ramen från huvuddelen.

4 Ytterligare isärtagning av instrumentpanelen är inte möjlig.

Montering

5 Montering sker i omvänd ordning.

11 Klocka/flerfunktionsdisplay – demontering och montering av komponenter

Demontering

1 För att demontera displayenheten, demontera först instrumentpanelen enligt beskrivning i avsnitt 9. Skruva loss skruvarna och ta bort flerfunktionsdisplayen, trippelfunktionsdisplayen eller den digitala klockan (efter tillämplighet) från instrumentpanelens baksida.

2 För att demontera yttertemperaturgivaren, demontera kylargrillen enligt beskrivning i kapitel 11. Ta loss givaren från hållaren och koppla loss kablaget.

3 För att demontera givaren för glödlampsövervakning, demontera först handskfacket enligt beskrivning i kapitel 11. Demontera givaren från hållaren på torpedväggen och koppla loss kablaget. Glödlampsgivaren för släpvagn sitter ovanför bilens givare och kan dras ut från sin bas om så behövs.

4 Givarna för bromsvätskenivå och kylarvätskenivå är del av flerfunktionsdisplayen. För att demontera bromsvätskenivågivaren, skruva loss påfyllningslocket från bromsvätskebehållaren och koppla loss kablaget. För att demontera kylarvätskenivågivaren, skruva loss och ta bort påfyllningslocket från expansionskärlet (se föreskrifterna i kapitel 3) och sug ut kylarvätska tills nivån är just under givaren. Demontera sedan givaren från tanken. Montering av givarna sker i omvänd ordning.

Montering

5 Montering sker i omvänd ordning.

12 Cigarettändare – demontering och montering

Demontering

1 Demontera mittkonsolen enligt beskrivning i kapitel 11.

2 Skruva loss skruvarna och demontera förvaringsfacket tillsammans med askkoppen, dra sedan ut cigarettändarelementet och koppla loss kablaget från tändaren.

3 Använd en liten skruvmejsel, lossa fästringen och demontera cigarettändaren.

Montering

4 Montering sker i omvänd ordning.

13 Akustiskt varningssystem – allmänt

1 Det akustiska varningssystemet har tre funktioner som beskrivs i följande punkter. Multitimern som beskrivs i avsnitt 3 styr systemet.

2 Om parkerings- eller halvljuset är på och framdörren är öppen, ljuder en varningssummer för att göra föraren uppmärksam på detta.

3 Om parkeringsljuset är på (med användning av indikatorbrytaren), ljuder en varningssummer i 2 sekunder när dörren öppnas.

4 Om startnyckeln sitter i tändningslåset ljuder en varningssummer när dörren öppnas för att påminna föraren om detta.

14 Signalhorn – demontering och montering

Demontering

1 Signalhornet sitter bakom den främre stötfångaren på höger sida på högerstyrda modeller och på vänster sida på vänsterstyrda modeller **(se bild)**. Ett eller två signalhorn kan vara monterade, beroende på modell. Dra åt handbromsen, lyft upp framvagnen och stöd den på pallbockar (se *"Lyftning och stödpunkter"*).

2 Koppla loss kablaget från signalhornet.

3 Skruva loss fästmuttern som håller signalhornet till fästet och ta bort hornet.

Montering

4 Montering sker i omvänd ordning.

15 Torkararm – demontering och montering

Vindrutetorkararm

Demontering

1 Aktivera torkarmotorn, slå sedan av den så att torkararmen går tillbaka till viloläget.

> HAYNES TiPS
> ***Sätt en bit maskeringstejp på vindrutan längs torkarbladet, för att underlätta återmonteringen.***

2 Använd en skruvmejsel och bänd loss täckpluggen från armens spindelände **(se bilder)**.

14.1 Signalhornet sitter bakom stötfångaren

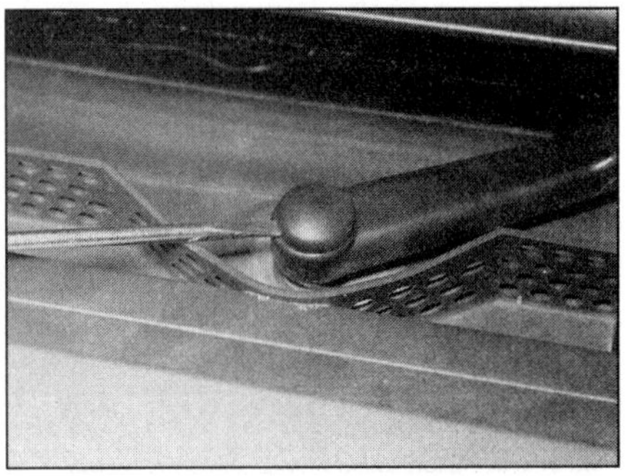

15.2a Använd en skruvmejsel . . .

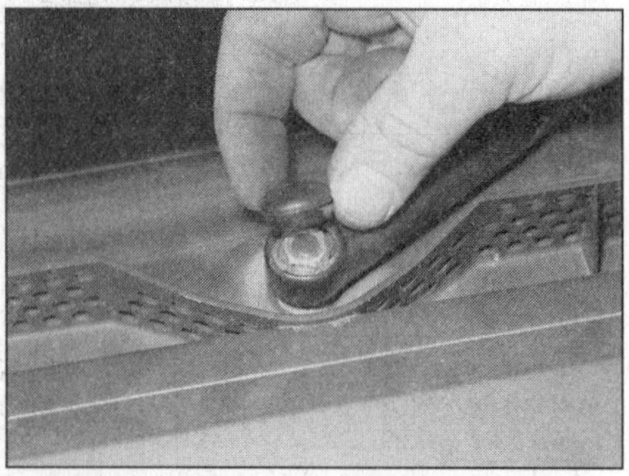
15.2b . . . till att ta loss täckpluggen . . .

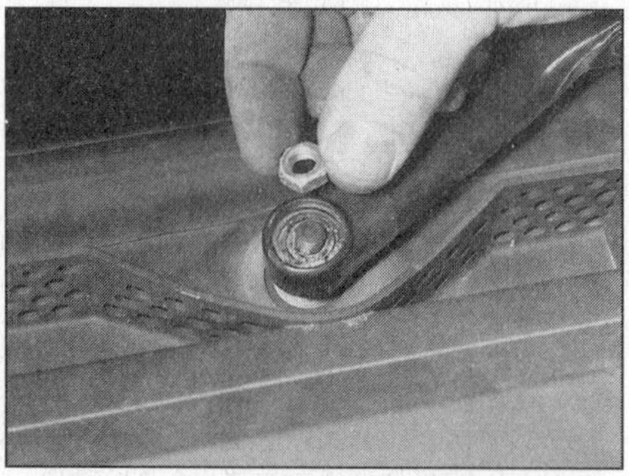
15.3a . . . ta sedan loss muttern. . .

15.3b . . . och den lilla brickan . . .

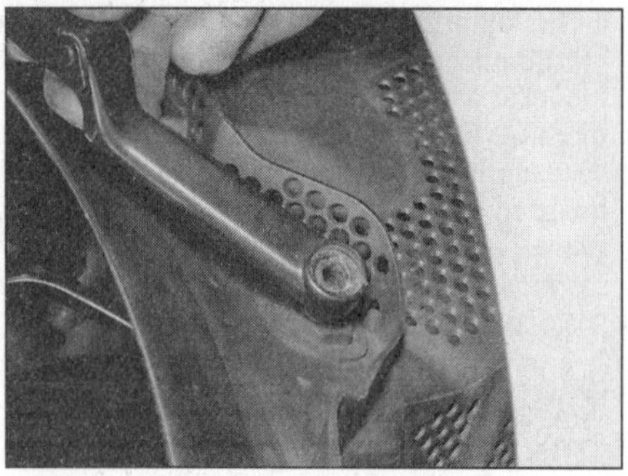
15.4 . . . och ta loss armen från spindeln

15.10 Skruva loss fästmuttern . . .

15.11 . . . och dra av bakrutetorkarens arm från spindeln

3 Skruva loss spindelmuttern och ta bara på den lilla brickan **(se bilder)**.

4 Lyft bladet från glaset och dra loss armen från spindeln **(se bild)**. Notera att torkararmarna kan sitta mycket hårt på spindlarnas räfflor – om så behövs, häv loss armen från spindeln med en flatbladig skruvmejsel (men var försiktig så att inte luftintagspanelen skadas).

5 Om så behövs, ta loss bladet från armen enligt beskrivning i kapitel 1.

Montering

6 Om torkarbladet tagits loss, sätt tillbaka detta på armen. Detta skyddar vindrutan mot skador från armens övre ände.

7 Se till att torkararmens och spindelns räfflor är rena och torra, sätt sedan tillbaka armen på spindeln och placera bladet i tidigare noterat viloläge.

8 Sätt tillbaka brickan och spindelmuttern och dra åt den ordentligt. Sätt tillbaka täckpluggen.

Bakrutans torkararm

Demontering

9 Aktivera torkarmotorn, slå sedan av den så att torkararmen återgår till viloläget.

HAYNES TIPS ***Sätt en bit maskeringstejp på rutan längs torkarbladet, för att underlätta återmonteringen.***

10 Lyft upp kåpan längst ner på torkararmen och skruva loss fästmuttern **(se bild)**.

11 Lyft bort bladet från glaset och dra loss armen från spindeln **(se bild)**.

12 Om så behövs, ta bort bladet från armen, se kapitel 1.

Montering

13 Om bladet tagits bort, sätt tillbaka detta på armen. Detta skyddar rutan mot skada från den övre änden av armen.

14 Se till att armens och spindelns räfflor är rena och torra, sätt sedan tillbaka armen på spindeln och placera bladet i det tidigare noterade viloläget.

15 Sätt tillbaka spindelmuttern och dra åt den ordentligt. Fäll tillbaka kåpan över muttern.

16 Vindrutetorkarmotor och länksystem – demontering och montering

Demontering

1 Demontera torkararmarna enligt beskrivning i avsnitt 15.

2 Dra bort tätningslisten baktill i motorrummet, skruva loss muttrarna som håller luftintagspanelen till torkarspindlarnas hus. Lossa och ta bort panelen **(se bilder)**.

3 Koppla loss kablaget vid torkarmotorn **(se bild)**.

4 Skruva loss bultarna som håller torkarmotorn till torpedväggen och ta bort enheten **(se bilder)**.

5 Motorn kan tas bort från länksystemet genom att man bänder loss staget från veven och skruvar loss motorn. Kvarvarande

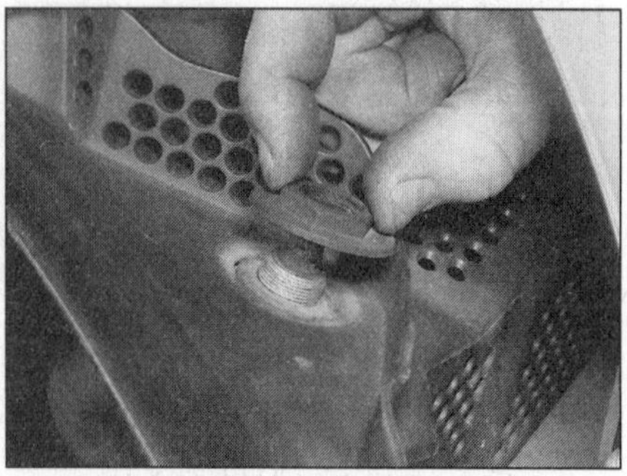
16.2a Skruva loss och ta bort spindelhusets muttrar . . .

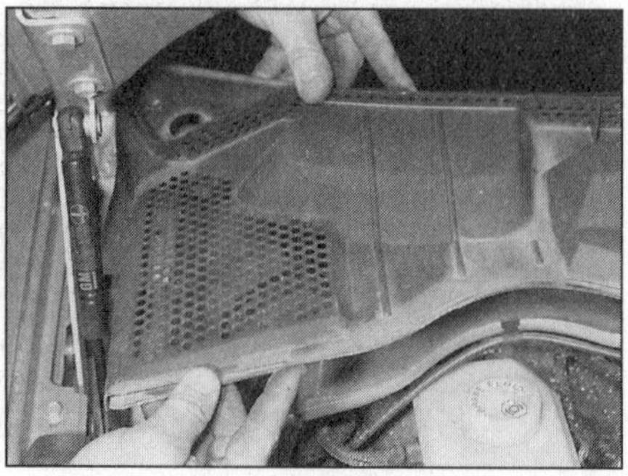
16.2b . . . och ta bort luftintagspanelen

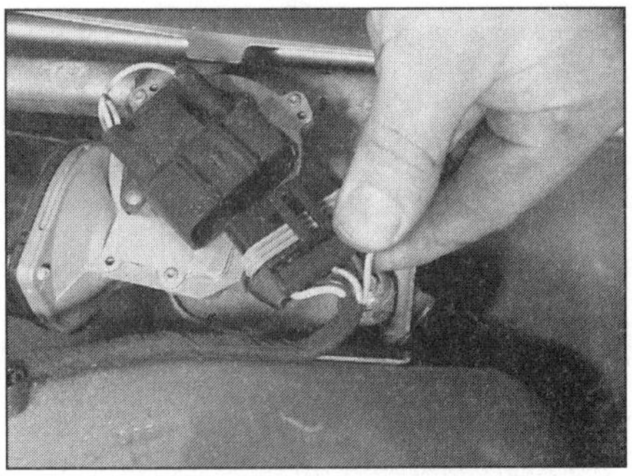

16.3 Koppla loss kablaget från torkarmotorn

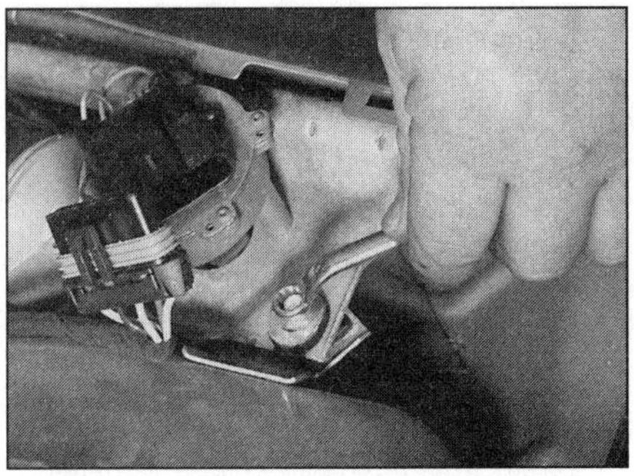

16.4a Skruva loss den mittre fästbulten . . .

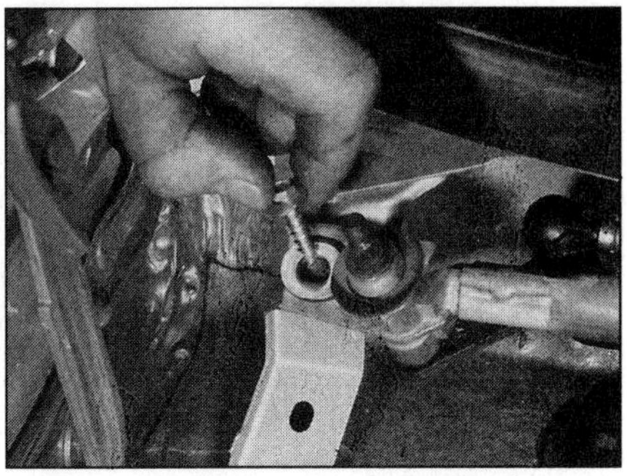

16.4b . . . och den yttre länkfästbulten . . .

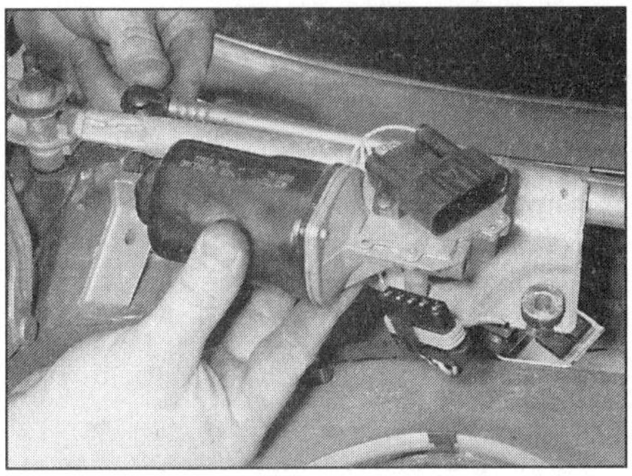

16.4c . . . och ta loss vindrutetorkarmotorn och länkaget från torpedväggen

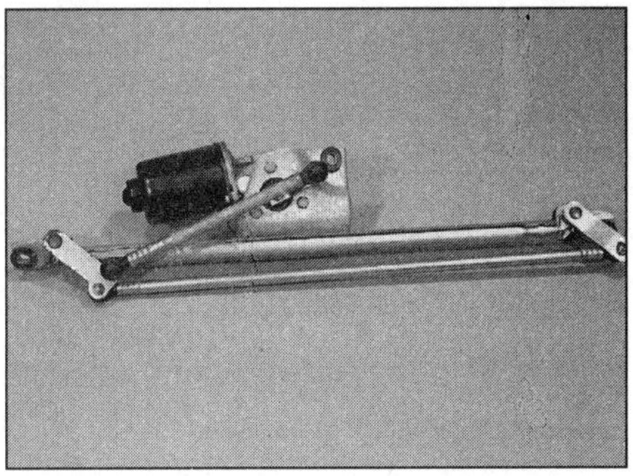

16.5a Vindrutetorkarmotorn och länkaget demonterade från bilen

16.5b Vindrutetorkarmotorns och länkagets fästbultar och mutter

länkstag kan också tas isär om så behövs **(se bilder)**.

6 Rengör hela enheten och kontrollera om spindlarna och lederna är slitna eller skadade. Byt ut komponenter efter behov.

Montering

7 Montering sker i omvänd ordning, smörj lederna med lite fett innan de sätts ihop. Montera torkararmen enligt beskrivning i avsnitt 15.

17 Bakrutetorkarmotor – demontering och montering

Demontering

1 Demontera torkararmen från bakluckan enligt beskrivning i avsnitt 15.

2 Demontera klädselpanelen från insidan av bakluckan enligt beskrivning i kapitel 11.

3 Ta bort gummiskyddet från torkarspindeln **(se bild)**.

4 Skruva loss muttern som håller spindelhuset till bakluckan och ta bort brickan och kåpan **(se bilder)**.

5 Koppla loss kablaget vid kontaktdonet **(se bild)**.

6 Skruva loss fästbultarna och ta bort torkarmotorn medan du drar spindelhuset genom gummimuffen **(se bilder)**.

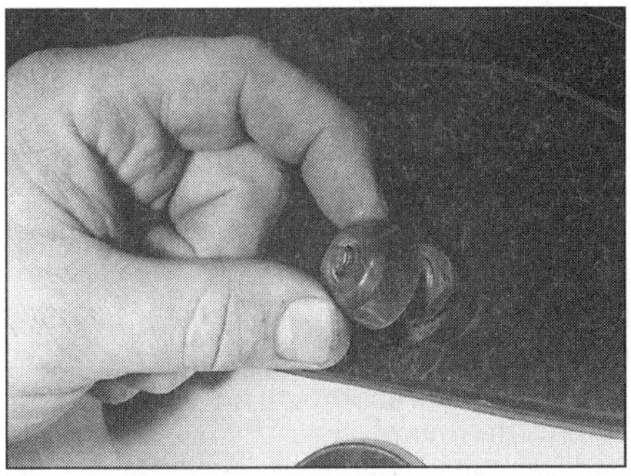

17.3 Ta bort gummiskyddet . . .

17.4a . . . skruva loss muttern . . .

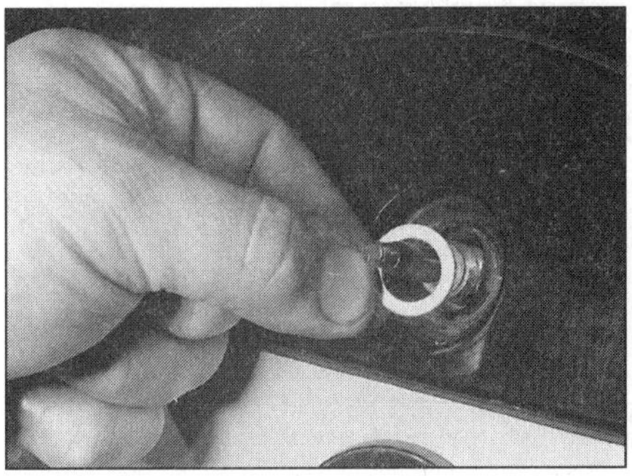

17.4b . . . ta bort brickan . . .

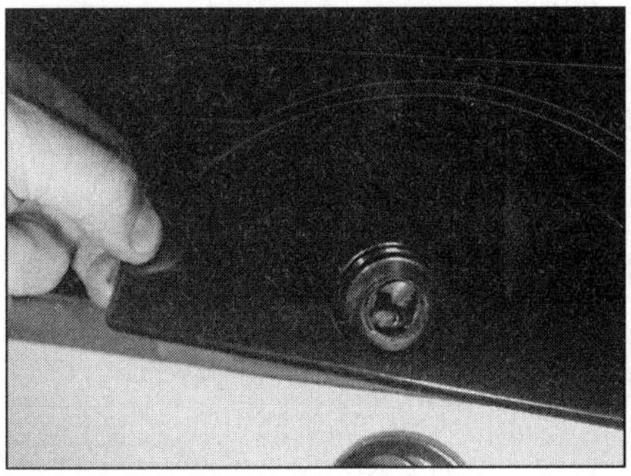

17.4c . . . och kåpan

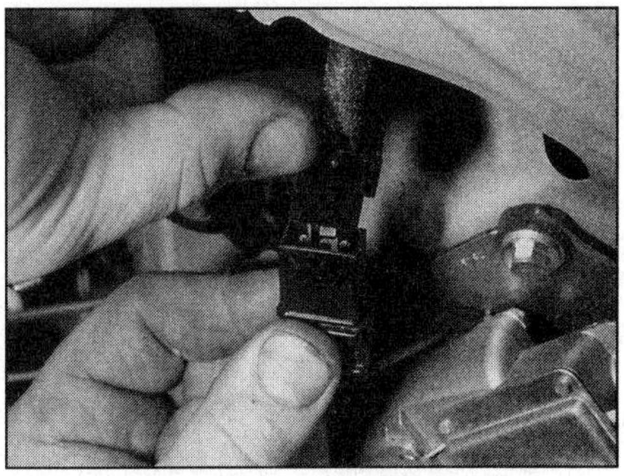

17.5 Koppla loss kablaget från bakrutetorkarmotorn

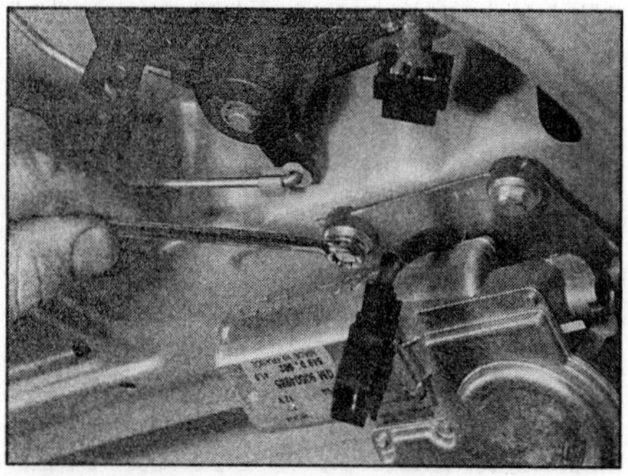

17.6a Skruva loss fästbultarna . . .

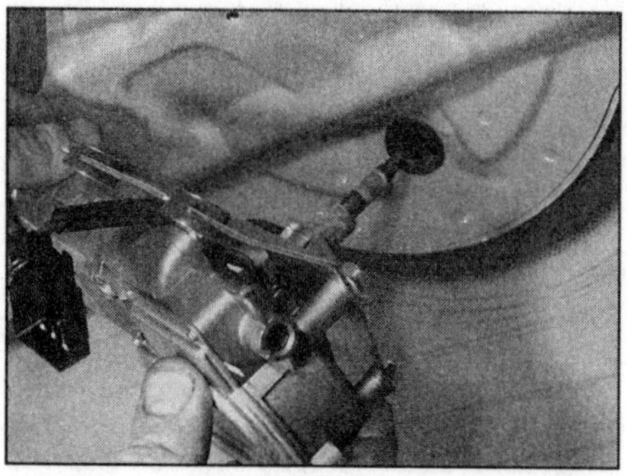

17.6b . . . och ta loss torkarmotorn från bakluckan

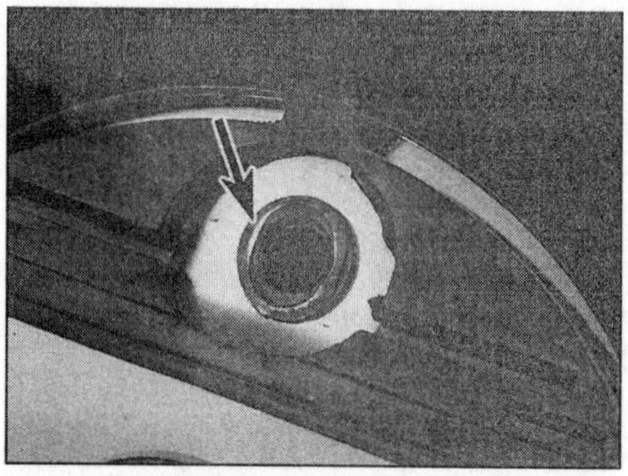

17.7 Undersök gummimuffen i bakluckan innan motorn monteras

7 Om så behövs, ta bort gummimuffen från bakluckan. Undersök om den är sliten eller skadad och byt ut den om så är fallet **(se bild)**.

Montering

8 Montering sker i omvänd ordning, dra åt fästmuttern till specificerat moment. Montera torkararmen enligt beskrivning i avsnitt 15.

18 Vindrute-/bakrute-/strålkastarspolare - demontering och montering av komponenter

Spolarvätskebehållare

Demontering

1 Demontera den främre stötfångaren enligt beskrivning i kapitel 11.

2 Demontera vänster hjulhusfoder enligt beskrivning i kapitel 11.

3 Placera en behållare under spolarvätskepumpen och -behållaren för att samla upp vätskan.

4 Koppla loss kablaget uppe på pumpen och flytta det åt sidan **(se bild)**.

5 Koppla loss slangen från pumpen och låt vätskan rinna ner i behållaren.

6 På modeller med en flerfunktionsdisplay, koppla loss kablaget från nivågivaren på vätskebehållaren.

7 På modeller med strålkastarspolare, koppla loss kablaget och slangen från den extra pumpen på behållaren.

8 Koppla loss påfyllningsröret/-rören från behållaren.

9 Lossa kablaget från klämman uppe på behållaren **(se bild)**.

10 Skruva loss fästbultarna och ta loss behållaren **(se bild)**.

Montering

11 Montering sker i omvänd ordning. Fyll behållaren med spolarvätska, se *"Veckokontroller"*.

Vätskespolarpump

Demontering

12 Demontera den främre stötdämparen enligt beskrivning i kapitel 11.

13 Demontera vänster hjulhusfoder enligt beskrivning i kapitel 11.

14 Placera en lämplig behållare under spolarpumpen och behållaren för att samla upp vätskan.

15 Koppla loss kablaget uppe på pumpen och flytta det åt sidan.

16 Koppla loss slangen från pumpen och låt vätskan rinna ner i behållaren.

17 Dra pumpen åt sidan och dra bort den från behållaren.

18 Om så behövs, ta bort gummimuffen från behållaren.

Montering

19 Montering sker i omvänd ordning. Fyll behållaren med spolarvätska, se *"Veckokontroller"*.

Vindrutespolarmunstycke

Demontering

20 Med motorhuven öppen, koppla loss kablaget och matningsslangen längst ner på munstycket.

21 Lossa munstycket från motorhuven och ta bort den uppåt.

Montering

22 Montering sker i omvänd ordning.

Bakrutespolarens munstycke

Demontering

23 På kombikupé, bänd försiktigt ut munstycket från antennbasen med en liten skruvmejsel, koppla sedan loss munstycket från slangen.

24 På kombi, stick försiktigt in en liten skruvmejsel mellan munstycket och gummitätningen. Tryck in klackarna och ta bort munstycket från bakluckan.

25 Koppla loss munstycket från slangen.

Montering

26 Montering sker i omvänd ordning.

Strålkastarspolarens munstycke

Demontering

27 Demontera strålkastaren enligt beskrivning i avsnitt 7.

28 Lossa matningsslangen från stödet och ta bort det från munstycket.

29 Dra ut klämman och ta bort munstycket från stötfångaren.

18.4 Spolarvätskebehållaren och pumpen sitter bakom den främre stötfångaren

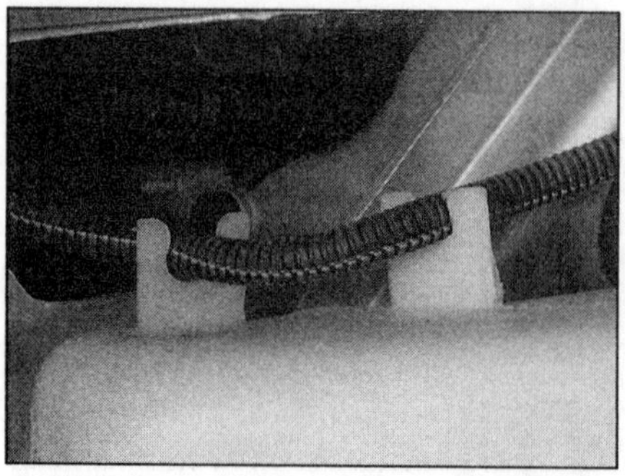

18.9 Lossa kablaget från behållaren

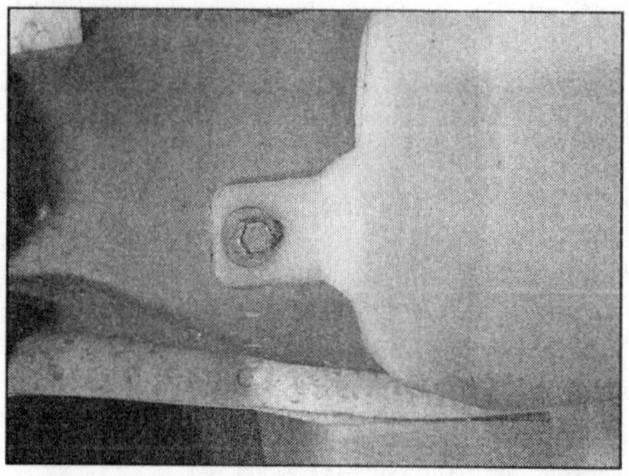

18.10 Spolarvätskebehållarens fästbult

Montering

30 Montering sker i omvänd ordning.

19 Radio/kassettbandspelare/ CD-spelare - demontering och montering

Observera: *På modeller med en säkerhetskodad radio/kassettbandspelare, om batteriet kopplas ifrån, måste rätt kod knappas in för att enheten skall kunna användas igen. Demontera inte enheten om du inte känner till koden. Följande information gäller radio/ kassettbandspelare som har standard DIN-fästen. Två DIN-verktyg behövs för detta moment.*

Radio/kassettbandspelare

Demontering

1 Använd en insexnyckel, skruva loss skruvstiften från de fyra hålen i hörnen på radions front **(se bild)**.
2 Stick in de två DIN-verktygen i hålen på var sida tills du kan känna att de hakar i fästklämmorna **(se bild)**.
3 Dra försiktigt bort radion/kassettbandspelaren från instrumentbrädan.
4 Koppla loss kablaget och antennkabeln från radions baksida.
5 Ta bort demonteringsverktygen och sätt tillbaka skruvstiften.

Montering

6 Anslut kablagets kontakter och antennkabeln, tryck sedan in enheten i sitt hus tills fästklämmorna går i ingrepp.
7 Avslutningsvis, knappa in säkerhetskoden.

CD-spelare

Demontering

8 Demontera handskfacket enligt beskrivning i kapitel 11.
9 Koppla loss kontakten.
10 Skruva loss fästbultarna och dra ut CD-spelaren från bakom instrumentbrädan.

Montering

11 Montering sker i omvänd ordning.

19.1 Skruva loss skruvstiften innan DIN-verktygen sätts in

19.2 DIN-verktyg används för att demontera radion/kassettbandspelaren

20 Högtalare - demontering och montering

Djuptonshögtalare monterad i framdörren

Demontering

1 Demontera framdörrens innerpanel enligt beskrivning i kapitel 11.
2 Skruva loss fästskruvarna och ta bort högtalaren från dörren **(se bild)**.
3 Koppla loss kablaget från högtalaren **(se bild)**.

Montering

4 Montering sker i omvänd ordning.

Högtonshögtalare monterad i framdörren

Demontering

5 Demontera framdörrens inre draghandtag enligt beskrivning i kapitel 11.
6 Koppla loss kablaget och lossa högtalaren från handtaget.

Montering

7 Montering sker i omvänd ordning.

Bakdörrens högtalare

Demontering

8 Demontera bakdörrens inre klädselpanel enligt beskrivning i kapitel 11.
9 Skruva loss fästskruvarna och ta bort högtalaren från dörren **(se bild)**.
10 Koppla loss kablaget från högtalaren **(se bild)**.

Montering

11 Montering sker i omvänd ordning.

20.2 Skruva loss fästskruvarna . . .

20.3 . . . och koppla loss kablaget från högtalarens baksida

20.9 Demontering av högtalaren från dörren

20.10 Kablaget kopplas loss från bakdörrens högtalare

21 Radioantenn - demontering och montering

Demontering

1 Demontera taklisten baktill i bagageutrymmet.
2 Koppla loss kabeln från antennen.
3 Ta bort slangen för bakrutans spolare/ torkare, skruva sedan loss muttern och ta bort antennen från taket.

Montering

4 Montering sker i omvänd ordning.

22 Larmsystem och immobiliser - allmän information

1 Alla modeller har en immobiliser för motorn som hindrar motorn från att starta när startnyckeln är i läge 'AV' eller när nyckeln inte sitter i låset. Systemet aktiveras av startnyckeln och en elektronisk givare monterad på rattlåset. Förardörrens låscylinder har en frihjulsmekanism - om försök görs att med våld vrida låset utan rätt nyckel, snurrar den bara runt i sitt hus.

2 Larmsystemet övervakar dörrarna, bagageluckan/bakluckan, motorhuven, radion, tändningen och på vissa modeller passagerarutrymmet. Styrenheten för systemet delas med centrallåssystemet - se avsnitt 21 i kapitel 11. På toppmodellerna finns en ultraljudssensor längst upp på varje B-stolpe. Stöldskyddssystemets signalhorn är placerat på torpedväggen i motorrummet och sirenen sitter under vänster framskärm. På kombimodeller finns en sensor för krossat glas för bagageutrymmets sidorutor.

3 För att demontera ultraljudsensorn, bänd försiktigt ut den från sitt hus med en skruvmejsel, koppla sedan loss kablaget.

4 För att demontera varningssignalhornet, koppla loss kablaget och skruva loss fästmuttern.

5 För att demontera motorhuvens kontakt, koppla loss kablaget och ta loss kontakten från torpedväggen.

6 För att demontera sirenen, koppla loss batteriets negativa kabel enligt beskrivning i kapitel 5A, inom 15 sekunder efter det att tändningen slagits av. Demontera hjulhusfodret under vänster framskärm, koppla loss kablaget och skruva loss fästet och sirenen.

7 Montering av komponenterna sker i omvänd ordning mot demonteringen.

8 Eventuella problem med systemet bör överlämnas till en Opelverkstad.

23 Krockkudde - allmän information, föreskrifter och avaktivering av systemet

Allmän information

Krockkudde på förarsidan är standard på alla modeller. Krockkudden är monterad i mitten av ratten. Krockkudde på passagerarsidan är standard på vissa modeller och finns som tillval på andra. På vissa senare modeller finns sidokrockkuddar.

Systemet är laddat endast när tändningen är på, men det finns en reservströmkälla som bibehåller strömmatning till systemet i händelse av ett brott i huvudmatningen. Systemet aktiveras av en 'g'-givare (retardationsgivare), som finns i den elektroniska styrenheten. Styrenheten styr också de främre bältessträckarna.

Krockkuddarna blåses upp av gasgeneratorer, vilket tvingar ut kuddarna från sina platser i ratten och/eller instrumentbrädan på förarsidan.

Om ett fel uppstår med krockkuddesystemet (varningslampa tänds på instrumentpanelen), rådfråga en Opelverkstad.

Föreskrifter

Varning: Följande föreskrifter MÅSTE iakttagas vid arbete på bilar med krockkudde, för att undvika risken för personskador.

Allmänna försiktighetsåtgärder

a) *Koppla inte ifrån batteriet när motorn är igång.*
b) *Innan arbete utförs i närheten av krockkudden, innan demontering av några krockkuddekomponenter görs eller innan någon typ av svetsning utförs på bilen, avaktivera systemet enligt beskrivning i underavsnittet nedan.*
c) *Försök inte testa någon av krockkuddens kretsar med testmätare eller annan testutrustning.*
d) *Om krockkuddens varningslampa tänds, eller om ett fel i systemet misstänks, kontakta en Opelåterförsäljare utan dröjsmål. Försök inte utföra någon feldiagnos eller demontering av komponenter.*

Försiktighetsåtgärder vid hantering av krockkudden

a) *Förflytta krockkudden för sig själv, med kudden vänd uppåt.*
b) *Lägg inte armarna runt krockkudden.*
c) *Bär krockkudden nära kroppen, med kudden vänd utåt.*
d) *Tappa inte krockkudden och utsätt den inte för stötar.*
e) *Försök inte ta isär enheten.*
f) *Anslut inte någon typ av elektrisk utrustning till någon del av krockkudden.*
g) *Låt inte lösningsmedel eller rengöringsmedel komma i kontakt med krockkudden. Enheten får endast rengöras med en fuktig trasa.*

Försiktighetsåtgärder vid förvaring av en krockkudde

a) *Förvara enheten i ett skåp med kudden vänd uppåt.*
b) *Utsätt inte krockkudden för temperaturer över 90°C.*
c) *Låt inte krockkudden komma i kontakt med lågor.*
d) *Försök inte själv kassera krockkudden - rådfråga en Opelåterförsäljare.*
e) *Montera aldrig en krockkudde som är defekt eller skadad.*

Avaktivering av systemet

Systemet måste avaktiveras enligt följande innan något arbete utförs på krockkuddens komponenter eller i utrymmet intill kudden.

a) *Slå av tändningen.*
b) *Ta bort startnyckeln.*
c) *Slå av all elektrisk utrustning.*
d) *Koppla loss batteriets negativa kabel (se kapitel 5A).*
e) *Isolera batteriets negativa pol och änden av den negativa kabeln för att förhindra kontakt.*
f) *Vänta i minst en minut innan arbetet fortsätts. Detta låter systemets kondensator ladda ur.*

24 Krockkudde - demontering och montering av komponenter

Förarsidans krockkudde

Varning: Se föreskrifterna givna i avsnitt 23 innan något arbete utförs på krockkuddens komponenter

Demontering

1 Krockkudden är en integrerad del av rattens mittsektion.

2 Avaktivera systemet enligt beskrivning i avsnitt 23.

3 Placera framhjulen i läge rakt fram, lås sedan rattstången på plats efter det att startnyckeln tagits bort.

4 Skruva loss och ta bort de två skruvarna bak på ratten och lyft försiktigt bort krockkudden/signalhornets tryckplatta från ratten.

5 Koppla loss kablaget från krockkudden **(se bild)**. Placera krockkudden på en säker plats där ingen kan komma åt att fingra på den och se till att själva kudden är vänd uppåt.

Montering

6 Montering sker i omvänd ordning, men se till att kontaktdonet återansluts säkert och dra åt fästskruvarna till specificerat moment.

24.5 Koppla loss kablaget från krockkudden

Passagerarsidans krockkudde

⚠ ***Varning: Se föreskrifterna givna i avsnitt 23 innan något arbete utförs på krockkuddens komponenter.***

Demontering

7 Avaktivera systemet enligt beskrivning i avsnitt 23.

8 Demontera handskfacket och passagerarsidans luftfördelningskanal under instrumentbrädan enligt beskrivning i kapitel 11.

9 Skruva loss de nedre fästskruvarna och ta bort krockkuddens kåpa utåt.

10 Koppla loss kablaget från krockkudden.

11 Skruva loss de tre nedre skruvarna och lyft bort krockkudden från instrumentbrädan.

Montering

12 Montering sker i omvänd ordning, se till att kontaktdonet återansluts ordentligt och dra åt fästskruvarna till specificerat moment.

Sidokrockkudde

⚠ ***Varning: Se föreskrifterna givna i avsnitt 23 innan något arbete utförs på krockkuddens komponenter.***

Demontering

13 Krockkudden sitter i framsätets ryggstöd. Börja med att avaktivera systemet enligt beskrivning i avsnitt 23.

14 Ta försiktigt loss klädseln för att exponera enheten.

15 Koppla loss kablaget från krockkudden.

16 Skruva loss de tre fästmuttrarna och ta bort krockkudden från ryggstödet.

Montering

17 Montering sker i omvänd ordning, men se till att kontaktdonet återansluts säkert och dra åt fästmuttrarna till specificerat moment.

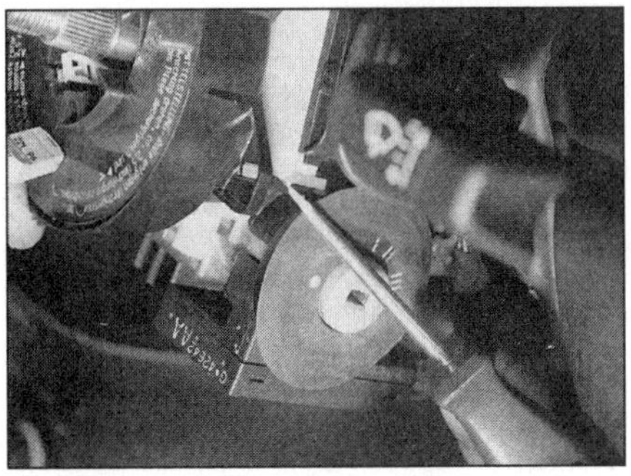

24.22a Lossa de fyra klämmorna med en skruvmejsel . . .

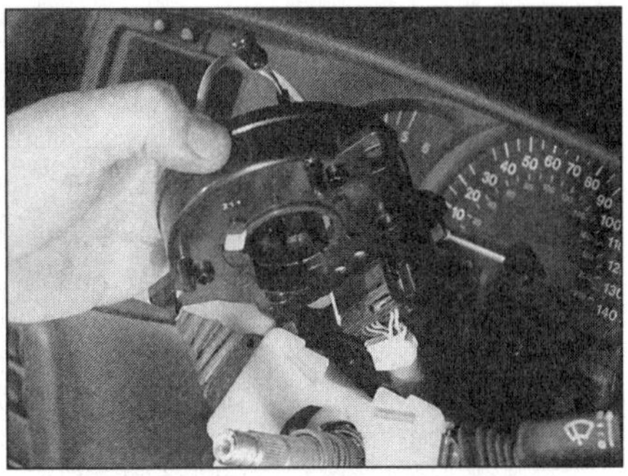

24.22b . . . och ta bort krockkuddens kontaktenhet från rattstången

Krockkuddens kontaktenhet (på rattstången)

Demontering

18 Demontera förarsidans krockkudde enligt beskrivning tidigare i detta avsnitt.

19 Demontera ratten enligt beskrivning i kapitel 10.

20 Demontera rattstångskåporna genom att skruva loss rattstångens justeringshandtag, sedan ta bort de två skruvarna från den övre kåpans ändyta och de tre skruvarna från den nedre kåpan. Ta vara på startnyckelns lägesindikator från tändningslåset.

21 Använd en liten skruvmejsel, lyft av låsplattan och koppla loss kontakten.

22 Lossa de fyra bakre klämmorna och ta bort kontaktenheten från rattstången **(se bilder)**. **Observera:** *Se till att kontaktenhetens halvor förblir i sitt mittläge med pilarna i linje nedtill. Om så behövs, fäst halvorna med tejp.*

Montering

23 Innan kontaktenheten monteras, om den inte längre är i sitt mittläge eller om en ny enhet monteras, ställ in mittläget enligt följande. Tryck in spärrhaken uppe på enheten och vrid försiktigt den mittre delen av enheten moturs tills motstånd känns. Vrid den nu 2,5 varv medurs och ställ in pilarna på mittdelen och ytterkanten **(se bild)**.

24 Om en ny enhet monteras, ta först bort transportklämman.

25 Placera kontaktenheten uppe på rattstången och se till att styrstiften hakar i de därför avsedda hålen. Pressa in enheten tills klämmorna går i ingrepp **(se bild)**. **Observera:** *Klämmorna får inte skadas på något sätt. Om de skadas måste enheten bytas ut.*

26 Anslut kontakten.

27 Sätt tillbaka startnyckelns lägesindikator, montera sedan rattstångskåporna och dra åt fästskruvarna. Sätt tillbaka och dra åt tilt steering lever.

28 Montera ratten enligt beskrivningen i kapitel 10.

29 Montera förarsidans krockkudde enligt tidigare beskrivning.

Elektronisk styrenhet

Demontering

30 Avaktivera krockkuddesystemet enligt beskrivning i avsnitt 23.

31 Demontera mittkonsolen enligt beskrivning i kapitel 11.

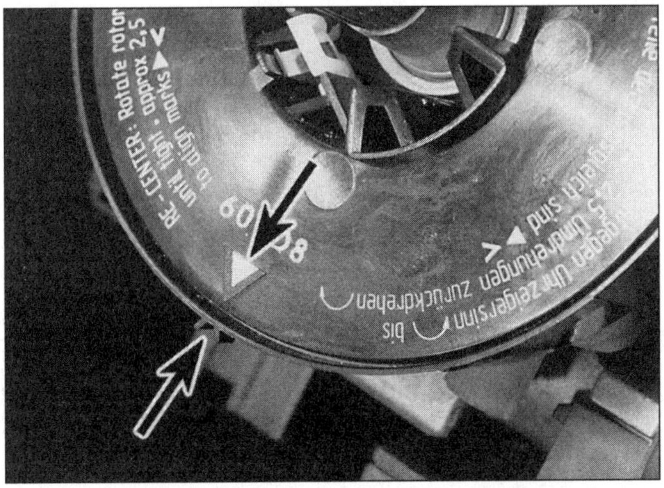

24.23 Pilar för centrering på kontaktenheten

24.25 Kontaktenheten monterad på rattstången

24.32 Krockkuddens elektroniska styrenhet

32 Koppla loss kablaget från styrenheten, skruva sedan loss fästmuttrarna och ta bort enheten från bilens insida **(se bild)**.

Montering

33 Montering sker i omvänd ordning, dra åt fästmuttrarna till specificerat moment.

Sidokrockkuddens sensor

Demontering

34 Avaktivera systemet enligt beskrivning i avsnitt 23.

35 Demontera framdörrens inre klädselpanel enligt beskrivning i kapitel 11.

36 Dra undan vattenmembranet för att komma åt sensorn.

37 Koppla loss kablaget, skruva loss fästbultarna och ta bort sensorn.

Montering

38 Montering sker i omvänd ordning.

Kopplingsscheman

Förklaringar till förkortningar

Observera: *Alla komponenter finns inte på alla modeller*

AB	*Krockkudde*
ABS	*Låsningsfria bromsar*
AC	*Luftkonditionering*
ASP	*Yttre spegel*
AT	*Automatväxellåda*
ATC	*Automatisk temperaturstyrning*
AZV	*Bogserkrok för släpvagn*
BR	*OBD (On-Board Diagnostics)*
CC	*Glödlampsövervakning*
CD	*CD-växlare*
CRC	*Farthållare*
D	*Diesel*
DID	*Dubbelinfo display*
DIM	*Dimmerdisplay*
DIS	*Direkttändningssystem*
DS	*Stöldskydd*
DWA	*Stöldvarningssystem*
DZM	*Varvräknare*
E	*Utlösare*
ECC	*Elektronisk klimatkontroll*
EFC	*Elstyrd sufflett*
EKP	*Bränslepump*
EKS	*Säkerhetsvakt (elfönsterhiss)*
EMP	*Radio/kassettbandspelare*
ETC	*Elektroniskt antispinnsystem*
EUR	*Euronorm motor*
EZ +	*El Plus med självdiagnos*
EZV	*Ecotronic*
FH	*Elfönsterhissar*
FI	*Bensin*
FT	*Förardörr*
FV	*Försäkring*
GB	*Storbritannien*
HB, NB	*Kombikupé*
HRL	*Bagageutrymmets lampa*
HS	*Uppvärmd bakruta*
HSF	*Handskfack*
HW	*Bakrutetorkare*
HZG	*Värme*
ID	*Informationsdisplay*
IMO	*Immobiliser*
INS	*Instrument*
IRL	*Innerbelysning*
J	*Japan*
KAT	*Katalysator*
KBS	*Kabelhärva*
KV	*Kontakt, fördelare*
KW	*Kombi*
L3.1	*Bränsleinsprutning (Bosch L3.1-Jetronic)*
LED	*Ljusdiod*
LCD	*LCD instrument*
LHD	*Vänsterstyrd*
LWR	*Strålkastarjustering*
M1.5	*Bränsleinsprutning (Bosch Motronic M1.5)*
M2.5	*Bränsleinsprutning (Bosch Motronic M2.5)*
MID	*Flerinformationsdisplay*
MOT	*Motronic system (allmänt)*
MT	*Manuell växellåda*
MUL	*Bränsleinsprutning (Multec)*
MUT	*Multitimer*
N	*Norge*
NSL	*Bakre dimljus*
NSW	*Främre dimljus*
OEL	*Oljetryckskontakt*
OPT	*Tilläggsutrustning*
PBSL	*Växellådslås*
P/N	*Park/Neutral (startspärr - automatväxellåda)*
POT	*Potentiometer*
RC	*Anpassningsbar dämpning*
RFS	*Backljus*
RHD	*Högerstyrd*
S	*Sverige*
SA	*Saudi-Arabien*
SD	*Glidande soltak*
SH	*Sätesvärme*
SLP	*Sekundärluftspump*
SM	*Motorns styrenhet*
SRA	*Strålkastarspolare*
TANK	*Bränslemätare*
TC	*Antispinnsystem*
TD	*Turbodiesel*
TEL	*Telefon*
TEMP	*Temperaturmätare*
TID	*Trippelinformationsdisplay*
TFL	*Varselljus*
TKS	*Dörrens innerbelysningskontakt*
TSZI	*Högenergitändning (HEI)*
V	*Lås*
VGS	*Förgasare*
WEG	*Bilens hastighetsgivare*
WHR	*Bilens nivåkontroll*
WS	*Varningssummer*
ZIG	*Cigarettändare*
ZV	*Centrallås*
ZYL	*Cylinder*
4WD	*Fyrhjulsdrift*

Kabelidentifikation

Exempel: GE WS 1.5
GE - Basfärg
WS - Identifikationsfärg
1.5 - Kabelns tvärsnitt (mm^2)

Färgkoder

BL	Blå	GR	Grå	SW	Svart
BR	Brun	HBL	Ljusblå	VI	Violett
GE	Gul	LI	Lila	WS	Vit
GN	Grön	RT	Röd		

Kretsförbindelse

Ett inramat nummer – t.ex. 180 – hänvisar till kretsens fortsättning i ett annat schema

Komponentförteckning

Alla komponenter finns inte på alla modeller

Nr	Beskrivning	Spår
E1	Parkeringsljus, vänster	338
E2	Bakljus, vänster	341
E3	Nummerplåtsbelysning	347 to 350
E4	Parkeringsljus, höger	352
E5	Bakljus, höger	355
E7	Strålkastarens helljus, vänster	301
E8	Strålkastarens helljus, höger	304
E9	Strålkastarens halvljus, vänster	307
E10	Strålkastarens halvljus, vänster	310
E11	Instrumentbelysning	714 to 716
E12	Automatväxellådans växelspak, belysning	644, 645
E13	Bagageutrymmets belysning	1328
E15	Handskfacksbelysning	1350
E16	Cigarettändarbelysning	1356
E17	Backljus, vänster	1344
E18	Backljus, höger	1345
E19	Uppvärmd bakruta	803, 1723
E20	Dimljus, vänster fram	650, 871
E21	Dimljus, höger fram	651, 873
E24	Dimljus, vänster bak	645, 877
E25	Sätesvärme, vänster	1886
E27	Bakre läslampa, vänster	1331, 1332
E28	Bakre läslampa, höger	1334, 1335
E30	Sätesvärme, höger	1893
E37	Solskärmslampa, vänster	1338
E39	Dimljus, höger bak	879
E40	Solskärmslampa, höger	1340
E41	Passagerarutrymmets belysningsfördröjning	1322 to 1325
E42	Kylarvätskeuppvärmning	1472 to 1489
E42.1	Extra värmestyrenhet	1472 to 1489
E42.2	Fläktmotor	1478
E42.3	Glödstift	1480
E42.4	Kylvätskegivarens flamsensor	1482
E42.5	Kylarvätskegivare	1484
E42.6	Överhettningssensor	1486
E50	Dörrbelysning, förardörren	1306
E51	Dörrbelysning, passagerardörren	1309
E52	Dörrbelysning, vänster bak	1313
E53	Dörrbelysning, höger bak	1317
F2	Säkring, fläktmotor	122
F3	Säkring, uppvärmd bakruta	137
F6	Säkring, halvljus höger	310
F7	Säkring, parkeringsljus höger	352
F8	Säkring, helljus höger	304
F9	Säkring, strålkastarspolarpump	126
F10	Säkring, signalhorn	139
F11	Säkring, centrallås	141
F12	Säkring, dimljus	128
F14	Säkring, torkare	175
F16	Säkring, bakre dimljus	130
F17	Säkring, elfönsterhiss	143
F18	Säkring, nummerplåtsbelysning	348
F20	Säkring, elfönsterhiss	145
F21	Säkring, pol W	104
F22	Säkring, pol 30	132
F24	Säkring, halvljus vänster	307
F25	Säkring, parkeringsljus vänster	338
F26	Säkring, helljus vänster	301
F28	Säkring, kylarvätskevärme	147
F29	Säkring, pol 15	160
F30	Säkring, soltak	149
F32	Säkring, varselljus	323
F33	Säkring, släpens pol 30	151
F34	Säkring, CD-växlare	153
F35	Säkring, ABS/TC	164
F36	Säkring, pol 15	167
F37	Säkring, cigarettändare	169
F38	Säkring, pol 15	171

Nr	Beskrivning	Spår
F39	Säkring, automatväxellåda	155
F40	Säkring, pol 15A	115
F41	Säkring, spegel	157
F50	Säkring, kylarfläkt	1562, 1596, 1622, 1660,1691
F52	Säkring, kylarfläät	1505, 1516, 1544, 1578, 1605, 1641, 1672
F56	Säkring, filteruppvärmning	194
F59	Säkring, motorns styrenhet	196
FV1	För-säkring, pol 30	103
FV2	För-säkring, pol 30	136
FV3	För-säkring, pol 30	125
FV4	Säkring, ABS/TC	103
FV5	Säkring, sekundär luftinsprutning	103
FV6	Säkring, motorstyrning	103
G1	Batteri	101
G2	Generator	112 to 114
H1	Radio	1701 to 1731, 1742 to 1759
H3	Blinkers indikeringslampa	721
H4	Oljetryck varningslampa	736
H5	Bromsvätska varningslampa	731
H7	Laddningslampa	734
H8	Helljus indikeringslampa	725
H9	Bromsljus vänster	1253, 1285
H10	Bromsljus höger	1256, 1288
H11	Blinkers, vänster fram	379
H12	Blinkers, vänster bak	380
H13	Blinkers, höger fram	386
H14	Blinkers, höger bak	387
H15	Låg bränslenivå/låg reserv, varningslampa	714
H16	Glödstift varningslampa	740
H17	Släpvagnsblinkers indikeringslampa	719
H18	Signalhorn (två-tons)	1067, 1069
H22	Bakre dimljus indikeringslampa	727
H23	Krockkudde varningslampa	746
H24	Stöldskyddssiren	961 to 963
H26	ABS varningslampa	738
H27	Varningssummer	1878 to 1880
H28	Säkerhetsbälten varningslampa	748
H30	Motor varningslampa	729
H33	Sidoblinkers vänster	381
H34	Sidoblinkers höger	388
H36	Bromsljus mitten	1249, 1281
H37	Högtalare, vänster fram	1703 till 1705
H38	Högtalare, höger fram	1707 till 1709
H39	Högtalare, vänster bak	1711 till 1713
H40	Högtalare, höger bak	1715 till 1717
H42	Automatväxellåda varningslampa	744
H46	Katalysator, temperaturvarningslampa	719
H47	Stöldskyddssignalhorn	952
H51	ETC varningslampa	742
H52	Högtonshögtalare, vänster fram	1703 till 1705
H53	Högtonshögtalare, höger fram	1707 till 1709
H57	Högtonshögtalare, vänster bak	1711 till 1713
H58	Högtonshögtalare, höger bak	1715 till 1717
H65	Dimljus indikeringslampa	723
H66	Djuptonshögtalare, vänster fram	1703, 1705
H67	Djuptonshögtalare, höger fram	1707, 1709
K1	Relä, uppvärmd bakruta	381, 382, 803
K5	Relä, främre dimljus	385, 386, 871
K6	Luftkonditioneringsrelä	1146 to 1148, 1815 till 1817, 1851 till 1853
K7	Fläktrelä	1819, 1820, 1855, 1856
K12	Relä, sekundär luftinsprutning	255 till 257
K14	Farthållarenhet	1052 till 1058
K28	Relä, kylarfläkt	1614 till 1616
K31	Styrenhet, krockkudde	1080 till 1098
K34	Fördröjningsrelä, kylarfläkt	1542 to 1544, 1576 till 1578
K37	Styrenhet, centrallås	901 till 954
K43	Relä, insprutningsventiler	243, 244, 293, 294, 440, 441

Nr	Beskrivning	Spår
K44	Bränslepumprelä	247, 248, 298, 299, 444, 445
K50	ABS styrenhet	1001 till 1030
K51	Kylarfläktsrelä	1561 till 1562, 1595, 1596, 1622, 1623, 1660, 1661, 1691, 1392
K52	Kylarfläktsrelä	1557 till 1559, 1591 till 1593, 1618 till 1620, 1656 till 1658, 1687 till 1689
K53	Kylarfläktsrelä	1547 till 1549, 1581 till 1583, 1609 till 1611, 1644 till 1646, 1675 till 1677
K57	Styrenhet, Multec enpunkts insprutn	471 till 498, 503 till 544, 576 till 596
K58	Bränslepumprelä (Multec enpunkts inspr)	475, 476, 507, 508, 579, 580
K59	Varselljusrelä	323 till 328
K60	Relä, AC-kompressor	1153 till 1155, 1810 till 1812, 1846 till 1848
K61	Motronic styrenhet	202 till 247, 268 till 297
K63	Relä, tvåtons signalhorn	1069, 1070
K64	Relä, AC-fläkt	1824, 1825, 1860, 1861
K67	Kylarfläktsrelä	1520, 1521, 1625, 1626
K69	Simtec styrenhet	402 till 445, 402 till 445
K70	Diesel styrenhet	1404 till 1459
K73	Helljusrelä	315, 316
K74	Kylarfläktsrelä	1649, 1650, 1680, 1681
K76	Styrenhet glödtid	1415 till 1419
K80	Bränslefilteruppvärmning, relä (diesel)	1461, 1462
K85	Automatväxellådans styrenhet	613 till 641
K87	Kylarfläktsrelä	1515, 1516, 1604, 1605, 1640, 1641, 1671, 1672
K88	Katalysator, temperaturstyrenhet	651 till 653
K89	Bakre dimljus, relä	387, 388, 877
K94	Stöldlarm styrenhet	901 till 954
K95	ABS & TC system styrenhet	1001 till 1030
K96	Kylarfläktsrelä	1552 till 1554, 1586 till 1588, 1652 till 1654, 1683 till 1685
K97	Strålkastarspolare, fördröjningsrelä	1219 till 1221
K101	Relä, backspeglarnas parkeringsposition	856 till 859
K114	Motorns huvudrelä	1465, 1466
K117	Immobiliser styrenhet	1038 till 1043
K120	Bakre torkarrelä	377, 378, 1226
K121	Uppvärmd spegel relä	382, 384, 831, 854
K122	Vänster blinkers, relä	381 till 383
K123	Höger blinkers, relä	388 till 390
K124	Vindrutetorkarrelä	379, 380, 1204, 1205
K128	Insprutningspumpens styrenhet	1442 till 1445
L1	Tändspole	572, 573
L2	Tändspole (DIS)	201 till 204, 267 till 269, 401 till 403, 469 till 472, 501 till 504
M1	Startmotor	105, 106
M2	Vindrutetorkarmotor	1202 till 1205
M3	Värmefläktsmotor	1778 till 1781
M4	Kylarens kylfläktsmotor	1519, 1520, 1559, 1560, 1593, 1594, 1620, 1621, 1658, 1659, 1689, 1690
M8	Bakrutans torkarmotor	1224 till 1226
M10	Luftkonditioneringens fläktmotor	1134 till 1139, 1820 till 1823, 1856 till 1859
M11	Kylarens kylfläktsmotor	1582 till 1584, 1645 till 1647, 1676 till 1678
M12	Kylarfläktsmotor	1548 till 1550, 1610 till 1612
M13	Soltaksmotor	1182 till 1188
M18	Centrallåsmotor, förardörren	901 till 910
M19	Centrallåsmotor, vänster bakdörr	918 till 920
M20	Centrallåsmotor, höger bakdörr	922 till 924
M21	Bränslepump	261
M24	Strålkastarspolarpump	1221
M27	Sekundär luftinsprutning, pump	256
M30	Elstyrd spegel (förarsidan)	822 till 825, 842 till 848
M30.1	Elstyrd spegel, motor	822 till 824, 842 till 844
M30.2	Fönsteruppvärmning	825, 845
M30.3	Backspegelsmotor, parkeringsposition	847, 848
M31	Elstyrd spegel (passagerarsidan)	828 till 830, 851 till 857
M31.1	Elstyrd spegel, motor	828 till 831, 851 till 853

Nr	Beskrivning	Spår
M31.2	Spegeluppvärmning	831, 854
M31.3	Backspegelsmotor, parkeringsposition	856, 858
M32	Centrallåsmotor, främre passagerardörren	913 till 915
M33	Tomgångshastighet, aktiverare/kraftenhet	283, 284, 423, 424, 445 till 488, 527 till 530, 583 till 586
M35	Kylarens kylfläktsmotor	1505
M37	Centrallåsmotor, baklucka	
M39	Strålkastarjusteringsmotor, vänster	312 till 314
M40	Strålkastarjusteringsmotor, höger	317 till 319
M41	Centrallåsmotor, tanklucka	918
M47	Elfönsterhissmotor, förardörr	967 till 970
M48	Elfönsterhissmotor, passagerardörr	985 till 988
M49	Elfönsterhissmotor, vänster bakdörr	973 till 976
M50	Elfönsterhissmotor, höger bakdörr	991 till 995
M54	Kylvätskepumpens inställningsstyrning	1638
M55	Vindrutans/bakrutans spolarpump	1213
M57	Kylarvätskepump	250
M69	Bränslepumpmätare	1489
M74	Aktiverare, defroster	1104 till 1107
M74	Aktiverare, benutrymme	1109 till 1112
M74	Aktiverare, ventilator	1114 till 1117
M74	Aktiverare, blandningsluftsklaff	1119 till 1122
P1	Bränslemätare	702
P2	Kylarvätsketemperaturgivare	704
P4	Bränslenivågivare	702
P5	Kylarvätsketemperaturgivare	704
P7	Varvräknare	707
P13	Yttertemperaturgivare	771
P17	Hjulgivare, vänster fram	1001
P18	Hjulgivare, höger fram	1004
P19	Hjulgivare, vänster bak	1007
P20	Hjulgivare, höger bak	1010
P23	MAP-givare	484 till 486, 520 till 522, 590 till 592
P24	Motoroljans temperaturgivare	1438
P25	Glödlampstestgivare	308, 309, 342 till 357, 1253 till 1256, 1285 till 1288
P27	Bromskloss slitagegivare, vänster fram	793
P28	Bromskloss slitagegivare, höger fram	793
P29	Insugsgrenrörets temperaturgivare	218, 291, 421, 525
P30	Kylarvätskans temperaturgivare	219, 292, 423, 474, 507, 588, 1436
P32	Avgasernas syresensor (uppvärmd)	241, 242, 436 till 429
P33	Avgasernas syresensor	497, 539
P34	Gasspjällpotentiometer	221, 222, 294, 295, 414 till 416, 481, 482, 517, 518, 593 till 595
P35	Vevaxelns pulsgivare	232 till 234, 273 till 275, 425 till 428, 490 till 492, 535 till 537, 579 till 581, 1409 till 1411
P36	Avgasernas syresensor (uppvärmd)	244, 245
P38	Automatväxellådans vätsketemperaturgivare	632
P39	Glödlampstestgivare, släpvagn	1260 till 1262, 1292 till 1294
P41	Utlopp, temperaturgivare	1128
P43	Hastighetsmätare	710
P44	Luftmängdsmätare	247, 248, 297, 298, 443 till 446, 1403 till 1407
P45	Automatväxellådans motorhastighetsgivare	623, 624
P46	Knacksensor	213, 214, 287, 288, 410, 411, 488, 489, 527, 528
P47	Hallgivare (cylinderidentifikation)	235 till 237, 431 till 433, 530 till 532
P48	Automatväxellådans distansgivare	621, 622
P50	Katalysatorns temperaturgivare	652, 653
P51	Solgivare	1125
P53	Stöldskyddssensor, förarsidan	942 till 945
P53	Stöldskyddssensor, passagerarsidan	949 till 952
P56	Knacksensor	215, 216
P57	Antenn	1752
P58	Stöldlarmssensor för krossat glas, vänster bak	954
P59	Stöldlarmssensor för krossat glas, höger bak	954
P65	Laddtrycksgivare	1452, 1453
P67	Pedallägesgivare	1415 till 1423
P69	Servostyrningens trycksensor	224, 225
P71	Krockkuddens givare, förarsidan	1093 till 1095

Nr	Beskrivning	Spår
P72	Krockkuddens givare, passagerarsidan	1096 till 1098
R3	Cigarettändare	1355
R5	Glödstift	1416 till 1419
R19	Förmotstånd, kylarens kylfläktsmotor	1649, 1680
S1	Tändningslås	103 till 109
S2	Ljusströmbrytare	349 till 365
S3	Värmefläktskontakt	1778 till 1784
S4	Brytare, bakruta och spegel	811 till 813
S5	Blinkersbrytarenhet	
S5.2	Halvljusbrytare	316, 317
S5.3	Blinkersbrytare	392, 393
S5.4	Parkeringsljusbrytare	337 till 339
S7	Backljuskontakt	1344
S8	Bromsljuskontakt	1241, 1273
S9	Torkarbrytarenhet	
S9.1	Torkarbrytare (vindruta)	1202 till 1205
S9.5	Bakrutans torkar-/spolarbrytare	1214 till 1216
S10	Automatväxellådans väljarbrytare	602 till 611
S11	Bromsvätskans nivåkontakt	732
S13	Kontakt 'handbroms på'	731
S14	Oljetrycksgivare/kontakt	736
S15	Bagageutrymmets ljusbrytare	1328
S16	Innerbelysningens dörrkontakt, förardörr	1303, 1304
S17	Innerbelysningens dörrkontakt, passagerardörr	1308, 1309
S20	Tryckkontakt	1161 till 1163, 1808, 1830, 1866
S20.1	Kompressorns lågtryckskontakt	1163, 1830, 1866
S20.2	Kompressorns högtryckskontakt	1163, 1830, 1866
S20.3	Kontakt, kompressorns högtrycksfläkt	1161, 1808
S24	Luftkonditioneringens fläktkontakt	1820 till 1827, 1856 till 1863
S29	Kylvätskans temperaturkontakt	1505, 1543
S30	Sätesvärme brytare, vänster fram	1886 till 1888
S31	Innerbelysningskontakt, vänster bakdörr	1312, 1313
S32	Innerbelysningskontakt, höger bakdörr	1316, 1317
S33	ETC system kontakt	1029, 1030
S37	Elfönsterhissbrytare (enhet i förardörren)	968 till 994
S37.1	Elfönsterhissbrytare, förarsida	968 till 970
S37.2	Elfönsterhissbrytare, passagerarsida	986 till 988
S37.3	Elfönsterhissbrytare, vänster bak	974 till 976
S37.4	Elfönsterhissbrytare, höger bak	992 till 994
S37.5	Elfönsterhiss, säkerhetsbrytare	972, 973
S37.7	Elfönsterhiss, automatisk styrning	978 till 982
S41	Centrallåskontakt, förardörr	907, 908
S43	Farthållarbrytare	1055 till 1058, 1446 till 1449
S45	Farthållarkontakt på kopplingspedalen	1052, 1452
S52	Varningsblinkers brytare	395 till 397
S55	Sätesvärmesbrytare, höger fram	1893 till 1895
S57	Soltaksbrytare	1180 till 1183
S59	Släpvagnsuttag dimljus	884 till 886
S63	Informationsdisplay brytare	796, 797
S63.1	Brytaråterställning	796
S63.2	Funktionsväljarbrytare	797
S64	Signalhornskontakt	1072
S65	Tryckkontakt, kylarvätska	1613 till 1617, 1648 till 1652, 1679 till 1683
S66	Kylarvätska temperaturkontakt	1674 till 1676
S67	Fjärrkontrollbrytare radio	1060 till 1066
S68	Brytarenhet elstyrd spegel	820 till 825, 840 till 847
S68.1	Justerbrytare, elstyrd spegel	821 till 825, 841 till 845
S68.2	Höger/vänster brytare, elstyrd spegel	821 till 825, 841 till 845
S68.4	Brytare, backspeglarnas parkeringsposition	846
S69	Inloppsluftens värmarkontakt	1476
S70	Begränsningskontakt, luftåtercirkulation	1784
S78	Elfönsterhissbrytare, vänster bak	977 till 979
S79	Elfönsterhissbrytare, höger bak	995 till 997
S82	Spolarvätskenivå, kontakt	791
S84	Väljarspakskontakt	648
S85	Startnyckelskontakt	646

Nr	Beskrivning	Spår
S86	Centrallåsbrytare (inbrottsskydd) pass. utrymme	935 till 937
S88	Kylarvätska temperaturkontakt	1515, 1516, 1547, 1548, 1608, 1609, 1643, 1644
S89	Säkerhetsbälteskontakt	1884, 1891
S92	Centrallåskontakt baklucka	931 till 933
S93	Kylarvätskenivåkontakt	789
S95	Motoroljenivå kontakt	787
S101	AC-kompressorkontakt	1124 till 1126, 1829, 1830, 1865, 1866
S102	Brytare, luftåtercirkulation	1132 till 1134, 1788 till 1790, 1834 till 1836, 1870 till 1872
S104	Automatväxellådans kickdown kontakt	636
S105	Automatväxellåda, brytare vinterläge	640 till 642
S106	Automatväxellåda, brytare ekonomi-/sportläge	638
S116	Bromsljuskontakt	1244, 1245, 1276, 1277
S120	Motorhuvskontakt, stöldskyddslarm	939
S121	Ändlägebrytare, temperatur	1824, 1860
S128	Kylarvätska temperaturkontakt	1603, 1604, 1636, 1637
S131	Ändlägebrytare, defroster	1827, 1863
U12	Uppvärmt bränslefilter	1462
U13	Automatväxellåda, solenoidventilblock	626 till 631
U13.1	Solenoidventil, 2:ans/3:ans växel	627
U13.2	Solenoidventil, 1:ans/2:ans, 3:ans/4:ans växel	628
U13.3	Solenoidventil, omvandkarkoppling	629
U13.4	Solenoidventil, hydraultryckskontroll	630
U13.5	Kontrollsolenoidventil, neutralläge	626
U15	Klocka/radio displayenhet	770 till 797
U16	Klocka/radio/datordisplay	515 till 533
U17	Antennförstärkare	1728, 1729
U18	Antennförstärkare bakruta	1726 till 1725
U20	Krockkudde, kontakt	1073 till 1082
U21	Krockkudde förarsida	1080 till 1082
U21.1	Krockkudde, förarsidans antändare	1080 till 1082
U22	Krockkudde passagerarsida	1084 till 1086
U22.1	Krockkudde, passagerarsidans antändare	1084 till 1086
U24	CD-växlare	1740 till 1749
U25	Multitimer	370 till 397
U26	Bältesförspännare, förarsidan	1095, 1096
U26.1	Bältesförspännare, förarsidans antändare	1095, 1096
U27	Bältesförspännare, passagerarsidan	1098, 1099
U27.1	Bältesförspännare, passagerarsidans antändare	1098, 1099
U28	Elektronisk klimatkontroll, justeringsenhet	1103 till 1140
U28.1	Temperaturgivare kupé	1129
U29	Sändare	1753 till 1757
U30	Sidokrockkudde förarsida	1087 till 1089
U30.1	Sidokrockkudde, förarsidans antändare	1087 till 1089
U31	Sidokrockkudde passagerarsida	1090 till 1092
U31.1	Sidokrockkudde, passagerarsidans antändare	1090 till 1092
V8	Kompressordiod	1152, 1806, 1842
V21	Stöldskydd, varningsdiod	1071
X1 till X99	Kontaktdon	Olika
Y1	Luftkonditioneringens kompressorkoppling	1154, 1809, 1844
Y7	Bränsleinspr	222 till 233, 283 till 290, 426 till 433, 517 till 524
Y14	Kylarvätskans solenoidventil	1137, 1824, 1860
Y18	EGR solenoidventil	227 till 230, 419, 420, 476 till 479, 511 till 514, 1427
Y19	Insugsgrenrörets solenoidventil	238, 417, 418
Y23	Fördelare (HEI system)	140 till 144, 201 till 208
Y28	Solenoidventil för virvelventiler	1425
Y29	Boost pressure regulation solenoid valve	1423
Y32	Enpunkts bränsleinsprutare	473, 577
Y33	Fördelare (MHDI system)	570 till 572
Y34	Bränsletankens ventilationsventil	236, 292, 421, 422, 479, 511
Y35	Luftåtercirkulation solenoidventil	1788, 1789, 1834, 1835, 1870, 1871
Y46	Insugsgrenrörets solenoidventil	240
Y47	Växelspakens lyftmagnet	648

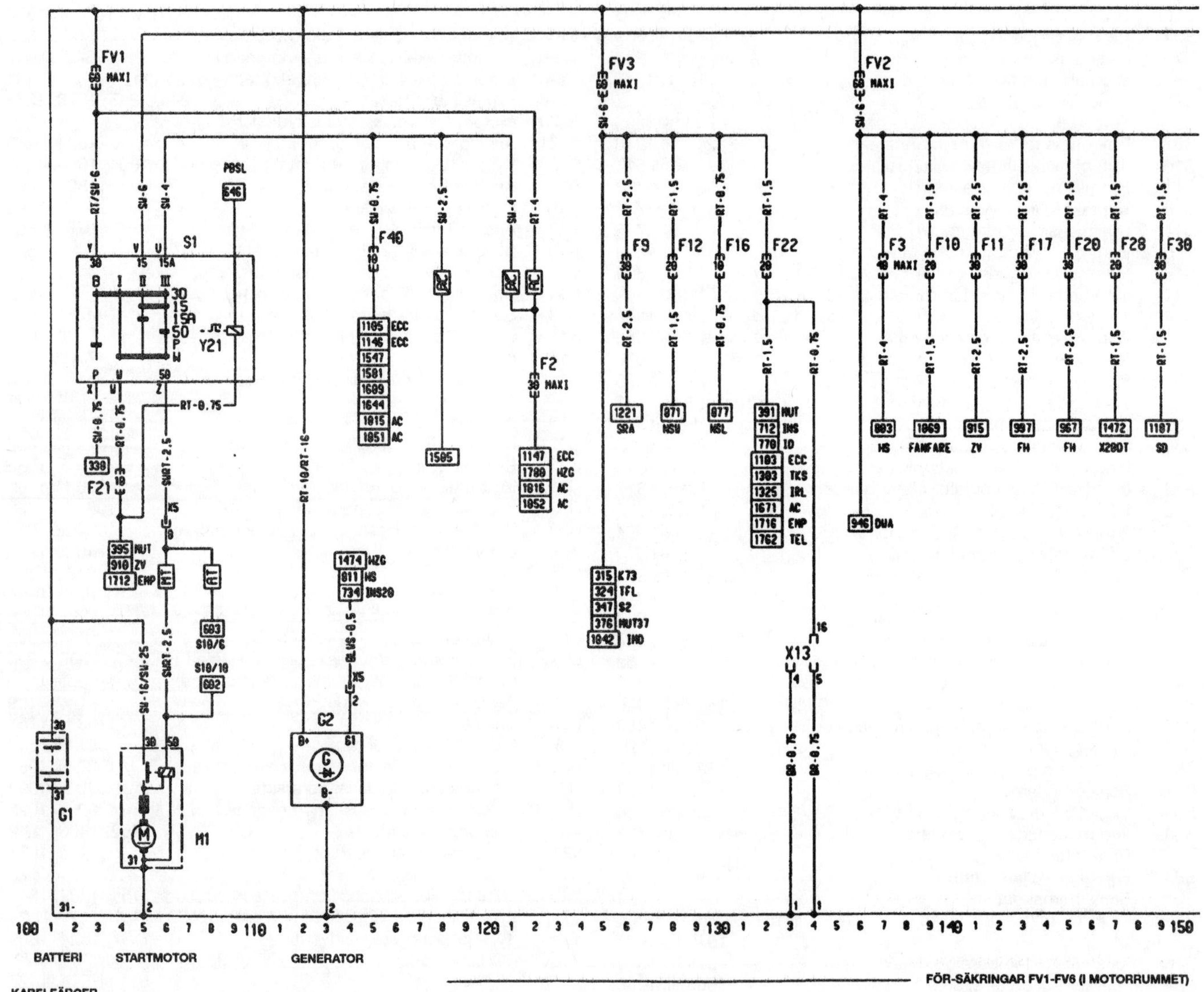

KABELFÄRGER

RT = RÖD GE = GUL SW = SVART
VS = VIT BL = BLÅ GR = GRÅ
GN = GRÖN BR = BRUN VI = VIOLETT

TVÄRSNITT I MM²

Typiskt kopplingsschema – spår 0100 - 0150

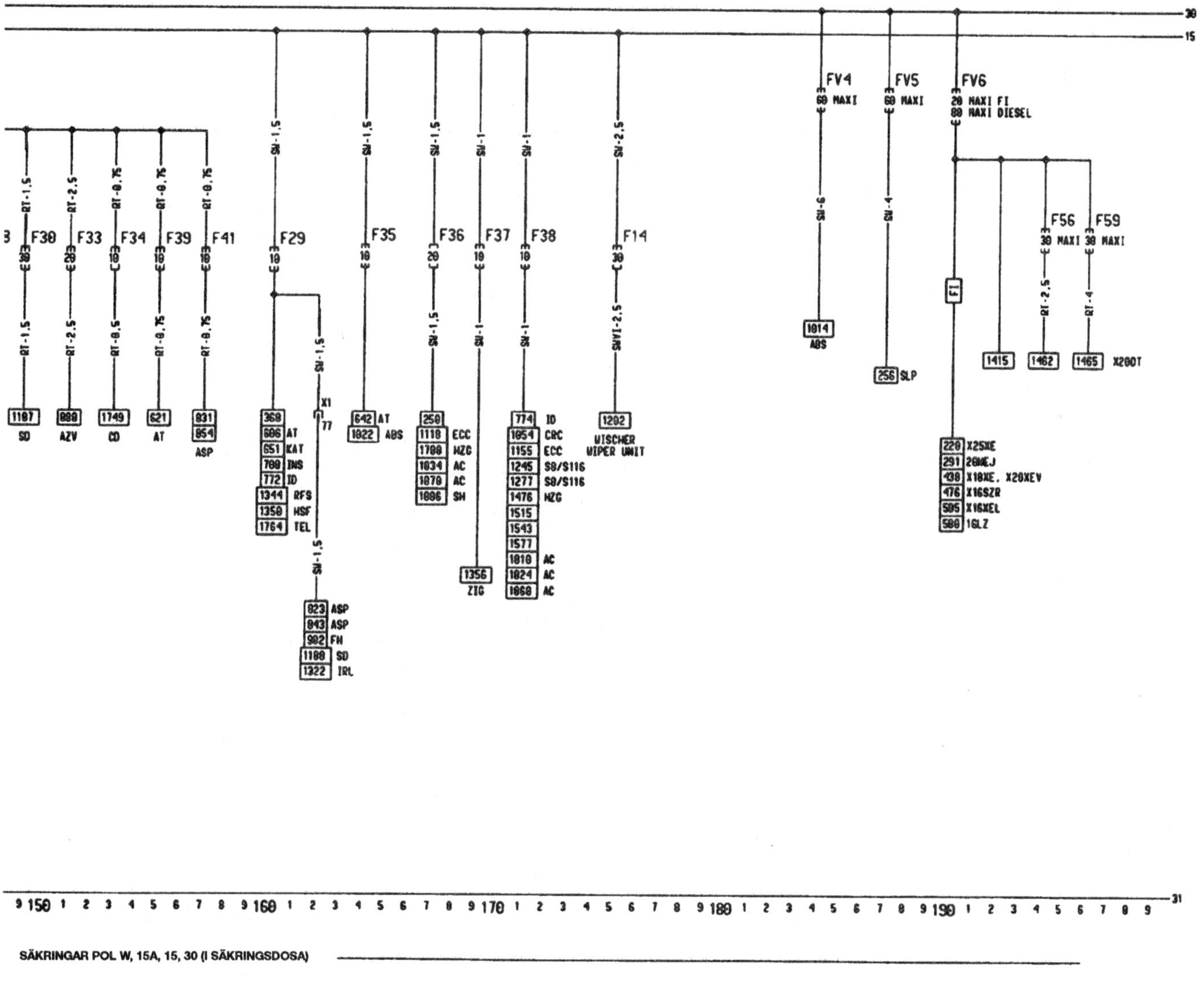

Typiskt kopplingsschema – spår 0150 - 0199

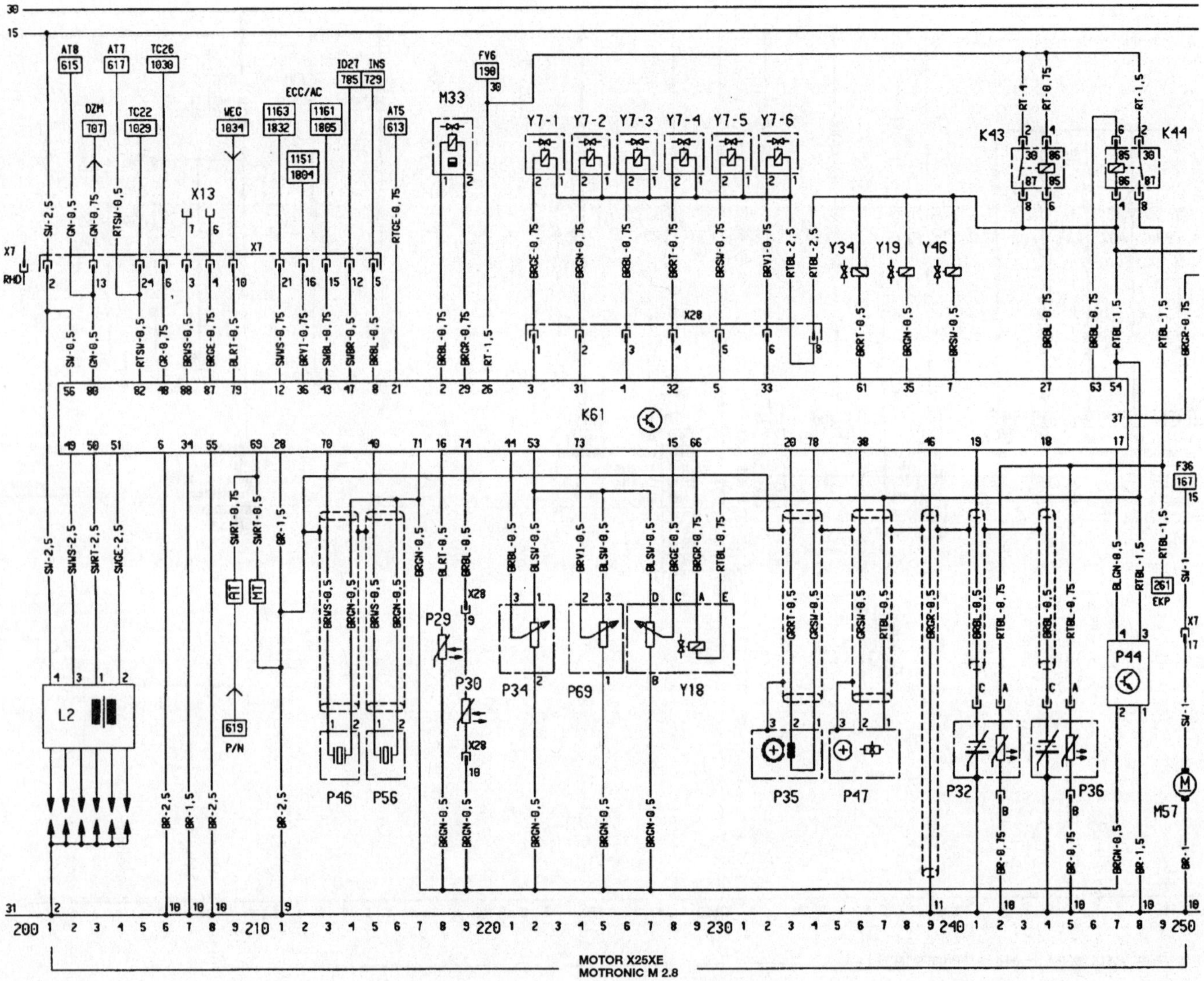

Typiskt kopplingsschema – spår 0200 - 0250

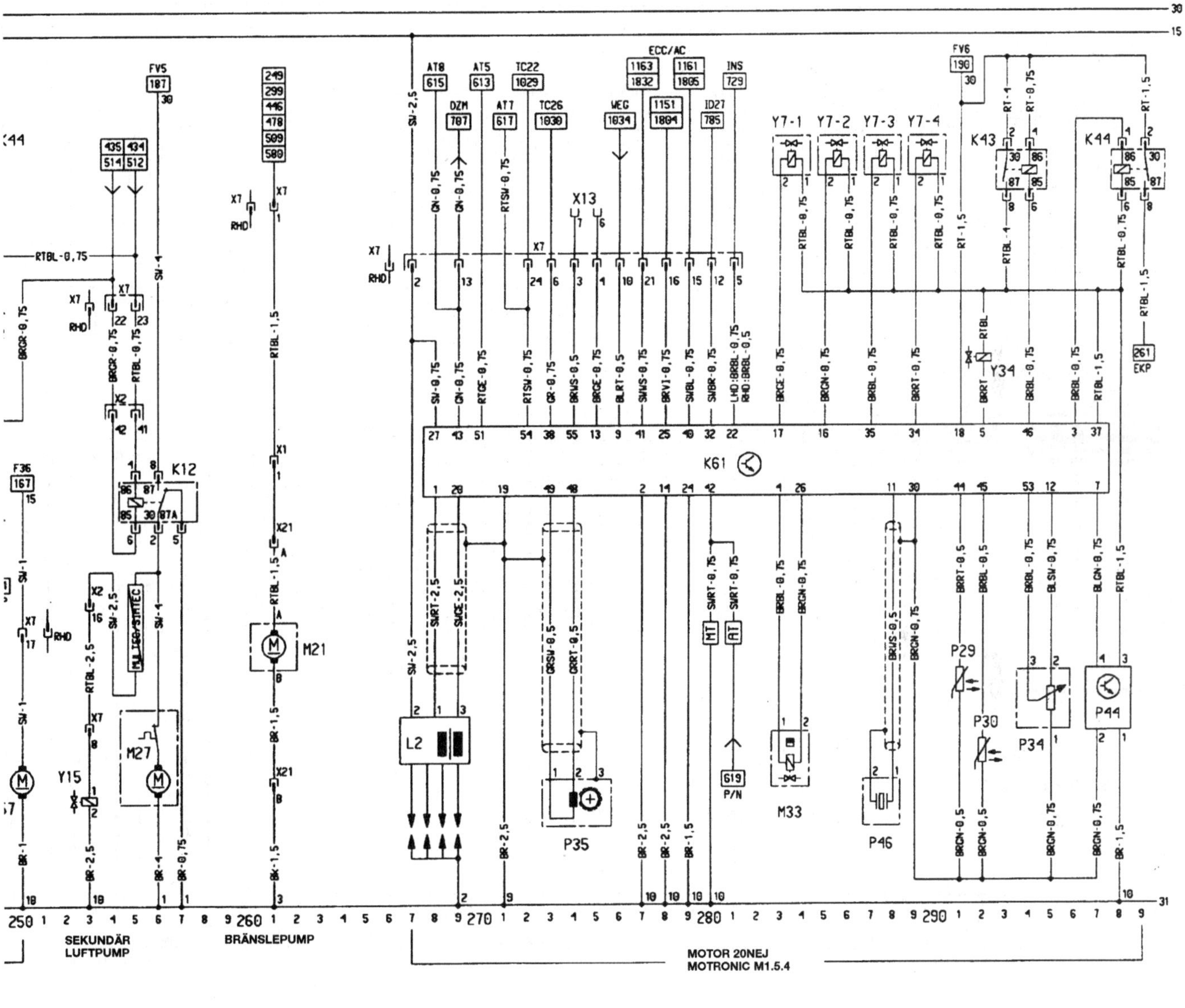

Typiskt kopplingsschema – spår 0250 - 0299

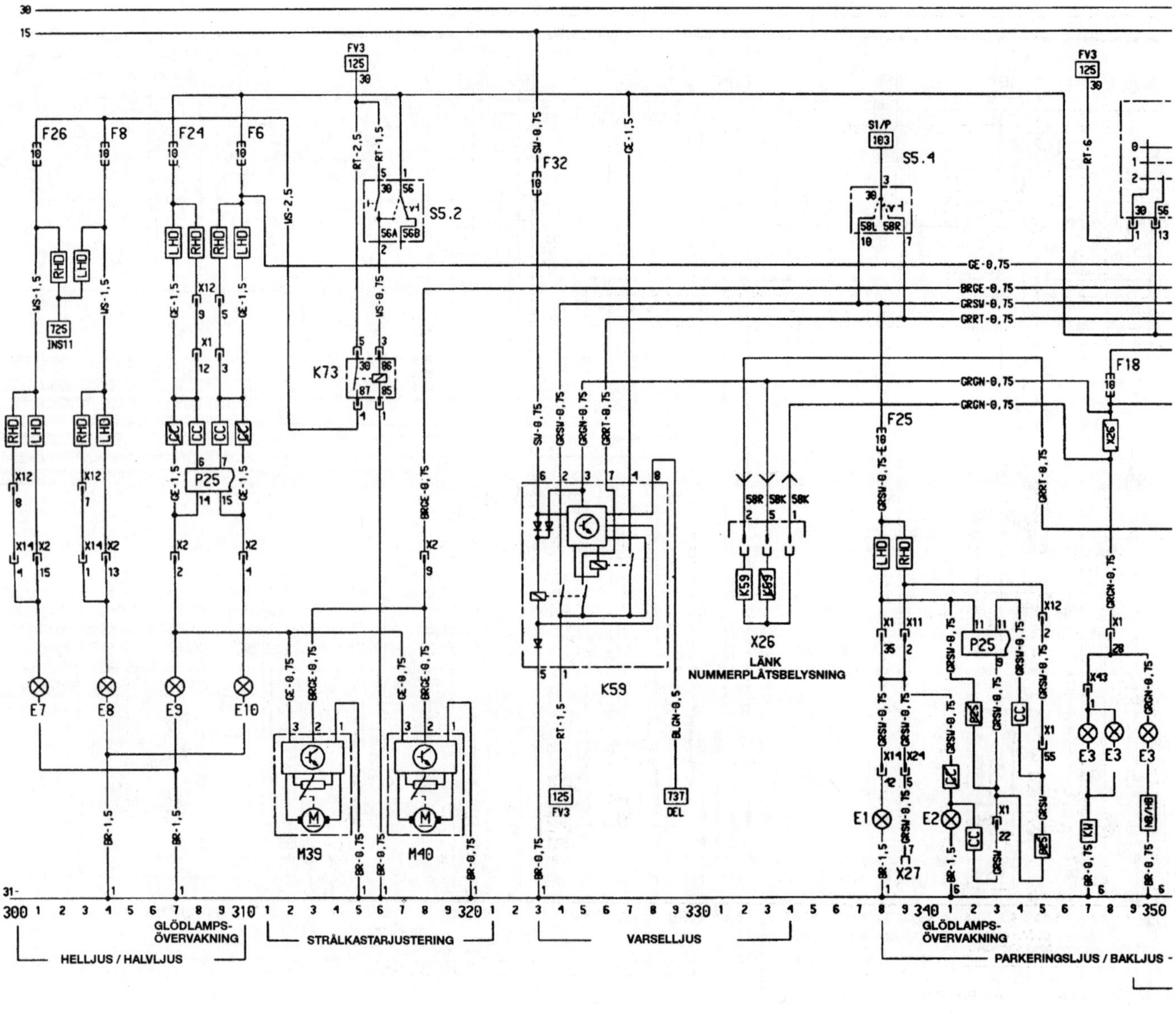

Typiskt kopplingsschema – spår 0300 - 0350

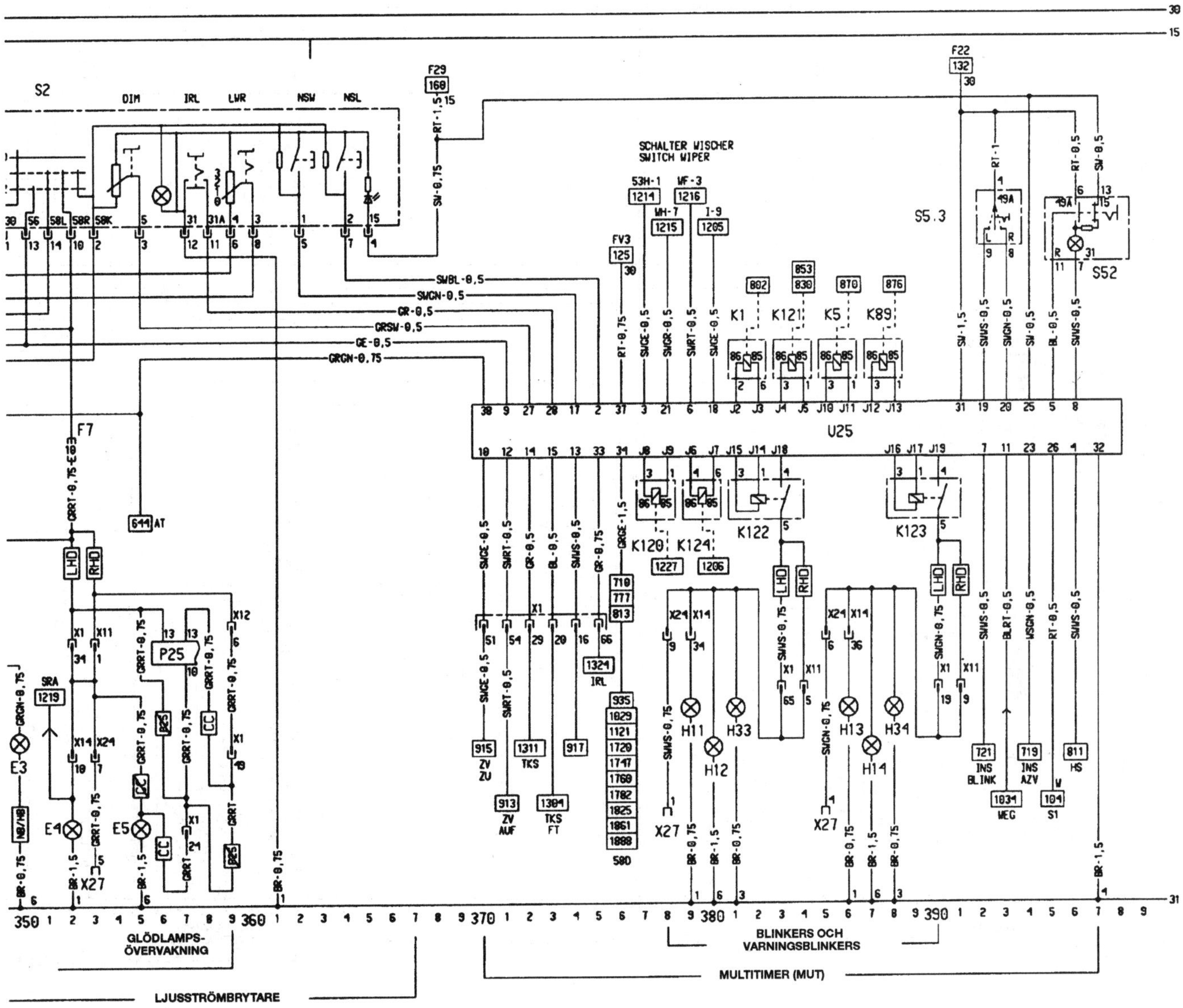

Typiskt kopplingsschema – spår 0350 - 0399

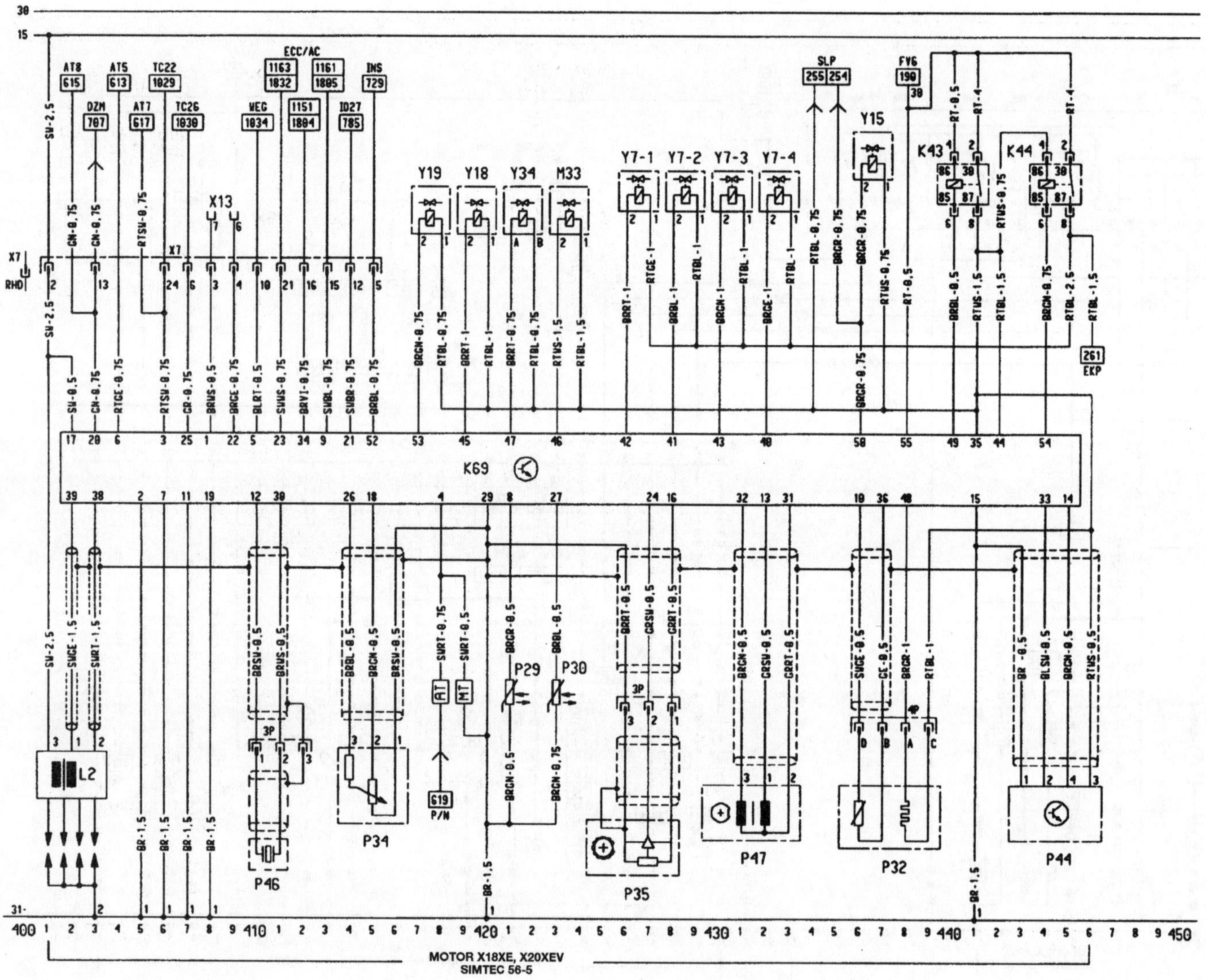

Typiskt kopplingsschema – spår 0400 - 0450

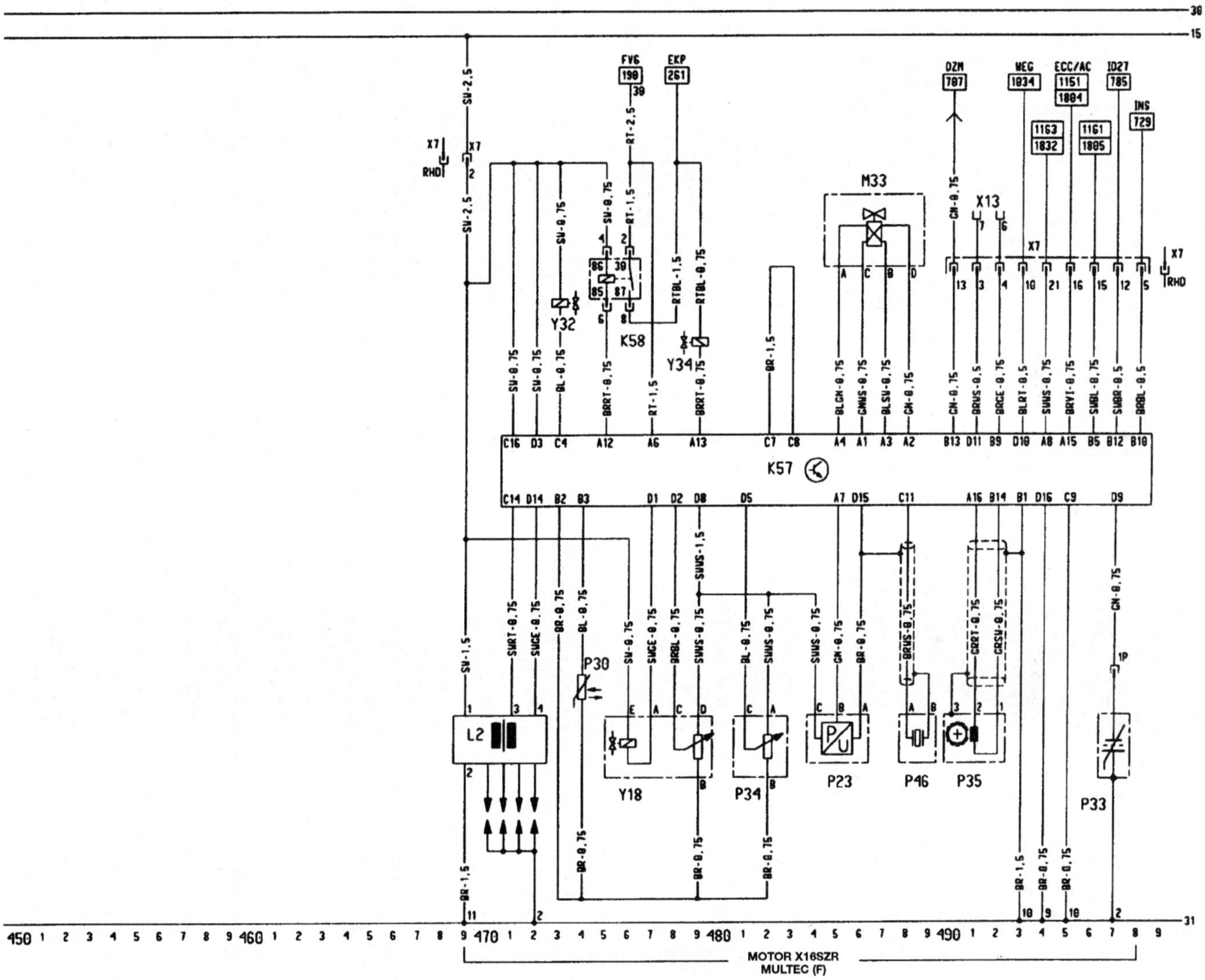

Typiskt kopplingsschema – spår 0450 - 0499

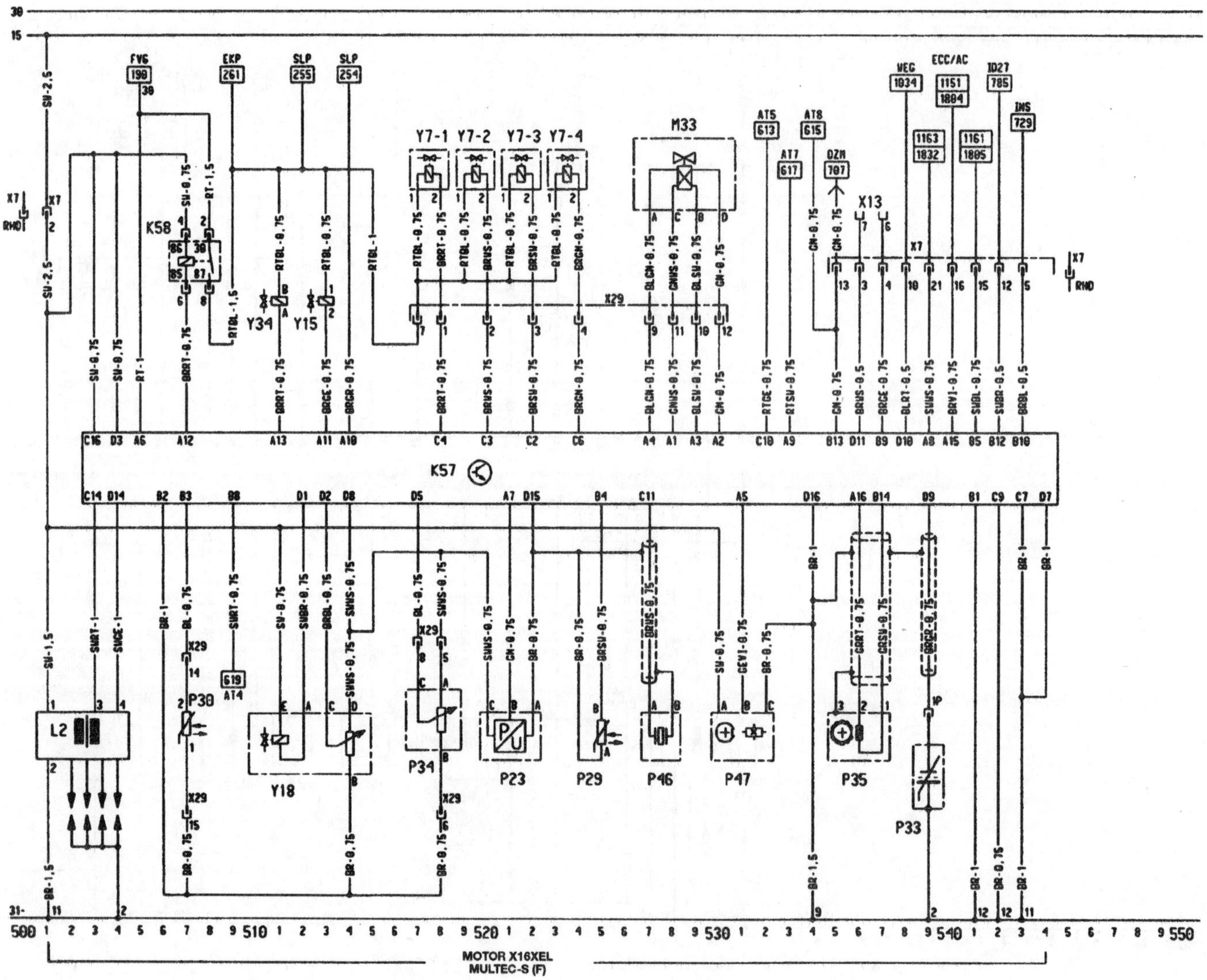

Typiskt kopplingsschema – spår 0500 - 0550

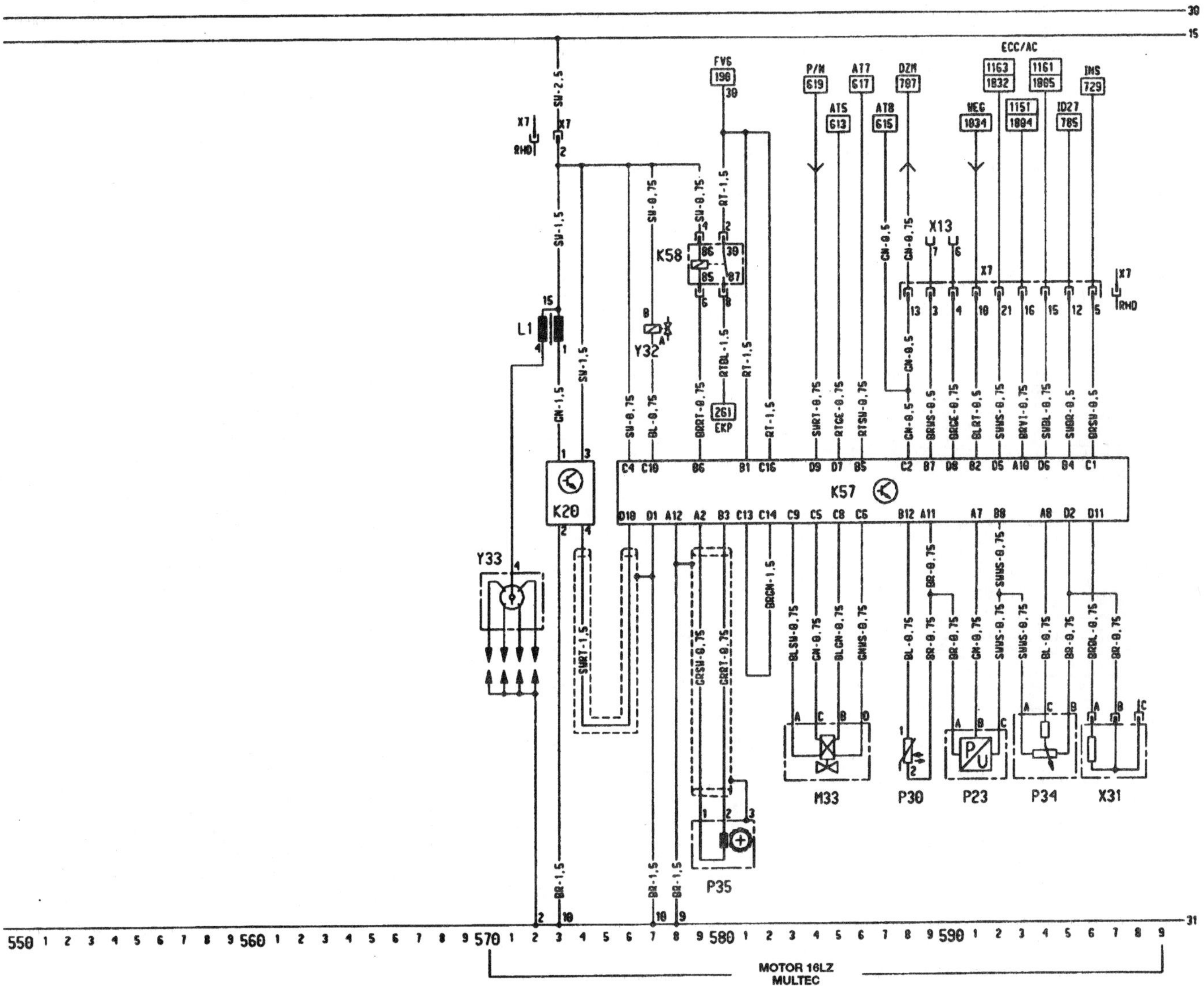

Typiskt kopplingsschema – spår 0550 - 0599

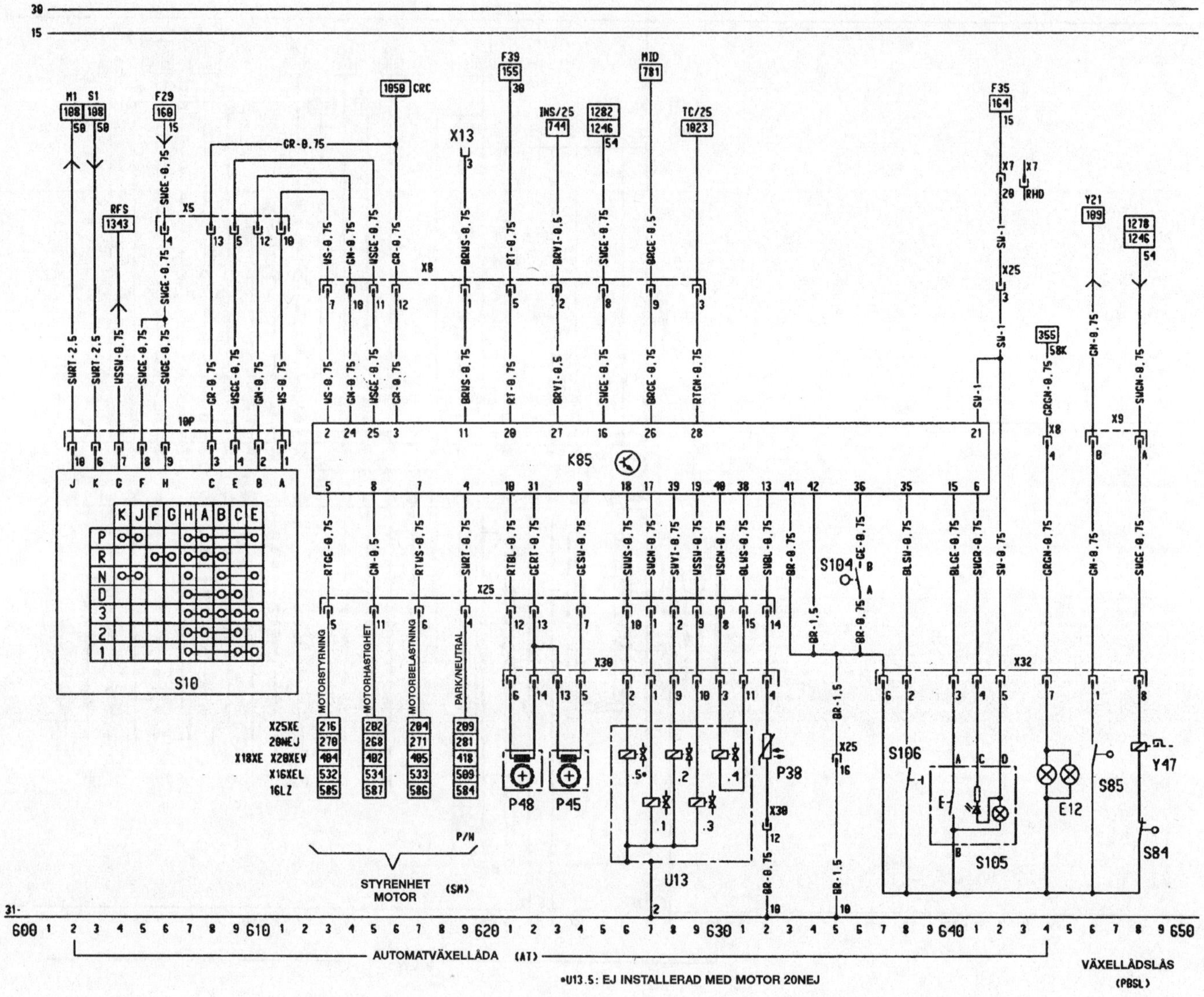

Typiskt kopplingsschema – spår 0600 - 0650

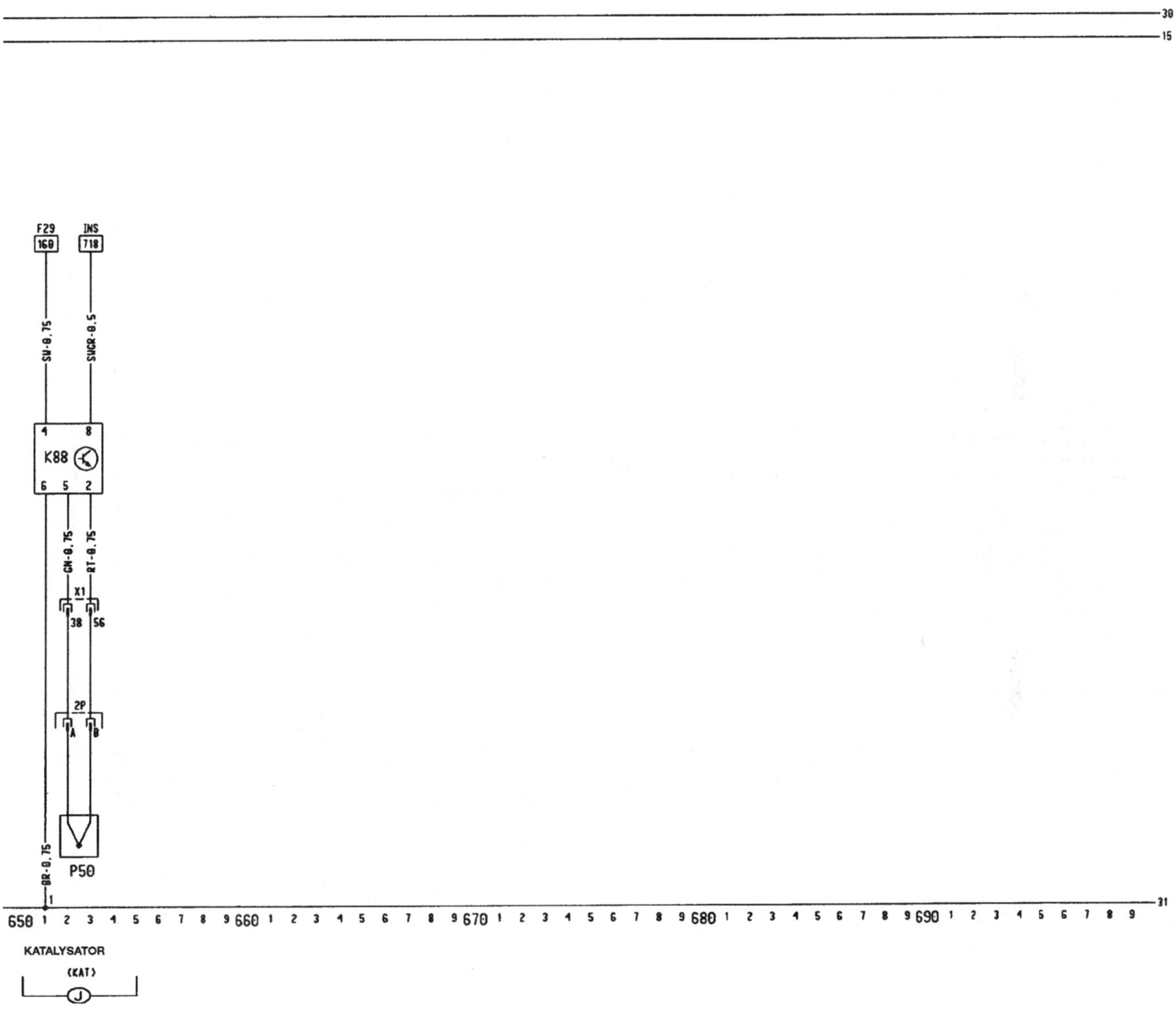

Typiskt kopplingsschema – spår 0650 - 0699

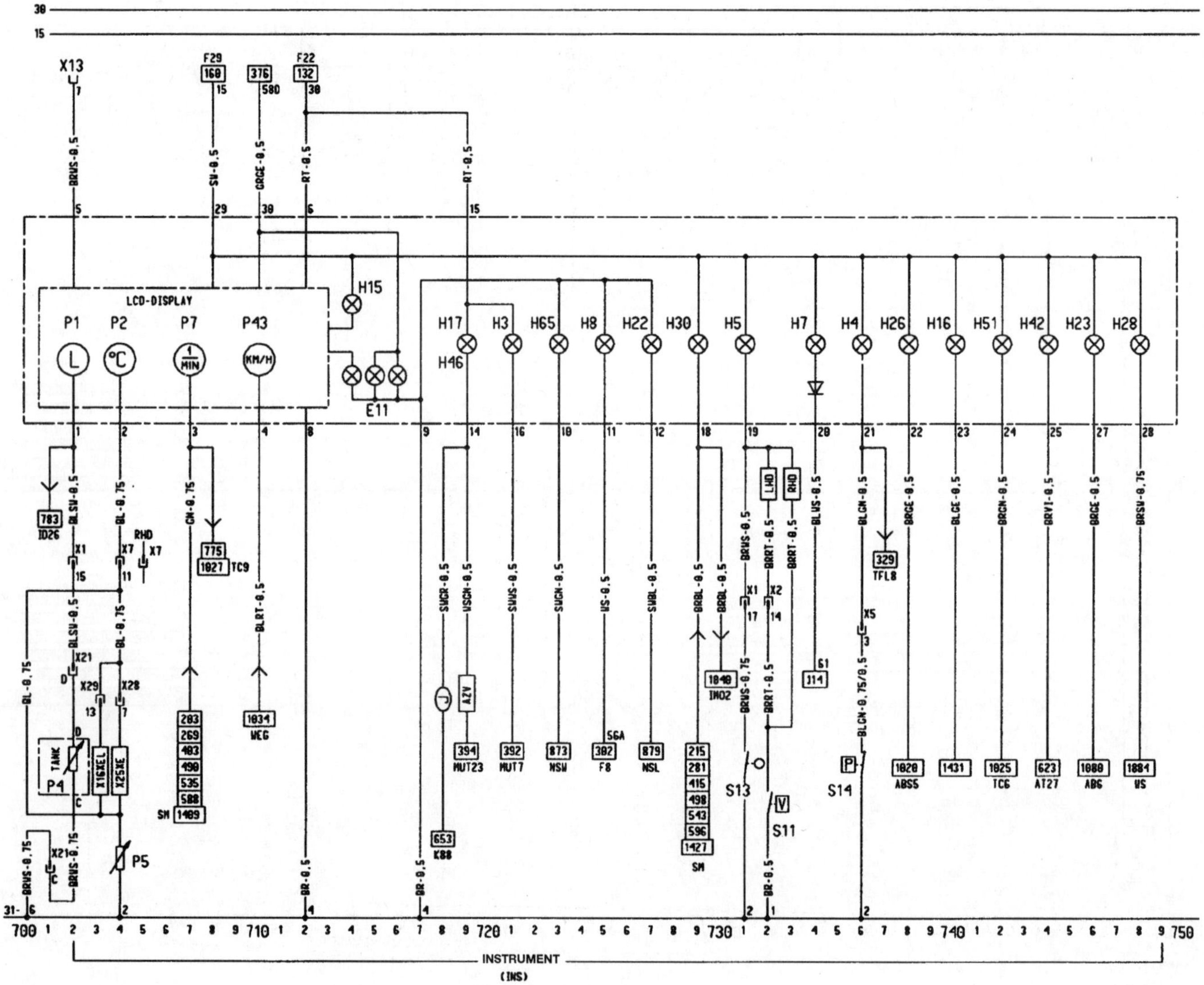

Typiskt kopplingsschema – spår 0700 - 0750

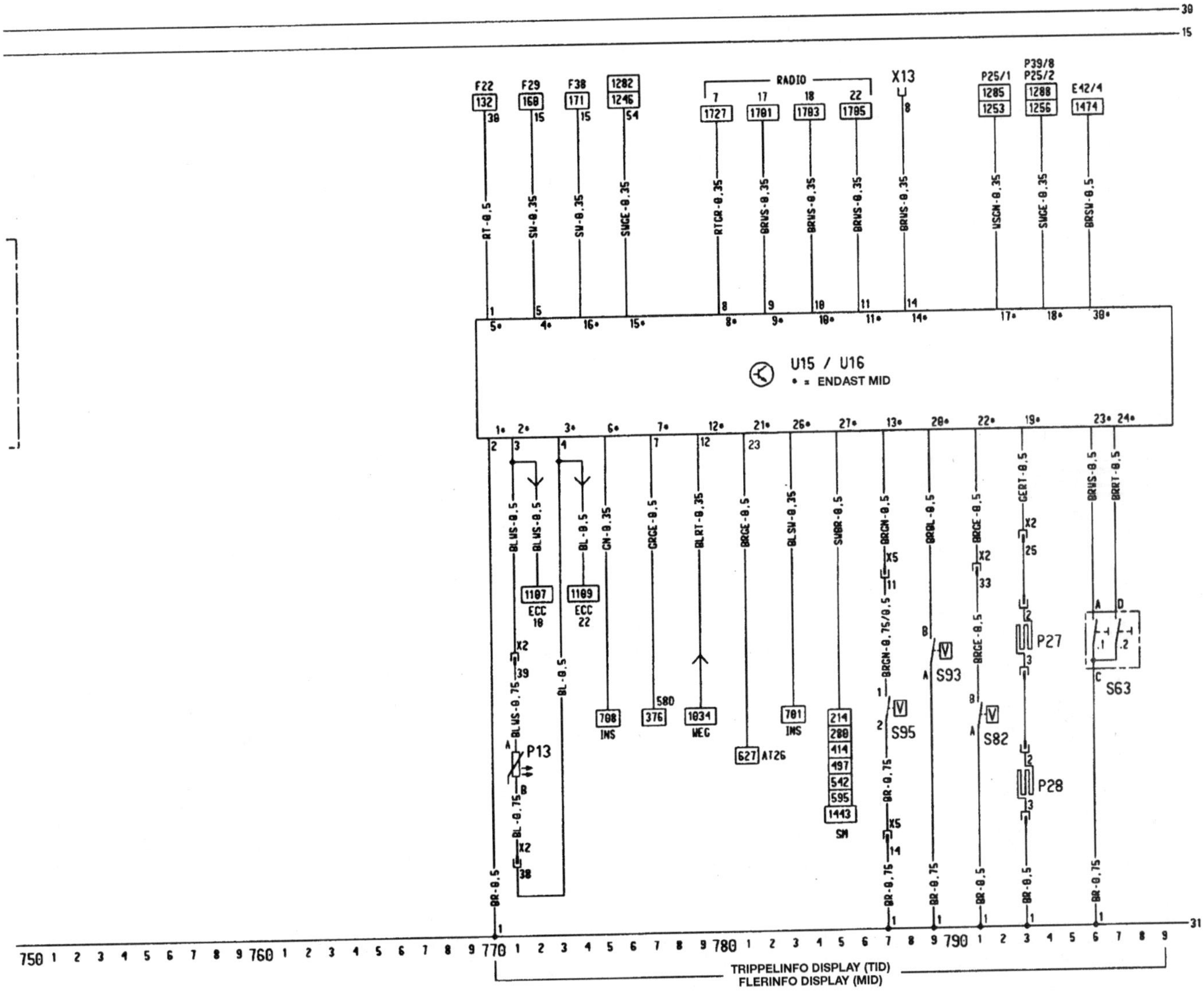

Typiskt kopplingsschema – spår 0750 - 0799

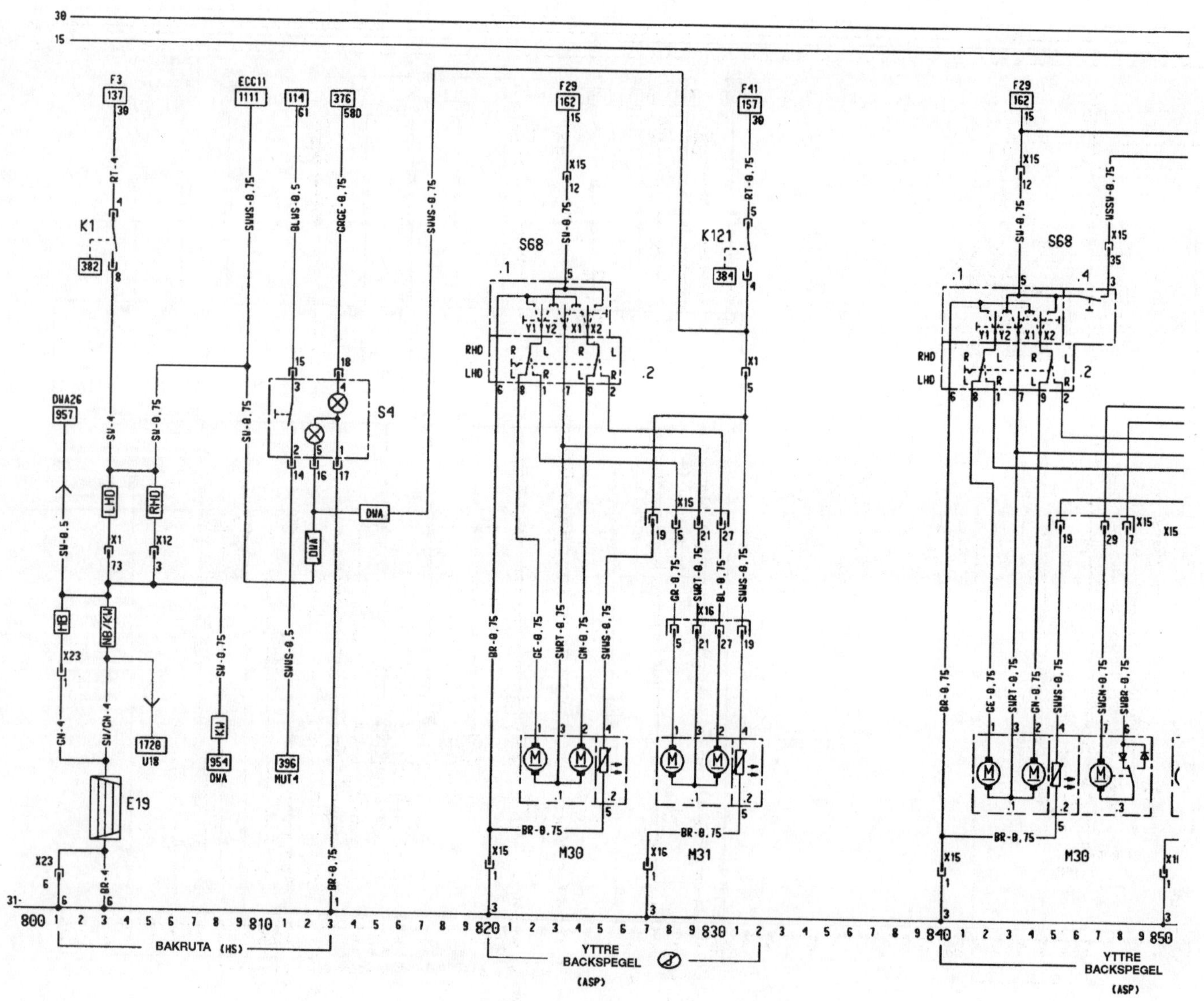

Typiskt kopplingsschema – spår 0800 - 0850

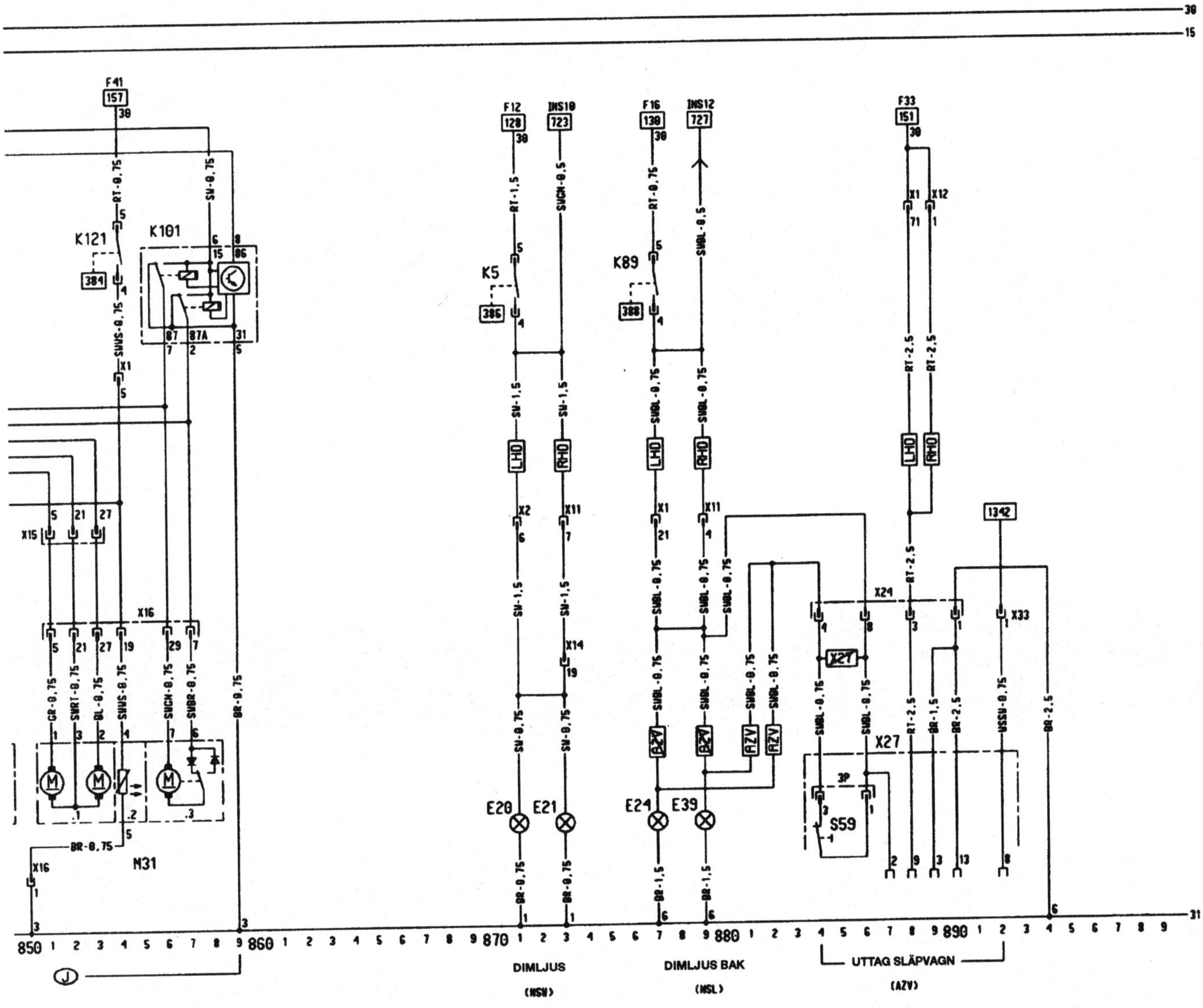

Typiskt kopplingsschema – spår 0850 - 0899

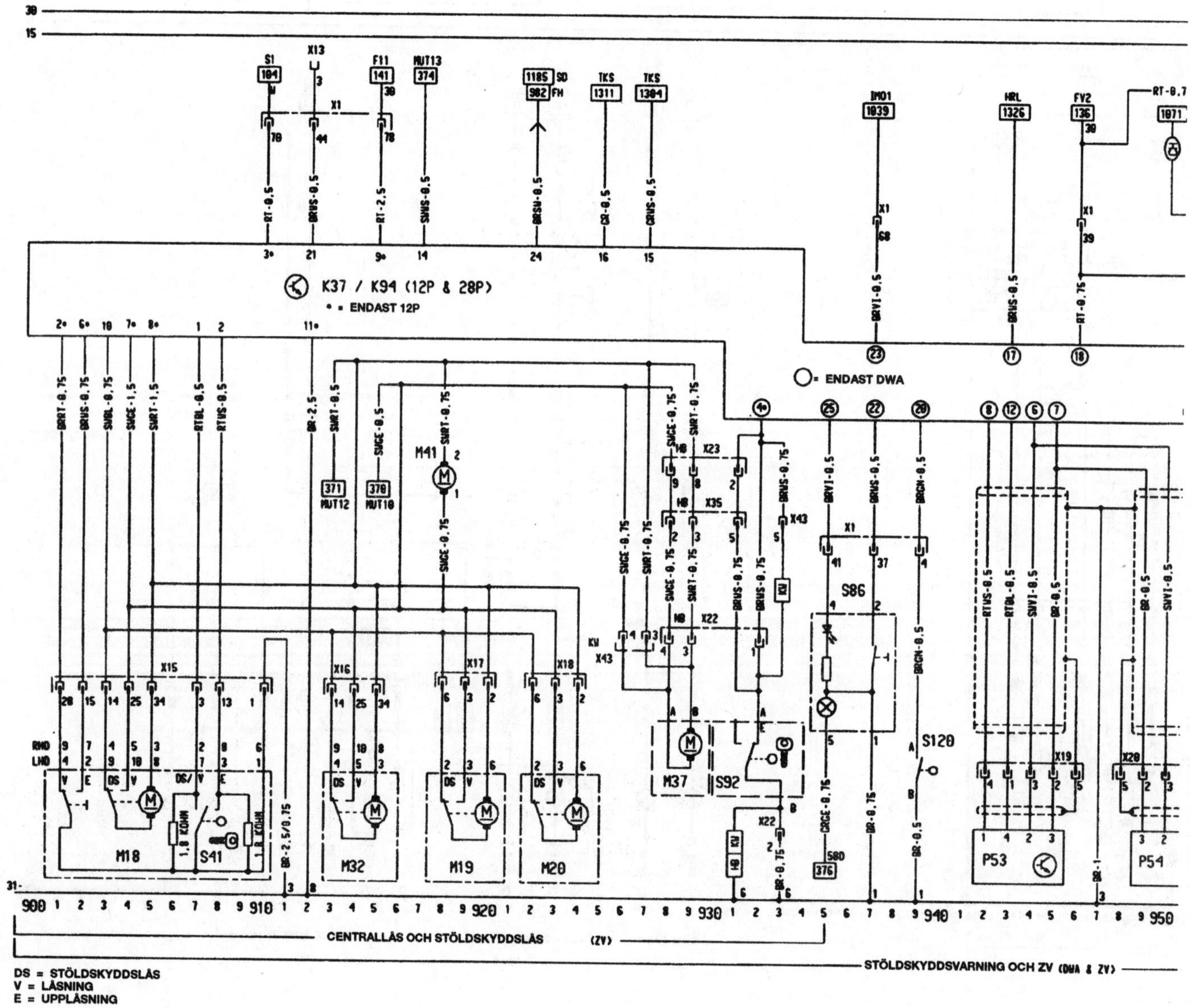

Typiskt kopplingsschema – spår 0900 - 0950

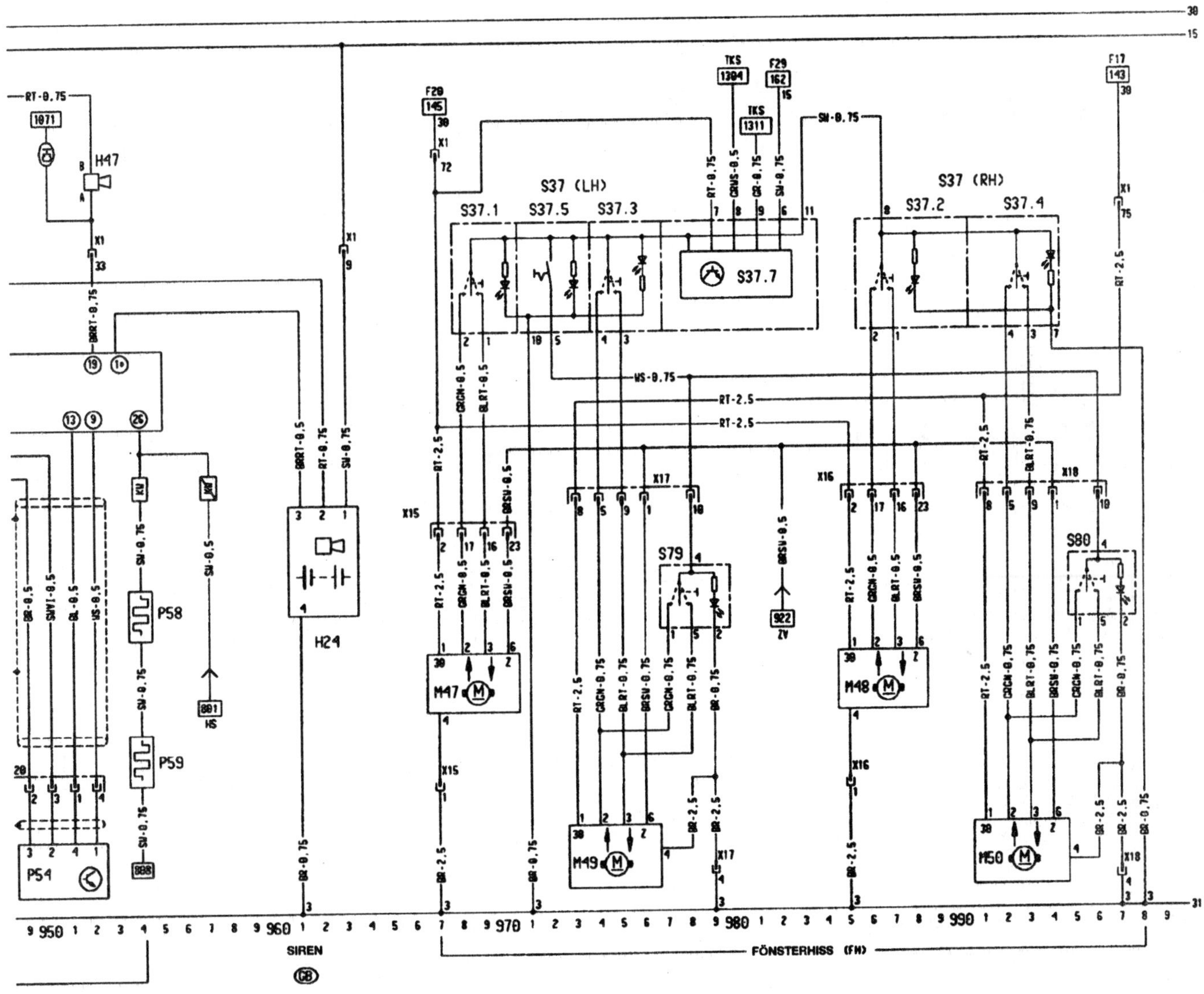

Typiskt kopplingsschema – spår 0950 - 0999

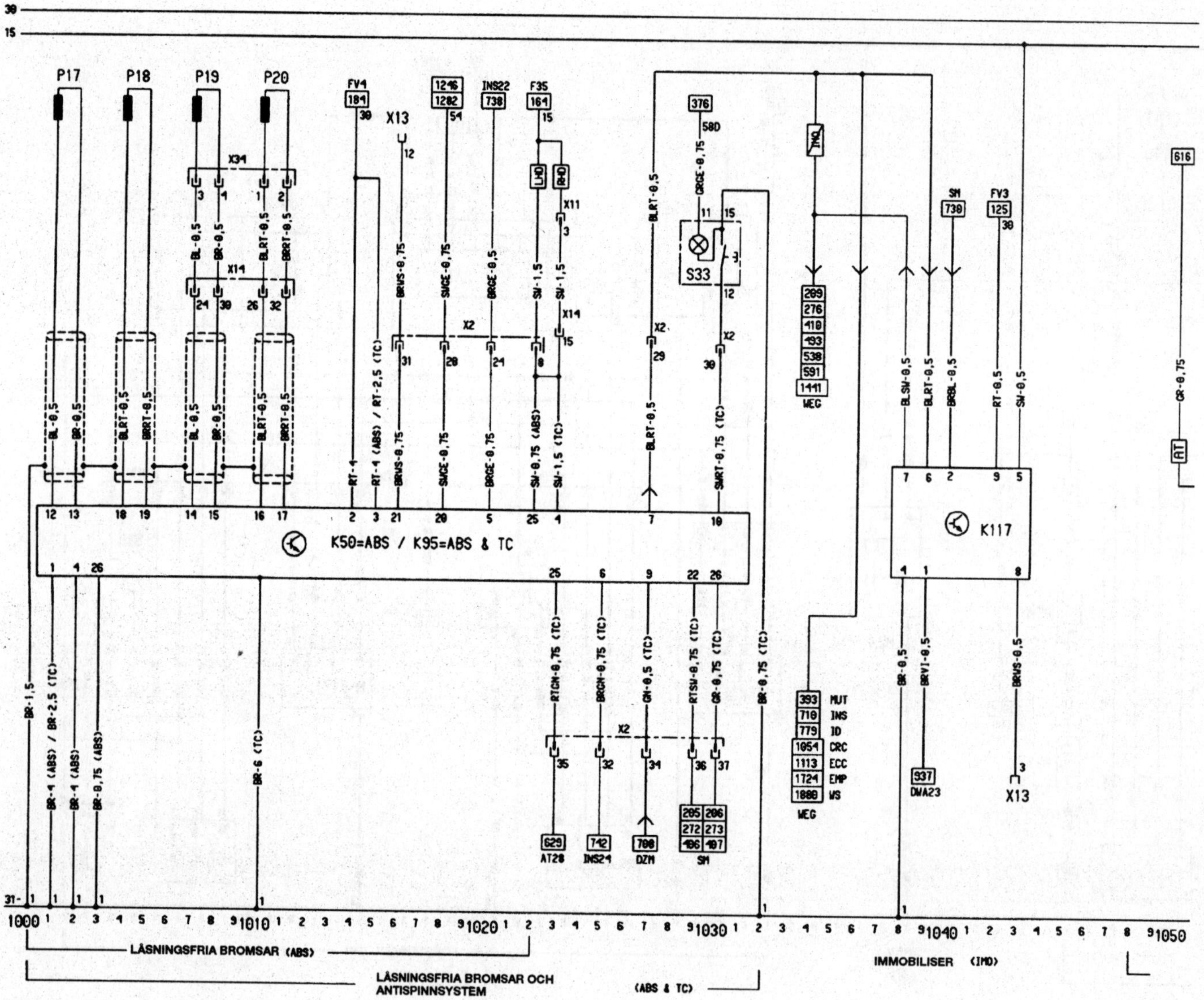

Typiskt kopplingsschema – spår 1000 - 1050

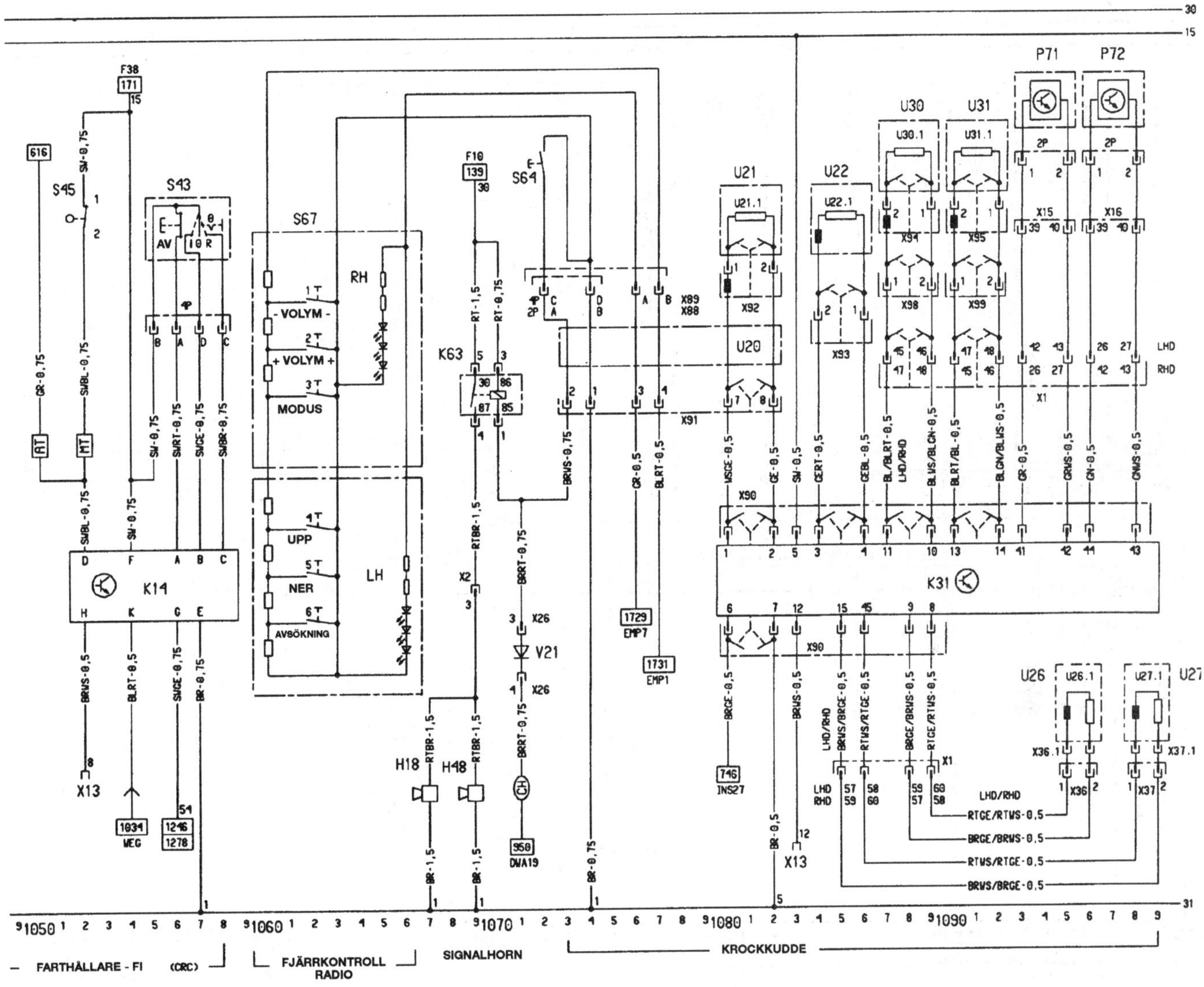

Typiskt kopplingsschema – spår 1050 - 1099

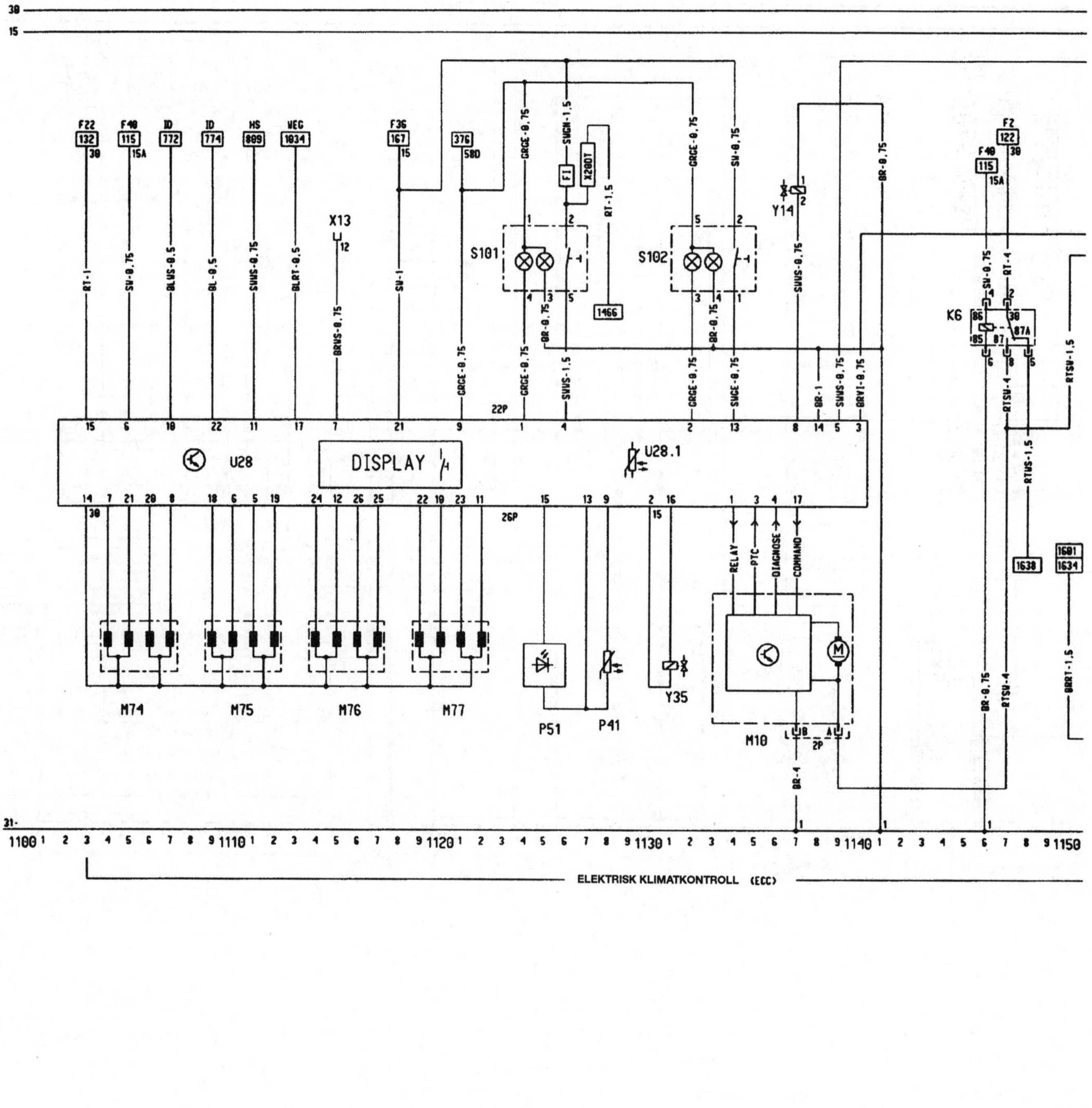

Typiskt kopplingsschema – spår 1100 - 1150

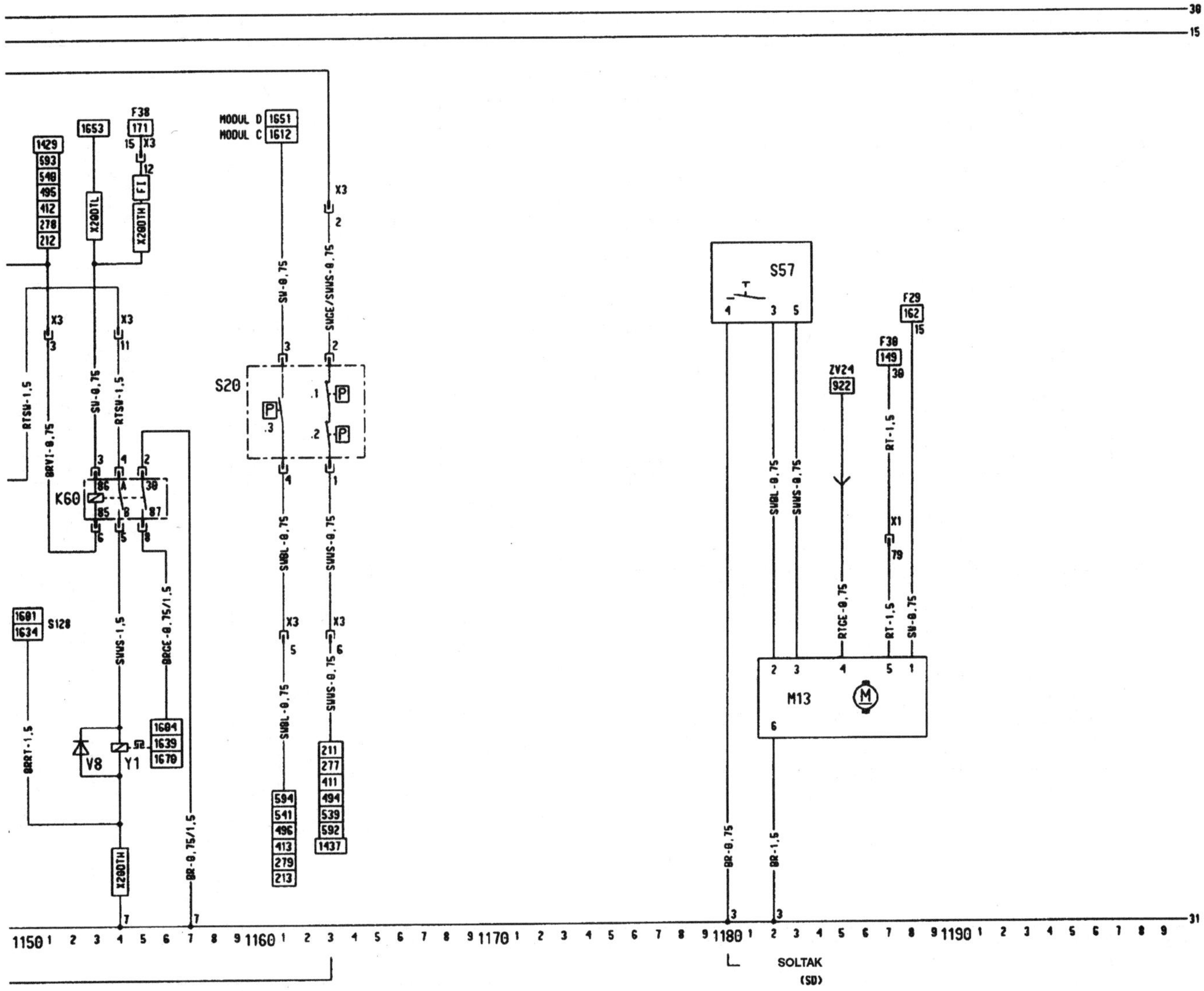

Typiskt kopplingsschema – spår 1150 - 1199

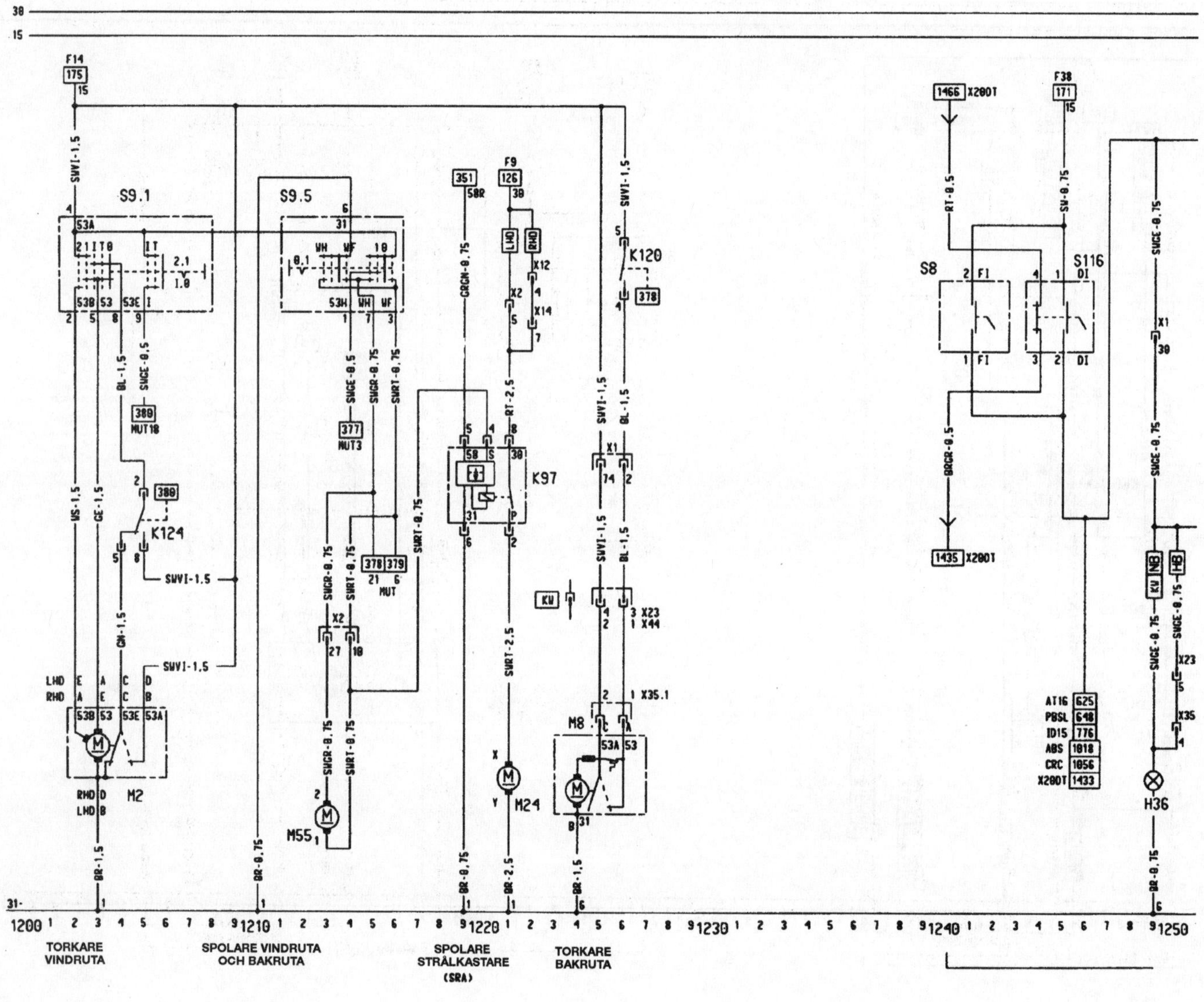

Typiskt kopplingsschema – spår 1200 - 1250

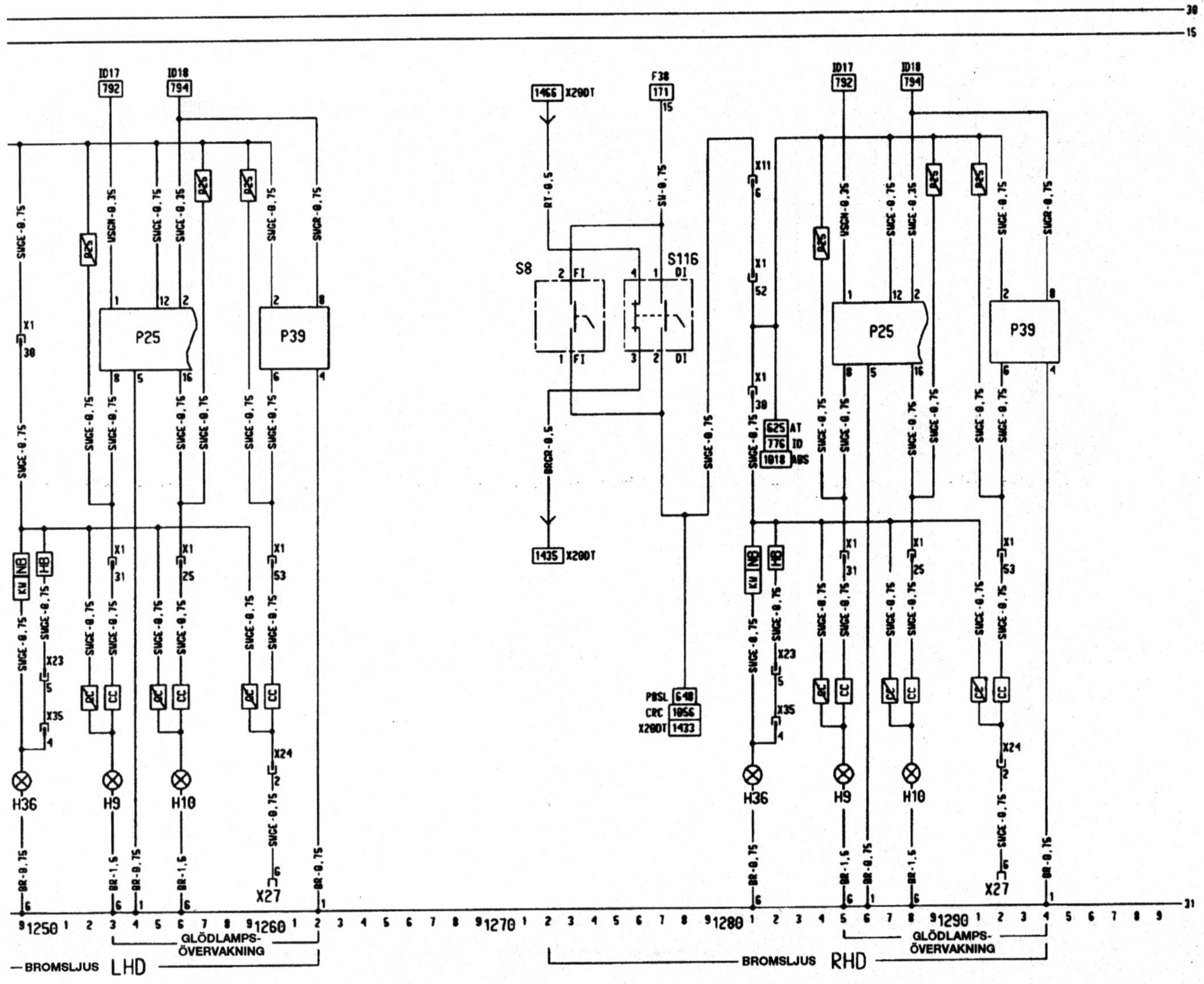

Typiskt kopplingsschema – spår 1250 - 1299

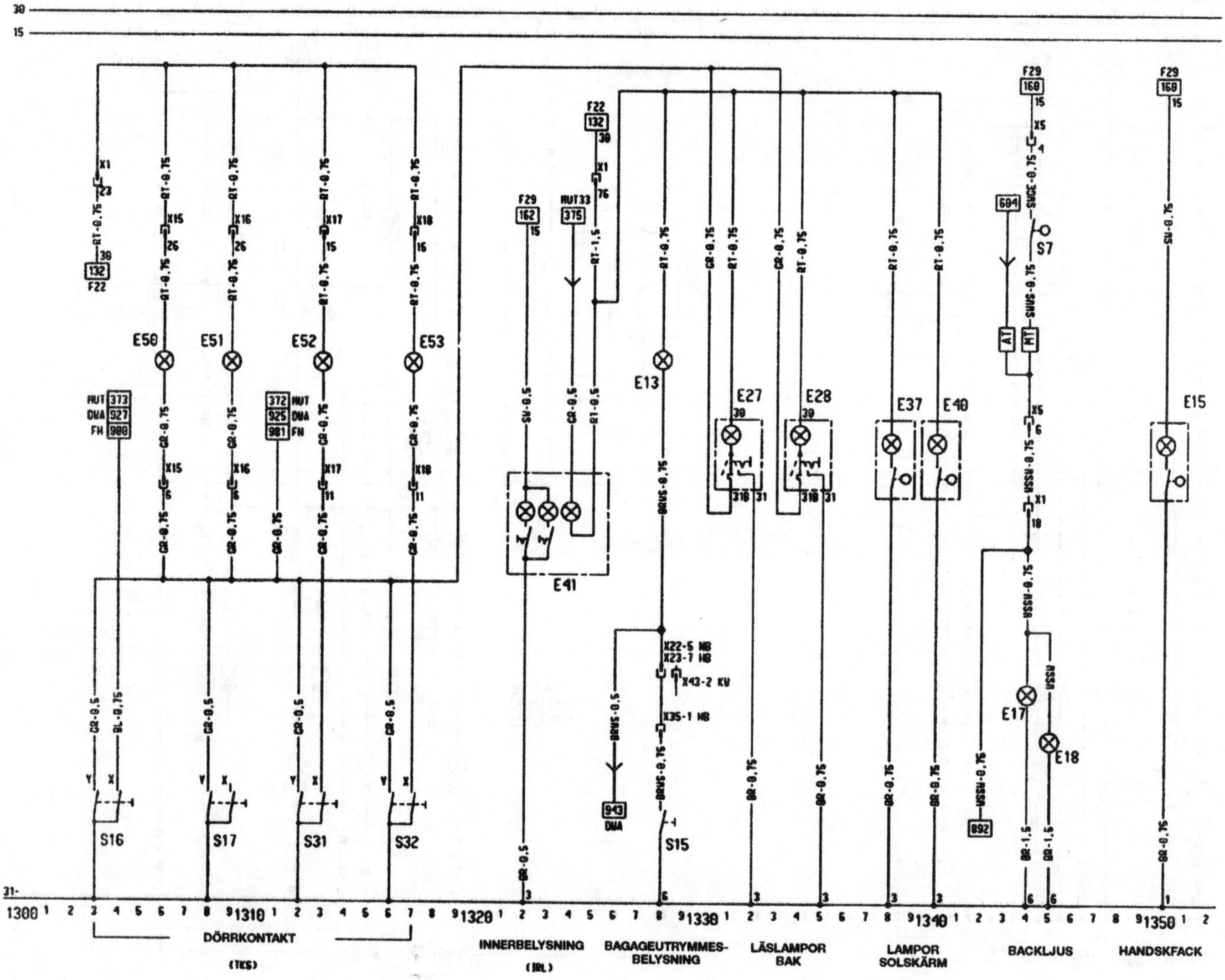

Typiskt kopplingsschema – spår 1300 - 1350

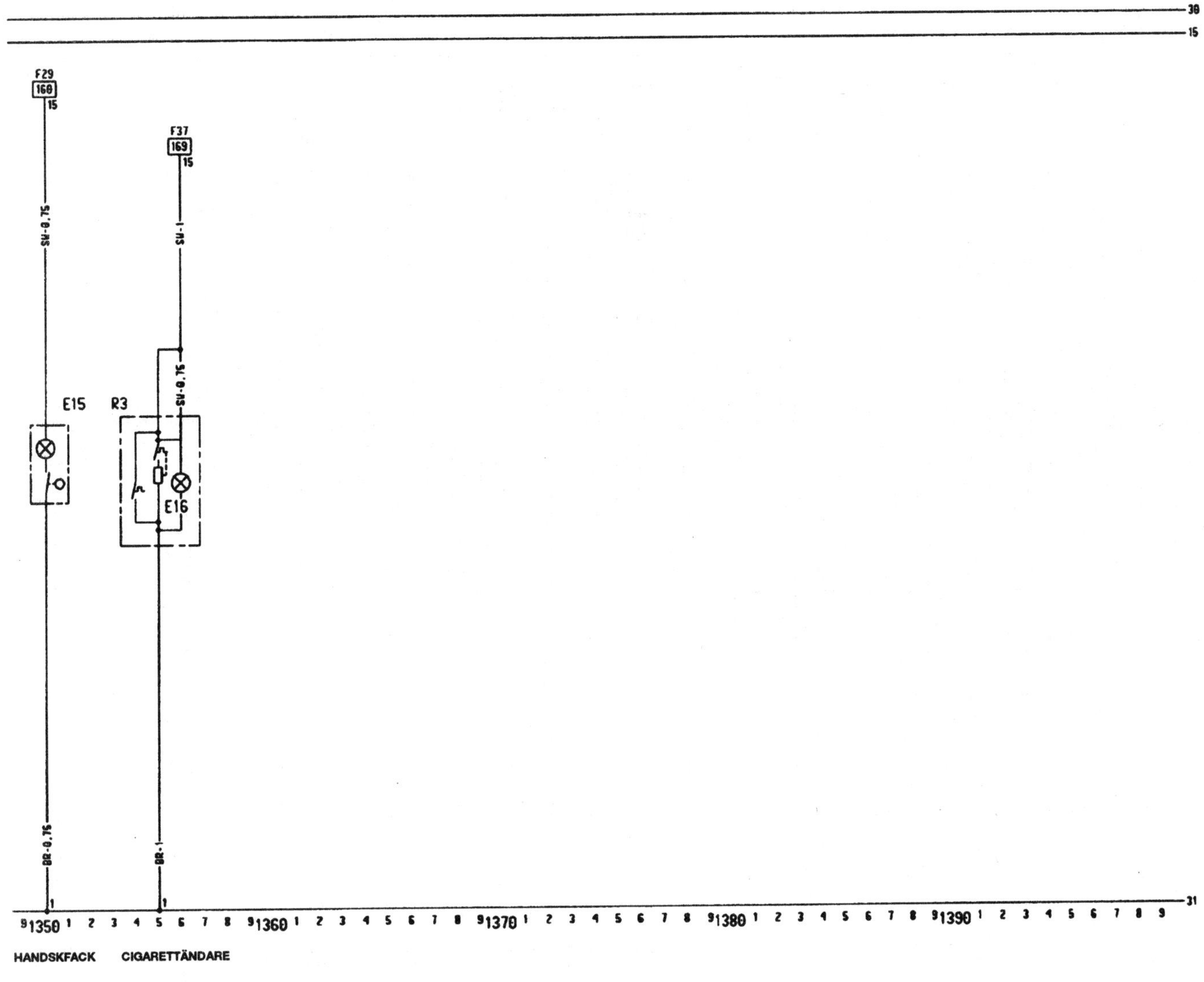

Typiskt kopplingsschema – spår 1350 - 1399

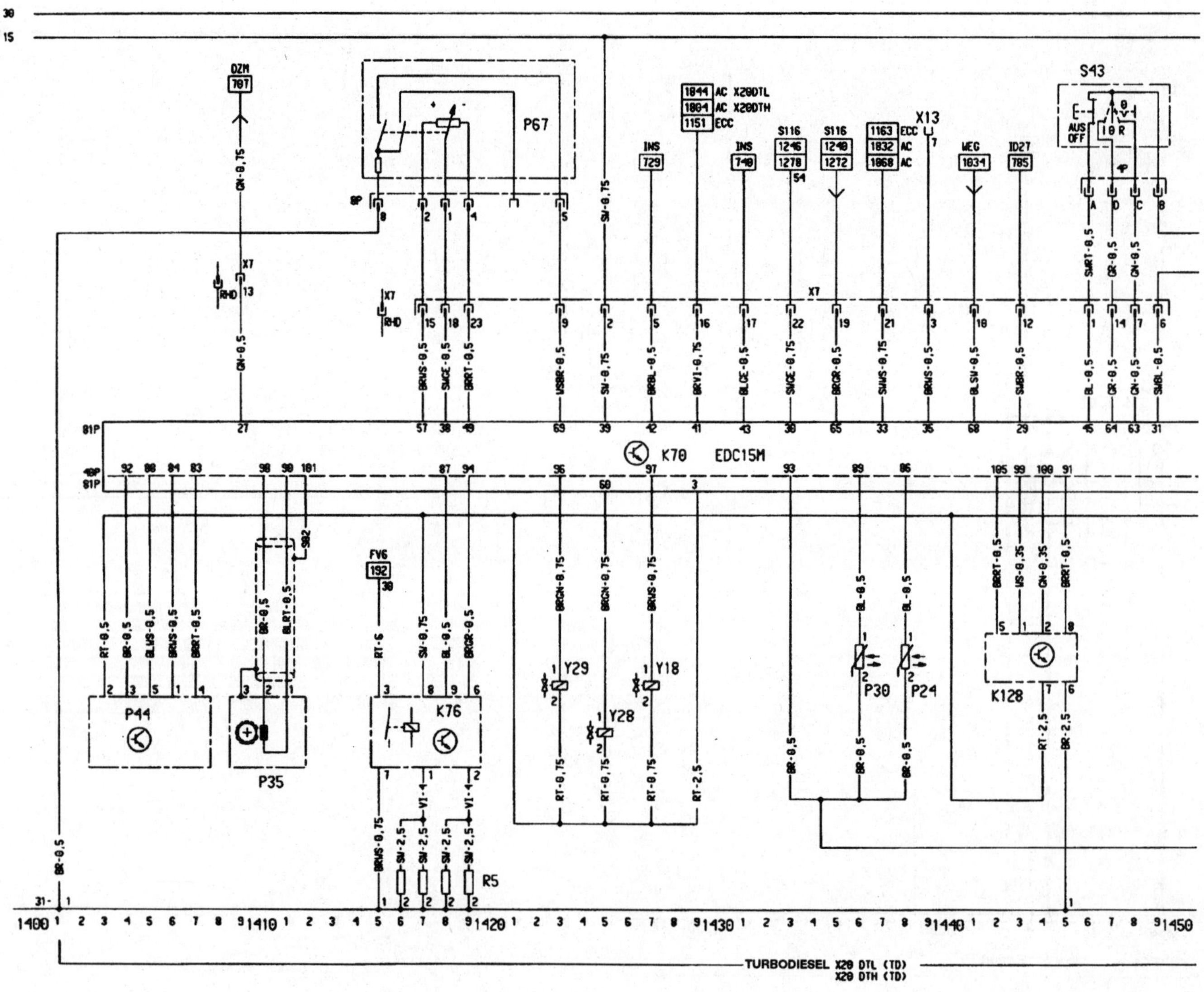

Typiskt kopplingsschema – spår 1400 - 1450

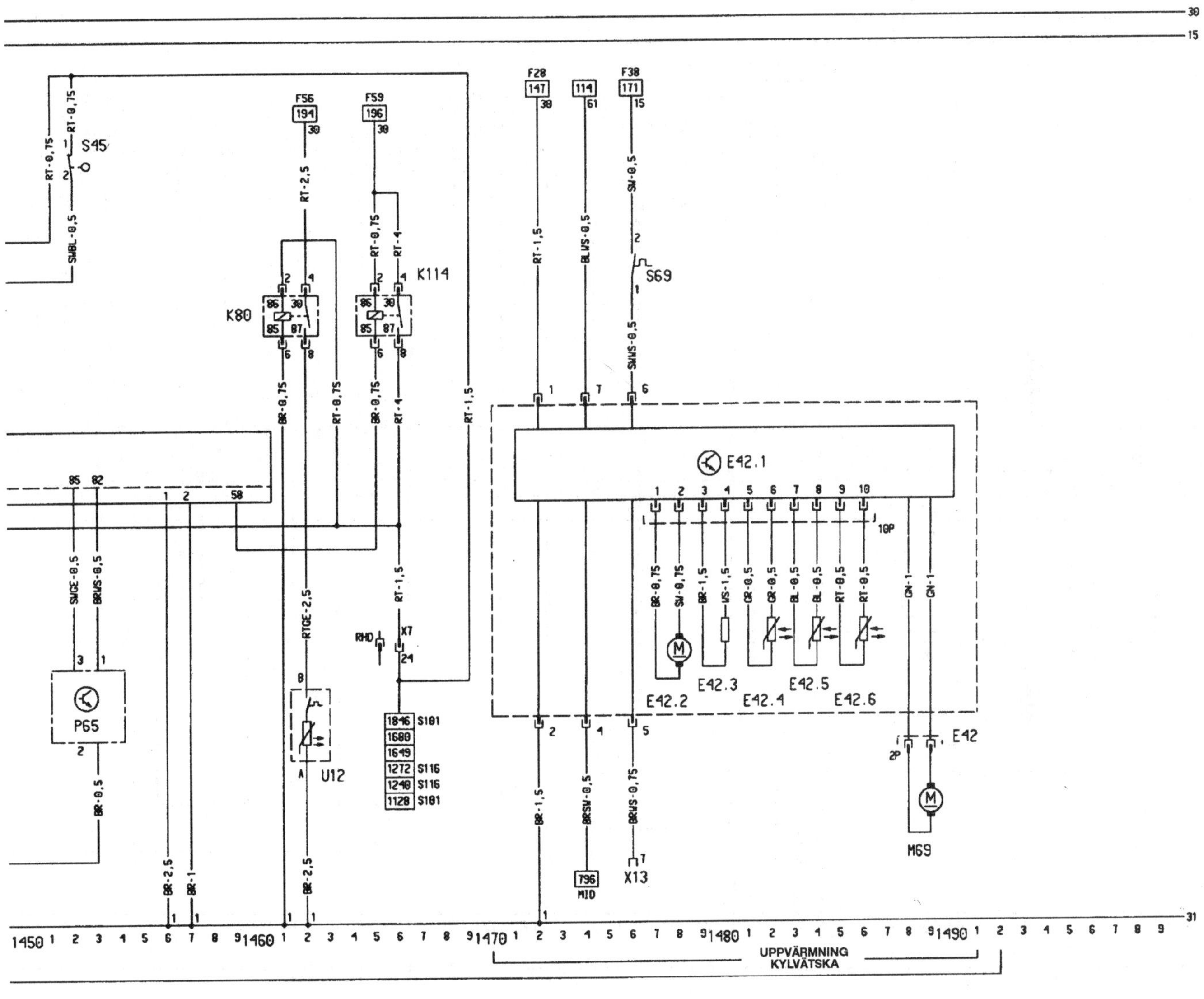

Typiskt kopplingsschema – spår 1450 - 1499

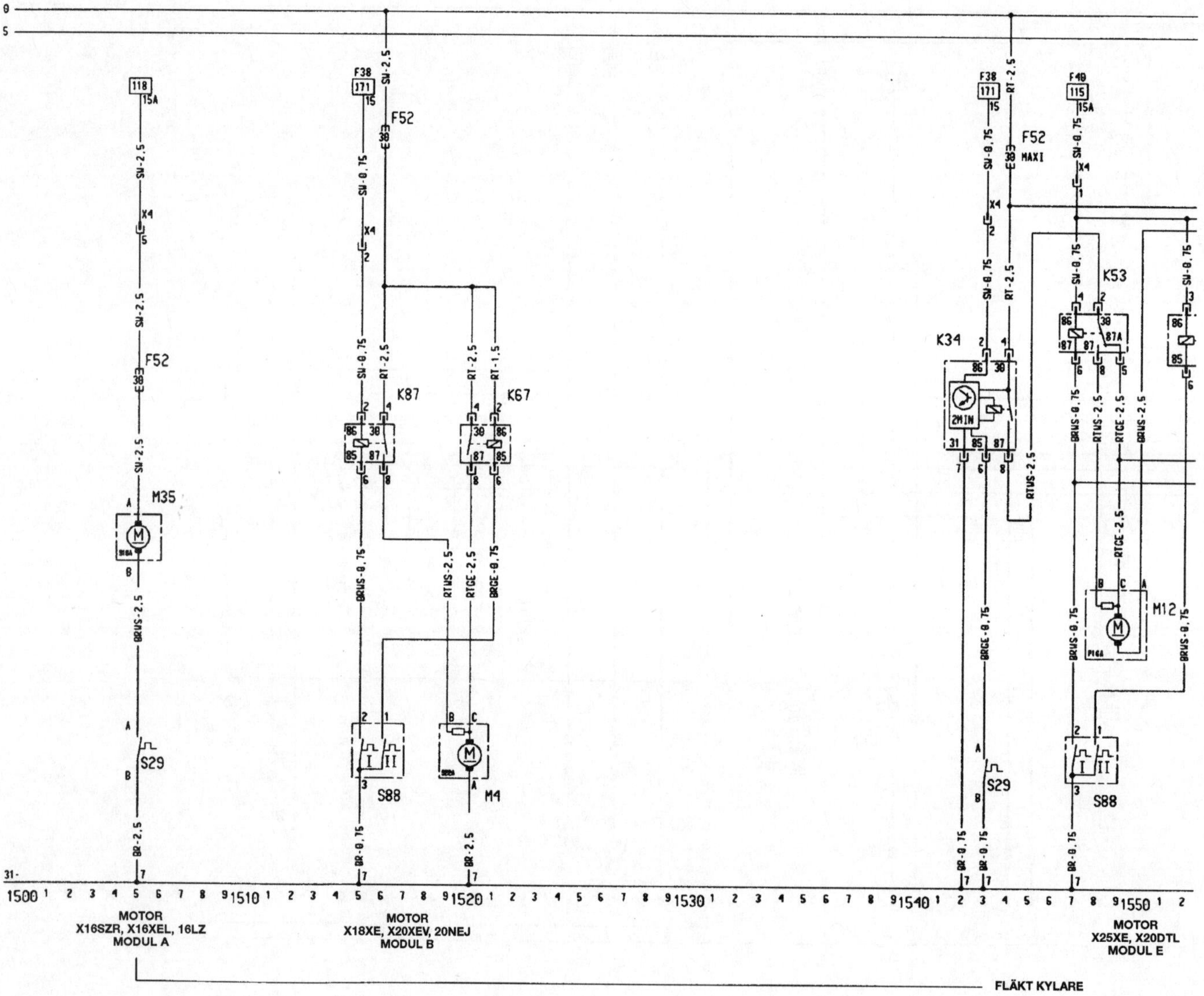

Typiskt kopplingsschema – spår 1500 - 1550

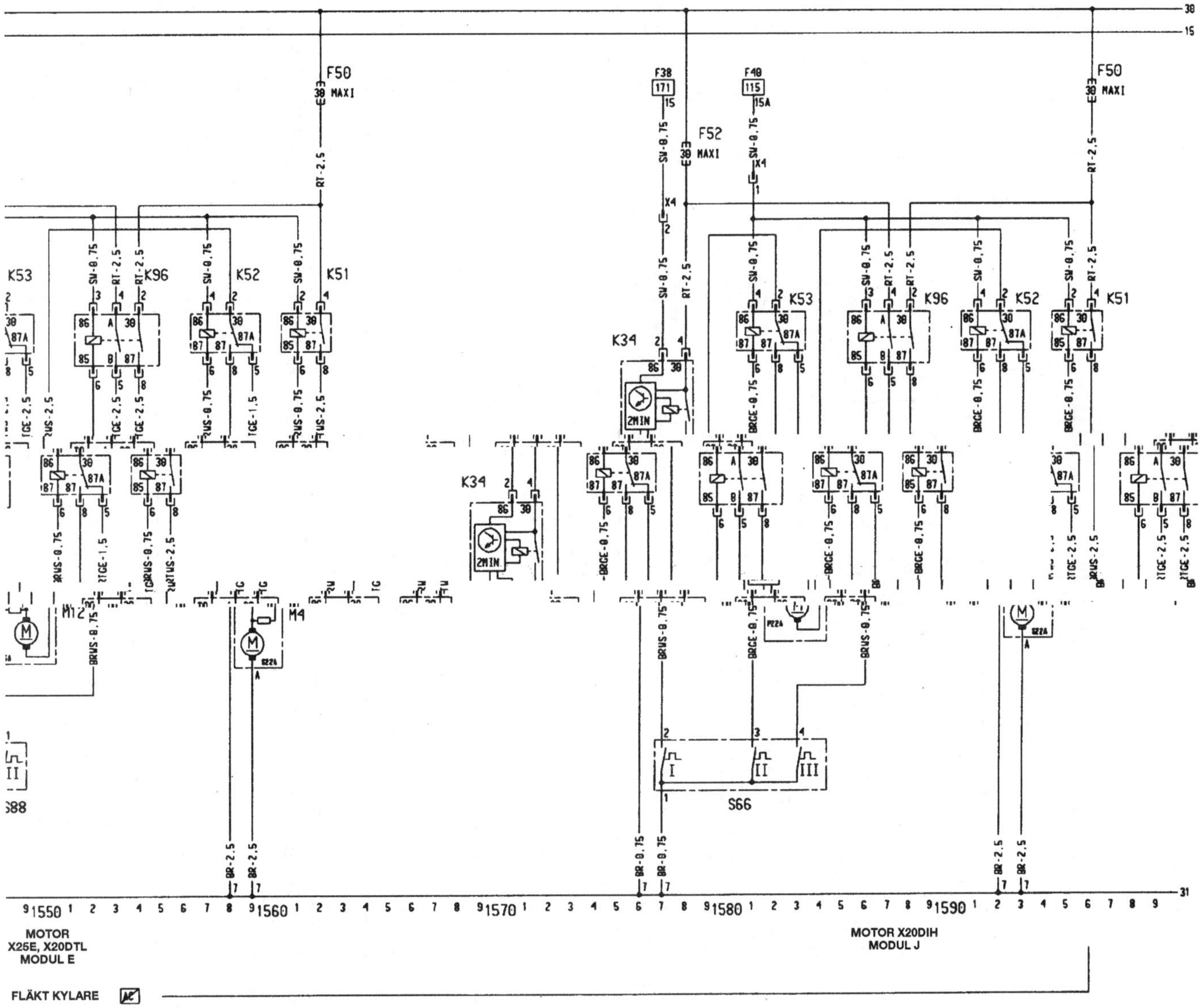

Typiskt kopplingsschema – spår 1550 - 1599

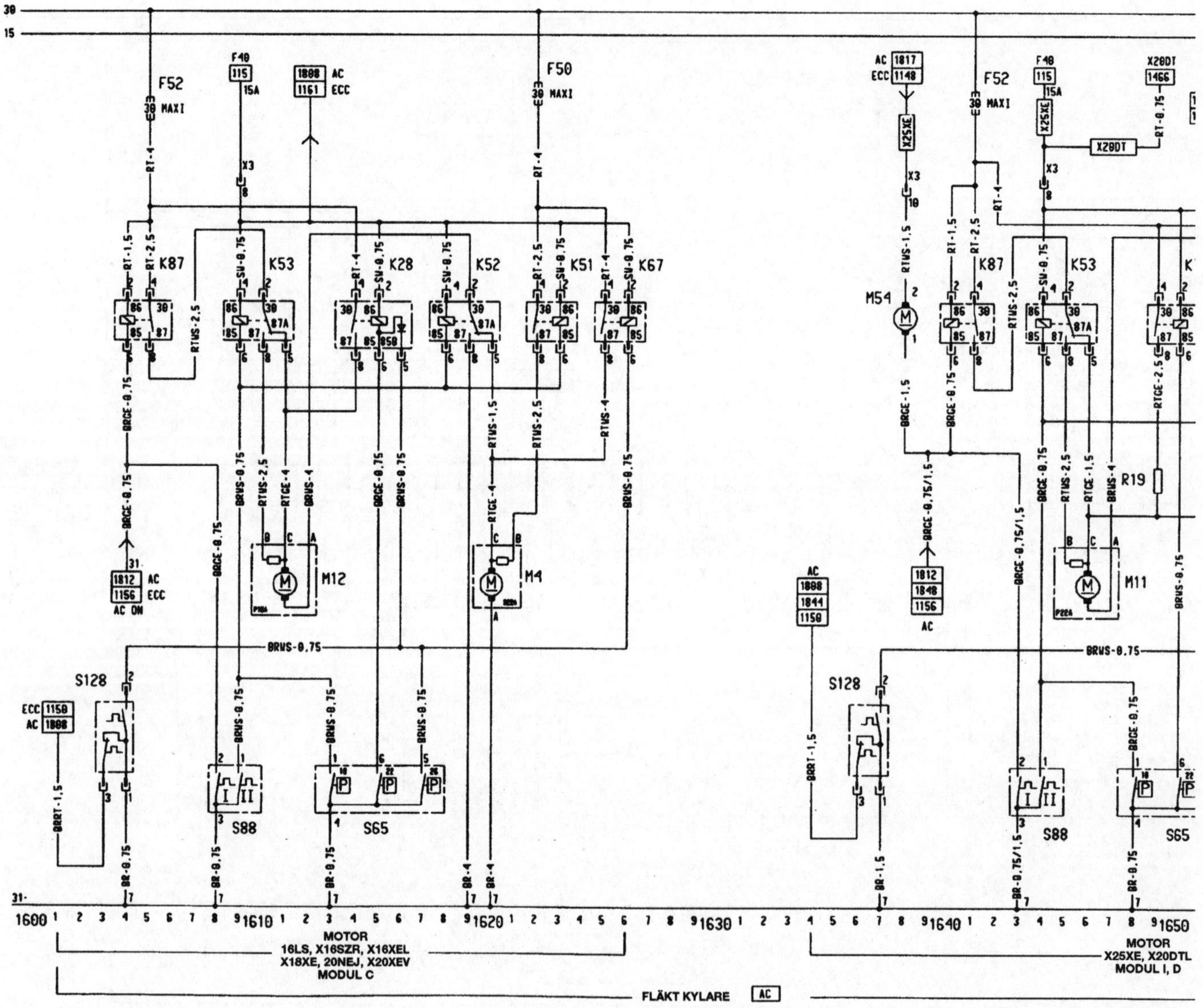

Typiskt kopplingsschema – spår 1600 - 1650

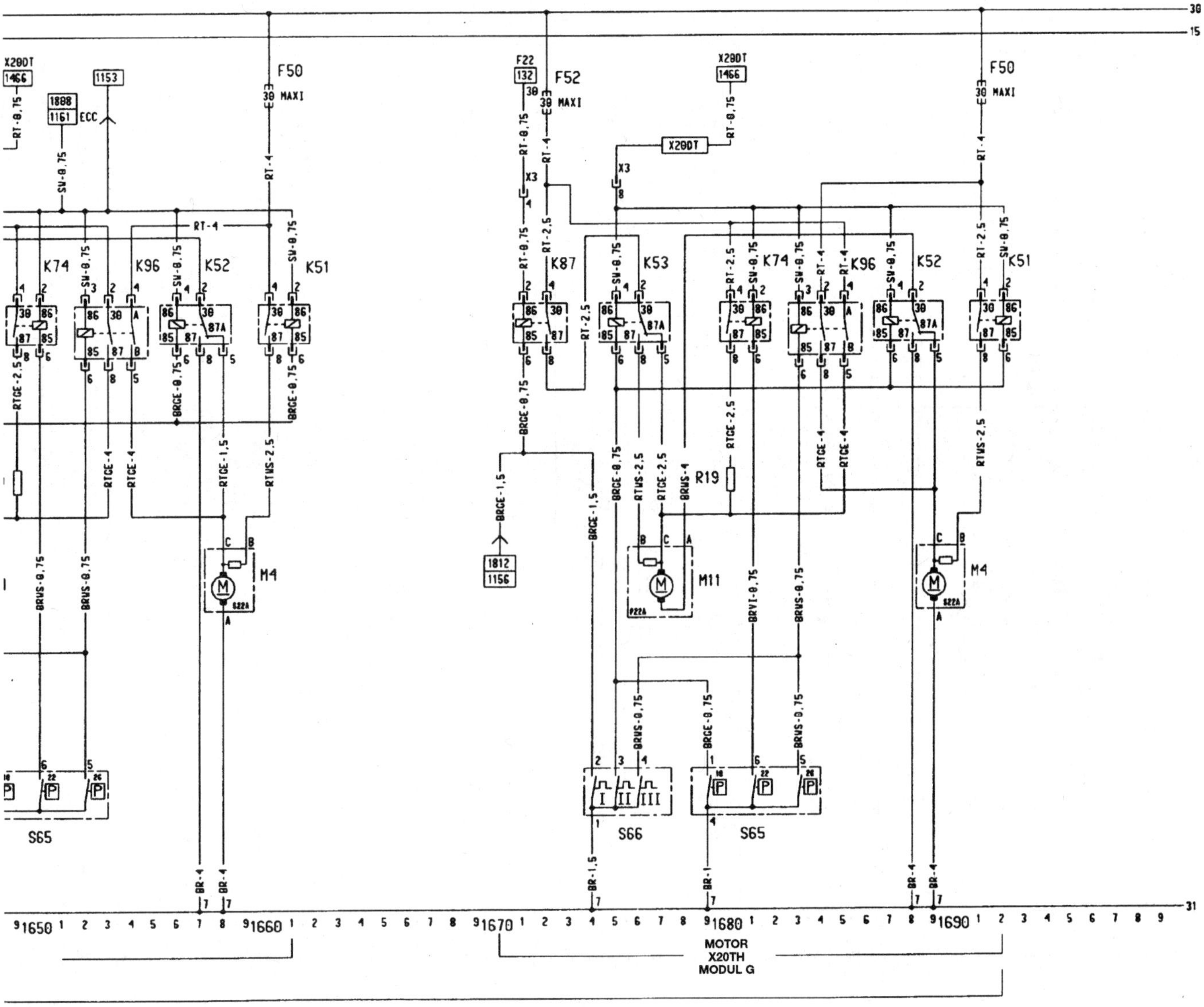

Typiskt kopplingsschema – spår 1650 - 1699

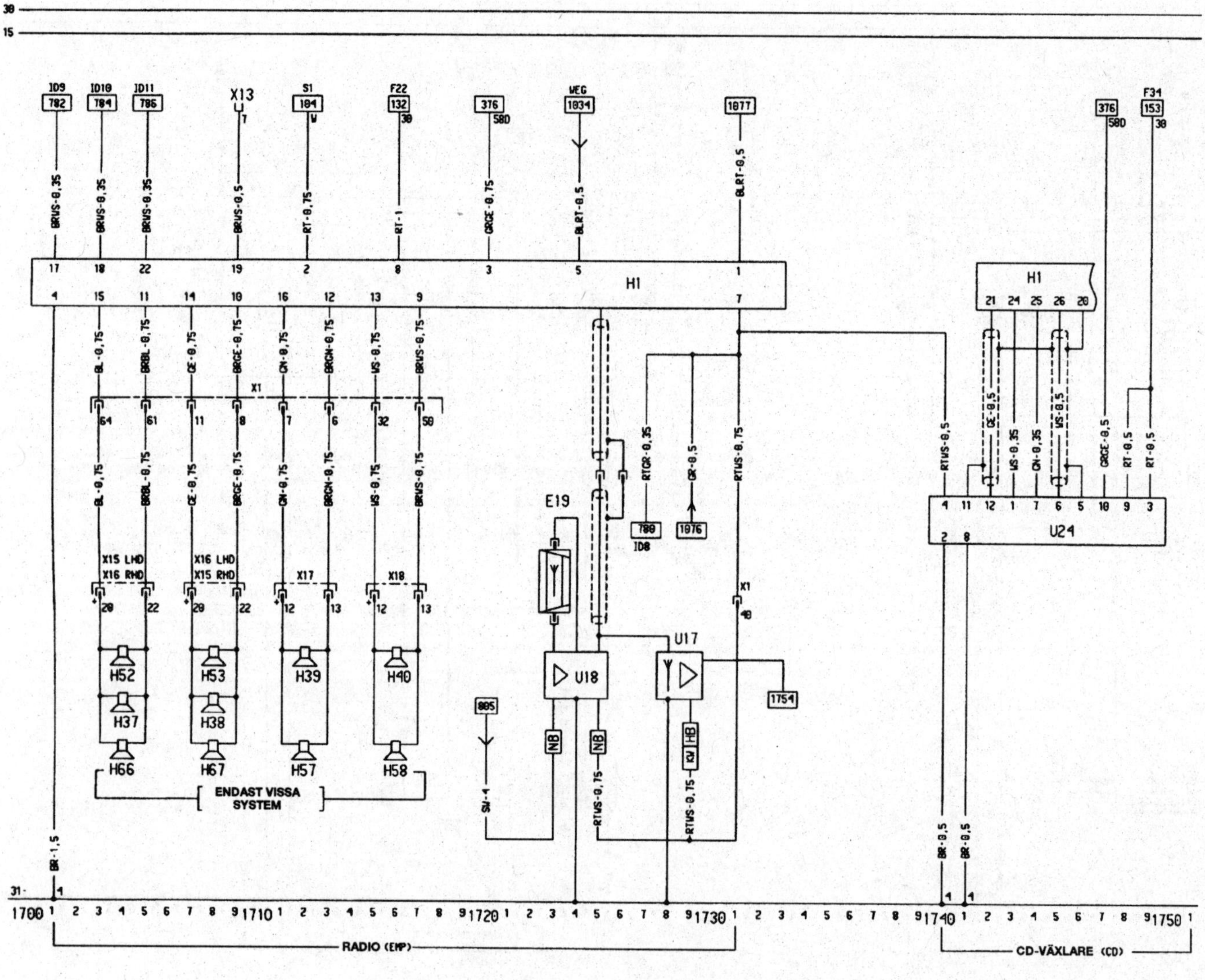

Typiskt kopplingsschema – spår 1700 - 1750

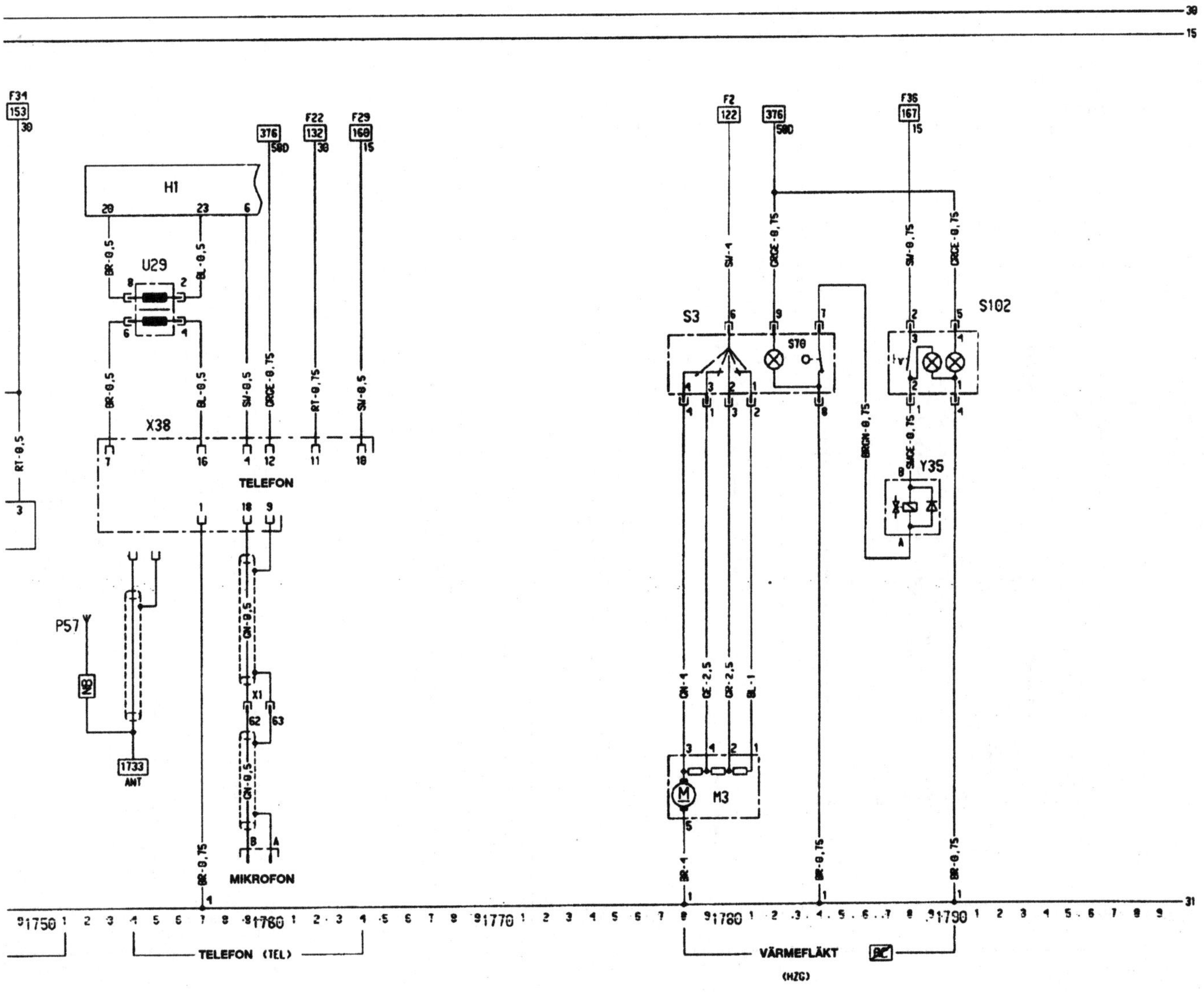

Typiskt kopplingsschema – spår 1750 - 1799

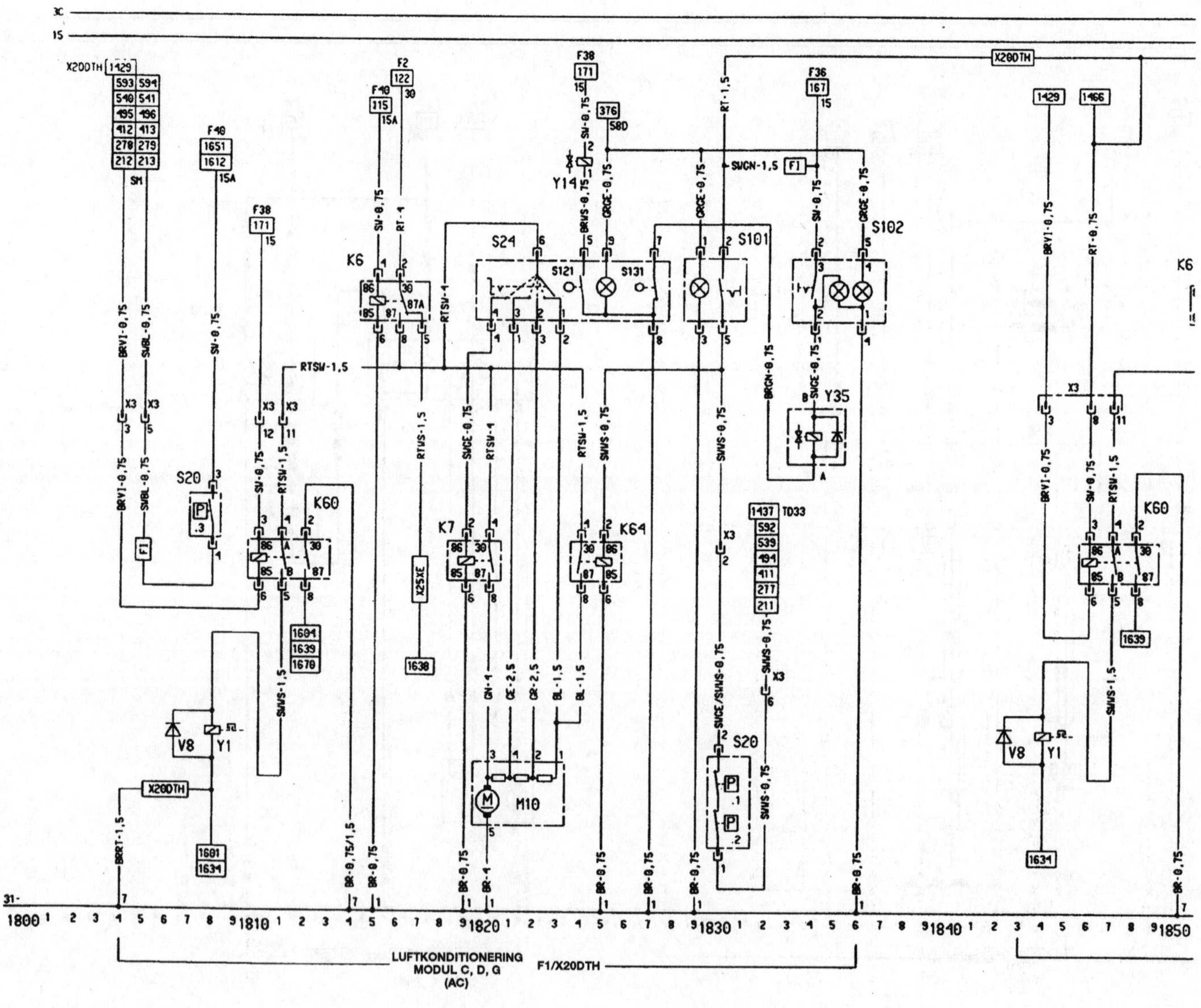

Typiskt kopplingsschema – spår 1800 - 1850

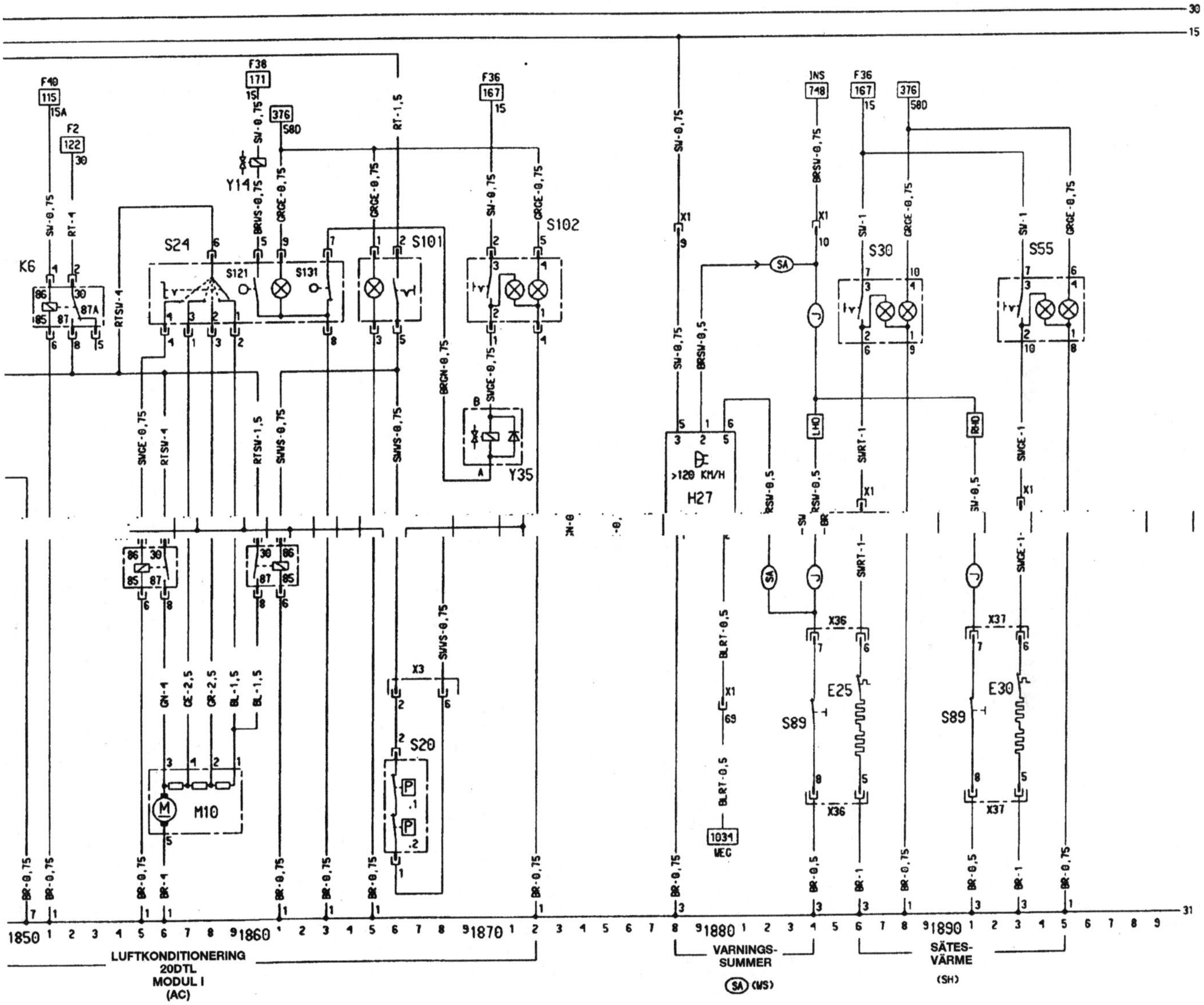

Typiskt kopplingsschema – spår 1850 - 1899

Dimensioner och vikter

Observera: *Alla siffror är ungefärliga och varierar beroende på modell. Se tillverkarens uppgifter för exakt information.*

Dimensioner

Total längd:	
Sedan	4477 mm
Kombi	4490 mm
Total bredd (utan backspeglar)	1841 mm
Total höjd (olastad):	
Sedan	1425 mm
Kombi	1490 mm
Axelavstånd	2637 mm
Spårvidd:	
Fram	1463 mm
Bak	1450 mm

Vikter

Vikt utan förare och last:	
1.6 liters SOHC bensinmotor:	
Sedan	1245 kg
Kombikupé	1260 kg
Kombi	1280 kg
1.6 liters DOHC bensinmotor:	
Sedan	1280 kg
Kombikupé	1295 kg
Kombi	1320 till 1350 kg
1.8 liters bensinmotor:	
Sedan	1320 kg
Kombikupé	1335 kg
Kombi	1360 kg
2.0 liters bensinmotor:	
Sedan	1360 kg
Kombikupé	1375 kg
Kombi	1395 kg
1.7 liters dieselmotor:	
Sedan	1350 kg
Kombikupé	1365 kg
2.0 liters dieselmotor:	
Sedan	1395 kg
Kombikupé	1410 kg
Kombi	1435 kg
Max bogseringsvikt:	
Släpvagn utan broms	620 kg (Envoy) till 700 kg (CDX)
Släpvagn med broms	1000 kg (Envoy) till 1500 kg (CDX)
Max taklast	100 kg

Inköp av reservdelar

Reservdelar finns att köpa från ett antal olika ställen, t.ex. Opelverkstäder, tillbehörsbutiker och grossister. Bilens olika identifikationsnummer måste uppges för att man garanterat ska få rätt delar. Ta om möjligt med den gamla delen för säker identifiering. Delar som startmotorer och generatorer finns att få tag i som fabriksrenoverade utbytesdelar - delar som lämnas in skall naturligtvis alltid vara rena.

Vårt råd när det gäller reservdelar är följande:

Auktoriserade Opelverkstäder

Detta är det bästa inköpsstället för delar som är specifika för just din bil och inte är allmänt tillgängliga (märken, klädsel etc.). Köp alltid reservdelar här om bilen fortfarande har gällande garanti.

Tillbehörsbutiker

Tillbehörsbutiker är ofta bra ställen för inköp av underhållsmaterial (olje-, luft- och bränslefilter, glödlampor, drivremmar, fett, bromsklossar, bättringslack etc.). Tillbehör av detta slag som säljs av välkända butiker håller samma standard som de som används av biltillverkaren.

Grossister

Bra grossister lagerhåller alla viktigare komponenter som kan slitas ut relativt snabbt. De kan också ibland tillhandahålla enskilda komponenter som behövs för renovering av en större enhet (t.ex. bromstätningar och hydrauliska delar, lagerskålar, kolvar, ventiler etc.) I vissa fall kan de ta hand om större arbeten som omborrning av motorblocket, omslipning av vevaxlar etc.

Specialister på däck och avgassystem

Dessa kan vara oberoende handlare eller ingå i större kedjor. De erbjuder ofta konkurrenskraftiga priser i jämförelse med märkesverkstäder, men det lönar sig att undersöka priserna hos flera försäljare innan man bestämmer sig. Kontrollera även vad som ingår vid priskontrollen - ofta ingår t.ex. inte ventiler och balansering i priset för ett nytt däck.

Andra inköpsställen

Var misstänksam när det gäller delar som säljs på loppmarknader och liknande. Reservdelar från sådana ställen är inte alltid av dålig kvalitet, men det är mycket svårt att få pengar tillbaka om delarna inte håller tillräckligt hög klass. Köper man komponenter som är avgörande för säkerheten, som t.ex. bromsklossar, på ett sådant ställe riskerar man inte bara sina pengar utan även sin egen och andras säkerhet.

Begagnade delar från en bilskrot kan vara prisvärda i vissa fall, men sådana inköp bör endast göras av en mycket erfaren hemmamekaniker.

Identifikationsnummer

Inom biltillverkningen sker modifieringar av modeller fortlöpande men det är endast de större modelländringarna som publiceras. Reservdelskataloger och listor sammanställs på numerisk bas och bilens identifikationsummer är mycket viktiga för att man ska få tag i rätt reservdelar.

Lämna alltid så mycket information som möjligt vid beställning av reservdelar. Ange årsmodell, chassinummer och motornummer där så behövs.

Bilens *identifikationsnummer* (VIN) finns på en plåt som är fastnitad på motorrummets tvärbalk, bakom kylaren. Det finns också på karossens golvpanel mellan förarsätet och tröskelpanelen; lyft fliken i mattan för att se det. På vissa modeller kan plåten sitta på framdörrens ram **(se bilder)**.

Motornumret finns framtill på vänster sida på motorblocket på bensinmotorer och på höger sida på motorblocket under insprutningspumpen på dieselmotorer.

Observera: *När bilen är ny har bilen ett "Bilpass" (liknar ett kreditkort) med bilens alla data lagrade på en magnetremsa.*

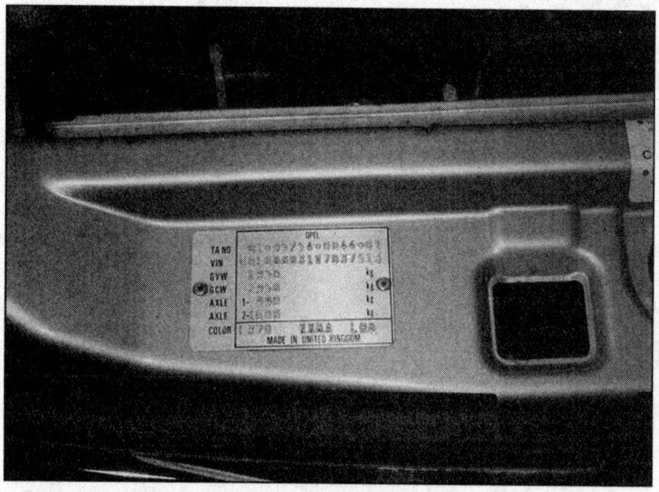

***Bilens identifikationsnummer (VIN)* finns på en plåt fastnitad på motorrummets främre tvärbalk**

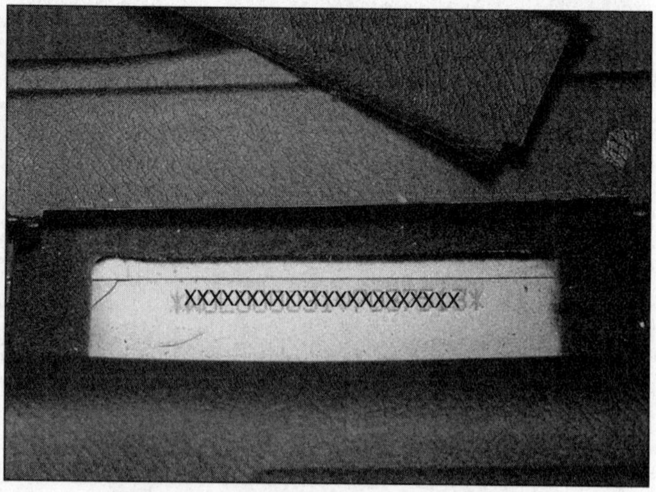

***VIN* finns också i golvpanelen intill förarsätet**

När service, reparationer och renoveringar utförs på en bil eller bildel bör följande beskrivningar och instruktioner följas. Detta för att reparationen ska utföras så effektivt och fackmannamässigt som möjligt.

Tätningsytor och packningar

Vid isärtagande av delar vid deras tätningsytor ska dessa aldrig bändas isär med skruvmejsel eller liknande. Detta kan orsaka allvarliga skador som resulterar i oljeläckage, kylvätskeläckage etc. efter montering. Delarna tas vanligen isär genom att man knackar längs fogen med en mjuk klubba. Lägg dock märke till att denna metod kanske inte är lämplig i de fall styrstift används för exakt placering av delar.

Där en packning används mellan två ytor måste den bytas vid ihopsättning. Såvida inte annat anges i den aktuella arbetsbeskrivningen ska den monteras torr. Se till att tätningsytorna är rena och torra och att alla spår av den gamla packningen är borttagna. Vid rengöring av en tätningsyta ska sådana verktyg användas som inte skadar den. Små grader och repor tas bort med bryne eller en finskuren fil.

Rensa gängade hål med piprensare och håll dem fria från tätningsmedel då sådant används, såvida inte annat direkt specificeras.

Se till att alla öppningar, hål och kanaler är rena och blås ur dem, helst med tryckluft.

Oljetätningar

Oljetätningar kan tas ut genom att de bänds ut med en bred spårskruvmejsel eller liknande. Alternativt kan ett antal självgängande skruvar dras in i tätningen och användas som dragpunkter för en tång, så att den kan dras rakt ut.

När en oljetätning tas bort från sin plats, ensam eller som en del av en enhet, ska den alltid kasseras och bytas ut mot en ny.

Tätningsläpparna är tunna och skadas lätt och de tätar inte annat än om kontaktytan är fullständigt ren och oskadad. Om den ursprungliga tätningsytan på delen inte kan återställas till perfekt skick och tillverkaren inte gett utrymme för en viss omplacering av tätningen på kontaktytan, måste delen i fråga bytas ut.

Skydda tätningsläpparna från ytor som kan skada dem under monteringen. Använd tejp eller konisk hylsa där så är möjligt. Smörj läpparna med olja innan monteringen. Om oljetätningen har dubbla läppar ska utrymmet mellan dessa fyllas med fett.

Såvida inte annat anges ska oljetätningar monteras med tätningsläpparna mot det smörjmedel som de ska täta för.

Använd en rörformad dorn eller en träbit i lämplig storlek till att knacka tätningarna på plats. Om sätet är försedd med skuldra, driv tätningen mot den. Om sätet saknar skuldra bör tätningen monteras så att den går jäms med sätets yta (såvida inte annat uttryckligen anges).

Skruvgängor och infästningar

Muttrar, bultar och skruvar som kärvar är ett vanligt förekommande problem när en komponent har börjat rosta. Bruk av rostupplösningsolja och andra krypsmörjmedel löser ofta detta om man dränker in delen som kärvar en stund innan man försöker lossa den. Slagskruvmejsel kan ibland lossa envist fastsittande infästningar när de används tillsammans med rätt mejselhuvud eller hylsa. Om inget av detta fungerar kan försiktig värmning eller i värsta fall bågfil eller mutterspräckare användas.

Pinnbultar tas vanligen ut genom att två muttrar låses vid varandra på den gängade delen och att en blocknyckel sedan vrider den undre muttern så att pinnbulten kan skruvas ut. Bultar som brutits av under fästytan kan ibland avlägsnas med en lämplig bultutdragare. Se alltid till att gängade bottenhål är helt fria från olja, fett, vatten eller andra vätskor innan bulten monteras. Underlåtenhet att göra detta kan spräcka den del som skruven dras in i, tack vare det hydrauliska tryck som uppstår när en bult dras in i ett vätskefyllt hål

Vid åtdragning av en kronmutter där en saxsprint ska monteras ska muttern dras till specificerat moment om sådant anges, och därefter dras till nästa sprinthål. Lossa inte muttern för att passa in saxsprinten, såvida inte detta förfarande särskilt anges i anvisningarna.

Vid kontroll eller omdragning av mutter eller bult till ett specificerat åtdragningsmoment, ska muttern eller bulten lossas ett kvarts varv och sedan dras åt till angivet moment. Detta ska dock inte göras när vinkelåtdragning använts.

För vissa gängade infästningar, speciellt topplocksbultar/muttrar anges inte åtdragningsmoment för de sista stegen. Istället anges en vinkel för åtdragning. Vanligtvis anges ett relativt lågt åtdragningsmoment för bultar/muttrar som dras i specificerad turordning. Detta följs sedan av ett eller flera steg åtdragning med specificerade vinklar.

Låsmuttrar, låsbleck och brickor

Varje infästning som kommer att rotera mot en komponent eller en kåpa under åtdragningen ska alltid ha en bricka mellan åtdragningsdelen och kontaktytan.

Fjäderbrickor ska alltid bytas ut när de använts till att låsa viktiga delar som exempelvis lageröverfall. Låsbleck som viks över för att låsa bult eller mutter ska alltid bytas ut vid ihopsättning.

Självlåsande muttrar kan återanvändas på mindre viktiga detaljer, under förutsättning att motstånd känns vid dragning över gängen. Kom dock ihåg att självlåsande muttrar förlorar låseffekt med tiden och därför alltid bör bytas ut som en rutinåtgärd.

Saxsprintar ska alltid bytas mot nya i rätt storlek för hålet.

När gänglåsmedel påträffas på gängor på en komponent som ska återanvändas bör man göra ren den med en stålborste och lösningsmedel. Applicera nytt gänglåsningsmedel vid montering.

Specialverktyg

Vissa arbeten i denna handbok förutsätter användning av specialverktyg som pressar, avdragare, fjäderkompressorer med mera. Där så är möjligt beskrivs lämpliga lättillgängliga alternativ till tillverkarens specialverktyg och hur dessa används. I vissa fall, där inga alternativ finns, har det varit nödvändigt att använda tillverkarens specialverktyg. Detta har gjorts av säkerhetsskäl, likväl som för att reparationerna ska utföras så effektivt och bra som möjligt. Såvida du inte är mycket kunnig och har stora kunskaper om det arbetsmoment som beskrivs, ska du aldrig försöka använda annat än specialverktyg när sådana anges i anvisningarna. Det föreligger inte bara stor risk för personskador, utan kostbara skador kan också uppstå på komponenterna.

Miljöhänsyn

Vid sluthantering av förbrukad motorolja, bromsvätska, frostskydd etc. ska all vederbörlig hänsyn tas för att skydda miljön. Ingen av ovan nämnda vätskor får hällas ut i avloppet eller direkt på marken. Kommunernas avfallshantering har kapacitet för hantering av miljöfarligt avfall liksom vissa verkstäder. Om inga av dessa finns tillgängliga i din närhet, fråga hälsoskyddskontoret i din kommun om råd.

I och med de allt strängare miljöskyddslagarna beträffande utsläpp av miljöfarliga ämnen från motorfordon har alltfler bilar numera justersäkringar monterade på de mest avgörande justeringspunkterna för bränslesystemet. Dessa är i första hand avsedda att förhindra okvalificerade personer från att justera bränsle/luftblandningen och därmed riskerar en ökning av giftiga utsläpp. Om sådana justersäkringar påträffas under service eller reparationsarbete ska de, närhelst möjligt, bytas eller sättas tillbaka i enlighet med tillverkarens rekommendationer eller aktuell lagstiftning.

Domkraften som medföljer bilen skall endast användas vid hjulbyte – se "Hjulbyte" i början av boken. När andra arbeten utförs skall bilen lyftas upp med en garagedomkraft och alltid stödjas med pallbockar placerade under domkraftspunkterna.

Vid användning av garagedomkraft eller pallbockar, placera alltid domkraftshuvudet eller pallbocken under eller intill en av de relevanta domkraftspunkterna under trösklarna. Lägg ett träblock mellan domkraften/pallbocken och tröskeln – träblocket skall ha ett spår i vilket tröskelns svetsade fläns passar **(se bilder)**.

Försök inte lyfta upp bilen med domkraften under tvärbalken, sumpen eller någon av fjädringens komponenter.

Domkraften som medföljer bilen passar i domkraftspunkterna på undersidan av tröskeln – se "Hjulbyte" i början av boken. Se till att domkraftshuvudet är ordentligt på plats innan du försöker lyfta bilen.

Arbeta aldrig under eller i närheten av en upplyft bil om den inte är ordentligt stöttad under minst två punkter.

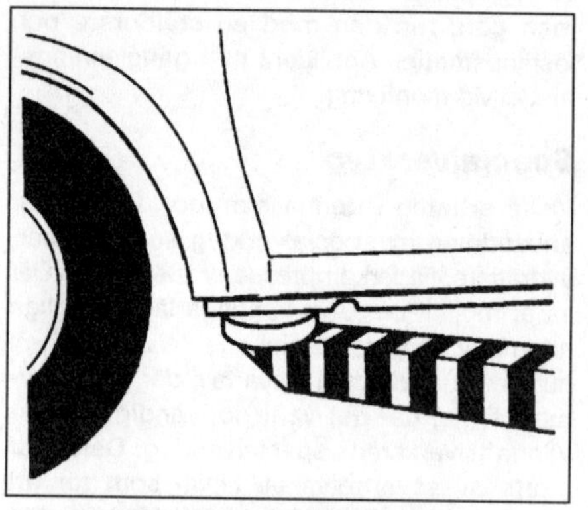

Främre domkraftspunkt för garagedomkraft eller pallbockar

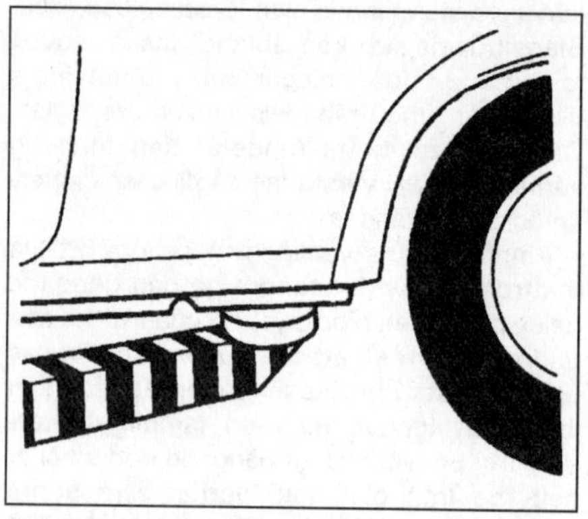

Bakre domkraftspunkt för garagedomkraft eller pallbockar

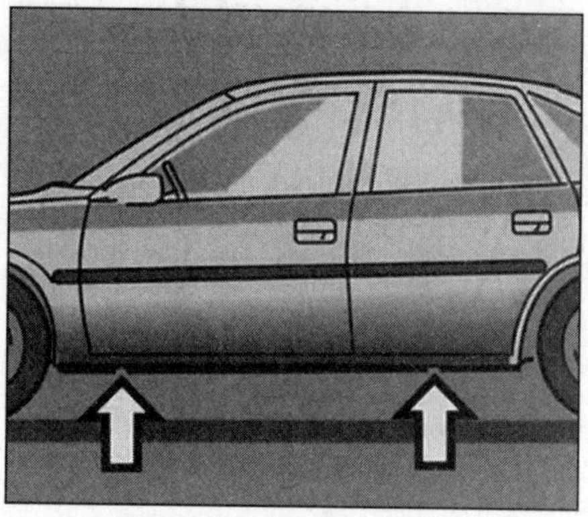

Domkraftspunkter för hjulbyte

Stöldskydd för radio/kassettbandspelare

Radion/kassettbandspelaren kan ha en inbyggd säkerhetskod för att avskräcka inbrottstjuvar. Om strömkällan till enheten bryts aktiveras stöldskyddssystemet. Även om strömkällan ansluts omedelbart igen, kommer inte radion/kassettbandspelaren att fungera förrän korrekt kod har knappats in. Koppla därför inte loss batteriets negativa ledning eller ta ut radion/kassettbandspelaren från bilen om du inte känner till koden.

Om säkerhetskoden har glömts/tappats bort, rådfråga en Opelåterförsäljare. Om du kan bevisa ditt ägandeskap kan en Opelåterförsäljare förse dig med en ny kod.

Inledning

En uppsättning bra verktyg är ett grundläggande krav för var och en som överväger att underhålla och reparera ett motorfordon. För de ägare som saknar sådana kan inköpet av dessa bli en märkbar utgift, som dock uppvägs till en viss del av de besparingar som görs i och med det egna arbetet. Om de anskaffade verktygen uppfyller grundläggande säkerhets- och kvalitetskrav kommer de att hålla i många år och visa sig vara en värdefull investering.

För att hjälpa bilägaren att avgöra vilka verktyg som behövs för att utföra de arbeten som beskrivs i denna handbok har vi sammanställt tre listor med följande rubriker: *Underhåll och mindre reparationer, Reparation och renovering* samt *Specialverktyg*. Nybörjaren bör starta med det första sortimentet och begränsa sig till enklare arbeten på fordonet. Allt eftersom erfarenhet och självförtroende växer kan man sedan prova svårare uppgifter och köpa fler verktyg när och om det behövs. På detta sätt kan den grundläggande verktygssatsen med tiden utvidgas till en reparations- och renoveringssats utan några större enskilda kontantutlägg. Den erfarne hemmamekanikern har redan en verktygssats som räcker till de flesta reparationer och renoveringar och kommer att välja verktyg från specialkategorin när han känner att utgiften är berättigad för den användning verktyget kan ha.

Underhåll och mindre reparationer

Verktygen i den här listan ska betraktas som ett minimum av vad som behövs för rutinmässigt underhåll, service och mindre reparationsarbeten. Vi rekommenderar att man köper blocknycklar (ring i ena änden och öppen i den andra), även om de är dyrare än de med öppen ände, eftersom man får båda sorternas fördelar.

- ☐ *Blocknycklar - 8, 9, 10, 11, 12, 13, 14, 15, 17 och 19 mm*
- ☐ *Skiftnyckel - 35 mm gap (ca.)*
- ☐ *Tändstiftsnyckel (med gummifoder)*
- ☐ *Verktyg för justering av tändstiftens elektrodavstånd*
- ☐ *Sats med bladmått*
- ☐ *Nyckel för avluftning av bromsar*
- ☐ *Skruvmejslar:*
  Spårmejsel - 100 mm lång x 6 mm diameter
  Stjärnmejsel - 100 mm lång x 6 mm diameter
- ☐ *Kombinationstång*
- ☐ *Bågfil (liten)*
- ☐ *Däckpump*
- ☐ *Däcktrycksmätare*
- ☐ *Oljekanna*
- ☐ *Verktyg för demontering av oljefilter*
- ☐ *Fin slipduk*
- ☐ *Stålborste (liten)*
- ☐ *Tratt (medelstor)*

Reparation och renovering

Dessa verktyg är ovärderliga för alla som utför större reparationer på ett motorfordon och tillkommer till de som angivits för *Underhåll och mindre reparationer*. I denna lista ingår en grundläggande sats hylsor. Även om dessa är dyra, är de oumbärliga i och med sin mångsidighet - speciellt om satsen innehåller olika typer av drivenheter. Vi rekommenderar 1/2-tums fattning på hylsorna eftersom de flesta momentnycklar har denna fattning.

Verktygen i denna lista kan ibland behöva kompletteras med verktyg från listan för *Specialverktyg*.

- ☐ *Hylsor, dimensioner enligt föregående lista* ***(se bild)***
- ☐ *Spärrskaft med vändbar riktning (för användning med hylsor)* ***(se bild)***
- ☐ *Förlängare, 250 mm (för användning med hylsor)*
- ☐ *Universalknut (för användning med hylsor)*
- ☐ *Momentnyckel (för användning med hylsor)*
- ☐ *Självlåsande tänger*
- ☐ *Kulhammare*
- ☐ *Mjuk klubba (plast/aluminium eller gummi)*
- ☐ *Skruvmejslar:*
  Spårmejsel - en lång och kraftig, en kort (knubbig) och en smal (elektrikertyp)
  Stjärnmejsel - en lång och kraftig och en kort (knubbig)
- ☐ *Tänger:*
  Spetsnostång/plattång
  Sidavbitare (elektrikertyp)
  Låsringstång (inre och yttre)
- ☐ *Huggmejsel - 25 mm*
- ☐ *Ritspets*
- ☐ *Skrapa*
- ☐ *Körnare*
- ☐ *Purr*
- ☐ *Bågfil*
- ☐ *Bromsslangklämma*
- ☐ *Avluftningssats för bromsar/koppling*
- ☐ *Urval av borrar*
- ☐ *Stållinjal*
- ☐ *Insexnycklar (inkl Torxtyp/med splines)* ***(se bild)***
- ☐ *Sats med filar*
- ☐ *Stor stålborste*
- ☐ *Pallbockar*
- ☐ *Domkraft (garagedomkraft eller en stabil pelarmodell)*
- ☐ *Arbetslampa med förlängningssladd*

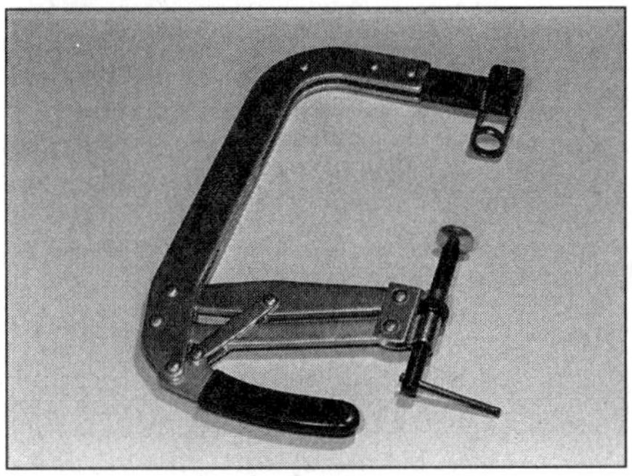

Ventilfjäderkompressor (ventilbåge)

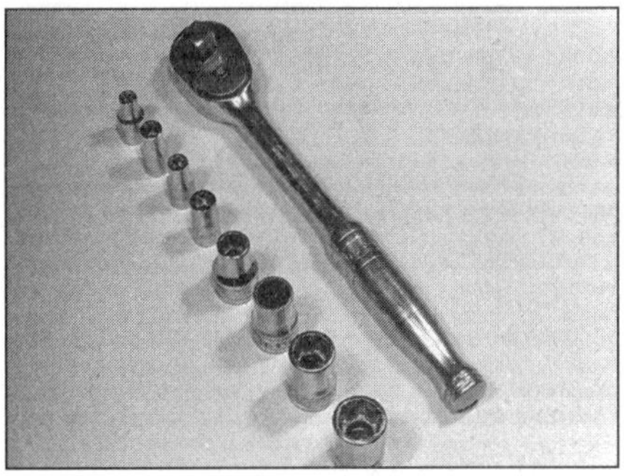

Hylsor och spärrskaft

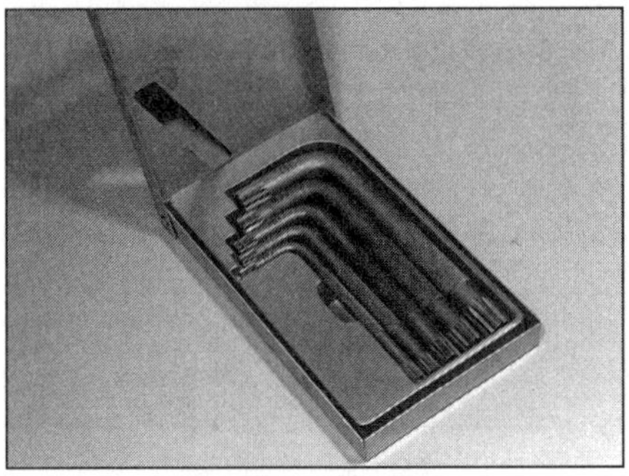

Nycklar med splines

Kolvringskompressor

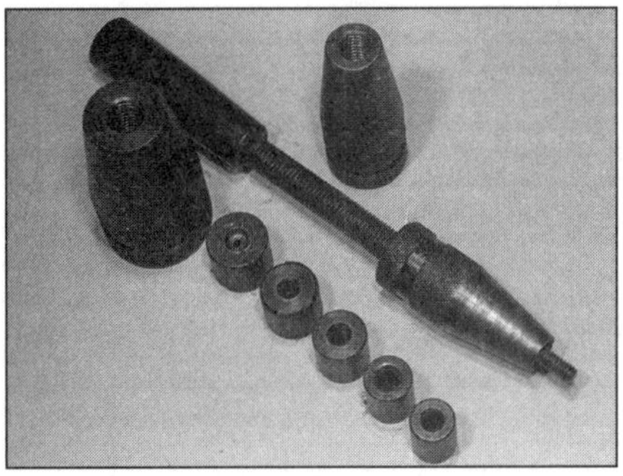

Centreringsverktyg för koppling

Specialverktyg

Verktygen i denna lista är de som inte används regelbundet, är dyra i inköp eller som måste användas enligt tillverkarens anvisningar. Det är bara om du relativt ofta kommer att utföra tämligen svåra jobb som många av dessa verktyg är lönsamma att köpa. Du kan också överväga att gå samman med någon vän (eller gå med i en motorklubb) och göra ett gemensamt inköp, hyra eller låna verktyg om så är möjligt.

Följande lista upptar endast verktyg och instrument som är allmänt tillgängliga och inte sådana som framställs av biltillverkaren speciellt för auktoriserade verkstäder. Ibland nämns dock sådana verktyg i texten. I allmänhet anges en alternativ metod att utföra arbetet utan specialverktyg. Ibland finns emellertid inget alternativ till tillverkarens specialverktyg. När så är fallet och relevant verktyg inte kan köpas, hyras eller lånas har du inget annat val än att lämna bilen till en auktoriserad verkstad.

- ☐ *Ventilfjäderkompressor* ***(se bild)***
- ☐ *Ventilslipningsverktyg*
- ☐ *Kolvringskompressor* ***(se bild)***
- ☐ *Verktyg för demontering/montering av kolvringar*
- ☐ *Honingsverktyg*
- ☐ *Kulledsavdragare*
- ☐ *Spiralfjäderkompressor (där tillämplig)*
- ☐ *Nav/lageravdragare, två/tre ben*
- ☐ *Slagskruvmejsel*
- ☐ *Mikrometer och/eller skjutmått* ***(se bild)***
- ☐ *Indikatorklocka* ***(se bild)***
- ☐ *Stroboskoplampa* ***(se bild)***
- ☐ *Kamvinkelmätare/varvräknare*
- ☐ *Multimeter*
- ☐ *Kompressionsmätare* ***(se bild)***
- ☐ *Handmanövrerad vakuumpump och mätare*
- ☐ *Centreringsverktyg för koppling* ***(se bild)***
- ☐ *Verktyg för demontering av bromsbackarnas fjäderskålar*
- ☐ *Sats för montering/demontering av bussningar och lager*
- ☐ *Bultutdragare* ***(se bild)***
- ☐ *Gängningssats*
- ☐ *Lyftblock*
- ☐ *Garagedomkraft*

Inköp av verktyg

När det gäller inköp av verktyg är det i regel bättre att vända sig till en specialist som har ett större sortiment än t ex tillbehörsbutiker och bensinmackar. Tillbehörsbutiker och andra försöljningsställen kan dock erbjuda utmärkta verktyg till låga priser, så det kan löna sig att söka.

Det finns gott om bra verktyg till låga priser, men se till att verktygen uppfyller grundläggande krav på funktion och säkerhet. Fråga gärna någon kunnig person om råd före inköpet.

Vård och underhåll av verktyg

Efter inköp av ett antal verktyg är det nödvändigt att hålla verktygen rena och i fullgott skick. Efter användning, rengör alltid verktygen innan de läggs undan. Låt dem inte ligga framme sedan de använts. En enkel upphängningsanordning på väggen för t ex skruvmejslar och tänger är en bra idé. Nycklar och hylsor bör förvaras i metalllådor. Mätinstrument av skilda slag ska förvaras på platser där de inte kan komma till skada eller börja rosta.

Lägg ner lite omsorg på de verktyg som används. Hammarhuvuden får märken och skruvmejslar slits i spetsen med tiden. Lite polering med slippapper eller en fil återställer snabbt sådana verktyg till gott skick igen.

Arbetsutrymmen

När man diskuterar verktyg får man inte glömma själva arbetsplatsen. Om mer än rutinunderhåll ska utföras bör man skaffa en lämplig arbetsplats.

Vi är medvetna om att många bilägare/ hemmamekaniker av omständigheterna tvingas att lyfta ur motor eller liknande utan tillgång till garage eller verkstad. Men när detta är gjort ska fortsättningen av arbetet göras inomhus.

Närhelst möjligt ska isärtagning ske på en ren, plan arbetsbänk eller ett bord med passande arbetshöjd.

En arbetsbänk behöver ett skruvstycke. En käftöppning om 100 mm räcker väl till för de flesta arbeten. Som tidigare sagts, ett rent och torrt förvaringsutrymme krävs för verktyg liksom för smörjmedel, rengöringsmedel, bättringslack (som också måste förvaras frostfritt) och liknande.

Ett annat verktyg som kan behövas och som har en mycket bred användning är en elektrisk borrmaskin med en chuckstorlek om minst 8 mm. Denna, tillsammans med en sats spiralborrar, är i praktiken oumbärlig för montering av tillbehör.

Sist, men inte minst, ha alltid ett förråd med gamla tidningar och rena luddfria trasor tillgängliga och håll arbetsplatsen så ren som möjligt.

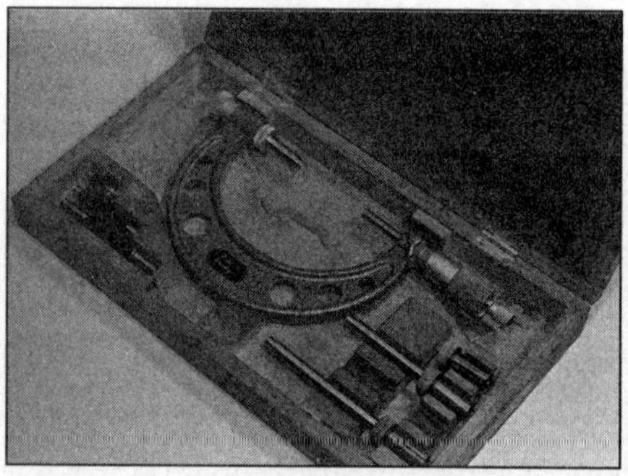

Mikrometerset

Indikatorklocka med magnetstativ

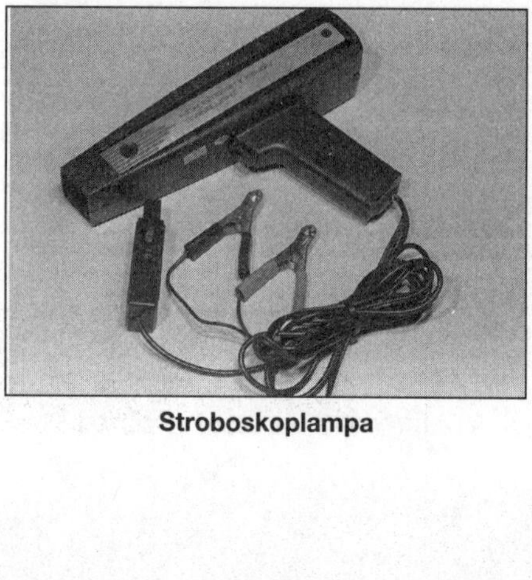

Stroboskoplampa

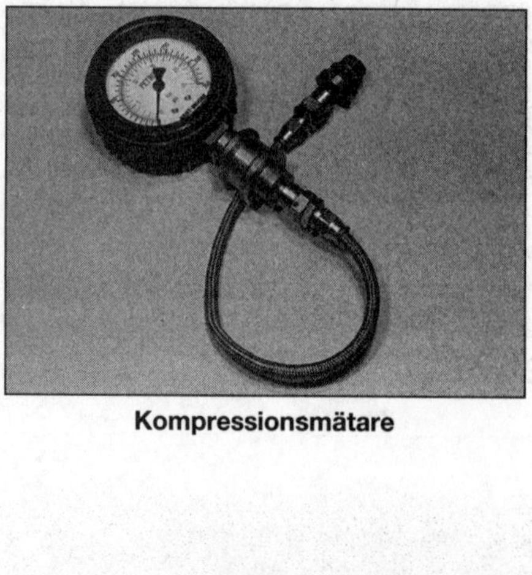

Kompressionsmätare

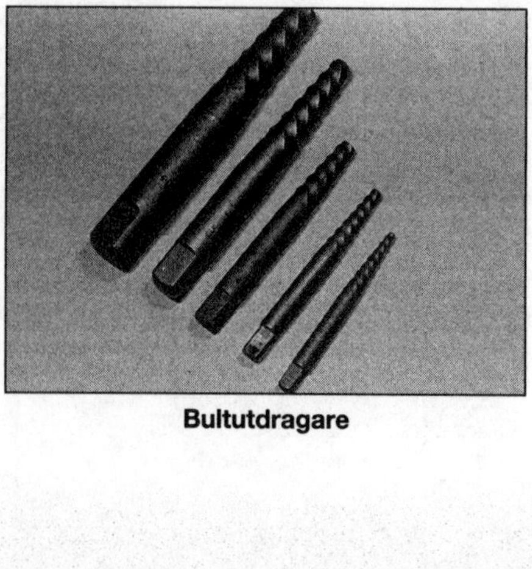

Bultutdragare

Det här avsnittet är till för att hjälpa dig att klara bilbesiktningen. Det är naturligtvis inte möjligt att undersöka ditt fordon lika grundligt som en professionell besiktare, men genom att göra följande kontroller kan du identifiera problemområden och ha en möjlighet att korrigera eventuella fel innan du lämnar bilen till besiktning. Om bilen underhålls och servas regelbundet borde besiktningen inte innebära några större problem.

I besiktningsprogrammet ingår kontroll av nio huvudsystem – stommen, hjulsystemet, drivsystemet, bromssystemet, styrsystemet, karosseriet, kommunikationssystemet, instrumentering och slutligen övriga anordningar (släpvagnskoppling etc).

Kontrollerna som här beskrivs har baserats på Svensk Bilprovnings krav aktuella vid tiden för tryckning. Kraven ändras dock kontinuerligt och särskilt miljöbestämmelserna blir allt strängare.

Kontrollerna har delats in under följande fem rubriker:

1 *Kontroller som utförs från förarsätet*

2 *Kontroller som utförs med bilen på marken*

3 *Kontroller som utförs med bilen upphissad och med fria hjul*

4 *Kontroller på bilens avgassystem*

5 *Körtest*

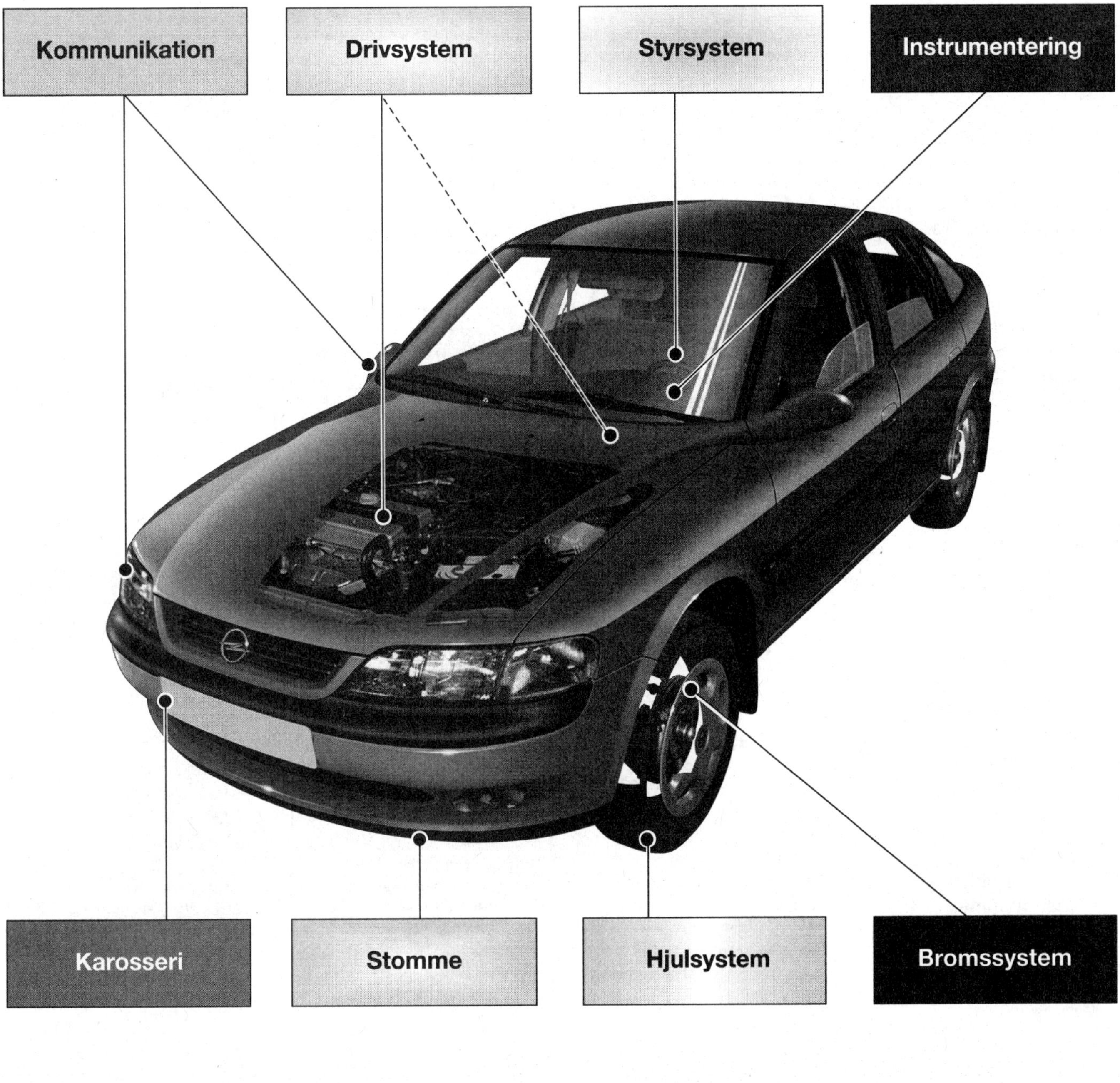

Besiktningsprogrammet

Vanliga personbilar kontrollbesiktigas första gången efter tre år, andra gången två år senare och därefter varje år. Åldern på bilen räknas från det att den tas i bruk, oberoende av årsmodell, och den måste genomgå besiktning inom fem månader.

Tiden på året då fordonet kallas till besiktning bestäms av sista siffran i registreringsnumret, enligt tabellen nedan.

Slutsiffra	Besiktningsperiod
1	*november t.o.m. mars*
2	*december t.o.m. april*
3	*januari t.o.m. maj*
4	*februari t.o.m. juni*
5	*mars t.o.m. juli*
6	*juni t.o.m. oktober*
7	*juli t.o.m. november*
8	*augusti t.o.m. december*
9	*september t.o.m. januari*
0	*oktober t.o.m. februari*

Om fordonet har ändrats, byggts om eller om särskild utrustning har monterats eller demonterats, måste du som fordonsägare göra en registreringsbesiktning inom en månad. I vissa fall räcker det med en begränsad registreringsbesiktning, t.ex. för draganordning, taklucka, taxiutrustning etc.

Efter besiktningen

Nedan visas de system och komponenter som kontrolleras och bedöms av besiktaren på Svensk Bilprovning. Efter besiktningen erhåller du ett protokoll där eventuella anmärkningar noterats.

Har du fått en 2x i protokollet (man kan ha max 3 st 2x) behöver du inte ombesiktiga bilen, men är skyldig att själv åtgärda felet snarast möjligt. Om du inte åtgärdar felen utan återkommer till Svensk Bilprovning året därpå med samma fel, blir dessa automatiskt 2:or som då måste ombesiktigas. Har du en eller flera 2x som ej är åtgärdade och du blir intagen i en flygande besiktning av polisen blir dessa automatiskt 2:or som måste ombesiktigas. I detta läge får du även böta.

Om du har fått en tvåa i protokollet är fordonet alltså inte godkänt. Felet ska åtgärdas och bilen ombesiktigas inom en månad.

En trea innebär att fordonet har så stora brister att det anses mycket trafikfarligt. Körförbud inträder omedelbart.

Kommunikation

- **Vindrutetorkare**
- **Vindrutespolare**
- **Backspegel**
- **Strålkastarinställning**
- **Strålkastare**
- **Signalhorn**
- **Sidoblinkers**
- **Parkeringsljus fram**
  bak
- **Blinkers**
- **Bromsljus**
- **Reflex**
- **Nummerplåts-belysning**
- **Övrigt**

Vanliga anmärkningar:
Felaktig ljusbild
Skadad strålkastare
Ej fungerande parkeringsljus
Ej fungerande bromsljus

Drivsystem

- **Avgasrening, EGR-system**
- **Avgasrening**
- **Bränslesystem**
- **Avgassystem**
- **Avgaser (CO, HC)**
- **Kraftöverföring**
- **Drivknut**
- **Elförsörjning**
- **Batteri**
- **Övrigt**

Vanliga anmärkningar:
Höga halter av CO
Höga halter av HC
Läckage i avgassystemet
Ej fungerande EGR-ventil
Skadade drivknutsdamasker

Styrsystem

- **Styrled**
- **Styrväxel**
- **Hjälpstyrarm**
- **Övrigt**

Vanliga anmärkningar:
Glapp i styrleder
Skadade styrväxeldamasker

Instrumentering

- **Hastighetsmätare**
- **Taxameter**
- **Varningslampor**
- **Övrigt**

Karosseri

- **Dörr**
- **Skärm**
- **Vindruta**
- **Säkerhetsbälten**
- **Lastutrymme**
- **Övrigt**

Vanliga anmärkningar:
Skadad vindruta
Vassa kanter

Stomme

- **Sidobalk**
- **Tvärbalk**
- **Golv**
- **Hjulhus**
- **Övrigt**

Vanliga anmärkningar:
Rostskador i sidobalkar, golv och hjulhus

Hjulsystem

- **Däck**
- **Stötdämpare**
- **Hjullager**
- **Spindelleder**
- **Länkarm fram**
  bak
- **Fjäder**
- **Fjädersäte**
- **Övrigt**

Vanliga anmärkningar:
Glapp i spindelleder
Utslitna däck
Dåliga stötdämpare
Rostskadade fjädersäten
Brustna fjädrar
Rostskadade länkarms-infästningar

Bromssystem

- **Fotbroms fram**
  bak
  rörelseres.
- **Bromsrör**
- **Bromsslang**
- **Handbroms**
- **Övrigt**

Vanliga anmärkningar:
Otillräcklig bromsverkan på handbromsen
Ojämn bromsverkan på fotbromsen
Anliggande bromsar på fotbromsen
Rostskadade bromsrör
Skadade bromsslangar

1 Kontroller som utförs från förarsätet

Handbroms

☐ Kontrollera att handbromsen fungerar ordentligt utan för stort spel i spaken. För stort spel tyder på att bromsen eller bromsvajern är felaktigt justerad.

☐ Kontrollera att handbromsen inte kan läggas ur genom att spaken förs åt sidan. Kontrollera även att handbromsspaken är ordentligt monterad.

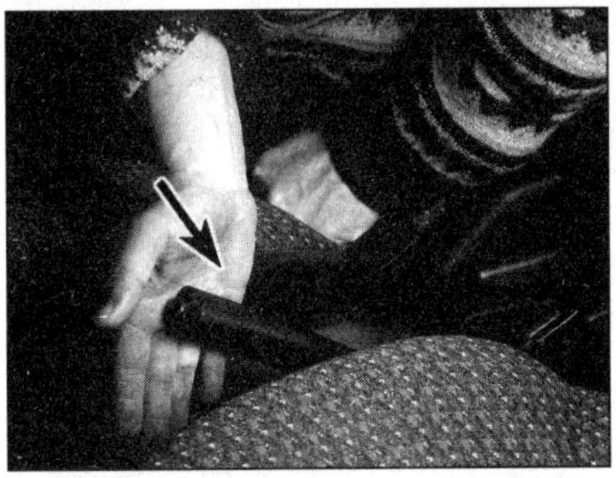

Fotbroms

☐ Tryck ner bromspedalen och kontrollera att den inte sjunker ner mot golvet, vilket tyder på fel på huvudcylindern. Släpp pedalen, vänta ett par sekunder och tryck sedan ner den igen. Om pedalen tar långt ner är det nödvändigt att justera eller reparera bromsarna. Om pedalen känns "svampig" finns det luft i bromssystemet som då måste luftas.

☐ Kontrollera att bromspedalen sitter fast ordentligt och att den är i bra skick. Kontrollera även om det finns tecken på oljeläckage på bromspedalen, golvet eller mattan eftersom det kan betyda att packningen i huvudcylindern är trasig.

☐ Om bilen har bromsservo kontrolleras denna genom att man upprepade gånger trycker ner bromspedalen och sedan startar motorn med pedalen nertryckt. När motorn startar skall pedalen sjunka något. Om inte kan vakuumslangen eller själva servoenheten vara trasig.

Ratt och rattstång

☐ Känn efter att ratten sitter fast. Undersök om det finns några sprickor i ratten eller om några delar på den sitter löst.

☐ Rör på ratten uppåt, neråt och i sidled. Fortsätt att röra på ratten samtidigt som du vrider lite på den från vänster till höger.

☐ Kontrollera att ratten sitter fast ordentligt på rattstången vilket annars kan tyda på slitage eller att fästmuttern sitter löst. Om ratten går att röra onaturligt kan det tyda på att rattstångens bärlager eller kopplingar är slitna.

Rutor och backspeglar

☐ Vindrutan måste vara fri från sprickor och andra skador som kan vara irriterande eller hindra sikten i förarens synfält. Sikten får inte heller hindras av t.ex. ett färgat eller reflekterande skikt. Samma regler gäller även för de främre sidorutorna.

☐ Backspeglarna måste sitta fast ordentligt och vara hela och ställbara.

Säkerhetsbälten och säten

Observera: *Kom ihåg att alla säkerhetsbälten måste kontrolleras - både fram och bak.*

☐ Kontrollera att säkerhetsbältena inte är slitna, fransiga eller trasiga i väven och att alla låsmekanismer och rullmekanismer fungerar obehindrat. Se även till att alla infästningar till säkerhetsbältena sitter säkert.

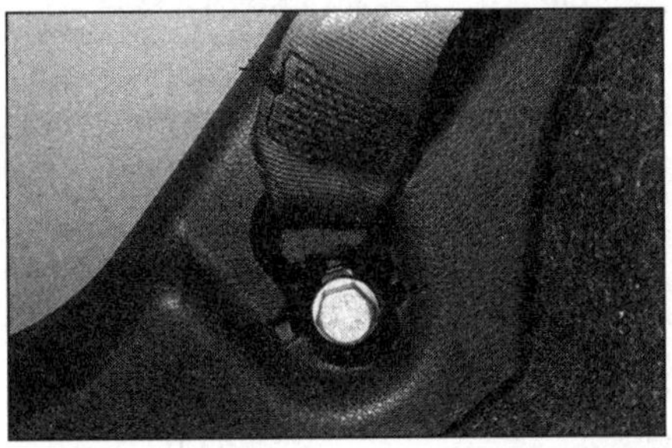

☐ Framsätena måste vara ordentligt fastsatta och om de är fällbara måste de vara låsbara i uppfällt läge.

Dörrar

☐ Framdörrarna måste gå att öppna och stänga från både ut- och insidan och de måste gå ordentligt i lås när de är stängda. Gångjärnen ska sitta säkert och inte glappa eller kärva onormalt.

2 Kontroller som utförs med bilen på marken

Registreringsskyltar

☐ Registreringsskyltarna måste vara väl synliga och lätta att läsa av, d v s om bilen är mycket smutsig kan det ge en anmärkning.

Elektrisk utrustning

☐ Slå på tändningen och kontrollera att signalhornet fungerar och att det avger en jämn ton.

☐ Kontrollera vindrutetorkarna och vindrutespolningen. Svephastigheten får inte vara extremt låg, svepytan får inte vara för liten och torkarnas viloläge ska inte vara inom förarens synfält. Byt ut gamla och skadade torkarblad.

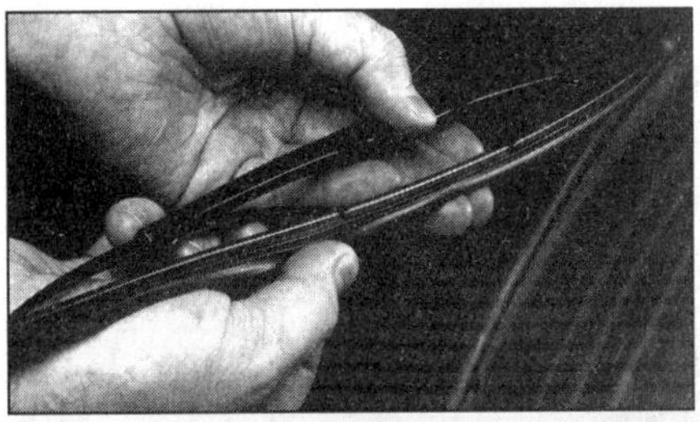

☐ Kontrollera att strålkastarna fungerar och att de är rätt inställda. Reflektorerna får inte vara skadade, lampglasen måste vara hela och lamporna måste vara ordentligt fastsatta. Kontrollera även att bromsljusen fungerar och att det inte krävs högt pedaltryck för att tända dem. (Om du inte har någon medhjälpare kan du kontrollera bromsljusen genom att backa upp bilen mot en garageport, vägg eller liknande reflekterande yta.)

☐ Kontrollera att blinkers och varningsblinkers fungerar och att de blinkar i normal hastighet. Parkeringsljus och bromsljus får inte påverkas av blinkers. Om de påverkas beror detta oftast på jordfel. Se också till att alla övriga lampor på bilen är hela och fungerar som de ska och att t.ex. extraljus inte är placerade så att de skymmer föreskriven belysning.

☐ Se även till att batteri, elledningar, reläer och liknande sitter fast ordentligt och att det inte föreligger någon risk för kortslutning

Fotbroms

☐ Undersök huvudbromscylindern, bromsrören och servoenheten. Leta efter läckage, rost och andra skador.

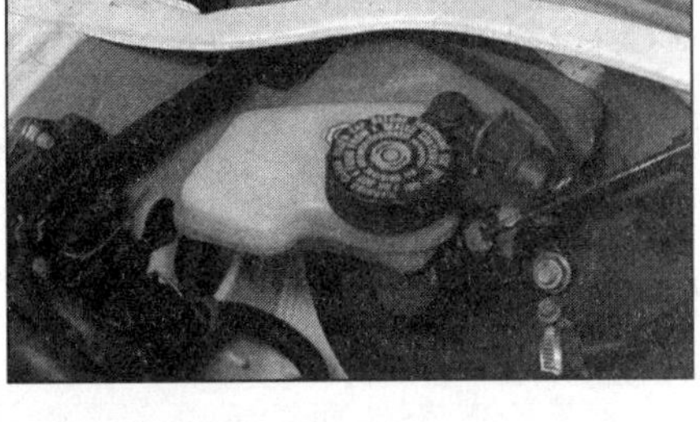

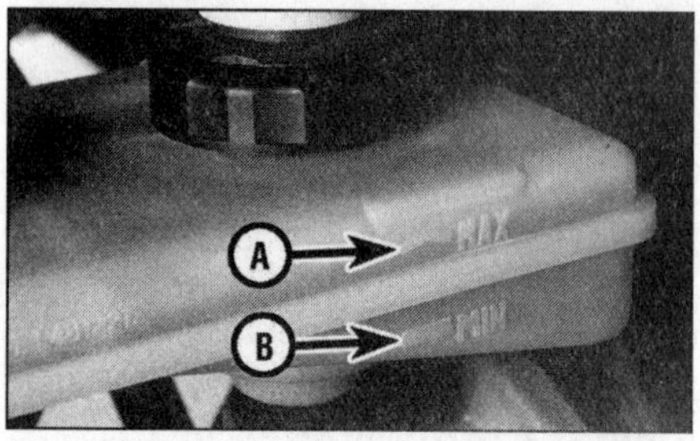

□ Bromsvätskebehållaren måste sitta fast ordentligt och vätskenivån skall vara mellan max- (A) och min- (B) markeringarna.

□ Undersök båda främre bromsslangarna efter sprickor och förslitningar. Vrid på ratten till fullt rattutslag och se till att bromsslangarna inte tar i någon del av styrningen eller upphängningen. Tryck sedan ner bromspedalen och se till att det inte finns några läckor eller blåsor på slangarna under tryck.

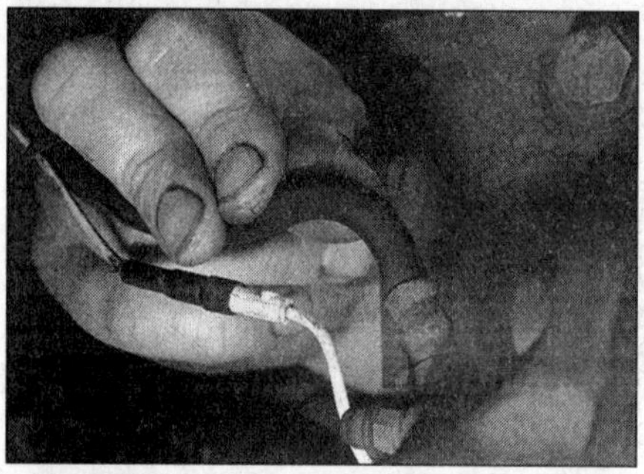

Styrning

□ Be någon vrida på ratten så att hjulen vrids något. Kontrollera att det inte är för stort spel mellan rattutslaget och styrväxeln vilket kan tyda på att rattstångslederna, kopplingen mellan rattstången och styrväxeln eller själva styrväxeln är sliten eller glappar.

□ Vrid sedan ratten kraftfullt åt båda hållen så att hjulen vrids något. Undersök då alla damasker, styrleder, länksystem, rörkopplingar och anslutningar/fästen. Byt ut alla delar som verkar utslitna eller skadade. På bilar med servostyrning skall servopumpen, drivremmen och slangarna kontrolleras.

Stötdämpare

□ Tryck ned hörnen på bilen i tur och ordning och släpp upp. Bilen skall gunga upp och sedan gå tillbaka till ursprungsläget. Om bilen fortsätter att gunga är stötdämparna dåliga. Stötdämpare som kärvar påtagligt gör också att bilen inte klarar besiktningen. (Observera att stötdämpare kan saknas på vissa fjädersystem.)

□ Kontrollera också att bilen står rakt och ungefär i rätt höjd.

Avgassystem

□ Starta motorn medan någon håller en trasa över avgasröret och kontrollera sedan att avgassystemet inte läcker. Reparera eller byt ut de delar som läcker.

Kaross

□ Skador eller korrosion/rost som utgörs av vassa eller i övrigt farliga kanter med risk för personskada medför vanligtvis att bilen måste repareras och ombesiktas. Det får inte heller finnas delar som sitter påtagligt löst.

□ Det är inte tillåtet att ha utskjutande detaljer och anordningar med olämplig utformning eller placering (prydnadsföremål, antennfästen, viltfångare och liknande).

□ Kontrollera att huvlås och säkerhetsspärr fungerar och att gångjärnen inte sitter löst eller på något vis är skadade.

□ Se också till att stänkskydden täcker däckens slitbana i sidled.

3 Kontroller som utförs med bilen upphissad och med fria hjul

Lyft upp både fram- och bakvagnen och ställ bilen på pallbockar. Placera pallbockarna så att de inte tar i fjäderupphängningen. Se till att hjulen inte tar i marken och att de går att vrida till fullt rattutslag. Om du har begränsad utrustning går det naturligtvis bra att lyfta upp en ände i taget.

Styrsystem

□ Be någon vrida på ratten till fullt rattutslag. Kontrollera att alla delar i styrningen går mjukt och att ingen del av styrsystemet tar i någonstans.

□ Undersök kuggstångsdamaskerna så att de inte är skadade eller att metallklämmorna glappar. Om bilen är utrustad med servostyrning ska slangar, rör och kopplingar kontrolleras så att de inte är skadade eller

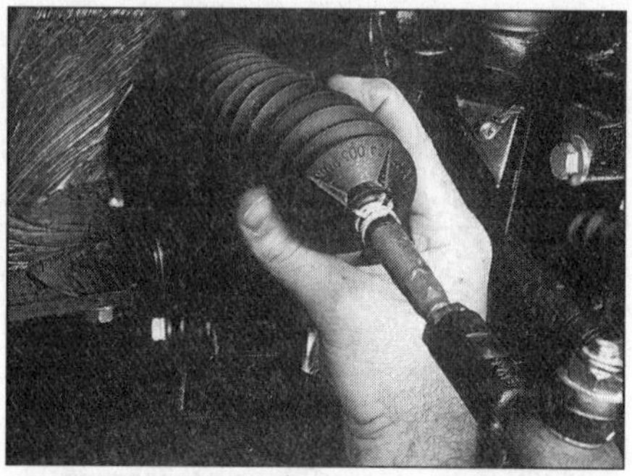

läcker. Kontrollera också att styrningen inte är onormalt trög eller kärvar. Undersök länkarmar, krängningshämmare, styrstag och styrleder och leta efter glapp och rost.

□ Se även till att ingen saxpinne eller liknande låsmekanism saknas och att det inte finns gravrost i närheten av någon av styrmekanismens fästpunkter.

Upphängning och hjullager

□ Börja vid höger framhjul. Ta tag på sidorna av hjulet och skaka det kraftigt. Se till att det inte glappar vid hjullager, spindelleder eller vid upphängningens infästningar och leder.

□ Ta nu tag upptill och nedtill på hjulet och upprepa ovanstående. Snurra på hjulet och undersök hjullagret angående missljud och glapp.

□ Om du misstänker att det är för stort spel vid en komponents led kan man kontrollera detta genom att använda en stor skruvmejsel eller liknande och bända mellan infästningen och komponentens fäste. Detta visar om det är bussningen, fästskruven eller själva infästningen som är sliten (bulthålen kan ofta bli uttänjda).

□ Kontrollera alla fyra hjulen.

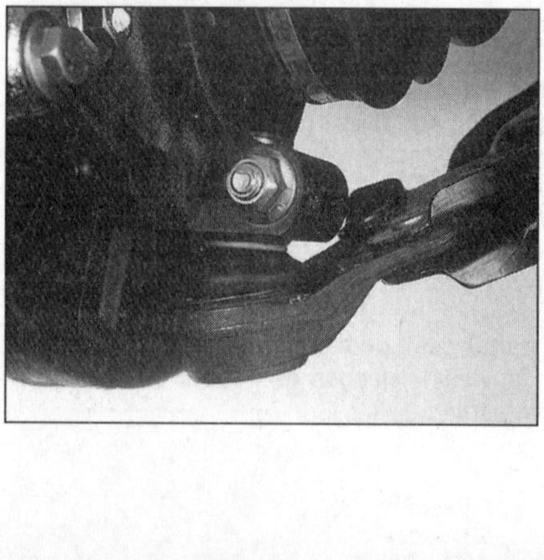

Fjädrar och stötdämpare

□ Undersök fjäderbenen (där så är tillämpligt) angående större läckor, korrosion eller skador i godset. Kontrollera också att fästena sitter säkert.

□ Om bilen har spiralfjädrar, kontrollera att dessa sitter korrekt i fjädersätena och att de inte är utmattade, rostiga, spruckna eller av.

□ Om bilen har bladfjädrar, kontrollera att alla bladen är hela, att axeln är ordentligt fastsatt mot fjädrarna och att fjäderöglorna, bussningarna och upphängningarna inte är slitna.

□ Liknande kontroll utförs på bilar som har annan typ av upphängning såsom torsionfjädrar, hydraulisk fjädring etc. Se till att alla infästningar och anslutningar är säkra och inte utslitna, rostiga eller skadade och att den hydrauliska fjädringen inte läcker olja eller på annat sätt är skadad.

□ Kontrollera att stötdämparna inte läcker och att de är hela och oskadade i övrigt samt se till att bussningar och fästen inte är utslitna.

Drivning

□ Snurra på varje hjul i tur och ordning. Kontrollera att driv-/kardanknutar inte är lösa, glappa, spruckna eller skadade. Kontrollera också att skyddsbälgarna är intakta och att driv-/kardanaxlar är ordentligt fastsatta, raka och oskadade. Se även till att inga andra detaljer i kraftöverföringen är glappa, lösa, skadade eller slitna.

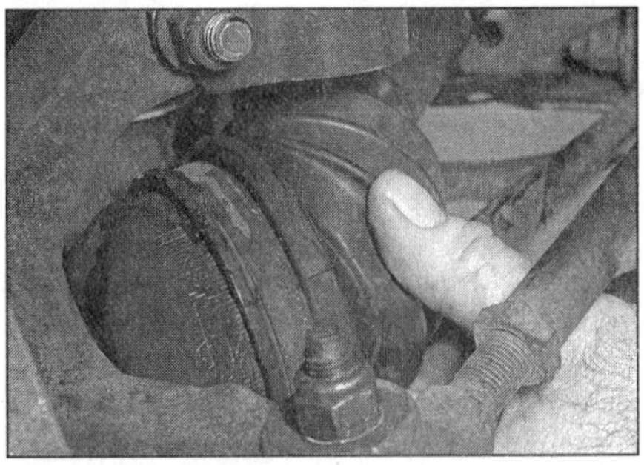

Bromssystem

□ Om det är möjligt utan isärtagning, kontrollera hur bromsklossar och bromsskivor ser ut. Se till att friktionsmaterialet på bromsbeläggen (A) inte är slitet under 2 mm och att broms-skivorna (B) inte är spruckna, gropiga, repiga eller utslitna.

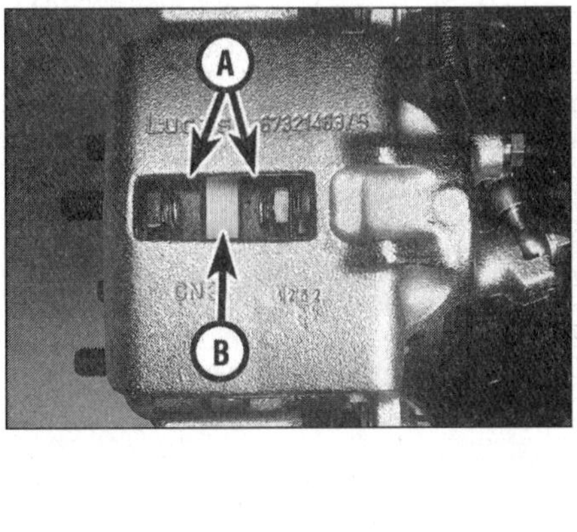

□ Undersök alla bromsrör under bilen och bromsslangarna bak. Leta efter rost, skavning och övriga skador på ledningarna och efter tecken på blåsor under tryck, skavning, sprickor och förslitning på slangarna. (Det kan vara enklare att upptäcka eventuella sprickor på en slang om den böjs något.)

□ Leta efter tecken på läckage vid bromsoken och på bromssköldarna. Reparera eller byt ut delar som läcker.

□ Snurra sakta på varje hjul medan någon trycker ned och släpper upp bromspedalen. Se till att bromsen fungerar och inte ligger an när pedalen inte är nedtryckt.

□ Undersök handbromsmekanismen och kontrollera att vajern inte har fransat sig, är av eller väldigt rostig eller att länksystemet är utslitet eller glappar. Se till att handbromsen fungerar på båda hjulen och inte ligger an när den läggs ur.

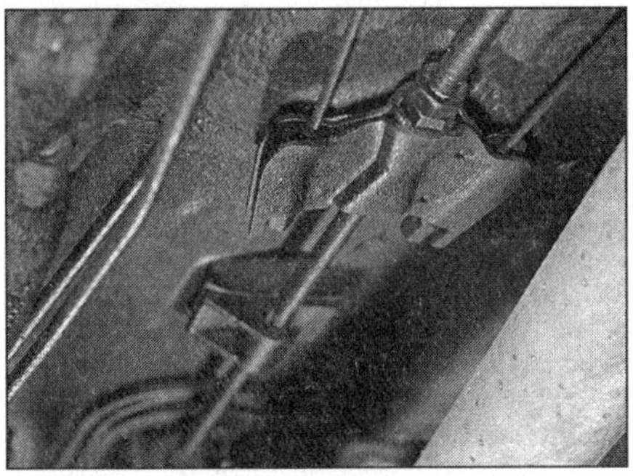

□ Det är inte möjligt att prova bromsverkan utan specialutrustning, men man kan göra ett körtest och prova att bilen inte drar åt något håll vid en kraftig inbromsning.

Bränsle- och avgassystem

□ Undersök bränsletanken (inklusive tanklock och påfyllningshals), fastsättning, bränsleledningar, slangar och anslutningar. Alla delar måste sitta fast ordentligt och får inte läcka.

□ Granska avgassystemet i hela dess längd beträffande skadade, avbrutna eller saknade upphängningar. Kontrollera systemets skick beträffande rost och se till att rörklämmorna är säkert monterade. Svarta sotavlagringar på avgassystemet tyder på ett annalkande läckage.

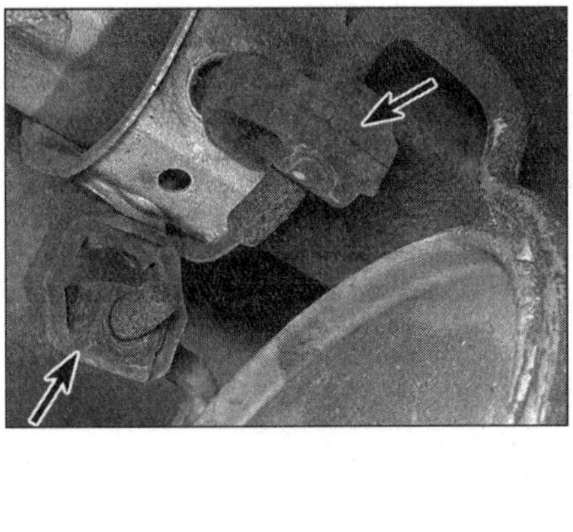

Hjul och däck

□ Undersök i tur och ordning däcksidorna och slitbanorna på alla däcken. Kontrollera att det inte finns några skärskador, revor eller bulor och att korden inte syns p g a utslitning eller skador. Kontrollera att däcket är korrekt monterat på fälgen och att hjulet inte är deformerat eller skadat.

□ Se till att det är rätt storlek på däcken för bilen, att det är samma storlek och däcktyp på samma axel och att det är rätt lufttryck i däcken. Se också till att inte ha dubbade och odubbade däck blandat. (Dubbade däck får användas under vinterhalvåret, från 1 oktober till första måndagen efter påsk.)

□ Kontrollera mönsterdjupet på däcken – minsta tillåtna mönsterdjup är 1,6 mm. Onormalt däckslitage kan tyda på felaktig framhjulsinställning.

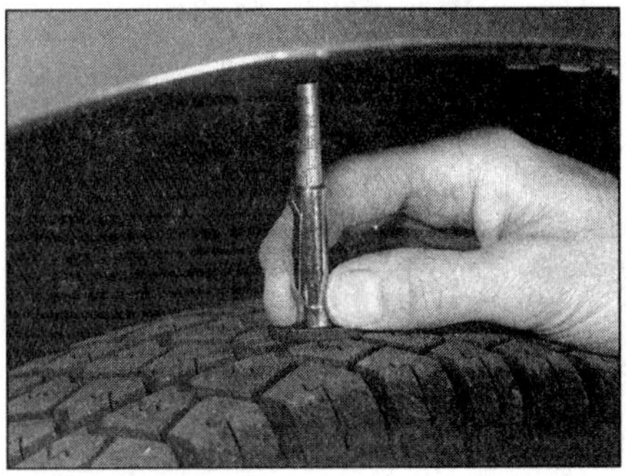

Korrosion

□ Undersök alla bilens bärande delar efter rost. (Bärande delar innefattar underrede, tröskellådor, tvärbalkar, stolpar och all upphängning, styrsystemet, bromssystemet samt bältesinfästningarna.) Rost som avsevärt har reducerat tjockleken på en bärande yta medför troligtvis en tvåa i besiktningsprotokollet. Sådana skador kan ofta vara svåra att reparera själv.

□ Var extra noga med att kontrollera att inte rost har gjort det möjligt för avgaser att tränga in i kupén. Om så är fallet kommer fordonet ovillkorligen inte att klara besiktningen och dessutom utgör det en stor trafik- och hälsofara för dig och dina passagerare.

4 Kontroller som utförs på bilens avgassystem

Bensindrivna modeller

□ Starta motorn och låt den bli varm. Se till att tändningen är rätt inställd, att luftfiltret är rent och att motorn går bra i övrigt.

□ Varva först upp motorn till ca 2500 varv/min och håll den där i ca 20 sekunder. Låt den sedan gå ner till tomgång och iaktta avgasutsläppen från avgasröret. Om tomgången är onaturligt hög eller om tät blå eller klart synlig svart rök kommer ut med avgaserna i mer än 5 sekunder så kommer bilen antagligen inte att klara besiktningen. I regel tyder blå rök på att motorn är sliten och förbränner olja medan svart rök tyder på att motorn inte förbränner bränslet ordentligt (smutsigt luftfilter eller annat förgasar- eller bränslesystemfel).

□ Vad som då behövs är ett instrument som kan mäta koloxid (CO) och kolväten (HC). Om du inte har möjlighet att låna eller hyra ett dylikt instrument kan du få hjälp med det på en verkstad för en mindre kostnad.

CO- och HC-utsläpp

□ För närvarande är högsta tillåtna gränsvärde för CO- och HC-utsläpp för bilar av årsmodell 1989 och senare (d v s bilar med katalysator enligt lag) 0,5% CO och 100 ppm HC.

På tidigare årsmodeller testas endast CO-halten och följande gränsvärden gäller:

årsmodell 1985-88	3,5% CO
årsmodell 1971-84	4,5% CO
årsmodell -1970	5,5% CO.

Bilar av årsmodell 1987-88 med frivilligt monterad katalysator bedöms enligt 1989 års komponentkrav men 1985 års utsläppskrav.

□ Om CO-halten inte kan reduceras tillräckligt för att klara besiktningen (och bränsle- och tändningssystemet är i bra skick i övrigt) ligger problemet antagligen hos förgasaren/bränsleinsprutningsystemet eller katalysatorn (om monterad).

□ Höga halter av HC kan orsakas av att motorn förbränner olja men troligare är att motorn inte förbränner bränslet ordentligt.

Dieseldrivna modeller

□ Det enda testet för avgasutsläpp på dieseldrivna bilar är att man mäter röktätheten. Testet innebär att man varvar motorn kraftigt upprepade gånger.

Observera: *Det är oerhört viktigt att motorn är rätt inställd innan provet genomförs.*

□ Mycket rök kan orsakas av ett smutsigt luftfilter. Om luftfiltret inte är smutsigt men bilen ändå avger mycket rök kan det vara nödvändigt att söka experthjälp för att hitta orsaken.

5 Körtest

□ Slutligen, provkör bilen. Var extra uppmärksam på eventuella missljud, vibrationer och liknande.

□ Om bilen har automatväxellåda, kontrollera att den endast går att starta i lägena P och N. Om bilen går att starta i andra växellägen måste växelväljarmekanismen justeras.

□ Kontrollera också att hastighetsmätaren fungerar och inte är missvisande.

□ Se till att ingen extrautrustning i kupén, t ex biltelefon och liknande, är placerad så att den vid en eventuell kollision innebär ökad risk för personskada.

□ Gör en hastig inbromsning och kontrollera att bilen inte drar åt något håll. Om kraftiga vibrationer känns vid inbromsning kan det tyda på att bromsskivorna är skeva och bör bytas eller fräsas om. (Inte att förväxlas med de låsningsfria bromsarnas karakteristiska vibrationer.)

□ Om vibrationer känns vid acceleration, hastighetsminskning, vid vissa hastigheter eller hela tiden, kan det tyda på att drivknutar eller drivaxlar är slitna eller defekta, att hjulen eller däcken är felaktiga eller skadade, att hjulen är obalanserade eller att styrleder, upphängningens leder, bussningar eller andra komponenter är slitna.

Motor

- ☐ Motorn går inte runt vid startförsök
- ☐ Motorn går runt men startar inte
- ☐ Motorn är svårstartad när den är kall
- ☐ Motorn är svårstartad när den är varm
- ☐ Startmotorn ger ifrån sig missljud eller kärvar
- ☐ Motorn startar men stannar omedelbart
- ☐ Ojämn tomgång
- ☐ Feltändning vid tomgång
- ☐ Feltändning vid alla varvtal
- ☐ Motorn tvekar vid acceleration
- ☐ Motorstopp
- ☐ Kraftlöshet
- ☐ Baktändning
- ☐ Oljetryckslampan lyser när motorn är igång
- ☐ Glödtändning
- ☐ Oljud från motorn

Kylsystem

- ☐ Överhettning
- ☐ Överkylning
- ☐ Yttre kylvätskeläckage
- ☐ Inre kylvätskeläckage
- ☐ Korrosion

Bränsle- och avgassystem

- ☐ Överdriven bränsleförbrukning
- ☐ Bränsleläckage och/eller bränslelukt
- ☐ Överdriven ljudnivå eller för mycket gaser från avgassystemet

Koppling

- ☐ Pedalen går i golvet – inget eller mycket litet motstånd
- ☐ Kopplingen frikopplar inte (det går inte att lägga i växlar)
- ☐ Kopplingen slirar (motorvarvet ökar men inte bilens hastighet)
- ☐ Vibrationer vid frikoppling
- ☐ Oljud när pedalen trycks ned eller släpps upp

Manuell växellåda

- ☐ Oljud i neutralläge när motorn går
- ☐ Oljud när en speciell växel är ilagd
- ☐ Svårigheter att lägga i växlar
- ☐ Växlar hoppar ur
- ☐ Vibration
- ☐ Smörjmedelsläckage

Automatväxellåda

- ☐ Vätskeläckage
- ☐ Växellådsoljan är brun eller luktar bränt
- ☐ Motorn startar inte i någon växel, eller startar i andra lägen än Park eller Neutral
- ☐ Allmänna problem med att lägga i växlar
- ☐ Växellådan växlar inte ner (kickdown) när gaspedalen trampas ned helt
- ☐ Växellådan slirar, växlar ojämnt, låter illa eller driver inte i framåt- eller backväxel

Drivaxlar

- ☐ Vibration vid acceleration eller retardation
- ☐ Klickande eller knackande ljud vid kurvtagning (i låg hastighet med fullt rattutslag)

Bromssystem

- ☐ Bilen drar åt ena hållet vid inbromsning
- ☐ Oljud (slipande eller högt gnisslande) vid inbromsning
- ☐ Överdrivet lång pedalväg
- ☐ Bromspedalen känns svampig vid nedtrampning
- ☐ Överdriven pedalkraft krävs för att stanna bilen
- ☐ Vibrationer känns genom bromspedalen eller ratten vid inbromsning
- ☐ Pedalen pulserar vid hård inbromsning
- ☐ Bromsarna kärvar
- ☐ Bakhjulen låser under normal inbromsning

Styrning och fjädring

- ☐ Bilen drar åt ena sidan
- ☐ Hjulen wobblar och vibrerar
- ☐ Överdrivna krängningar och/eller nigningar vid kurvtagning eller inbromsning
- ☐ Bilen vandrar på vägen eller är allmänt instabil
- ☐ Överdrivet trög styrning
- ☐ Stort glapp i styrningen
- ☐ Bristande servoeffekt
- ☐ Överdrivet däckslitage

Elsystem

- ☐ Batteriet håller laddningen endast några dagar
- ☐ Laddningslampan fortsätter lysa när motorn går
- ☐ Laddningslampan tänds inte
- ☐ Lysen fungerar inte
- ☐ Instrumentavläsningarna är ojämna eller felaktiga
- ☐ Signalhornet fungerar dåligt eller inte alls
- ☐ Vindrute-/bakrutetorkare fungerar dåligt eller inte alls
- ☐ Vindrute-/bakrutespolare fungerar dåligt eller inte alls
- ☐ Elfönsterhissar fungerar dåligt eller inte alls
- ☐ Centrallåssystemet fungerar dåligt eller inte alls

Inledning

Den fordonsägare som underhåller sin bil med rekommenderad regelbundenhet kommer inte att behöva använda den här delen av handboken ofta. Moderna komponenter är mycket pålitliga och om de delar som utsätts för slitage eller åldrande undersöks eller byts ut vid specificerade intervall, inträffar plötsliga haverier mycket sällan. Fel uppstår i regel inte plötsligt utan utvecklas under en längre tid. Större mekaniska haverier föregås ofta av tydliga symptom under hundratals eller rent av tusentals kilometer. De komponenter som då och då går sönder är ofta små och enkla att ha med sig i bilen.

All felsökning måste börja med att man avgör var undersökningen skall inledas. Ibland är detta självklart, men andra gånger krävs lite detektivarbete. En bilägare som gör ett halvdussin slumpmässiga justeringar och komponentbyten kanske lyckas åtgärda felet (eller undanröja symptomen), men om problemet uppstår igen vet hon/han ändå inte var felet sitter och måste spendera mer tid och pengar vad som är nödvändigt för att åtgärda det. Ett lugnt och metodiskt tillvägagångssätt är bättre i det långa loppet. Ta alltid hänsyn till varningstecken och sådant som verkat onormalt före haveriet, som kraftförlust, höga/låga mätaravläsningar eller ovanliga lukter – och kom ihåg att trasiga säkringar och tändstift kanske bara är symptom på underliggande fel.

Följande sidor fungerar som en enkel guide

till de vanligaste problem som kan uppstå med bilen. Problemen och deras möjliga orsaker grupperas under rubriker för olika komponenter eller system, som Motor, Kylsystem etc. Det kapitel som behandlar problemet visa sinom parentes. Vissa grundläggande principer gäller för alla fel, de är:

Bekräfta felet. Detta innebär helt enkelt att se till att symptomen är kända innan arbetet påbörjas. Detta är särskilt viktigt om ett fel undersöks för någon annans räkning, denne har kanske inte beskrivit problemet korrekt.

Förbise inte det självklara. Om bilen t.ex. inte startar, finns det verkligen bränsle i tanken? (Ta inte någon annans ord för givet och lita inte heller på bränslemätaren). Om ett elektriskt fel misstänks, leta efter lösa kontakter och trasiga ledningar innan testutrustningen plockas fram.

Åtgärda felet, undanröj inte bara symptomen. Att byta ut ett urladdat batteri mot ett fulladdat tar dig från vägkanten, men om orsaken inte åtgärdas kommer även det nya batteriet snart att vara urladdat. Byts nedoljade tändstift ut mot nya rullar bilen visserligen vidare, men orsaken till nedsmutsningen måste fortfarande fastställas och åtgärdas (om det inte helt enkelt berodde på att tändstiften hade fel värmetal).

Ta inte någonting för givet. Glöm inte att även nya delar kan vara defekta (särskilt om de har skakat runt i bagageutrymmet i flera månader). Utelämna inte några komponenter vid en felsökning bara för att de är nya eller nymonterade. När du slutligen påträffar ett svårhittat fel kommer du troligen att inse att många ledtrådar fanns där redan från början.

Motor

Motorn går inte runt vid startförsök

- ☐ Batterianslutningar lösa eller korroderade (se *"Veckokontroller"*).
- ☐ Batteriet urladdat eller defekt (Kapitel 5A).
- ☐ Trasiga, glappe eller lösa kablar i startkretsen (kapitel 5A).
- ☐ Defekt startmotorsolenoid eller kontakt (kapitel 5A).
- ☐ Defekt startmotor (kapitel 5A).
- ☐ Lösa eller trasiga kuggar på startmotorpinjongen eller svänghjulets startkrans (kapitel 2 och 5A).
- ☐ Motorns jordfläta trasig eller lös (kapitel 5A).

Motorn går runt men startar inte

- ☐ Tom bränsletank
- ☐ Batteriet urladdat (motorn går runt långsamt) (kapitel 5A).
- ☐ Batterianslutningar lösa eller korroderade (se *"Veckokontroller"*).
- ☐ Tändningens komponenter fuktiga eller skadade – bensinmotorer (kapitel 1A och 5B).
- ☐ Trasiga, glappa eller lösa kablar i startkretsen (kapitel 1A och 5B).
- ☐ Slitna eller felaktiga tändstift eller fel elektrodgap – bensinmotorer (kapitel 1A).
- ☐ Förvärmningssystemet defekt – dieselmotorer (kapitel 5C).
- ☐ Bränsleinsprutningssystemet defekt – bensinmotorer (kapitel 4A).
- ☐ Stoppsolenoid defekt – dieselmotorer (kapitel 4B).
- ☐ Luft i bränslesystemet – dieselmotorer (kapitel 4B).
- ☐ Större mekaniskt fel (t.ex. trasig kamkedja) (kapitel 2).

Motorn är svårstartad när den är kall

- ☐ Batteriet urladdat (kapitel 5A).
- ☐ Batterianslutningarna lösa eller korroderade (se *"Veckokontroller"*).
- ☐ Slitna eller felaktiga tändstift eller fel elektrodgap – bensinmotorer (kapitel 1A).
- ☐ Förvärmningssystemet defekt – dieselmotorer (kapitel 5C).
- ☐ Bränsleinsprutningssystemet defekt – bensinmotorer (kapitel 4A).
- ☐ Annat tändsystemsfel – bensinmotorer (kapitel 1A och 5B).
- ☐ Låg cylinderkompression (kapitel 2).

Motorn är svårstartad när den är varm

- ☐ Luftfiltret smutsigt eller igensatt (kapitel 1).
- ☐ Bränsleinsprutningssystemet defekt – bensinmotorer (kapitel 4A).
- ☐ Låg cylinderkompression (kapitel 2).

Startmotorn ger i från sig missljud eller kärvar

- ☐ Lösa eller trasiga kuggar på startpinjongen eller svänghjulets startkrans (kapitel 2 och 5A).
- ☐ Startmotorns fästbultar sitter löst eller saknas (kapitel 5A).
- ☐ Startmotorns inre komponenter slitna eller skadade (kapitel 5A).

Motorn startar men stannar omedelbart

- ☐ Lösa eller defekta elektriska anslutningar i tändningskretsen – bensinmotorer (kapitel 1A och 5B).
- ☐ Vakuumläcka vid gasspjällhuset eller insugsgrenröret – bensinmotorer (kapitel 4A).
- ☐ Blockerad insprutare/fel i insprutningssystemet – bensinmotorer (kapitel 4A).

Ojämn tomgång

- ☐ Luftfiltret igensatt (kapitel 1).
- ☐ Vakuumläcka vid gasspjällhuset, insugsgrenröret eller tillhörande slangar – bensinmotorer (kapitel 4A).
- ☐ Slitna eller defekta tändstift eller fel elektrodgap – bensinmotorer (kapitel 1A).
- ☐ Ojämn eller låg cylinderkompression (kapitel 2).
- ☐ Kamloberna slitna (kapitel 2).
- ☐ Kamrem/-kedja felaktigt monterad (kapitel 2).
- ☐ Blockerad insprutare/fel i bränsleinsprutningssystem – bensinmotorer (kapitel 4A).
- ☐ Defekt(a) insprutare – dieselmotorer (kapitel 4B).

Feltändning vid tomgång

- ☐ Slitna eller defekta tändstift eller fel elektrodavstånd – bensinmotorer (kapitel 1A).
- ☐ Defekta tändkablar – bensinmotorer (kapitel 1A).
- ☐ Vakuumläcka vid gasspjällhuset, insugsgrenröret eller tillhörande slangar – bensinmotorer (kapitel 4A).
- ☐ Blockerad insprutare/fel i insprutningssystem – bensinmotorer (kapitel 4A).
- ☐ Defekt(a) insprutare – dieselmotorer (kapitel 4B).
- ☐ Ojämn eller låg cylinderkompression (kapitel 2).
- ☐ Lösa, läckande eller försämrade vevhusventilationsslangar (kapitel 4C).

Motor (forts)

Feltändning vid alla varvtal

- ☐ Bränslefiltret igensatt (kapitel 1).
- ☐ Bränslepumpen defekt eller matningstrycket lågt – bensinmotorer (kapitel 4A).
- ☐ Bränsletankens ventilation igensatt eller bränslerören igensatta (kapitel 4).
- ☐ Vakuumläcka vid gasspjällhuset, insugsgrenröret eller tillhörande slangar – bensinmotorer (kapitel 4A).
- ☐ Slitna eller defekta tändstift eller inkorrekt elektrodavstånd (kapitel 1A).
- ☐ Defekta tändkablar – bensinmotorer (kapitel 1A).
- ☐ Defekt(a) insprutare – dieselmotorer (kapitel 4B).
- ☐ Defekt tändspole – bensinmotorer (kapitel 5B).
- ☐ Ojämn eller låg cylinderkompression (kapitel 2).
- ☐ Blockerad insprutare/fel i insprutningssystemet (kapitel 4A).

Motorn tvekar vid acceleration

- ☐ Slitna eller defekta tändstift eller inkorrekt elektrodgap – bensinmotorer (kapitel 1A).
- ☐ Vakuumläcka vid gasspjällhuset eller insugsgrenröret eller tillhörande slangar – bensinmotorer (kapitel 4A).
- ☐ Blockerad insprutare/fel i insprutningssystemet – bensinmotorer (kapitel 4A).
- ☐ Defekt(a) insprutare – dieselmotorer (kapitel 4B).

Motorstopp

- ☐ Vakuumläcka vid gasspjällhuset eller insugsgrenröret eller tillhörande slangar – bensinmotorer (kapitel 4A).
- ☐ Bränslefiltret igensatt (kapitel 1).
- ☐ Bränslepumpen defekt eller matningstrycket lågt – bensinmotorer (kapitel 4A).
- ☐ Bränsletankens ventilation blockerad eller bränslerör igensatta (kapitel 4).
- ☐ Blockerad insprutare/fel i insprutningssystemet – bensinmotorer (kapitel 4A).
- ☐ Defekt(a) insprutare – dieselmotorer (kapitel 4B).

Kraftlöshet

- ☐ Kamrem/-kedja felaktigt monterad eller spänd (kapitel 2).
- ☐ Bränslefiltret igensatt (kapitel 1).
- ☐ Bränslepumpen defekt eller matningstrycket lågt – bensinmotorer (kapitel 4A).
- ☐ Ojämn eller låg cylinderkompression (kapitel 2).
- ☐ Slitna eller defekta tändstift eller inkorrekt elektrodgap (kapitel 1A).
- ☐ Vakuumläcka vid gasspjällhuset, insugsgrenröret eller tillhörande slangar – bensinmotorer (kapitel 4A).
- ☐ Blockerad insprutare/fel i insprutningssystemet – bensinmotorer (kapitel 4A).
- ☐ Defekt(a) insprutare – dieselmotorer (kapitel 4B).
- ☐ Insprutningspumpens inställning felaktig – dieselmotorer (kapitel 4B).
- ☐ Bromsarna kärvar (kapitel 1 och 9).
- ☐ Kopplingen slirar (kapitel 6).

Baktändning

- ☐ Kamremmen/-kedjan felaktigt monterad eller spänd (kapitel 2).
- ☐ Vakuumläcka vid gasspjällhuset, insugsgrenröret eller tillhörande slangar – bensinmotorer (kapitel 4A).
- ☐ Blockerad insprutare/fel i insprutningssystemet – bensinmotorer (kapitel 4A).

Oljetryckslampan lyser när motorn är igång

- ☐ Låg oljenivå eller fel typ av olja (*"Veckokontroller"*).
- ☐ Defekt oljetrycksgivare (kapitel 5A).
- ☐ Slitna motorlager och/eller sliten oljepump (kapitel 2).
- ☐ Hög arbetstemperatur (kapitel 3).
- ☐ Oljeövertrycksventil defekt (kapitel 2).
- ☐ Oljeupptagningssilen igensatt (kapitel 2).

Glödtändning

- ☐ Sotavlagringar i motorn (kapitel 2).
- ☐ Hög arbetstemperatur (kapitel 3).
- ☐ Bränsleinsprutningssystemet defekt – bensinmotorer (kapitel 4A).
- ☐ Defekt stoppsolenoid – dieselmotorer (kapitel 4B).

Oljud från motorn

Förtändning (spikning) eller knackande under acceleration eller under belastning

- ☐ Tändinställningen inkorrekt/fel i tändsystemet – bensinmotorer (kapitel 1A och 5B).
- ☐ Fel typ av tändstift – bensinmotorer (kapitel 1A).
- ☐ Fel typ av bränsle (kapitel 4).
- ☐ Vakuumläcka vid gasspjällhuset, insugsgrenröret eller tillhörande slangar – bensinmotorer (kapitel 4A).
- ☐ Sotavlagringar i motorn (kapitel 2).
- ☐ Blockerad insprutare/fel i insprutningssystemet – bensinmotorer (kapitel 4A).

Visslande eller väsande ljud

- ☐ Läckande insugsgrenrörspackning eller packning i fog mellan rör och grenrör (kapitel 4A).
- ☐ Läckande avgasgrenrörspackning eller packning mellan rör och grenrör (kapitel 4).
- ☐ Läckande vakuumslang (kapitel 4, 5 och 9).
- ☐ Trasig topplockspackning (kapitel 2).

Knackande eller skallrande ljud

- ☐ Sliten ventilreglering eller kamaxel (kapitel 2).
- ☐ Fel i hjälpaggregat (kylarvätskepump, generator etc.) (kapitel 3, 5, etc.).

Dunkande eller slag

- ☐ Slitna storändslager (regelbundna hårda slag, eventuellt mindre under belastning) (kapitel 2).
- ☐ Slitna ramlager (mullrande och knackningar, eventuellt värre under belastning) (kapitel 2).
- ☐ Kolvslammer (hörs mest när motorn är kall) (kapitel 2).
- ☐ Fel i hjälpaggregat (kylarvätskepump, generator etc.) (kapitel 3, 5, etc.).

Kylsystem

Överhettning

- ☐ För lite kylarvätska i systemet (*"Veckokontroller"*).
- ☐ Termostaten defekt (kapitel 3).
- ☐ Kylarelementet blockerat eller grillen igensatt (kapitel 3).
- ☐ Elektrisk kylfläkt eller termostatkontakt defekt (kapitel 3).
- ☐ Temperaturmätarens givare defekt (kapitel 3).
- ☐ Luftlås i kylsystemet (kapitel 3).
- ☐ Expansionskärlets trycklock defekt (kapitel 3).

Överkylning

- ☐ Termostaten defekt (kapitel 3).
- ☐ Temperaturmätarens givare defekt (kapitel 3).

Yttre kylvätskeläckage

- ☐ Försämrade eller skadade slangar eller slangklämmor (kapitel 1).
- ☐ Kylarelementet eller värmepaketet läcker (kapitel 3).
- ☐ Expansionskärlets trycklock defekt (kapitel 3).
- ☐ Kylvätskepumpens inre tätning läcker (kapitel 3).
- ☐ Tätning mellan kylvätskepump och motorblock läcker (kapitel 3).
- ☐ Motorn kokar på grund av överhettning (kapitel 3).
- ☐ Läckande frostplugg (kapitel 2).

Inre kylvätskeläckage

- ☐ Läckande topplockspackning (kapitel 2).
- ☐ Sprucket topplock eller motorblock (kapitel 2).

Korrosion

- ☐ Systemet har inte tappats av och spolats tillräckligt ofta (kapitel 1).
- ☐ Inkorrekt kylarvätskeblandning eller fel typ av kylarvätska (se *"Veckokontroller"*).

Bränsle- och avgassystem

Överdriven bränsleförbrukning

- ☐ Luftfiltret smutsigt eller igensatt (kapitel 1).
- ☐ Bränsleinsprutningssystemet defekt – bensinmotorer (kapitel 4A).
- ☐ Defekt(a) insprutare – dieselmotorer (kapitel 4B).
- ☐ Tändinställningen inkorrekt/fel i tändsystemet – bensinmotorer (kapitel 1A och 5B).
- ☐ För lågt lufttryck i däcken (se *"Veckokontroller"*).

Bränsleläckage och/eller bränslelukt

- ☐ Skadad eller korroderad bränsletank, rör eller anslutningar (kapitel 4).

Överdriven ljudnivå eller mycket gaser från avgassystemet

- ☐ Läckande fogar i avgassystem eller grenrör (kapitel 1 och 4).
- ☐ Läckande, korroderade eller skadade rör eller ljuddämpare (kapitel 1 och 4).
- ☐ Trasiga fästen vilket orsakar kontakt med kaross eller fjädring (kapitel 1).

Koppling

Pedalen går i golvet – inget eller mycket litet motstånd

- ☐ Luft i hydraulsystemet/defekt huvud- eller slavcylinder (kapitel 6).
- ☐ Defekt urtrampningssystem (kapitel 6).
- ☐ Kopplingens urtrampningslager eller -arm skadad (kapitel 6).
- ☐ Trasig membranfjäder i tryckplattan (kapitel 6).

Kopplingen frikopplar inte (det går inte att lägga i växlar)

- ☐ Luft i hydraulsystemet/defekt huvud- eller slavcylinder (kapitel 6).
- ☐ Defekt urtrampningssystem (kapitel 6).
- ☐ Kopplingslamellen har fastnat på växellådans ingående axel (kapitel 6).
- ☐ Kopplingslamellen har fastnat på svänghjulet eller tryckplattan (kapitel 6).
- ☐ Defekt tryckplatta (kapitel 6).
- ☐ Kopplingens urtrampningsmekanism sliten eller felaktigt hopmonterad (kapitel 6).

Kopplingen slirar (motorvarvet ökar men inte bilens hastighet)

- ☐ Defekt urtrampningssystem (kapitel 6).
- ☐ Kopplingslamellens belägg mycket slitna (kapitel 6).
- ☐ Kopplingslamellens belägg förorenade med olja eller fett (kapitel 6).
- ☐ Defekt tryckplatta eller svag membranfjäder (kapitel 6).

Vibrationer vid frikoppling

- ☐ Kopplingslamellens belägg förorenade med olja eller fett (kapitel 6).
- ☐ Kopplingslamellens belägg mycket slitna (kapitel 6).
- ☐ Defekt eller missformad tryckplatta eller membranfjäder (kapitel 6).
- ☐ Slitna eller lösa motor-/växellådsfästen (kapitel 2).
- ☐ Räfflorna i kopplingslamellens nav eller på växellådans ingående axel slitna (kapitel 6).

Oljud när pedalen trycks ned eller släpps upp

- ☐ Slitet urtrampningslager (kapitel 6).
- ☐ Kopplingspedalens pivå sliten eller torr (kapitel 6).
- ☐ Defekt tryckplatta (kapitel 6).
- ☐ Tryckplattans membranfjäder trasig (kapitel 6).
- ☐ Kopplingslamellens dämpfjädrar trasiga (kapitel 6).

Manuell växellåda

Oljud i neutralläge när motorn går

- ☐ Ingående axelns lager slitna (oljud tydligt när kopplingspedalen är uppsläppt, inte när den är nedtryckt) (kapitel 7A).*
- ☐ Kopplingens urtrampningslager slitet (oljud tydligt när kopplingspedalen är nedtryckt, eventuellt när den är uppsläppt) (kapitel 6).

Oljud när en speciell växel är ilagd

- ☐ Slitna eller skadade drevkuggar (kapitel 7A).*

Svårigheter att lägga i växlar

- ☐ Defekt koppling (kapitel 6).
- ☐ Slitet eller skadat länkage (kapitel 7A).
- ☐ Slitna synkroniseringsenheter (kapitel 7A).*

Växlar hoppar ur

- ☐ Slitet eller skadat länkage (kapitel 7A).
- ☐ Slitna synkroniseringsenheter (kapitel 7A).*
- ☐ Slitna väljargafflar (kapitel 7A).*

Vibration

- ☐ Oljebrist (kapitel 1).
- ☐ Slitna lager (kapitel 7A).*

Smörjmedelsläckage

- ☐ Läckande oljetätning (kapitel 7A).
- ☐ Läckande husfog (kapitel 7A).*
- ☐ Läckande oljetätning på ingående axeln (kapitel 7A).*

**De arbetsmoment som krävs för att åtgärda de problem som beskrivs är utöver vad hemmamekanikern normalt klarar av, men informationen kan vara till hjälp för att isolera orsaken till felet så att detta klart kan beskrivas för verkstaden.*

Automatväxellåda

Observera: *På grund av automatväxellådans komplexitet är det svårt för hemmamekanikern att korrekt diagnostisera och underhålla denna enhet. För andra problem än de som beskrivs här bör bilen tas till en Opelverkstad eller en specialist på automatväxellådor. Ta inte omedelbart ut växellådan om ett fel misstänks, de flesta test utförs med enheten på plats i bilen.*

Vätskeläckage

- ☐ Automatväxellådsolja är vanligtvis mörk till färgen. Läckage från växellådan skall inte förväxlas med motorolja som lätt kan blåsas över till växellådan av den inkommande luften.
- ☐ För att kunna avgöra var läckan finns, ta först bort all smuts och alla avlagringar från växellådshuset och intilliggande områden med ett avfettningsmedel eller med ångtvätt. Kör bilen i låg hastighet, så att inte fartvinden blåser bort vätskan från källan. Lyft upp och stöd bilen och leta reda på varifrån läckaget kommer. Följande är vanliga områden för läckage:
  - a) *Automatväxellådans oljesump (kapitel 1A och 7B).*
  - b) *Mätstickans rör (kapitel 1A och 7B).*
  - c) *Rör/anslutningar mellan växellåda och oljekylare (kapitel 7B).*

Växellådsoljan är brun eller luktar bränt

- ☐ Låg oljenivå eller oljan behöver bytas ut (kapitel 1A och 7B).

Motorn startar inte i någon växel, eller startar i andra lägen än Park eller Neutral

- ☐ Inkorrekt justering startspärr/backljuskontakt (kapitel 7B).
- ☐ Inkorrekt justering av väljarvajer (kapitel 7B).

Allmänna problem med att lägga i växlar

- ☐ Kapitel 7B behandlar kontroll och justering av väljarvajern på automatväxellådan. Följande är vanliga problem som kan orsakas av en dåligt justerad vajer:
  - a) *Motorn startar i andra lägen än Park eller Neutral.*
  - b) *Indikatorpanelen anger en annan växel än den som egentligen används.*
  - c) *Bilen rör sig i Park eller Neutral.*
  - d) *Dåliga eller ryckiga växlingar.*
- ☐ Se kapitel 7B för information om justering av väljarvajern.

Växellådan växlar inte ner (kickdown) när pedalen trampas ned helt

- ☐ Låg oljenivå (kapitel 1A).
- ☐ Inkorrekt justering av väljarvajern (kapitel 7B).

Växellådan slirar, växlar ojämnt, låter illa eller driver inte i framåt- eller backväxel

- ☐ Det finns många möjliga orsaker till dessa problem, men hemmamekanikern skall endast koncentrera sig på en möjlighet – oljenivå. Innan bilen tas till en återförsäljare eller en växellådsspecialist, kontrollera oljenivån och oljans skick enligt beskrivning i kapitel 1A eller 7B. Korrigera oljenivån efter behov eller byt ut oljan och filtret om så behövs. Om problemet kvarstår måste bilen tas till en verkstad.

Drivaxlar

Vibration vid acceleration eller retardation

- ☐ Inre CV-knut sliten (kapitel 8).
- ☐ Böjd eller missformad drivaxel (kapitel 8).

Klickande eller knackande ljud vid kurvtagning (i låg hastighet med fullt rattutslag)

- ☐ Yttre CV-knut sliten (kapitel 8).
- ☐ Brist på smörjmedel i CV-knut, eventuellt på grund av en skadad damask (kapitel 8).

Bromssystem

Observera: *Innan du antar att ett problem beror på bromsarna, kontrollera att däcken är i gott skick och har rätt lufttryck, att framhjulsinställningen är rätt och att bilen inte är ojämnt lastad. Utöver kontroll av alla rör- och slanganslutningars skick, bör alla fel som uppstår i ABS-systemet överlämnas till en Opelåterförsäljare för diagnos.*

Bilen drar åt ena hållet vid inbromsning

- ☐ Slitna, defekta, skadade eller förorenade främre eller bakre bromsklossar/-backar på ena sidan (kapitel 1 och 9).
- ☐ Skuren eller delvis skuren främre eller bakre bromsokskolv/hjulcylinderkolv (kapitel 9).
- ☐ Olika material på bromsklossarnas/-backarnas belägg på vänster och höger sida (kapitel 9).
- ☐ Bromsokets eller bakre bromsfästplattans fästbultar lösa (kapitel 9).
- ☐ Slitna eller skadade styrnings- eller fjädringskomponenter (kapitel 1 och 10).

Oljud (slipande eller högt gnisslande) vid inbromsning

- ☐ Bromsklossarnas/-backarnas belägg slitna ner till metallen (kapitel 1 och 9).
- ☐ Kraftig korrosion på bromsskiva eller -trumma – kan uppstå om bilen har stått stilla under en längre tid (kapitel 1 och 9).
- ☐ Främmande föremål (sten, flisa etc.) har fastnat mellan bromsskivan och skölden (kapitel 1 och 9).

Överdrivet lång pedalväg

- ☐ Defekt självjusteringsmekanism på bakre trumma (kapitel 9).
- ☐ Defekt huvudcylinder (kapitel 9).
- ☐ Luft i hydraulsystemet (kapitel 9).
- ☐ Defekt vakuumservo (kapitel 9).
- ☐ Defekt vakuumpump – dieselmotorer (kapitel 9).

Bromspedalen känns svampig vid nedtrampning

- ☐ Luft i hydraulsystemet (kapitel 9).
- ☐ Försämrade gummislangar (kapitel 1 och 9).
- ☐ Huvudcylinderns fästen lösa (kapitel 9).
- ☐ Defekt huvudcylinder (kapitel 9).

Överdriven pedalkraft krävs för att stanna bilen

- ☐ Defekt vakuumservo (kapitel 9).
- ☐ Lösa, skadade eller glappa servovakuumslangar (kapitel 1 och 9).
- ☐ Defekt vakuumpump – dieselmotorer (kapitel 9).
- ☐ Primär eller sekundär hydraulkrets havererad (kapitel 9).
- ☐ Skuren bromsokskolv eller hjulcylinderkolv (kapitel 9).
- ☐ Bromsklossar/-backar felmonterade (kapitel 9).
- ☐ Fel typ av bromsklossar-/backar monterade (kapitel 9).
- ☐ Bromsklossarnas/-backarnas belägg förorenade (kapitel 9).

Vibrationer känns genom bromspedalen eller ratten vid inbromsning

- ☐ Bromsskiva(-or) eller bromstrumma(-or) överdrivet skev(a) eller missformad(e) (kapitel 9).
- ☐ Bromsklossarnas/-backarnas belägg slitna (kapitel 1 och 9).
- ☐ Bromsokets eller bakre bromsfästplattans fästbultar lösa (kapitel 9).
- ☐ Slitage i fjädrings- eller styrningskomponenter eller fästen (kapitel 1 och 10).

Pedalen pulserar vid hård inbromsning

- ☐ Normal egenskap hos ABS-system – inget fel.

Bromsarna kärvar

- ☐ Skuren bromsokskolv/hjulcylinderkolv (kapitel 9).
- ☐ Feljusterad handbromsmekanism (kapitel 9).
- ☐ Defekt huvudcylinder (kapitel 9).

Bakhjulen låser under normal inbromsning

- ☐ Bakre bromsklossarnas/-backarnas belägg förorenade (kapitel 1 och 9).
- ☐ Bakre bromsskiva/-trumma skev (kapitel 1 och 9).

Styrning och fjädring

Observera: *Innan du förutsätter att det är ett problem mes fjädringen eller styrningen, kontrollera att problemet inte beror på felaktiga däcktryck, blandning av däcktyper eller kärvande bromsar.*

Bilen drar åt ena sidan

- ☐ Defekt däck (se *"Veckokontroller"*).
- ☐ Kraftigt slitage i fjädringens eller styrningens komponenter (kapitel 1 och 10).
- ☐ Felaktig framhjulsinställning (kapitel 10).
- ☐ Skada på styrningens eller fjädringens komponenter orsakade av en olycka (kapitel 1 och 10).

Hjulen wobblar och vibrerar

- ☐ Framhjul obalanserade (vibrationerna känns huvudsakligen genom ratten) (kapitel 10).
- ☐ Bakhjul obalanserade (vibrationerna känns genom hela bilen) (kapitel 10).
- ☐ Hjulen skadade eller missformade (kapitel 10).
- ☐ Skadat däck (*"Veckokontroller"*).
- ☐ Slitna styrnings- eller fjädringsleder, bussningar eller komponenter (kapitel 1 och 10).
- ☐ Hjulbultar lösa (kapitel 1 och 10).

Överdrivna krängningar och/eller nigningar vid kurvtagning eller inbromsning

- ☐ Defekta stötdämpare (kapitel 1 och 10).
- ☐ Trasig eller svag spiralfjäder och/eller fjädringskomponent (kapitel 1 och 10).
- ☐ Sliten eller skadad krängningshämmare eller fästen (kapitel 10).

Bilen vandrar på vägen eller är allmänt instabil

- ☐ Inkorrekt framhjulsinställning (kapitel 10).
- ☐ Slitna styrnings- eller fjädringsleder, bussningar eller komponenter (kapitel 1 och 10).
- ☐ Obalanserade hjul (kapitel 10).
- ☐ Skadat däck (*"Veckokontroller"*).
- ☐ Hjulbultar lösa (kapitel 10).
- ☐ Defekta stötdämpare (kapitel 1 och 10).

Överdrivet trög styrning

- ☐ Styrled eller fjädringsspindelled kärvar (kapitel 1 och 10).
- ☐ Trasig eller feljusterad drivrem (kapitel 1).
- ☐ Inkorrekt framhjulsinställning (kapitel 10).
- ☐ Styrväxeln skadad (kapitel 10).

Styrning och fjädring (forts)

Stort glapp i styrningen

☐ Rattstångens universalknut(ar) sliten(-na) (kapitel 10).
☐ Slitna styrleder (kapitel 1 och 10).
☐ Sliten styrväxel (kapitel 10).
☐ Slitna styrnings- eller fjädringsleder, bussningar eller komponenter (kapitel 1 och 10).

Bristande servoeffekt

☐ Trasig eller feljusterad drivrem (kapitel 1).
☐ Servostyrningens oljenivå inkorrekt (*"Veckokontroller"*).
☐ Servostyrningens slangar blockerade (kapitel 10).
☐ Defekt servostyrningspump (kapitel 10).
☐ Defekt styrväxel (kapitel 10).

Överdrivet däckslitage

Däck slitna på inre eller yttre kanter

☐ För lågt lufttryck i däcken (slitage på båda sidorna) (*"Veckokontroller"*).
☐ Felaktig camber- eller castervinkel (slitage på en sida) (kapitel 10).
☐ Slitna styrnings- eller fjädringsleder, bussningar eller komponenter (kapitel 1 och 10).
☐ Hård kurvtagning.
☐ Skada efter krock.

Däckmönstret har fransiga kanter

☐ Felaktig toe-inställning (kapitel 10).

Däcket slitet i mitten

☐ För högt lufttryck i däcket (*"Veckokontroller"*).

Däck slitna på både inre och yttre kanter

☐ För lågt lufttryck i däcket (*"Veckokontroller"*).
☐ Slitna stötdämpare (kapitel 10).

Ojämnt slitage

☐ Däcken/hjulen obalanserade (*"Veckokontroller"*).
☐ Hjulet eller däcket är mycket skevt (kapitel 10).
☐ Slitna stötdämpare (kapitel 1 och 10).
☐ Defekt däck (*"Veckokontroller"*).

Elsystem

Observera: *För problem som kan hänföras till startsystemet, se listan under rubriken "Motor" tidigare i avsnittet.*

Batteriet håller laddningen endast några dagar

☐ Batteriet defekt internt (kapitel 5A).
☐ Låg elektrolytnivå – där tillämpligt (*"Veckokontroller"*).
☐ Batteripolernas anslutningar lösa eller korroderade (*"Veckokontroller"*).
☐ Hjälpaggregatens drivrem sliten eller feljusterad, där tillämpligt (kapitel 1).
☐ Generatorn ger inte korrekt utmatning (kapitel 5A).
☐ Generator eller spänningsregulator defekt (kapitel 5A).
☐ Kortslutning orsakar kontinuerlig urladdning av batteriet (kapitel 5 och 12).

Laddningslampan fortsätter lysa när motorn går

☐ Hjälpaggregatens drivrem trasig eller feljusterad (kapitel 1).
☐ Internt fel i generatorn eller spänningsregulatorn (kapitel 5A).
☐ Skadade, lösa eller glappa ledningar i laddningskretsen (kapitel 5A).

Laddningslampan tänds inte

☐ Glödlampan är trasig (kapitel 12).
☐ Skadade, lösa eller glappa ledningar i lampans krets (kapitel 12).
☐ Generatorn defekt (kapitel 5A).

Lysen fungerar inte

☐ Trasig glödlampa (kapitel 12).
☐ Korrosion på glödlampan eller dess kontakter (kapitel 12).
☐ Trasig säkring (kapitel 12).
☐ Defekt relä (kapitel 12).
☐ Trasig, lös eller glapp ledning (kapitel 12).
☐ Defekt brytare/kontakt (kapitel 12).

Instrumentavläsningarna är felaktiga eller ojämna

Instrumentavläsningarna stiger med motorns hastighet

☐ Defekt spänningsregulator (kapitel 12).

Bränsle- eller temperaturmätare visar inget utslag

☐ Defekt givare (kapitel 3 och 4).
☐ Kretsbrott i kablaget (kapitel 12).
☐ Defekt mätare (kapitel 12).

Bränsle- eller temperaturmätare visar max utslag hela tiden

☐ Defekt givare (kapitel 3 och 4).
☐ Kortslutning i kablaget (kapitel 12).
☐ Defekt mätare (kapitel 12).

Signalhornet fungerar dåligt eller inte alls

Signalhornet ljuder hela tiden

☐ Signalhornets kontakter kortslutna, eller tryckplattan har fastnat (kapitel 12).

Signalhornet fungerar inte

☐ Trasig säkring (kapitel 12).
☐ Ledning eller anslutning glapp, trasig eller lös (kapitel 12).
☐ Defekt signalhorn (kapitel 12).

Signalhornet avger ryckigt eller otillfredsställande ljud

☐ Glapp anslutning (kapitel 12).
☐ Signalhornets fästen lösa (kapitel 12).
☐ Defekt signalhorn (kapitel 12).

Vindrute-/bakrutetorkare fungerar dåligt eller inte alls

Torkarna fungerar inte, eller rör sig mycket sakta

☐ Torkarbladen har fastnat på rutan eller länksystemet kärvar (*"Veckokontroller"* och kapitel 12).
☐ Trasig säkring (kapitel 12).
☐ Kabel eller anslutning glapp, trasig eller lös (kapitel 12).
☐ Defekt relä (kapitel 12).
☐ Defekt torkarmotor (kapitel 12).

Elsystem (forts)

Torkarbladet sveper över för stor eller för liten yta av rutan

- ☐ Torkararmarna felplacerade på spindlarna (kapitel 12).
- ☐ Torkarlänksystemet mycket slitet (kapitel 12).
- ☐ Torkarmotorns eller länksystemets fästen glappa eller lösa (kapitel 12).

Torkarbladen rengör inte rutan effektivt

- ☐ Torkarbladen slitna eller försämrade (*"Veckokontroller"*).
- ☐ Torkararmens spännfjäder trasig, eller kärvande pivå (kapitel 12).
- ☐ Otillräcklig mängd rengöringsmedel i spolarvätskan (*"Veckokontroller"*).

Vindrute-/bakrutespolaren fungerar dåligt eller inte alls

Ett eller flera munstycken ur funktion

- ☐ Blockerat spolarmunstycke (kapitel 12).
- ☐ Lös, veckad eller blockerad vätskeslang (kapitel 12).
- ☐ Inte tillräckligt mycket vätska i behållaren (*"Veckokontroller"*).

Spolarpumpen fungerar inte

- ☐ Trasig eller lös kabel eller anslutning (kapitel 12).
- ☐ Trasig säkring (kapitel 12).
- ☐ Defekt brytare (kapitel 12).
- ☐ Defekt spolarpump (kapitel 12).

Spolarpumpen måste arbeta ett tag innan vätska kommer ut ur munstyckena

- ☐ Defekt envägsventil i vätskematningsslangen (kapitel 12).

Elfönsterhissar fungerar dåligt eller inte alls

Fönsterrutan rör sig bara i en riktning

- ☐ Defekt brytare (kapitel 12).

Fönsterrutan rör sig långsamt

- ☐ Regulatorn kärvar eller är skadad, eller behöver smörjas (kapitel 11).
- ☐ Dörrens interna komponenter är i vägen för regulatorn (kapitel 11).
- ☐ Defekt motor (kapitel 11).

Fönsterrutan rör sig inte alls

- ☐ Trasig säkring (kapitel 12).
- ☐ Defekt relä (kapitel 12).
- ☐ Trasig eller lös kabel eller anslutning (kapitel 12).
- ☐ Defekt motor (kapitel 12).

Centrallåssystemet fungerar dåligt eller inte alls

Totalt systemhaveri

- ☐ Trasig säkring (kapitel 12).
- ☐ Defekt relä (kapitel 12).
- ☐ Trasig eller lös kabel eller anslutning (kapitel 12).
- ☐ Defekt motor (kapitel 11).

Spärren låser men låser inte upp, eller tvärtom

- ☐ Defekt brytare (kapitel 12).
- ☐ Trasiga eller lösa länkstag eller -armar (kapitel 11).
- ☐ Defekt relä (kapitel 12).
- ☐ Defekt motor (kapitel 11).

En solenoid/motor fungerar inte

- ☐ Trasig eller lös kabel eller anslutning (kapitel 12).
- ☐ Defekt motor (kapitel 11).
- ☐ Trasiga, kärvande eller lösa länkstag eller -armar (kapitel 11).
- ☐ Fel i dörrlås (kapitel 11).

A

ABS (Anti-lock brake system) Låsningsfria bromsar. Ett system, vanligen elektroniskt styrt, som känner av påbörjande låsning av hjul vid inbromsning och lättar på hydraultrycket på hjul som ska till att låsa.

Air bag (krockkudde) En uppblåsbar kudde dold i ratten (på förarsidan) eller instrumentbrädan eller handskfacket (på passagerarsidan) Vid kollision blåses kuddarna upp vilket hindrar att förare och framsätespassagerare kastas in i ratt eller vindruta.

Ampere (A) En måttenhet för elektrisk ström. 1 A är den ström som produceras av 1 volt gående genom ett motstånd om 1 ohm.

Anaerobisk tätning En massa som används som gänglås. Anaerobisk innebär att den inte kräver syre för att fungera.

Antikärvningsmedel En pasta som minskar risk för kärvning i infästningar som utsätts för höga temperaturer, som t.ex. skruvar och muttrar till avgasrenrör. Kallas även gängskydd.

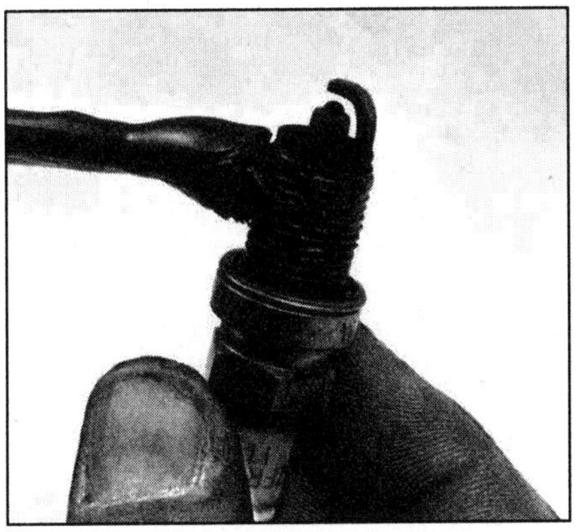

Antikärvningsmedel

Asbest Ett naturligt fibröst material med stor värmetolerans som vanligen används i bromsbelägg. Asbest är en hälsorisk och damm som alstras i bromsar ska aldrig inandas eller sväljas.

Avgasgrenrör En del med flera passager genom vilka avgaserna lämnar förbränningskamrarna och går in i avgasröret.

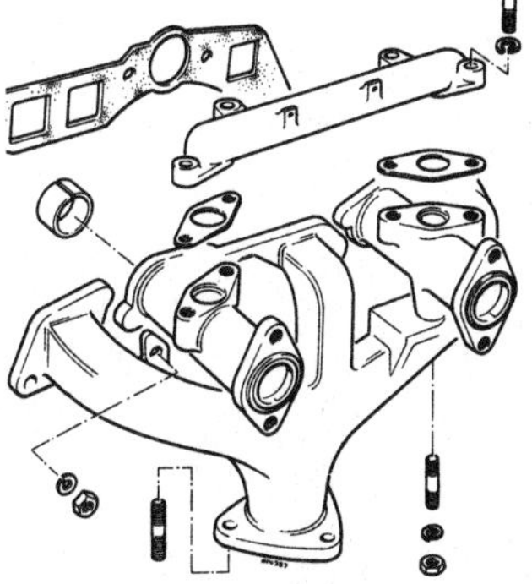

Avgasgrenrör

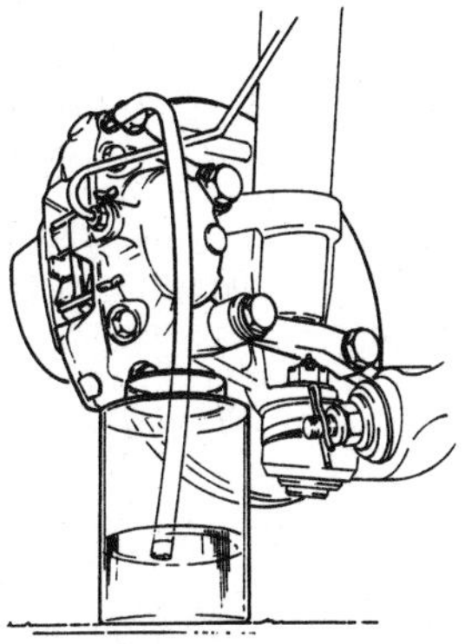

Avluftning av bromsarna

Avluftning av bromsar Avlägsnande av luft från hydrauliskt bromssystem.

Avluftningsnippel En ventil på ett bromsok, hydraulcylinder eller annan hydraulisk del som öppnas för att tappa ur luften i systemet.

Axel En stång som ett hjul roterar på, eller som roterar inuti ett hjul. Även en massiv balk som håller samman två hjul i bilens ena ände. En axel som även överför kraft till hjul kallas drivaxel.

Axialspel Rörelse i längdled mellan två delar. För vevaxeln är det den distans den kan röra sig framåt och bakåt i motorblocket.

B

Belastningskänslig fördelningsventil En styrventil i bromshydrauliken som fördelar bromseffekten, med hänsyn till bakaxelbelastningen.

Bladmått Ett tunt blad av härdat stål, slipat till exakt tjocklek, som används till att mäta spel mellan delar.

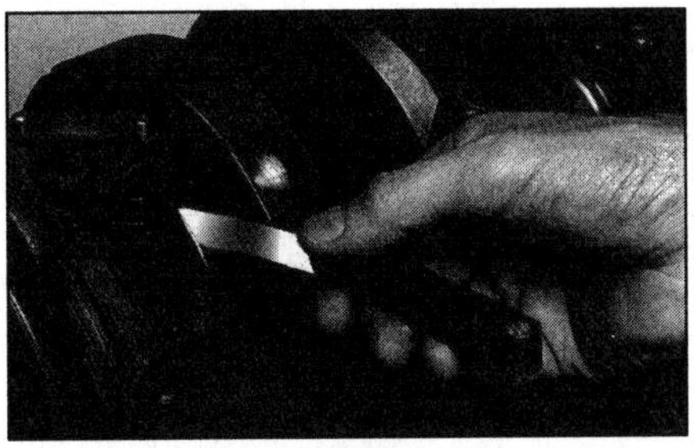

Bladmått

Bromsback Halvmåneformad hållare med fastsatt bromsbelägg som tvingar ut beläggen i kontakt med den roterande bromstrumman under inbromsning.

Bromsbelägg Det friktionsmaterial som kommer i kontakt med bromsskiva eller bromstrumma för att minska bilens hastighet. Beläggen är limmade eller nitade på bromsklossar eller bromsbackar.

Bromsklossar Utbytbara friktionsklossar som nyper i bromsskivan när pedalen trycks ned. Bromsklossar består av bromsbelägg som limmats eller nitats på en styv bottenplatta.

Bromsok Den icke roterande delen av en skivbromsanordning. Det grenslar skivan och håller bromsklossarna. Oket innehåller även de hydrauliska delar som tvingar klossarna att nypa skivan när pedalen trycks ned.

Bromsskiva Den del i en skivbromsanordning som roterar med hjulet.

Bromstrumma Den del i en trumbromsanordning som roterar med hjulet.

C

Caster I samband med hjulinställning, lutningen framåt eller bakåt av styrningens axialled. Caster är positiv när styrningens axialled lutar bakåt i överkanten.

CV-knut En typ av universalknut som upphäver vibrationer orsakade av att drivkraft förmedlas genom en vinkel.

D

Diagnostikkod Kodsiffror som kan tas fram genom att gå till diagnosläget i motorstyrningens centralenhet. Koden kan användas till att bestämma i vilken del av systemet en felfunktion kan förekomma.

Draghammare Ett speciellt verktyg som skruvas in i eller på annat sätt fästes vid en del som ska dras ut, exempelvis en axel. Ett tungt glidande handtag dras utmed verktygsaxeln mot ett stopp i änden vilket rycker avsedd del fri.

Drivaxel En roterande axel på endera sidan differentialen som ger kraft från slutväxeln till drivhjulen. Även varje axel som används att överföra rörelse.

Drivrem(mar) Rem(mar) som används till att driva tillbehörsutrustning som generator, vattenpump, servostyrning, luftkonditioneringskompressor mm, från vevaxelns remskiva.

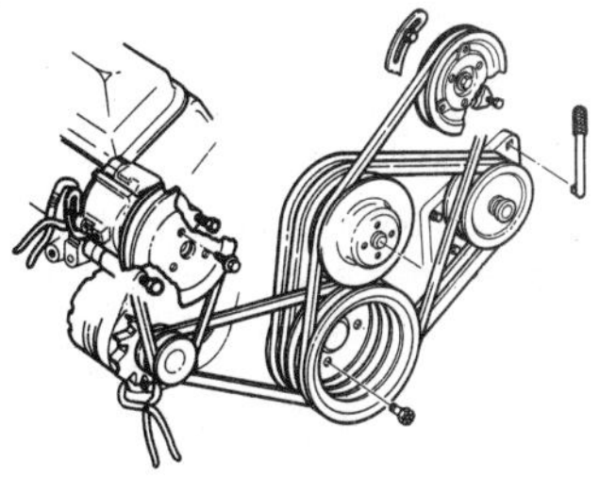

Drivremmar till extrautrustning

Dubbla överliggande kamaxlar (DOHC) En motor försedd med två överliggande kamaxlar, vanligen en för insugsventilerna och en för avgasventilerna.

E

EGR-ventil Avgasåtercirkulationsventil. En ventil som för in avgaser i insugsluften.

Elektrodavstånd Den distans en gnista har att överbrygga från centrumelektroden till sidoelektroden i ett tändstift.

Justering av elektrodavståndet

Elektronisk bränsleinsprutning (EFI) Ett datorstyrt system som fördelar bränsle till förbränningskamrarna via insprutare i varje insugsport i motorn.

Elektronisk styrenhet En dator som exempelvis styr tändning, bränsleinsprutning eller låsningsfria bromsar.

F

Finjustering En process där noggranna justeringar och byten av delar optimerar en motors prestanda.

Fjäderben Se MacPherson-ben.

Fläktkoppling En viskös drivkoppling som medger variabel kylarfläkthastighet i förhållande till motorhastigheten.

Frostplugg En skiv- eller koppformad metallbricka som monterats i ett hål i en gjutning där kärnan avlägsnats.

Frostskydd Ett ämne, vanligen etylenglykol, som blandas med vatten och fylls i bilens kylsystem för att förhindra att kylvätskan fryser vintertid. Frostskyddet innehåller även kemikalier som förhindrar korrosion och rost och andra avlagringar som skulle kunna blockera kylare och kylkanaler och därmed minska effektiviteten.

Fördelningsventil En hydraulisk styrventil som begränsar trycket till bakbromsarna vid panikbromsning så att hjulen inte låser sig.

Förgasare En enhet som blandar bränsle med luft till korrekta proportioner för önskad effekt från en gnistantänd förbränningsmotor.

G

Generator En del i det elektriska systemet som förvandlar mekanisk energi från drivremmen till elektrisk energi som laddar batteriet, som i sin tur driver startsystem, tändning och elektrisk utrustning.

Glidlager Den krökta ytan på en axel eller i ett lopp, eller den del monterad i endera, som medger rörelse mellan dem med ett minimum av slitage och friktion.

Gängskydd Ett täckmedel som minskar risken för gängskärning i bultförband som utsätts för stor hetta, exempelvis grenrörets bultar och muttrar. Kallas även antikärvningsmedel.

H

Handbroms Ett bromssystem som är oberoende av huvudbromsarnas hydraulikkrets. Kan användas till att stoppa bilen om huvudbromsarna slås ut, eller till att hålla bilen stilla utan att bromspedalen trycks ned. Den består vanligen av en spak som aktiverar främre eller bakre bromsar mekaniskt via vajrar och länkar. Kallas även parkeringsbroms.

Harmonibalanserare En enhet avsedd att minska fjädring eller vridande vibrationer i vevaxeln. Kan vara integrerad i vevaxelns remskiva. Även kallad vibrationsdämpare.

Hjälpstart Start av motorn på en bil med urladdat eller svagt batteri genom koppling av startkablar mellan det svaga batteriet och ett laddat hjälpbatteri.

Honare Ett slipverktyg för korrigering av smärre ojämnheter eller diameterskillnader i ett cylinderlopp.

Hydraulisk ventiltryckare En mekanism som använder hydrauliskt tryck från motorns smörjsystem till att upprätthålla noll ventilspel (konstant kontakt med både kamlob och ventilskaft). Justeras automatiskt för variation i ventilskaftslängder. Minskar även ventilljudet.

I

Insexnyckel En sexkantig nyckel som passar i ett försänkt sexkantigt hål.

Insugsrör Rör eller kåpa med kanaler genom vilka bränsle/luftblandningen leds till insugsportarna.

K

Kamaxel En roterande axel på vilken en serie lober trycker ned ventilerna. En kamaxel kan drivas med drev, kedja eller tandrem med kugghjul.

Kamkedja En kedja som driver kamaxeln.

Kamrem En tandrem som driver kamaxeln. Allvarliga motorskador kan uppstå om kamremmen brister vid körning.

Kanister En behållare i avdunstningsbegränsningen, innehåller aktivt kol för att fånga upp bensinångor från bränslesystemet.

Kanister

Kardanaxel Ett långt rör med universalknutar i bägge ändar som överför kraft från växellådan till differentialen på bilar med motorn fram och drivande bakhjul.

Kast Hur mycket ett hjul eller drev slår i sidled vid rotering. Det spel en axel roterar med. Orundhet i en roterande del.

Katalysator En ljuddämparliknande enhet i avgassystemet som omvandlar vissa föroreningar till mindre hälsovådliga substanser.

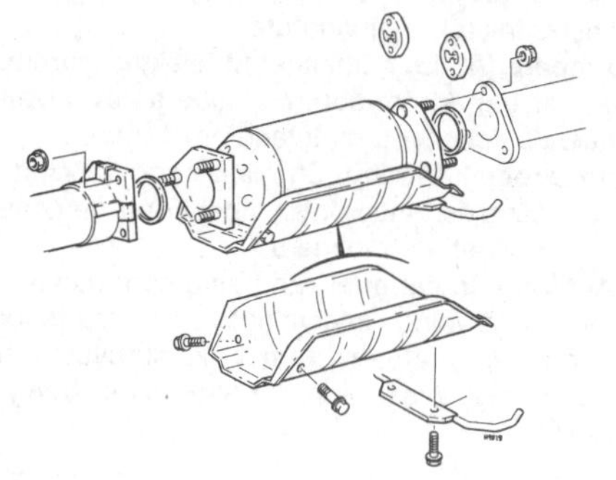

Katalysator

Kompression Minskning i volym och ökning av tryck och värme hos en gas, orsakas av att den kläms in i ett mindre utrymme.

Kompressionsförhållande Skillnaden i cylinderns volymer mellan kolvens ändlägen.

Kopplingsschema En ritning över komponenter och ledningar i ett fordons elsystem som använder standardiserade symboler.

Krockkudde (Airbag) En uppblåsbar kudde dold i ratten (på förarsidan) eller instrumentbrädan eller handskfacket (på passagerarsidan) Vid kollision blåses kuddarna upp vilket hindrar att förare och framsätespassagerare kastas in i ratt eller vindruta.

Krokodilklämma Ett långkäftat fjäderbelastat clips med ingreppande tänder som används till tillfälliga elektriska kopplingar.

Kronmutter En mutter som vagt liknar kreneleringen på en slottsmur. Används tillsammans med saxsprint för att låsa bultförband extra väl.

Krysskruv Se Phillips-skruv

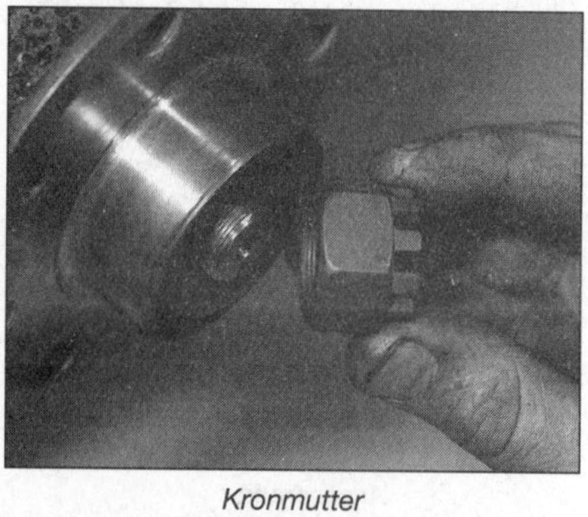

Kronmutter

Kugghjul Ett hjul med tänder eller utskott på omkretsen, formade för att greppa in i en kedja eller rem.

Kuggstångsstyrning Ett styrsystem där en pinjong i rattstångens ände går i ingrepp med en kuggstång. När ratten vrids, vrids även pinjongen vilket flyttar kuggstången till höger eller vänster. Denna rörelse överförs via styrstagen till hjulets styrleder.

Kullager Ett friktionsmotverkande lager som består av härdade inner- och ytterbanor och har härdade stålkulor mellan banorna.

Kylare En värmeväxlare som använder flytande kylmedium, kylt av fartvinden/fläkten till att minska temperaturen på kylvätskan i en förbränningsmotors kylsystem.

Kylmedia Varje substans som används till värmeöverföring i en anläggning för luftkonditionering. R-12 har länge varit det huvudsakliga kylmediet men tillverkare har nyligen börjat använda R-134a, en CFC-fri substans som anses vara mindre skadlig för ozonet i den övre atmosfären.

L

Lager Den böjda ytan på en axel eller i ett lopp, eller den del som monterad i någon av dessa tillåter rörelse mellan dem med minimal slitage och friktion.

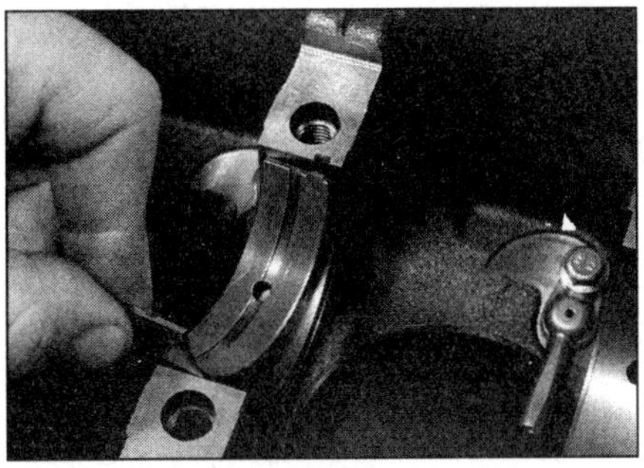

Lager

Lambdasond En enhet i motorns grenrör som känner av syrehalten i avgaserna och omvandlar denna information till elektricitet som bär information till styrelektroniken. Även kalla syresensor.

Luftfilter Filtret i luftrenaren, vanligen tillverkat av veckat papper. Kräver byte med regelbundna intervaller.

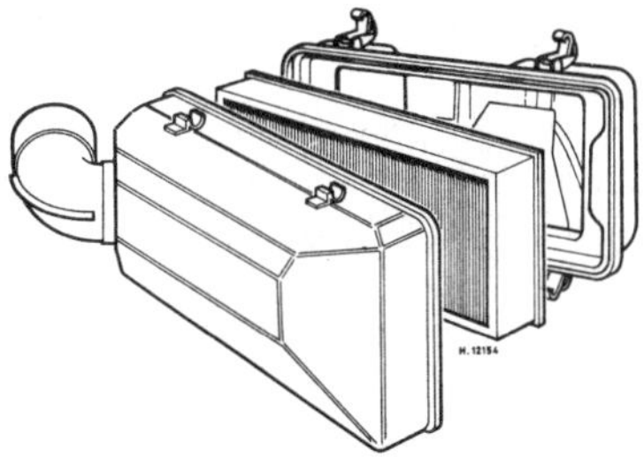

Luftfilter

Luftrenare En kåpa av plast eller metall, innehållande ett filter som tar undan damm och smuts från luft som sugs in i motorn.

Låsbricka En typ av bricka konstruerad för att förhindra att en ansluten mutter lossnar.

Låsmutter En mutter som låser en justermutter, eller annan gängad del, på plats. Exempelvis används låsmutter till att hålla justermuttern på vipparmen i läge.

Låsring Ett ringformat clips som förhindrar längsgående rörelser av cylindriska delar och axlar. En invändig låsring monteras i en skåra i ett hölje, en yttre låsring monteras i en utvändig skåra på en cylindrisk del som exempelvis en axel eller tapp.

M

MacPherson-ben Ett system för framhjulsfjädring uppfunnet av Earle MacPherson vid Ford i England. I sin ursprungliga version skapas den nedre bärarmen av en enkel lateral länk till krängningshämmaren. Ett fjäderben - en integrerad spiralfjäder och stötdämpare - finns monterad mellan karossen och styrknogen. Många moderna MacPherson-ben använder en vanlig nedre A-arm och inte krängningshämmaren som nedre fäste.

Markör En remsa med en andra färg i en ledningsisolering för att skilja ledningar åt.

Motor med överliggande kamaxel (OHC) En motor där kamaxeln finns i topplocket.

Motorstyrning Ett datorstyrt system som integrerat styr bränsle och tändning.

Multimätare Ett elektriskt testinstrument som mäter spänning, strömstyrka och motstånd.

Mätare En instrumentpanelvisare som används till att ange motortillstånd. En mätare med en rörlig pekare på en tavla eller skala är analog. En mätare som visar siffror är digital.

N

NOx Kväveoxider. En vanlig giftig förorening utsläppt av förbränningsmotorer vid högre temperaturer.

O

O-ring En typ av tätningsring gjord av ett speciellt gummiliknande material. O-ringen fungerar så att den trycks ihop i en skåra och därmed utgör tätningen.

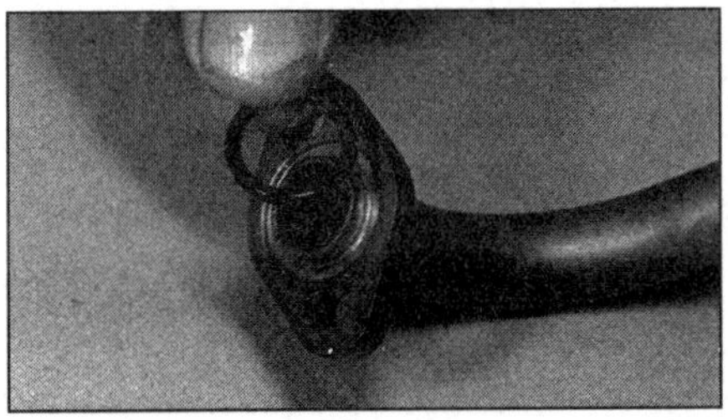

O-ring

Ohm Enhet för elektriskt motstånd. 1 volt genom ett motstånd av 1 ohm ger en strömstyrka om 1 ampere.

Ohmmätare Ett instrument för uppmätning av elektriskt motstånd.

P

Packning Mjukt material - vanligen kork, papp, asbest eller mjuk metall - som monteras mellan två metallytor för att erhålla god tätning. Exempelvis tätar topplockspackningen fogen mellan motorblocket och topplocket.

Packning

Phillips-skruv En typ av skruv med ett korsspår, istället för ett rakt, för motsvarande skruvmejsel. Vanligen kallad krysskruv.

Plastigage En tunn plasttråd, tillgänglig i olika storlekar, som används till att mäta toleranser. Exempelvis så läggs en remsa Plastigage tvärs över en lagertapp. Delarna sätts ihop och tas isär. Bredden på den klämda remsan anger spelrummet mellan lager och tapp.

Plastigage

R

Rotor I en fördelare, den roterande enhet inuti fördelardosan som kopplar samman centrumelektroden med de yttre kontakterna vartefter den roterar, så att högspänningen från tändspolens sekundärlindning leds till rätt tändstift. Även den del av generatorn som roterar inuti statorn. Även de roterande delarna av ett turboaggregat, inkluderande kompressorhjulet, axeln och turbinhjulet.

S

Sealed-beam strålkastare En äldre typ av strålkastare som integrerar reflektor, lins och glödtrådar till en hermetiskt försluten enhet. När glödtråden går av eller linsen spricker byts hela enheten.

Shims Tunn distansbricka, vanligen använd till att justera inbördes lägen mellan två delar. Exempelvis sticks shims in i eller under ventiltryckarhylsor för att justera ventilspelet. Spelet justeras genom byte till shims av annan tjocklek.

Skivbroms En bromskonstruktion med en roterande skiva som kläms mellan bromsklossar. Den friktion som uppstår omvandlar bilens rörelseenergi till värme.

Skjutmått Ett precisionsmätinstrument som mäter inre och yttre dimensioner. Inte riktigt lika exakt som en mikrometer men lättare att använda.

Smältsäkring Ett kretsskydd som består av en ledare omgiven av värmetålig isolering. Ledaren är tunnare än den ledning den skyddar och är därmed den svagaste länken i kretsen. Till skillnad från en bränd säkring måste vanligen en smältsäkring skäras bort från ledningen vid byte.

Spel Den sträcka en del färdas innan något inträffar. "Luften" i ett länksystem eller ett montage mellan första ansatsen av kraft och verklig rörelse. Exempel, den sträcka bromspedalen färdas innan kolvarna i huvudcylindern rör på sig. Även utrymmet mellan två delar, exempelvis kolv och cylinderlopp.

Spiralfjäder En spiral av elastiskt stål som förekommer i olika storlekar på många platser i en bil, bland annat i fjädringen och ventilerna i topplocket.

Startspärr På bilar med automatväxellåda förhindrar denna kontakt att motorn startas annat än om växelväljaren är i N eller P.

Storändslager Lagret i den ände av vevstaken som är kopplad till vevaxeln.

Svetsning Olika processer som används för att sammanfoga metallföremål genom att hetta upp dem till smältning och sammanföra dem.

Svänghjul Ett tungt roterande hjul vars energi tas upp och sparas via moment. På bilar finns svänghjulet monterat på vevaxeln för att utjämna kraftpulserna från arbetstakterna.

Syresensor En enhet i motorns grenrör som känner av syrehalten i avgaserna och omvandlar denna information till elektricitet som bär information till styrelektroniken. Även kalla Lambdasond.

Säkring En elektrisk enhet som skyddar en krets mot överbelastning. En typisk säkring innehåller en mjuk metallbit kalibrerad att smälta vid en förbestämd strömstyrka, angiven i ampere, och därmed bryta kretsen.

T

Termostat En värmestyrd ventil som reglerar kylvätskans flöde mellan blocket och kylaren vilket håller motorn vid optimal arbetstemperatur. En termostat används även i vissa luftrenare där temperaturen är reglerad.

Toe-in Den distans som framhjulens framkanter är närmare varandra än bak-kanterna. På bakhjulsdrivna bilar specificeras vanligen ett litet toe-in för att hålla framhjulen parallella på vägen, genom att motverka de krafter som annars tenderar att vilja dra isär framhjulen.

Toe-ut Den distans som framhjulens bakkanter är närmare varandra än framkanterna. På bilar med framhjulsdrift specificeras vanligen ett litet toe-ut.

Toppventilsmotor (OHV) En motortyp där ventilerna finns i topplocket medan kamaxeln finns i motorblocket.

Torpedplåten Den isolerade avbalkningen mellan motorn och passagerarutrymmet.

Trumbroms En bromsanordning där en trumformad metallcylinder monteras inuti ett hjul. När bromspedalen trycks ned pressas böjda bromsbackar försedda med bromsbelägg mot trummans insida så att bilen saktar in eller stannar.

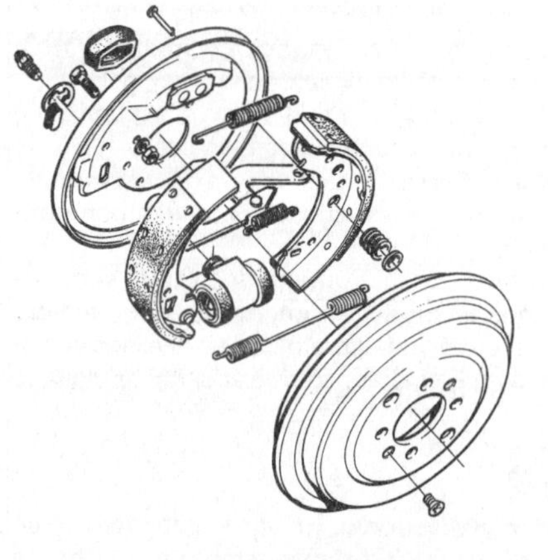

Trumbroms, montage

Turboaggregat En roterande enhet, driven av avgastrycket, som komprimerar insugsluften. Används vanligen till att öka motoreffekten från en given cylindervolym, men kan även primäranvändas till att minska avgasutsläpp.

Tändföljd Turordning i vilken cylindrarnas arbetstakter sker, börjar med nr 1.

Tändläge Det ögonblick då tändstiftet ger gnista. Anges vanligen som antalet vevaxelgrader för kolvens övre dödpunkt.

Tätningsmassa Vätska eller pasta som används att täta fogar. Används ibland tillsammans med en packning.

U

Universalknut En koppling med dubbla pivåer som överför kraft från en drivande till en driven axel genom en vinkel. En universalknut består av två Y-formade ok och en korsformig del kallad spindeln.

Urtrampningslager Det lager i kopplingen som flyttas inåt till frigöringsarmen när kopplingspedalen trycks ned för frikoppling.

V

Ventil En enhet som startar, stoppar eller styr ett flöde av vätska, gas, vakuum eller löst material via en rörlig del som öppnas, stängs eller delvis maskerar en eller flera portar eller kanaler. En ventil är även den rörliga delen av en sådan anordning.

Ventilspel Spelet mellan ventilskaftets övre ände och ventiltryckaren. Spelet mäts med stängd ventil.

Ventiltryckare En cylindrisk del som överför rörelsen från kammen till ventilskaftet, antingen direkt eller via stötstång och vipparm. Även kallad kamsläpa eller kamföljare.

Vevaxel Den roterande axel som går längs med vevhuset och är försedd med utstickande vevtappar på vilka vevstakarna är monterade.

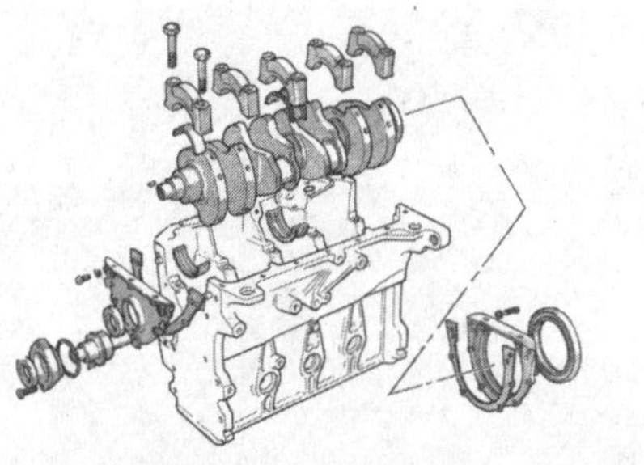

Vevaxel, montage

Vevhus Den nedre delen av ett motorblock där vevaxeln roterar.

Vibrationsdämpare En enhet som är avsedd att minska fjädring eller vridande vibrationer i vevaxeln. Enheten kan vara integrerad i vevaxelns remskiva. Kallas även harmonibalanserare.

Vipparm En arm som gungar på en axel eller tapp. I en toppventilsmotor överför vipparmen stötstångens uppåtgående rörelse till en nedåtgående rörelse som öppnar ventilen.

Viskositet Tjockleken av en vätska eller dess flödesmotstånd.

Volt Enhet för elektrisk spänning i en krets 1 volt genom ett motstånd av 1 ohm ger en strömstyrka om 1 ampere.

Observera: *Referenserna i registret anges i formen "kapitelnummer" • "sidnummer"*

A

B

C

D

E

L

M

N

O

P

R

S

Reparationshandböcker för bilar

Reparationshandböcker på svenska

AUDI 100 & 200 (82 - 90)	**SV3214**
Audi 100 & A6 (maj 91 - maj 97)	**SV3531**
Audi A4 (95 - Feb 00)	**SV3717**
BMW 3-Series 98 - 03	**SV4783**
BMW 3- & 5-serier (81 - 91)	**SV3263**
BMW 5-Serie (96 - 03)	**SV4360**
CHEVROLET & GMC Van (68 - 95)	**SV3298**
FORD Escort & Orion (90 - 00)	**SV3389**
Ford Escort (80 - 90)	**SV3091**
Ford Focus (01 - 04)	**SV4607**
Ford Mondeo (93 - 99)	**SV3353**
Ford Scorpio (85 - 94)	**SV3039**
Ford Sierra (82 - 93)	**SV3038**
MERCEDES-BENZ 124-serien (85 - 93)	**SV3299**
Mercedes-Benz 190, 190E & 190D (83 - 93)	**SV3391**
OPEL Astra (91 - 98)	**SV3715**
Opel Kadett (84 - 91)	**SV3069**
Opel Omega & Senator (86 - 94)	**SV3262**
Opel Vectra (88 - 95)	**SV3264**
Opel Vectra (95 - 98)	**SV3592**
SAAB 9-3 (98 - 02)	**SV4615**
Saab 9-3 (0 - 06)	**SV4756**
Saab 9-5 (97 - 04)	**SV4171**
Saab 90, 99 & 900 (79 - 93)	**SV3037**
Saab 900 (okt 93 - 98)	**SV3532**
Saab 9000 (85 - 98)	**SV3072**
SKODA Octavia (98 - 04)	**SV4387**
Skoda Fabia (00 - 06)	**SV4789**
TOYOTA Corolla (97 - 02)	**SV4738**
VOLVO 240, 242, 244 & 245 (74 - 93)	**SV3034**
Volvo 340, 343, 345 & 360 (76 - 91)	**SV3041**
Volvo 440, 460 & 480 (87 - 97)	**SV3066**
Volvo 740, 745 & 760 (82 - 92)	**SV3035**
Volvo 850 (92 - 96)	**SV3213**
Volvo 940 (91 - 96)	**SV3208**
Volvo S40 & V40 (96 - 04)	**SV3585**
Volvo S40 & V50 (04 - 07)	**SV4757**
Volvo S60 (01 - 08)	**SV4794**
Volvo S70, V70 & C70 (96 - 99)	**SV3590**
Volvo V70 & S80 (98 - 05)	**SV4370**
VW Golf & Jetta II (84 - 92)	**SV3036**
VW Golf III & Vento (92 - 98)	**SV3244**
VW Golf IV & Bora (98 - 00)	**SV3781**
VW Passat (88 - 96)	**SV3393**
VW Passat (dec 00 - maj 05)	**SV4764**
VW Passat (dec 96 - nov 00)	**SV3943**
VW Transporter (82 - 90)	**SV3392**

TechBooks på svenska

Bilens elektriska och elektroniska system	**SV3361**
Bilens felkodssystem: Handbok för avläsning och diagnostik	**SV3534**
Bilens kaross - underhåll och reparationer	**SV4763**
Bilens Luftkonditioneringssystem	**SV3791**
Bilens motorstyrning och bränsleinsprutningssystem	**SV3390**
Dieselmotorn - servicehandbok	**SV3533**
Haynes Reparationshandbok för små motorer	**SV4274**

Service and Repair Manuals

Titel	Bok nr.
ALFA ROMEO Alfasud/Sprint (74 - 88) up to F *	**0292**
Alfa Romeo Alfetta (73 - 87) up to E *	**0531**
AUDI 80, 90 & Coupe Petrol (79 - Nov 88) up to F	**0605**
Audi 80, 90 & Coupe Petrol (Oct 86 - 90) D to H	**1491**
Audi 100 & 200 Petrol (Oct 82 - 90) up to H	**0907**
Audi 100 & A6 Petrol & Diesel (May 91 - May 97) H to P	**3504**
Audi A3 Petrol & Diesel (96 - May 03) P to 03	**4253**
Audi A4 Petrol & Diesel (95 - 00) M to X	**3575**
Audi A4 Petrol & Diesel (01 - 04) X to 54	**4609**
AUSTIN A35 & A40 (56 - 67) up to F *	**0118**
Austin/MG/Rover Maestro 1.3 & 1.6 Petrol (83 - 95) up to M	**0922**
Austin/MG Metro (80 - May 90) up to G	**0718**
Austin/Rover Montego 1.3 & 1.6 Petrol (84 - 94) A to L	**1066**
Austin/MG/Rover Montego 2.0 Petrol (84 - 95) A to M	**1067**
Mini (59 - 69) up to H *	**0527**
Mini (69 - 01) up to X	**0646**
Austin/Rover 2.0 litre Diesel Engine (86 - 93) C to L	**1857**
Austin Healey 100/6 & 3000 (56 - 68) up to G *	**0049**
BEDFORD CF Petrol (69 - 87) up to E	**0163**
Bedford/Vauxhall Rascal & Suzuki Supercarry (86 - Oct 94) C to M	**3015**
BMW 316, 320 & 320i (4-cyl) (75 - Feb 83) up to Y *	**0276**
BMW 320, 320i, 323i & 325i (6-cyl) (Oct 77 - Sept 87) up to E	**0815**
BMW 3- & 5-Series Petrol (81 - 91) up to J	**1948**
BMW 3-Series Petrol (Apr 91 - 99) H to V	**3210**
BMW 3-Series Petrol (Sept 98 - 03) S to 53	**4067**
BMW 520i & 525e (Oct 81 - June 88) up to E	**1560**
BMW 525, 528 & 528i (73 - Sept 81) up to X *	**0632**
BMW 5-Series 6-cyl Petrol (April 96 - Aug 03) N to 03	**4151**
BMW 1500, 1502, 1600, 1602, 2000 & 2002 (59 - 77) up to S *	**0240**
CHRYSLER PT Cruiser Petrol (00 - 03) W to 53	**4058**
CITROËN 2CV, Ami & Dyane (67 - 90) up to H	**0196**
Citroën AX Petrol & Diesel (87 - 97) D to P	**3014**
Citroën Berlingo & Peugeot Partner Petrol & Diesel (96 - 05) P to 55	**4281**
Citroën BX Petrol (83 - 94) A to L	**0908**
Citroën C15 Van Petrol & Diesel (89 - Oct 98) F to S	**3509**
Citroën C3 Petrol & Diesel (02 - 05) 51 to 05	**4197**
Citroen C5 Petrol & Diesel (01-08) Y to 08	**4745**
Citroën CX Petrol (75 - 88) up to F	**0528**
Citroën Saxo Petrol & Diesel (96 - 04) N to 54	**3506**
Citroën Visa Petrol (79 - 88) up to F	**0620**
Citroën Xantia Petrol & Diesel (93 - 01) K to Y	**3082**
Citroën XM Petrol & Diesel (89 - 00) G to X	**3451**
Citroën Xsara Petrol & Diesel (97 - Sept 00) R to W	**3751**
Citroën Xsara Picasso Petrol & Diesel (00 - 02) W to 52	**3944**
Citroen Xsara Picasso (03-08)	**4784**
Citroën ZX Diesel (91 - 98) J to S	**1922**
Citroën ZX Petrol (91 - 98) H to S	**1881**
Citroën 1.7 & 1.9 litre Diesel Engine (84 - 96) A to N	**1379**
FIAT 126 (73 - 87) up to E *	**0305**
Fiat 500 (57 - 73) up to M *	**0090**
Fiat Bravo & Brava Petrol (95 - 00) N to W	**3572**
Fiat Cinquecento (93 - 98) K to R	**3501**
Fiat Panda (81 - 95) up to M	**0793**
Fiat Punto Petrol & Diesel (94 - Oct 99) L to V	**3251**
Fiat Punto Petrol (Oct 99 - July 03) V to 03	**4066**
Fiat Punto Petrol (03-07) 03 to 07	**4746**
Fiat Regata Petrol (84 - 88) A to F	**1167**
Fiat Tipo Petrol (88 - 91) E to J	**1625**
Fiat Uno Petrol (83 - 95) up to M	**0923**
Fiat X1/9 (74 - 89) up to G *	**0273**
FORD Anglia (59 - 68) up to G *	**0001**
Ford Capri II (& III) 1.6 & 2.0 (74 - 87) up to E *	**0283**
Ford Capri II (& III) 2.8 & 3.0 V6 (74 - 87) up to E	**1309**
Ford Cortina Mk I & Corsair 1500 ('62 - '66) up to D*	**0214**
Ford Cortina Mk III 1300 & 1600 (70 - 76) up to P *	**0070**
Ford Escort Mk I 1100 & 1300 (68 - 74) up to N *	**0171**
Ford Escort Mk I Mexico, RS 1600 & RS 2000 (70 - 74) up to N *	**0139**
Ford Escort Mk II Mexico, RS 1800 & RS 2000 (75 - 80) up to W *	**0735**
Ford Escort (75 - Aug 80) up to V *	**0280**
Ford Escort Petrol (Sept 80 - Sept 90) up to H	**0686**
Ford Escort & Orion Petrol (Sept 90 - 00) H to X	**1737**
Ford Escort & Orion Diesel (Sept 90 - 00) H to X	**4081**
Ford Fiesta (76 - Aug 83) up to Y	**0334**
Ford Fiesta Petrol (Aug 83 - Feb 89) A to F	**1030**
Ford Fiesta Petrol (Feb 89 - Oct 95) F to N	**1595**
Ford Fiesta Petrol & Diesel (Oct 95 - Mar 02) N to 02	**3397**
Ford Fiesta Petrol & Diesel (Apr 02 - 07) 02 to 57	**4170**
Ford Focus Petrol & Diesel (98 - 01) S to Y	**3759**
Ford Focus Petrol & Diesel (Oct 01 - 05) 51 to 05	**4167**
Ford Galaxy Petrol & Diesel (95 - Aug 00) M to W	**3984**
Ford Granada Petrol (Sept 77 - Feb 85) up to B *	**0481**
Ford Granada & Scorpio Petrol (Mar 85 - 94) B to M	**1245**
Ford Ka (96 - 02) P to 52	**3570**
Ford Mondeo Petrol (93 - Sept 00) K to X	**1923**
Ford Mondeo Petrol & Diesel (Oct 00 - Jul 03) X to 03	**3990**
Ford Mondeo Petrol & Diesel (July 03 - 07) 03 to 56	**4619**
Ford Mondeo Diesel (93 - 96) L to N	**3465**
Ford Orion Petrol (83 - Sept 90) up to H	**1009**
Ford Sierra 4-cyl Petrol (82 - 93) up to K	**0903**
Ford Sierra V6 Petrol (82 - 91) up to J	**0904**
Ford Transit Petrol (Mk 2) (78 - Jan 86) up to C	**0719**
Ford Transit Petrol (Mk 3) (Feb 86 - 89) C to G	**1468**
Ford Transit Diesel (Feb 86 - 99) C to T	**3019**
Ford Transit Diesel (00-06)	**4775**
Ford 1.6 & 1.8 litre Diesel Engine (84 - 96) A to N	**1172**
Ford 2.1, 2.3 & 2.5 litre Diesel Engine (77 - 90) up to H	**1606**
FREIGHT ROVER Sherpa Petrol (74 - 87) up to E	**0463**
HILLMAN Avenger (70 - 82) up to Y	**0037**
Hillman Imp (63 - 76) up to R *	**0022**
HONDA Civic (Feb 84 - Oct 87) A to E	**1226**
Honda Civic (Nov 91 - 96) J to N	**3199**
Honda Civic Petrol (Mar 95 - 00) M to X	**4050**
Honda Civic Petrol & Diesel (01 - 05) X to 55	**4611**
Honda CR-V Petrol & Diesel (01-06)	**4747**
Honda Jazz (01 - Feb 08) 51 - 57	**4735**
HYUNDAI Pony (85 - 94) C to M	**3398**
JAGUAR E Type (61 - 72) up to L *	**0140**
Jaguar MkI & II, 240 & 340 (55 - 69) up to H *	**0098**
Jaguar XJ6, XJ & Sovereign; Daimler Sovereign (68 - Oct 86) up to D	**0242**
Jaguar XJ6 & Sovereign (Oct 86 - Sept 94) D to M	**3261**
Jaguar XJ12, XJS & Sovereign; Daimler Double Six (72 - 88) up to F	**0478**
JEEP Cherokee Petrol (93 - 96) K to N	**1943**
LADA 1200, 1300, 1500 & 1600 (74 - 91) up to J	**0413**
Lada Samara (87 - 91) D to J	**1610**
LAND ROVER 90, 110 & Defender Diesel (83 - 07) up to 56	**3017**
Land Rover Discovery Petrol & Diesel (89 - 98) G to S	**3016**
Land Rover Discovery Diesel (Nov 98 - Jul 04) S to 04	**4606**
Land Rover Freelander Petrol & Diesel (97 - Sept 03) R to 53	**3929**
Land Rover Freelander Petrol & Diesel (Oct 03 - Oct 06) 53 to 56	**4623**
Land Rover Series IIA & III Diesel (58 - 85) up to C	**0529**
Land Rover Series II, IIA & III 4-cyl Petrol (58 - 85) up to C	**0314**
MAZDA 323 (Mar 81 - Oct 89) up to G	**1608**
Mazda 323 (Oct 89 - 98) G to R	**3455**
Mazda 626 (May 83 - Sept 87) up to E	**0929**
Mazda B1600, B1800 & B2000 Pick-up Petrol (72 - 88) up to F	**0267**
Mazda RX-7 (79 - 85) up to C *	**0460**
MERCEDES-BENZ 190, 190E & 190D Petrol & Diesel (83 - 93) A to L	**3450**
Mercedes-Benz 200D, 240D, 240TD, 300D & 300TD 123 Series Diesel (Oct 76 - 85)	**1114**
Mercedes-Benz 250 & 280 (68 - 72) up to L *	**0346**
Mercedes-Benz 250 & 280 123 Series Petrol (Oct 76 - 84) up to B *	**0677**
Mercedes-Benz 124 Series Petrol & Diesel (85 - Aug 93) C to K	**3253**
Mercedes-Benz A-Class Petrol & Diesel (98-04) S to 54)	**4748**
Mercedes-Benz C-Class Petrol & Diesel (93 - Aug 00) L to W	**3511**
Mercedes-Benz C-Class (00-06)	**4780**
MGA (55 - 62) *	**0475**
MGB (62 - 80) up to W	**0111**
MG Midget & Austin-Healey Sprite (58 - 80) up to W *	**0265**
MINI Petrol (July 01 - 05) Y to 05	**4273**
MITSUBISHI Shogun & L200 Pick-Ups Petrol (83 - 94) up to M	**1944**
MORRIS Ital 1.3 (80 - 84) up to B	**0705**
Morris Minor 1000 (56 - 71) up to K	**0024**
NISSAN Almera Petrol (95 - Feb 00) N to V	**4053**
Nissan Almera & Tino Petrol (Feb 00 - 07) V to 56	**4612**
Nissan Bluebird (May 84 - Mar 86) A to C	**1223**
Nissan Bluebird Petrol (Mar 86 - 90) C to H	**1473**
Nissan Cherry (Sept 82 - 86) up to D	**1031**
Nissan Micra (83 - Jan 93) up to K	**0931**
Nissan Micra (93 - 02) K to 52	**3254**
Nissan Micra Petrol (03-07) 52 to 57	**4734**
Nissan Primera Petrol (90 - Aug 99) H to T	**1851**
Nissan Stanza (82 - 86) up to D	**0824**
Nissan Sunny Petrol (May 82 - Oct 86) up to D	**0895**
Nissan Sunny Petrol (Oct 86 - Mar 91) D to H	**1378**
Nissan Sunny Petrol (Apr 91 - 95) H to N	**3219**
OPEL Ascona & Manta (B Series) (Sept 75 - 88) up to F *	**0316**
Opel Ascona Petrol (81 - 88)	**3215**
Opel Astra Petrol (Oct 91 - Feb 98)	**3156**
Opel Corsa Petrol (83 - Mar 93)	**3160**
Opel Corsa Petrol (Mar 93 - 97)	**3159**
Opel Kadett Petrol (Nov 79 - Oct 84) up to B	**0634**
Opel Kadett Petrol (Oct 84 - Oct 91)	**3196**
Opel Omega & Senator Petrol (Nov 86 - 94)	**3157**
Opel Rekord Petrol (Feb 78 - Oct 86) up to D	**0543**
Opel Vectra Petrol (Oct 88 - Oct 95)	**3158**

** Classic reprint*

Titel	Bok nr.
PEUGEOT 106 Petrol & Diesel (91 - 04) J to 53	**1882**
Peugeot 205 Petrol (83 - 97) A to P	**0932**
Peugeot 206 Petrol & Diesel (98 - 01) S to X	**3757**
Peugeot 206 Petrol & Diesel (02 - 06) 51 to 06	**4613**
Peugeot 306 Petrol & Diesel (93 - 02) K to 02	**3073**
Peugeot 307 Petrol & Diesel (01 - 04) Y to 54	**4147**
Peugeot 309 Petrol (86 - 93) C to K	**1266**
Peugeot 405 Petrol (88 - 97) E to P	**1559**
Peugeot 405 Diesel (88 - 97) E to P	**3198**
Peugeot 406 Petrol & Diesel (96 - Mar 99) N to T	**3394**
Peugeot 406 Petrol & Diesel (Mar 99 - 02) T to 52	**3982**
Peugeot 505 Petrol (79 - 89) up to G	**0762**
Peugeot 1.7/1.8 & 1.9 litre Diesel Engine (82 - 96) up to N	**0950**
Peugeot 2.0, 2.1, 2.3 & 2.5 litre Diesel Engines (74 - 90) up to H	**1607**
PORSCHE 911 (65 - 85) up to C	**0264**
Porsche 924 & 924 Turbo (76 - 85) up to C	**0397**
PROTON (89 - 97) F to P	**3255**
RANGE ROVER V8 Petrol (70 - Oct 92) up to K	**0606**
RELIANT Robin & Kitten (73 - 83) up to A *	**0436**
RENAULT 4 (61 - 86) up to D *	**0072**
Renault 5 Petrol (Feb 85 - 96) B to N	**1219**
Renault 9 & 11 Petrol (82 - 89) up to F	**0822**
Renault 18 Petrol (79 - 86) up to D	**0598**
Renault 19 Petrol (89 - 96) F to N	**1646**
Renault 19 Diesel (89 - 96) F to N	**1946**
Renault 21 Petrol (86 - 94) C to M	**1397**
Renault 25 Petrol & Diesel (84 - 92) B to K	**1228**
Renault Clio Petrol (91 - May 98) H to R	**1853**
Renault Clio Diesel (91 - June 96) H to N	**3031**
Renault Clio Petrol & Diesel (May 98 - May 01) R to Y	**3906**
Renault Clio Petrol & Diesel (June '01 - '05) Y to 55	**4168**
Renault Espace Petrol & Diesel (85 - 96) C to N	**3197**
Renault Laguna Petrol & Diesel (94 - 00) L to W	**3252**
Renault Laguna Petrol & Diesel (Feb 01 - Feb 05) X to 54	**4283**
Renault Mégane & Scénic Petrol & Diesel (96 - 99) N to T	**3395**
Renault Mégane & Scénic Petrol & Diesel (Apr 99 - 02) T to 52	**3916**
Renault Megane Petrol & Diesel (Oct 02 - 05) 52 to 55	**4284**
Renault Scenic Petrol & Diesel (Sept 03 - 06) 53 to 06	**4297**
ROVER 213 & 216 (84 - 89) A to G	**1116**
Rover 214 & 414 Petrol (89 - 96) G to N	**1689**
Rover 216 & 416 Petrol (89 - 96) G to N	**1830**
Rover 211, 214, 216, 218 & 220 Petrol & Diesel (Dec 95 - 99) N to V	**3399**
Rover 25 & MG ZR Petrol & Diesel (Oct 99 - 04) V to 54	**4145**
Rover 414, 416 & 420 Petrol & Diesel (May 95 - 98) M to R	**3453**
Rover 45 / MG ZS Petrol & Diesel (99 - 05) V to 55	**4384**
Rover 618, 620 & 623 Petrol (93 - 97) K to P	**3257**
Rover 75 / MG ZT Petrol & Diesel (99 - 06) S to 06	**4292**
Rover 820, 825 & 827 Petrol (86 - 95) D to N	**1380**
Rover 3500 (76 - 87) up to E *	**0365**
Rover Metro, 111 & 114 Petrol (May 90 - 98) G to S	**1711**
SAAB 95 & 96 (66 - 76) up to R *	**0198**
Saab 90, 99 & 900 (79 - Oct 93) up to L	**0765**
Saab 900 (Oct 93 - 98) L to R	**3512**
Saab 9000 (4-cyl) (85 - 98) C to S	**1686**
Saab 9-3 Petrol & Diesel (98 - Aug 02) R to 02	**4614**
Saab 9-3 Petrol & Diesel (02-07) 52 to 57	**4749**
Saab 9-5 4-cyl Petrol (97 - 04) R to 54	**4156**
SEAT Ibiza & Cordoba Petrol & Diesel (Oct 93 - Oct 99) L to V	**3571**
Seat Ibiza & Malaga Petrol (85 - 92) B to K	**1609**
SKODA Estelle (77 - 89) up to G	**0604**
Skoda Fabia Petrol & Diesel (00 - 06) W to 06	**4376**
Skoda Favorit (89 - 96) F to N	**1801**
Skoda Felicia Petrol & Diesel (95 - 01) M to X	**3505**
Skoda Octavia Petrol & Diesel (98 - Apr 04) R to 04	**4285**
SUBARU 1600 & 1800 (Nov 79 - 90) up to H *	**0995**
SUNBEAM Alpine, Rapier & H120 (67 - 74) up to N *	**0051**
SUZUKI SJ Series, Samurai & Vitara (4-cyl) Petrol (82 - 97) up to P	**1942**
Suzuki Supercarry & Bedford/Vauxhall Rascal (86 - Oct 94) C to M	**3015**
TALBOT Alpine, Solara, Minx & Rapier (75 - 86) up to D	**0337**

Titel	Bok nr.
Talbot Horizon Petrol (78 - 86) up to D	**0473**
Talbot Samba (82 - 86) up to D	**0823**
TOYOTA Avensis Petrol (98 - Jan 03) R to 52	**4264**
Toyota Carina E Petrol (May 92 - 97) J to P	**3256**
Toyota Corolla (80 - 85) up to C	**0683**
Toyota Corolla (Sept 83 - Sept 87) A to E	**1024**
Toyota Corolla (Sept 87 - Aug 92) E to K	**1683**
Toyota Corolla Petrol (Aug 92 - 97) K to P	**3259**
Toyota Corolla Petrol (July 97 - Feb 02) P to 51	**4286**
Toyota Hi-Ace & Hi-Lux Petrol (69 - Oct 83) up to A	**0304**
Toyota RAV4 Petrol & Diesel (94-06) L to 55	**4750**
Toyota Yaris Petrol (99 - 05) T to 05	**4265**
TRIUMPH GT6 & Vitesse (62 - 74) up to N *	**0112**
Triumph Herald (59 - 71) up to K *	**0010**
Triumph Spitfire (62 - 81) up to X	**0113**
Triumph Stag (70 - 78) up to T *	**0441**
Triumph TR2, TR3, TR3A, TR4 & TR4A (52 - 67) up to F *	**0028**
Triumph TR5 & 6 (67 - 75) up to P *	**0031**
Triumph TR7 (75 - 82) up to Y *	**0322**
VAUXHALL Astra Petrol (80 - Oct 84) up to B	**0635**
Vauxhall Astra & Belmont Petrol (Oct 84 - Oct 91) B to J	**1136**
Vauxhall Astra Petrol (Oct 91 - Feb 98) J to R	**1832**
Vauxhall/Opel Astra & Zafira Petrol (Feb 98 - Apr 04) R to 04	**3758**
Vauxhall/Opel Astra & Zafira Diesel (Feb 98 - Apr 04) R to 04	**3797**
Vauxhall/Opel Astra Petrol (04 - 08)	**4732**
Vauxhall/Opel Astra Diesel (04 - 08)	**4733**
Vauxhall/Opel Calibra (90 - 98) G to S	**3502**
Vauxhall Carlton Petrol (Oct 78 - Oct 86) up to D	**0480**
Vauxhall Carlton & Senator Petrol (Nov 86 - 94) D to L	**1469**
Vauxhall Cavalier Petrol (81 - Oct 88) up to F	**0812**
Vauxhall Cavalier Petrol (Oct 88 - 95) F to N	**1570**
Vauxhall Chevette (75 - 84) up to B	**0285**
Vauxhall/Opel Corsa Diesel (Mar 93 - Oct 00) K to X	**4087**
Vauxhall Corsa Petrol (Mar 93 - 97) K to R	**1985**
Vauxhall/Opel Corsa Petrol (Apr 97 - Oct 00) P to X	**3921**
Vauxhall/Opel Corsa Petrol & Diesel (Oct 00 - Sept 03) X to 53	**4079**
Vauxhall/Opel Corsa Petrol & Diesel (Oct 03 - Aug 06) 53 to 06	**4617**
Vauxhall/Opel Frontera Petrol & Diesel (91 - Sept 98) J to S	**3454**
Vauxhall Nova Petrol (83 - 93) up to K	**0909**
Vauxhall/Opel Omega Petrol (94 - 99) L to T	**3510**
Vauxhall/Opel Vectra Petrol & Diesel (95 - Feb 99) N to S	**3396**
Vauxhall/Opel Vectra Petrol & Diesel (Mar 99 - May 02) T to 02	**3930**
Vauxhall/Opel Vectra Petrol & Diesel (June 02 - Sept 05) 02 to 55	**4618**
Vauxhall/Opel 1.5, 1.6 & 1.7 litre Diesel Engine (82 - 96) up to N	**1222**
VW 411 & 412 (68 - 75) up to P *	**0091**
VW Beetle 1200 (54 - 77) up to S	**0036**
VW Beetle 1300 & 1500 (65 - 75) up to P	**0039**
VW 1302 & 1302S (70 - 72) up to L *	**0110**
VW Beetle 1303, 1303S & GT (72 - 75) up to P	**0159**
VW Beetle Petrol & Diesel (Apr 99 - 07) T to 57	**3798**
VW Golf & Jetta Mk 1 Petrol 1.1 & 1.3 (74 - 84) up to A	**0716**
VW Golf, Jetta & Scirocco Mk 1 Petrol 1.5, 1.6 & 1.8 (74 - 84) up to A	**0726**
VW Golf & Jetta Mk 1 Diesel (78 - 84) up to A	**0451**
VW Golf & Jetta Mk 2 Petrol (Mar 84 - Feb 92) A to J	**1081**
VW Golf & Vento Petrol & Diesel (Feb 92 - Mar 98) J to R	**3097**
VW Golf & Bora Petrol & Diesel (April 98 - 00) R to X	**3727**
VW Golf & Bora 4-cyl Petrol & Diesel (01 - 03) X to 53	**4169**
VW Golf & Jetta Petrol & Diesel (04 - 07) 53 to 07	**4610**
VW LT Petrol Vans & Light Trucks (76 - 87) up to E	**0637**
VW Passat & Santana Petrol (Sept 81 - May 88) up to E	**0814**
VW Passat 4-cyl Petrol & Diesel (May 88 - 96) E to P	**3498**
VW Passat 4-cyl Petrol & Diesel (Dec 96 - Nov 00) P to X	**3917**
VW Passat Petrol & Diesel (Dec 00 - May 05) X to 05	**4279**
VW Polo & Derby (76 - Jan 82) up to X	**0335**
VW Polo (82 - Oct 90) up to H	**0813**

Titel	Bok nr.
VW Polo Petrol (Nov 90 - Aug 94) H to L	**3245**
VW Polo Hatchback Petrol & Diesel (94 - 99) M to S	**3500**
VW Polo Hatchback Petrol (00 - Jan 02) V to 51	**4150**
VW Polo Petrol & Diesel (02 - May 05) 51 to 05	**4608**
VW Scirocco (82 - 90) up to H *	**1224**
VW Transporter 1600 (68 - 79) up to V	**0082**
VW Transporter 1700, 1800 & 2000 (72 - 79) up to V *	**0226**
VW Transporter (air-cooled) Petrol (79 - 82) up to Y *	**0638**
VW Transporter (water-cooled) Petrol (82 - 90) up to H	**3452**
VW Type 3 (63 - 73) up to M *	**0084**
VOLVO 120 & 130 Series (& P1800) (61 - 73) up to M *	**0203**
Volvo 142, 144 & 145 (66 - 74) up to N *	**0129**
Volvo 240 Series Petrol (74 - 93) up to K	**0270**
Volvo 262, 264 & 260/265 (75 - 85) up to C *	**0400**
Volvo 340, 343, 345 & 360 (76 - 91) up to J	**0715**
Volvo 440, 460 & 480 Petrol (87 - 97) D to P	**1691**
Volvo 740 & 760 Petrol (82 - 91) up to J	**1258**
Volvo 850 Petrol (92 - 96) J to P	**3260**
Volvo 940 petrol (90 - 98) H to R	**3249**
Volvo S40 & V40 Petrol (96 - Mar 04) N to 04	**3569**
Volvo S40 & V50 Petrol & Diesel (Mar 04 - Jun 07) 04 to 07	**4731**
Volvo S60 Petrol & Diesel (01-08)	**4793**
Volvo S70, V70 & C70 Petrol (96 - 99) P to V	**3573**
Volvo V70 / S80 Petrol & Diesel (98 - 05) S to 55	**4263**

DIY Manual Series

The Haynes Air Conditioning Manual	**4192**
The Haynes Car Electrical Systems Manual	**4251**
The Haynes Manual on Bodywork	**4198**
The Haynes Manual on Brakes	**4178**
The Haynes Manual on Carburettors	**4177**
The Haynes Manual on Diesel Engines	**4174**
The Haynes Manual on Engine Management	**4199**
The Haynes Manual on Fault Codes	**4175**
The Haynes Manual on Practical Electrical Systems	**4267**
The Haynes Manual on Small Engines	**4250**
The Haynes Manual on Welding	**4176**

USA Automotive Repair Manuals

ACURA Integra '86-'89 & Legend '86-'90	**12020**
Acura Integra '90-'93 & Legend '91-'95	**12021**
AMC Gremlin, Sprint & Hornet '70-'83	**14020**
AMC/Renault Alliance & Encore '83-'87	**14025**
AUDI 4000 '80-'87	**15020**
Audi 5000 '77-'83	**15025**
Audi 5000 '84-'88	**15026**
BMW 3 & 5 Series '82-'92	**18020**
BMW 3-Series, Including Z3 '92-'98	**18021**
BMW 3-series, including Z4 '99-'05	**18022**
BMW 320i '75-'83	**18025**
BMW 1500 & 2002 '59-'77	**18050**
BUICK Century '97-'05	**19010**
Buick/Olds/Pontiac Full-Size (FWD) '85-'05	**19020**
Buick/Olds/Pontiac Full-Size (RWD) '70-'90	**19025**
Buick Regal '74-'87	**19030**
CADILLAC Rear Wheel Drive '70-'93	**21030**
CHEVROLET Astro & GMC Safari Mini Van '85-'03	**24010**
Chevrolet Camaro '70-'81	**24015**
Chevrolet Camaro '82-'92	**24016**
Chevrolet Camaro/Pontiac Firebird '93-'02	**24017**
Chevrolet Chevelle '69-'87	**24020**
Chevrolet Chevette '76-'87	**24024**
Chevrolet Colorado & GMC Canyon '04-'06	**24027**
Chevrolet Corsica & Beretta '87-'96	**24032**
Chevrolet Corvette '68-'82	**24040**
Chevrolet Corvette '84-'96	**24041**
Chevrolet Full Size Sedans '69-'90	**24045**
Chevrolet Impala SS & Buick Roadmaster '91-'96	**24046**
Chevrolet Lumina & Monte Carlo '95-'05	**24048**
Chevrolet Luv Pick-up '72-'82	**24050**
Chevrolet Monte Carlo '70-'88	**24055**
Chevrolet Nova '69-'79	**24059**
Chevrolet Nova & Geo Prizm (FWD) '85-'92	**24060**
Chevrolet & GMC Pick-up '67-'87	**24064**
Chevrolet & GMC Pick-up '88-'98; C/K Classic '99-'00	**24065**
Chevrolet Silverado Pick-up '99-'06	**24066**
Chevrolet S10 & GMC S15 '82-'93	**24070**
Chevrolet S-10 '94-'04	**24071**
Chevrolet TrailBlazer & GMC Envoy '02-'03	**24072**

** Classic reprint*

Titel	Bok nr.
Chevrolet Sprint & Geo Metro '85-'01	24075
Chevrolet Vans '68-'96	24080
Chevrolet & GMC Full-size Vans '96-'05	24081
CHRYSLER Cirrus/Dodge Stratus/Ply. Breeze '94-'00	25015
Chrysler Full-Size (FWD) '88-'93	25020
Chrysler LH Series '93-'97	25025
Chrysler LHS, Concorde, 300M & Dodge Intrepid '98-'03	25026
Chrysler 300, Dodge Charger & Magnum '05-'07	25027
Chrysler Mid-Size Sedans (FWD) '82-'95	25030
Chrysler PT Cruiser '01-'03	25035
Chrysler Sebring & Dodge Avenger '95-'05	25040
DATSUN 200SX '77-'79	28004
Datsun 200SX '80-'83	28005
Datsun B-210 '73-'78	28007
Datsun 210 '79-'82	28009
Datsun 240Z, 260Z, & 280Z '70-'78	28012
Datsun 280ZX '79-'83	28014
Datsun 310 '78-'82	28016
Datsun 510 & PL521 Pick-up '68-'73	28018
Datsun 510 '78-'81	28020
Datsun 620 Pick-up '73-'79	28022
Datsun 810/Maxima '77-'84	28025
DODGE Aries & Plymouth Reliant '81-'89	30008
Dodge & Plymouth Mini Vans '84-'95	30010
Dodge & Plymouth Mini Vans '96-'02	30011
Dodge Challenger & Ply. Sapporo '78-'83	30012
Dodge Caravan, Chrysler Voyager/Town & Country '03-'06	30013
Dodge Colt & Plymouth Champ '78-'87	30016
Dodge Dakota Pick-up '87-'96	30020
Dodge Durango '98-'99 & Dakota '97-'99	30021
Dodge Durango '00-'03 & Dakota Pick-ups '00-'04	30022
Dodge Durango '04-'06 & Dakota Pick-ups '05-'06	30023
Dodge Dart/Plymouth Valiant '67-'76	30025
Dodge Daytona & Chrysler Laser '84-'89	30030
Dodge/Plymouth Neon '95-'99	30034
Dodge Omni/Plymouth Horizon '78-'90	30035
Dodge Neon '00-'05	30036
Dodge Full-Size Pick-up '74-'93	30040
Dodge Pick-Ups '94-'01	30041
Dodge Pick-Ups '02-'05	30042
Dodge D50 Pick-up & Raider '79-'93	30045
Dodge/Plymouth/Chrysler Full-Size (RWD) '71-'89	30050
Dodge Shadow & Plymouth Sundance '87-'94	30055
Dodge Spirit & Plymouth Acclaim '89-'95	30060
Dodge & Plymouth Vans '71-'03	30065
FIAT 124 Sport/Spider '68-'78	34010
Fiat X1/ 9 '74-'80	34025
FORD Aerostar Mini Van '86-'97	36004
Ford Contour & Mercury Mystique '95-'00	36006
Ford Courier Pick-up '72-'82	36008
Ford Crown Victoria '88-'06	36012
Ford Escort & Mercury Lynx '81-'90	36016
Ford Escort '91-'00	36020
Ford Escape & Mazda Tribute '01-'03	36022
Ford Explorer '91-'01, Explorer Sport thru '03, Sport Trac thru '05	36024
Ford Explorer & Mercury Mountaineer '02-'06	36025
Ford Fairmont & Mercury Zephyr '78-'83	36028
Ford Festiva & Aspire '88-'97	36030
Ford Fiesta '77-'80	36032
Ford Focus '00-'05	36034
Ford & Mercury Full Size Sedans '75-'87	36036
Ford & Mercury Mid-Size Sedans '75-'86	36044
Ford Mustang V8 '64 1/2 - '73	36048
Ford Mustang II '74-'78	36049
Ford Mustang/Mercury Capri '79-'93	36050
Ford Mustang '94 - '04	36051
Ford Mustang '05-'07	36052
Ford Pick-ups & Bronco '73-'79	36054
Ford Pick-ups & Bronco '80-'96	36058
Ford Pick-ups, Expedition & Lincoln Navigator '97-'03	36059
Ford Super Duty Pick-up & Excursion '99-'06	36060
Ford Pick-ups, Full-size F-150 '04-'06	36061
Ford Pinto & Mercury Bobcat '75-'80	36062
Ford Probe '89-'92	36066
Ford Ranger & Bronco II '83-'92	36070
Ford Ranger & Mazda Pick-ups '93-'05	36071
Ford Taurus & Mercury Sable '86-'95	36074
Ford Taurus & Mercury Sable '96-'05	36075
Ford Tempo & Mercury Topaz '84-'94	36078
Ford T-bird & Mercury Cougar '83-'88	36082
Ford Thunderbird & Mercury Cougar '89-'97	36086
Ford Full-Size Vans '69-'91	36090
Ford Full-Size Vans '92-'05	36094
Ford Windstar '95-'03	36097

Titel	Bok nr.
GM: Century, Celebrity, Ciera, Cutlass Cruiser, 6000 '82-'96	38005
GM: Regal, Lumina, Grand Prix, Cutlass Supreme '88-'05	38010
GM: Skyhawk, Cimarron, Cavalier, Firenza, J-2000, Sunbird '82-'94	38015
GM: Chevrolet Cavalier & Pontiac Sunfire '95-'04	38016
GM: Chevrolet Cobalt & Pontiac G5 '05-'07	38017
GM: Skylark, Citation, Omega, Phoenix '80-'85	38020
GM: Skylark, Somerset, Achieva, Calais, Grand Am '85-'98	38025
GM: Malibu, Alero, Cutlass & Grand Am '97-'03	38026
GM: Chevrolet Malibu '04-'07	38027
GM: Eldorado, Seville, Deville, Riviera, Toronado '71-'85	38030
GM: Eldorado, Seville, Deville, Riviera & Toronado '86-'93	38031
GM: Cadillac DeVille '94-'05 & Seville '92-'04	38032
GM: Lumina APV, Silhouette, Trans Sport '90-'96	38035
GM: Venture, Silhouette, Trans Sport, Montana '97-05	38036
GEO Storm '90-'93	40030
HONDA Accord CVCC '76-'83	42010
Honda Accord '84-'89	42011
Honda Accord '90-'93	42012
Honda Accord '94-'97	42013
Honda Accord '98 - '02	42014
Honda Accord '03-'05	42015
Honda Civic 1200 '73-'79	42020
Honda Civic 1300 & 1500 cc CVCC '80-'83	42021
Honda Civic 1500 CVCC '75-'79	42022
Honda Civic '84-'90	42023
Honda Civic '92-'95	42024
Honda Civic '96-'00, CR-V '97-'01 & Acura Integra '94-'00	42025
Honda Civic '01-'04 and CR-V '02-'04	42026
Honda Odyssey '99-'04	42035
Honda All Pilot models (03-07)	42037
Honda Prelude CVCC '79-'89	42040
HYUNDAI Elantra '96-'01	43010
Hyundai Excel & Accent '86-'98	43015
ISUZU Rodeo, Amigo '89-'02	47017
Isuzu Trooper '84-'91 & Pick-up '81-'93	47020
JAGUAR XJ6 '68-'86	49010
Jaguar XJ6 '88-'94	49011
JEEP Cherokee, Wagoneer, Comanche '84-'01	50010
Jeep CJ '49-'86	50020
Jeep Grand Cherokee '93-'04	50025
Jeep Liberty '02-'04	50035
Jeep Wagoneer/J-Series '72-'91	50029
Jeep Wrangler '87-'03	50030
KIA Sephia & Spectra '94-'04	54070
LINCOLN Town Car '70-'05	59010
MAZDA GLC (RWD) '77-'83	61010
Mazda GLC (FWD) '81-'85	61011
Mazda 323 & Protegé '90-'00	61015
Mazda MX-5 Miata '90-'97	61016
Mazda MPV Van '89-'94	61020
Mazda Pick-ups '72-'93	61030
Mazda RX7 Rotary '79-'85	61035
Mazda RX-7 '86-'91	61036
Mazda 626 (RWD) '79-'82	61040
Mazda 626 & MX-6 (FWD) '83-'92	61041
Mazda 626, MX-6 & Ford Probe '93-'01	61042
MERCEDES BENZ Diesel 123 '76-'85	63012
Mercedes Benz 190 Series '84-'88	63015
Mercedes Benz 230, 250, & 280 '68-'72	63020
Mercedes Benz 280 (123 Series) '77-'81	63025
Mercedes Benz 350 & 450 '71-'80	63030
MERCURY Villager & Nissan Quest '93-'01	64200
MGB (4cyl.) '62-'80	66010
MG Midget & Austin-Healy Sprite '58-'80	66015
MITSUBISHI Cordia, Tredia, Galant, Precis & Mirage '83-'93	68020
Mitsubishi Eclipse, Laser, Talon '90-'94	68030
Mitsubishi Eclipse & Eagle Talon '95-'01	68031
Mitsubishi Galant '94-'03	68035
Mitsubishi Pick-up & Montero '83-'96	68040
NISSAN 300ZX '84-'89	72010
Nissan Altima '93-'04	72015
Nissan Maxima '85-'92	72020
Nissan Maxima '93-'04	72021
Nissan/Datsun Pick-up '80-'97, Pathfinder '87-'95	72030
Nissan Frontier Pick-up '98-'04, Pathfinder '96-'04 & Xterra '00-'04	72031
Nissan Pulsar '83-'86	72040
Nissan Sentra '82-'94	72050
Nissan Sentra & 200SX '95-'04	72051
Nissan Stanza '82-'90	72060
OLDSMOBILE Cutlass '74-'88	73015
PONTIAC Fiero '84-'88	79008
Pontiac Firebird V8 '70-'81	79018

Titel	Bok nr.
Pontiac Firebird '82-'92	79019
Pontiac Mid-size Rear-wheel Drive '70-'87	79040
PORSCHE 911 '65-'89	80020
Porsche 914 '69-'76	80025
Porsche 924 '76-'82	80030
Porsche 924S & 944 '83-'89	80035
SAAB 900 '79-'88	84010
SATURN S-series '91-'02	87010
Saturn Ion '03-'07	87011
Saturn L-Series '00-'04	87020
SUBARU 1100, 1300, 1400, & 1600 '71-'79	89002
Subaru 1600 & 1800 '80-'94	89003
Subaru Legacy '90-'99	89100
Subaru Legacy & Forester '00-'06	89101
SUZUKI Samurai, Sidekick '86-'01	90010
TOYOTA Camry '83-'91	92005
Toyota Camry & Avalon '92-'96	92006
Toyota Camry, Avalon, Solara, Lexus ES 300 '97-'01	92007
Toyota Camry, Avalon, Solara, Lexus ES 300/330 '02-'05	92008
Toyota Celica '71-'85	92015
Toyota Celica (FWD) '86-'99	92020
Toyota Supra '79-'92	92025
Toyota Corolla '75-'79	92030
Toyota Corolla (RWD) '80-'87	92032
Toyota Corolla (FWD) '84-'92	92035
Toyota Corolla & Geo/Chevrolet Prizm '93-'02	92036
Toyota Corolla '03-'05	92037
Toyota Corolla Tercel '80-'82	92040
Toyota Corona '74-'82	92045
Toyota Cressida '78-'82	92050
Toyota Highlander & Lexus RX-300/330 '99-'06	92095
Toyota Hi-Lux Pick-up '69-'78	92070
Toyota Land Cruiser FJ40, 43, 45, 55 & 60 '68-'82	92055
Toyota Land Cruiser FJ60, 62, 80 & FZJ80 '80-'96	92056
Toyota MR-2 '85-'87	92065
Toyota Previa Van '91-'95	92080
Toyota Pick-up '79-'95	92075
Toyota RAV4 '96-'02	92082
Toyota Sienna '98-'02	92090
Toyota Prius (01-07)	92081
Toyota Tacoma '95-'04, 4Runner '96-'02, T100 '93-'98	92076
Toyota Tercel '87-'94	92085
Toyota Tundra & Sequoia '00-'05	92078
TRIUMPH Spitfire '62-'81	94007
Triumph TR7 '75-'81	94010
VW Beetle & Karmann Ghia '54-'79	96008
VW New Beetle '98-'00	96009
VW Dasher '74 thru '81	96012
VW Rabbit, Jetta (Gas) '75-'92	96016
VW Golf & Jetta '93-'98	96017
VW Golf & Jetta '99-'02	96018
VW Rabbit, Jetta, (Diesel) '77-'84	96020
VW Passat '98-'01 & Audi A4 '96-'01	96023
VW Transporter 1600 '68-'79	96030
VW Transporter 1700, 1800, & 2000 '72-'79	96035
VW Type 3 1500 & 1600 '63-'73	96040
VW Vanagon Air - Cooled '80-'83	96045
Volvo 120 & 130 Series & 1800 '61-'73	97010
Volvo 140 '66-'74	97015
Volvo 240 Series '76-'93	97020
Volvo 740 & 760 Series '82-'88	97040

USA Techbooks

Automotive Computer Codes	10205
OBD-II (96 on) Engine Management Systems	10206
Fuel Injection Manual (86-99)	10220
Holley Carburettor Manual	10225
Rochester Carburettor Manual	10230
Weber/Zenith Stromberg/SU Carburettor Manual	10240
Chevrolet Engine Overhaul Manual	10305
Chrysler Engine Overhaul Manual	10310
GM and Ford Diesel Engine Repair Manual	10330
Suspension, Steering and Driveline Manual	10345
Ford Automatic Transmission Overhaul Manual	10355
General Motors Automatic Transmission Overhaul Manual	10360
Automotive Detailling Manual	10415
Automotive Heating & Air Conditioning Manual	10425
Automotive Reference Manual & Illustrated Automotive Dictionary	10430
Used Car Buying Guide	10440

** Classic reprint*

Motorcycle Service and Repair Manuals

Titel	Bok nr.
APRILIA RS50 (99 - 06) & RS125 (93 - 06)	4298
Aprilia RSV1000 Mille (98 - 03)	◆ 4255
Aprilia SR50	4755
BMW 2-valve Twins (70 - 96)	◆ 0249
BMW F650	◆ 4761
BMW K100 & 75 2-valve Models (83 - 96)	◆ 1373
BMW R850, 1100 & 1150 4-valve Twins (93 - 04)	◆ 3466
BMW R1200 (04 - 06)	◆ 4598
BSA Bantam (48 - 71)	0117
BSA Unit Singles (58 - 72)	0127
BSA Pre-unit Singles (54 - 61)	0326
BSA A7 & A10 Twins (47 - 62)	0121
BSA A50 & A65 Twins (62 - 73)	0155
Chinese Scooters	4768
DUCATI 600, 620, 750 and 900 2-valve V-Twins (91 - 05)	◆ 3290
Ducati MK III & Desmo Singles (69 - 76)	◇ 0445
Ducati 748, 916 & 996 4-valve V-Twins (94 - 01)	◆ 3756
GILERA Runner, DNA, Ice & SKP/Stalker (97 - 07)	4163
HARLEY-DAVIDSON Sportsters (70 - 08)	◆ 2534
Harley-Davidson Shovelhead and Evolution Big Twins (70 - 99)	◆ 2536
Harley-Davidson Twin Cam 88 (99 - 03)	◆ 2478
HONDA NB, ND, NP & NS50 Melody (81 - 85)	◇ 0622
Honda NE/NB50 Vision & SA50 Vision Met-in (85 - 95)	◇ 1278
Honda MB, MBX, MT & MTX50 (80 - 93)	0731
Honda C50, C70 & C90 (67 - 03)	0324
Honda XR80/100R & CRF80/100F (85 - 04)	2218
Honda XL/XR 80, 100, 125, 185 & 200 2-valve Models (78 - 87)	0566
Honda H100 & H100S Singles (80 - 92)	◇ 0734
Honda CB/CD125T & CM125C Twins (77 - 88)	◇ 0571
Honda CG125 (76 - 07)	◇ 0433
Honda NS125 (86 - 93)	◇ 3056
Honda CBR125R (04 - 07)	4620
Honda MBX/MTX125 & MTX200 (83 - 93)	◇ 1132
Honda CD/CM185 200T & CM250C 2-valve Twins (77 - 85)	0572
Honda XL/XR 250 & 500 (78 - 84)	0567
Honda XR250L, XR250R & XR400R (86 - 03)	2219
Honda CB250 & CB400N Super Dreams (78 - 84)	◇ 0540
Honda CR Motocross Bikes (86 - 01)	2222
Honda CRF250 & CRF450 (02 - 06)	2630
Honda CBR400RR Fours (88 - 99)	◇ ◆ 3552
Honda VFR400 (NC30) & RVF400 (NC35) V-Fours (89 - 98)	◇ ◆ 3496
Honda CB500 (93 - 02) & CBF500 03 - 08	◇ 3753
Honda CB400 & CB550 Fours (73 - 77)	0262
Honda CX/GL500 & 650 V-Twins (78 - 86)	0442
Honda CBX550 Four (82 - 86)	◇ 0940
Honda XL600R & XR600R (83 - 08)	◆ 2183
Honda XL600/650V Transalp & XRV750 Africa Twin (87 to 07)	◆ 3919
Honda CBR600F1 & 1000F Fours (87 - 96)	◆ 1730
Honda CBR600F2 & F3 Fours (91 - 98)	◆ 2070
Honda CBR600F4 (99 - 06)	◆ 3911
Honda CB600F Hornet & CBF600 (98 - 06)	◇ ◆ 3915
Honda CBR600RR (03 - 06)	◆ 4590
Honda CB650 sohc Fours (78 - 84)	0665
Honda NTV600 Revere, NTV650 and NT650V Deauville (88 - 05)	◇ ◆ 3243
Honda Shadow VT600 & 750 (USA) (88 - 03)	2312
Honda CB750 sohc Four (69 - 79)	0131
Honda V45/65 Sabre & Magna (82 - 88)	0820
Honda VFR750 & 700 V-Fours (86 - 97)	◆ 2101
Honda VFR800 V-Fours (97 - 01)	◆ 3703
Honda VFR800 V-Tec V-Fours (02 - 05)	◆ 4196
Honda CB750 & CB900 dohc Fours (78 - 84)	0535
Honda VTR1000 (FireStorm, Super Hawk) & XL1000V (Varadero) (97 - 08)	◆ 3744
Honda CBR900RR FireBlade (92 - 99)	◆ 2161
Honda CBR900RR FireBlade (00 - 03)	◆ 4060
Honda CBR1000RR Fireblade (04 - 07)	◆ 4604
Honda CBR1100XX Super Blackbird (97 - 07)	◆ 3901
Honda ST1100 Pan European V-Fours (90 - 02)	◆ 3384

Titel	Bok nr.
Honda Shadow VT1100 (USA) (85 - 98)	2313
Honda GL1000 Gold Wing (75 - 79)	0309
Honda GL1100 Gold Wing (79 - 81)	0669
Honda Gold Wing 1200 (USA) (84 - 87)	2199
Honda Gold Wing 1500 (USA) (88 - 00)	2225
KAWASAKI AE/AR 50 & 80 (81 - 95)	1007
Kawasaki KC, KE & KH100 (75 - 99)	1371
Kawasaki KMX125 & 200 (86 - 02)	◇ 3046
Kawasaki 250, 350 & 400 Triples (72 - 79)	0134
Kawasaki 400 & 440 Twins (74 - 81)	0281
Kawasaki 400, 500 & 550 Fours (79 - 91)	0910
Kawasaki EN450 & 500 Twins (Ltd/Vulcan) (85 - 07)	2053
Kawasaki EX500 (GPZ500S) & ER500 (ER-5) (87 - 08)	◆ 2052
Kawasaki ZX600 (ZZ-R600 & Ninja ZX-6) (90 - 06)	◆ 2146
Kawasaki ZX-6R Ninja Fours (95 - 02)	◆ 3541
Kawasaki ZX-6R (03 - 06)	◆ 4742
Kawasaki ZX600 (GPZ600R, GPX600R, Ninja 600R & RX) & ZX750 (GPX750R, Ninja 750R)	◆ 1780
Kawasaki 650 Four (76 - 78)	0373
Kawasaki Vulcan 700/750 & 800 (85 - 04)	◆ 2457
Kawasaki 750 Air-cooled Fours (80 - 91)	0574
Kawasaki ZR550 & 750 Zephyr Fours (90 - 97)	◆ 3382
Kawasaki Z750 & Z1000 (03 - 08)	◆ 4762
Kawasaki ZX750 (Ninja ZX-7 & ZXR750) Fours (89 - 96)	◆ 2054
Kawasaki Ninja ZX-7R & ZX-9R (94 - 04)	◆ 3721
Kawasaki 900 & 1000 Fours (73 - 77)	0222
Kawasaki ZX900, 1000 & 1100 Liquid-cooled Fours (83 - 97)	◆ 1681
KTM EXC Enduro & SX Motocross (00 - 07)	◆ 4629
MOTO GUZZI 750, 850 & 1000 V-Twins (74 - 78)	0339
MZ ETZ Models (81 - 95)	◇ 1680
NORTON 500, 600, 650 & 750 Twins (57 - 70)	0187
Norton Commando (68 - 77)	0125
PEUGEOT Speedfight, Trekker & Vivacity Scooters (96 - 08)	◇ 3920
PIAGGIO (Vespa) Scooters (91 - 06)	◇ 3492
SUZUKI GT, ZR & TS50 (77 - 90)	◇ 0799
Suzuki TS50X (84 - 00)	◇ 1599
Suzuki 100, 125, 185 & 250 Air-cooled Trail bikes (79 - 89)	0797
Suzuki GP100 & 125 Singles (78 - 93)	◇ 0576
Suzuki GS, GN, GZ & DR125 Singles (82 - 05)	◇ 0888
Suzuki GSX-R600/750 (06 - 09)	◆ 4790
Suzuki 250 & 350 Twins (68 - 78)	0120
Suzuki GT250X7, GT200X5 & SB200 Twins (78 - 83)	◇ 0469
Suzuki GS/GSX250, 400 & 450 Twins (79 - 85)	0736
Suzuki GS500 Twin (89 - 06)	◆ 3238
Suzuki GS550 (77 - 82) & GS750 Fours (76 - 79)	0363
Suzuki GS/GSX550 4-valve Fours (83 - 88)	1133
Suzuki SV650 & SV650S (99 - 08)	◆ 3912
Suzuki GSX-R600 & 750 (96 - 00)	◆ 3553
Suzuki GSX-R600 (01 - 03), GSX-R750 (00 - 03) & GSX-R1000 (01 - 02)	◆ 3986
Suzuki GSX-R600/750 (04 - 05) & GSX-R1000 (03 - 06)	◆ 4382
Suzuki GSF600, 650 & 1200 Bandit Fours (95 - 06)	◆ 3367
Suzuki Intruder, Marauder, Volusia & Boulevard (85 - 06)	◆ 2618
Suzuki GS850 Fours (78 - 88)	0536
Suzuki GS1000 Four (77 - 79)	0484
Suzuki GSX-R750, GSX-R1100 (85 - 92), GSX600F, GSX750F, GSX1100F (Katana) Fours	◆ 2055
Suzuki GSX600/750F & GSX750 (98 - 02)	◆ 3987
Suzuki GS/GSX1000, 1100 & 1150 4-valve Fours (79 - 88)	0737
Suzuki TL1000S/R & DL1000 V-Strom (97 - 04)	◆ 4083
Suzuki GSF650/1250 (05 - 09)	◆ 4798
Suzuki GSX1300R Hayabusa (99 - 04)	◆ 4184
Suzuki GSX1400 (02 - 07)	◆ 4758
TRIUMPH Tiger Cub & Terrier (52 - 68)	0414
Triumph 350 & 500 Unit Twins (58 - 73)	0137
Triumph Pre-Unit Twins (47 - 62)	0251
Triumph 650 & 750 2-valve Unit Twins (63 - 83)	0122
Triumph Trident & BSA Rocket 3 (69 - 75)	0136
Triumph Bonneville (01 - 07)	◆ 4364
Triumph Daytona, Speed Triple, Sprint & Tiger (97 - 05)	◆ 3755
Triumph Triples and Fours (carburettor engines) (91 - 04)	◆ 2162

Titel	Bok nr.
VESPA P/PX125, 150 & 200 Scooters (78 - 06)	0707
Vespa Scooters (59 - 78)	0126
YAMAHA DT50 & 80 Trail Bikes (78 - 95)	◇ 0800
Yamaha T50 & 80 Townmate (83 - 95)	◇ 1247
Yamaha YB100 Singles (73 - 91)	◇ 0474
Yamaha RS/RXS100 & 125 Singles (74 - 95)	0331
Yamaha RD & DT125LC (82 - 95)	◇ 0887
Yamaha TZR125 (87 - 93) & DT125R (88 - 07)	◇ 1655
Yamaha TY50, 80, 125 & 175 (74 - 84)	◇ 0464
Yamaha XT & SR125 (82 - 03)	◇ 1021
Yamaha YBR125	4797
Yamaha Trail Bikes (81 - 00)	2350
Yamaha 2-stroke Motocross Bikes 1986 - 2006	2662
Yamaha YZ & WR 4-stroke Motocross Bikes (98 - 08)	2689
Yamaha 250 & 350 Twins (70 - 79)	0040
Yamaha XS250, 360 & 400 sohc Twins (75 - 84)	0378
Yamaha RD250 & 350LC Twins (80 - 82)	0803
Yamaha RD350 YPVS Twins (83 - 95)	1158
Yamaha RD400 Twin (75 - 79)	0333
Yamaha XT, TT & SR500 Singles (75 - 83)	0342
Yamaha XZ550 Vision V-Twins (82 - 85)	0821
Yamaha FJ, FZ, XJ & YX600 Radian (84 - 92)	2100
Yamaha XJ600S (Diversion, Seca II) & XJ600N Fours (92 - 03)	◆ 2145
Yamaha YZF600R Thundercat & FZS600 Fazer (96 - 03)	◆ 3702
Yamaha FZ-6 Fazer (04 - 07)	◆ 4751
Yamaha YZF-R6 (99 - 02)	◆ 3900
Yamaha YZF-R6 (03 - 05)	◆ 4601
Yamaha 650 Twins (70 - 83)	0341
Yamaha XJ650 & 750 Fours (80 - 84)	0738
Yamaha XS750 & 850 Triples (76 - 85)	0340
Yamaha TDM850, TRX850 & XTZ750 (89 - 99)	◇ ◆ 3540
Yamaha YZF750R & YZF1000R Thunderace (93 - 00)	◆ 3720
Yamaha FZR600, 750 & 1000 Fours (87 - 96)	◆ 2056
Yamaha XV (Virago) V-Twins (81 - 03)	◆ 0802
Yamaha XVS650 & 1100 Drag Star/V-Star (97 - 05)	◆ 4195
Yamaha XJ900F Fours (83 - 94)	◆ 3239
Yamaha XJ900S Diversion (94 - 01)	◆ 3739
Yamaha YZF-R1 (98 - 03)	◆ 3754
Yamaha YZF-R1 (04 - 06)	◆ 4605
Yamaha FZS1000 Fazer (01 - 05)	◆ 4287
Yamaha FJ1100 & 1200 Fours (84 - 96)	◆ 2057
Yamaha XJR1200 & 1300 (95 - 06)	◆ 3981
Yamaha V-Max (85 - 03)	◆ 4072
ATVs	
Honda ATC70, 90, 110, 185 & 200 (71 - 85)	0565
Honda Rancher, Recon & TRX250EX ATVs	2553
Honda TRX300 Shaft Drive ATVs (88 - 00)	2125
Honda Foreman (95 - 07)	2465
Honda TRX300EX, TRX400EX & TRX450R/ER ATVs (93 - 06)	2318
Kawasaki Bayou 220/250/300 & Prairie 300 ATVs (86 - 03)	2351
Polaris ATVs (85 - 97)	2302
Polaris ATVs (98 - 06)	2508
Yamaha YFS200 Blaster ATV (88 - 06)	2317
Yamaha YFB250 Timberwolf ATVs (92 - 00)	2217
Yamaha YFM350 & YFM400 (ER and Big Bear) ATVs (87 - 03)	2126
Yamaha Banshee and Warrior ATVs (87 - 03)	2314
Yamaha Kodiak and Grizzly ATVs (93 - 05)	2567
ATV Basics	10450
TECHBOOK SERIES	
Twist and Go (automatic transmission) Scooters Service and Repair Manual	4082
Motorcycle Basics TechBook (2nd Edition)	3515
Motorcycle Electrical TechBook (3rd Edition)	3471
Motorcycle Fuel Systems TechBook	3514
Motorcycle Maintenance TechBook	4071
Motorcycle Modifying	4272
Motorcycle Workshop Practice TechBook (2nd Edition)	3470

◇ = not available in the USA   ◆ = Superbike

HOUSE AND GARDEN	
Home Extension Manual	H4357
The Victorian House Manual	H4213
The 1930s House Manual	H4214
Washing Machine Manual (4th Edition)	H4348
Dishwasher Manual	H4555
Lawnmower Manual (3rd Edition)	L7337
Washerdrier & Tumbledrier Manual	L7328
Loft Conversion Manual	H4446
Home Buying & Selling	H4535
Garden Buildings Manual	H4352
The Eco-House Manual	H4405
Home Grown Vegetable Manual	H4649
Food Manual	H4512
CYCLING	
The London Cycle Guide	L7320
The Mountain Bike Book (2nd edn)	H4673
Birmingham & the Black Country Cycle Rides	H4007
Bristol & Bath Cycle Rides	H4025
Manchester Cycle Rides	H4026
Racing Bike Book (3rd Edition)	H4341
The Bike Book (5th Edition)	H4421
OUTDOOR LEISURE	
Build Your Own Motorcaravan	H4221
The Caravan Handbook	L7801
The Caravan Manual (4th Edition)	H4678
The Motorcaravan Manual (2nd Edition)	H4047
Motorcaravanning Handbook	H4428
Camping Manual	H4319
Sailing Boat Manual	H4484
Motor Boat Manual	H4513
Sailing Boat Manual	H4484
OUTDOOR LEISURE	
Fender Stratocaster	H4321
Gibson Les Paul	H4478
Piano Manual	H4485